国家哲学社会科学成果文库

NATIONAL ACHIEVEMENTS LIBRARY
OF PHILOSOPHY AND SOCIAL SCIENCES

清代少数民族文学家族研究（上）

多洛肯 著

社会科学文献出版社

SOCIAL SCIENCES ACADEMIC PRESS (CHINA)

作者简介

多洛肯　教授，博士生导师，主要从事古代少数民族文学与文献整理研究。中国少数民族文学学会副会长，中国文学地理学会常务理事，甘肃省古代文学学会副会长，中华文学史料学学会民族史料学分会副会长。2018年、2020年先后入选国家民族事务委员会、甘肃省领军人才，2019年荣获国家民族事务委员会突出贡献专家，2020年入选国家民族事务委员会创新团队支持计划，甘肃省一流特色发展学科"中国语言文学"学科带头人，一级学科"中国语言文学"博士点负责人。

近五年来，主持完成国家社科基金项目1项，省部级项目1项。现主持国家社科基金重大项目1项，入选"国家哲学社会科学成果文库"1项，重大项目子项目2项，教育部后期资助项目1项。发表论文60篇，其中CSSCI论文22篇，被《人大复印报刊资料》全文转载论文6篇，科研成果获省部级社科成果奖一、二、三等奖各1项。

《国家哲学社会科学成果文库》
出版说明

为充分发挥哲学社会科学研究优秀成果和优秀人才的示范带动作用，促进我国哲学社会科学繁荣发展，全国哲学社会科学工作领导小组决定自2010年始，设立《国家哲学社会科学成果文库》，每年评审一次。入选成果经过了同行专家严格评审，代表当前相关领域学术研究的前沿水平，体现我国哲学社会科学界的学术创造力，按照"统一标识、统一封面、统一版式、统一标准"的总体要求组织出版。

全国哲学社会科学工作办公室
2021 年 3 月

目　　录

上编　清代少数民族文学家族综述

下编　清代少数民族文学家族个案研究

Contents

Part II   The Case Study on Minority Literary Families in Qing Dynasty

绪　论

中国文学是中华民族在几千年的历史发展中创造和积累的独具魅力和神韵的优秀文化遗产。中国文学史是中华多民族共同创造的文学历史，必须从中华文化多元一体格局的理论高度进行历史客观的书写与叙述。长期以来，中国文学史著作的总体架构一直处于以汉族文学为中心而忽略少数民族文学的不完整状态。中国古代少数民族文学是历代人民创造的宝贵文化遗产，既包括用古代少数民族语言文字创作的作品，也包括用汉语文创作的作品。作为中华文化重要组成部分的中国文学史，由于满天星斗，历来都是中华各民族交流融会而成的共有的文化血脉。两千多年来，少数民族以自己的独特审美情趣创作了大量的文学作品，可谓佳作迭出，群星灿烂，为中华多民族文坛增光添色。在中国文学史上，用汉语文写作的少数民族作家群体的存在的确是一个相当有吸引力的奇异独特的文学现象，始终是充满活力的中华多民族文坛不可或缺的一部分。在中国历史上，汉语文文学并非单一的汉族文学，汉语文文学很早就成为以汉族文学为主体的多民族文学。这也是我们对中华多民族文学史的总体把握与观照，始终是我们考察与立论的基础。

据李灵年、杨忠主编的《清人别集总目》，柯愈春《清人诗文集总目提要》，袁行云《清人诗集叙录》研究统计，现存 19700 余家所撰诗文集 4 万多部，可谓洋洋大观。笔者十年来关注元明清少数民族汉语文诗文创作，经广泛调查摸底，大体可知清代各少数民族文士、作家汉文别集情况是：不少于 12 个族别（其他少数民族还有部分诗人，因诗文散佚，只好阙如，比如仡佬族成世宣），不少于 343 人 800 部计 2500 万字以上诗文别集存世（不含散见诗文作品）。这是中华文化史上一笔非常珍贵的历史文化遗产。其中满族 179 人 468 部诗文别集存世，散佚 158 部别集；蒙古族 40 人 91 部诗文别集存世，散佚 42 部别集；回族 34 人 77 部诗文别集存世，散佚 20 部别集；

壮族 27 人 37 部诗文别集存世，散佚 37 部别集；白族 20 人 53 部诗文别集存世，散佚 11 部别集；彝族 8 人 8 部诗文别集存世，散佚 11 部别集；纳西族 16 人 19 部诗文别集存世，散佚 12 部别集；土家族 8 人 14 部诗文别集存世，散佚 61 部别集；苗族 5 人 6 部诗文别集存世，无散佚别集；侗族 2 人 2 部诗文别集存世，散佚 3 部别集；布依族 3 人 22 部诗文别集存世，无散佚别集；畲族 1 人 3 部诗文别集存世，无散佚别集。清代少数民族诗文别集散佚不少于 355 部，另有 292 人有散见诗文作品存世（详参笔者《元明清少数民族汉语文创作诗文叙录》（清代卷），中国社会科学出版社，2014）。

清代少数民族作家诗文别集被李灵年、杨忠主编的《清人别集总目》，柯愈春《清人诗文集总目提要》、袁行云《清人诗集叙录》等反映现存清代诗文别集著述、馆藏及保存作者传记资料的大型工具书所著录的情况与现存状况有很大的差距，这 800 部诗文别集只有不到 80 部被《清人别集总目》著录，《清人诗文集总目提要》《清人诗集叙录》著录的书目则更少。少数民族文士文学作品分散保存各地，有不少还是未经刊印的稿本、钞本，有些刻本仅存孤本，对这些文化遗产进行调查、摸底后，为防文献散佚，必须将之进一步点校整理、辑录。这些文学作品蕴涵着十分丰富的历史文化信息，也是我国古代文学不可或缺的重要组成部分。

对于少数民族诗集的收录，大型文献丛书《四库全书》只收录范承谟、蓝鼎元 2 人别集，《四库全书存目丛书》仅收纳兰性德、曹寅等 9 人别集，《续修四库全书》收入梦麟、和瑛、沙琛、莫友芝、盛昱等 30 人别集，《四库未收书辑刊》收入 16 人别集，《四库禁毁书丛刊》只收录 3 人别集，对其他存世少数民族诗文别集抱有冷落态度。21 世纪，国家清史纂修工程开展的规模最为宏大的文献整理项目《清代诗文集汇编》，全书收录清代 3400余人的诗文别集 4000 余种，其中少数民族诗文别集除了将清代入关的 9 位帝王的别集全数收入，对其他少数民族作家诗文别集的收录不到 90 种，而且收录的诗文别集在版本上、内容上也有不少值得商榷的地方。这样一批弥足珍贵的丰厚文化遗产，长期被漠视、遗忘，除极个别作家部分文学集子外，绝大部分鲜有人问津，或散落，或尘封。这种情况令人扼腕，亟待有志之士下大力进行抢救性挖掘、搜集、整理工作。

对作家生平事迹、经历的考证与研究，对作家诗文作品的搜集整理与研讨，是文学研究应有的文献学考察的前提。清代少数民族诗文家的生平大多"隐而不显"，所以我们必须花大力气考证其生平事迹。学界虽已做了一些卓有成效的努力，但必须指出，这一工作仅仅是开始，存在的问题也不少。在一些少数民族族别文学史著作中甚至出现"丁澎是丁鹤年之孙"等不考之论。有些少数民族诗文作品经过多次刊刻，有些作品未经刊刻，只有钞本、稿本存世；有些作品部分有刊刻本，部分为稿本、钞本；有些作品的全本为钞本，部分为刊刻本。所以我们在辑校作家作品时要以求全为第一原则，在此基础上，在版本上求善，校勘上求精。迄今为止，清代少数民族诗文家作品的整理或影印多属草创，存在很多问题。

比如，清初回族江南诗人丁澎《扶荔堂诗稿》收录其入仕前所作诗歌共526首，该《诗稿》包含了《西泠十子诗选》中所收录的丁澎110首诗歌，现藏南京图书馆、美国国会图书馆。然而《中国古籍总目》却漏收是集，《中国回族典藏丛书》亦漏收是集，只将福建省图书馆藏《扶荔堂文集选十二卷诗选十二卷扶荔词三卷词录一卷》影印刊行，实际上国家图书馆、上海图书馆所藏康熙五十五年（1716）刻本优于福建省图书馆所藏版本。另外学界对丁澎的研究也只是以部分作品为研究的文献基础，这样就容易出现不少不可靠的结论。

雍乾时期的满族重臣鄂尔泰的诗文集有两部，其中存诗467首的《鄂文端公遗稿》六卷（又名《西林遗稿》），门生杨潮观编，乾隆三十九年（1774）葆贞堂刻本，国家图书馆、上海图书馆、南京图书馆、湖南省图书馆、复旦大学图书馆有藏；又有嘉庆二十五年（1820）重刻本，藏于辽宁省图书馆、广东省图书馆、山西大学图书馆。另有《文蔚堂诗集》八卷，其子鄂弼钞录，卷首有张廷玉序。现有清竹虚斋钞本，藏于天津图书馆。是集共存诗762首，几乎囊括整部《西林遗稿》六卷，仅未收《鄂文端公遗稿》卷二《苔又上》与卷六《侍卫有寻鹰不得者诗以记之并示鹰》两首，应是收录鄂尔泰诗歌作品最为全面的别集。然而《清代诗文集汇编》将《鄂文端公遗稿》收入，未将诗歌足本《文蔚堂诗集》收入，颇为遗憾。

乾嘉时期蒙古族的重要学者、文人法式善，主盟诗坛三十年，使海内学者咸集于都，"一时坛坫之盛，几与仓山南北相望云"。学界对其的个案研究是最为典型的，然而学界更注重对其诗文理论的研究，其《梧门诗话》《八旗诗话》多有人研究。而对其诗文创作的研究尚处于草创阶段。《续修四库全书》《清代诗文集汇编》只收录其《存素堂诗初集录存》，收诗2037首；《存素堂诗二集》八卷，收嘉庆十二年（1807）至十七年（1812）间所作诗910首；文收录其《存素堂文集》《存素堂文续集》。国家图书馆所藏《存素堂续集录存》，收诗人逝世那年（1813）元月至六月间的诗作56首；《诗龛诗稿》，收诗240首。这两个集子却被漏收。

乾嘉时期蒙古族封疆大吏和瑛，今存两部诗集。其一是《太庵诗稿》，今存写本两种。一种为吴兴刘承干嘉业堂藏嘉庆十五年（1810）手稿本，不分卷，诗编年，录丙午至丁未、壬子至癸丑、甲寅至丁巳等诗，复旦大学图书馆藏，《贩书偶记续编》著录此本，惜虫损严重，亟待修复；一种为《太庵诗草》不分卷，三册，是集为和瑛手定稿本，甚为珍贵，起记于乾隆五十一年（1786），止于嘉庆二年（1797），与《易简斋诗钞》著录诗歌的起始时间相同，计收诗538首，每首诗题之下，有诗人朱笔行楷批点注释，可知为诗人手定稿本，主要记作者与友人唱和及戎马生涯感怀之作，内容涉及四川、陕西、西藏等地，广东省立中山图书馆藏。其二是四卷本《易简斋诗钞》，是集收其乾隆五十一年至道光元年（1821）诗576首。今有国家图书馆、复旦大学图书馆藏本，两者皆是清道光三年（1824）刻本，线装，黑口、四周、双边、单鱼尾，一函两册，行款九行，行十八字，小字双行三十二字。卷首有其侄吴慈鹤序言一篇，序后有目录，分四卷，卷一收诗153首，卷二收诗177首，卷三收诗129首，卷四收诗117首，计576首，诗以《春分前一日雪》终，末尾题男奎昌、璧昌校字。《易简斋诗钞》按内容分，可以分为四大类，其一是记游之作，共三百余题；其二是咏物之作；其三是与友人的酬唱和赠答诗，约五十题；最后是咏史诗，约三十题。《太庵诗草》与《易简斋诗钞》中有103首重合诗作，重合的多为其乾隆间于四川、西藏等地的戎马生涯之作，虽内容相同但个别字句亦有差别。《太庵诗草》是作者的手稿本。晚近研究和瑛的诸多专家的论文及专著，都仅是从容易查阅的《易简斋诗钞》入手，对《太庵诗草》中所收诗歌只字未提（《续修四库全书》仅收入《易简斋诗钞》），这对全面研究一位诗人是非常不够的。

清代少数民族文士、作家的汉文写作，能达到如纳兰性德《饮水词》、顾太清《东海渔歌》那样艺术水平的巅峰之作虽然不多，却各具风神，展示着各少数民族多元文化与汉文化融通化生的别样姿态、色彩，散布于清代百花园中。固非俱可第为上品，却皆有独特的文化价值。连缀起来，它们将描画出清代各民族文化－文学交流会通的历史轨迹；专题研究解析，它们可揭示清代各民族间精神、心理、文化性格沟通联系的深层机制。可以说，这些少数民族文士、作家的汉文别集，既是古代各民族文化交流的历史见证，也是古代各民族文化交流的结晶，具有重大的社会价值、文化价值、史料价值和学术意义。

习近平总书记在 2014 年 9 月召开的中央民族工作会议上指出："加强中华民族大团结，长远和根本的是增强文化认同，建设各民族共有精神家园，积极培养中华民族共同体意识。文化认同是最深层次的认同，是民族团结之根、民族和睦之魂。"① 总书记把各民族的文化认同提高到"根"与"魂"的高度，进一步把各民族文化认同与各民族共有精神家园紧密联系起来，具有不可低估的现实性、前瞻性和创新性。

那么，我们应该如何理解各民族文化认同并在建设各民族共有精神家园中践行这种文化认同？学界和理论界在这方面的阐述和研究已经取得了不少成果，但是总的来说，宏观论述多，学理性阐释多，而实证性研究的个案分析还很少。

通览中华民族的历史文化，出现过不少民族大融合的时期，每次融合都推动着中华民族的大发展，中华民族文化始终在相互对话和碰撞中交往、交流、交融，最终形成"你中有我、我中有你"的历史血脉。我们要继承和创新性地延续这种历史血脉。文学的交流和浸染是中华各民族交往、交流、交融的一个重要方面。当下我们要坚定铸牢中华民族共同体意识，增强中华民族凝聚力和向心力，古代少数民族文学研究发挥着不可替代的重要作用。在漫长的历史长河中，各民族文化、文学在交流中碰撞与对话，促进了各民族间思想与情感的交融。中国古代少数民族士人习汉文、写汉字，在学习汉族文化中加深了对汉族文化的认同。又因他们有着较高的文学修养，得到了

汉族士人的接受与认同。汉族与各少数民族间相互认同、包容与文化互补是铸牢中华民族共同体意识的关键。本著述探讨清代少数民族文学创作与中原主流文学之间积极的互融互动，这是中国历史上各民族文化交融的典范缩影，是中华各民族文化交融的重要组成部分。

一　文学家族与地域文化视角的引入

在中华多民族文学史上，古代少数民族诗文创作具有重要的地位。以往的研究过于分散单一，偏重于单个作家的研究，缺乏整体性的观照。从文学家族与地域文化的视角，从各少数民族与汉族文化交融的视野进行研究，是古代少数民族文学研究领域重新调整研究思路的重要机遇。

古人曾对家族下定义说，族是凑、聚的意思，同姓子孙，生相亲爱，死相哀痛，时常聚会，所以叫族。家族是以家庭为基础的，指的是同一个男性祖先的子孙，虽然已经分居、异财、各爨，成了许多个体家庭，但是还世代相聚在一起，按照一定的规范，以血缘关系为纽带结合成为一种特殊的社会组织形式。要构成家族，第一必须是一个男性祖先的子孙，从男系计算的血缘关系清楚；第二必须有一定的规范、办法，作为处理族众之间关系的准则；第三必须有一定的组织系统，如族长之类，领导族众进行家族活动，管理族中的公共事务。家族是组成国家机制的细胞或组织，是国家稳定的前提和支撑力量，因此家族文化传统根深蒂固，源远流长。

文学世家的研究，已成为文学界和史学界共同关注的热点，成果蔚为大观。纵观其研究成果，近百年来，清代家族文化研究仍主要集中于江南地区与中原腹地的汉族高门大姓。在文史研究中采用家族视角并取得丰硕成果的学者，当以陈寅恪最有创见。他在《金明馆丛稿初编》中提到"儒家大族""文化世家""大族盛门""文化高门"等概念。它的实践模式经多位学人的探索，在学科交叉与渗透的背景下，有了行之有效的研究路径。代表作如潘光旦的《明清两代嘉兴的望族》（上海书店，1991），制作了嘉兴91个望族的血系分布图、血缘网络图、世泽流衍图，将嘉兴一府七县望族的血缘与姻亲关系进行了系统梳理。进入21世纪以来，关于家族文化与文学的研究取得了不少成绩，逐渐成为学术界的一个亮点，是我们研究中国传统文化精神特质必须考虑的核心要素之一。家学与师承是中国文化传承的重要途径，可以探讨中国文学与文化绵绵瓜瓞的深厚根基与衍生机制，揭示"耕读传家"的理想中所寄托的文化信念。文学家族的视野，使文学家族学的研究大体属于文学本体与他体的关系性研究，主要包括家族文学的血缘性关联研究、地缘性关联研究、社会性关联研究、文化性关联研究（包括家族成员的艺术好尚），家族文学与文人生活姿态及经济关联研究，家族文学创作现场和成就研究。这是一种研究方向，一种研究范式，也是一种研究观念和方式。罗时进《地域·家族·文学——清代江南诗文研究》、凌郁之《苏州文化世家与清代文学》、朱丽霞《清代松江府望族与文学研究》分别以系统梳理与个案探析的方式，对江南、苏州、松江府等地的世家大族进行剖析。罗时进从宏观视野意图对江南世家与文学的关联作整体的总结。凌郁之重点选择 8 个文学家族，并对其文学特色作出合理的分析与评价。朱丽霞重点考察了松江府望族的文化生态，并指出富裕的经济生活环境、尚文的社会风气、科举仕宦的自觉意识在家族文化生态中的关键作用。徐雁平《清代世家与文学传承》则以重要问题研究与家族个案研究相结合的手法，探究清代汉族世家文学传统的衍生、继承与发扬。

依循宗族和血缘的脉络研究明清少数民族文学家族现象，将家族学、地域学、文学贯通起来，在历史学、社会学、文学的多边互镜中重现古代少数民族文学世家的文学知识生产的社会历史语境，力求揭示文学创作的基层活动状况，用家族写作的具体事实乃至细节，形成文学创作的动态过程，从而显示文学演变的真实轨迹，深入研究家族文化传统、文学传统的形塑与呈现，成为近年来古代文学领域新的学术增长点，并有所建树和成就，这也是对少数民族文学发展的极大鼓励与支持。这种具有鲜明传统中国特色的文学现象同样存在于古代少数民族文学史中。作为中国文学史的重要组成部分，少数民族文学家族也较为兴盛。综合来看，学术界对少数民族家族文学研究的成果，基本是以明清时期回族、蒙古族、满族、纳西族、白族、彝族、土家族、壮族等民族的文学家族研究为主，与成果丰硕的汉族文学家族的研究相比，古代少数民族文学家族的研究依然较为薄弱。

曾礼军在论及古代文学家族研究的问题时也指出，目前"重汉族家族轻少数民族家族"，认为"只有把少数民族的文学世家也纳入到研究视野内才能真正完整地研究中国古代文学世家，并且激发杨义所说的'边缘活力'

的少数文学世家研究"①。但是目前学界对于少数民族文学家族的整体性研究仍较为稀少,仅有若干篇论文论及。陈友康《古代云南少数民族的家族文学》《古代少数民族的家族文学现象》两篇文章中列举了大量文献中古代云南少数民族文学中存在的家族文学现象,主要论及了明清两代的白族、纳西族和彝族等民族的文学家族,开拓了少数民族文学家族研究的新领域,但文中仅论述了浪穹何氏、太和赵氏、丽江木氏、丽江桑氏等四个少数民族文学家族,研究并不全面。李小凤在《少数民族家族文学研究的兴起与路径思考》中提出少数民族家族文学研究的视角和价值具有双重性,既是对中国古代文学史的充实,也是对中国多民族文学史的历史呈现。同时梳理了当前学术界关于少数民族家族文学的研究现状并着重提出需要对文献的占有与运用、家族文学生产、与汉族家族文学的关系等三方面给予重视。笔者《清代少数民族文学家族研究现状与前瞻》以文献调研为基础,详细列举了清代少数民族文学家族的基本情况,其中满族文学世家有 80 家 270 人,别集总数 360 部散佚 115 部,存诗人数 238 人;回族文学世家 14 家 53 人,别集总数 91 部散佚 25 部,存诗人数 34 人;蒙古族文学世家 10 家 31 人,别集总数 44 部散佚 5 部,存诗人数 10 人;壮族文学世家 11 家 33 人,别集总数 28 部散佚 18 部,存诗人数 16 人;白族文学世家 5 家 18 人,别集总数 26 部散佚 15 部,存诗人数 18 人;彝族文学世家 4 家 14 人,别集总数 9 部散佚 3 部,存诗人数 11 人;纳西族文学世家 3 家 11 人,别集总数 13 部散佚 3 部,存诗人数 11 人;布依族文学世家 1 家 3 人,别集总数 6 部未散佚,存诗人数 3 人:总计 128 家 433 人,别集总数 577 部散佚 184 部,存诗人数 341 人。同时提出了清代少数民族文学家族研究的深入内涵与意义。②

目前学界关于回族文学家族的研究成果较为丰富,李小凤《回族文学家族述略》和《古代回族文学家族的兴起及创作特征初探》两篇文章较为系统地论及了古代回族文学家族的分布。她指出"古代回族文学家族多分布于明清时期的南方"③,并列举了较为典型的 6 个回族文学家族,同时从

---

① 曾礼军:《古代文学世家研究的学术巡视与前瞻》,《安康学院学报》2013 年第 4 期,第 51 页。

② 多洛肯:《清代少数民族文学家族研究现状与前瞻》,《中国社会科学报》2014 年 12 月 5 日。

③ 李小凤:《回族文学家族述略》,《北方民族大学学报》(哲学社会科学版)2009 年第 4 期,第 92 页。

文化视角出发，探讨了其兴起的缘由和文学创作特征。但是文献基础较为薄弱，内容不充实是其文章的主要缺憾。王成芳、刘永文《明清关西回族马氏家族作家考论》详细地列举了明清关西马氏的文学家族成员及其创作情况，并分析了马氏文学家族的生成及其文学史意义。笔者的《明清回族文学家族文学创作述略》《明清回族文学家族文化生态环境探析》《回汉文化交融下的明清回族诗歌创作综述》等三篇论文分别以文学创作、文化生态和文学交融等三个视角对明清时期昆明沐氏、南京金氏、益都杨氏、晋江丁氏、昆明孙氏、溧阳马氏、同州马氏、宣城詹氏、新野马氏、永昌闪氏、胶州法氏、仁和丁氏、泰州俞氏、山阳杨氏、福州萨氏、钱塘李氏、南京蒋氏等17个回族文学家族进行论述，较为系统地分析了明清回族文学家族的整体样貌及其文化、文学特征，并对其在中国文学史上的价值与地位进行重新定义。学界关于元明清时期蒙古族文学家族的研究成果也较为丰富。杨镰《元代江浙双语文学家族研究》考证了元代定居江浙的蒙古族冒氏和畏兀儿偰氏文学家族。米彦青《清代中期蒙古族家族文学与文学家族》详细地介绍了清代中期蒙古族文学家族概况和文化教育等，同时分析了该时期法式善家族、和瑛家族、博卿额家族等文学家族及其家族文学的基本特征。笔者《清代八旗蒙古文学家族汉语文诗文创作述论》《清代后期蒙古文学家族汉文诗文创作述论》两篇文章分别梳理了清代蒙古族来秀家族、法式善家族、和瑛家族、博卿额家族、柏葰家族、尹湛纳希家族、延清家族、恭钊家族、梁承光父子、瑞常瑞庆兄弟、锡缜锡纶兄弟等11个文学家族的概况和创作风貌，较为系统地分析了民族文化交融背景下的清代蒙古族文学家族。另外明清时期较为兴盛的少数民族文学家族还有以土司文学为主的土家族文学家族。笔者《文化生态视域下的明清土家族土司文学家族》《"改土归流"后的土家族文学家族述论》《文学地理学视域下的清代酉阳土家族文学家族研究》《明清土家族土司家族文学创作及其风貌叙略》等四文从文化生态、文学地理学等视角系统地讨论了明清土家族文学家族的创作风貌，呈现出土家族文学家族的文学特征和审美品格，肯定了其在地方史、民族史、文学史上所作出的重大贡献。

关于白族、纳西族、彝族等民族文学家族研究的论文较为稀少。论及白族文学家族的整体性论文仅有1篇，笔者《明清白族文学家族诗歌创作述论》首次详细全面地论述了云南浪穹何氏家族、剑川赵氏家族、太和杨氏家族、赵州龚氏家族、太和赵氏家族、赵州师氏家族、赵州赵氏家族、剑川张氏家族、鹤庆李氏家族等9个白族文学家族的诗文创作情况，并归纳了其独特的文学创作风貌。① 论及纳西族文学家族的整体性论文仅有1篇，笔者《论明清纳西族家族文学》首次全面系统地介绍了明清两代丽江土司木氏、大研桑氏、大研牛氏、大研杨氏、石鼓周氏、黄山杨氏、束河和氏等7个纳西族文学家族，总结其形成原因，并深入地分析了其文学创作的基本风貌和内在价值。② 阐述彝族文学家族的学术论文有2篇：何云涛《贵州彝族余氏作家群的文化特征及成因分析》从文化语境出发，讨论了余氏文学家族的文学传统和文化特征；笔者《明清彝族文学家族谫论》第一次较成体系地介绍了明清宁州禄氏、蒙化左氏、姚安高氏、武定那氏、芒部陇氏、威宁安氏、毕节余氏、水西安氏、普底黄氏等9个彝族文学家族，论述了其四个最为重要的形成因素，同时分析了文学家族创作的鲜明特色与文学价值。③ 论及壮族文学家族的学术论文有4篇：王德明《清代壮族文人文学家族的特点及其意义》较为粗略地列举了清代11个壮族文学家族，主要论述了其诗歌及散文的创作风貌与特点，以及成员内部迥异的创作风格和鲜明的个性特征，遗憾的是王先生对壮族文学家族总体发展态势、诗歌文本的全面考察仍有疏漏之憾；王德明《论上林张氏家族的文学创作——"清代广西文学家族研究"之六》主要论及清代上林张氏文学家族，详细地列举了文学家族成员及其创作情况，总结出张氏文学家族诗歌创作的三个突出特点，同时分析了其文学家族形成、发展的文化因子；笔者《清代壮族文学家族及其诗文创作》较为详细地总结了清代上林张氏、平南黎氏、宾州滕氏、靖西童氏、武缘黄氏、武缘韦氏、来宾凌氏、永福韦氏、龙州赵氏、宁明农氏、宁明黄氏等11个壮族文学家族的创作概况，并通过典型个案研

---

① 多洛肯：《明清白族文学家族诗歌创作述论》，《西南民族大学学报》（人文社会科学版）2017年第1期，第184页。

② 多洛肯：《论明清纳西族家族文学》，《西南民族大学学报》（人文社会科学版）2018年第10期，第169页。

③ 多洛肯、朱明霞：《明清彝族文学家族谫论》，《民族文学研究》2016年第1期，第5页。

究分析其家族文学特色，以及对时下汉文化传播之影响；① 笔者《清代壮族张鹏展家族文学创作与文化生态探析》分析了张鹏展文学家族的创作风貌与创作特点，最后以文化生态为着眼点，概括了其文学家族的文化内涵与价值意义。

综上所述，家族文学研究以其独特的研究视野，对古代少数民族文学研究产生了积极的推动作用。明清文坛一个显著的现象便是文学家族作为聚合力量进行文学创作活动，一门融融，通经擅文，激发文学创作。明清两代，少数民族文学家族得到充分发展，他们在群贤文会上积淀人文禀性，在家族亲姻的世系交融中修养家学，用诗酒酬唱会聚独特才情，从一定意义上说，少数民族文学家族显现出明清文学家族的诗性存在意义。明清少数民族文学家族的积累之深、品位之高在滇黔桂之地产生了极为重要的影响，在特定环境中进行的文学群体性创作活动，开拓出具有鲜明地域特色的家族文学风貌和文学创作空间。

明清时期云贵高原涌现出不少世代进行文学创作的文学家族。据笔者检阅（康熙）《蒙化府志》、（康熙）《鸡足山志》、（民国）《姚安县志》等史志文献可知，已有少数民族文学家族 9 家 47 人：宁州禄氏 3 人、蒙化左氏 9 人、姚安高氏 5 人、武定那氏 7 人、芒部陇氏 2 人、威宁安氏 2 人、毕节余氏 6 人、水西安氏 6 人、普底黄氏 7 人。存诗文集 18 部，散存诗作 159 首，散存词作 9 首，赋 1 篇，文 27 篇，书法艺术 1 部，族谱 3 部，翻译作品 2 部，史志 10 部，佛道书 3 部，楹联 51 副，碑文残篇 1 篇，清册 1 本，日记 1 部，呈文 59 部，墓志铭 2 篇。而大理少数民族文学家族饱啜儒汉文明，从（康熙）《大理府志》、（光绪）《浪穹县志略》、（康熙）《剑川州志》、（康熙）《赵州志》、（康熙）《鹤庆府志》等存世史乘中统计出 9 个家族 48 人：浪穹何氏 6 人、剑川赵氏 9 人、太和杨氏 6 人、赵州龚氏 8 人、太和赵氏 6 人、赵州师氏 4 人、赵州赵氏 4 人、剑川张氏 2 人、鹤庆李氏 3 人。存诗文集 20 部，散存诗作 1215 首。丽江少数民族文学家族在明清时期也得到持续发展，据（乾隆）《丽江府志略》、（光绪）《丽江府志》、（民国）《新

---

① 多洛肯、安海燕：《清代壮族文学家族及其诗文创作》，《广西民族大学学报》（哲学社会科学版）2014 年第 1 期，第 114 页。

纂云南通志》等文献记载，可考7家30人：丽江土司木氏8人、大研桑氏3人、大研牛氏3人、大研杨氏7人、石鼓周氏4人、黄山杨氏2人、束河和氏3人。存诗文集18部，散存诗作2722首，文67篇，词1首，赋12篇，碑记1处，摩崖石刻3处，题跋1处，楹联10副。少数民族文学家族的涌现与发展不但受到外部环境的影响，更与家族内部的濡染密不可分。国家政权制度的演变、云贵山河风貌的激荡、民汉文化交融的深化、科举儒学教育的推广、联姻现象的普遍存在、一门声振家渊的积淀等众多因素融入云贵高原少数民族文学家族的发展轨道中，使得明清之时少数民族文学家族具有兴繁民族、光耀地域、心怀家国之义的博大胸怀。

多元包容是丰富多样民族特征的体现，一体认同则是聚合整体民族的认知方式。从多元走向一体，是多元民族性与一体认同感的并存和升华；一体包容多元，是在具有整体民族认知的同时更好地突出强调特殊独特的民族性。明清少数民族文学家族在进行文学创作之时，将地域的鲜明特征融进文学创作当中，赞美淳朴民风，歌颂各民族民俗风情。彝族、白族、纳西族、土家族、壮族等民族在与汉族的相互交流之中，不仅将自身优秀的民族文化展现出来，同时充分吸收汉文化精华，形成各民族文化多元共享格局。水西安国亨所译《夷书九则》、安光祖所译《夷书四则》是把彝语古书译成汉文的作品。被贬谪到贵州的王阳明与水西宣慰使安贵荣交往密切，王阳明作《与安宣慰》与其互动，传为佳话。赵州师范创作的《冬至节餐食饵丝》《中元节炒豆》《新正三白酒》是具有白族民俗生活气息的诗，赵州人民喜食饵丝、弥渡七月十五祭供炒豆和三月三酿甜白酒等特色风俗跃然纸上，令人读之欣然。大研杨元之可用汉语和纳西语进行双语创作，将民族典故和土语融进诗句。《重到文峰寺》云："暮多好山色，庭菊冷露滋。佛心徐可觅，佳哉宜意移。"此为汉语字面意思，纳西族民众听后理解的意思则是："不见很久了，山容喜再见。百鸟唱百曲，曲曲似礼赞。"①"志土风而详习尚"的竹枝词，在滇黔桂及武陵山区广为流传，少数民族文学家族文人创作了大量的竹枝词、柳枝词来书写独特的地域特色。因杨黼的《山花碑》而得名的"山花体"更是大理地区特有的艺文灵光。少数民族地域文学，通过自

---

① 牛耕勤、陈怀贵：《纳西族第一位女诗人赵银棠》，《云南档案》2006年第3期，第9页。

身强大的文化影响力，既孕育了独特的滇黔桂地域特质，又增强了少数民族文化与汉文化的互动，彰显了少数民族的人文精神内涵。明清少数民族文学家族的原创性和生命力体现在家族文人的一笔一墨之中，在少数民族地域文学之中不断凝聚、保存地域特色，同时又进一步在少数民族精神格局领域里互化共生，成就了各美其美、美美与共的明清各少数民族人民的底蕴。

一地之气，一域之魄，在历史发展之中形成不可复制的地域格局。明清时期少数民族地域特色的形成，离不开少数民族文学家族用生命感悟和精神理解书写的边疆疆域卷籍，而他们通过笔墨运筹和诗性启迪将边疆风气不断传承隽永兴盛，可见明清各少数民族与边疆地区环境互为对待、相辅相成。明清滇黔桂的少数民族文学家族以儒为业、修身养性，为时代培养了众多杰出英彦。蒙化左氏家族的优良传统便是科举入仕，明清两朝蒙化左氏家族人才辈出，涌现了 3 名进士、5 名举人、6 名贡生、35 名庠生、1 名廪生、4 名增广生及数位国子生。水西安国亨与安国泰合著《大定县志》，水西安吉士与安家元合撰《贵州新志》，毕节余昭作《叙永厅志稿》《土司源流考》等，少数民族文学家族文人编撰了不少地方志，有助于后人了解地方历史真实风貌。晚清巨擘赵藩主持编纂了《云南丛书》，爬梳考订云南历史、地理、人文、著述等内容，依照经史子集的分类，总纂初编 152 种 1148 卷，二编 53 种 254 卷。此鸿篇巨制，实为滇黔传统文化集大成之作。明清少数民族文学家族成员将对地域特色的自豪之情写进诗歌作品里，起到了对地域文学深度传播的作用，让后人在读其诗、感其意之时，将乡邦文学、人文情感、地域观念融为一体，于明清滇黔桂而言即为地域文化之崛起，着眼于中华文明历史进程即为滇黔文化之自觉。

家国情怀，兴衰浮沉，滔滔盛衰，纵横捭阖。一家一国，由家入国，后人的家国观念都是从家族认识深化为国家归属。少数民族文学家族成员正是在颂祖德、述家功的真挚文笔之中，将历代宗功之追思转化为戎马倥偬之缅怀，这也正是明清少数民族文学家族成员由家族认识变为国家豪情的升华轨迹。一门之思唯有寄托于霸业一统才会熠熠生辉，一门风雅只有深埋于慷慨壮志才会气骨雄沉，明清滇黔桂文学家族的文学创作正是在大国家观、大历史观的背景下，才具有独特的家国风格，品之豪迈。芒部禄维凯《禀镇雄州请复赡产议袭土职稿》和武定那振兴《传家实绩承先启后赋》，将家族功绩一一陈述，句句透露出对国家一统的忠肝义胆。宁州禄洪《北征集》多驻守边塞、金戈铁马之作，一腔山河壮志皆下笔成文。剑川赵炳龙在面对南明政治势力争权夺利、倾轧讨伐，报国无望之时，在诗歌中流露出忧国忧民的悲伤情绪和感慨苍生的哀怨基调。《广巷伯九章》一诗采撷于《诗经·巷伯》，为爱国忠臣愤愤不平；《永忧六怀·述怀》用典"香草美人"，用难言之语感家国之思。土司木氏家族，世守丽江，建功立业，尽心报国，木公有钦赐"辑宁边境"四字；木高刻有"大功大胜克捷记"石鼓碣，位列九卿；木增"天子褒功，其德业声施已雪山并耸、丽水同深矣"①。木氏一门一直都把保卫国土、民生繁荣作为氏族荣耀，国家认同高于一切，守护丽江大于安乐。明清云贵高原的少数民族文学家族在时代的洪流中浴血奋战，坚守信仰，为小家为大国尽洒热血的责任感存在于家族文人的诗词卷赋上，阅之令人敬仰。

少数民族文学家族的研究意义，意在深度挖掘少数民族文学家族文学创作文本和生态环境的阐释意义，意在层层探究文学家族存在方式和观照格局的背后价值。少数民族文学家族作为滇黔桂英贤家族群体，以其巨大的文学创造力和传承力，用文字记录行知，以文学方式展现社会风貌，其影响辐射范围激荡滇黔桂，声闻中华。少数民族文学家族充分呈现出悠久的地域文化色彩，将浓郁新奇的民族特色凸显出来，在著述中书写国泰民安之愿。

二 多民族文学交融研究的综合性视角

少数民族古代文学研究走到今天，面临着主题、意义、方法等多方面的挑战。20世纪学人以作品和作家介绍、分析为主要内容，以阐述其美学品格为主要特征的研究为少数民族古代文学的研究打下了坚实的基础。当代学人固然要继承前辈的学术遗产，但也不能故步自封，而应结合学术发展的趋势，推动这个学科走向深入。21世纪以来，越来越多的学者意识到少数民族古代文学研究的当代意义和创新的重要性，并尝试从一些新的角度展开相关的研究。

---

① （明）木增：《芝山云蕗集》卷一，崇祯刻本，云南省图书馆藏。

　　少数民族入主中原刺激了文化总体结构的振荡，也在"文化地震"中加速了文化交流和文化结构的重组。一方面少数民族更深程度地接受汉化，另一方面汉族的文学、文化在浸染胡化风气中得以延续，是一个双向互动的融合过程。不光汉族影响了少数民族，少数民族也影响了汉族。如果我们以多民族的文学史观审视中国文学史，就应当承认："中国文学史是一个以汉族文学为主体、同时包括少数民族文学在内的丰富的、多层次的完整体系，只有把汉民族和少数民族文学放在一起进行统一的历史的审视与考察，探讨其各自发展的轨迹和相互交融的规律，方能建构起名副其实的多民族国家内文学发展史的框架。"① 北方少数民族文学对整个中国文学的功能作用和深刻影响，实质上是反映了在游牧文明和农耕文明的冲突融合中，中原文学的胡化和边疆文学的汉化过程在胡化和汉化的双向作用中，在新的历史台阶上重建中国文化的总体结构和特质，重新开辟中国文学的轨迹与风气。经过漫长的南北多民族文学的凝聚、吸引、渗透、变迁和融合，"你中有我、我中有你"的多元文化格局，从而在文学的历时性进程和共时性构成上，形成了博大精深、多元共构的中华民族的整体性。应以多民族文学史观为指导，从民族融合和民族文化融合的切入点审视中国古代文学现象及其流程，对古代少数民族的作家书面文学和民间文学口头创作都给予足够的重视。

　　这里所说的古代少数民族文学，指具有少数民族身份的文士使用汉文进行的创作实践和相关作品。真正意义上的中国古代少数民族文学的研究始于20世纪50年代，以文学文献整理、作家族属划分、作品内容分析和文学历史书写为起点，经历了大半个世纪的发展，如今无论是从研究人员还是从研究成果上看，都已具备相当的规模。但是另一方面，一个略显尴尬的事实是，相关的研究在相当程度上仍呈现出一种自说自话的状况，并没有得到以古代文学为代表的主流学术圈的普遍认同和认真关注。这既与"分科治学"的固有观念有关，也与古代少数民族文学研究者的自我局限有关。这种自我局限在很大程度上表现为对少数民族文学学科界限的执着与谨慎，而这个学科界限又主要表现为对两条标准的把握：作家的少数民族身份和作品的少数

　　① 富育光：《辽金文学研究取得新的突破——国家重大项目"中国各民族文学的贡献及其相互关系研究"管窥》，《北方论丛》2003 年第 4 期，第 4 页。

民族特征。这两条标准的提出，可以追溯到 20 世纪五六十年代老一辈学者（如茅盾、老舍、何其芳等）对少数民族文学的界定，并一直被大部分从事少数民族文学研究的学者所认同。毋庸置疑，这两条标准对于厘清少数民族文学及相关学科的界限确实有重要的作用和意义，但是通过对文学创作和文学批评史实的考察，至少在古代少数民族文学领域，实际的情况要比这种泾渭分明的划分复杂得多。因为，古代少数民族文学不仅是少数民族文学学科的重要分支，也与古代文学学科有着千丝万缕的联系，从这个意义上说，古代少数民族文学具有明显的跨学科特征。因此，简单地拿相关的标准套用在古代少数民族文学研究之上，就多有不尽契合之处。

从创作实际来看，中国古代文学创作与民汉文化交融确实有着密切关系。中华文化是祖国 56 个民族共同创造的，从历史上来看，在全国范围曾有少数民族建立过分治或统一的政权。如鲜卑族建立的北魏，契丹族建立的辽，女真族建立的金，蒙古族建立的元，满族建立的清等，在中国历史上产生了重要而广泛的影响，其对文学创作与研究的影响也就不言而喻了。以汉文化为主体的中华文化对少数民族的影响扩大了，少数民族文化也一定程度地影响中原汉族。这种双向的互动，增强了汉族与少数民族之间的相互了解和文学上的相互吸收，从而使中华文学的共性增加。明代继承了元代国家内部相对统一的局面，恢复了元代时断时续的科举制度，提出"教化为先"，重视兴办学校，从中央到地方分置国子学、州县学和民间社学，并推广到民族地区。这都为各民族文化的交流与交融创造了有利的条件。

近些年来，各民族文学交融与中国古代文学研究已越来越引起学界的重视，可以说已经成为一门显学。少数民族文学与汉族文学的交融日益深入，各民族文学的交融也得到了长足的发展，丰富和发展着中华文学。在汉文学的影响下，元明清时期少数民族文人队伍扩大了，特别是在西北、西南和中南地区，产生汉文诗词、诗人的民族增加了。所以，从各民族文学交融的角度研究中国古代文学当是重要而有科学依据的，唯其如此才能真正反映祖国各民族所共同创造的中华民族文学的丰富性与多样性。同时，亦可为加强民族团结，树立民族自信心，科学认识"中华民族共同体意识"提供有说服力的实证材料。

文学接受和文学交往既是古代少数民族文士文学活动中普遍存在的事

实，也是他们的一种自觉的追求。这样的研究视角对中华多民族文学史的书写与建构是颇有益处的。古代少数民族文学研究需要将宏观与微观视角结合起来，也需要将文学遗产与现实意义结合起来，尤其要突出对中华文化的认同。

文学接受，主要是指少数民族文士对历史上经典性作品、文士、文风和文学观念的接受。纵观整个少数民族文学史，这种接受普遍地存在于少数民族文士的作品和文学批评著述当中。如杨宗红的论文《论容美田氏土司诗人群对唐诗的接受》指出，容美土家族田氏土司诗人相当尊崇唐诗，他们或以"诗仙"为尊，或学"诗鬼"之魂，或模义山之骨；或纵情田园山水，或模仿边塞诗，或拟题闺怨。"这些土司诗人群对于唐诗的接受，与汉文化中心论、晚明时代文学思潮影响、土家文化与汉文化的共同性、土司诗人自身个性与遭遇有着密切关系。"田九龄对李白、王昌龄诗的接受，体现为多处化用李白、王昌龄的诗句。田九龄对李白诗的接受是因其对李白人品、风度、诗风追慕有加，其对李白的接受也是全面的；田九龄对王昌龄边塞诗的接受，是基于田九龄对土家人出外作战保家卫国的肯定（容美土司多次应诏平叛倭寇，为维护国家的安定和民族的尊严屡建战功）。① 笔者和王谦谦的《明清少数民族诗人唐诗接受研究——以彝族、白族、纳西族为例》一文指出："明清少数民族诗人——特别是以彝族、白族、纳西族为中心的诗人'宗唐'倾向较为凸显，其诗作中对唐诗的接受主要表现在对唐诗的语句、意象、意境、结构、表现手法等的借用、化用，以及对唐诗体式的效拟和对唐人唐事的吟咏等方面。除此之外，许多文人大家的批点也证明了明清少数民族诗人确实受到了唐诗较深的影响。在对唐诗的接受和学习中，明清少数民族诗人的诗歌创作进一步焕发了生机与活力，取得了更突出的成就。少数民族诗歌创作对唐诗的接受，一方面丰富了自己的文化文学因素；另一方面也提升了唐诗在文学史上的经典地位。"② 李锋博士的《〈滇南诗略〉中对白族诗人评点的特征及价值》一文提出："《滇南诗略》中对白族诗人评

---

① 杨宗红：《论容美田氏土司诗人群对唐诗的接受》，《三峡大学学报》（人文社会科学版）2010年第3期，第12～15页。

② 多洛肯、王谦谦：《明清少数民族诗人唐诗接受研究——以彝族、白族、纳西族为例》，《民族文学研究》2018年第2期，第57页。

点的特征，展示了白族诗人对汉诗的全面接受，评点倾向上以'宗唐'为主，兼采各派。同时也展现了白族诗人与其他各族颇为活跃的文学交往情形，以及经过四百年的发展，白族文学已经在本族以外的云南文坛得到广泛的接受和认可；另一方面绝大部分参与评点者或为滇籍、或为滇官，也从一个侧面揭示了白族文学的影响力很大程度上还是局限在与云南有关联者的圈子里，而对这个圈子之外的文士则显得影响力不足。除了龚锡瑞等个别诗人之外，鲜有白族诗人受到当时文坛大家的关注或评论。"[①] 元代蒙古族诗人在多民族文化交融中，取得了较好的文学创作成就，形成了令人瞩目的诗文创作景观。我国学界从 20 世纪 80 年代开始关注这一领域，并为此付出了艰辛的努力，极深研几之功实不可没。《蒙汉文学交融中的元代蒙古族诗人汉文诗歌创作研究》一文指出，元代蒙古族诗人创作的汉文诗歌在蒙汉文学交融的大背景下熠熠生辉，于质于量都堪称上乘。"诗歌的思想内容丰富，有写景记游诗、即事感怀诗、社会讽喻诗、酬唱赠答诗等；在艺术特色上，善于语言混用、风格豪迈雄浑又兼魏晋唐宋的清丽闲婉、幽丽蕴藉。元代蒙古族诗人之所以能够创造出令人瞩目的诗文创作，与元代政治地位需求下形成的重视儒学及儒家人才、重视学校教育的政策及蒙汉两族人民相互交流形成的文化环境是紧密相关的。以蒙汉文学交融为视角对元代蒙古族诗人的汉文诗歌进行研究，可以发掘蒙汉文学交融在中国文学精神和中华文化传统生成中的积极作用，阐明中华文学和中华文化的崛起壮大是由众多民族共同参与和共同促成的。探讨、描绘蒙汉文学的碰撞、影响、交融等层面的历史关联，是对蒙汉文化交流的历史经验的系统归纳和总结，不仅对文学，而且对社会有着深远的意义。"[②] 米彦青的《唐诗对清中期蒙古族汉诗创作的影响》对清代八旗蒙古族诗人梦麟、法式善、和瑛等人的唐诗接受现象分析较为细致，从而勾勒了八旗蒙古族诗人对唐代诗人接受对象的选择与变异。"作为秉承唐代多位诗人诗风的接受者，他们在时代诗学导向下，以己身或质直或淡泊的个性成就了其或以豪宕或以清雅见长的诗风，并以相应的文学理论佐证，以

---

① 李锋：《〈滇南诗略〉中对白族诗人评点的特征及价值》，《民族文学研究》2016 年第 5 期，第 53 页。

② 多洛肯、孟静：《蒙汉文学交融中的元代蒙古族诗人汉文诗歌创作研究》，《内蒙古大学学报》（哲学社会科学版）2018 年第 6 期，第 5～16 页。

家族后人的实践传承。正因此，在当下审读这些熔铸着人生际遇、人文关怀和审美趣味的诗歌，我们渐益看清他们在追踪某种风格的诗人诗风时，以包容的襟怀，表现出了在唐诗影响下创作的多样性。从一定意义上说，这种多样性正是这些蒙古族汉诗作者把汉族优秀文化的传承扩大了，而这种民族间的文化融通也提升了唐诗于文学史的经典地位。"① 这同时也是他们作为清代诗人的独特价值所在。这种接受，实质上是一种文学交流和文化碰撞，对双方文学的发展都有促进作用。

文学交往，指少数民族文士与同时代文士，尤其是代表性文士的交往。这种交往的成果除了唱和的诗作和往来的书信之外，还有评点、序跋等文学批评文献。这种交往不仅展示了不同民族之间生动、活态的文学、文化互动，也反映了少数民族文士的创作在当时文坛的影响力。李锋博士的《容美土司家族文学交往史考论》可说是古代少数民族文学研究的又一力作。该书从文学交往的角度切入对明中期到清中期容美土司家族的文学成就进行研究和阐释，对9位文学家族诗人的文学交往现象进行了全面的梳理与考察，从文学交往的对象、交往情况等几个方面进行深入考证，并在此基础上对其文学交往的特征、影响和意义进行了分析。首次系统全面地研究了容美土司家族文学交往的情况，指出文学交往对于激发田氏家族的创作热情、推动其创作水平的发展有着直接作用。我们也能够看到容美田氏家族是如何借由文学交往主动积极地吸收汉文学的精华，并借以提升自身的文学修养，成为土家族乃至整个少数民族古代作家文学群体当中的佼佼者的。通过容美田氏土司家族的文学交往这一生动范例，我们可以深入考察中华民族文化"多元一体"格局形成和发展的过程，即南方诸民族是如何接受同一文化身份，作为中华文化的一成员，运用同一"文化话语"进行交流，以及这种交流对于促进族群交融起到了怎样积极的效果。在全面接受汉文化之前，容美田氏土司在文化心理上与汉族是有隔阂的。但随着"土司子弟入学"制度的推行，容美田氏开始由被动接受，逐渐转为主动学习汉文化，在这一过程中，不仅田氏家族的汉文化修养得到了提升，而且文化心理的隔阂感也得

---

① 米彦青：《唐诗对清中期蒙古族汉诗创作的影响》，《中国文学传播与接受国际学术研讨会（武汉）论文集》，2010，第278页。

以消融，最终在明代中期由田九龄、田宗文二人拉开了土家族与汉族文化交流交往的大幕。这一生动案例充分说明中华民族的核心不是血统、种族，而是文化，文化是中华民族这个民族共同体的内核，是奠定中华民族"多元一体"发展格局的关键因素。①

立足中华文学多民族融会共生共创的多民族文学史观，以治史的精神把握民汉文学交融生成、发展、流变的历程，从民族、地域、国家等诸多方面综合考察古代少数民族文学创作与汉族文人文学创作之间的双向影响的复杂关系，归纳总结民汉文学相互融通、整体推进的发展规律，阐述民汉文学交融与中华文学史的建构的内在联系等诸多理论问题，不仅可以为古代少数民族文学的研究提供新的材料和新的视角，还可以借由共同拥有的研究资料、共同关注的研究对象和相关联的研究主题，搭建与古代文学学术群体沟通和对话的桥梁，从而为古代少数民族文学研究乃至整个少数民族文学学科的发展提供更为广阔的平台和空间，并使其产生更为广泛的学术影响。这也将成为今后古代少数民族文学研究的重大学术命题。笔者认为，将古代少数民族文学创作放在民族大融合和多元文化交融的社会文化背景中阐述其内涵、特色和面貌，应从以下几个方面展开研究。

1. 少数民族文士对经典诗文的接受研究。从历时性的角度，分析少数民族文士对不同历史时期经典汉族诗文的接受状况及其呈现的特点和规律，包括两部分：首先是汉族经典诗文作品（包括总集和别集）在少数民族地区的传播研究，这方面的研究将主要关注经典诗文刊本、抄本在少数民族地区的印行、誊录和流布情况，以文本的发行和传播作为基本线索考察经典诗文作品在少数民族地区的传播路径、过程，并通过与同时期文化中心地区文本传播的比较研究，揭示少数民族地区经典诗文作品传播的特征、规律及内涵；其次是少数民族文人对汉族文人、文风和诗文作品的评论、模拟，这方面的研究将主要关注少数民族文人诗文集和地方性诗文总集（如《滇南诗略》《滇南文略》《黔诗纪略》《粤西诗载》《粤西文载》等）中所包含的少数民族文人作品中对汉族文人、文风和作品的评论以及拟作，通过对这些资料的梳理，揭示古代少数民族文人对于不同经典诗文作家及作品的接受角度

---

① 李锋：《容美土司家族文学交往史考论》，中国社会科学出版社，2018，第39~45页。

和相关的文艺美学思想的产生背景、内涵和特征。

2. 汉族与少数民族的文学交往研究。从共时性的角度，考察少数民族文人与同时代汉族文人的文学交往情况，包括四个部分：少数民族文人与汉族文人之间的文学结社、诗文唱和情况；少数民族文人与汉族文人相互的评价，包括序跋、评点、书论、诗话、词话等；同时代诗文总集对于少数民族文人诗文作品的选取情况，古代少数民族文人诗文集的刊刻、抄录情况；汉族文人对少数民族文人汉语诗作模拟创作的情况等。并以此为根底，梳理出一个纵向的古代少数民族文人诗文作品在中原文化共同体中融合衍变和被吸收的历程，揭示不同时期少数民族文人与当时主流文坛发生的接触与关联，为当时的文坛和诗学风气的形成与发展发挥的作用和作出的贡献。同时通过对汉族诗人创作的与少数民族诗人互相题赠与唱和的诗作的研究，揭示其类型及特点，总结其演化规律，评估其价值与意义。对汉族诗人到少数民族地区游历、仕宦创作的诗作进行研究，考察汉族诗人与少数民族地区的联系形式及表现形式，以及汉族诗人对少数民族地区的文学影响等，准确把握他们独特的思想和审美取向。

3. 少数民族代表性文人的文学影响研究。将主要根据后代诗文总集对少数民族文士诗文作品的选录情况，少数民族文人诗文别集在后世的刊刻、抄录和流传状况，后代诗人对于少数民族代表性文人及其诗文作品的评论、对其作品的模拟等相关资料，考察少数民族文人被尊奉为地方文学代表乃至时代文学经典人物的历史过程，并在民汉文学交融的视野下，运用影响研究的理论和方法，分析这些代表性文人发生影响的路径、范围、特征以及相关的原因，展现他们在民族、地域乃至国家文学史、文化史中的意义和地位。

4. 民汉文学交融的历史背景和文化内涵研究。从文学文化学的角度，结合官方史书和地方性史料，如地方志的学校志、选举志和人物志，以及明清的笔记、杂著等文献资料，分析明清政府在少数民族地区推行文化教育的举措和具体制度，包括土司子弟入学制度，少数民族地区府学、县学、卫学的设立情况和相关的学额配置的变化，少数民族地区士子参加科举的情况等，并考察这些制度、活动对于少数民族文学发展、民汉文学交融的积极作用和深刻影响。同时，还将从相对应的角度，分析民汉文学交融对于推进少数民族地区文化教育的发展、增强民族地区的文化向心力和对同一文化身份（中华民族成员）的认同，促进民族团结、维护国家统一所起到的重要作用。

三　建构清代少数民族文学家族研究的多元思路与视角转换

本书参阅大量文献，运用质化研究、阐释学、媒介生态学以及比较研究的方法等，对清代文学家族进行个体与整体间的比较研究。以文献学为基础，充分搜集相关材料，以诗文集为中心，尽力搜集府志、碑刻等史料展开研究。通过熟悉家族家谱、年谱等家族基本资料把握家族整体状况，通过对家族成员诗文集进行细致分析，掌握家族成员文学创作成就和特点，考察家族文学整体风貌，并尽量利用方志、碑刻等资料再现家族历史真貌。

本书运用文史结合之法，借鉴社会学、文化学的研究方法，将对家族成员的文学研究置于同时代文学语境中考量评价其意义。始终将各少数民族文学家族置于清代文学和学术的流变中考察，力图清晰地展示各少数民族文学家族及其文学发展历程。一个作家、一个家族是社会的单元，作为社会结构中的一部分，必然与特定时代的文化背景构成一种社会互动关系，成为整体的社会文化结构中一个有机的组成部分。而且，在数百年的历史演进过程中，一个家族的历史变迁本身就蕴含着深刻的文化意义，因此，对家族文学的研究必须用社会学、文化学的眼光来审视。本书各章都尽可能地贯穿这种眼光，力图在明清时期变迁的文化语境中，深入地考察家族文学的具体状貌及其文化内涵。

本书选取的文学家族时间限定在清代，少数民族文学家族成员所遗留的作品即是我们所需要的文献资料。因此，笔者曾数十次到全国各个图书馆以及民族地方文献馆搜集、整理清代少数民族文学家族的文学作品。而文献研究的历史特性有相对性，这种相对性体现在文献资料的搜集上，表现为先于研究者之前的研究成果都可以作为研究的一部分，这为后来的研究者的学术研究提供了便利条件。文献研究的灵活性主要表现在其操作上无须受到时间、空间等条件的限制，自由灵活，这让研究者可以在假期等闲暇时间前往目的地搜集第一手文献资料。文献法的运用本身就是继承与批判的过程，其根本目的在于比较和借鉴，对原有文献进行新的组装、升华，从中发现新观点。如周锦国先生所写的论文《清代白族诗人师道南及其名作〈鼠死行〉评析、考订》有力地反驳了付友丰所作《师道南和他的绝唱诗〈鼠死行〉》中师道南创作《鼠死行》的时间谬误，这就是文献法的继承与创造性的运用。

　　质化研究，也被译为"质性研究""质的研究""定性研究"等，原本作为心理学上的一种研究方法，被认为是"以研究者本人作为研究工具，在自然情境下采用多种资料收集方法，对社会现象进行整体性研究，主要使用归纳法分析资料和形成理论，通过与研究对象互动对其行为和意义构建获得解释性理解的一种活动"①。质化研究注重研究者与研究对象之间的关系。在质化研究中，研究者与研究对象处于平等的对话关系，研究者本人作为研究工具深入具体的情境之中，通过与研究对象的接触和对话，获得对问题的理解。这种理解是通过研究者本身的语言和研究对象所呈现出来的强烈"意愿"结合起来诠释的，只有研究者本人的参与，研究对象的意义才能被呈现。因此，质化研究的结果具有独特性和不可重复性。这也是质化研究的缺陷所在，但是对于文学的诠释，恰恰需要的是这份独特的、不可复制的感觉和情怀，就如人们常说的"一千个读者就有一千个哈姆雷特"。质化研究主要倾向于个案的研究，属于微观的研究层面，在少数民族文学家族的研究中，需要涉及诸多个案研究，通过研究者自身对研究对象的独特感悟来阐释家族文人的文学创作。

　　阐释学，又称诠释学（hermeneutics），是用来解释和了解文本的哲学技术。文本阐释的优劣与研究者自身的文学素养、独特感悟以及阐释能力息息相关，因此不同的研究者甚至会得出南辕北辙的结论，这也是在文本阐释的过程中不可避免的差异性。在研究清代白族各民族文学家族的过程中，笔者多次运用了阐释学的方法，对代表性家族文人的诗歌从内容、形式到风格特色都进行了详尽的阐述。

　　媒介生态学（media ecology），又称传播生态学（communication ecology）、传媒生态学。清代的传播途径虽然受到经济、政治、交通等各种

① 陈向明：《质的研究方法与社会科学研究》，教育科学出版社，2000，第12页。

条件的限制，但是赵州白族师氏文学家族成员通过诗集的印刷、文人间的交往唱和、组团结社等形式传播了文学，甚至形成了西南地区名动一时的文化圈。赵州师氏文学家族也凭借文学的传播，形成了一种地方上的文化现象，这种文学世家在地方上产生的影响要远远大于成就突出的个人。

最后通过比较研究的方法，在对各种资料广泛占有的前提下，将各少数民族文学家族成员的诗歌创作内容、形式以及风格特色进行归纳总结，再作比较分析，探讨整个文学家族诗歌创作的共同特征，求同存异，以求客观、具体、翔实地展现一个文学家族对地方文学作出的贡献。

研究古代少数民族文学，同样无法绕开作家和批评家的身份问题，但是也因此让人产生了两点疑问：一是作家是否具有身份意识，作品是否有民族特征；二是汉族文人对少数民族作家的批评是否应纳入研究范畴。

相比于当代作家，古代的少数民族文人，尤其是南方的少数民族文人并不一定有明确的身份意识，即对自己少数民族身份的自觉体认，因此也就不会在作品中刻意表现"民族特征"和"民族风情"。相反，对中国传统诗文主流美学风格的追求却成了这些文人的首要目标，如少数民族诗人对唐、宋诗风的刻意模仿。史实如此，研究者大可不必苛求，也就不用因为"民族特征"这个标准的存在，而在少数民族文人的诗文作品中去刻意搜寻、强为之说。相反，恰恰应该重视少数民族文人非"民族化"特征作品的意义，即少数民族文人能够纯熟运用汉文创作富有主流美学风格的诗文，以及这种创作实践的产生、发展过程，从一个侧面证明了中华民族"多元一体"格局的形成自古已始、源远流长。

另外，汉族文人与少数民族文人在交往过程中留下的大量诗文唱和作品和文学批评文献，也因为学科视野的局限，而经常缺席对古代少数民族文学和文论的整理和讨论。但是正如王佑夫先生所说："在我国少数民族文学理论批评发展历程中，汉族学人作出了积极而不可或缺的贡献，他们的著述应被视为少数民族文学理论批评的组成部分，纳入研究范围之内。"[①] 中南民族大学李锋博士曾撰写《〈田氏一家言〉的文学批评方法及特色》（《民族文学研究》2015 年第 4 期）、《〈滇南诗略〉中对白族诗人评点的特征及价

---

① 王佑夫：《拓展民族文论研究》，《西北民族研究》2013 年第 4 期，第 200 页。

值》(《民族文学研究》2016 年第 5 期)等论文,重点讨论汉族文士对少数民族文士诗作的批评问题。实际上,有关汉族对少数民族文学批评的研究,不仅不会妨碍到少数民族文学学科的"纯洁性",反而可以极大地充实少数民族文论的武库,拓展少数民族文学研究的范围和视野,使得相关的研究在深度和广度上都得到提升。同时,这种研究也因为具有民族文化交流的意涵从而体现出更高的学术价值。

因此,古代少数民族文学研究必须走出对少数民族文学学科的固有印象,正视其跨学科特征,积极主动地与汉族古代文学研究进行对话和交流,才能让其走入主流视野。而在如何展开跨学科的研究和对话方面,多民族文学交融于中国古代文学研究是一种新的研究范式与视角。

有清一代 260 余年,是中国古代民族迁化演生、分布情势的定型期,各民族文化在广域间深度交流互动的新的高峰期,促进着古代中华文明的成熟。清代少数民族诗文创作蓬勃遽兴,超越前代,其文学创作对清代文学的繁荣起到了重要的作用。清代少数民族作家的文学创作既是本民族的,又是汉语文文学的光辉篇章。在这里,各少数民族文人的汉语写作,曾经发挥着极为重要的导引、推动作用,尤其应该予以特别的关注,作为学科方向系统、深入研究。少数民族作家的文学创作,为少数民族文学书写新篇章的同时,也为汉语文文学的发展壮大作出了贡献,达到了古代少数民族文学史上的最高水平。

值得庆幸的是,已经有一部分研究者注意于此,并进行了成功的尝试,古代少数民族文学研究,多头并进,气象峥嵘。提出新的少数民族文学研究范式,通过研究范式的转变,取得更大的成绩,为古代少数民族文学研究突破自身困境、进行自我反思提供了新的可能。同时,我们要牢固树立学术研究中的文献意识,必须尽可能全面地搜集相关资料,然后对相关资料进行考辨。没有一定的文献整理成果,相关的研究都是空中楼阁。国家文献整理工程项目的立项,为这些研究的深入开展提供了契机。许多被我们忽视的少数民族文学群体和各民族文学交往交流的文学现象已从遮蔽的状态中走出来,努力探寻文学发生的现场,还原符合历史真实面貌的丰富文学风貌,彰显古代少数民族文学创作的文化影响力,揭示其独特的审美趣尚与文化品格,全面总结这一群体在中国文学史上的地位和作出的贡献。

上　编
清代少数民族文学家族综述

第 一 章
清代满族文学家族综述

　　满族肇兴自中国东北，于崇祯十七年（1644）入关，登上中国的政治舞台，开始对全国进行管理。在政治体制方面，清朝全面承袭明制。在文化政策方面，清廷一方面通过科举考试笼络大批汉族士人进入体制内为其服务；另一方面，为维护其在政治体制中的领导地位，满族上起皇室、下至普通八旗子弟，在保持满族"国语骑射"旧俗的同时，全面学习和接受儒家文化。在这种大的文化生态环境的培植下，满族很快形成了众多熠熠生辉的文学家族。这些家族不仅在科举方面取得了巨大成就，而且用汉文进行创作，形成了众多皇皇巨著，创作成果蔚为大观，可与汉族文学家族相埒。

　　但是学界对满族文学家族的关注和研究却与其在历史上取得的成绩不相称。迄今为止，对清朝满族文学家族的研究大都集中在个案研究方面，文章共有两篇：①多洛肯、吴伟《清代鄂尔泰家族诗歌创作刍议》（《沈阳师范大学学报》2015 年第 5 期），梳理了鄂尔泰家族整体的文学特色；②多洛肯、周松《清代主流诗学影响下的满族汉军蒋氏家族的诗歌创作》（《沈阳师范大学学报》2017 年第 1 期），在爬梳该家族文学成就的同时，也论述了该家族与当时主流诗学流派的关系。除了家族个案研究外，还有从满族家族文学发展时期和汉文创作角度开展的研究，笔者共发表了三篇论文：①《清后期满族文学家族及其诗文创作初探》（《满语研究》2013 年第 1 期），梳理了清后期满族家族文学的总体情况和特征；②《清代中期满族文学家族及其诗文创作初探》（《西北师大学报》2014 年第 6 期），对满族文学家族的产生有整体论述；③《清代满族文学家族文学创作叙略》(《中国文学研究》第二十三辑,2014 年 7 月),全面考察了满族文学家族的特点和产生的背景。此外,还有王丹《20 世纪以来满族家族史研究评述》(《黑龙江生态工程职业学院学报》2017 年第 1 期)。以上针对清朝满族文学家族的研究都集中在个案和分期方面,没有从整体上对满蒙文学家族进行观照。还有关于此方面的硕士学位论文:《清代富察氏家族文化研究》(西南大学,陶诗媛,2012)。随着文学家族研究的深入,有必要对清朝满族文学家族进行整体研究,因此本章将分清朝前期、清朝中期和清朝后期来分别探究满族文学家族的特点、成就及其在文学史上的价值。

一 清代满族文学家族概况及其构成类型

家族是以血缘为纽带联结起来的亲族关系,以此关系为基础向外扩展形成了家族间的交往互动。因此,研究清朝满族文学,也须从家族角度切入来研究满族文学家族形成的原因、取得的成就和产生的影响。满族文学家族在清朝入关以前即有,但数量较少,没有形成规模。入关以后,清朝统治者大力发展八旗学校教育,先后创办了八旗官学、宗学、觉罗学、义学等多种形式的教育;同时在顺治初年开科取士,选拔八旗子弟进入仕途。在学校教育和科举考试的双重作用下,满族八旗(此处也包括汉军八旗)在政治上的优势延伸到了文学领域,形成了众多满族文学家族。

本章胪列的满族文学家族是指家庭内部至少有两个成员在文学方面有所成就的满族家族。运用《清史稿》(赵尔巽等撰,中华书局,1977)、《八旗艺文编目》(恩华纂辑,关纪新整理、点校,辽宁民族出版社,2006)、《熙朝雅颂集》〔(清)铁保辑,赵志辉校点补,辽宁大学出版社,1992〕、《晚晴簃诗汇》(徐世昌编,闻石点校,中华书局,1990)、《清人诗集叙录》(袁行云著,文化艺术出版社,1994)、《清诗纪事》(钱仲联主编,凤凰出版社,1987)、《八旗文经》(盛昱、杨钟羲等编撰,马甫生等标校,辽宁古籍出版社,1988)、《梧门诗话合校》〔(清)法式善著,张寅彭、强迪艺编校,凤凰出版社,2005〕、《清人别集总目》(李灵年、杨忠主编,安徽教育出版社,2000)、《杭州八旗驻防营志略》(马协弟主编,

辽宁大学出版社，1994）等资料爬梳整理出了 95 个满族家族及其相关
资料：

表 1—1　清朝满族文学家族简况

序号	家族	家族成员	族属	家族谱系	生平简介	姻娅情况	著述情况
1	佟佳氏	佟国正			兵部尚书		
		佟世思	汉军正蓝旗	国正次子	先世居佟佳地方，以任子得官，官临贺，调思恩县		《与梅堂遗集》十二卷附《耳书》一卷、《鲊话》一卷
		佟世男	汉军正蓝旗	世思胞弟	籍辽阳，广东琼山县知县。康熙间人		《篆字汇》、《东白堂词》、《恩平县志》十一卷
		佟钺	汉军正蓝旗	世思次子	陕西葭萌州知州		《尔尔斋诗存》
2	年氏	年希尧	汉军镶黄旗	遐龄长子	官广东巡抚、内务府总管		删定刊行《五方元音》，著《视学精蕴》一卷、《测算刀圭》一卷、《面体比例便览》、《对数广运》、《万数》、《平立方表》、《算法纂要总图》、《集验良方》
		年羹尧	汉军镶黄旗	希尧弟	康熙三十九年（1700）进士，平青海有功		《治平胜算全书》、《经邦轨辙》、《题杨紫宸小照》（《清诗纪事》第一册）
		年熙	汉军镶黄旗	羹尧长子	康熙五十年（1711）举人		
		年汝邻	汉军镶黄旗	希尧孙	流寓扬州，诗画皆能		《瘦生吟稿》

续表

序号	家族	家族成员	族属	家族谱系	生平简介	姻娅情况	著述情况
3	甘氏	甘文焜	汉军正蓝旗		其先自丰城徙沈阳,以官学生授工部笔帖式入仕。康熙年间,迁云贵总督,后死于吴三桂叛变		
		甘国璧	汉军正黄旗	文焜子	官云南巡抚、正黄旗汉军都统		著《实政条要》《农圃要览》
		甘运源	汉军正黄旗	文焜曾孙	先世江西丰城人,移沈阳,官广东英德象岗司巡检		《长江万里集》《西域集》《啸岩诗存》
		甘运瀚	汉军正黄旗	运源弟			著《舞遮轩稿》
4	纳兰氏	纳兰明珠	满洲正黄旗		皇太极、康熙朝人	与皇室有两次联姻 1. 明珠姑祖母与努尔哈赤联姻 2. 明珠娶英亲王阿济格之女	著诗《汤泉应制谨序》(见《熙朝雅颂集》卷第二,第 368 页)
		纳兰性德	满洲正黄旗	明珠长子	康熙间进士		《合订删补大易集义粹言》八十卷、《礼记陈氏集说补正》、《通志堂经解》一千八百卷、《通志堂集》十八卷附录二卷、《词韵正略》(小学)、《饮水诗》不分卷、《纳兰词》五卷附补遗、《全唐诗选》、《今词初集》二卷、《渌水亭杂识》四卷、《侧帽集》

续表

序号	家族	家族成员	族属	家族谱系	生平简介	姻娅情况	著述情况
4	纳兰氏	纳兰揆叙	满洲正黄旗	明珠次子	康熙间人		《益戒堂集》十八卷、《鸡肋集》、《隙光亭杂识》、《后识》、《后集》八卷、《文钞》二卷
		纳兰揆方		明珠三子		娶宗室女	
		纳兰氏	满洲正黄旗	明珠女,揆叙妹。侄永寿	康熙间人		著《秀余诗稿》一卷
		兆佳氏	满洲	揆叙室			工吟咏,著《西园诗抄》
		纳兰永寿	满洲正黄旗	揆方子,过继揆叙	刑部侍郎		收集父亲遗稿编成《益戒堂诗后集》,作《事物纪原补》十卷
		思柏	汉军正黄旗	副都统含太公之女阿氏,永寿室			著《合存诗稿》
		纳兰氏	满洲正黄旗	永寿女儿		乾隆舒妃	
		纳兰永福		揆方子,过继揆叙	任盛京户部侍郎	娶皇九子允禟女三格格	
5	刘氏	毓英	汉军镶白旗		官山东按察使,遂移家济宁		
		刘淇	汉军镶白旗	毓英子	顺治初生,康熙末卒		著《助字辨略》五卷、《诏对》一卷、《卫园集》、《周易通说》、《禹贡说》、《堂邑志》二十卷
		刘汶	汉军镶白旗	淇弟	康熙二十六年(1687)举人,诗人		著《太极答问》、《陈言》、《女训》《鲁田诗》二卷、杂文一卷

续表

序号	家族	家族成员	族属	家族谱系	生平简介	姻娅情况	著述情况
6	范氏	范文程	汉军镶黄旗		大学士		《清诗纪事》录其诗《庐龙兵备使者张君总戎刘君郡守彭君司理任君邑宰李君备游孤竹城置酒清风台有作》
		范承谟	汉军镶黄旗	文程次子	顺治九年(1652)壬辰科进士,累官福建总督,耿逆叛,不屈,被害		著《范忠贞公浙闽奏议》、《范忠贞公全集》四卷(附附录)、《吾庐存稿》、《百苦吟》、《画壁遗稿》
		范承勋	汉军镶黄旗	文程三子,承谟弟	奉天镶黄旗人,康熙间由荫生官兵部员外郎,历官御史、云贵总督、两江总督		著《通鉴参注》、《鸡足山志》十卷、《世美堂奏疏》、《世美堂诗文》
		范承斌	汉军镶黄旗	文程四子	袭一等子爵		存诗九首(见《熙朝雅颂集》卷第二)
		范承烈	汉军镶黄旗	文程五子	康熙三十八年(1699)由内阁侍读学士迁内阁学士		《雏凤堂集》未传世,《范彦公诗》传世
		范宏禧	汉军镶黄旗	文程曾孙	幼以苦学致羸疾,不求仕		《潜索录》四卷
7	李氏	李兴祖	汉军正黄旗	辉祖兄,任李锴	累官山东布政使		《灵岩志》《课慎堂诗集》《畹芸集》《庆云县志》
		李辉祖	汉军正黄旗				
		李鋐	汉军正黄旗	辉祖长子			著《惟清斋诗稿》

续表

序号	家族	家族成员	族属	家族谱系	生平简介	姻娅情况	著述情况
7	李氏	李锴	汉军正黄旗	辉祖次子	自朝鲜迁辽东铁岭，莫知时世，遂为铁岭人	妻子为大学士索额图女	著《原易》三卷、《睫巢集》六卷、《睫巢后集》、《含中集》五卷、《眉山遗文》一卷、《集杜》一卷、《尚书》七十二卷、《豸雅》、《诗解颐》、《春秋通义》十七卷、《铁君文钞》二卷、《击筑记传奇》
		恒若	满洲	锴室			《国朝闺秀正始集》有其诗
		李方勤	汉军正黄旗	鋐子			《李村集》《滋兰室诗集》《洗石山房诗集》
8	卞氏	卞三元	汉军镶红旗	永誉父	崇德六年（1641）举人，顺治九年（1652）任荆州道使，官云贵总督		著别集《公余诗草》
		卞永誉	汉军镶红旗	三元子	由荫生补通政使知事，累官福建巡抚		著《式古堂书画汇考》六十卷、《式古堂集》
		卞永吉		永誉弟	历官江南扬州府推官、四川绵州知州		著《来远堂集》
9	蔡氏	蔡士英	汉军正白旗		初籍锦州。顺治间出为江西巡抚，寻改漕运总督		《督漕奏议》、《抚江集》十五卷、《滕王阁集》十三卷、《滕王阁续集》不分卷
		蔡毓荣	汉军正白旗	士英次子	康熙十七年（1678）为绥远将军，二十一年（1682）授云贵总督，因事遭成黑		《通鉴本末纪要》八十一卷

序号	家族	家族成员	族属	家族谱系	生平简介	姻娅情况	著述情况
9	蔡氏	蔡珽	汉军正白旗	毓荣子	康熙三十六年（1697）进士，累官吏部尚书、直隶总督，降奉天府府尹		《楞严会归》十卷、《守素堂诗集》
		蔡琬	汉军正白旗	毓荣女		尚书高其倬继配	著《蕴真轩诗抄》二卷
10	吴氏	吴兴祚	汉军正红旗		顺治兴祚自贡生授江西萍乡知县，原籍浙江山阴，徙铁岭		《巡海诗稿》《史迁句解》《宋元声律选》《留村诗稿》《留村词》
		吴乘权		兴祚从子			《纲鉴易知录》九十二卷
11	郎氏	郎廷极	汉军镶黄旗	永清四子	历官河南盐法道、山东登莱道、福建按察使		《文庙从祀先贤先儒考》一卷、《胜饮编》、《集唐要法》、《北轩集》
		朗廷槐	汉军镶黄旗		累官贵州永城通判		著《诗问》一卷、《文则》四卷、《江湖夜雨集》三卷
12	辉发纳喇氏	马林保	满洲镶红旗	伊麟兄	雍正二年（1724）为伊麟刻书		
		伊麟	满洲镶红旗		康熙间官笔帖式，从事河工		著《种墨斋集》三卷（诗二卷、诗余一卷）
		伊福纳	满洲镶红旗	伊麟子，马林保从子	雍正八年（1730）进士，由员外郎累官御史		《白山诗抄》八卷、《农曹集》、《蜕山诗稿》
13	佟佳氏	法海	满洲镶黄旗		康熙三十三年（1694）进士，官兵部尚书罢、副都统衔		《悔翁集》
		夸岱	满洲镶黄旗	法海弟	由侍卫承袭恩公，官兵部尚书		《桐轩集》一卷

续表

序号	家族	家族成员	族属	家族谱系	生平简介	姻娅情况	著述情况
14	伊尔根觉罗氏	伊桑阿	满洲正黄旗		顺治九年(1652)进士		
		乌云珠		伊桑阿室	诰封一品夫人		著《绚春堂吟草》
		伊都立	满洲正黄旗	伊桑阿三子	先世居瓦尔喀，康熙三十八年(1699)举人，时年十三，官云贵总督		《嘉乐堂诗集》一卷
		伊尔谨		伊都立弟			《印月斋诗集》
15	赫舍里氏	何浩	满洲正黄旗		康熙六十年(1721)进士，官翰林院侍读学士，书法宗张司寇		篇什寥寥，不克多见。著诗《怀景师》(《熙朝雅颂集》卷第二十六)
		何溥	满洲正黄旗	浩弟	康熙六十年(1721)与兄何浩同榜进士，官刑部主事。从靖边大将军傅尔丹军，与副将军纳尔弼同时死难，入祀昭忠祠		著《慎余堂诗文集》《谦斋诗集》
16	温都氏	鄂海(？—1725年)	满洲镶白旗		世居纳殷江，由中书累官陕西布政使、陕西巡抚、川陕总督		著《抚苗录》
		达礼	满洲镶白旗	鄂海子	官郎中		著《全石堂诗文集》二卷
17	伊尔根觉罗氏	顾八代(？—1709年)	满洲镶黄旗		由荫生累官礼部尚书，康熙十四年(1675)满员京试夺魁		撰《顾文端公节抄》一卷、《敬一堂诗抄》十六卷、《清文小学集注》六卷

序号	家族	家族成员	族属	家族谱系	生平简介	姻娅情况	著述情况
17	伊尔根觉罗氏	顾琮（1685—1754年）	满洲镶黄旗	八代孙	由监生修算法，授吏部员外郎，雍正四年（1726）巡视长芦盐政。直隶河道总督、江南河道总督，江苏、浙江巡抚，乾隆十九年（1754）卒		著《静廉堂诗文集》《静廉堂诗钞六卷·文钞一卷》
18	董鄂氏	珠亮	满洲正红旗	都统齐什子	袭一等男爵		著《冷只山堂诗》
		养易斋学人		袭封男爵珠亮室	封一品夫人	宗室嘎公女	著《养易斋诗》一卷
		嵩山		珠亮长子	以子贵，封武功将军，通经史、善骑射		著《余廉堂诗稿》六卷
		峒山		嵩山弟	以诗书为业		著《柏翠山房诗》
		兰轩主人		嵩山室，都统能泰母	以子贵，封一品夫人	慎贝勒图公孙女，庄亲王女	著《兰轩诗》一卷、《柏翠山房诗稿》一卷
19	张氏	张勇	汉军		陕西咸宁人，明副将，顺治间隶旗籍		《张襄壮公奏疏》六卷
		张云翼		勇子	袭封靖逆侯。由京卿官廷尉，改授松江提督、福建总督		著《式古堂诗文集》不分卷
20	洪氏	洪承畴（？—1665年）	汉军		明万历四十四年（1616）进士，累官至蓟辽总督，顺治十年（1653）出为湖广等处五省经略		著《奏对笔记》

续表

序号	家族	家族成员	族属	家族谱系	生平简介	姻娅情况	著述情况
20	洪氏	洪士铭	汉军	承畴子	太常卿士		
		洪奕沔	汉军	承畴孙、士铭子	固山额驸，袭三等轻车都尉		著《长虹斋集》
21	施氏	施琅（？—1696年）	汉军镶黄旗		福建晋江人，康熙元年（1662）擢水师提督。二十二年（1683）台湾平，封靖海侯		著《施襄壮奏议》《靖海纪事》
		施世纶	汉军镶黄旗	琅子	袭靖海侯。康熙二十四年（1685）以荫授江南泰州知州，官漕运总督		著《南堂诗抄》十二卷、附词赋一卷
22	姚氏	姚启圣	汉军镶红旗		浙江会稽人，明季为诸生，康熙二年（1663）八旗乡试第一，助施琅取台湾，后历狼山、杭州诸镇总兵		著《忧畏轩遗稿》
		沈氏		启圣继室			著《寄生草》
23	刘氏	刘廷玑	汉军镶红旗		仕宦浙江，入祀浙江名宦祠		《在园杂志》四卷、《葛庄分类诗钞》
		刘氏		廷玑女		运判张渊度继室	著《绣余吟》
24	靳氏	靳辅	汉军镶黄旗		先世济南历城人，徙辽阳，河道总督		《治河方略》《靳文襄公奏疏》
		靳治荆	汉军镶黄旗	辅从子	官安徽歙县知县、甘肃固原州知州、浙江宁波府同知、江西吉安府知府		《思旧录》、《香海词》一卷

续表

序号	家族	家族成员	族属	家族谱系	生平简介	姻娅情况	著述情况
25	朱氏	朱伦瀚	汉军正红旗		先世山东历城人，康熙五十一年（1712）武进士，乾隆二年（1737）以御史用，擢副都统，署侍郎		《闲青堂诗集》十卷附《天台游草》、《闲青堂集疏》二卷
		王秉韬	汉军	孝纯舅	乾隆十二年（1747）举人，由知县官河东河道总督		《含溪诗草》二十卷
		朱孝纯	汉军正红旗	伦瀚子	乾隆二十七年（1762）举人，起家四川简县知县，移守泰安府，迁两淮盐运使。		《泰山图志》八卷、《海愚诗钞》十二卷
26	富森泰家族	富森泰	满洲镶红旗		乾隆间进士		《坦园》初稿、二稿，《焚馀稿》
		凤仲梧	满洲镶红旗	富森泰子			世其家学，长于古诗，惜无作品传世
		德进	满洲镶红旗	富森泰族弟			《古今字体考源》二十卷（小学）、《古今字体吟》（小学），《熙朝雅颂集》录其诗《画松》
27	高氏	高述明	汉军镶黄旗	斌兄	官甘肃平凉镇总兵		著《积翠轩集》上下卷
		高斌	改隶满洲镶黄旗		乾隆十二年（1747）文渊阁大学士，乾隆十八年（1753）卒	高斌之女适乾隆	著《初学切要》《固哉草亭诗文集》
		高焯	汉军	斌曾孙	嘉庆间举人，官通判		《蓉波吟草》

序号	家族	家族成员	族属	家族谱系	生平简介	姻娅情况	著述情况
28	蒋氏	蒋毓英	汉军镶蓝旗		浙江布政使		著《玉川文稿》一卷
		蒋国祚	汉军镶蓝旗	毓英次子	顺天宝坻人		《两汉字句异同考》、《梅中诗存》不分卷
		蒋韶年	汉军镶蓝旗	国祚侄	山西平度知州		《吏隐集诗存》四卷
		蒋攸铦	汉军镶蓝旗	国祥孙，韶年长子	乾隆四十九年（1784）进士		《黔轺纪行集》一卷、《斯盛集试帖精萃》、《绳枑斋诗集》十二卷、《同馆律辅精萃》六卷
		蒋攸钦	汉军镶蓝旗	国祥孙，韶年次子，攸铦弟	官云南丽阳司李		《约园诗存》上下卷
		蒋霨远	汉军镶蓝旗	攸铦子	道光九年（1829）举人，官户部员外郎		《绳枑斋年谱》
29	叶赫那拉氏	常安	满洲镶红旗		康熙三十二年（1693）举人，康熙、雍正间人		著《明史评》、《箕踞冷语》、《居家说》三卷、《受宜堂宦游笔记》、《受宜堂集》四十卷、诗余三卷
		常钧	满洲镶红旗	常安弟	乾隆七年（1742）官甘肃安西按察使，署江西巡抚。云南、湖南巡抚。乾隆五十四年（1789）卒		《敦煌随笔》上下卷
30	钮祜禄氏	和珅	满洲正红旗		乾隆年间以生员入仕		《嘉乐堂诗集》不分卷、著《热河志》一百二十卷

续表

序号	家族	家族成员	族属	家族谱系	生平简介	姻娅情况	著述情况
30	钮祜禄氏	和琳	满洲正红旗	和珅弟	乾隆间由笔帖式迁郎中,累擢四川总督,黔湘苗乱,和琳赴剿,卒于军		著《卫藏通志》十六卷和《芸香堂集》上下卷
		丰绅殷德	满洲正红旗	和珅子	累擢都统兼护军统领、内务府大臣	尚固伦和孝公主,与公主素和睦	著《延禧堂诗抄》,作《青蝇赋》
31	拜都氏	伊汤安	满洲正白旗		乾隆三十六年（1771）举人,历官贵西道,贵州、云南、河南按察使、太常寺卿、内阁学士		著《嘉兴郡志》《耐庵集》《嘉荫轩诗集》
		继昌	满洲正白旗	伊汤安长子	嘉庆五年（1800）举人,十一年（1806）由户部员外郎授侍讲		著《大丹问答一篇》《校本抱朴子》《秩文》《养生论》《尘定轩谭萃》《尘定轩诗词抄》
		钟昌	满洲正白旗	伊汤安次子	嘉庆十四年（1809）进士,由主事累官仓场侍郎、刑部侍郎、科布多参赞大臣	图敏婿	著《竹南蕉北诗赋偶存》
32	他塔喇氏	图敏	满洲镶黄旗	侄秀坤,婿钟昌	乾隆三十七年（1772）进士,累官内阁学士、副都统,屡充学差及读卷大臣		《百一草》不分卷
		秀坤	满洲正蓝旗		嘉庆六年（1801）恩科进士,散馆授编修,为和阗办事大臣		《只自怡悦诗抄》

序号	家族	家族成员	族属	家族谱系	生平简介	姻娅情况	著述情况
33	董鄂氏	铁保	满洲正黄旗		世为将家。折节读书,年二十一成乾隆三十七年(1772)进士		《惟清斋诗文集》《梅庵诗钞》《淮西小草》《白山诗介》《淮上题襟集》《回民风土纪略》《熙朝雅颂集》《梅庵自订年谱》《梅庵奏疏》
		莹川	满洲	内阁侍读学士巴克棠阿之女,尚书铁保室			著《如亭诗稿》二卷
		玉保	满洲正黄旗		乾隆四十六年(1781)进士		《萝月轩存稿》诗六卷、赋一卷,《萝月轩诗钞》八卷,《石经堂诗集》,辑《墨卿堂集》三卷(恒裕撰)
		瑞元	满洲正黄旗	铁保子	道光元年(1821)举人,西藏办事大臣,咸丰元年(1851)改湖北按察使,粤乱,阖门殉难		
34	章佳氏	阿克敦(1685—1756年)字冲和,一字立恒,号恒岩	满洲正蓝旗		康熙、雍正、乾隆间人。康熙四十八年(1709)进士		别集《德荫堂集》十六卷、《阿克敦集》一卷

续表

序号	家族	家族成员	族属	家族谱系	生平简介	姻娅情况	著述情况
34	章佳氏	阿桂	满洲正白旗	阿克敦子	乾隆三年（1738）举人，官至武英殿大学士		著《阿文成公心悟》
		阿必达，初名阿弥达	满洲正白旗	阿桂子	阿桂得罪，发遣广东雷琼镇		辑《河源纪略》
		那彦成（1764—1833年）	满洲正白旗	阿克敦曾孙，阿桂孙，阿必达子	乾隆三十四年（1769）进士		著《阿文成公年谱》三十四卷、《那文毅公遗编》
		庆霖（？—1844年）字伯苍	满洲正白旗	鄂礼世父，鄂素父	道光十四年（1834）举人。以荫官刑部员外郎		著《松阁阁诗抄》二卷
		庆廉	满洲正白旗	鄂礼父	道光十六年（1836）进士		著《白云红树山房诗存》
		鄂素	满洲正白旗	那彦成孙，庆霖子			亦能诗
35	颜札氏	彦德	满洲镶黄旗		乾隆四十八年（1783）举人，由世荫任都统及乌里雅苏台将军，绥远将军		著《慎一堂诗抄》
		景廉	满洲镶黄旗	彦德子	先世居吉林，为满洲巨族。咸丰二年（1852）壬子恩科进士，历官军机大臣、兵部尚书，降内阁学士		《奏疏》、《冰岭纪程》一卷
		治麟	满洲	景廉子	光绪三年（1877）进士，国子监司业，能文		著《景秋屏先生行状》

续表

序号	家族	家族成员	族属	家族谱系	生平简介	姻娅情况	著述情况
36	高氏	高其倬,字章之,号芙沼,又号种筠	汉军镶黄旗		先世自高密迁铁岭,康熙三十三年(1694)进士,迁云贵总督,调闽浙和两江	绥远将军蔡毓荣婿	著《高文良公奏疏》十卷、《堪舆家言》、《味和堂诗集》
		高树勋	汉军镶黄旗	其倬四子	乾隆三年(1738)举人		著《石堂诗抄》二卷
		蔡琬	汉军	其倬继室	一品夫人,才识过人,读书抚琴		《蕴真轩诗钞》,尤工诗律
37	百龄父子	百龄	汉军正黄旗		乾隆三十七年(1772)进士		著《除邪纪略》、《守意龛集》二十八卷
		札拉芬	汉军正黄旗	百龄子			著《南陔遗草》
38	刘氏	赛都	汉军		康熙五十四年(1715)武状元,官云南开化镇总兵		著《滇南诗草》
		刘淳	汉军	赛都子	铁岭人,乾隆十五年(1750)武举人		著《虚白印稿》《燕市杖藜吟》《虚白诗抄》
39	曹氏	曹寅(1659—1712年)	汉军正白旗	国玺子	世居沈阳,官通政使,江宁织造兼巡视两淮盐课。康熙五十一年(1712)卒于扬州		《居常饮馔录》《栋亭数目》《栋亭诗抄》《栋亭五种》《栋亭十二种》《栋亭诗文词钞》
		曹颙	汉军正白旗	寅子			
		曹霑	汉军正白旗	颙子			《红楼梦》
		昌龄	满洲镶白旗	寅外甥	富察氏,雍正元年(1723)恩科进士		著《时名集》

序号	家族	家族成员	族属	家族谱系	生平简介	姻娅情况	著述情况
40	常氏	善泰	满洲镶黄旗		康熙间奉调征西藏,屡著劳绩,由左营右翼协领升右营副都统		《草竹轩诗集》四卷、《草竹轩诗余》一卷、《草竹轩杂录》一卷
		玉麟	满洲镶黄旗	善泰孙	原名常松保,考取笔帖式,嘉庆中,入觐京师,赐翰林及第,仍以佐领回驻防原旗供职,杭州驻防		《自怡斋集钞》二卷
41	章佳氏	尹泰			大学士		
		尹继善(1696—1771年)	满洲镶黄旗		原居长白山俄漠和苏鲁,继迁宜汉阿拉地方,雍正元年(1723)进士		著《尹文端公诗集》十卷,辑《斯文精粹》不分卷;《纪恩诗》一卷
		永璇		尹继善婿		乾隆第八子	
		庆桂	满洲镶黄旗	尹继善长子			编《尹文端公诗集》
		庆兰	满洲镶黄旗	尹继善次子	庠生		著《萤窗异草》
		琨玉,字子如,号霞川,别号瑑如		尹继善侄	乾隆三十年(1765)拔贡,安徽滁州知州		《柱笏轩存草》初编、二编
42	索绰络氏(又石氏)	富宁	满洲正白旗				著《东溪先生诗》
		永宁	满洲正白旗	富宁弟	居辽东,左都御史		《东村先生诗》《寸寸集》《铸陶集》
		观保(?—1776年)	满洲正白旗	永宁子	乾隆二年(1737)进士		著《补亭诗稿》《补亭先生遗稿》

续表

序号	家族	家族成员	族属	家族谱系	生平简介	姻娅情况	著述情况
42	索绰络氏（又石氏）	德保（1719—1789年）	满洲正白旗	观保从弟	乾隆二年（1737）进士，累官礼部尚书		著《乐贤堂诗文抄》十三卷、《定圃遗稿》不分卷，编《诗帖含辉》，修《平定州志》8卷
		英和	满洲正白旗	德保子	乾隆五十八年（1793）进士		《植杖集》《恩福堂自定年谱》《那恭勤公清安行状》
		奎照	满洲正白旗	英和长子	嘉庆十九年（1814）进士，历官至礼部尚书、军机大臣		《使青海草》一册
		奎耀	满洲正白旗	英和次子	嘉庆十六年（1811）进士，官至通政使		
		锡祉	满洲正白旗	奎照子	道光十五年（1835）进士，历翰林院侍讲学士		
		观荣	满洲正白旗		官淮北榷运使		著《挂月山庄诗存》
		观瑞	满洲正白旗	观荣弟，观保从子	嘉庆十五年（1810）举人，累官江西粮道		著《竹楼诗集》《邮程纪事草》
		恭安	满洲正白旗	观瑞子	官南康知府，死难		著《赴帘日记》
43	哈达纳喇氏	国梁（1717—约1788年）	满洲正黄旗		榜名纳国栋。奉敕改今名国梁。乾隆二年（1737）进士		著《澄悦堂集》
		国柱	满洲正黄旗	国梁弟	乾隆十年（1745）进士，官太仆寺卿		著《绿春堂诗钞》

序号	家族	家族成员	族属	家族谱系	生平简介	姻娅情况	著述情况
44	富察氏	明瑞	满洲镶黄旗	富文子	袭封公,官兵部尚书		著《北窗吟稿》
		奎林	满洲镶黄旗	明瑞弟	官兵部尚书、定边将军		著《幽栖堂吟稿》
45	佟佳氏	金城	满洲正白旗		官福建延平府知府		著《浣霞摸心纪略》
		福克精额	满洲正白旗	金城子	吉林将军		《乐余堂诗稿》
46	钮祜禄氏	毓奇(1737—1791年)	满洲镶黄旗		世居长白山英尊峪,袭封一等子爵。乾隆三十年(1765),从傅恒幕,至缅甸。累迁兵部侍郎。任漕运总督,政绩颇著。乾隆五十四年(1789),官新疆乌什驻办大臣		著有《静怡轩诗集》不分卷
		萨迎阿	满洲镶黄旗	毓奇孙	嘉庆十三年(1808)举人,由长沙知府累官户部侍郎		著《萨恪僖诗全集》(《梦华斋诗》六卷)
		书绅	满洲镶黄旗	萨迎阿孙	官枢曹戎曹,能书善画		著《醉墨画禅诗草》不分卷
47	伊尔根觉罗氏	萨哈岱(1688—1775年?)	满洲正黄旗		叶赫新城人,由荫生授主事,出身武进士,久为京官,诗多颂圣,乾隆四十年(1775)官福州将军召京,唯自述家世及官内务府所作,关系满族谱系宫苑所见较多		著有《樗亭诗钞》不分卷

续表

序号	家族	家族成员	族属	家族谱系	生平简介	姻娅情况	著述情况
47	伊尔根觉罗氏	萨哈齐	满洲正黄旗	萨哈岱弟	乾隆元年(1736)举人		《听雨轩诗》
		萨哈布	满洲正黄旗	萨哈岱弟			存诗三首:《寄大兄樗亭》《新月》《自口外赴独石分界道上口占》
		萨钦	满洲正黄旗	萨哈岱子			著《学步吟诗》
48	拜都氏	伊嵩阿	满洲	大学士永贵侄	乾隆间人,官员外郎		著《念修堂诗草》
		希光	满洲正白旗	钮祜禄氏,伊嵩阿室	郎宜人,亦能诗。掇拾伊嵩阿遗稿付梓,殉节,乾隆间人		著《希光诗抄》一卷
49	那穆都鲁氏	岳礼	满洲正白旗		世居珲春地方,康熙五十年(1711)举人,累官陕西分巡、汉兴兵备道		著《岳蕉园诗文全集》
		德敏	满洲正白旗	岳礼子			著《清籁阁诗草》
		先福	满洲正白旗	岳礼子	官黄州知府,中丞		著《诏对粗语》一卷
50	陈氏	陈景元	汉军镶红旗		奉天人。诗与李铁君类,字画亦酷肖		著《石闾诗集》三十卷、《石闾诗》一卷
		陈景中	汉军镶红旗	景元弟	乾隆元年(1736)举鸿博,与兄齐名		亦工诗
51	唐氏	唐英(1682—1756年)	内务府汉军正白旗		籍沈阳,由内务府员外郎兼佐领,历官淮关、九江关、粤海关监督		著《问奇典注增释》六卷、《陶人心语》、《琵琶亭诗》不分卷(附琵琶亭图)、金石《窑器肆考》、稗说《古柏堂传奇》

序号	家族	家族成员	族属	家族谱系	生平简介	姻娅情况	著述情况
51	唐氏	寅保（1723—1772年）	汉军正白旗	英子	乾隆十三年（1748）进士。改庶吉士，散馆授编修，改内务府郎中，官杭州织造、安徽庐凤道		著《秀钟堂诗抄》附拾遗
52	卢氏	卢焯	汉军		累官福建巡抚、湖北巡抚		著《观津录》《牧亳政要》《典守山东录》《秉臬中州录》《灼抚闽略》
		卢崧	汉军	焯子	乾隆十八年（1753）副榜，由知县累官卫辉知府、浙江盐法道		著《塞游小草》《存斋诗稿》
53	于氏	于成龙	汉军镶黄旗		康熙七年（1668）由荫生授乐亭知县，迁通州知府。后任江宁府知府，超擢按察使。累官直隶巡抚、河道总督		《江宁府志》四卷
		于宗瑛	汉军镶黄旗	成龙孙	乾隆十九年（1754）进士，官至江南道监察御史		著《来鹤堂诗、文、赋、诗余、试帖诗》十二卷
		鳌图	汉军镶黄旗	宗瑛子	乾隆三十五年（1770）举人，官江苏苏州府，嘉庆十三年（1808）由淮阳道迁江苏按察使		著《习静轩诗文集》
		于卿保	汉军镶黄旗	襄勤公（成龙）裔孙	官河南同知		著《是吾斋诗集》八卷，续集四卷

序号	家族	家族成员	族属	家族谱系	生平简介	姻娅情况	著述情况
53	于氏	崇禄	汉军镶黄旗	卿保子	普安县任,闾门殉节		
		于钟岳	汉军镶红旗	卿保孙	原籍铁岭,署贵西道,殉难		著《西笑山房诗抄》五卷
		于修儒		宗瑛孙女			著《静宜吟馆诗集》
54	虔氏	虔礼宝	由满洲正黄旗改隶汉军正黄旗		乾隆六十年(1795)举人,由山西高平县知县累官兵部侍郎		著《椿荫堂诗存稿附录》
		虔恒琳		礼宝从子	乾隆四十五年(1780)举人		著《怡云书屋诗文稿》
		虔文煊		礼宝诸孙			著《懒云山房诗文稿》
55	李氏	李宏	汉军正蓝旗		以同知擢江南河库道,调淮阳道,官南河总督		著《戢思堂诗抄》二卷
		李奉翰	汉军正蓝旗	宏子	累官江南河道总督、两江总督		著《南工庙祠祀典》三卷
56	伊氏	和明	满洲		雍正元年(1723)武进士,官福建汀州镇总兵		《淡宁斋诗钞》
		和邦额	满洲	和明孙	乾隆三十九年(1774)举人,官山西乐平知县		《夜谭随录》、《卧游集》、《蛾术斋诗稿》、《学步集》一卷
57	杨氏	杨廷章	汉军镶黄旗		世袭佐领,雍正间由笔帖式授工部主事,乾隆十五年(1750)由左江道累官浙江巡抚、浙闽总督		《勤悫公余集》

序号	家族	家族成员	族属	家族谱系	生平简介	姻娅情况	著述情况
57	杨氏	杨霈	汉军镶黄旗	廷章裔孙	两江总督		《铁函斋书跋》四卷、《筠石山房诗话钞》六卷、《邮注摘艳》、总集《王荆公诗钞》
58	叶赫那拉氏	那清安(1767年—?)	满洲正白旗		嘉庆十年(1805)进士,钦点户部学习主事		著《梓里文存》续存《吟香集》《覆瓿集》
		全庆	满洲正白旗	那清安子	道光九年(1829)进士,光绪初大学士		《东使堂稿》《津沽稿》
59	杨氏	杨应琚	汉军正白旗		籍沂水,徙辽阳,官甘肃、山东巡抚,两广总督,乾隆二十九年(1764)以陕甘总督拜东阁大学士,终云贵总督		《西宁府新志》四十卷、《谥法备考》一卷、《据鞍录》
		杨琼华	汉军正白旗	应琚孙女,按察使重英女,举人明新室,知县德豫母			《绿窗吟草》一卷
		明新(姚氏)		琼华夫婿	乾隆三十三年(1768)举人,官两淮盐场大使		《竹岩诗钞》
60	瓜尔佳氏	玉德	满洲正红旗		官山东、浙江巡抚,闽浙总督		著《余荫堂诗草》九卷
		桂良	满洲正红旗	玉德子	道光、咸丰、同治朝官	以其女妻皇六子奕䜣	
		斌良	满洲正红旗	玉德子	由荫生累官为驻藏大臣,嘉庆、道光朝官		著《乌桓记行录》二卷、《抱冲斋诗集》七十一卷、《眠琴仙馆词》

续表

序号	家族	家族成员	族属	家族谱系	生平简介	姻娅情况	著述情况
60	瓜尔佳氏	法良	满洲正红旗	斌良弟	咸丰三年(1853)以部郎奉命总办宿迁粮台兼统防兵		著《沤罗龛诗稿》
		岳良	满洲正红旗	斌良弟	官安徽臬司,又官藩司乌什办事大臣		著《潼关倡和诗草》《关外纪程百咏草》
61	哈达瓜尔佳氏	恩龄	满洲正红旗		官淮安府知府,升淮阳道,同治五年(1866)卒		《正红旗满洲哈达瓜尔佳氏家谱》《述园诗存》
		长秀	满洲正红旗	恩龄子	道光十四年(1834)举人。由礼部员外郎授河南道御史、湖南按察使		著《可青轩诗集》附诗余
		文铭	满洲正红旗	长秀子	咸丰六年(1856)进士,官工部郎中		著《随轺笔记》《玉林诗草》《可青诗余》《鉴初集》
62	费莫氏	勒保(?—1819年)	满洲镶红旗	大学士温福子	世居布尔哈图,嘉庆云贵总督。乾嘉时人	罢相,帝眷注不衰,命皇四子端亲王娶其女	著《勒文襄公奏疏》《平定教匪纪事》
		文庆	满洲镶红旗	永保孙	道光二年(1822)进士		
		文康	满洲镶红旗	勒保孙	由理藩院郎中出为徽州府知府、驻藏大臣		著《儿女英雄传》,地方志《荣昌县志》二十二卷、总集《史梅叔诗选》十二卷
63	楚拉库瓜尔佳氏	嵩昆	满洲镶红旗		官贵州巡抚		著《吏治集事》一卷

续表

序号	家族	家族成员	族属	家族谱系	生平简介	姻娅情况	著述情况
63	楚拉库瓜尔佳氏	嵩峋	满洲镶红旗	嵩昆弟	同治六年(1867)举人，光绪九年（1883）由国子监助教迁右赞善任扬州府知府。辛亥后流落江南，不知所终。		著《有不为斋集》一卷
64	马佳氏	恒秢	满洲正白旗		官本旗印务参领，调右翼翼尉		《知古录》三卷、《韬钤拾慧录》
		宜厚	满洲正白旗	恒秢子	茂才		辑《日下联吟集》四卷
65	索绰络氏	麟魁	满洲镶白旗		道光六年(1826)进士		著《梦华书屋诗抄》
		麟桂	满洲镶白旗	麟魁弟，宝鋆从兄	历官至浙江布政使、光禄寺卿		著《退省轩诗集》六卷
		宝鋆（1807—1891年）	满洲正白旗	麟魁从弟	道光十八年（1838）进士		著《文靖公遗集》十二卷、《佩蘅诗抄》
		景澧	满洲镶白旗	宝鋆子	由荫生累官内务府大臣		著《宝文靖公鋆行述》
		恩寿	满洲镶白旗	麟魁子	同治十三年（1874）进士，官陕西巡抚		
66	库雅拉氏	启秀	满洲正白旗		同治四年(1865)进士，官工部右侍郎		善写诗
		颜札氏		启秀继室			撰《库雅拉启公秀事略》

续表

序号	家族	家族成员	族属	家族谱系	生平简介	姻娅情况	著述情况
67	马佳氏	升寅	满洲镶黄旗		由拔贡小京官历官盛京将军,嘉庆五年(1800)举人,署工部尚书。道光十四年(1834)授礼部尚书		《使喀尔喀纪程草》一卷、《皇华草》、《未经书屋诗存》一卷
		宝琳	满洲镶黄旗	升寅长子	廪生,恩荫户部主事。道光二十五年(1845)知定州,官保定府知府,署清河道		《梦香草堂诗集》、《直隶定州志》二十二卷首一卷(道光二十九年刊)
		宝珣	满洲镶黄旗	升寅次子	道光二十一年(1841)进士,由兵部堂主事迁左赞善		与宝琳同著《升勤直公年谱》二卷、《味经书屋诗存》
		绍英	满洲镶黄旗	宝珣子	辛亥革命后为内务府大臣		《朱子性理吟注释》
68	费莫氏	讷尔经额	满洲正白旗		嘉庆八年(1803)翻译进士		
		蕴秀	满洲正白旗		道光十一年(1831)举人		著《敖汉纪程》、《静一斋诗存》二卷
		衍秀		蕴秀弟			
		东之		蕴秀弟			
69	辉发那拉氏	延隆	满洲正白旗	廷桂祖父	官金陵织造,粤海关监督		著《谦益堂诗存》一卷
		麒庆	满洲正白旗		榜名麟庆,道光二十一年(1841)恩科进士。授右庶子。累官热河都统,同治八年(1869)卒		著《奉使鄂尔多斯行记》,《奉使喀尔沁行记》,《麒庄敏诗》一卷、《词》一卷

续表

序号	家族	家族成员	族属	家族谱系	生平简介	姻娅情况	著述情况
69	辉发那拉氏	廷桂	满洲正白旗	延隆孙，麒庆从弟	道光十九年（1839）举人，官湖南永州府知府		有《仿玉局黄楼诗集》五卷
		廷樾	满洲正白旗	延隆孙，廷桂弟	官福建建阳县，凡三调帘差		著《报好音斋文稿》
		续廉	满洲正白旗	麒庆子	隶内务府正白旗，光绪十九年（1893）举人，历官内务府员外郎，家多藏书		著《羞园诗录词草》
70	姚氏	斌桐	汉军正白旗		道光十六年（1836）恩科进士，官兵部职方司主事		著《还初堂诗钞》《还初堂词钞》
		斌椿	汉军正白旗	斌桐弟	初官山西襄陵知县，后官内务府郎中		著《乘查笔记》一卷
		斌敏（1813—1865年）	汉军正白旗	斌桐弟	道光十五年（1835）举人，至同治四年（1865）53岁成进士，官福建瑞安县知县		著《子廉古今体诗合编》四卷
71	姜氏	崇佑	汉军正白旗		湖山侍者，籍沈阳，官内务府郎中		著《养志书屋诗存》上、下卷
		崇礼（？—1905年）	汉军正白旗	崇佑弟	官户部侍郎、满洲副都统		著《奉使朝鲜日记》
72	马佳氏	奇克唐阿	满洲		翻译生，由户部改归部选知县		著《厚德堂集验方萃编》四卷

续表

序号	家族	家族成员	族属	家族谱系	生平简介	姻娅情况	著述情况
72	马佳氏	松椿	满洲	奇克唐阿子	历官漕运总督		《通鉴类纂》二百九十六卷
		多敏		喜塔腊氏,河槽总督松椿妻	光绪间长白人		著《逸倩阁遗诗》一卷
		宝康	满洲	松椿和多敏子			
73	瓜尔佳氏	凤瑞	满洲		杭州驻防		著《浙江八旗殉难录》《如如老人灰余诗草》《梦花馆诗存》《老子解》
		画梁	满洲	笔帖式五品军功凤瑞女,仁兴室			著《超范室画范》
		乃赓		仁兴和画梁子	举人		
74	喜塔腊氏	裕禄	满洲正白旗	熙彦叔	以刑部笔帖式历官郎中		著《大清律例根源》一百二十四卷
		裕德	满洲正白旗		光绪二年(1876)恩科进士		著《经籍要略》
		熙明		裕德子	官户部员外郎		著《古铜印存》不分卷
75	彦佳氏	嵩年	满洲镶红旗				《竹素园诗草》(道光十九年刻本)
		嵩禄	满洲镶红旗		官河南道		著《天香云舫诗草》
		敬文	满洲镶红旗	嵩禄长子	世居乌拉东,官云南石阡府知府,道光三年(1823)署铜仁府知府		著《红叶山樵印谱》四卷、《红叶山樵文稿》一卷、《红叶山樵诗草》四卷、《红叶山樵词》,编撰《铜仁府志》
		敬训	满洲镶红旗	嵩禄次子			著《丛兰山馆诗草》附词

序号	家族	家族成员	族属	家族谱系	生平简介	姻娅情况	著述情况
75	彦佳氏	成瑞	满洲镶红旗	敬文三弟	乾隆官新疆迪化州知州、陕西僮商道		著《薛荔山庄诗文稿》四卷
		玉符	满洲镶红旗	成瑞子	官四川石柱厅通判		著《定舫旅行誊稿》
76	裕瑚鲁氏	承龄（1814—1865年）	满洲镶黄旗		道光十六年（1836）进士，由礼部主事累官至贵州按察使		著《冰蚕词》一卷
		奭良	满洲镶黄旗	承龄孙	历官东边道、河东道、荆宜施道、淮阳道		著《摭言》《史亭识小录》
77	叶河氏	吉年	满洲镶蓝旗		道光二年（1822）进士，官承德府知府、奉天府府尹		著《藤盖轩诗集》二卷
		海钟	满洲镶蓝旗	吉年子	举人，由户部京察冀等简放台湾遗缺道，福建盐运使		著《履绥堂稿》二卷
78	赫舍里氏	如山	满洲正蓝旗		工书善画，道光十八年（1838）进士，由起居注笔帖式擢赞善		著《写秋轩诗存》
		多山	满洲正蓝旗	如山弟			亦工诗画，惜未传世
79	苏完瓜尔佳氏	恩霖（1812年—？）	满洲镶白旗		嘉庆十七年（1812）生，道光二十四年（1844）进士，钦点即用知县，分发湖南		著《坦室诗草》
		景霖	满洲镶白旗	恩霖从弟			《山斋杂录》九卷、《怀仁县乡土志》

续表

序号	家族	家族成员	族属	家族谱系	生平简介	姻娅情况	著述情况
80	海拉苏氏	东纯	满洲正蓝旗		道光十六年（1836）由协领任西宁办事大臣		《西宁秉节录》六卷
		富乐贺	满洲正蓝旗	东纯子	官杭州驻防，福建福宁府知府		著《闽游草》
		玉韶	汉族	钱塘王司马棣女，富乐贺室			著《冬青馆集》
81	赫舍里氏	赫特赫纳（1798 1860年）	满洲镶黄旗		道光二年（1822）进士，咸丰十年（1860）在杭州因粤乱战殁，杭州驻防		著《白华馆诗存》八卷
		玉昌	满洲镶黄旗	赫特赫纳从子	袭骑都尉世职，官杭州驻防		著《瓶华馆诗誉》
82	苏完瓜尔佳氏	豫山	满洲正黄旗		由笔帖式累官至湖南按察使、山西巡抚		著《福壮敏公珠洪阿暨弟壮武公死难事实》
		铁龄	满洲正黄旗	豫山子	同治十二年（1873）举人，官户部员外郎		著《東园诗存》
83	兆佳氏	英瑞	满洲正白旗		举人、刑部员外郎官大理院正卿		著《未味斋诗集》五卷附《诗余》
		宝彝	满洲正白旗	英瑞子			著《寄园诗集》（残抄本）
84	辉发纳喇氏	文冲	满洲镶红旗		荫生，由工部郎中历官东河总督		著《一飞诗抄》
		钟珊	满洲镶红旗	文冲孙	官员外郎		著《石村诗稿》

续表

序号	家族	家族成员	族属	家族谱系	生平简介	姻娅情况	著述情况
85	杨氏	玉峰					
		杨铨	汉军正红旗	玉峰孙	铁岭人,预千叟宴,善画马		著《得树轩诗稿》
		杨书绩	汉军正红旗	玉峰曾孙			著《还研斋诗稿》
		杨超格	汉军正红旗	书绩次子	官通判		著《谷香堂稿》《无挟斋诗稿》
		杨能格	汉军正红旗	超格弟	道光十六年(1836)进士,散馆授编修,官至江宁布政使		著《归砚斋诗集》十六卷、补遗一卷
86	高氏	高廷枢	汉军镶黄旗		摄平乐通判		著《抱影轩诗抄》十卷
		高采	汉军镶黄旗	廷枢弟	原籍铁岭,嘉庆六年(1801)举人		著《春雨草堂眷稿》四卷附文一首
87	金氏	金科豫	汉军镶黄旗	朝觐从兄	家锦州,后移义州,隶内务府镶黄旗,举人,官贵州怀仁县知县、四川射洪县知县、杂谷厅、理藩厅同知		著《解脱纪行录》《行吟杂录》
		金朝觐	汉军镶黄旗	科豫从弟	嘉庆十三年(1808)举人,嘉庆十六年(1811)进士,官至四川崇庆州知州		著《三槐书屋诗抄》四卷
88	赵氏	达纶	汉军正蓝旗		原籍铁岭,道光三年(1823)进士,官陕西沔县、洋县知县,安边厅理事同知。		著《台湾风土记》《枣花轩吟稿》《经圃日记》

续表

序号	家族	家族成员	族属	家族谱系	生平简介	姻娅情况	著述情况
88	赵氏	文颖	汉军正蓝旗	达纶子	道光二十年(1840)举人,道光二十五年(1845)进士,官山东蒙阴、阳信、商河、阳谷县知县,咸丰四年(1854)殉节阳谷。奉旨,殉难地方立祠,并予云骑尉世职		著《鲁斋诗存》
		赵尔震	汉军正蓝旗	文颖子	同治十二年(1873)乡试举人,十三年(1874)进士,授工部主事,督水司行走		
		赵尔巽	汉军正蓝旗	尔震弟			编《清史稿》
		赵尔萃(1851年—?)	汉军正蓝旗	尔震、尔巽弟	咸丰元年(1851)生,光绪十五年(1889)进士,钦点即用知县,官山东候补道		著《傲徕山房诗草》
89	刘氏	玉书	汉军正蓝旗		世居辽阳		著《青园诗草》四卷
		亨庆	汉军正蓝旗	玉书侄			著《榆荫山房诗存》
90	姚氏	姚德豫	汉军		浙江慈溪县知县		著《洗冤录解》
		姚德丰	汉军	德豫弟			著《绪余集诗稿》
91	完颜氏	金樨		知府文禧母,那逊兰保外祖母			著《绿芸轩诗抄》
		文禧		金樨子	知府		
		斌越		金樨孙	甘肃巩昌知府		

续表

序号	家族	家族成员	族属	家族谱系	生平简介	姻娅情况	著述情况
91	完颜氏	那逊兰保（博尔济吉特氏）		蒙古阿拉善王女，金櫆外孙女。清宗室恒恩室，盛昱母	嘉庆、道光、咸丰、同治间人		著《芸香馆遗诗》二卷
		盛昱	满洲镶白旗	肃武亲王裔孙，父恒恩，母阿拉善王女那逊兰保	光绪三年（1877）进士，官国子监祭酒		著《蒙古世系谱》，《意园文略》二卷，《郁华阁遗集》诗三卷、《词》一卷、《成均课士录》第八卷、《八旗文经》六十卷，《意园藏书目》
		杨钟羲	汉军正黄旗	盛昱表兄弟	光绪十一年（1885）举人，光绪十五年（1889）进士，署安陆、襄阳知府，实授怀安府、江宁府知府		《弟子职音谊》，《八旗文经》六十卷、《圣遗诗集》、《圣遗诗集》2卷、《圣遗诗集》4卷，《圣遗诗集》5卷
92	他塔喇氏	长善	满洲镶红旗		官广州将军		《驻粤八旗志》《裕庄毅公泰年谱》
		志润	满洲镶红旗	长善从子	官四川隧定府知府、广西庆远府知府		《日下联吟诗词集》八卷、《寄影轩诗钞》四卷、《暗香疏影斋词钞》一卷
		志觐	满洲镶红旗	志润弟	官浙江湖州、衢州府知府		《自怡悦斋诗草》
93	李佳氏	继昌	汉军		光绪三年（1877）进士，官甘肃布政使、江宁布政使、署安徽巡抚		《柏垣琐志》、《左庵琐语》不分卷、《忍斋从说》、《行素斋杂记》上下卷、《左庵诗余》八卷
		介祺		继昌子			《四勿斋遗诗》

序号	家族	家族成员	族属	家族谱系	生平简介	姻娅情况	著述情况
94	完颜氏	阿什坦	内务府镶黄旗	和素父,留保祖	顺治九年(1652)进士,顺治、康熙年间人		译作《清文大学》《清文中庸》及《奏稿》、《清文孝经》、《清文论语》、《太公家教》《清文通鉴总论》
		完颜兑	内务府镶黄旗	阿什坦妹		都统穆里玛室	著《花埭丛谈》
		和素	内务府镶黄旗	阿什坦子	御试清文第一		译作《清文左传》、《清文黄石公素经》《清文琴谱合璧》十八卷、《清文三国志》《清文菜根谭》
		科德氏		和素室,留保婶母			《琴谱》十八卷,《国朝闺秀正始集》有诗《池上夜坐》
		完颜伟	内务府正黄旗	赫世享子,阿什坦孙			著《天人一贯图说》(经类)
		留保	内务府正黄旗	鄂素子,阿什坦孙	康熙六十年(1721)进士		《大清名臣言行录》、《完颜氏文存》三卷
		恽珠	汉族	阿什坦六世孙完颜廷璐(泰安知府)室	江苏武进人,乾隆、嘉庆、道光间人		辑总集《国朝闺秀正始集》二十卷(附录、补遗各一卷)、《闺秀正始续集》十卷,著别集《红香馆诗词集》一卷、《兰闺宝录》六卷,辑录《恽逊庵先生遗集》

序号	家族	家族成员	族属	家族谱系	生平简介	姻娅情况	著述情况
94	完颜氏	麟庆	内务府正黄旗	恽珠子	嘉庆十四年（1809）恩科进士，乾隆、嘉庆、道光间人		著有史纂《皇朝纪盛录》，地志《黄运河口古今图说》，杂著《鸿雪姻缘图记》、《河工器具图说》四卷、《词苑编联》，别集《凝香室诗文偶存》、《凝香室诗存》八卷，辑《叙德书情集》、《安梅书院观风选存》一卷
		程孟梅	汉军	麟庆继室			《国朝闺秀正始续集》补遗一卷
		崇实	满洲正黄旗	麟庆长子	道光三十年（1850）进士，官刑部尚书、盛京将军		《惕安自定年谱》与崇厚合撰《麟见亭河督庆行述》
		崇厚		麟庆次子	道光二十九年（1849）举人		增辑《历代名臣传节录》三十卷、《盛京典制备考》八卷、《鹤槎自述年谱》
		蒋重申	汉军	崇厚室			著《环翠堂诗草》
		妙莲保		恽珠孙女，麟庆女，佛芸保姊		来秀室	辑《红香馆挽词》《赐绮阁诗草》
		佛芸保		恽珠孙女，麟庆女		宗室延煦室	《清韵轩诗草》
		宗室延煦	满洲正蓝旗		咸丰六年（1856）进士		
		会章	满洲正蓝旗	延煦子	光绪二年（1876）进士		

序号	家族	家族成员	族属	家族谱系	生平简介	姻娅情况	著述情况
94	完颜氏	衡平		崇厚子	光绪元年(1875)举人,官礼部员外郎、江南候补道		《酒堂遗集》不分卷
		嵩申		麟庆孙			
		景贤		崇实孙	恩赐举人,累官副都统		《三虞堂书画目》附《碑帖目》一卷、《论书画诗》二卷
95	西林觉罗氏	鄂尔泰(1677—1745年)	满洲镶蓝旗		康熙三十八年(1699)举人		著《西林遗稿》六卷(又名《鄂文端公遗稿》),辑有《南邦黎献集》十六卷、《文蔚堂诗集》八卷
		鄂尔奇	满洲镶蓝旗	鄂尔泰弟	康熙五十一年(1712)进士		著《清虚斋集》、《河清颂》(《八旗文经》)
		鄂容安	满洲镶蓝旗	鄂尔泰长子	雍正十一年(1733)进士		《鄂文端公年谱》不分卷、《鄂虚亭诗草》一卷
		鄂昌	满洲镶蓝旗	鄂尔泰从子	雍正六年(1728)举人		著《塞上吟》
		鄂忻	满洲镶蓝旗	鄂尔泰五子	官工部侍郎	庄亲王额驸	著《清虚斋稿》
		鄂敏,敕改名鄂乐舜	满洲镶蓝旗	鄂尔泰从子	雍正八年(1730)进士,累官安徽巡抚、浙江巡抚		著《西湖修禊诗》一卷
		西清	满洲镶蓝旗	鄂尔泰曾孙			《黑龙江外纪》八卷
		顾太清(1799—1877年)	满洲镶蓝旗	鄂尔泰族亲、鄂昌孙女	嘉庆、道光、咸丰、同治、光绪间人	初入籛贝勒奕绘,后晋夫人	《天游阁诗》五卷附词数阕、《东海渔歌》四卷,小说《红楼梦影》一部

序号	家族	家族成员	族属	家族谱系	生平简介	姻娅情况	著述情况
95	西林觉罗氏	奕绘	满族	宗室，内大臣荣纯亲王孙			著《子章子》(《晚晴簃诗汇》云未刻行)
		西林旭	满洲镶蓝旗	顾太清妹			《延青草阁诗草》

这里需要说明的是，本章所列满族文学家族是在笔者《元明清少数民族汉语文创作诗文叙录》（清代卷）80 个满族文学家族的基础上，又增加了 15 个满族文学家族形成的，共统计出 95 个满族文学家族，其中也包括汉军八旗文学家族。另外需指出的是，清代宗室文学家族不在本章论述范围之内，未作统计。本章中的文学家族是指每个家族至少有两位家庭成员有文学作品传世或者有资料显示某人善于写作诗文，而且其家族成员用汉文写作，但是完颜氏家族是一个例外（该家族的成员阿什坦、和素和留保既用满语进行创作，也用汉语进行创作）。

95 个满族文学家族按照起家时间可以列入清朝前期、清朝中期和清朝后期。清朝前期有 25 个家族：佟佳氏（佟世思）、年氏、甘氏、纳兰氏、刘氏（毓英）、范氏、李氏（李兴祖）、卞氏、蔡氏、吴氏、郎氏、辉发纳喇氏（马林保）、佟佳氏（法海）、伊尔根觉罗氏（伊桑阿）、赫舍里氏（何浩）、温都氏、伊尔根觉罗氏（顾八代）、董鄂氏（珠亮）、张氏、洪氏、施氏、姚氏（姚启圣）、刘氏（刘廷玑）、靳氏、朱氏（朱伦瀚）；中期有 33 个家族：富森泰家族、高氏（高述明）、蒋氏、叶赫那拉氏（常安）、钮祜禄氏（和珅）、拜都氏（伊汤安）、他塔喇氏、董鄂氏（铁保）、章佳氏（阿克敦）、颜札氏、高氏（高其倬）、百龄父子、刘氏（赛都）、曹氏、常氏、章佳氏（尹泰）、索绰络氏（富宁）、哈达纳喇氏、富察氏、佟佳氏（金城）、钮祜禄氏（毓奇）、伊尔根觉罗氏（萨哈岱）、拜都氏（伊嵩阿）、那穆都鲁氏、陈氏（陈景元）、唐氏、卢氏、于氏、虔氏、李氏（李宏）、伊氏、杨氏（杨廷章）、叶赫那拉氏（那清安）；后期有 35 个家族：杨氏（杨应琚）、瓜尔佳氏、哈达瓜尔佳氏、费莫氏（勒保）、楚拉库瓜尔佳氏、马佳氏（恒袊）、索绰络氏（麟魁）、库雅拉氏、马佳氏（升寅）、费莫氏

（讷尔经额）、辉发那拉氏（延隆）、姚氏（斌桐）、姜氏、马佳氏（奇克唐阿）、瓜尔佳氏（凤瑞）、喜塔腊氏、彦佳氏、裕瑚鲁氏、叶河氏、赫舍里氏（如山）、苏完瓜尔佳氏（恩霖）、海拉苏氏、赫舍里氏（赫特赫纳）、苏完瓜尔佳氏（豫山）、兆佳氏、辉发纳喇氏（文冲）、杨氏（玉峰）、高氏（高廷枢）、金氏、赵氏、刘氏（玉书）、姚氏（姚德豫）、完颜氏（金槼）、他塔喇氏（长善）、李佳氏。95 个满族文学家族中，完颜氏和西林觉罗氏两个满族文学家族的成就尤其辉煌，历世文泽绵延，科第蝉联，贵显相接，与国同体，堪称满族世家大族。这在清朝文学史上是比较罕见的文学现象，值得投入更多的精力研究这两个文学家族辉煌不绝的原因。

　　95 个满族文学家族基本上由三种类型组成：①满洲士人构成的文学家族，有 56 个，其中 54 号虔氏家族虔礼宝因不能用满语回答皇帝的问话，被敕改汉军。但因其原隶属满洲，所以算入满洲士人文学家族；②汉军士人构成的汉姓满族文学家族，有 38 个，其中 22 号姚氏家族的姚启圣在顺治年间由汉人改隶汉军，这是汉人籍入汉军最晚的一个汉军八旗家族；③八旗高丽姓氏构成的满族文学家族，有 1 个，7 号李氏文学家族即是此种情况。《八旗艺文编目》记载李氏家族成员李锴，称"锴字铁君，一字眉山，号豸青山人，别号幽求子，又号焦明子。李氏自朝鲜迁辽东铁岭，莫知时世，遂为铁岭人，隶正黄旗。原任管库笔帖式……年七十卒。李辉祖子"①，说明汉军八旗李辉祖家族是从朝鲜迁入国内的，而且在《钦定八旗通志·氏族志》的"八旗高丽谱系"中也记载："李氏，凡七派：一出黄河套，一出开城府，一出平安道，一出易州，一出盖州，一出柳兰屯，一出李佳堡。谨案：李氏系高丽国王之姓，我国家肇兴东土即称臣内属。其氏族隶满洲旗分者甚繁，今纂《八旗氏族志》书，谨遵旨以李氏列于高丽姓氏之首。"② 得知李氏属于朝鲜贵姓，而且在清朝前期即向满族称臣纳贡，李氏家族实际上来自高丽八旗。95 个满族文学家族来源途径广泛，而且还有从朝鲜迁徙过来的家族，说明了清朝政府的开放性和包容性，开放包容的精神不仅创造了政治方面的辉煌，也创造了文化方面的辉煌。

---

① 恩华纂辑，关纪新整理、点校《八旗艺文编目》，辽宁民族出版社，2006，第 3 页。
② 李洵、赵德贵、周毓方、薛虹主校点《钦定八旗通志》第二册卷六十，吉林文史出版社，2002，第 1092 页。

二　清代满族文学家族的创作活动

在清朝近三百年的历史长河中，满族文学家族创作的文献类型丰富，成就极高，而且出现了《红楼梦》《儿女英雄传》等皇皇巨著，绘制了一幅熠熠生辉的满族文学图景，更体现出了满族文学家族鲜明的民族特征。满族登上中国的文学舞台是从金开始的，但是在清朝才形成集群优势而显辉煌。清朝 95 个满族文学家族有 328 位作家，人才麟振蔚起，每个家族至少有两位作家，有的家族是一门四代 6 位都是作家。

（一）清代满族文学家族创作活动概述

清朝从入关之前到顺治、康熙、雍正朝（1616—1735），将近 120 年的时间，是满族家族文学的兴起阶段。清朝前期出现 25 个满族文学家族，其中 9 个是满洲士人构成的满族文学家族，占前期满族文学家族总数的 36%；1 个是八旗高丽李氏满族文学家族，占前期满族文学家族总数的 4%；15 个是汉姓满族文学家族，占前期满族文学家族的 60%。贯穿整个清朝的完颜氏和西林觉罗氏家族在清朝前期即已显示了强大的发展动力，完颜氏家族在清朝前期出现三代 6 位作家：阿什坦、完颜兑（阿什坦妹）、和素（阿什坦子）、科德氏（和素室）、完颜伟（阿什坦孙）和留保（阿什坦孙），以祖孙、父子、夫妻、兄妹等关系存在，而且同时运用满语和汉语写作，是典型的双语作家家族类型。西林觉罗氏家族在清朝前期出现两代 6 位作家：鄂尔泰、鄂尔奇（鄂尔泰弟）、鄂容安（鄂尔泰长子）、鄂昌（鄂尔泰从子）、鄂忻（鄂尔泰五子）、鄂敏（鄂尔泰从子），6 人中有 2 人中举人，3 人中进士，是典型的科举家族。可见，在清朝前期，满族文学家族文学创作的主要成就是由汉姓满族文学家族完成的，但是满洲士人构成的文学家族创造的文学成就也不可忽视，虽然他们初登文学舞台，但因善于学习，很快地就融入了汉族文化的大环境，他们的文学创作已经显示出强大的发展动力，此时有三个家族值得注意：纳兰氏、完颜氏和西林觉罗氏。

纳兰氏家族的代表人物是纳兰性德（1655—1685），原名成德，因避康熙皇太子胤礽（保成）讳，而改为性德，康熙十五年丙辰科进士，是清朝著名诗人、词人。法式善《梧门诗话·八旗诗话》评曰："容若天资英绝，萧然若寒素。……所刻《通志堂经解》《渌水亭杂识》二书，世称善本。……诗以清丽为工，五古尤有神韵。"①

完颜氏和西林觉罗氏家族和清朝同生共存，完颜氏（阿什坦）家族历清朝前期、中期和后期，共出现19位作家，前期以翻译家为主，如阿什坦、和素、留保祖孙三代皆为著名翻译家，而且都是翻书房总裁，权柄显赫。阿什坦最初翻译了《大学》《中庸》《孝经》诸书，后来还译有《奏稿》，清文《论语》、《太公家教》和清文《通鉴总论》，基本上把儒家经典书籍都翻译成了满文，这加快了汉文化在八旗子弟中传播的步伐。子和素，御试清文第一，赐巴克什号，充皇子师傅，翻书房总裁。孙留保，因学问好，八旗子弟罕有及之者，赐进士及第。家族内部在此期间还有两位女性作家：一位是阿什坦的妹妹完颜兑，能诗善画，适都统穆里玛，著有《花埭丛谈》。另一位是和素室科德氏，亦能诗工琴，著有《琴谱》十八卷，《国朝闺秀正始集》有其诗《池上夜坐》。女性作家的出现，使得这个家族的文学成就通过姻娅关系向家族外部拓展，从而使家族内部的文学走出单个家族的生态环境，进入更广阔的地理空间，拓宽了文学传播的路径，也构成了一幅文学家族姻娅网络图，使其文学联系更加广泛和普遍。

西林觉罗氏家族有9位作家，前期作家有6位，其中鄂尔泰是康熙间举人，弟鄂尔奇是康熙五十一年进士，长子鄂容安是雍正十一年进士，从子鄂昌是雍正六年举人，从子鄂乐舜是雍正八年进士，5位家族成员是举人以上出身，是名副其实的科举世家。西林觉罗氏凭科举起家，以科第绵延而累世不绝，并以此维系门第之盛。文学家族通过科举方面的成功保持了家族政治上的优势，而科举家族成员又以诗礼传家，这样才能始终保持科考优势，使家族世代簪缨相续。这一点在西林觉罗氏家族体现得尤为明显。

清朝前期，25个满族文学家族虽然刚刚登上文学舞台，但是已经显示出强大的创作活力，创作了类型多样、数量众多的作品：别集61部，小学类3部，地方志8部——《豸雅》《恩平县志》《堂邑志》《鸡足山志》《灵岩志》《庆云县志》《治河方略》《泰山图志》，算术类7部著作均出自年希尧一人之笔，医学类著作《集验良方》1部，军事著作1部（《治平胜算全书》），政治学著作10部，谱系著作3部，易学著作5部，礼学著作1部，

---

① （清）法式善著，张寅彭、强迪艺编校《梧门诗话合校》，凤凰出版社，2005，第475页。

经学著作 1 部, 总集 2 部, 杂著 3 部, 研究《尚书》的作品 1 部, 儒术类著作 1 部, 史学著作 2 部, 诗学著作 1 部,《春秋左传》类著作 1 部, 稗说作品 1 部, 书画著作 1 部, 史纂类作品 2 部, 释道类作品 1 部, 礼典作品 1 部, 诗文评作品 2 部, 共创作出了 120 部作品, 涵盖文学、医学、绘画、佛教、史学、军事、方志、水利等门类, 可以说是百科全书式的集成。由此可知, 这些满族文学家族的家族成员虽然处在清朝前期, 但是已经在各方面表现出了优势, 取得了和汉族相埒的成就, 这些家族成员不仅作品多产, 而且在各个领域都有著作, 说明满族文学家族是在自觉的过程中发展成长的。完颜氏和西林觉罗氏两个家族在清朝前期也创作出了 29 部作品, 这样满族文学家族在清朝前期共有 149 部作品, 其中文学作品 80 部, 占前期总作品数的 53.69%。

　　清朝前期文学家族中, 满族女作家也占较高比例, 证明了她们在家族中地位很高, 是家族生活的重要成员, 也是文化的继承者和传播者。满族女性在家庭中往往可以和男性一起学习, 有同等的受教育机会, 这就大大提高了满族女性的文化素养, 在出嫁后又可以把自己家族的文化修养带到夫家, 形成家族文化的交流和互动。

　　清朝中期从 1736 年到 1840 年, 历经乾隆、嘉庆、道光朝一百多年的时间, 出现 33 个满族文学家族, 其中由满洲士人构成的满族文学家族 21 个, 占中期满族文学家族的 63.64%, 接近 2/3; 汉姓满族文学家族 12 个, 占中期满族文学家族总数的 36.36%, 这个比例和清朝初期满洲文学家族和汉姓满族文学家族的比例正好相反, 说明经过一百多年的积淀, 清朝满洲文学家族的文化底蕴愈加深厚, 反映在文学家族方面就是满洲文学家族的数量比清朝初期增加了近一倍。如若再加上完颜氏和西林觉罗氏这两个满洲文学家族, 满族文学家族的数量在清朝中期就达到了 35 个, 由满洲士人构成的满族文学家族达到 23 个, 占中期满族文学家族总数的 65.71%; 汉姓满族文学家族保持不变, 仍为 12 个, 占中期满族文学家族总数的 34.29%。清朝中期有 100 位作家, 其中 26 号富森泰家族的凤仲梧和 34 号章佳氏家族的鄂素都工诗, 虽作品未传世, 但也算在作家数量之内。再加上完颜氏和西林觉罗氏 6 位作家, 一共有 106 位作家, 其中有 7 位女性作家: 33 号董鄂氏家族的莹川, 36 号高氏家族的蔡琬, 48 号拜都氏家族的希光, 53 号于氏家族的于修儒，完颜氏家族的三代女性恽珠、程孟梅和蒋重申。女性作家数量的增加，说明在满族文学家族的发展过程中，女性也参与其中，并且起到了积极的作用。

35 个满族文学家族，包括完颜氏和西林觉罗氏两个家族，经过清朝顺治、康熙、雍正朝的累积，到了乾嘉盛世时期，他们共创作了 149 部作品，其中经类作品 4 部（小学类著作 3 部、理学著作 1 部），史类作品 28 部（史学 2 部、地志 5 部、政治 11 部、兵事 1 部、传述 2 部、谱系 3 部、游记 4 部），子类作品 24 部（子 3 部、书画 1 部、金石 2 部、术数 1 部、祀典 1 部、谱录 2 部、诗文评 1 部、目录学 1 部、类书 1 部、杂著 5 部、笔记 1 部、稗说 3 部、丛辑 2 部），集类作品 93 部（总集 7 部、别集 86 部）。集类作品占作品总数的 62.42%，诗歌的总体成就仍然是最高的，而且比清朝初期还要多。清朝中期的满族文学家族的文学创作不仅数量众多，而且在质量上超越了其任何一个历史时期的创作。

西林觉罗氏家族在清朝中期基本上湮没无闻，而完颜氏在清朝中期却处于家族发展的兴盛期，出现了三代 8 位作家：恽珠、麟庆（恽珠子）、程孟梅（麟庆继室）、崇实（麟庆长子）、崇厚（麟庆次子）、蒋重申（崇厚室）、妙莲保（麟庆女，来秀室）、佛芸保（麟庆女，宗室延煦室），而其中 5 位是女性作家，这在满族文学家族中是不多见的。这 8 位作家都有作品传世，而且作品类型众多，涉及水利学、历史学、地方志、政治学、理学、年谱、典制、诗学等方面，共有 29 部作品，加上前面提到的 149 部作品，这样清朝中期满族文学家族的作品达到了 178 部之多，比清朝初期多近 30 部作品。说明清朝中期是满族文学家族发展的兴盛期。而完颜氏家族取得的成就已经远远超出了文学领域，这是满族文学家族中最耀眼的一颗明星。

清朝后期，咸丰以降至清朝末年，出现满族文学家族 37 个。由满洲士人构成的满族文学家族有 25 个，加上完颜氏和西林觉罗氏，共为 27 个，占后期满族文学家族总数的 72.97%；汉姓满族文学家族有 10 个，占后期满族文学家族总数的 27.03%。这 37 个文学家族共有 99 位作家，其中 5 位来自完颜氏和西林觉罗氏。他们创作了 155 部作品，其中经类 3 部（理学 1 部、易学 1 部、礼学 1 部），史类 38 部（史纂 1 部、史学 1 部、地志 8 部、

政治 8 部、兵事 2 部、典制 1 部、传述 4 部、谱系 5 部、游记 8 部），子类
19 部（医术 1 部、书画 3 部、金石 4 部、诗文评 1 部、目录学 2 部、杂著 5
部、笔记 1 部、稗说 2 部），集类 95 部（总集 5 部、别集 90 部）。其中集类
作品占同期作品总数的 61.29%，与清朝中期持平，由此可见，从清朝中期
到后期，满族文学家族在发展态势方面呈现出趋稳向好的局面。99 位作家
中有 9 位女性作家：杨氏家族的杨琼华、库雅拉氏家族的颜札氏、马佳氏家
族的多敏、瓜尔佳氏家族的画梁、海拉苏氏家族的玉韶、完颜氏家族的金樨
和那逊兰保、西林觉罗氏家族的顾太清和西林旭。

　　95 个满族文学家族内部成员构成类型丰富，有祖孙型、父子型、夫妻
型、兄弟型、多元兼有等多种类型。尤其值得注意的是满族女性作家开始登
上文学舞台进行创作，这说明满族文学家族的开放包容性也是其文学得到大
发展的重要原因。

表 1-2　清朝前期、中期和后期满族文学家族数量

时期	满洲士人构成的文学家族、占本期家族总数比例	汉姓满族文学家族、占本期家族总数比例	八旗高丽满族文学家族、占本期家族总数比例	完颜氏和西林觉罗氏、占本期家族总数比例	总计
清朝前期	9	15	1	2	27
	33.33%	55.56%	3.70%	7.41%	100%
清朝中期	21	12	0	2	35
	60%	34.29%		5.71%	100%
清朝后期	25	10	0	2	37
	67.57%	27.03%		5.41%	100%

　　注：满族文学家族一共 95 个，但是因完颜氏和西林觉罗氏两个家族与清朝相始终，于是在统计清朝前
期、清朝中期、清朝后期时这两个家族都包括在内，即统计了 3 遍，实际家族总数仍然以 95 个为准。

　　从表 1-2 可以看出满族文学家族的构成类型及其在清朝三个时期的比
例情况：满族文学家族由满洲士人构成的满族文学家族、汉姓满族文学家
族、八旗高丽满族文学家族三种类型构成。清朝前期满族文学家族 27 个，
满洲士人构成的文学家族（包括完颜氏和西林觉罗氏）仅有 11 个，占同期
文学家族总数的 40.74%；汉姓满族文学家族数量达到 15 个，占同期文学家
族总数的 55.56%，超过 1/2。这说明在清朝前期，汉姓满族文学家族对整个

满族文学家族的贡献是突出的，也证明满洲士人刚刚进入中原文化腹地，对儒家文化的学习处在起步阶段，还没有形成家族文化生态氛围。此外，同期还有一个从朝鲜迁徙到清朝版图内的李氏家族，在《钦定八旗通志》里属于八旗高丽姓氏，李氏家族有作品传世，形成了清朝时期唯一一个从国外迁徙来的文学家族。清朝中期满族文学家族 35 个，其中满洲士人构成的文学家族（包括完颜氏和西林觉罗氏）有 23 个，占同期文学家族总数的 65.71%，比清朝初期满洲士人构成的文学家族数量增加一倍。满洲士人经过顺治、康熙、雍正三朝的学习，已经接受了儒家文化，而且在文学方面取得了巨大的成就，足见其是一个善于学习的民族，能够在较短的时间内掌握儒家文化的精髓，并在接受和运用方面达到相当的程度。清朝后期满族文学家族 37 个，满洲士人构成的文学家族（包括完颜氏和西林觉罗氏）27 个，占同期文学家族总数的 72.97%，较清朝中期增加了 7.26 个百分点，满洲士人到清朝后期已经和汉族士人无别，对儒家文化的认同达到了和汉族一致的程度，这是清朝满洲士人在入主中原后在文化上从学习、接受到认同的一个反映。

（二）清代满族文学家族诗歌创作

清朝建立时，还没有实现统一，有的满族文学家族成员亲自参加了统一战争。他们的创作主要是征战诗；一些没有亲历战争的满族家族成员也有闲适诗作品。到了乾嘉时代，清朝达到了鼎盛时期，承平日久，这时期的诗文多表现生活的安宁与闲适，给人们留下了宇内安宁、岁月静好的时代印象。清朝后期，清政府内忧外患，于是诗人们把民不聊生的景象写进了诗歌，有的满族家族成员站在了时代发展的前沿——为救国图强，他们开始走出国门，游欧旅日，从而创作了大量的游历诗歌，构成了清朝后期诗文创作的主要方向。以下将分别论述清朝满族文学家族在文学领域的创作情况。

前面总体统计了满族文学家族在清朝前期、清朝中期和清朝后期的创作情况，下面将诗歌作品作为主要研究对象，以探讨清朝满族文学家族的创作特点及文学成就。通过前面的梳理可知，清朝前期满族文学家族创作了 80 部文学作品：别集 61 部、总集 2 部、小学类 3 部、易学 5 部、礼学 1 部、经学 1 部、《尚书》研究专著 1 部、儒术 1 部、诗学 1 部、《春秋左传》类 1 部、稗说 1 部、诗文评 2 部；中期创作了 101 部文学作品：别集 86 部、总集 7 部、小学类 3 部、诗文评 1 部、目录学 1 部、稗说 3 部；后期创作了 102 部文学作品：别集 90 部、总集 5 部、易学 1 部、礼学 1 部、诗文评 1 部、目录学 2 部、稗说 2 部。清代满族文学家族为中国文学贡献了 283 部文学作品，数量众多，成果显著。下面主要就 95 个文学家族的诗歌创作进行爬梳和整理，以期总结归纳清代满族文学家族的诗歌创作特点。95 个文学家族的诗歌创作不论在内容还是在形式上都充分体现出儒家文化特征，同时又表现出满族的精神风貌和风格特色，是满汉文化融合在诗歌领域的表现。满族士人在进入中原以前，长期生活在东北的苦寒地区，过着狩猎生活，惯于盘马弯弓，形成了吃苦耐劳、崇尚勇武的优秀民族品格。满族士人在崇祯十七年（1644）入关后，也将这种优秀的民族传统带到了中原地区，尽管中原的生活环境已和东北有别，思想上也受到来自儒家文化快速强烈的冲击，但满族士人很快调整状态，开始认识儒家文化和中原文化，进而积极接受。因此，清初的满族文学家族是文武兼备的家族，他们拿起笔，携着骁勇尚武的民族基因，在儒家新思想的指导下，开始吟唱自己在中原世界的全新生活，形成了清朝初期激情昂扬的满族文学家族创作团队。

1. 清朝前期，满族文学家族的诗歌内容

第一类：征战诗。

清朝初年，全国战事未息，1673—1681 年又发生"三藩之乱"，后又有收复台湾之役。这些战争在满族文学家族的诗歌中都有体现，多个家族展示了清初战事的面貌，记录了当时的战争情况。如佟佳氏家族的佟世思《侍家大人入赣杂感八首》和《侍家大人将出豫章署杂感》写出了三藩之乱持续之久，表达了希望战争早日结束的心情；"所欣年正少，珍重向前途"，因年轻少壮，迸发出对前途充满信心的豪情壮志；"臣在危疆死不辞"一句，表达了诗人平定叛乱的决心，充分体现了满族骁勇尚武的民族精神。

范氏家族的范承谟在"三藩之乱"时写作的诗歌主要体现了自己被囚时宁死不屈的意志，首推《绝命词》：

序：连宵乌鹊南噪，晓闻王师已逾仙霞，耿、刘二逆初谋，携装泛海，继以众情弗顺，始议投诚，禁卒侦知其情，密以慰予。予笑曰：二逆即投诚，终不免然，必先杀我以灭口，因口占示之。

> 一笑襟开万怒平，龙兴有寺葬真卿。
> 执旗厉鬼争前导，尽扫穿墙穴壁鮏。①

最后范承谟不屈被害，一首《绝命词》，表现了他视死如归的大无畏精神。

伊尔根觉罗氏家族的顾八代，字文起，满洲镶黄旗人，聪明仁孝，力能挽十二石弓。《熙朝雅颂集》卷第五录其十四首诗歌，其中《盘江破伪将军吴世琮兵纪战》《邕州》等诗真实记录了平定"三藩之乱"的残酷，以致"仁人不忍闻，仰天三叹息"。《纪事》描述了吴三桂叛乱的消息十三天就快速传到京师，康熙帝迅速选将点兵赴云南剿匪的情状，显示出清朝初期清军反应迅速、战斗力强的特点，暗表了平定"三藩之乱"的决心和信心。《梧州》"一人当百不顾生"一句，写出了作战士兵的战斗力之强和勇赴国难的视死如归。因为平定"三藩之乱"持续的时间较长，战士不免思念故土，作者又及时创作了勉励战士要保有战斗意志的诗歌——《师行讨逆已经六载将士各有怀归之思因跻苍梧三合山感而有作》：

> 四望山河感夕晖，南州久陷虎狼围。
> 版图玷缺思全复，寇盗猖狂笑彼威。
> 铜柱功勋应早建，碧鸡将士莫怀归。
> 来朝入阵还堪试，参赞无须着铁衣。②

平定"三藩之乱"的战争已经到第六个年头，将士有怀归之心是正常的，这时能够适时地在心理上激励作战官兵，对于取得平叛的胜利具有重要的指导意义。

又如《辛酉冬十月荡平滇南赋赠绥远大将军赖公》：

> 数载南征七出师，貔貅百万指滇池。
> 石门槛破直擒将，黄草坝争横夺旗。

---

① （清）铁保辑，赵志辉校点补《熙朝雅颂集》，辽宁大学出版社，1992，第 340 页。

② （清）铁保辑，赵志辉校点补《熙朝雅颂集》，辽宁大学出版社，1992，第 402 页。

飞渡快河收曲郡，斩关交水断中逵。

歼来残孽恢疆土，涤尽余氛靖远陲。

一自九重操庙算，独将三略发神奇。

论功正拟封侯日，但惜昆明奏凯迟。①

诗歌以立体的视角，描述了"三藩之乱"的开始、经过乃至最终胜利，展现了战争的残酷和将士的怀归之绪，用艺术化的语言叙述了战争的全过程，达到了"以诗证史"的效果。

姚氏家族的姚启圣在诗歌中主要记录了收复台湾的经过。如《香山闲咏》四首：

湿云愁结暮山重，水白沙明何处钟。

夹岸荻芦横野色，大江风雨暗孤踪。

已经去国为迁客，犹有悲歌答老农。

千古无多零落恨，不须此际叹遭逢。

扁舟复渡铁城阴，见说农樵出远岑。

圣主已宽边界令，逐臣未尽抚绥心。

几年共尔栖荆棘，此日怜余载鹤琴。

犹幸斯民还旧业，莫教寇盗再相侵。

无数艨艟犯海波，我来守土竟如何。

荒陲百事怡情少，孤岛三年战血多。

献馘楼头腾剑气，受降城下奏铙歌。

弹丸若使劳臣在，未许潢池复弄戈。

地居天末海滨东，况复迁离盗贼充。

千里波涛孤枕上，万家饥溺梦魂中。

---

① （清）铁保辑，赵志辉校点补《熙朝雅颂集》，辽宁大学出版社，1992，第403～404页。

> 寒猿泣月移高树，宿鸟惊云过别丛。
> 莫问当年关切意，只今凭眺有余恫。

《香山闲咏》组诗写出了收复台湾的艰难和时间之长，更表现了收复台湾之后的愉悦心情。又如《视师》：

> 提师渡海极沧溟，万里波涛枕上听。
> 此际梦回银汉转，千峰明月一孤舠。
>
> 一道红尘马上来，共传节度视师回。
> 池亭台榭都生色，不止深闺笑口开。

收复台湾的胜利消息传来之后，山河万物都生色，充分表达了战争结束后诗人的喜悦心情。

第二类：闲适诗。

清朝前期，满族文学家族虽然写了很多征战诗，但是还有些家族没有亲历战争，生活优游闲适，其创作也就呈现出不同的风貌，董鄂氏家族即是如此。

珠亮，董鄂氏，字韬明，号澹翁。其高祖归顺努尔哈赤，娶努尔哈赤之女为妻。父为都统齐什。珠亮赋性高简，著有《冷月山堂诗》。

养易斋学人，珠亮室，宗室嘎公女，著《养易斋诗》一卷。

嵩山，珠亮长子，字伯仁，著《余廉堂诗稿》六卷，承其家学，诗颇有清拔之致。

峒山，珠亮次子，字仲仁，以诗书为业，在诗礼传家观念的影响下，耳濡目染，年过七旬不废吟咏，著有《柏翠山房诗》。

兰轩主人，慎贝勒图公孙女，嵩山室，著《兰轩诗》一卷，《柏翠山房诗稿》一卷。

董鄂氏家族两代父母、兄弟、婆媳五人的作品有一个共同的特点——写出了生活的闲适与淡然。这个家族是满洲贵族，珠亮高祖与满族皇室有姻亲关系，珠亮本人又娶宗室女，贵族身份使得他们的物质生活无忧，在文学世界里也就表现出超然的状态。《熙朝雅颂集》收珠亮诗歌15首，其中竟有8

首诗里提到"闲"字，其他 7 首诗歌虽然没有"闲"字，但在诗歌内容和思想方面表现出来的闲适之情同样明显。如《集余乐园小饮》：

> 好是庭梧一叶秋，操琴酌酒共优游。
> 且开怀抱赓佳句，正喜盘桓少俗侪。
> 夜气自深松露滴，溪声不响竹风收。
> 陶然尽兴山庭里，景物萧疏极目幽。

在秋天的游园里集会，操琴饮酒，在"正喜盘桓少俗侪"的高雅氛围中体味着秋景的淡雅悠远，且有少许萧疏的感慨，这分明是贵族精神世界里"高处不胜寒"思想的流露。他的妻子养易斋学人受到家学影响，来到夫家，也工于诗歌，著有诗集，《熙朝雅颂集》收录其诗歌 13 首。细读其诗，可以看出她对子女教育的重视，《浩哥行示子嵩山峒山》《秋晚携诸子媳寓北山别业》《示诸子》里面强调自己要像孟母一样严厉教育子女用功读书，"以苦易甘兮，荼亦可尝"，因为成才而吃苦也是值得的，"儿童方读罢，吟笑早关门"，在看到孩子们读完书后就会很高兴。如《示诸子》：

> 茹蓼餐荼二十年，断机敢拟古人贤。
> 黄泉他日无惭色，尔性贤惠固有天。

在这首诗里，作者认为只要能把子女培养成才，自己宁愿长时间地"茹蓼餐荼"也要对子女实行严厉的教育，可见她的诗歌是以家庭教育为核心的。

她的两个儿子也没有辜负母望，嵩山是武功将军，是骑在马背上的诗人，峒山以诗书为业，两人均有诗集传世。《熙朝雅颂集》收录嵩山 28 首诗，其中 11 首或者是题目中有"闲"字、或者是诗里面有"闲"字，在这"闲"字的背后，隐藏着诗人对于闲适生活的知足与快意，以及对古代隐士生活的向往。如《闲步溪上逢渔人》：

> 悠然步川际，林阜耀朝晖。
> 桃杏夹岸红，峰峦清四周。

鸥凫闲泛泛，柳絮晴霏霏。
芹艾蒸露香，鸣鸟蒲间飞。
物景良亦幽，我心犹不违。
隔芦见渔父，垂钓欹苔矶。
烟湿竹皮笠，风响苇叶衣。
出酒与之酌，相话情依依。
问年记不明，但言无寒饥。
城中诸富宦，名姓知者希。
上世贤与愚，莫辨孰是非。
难逢太古初，看此真忘机。

这首诗歌里的"渔父"就是隐士的代表，在山川美景中生活，不与达官贵人往来，甚至都忘记了自己的年龄，真正活出了超脱境界，所以在诗中作者遇到的"渔父"，其实就是作者自己，正如甘道源评价嵩山诗时说："静翁诗虽不尽似古人，而颇有与古人神会者。"① 嵩山与古代隐士在精神上是相通的。

　　峒山的诗歌在《熙朝雅颂集》里有 12 首，其中有 1/4 的诗歌直接以"闲"字为题，他在闲适诗中没有表现出孤独之感，反而写出了不可多得的快乐。《夕晴闲坐》：

日夕雨初晴，倏而云开彻。
林树转新翠，山光半明灭。
凭石纳爽风，步池看皓月。
月色静无尘，我心与之洁。
谁云此夜孤，凉蝉吟不歇。

诗歌直接表达自己的心像明月一样洁净，而且能在孤独的环境里感受到心境如月的美妙感受。峒山与兄长情谊深厚，《熙朝雅颂集》中有两首诗表现了

---

① （清）铁保辑，赵志辉校点补《熙朝雅颂集》，辽宁大学出版社，1992，第 956 页。

弟弟对哥哥的深情，《卜筑山房奉兄静公兼寄介亭》中的"亭思介子坐，门冀静公敲"就强烈地希望兄长能来和自己相聚饮酒吟诗，这表明兄弟感情很好。

兰轩主人是嵩山室，兰轩主人的诗歌表达的内容和她的婆婆养易斋学人不一样，她婆婆的诗歌主要表达忠义节孝的内容和思想，而兰轩主人表达的主题是伉俪情深。《熙朝雅颂集》录其 10 首诗，其中竟有 8 首写的是她和丈夫的日常生活。如《北山别墅听夫子清夜弹琴》："携琴步松径，横琴置松樾。一曲松风吟，弹出松梢月。"在明月挂松间的时候，夫妻二人来到树下，妻子静静地听着丈夫弹琴，这是多么高雅平静的生活！实在令人羡慕。写出了清朝初期贵族文学家庭的高雅生活，这种生活又是平静而难得的。

董鄂氏家族成员的诗歌作品表现的主题多闲适高雅，闲雅之风是其家族最好的文化标签。

第三类：景物诗。

范承谟记录的是"三藩之乱"的过程，他的弟弟范承勋所表现的，则是在"三藩之乱"结束后恢复云南地区生产生活的情况。范承勋在任云贵总督时，整顿民生，发展教育，纂修地方志，在军政和文化方面取得了很大的成就，为云南战后的重建作出了重大贡献。《熙朝雅颂集》录范承勋 10 首诗，都是写景诗，《一草亭》《宛转溪》《石香桥》《卧石》《小龙湫》《小巫峡》描绘了草亭、溪水、石桥、卧石、龙湫、巫峡等景物，将云南的风景名胜尽收诗中。《一草亭》写出了作者愉悦的心情：

> 谁家亭子把茅茨，折竹还他曲水支。
> 席地幕天真快意，旁风上雨亦何疑。

范承勋直抒胸臆，表达了自己的喜悦之情。他的《石香桥》表达了珍惜眼前景的独特心灵感受：

> 红是花光碧水光，落花衬石石生香。
> 隔溪若有吹箫伴，何必天台防石梁。

诗人"最还美是眼前景"的感慨在诗中是非常强烈的。

顾八代孙顾琮,《清史稿》卷三百十《列传》九十七载:

> 顾琮,字用方,伊尔根觉罗氏,满洲镶黄旗人,尚书顾八代孙。父顾俨,历官副都统。顾琮,以监生录入算学馆,修算法诸书,书成议叙。康熙六十一年,授吏部员外郎。雍正三年,授户部郎中,迁御史。四年,巡视长芦盐政。八年,迁太仆寺卿。九年,授霸州营田使。十一年,协理直隶总河,迁太常寺卿,署直隶总督。寻授直隶河道总督。乾隆元年,署江苏巡抚。十一年,署江南河道总督。十九年,卒。①

在《熙朝雅颂集》中录有顾琮 15 首诗歌,这 15 首诗歌皆选自《静廉堂诗义集》。因顾琮生活在康熙、雍正时和乾隆初期,国家安定,他的诗歌自然和顾八代诗歌的内容有相当的差别。顾八代的诗歌基本上反映的是"三藩之乱",重在对战争的真实描写。而顾琮的诗歌主要反映了承平时期国家安定、政通人和的繁荣景象。其中拟古诗有 5 首,以清新宛转的笔法写出了无限风光在春天的幽美风致。《田父》和《春日游西山有感》则描绘了农夫和樵人劳动的场景,将日常生活入诗,具有浓郁的生活气息。《春日西轩漫兴》通过"政暇无他事,怡然读我书"的闲适来表现社会的安定与平和。顾八代和顾琮祖孙二人的诗歌正是各自生活时代的反映,两位诗人的创作接续式地展示了清朝从动乱走向和平的历史进程。

第四类:送别诗。

范承烈,《八旗艺文编目》载:"汉军范承烈,字彦公,康熙三十八年由内阁侍读学士迁内阁学士,累官户部、兵部侍郎,范承勋弟。著《雏凤堂集》。"② 可见范承烈也是台阁之臣,《熙朝雅颂集》录其 13 首诗,有送别诗《送友人还山》:

---

① 赵尔巽等撰《清史稿》第三五册,卷三百十《列传》九十七,中华书局,1977,第 10637 页。
② 恩华纂辑,关纪新整理、点校《八旗艺文编目》,辽宁民族出版社,2006,第 134 页。

八月西园月，君今不共看。

三年依不榻，一棹自江滩。

日澹芦花净，舟轻枫叶寒。

到家兄及弟，酬劝有余欢。

既写出昔日诗人与好友朝夕共处的笃厚情感，又写了友人到家后的欢愉，从历时的角度描绘了友谊长河的涓涓不息。

范承斌是范承烈的哥哥，他有一首诗的题目与弟弟几乎相同：

八月送友人还山

砧声将落叶，淅淅动寒怖。

秋色来何处，故人今日归。

远山孤树小，隔水数鸿飞。

却羡君兄弟，舟中话翠微。

所写内容、意境和范承烈的《送友人还山》相似，但是语言更加流畅，风格更加明快，展示了兄弟间的友恭之谊。

范承斌，字允公，汉军人，袭一等子爵。① 《熙朝雅颂集》录其 9 首诗，其中有 4 首诗《秋叶怀友》《除架》《春闺怨》《秋兰》题目与范承烈诗相同，表达的内容和感情也类似，这在满族文学家族里还是很少见的。

董鄂氏家族的嵩山虽然平日"闭门无客过"，但是在知己好友史淳若离开时，写下了情深义重的送别诗《送史淳若》②：

病眼瞩君去，僻地无离殇。

平生寡忧戚，为子眉不扬。

直因饥寒故，清入名利场。

一身留京畿，草木数青黄。

---

① （清）铁保辑，赵志辉校点补《熙朝雅颂集》，辽宁大学出版社，1992，第 354 页。

② （清）铁保辑，赵志辉校点补《熙朝雅颂集》，辽宁大学出版社，1992，第 959 页。

> 垂老四无亲，日为他人忙。
>
> 鸿雁春北来，经秋且南翔。
>
> 恨昔归不得，此归非越乡。
>
> 重会定何时，携手恐彷徨。

与友人紧握双手，依依不舍，自己平时不轻易表达情感，但这是知音要远行，自然表现出无限的留恋。除此之外，这首诗还提出仕宦价值为何物的深刻哲学问题，带给人沉重的思考。但与好友再次相见时又是如此的欣喜，《与史淳若再游西堤》①：

> 久持独酌趣，辄喜接君游。
>
> 细雨驱残暑，轻云酿早秋。
>
> 掩楼高柳静，绕阁野花幽。
>
> 好尽重来兴，相将看白鸥。

送别好友时依依不舍，再次相逢时满面春风，掩不住内心的激动，这是知音好友间的真正友谊，是人类情感世界中的珍宝之一。

2. 清朝中期，满族文学家族的诗歌内容

清朝中期满族文学家族诗歌多表现承平时期的繁荣景象，在此以唐氏家族为例阐述清朝中期的诗歌创作情况。

唐英，字俊公，一字叔子。内务府员外郎兼佐领。历官淮关、九江关、粤海关监督，工书画。著有《问奇典注增释》《琵琶亭诗》，小说《古柏堂传奇》等。② 《熙朝雅颂集》录其 23 首诗。其与儿子寅保的诗歌可分为四类。

第一类：景物诗。

在 23 首诗歌中有 15 首是景物诗，展示了生活的闲适，如《双碧楼晚望》③：

---

① （清）铁保辑，赵志辉校点补《熙朝雅颂集》，辽宁大学出版社，1992，第 959 页。

② 恩华纂辑，关纪新整理、点校《八旗艺文编目》，辽宁民族出版社，2006，第 10 页。

③ （清）铁保辑，赵志辉校点补《熙朝雅颂集》，辽宁大学出版社，1992，第 1041 页。

> 白发青衫尚异乡，时人遮莫笑颟唐。
>
> 世情滋味居官淡，书债因缘作客偿。
>
> 娱老性天无事事，消闲诗境不忙忙。
>
> 晚来双碧楼头坐，秋水秋山入望长。

写出了作者的为官闲暇、生活淡然，表现出清代中期社会一派安乐祥和的景象。

唐英子寅保也写有很多景物诗，如《寒月》：

> 帘卷流寒月，黄昏一角鸣。
>
> 参差梅影瘦，疏落雁行明。
>
> 高洁增诗思，清凉淡宦情。
>
> 中庭独俯仰，心迹问生平。

写出了佛家淡然处世的意蕴，并以孤雁暗指自己的孤独与寂寞。

第二类：送别诗。

送别诗有两首，其中一首是《春暮送吴尧圃之均州》①：

> 絮落花飞春已暮，几欲留春春不住。
>
> 离筵黯黯趁春开，春风引客均州路。
>
> 山山水水几许长，帆樯云开愁苍茫。
>
> 沧浪濯足岘首泪，酒材诗本携轻装。
>
> 丈夫出门各有道，知己情深在怀抱。
>
> 此行陶冶赖成功，钟鼎尊罍关国宝。
>
> 玫瑰翡翠倘流传，搜物探书寻故老。
>
> 君不见，善游昔日太史公，名山大川收胸中。
>
> 陶镕一发天地秘，神工鬼斧惊才雄。
>
> 文章制度虽各别，以今仿古将毋同。

① （清）铁保辑，赵志辉校点补《熙朝雅颂集》，辽宁大学出版社，1992，第1039页。

> 不惜骊驹三叠唱，内顾无忧行色壮。
>
> 荆襄一水游有方，不比天涯成孟浪。
>
> 荷香薄绿棹归舟，倚间白发支筇望。

在这首送别诗中，有送别时的忧伤，但更多地表现了友人远行是为了实现建功立业的理想和抱负，积极向上的昂扬激情蕴含于诗中。

第三类：题画诗。

唐英不仅善于写诗，还善于绘画，题画诗也写得较为出色。如《题吴生画黄山莲花峰歌》[①]：

> 僧自黄山来，胜游不住口。
>
> 邱壑天下奇，见闻得未有。
>
> 三十六高峰，天都屈指首。
>
> 东北耸莲花，云海凌波陡。
>
> 根荄天地栽，蓓蕾鸿濛剖。
>
> 匍匐攀危梯，登临神抖擞。
>
> 乃知哭华颠，莫怪昌黎叟。
>
> 居高身必危，慎旃良自守。
>
> 吴生笔墨豪，烟岚飞巨手。
>
> 指点听游僧，写寄祈山友。
>
> 韦布与冠缨，形异心相偶。
>
> 济胜约同游，蜡屐兼尊酒。
>
> 烂醉撼天都，群峰挟腋肘。
>
> 劈碎青莲花，折取如船藕。
>
> 君不闻，黄帝容成浮邱公，一去丹台胜荒阜。
>
> 千古青山换世人，我欲青山一同朽。

用诗歌的语言动态地描绘了画面的内容，表达了达观的生命态度。

---

① （清）铁保辑，赵志辉校点补《熙朝雅颂集》，辽宁大学出版社，1992，第 1038 页。

第四类：游历诗。

寅保，唐英子，字东宾，一字芝圃，号桐封，隶正白旗。乾隆戊辰进士，散馆授编修。改内务府郎中。官杭州织造、安徽庐凤道。① 《熙朝雅颂集》录其 17 首诗歌，是记录各地山川景物的游历诗。

17 首诗歌中有记游诗 10 首，记录了天津、沧州、桐江、庾岭、白云山濂泉寺、莲华岭、木兰围场等地的景色和风光。如七言律诗《过莲华岭》：

> 千盘鸟道低蚕丛，顶上莲华拟御风。
> 杂沓马蹄穿树杪，依稀人影入云中。
> 沾衣松滴佛头翠，照眼枫排鱼尾红。
> 高处茫茫一瞬瞩，尘怀万斛已全空。

描绘了莲华岭树木茂盛、风光旖旎的美好景色。

从上面唐氏家族父子两人的诗歌内容看，已经没有了清朝初期征战诗的痕迹，说明清朝中期真正迎来了乾嘉盛世，在这样的时代里，人们的情感是淡然的、闲适的，呈现出一种轻松自如的生活态度，即使过着仕宦生活，依然不为政事所累，官员的生活也是轻松自由的。

3. 清朝末期，满族文学家族的诗歌内容

第一类：时事游历诗。

清朝末期，国家内忧外患，内有太平天国起义、义和团运动，外有英法鸦片战争，在这样的社会大环境下，满族文学家族的一些成员站在了时代的最前沿——他们游历诸国，考察西方的先进文化和技术。凡此种种，在诗歌中都有详细的描述，表现出与时俱进的国家意识。

姚氏家族的斌椿，"字友松，满洲旗人。官郎中。有《海国胜游草》《天外归帆草》。诗话：友松奉使海西，周历诸邦，破浪承风，行九万余里。海国胜游，形诸歌咏，《天外归帆》则东还时所作也"②。《晚晴簃诗汇》收录其两首诗，其一是五言律诗《过之罘岛至烟台观海楼登眺》③：

---

① 恩华纂辑，关纪新整理、点校《八旗艺文编目》，辽宁民族出版社，2006，第 140 页。
② 徐世昌编，闻石点校《晚晴簃诗汇》，中华书局，1990，第 6882 页。
③ 徐世昌编，闻石点校《晚晴簃诗汇》，中华书局，1990，第 6882 页。

> 山势郁崔嵬，之罘入海来。
> 鲛人货珠贝，蜃气幻楼台。
> 岛峙千屏列，波平一镜开。
> 登高思琢句，恨之谪仙才。

游历国外归来，途经烟台，目睹沿途的美好景色，心有所感，并细心记录了当时当地人们的商业活动，也就是买卖珠贝的情况。

其二是七言绝句《寄杨简侯表弟》①：

> 五年林下纵清谈，策马西陲我未堪。
> 今日定教君艳羡，杏花时节在江南。

在回忆往昔生活的同时，表现出对生活的信心。

清代后期涌现出许多社会问题，对于八旗子弟来说，最为显著的就是八旗生计问题的日益严重。完颜氏家族的盛昱，就对这个问题给予了广泛关注，而且提出了解决八旗生计的办法，在诗歌《题廉孝廉小万柳堂图同凤孙作》中，不仅叙述了中国古代整个历史的变迁过程，也详述了清朝崛起的辉煌，更谈及清朝内忧外患的境地，以及八旗子弟生活的悲惨现状和国家吏治的腐败。"阛阓生齿滋，农猎本业断。计臣折扣余，一兵一钱串。饮泣持还家，当差赎弓箭。乞食不宿饱，敝衣那蔽骭。……大破旗民界，谋生皆任便。能使手足宽，转可头目捍。"② 提出解决八旗子弟生计问题的办法就是打破旗民分界，让八旗子弟自由从事农工商活动。可见盛昱对于国家政治问题的思考是很深刻的。

第二类：羁旅行役诗。

索绰络氏家族的麟魁，号梅谷，道光六年（1826）进士。《晚晴簃诗汇》录其一首诗《驿馆夜坐》："驿馆挑灯秋夜深，思量旅况昔犹今。有书莫漫途中寄，得句何堪马上吟。半载消磨关塞日，一鞭掷碎使臣心。无情最

---

① 徐世昌编，闻石点校《晚晴簃诗汇》，中华书局，1990，第 6882 页。
② 徐世昌编，闻石点校《晚晴簃诗汇》，中华书局，1990，第 7479 页。

是西来路，老我风尘白发侵。"写自己羁旅塞外半年来过着倚马吟诗的生活，其中的艰辛可想而知，到现在已经是白发染鬓了。

索绰络氏家族另一成员麟魁从弟——宝鋆，字佩蘅，道光十八年（1838）进士，尽管生活在清朝末期，但是一生福泽，所以在诗歌中多表达快意之情，即使是羁旅之诗也是快意留心中，如《石门即事》：

> 小西湖水碧沈沈，走马冈环快赏心。
> 乌柏半堤梅雪艳，黄芦几曲竹烟深。

一般而言，羁旅行役诗多表现在他乡的孤独和艰难，有的也描写对家人的思念，但是宝鋆的羁旅行役诗没有这些负面的情绪，有的是当下的快意和对于旅途风景的欣赏，这是作者不同于既往羁旅行役诗人的地方。

宝鋆的从兄麟桂，也颇多羁旅行役诗，诗歌中描述了在观看美景的时候，时间转眼已逝，并不觉旅途的劳累，而是把所有的时间和精力都付给了山川美景。《夜渡扬子江》："轻舟小如叶，入夜渡江行。……欲认扬帆处，回看已数程。"[1] 写出了夜渡扬子江的愉快心情和江南美景赋予诗人的独特感受。

清朝末年，满族文学家族文人表现家国情怀的诗歌比较多，他们把握住时代风云变幻的脉搏，是那个时代的记录者和表现者，对于清朝末年国家落后挨打的遭遇，有更加深刻的体会，从而出现了出国游历、学习的情况，这是大势所趋，而满族文学家正好将这一历史事实用诗歌的形式记录了下来。除游历诗外，羁旅行役诗从另一个侧面反映了满族文学家族成员在异地生活的场景和心态，也是清朝后期时代的反映。

三　清代满族文学家族在其他领域的创作成就

根据《八旗艺文编目》记载，满族文学家族不仅在诗歌方面取得了辉煌成绩，在其他领域也取得了骄人的成就，现简述如下。

佟佳氏家族除了在文学领域著有多部诗集外，在文字学领域也有突出贡

---

[1]　徐世昌编，闻石点校《晚晴簃诗汇》，中华书局，1990，第5769页。

献。佟世男著有《篆字汇》，这是一部篆字字典，在明朝梅膺祚编撰的字典《字汇》基础上，每个汉字系以篆文，如此字没有篆文，就按照这个汉字的楷书字画创造篆文，以意造之，不可以为典据。因此，这部小学类的著作质量不高，不能作为典范，更无法与许慎的《说文解字》相比，但是这毕竟是清朝初期满族创作的一部字典，代表了向中原学习的成果，具有开拓性的意义。

年氏家族在清朝初期是以文字学方面的成就进入文学领域的。年氏家族的年希尧著有《五方元音》，这是一部按音韵编排字序的字典，也是带有韵图的韵书，在当时非常流行，成为日常使用的工具书。年希尧不仅在小学领域有突出成就，在数学和医学领域也有很大成就，著有《视学精蕴》等重要的数学著作，医学方面著有《集验良方》。年希尧的弟弟年羹尧，在军事和政治领域都有著作存世。年羹尧在康熙三十九年（1700）中进士后，在军事方面因平定青海立下汗马功劳，著有军事著作《治平胜算全书》，政治上也权倾一时，著有政治学著作《经邦轨辙》，还倚马吟诗，留下诗作《题杨紫宸小照》，是一位军事、政治、文学兼修的时代先锋。年氏家族在年羹尧时期达到了鼎盛，但是也因他功高盖主，导致家族衰落。年氏家族在衰落后，年希尧孙年汝邻流寓扬州，不仅诗歌有传世作品，在绘画方面也表现了自己的才能。《永保堂诗集》里有一首诗《墨庄访年三丈》即记录了年汝邻善于绘画之事。他是在年氏家族没落之后，少数有所为的后进之士，但不是通过功名，而是以笔下之诗歌、绘画来保持家族的影响。

刘氏家族的始祖毓英，在仕宦山东按察使时，从确山移家济宁。齐鲁大地积淀千年的文化底蕴，是这个家族兴盛繁荣的重要文化因子。毓英子刘淇，不仅工诗，而且著有文字学著作《助字辨略》，这是一部古代汉语方面的虚词词典，所收字数是《经传释词》的三倍。可以说，刘淇在文字学领域的成就可以和江苏高邮的王念孙和王引之父子相媲美。不仅如此，刘淇还著有地方志《堂邑志》二十卷、政治学著作《诏对》一卷、易学著作《周易通说》。刘淇弟刘汶的成就也很高，刘汶是康熙间举人，在易学、儒学方面都有著作存世，有易学著作《太极答问》、儒学著作《女训》等。两兄弟的研究领域类似。这在满族文学家族里还是比较少见的现象，但也侧面反映了家学一致的情况。

高丽李氏家族从朝鲜迁入，家族的六位成员在不同的领域都有传世作品，李兴祖著有两部山东县志《庆云县志》和《灵岩志》，李兴祖侄李锴也著有地方志《豸雅》，还有小说作品《击筑记传奇》、散文集《铁君文钞》，在诗歌、小说、散文、地方志等领域都有成就，这在清朝前期是比较罕见的。

喜塔腊氏家族在其他领域取得的成就超越了在文学领域的成就。家族第一代裕禄著有政治学著作《大清律例根源》，其弟裕德著有目录学著作《经籍要略》，裕德子熙明，又写出金石学著作《古铜印存》，家族三个成员分别在政治学、目录学和金石学领域取得了重大成就，青史留名。

完颜氏家族，除了在文学领域取得的成就外，在其他领域也成绩斐然，和素在翻译方面成就显著，有译作《清文琴谱合璧》《清文三国志》《清文菜根谭》《清文左传》，为儒家文化在满族子弟中流传扫清了语言方面的障碍。科德氏为和素室，不仅会弹琴，而且著有乐理方面的理论作品《琴谱》，鄂素子留保有传记《大清名臣言行录》。恽珠作为阿什坦六世孙媳对于完颜氏家族的繁荣和延续起到了举足轻重的作用，这个从江苏武进大家族出来的女子嫁到满族完颜氏家族后，为这个家族带来了繁荣因子，她不仅成功地教育了子女，而且还在理学、儒学方面著有作品，儒学著作有《兰闺宝录》，理学著作有《恽逊庵先生遗集》，可以说恽珠是这个家族承前启后的重要人物。恽珠子麟庆不仅有文学作品存世，还有历史学、地志、水力学等方面的著作，历史学方面著有《皇朝纪盛录》，地志方面有《黄运河口古今图说》与《河工器具图说》两部著作，还有杂记《鸿雪姻缘图记》。麟庆长子崇实不仅写了大量的诗文作品，还著有年谱《惕安自定年谱》和奏议《适斋奏议》，为其父撰述《麟见亭河督庆行述》。麟庆次子崇厚也著有谱系作品《鹤槎自述年谱》和典制著作《盛京典制备考》，辑录成史学作品《历代名臣传节录》。崇实孙景贤既是诗人，也是画家，著有《三虞堂书画目》。完颜氏家族不仅以诗书传家，而且在多个领域有重要成就，是比较突出的满族文学家族。

清朝满族文学家族在其他领域的成就表明，满族不仅在政治舞台上发挥领导作用，而且其他领域在中国各个家族里也能堪当翘楚，足见满族士人的学习能力和接受能力是很强的，并且具有相当的创新能力。

四 清代满族文学家族对汉语文古典诗歌的学习和接受

清朝初期，满族文学家族由于刚刚进入文学领域，全面学习汉语文古代诗歌，从《诗经》到唐诗、宋诗，古代经典诗歌的体式技法都被满族文学家族的成员学习领会，并落实于自己的诗歌。其宗唐和宗宋的思想倾向尤其明显，这种情况几乎在前期的 25 个满族文学家族中都存在，除了模仿唐诗和宋诗以外，对中国古代重要时期和著名作家的创作模仿也很明显。

（一）采用化用前朝诗句的方法来学习写作诗歌

佟佳氏家族的佟世思模仿唐人痕迹明显，主要模仿对象是李白、杜甫和杜牧。

清凉山

秋日看山山可怜，依依引客到林泉。

白云村落溪声外，黄菊人家细雨天。

钟鼓南朝四百寺，松杉石壁几千年。

高城一醉凭阑坐，缥缈清波海上烟。①

"钟鼓南朝四百寺"就是化用杜牧《江南春》中的"南朝四百八十寺"，模仿痕迹清晰可见。

《万安道中》一诗中"遥闻野鬼声啾啾"同样化用自杜甫《兵车行》中的"新鬼烦冤旧鬼哭，天阴雨湿声啾啾"。

纳兰氏家族纳兰性德的《拟古》诗：

其一

相彼东田麦，春风吹袅袅。

过时若不治，瓜蔓同枯槁。

天道木杳冥，人谋若不早。

---

① （清）铁保辑，赵志辉校点补《熙朝雅颂集》，辽宁大学出版社，1992，第 510 页。

荒庐日旴坐，百虑依春草。
四顾何茫然，凝思失昏晓。

其二

客从东方来，叩之非常流。
自云发扶桑，期到海西头。
白日当中天，浩荡三山秋。
回风忽不见，去逐灵光游。
烛龙莫掩照，使我胸中愁。

其三

天门跌荡开，翕翄罗星躔。
白日瞩微躬，假翼令飞骞。
平心紫霞心，翻然向凌烟。
双吹凤笙歇，宛转辞群仙。
越影笒浮云，横出天驷前。
玉绳耿中夜，斗杓何时旋。

其四

天地忽如寄，人生多苦辛。
何如但饮酒，邈然怀古人。
南山有闲田，不治委荆榛。
今年适种豆，枝叶何莘莘。
豆实既可采，豆秸亦可薪。①

"四顾何茫然，凝思失昏晓"模拟李白《行路难》诗句而成。"天地忽如寄，人生多苦辛"化用汉朝古诗十九首《青青陵上柏》中"人生天地间，忽如远行客"一句。"南山有闲田，不治委荆榛。今年适种豆，枝叶何莘莘。豆

①　（清）铁保辑，赵志辉校点补《熙朝雅颂集》，辽宁大学出版社，1992，第389页。

实既可采，豆秸亦可薪"则是模仿陶渊明的《归园田居》组诗中"种豆南山下""披榛步荒墟"等诗句，而且反用"披榛步荒墟"的句意入诗。纳兰性德不仅受到汉代《古诗十九首》、晋代陶渊明、唐代李白的影响，也受到花间词人的影响，如《唆龙与经岩叔夜话》中"谁持花间集，一灯毡帐里"就表现了自己在出征期间"欲言冰在齿"的艰难环境里依然学习花间词人作品，做到了"古人学习无遗力"的状态。

纳兰揆叙与纳兰性德不同，他的主要模仿对象是苏轼，《读苏文忠公诗》中"平生读苏诗，未旦吹烛焰。往往忘飧眠，歌哭或吃魇。公自比泉源，百斛涌莫敛。方其惬性情，便以博坎险。惜哉此大人，翻为文字掩。助之以江山，故令屡谪贬。珠终受龙护，璧岂容蝇点"即表明其受苏诗影响之大，甚至有一些诗歌直接以苏轼命名，如《午日舟中用东坡韵》《宋中丞牧仲以宋本施注苏诗见惠赋此奉谢》《雪此东坡韵》等。可见苏东坡对纳兰揆叙的影响之深。更加难得的是他在奉命出使册封朝鲜王妃，途经大兴安岭的时候，写下了七言律诗《过兴安岭》：

> 振策俄登万仞颠，路平如掌断人烟。
> 乱峰下视疑无地，绝塞西来欲到天。
> 侵夜霜飞欺夜火，当秋风劲折重绵。
> 冲寒冲雪归难得，更说前行乏井泉。

此诗写出了大兴安岭山高陡峭、寒冷刺骨的地形与气候特点。中国诗人多写江南旖旎的风光，少到北方边境地区，因此这些描写大兴安岭的诗作实在是珍贵的文学瑰宝。

同为兄弟，纳兰性德宗唐比较明显，纳兰揆叙则更多宗宋，这表明家族内部的文学倾向是据个人喜好而定的，也体现了诗歌发展的丰富性和广泛性。

另外，范氏家族的范承谟诗《泉公僧亭舍题壁》中"未许浮生半日闲"[①] 也是仿自唐朝诗人李涉《题鹤林寺僧舍》"偷得浮生半日闲"，但是取其反义。

---

① （清）铁保辑，赵志辉校点补《熙朝雅颂集》，辽宁大学出版社，1992，第338页。

（二）思想和风格方面的接受

清朝前期，佟佳氏家族的佟世思在诗歌风格方面受到了《诗经》和唐诗的影响，"韩幕庐谓其抑塞磊落之气，一泻之于诗。王渔洋谓其宗《雅》《颂》，匹三唐"①。到了清代中期时，满族家族对于汉语文古典诗歌的学习更加纯熟，而且能够做到运用自如，在行云流水般的诗文创作中融会学习成果。高氏家族的高其倬，对于苏轼的学习达到了入木三分的境界，"如东坡仇池石，尺寸宛转，陵峦异具，盛以铜盆，藉以玉石，幽光秀色，生于几案。不�不竭，不重不佻，中和之遗，雅音斯在"②，苏轼清新中和的诗歌特点被高其倬继承了下来。高其倬子高树勋，诗歌风格与其父有别，"其诗清婉，一洗豪贵之习，如寒儒之憔悴专一者"③，清婉的诗风和他的家世不相称，但却是他个人诗风的独特之处。高其倬室蔡琬，绥远将军毓荣女，封一品夫人。好读书抚琴，尤工诗律。她的诗歌"各体法度井然，七律尤浑灏流转，气象峥嵘，视空同、大复，觉真诣独存"④。显然，蔡琬的诗歌受到了明"前七子"中的李梦阳和何景明的影响，其学习达到了神似的程度。李梦阳与何景明，是明代复古运动的领导者，在诗歌上主张"文必秦汉，诗必盛唐"。古代女性在家里一般只阅读《列女传》等有关女性修养的书籍，像蔡琬这样博览群书的女性还是比较少的，由此可见清代仕宦家庭对女子的教育是比较全面的。

41 号章佳氏家族的庆兰，无论仕途还是人生经历都与家族的其他成员有别，他的诗歌创作也有自己的风格，"诗较杨诚斋阔大，范石湖深至，殆能驱使性灵，而不为性灵所使者"。杨万里的诗歌风格淳朴，构思新巧，范成大的诗歌风格平易浅显，风格妩媚，范成大对清代诗歌的影响尤其明显，从庆兰对范成大诗歌的接受情况就可见一斑。其《春归》："芳信风吹去，平林绿渐肥。人同春作别，花与蝶争飞。透月常删竹，看书独掩扉。余寒犹料峭，且莫减绵衣。"⑤ 诗歌语言平易近人，颇见石湖诗风。

---

① （清）法式善著，张寅彭、强迪艺编校《梧门诗话合校》，凤凰出版社，2005，第 480 页。
② （清）法式善著，张寅彭、强迪艺编校《梧门诗话合校》，凤凰出版社，2005，第 480 页。
③ （清）法式善著，张寅彭、强迪艺编校《梧门诗话合校》，凤凰出版社，2005，第 507 页。
④ （清）法式善著，张寅彭、强迪艺编校《梧门诗话合校》，凤凰出版社，2005，第 528 页。
⑤ （清）铁保辑，赵志辉校点补《熙朝雅颂集》，辽宁大学出版社，1992，第 1600 页。

以上所述，清晰地反映了清代满族文学家族对汉语文古典诗歌的接受情况，从历时角度观照，其接受对象上起春秋，下讫前朝，融会历代，视野之广古今罕匹；从共时角度看，满族文学家族内部也在相互学习，许多家族内部成员的诗歌内容和风格颇似，其学习氛围之浓厚可见一斑。

五　清代满族文学家族文化生态环境探析

满族入关后，其所处的自然环境、人文环境和社会环境发生了翻天覆地的变化。在中原地区深厚文化积淀的影响下，满族家族走上文学化之路是必然的。满族是一个善于适应新环境、善于学习优秀文化的民族。进入中原后，满族虽然保持着自己的民族传统，但对于儒家文化采取了积极学习的态度，而且很快融入了儒家文化的历史氛围中，在发展过程中逐渐形成了 95 个以文学传家的家族。作为统治阶级，政治上的优势使满族仕宦家族大量涌现。如何保证家族官运不衰成了每一个仕宦大族必须回答的问题。家族成员们的答案是一致的，他们将族运与个人努力联结起来，不同于清初以世袭、军功为主的入仕途径，随着全国统一，他们弃武从文，积极应举，逐渐走上了通过科举考试来振兴门楣的路径，科举入仕于是成为清中后期满族家族发展壮大的主要途径。由于清政府在科举考试上对于八旗子弟有政策倾斜，也使他们比汉族士子更容易中举，因此满族家族形成了"家弦户诵"的良好家风学风。同时，科举考试的成功又使满族家族在文学方面的素养得到了进一步的提升，反过来又进一步促进了满族科举家族对本家族成员的教育。满族文学家族于是逐渐发展壮大，乃至传承不绝，累世簪缨。

（一）生态环境的变化

满族肇兴于东北，世居黑龙江、长白山一带的高寒地区，冬季寒冷漫长，以游猎、畜牧为生。努尔哈赤统一女真各部后，推进了女真部落的改革，完成了从原始社会向奴隶社会的过渡。在重用汉人政策的指导下。皇太极于崇祯九年（1636）建立清王朝，开始建立封建制度和设置文化机构，为入关铺平了道路。

东北寒冷的天气造就了满族不畏严寒、勇往直前的民族性格，与江南

"吴侬软语"的女性气质完全不同。江南的旖旎风情自然难敌东北的寒峭峻烈，从文化气质的角度观照，这也是清军入关以后，在统一南方的过程中势如破竹的原因之一。

满族入关前已经出现了一批重要家族和人物，如范氏家族的范文程、卞氏家族的卞三元、董鄂氏家族的珠亮、张氏家族的张勇、洪氏家族的洪承畴等，作为贵族高门，他们为满族入关作出了重要贡献。其中洪承畴是最突出的一个例子。崇祯初年，洪承畴已经官至延绥巡抚、陕西三边总督加太子太保，崇祯十三年（1640），洪承畴又总督蓟辽军务，后在松锦大战中被俘。皇太极对洪承畴礼待有加，洪承畴最终降清，为清统一全国出谋划策。张勇也是明朝末年归顺清朝，为清朝的入关提供了许多可资借鉴的策略。此外，范氏家族的范文程也是一例。

> 范文程，沈阳人。祖沉，沈阳卫指挥同知。父楠未仕。文程少好读书，颖敏沉毅。与兄文采并为生员。……在盛京时，列圣皆呼其官而不知其名，以其形貌顾伟，所赐衣冠皆特制。居恒言：治天下惟在得贤。庶官有才者，不以一眚掩瑜，除拔擢时为奏请焉。谢政后，居别墅中，以诗书骑射教子弟，性廉慎，乐施与，器量渊深，人莫窥其喜怒。①

范氏家族的开拓者范文程作为大清朝的军师，不仅文武兼备，而且提出了很多对清朝发展有重要指导意义的政策，对于清朝的建立和发展厥功至伟。范文程的文治武功为自己家族在有清一代的地位奠定了不可撼动的基础。

满族入关以后，几乎所有的满族八旗子弟（一部分留在盛京）都进入了京师，随后在统一全国和设立驻防地的过程中，被分派到各地居住。在全国统治的过程中，满族大员既在京师为官，又在各地仕宦。满族人士开始全面接触中原大地的文化和生活，受到温润的自然环境的滋养，也得到儒家文

---

① 李洵、赵德贵、周毓方、薛虹主校点《钦定八旗通志》第五册，吉林文史出版社，2009，第3318页。

化的教育和影响。清朝前期，满族士人虽然保有"国语骑射"的民族传统，但是他们以学习者的姿态虚心接受了中原文化和生活习俗，成为民族文化交融过程中的积极推动力。这也说明满族游牧文化入侵汉民族的农耕文化后，在军事上取得了胜利，入主中原，但最终仍为汉文化所征服。尤其是中原和江南优美的自然生态环境为满族文学家族的繁荣作了地理空间上的铺垫，使得满族家族的成员和汉族士人一样能够领略壮美河山，从而在自己的笔下记录了满族士人对于大美山河的感受和体悟，也同样呈现着中原文化认同的伟大历程。

（二）科举与望族

95 个满族文学家族在清代初期、中期和末期形成的途径和兴盛的动力具有不同的特点，下面将具体阐述这些家族成为文学家族的条件和特征，以期对于满族文学家族作出整体观照（见表 1 - 3）。

表 1 - 3　清朝满族文学家族仕职情况

序号	家族	家族成员	族属	家族谱系	生平简介
1	佟佳氏	佟国正			自拔贡生授江南无为知州,兵部尚书
		佟世思	满洲正蓝旗	国正次子	以任子得官
		佟世男	满洲正蓝旗	世思胞弟	广东琼山县知县
		佟钺	满洲正蓝旗	世思次子	陕西葭萌州知州
		佟陈氏	汉族	浙江海昌陈之遴封翁次女,世男室	
2	年氏	年遐龄	汉军镶黄旗		由笔帖式授兵部主事。康熙二十二年(1683)授河南道御史
		年希尧	汉军镶黄旗	遐龄长子	由笔帖式补授云南景东府同知,官广东巡抚、内务府总管
		年羹尧	汉军镶黄旗	希尧弟	康熙三十九年(1700)进士
		年熙	汉军镶黄旗	羹尧长子	康熙五十年(1711)举人
		年汝邻	汉军镶黄旗	希尧孙	未仕

序号	家族	家族成员	族属	家族谱系	生平简介
3	甘氏	甘文焜	汉军正蓝旗		以官学生授工部笔帖式入仕
		甘国璧	汉军正黄旗	文焜子	以任子授陕州知州，云南巡抚、正黄旗汉军都统
		甘运源	汉军正黄旗	文焜曾孙	官广东英德象岗司巡检
		甘运瀚	汉军正黄旗	运源弟	
4	纳兰氏	纳兰明珠	满洲正黄旗		以侍卫入仕
		纳兰性德	满洲正黄旗	明珠长子	康熙间进士
		纳兰揆叙	满洲正黄旗	明珠次子	以佐领、侍卫入仕
		纳兰揆方		明珠三子	
		纳兰氏	满洲正黄旗	明珠女，揆叙妹。侄永寿	
		兆佳氏	满洲	揆叙室	
		纳兰永寿	满洲正黄旗	揆方子，过继揆叙	以佐领、侍卫入仕，官刑部侍郎
		思柏	汉军正黄旗	副都统含太公之女阿氏，永寿室	
		纳兰氏	满洲正黄旗	永寿女儿	
		纳兰永福		揆方子，过继揆叙	内务府总管，雍正的政敌，为其所恶，被革职
5	刘氏	毓英	汉军镶白旗		官山东按察使，遂移家济宁
		刘淇	汉军镶白旗	毓英子	
		刘汶	汉军镶白旗	淇弟	康熙二十六年(1687)举人，以候选终
6	范氏	范文程	汉军镶黄旗		大学士
		范承谟	汉军镶黄旗	文程次子	顺治九年(1652)壬辰科进士，改庶吉士，散馆授编修，累官福建总督
		范承勋	汉军镶黄旗	文程三子，承谟弟	康熙间由荫生官兵部员外郎，历官御史、云贵总督、两江总督
		范承斌	汉军镶黄旗	文程四子	袭一等子爵
		范承烈	汉军镶黄旗	文程五子、承勋弟	康熙三十八年(1699)由内阁侍读学士迁内阁学士
		范宏禧	汉军镶黄旗	文程曾孙	幼以苦学致嬴疾，不求仕

续表

序号	家族	家族成员	族属	家族谱系	生平简介
7	李氏	李兴祖	汉军正黄旗	辉祖兄，侄李锴	累官山东布政使
		李辉祖	汉军正黄旗		
		李鋐	汉军正黄旗	辉祖长子	
		李锴	汉军正黄旗	辉祖次子	管库笔帖式
		恒若	满洲	锴室	
		李方勤	汉军正黄旗	鋐子	
8	卞氏	卞三元	汉军镶红旗	永誉父	清太宗崇德六年（1641）举人，顺治九年（1652）任荆州道使，官云贵总督
		卞永誉	汉军镶红旗	三元子	累官福建巡抚、刑部左侍郎
		卞永吉		永誉弟	历官江南扬州府推官、四川绵州知州
9	蔡氏	蔡士英	汉军正白旗		顺治元年（1644）授牛录章京，顺治间出为江西巡抚，寻改漕运总督
		蔡毓荣	汉军正白旗	士英次子	由牛录章京补刑部理事官。康熙十七年（1678）为绥远将军，平定云贵，二十一年（1682）授云贵总督
		蔡珽	汉军正白旗	毓荣子	康熙三十六年（1697）进士，累官吏部尚书、直隶总督，降奉天府府尹
		蔡琬	汉军正白旗	毓荣女	
10	吴氏	吴兴祚	汉军正红旗		顺治兴祚自贡生授江西萍乡知县
		吴乘权		兴祚从子	
11	郎氏	郎廷极	汉军镶黄旗	永清四子	历官河南盐法道、山东登莱道、福建按察使
		朗廷槐	汉军镶黄旗		累官贵州永城通判
12	辉发纳喇氏	马林保	满洲镶红旗	伊麟兄	雍正二年（1724）为伊麟刻书
		伊麟	满洲镶红旗		康熙间官笔帖式，从事河工
		伊福纳	满洲镶红旗	伊麟子，马林保从子	雍正八年（1730）进士，由员外郎累官御史
13	佟佳氏	法海	满洲镶黄旗		康熙三十三年（1694）进士，官兵部尚书
		夸岱	满洲镶黄旗	法海弟	由侍卫承袭恩公，官兵部尚书
14	伊尔根觉罗氏	伊桑阿	满洲正黄旗		顺治九年（1652）进士
		乌云珠		伊桑阿室	诰封一品夫人
		伊都立	满洲正黄旗	伊桑阿三子	康熙三十八年（1699）举人，官云贵总督
		伊尔谨		伊都立弟	

续表

序号	家族	家族成员	族属	家族谱系	生平简介
15	赫舍里氏	何浩	满洲正黄旗		康熙六十年（1721）进士，官翰林院侍读学士
		何溥	满洲正黄旗	何浩弟	康熙六十年（1721）与兄何浩同榜进士，官刑部主事。从靖边大将军傅尔丹军，与副将军纳尔弼同时死难，入祀昭忠祠
16	温都氏	鄂海 （？—1725年）	满洲镶白旗		世居纳殷江，由中书累官陕西布政使、陕西巡抚、川陕总督
		达礼	满洲镶白旗	鄂海子	官郎中
17	伊尔根觉罗氏	顾八代 （？—1709年）	满洲镶黄旗		由荫生累官礼部尚书，康熙十四年（1675）满员京试夺魁
		顾琮 （1685—1754年）	满洲镶黄旗	八代孙	由监生修算法，授吏部员外郎，雍正四年（1726）巡视长芦盐政
18	董鄂氏	珠亮	满洲正红旗	都统齐什子	袭一等男爵
		养易斋学人		宗室嘎公女	封一品夫人
		嵩山		珠亮长子，峒山兄	封武功将军，通经史、善骑射
		峒山		嵩山弟	以诗书为业
		兰轩主人		嵩山室，都统能泰母	
19	张氏	张勇	汉军		陕西咸宁人，汉军，明副将，顺治间隶旗籍，授游击，平三藩之乱有军功，封一等侯
		张云翼		勇子	袭封靖逆侯。由京卿官廷尉，改授松江提督、福建总督
20	洪氏	洪承畴 （？—1665年）	汉军		世居福建南安，明万历丙辰进士，累官至蓟辽总督。松山失守，入盛京，定燕都，授秘书院大学士，顺治十年（1653）出为湖广等处五省经略
		洪士铭	汉军	承畴子	太常卿士
		洪奕沔	汉军	承畴孙、士铭子	固山额驸，袭三等轻车都尉

续表

序号	家族	家族成员	族属	家族谱系	生平简介
21	施氏	施琅（?—1696年）	汉军镶黄旗		福建晋江人,积功至同安总兵,康熙二十二年(1683)台湾平,封靖海侯,世袭罔替
		施世纶	汉军镶黄旗	琅子	袭靖海侯,官漕运总督
22	姚氏	姚启圣	汉军镶红旗		浙江会稽人,明季为诸生,康熙二年(1663)八旗乡试第一,助施琅取台湾,康熙二十二年(1683),历狼山、杭州诸镇总兵
		沈氏		启圣继室	
23	刘氏	刘廷玑	汉军镶红旗		仕宦浙江,入祀浙江名宦祠
		刘氏		廷玑女	
24	靳氏	靳辅	汉军镶黄旗		先世济南历城人,徙辽阳。河道总督
		靳治荆	汉军镶黄旗	辅从子	官安徽歙县知县、甘肃固原州知州、浙江宁波府同知、江西吉安府知府
25	朱氏	朱伦瀚	汉军正红旗		先世山东历城,康熙五十一年(1712)二甲二名武进士,乾隆二年(1737)以御史用,擢副都统,署侍郎
		王秉韬	汉军	孝纯舅	乾隆十二年(1747)举人,由知县官河东河道总督
		朱孝纯	汉军正红旗	伦瀚子	乾隆二十七年(1762)举人,起家四川简县知县,移守泰安府
26	富森泰家族	富森泰	满洲镶红旗		乾隆间进士
		凤仲梧	满洲镶红旗	富森泰子	
		德进	满洲镶红旗	富森泰族弟	
27	高氏	高述明	汉军镶黄旗	斌兄	官甘肃平凉镇总兵
		高斌	改隶满洲镶黄旗		乾隆十二年(1747)文渊阁大学士,乾隆十八年(1753)卒
		高焯	汉军	斌曾孙	嘉庆间举人,官通判
28	蒋氏	蒋毓英	汉军镶蓝旗		浙江布政使
		蒋国祚	汉军镶蓝旗	毓英次子	
		蒋韶年	汉军镶蓝旗	国祚侄	山东平度知州

序号	家族	家族成员	族属	家族谱系	生平简介
28	蒋氏	蒋攸铦	汉军镶蓝旗	国祥孙,韶年长子	乾隆四十九年(1784)进士
		蒋攸钦	汉军镶蓝旗	国祥孙,韶年次子,攸铦弟	官云南丽阳司李
		蒋霭远	汉军镶蓝旗	攸铦子	道光九年(1829)举人,官户部员外郎
29	叶赫那拉氏	常安	满洲镶红旗		康熙三十二年(1693)举人
		常钧	满洲镶红旗	常安弟	乾隆七年(1742)官贵州、云南、甘肃安西按察使,署江西巡抚
30	钮祜禄氏	和珅	满洲正红旗		乾隆年间以生员入仕
		和琳	满洲正红旗	和珅弟	乾隆间由笔帖式迁郎中,累擢四川总督,黔湘苗乱,和琳赴剿,卒于军
		丰绅殷德	满洲正红旗	和珅子	累擢都统兼护军统领、内务府大臣
31	拜都氏	伊汤安	满洲正白旗		乾隆三十六年(1771)举人,历官贵西道,河南按察使、太常寺卿、内阁学士
		继昌	满洲正白旗	伊汤安长子	嘉庆五年(1800)举人,十一年(1806)由户部员外郎授侍讲
		钟昌	满洲正白旗	伊汤安次子,图敏婿	嘉庆十四年(1809)进士,由主事累官仓场侍郎、刑部侍郎、科布多参赞大臣
32	他塔喇氏	图敏	满洲镶黄旗	侄秀坤,婿钟昌。	累官内阁学士、副都统
		秀坤	满洲正蓝旗		嘉庆六年(1801)恩科进士,为和阗办事大臣
		钟昌	满洲正白旗	伊汤安子,图敏婿	嘉庆十四年(1809)进士,由主事累官仓场侍郎、刑部侍郎、科布多参赞大臣
33	董鄂氏	铁保	满洲正黄旗		折节读书,年二十一成乾隆三十七年(1772)进士
		莹川	满洲	内阁侍读学士巴克棠阿之女,尚书铁保室	
		玉保	满洲正黄旗		乾隆四十六年(1781)进士
		瑞元	满洲正黄旗	铁保子	道光元年(1821)举人,西藏办事大臣,咸丰元年(1851)改湖北按察使,粤乱,阖门殉难

续表

序号	家族	家族成员	族属	家族谱系	生平简介
34	章佳氏	阿克敦	满洲正蓝旗		康熙、雍正、乾隆间人。康熙四十八年(1709)进士
		阿桂	满洲正白旗	阿克敦子	乾隆三年(1738)举人,官武英殿大学士
		阿必达,初名阿弥达,高宗命更现名	满洲正白旗	阿桂子	阿桂得罪,发遣广东雷琼镇
		那彦成(1764—1833年)	满洲正白旗	阿克敦曾孙,阿桂孙,阿思达子	乾隆三十四年(1769)进士
		庆霖	满洲正白旗	鄂礼世父,鄂素父	道光十四年(1834)举人。以荫官刑部员外郎
		庆廉	满洲正白旗	鄂礼父	道光十六年(1836)进士
		鄂素	满洲正白旗	那彦成孙,庆霖子	
35	颜札氏	彦德	满洲镶黄旗		乾隆四十八年(1783)举人,由世荫任都统及乌里雅苏台将军、绥远将军
		景廉	满洲镶黄旗	彦德子	先世居吉林,为满洲巨族。咸丰二年(1852)壬子恩科进士,历官军机大臣,兵部尚书,降内阁学士
		治麟	满洲	景廉子	光绪三年(1877)进士,国子监司业
36	高氏	高其倬	汉军镶黄旗		先世自高密迁铁岭,康熙三十三年(1694)进士,迁云贵总督,调闽浙和两江
		高树勋	汉军镶黄旗	其倬四子	乾隆三年(1738)举人
		蔡琬	汉军	其倬继室	一品夫人,才识过人,读书抚琴
37	百龄父子	百龄	汉军正黄旗		乾隆三十七年(1772)进士
		札拉芬	汉军正黄旗	百龄子	
38	刘氏	赛都	汉军		康熙五十四年(1715)武状元,官云南开化镇总兵
		刘淳	汉军	赛都子	铁岭人,乾隆十五年(1750)武举人。累官冠军使
39	曹氏	曹寅(1659—1712年)	汉军正白旗	国玺子	世居沈阳,官通政使,江宁织造兼巡视两淮盐课
		曹颙	汉军正白旗	寅子	
		曹霑	汉军正白旗	颙子	
		昌龄	满洲镶白旗	寅外甥	富察氏,雍正元年(1723)恩科进士

续表

序号	家族	家族成员	族属	家族谱系	生平简介
40	常氏	善泰	满洲镶黄旗		康熙间奉调征西藏,屡著劳绩,由左营右翼协领升右营副都统。嘉庆中,孙玉麟以《草竹轩》进呈御览,杭州驻防
		玉麟	满洲镶黄旗	善泰孙	原名常松保,考取笔帖式,嘉庆中,入觐京师,赐翰林及第,仍以佐领回驻防原旗供职,杭州驻防
41	章佳氏	尹泰			大学士
		尹继善(1696—1771年)	满洲镶黄旗		原居长白山俄漠和苏鲁地方,继迁宜汉阿拉地方。雍正元年(1723)进士
		永璇		尹继善婿	
		庆桂	满洲镶黄旗	尹继善长子	
		庆兰	满洲镶黄旗	尹继善次子	庠生
		琨玉		尹继善侄	乾隆三十年(1765)拔贡,安徽滁州知州
42	索绰络氏(又石氏)	富宁	满洲正白旗		
		永宁	满洲正白旗	富宁弟	居辽东,左都御史
		观保(?—1776年)	满洲正白旗	永宁子	乾隆二年(1737)进士
		德保(1719—1789年)	满洲正白旗	观保从弟	乾隆二年(1737)进士,累官礼部尚书
		英和	满洲正白旗	德保子	乾隆五十八年(1793)进士
		奎照	满洲正白旗	英和长子	嘉庆十九年(1814)进士,官礼部尚书
		奎耀	满洲正白旗	英和次子	嘉庆十六年(1811)进士,官至通政使
		锡祉	满洲正白旗	奎照子	道光十五年(1835)进士,历翰林院侍讲学士
		观荣	满洲正白旗		官淮北榷运使
		观瑞	满洲正白旗	观荣弟,观保从子	嘉庆十五年(1810)举人,累官江西粮道
		恭安	满洲正白旗	观瑞子	官南康知府,死难
43	哈达纳喇氏	国梁(1717—约1788年)	满洲正黄旗		乾隆二年(1737)进士
		国柱	满洲正黄旗	国梁弟	乾隆十年(1745)进士,太仆寺卿
44	富察氏	明瑞	满洲镶黄旗	富文子	官兵部尚书
		奎林	满洲镶黄旗	明瑞弟	官兵部尚书、定边将军

续表

序号	家族	家族成员	族属	家族谱系	生平简介
45	佟佳氏	金城	满洲正白旗		官福建延平府知府
		福克精额	满洲正白旗	金城子	吉林将军
46	钮祜禄氏	毓奇 （1737—1791年）	满洲镶黄旗		世居长白山英莩峪，袭封一等子爵。乾隆三十年（1765），从傅恒幕，至缅甸。累迁兵部侍郎。任漕运总督，政绩颇著
		萨迎阿	满洲镶黄旗	毓奇孙	嘉庆十三年（1808）举人，由长沙知府累官户部侍郎，署西安将军
		书绅	满洲镶黄旗	萨迎阿孙	官枢曹戎曹，能书善画
47	伊尔根觉罗氏	萨哈岱 （1688—1775年？）	满洲正黄旗		叶赫新城人，由荫生授主事，出身武进士，久为京官，诗多颂圣，乾隆四十年（1775）官福州将军召京，唯自述家世及官内府所作，关系满族谱系宫苑所见较多
		萨哈齐	满洲正黄旗	萨哈岱弟	乾隆元年（1736）举人
		萨哈布	满洲正黄旗	萨哈岱弟	
		萨钦	满洲正黄旗	萨哈岱子	
48	拜都氏	伊嵩阿	满洲	大学士永贵侄	乾隆间人，官员外郎
		希光	满洲正白旗	钮祜禄氏，伊嵩阿室	掇拾伊嵩阿遗稿付梓，殉节
49	那穆都鲁氏	岳礼	满洲正白旗		世居珲春地方，官陕西分巡
		德敏	满洲正白旗	岳礼子	
		先福	满洲正白旗	岳礼子	官黄州知府，中丞
50	陈氏	陈景元	汉军镶红旗		奉天人
		陈景中	汉军镶红旗	景元弟	与兄齐名，诗亦相近
51	唐氏	唐英 （1682—1756年）	内务府汉军正白旗		籍沈阳，由内务府员外郎兼佐领，历官淮关、九江关、粤海关监督
		寅保 （1723—1772年）	汉军正白旗	英子	乾隆十三年（1748）进士。改庶吉士，散馆授编修，改内务府郎中，官杭州织造、安徽庐凤道
52	卢氏	卢焯	汉军		官福建巡抚
		卢崧	汉军	焯子	乾隆十八年（1753）副榜，由知县累官卫辉知府

续表

序号	家族	家族成员	族属	家族谱系	生平简介
53	于氏	于成龙	汉军镶黄旗		康熙七年（1668）由荫生授乐亭知县，迁通州知府
		于宗瑛	汉军镶黄旗	成龙孙	官江南道监察御史
		鳌图	汉军镶黄旗	宗瑛子	嘉庆十三年（1808）由淮阳道迁江苏按察使
		于卿保	汉军镶黄旗	襄勤公（成龙）裔孙	官河南同知
		崇禄	汉军镶黄旗	卿保子	普安县任，阖门殉节
		于钟岳	汉军镶红旗	卿保孙	原籍铁岭，署贵西道，殉难
		于修儒		宗瑛孙女	
54	虔氏	虔礼宝	由满洲正黄旗改隶汉军正黄旗		乾隆六十年（1795）举人，由山西高平县知县累官兵部侍郎
		虔恒琳		礼宝从子	乾隆四十五年（1780）举人
		虔文煊		礼宝诸孙	
55	李氏	李宏	汉军正蓝旗		以同知擢江南河库道，调淮阳道，官南河总督
		李奉翰	汉军正蓝旗	宏子	累官江南河道总督、两江总督
56	伊氏	和明	满洲		雍正元年（1723）武进士，官福建汀州镇总兵
		和邦额	满洲	和明孙	乾隆三十九年（1774）举人，官山西乐平知县
57	杨氏	杨廷章	汉军镶黄旗		世袭佐领，雍正间由笔帖式授工部主事，乾隆十五年（1750）由左江道累官浙江巡抚、浙闽总督
		杨霈	汉军镶黄旗	廷章裔孙	两江总督
58	叶赫那拉氏	那清安（1767年—?）	满洲正白旗		原名那永阿，乾隆三十二年（1767）生。嘉庆十年（1805）进士，钦点户部学习主事
		全庆	满洲正白旗	那清安子	道光九年（1829）进士，光绪初大学士

续表

序号	家族	家族成员	族属	家族谱系	生平简介
59	杨氏	杨应琚	汉军正白旗		籍沂水,徙辽阳,官甘肃、山东巡抚,两广总督,乾隆二十九年(1764)以陕甘总督拜东阁大学士,终云贵总督
		杨琼华	汉军正白旗	应琚女孙,按察使重英女,举人明新室,知县德豫母	
		明新(姚氏)		琼华夫婿	乾隆三十三年(1768)举人,官两淮盐场大使
60	瓜尔佳氏	玉德	满洲正红旗		官山东、浙江巡抚,闽浙总督
		桂良	满洲正红旗	玉德子	道光、咸丰、同治朝官
		斌良	满洲正红旗	玉德子,法良、岳良兄	由荫生累官为驻藏大臣
		法良	满洲正红旗	斌良弟	咸丰三年(1853)以部郎奉命总办宿迁粮台兼统防兵,官江南河库道
		岳良	满洲正红旗	斌良弟	官安徽臬司,又官藩司乌什办事大臣
61	哈达瓜尔佳氏	恩龄	满洲正红旗		官淮安府知府,升淮阳道
		长秀	满洲正红旗	恩龄子	道光十四年(1834)举人。由礼部员外郎授河南道御史、湖南按察使
		文辂	满洲正红旗	恩龄孙、长秀子	咸丰六年(1856)进士,官工部郎中
62	费莫氏	勒保	满洲镶红旗	大学士温福子	世居布尔哈图,嘉庆云贵总督
		文庆	满洲镶红旗	永保孙	道光二年(1822)进士
		文康	满洲镶红旗	勒保孙	官徽州府知府、驻藏大臣
63	楚拉库瓜尔佳氏	嵩昆	满洲镶红旗		官贵州巡抚
		嵩崤	满洲镶红旗	嵩昆弟	同治六年(1867)举人,辛亥后流落江南,不知所终,清朝末年人
64	马佳氏	恒矜	满洲正白旗		官本旗印务参领,调右翼翼尉
		宜厚	满洲正白旗	恒矜子	
65	索绰络氏	麟魁	满洲镶白旗		道光六年(1826)进士
		麟桂	满洲镶白旗	麟魁弟,宝鋆从兄	历官至浙江布政使、光禄寺卿
		宝鋆(?—1891年)	满洲正白旗	麟魁从弟	道光十八年(1838)进士
		景澧	满洲镶白旗	宝鋆子	由荫生累官内务府大臣
		恩寿	满洲镶白旗	麟魁子	同治十三年(1874)进士,官陕西巡抚

序号	家族	家族成员	族属	家族谱系	生平简介
66	库雅拉氏	启秀	满洲正白旗		同治四年(1865)进士,官工部右侍郎
		颜札氏		启秀继室	
67	马佳氏	升寅	满洲镶黄旗		道光十四年(1834)授礼部尚书
		宝琳	满洲镶黄旗	升寅长子	廪生,恩荫户部主事。道光二十五年(1845)知定州,官保定府知府,署清河道
		宝珣	满洲镶黄旗	升寅次子	道光二十一年(1841)进士,由兵部堂主事迁左赞善,累官兵部左侍郎
		绍英	满洲镶黄旗	宝珣子	辛亥革命后为内务府大臣
68	费莫氏	讷尔经额	满洲正白旗		嘉庆八年(1803)翻译进士
		蕴秀	满洲正白旗		道光十一年(1831)举人
		衍秀		蕴秀弟	
		东之		蕴秀弟	
69	辉发那拉氏	延隆	满洲正白旗	廷桂祖父	官金陵织造,粤海关监督
		麒庆	满洲正白旗		授右庶子。道光二十一年(1841)进士,累官热河都统,同治八年(1869)卒
		廷桂	满洲正白旗	延隆孙,麒庆从弟	道光十九年(1839)举人,官湖南永州府知府
		廷樾	满洲正白旗	延隆孙,廷桂弟	官福建建阳县,凡三调帘差
		续廉	满洲正白旗	麒庆子	隶内务府正白旗,光绪十九年(1893)举人,历官内务府员外郎,家多藏书
70	姚氏	斌桐	汉军正白旗		道光十六年(1836)恩科进士
		斌椿	汉军正白旗	斌桐弟	初官山西襄陵知县
		斌敏(1813—1865年)	汉军正白旗	斌桐弟	道光十五年(1835)举人,至同治四年(1865)五十三岁成进士,官福建瑞安县知县
71	姜氏	崇佑	汉军正白旗	崇礼兄	湖山侍者,籍沈阳,官内务府郎中
		崇礼(?—1905年)	汉军正白旗	崇佑弟	官户部侍郎、满洲副都统
72	马佳氏	奇克唐阿	满洲	松椿父	翻译生,由户部改归部选知县
		松椿	满洲	奇克唐阿子	历官漕运总督
		多敏		喜塔腊氏,河槽总督松椿妻	光绪间长白人
		宝康	满洲	松椿和多敏子	

续表

序号	家族	家族成员	族属	家族谱系	生平简介
73	瓜尔佳氏	凤瑞	满洲		七岁能诗,杭州驻防
		画梁	满洲	笔帖式五品军功凤瑞女,仁兴室	
		乃赓		仁兴和画梁子	举人
74	喜塔腊氏	裕禄	满洲正白旗	熙彦叔,湖北巡抚崇纶子	以刑部笔帖式历官郎中
		裕德	满洲正白旗		光绪二年(1876)恩科进士
		熙明		裕德子	官户部员外郎
75	彦佳氏	嵩年	满洲镶红旗		
		嵩禄	满洲镶红旗		官河南道
		敬文	满洲镶红旗	嵩禄长子	世居乌拉东,官云南石阡府知府,道光三年(1823)署铜仁府知府
		敬训	满洲镶红旗	嵩禄次子	
		成瑞	满洲镶红旗	敬文三弟	乾隆官新疆迪化州知州、陕西僮商道
		玉符	满洲镶红旗	成瑞子	官四川石柱厅通判
76	裕瑚鲁氏	承龄(1814—1865年)	满洲镶黄旗		道光十六年(1836)进士,由礼部主事累官至贵州按察使,同治四年卒
		奭良	满洲镶黄旗	承龄孙	历官东边道、河东道、荆宜施道、淮阳道
77	叶河氏	吉年	满洲镶蓝旗		道光二年(1822)进士,官承德府知府、奉天府府尹
		海钟	满洲镶蓝旗	吉年子	举人,由户部京察冀等简放台湾遗缺道,福建盐运使
78	赫舍里氏	如山	满洲正蓝旗		工书善画,道光十八年(1838)进士,由起居注笔帖式擢赞善,累官直隶按察使
		多山	满洲正蓝旗	如山弟	
79	苏完瓜尔佳氏	恩霖(1812年—?)	满洲镶白旗		嘉庆十七年(1812)生,道光二十四年(1844)进士,钦点即用知县,分发湖南
		景霖	满洲镶白旗	恩霖从弟	
80	海拉苏氏	东纯	满洲正蓝旗		道光十六年(1836)由协领任西宁办事大臣
		富乐贺	满洲正蓝旗	东纯子	官杭州驻防,福建福宁府知府
		玉韶	汉族	钱塘王司马棣女,富乐贺室	
81	赫舍里氏	赫特赫纳(1798—1860年)	满洲镶黄旗		嘉庆三年(1798)生,道光二年(1822)进士,咸丰十年(1860)在杭州因粤乱战殁,杭州驻防
		玉昌	满洲镶黄旗	赫特赫纳从子	袭骑都尉世职,官杭州驻防

续表

序号	家族	家族成员	族属	家族谱系	生平简介
82	苏完瓜尔佳氏	豫山	满洲正黄旗		由笔帖式累官至湖南按察使、山西巡抚
		铁龄	满洲正黄旗	豫山子	同治十二年(1873)举人,官户部员外郎,袭轻车都尉
83	兆佳氏	英瑞	满洲正白旗		举人
		宝彝		英瑞子	
84	辉发纳喇氏	文冲	满洲镶红旗		荫生,由工部郎中历官东河总督
		钟珊	满洲镶红旗	文冲孙	官员外郎
85	杨氏	玉峰			
		杨铨	汉军正红旗	玉峰孙	铁岭人,预千叟宴,善画马
		杨书绩	汉军正红旗	玉峰曾孙	
		杨超格	汉军正红旗	书绩次子	官通判
		杨能格	汉军正红旗	超格弟	道光十六年(1836)进士,散馆授编修
86	高氏	高廷枢	汉军镶黄旗		摄平乐通判
		高采	汉军镶黄旗	廷枢弟	原籍铁岭,嘉庆六年(1801)举人
87	金氏	金科豫	汉军镶黄旗	朝觐从兄	家锦州,后移义州,隶内务府镶黄旗,举人
		金朝觐	汉军镶黄旗	科豫从弟	嘉庆十三年(1808)举人,嘉庆十六年(1811)进士,官至四川崇庆州知州
88	赵氏	达纶	汉军正蓝旗		原籍铁岭,道光三年(1823)进士,官陕西沔县知县
		文颖	汉军正蓝旗	达纶子	道光二十年(1840)举人,道光二十五年(1845)进士,官山东蒙阴、阳信、商河、阳谷县知县,咸丰四年(1854)殉节阳谷。奉旨,殉难地方立祠,并予云骑尉世职
		赵尔震	汉军正蓝旗	文颖子	同治癸酉科乡试举人,甲戌科进士,授工部主事,督水司行走
		赵尔巽	汉军正蓝旗	尔震弟	
		赵尔萃(1851年—?)	汉军正蓝旗	文颖子,尔震、尔巽弟	咸丰元年(1851)生,光绪十五年(1889)进士,钦点即用知县,官山东候补道
89	刘氏	玉书	汉军正蓝旗		世居辽阳
		亨庆	汉军正蓝旗	玉书侄	
90	姚氏	姚德豫	汉军	兄	浙江慈溪县知县
		姚德丰	汉军	德豫弟	

续表

序号	家族	家族成员	族属	家族谱系	生平简介
91	完颜氏	金樨		侍卫费莫英志室,知府文禧母,甘肃巩县知府斌越祖母,那逊兰保外祖母	
		文禧		金樨子	知府
		斌越		金樨孙	甘肃巩昌知府
		那逊兰保(博尔济吉特氏)		蒙古阿拉善王女,金樨外孙女。清宗室恒恩室,盛昱母	
		盛昱	满洲镶白旗	肃武亲王裔孙,恒恩子,母阿拉善王女那逊兰保	光绪三年(1877)进士,官国子监祭酒
		杨钟羲	汉军正黄旗	盛昱表兄弟	光绪十一年(1885)举人,光绪十五年(1889)进士,署安陆、襄阳知府,实授怀安府、江宁府知府
92	他塔喇氏	长善	满洲镶红旗		官广州将军
		志润	满洲镶红旗	长善从子	官四川隆定府知府、广西庆远府知府
		志觐	满洲镶红旗	志润弟	官浙江湖州、衢州府知府
93	李佳氏	继昌	汉军		光绪三年(1877)进士,官甘肃布政使、江宁布政使、署安徽巡抚
		介祺		继昌子	
94	完颜氏	阿什坦	内务府镶黄旗	和素父,留保祖	顺治九年(1652)进士,顺治、康熙年间人
		完颜兑	内务府镶黄旗	阿什坦妹,都统穆里玛室	
		和素	内务府镶黄旗	阿什坦子	御试清文第一
		科德氏		和素室,留保姊母	
		完颜伟	内务府正黄旗	赫世享室,阿什坦孙	
		留保	内务府正黄旗	鄂素子,阿什坦孙	康熙六十年(1721)辛丑科与王兰生同恩赐进士

序号	家族	家族成员	族属	家族谱系	生平简介
94	完颜氏	恽珠	汉族	阿什坦六世孙完颜廷璐（泰安知府）室	江苏武进人，乾隆、嘉庆、道光年间人，一品太夫人
		麟庆	内务府正黄旗	恽珠子	嘉庆十四年(1809)恩科进士
		程孟梅	汉军	麟庆继室	
		崇实	满洲正黄旗	麟庆长子	道光三十年(1850)进士，官刑部尚书、盛京将军
		崇厚		麟庆次子	道光二十九年(1849)举人
		蒋重申	汉军	崇厚室	
		妙莲保（来秀室）		恽珠孙女，麟庆女，佛芸保姊	
		佛芸保（宗室延煦室）		恽珠孙女，麟庆女	
		宗室延煦	满洲正蓝旗		咸丰六年(1856)进士
		会章	满洲正蓝旗	延煦子	光绪二年(1876)进士
		衡平		崇厚子	光绪元年(1875)举人，官礼部员外郎、江南候补道
		嵩申		麟庆孙	
		景贤		崇实孙	恩赐举人，累官副都统
95	西林觉罗氏	鄂尔泰（1677—1745年）	满洲镶蓝旗		康熙三十八年(1699)举人
		鄂尔奇	满洲镶蓝旗	鄂尔泰弟	康熙五十一年(1712)进士
		鄂容安	满洲镶蓝旗	鄂尔泰长子	雍正十一年(1733)进士
		鄂昌	满洲镶蓝旗	鄂尔泰从子	雍正六年(1728)举人
		鄂忻	满洲镶蓝旗	鄂尔泰五子	官工部侍郎
		鄂敏，敕改名鄂乐舜	满洲镶蓝旗	鄂尔泰从子	雍正八年(1730)进士，累官安徽巡抚、浙江巡抚
		西清	满洲镶蓝旗	鄂尔泰曾孙	
		顾太清（1799—1877年）	满洲镶蓝旗	鄂尔泰族亲、鄂昌孙女	嘉庆、道光、咸丰、同治、光绪间人
		奕绘	满族	宗室	
		西林旭	满洲镶蓝旗	顾太清妹	

这里的满族文学家族入仕情况不包括女性。清前期有 11 位女性作家，中期有 9 位，后期有 7 位，共 27 位女性作家。因女性在清朝不能入仕，所以在统计满族文学家族入仕情况时不包括这 27 位作家。

纵观 95 个满族文学家族不难发现，所有家族均非白丁之家。不同于汉族文学家族以"耕读传家"为主，满族文学家族之传家多以仕宦为先。满族入主中原后，主要居住在满城内，不允许从事农工商等活动，他们的生活来源主要靠清朝政府发放俸禄，最底层的八旗子弟也只能从军取饷。因此，在清前期、中期和后期，满族文学家族的形成具有不同的特点。

1. 清朝前期

清前期共有 27 个满族文学家族，其形成途径有四种。

第一种，清代初期，年氏、甘氏、李氏、辉发纳喇氏等 4 个家族是以笔帖式起家的。如年氏家族第一代年遐龄是以笔帖式入仕，官至兵部尚书。其子年希尧亦以笔帖式入仕，到了其次子年羹尧中康熙三十九年进士，就以词馆跻身文学家族行列，年羹尧长子年熙又中康熙五十年举人。从第二代年羹尧起就以科考改变了家族政治地位较低的命运，取得了位极人臣的煊赫地位。清朝时期，笔帖式官职虽低，但是升迁较快，是八旗子弟的入仕路径之一。

第二种，纳兰氏、范氏、蔡氏、董鄂氏（珠亮）、张氏、洪氏、施氏等 7 个家族以武功起家。其中纳兰氏家族的纳兰明珠、纳兰揆叙、纳兰永寿祖孙三代都是以侍卫入仕，只有纳兰性德是进士出身。范氏家族的范文程在明末时为生员，后跟随努尔哈赤为建立清朝帝业立下卓著功勋，是文武兼备的人才，其子范承勋由荫生入仕，只有范承谟一人中进士。蔡氏家族的蔡士英、蔡毓荣父子都是以武职入仕，第三代蔡珽中康熙三十六年进士，也经历了由武向文转变的过程。董鄂氏家族的珠亮、嵩山父子，张氏家族的张勇、张云翼父子，洪氏家族的洪承畴、洪士铭、洪奕沔祖孙三代，施氏家族的施琅、施世纶父子，都是以军功起家。这 7 个家族凭借武职入仕之后，也不断地学习文学，并且有文学作品存世。这些通过武功起家的家族，最终传世的方式依然依赖文学作品，以文传世是家族世誉得以保存的最好方法。

第三种，清朝前期有一个比较特别的家族，即完颜氏家族，这个家族的起家途径与其他家族迥异，其通过翻译起家。完颜氏家族第一代阿什坦中顺治九年进士，当时科举考试满汉分榜录取，阿什坦中的是满洲榜，后成为翻译大家。

> 阿什坦，字金龙，完颜氏，满洲正白旗人。顺治九年进士，授刑科给事中。初翻译《大学》《中庸》《孝经》诸书，诏刊行。阿什坦上言："学者宜以圣贤为期，经史为导，此外无益杂书当屏绝。"又请严旗人男女之别，定部院九品之制，俱报可。康熙初，罢职家居。鳌拜专政，欲令一见终不往。嗣以荐起，圣祖召问节用爱人，对曰："节用莫要于寡欲，爱人莫先于用贤。"圣祖顾左右曰："此我朝大儒也！"著有《大学中庸讲义》及《奏稿》。①

阿什坦将儒家经典著作《大学》《中庸》《孝经》等都翻译成满文，对儒家文化在八旗子弟中的传播起了重要作用，使八旗子弟得以高效学习儒家文化，加速了儒家文化认同的步伐。

阿什坦的儿子和素，御试清文第一，也是翻译家。

> 和素，字存斋，氏完颜，隶内务府镶黄旗。累官内阁侍读学士。御试清文第一，赐巴克什号，充皇子师傅，翻书房总裁。阿什坦子。配科德氏，亦能诗工琴。②

和素拓宽了其父阿什坦的翻译范围，翻译了《清文左传》、《清文黄石公素经》、《清文琴谱合璧》（十八卷）、《清文三国志》、《清文菜根谭》等作品，涉及散文、音乐、小说等方面，大大提高了八旗子弟的文学素养，为满族文学的繁荣奠定了良好的基础。

第四种，以科举起家的文学家族。清入关前，皇太极认识到了人才的重要性，大兴科举，选拔八旗子弟中的佼佼者进入行政机构。一部分八旗子弟很快在文学方面成长起来，在科举考试中脱颖而出。当然这里有很大一部分是汉军八旗的功劳，因为汉人士子有儒家传统文化的熏陶，入旗后在八旗科

---

① 赵尔巽等撰《清史稿》第四四册，卷四百八十四《列传》二百七十一，中华书局，1977，第13335 页。

② 恩华纂辑，关纪新整理、点校《八旗艺文编目》，辽宁民族出版社，2006，第6 页。

举考试中自然容易胜出，从而成为科举家族，进而成为文学家族。如卞氏家族的卞三元在入关以前就中了崇德辛巳（1641）的举人；吴氏家族的吴兴祚是以贡生入仕的；姚氏家族的姚启圣是康熙二年（1663）举人；刘氏家族的刘廷玑以荫生入仕；靳氏家族的靳辅在顺治九年以官学生考试授国史院编修；朱氏家族的朱伦瀚是康熙五十一年（1712）武进士，其子朱孝纯是乾隆时举人，朱孝纯舅亦为乾隆时举人，是典型的科举家族，这6个家族都是八旗汉军形成的科举家族。当然，满洲八旗这时也有以科举起家的家族，如伊尔根觉罗氏家族的伊桑阿中顺治九年（1652）进士，其子伊都立是康熙三十八年（1699）举人，赫舍里氏家族的何浩和何溥兄弟二人同中康熙六十年（1721）进士，显赫一时。满洲八旗在清朝初期以科举起家的还在少数，不过这几个以科举起家的家族在文学方面都有作品传世。

清朝初期，满族文学家族通过以上四个途径形成，这说明保持家族政治地位和经济实力的途径并非只能通过科举获得，还可以通过军功、世袭或笔帖式、翻译等方式。

2. 清朝中期

清朝经过顺治、康熙、雍正三朝的积淀，到中期时，满族文学家族迎来了发展期和繁荣期。满族文学家族的形成途径主要是科考而非军功，35 个满族文学家族有 26 个有科考功名，达 74.29%；其中形成科举世家的家族有 16 个，占 26 个科考家族的 61.54%，这里的科举世家是指一个家族内部至少有两个以上的成员获取过科考功名：蒋氏家族，蒋攸铦中乾隆四十九年（1784）进士，蒋霨远中道光九年（1829）举人；叶赫那拉氏家族，常安中康熙三十二年（1693）举人，弟常钧中雍正年间翻译举人；拜都氏家族，伊汤安中乾隆三十六年（1771）举人，子继昌中嘉庆五年（1800）举人，又子钟昌中嘉庆十四年（1809）进士；章佳氏家族，阿克敦中康熙四十八年（1709）进士，子阿桂中乾隆三年（1738）举人，阿桂孙那彦成中乾隆三十四年（1769）进士，那彦成从子庆霖中道光十四年（1834）举人，那彦成子庆廉中道光十六年（1836）进士，五代五人有三个进士，两个举人；颜札氏家族，彦德中乾隆四十八年（1783）举人，子景廉中咸丰二年（1852）进士，景廉子中光绪三年（1877）进士；刘氏家族，赛都中康熙五十四年（1715）武状元，子刘淳中乾隆十五年（1750）武举人；章佳氏家族，尹继善中雍正元年（1723）进士，侄琨玉乾隆三十年（1765）拔贡；索绰络氏家族，观保中乾隆二年（1737）进士，从弟德保中乾隆二年（1737）进士，德保子英和中乾隆五十八年（1793）进士，英和长子奎照中嘉庆十九年（1814）进士，次子奎耀中嘉庆十六年（1811）进士，奎照子锡祉中道光十五年（1835）进士，观保从子观瑞中嘉庆十五年（1810）举人；伊尔根觉罗氏家族，萨哈岱中武进士，弟萨哈齐中乾隆元年（1736）举人；虔氏家族，虔礼宝中乾隆乙卯（1795）举人，从子恒琳中乾隆庚子（1780）举人；伊氏家族，和明中雍正元年（1723）武进士，孙和邦额中乾隆三十九年（1774）举人；叶赫那拉氏家族，那清安中嘉庆十年（1805）进士，子全庆中道光九年（1829）进士。

满族文学家族在中期迎来繁荣局面，除得益于清朝承平的时代环境外，还与清政府在科举考试方面对八旗子弟的照顾有关。

顺治八年（1651），八旗子弟开科取士，在长期的实践中逐渐形成了八旗文科、八旗武科、八旗翻译科、宗室科举、驻防科举等五种类型的科举考试。八旗文科考试是八旗子弟广泛参加的科举考试，而且作出规定：满洲、蒙古、汉军子弟归顺天府考试，共取生员三百名。乡试考试录取八旗子弟一百二十名，会试考试录取八旗子弟六十名。可见，八旗子弟也要经过三级考试：院试、乡试和会试。但是不论在考试内容还是在录取人数方面，对八旗子弟都有很多照顾，八旗子弟和汉族相比人数少很多，考试内容也简单，录取人数却远超汉人10倍，所以八旗子弟中举更容易。而且经过清初期的积淀，满族家族大都形成了"家弦户诵"的良好学习氛围，这也是八旗子弟容易及第的原因。

35个满族文学家族有一个家族是以翻译科举入仕的，即叶赫那拉氏家族。有三个家族是通过武职入仕的，刘氏父子通过中式武举人和武状元入仕，而且著有《滇南诗稿》《虚白印稿》《虚白诗抄》，是文武全备之世家。伊尔根觉罗氏家族的萨哈岱是武进士，但是也有文学作品《樗亭诗抄》传世。伊氏家族的和明也中式武进士，同样著有诗集《淡宁斋诗钞》。

满族家族成为科举世家后，巩固了家族在社会中的政治地位，进而使本家族跻身望族。家族成员经过科举考试中举人或进士对于家族的其他成员是一种激励，促使家族成员更加注重学习，继续参加科举考试，以维持家族累世簪缨的地位。科举家族的不断学习，促进了文学创作的繁荣发展，甚至诞生了中国古代小说的巅峰之作《红楼梦》。

3. 清朝后期

清朝后期，国家内忧外患。满族文学家族有 37 个，其中有 9 个是科举世家：索绰络氏家族，麟魁中道光六年（1826）进士，从弟宝鋆中道光十八年（1838）进士，麟魁子恩寿中同治十三年（1874）进士。马佳氏家族，升寅中嘉庆五年（1800）举人，次子宝珣中道光十一年（1831）进士。费莫氏家族，讷尔经额中嘉庆八年（1803）翻译进士，子蕴秀中道光十一年（1831）举人。辉发那拉氏家族，麒庆中道光二十一年（1841）进士，从弟廷桂中道光十九年（1839）举人，麒庆子续廉中光绪十九年（1893）举人。姚氏家族，斌桐中道光十六年（1836）进士，弟斌敏中道光十五年（1835）举人。叶河氏家族，吉年中道光二年（1822）进士，子海钟中举人。金氏家族，金科豫中举人，从弟朝觐中嘉庆十三年（1808）举人。赵氏家族，达纶中道光三年（1823）进士，子文颖中道光二十五年（1845）进士，文颖子赵尔震中同治十三年（1874）进士，文颖子赵尔萃中光绪十五年（1889）进士。完颜氏家族，衡平中光绪元年（1875）举人，衡平从子中举人。

科举家族又以参加科举维护家族荣耀，并在此良性循环中成就家族伟业。

纵观有清一代，满族文学家族传家的方式和汉族家族是有别的。汉族提倡"耕读传家"，但是满族不能从事农工商活动，所以，在传家的过程中，经济方面的支持不是来自田产，而是来自国家给八旗子弟发的俸饷。满族文学家族都是仕宦家庭，家庭成员既可以通过世袭武功、笔帖式入仕，还可以通过科举考试入仕，到了清朝中后期以后，凭借武功、笔帖式入仕的家庭已经很少了，基本上都需要靠科举入仕，满族家族也认清了当时形势的发展，积极培养自己家族的子弟学习，以期科考及第使家声不坠。

（三）八旗教育的开展与汉族师友的交往

清朝在开国初期即重视八旗子弟的教育问题，开始陆续设立各个级别的八旗学校，以培养八旗人才。八旗学校的设立始于顺治元年（1644），较八旗科举考试的设立提前七年。国子监是国家最高学府，始于顺治十一年，觉罗荫生、满汉官员的子弟根据不同选择标准可以进入国子监学习。雍正七年（1729），国子监扩大八旗子弟招生名额，招收名额由 40 人增加到 94 人，使得优势教育资源可以在八旗子弟中普及。在"附国子监规条"中规定了八旗子弟入监读书的年龄，十岁以上的八旗荫监生须到监读书。而且在国子监学习八年才能参加考试，这是一个漫长的学习过程，可见清朝政府对于八旗子弟的教育之严格。

除了选拔八旗子弟入国子监学习以外，清朝政府还建立了八旗官学、宗学、觉罗学、咸安宫官学、景山官学、世职幼学、清文学、教场官学、蒙古语学、算学、八旗义学、盛京八旗官学、黑龙江官学等各种学校以培养八旗子弟，为其将来入仕作充分准备，也为满族文学家族的形成和繁荣奠定了良好基础。如伊氏家族的和邦额就是咸安宫官学的学生。咸安宫官学是由从景山官学学生中选拔出的 90 名优秀学生组成的，属于培养八旗精英的学校。不仅生源来自景山官学，配备的师资也是最优秀的。咸安宫官学的教师通常由进士出身的翰林院官员担任，可见国家在教育方面对于上层八旗子弟的重视。和邦额当年就在西华门内的咸安宫官学学习，是八旗子弟中的优秀人才。

八旗子弟不仅在八旗学校里受到良好的教育，更重要的是，地位较高的八旗子弟家庭还常常延请品学兼优的汉族教师担任家庭教师，这迅速提高了满族家族成员的文学素养，为文学家族的形成作了知识上的铺垫。如纳兰氏家族的纳兰性德就得到了多位汉族名师的教导：少年时期纳兰性德跟随姜宸英学习古文，乡试时又接受徐乾学的教诲。徐乾学是顾炎武的外甥，中康熙九年科举考试的探花榜，是修明史的总裁官。纳兰性德十八岁（康熙十一年，1672）中顺天乡试举人，深得徐乾学赏识。第二年就拜徐乾学为师，自该年五月始，逢三、六、九日黎明骑马至徐乾学邸舍，讲论书史，至日暮方去，这样的学习一直延续到他中进士为止，长达三年。朱彝尊也在治学方面给了纳兰性德很大的启发。姜宸英、朱彝尊都是清朝著名的文学家，是"江南三布衣"中的两位，纳兰性德能够得到当时大家的指导和教育，为他日后取得更大成就奠定了良好基础。这位清朝开国初期的满族贵族青年，以旺盛的精力、蓬勃的朝气刻苦学习汉族文化，甚至随皇帝出行，也白天校猎，晚上读书。即使千里迢迢出使梭龙，也还在苦寒的旅途中勤苦学习。纳兰性德《梭龙与岩叔夜话》末一句"谁持《花间集》，一灯毡帐里"，即塑造出独放异彩的满族词人形象。正因为纳兰性德"上马驰猎""据鞍占诗"的学习经历，才使他成为清初词坛大异中原气象的满族名家。

（四）家族联姻

恩格斯在研究王公贵族的婚姻行为时曾有经典论断：结婚是地位相同的阶级之间的一种政治联合，而这种联合是扩大自己家族势力的一个机会，能够使家族获得更大的利益。中国的婚姻关系也是在血缘基础上发展起来的，是使家族关系得以扩大的纽带。作为宗族关系的标志，婚姻的选择在中国家庭尤其是著姓望族中显得尤为重要。努尔哈赤艰苦创业的过程中，为了寻求各方支持，就已经通过政治婚姻来壮大满族势力，这在满族文学家族中同样有颇多体现，如纳兰氏与爱新觉罗氏即有多次联姻。95 个满族文学家族的联姻情况纷繁复杂，共有 7 种情况。一是满洲八旗家族与皇室联姻；二是满洲八旗家族与满洲八旗家族联姻；三是满洲八旗家族与汉军的联姻；四是满洲八旗家族与蒙古族的联姻——蒙古族作为重要的军事盟友，在清朝建立的过程中给予了援助，所以满洲八旗家族非常重视与蒙古族的联姻，保持秦晋之好；五是满洲八旗家族与汉族世家大族的联姻；六是汉军与汉军的联姻；七是汉军与汉族的联姻。以下将按照时期分别阐述满族文学家族间的联姻情况及文学传播情况。

清朝前期 27 个满族文学家族的联姻情况比清朝中期和后期都要复杂。因为清朝在建立的过程中得到了蒙古族军事上的帮助，所以要通过满蒙联姻来保持秦晋之好。满族家族有时还和皇室联姻，使家族煊赫一时，甚至能把这种优势延传给后代子孙。为了保持自己的家族声誉能够绵泽后世，一些满族家族有时也需要和汉族世家大族结成姻娅关系，以维护高门大族的荣耀。

清朝前期，与皇室联姻的满族家族以纳兰氏为代表，纳兰氏家族与皇室共有五次联姻，是真正意义上的政治望族，由此形成了纳兰氏文学家族。纳兰明珠祖父叶赫那拉·金台吉是叶赫部统领，曾联合九部联军征讨建州女真，后在征战中败亡。父亲叶赫那拉·尼雅哈率领叶赫部投降努尔哈赤，被授予佐领官职。金台吉的妹妹孟古哲哲是努尔哈赤的妃子、皇太极的生母，也是纳兰明珠的姑祖母。纳兰明珠娶的是英亲王阿济格之女，论辈分应为康熙皇帝的堂姑父。纳兰揆方为明珠三子，其妻为宗室郡主。纳兰揆方的儿子纳兰永寿娶正黄旗汉军副都统含太公之女阿氏，生有四女，其一女后成为乾隆的舒妃。纳兰揆方的另一个儿子纳兰永福与皇九子允禟之女三格格成婚，官至内务府总管。

由以上关系梳理可知，纳兰氏家族六代与皇室有五次联姻，可谓世代皇亲，其地位之煊赫可想而知。这是 95 个满族文学家族里与皇室姻亲关系最密切的贵族世家，其在文学上取得的成就在清朝初期也是最高的，出现了纳兰性德这样的著名满族词人。此外，初入中原的纳兰性德还在创作中保留了满族的淳朴风貌，为清初词坛注入了清新空气。

西林觉罗氏，鄂忻是庄亲王额驸。与汉族联姻的满族家族有佟佳氏，佟佳氏家族的佟钺娶佟陈氏，佟陈氏是浙江海昌陈之暹封翁次女。姚氏家族的姚启圣娶沈氏。与满洲八旗家族联姻的汉军家族有 7 号李氏家族，李锴室恒若为大学士索额图女，《国朝闺秀正始集》有其诗。洪氏家族，洪奕沔是固山额驸。完颜氏家族，完颜兑适都统穆里玛。汉军家族与汉军家族之间联姻的有蔡氏家族和高氏家族，蔡琬适尚书高其倬，工诗律，著有诗集《蕴真轩诗钞》，属于汉军家族上层联姻的典型代表。满洲八旗家族与满洲八旗家族联姻的有伊尔根觉罗氏家族，伊桑阿娶乌云珠，乌云珠不仅诰封一品夫人，而且著有诗集《绚春堂吟草》。汉军家族与汉族家族联姻的有刘氏家族，刘廷玑的女儿刘氏适运判张渊度，著有诗集《绣余吟》。

无论何种联姻，对家族文化的发展传承无疑都是影响巨大的。家族内部的文化通过联姻走出封闭的家族环境，而与另外一个家族交流汇合，不仅扩大了家族文化传播的范围，也能够重新整合家族文化，从而催生出更具优势的家族文化。新的家族文化代代相继，形成文化传承的别致景观。

清朝中期共 35 个满族文学家族，但其联姻情况较清朝初期更为简单。满族文学家族的联姻情况有五种。第一，满族文学家族与皇室联姻，如 27 号高氏家族，高斌之女适乾隆帝。钮祜禄氏家族，和珅的儿子丰绅殷德尚固伦和孝公主。章佳氏，尹继善的女儿适乾隆第八子怡亲王，成为嫡福晋。第二，满洲八旗家族与满洲八旗家族联姻，如 32 号他塔喇氏家族图敏婿为 31 号拜都氏家族的钟昌。董鄂氏家族，铁保娶莹川，莹川为内阁侍读学士巴克棠阿之女。第三，满洲八旗家族与汉军家族联姻。第四，汉军家族与汉军家族联姻，如高氏，高其倬娶蔡氏家族的蔡琬。第五，满洲文学家族与汉族联姻，如完颜氏家族，其在清朝中期的一次联姻对这个家族的长盛不衰起到了重要作用——完颜廷璐娶江苏武进阳湖世家大族的恽珠为妻。恽珠的姑母是当时著名的画家，所以恽珠不仅会吟诗，也会绘画，而且水平极高，这都得益于家学的培养。恽珠嫁到完颜氏家后，以她为中心，形成了家族内部女性之间诗文酬唱的盛况，恽珠著有《红香馆诗草》、《兰闺宝录》六卷、《国朝闺秀正始集》等作品；她的儿媳程孟梅也是著名的诗人，著有《国朝闺秀正始续集》补遗一卷；她的孙媳蒋重申，也具诗文才华，著有诗集《环翠堂诗草》；她的孙女妙莲保适蒙古族著名作家法式善的孙子来秀，也著有诗集《红香馆挽词》；她的另一孙女佛芸保适宗室延煦，著有诗集《清韵轩诗草》。这表明恽珠对于完颜氏家族的繁荣具有重要作用，也证明女性对于一个家族世代繁荣所起的作用是不容忽视的。这方面的研究还较少，应当给予更多的关注。

清朝中期满族文学家族的联姻情况虽然比较少，情况也较为简单，但联姻对于家族的繁荣有着重大作用，而且涌现出一批女性诗人，并有众多作品传世，这是弥足珍贵的。

清朝后期的联姻涉及 37 个满族文学家族，比清朝初期情况简单，但较清朝中期又稍显复杂。满族文学家族的联姻有四种情况。第一，与皇室联姻的满族家族，如瓜尔佳氏，桂良女儿适道光帝皇六子奕䜣；费莫氏，勒保女儿适端亲王；西林觉罗氏，顾太清适贝勒奕绘，后晋夫人。第二，汉军家族与汉军家族联姻，如杨氏家族，杨应琚孙女适姚氏汉军姚明新，夫妻琴瑟和谐，皆有诗集传世，姚明新著有诗集《竹岩诗钞》，妻著有《绿窗吟草》，两个儿子也都有作品传世，兄姚德豫是浙江慈溪县知县，著有《洗冤录解》，弟姚德丰著有诗集《绪余集诗稿》，一家四口诗歌唱和，是文学家族的典型代表。第三，满洲八旗家族相互联姻，如库雅拉氏启秀娶满族颜札氏女儿马佳氏，松椿娶喜塔腊氏女儿多敏，多敏也是诗人，著有诗集《逸倩阁遗诗》；完颜氏，金樨适侍卫费莫英志，著有《绿芸轩诗抄》；完颜氏家族还有一个外戚那逊兰保，全名那逊兰保·博尔济吉特氏，蒙古阿拉善王女儿，金樨的外孙女，盛昱的母亲。第四，满族家族与汉族世家联姻，如海拉苏氏富乐贺，娶钱塘王司马棣女玉韶，玉韶著有诗集《冬青馆集》。

通过对 95 个满族文学家族联姻情况的爬梳可知，满族文学家族上与皇室联姻，下与世家大族联姻，可见婚姻是维系家族政治声望和社会地位的重要因素。以姻亲关系为纽带，将世家大族结成家族政治集团，保证望族长久不衰，这在任何时代都具有普遍意义。

第 二 章
清代回族文学家族综述

近年来，从家族的视角研究古代文学成为一个引人瞩目的文化现象。对于重视以宗法、血缘为基本人伦关系的中国古代社会，这一角度补充了以往文学史线性排列的研究方法，使文学研究更加立体。然而，对多民族文学重要组成部分的回族文学家族的研究还不是很多。目前来看，主要有多洛肯、李静妍《明清回族文学家族文学创作述略》（《兰州文理学院学报》2015 年第9 期），多洛肯《明清回族文学家族文化生态环境探析》（《西北民族研究》2016 年第 11 期）、《清代少数民族文学家族研究现状与前瞻》（《中国社会科学报》2014 年 12 月 11 日），李小凤《回族文学家族述略》（《北方民族大学学报》2009 年第 7 期）、《福建陈埭丁氏回族文学家族研究》（北方民族大学硕士学位论文，2008）、《回族文学家族的文化特征及内涵——以陈埭丁氏家族为例》（《伊斯兰文化》2011 年第 8 期）、《民族身份遗产与多元文化交融——泰州回族俞氏家族的个案考述》（《中外文化与文论》第 26 辑）、《少数民族家族文学研究的兴起与路径思考》（《北方民族大学学报》2015 年第 2 期），李静妍《明清山东回族文学家族概述》（《鸭绿江》2015 年第 12 期），高芳《明代回族作家金氏父子三人的文学创作研究》（《榆林学院学报》2015 年第 3 期），张渝《金陵三俊与明中期金陵文化的兴盛》（南京大学硕士学位论文，2012），汤德伟《论明中期南京金氏回回家族的文学创作》（《淮海工学院学报》2012 年第 7 期），李超《论沐氏家族与明初谪滇诗人关系》（《昆明学院学报》2016 年第 5 期），李建军《明代云南沐氏与思氏家族关系研究》（《湖南师范大学社会科学学报》2005 年第 1 期），翟勇《明清陈埭回族丁氏家族符号演变与文学独异性探析》（《西南交通大学学报》2014 年第 6 期）。

对于清代回族文学家族的研究有：冯雪红《清代回族诗人闽中诸萨的诗歌创作成就》[《西北第二民族学院学报》（哲学社会科学版）2000 年第 4 期]，傅子情、方挺《福州雁门萨氏藏书世家》（《福建图书馆理论与实践》2009 年第 4 期），蓝炯熹、刘冬《鹏霄榭：清代闽南一个回族文人社团》（《海交史研究》2004 年第 2 期）……这些研究各有侧重，特色鲜明，尤其是笔者的元明清回族文学家族与作家群体研究，在学界产生了较强的影响，文献资料翔实客观准确，对后人进行回族古代文学研究具有重要的参考价值。李小凤副教授的回族家族文学研究主要从全局着眼，对古代回族文学家族的研究方法多有论述，理论性较强。总体而言，这些研究或是简单介绍古代回族文学家族的基本情况，或以具体家族为例来分析回族文学家族，对一朝一代的整体性研究还不多见。清代是回族古代文学全面发展、走向成熟的时期，不论是作家还是作品、不论是质量还是数量都具有代表性。文学家族在这一时期也开始大量涌现，对回族古代文学形成和发展起到了持久的促进作用。因此，对于清代的回族文学家族进行整体考察与研究仍有必要。本章将主要在清代文化生态环境下叙述清代回族文学家族的基本情况，并从中分析其特点。

一　清代回族文学家族及其文学创作活动概述

文学家族的繁盛是古代社会引人瞩目的文化现象之一。这些家族世习文儒，诗礼传家，族内才人辈出，传承家学，创新不断，其所居之处也由此成为文化活跃区。清代是中国古代文学集大成的时期，文学家族也开始大量涌现。相应的，与汉族及其他兄弟民族长期杂居混住的回族深受儒家文化影响，也出现了一些创作活跃、作品繁盛的文学家族。可以说，在清代各个时期、各个地方一些卓有影响的文学流派、文学团体中，我们都能找到回族文学家族的身影。他们不仅代表了这一区域回族文学家族的发展水平，也对当地的文化与文学产生了深远的影响，是回族古代文学中的一支劲旅。据笔者统计，清代回族文学家族共有 12 家，其中跨明清两代的包括山东益都杨氏、福建晋江丁氏、云南昆明孙氏、江苏溧阳马氏、陕西同州马氏 5 个文学家族，仅在清代的包括山东胶州法氏、浙江仁和丁氏、江苏泰州俞氏、江苏山阳杨氏、福建福州萨氏、浙江钱塘李氏、江苏南京蒋氏 7 个文学家族。现将这些文学家族的概况、文学活动及其作品现存情况整理如下（见表 2 - 1）。

表 2 - 1　清代回族文学家族概况、文学活动及其作品集散存情况

家族	姓名	生卒年、家族谱系、表字、别号	科第、生平	著述	现存情况
1 江苏溧阳马氏	1. 马从谦（明）	1495—1552 年，世俊仲祖父、字益之、号竹湖	嘉靖十年（1531）顺天分试头名举人。嘉靖十四年（1535）进士,二甲十五名。历任工部主事,礼部主客司主事,尚宝司丞、光禄寺少卿,翰林院五经博士等职。"为官清正,直言敢谏;因上疏弹劾权相严嵩,修武饰,修武备,易黄老之念及揭发提督太监杜泰贪污,于三十一年（1552）遭廷杖而死。万历年间昭雪,追赠太常少卿。研习儒家经典,能文善诗。为文以议论为主,疏通剀切,说服力强。"	《四子书心得》、《尚书毛诗日记》、《礼记同兰稿》、《诗论稿》2 卷、《应制稿》4 卷、《诗文集》18 卷,惜佚失	著述仅存其子马有骅所辑《竹湖遗稿》也未能全部保存下来。《溧阳县志》存其诗五首,称其诗"雅健人古"。《明史》卷二百九赞曰"语存多缺!君仁则臣直,次乃长系,最孝者何曰直显累,然主威愈震,而士气得昵斥,未有苟全者。观其家难时,处之泰然,批鳞碎首者接踵而不可遏,足使顾宪知所兴起,斯百余年培养之效也。"
	2. 马有骅（明）	从谦子,世俊祖父、号仲湖	一生不得志,只短期在鸿胪寺当过低级官员,主要时间都在田园山水间悠闲度过,这也给他的创作带来了更多的时间和自由,使他有所成就。	有《玉兰斋遗稿》,惜未曾刻印,在马氏家族中只有手抄本留存,后遗失,故未传世	
	3. 马性鲁（明）	一龙父,字进之	明正德六年（1511）进士,三甲五名。授兵科给事中,谪平阳县丞。后以瘴疾知顺昌县,擢寻甸府知府,卒于官,病死滇。		
	4. 马一龙（明）	1499—1571 年,从谦从侄,世俊伯祖,字负图,号孟河,又号玉华子	明嘉靖七年（1528）乡试中解元,嘉靖二十六年（1547）进士,三甲二十九名。授南京国子监司业。因母悲修官亡,五次上疏辞官归里,在溧阳玉华山为田产,迈病为由,从事教书和著述,再未出仕,死后就葬于玉华山。工书,草书不依规矩,	嘉靖三十七年（1558）作《桃花源记》卷,暂未见存	著作有《玉华子子游艺集》二十六卷本,明万历三十二年,马震伯、马巽翰刻本、国家图书馆、南京图书馆,湖北图书馆藏;《玉华子游艺集》八卷本,明万历同马震章刻本。这部文集根据他一生经历的各个时期分为卷,分为《磐上上稿》、《磐上稿》二卷,《弱冠湖上

续表

家族	姓名	生卒年、家族谱系、表字、别号	科第、生平	著述	现存情况
1 江苏溧阳马氏	4.马一龙（明）	1499—1571年，从谦从侄，世俊伯祖，字负图，号孟河，又号玉华子	自成一格。著诗，清人《马氏名贤类辑》称其"才高博学，时王、李七子震响中原，公与之颉颃"。马世俊在《玉兰斋遗稿序》中说："大父与伯祖龚公才学相等，风貌虎视，顾盼无人。"此外，他还对自然科学有所研究，是明代著名的农学家		上稿》二卷，《读书湖上上稿》四卷，《读书山中中稿》二卷，《翰林馆中中稿》四卷，《国子监中中稿》二卷，《林下下稿》五卷，共二十六卷
	5.马世杰	1608年—？，世俊从兄，一号从孙，字万长，号白坡	（嘉庆）《溧阳县志》记载他与弟马世俊同以诗文著名，江左时称"二马"。顺治八年进士及第，以恩贡廷试授知县，因耳疾，绝意仕进，教授南山中，闭门著书。其号为白坡，概因慕李白东坡之故达之故	著有《行笼便携》《饮斋集》，今不传	有《子遗集》不分卷，钞本，藏于国家图书馆。沈德潜《清诗别裁集》录《秦官》诗一首："阿房周商百重环，美女充塞尽日闲。频望翠华终肯顾，亦如天子望三山。"沈氏评曰："印含秦皇求仙，便觉词意俱新。"
	6.狄马氏	世俊大姐	长世俊两岁。她和马世杰、马世俊为一母所生。他们三人"幼时相率入塾"，她八岁能诗，是马氏家族的著名女诗人		在《匡庵诗前集》卷四中附载有她的七律一首。"月照池花砌草间，桂从天际执颜攀？临流上下如分影，对镜悲欢失故颜。风云南北卜居虽隔院，弟兄沽史不输班，何事沾闺管，休讪诗成片纸惟。"《诸兄弟各成和章余姐氏亦有作附载之》
	7.马伯绳	世俊从兄，字正则，号螺翁，晚号逃渔子		有《丸阁诗集》，惜未见传	

续表

家族	姓名	生卒年、家族谱系、表字、别号	科第、生平	著述	现存情况
1 江苏溧阳马氏	8. 马世俊	1609—1666 年，世杰弟，字章民，号匋臣，一名世祺，号匡庵，又号土彦，别署淀湄渔隐，又署水湄生	顺治十四年（1657）举人，顺治十八年（1661）状元。他敏于词翰，工书画。书法人称有右军、右丞"二石"之才，画作著作巨擘	"著作有诗稿《茅山集》《登燕山记》《方山集》《十三经汇解》《理学渊源录》《华阳游》《李杜诗汇注》《匡庵诗文集》《马世俊诗文稿》等三十余卷，康熙二十八年溧阳多散佚。文集多为画论及书论文章。①"	现存《匡庵诗集二种》（又名《马大史匡庵诗集》，全一册，按时间顺序编排，选辛丑诗五十首，壬寅诗六十首，癸卯诗五十三首，乙巳诗五十首，丙午诗三十首，甲辰诗七十六首，计三百二十七首；《匡庵诗集》六卷六册，清刻本，湖南图书馆藏，光绪二十一年排印本，安徽图书馆藏。《匡庵诗前集六卷·匡庵诗集六卷》，康熙九年刻本，中国社会科学院图书馆藏，光绪二十一年排印本，安徽图书馆藏，国家图书馆、南开大学图书馆、安徽师范大学图书馆、民族文化宫、常州图书馆藏。《马大史匡庵文集十二卷·匡庵诗前集二十八卷溧阳马氏石印本，上海图书馆藏，复旦大学图书馆藏，国家图书馆藏今存九卷；《马大史匡庵文集》十八卷，康熙刻本，复旦大学图书馆藏；《马大史匡庵诗集》一卷，嘉庆江都秦氏石砚斋高斋刻国初十六家精选本，北京图书馆藏
	9. 马馧	1641—1695 年，世俊长子，字书渊，号书渊		著有《读史诗二百首》，《花草吟》一卷，《砚畴集》诗五卷，《纲目广论》，《夏书翼传》，《孝行类辑》，《晨镜录》，《信笔所之》，《馧诗选》等多种，多散佚	有《溧诗近选》，《砚畴集》六卷（康熙九年马馧自刻）后，附其文《匡庵》集，中国科学院图书馆藏

续表

家族	姓名	生卒年、家族谱系、表字、别号	科第、生平	著述	现存情况
1 江苏溧阳马氏	10. 马容	1635年—?，世俊次子，字字赋，号谷含		有《谷含集》，惜未见传	
2 山东益都杨氏②	1. 杨鸾（明）	应奎父，字世享	府学生。工诗，善飞白书。赠礼部员外郎③		有《遯云草》一卷《续草》一卷（清乾隆二十一年刻本，中国社会科学院图书馆藏）；《遯云三编》（亦名《遯云诗草》）一卷《词钞》一卷，清乾隆二十九年刻本，中国社会科学院文学所藏；《遯云三编》一卷《四编》一卷，清乾隆间刻本，中国社会科学院图书馆藏；《遯云文集》四卷《悼亡诗》一卷（清道光三年刻本，中国社会科学院图书馆藏）；《遯云楼文集》七卷（清道光同秋影书屋刻本，中国社会科学院图书馆藏）。
	2. 杨应奎（明）	1486—1542年，字文焕，号澄谷	正德五年（1510）中举，次年连捷登进士，三甲八十五名，历任杭州府仁和县知县，兵部员外郎，临洮（今甘肃临洮）知府，南阳知府。为政期间，关心教育，发展文化，重修南阳诸葛武侯祠和重修葛书院。政绩颇丰，百姓感其功德，立生祠祭祀，还立"去思碑"。晚年回乡，与刘澄甫、冯裕等文人组建海岱诗社，人称"海岱七子"	著有《海岱集》，已佚。《吟稿》，《陶情令》一卷	编辑刊印《海岱会集》（明红格钞本），国家图书馆藏，其中收杨应奎诗22首，序文1篇。另有散曲，小令集《陶情令》一卷（清钞本），国家图书馆藏。（康熙）《益都县志》卷十一《遗文》选录其文7篇。《回族典藏全书》181册收录《杨应奎诗辑本》和《陶情令》二卷。此外，他还主持编纂嘉靖《南阳府志》被普为名志，受到名学家好评；编写的《杨氏世谱》传承后人，为研究青州回族相关情况留下了重要史料。

续表

家族	姓名	生卒年、家族谱系、表字、别号	科第、生平	著述	现存情况
	3. 杨铭	应奎子，字子新	以岁贡为襄垣县训导	有《群英吐华》《棫线集》，惜未见传	
	4. 杨金	应奎子，铭弟，字子声	以贡为初任丘县丞		（康熙）《益都县志》卷十一《遗文》收录其诗多首。（影印本 849、863、864、873、883 页）
2 山东益都杨氏②	5. 杨延嗣	应奎五世孙，珽子，字琳，初名演新，字梦受			有《青嶋集》二卷，首为赋及各体诗，后附杂文 60 余篇，安致远为之序①
	6. 杨峒	1748—1804 年，应奎族人，字书岩	乾隆三十九年（1774）举人，与汪大绅、彭允初为善		有《杨书岩古文钞》二卷抄本，北京图书馆藏；《师经堂存诗》一卷，嘉庆间钞本，山东省博物馆藏；《书岩剩稿》一卷，凡文十六篇，光绪间赵氏刻，国家图书馆藏
	7. 杨绍基	畛子，峒孙	嘉庆年间举人	有《履亭文稿》二卷，惜未见传	
	8. 杨滇	绍基子，字南池		有《邑先辈纪略》一卷、《趋庭录》一卷，惜未见传	

续表

家族	姓名	生卒年、家族谱系、表字、别号	科第、生平	著述	现存情况
3 福建晋江丁氏	1. 丁仪（明）	字文范,号汾溪,时人称汾溪先生	弘治十八年（1505）进士,三甲一百四十六名。初仕海宁,迁都浦江,移松江水利官,后迁四川按蔡崀金事。师事田南山,得蔡虚斋易学之传,对《易经》天地阴阳之理颇有研究。好作诗,其诗本性情而谐音律		其孙丁衍夏搜获少量散诗,刻为《归囊遗稿》,《回族典藏丛书》收录
	2. 丁自申（明）	1526—1583年,仪堂侄,字朋岳,号槐江	嘉靖二十九年（1550）进士,三甲九十一名。"授南京工部营籍司主事,进虞衡司郎中,出守顺庆,三年调梧州。性嗜书,南中闲曹无事,多购古文奇书数万卷,所夕翻阅。宦游退食,载书自随。为文出入人欧,曾之间,居官以振救平反为主。……所著有《三陵稿》,嘉陵也。好读书,希郯,名其藏书之堂曰'希郯',希冀追及耳。"⑤ 而官于金陵,聚书数万卷,名其藏书于万轴,希泌藏书三万轴,唐相邺侯	《三陵稿》	
	3. 丁日近（明）	自申子	万历十七年（1589）进士,三甲二百四十名		
	4. 丁启濬（明）	自申孙,字亨文,号哲初	万历二十年（1592）进士,三甲十九名	有《哲初诗集》《平圃集》,惜未见传	
	5. 丁启浵（明）	字享中,号东畸		有《香雨堂诗集》,惜未见传	

续表

家族	姓名	生卒年、家族谱系、表字、别号	科第、生平	著述	现存情况
3 福建晋江丁氏	6. 丁炜	1635—1693 年后，自申四世孙，字澹汝，号雁水	《清史稿》卷四百八十四记载："顺治十二年，定远大将军济度统师取漳州，诏使宜置郡县以下官，且致闽土试养下量授职。既试，炜居第一，授漳平教谕。岁余，迁河南鲁山县丞，再迁直隶献县县令。"王士祯将丁炜与"金合十子"，又来华其归入"闽诗派"，与朱彝尊词，派集要词人，与朱彝尊、吴绮、陈维岳、龚翔麟等名家均有唱和	《问山诗集》,《紫云词》一卷《涉江词》一卷	著有《问山诗集》十卷，收诗 702 首。《问山文集》十卷（王士祯、施闰章选），南京图书馆，康熙郑希郎堂图书馆藏。《问山文集》八卷（康熙郑希郎堂刻本，康熙郑希郎堂图书馆藏），收散文 93 篇，上海社会科学院文学研究所、泉州图书馆，清华大学，中国社会科学院文学研究所，咸丰四年雁江景义堂刻本。《问山文集》八卷，漳州图书馆，辽宁图书馆藏。《问山文集》八卷，光绪八年刻本，叶映榴选，康熙刻本。《问山文集》六卷，黄与坚、叶映榴选，康熙刻本，泉州图书馆，江西图书馆藏。《问山文集》二卷，康熙刻本，南京图书馆藏。《问山文集》一卷附《紫云词》一卷，施闰章刻本，上海图书馆藏。《问山诗集》八卷，王士祯、施闰章选，南京图书馆，咸丰四年族孙拱辰雁江景义堂重刻本，上海图书馆，南京图书馆，台湾"中央研究院"史语所开大学图书馆，国家图书馆藏。《问山文集》八卷，复旦大学图书馆，咸丰四年重刻本。《问山文集》，诗三卷，文八卷《问山全集》清刻本，徐州图书馆，山东图书馆，江西图书馆藏。《问山全集》咸丰四年雁江景义堂刻本，民国十年据咸丰四年重印本，福建师范大学图书馆藏。⑥
	7. 丁焞	炜弟		有《沧露诗集》《沧露词》，今不存	有《沧露诗集》《沧露词》，今不存

续表

家族	姓名	生卒年、家族谱系、表字、别号	科第、生平	著述	现存情况
3 福建晋江丁氏	8. 丁莲	字青若	幼孤力学，清康熙五十二年（1713）进士，三甲四十名，学行纯谨。任兴化教授，后掌福州鳌峰书院成就，多所成就。雍正初年，调台湾府学任教授，教化海外，秩满，擢仪征知县。未抵任卒。精《易》	有《易经萃解》十二卷、《聚景堂文集》，惜未见存	
4 云南昆明孙氏	1. 孙继鲁	字道甫，号松山	嘉靖二年（1523）进士，三甲八名。历任澧州（今湖南澧县）知州、国子监助教、户部郎中、卫辉知府、淮安知府、黎平知府，湖广提学副使，山西道参政，陕西右布政使、都察院副都御史等官职。为官清正、刚直不阿，百姓称之为"孙青天"。终因得罪权臣，死于狱中，追赠兵部侍郎，谥号"清愍"。孙继鲁不但是云南第一位得扬四海的清官，也是明代文坛上的一位名诗人	有《破砚集》《松山文集》，今已佚	《孙清愍公文集》一卷存诗三首，藏于《回族典藏丛书》
	2. 孙鹏	1688—1759年，继鲁六世孙，字乘九，号南图，铁山，号南村	康熙四十七年（1708），举乡贡，有治绩，后遭排挤，弃官归里，以农、以法行医为生。诗文古文诗同为世人所重	《米复堂存草》《二十四友韵言》存世	《云南丛书》收有他所著《少华集》二卷、《松韶集》四卷，共八卷，合称《南村诗集》，各集均为编年，收其自三十岁至七十二岁五百首诗作。散文有《南村文集》，已佚。《南村诗集》民国刻本，云南省图书馆藏

续表

家族	姓名	生卒年、家族谱系、表字、别号	科第、生平	著述	现存情况
5 陕西同州马氏①	1. 马自强（明）	1513—1578 年,字体乾	嘉靖三十二年（1553）进士,三甲三十一名。明神宗万历间宰相。世宗朝,任检讨。穆宗朝,官至少詹事兼侍读学士,掌翰林院。神宗为皇太子时,以他为讲官。神宗万历六年（1578 年）以太子太保、礼部尚书兼文渊阁大学士入阁,参预机务。以疾卒,赠少保,谥号文庄		有《马文庄公文集选》十五卷,明万历四十二年关中马氏刻本,台湾图书馆藏;清道光二十六年关中马氏刻本,南京图书馆藏
	2. 马怡（明）	自强长子,字顺甫	（天启）《同州志》《人物》中有其传记	有诗名,惜无作品流传	
	3. 马熺（明）	自强次子,字顾甫	万历二年（1574）进士,二甲六名	有《肖德堂文集》四卷存世	
	4. 马朴	自强侄孙,字敦若	万历四年（1576）举人,官至云南按察副使		著述繁富。有《凤馆诗集》二十二卷,《四六雕虫》二十卷,同治十一年（1872）刊,"国立清华大学"图书馆全藏。《千顷堂书目》卷二五著录《凤风馆全集》六十二卷,该集卷二二为词,然同有《黄莺儿》《玉芙蓉》等南北散曲小令。其词多庆贺赠送酬应之作,赵尊岳辑录成《凤风馆诗馀》一卷,收入《明词汇刊》。另有《谭误》四卷（青照堂丛书之一）,清道光十五年,朝邑刘际清刊本,为训诂学著作,今收入台湾新文丰出版公司之《丛书集成续编》17 册,第 589～636 页
	5. 马徵士	自强五世孙,字相如			《卷石斋语录》二卷,同治九年（1870）刊,"国立清华大学"图书馆藏

续表

家族	姓名	生卒年、家族谱系、表字、别号	科第、生平	著述	现存情况
5 陕西同州马氏①	6. 马鲁	朴五世孙,字希曾,号南苑	乾隆二十五年(1760)举人		有《山对斋诗文存稿》二卷(马先登辑),马氏丛刻本,同治十二年敦伦堂刻(丛书综录,大连市图书馆,苏州市图书馆,日本人文图书馆藏)。《南苑一知录》一卷,《论诗》二卷,《丛录》二卷。《南华沥滴萃》一卷,同治九年(1870)刊,"国立清华大学"图书馆藏。《南苑一知录丛话》二卷,"国立清华大学"图书馆藏
	7. 马先登	自强十一世孙,其祖自修为自强三弟,马自强行二	道光二十七年(1847)进士		著有《烬余志过录》二卷,同治九年(1870)刊,"国立清华大学"图书馆藏;"勿待轩文集存稿"不分卷,北京大学图书馆藏(广西师范大学出版社,第23册,2007年)。此外,还编有自己创作的年谱:《告存漫叟年谱》一卷,清光绪十五年,大荔马氏刻本,国家图书馆藏
6 山东胶州法氏⑧	1. 法襄	1586—1653年,若真父,字鉴我,号开三	天启七年(1627)举人,官终河南怀庆府同知。奄博群书,精研性理,尤爱好经史	著有《四书诗经讲义》《五经集通鉴约》《春秋集解》《毛诗讲义》诸书	
	2. 法若真	1613—1696年,字汉儒,又字师山,号黄石、黄山、黄石裳子,又号敬堂、小珠山人⑨	顺治三年(1646)进士,二甲十一名。著名文人安致远《黄山诗留》中说:"盖少时以诗名,书画则其余。书画作品有较高造诣		有《黄山诗留》十六卷(清康熙同刻本,国家图书馆,中国科学院,南京图书馆藏);《黄山集》六卷(清康熙同刻本,南开大学藏)

续表

家族	姓名	生卒年、家族谱系、表字、别号	科第、生平	著述	现存情况
	3. 法若贞	襄任子，字玉符	顺治三年（1646）进士，二甲十一名，官礼科给事中	著有《谏垣疏稿》《廷评志略》《杂著》等，惜未见传	
	4. 法檊	若贞子，字岘山，号寿公	恬淡嗜学	有《又敬堂诗草》，惜未见存	
	5. 法樯	若贞子，字舆瞻，一字书山	康熙十八年（1679）进士，二甲三十二名。官至大理寺评事	有《书山草堂诗稿》二卷	
6 山东胶州法氏®	6. 法光祖	1674—1721年，樯子，字幼黄，号黄庵	监生，善丹青		
	7. 法宗焞	樯从子，字中黄		有《墨山全集》《铁麓山房诗》二卷	
	8. 法辉祖	樯从子，字稚黄	工书画，善山水，风格"似其祖若真笔"	有《念庐诗》四卷	
	9. 法坤宏	1699—1786年，光祖子，字直方，镜野，号迂斋	清代著名古文家。经学家。乾隆六年（1741）举人，曾任大理寺右评事，博通群经，精于春秋，刘鸿翱《十二家古文选》中将其列为"明清四子"之一	为诗颇有名篇，入选《晚晴簃诗汇》	
	10. 法坤振	若真曾孙，字兰野，一字恰斋		有《恰斋集》四卷、《西墅词》一卷	
	11. 法坤厚	坤振弟，字南野，一字黄裳		有《莳松堂诗集》十六卷、《白居文集》四卷	

续表

家族	姓名	生卒年、家族谱系、表字、别号	科第、生平	著述	现存情况
	12. 法克平	辉祖子,字坦夫,号勉斋	官至翰林院待诏	著有《勉夫诗草》	
	13. 法重辉	1688—1766年,字旭升,号暗斋	雍正十年(1732)举人,官至福建盐运使题授顺昌县令	工诗文,尤擅词,著有《暗斋文稿》八卷、《保阳诗草》、《雨窗词》等	
	14. 法嵩龄	坤宏子,字山甫	乾隆二十一年(1756)举人	著有《拾余编诗草》等	
6 山东胶州法氏®	15. 法士	重谟子,字得中,号冠中	乾隆时岁贡	著有《槐荫诗草》	
	16. 法士骧	基昌子,字尺水	邑诸生	著《㤚驼集》《艾烛集》《拟金元宫词咏史小乐府》等	
	17. 法㑮	字敬游,号五峰山人	邑诸生,奇士	工诗文,善书画,著有《蜗居稿》等	
	18. 法梦瀛	字蓬源,号仙友	邑诸生	著有《莱根编》等	
	19. 法伟堂	1843—1908年,嵩龄曾孙,字容叔,号小山,筱山	光绪十五年(1889)进士,授为国子监学正衔武定府教授,后因病辞职。光绪二十九年(1903)应聘为济南师范教习所所长。	1907年,受山东巡抚杨士骧之聘为《山东通志》的总纂。另与孙文楷纂有《益都县图志外传》	

续表

家族	姓名	生卒年、家族谱系、表字、别号	科第、生平	著述	现存情况
7 浙江仁和丁氏	1. 丁澎	1622—1691年后，字飞涛，号药园	其远祖丁鹤年为元末明初著名诗人。崇祯十五年（1642）举人，顺治十二年（1655）进士，二甲十二名。历官刑部郎中。后以科场案牵下事，礼部郎中。康熙四年（1665）遇赦放归故里，以诗名，时称"盐桥三丁"。与仲弟景鸿、季弟澡皆以诗名，时称"盐桥三丁"。后因与同里毛先舒等十位诗人结社于西湖之滨，有"西泠十子"之称。通籍北上后与宋琬、施闰章等唱酬日下，又称"燕台七子"	词话《药园闲话》，惜不传；	著有《扶荔堂诗稿》十三卷，顺治刻本，存诗526首，包含丁《西泠十子诗选》中的110首。《扶荔堂词歌》，为丁澎早期诗歌。《扶荔堂诗选》十二卷，存诗640余首，包括《信美轩诗选》中的68首。《信美轩诗选》一卷收诗人《燕台七子诗刻处书》，顺治刻本燕台七子诗选，今存《百名家词选》收词其《扶荔堂词》一卷，收词53首；《回族典藏全书》第174册，收其《扶荔堂词集》，清康熙五十五年文艺馆刊本。《扶荔堂文集选》十二卷，选文96篇，题材分序、议、表、策对、史论、书牍、纪传、赋、题跋等
	2. 丁景鸿	澎弟，字飞云，号鬘峰	顺治五年（1648）举人，能诗词，工书画		惜作品不传
	3. 丁澡	澎弟，字素涵，号天庵		有《青桂堂集》，不传	孔传铎辑《名家词钞六十种》收其《秉瞿词》一卷，仅一首，北京师范大学图书馆藏
	4. 丁灏	1637—1718年，澎弟，字勖庵，号棻亭，花汀渔隐		著有《北游草》《敦煌集》	存世有《敦煌文集》一卷，嫩云阁刻，国家图书馆藏
	5. 丁氏	澎妹，字一揆	出家为尼，栖雄圣庵，号自闲道人		著有《茗词》；《众香词》录存二首

续表

家族	姓名	生卒年，家族谱系，表字、别号	科第、生平	著述	现存情况
7 浙江仁和丁氏	顾永年	1639年—?，邃婿，字九佰，号桐村	康熙二十四年（1685）进士，官华亭知县。尝入漕运总督董讷幕，以董讷知傅拉腊所中伤，于康熙三十一年（1692）发遣奉天，三十五年（1696）助征噶尔丹，以成者运粮军前赎罪获释		所著先有《长庆堂集》，佚而不存；后辑为《梅东草堂诗集》，共九卷，康熙四十七年渌雪轩刻，中国国家图书馆藏
8 江苏泰州俞氏①	1. 俞轩	邃父，字天术	顺治五年（1648）举人，做过广西太平府推事	《百天楼溪耕录》	
	2. 俞铎②	1627年—?，邃叔祖，楷曾叔祖，字天木	顺治九年（1652）进士，二甲四十五名，改庶吉士		
	3. 俞邃	1635 前—1705年，铎侄孙，梅父，字锦泉，号言隐	以贡生选中书	有《留香阁诗选》	
	4. 俞楷	1652—1710年，邃子，字陈芳，号正林	贡生，曾任华亭教谕，晚年精研理学。康熙帝南巡时曾经召试，后供奉内廷。江苏巡抚张伯行称其为江左大儒	《俞子弟一书》《三板易知录》	有《俞子弟一书》十三卷，清康熙十七年刻本，北京大学图书馆藏
	5. 俞梅	1669—1718年，邃次子，字师岩，一字太羹	康熙四十二年(1703)进士，二甲三十五名	《云厅诗集》《洽河方略》《梦馀集》	有《云厅诗集》不分卷、《甲申集》一卷、《承仁堂诗集》一卷，部分作品收入《霄峄集》。清朝康熙同年同在明代陈震亨《唐音统签》和清初季振宜《唐诗》的基础上，旁采残碑断碣稗史杂书所载以编《全唐诗》，彭定求、杨中讷、沈三曾、俞梅律、徐树本、车鼎晋、汪绎、查嗣瑮等10人奉敕编纂，最后由曹寅负责刊刻事宜。全书共 900 余卷，收录 2200 余人的诗歌作品 48900 余首

续表

家族	姓名	生卒年、家族谱系、表字、别号	科第、生平	著述	现存情况
8 江苏泰州俞氏①	6. 俞綦	梅子		《知应集》	《霄崃集》选其诗
	7. 俞廷元	堉,圻㻱,字素兰		工诗	
	8. 俞堉	焘子,字容万,号衡皋		有《莘意吟》一卷,《谦忍居诗集》一卷,全三册,《类苑联珠》,《编年诗抄》	《莘意吟》一卷,泰州图书馆,南京图书馆藏;《谦忍居诗集》,孤本,南京图书馆藏
	9. 俞圻	焘次子,字越千,号让林		《剪烛吟》《剪春词》	有《剪春词》一卷,乾隆三十三年可仪堂刻本,中国社会科学院文学所藏;《剪烛吟》一卷,《截流吟》,孤本,南京图书馆藏
	10. 俞国监	圻子,字玉衡,号澄夫		有《樵月山房诗集》	
9 江苏山阳杨氏	1. 杨开沅	1662—1713年,臣子,字用九,号止畹	康熙四十五年(1706)进士,二甲十七名。青年时从本县名儒顾诹(字在瞻)学习,后来顾氏又带他到浙江见了大儒黄宗羲,他从师黄宗羲的交往,水平大为提高;与大考据家阎若璩也均为博学而十分务实的学者,其师友均为他洽学谨严,这对他均的薰陶很深,可由其著作看出	同治《山阳县志》十八载著有《景姚山房文集》十四卷,未见	有《杨禹江集》不分卷,清钞本(罗振常跋),上海图书馆藏
	2. 杨开泰	开沅弟,字汇征		有《春帆草堂》,《重修山阳县志》卷十八《艺文》有记载。另有《爱日轩诗》一卷	

续表

家族	姓名	生卒年、家族谱系、表字、别号	科第、生平	著述	现存情况
9 江苏山阳杨氏	3. 杨庆之	开远五世孙，字云五，号勿山	咸丰恩贡		有《一草亭诗草》六卷一卷，一至六集，集各十卷。残存初集一至五集，三集三至十卷，四集六至十卷，五集、六集，稿本，南京图书馆藏
	4. 杨才瑰	开远族人，字隐石，一字赋臣	清康熙三年（1664）进士，三甲一百三十八名。		有《廿一史纂要》；《云同皋声堂诗》二卷，清康熙二十年刻本，复旦大学图书馆藏
	5. 杨光曾	杨才瑰后裔	乾隆诸生、学者		
	6. 杨寿佰	光曾子，字大声，号彀也	光绪诸生	有《蠡测集》《热㑇篇》《梅花书屋诗钞》，楷不传世	
10 福建福州萨氏	1. 萨玉衡	1758—1822 年，大年父，字葱如，号檀河	邑增生，乾隆丙午科（1786）第六名举人，乙卯挑选一等分发陕西，历任洵阳、三水、白水、米脂等县知县，经德直隶州知府，榆林府知府，教授文林郎③，其生平事迹见于《清史列传》《清史稿·文苑》《民国·闽侯县志·文苑》	著有《白华楼诗钞》《指复编》《赵氏孟子章》《经史㸃订正》《四部录订正》《傅子朴遗》《五代诗话》《全闽诗话》《续郑荔乡五代诗话》《金渊客话》《曲江杂录》《秦中记》等，惜毁于火，未传佳世	子萨大年合著《荔影堂诗钞》。现存《白华楼诗钞》四卷一卷，均为其子萨大年校刊；《白华楼焚馀稿》一卷，收入古今体诗 51 首，为其从曾孙萨承钰光绪癸卯年从人处获得的未及删改之作。与其侄萨龙光合注萨都刺《雁门集》，如楼诗话》评价曰："玉衡诗瑰玮，沉博绝丽，月寒钧天，几跨其远祖《雁门集》而上之。"刘存仁《㝐就集》评曰："其诗沉雄瑰丽，亦梅村竹坨之流亚也。昔吾闽自明林子羽羽膳部以诗鸣，同时倡和者十人，世称为'闽中十子'。国朝则许铁堂、许欧香、黄莘田、李竹园、伊墨卿、谢枚如、陈恭甫先后争雄坛坫，先生领颃其间，自辟蹊径，足以震荡一代。陈左铭《白华楼诗集·序》言："以檀河之才，使得进而列于王承采作之庭，和其声以鸣国家之盛，当与王文简二公并驱争先"著述现均存于国家图书馆

续表

家族	姓名	生卒年、家族谱系、表字、别号	科第、生平	著述	现存情况
10 福建福州萨氏	2. 萨大文	1818 年前—?，玉衡三子，出继萨举，字肇端，字字宗丙，号燕坡	道光庚子科（1840）举人，拣选知县		著有《荔影堂诗钞》二卷，存国家图书馆
	3. 萨大年	1822 年前—?，玉衡三子，字肇修，号兰合	道光丙午科（1846）举人，庚戌科（1850）会魁（三甲九十四名进士），钦点内阁中书，国史馆分校升侍读，授建宁府学教。		著有《荔影堂诗钞》二卷，为父亲萨玉衡《白华楼诗钞》作笺注五卷，存国家图书馆
	4. 萨察伦	1770—1829 年，启盛子，榜名虎拜，字肇文，号珠士	福州府学廪生，嘉庆甲子科（1804）举人，丁丑大挑一等，分发云南知县加三级，诰授奉直大夫。林则徐中赞扬他"识力既高，气魄又大，此才真加人一等"		著有《珠光集》四卷，今存国家图书馆
	5. 萨龙田	1797 年前—1850 年前，字肇珊，号燕南	邑庠生，道光辛卯科（1831）举人，拣选知县		著有《湘南吟草》一卷，今存国家图书馆
	6. 萨大滋	1818—1856 年，蔡伦子，原名书宝，字事敬，又号树堂	郡增生		有《望云精舍诗钞》，今存国家图书馆

续表

家族	姓名	生卒年、家族谱系、表字、别号	科第、生平	著述	现存情况
11 浙江钱塘李氏	1. 李若虚	约1755—1824年，字实夫	原籍浙江钱塘（今杭州），幼年随父迁居四川成都，为舅父马秋药所钟爱，因又姓马。乾隆四十二年（1777）受业于沈门下，学业日进。四十五年，入仕。为贵州同仁府正大营巡检，桃厅（今属贵州），青僚。五十四年，与丞氏同赴西藏，办理边务。以后又多次入人藏，熟悉边地风土人情及边务情形。嘉庆二十五年（1820），归居成都"怡园"	周蠡联《实夫诗集序》提及"弱冠有《蕉禄轩词》"，今未见	早年有《穆蕉山房诗集》《蕉绿轩诗钞》，任职出塞时有《夜郎残稿》和《海棠巢词》等。后经周蠡联、李绍祖所校及归途成都中时有《前后出塞吟》等，其余作品则辑为6卷，总名为《实夫诗存》4卷4册，道光五年钱塘李氏刻本。北京大学图书馆藏。《海棠巢词稿》1卷1册，清咸丰十一年刻本，北京师范大学藏。《海棠巢词稿》原品范大学十分卷，一百五十八首。李若虚撰。初刊于嘉庆年间，原版毁于火。咸丰十一年（1861），其任李璇于成都获原刻本，特为重刊，与《实夫集》并行。词集前有娄县姚椿、丹徒严学崟、金山周蠡联等人题词，后附李璇《续雕海棠巢词小序》
	2. 李谕	若虚子，字念南	咸丰间任职湖北蕲州（今蕲春县）	有《怡云书屋诗钞》《李念南诗集》	
	3. 李征楙	若虚孙，字雨衣	知州通判，四川诸生，原籍浙江，其祖任绵州，其伯镇远府知府殉难，与胡文忠友善，曾任胡幕二年。光绪间任湖北湖南漳县尹	著有《养愚书屋诗钞》	

续表

家族	姓名	生卒年、家族谱系、表字、别号	科第、生平	著述	现存情况
	1. 蒋翰臣	1827—1897年，名春华，以行行	原籍安徽含山。蒋翰臣有五个儿子，依次为长城，长恩，长洛，长松，长泰。他们积极开拓，这一时期是蒋氏家族的全盛时期。蒋翰臣的第二代都出生于清末，受到传统文化教育。翰臣曾为自己和第四子长松各捐了个举人。这一代的妻室中有丁臣门闺秀，二子长恩的妻子马氏是漳州知府的小姐，有一定文化修养		
12 江苏 南京 蒋氏	2. 蒋国榜	长恩子，字苏庵，别号苏庵居士，苏翁、乌榜村人、定香翁等	生性淡泊,不谋官禄,工诗文,书学汉魏,喜好书画,金石,碑帖等。毕生致力于国学研究。从李详(字审言)受学,晚年随马一浮游,常居杭州西湖。先为马一浮先生友,20世纪40年代后期,执贽拜门,事一浮先生甚谨。先生称其为"雅士"。说其"性不谐俗而喜为诗",戏称是"资产阶级雅人"。直至1966年被迫迁出其别墅苏堤蒋庄,师生唱和,其乐融融。是先生一生中最安定,欢乐的时光。复性书院改为智林图书馆,其任副馆长,即以蒋庄为智林图书馆址,录编了先生诗文集,批请谢无量先生为序,谋出版,后遭先生"生生为学,不求人知。亦何必见知于后世"请姑缓之臆中,勿汲汲流布于后世。其妻女亦常随侍左右,抄写先生之诗文,照拂先生之生活。出《马一浮集》时,率有其夫妇与先生的抄稿及当时所编的诗文集	著有《金陵丛书》《简斋集》《清道人遗集》《高庵随笔》《学制高斋文集》《躬庵文集》《苍虹图诗集》等	辑《薜雅堂诗略》六卷,有《饮根集》一卷,民国十一年铅印本,华东师范大学图书馆,山东大学图书馆,复旦大学图书馆馆藏

续表

家族	姓名	生卒年,家族谱系,表字,别号	科第,生平	著述	现存情况
12 江苏南京蒋氏	3. 蒋国平	1894—1911年,字平叔,蒋国榜弟	通晓诸经大义,好大史公书及通鉴。诗文嗜韩杜。书法主朴拙无巧,得篆分意,与戴少晓、李立友善		有《平叔诗存》二卷,民国初蒋氏慎修书屋铅印本,复旦大学图书馆,华东师范大学图书馆,辽宁大学图书馆,北京大学图书馆,国家图书馆藏

① 多洛肯:《元明清少数民族汉语文创作诗文叙录(清代卷)》,中国社会科学出版社,2014,第230页。

② 杨氏家族世系及活动情况详见于杨大业《明清回族进士考略》,宁夏人民出版社,2011,第226~233页。

③ (光绪)《益都县图志》,卷三十五。

④ (光绪)《益都县图志》卷二十五《艺文志》(下)。

⑤ (乾隆)《泉州府志》卷之四十八。

⑥ 多洛肯:《元明清少数民族汉语文创作诗文叙录(清代卷)》,中国社会科学出版社,2014,第234页。

⑦ 马氏家族世系及基本情况详见于马先登《关西马氏世行录》[(清)马先登:《关西马氏世行录》七卷,同治七年(1868)刊,清华大学图书馆藏]以及杨大业《明清回族进士考略》(宁夏人民出版社,2011,第245~257页)以及周濒灏《明清青岛地区文化家族述论》(《青岛大学师范学院学报》2009年第4期,第100~108页。

⑧ 胶州法氏家族基本情况详见杨大业《明清回族进士考略》(宁夏人民出版社,2011,第21~40页)。

⑨ 杨廷福、杨同甫编《清人室名别称字号索引》(增补本),上海古籍出版社,2001,第337页。

⑩ 杨大业:《明清回族进士考略》,宁夏人民出版社,2011,第470页。

⑪ 泰州俞氏家族情况详参小凤:《民族身份与遗产与多元文化交融——泰州回族俞氏家族的个案考述》,《中外文化与文论》2014年第1期,第337页。

⑫ 俞铎、俞濑关系存疑,史述不一,此处依据韦青龙《清代泰州俞氏家族诗集考论》,西南民族大学硕士学位论文。

⑬ 民国二十四年萨镇冰、萨嘉曦修《雁门萨氏家谱》。

二 清代回族文学家族及其创作的特点

文学家族的成员将文学视为展示自我精神和才情智力的有效工具。在众多的文体当中，回族文学家族对诗歌创作情有独钟，创作人数更多，作品也较为丰富，诗歌更能代表家族创作的水平，也更能显示出家族创作群体的实力。清代的回族文学家族成员绝大部分都涉足诗歌创作领域，且父子相承、祖孙相继，绵延不断，他们创作的诗歌作品充满了浓郁的家族气息。家族成员在吟诗赋词中游览凭吊、思亲念友、关心时事、感怀人生，用诗歌展示了丰富多彩的社会生活。

（一）清代回族文学家族的特点

1. 时空分布不平衡

在时间分布上，福建晋江丁氏、江苏溧阳马氏、山东益都杨氏、云南昆明孙氏、陕西同州马氏5个家族跨明清两朝；浙江仁和丁氏、江苏泰州俞氏、山东胶州法氏、江苏山阳杨氏、福建福州萨氏、浙江钱塘李氏、江苏南京蒋氏7个文学家族仅出现在清代。而且，在跨明清的家族当中，清代的成员仍然占大多数。所以，总体上讲，清代出现的文学家族比明代出现的文学家族多。在空间分布上：跨明清的回族文学家族分布较为分散，北至山西，东到山东，东南至福建，西南到云南；清代的文学家族相对集中，主要分布在浙江、江苏、福建、山东地区。浙江的两个重要家族（仁和丁氏、钱塘李氏）都是在清代发展起来的，且由明至清，家族数量在增加。总体来说，依然呈现了南方多、北方少的不平衡分布格局，这与整个清代回族作家及回族进士的分布格局基本保持一致。所以，回族文学家族的文学传承有着鲜明的时代性和地域性，同时家族、地域与科举也有着高度的融合性。笔者的《明清回族文学家族文学创作述略》（《兰州文理学院学报》2015年第5期）一文也有详细论述。

2. 以儒为业的文化传统

回族人要想在儒家思想占正统地位的社会中立足，真正地融入汉族占多数的主流社会，读书入仕就是唯一的途径，这也是回族文人接近国家权力的一个最重要的方式。所以，回族文学家族从一开始就形成了以儒为业的文化传统，我们从清代回族文学家族科举事业鼎盛的情况就能看出。

据笔者统计，跨明清及清代回族文学家族共有 24 位文人取得进士，他们是：福建晋江丁氏的丁仪 [明弘治十八年（1505），三甲一百四十六名]；丁自申 [明嘉靖二十九年（1550），二甲九十一名]；丁日近 [明万历十七年（1589），三甲二百四十名]；丁启浚 [明万历二十年（1592），三甲十九名]；丁莲 [清康熙五十二年（1713），三甲四十七名]。云南昆明孙氏的孙继鲁 [明嘉靖二年（1523），二甲八名]。江苏溧阳马氏的马从谦 [明嘉靖十四年（1535），二甲十五名]；马性鲁 [明正德六年（1511），三甲五名]；马一龙 [明嘉靖二十六年（1547），三甲二十九名]；马世俊 [清顺治十八年（1661），一甲一名]。山东益都杨氏的杨应奎 [明正德六年（1511），三甲八十五名]。陕西同州马氏的马自强 [明嘉靖三十二年（1553），三甲三十一名]；马慥 [明万历二年（1574），二甲六名]；马先登 [清道光二十七年（1847）]。山东胶州法氏的法若真 [清顺治三年（1646），二甲十一名]；法若贞 [清顺治三年（1646）]；法檀 [清康熙十八年（1679），二甲三十二名]；法伟堂 [清光绪十五年（1889）]。江苏泰州俞氏的俞铎 [清顺治九年（1652），二甲四十五名]；俞梅 [清康熙四十二年（1703），二甲三十五名]。浙江仁和丁氏的丁澎 [清顺治十二年（1655），二甲十二名]；顾永年 [清康熙二十四年（1685）]。江苏山阳杨氏的杨才瑰 [清康熙三年（1664），三甲一百三十八名]；杨开沅 [清康熙四十五年（1706），二甲十七名]。福建福州萨氏的萨大年 [清道光三十年（1850），三甲九十四名]。这种情况是回族历史上从未有过的，可谓盛况空前。其中跨明清的五个回族文学家族里均有进士，而且数量占总数的一半还多。清代回族文学家族里有的是祖孙皆为进士，有的是兄弟几人均为进士，从他们科举考试取得的成绩来说，回族接受汉文化已经成了积极主动、自觉自愿的活动，以儒为业的文化传统已经在回族文学家族扎下了坚实的根基，对回族古代文学产生了重要的影响。

3. **家族文人交游广泛，文化兴趣广泛，显示了广阔的文化视野**

治学和创作想要获得提高，除了自己勤勉努力，还离不开与其他朋辈的交游学习。回族文学家族成员交游范围广泛，有些成员交友半天下，有些成员与其他诗人的唱和交游在当时、当地产生了很大的影响：浙江仁和丁氏家族的丁澎与当时的文坛名家陆圻、毛先舒等诗人合称"西泠十子"，与宋琬、施闰章等人并称"燕台七子"……广阔的人际圈为回族诗人铺展出更宽广的文化视野。与清代文坛各界人士的交往，一方面使回族文学家族成员在诗文创作水平上得到提高、在思想上得到提升；另一方面，回族文学家族成员通过与其他民族尤其是汉族诗人的诗词唱和与书信往来，扩大了家族创作在当时、当地乃至整个文坛上的影响，促进了家族文学的发展兴盛，赢得了汉族其他文士的肯定和赞赏。

福建晋江的丁炜与文坛名士宋荦、王又旦等来往密切，经常诗文唱和，在他们的推动下，"闽诗派"在清代中期取得了巨大的发展。钱仪吉编订《碑传集》卷八十一中陈寿祺撰《丁炜传》评其曰："炜诗力追唐贤，而能以文采润饰。其吏治长洲汪琬，宁部魏礼，龙眠钱澄之，华亭沈荃，莱阳宋琬，新城王士禛，秀水朱彝尊等，叙其诗文，交口推之，以为'丽而则，清而腴'。其集皆士禛与宣城施闰章所评定，文亦具体。"还有福建的萨氏文学家族与当时的名门望族叶氏多有往来。萨察伦与叶申蔼、叶申芗常有往来之作，叶芸卿更是聘请萨大文为先生教授族内子弟。萨氏与林则徐家亦有交往，萨察伦的《和林旸谷宾日年伯见赠原韵》诗是与林则徐父亲林宾日的往来之作。此外，家族中的萨大滋曾与当地文人结西湖社，唱和往来，唱和者有刘鲁汀等人。萨龙田与杨庆琛交好，曾受杨雪椒聘为主事，赴芜湖任，后又随其遨游洞庭、衡岳间，其诗作命名为《湘南吟草》，两人交情可见一斑。从这些文献记载中，我们可以了解到，汉族文人对回族文学家族成员文学成就的认可，也能看到回族文学家族在与汉族文士的交游活动中受益良多。前文提到的"海岱八子"之一的著名文人杨应奎与海岱诗社的其他朋辈自觉远离当时蔓延明初诗坛广泛的三杨"台阁体"诗风和"前七子"拟古文风，可以说开启了以"性灵说"为内核的"公安派"之先声。还有浙江仁和的丁氏家族著名诗人丁澎面对明清之际词风衰败的颓境进行了深刻的思考。当时的词坛并存着陈子龙为首的"云间派"和陈维崧为首的"阳羡派"，丁澎及西泠学人属于"云间派"。以他为代表，对词在中国文学发展演变过程中的地位、词的音乐特质等创作问题，都进行了认真考察，提出自己的看法。在《东白堂词选序》中提到"诗三亡"的说法，从音乐的角度考察中国诗歌发展演变的过程，肯定了词的统续地位。可以说，丁澎为挽救词的中衰作出了独特的贡献。除了丁澎，福建晋江丁氏家族丁炜的词作也与当时文坛的阳羡词派、浙西词派相呼应，还有家族内的后辈丁启浚积极呼应当时文坛的"竟陵派"。丁启浚有一首著名的五律《良乡夜宿》，钱谦益对这首诗中的"古驿一灯深""枫落吴江冷"大为赞赏。生活于晚明时期的丁启浚恰好处于竟陵派兴盛之时，这首诗不管是用词还是意境，可以说深得竟陵派"幽深孤峭"之旨。

此外，回族文学家族的成员不仅精于文学创作，有些人还兼擅书画、身兼数能。如山东胶州法式家族的法若真，书画作品为人称绝，著名文人安致远在《黄山诗留》中说："盖少时以诗名，书画则其余。"江苏溧阳马氏家族的马一龙，除了诗文、书法，对自然科学也有研究，《农说》一书就是明证；陕西同州马氏家族的马鲁罢官后专心研究理学，对"关学"思想发展作出了重要贡献；山东益都杨氏的杨应奎精研王右军书法……回族文人不仅在文学创作方面成绩不俗，在学术思想、书法、绘画乃至生活的各个领域都展示出了他们的才能和实力，显示了广阔的文化视野。

4. **女性作家才气不凡**

在"女子不宜为诗"思想禁锢的时代，清代回族文学家族竟然出现了一批女性成员的身影，她们在传统的诗、文、词各领域取得了很大的发展，虽然人数不多、作品数量不多，但她们文学创作能力之强、文学修养之高，毫不逊色于男性诗人。如福建晋江丁氏家族著名诗人丁炜的女儿丁报珠，能诗善文，有代表诗歌《越中寄父》，时人誉为"神童"。江苏溧阳马氏家族的狄马氏，是马世俊的大姐，长世俊两岁。她和马世杰、马世俊为一母所生。马世俊的《匡庵诗前集》卷四中附有她的一首七律《诸兄弟各成和章余姊氏亦有作附载之》，在这首诗中她十分敬仰家族众弟兄的才华，感叹弟兄们无人赏识，表达了深深的惋惜之情。文献记载狄马氏也是"八岁能诗"①。还有浙江仁和丁氏家族丁大绶之女、丁澎之妹丁氏，颇有诗名；江苏泰州俞氏家族俞梅孙女俞廷元也留下了许多诗歌。虽然掌握的文献资料有限，但仍可以看到以诗书传家的回族文学家族内部女性作家创作的风气依然存在。笔者《明清回族文学家族文学创作述略》一文另有详述，兹不赘言。

---

① （清）《溧阳县志·卷十三》，光绪二十二年重刻本。

(二) 清代回族家族文学创作特色

1. 数量众多，众体兼备

清代是回族古代文学成熟的阶段，家族文学作品也呈现出了蓬勃发展的面貌，不论是出现的诗文作家数量还是诗文集数量都远远超过了明代。在体裁上无论是古体诗歌还是律诗绝句，均有涉猎，各体兼备，最大限度地发挥了诗歌的叙事、抒情、写景以及议论等功能。

从数量上看，清代文学家族成员的作品远远超过了明代，可以说达到了回族古代文学创作的顶峰。从他们的作品集就可见一斑：杨鸾有《选梦阁词钞》一卷、《诗集》七卷。杨应奎集有《吟稿》、《陶情令》一卷。杨铭有《群英吐华》《袜线集》。杨延嗣有《青崛集》二卷。杨峒有《杨书岩古文钞》二卷、《师经堂存诗》一卷、《书岩剩稿》一卷。杨绍基有《履亭文稿》二卷。杨滇有《邑先辈纪略》一卷、《趋庭录》一卷。丁仪有《归囊遗稿》。丁自申有《三陵稿》十二卷。丁启浚有《哲初诗集》《平圃集》。丁启沨有《香雨堂诗文集》。丁炜有《问山诗集》、《紫云词》一卷、《涉江词》一卷。丁焯有《沧露诗集》《沧露词》。丁莲有《易经萃解》十二卷、《聚景堂文集》。孙继鲁有《破碗集》、《松山文集》、《孙清愍公文集》一卷。孙鹏有《来复堂存草》一卷、《二十四友韵言》、《南村诗集》等。马从谦有《竹湖遗稿》。马有骍有《玉兰斋遗稿》。马一龙有《玉华子游艺集》《髫年溪上上稿》。马世杰有《歙斋集》、《孑遗集》不分卷。马伯绳有《丸阁诗集》。马世俊有《匡庵诗前集》六卷、《马太史匡庵诗集》六卷。马宥有《溧诗近选》、《砚畴集》六卷。马容有《谷含集》。马自强有《马文庄公文集选》十五卷。马朴有《阆风馆诗集》二十二卷、《四六雕虫》十卷、《雕虫编》二十卷。马鲁有《山对斋诗文存稿》二卷（马先登辑）、《南苑一知集》、《论诗》二卷、《丛谈》二卷。马臧土有《卷石斋语录》二卷。法若真有《黄山诗留》十六卷、《黄山集》六卷。法樟有《又敬堂诗草》。法榪有《书山草堂诗稿》二卷。法宗焞有《墨山堂全集》、《铁麓山房诗》二卷。法辉祖有《念庐诗》四卷。法坤振有《怡斋集》四卷、《西墅词》一卷。法坤厚有《荫松堂诗集》十六卷、《白石居文集》四卷。法士谔有《疥驼集》《艾烛集》《拟金元宫词》《咏史小乐府》等。丁澎有《扶荔堂诗稿》十三卷、《扶荔词》。丁潆有《青桂堂集》《秉翟词》一卷。丁灏有《鼓枻文集》一卷，另有《北游草》《鼓橙集》。顾永年有《梅东草堂诗集》。俞潨有《留香阁诗选》。俞楷有《俞子弟一书》十三卷。俞梅有《云斤诗集》不分卷、《甲申集》一卷、《梦馀集》一卷、《承仁堂诗集》一卷。俞堉有《率意吟》一卷等。俞圻有《剪春词》一卷（今存）、《剪烛吟》一卷、《截流吟》。俞国监有《樵月山房诗集》。杨开沅有《杨禹江集》不分卷。杨开泰有《春帆》、《南村草堂》、《爱日轩诗》一卷。杨庆之有《一草亭诗草》六集六十卷。杨才瑰有《云间皋声堂诗》二卷。萨玉衡有《白华楼诗钞》四卷、《白华楼焚馀稿》一卷。萨大文有《荔影堂诗钞》二卷。萨大年有《荔影堂诗钞》二卷、《白华楼诗钞笺注》五卷。萨察伦有《珠光集》四卷。萨龙田有《湘南吟草》一卷。萨大滋有《望云精舍诗钞》一卷。李若虚有《实夫诗存》六卷。李征棠有《养愚书屋诗钞》。蒋国榜有《饮恨集》一卷。蒋国平有《平叔诗存》二卷。虽然这些作品并未全部流传至今，但仅从现存作品依然可以看出清代回族文学家族成员的创作非常丰富。12个文学家族所有成员人均有两部文集，最少的有一部，最多的达到了10部。从这个数量上看，清代的回族文学家族成员对文学创作的确是执着追求，正是因为勤奋笔耕，才会成就斐然。

从体裁上看，回族文学家族的诗歌发展至清代，可谓众体兼备，各体成熟。这种情况的出现主要是因为回族文学家族的诗歌创作与整个清代诗歌发展趋势同频共振，已经完全融入清代诗歌的发展潮流中。"中国的诗学历经从先秦迄明这千余年的发展、演变，业已形成一系列比较完足的、并立的观念和体系，清人面临着古人丰厚的文学遗产。清代诗学在自身的进展中，对以往的诗学成就作出了历史的也是现实的选择和阐发；换言之，具有不同路向的诗学观念，在清人的活动中得到回应和扩展。"① 清代诗歌发展走到了一个集大成的时期，回族文学家族的诗歌在体裁上无论是古体还是近体，无论是律诗还是绝句，各体兼备。以福建福州萨氏文学家族的萨察伦为例，他的《珠光集》共收录诗歌251首，其中五古17首、七古23首、歌行7首、五律17首、五排3首、七律129首、五绝4首、七绝51首，古体诗占18.73%，律诗占59.36%，绝句占21.91%。总的来说，萨察伦诗歌五言、

---

① 刘诚：《中国诗学史（清代卷）》，鹭江出版社，2002，第1页。

七言，律诗、绝句，古体、近体均有涉及，以近体诗为主，其中律诗近六成，以七言律诗为主。

2. 题材丰富多样

从清代回族文学家族数量众多的诗歌中，我们可以充分理解和把握诗人所关注的现象、所阐发的情怀及所表达的观点。他们的诗作反映了清代回族诗人丰富多彩的生活和思想，在题材内容方面，以下五个方面较为突出，本章重点以福建萨氏家族为例兼顾其他家族进行分析。

（1）友人往来

古代交通不便，通信也极不发达，文人墨客之间用诗文来传递友情是一种十分常见的方式，这一题材也是诗歌的重要内容之一，文人间通过诗酒唱和也形成了一种文雅的社会风气，深受儒家思想浸润的回族诗人与汉族友人及其他亲人的联系自然也是如此。回族诗人用诗歌赠答、送别、唱和、怀人、题画、题像、祝寿、表贺，或抒发浓郁伤感之情，或表达思念之情，或激励劝勉，或寄托人生理想，展示了回族文学家族成员丰富的社会生活。比如福州萨氏家族的萨龙田，他的诗文集《湘南吟草》现存三十首诗里关乎友人往来的作品将近一半，如著名的送别诗《送冯讱庵燕誉同年之任四川》：

> 此别忽万里，临歧倍黯然。幸逢今夜月，犹是故乡天。
> 不愧南宫选，能为西蜀贤。君恩基百里，珍重此华年。

这首诗后面附着冯燕誉的和诗：

> 共作宦游客，临歧倍惘然。舟联新旧雨，人对别离天。
> 纪驿三千里，题诗四十贤。风帆何日卸，楚尾正迎年。

冯、萨二人既是同乡亦是同年，根据福建（民国）《闽侯县志》卷四十二记载：冯系福州府侯官人，道光十二年（1832）恩科进士，任四川梁山知县。[1] 这首诗是冯燕誉到四川就任之时，萨龙田为其送行时所作。诗歌首联

---

[1] （民国）欧阳英修，陈衍纂《闽侯县志》，闽侯县地方志编纂委员会，1995，第197页。

表达了离别的伤感之情，"此别忽万里，临歧倍黯然"化用了江淹的《别赋》首句"黯然销魂者，唯别而已矣"；颔联转向描写月亮，即将分别的二人抬头望着同一轮明月，心中自然是感慨万千；颈联、尾联写了诗人对友人的赞赏与勉励，这也是作为同年的情谊。

作为和诗，冯燕誉首联第二句完全沿用了萨龙田之句，除此之外也沿用原诗韵脚。首联化用王勃《送杜少府之任蜀州》"海内存知己，天涯若比邻"句表达出分别的黯然神伤；"舟联新旧雨，人对别离天"，将离愁别绪表达得淋漓尽致，对仗工整；颈联、尾联写出此去路途之遥，暗示分别之苦。

除了送别友人寄托相思的内容，萨龙田还有一些向友人抒发自己雄心壮志的诗作，如《由芜湖之楚舟中漫兴呈雪椒先生（四首）》：

其一

几家刀尺送轻寒，磨蝎身宫坐未安。秋水一天催客梦，梅花数点忆征鞍。

敢将诗笔愁中老，且喜江山眼底宽。似把潇湘好烟景，他年收入画图看。

雪椒先生即杨庆琛（1783—1867），是当时的山东布政使，同时也代理巡抚兼代学政。杨雪椒1831年聘萨龙田为主事，赴芜湖任，后又随其邀游洞庭、衡岳间。四首诗的第一首，便奠定了诗歌的感情基调，此时诗人对于未来踌躇满志。颈联"敢将诗笔愁中老，且喜江山眼底宽"，一个"喜"字表现出诗人不愿因生活的琐事或者人生的不如意而耽误了此刻欣赏"潇湘好烟景"，对未来充满了希望，此刻欣赏不够，还要把这些美景画下，以后慢慢品味。

其二

鸠江风景亦开颜，吴楚青苍一水间。歌咏欲追牛渚月，文章飞过马当山。

何堪客里重为客，且恐闲中未即闲。看剑终须作壮语，蓬莱未必到来难。

诗人以轻松活泼的笔调开篇，连风景都笑逐颜开，颔联一个"飞"字，轻松愉快的心情，立即付诸笔端，传递给了读者。虽然生活不易，总是为"客"甚至"重为客"，但也难挡诗人雄心壮志，"看剑终须作壮语，蓬莱未必到来难"。

其三

转藉饥驱作壮游，东南千里一帆收。爱听嘹唳黄洲笛，来泛苍茫赤壁舟。

彭蠡晴光鸦背影，洞庭夜色雁边秋。滔滔江汉缘何事，总为朝宗不肯休。

古代异乡为官，还时常变更工作地点，比较辛苦，萨龙田即各地为官，但他将各地流转之行看作"壮游"，"东南千里一帆收"，言语之间充满豪气。

其四

伏枥难追冀北群，燕台两度望尘氛。片帆买尽钱塘月，匹马盘低泰岳云。

是席尚分清白俸，斯行足补旧新闻。他年香草添吟兴，兰芷曾熏一室芬。

诗人由芜湖到楚，其四颔联原诗自注"甲午（1834）客杭州，癸巳（1833）寓泰安"，诗人流转于各地，生活并非特别顺利，尽管如此，还是可以感受到诗人虽身处艰难亦意气风发、保持追求壮志的姿态。这就是诗人的精神面貌，也是值得后人肯定的地方。

（2）忧国忧民

崇儒尚文的回族文学家族，有着浓厚的经世致用思想，仁政爱民是其思想的核心。回族诗人不论是为官还是为民，始终忧国忧民，关注着民生疾苦。他们在诗歌中创作了诸多关注社会现实、表达忠君爱民思想的诗作。

山东胶州法氏家族的法若真是明清易代之后积极出仕清朝的文人士大夫。虽然身历朝代更迭，也积极出仕新朝，但仕途却是几经浮沉，波折颇多，他的诗歌创作也受到了重要影响。作品中有许多关心人民疾苦的作品。如《柳絮》①：

> 四月柳花白于雪，行人故落赠长别。那得春风吹作绵，不使流民百衣结。

四月正是柳絮纷飞之时，柳絮漫天飞舞好似白雪。诗人由天降大雪想到了冬天百姓孤苦无衣，如若这四月春风吹的不是柳絮而是丝绵，那么百姓就不必再受冻了。这首诗作于顺治五年（1648），正是诗人仕途起步之时，但他时刻不忘关注民众苍生。最后一句"那得春风吹作绵，不使流民百衣结"表达了胸怀天下的宽广人生境界。

除了忧国忧民之思，法若真还有一些用写实的笔法创作的现实主义诗歌，比如《北望》②：

> 江头北望树依依，浪涌星摇鹰不飞。夜半愁翻诸画史，月沉醉数万山晖。
> 已封竹索横江底，谁厂蕉岩放寇归。俱说将军新令好，民间庐舍已全非。

"兴，百姓苦；亡，百姓苦"，清代初期，百废待兴，百姓"庐舍已全非"。诗人不关心"将军"的功绩或是将令的是非，关心的是百姓的真实生活。诗歌首句写景，一片苍凉之感，为下面的抒情渲染了情绪，最后落笔"民间庐舍"，水到渠成。

萨大年的诗歌里也有许多忧国忧民之作。《得闽中消息》是诗人得知闽中水旱严重，心系家乡百姓之作。诗句："去年又伤旱，处处祈甘雨。""城中日日新，铜铁兼以楮。好恶苟可蒙，何妨用泥土。"前年水灾，去年旱灾，今年庄稼又歉收。百姓穷困，无钱买米，富贵之家有存粮，穷苦人家家

---

① 法若真：《黄山诗留》，《四库全书存目丛书·集部第二一二册》，齐鲁书社，1997，第212~219页。
② 法若真：《黄山诗留》，《四库全书存目丛书·集部第二一二册》，齐鲁书社，1997，第212~240页。

徒四壁，想要"抱袠换米"却无人可换。最后诗人发出感慨想到忧国忧民的杜甫："呜呼循良吏，千古思召杜。"诗人关注人民疾苦，关注民生，表达了诗人对民众的关心。

诗人还有一首《遥望》：

> 宇宙氛尘满，兵戈岁月深。裹粮骄不战，豢寇尔何心？
> 日照荒城白，云连杀气阴。东南形胜地，遥望一沾襟。

这首诗书写鸦片战争之时，诗人气愤遇敌不战的行为，质问纵容敌寇是何居心，城里一片荒凉，杀气很重，东南地区本是风景胜地，如今却遭受着这样的凌辱，一望一伤心。

江苏溧阳马氏家族马世俊的《泰山妇人行》也是一首体恤民间疾苦、谴责严酷暴政的诗作。此诗作于康熙二年癸卯，当时山东人于七领导的抗清作战失败后，清廷对该地区的人民进行了大肆屠杀。当时，马世俊正在京城任职，有感于这次株连甚广的清初大案，听闻山东杀人如麻的惨烈景象，写下了这首诗。诗的副标题为"书《酷吏传》后"，可见诗人将当时导致血腥杀戮的朝廷官员比为酷吏，展现了"苛政猛于虎"旧题新创的才思。

（3）山水田园

山水田园诗自东晋陶渊明以后便成了辞官归隐及隐居不仕的文人主要的吟咏形式。清代回族文学家族成员中有做官经历的为数不少，但大多是地方官、中下层官吏，难免会有被贬的遭遇，还有一些屡试不第的落魄文人也会有怀才不遇、壮志难酬之感，这种时候，他们往往寄情于山水，或借山水之美，放浪形骸消解心中苦闷，或把山水之地当作心灵憩息之地。在他们的笔下，田园恬淡疏朴，山水清新悠远。

云南昆明孙氏家族的孙鹏就是比较典型的代表。他怀瑾握瑜却场屋失意、壮志难酬。赵藩在《南村诗集序》中云："孙鹏自题梅花书屋小照诗'忽逢狼毒嗥河东，张口复来噬人血'之句，知公殆以遭轧轹去官，志所谓负气傲岸者是也。"作为一名生于斯、长于斯的云南本土回族文人，他的作品里留下了大量有关云南山水田园景色的诗篇。

福建萨氏家族的萨玉衡也很擅长写山水田园，用笔自然，恍如天成，读之如春风迎面，和煦宁静又不失英气。比如：《宜兴舟中》：

> 细雨黄昏漠漠花，虾笼湾口片帆斜。江南泉品吾能说，来试春山阳羡茶。

前两句写景，黄昏时分，下着小雨，虾笼湾水上有只船。诗人此刻在宜兴，宜兴古称阳羡，诗人想象了一下，下船后去品阳羡茶。阳羡茶历来得到文人雅士的喜欢，诗人此刻也有雅兴，也要去"附庸风雅"一番。

萨氏家族萨大文的《郊行》也是一首清新雅致的小诗，别有意境。

> 郭小绕青山，村连杂江树。不知路有无，迷入花深处。
>
> 路逢采樵者，长歌入云去。云深不见人，斧声鸣何处。

诗人走在郊外，青山绿树围绕着小村庄，郁郁葱葱，一度不知道前面是否有路，走到了百花深处。路上碰到砍柴者，只听他的歌声像到了云边，云深而看不到人，砍柴之声不知是从哪里发出的。简单的白描即刻画了一幅深山樵者图。

（4）生活感怀

深受中国传统文化濡染，感怀诗最能观照回族文学家族诗人丰富的内心世界。眼前所见、心中所想、身边所历都能引起诗人一番思考，他们的诗歌中有因生活琐事而感慨、有因年迈多病而感慨、有因思乡怀归而感慨、有因念亲思朋之事而感慨、有因人生怀才不遇之事而感慨、有因人生变化哲理之事而感慨，内容非常丰富。

生活感怀诗写得很有特色的一位诗人是萨氏家族的萨大文，这类诗歌是他诗集中的重要部分，记录着萨大文生活的点滴及生活感悟，他的《杂感》是一组诗，共四首，主要表达了诗人想要报效国家的心愿，但理想与现实之间的落差使诗歌充满淡淡的忧愁。

其一

长啸宇宙间，谁欤垂令名。管葛难复作，卫霍不再生。

　　　　余也所志大，念此每心倾。天心未厌乱，妖鸟起罗平。
　　　　蔓延到吴越，千里无坚城。感愤抚长铗，时作不平鸣。
　　　　捐躯出报主，一扫寇氛清。归来销剑戟，荷耜乐躬耕。

在这茫茫宇宙之中，能名留青史者谁。无论管仲、诸葛亮，还是卫青、霍去病，都已是过去。诗人胸怀大志，想要报效国家，渴望能够荡清敌寇，之后功成身退，躬耕田园。表达了诗人想要有一番作为，积极入世的心情。

其二

　　　　读书掇科第，古人所深羞。科第不读书，今人巧自售。
　　　　嗟哉穷巷士，抗志超凡俦。丹铅研经史，寒暑不能休。
　　　　未获拖青紫，翻使着苓年。不见乡里儿，跨马狐白裘。

这首诗里充斥着淡淡的忧伤，诗人读书渴望入朝为官，却不能如愿以偿，虽然穷困，但是高尚的志向超过所有的朋辈。本以为读书可以显达、扬眉吐气，现实却往往不尽如人意。并且和乡里其他人相比，更显相形见绌。

　　无论何时何地，何种心境，夜晚总能引发诗人的无限遐想，勾出诗人许多诗思，如《夜起独坐》《山斋冬夜》《冬夜书怀》《旅夜对月》《秋夜斋居》《正月望夜过月河》等，如《秋夜读杜诗》：

　　　　窗外风兼雨，唧啾如有声。因吟杜甫句，忽觉鬼神惊。
　　　　影入秋灯瘦，悲添白发生。清商何处动，助我不平鸣。

风雨交加的夜晚，诗人坐读杜诗，"忽觉鬼神惊"。秋夜本就凄凉，加之风雨之夜，影子在灯下更显得瘦了，两鬓平添华发。不知何处发出的悲凉之声，暗合了心中的不平。读先贤之作，抒发了自己心中的苦闷。

　　清代回族诗人生活感怀诗除了表达内心苦闷之情以外，还描写其他生活杂感：或写生活琐事，或讲子女趣事，或抒情即景，或表达志向，处处充满生活情趣。比如萨氏家族萨玉衡的《园橘熟多被邻童摘取述事戏作》诗，"戏作"已可见诗人玩乐之心态，从题目就可以知道这首诗写诗人园子里的橘子熟了，邻居家的孩子偷摘他家橘子的趣事。

> 西窗挂夕阳，玲珑照孤坐。□人香雾霏，风味如炙輠。
> 吾闻今年冬，此种不蓄伙。暑雨残其实，秋飔杂沙堁。
> 喜此潇湘姿，满林醑霜朵。东邻群儿童，逾墙肆攎哆。
> 筐笼各有携，驸危不惊堕。防之却甚真，谁能保帖妥。
> 援面笑与言，且慰息惭懦。江陵数封君，千绢不到我。
> 颇闻陆家儿，怀中亦落果。颇闻范伯圭，笋菹任负荷。
> 扑枣瀼西邻，杜翁无不可。小如黄罗包，大似丹砂里。
> 平分两无妨，视此三百颗。

开篇写景，夕阳西下，诗人独坐。园子里的橘子经过洗礼已经成熟，可谓硕果累累。"东邻群儿童，逾墙肆攎哆"这句描写很有画面感，仿佛已经看到一群孩子，爬墙偷摘诗人家橘子的画面，一个个拿着筐子，诗人其实已经发现，怕惊扰了他们，从高处摔下，等他们看见诗人，诗人还笑着跟他们讲话，安慰他们不必太过自责。诗人如此心细温暖，长者风范跃然纸上。

《杏女爱诵昌黎东坡诗句暇辄请为讲解作此示之》是诗人女儿在父亲闲暇时候请父亲为自己讲解昌黎东坡诗句的诗，充满生活气息。

> 髯秦老淮海，爱作女郎诗。汝为女郎流，偏爱韩苏奇。
> 问义了瑟僴，摘误到蟛蜞。昔年诵乐府，便喜木兰词。
> 近读列女传，解笑蔡文姬。吾也晚举子，恨汝不须眉。
> 有儿觅枣栗，比果谁查梨。安能如杜老，不挂贤与痴。
> 各各见头角，何妨汝肇丝。勿言但耳耳，已足慰吾衰。

诗人感慨，女儿喜爱韩愈、苏轼等豪迈之诗。想到从前女儿读乐府诗的时候，就喜爱《木兰辞》，近段时间读列女传，也是偏爱蔡文姬。诗人儿子出生较晚，据家谱载，诗人长子肇蕃乾隆辛丑年（1781）出生，此时诗人二十三岁，在那个时代，已是比较晚的了，所以有"吾也晚举子，恨汝不须眉"句，表示女儿勤奋好学，有男儿气概，可惜不是男儿之身，是诗人对女儿的褒奖。到最后诗人心态渐渐平和，"何妨汝鬟丝"觉得女儿也很好，这对诗人来说已经是很大的安慰了。慈父课女的形象已经种在读者心中。

晓起即事

昨宵困郁蒸，汗卧气如缕。起视河汉明，片云无处所。
三更林响交，械械动窗户。欹枕远闻雷，电光黳复吐。
稍从梦魂苏，未觉蚊蚋苦。晓来绕溪行，金碧净沙土。
别涧流潺湲，前山一夜雨。

这首诗首先描写了夏日夜里闷热的感受，躺在床上像在蒸笼里一般。早上起来，却是雨过，并不觉得蚊虫很多，还能想起昨夜风吹雨落电闪雷鸣的场景。到溪边走走，看到潺潺溪水流淌，感觉焕然一新。通过对比，更能显示早起雨后的清爽。

梦作黄蝶诗记下二句因足成之

色映菜花黄，秋影愁萧索。晚林一叶飞，西风吹不落。

这首小诗是诗人梦中所作，新颖奇特。只记得两句，乃神来之笔，梦醒又补上两句。黄色的蝴蝶在菜花丛中飞舞，像片叶子一样，但是风吹不落。

（5）怀古咏史

咏史诗是诗人们常写到的一个题材，诗人观古察今，不免有些感慨，以历史作为诗人感情的载体，付诸笔端，遂为咏史诗。回族文学家族诗人抚昔慨今，不论是写历史人物，还是感慨历史事件，或是游览历史遗迹，都能借他人之酒馔浇自己心中之块垒。以福建萨氏家族萨玉衡为例，他一生到过很多地方，有不少凭吊怀古之诗。在这些咏史诗中不得不提及一类，就是萨玉衡各地墓、祠的咏史怀古之作，如《过琅琊王墓》《过

岳忠武坟》《真娘墓》《昆山刘龙洲祠》《五人墓》《方正学先生墓下》
《谒江文宪公祠》《谒于忠肃祠》《孟姜女祠》《雕阴过扶苏墓》《吊祢衡
墓》《过张忠愍墓》《李忠定公墓》《过露筋祠》，诗人偏好在这些地方怀
念古人，感慨历史，仿佛这些历史人物就在跟前，与诗人讲述他们的
经历。

　　《昆山刘龙洲祠》是诗人为悼念"辛派三刘"之一的刘过而作。诗云：

　　　　湖海襟期绝代才，上人好客滞燕台。宫廷抗疏情多感，臣妾金名事
　　可哀。
　　　　龙水闻歌建武去，羸肩载酒浙江来。千金散尽还漂泊，黄鹤楼前醉
　　几回。

刘过虽有满腔报国之志，无奈仕途蹭蹬，科举之路亦是坎坷，屡试不中，布
衣而终，客死于昆山。"平生豪气，消磨酒里"，一生未能如愿，每每也只
能借酒浇愁，诗人"千金散尽还漂泊，黄鹤楼前醉几回"正是写出刘龙洲
无可奈何的洒脱。

　　江文宪公祠即江淹祠，（康熙）《建宁府志·卷之四十六·杂志（二）》
载："江文宪公祠，在上相里等觉寺。宋大观初，知县陈淮建以祠江淹。"[①]
诗人曾来此地拜谒，有《谒江文宪公祠》诗，诗云：

　　　　一别来兹土，销魂可奈何。白云游子意，渌水美人歌。
　　　　彩笔生无梦，芳情托逝波。有灵应识我，仆恨较君多。

江淹一生可谓传奇，既有妙笔生花的文采，留下《恨赋》《别赋》这样的大
手笔，又有亨通的官运，历仕南朝宋、齐、梁三代，这是知识分子一生的追
求，江淹都得到了。由人观己，诗人发出"有灵应识我，仆恨较君多"的
感慨。

---

　　① 张琦主修，邹山纂修《建宁府志》，清康熙三十二年本，南平地区地方志编纂委员会，1994，
第 1097 页。

3. 诗文感情充沛，饱含家族亲情

从清初开始，回族的文学家族逐渐形成了"户习诗文，家精协律"的文学传统，他们努力接受儒家传统文化思想的熏陶，借诗文创作提升人格修养，普及文化知识，提升文化品位，深化文化底蕴，融睦家族亲情。在家族成员的作品中，我们随处可见训示诸子、吊念儿女等饱含亲情思想的内容。例如，福建萨氏家族的萨大滋诗歌中有三首写给儿子的诗：《偶笔诚堉彝璜三儿成十六韵》《勖堉彝两儿读书》二首：

偶笔诚堉彝璜三儿成十六韵[①]

读书志圣贤，纲常事为大。葛藟庇本根，枝叶毋相害。

由来好弟兄，和顺在少艾。少则相优悠，长而相依赖。

形影两追随，束缚如襟带。何分界与疆，何判沟与浍。

口角起龃龉，争攘同市侩。鹡鸰歌在原，此理鸟能外？

汝曹佩我言，家庭生瑞霭。不然手足乖，否剥难复泰。

匪云重友生，诩诩交倾盖。天伦有真欢，意味超尘磕。

独行嗟踽凉，埙篪不成籁。汝今成雁行，荆树花馣馤。

善始思善终，处心戒狡猾。小子学夫诗，采风羞自郐。

勖堉彝两儿读书[②]

我家无长物，惟有一囊书。勖汝兄弟者，持躬在厥初。

文章真事业，经训大菑畲。努力勤耕获，良田自不虚。

汝年虽幼稚，立志贵轩昂。勿以相嬉戏，须防误就将。

放心如野马，奋臂学秋螳。所向多辽阔，临风试目望。

这些诗歌表达了父亲对儿子的教育与期许。"少则相优悠，长而相依赖。形影两追随，束缚如襟带"教育儿子相亲相爱，"汝年虽幼稚，立志贵轩昂。勿以相嬉戏，须防误就将"告诫儿子珍惜时间勤奋读书，立下大志。这些

---

① 萨大滋：《望云精舍诗钞》，宣统庚戌莳花吟馆刻本。
② 萨大滋：《望云精舍诗钞》，宣统庚戌莳花吟馆刻本。

内容都包蕴着家族的文化传统及期望，也体现了明清回族文人对中国儒家传统思想的认同。"文章真事业，经训大菑畬。努力勤耕获，良田自不虚。"深受儒家思想影响的萨大滋把写"文章"看成"真事业"，告诫子孙要"努力勤耕获"，也体现了他对文学教育的重视。文学兴趣的培养也是文学家族传统教育的重要组成部分，可以说文学家族内由于有了长辈的喜好和创作，后辈才能有更多机会在浓郁的文学氛围中受到熏陶、锻炼，也因此才会终生喜好文学，整个家族的文学薪火才能传而不绝。

萨氏家族的另一位著名诗人萨大文也有诗歌表现自己对儿子的教育。

课荫儿

吾家素贫贱，清白世相传。汝叔忝乡举，仍是守青毡。

未敢营产业，深恐愧前贤。汝今年十五，非复勺象舞。

大学期有成，所贵能进取。修业在精勤，无忧质为鲁。

百尺竿头人，由能吃艰苦。但无逸一身，庶可垂千古。

时方处阽危，公卿非所期。既无轻世术，负乘徒见訾。

与其徒见訾，何如从事斯。因穷能力学，身价仍不赀。

锐志期向往，持躬戒自欺。欲超流辈外，岂畏庚于时。

吾言颇不谬，还期汝三思。

这是诗人在儿子萨廷荫十五岁时对儿子的一番教育，"汝祖""汝叔""汝"，句句谆谆教导。即便家里比较贫穷，也没有放弃读书之道。儿子现在已经十五岁了，激励儿子积极进取，即使迟钝一些，亦可以通过勤奋有所成就。不是居高临下的说教，而是以朋友式的提醒，摆事实讲道理，希望儿子立志成才。

此外，清代回族文学家族诗歌作品饱含着浓郁的亲情，透过这些诗歌我们能够清晰地感受到古代回族文学家族和谐、有爱的家庭生活氛围。福建晋江丁氏家族丁炜诗作中有一些悼念亡儿和亡女的，写得非常感人。如：《悼亡儿广明诗》（二首）①。

---

① 丁炜：《问山诗集》卷四，晋江景义堂藏板，咸丰甲寅重刊，第 250～251 页。

其一

抛离今日苦，抚养四年艰。杳杳生前梦，依依殁后颜。

摧心看玉折，幻想望珠还。自失占熊兆，虚期舞彩斑。

其二

经句伤痘剧，辗转势频添。慰劳言犹省，苓连苦不嫌。

青箱中夜失，白骨上方淹。呜咽柔肠断，悲风月满楼。

《哭亡女》七绝六首[①]。

其一

六载娇痴膝下娱，香奁临遣几长吁。闽山路阻胥江泊，失计空遗掌上珠。

其二

经春抱病外家依，脉脉清羸隐绪怵。身在天南心在比，香魂犹傍白云飞。

其三

归棹书来就北移，无端玉陨转堪疑。始知多慧原非福，肠断当年咏絮诗。

其四

旅殡西湖契凤缘，柳烟每月影翩翩。还疑玉籍飞琼侣，误谪人间十九年。

其五

女美生前白傅夸，清心丽质比幽花。凤凰未驾钗先折，寥落箫声隔

---

①　丁炜：《问山诗集》卷十，晋江景义堂藏板，咸丰甲寅重刊，第 460～461 页。

彩霞。

其六

小小来时伤背母，还能劝我莫沾巾。夜台母子今相见，愁绝天涯双影人。

叶井叔曾对此组诗评价曰："情至之语，不堪多读。"[1] 尤其是第五首历来为人所称颂，该诗首先点出有女清新丽质如花一般，后写其女仙居彩霞，中间用未嫁先亡来承转过渡，夸女、爱女、伤女、忆女，句句重笔，满腹情深，失女之痛不言自明。

情动于中而行于言，有了真挚的感情，再加上深厚的文化积累和良好的家教传统，文学方能成为必要，创作才会成为可能。

4. 因格通变、尚古崇质的诗学思想

清代回族文学家族的文人在积极进行文学创作实践的同时，也开始深入思考文学理论问题。所以这一时期，随着文学家族及其作品的大量出现，对诗歌创作方法、诗歌地位、诗歌流传等问题的思考也逐渐走入了文学家族成员的视野中，如孙鹏、马世俊、丁澎、丁炜等人都有有关文学批评的论述，虽然集中大部头的理论著作不多，大多是散见于他们的文章内，但总归是体现出了他们对于文学表现论、文学创作论、文学功能论、文学发展论等问题的深入探究和个人见解。可以说，他们在前人的基础上，有因有革，或通或变，积极而扎实地作出了一系列卓越的理论探索和创新。

明清两代，占据诗坛的文学风气始终是"复古"主流。梳理回族文献会发现回族文人也大多有着尚古的文学观念，或是创作实践中体现出复古的文艺思想，比如清代回族诗人孙鹏，他出身于文学世家，他的六世祖是明代著名诗人孙继鲁。孙氏家族在整个明清时代享誉昆明，所以孙鹏谙熟诗文的发展历史，对文学有着深刻的思考。他继承了前期文坛的复古文学倾向，在诗歌中还提出了"情胜、气胜"的文学思想。《答陟山见赠二首》其一：

---

① 丁炜：《问山诗集》卷十，晋江景义堂藏板，咸丰甲寅重刊，第461页。

忽从愁里荷相贻，笑口逐开向赠诗。太白每教少陵惜，伯牙真有子期知。

敢鸣瓦缶矜高调，颇得江山助惋思。为溯诗家流派远，祖唐祧宋自吾诗。

陟山是孙鹏的朋友，他在这首诗里借赞赏和评价陟山的诗歌创作表明了自己"祖唐祧宋"的文学思想，他喜欢"敢鸣瓦缶矜高调"式慷慨豪迈的作品，也喜欢"颇得江山助惋思"式婉约抒情的作品，他认为对前代诗歌的发展历程不但要厘清渊源、明察长短、把握利弊，还应当结合实际情况作出正确抉择。诗末，他还特别注明"吾诗吕新安先生诗必宗唐其教甚严"，他的这种思想在他的《答某翰林书》（民国《云南丛书》刊本《滇南文略》）①中也反映出来。孙鹏对唐诗冠以"情胜"、对宋诗冠以"气胜"的认定，同时也指出："气不如情。"李白"高在气味"，杜甫"贵在体格"。此外，孙鹏还主张作家应放开视野，观照生活，写自己真实的思想感情和丰富的精神世界，为此，他对晚明竟陵派的谭友夏、钟伯敬，明代中期"前七子"的李梦阳、"后七子"的李攀龙表示不满，认为他们"貌为唐诗，而其中亦无有物"。

浙江仁和丁氏家族的丁澎早期的诗学思想遵循儒家诗学和唐诗学的范畴，讲究诗品和人品相统一，江苏溧阳马氏家族的马世俊在他的《〈匡庵诗集〉自序》中主张诗歌作品贴近现实才能富有生命力……这些观点显然是吸收了儒家文论宗经立义、关注现实的思想。另外，置身在汉文化为核心内容的古代文论语境中，文学家族的很多作家也同样吸收了审美的理论观点进行文学批评。如马之骏在《高苏门先生集序》中用"高古玄淡之致""神韵性情"评价明代著名诗人高叔嗣的诗歌。所以说，清代回族文学家族的诗人们积极参与文学品评，秉持儒家传统和审美批评的标准，努力建构着回族古代文论的言说模式。

---

① 彭书麟、于乃昌、冯育柱主编《中国少数民族文艺理论集成》，北京大学出版社，2005，第147页。

三 清代回族文学家族文化生态探析

世界上任何事物都是在各自所处的一定的环境中产生、成长和发展的。物质世界如此，精神世界同样如此。用"文学生态环境"来概括，就是文学处在它的环境之中，不仅与外界"环境"之间进行着符号性交换，同时，也与"环境"中的各种系统，诸如政治的、意识形态的、文化的、经济的、社会的环境之间发生着关系，互相影响，互相产生作用。清代回族文学家族在继承元明回族文学文化成果的基础上，出现了繁荣局面，这不单是文学自身发展的结果，而且与清代的民族政策、经济、文化环境有着密不可分的关系。关于清代回族文学家族的文化生态问题笔者在《明清回族文学家族文化生态环境探析》① 一文中已经详细论述，本节将就清代这一时期新出现的具体情况补充几点。

（一）清代的回族民族政策

清史专家王锺翰曾对清代的民族政策总体上给予了很高的评价。但如果从局部来看，清廷对回族的民族政策并非如此。马晓军《试论清代的回族政策及其影响》一文总结："清代对回族政策经历了三阶段：宽容缓和阶段，威慑控制阶段，高压屠杀阶段。"② 不管是哪一阶段或是哪种政策，背后的根本目的都是巩固封建统治地位，都掩盖不了对回族经济、文化等领域造成的歧视和影响。

与元明王朝的创建过程不同，清朝的建立没有依靠回族的帮助，宗教方面也并未涉及伊斯兰教问题，所以并不像元代那样给予回族宗教信仰优待政策。清朝前期对回族的政策是恩威并用、隔离分化。清初，由于统治尚未稳固，国力不强，为了尽快安定民心，自顺治至乾隆四十五年（1780）对回族实施"齐其政不易其俗"的宽容政策。雍正时期又设立专门管理少数民族事务的理藩院，用怀柔政策进一步巩固统治；但是，自乾隆四十六年（1781）起，回、撒拉等族出现了系列反清事变，清朝开始采用"以回制回"的策略进行残酷镇压。

---

① 多洛肯：《明清回族文学家族文化生态环境探析》，《西北民族研究》2016 年第 4 期，第 190～194 页。

② 马晓军：《试论清代的回族政策及其影响》，《民族论坛》2014 年第 4 期，第 38 页。

　　清朝的民族政策在具体实施过程中，将回族与其他民族进行区别对待。在制度律令方面，清廷歧视回族，甚至会加重刑罚，实施不平等待遇。比如官方文书一直"民回"并称，以示区别；有的在书写时还在"回"前加上"犭"；回族人士犯罪也不像其他人一样能申请留养，流放地点决不允许在回族聚居区内；回族聚居地区的交通严格加以限制，这些措施表明当时回族人社会地位低下。在思想认识方面，从最高统治者到一般大臣对回族的歧视偏见也非常明显。苏州太平坊清真寺雍正上谕碑记安徽按察司鲁国华奏称："请令回民遵奉正朔、服制，一应礼拜等寺，尽行禁革。倘怙终不悛，将私记年月者照左道惑众律治罪；戴白帽者以违制律定拟。如地方官容隐，督抚徇庇，亦一样照律议处。"[1]

　　总体说来，清代对回族的民族政策是不平衡的，清代初期较为宽松，乾隆以后现实条件变得艰难，但即便是乾隆后期也仍然不平衡，西北地区压迫较为严重，东部沿海地区则比较宽松，这也造成了回族文化发展方面的不平衡，比如南方发达，回族文人充分融入其中，北方回族文学水平远远不及南方。而且，这种歧视、压迫回族的民族政策也直接造成了清代回族文学民族性不强的现实。一方面，长期置身于中国传统文化的氛围，回族文化不可避免地会受到感染和熏陶。另一方面，回族想要在这样的民族政策下生存和发展，被更多的人接受，也必须吸收儒家文化，形成回族文化和儒家文化的自我内转。

（二）文教环境

　　同是入主中原的少数民族政权，清政府与元统治者不同，统治者高度认同汉文化，尊孔崇儒，以正统观念继承者自居，利用汉族的儒家思想控制社会思想文化，朝廷在政权设立上几乎全部依照明制。回族若想在这样的社会文化环境中更好地生存和发展，就得努力提高汉文化水平，积极融入主流文化当中。这不仅仅是个体发展的需要，也是回族与其他兄弟民族和睦相处的需要，更是整个民族发展的需要。有清一代，回族有识之士通过进入社学、义学、回族汉文私塾、汉族私塾学馆或官学中求学，积极学习汉文化，走科举应试之路。这其中，对大多数回族子弟来说，最普遍的形式还是进入回族

---

① 余振贵主编《中国伊斯兰教历史文选》（上），宗教文化出版社，2009，第382页。

私塾学校学习汉文化，而且这种学校在回族聚居的地区数量较多。回族文学家族的成员努力学习汉文化的同时，还积极参加科举考试，求取功名。顾玉军根据《明清回族进士考略》统计出："清代有进士 26848 名，回族进士 107 人，约占 0.4%，比明代增多了。咸丰三年（公元 1853 年）榜，有萨维翰、杨赞励、薛春黎、薛时雨及马恩溥 5 人中进士，约占该科 222 名的 2.3%，比例可谓高矣。清代有 268 年，回族进士 244 名（包括 137 名武进士），平均 1.1 年就出一名回族进士，是明代的 2.9 倍。严格地说，这个对比不大准确，因为明代回族进士人数显然缺少很多。"[1]

身处与汉民族一样的教育环境，回族文学家族的成员也走上了读书入仕、参加科举来兴家报国的道路，这个过程中许多回族文学家族成员是主动融入主流文化之中的，形成了"汉化""儒化"的趋势。其实，这种势头早在明代就已经出现，从刘智的《天方典礼》中最能得到体现。在《天方典礼》中，刘智把中国儒家伦理的核心"三纲五常"与伊斯兰教的道德规范结合起来，构成了独特、完备的人伦关系体系。到了清代这种融合程度更深，以至于在清代的文教环境之中，回族文学家族对于儒家文化均持肯定态度，并积极融入其中。

（三）崇文尚儒、诗书传家的家学传统

"忠孝传家远，诗书继世长。"一个世代昌隆的门第，必有其赖以维系的家学传统。清代回族文学家族都非常注重家族的文化教育，这主要包括文化素养和道德品质两个方面。这种有意识的文化教育，正是清代回族文学家族得以产生和发展的温床。崇文尚儒、诗书传家是许多回族文学家族家学的重要内容。江苏溧阳马氏家族是绵延明清两代的重要文化家族，出过许多文化名人，这与良好的家风不无关系。

回族文学家族不仅对男性成员进行严格教育，对女性成员的文化教育也非常重视。女性也是家族的重要一分子，女性成员的文化素养对后辈的影响也不容忽视，梳理清代的回族文学家族我们会发现一些对女性后辈进行文化教育的记载，可以说清代的回族文学家族已经初步产生了男女平等的观念。萨玉衡有一首《杏女爱诵昌黎东坡诗句暇辄请为讲解作此示之》诗，诗歌写到女儿勤奋好学，有男儿气概，虽然诗句之中有惋惜女儿不是男儿之身，但行诗到最后，诗人的心态渐渐平和，"何妨汝罄丝"，觉得女儿也不错。这个心理变化细腻而真实，也表现出萨玉衡的女性观。又如萨龙田《得家书知小妾举一女》一诗，诗人将生女比作添儿，在女子不受重视的古代，这种男女平等思想弥足珍贵。不仅如此，他还希望女儿能够像谢道韫一样，成为一位有才华的奇女子。萨大滋有一首《戒溺女歌》劝诫人们不要溺杀女婴，在封建时代，男尊女卑、重男轻女，女性甚至没有生存的权利，一出生便遭到扼杀。这首诗就是针对这种恶习，对世人发出劝诫。诗歌不是直接简单地斥责声讨，而是动之以情、晓之以理，具有感化人心的力量。首先举出古代两名优秀的女子花木兰替父从军、缇萦上书救父的例子，用事实说话，巾帼不让须眉，生男生女一样好。男子有男子的好，女子亦有女子的妙，摆事实讲道理，让人信服。最后发出感叹"虎狼不噬子，鹰鹯不灭雏"，有劝诫之意。结尾朴素无华，强调主旨"欲求福，戒溺女"。诗人关注的不单单是家族女性，而是整个社会的女性，在那个时代有男女平等思想，的确难能可贵，思想中闪耀着人性光辉。

清代回族文学家族除了注重文化素养教育，还很注重道德品质方面的引导：乐善好施、泽被乡里、仁爱孝悌、忠信尚义、孝敬父母、兄友弟恭，这些中华民族的传统美德，在许多回族文学家族的家庭教育中都被摆上重要的位置，这从他们的家训《马氏名贤类辑》中就可见一斑。

不仅马氏家族，其他回族文学家族亦是如此，比如云南昆明孙氏家族的著名人物孙继鲁，他为官清正，刚直不阿，百姓称之为"孙青天"。因代杨守谦巡抚山西正遇边境发生战事，在处理意见上与总督御史翁万达不合，得罪一些权臣，死于狱中。他的孙子孙光毅（字怀坞），鉴于祖父蒙冤而死，放弃举业，研究中医，崇祯中，授太医院院判。解职还乡后，专心为人治病，从不计较报酬，亲邻有什么困难，他都竭力帮助解决，始终不倦。

正是崇文尚儒、诗书传家的家风传统使得回族子弟能在科场上崭露头角，能在百家争鸣的文坛抒写出别具特色的一笔；正是以德为先、品性第一的家庭教育使得回族文学家族能发展为高门望族，载籍史册。

总之，清代回族文学家族在上述文化生态环境中生存、发展，取得了不凡的文学成就。清代回族文学家族成员尊孔崇儒，继承以儒为业的文化传

统，科举入仕，交游广泛又结社雅集，长于文学创作，诗歌题材包罗万象，
创作丰富、风格多样，各体兼备且惯用典故。不仅如此，他们的作品较少受
统治阶级的束缚，敢于贴近生活和人民，表现广大民众的心声；同时抒写真
性情，写自己的真实感受，以引起人们心灵的共鸣。且能够反映真实生活，
富有真情实感，深受广大人民群众喜爱的作品才会具有经久不衰的生命力，
才能经得起历史的沉淀。在文化文学方面，更是受儒家文化影响深远，从他
们创作的作品题材内容上，已看不出明显异于汉族诗文的个性特色。他们与
当地文坛艺苑密切联系，与汉族文学保持呼应，随潮逐流，形成并驾齐驱之
势，与汉族作家创作的作品交相辉映，是我们多民族文化研究的重要一笔。

第 三 章
清代白族文学家族综述

　　民族文化因世代传承而得以源远流长，民族精神因承前启后而得以发扬光大。白族，在云南这块古老的土地上饱啜先进的中原文化，扎根、发展、壮大，而得以创造出流光溢彩且又饱含自身特色的民族文化。苍山洱海的灵山秀水、南诏大理的古老文化、云贵高原的秀泽绵延，激发了一代代白族知识分子的创作灵感，成就了他们的鸿篇巨制，而他们的生花妙笔，又灵动地刻画了苍洱大地的山清水秀和古老文化的绵长脉络，丰富了白族文化的历史底蕴和深刻内涵，成为白族文明史的重要组成部分。

　　而文学家族的出现，无疑加快了白族文学涓涓细流的小溪汇成汪洋大海的步伐。近百年来，文化世家的研究，已成为文学界和史学界共同关注的热点，成果蔚为大观。但关于白族文学家族的研究成果并不多，仅有《明朝洱源"何氏作家群"作家亲属关系及生平》（周锦国，《大理学院学报》2009 年第 5 期），《吟咏苍洱大地的清代白族诗人之家》（周锦国，《民族文学研究》2012 年第 1 期）和《清代白族赵氏作家群作品评注》（周锦国，云南大学出版社，2007）分别对明朝白族"何氏作家群"成员亲属错误关系进行纠正和对生平事迹不明之处进行考订；对清代苍洱地区的白族赵氏诗人之家的家庭组成、诗人简历、文学成就以及该家族形成的社会、家庭背景进行探讨；对清代苍洱地区的白族赵氏诗人之家的作家成员及诗作进行分析评注，对白族浪穹"何氏作家群"和太和"赵氏作家群"进行家庭、个人、作品的个案研究。《古代云南少数民族的家族文学》（陈友康，《民族文学研究》2004 年第 3 期）也只是简单提到了元代"段氏家族"，明代"浪穹何氏"和清代"太和赵氏"，《明清时期大理白族诗人汉语写作的修辞探究》（周锦国，《毕节学院学报》2009 年第 9 期）中提到了对云南地区文学产生较大影响的"六个作家群"，但并未对这六个作家群进行进一步的分析，所以，迄今为止，尚无从整体的视角观照白族八个文学家族的整体性研究著作。因此，笔者认为，对清代白族文学家族有进一步全面考察和细致梳理的必要，以对白族文学家族整体作出一个相对全面、公允的整体性观照。

一 清代白族文学家族概况及其文学活动

钱穆曾说，"家庭"之于中国文化是"一个最主要的柱石"①，又说"欲研究中国社会与中国文化，必当注意研究中国家庭"②。而家庭是以夫妻关系与亲子女关系构成的最小的社会生活共同体。不断维持着最直接的人类社会的延续性，最终形成家族体系。所以文学家族是中国传统家庭文化长期发展的产物。家族的构成关系错综复杂，除了维系好内部的成员关系之外，能协调好与外部社会的衔接，才是家族在社会上的立身之本。因此，对文学家族的研究不仅要着眼于父子相从、兄弟相继、同宗共祖的血缘关系，还要放眼于文学家族所处的社会人文大背景。对文学作品的解读更不能囿于一角，应依据作者的一生经历知人论世，并将其放置于特定的历史背景下细梳慢拢。

云南大理地区钟灵毓秀、人杰地灵，清代白族出现了剑川赵氏家族、太和杨氏家族、赵州龚氏家族、太和赵氏家族、赵州师氏家族、赵州赵氏家族、剑川张氏家族、鹤庆李氏家族等 8 个对云南文学的发展有较大影响力的文学家族，共计 38 人。要做到知人论世，必先梳理其家族成员间的昭穆伦次、生平际遇。地方性诗文总集的编纂具有一定的规模和系统性，是研究大理白族文学家族文学成就及其作品最直观、最有价值的工具。据（康熙）《大理府志》、（康熙）《剑川州志》、（康熙）《鹤庆府志》、（道光）《赵州志》、（咸丰）《邓川州志》、（民国）《弥渡县志稿》、（民国）《大理县志稿》、（民国）《新纂云南通志》、《滇诗拾遗补》、《滇

---

① 钱穆：《中国文化史导论》，商务印书馆，1994，第 51 页。
② 钱穆：《中国学术思想史论丛》，安徽教育出版社，2004，第 186 页。

南诗略》、《滇南文略》、《滇诗嗣音集》、《丽郡诗征》、《丽郡文征》、《滇词丛录》、《滇诗丛录》、《滇系》① 等现存史志资料及诗人现存文学作品，对清代白族八个文学家族的概况、文学活动及其作品集散存情况整理如下（见表 3 - 1），其中，后人所辑作品集亦包括在诗人现存作品集中。

剑川赵氏世代为书香之家，文泽绵延，在诗文创作上自有传承。从明代起，剑川赵氏就因为赵必登、赵完璧、赵炳龙、赵尔秀等人的文学成就而一时无两。赵怀元、赵联元等继承赵炳龙、赵完璧、赵必登等前人之学，又启发了赵慧元、赵藩等后进。家族之书香，贯穿蔓延、奕叶流芬。师范谓赵怀元："茹古得髓，其诗自成馨逸。"② 赵联元自小聪敏正直、过目不忘，经义通习，所辑《丽郡文征》为滇南诗人作品的保留作出了重大贡献。赵惠元同样自小聪慧，可惜天妒其才，早殁。王灿在《滇八家诗选》中称赵藩："与诗极深研几，意兴所志，伸纸吮毫，立即成咏，自同治甲子起讫民国丁卯止，有诗七十余卷，不下万数千首，视放翁尤过之。"近代滇中诗家，唯赵藩存稿最富。其异母弟赵荃同样文采斐然，和赵藩有不少唱和诗作。

---

① （清）黄元治纂（康熙）《大理府志》，该志共三十卷并首一卷，康熙三十三年（1694）刊印，民国二十九年（1940）大理严镇圭出资铅印本影印；（清）王世贵、何基盛、张伦等纂（康熙）《剑川州志》，康熙五十三年（1714）刊印，国家图书馆、云南省图书馆藏；（清）佟镇修（康熙）《鹤庆府志》，康熙五十三年刻本，计四册，故宫博物院图书馆藏，云南省图书馆有其传抄本；（清）陈钊堂修、（清）李其馨等纂（道光）《赵州志》，清道光十九年（1839）刊刻，现据抄本影印；（清）钮方图修、（清）侯允钦纂（咸丰）《邓川州志》，据清咸丰三年（1853）杨炳锃刻本影印；宋文熙等纂（民国）《弥渡县志稿》，于民国十二年（1923）创修，1979 年刻板油印；张培爵等修，周宗麟等纂，周宗洛校订（民国）《大理县志稿》，据民国六年（1917）铅印本影印；周钟岳纂，张秀芬等点校（民国）《新纂云南通志》，民国三十三年（1944）修，三十八年（1949）铅印本，云南人民出版社出版；（清）李坤辑《滇诗拾遗补》，云南丛书初编收入，云南省图书馆有稿本；（清）袁文典、袁文揆辑《滇南诗略》，光绪二十六年刻行，云南丛书初编收入，云南省图书馆藏；（清）袁文揆、张登瀛辑《滇南文略》，四十七卷，云南丛书初编收入，云南省图书馆藏；（清）黄琮辑《滇诗嗣音集》，咸丰元年（1815）刻行，云南丛书初编收入，云南省图书馆有原刊本；（清）赵联元《丽郡诗征》，十二卷，云南丛书初编收入，云南省图书馆藏；（清）赵联元《丽郡文征》，八卷，云南丛书初编收入，云南省图书馆藏；（清）赵藩主编《滇词丛录》，云南丛书初编收入，云南省图书馆；袁嘉谷主编《滇诗丛录》，一百卷，辑刻云南丛书处，云南省图书馆藏；（清）师范《滇系》，嘉庆十一年成书，云南丛书初编收入，云南省图书馆藏。
② 周钟岳纂，张秀芬等点校（民国）《新纂云南通志·卷七十七》，云南人民出版社，2007。

表3-1　清代白族文学家族概况、文学活动及作品集散存情况

家族	姓名	生卒年、家族谱系、表字、别号	生平	著述	现存情况
1. 剑川 赵氏	1. 赵怀礼	字允让，又字北垞，潘曾祖	乾嘉同诸生。从师于师范	著有《北垞吟草》	《丽郡诗征》录其诗《述怀四首》、《满贤林》、《示长子容》、《集寮归示子弟》、《读书四首》、《双湖曲》、《绕海歌》、《金屑引》、《鹤山营生圹口占》、《朝山曲》（四首）、《衣食》、《楸园》共二十一首
	2. 赵联元（一作连元）	字上达，又字春圃，号拙庵，炳龙裔孙，潘父	少正直聪敏，读书过目不忘，通习经义，后补博士弟子员	著有《拙收庵读书脞记》六卷，辑《丽郡诗征》十二卷，《丽郡文征》一卷，《金华书院藏书目录》四卷	《拙收庵读书脞记》稿本六卷，六册，云南省图书馆藏。《拙修庵读书脞记》十卷，红格写本，云南丛书馆藏。辑订三十三册，《云南丛书》待刻本。《剑川金华书院藏书目录》清钞本，一册，云南省图书馆藏。《鉴辨小言》一卷、《丽郡诗征》十二卷、《丽郡文征》四卷、《云南丛书》本收入
	3. 赵惠元	字春亭，联元弟	清诸生。少有诗才，未冠而殁，人惜之	著有《蕙溪词》辑《杨文芜公写楼遗像题词汇抄》一卷。	《蕙溪词》一书末刻，《杨文芜公写楼遗像题词录》一卷，《云南丛书》二编未收入。《滇词丛录》录其词《雨水同欢·雨窗卧病》《更漏子·即事》《南乡子·夜寒》共三首。
	4. 赵藩	1851—1927年，字樾村，又字介庵，号蝯仙（一作猿仙），自号石禅老人，联元子	资质聪慧，过目不忘。有"神童"之誉。清光绪元年（1875）举人，官至四川川南道按察使。1911年，参加辛亥革命，出任"迤西自治总机关部"总理，旋辞职。	著有《向湖村舍诗初集》十二卷，《向湖村舍诗二集》七卷，《小鸥波馆词钞》六卷，《杨升庵高晓精舍记》二卷，《桐华馆精舍集》二卷，《剑川赵氏宗文革》一卷，《滇海莲因录》一卷，《向湖村舍诗并和》《专研高脞脞记》一卷，《莲洲法师立螺峰莲社碑记》	著有《向湖村舍诗初集》十二卷，光绪十四年刻本，上海图书馆、南京图书馆、广东省图书馆、四川省图书馆、云南省图书馆、湖南省图书馆、南开大学图书馆、复旦大学图书馆、华东师范大学图书馆、广州社会科学院图书馆、诸暨市图书馆、南京师范大学图书馆、南京刻本，《云南丛书》二编本藏。《向湖村舍诗二集》七卷，民国刻本、《云南丛书》二编本藏《向湖村舍诗并和》上、下卷、宣统元年刻本，云南省剑川县图书馆藏。《桐华馆梦缘集》二卷。

家族	姓名	生卒年、家族谱系、表字、别号	生平	著述	现存情况
1. 剑川赵氏	4. 赵藩	1851—1927年，字樾村，又字介庵，号蝯仙（一作猨仙），自号石禅老人，联元子	1913年被选为众议员。1920年任省图书馆馆长，致力于云南文献资料整理工作	《李洁青君暨姜蔚人合葬墓志铭》、《赵书（方农幕墓表、张滇洲家传）合册》、《丽江杨小泉生墓表》、《保山王府君墓志铭》、《石禅老人敬枕书诗八章》、《石禅老人游鸡足山诗》、《蒙目碑传记》、《癸亥寿苏集》、《甲子寿诗》、《寿苏唱和诗稿》、《寿苏集》、《西林峰制府西林峰公助德介福图序目》、《岑襄勤公年谱》十卷、《昆明周氏殉难诗》一卷、《云南咸丰事》辑《介庵函稿题词》一卷、《滇园丛录》等。辑《介庵函稿题词》一卷、《介盦楹句辑钞》一卷、《介庵楹句辑钞续编》一卷、《介庵楹句正续合钞》一卷、《合泽四秩荣庆录》一卷、《剑川封光禄大夫赵曲庵先生寿言汇录》一卷、《南云丛书总目》、《清六家诗钞》六卷、《云南丛书》四卷、《剑川县志》、《鹤巢题襟集合钞》十二卷、《呈贡文氏小录》、《研文篇》、《剑川诗钞》、《保山三表》三卷、《剑川罗杨二子遗诗钞》十二卷、《楹联集》等	民国同刻本。云南省图书馆藏。《小鸡波稠词钞》六卷附《筒笛楼稠曲》、民国三十二年石印本。云南省图书馆藏。《杨升庵高晓精舍记》一册、云南省图书馆藏。《剑川赵向宗文草图》专研斋胜联录》一册、云南省图书馆藏。《云南湖山合一集待刊稿》十九卷，红格写本三十三册、云南省图书馆藏。《滇海连因录》莲洲法师立螺峰连社碑丛书》待刻本。《李洁青君暨姜孺人合葬墓志铭》、民国初年拓本、云南省图书馆藏。《赵书（方农幕墓表、张滇洲家传）合册》、拓本、云南省图书馆藏。《丽江杨小泉先生墓表》、民国五年石印本、民国十五年石印本、图书馆藏。《保山王府君墓志铭》、《石禅老人敬枕书诗八章》、云南省图书馆藏。《石禅老人游鸡足山诗》、均为影印本、云南省图书馆藏。《蒙目碑传记》一卷、清钞本、一册、云南省图书馆藏。《癸亥寿苏集》一卷、《甲子寿诗》一卷、清钞本、云南省图书馆藏。《寿苏唱和诗稿》一卷、《寿苏集》一卷、各一册、清钞本、云南省图书馆藏。《西林峰制府西林峰公助德介福图序目》、拓本、一册、云南省图书馆藏。《岑襄勤公年谱》十卷、清光绪十八年钞本二册、云南省图书馆藏。《昆明周氏殉难诗》不分卷、清钞本三年辑写本、云南省图书馆藏。《岑襄勤公滇贤传》稿本、云南省图书馆藏。《介庵函稿》不分卷、清光绪三十三年题跋录、民国十一年刻本、《云南丛书》二编本收入。《滇词丛录》刻本三卷。

续表

家族	姓名	生卒年、家族谱系、表字、别号	生平	著述	现存情况
1.剑川赵氏	4.赵藩	1851—1927年，字樾村，又字介庵，号遐仙（一作瑕仙），自号石禅老人，联元子		在书画篆刻方面有《介庵墨迹册子》、《赵文懿公遗墨》、《瓜江书画册题跋汇本》、《赵藩志五种》（残本）、《同人翰札》一卷、《抱膝堪印存》十七卷、《金石书画题题跋》、《书札》等	《云南丛书》本收入。《介盦楹句辑钞》一卷，清光绪二十九年排印本，陈迪光、周钟岳同辑，一册，云南省图书馆藏。《介庵楹句辑钞续编》稿本一卷，赵士镕、周钟岳同辑，一册，云南省图书馆正续合钞》二册，民国十四年排印本，一册，陈迪光、周钟岳同辑，云南省图书馆藏。《合泽四秩荣庆录》一卷，民国十二年石印本，一册，云南省图书馆藏。《云南省图书汇编》二卷，清钞本，民国光禄大夫赵拙庵先生寿言汇编》二卷，云南省图书馆藏。《云南丛书总目》，民国三年刻本，一册，《云南丛书》本收入。《鸡足山志补》四刻本，民国二年钞本，李根源同辑，云南省图书馆藏。《清六家诗钞》稿本六卷，二册，云南省图书馆藏。《鸡助篇》，拓本一册，云南省图书馆藏。《呈贡文氏三遗集合钞》十二卷，《保山二衰遗诗》一卷，剑川罗杨二子遗诗合钞》二卷，《云南丛书》本收入。《赵文懿公遗墨》，拓本一册，云南省图书馆藏。《赵文懿公遗墨》，民国二十四年手稿本，一册，云南省图书馆藏。《腾冲李氏汉碑志五种》，赵藩、章世钊、陈荣昌等书，云南省图书馆藏。《瓜江书画册题跋汇存》（残本），赵藩等手书，李文汉藏本，民国间钤印本，云南省图书馆藏。《抱膝堪印存》一卷，民国间钤印本，一册，赵宗瀚补辑，云南省图书馆藏。《同人翰札》（民国）大理县志稿》录其中《密娴》一首，手写稿本十七卷，十七册，云南省图书馆藏。《滇诗丛录》卷七十六录其诗一百零五首

续表

家族	姓名	生卒年、家族谱系、表字、别号	生平	著述	现存情况
1. 剑川 赵氏	5. 赵垄	1866—1921年，字揆叔，又字湘果，潘异母弟	好诗古文辞，工吟咏，与兄潘唱和极多，光绪二十三年(1897)举人	撰有《移华书屋诗存》四卷、《移华书屋文存》四卷。编纂《酉阳酬唱集》一卷、《明清之际滇高僧居士传》一卷	《酉阳酬唱集》一卷，清钞本，一册，云南省图书馆藏。《移华书屋诗存》四卷，民国十年排印本，一册，袁嘉穀校跋，云南省图书馆藏。《滇诗丛录》卷八十七录其诗六十八首
2. 大和 杨氏	1. 杨晖吉	字有孚，号无庵子	康熙岁贡生	(康熙)《大理府志·艺文部》卷三十一著录其《旦诗》一卷，仅存目。	《滇南诗略》卷十六录其诗《秋杯二首》《田家二首》《怪石门先生搜滇中诗有感》《新罗望岛杯万宜也客昆明》《田家四首》《雪湖偶集》《担当向子索大来书画基段赋以奇阅》《山庄》《同万路也秋前三日泛舟》《常水洱游不遇》《山林听雨》《春林四首》《与无为禅盟》《鸡足山》《五日斋中》《残冬》《楚雄道中答何尹诸君子》《春兴二首》《汤山秋兴二首》《华首门》《九日》《秋江曲》《醉》三十三首。《滇南文略》卷四十五录其文《迁葬论》《折狱辩》《蛊鱼辩》三篇。《滇诗丛录》卷十九录其诗《访碧波道兄不遇》《楚雄道中答何尹诸君子》《罗峰寺》《山窗偶晴》《口号》五首。(康熙)《大理府志·艺文下》卷二十九其诗《雪影》湖偶集》《写韵楼用升庵大史韵》《舟次海珠阁》三首。(民国)《大理县志稿》卷三十录其诗《雪莲》一首，卷二十七录其文《迁葬论》一篇
	2. 杨师亿	字士介，晖吉侄，履宽祖父	诸生。性温顺笃孝，躬耕养亲。闲暇时手不释卷，博览群书，孜孜不倦，恰然自得	著有《雪莲诗草》	《滇南诗略》卷二十八录其诗《生日》《送广文何夫子调元江》《兔苏伸尔》《王林兄招饮赏菊兼志谢》《张吴念修临兰堂赠言》《秋海棠》《游高兴绍朴宇》

续表

家族	姓名	生卒年、家族谱系、表字、别号	生平	著述	现存情况
	2. 杨师亿	字士介，晖庆后，履宽祖父			《鸡岩山上有梅一株五月始花子过其下舟人屡为子言未之信也壬寅六月至忘塞赋传白言之蓝蓝因志其异以订后岁》《慰病》《咏不谢梅二首》《和鸡鸣寺壁同韵》一首。（咸丰）《邓川州志》卷十五录其诗 （民国）《大理县志稿·艺文部六·集部三十一录其诗《雪涯诗草》一首，仅存目。
2. 太和杨氏	3. 杨文翥	字白也，履宽父	乾隆癸酉（1753）举人。性孝友，以资德著。文思敏捷，诱掖后辈，出其门登贤书捷南官者指不胜屈	著有《朴园文集》《诗草》三十余首诗行世	（民国）《大理县志稿》卷三十录其诗《汤山龙女花》一首
	4. 杨履宽	字裕和，号栗亭，文高子	天资聪慧，博闻强记，著作等身。乾隆甲午（1774）举于乡。乾隆甲午，年四十余，抱疾不起	著有《四余堂诗稿》《四书五经涂说》及诗文若干卷	《滇南诗略》卷三十九录其诗《赋得不啄姹婷婷》《采莲曲》《采菱曲》《梦王用霖蒲而却寄》《癸巳春同李更之僧守溪游锡达场乘月登保和山顶》《赵彦明邀看梅花病不兑走却寄》《丰城剑气行赠熊辛春》《星回节访怀古》《残荷》《晚翠寻悉达太子棋石》《驻跸合》《访僧不值》《甲午昆明秋日送许丹山旋里》《抄秋六日解中见月忆三塔钟声》《经连然怀故明大学士文襄公四首》《雁字》《梅信》《洛叶》《秋塞》《春阴》《晓发登楼》《沙阳怀古八首》其诗《古诗八首》《晚翠过石乳山》《应人慈著》三十一首，卷四十二录其诗《星回节再吊邓姝夫鹤州张太守跨边阳瓜阆卷四首》《塔桥道中》、《冒雨游圆通山》、《看云》、《偶感》《读〈苏秦列传〉有感》《妇负石歌》《鹿城行》、

续表

家族	姓名	生卒年、家族谱系、表字、别号	生平	著述	现存情况
2. 太和杨氏	4. 杨履宽	字裕和，号栗亭，文离子			《大仓铺妇》、《三盆潴》、《毒泉行》、《吕合杯古》、《望小秀嵩吊明初吴尚书云》、《交水杯云》、《饮池梅》、《覆亭竹》、《春日游汤山》、《桂楼先生遗像》、《瓦房哨驻与》、《夜行山中》、《武侯祠》、《别赵彦明》、《初晴订王圣峰晚步》、《春嶂感翠赋》、《病中送汤直夫先块趣梅溪见蕉人祖上花有感率》、《关隘汤直夫》、《归思》、《过佛寺》、《海潮寺》、《关岭会盟处》、《出滇》、《二酉山杯古》、《沙河怀古》（四首）、《省先大夫墓述哀》、《驻跸台杯古》、《灵官桥小驻忆李殿飏》、《月夜访止菴先生祠墓》、《孟获庙》、《七夕漫兴用杜渔韵》五十三首。 《滇南文略》卷十一录其文《马援不与云台论》《慕容恪论》二篇；卷十二录其文《辞中溪书院后》二篇；卷三十五录其文《王宝尹先生传》一篇；卷四十五录其文《采蘩诗考》《草堂集序》《沈节生》《草堂集序》《沈鹤亭生》六篇。 （民国）《大理县志稿·艺文部六》《卷三十一录其四》《子园记》《纪梦箭第二汤第二汤生》《张鹤亭传》六篇。（民国）《大理县志稿·艺文部五》卷三十录其诗《塔桥道中》《妇负石歌》《春日游汤山》三首。（民国）《大理县志稿·艺文部二》《草堂集序》。 （咸丰）《邓川州志稿》录其诗《星回节吊慈菴夫人二首》。 （民国）《弥渡县志稿》录其诗《咏南诏野史》一首。

续表

家族	姓名	生卒年、家族谱系、表字、别号	生平	著述	现存情况
	5. 杨履义	字子迁，履宽从弟	乾隆同诸生	著有《浣俗山房诗草》	《滇南诗略》卷三十九录其诗《客怀》《梅影》《题画烟柳图》三首
2. 大和杨氏	6. 刘文炳	字暗斋，履宽外祖父	康熙五十九年(1720)举人，官宁州学正。恬淡好古，博雅冲夷，八十五岁仍能写得一手蝇头小字，家中多手镌头所藏旧书	著有《藜矼堂草》	《滇南诗略》卷三十三录其诗《咏怀四首》《暮人汤山视仲弟》《有以杜集易粟不得者赋以志慨》《夏日村居二首》《游紫溪山二首》《石涧早发》《杜友李子智书被焚拓此集慰之》《饮韵奉和内翁拙巷万公友堂道怀四首》《公镌桂楼传子杨先生故里》《邓川西湖》《水月阁》《游小杂足二首》《山窗即事》《题汤山新建普同塔二首》《青华洞》《洱河秋泛》《汤山龙女花寺》《汤阴岳庙》《出都》《游观音箐》《宿覃柘寺》《寓斋闻钟》《题昆明郭李子传》《冬夜闷多》《和太白感秋诗》《题王浦苍所画山水》《读李太白集》《读杜工部集》《隐园》《浩然阁》四十首。《滇诗丛录》卷十八录其诗《雏马即景》《云龙道中》两首。(民国)《大理县志稿》卷三十录其《口杨桂楼先生传于其故里》一首
3. 赵州龚氏	1. 龚仁	义兄	清朝康熙年同岁贡生。志称："闭户读书，不见闻述，罕见其面，人人称：闭户先生。"		(道光)《赵州志》存其诗《彩云桥》一首
	2. 龚义	字宜仲，勃祖父	诸生，因其孙龚渤而显贵，封如其官	著有《尚古堂诗钞》	《滇南诗略》卷十六录其诗《山中杂诗》一首

续表

家族	姓名	生卒年、家族谱系表字、别号	生平	著述	现存情况
	3. 龚渤	1712—1759年，字遂可，号学耕，又号圆仙	天资聪颖，行文敏捷。雍正十年（1732）举人，乾隆元年（1736）进士，历官翰林院检讨，侍读，补授詹事府左右春坊，左右庶子掌坊事，继授侍讲学士，日讲起居注官，充《八旗姓氏通谱》纂修官，稽查六科史书文物殿试受卷弥封官。年四十八卒	诗文集：《衣云楼诗文集》《使蜀吟》《使黔纪程》《塞上吟》《梅花百咏》《游燕草》《留粤草》《四书扼要》等	《梅花百咏》二卷，光绪十六年（1890）张锐手钞本，云南省图书馆藏。《滇南诗略》卷三十一录其诗《金川平定奏凯恭纪》《雁门关》《冬夜独坐漫兴》《听寒》《过井陉》《疏圃》《落叶》《柳絮》《官渡》《秋柳词》《采荷曲》十一首。《滇诗丛录》卷二十录其诗《吊赵忠悫公》《梅花次韵》八首。《老梅》《红梅》《索梅》四首《梅花次韵》《天生桥》（道光）《赵州志》卷六录其诗《天生桥》一首
3. 赵州龚氏	4. 龚锡瑞	1733—1781年，字信臣，号簪崖，渤子	乾隆三十年（1765）拔贡。偃蹇能文，旁迄诗工。袁简斋，远讥其诗高古超逸，史评其诗天才超风，有太白遗风	著有《簪崖诗集》	《滇南诗略》卷四十一录其诗《有所思》《襪下驹》《放歌行》《麦不收秋重播行》《直力铺》《海洋摘盗诗为少鹏作》《梦游庐山歌》《峡山飞来寺》《始兴上崚江水仅三寸舟行甚苦若遇闸作》《十八滩》《酬谷大心》《下伏波滩》《偶步》《晓发录丹》《抵南宁》《晚过胜因寺》《商山寺小饮同砚北多韵》《初冬漫兴》用孙朴山先生字韵二首》《题桃源家遵扬公书》《昆明莲师荔屏归自京东》《七夕》《少鹏岜不垒岱诗若干首赠见杯长篇以余甫经望全岳也和酬二首》《荆州》《偶望》《拟古从军行二首》《古别离》《舟发德庆》《广州竹枝词》《发许丹山书》一篇《滇南文略》卷十二录其文《与许山书》一篇。《滇诗丛录》卷二十九录其诗《呈回节》《星回节》《龙尾关》《清流节妇》《张鹤亭招饮飞来寺》四首（道光）《赵州志》卷六录其诗《飞来寺》四首

续表

家族	姓名	生卒年、家族谱系、表字、别号	生平	著述	现存情况
	5. 苏竹窗	锡瑞妻	乾隆年间女诗人，白族历史上高氏之后的第一个女贡生。她的诗韵气沉雄，无闺阁纤弱之气		《滇南诗略》卷四十六录其诗《接外昆明书作》《听砧》《新月》《闻雁》《村居》《和外苜力铺秋柳弟升庵先生》《冬夕》《柳》《落花》《雪夜》《偶成》《登楼望西崖定西岭诸山》十四首
3.赵州龚氏	6. 龚苋	号廷枝	雍正十年（1732）解元，举国子监助教，诗词皆工	《留燕草》《游粤草奎集》	（道光）《赵州志》卷六存诗《登龙华寺》一首
	7. 龚敏	字乃修	乾隆六年（1741）举人。官昆阳州学正。性极孝。著书立说，教授乡里，撰修府志，人皆敬之，为著节孝录。志评："著书，教授，修州志该有所为。"		《康熙》《大理府志》卷二十九录其诗《迷渡天生桥》歌、《万人冢歌》《天生桥》三首。（道光）《赵州志》卷六录其诗《弥渡天生桥歌》两首
	8. 龚瑞鼎	字方汝，锡瑞侄	乾隆十三年（1748）进士。官南和知县。进士："学粹品优，勤于吏治，士民赖之。"		《大理古今诗人要事录》现存其诗《解官归重登学士六叔父依云楼》一首
4.大和赵氏	1. 赵允晟	号香岩，廷玉祖父	康熙间贡生	著有《香岩诗集》	《滇诗嗣音集》卷一录其诗《水月关》一首

续表

家族	姓名	生卒年、家族谱系、表字、别号	生平	著述	现存情况
	2. 赵廷玉	1749—1831年，字梁贡	恩贡生。少有诗才，15岁得童子试应试第一，乾隆同北上应试，因病愆期，遂绝意进取，游历天下，广资师友。归而读书，老不释卷，年八十二卒。	著有《求斋文集》《晴虹诗存》《紫发老人诗草》等，均失传，现有《紫发诗集》一册。	《紫发诗集》不分卷，一册，清道光二十五年刻，袁嘉谷跋并批，云南省图书馆藏。《滇诗嗣音集》卷十六录其诗《新春小饮用鬷儿韵》《汉江寄内》二首。《滇诗丛录》卷二十六录其诗《望夫云》《聚仙楼》、《妇负石》(两首)《国母祠》《苍洱竹枝词》(六首)十一首。(民国)《大理县志稿·艺文部》录其诗《望夫云》、《聚仙楼》、《国母祠》、《苍洱竹枝词》(十七首)
4.大和赵氏	3. 周馥	1750—1816年，字雁沙，廷玉妻	大和县学教师周孔潜的长女，诗词绘画，占卜医药，无所不通	诗文集:《绣余吟草》	《绣余吟草》一卷，清钞本;《绣余吟草》清道光三年刻本，均藏于云南省图书馆。《滇诗嗣音集》卷二十录其诗《二示鬷儿》《训孙仁麟》《书司马相如传后》《紫发夫子就馆中旬话别》四首。(民国)《大理县志稿》卷三十录其诗《雨铜观音殿示同游诸娣侄》一首
	4. 赵廷枢	1751—约1784年，字子密，廷玉弟	乾隆四十三年(1777)拔贡，官安仁知县。乾隆三十七(1772)至乾隆三十一年(1776)间，在昆明五华书院求学，生平博学多才，为人鬷直，行不由径，家居课徒不多所成就	著有《云轩诗文集》、《四书讲解》《所园诗集》四卷，书分《梅堂草》《蝶梦窗草》《倦圃吟草》《复出山游草》四部分，诗自乾隆三十七年至五十六年，共五百零五首	《所园诗集》四卷，清钞本;《所园诗集》清道光七年刻本，均藏于云南省图书馆;《滇文丛录》卷三十录其文《所园诗集自序》一篇。《滇诗丛录》卷二十七录其诗一百零八首。(民国)《大理县志稿》录其诗《登苍山中和峰》《月夜散步奚圣寺后院》《吊李竹溪先生与洪西堂同作》《波罗崖》《寺门晚眺》五首。《滇南诗略》卷二十一录其诗《登苍山中和峰》《幽花》《偕徐曙东游九鼎寺》《李青莲》《杜少陵》

续表

家族	姓名	生卒年、家族谱系、表字、别号	生平	著述	现存情况
	4. 赵廷枢	1751—约1784年，字子密，廷玉弟			《白香山》《苏东坡》《题杜藕庄邑侯镜舫》《鸡鸣曲》《乌鸢曲》《古歌》《偕何云川沙雪湖游波罗醮酒同已成前作明日复走登古树镇》《长歌奉简王用其同年学博》《晓发章树镇》《舟发长沙奉七月廿二年学博》《陪《长夏久雨晴景理小园后理小园二首》《简贾芝田赘府》《陪萧曙堂师及宗晴柔博游风眼洞时丙午秋七月廿二日也》《过定西岭登露井楼》《书陆剑南诗后》《九月十五夜与洪桃花舸传奇感南朝事长句赋之》《秋夜》《波罗崖》《过超云居》《读秦记》《塞上曲》《征妇词》《高楼曲》《项王》《韩信》《读柳河东传有感》《阅亡友陈同雷遗札》三十八首。
4. 大和赵氏	5. 赵懿	1773—？年，字菩渊，廷玉、周馥长子	无意仕途，曾因做生意到过山西省晋阳，安徽省西南部等地，并在洱源开有药店	著有《菩渊诗钞》，已散佚。有《延江生诗集》十三卷，《词》一集。	《延江生诗集》十三卷，《词》一卷，民国六年成都郁穆川堂刻本，国家图书馆藏。（民国）《大理县志稿·艺文部》录其诗《中秋前三日偕赵一亭同鸿雪游崇圣寺》《题风眼洞》《雨洗碑》三首。
	6. 杨载彤	1786—？年，字嶰谷，管生，号嶰谷，廷玉、周馥三子	嘉庆十二年（1807）副贡生，五十多岁时担任马龙州学正。在昆明居住期间，与朋友交往唱和，开设药店，教学授课，维持家庭生计，苦中作乐，怡然自得	著有《嶰谷诗草》六卷，共收录诗歌八百六十二首	《嶰谷诗草》六卷，二册，清咸丰年间刊印本，云南省图书馆藏。《滇诗丛录》卷三十二录其诗一百零五首。（民国）《大理县志稿》录其诗《皓然阁观洱海》《大理竹枝词》（十二首），共十三首。

续表

家族	姓名	生卒年、家族谱系、表字、别号	生平	著述	现存情况
5. 赵州师氏	1. 师同忠	字恕先，又字裕亭，范父	乾隆六年（1741）举人，曾任晋宁州训导，长卢石碑场盐大使等职。性格温训，待人和善，以文章教弟子，多成名者，是为教育大家。年八十一卒于家	诗文集四部：《勤学录》、《沈心记》十余卷，《鸣鹤堂文稿》、《北上集诗稿》、《盐务纪要》论文二十则，均散佚	《弥渡师氏族谱》录其诗《登晋宁望海楼》《游谷女寺》《示儿》三首
	2. 师范	1751—1811年，字端人，号荔扉，自号金华山樵	刻苦好学，文思敏捷，博览群书，继承其父之学。乾隆三十九年（1774）中举人后，六次应礼部会试，皆不及第。后选任剑川州学司训，任满回乡。嘉庆六年（1801），选任安徽塑江县令。生平重气节，有义气。后以病去任，客死望江，享年六十一岁	诗文集《金华山樵集》二十四卷，《师荔扉先生诗集》二十八卷，《抱瓮轩诗文稿》十六卷，《二余堂诗稿》三卷，《南诏征信录》三卷，《课余随笔》三卷，《泛舟集》一卷，《辑《二余堂丛书》十二种》二十六卷，《小亭云间芝兰》十册等。编著《滇系》四十册，诗话《荫椿书屋诗话》一卷	《二余堂文稿》六卷，《续文稿》六卷，孙琪为之序，录少年至嘉庆十三年所作，嘉庆间望江县官解刻，云南省图书馆藏文稿卷一、卷五、卷六及续文稿卷三十六年所作文，国家图书馆藏《抱瓮轩文汇稿》二卷，嘉庆十四年刻，国家图书馆藏。《云南丛书》辑入其文稿六卷。《二余堂诗稿》四卷，清嘉庆六年刻本，三册；又有《二余堂诗稿》二卷，民国年间排印本，赵藩、李根源重校，二册，云南省图书馆藏。云南省图书馆藏其诗集四种：一为《金华山樵诗内集》一卷，清钞本；一为《泛舟吟摘钞》一卷，清钞本人集；一为其子道南《鸿洲天愚集》一卷，清钞本外，《泛舟吟摘钞》有民国年间排印本，赵藩校，一册，云南省图书馆藏。其《朝天集》，存卷上，清钞本，一册。除钞本外，《朝天集》有民国年间排印本，赵藩、清嘉庆随录三卷，云南省图书馆藏。《课余随录》三卷，红格抄本，一册，云南省图书馆藏。《金华山樵诗前集》八卷，

续表

家族	姓名	生卒年、家族谱系、表字、别号	生平	著述	现存情况
5. 赵州师氏	2. 师范	1751—1811年，字端人，号荔扉，自号金华山樵			清嘉庆九年二余堂刻本，八册；又有《金华山樵诗前集》二册，清初排印本，存卷二、卷五，云南省图书馆藏；《金华山樵诗后集》一册，清初排印本，存卷一、卷二，云南省图书馆藏；《金华山樵诗外集》一册，清初排印本，云南省图书馆藏。《师荔扉先生秋高四十咏》一册，清初排印本，云南省图书馆藏。《抱瓮轩诗文汇稿》一卷，嘉庆己巳至庚午所作，清钞本，云南省图书馆藏。《嘉庆选人后潘》二册，清嘉庆八年望江二余堂刻本，云南省图书馆藏。《孤鸣集》一卷，清嘉庆九年望江二余堂刻本，云南省图书馆藏。《吾亦爱吾庐诗谱》一卷，清嘉庆九年望江二余堂刻本，云南省图书馆藏。《吴船卧除录》一卷刻本，一册，云南省图书馆藏。清嘉庆年间望江二余堂刻本，一册，云南省图书馆藏。《泛舟集》一卷，清嘉庆九年望江二余堂刻本，云南省图书馆藏。《春帆集》一卷，清嘉庆九年望江二余堂刻本，云南省图书馆藏。《鸥鸡吟》一卷，清嘉庆九年望江二余堂刻本，一册，云南省图书馆藏。《师荔扉先生诗集残本》八册，云南省图书馆藏，民国初年排印本，云南省图书馆藏。《雷音集》十二卷，清嘉庆二十年排印本，一册，云南省图书馆藏，编为《师荔扉先生诗集》十二卷，至卷六、卷七、卷九、卷十二。赵藩、李根源等辑。后辑其诗，有阙佚，民国十一年瞰刻，国家图书馆藏。收入《云南丛书》本。《二余堂丛书十二种》，云南省图书馆藏，嘉庆九年望江小停云馆刻本，十册，云南省图书馆据清嘉庆二十一年《滇系》不分卷，刻本，云南省官书局据清嘉庆二十一年

续表

家族	姓名	生卒年、家族谱系、表字、别号	生平	著述	现存情况
5.赵州师范师氏	2. 师范	1751—1811年，字端人，号荔扉，自号金华山樵			刻本重印行世，残存十五册，云南省图书馆藏。《荫椿书屋诗话》一卷，清钞本，一册；又《荫椿书屋诗话》刻本一卷，《云南丛书》本收入，台湾新文丰出版公司刊《丛书集成续编》本，2001年中华书局《云南古代诗文论著辑要》本。《滇诗嗣音集》卷四录其诗《秋夜读书》《扫地》《病起感咏》《晚行王田道中》《幽居》《茅湾》《黑泥坡》《鸡头关》《黔山叹》《下滩》《感遇》《古诗三章送袁痴夫》《采榆树》《苏州道中望盘山》《缅人滇兼呈云岩师》《移家行》《眠江沈砚行》《洞庭舟中拟少陵七歌词虽不逮情有加惨天风湖浪亦如助我悲吟矣痛哉》《题跋鞠图》《舟中晓起卢见卢山》《改亭先生端溪砚》《七客寮》《望汤山寺》《白沙关》《渡汉水望文选楼》《次颜角砚歌为计守悟作》《卧龙冈谒诸葛武侯祠》《晚晴》《赠王东渠即以送行时与余俱帘饮广文》《洛叶》《靖江王庙》《送汤碧雪山》《五日感赋》《马龙感赋》《志别》《秦境》《南星里》《归夕》《塞门秋兴》《城南望》《赤夜》《行夜》《固关》《定庄镇》《晚抵汶上县》《长城》《秋烟》《夜泊西风潭》《郎岱道》《北风》《大观亭散步》《初八夜见月》《风庐道中》《拜南园先生》《依韵答之》《出安颜喜得平路是日颇晴》《望九里山》《送大音和尚》《雨夜怀衮苏亭并寄》《将抵宿松阻风》《苦水镇》《别庐山》

续表

家族	姓名	生卒年，家族谱系，表字，别号	生平	著述	现存情况
					《怀张铁禅》《怀邓完白》《得家信次孙云亡含泪赋此》《群盗》七十九首；卷五录其诗《秋夜》《登台》《由午门起挑内阁》《南归有日赋饮》《昊天寺访袁氏轩诸君》《晚泊滹洲》《重过石碑场感赋》《晚度鸡鸣关闻鸡》《宿甸尾蒋氏轩孝廉》《过沅州府》《立秋日有至者》《立秋日偶作》《次大理》《南冈先生楼诸及门有至者》《登高望山极顶先天关》《大安镇》复授衙史喜赋并奇》《大同杂诗》《登左云县城楼》《关北杂感》《观音编》《大同未得访约约台》《苗乱后有安庄至茅口所过残破今已二年民气未得复感赋》《客盆道中》《茅口》《小垒飞云感事》《庐岙哨旅舍枕上见月》《镇远朱氏水楼题赠主人》《急岩积雪连山赋此题壁》《戏题岸上舟屋》《十四夜湖口峡》《浦市》《数日来和轩诗兴颇高舟泊台头夫关赋柬》《大梁野泊》《源铁崖乃故输良守本达先生之嗣以诗示我杂诗酬之》《送米四忽山分试四川》《答杨花凉次作》《寔作此酬之》《送未七淮作此晚梦图》《答严禺狗》《乙丑夏圃奉使之准年此为别兼示凤池》《大山凹》《舟中即目》五昌立行由楚来署赋柬》《夏夜》《别意》《渡涤河》《丽江道中》河阴雨留宿》《京邸卧病》《与逐鹿郭氏齿昆仲留别》《次湘河阴雨留宿》五十二首。《题周石若秋江晚梦图》《卓亡》录卷四录其文《论滇省利弊》《论滇南经费》《论钱法》《论金沙江议上》《开金沙江议下》金沙江议下》《入滇随程考》八篇；卷二十九录其文《滇文丛录》《续纂南诏信录后序》《师氏族谱总序》二余堂自书自序》《小停云馆之言序》《篆刻
5. 赵州师氏	2. 师范	1751—1811年，字端人，号荔扉，自号金华山樵			

续表

家族	姓名	生卒年、家族谱系、表字、别号	生平	著述	现存情况
5.赵州师氏	2.师范	1751—1811年，字端人，号荔扉，自号金华山樵			《今华山樵骈体校集自序》《弹剑集自序》《出岫集自序》《归云集自序》《舟中咏史诗自序》《滇海虞衡志序》《哀苏严滇南诗略后序》《簪严近集序》《雪园集序》《归安严滇南诗略后序》《习园藏园李君遗诗话合序》《程雪门近诗序》《阳高阙园李君遗诗序》《轴怀吟序》《素人弟遗诗后序》《王璞门明府遗诗序》《孙幕翁编掎地丁谢表书后》《钱南园遗诗跋》《书亡儿道南鸿洲洲剩草并示族业》《张母王太夫人七秩大变序》《苏砚北四丈寿言》三十篇；卷四十五录其文《永禁以媚作子约》一篇；卷五十三录其文《上姚梦谷先生书》《寄袁十三苏亭书》《覆张朴荄二文序》三篇；卷九十一录其文《新建北楼记》《重修草堂落成记》《杨敬山孝廉南书卷记》《缅事述略》《征安南纪略》五篇。《滇诗丛录》卷二十六录其诗六十四首。（道光）《赵州志·艺文志》卷五录其诗《永禁以媚作子约》一首、卷六录其诗《飞来寺和谷西阿大史韵》一首。（民国）《大理县志稿》艺文志卷三十录其诗《西洱河弓鱼》二首。（民国）《弥渡县志稿》卷十二录其诗《西洱河弓鱼》二首《榆城阻雨》二首。

续表

家族	姓名	生卒年、家族谱系、表字、别号	生平	著述	现存情况
	3. 师箴	字法言，范弟	乾隆间诸生。赋性旷达，诗酒自娱	著有《大树山堂诗钞》	《大树山堂诗钞》，清钞本，一册，云南省图书馆藏。《滇南嗣音集》录其诗《雨后晚眺》一首
5. 赵州师氏	4. 师道南	1772—1800年，字立夫，号鸿洲，范子	性恬淡，不乐试事。因感染鼠疫，不幸去世，享年二十九岁	著有《鸿州天愚集》一卷	《鸿州天愚集》附其文师范《前后怀人集》之后，云南省图书馆藏。《鸿南诗略》卷二十一录其诗《苍山》《鼠死行》《雨后出新铺》《上定西岭》《鹤顶寺晚坐》《雨后夜坐》《草铺不寐》《响水音》《鹦鹉夫》九首。
6. 赵州赵氏	1. 赵淳	1687?—1767年?，字粹标，号龙溪	雍正元年（1723）举人，五年（1727）进士，年八十终于家	著有《龙溪存稿》，修纂《白盐井志》、《续修琅盐井志》、（乾隆）《赵州志》四卷、《盐丰县志》	（乾隆）《赵州志》四卷，乾隆元年馆传抄本，藏上海徐家汇藏书楼。云南省图书馆传抄上海徐家汇藏乾隆刻本，藏上海徐家汇藏书楼。《滇文丛录》卷二录其文《劝良井兴幼纫论》《戒淫祀说》二篇；卷十八录其文《金沙江赋》《羊城赋》《脸川赋》三篇；卷二十五录其文《重修白盐井志序》一篇；卷八十八录其文《修建崇圣祠记》《重建青龙寺记》《新建文昌殿桂香楼记》《赵州学政源流述》六篇。《滇南文略》卷十录其文《吴公子札滴台子羽论》一篇；卷十三录其文《象教辨》一篇。《滇南诗略》录其诗《云南怀古》《雪山行》《白龙山》三首。《滇诗丛录》卷二十录其诗《赵州席歌》一首。（道光）《赵州志·艺文志（中）》录其文《桂香楼记》《脸川赋》《象教辨》《瑞芝颂》《戒淫祀说》《口口题名楼跋》等七篇。（道光）《赵州志》录其诗《茶泉楼临池》《东湖铭浪》《诸葛城》《泛东晋湖》《天生桥即景》《赵席歌》六首。（民国）《大理县志稿·艺文部六》卷三十一收其诗《苍洱赋》一首。

续表

家族	姓名	生卒年、家族谱系、表字、别号	生平	著述	现存情况
6. 赵州 赵氏	2. 赵之端	淳子	乾隆十年（1745）进士		（道光）《赵州志》收其文《崇正说》《道谱说》《洽兵议》《兴革事宜策》四篇
	3. 赵之爰	淳子	举人。早卒		（道光）《赵州志》录其《梦寄飞来寺》一诗
	4. 赵之填	字百五，号昆山，淳子	廪生。博览群书，名噪一时，早卒		（道光）《赵州志》录其诗《凤山晚月》《妙音井》《游东晋湖》三首
7. 剑川 张氏	1. 张国宪	字子献	清初隐逸诗人，布衣	著有《海鹤吟》一卷，已散佚	《滇南诗略》卷三十四录其诗《上巳东湖感赋》《秋日登苍山和韵》两首。 《丽郡诗征·卷八·十五》收其《上巳东湖感赋》《秋日登苍山和韵》
	2. 张辅爻	字斗垣，又字止斋，国宪子	诸生	著有《金华诗钞》	《滇南诗略》卷四十录其诗《挽友》《小河口》《点苍石》《挽友》《狮山拜明建文帝遗像》四首。《滇词丛录》卷中录其词《玉楼春·自雄关发》。《丽郡诗征》卷九录其诗《晚望》《过小西湖》《观音山站》《满友拜发院》《狮子山拜明建文皇帝遗像》《酬友人见寄》《鹤庆西坡歌》《由观音山之鹤庆晴》《走八塘》《晚晴》《挽友》《榆郡竹枝词》《睨口旷观楼》《剑川西湖》《菁口》《江行》《地震后至满贤林》《剑川宝山》《望湖亭》《满贤林二景》《游石宝山》《新秋》《春日城南书所见》《怀兰止庵先生》等二十九首

续表

家族	姓名	生卒年，家族谱系表字、别号	生平	著述	现存情况
8.鹤庆李氏	1. 李毓奇	字少颖	顺治岁贡生，以孝闻名于世，通经史，工词翰		《丽郡诗征·卷四下·九》收其《中秋雨》《古风》《元日试笔》《羞霜》《边月》《边树》。《丽郡文征·卷四》收其《赏石榴花》《客舟说》。（康熙）《鹤庆府志·卷二十·艺文》收其《中秋雨》、《古风》《五首》、《赏石榴花》、《客舟说》、《杂说》。
	2. 李倬云	字瑞峰，毓奇长子		曾撰修（康熙）《鹤庆府志》。	《鹤庆府志》，云南省图书馆藏。《丽郡诗征·卷四下·十三》收其《杂感》《乞儿行》《寄赠李岱云先生》《甲午八月大风雨》《稗子行》《农夫叹》《卢沟遇雨》《磁州道中》《孟德疑冢》《同查可亭诸友游西山遇雨，憩满家亭友集饮江口源别业》《车骑关》《宿吕偃驿》《哭万仁白》《送柰庵任归吴》《从山山石泉记》《太子岩记》两篇。（康熙）《鹤庆府志·艺文》收其诗《杂感》（三首）《乞儿行》《张重辉字叔含号厚赤由明经任太和定边乡和昌黎秋怀诗》（四首）《寄赠李岱云先生》《甲午八月大风雨》怀诗（四首）《农夫行》《同查可亭诸友游西山遇雨》《宿吕偃驿》《哭万仁白》《送柰庵任归吴》《车骑关》《下关清风桥上》《小木村守岁》《元日同天王作》《琉璃河》（二首）《出都口号》《卢沟遇雨》《良乡》《邯郸竹枝词》（三首）《磁州道中》、《孟德疑冢》《谢玉溪赠考功集北上时曾养疾其家》《南归宿白牛铺》《南归渡黄河》三十六首。收其文《从山山石泉记》《太子岩记》三篇
	3. 李齐云	毓奇次子	廪生		（康熙）《鹤庆府志·卷二十·艺文》收其《北山山桃花行》《夏雪》《秋雪》

从（康熙）《大理府志》、（民国）《大理县志稿》等史志资料来看，太和杨氏文学家族以康熙年间的杨晖吉为开端，杨晖吉所处时代，屡遭变乱，世道难平，因而忧国忧民，但他敢于面对残酷的现实生活，以诗文为武器，直面人生挫折。除了激愤的现实主义之作，他的诗作也表现出了"浓而不缛，含新于陈。其五言，佳处近陶，卓然可传"① 的一面。其侄杨师亿，博闻强记，极其爱好读书，写景诗尤为出色。胡蔚评其诗曰："格正调高，气味苍健，大段步趋三唐而涵咏于东。"② 杨履宽 "貌癯声洪，性刚介，嗜书，乐吟咏，好朋。每名山风雨，啸歌达旦，抗怀今古，睥睨一切，不知者或以狂癖目之，然惟此乃为善读书人真面目"③。其作为杨晖吉后人，杨文罶之子，深受文学熏陶，有着较高的文学素养，《滇南诗略》小传评价："博学强记，著作等身"，丝毫不夸张。他们德行卓然，孝慈友恭，文学造诣深厚，都在白族文学史上留下了浓墨重彩的一笔，可谓德才兼备之家。

从（康熙）《大理府志》、（道光）《赵州志》、（民国）《弥渡县志稿》等方志资料来看，赵州龚氏家族的代表人物龚渤，成就斐然，作品多为律诗，对仗工整，讲究技巧，多记载游历情况，多景物描写，但其缺点亦很明显——缺乏社会内容。而其子之作品则胜一筹，清代袁枚《随园诗话补遗》卷二中说过 "赵州龚簪崖名锡瑞者，工古乐府及七言长句"。又说："天才超逸，有太白遗风。乐府、五七古、七绝最为擅长。五七律俱闯入唐人之室。"④ 汪云壑学使在《龚罗二生诗稿题词》云："龚生之诗，倜傥奇伟，风骨在遗山、青印之间。袁苏亭登选滇诗四十首，可得其略矣。"⑤ 其评价不可谓不高。而龚锡瑞之妻苏竹窗，亦是生在子弟都读书的赵州苏氏文学家族，从小就受到书香门第的熏陶，在诗作上同样有较高的造诣。张文勋主编的《白族文学史》评价说 "苏竹窗虽乃闺秀，但她的诗很有性格，很有骨气，没有什么闺秀味"，其诗 "高深远大，气韵沉雄，宛然大家风味"⑥。其

---

①　周钟岳纂，张秀芬等点校（民国）《新纂云南通志·卷七十七》，云南人民出版社，2007。

②　周钟岳纂，张秀芬等点校（民国）《新纂云南通志·卷七十七》，云南人民出版社，2007。

③　（清）方树梅著，李春龙、刘景毛、江燕等点校《滇南碑传集·卷二十四》，云南人民出版社，2003。

④　（清）袁枚撰《随园诗话补遗》，上海扫叶山房，民国石印本。

⑤　引自寸丽香编著《白族人物简志》，中国民族摄影艺术出版社，2009。

⑥　张文勋主编《白族文学史》，云南出版社，1983。

与龚锡瑞的结合可谓志同道合、情趣相投，是难得的诗坛眷侣。

　　清代乾隆、嘉庆、道光年间的太和赵氏家族，在当时的大理乃至整个云南都有一定的影响。据（民国）《大理县志稿》等文献记载，在这一百多年的历史中，他们写作了大量的诗歌和散文，编成了十二部诗文集。虽部分作品已散佚，但留存的八部作品足以证明他们的文学成就。他们不仅对修辞手法能做到熟练运用，平仄格律烂熟于心，更重要的是能在继承的基础上开拓创新，自创了很多带有民族风情的诗歌体式。其中以赵廷玉、赵廷枢、杨载彤的成就最为突出。杨载彤是赵廷玉、周馥三子，刘大绅在《所园诗集·跋》中评价赵廷玉道："紫笈先生，学富才美，雅好吟咏，谢氏池塘，韦家风雨。"① 而周馥作为"幼读书如夙得者，诗词绘画，占卜医药，无不通晓，尤精于女红"的才女，其诗"天然秀韵，不事雕饰"，"发乎性情，止乎礼义，而腕底峭劲，不作标新立异之语，自能脱却前人之窠臼"②。王厚庆《绣余吟草·序》中说："余既与巂谷相识。见其所为诗之教者居多。"③ 说明其诗受到母亲周馥的影响。李缵绪先生在《白族文学史略》中评价杨载彤诗的风格为在"愤、愁、骚"的基础上，又添"洒脱、飘逸"④。

　　赵州师氏家族，是清代白族文学家族中还存有家谱的一个家族。据其家谱记载：师氏，本是山西省平阳府洪洞县人。明朝时，师氏始祖师毓秀随军来滇，并在此定居成家，繁衍生息。师问忠与师范父子双中亚元，是师氏家族中值得庆贺之事。师范一生著述甚丰，无论人品还是文学创作，许多名士都给予了高度评价。济南太守张溟州，论曰："世之论荔扉者众矣。费均浦相国，谓其倜傥淹雅，克著循声。"⑤ 姚姬传先生曰："师君，天下才，工诗文，明吏事。其恺悌忠信，笃天友谊，爱士殷殷，出于至诚，真世之君子，非独才智之美也。惟两君子不为阿好，用著于篇。"⑥ 严昌汝在《二余堂诗稿》序中说："范才大学博，故其诗风雨争飞，鱼龙变化。"⑦ 其子师道南，

① （清）赵廷枢：《所园诗集》，清道光六年（1826）刊印。
② （清）周馥：《绣余吟草》，道光癸未夏镌。
③ （清）周馥：《绣余吟草》，道光癸未夏镌。
④ 李缵绪：《白族文学史略》，云南人民出版社，2016，第3页。
⑤ 引自赵松寅主编《历代白族作家丛书·情系大理·师范卷》，民族出版社，2006。
⑥ 引自赵松寅主编《历代白族作家丛书·情系大理·师范卷》，民族出版社，2006。
⑦ （清）师范：《二余堂诗稿》四卷，嘉庆间二余堂刻。

少有诗才，未及而立却殒命于鼠疫，留下了对文学和医学界都大有裨益的《鼠死行》。清代著名学者洪亮吉在《北江诗话》中评论道："道南赋《鼠死行》一篇，奇险怪伟，为集中之冠。师道南擅长写诗，颇有奇思。"①

（道光）《赵州志·文行》评价赵淳道："诗古文词得八大家遗意，时艺精粹无滓，后学宗之。"其子赵之瑱、赵之瑗、赵之瑞亦都工诗，在《赵州诗学源流述》中，赵淳自谓："余三子亦各能诗，顾瑗、瑞俱以夭亡，仅存遗集。瑱则与沈子辉（锴）唱酬居多而皆有进境。"②

由表 3-1 可见，清代大理白族的家族诗人群体确实创作成果颇丰，如果能全部留存，将是一笔十分巨大的财富。无疑，在这几个文学家族中，赵州师氏，特别是师范的作品集是保存比较全的，这里面有诗人自己有意识地去保存、刊刻的功劳。而赵州龚氏家族的作品集几乎不存，我们只能通过散存的诗文作品去了解龚氏家族。可以理解，在历经岁月变迁及兵战、流亡等天灾人祸的情况下，保存文学作品，实属不易。赵藩在《仿元遗山论诗绝句论滇诗六十首》中说："苦从煨烬搜遗佚，一卷珍藏抵万金。"③ 这正是作品保存不易的真实写照。所以，能留存下来的作品集是我们十分珍贵的文学资料。

二　清代白族文学家族的文学创作

俗语有云：一民族有一民族之特色，一地域有一地域之风情。生活在灵山秀水的云南地区的白族文人，受其民族、地域灵淑之气的滋养，自有其别具一格之处。他们创作全面，涉猎广泛，饱啜中原文明，不仅深谙汉文创作之道，还不断推陈出新，创作出很多融有民族特色的佳作。

清代白族文学家族无疑在大理这片土地上留下了宝贵的文学遗产，通过对清代白族八个文学家族留存下来的诗文集及散存作品的爬梳，我们可以从中了解到父子相从、兄弟相继的家族文学在创作内容和创作形式上的独特风貌，他们的诗歌创作既带有家族创作普遍的共性，亦带有个体创作独有的个性，极其耐人寻味。清代大理白族文学家族的诗歌创作在内容和

---

① （清）洪亮吉：《北江诗话》，人民文学出版社，1983。
② （清）陈钊堂修，（清）李其馨等纂《（道光）赵州志》，道光十九年（1839）刊刻。
③ 引自《历代白族作家丛书·情系大理·赵藩卷》，民族出版社，2006。

形式上所具有的多样性是毫不逊色于汉族诗人的，他们的作品内容全面、题材丰富、形式多样，并有所创见，这亦是云南大理地区很多少数民族难以望其项背的成就。

（一）诗歌内容上，题材广泛，内容多样

白族文人的创作，题材广泛，家乡域外风物景色、人们的日常生活、作为文人的辛酸、对亲友的思念、自身情感、文人间的唱和赠答等，无所不包。这里，我们把剑川赵氏家族、太和杨氏家族、赵州龚氏家族、太和赵氏家族、赵州师氏家族、赵州赵氏家族、剑川张氏家族、鹤庆李氏家族等8个文学家族的诗歌创作，大体划分为五类。

第一类是风物诗。在这里风物诗所含范围较广，既包括风景名胜和物品，也包括历史传说和故事。尤其是对大理风物的吟咏，如太和杨氏家族中杨晖吉的《鸡足山》、杨履宽的《冒雨游圆通山》、杨文鬻的《荡山龙女花》、杨师亿的《游高兴绍补寺》、刘文炳的《题荡山新建普同塔二首》，赵州龚氏家族中苏竹窗的《登楼望白崖定西岭诸山》、龚亮的《登龙华寺》、龚敏的《天生桥》，太和赵氏家族中赵廷玉的《望夫云》、赵廷枢的《登苍山中和峰》、杨载彤的《浩然阁观洱海》、赵懿的《题凤眼洞》，赵州师氏家族师范的《次大理》、师道南的《上定西岭》，赵州赵氏家族赵淳的《泛东晋湖》、赵之瑔的《游东晋湖》、赵之瑗的《梦寄飞来寺》，剑川张氏家族张辅受的《点苍石》等。这类描写大理风物的诗作，在清代白族作家的诗歌创作中占很大比重，上述所列只是一小部分。通过对一山一水、一事一物的歌咏或感怀，我们能深深体会到作者对家乡深深的眷恋和热爱。当然，清代白族作家多在外游历的经历，所以也有很多吟咏大理之外风物的诗歌，如师范的《赵州桥》《望黄河》《次邯郸》《过卢沟桥》等，可见诗人的足迹遍布河北、山西、北京等地；赵廷枢的《大渡河》《舟次夔府》《由夔州府入峡》《舟泊巴东》《秦淮》《单县道中偶题》等诗亦可以看出诗人游历地域之广。

白族相对于云南地区其他少数民族来说，汉化程度较高。所以，白族文人在诗歌创作上表现出来的民族痕迹并不明显。而对家乡风物的歌咏，恰恰是体现民族特色的途径之一。如赵廷玉的《望夫云》取材于阿凤公主和猎人的故事。两人真心相爱却因不被祝福而私奔。为逼公主回宫，南诏王用尽手段。最后猎人被罗荃法师打入海中变为石螺，公主得知，忧愤而死，变为一朵白云，深情望向大海。《望夫云》对公主和猎人的遭遇深感不平，并对他们表达了深深的同情。《国母祠》则是借用了唐僖宗女儿安化公主嫁予南诏王，"多劳圣善息兵戎"成为国母的传说。《妇负石》则借用了观音化作老妇背着很大的石头，机智吓退敌兵的传说，对解救人民于水火的观音给予由衷的赞美。诗人巧用典故、叙事简洁、并表达出无穷的意蕴。该类诗将中原文化和民族风情巧妙融合，在诗歌创作中别具一格，具有很高的艺术成就。关于"观音负石"的传说，杨履宽亦有《妇负石歌》，该诗更为全面，开篇从上古神话说起，然后说到汉武帝"一朝天子凿昆明"，而观音化妇出现，"止戈为武民大悦"，有其积极意义。周馥的《汉阿南夫人》《梁阿盖郡主》《古蜀山氏女》《唐阁罗凤女》《段羌那闺秀》等，同样有着明显的民族历史印记。

第二类是生活诗。现实生活是诗歌创作的最好土壤，虽然平凡、琐碎，但为我们提供了源源不断的创作题材。生活诗鲜活、真实，为我们娓娓道出生活的真谛与意义。本来日常生活中随处可见的种菜、栽花，经过诗人灵动的头脑，突然被开发出了新的意义。看杨载彤的《种花》，种花可以种出一个春天，体现了作者对生命的热爱和未泯的童真。再如赵廷枢的《长夏久雨晴后经理小园四首》之四："舍前舍后长桑麻，隙地栽芋陇种瓜。菜圃锄成来舞蝶，蒲塘引满聚鸣蛙。种桃插槿依篱曲，筑坞开沟绕径斜。自笑迩来能用短，最无聊处有生涯。"在作者眼中，种菜也可以成为风景的一部分，就像罗丹所说"生活从不缺少美，而是缺少发现美的眼睛"，田园之乐，虽然平淡，却也有朝堂之上不曾有的安逸、舒然。罢官之苦，在面对如斯美景时，早已淡去，最触动人心的也不过是让无聊枯燥的生活有了"生涯"。再看师范的《冬至节餐食饵丝》介绍了饵丝的原料，北方人多用小麦制作饵丝，而南方人则是用米来制作饵丝，虽说从周朝就有了饵丝的吃法，但南北方很显然有差异，精确点出了南北方在饮食上的不同。还说"冬至大似年"，冬至和过年一样隆重，"萧家出馄饨，庚家出粽子"，萧家的馄饨和庚家的粽子是诗人家乡的特色小吃，鲜活而生动。师范的《中元节炒豆》《新正三白酒》分别写了弥渡七月十五的祭供炒豆之俗和三月三酿甜白酒的风俗。而《家园杂忆赤水江中石花菜》《庄东新蚕豆》《南林春笋》《西山早菌》《北园青菜》《宅畔桑花》《野杂蔬》等诗，满载生活气息。诗人，总是有着那么一颗七窍玲珑心，能让朴实无华的生活，开出滋养人心的诗意之花。

第三类是时事诗。在艰难的现实面前，诗人们不只关注自身的苦难，还把目光投向广大的人民。生活中的不如意则正是诗人动心忍性，琢磨自己的修炼场。清代白族诗人们或吊古伤今，或缅怀古人，对环境束手无策或义愤填膺，对人民同情哀悯或无能为力，所有的情绪都吞进诗里，凝练成时代的最强音。杨载彤就是个典型例子，屡处科场，却不得意，于是发出"任有佳文不屑看，仇深似海是帝官。三年一试非容易，资斧过于道路难"的牢骚，科考不易，当官亦不易，"宦场滋味古来酸，白眼同轻草芥官"。在灾难面前，最让人振聋发聩的诗歌，当属师道南的歌行体诗歌《鼠死行》。清代著名学者洪亮吉曾在《北江诗话》中这样评价该诗："道南赋《鼠死行》一篇，奇险怪伟，为集中之冠。"① 肆虐的鼠疫夺去了数十万人的生命，但是面对"鼠死不几日，人死如坼堵"的惨烈现状，作者亦无可奈何，只能"呼天公，祈天母，洒天浆，散天乳，酥透九原千丈土。地下人人都活归，黄泉化作回春雨"。正是这样的一场灾难，成就了师道南，虽然师道南亦于不久后死于鼠疫，其《鼠死行》却在文学和医学领域都有重要的价值。杨晖吉的《田家二首》，对于人民的苦难忧心忡忡，对于只追求功名利禄、不关心百姓的人进行了辛辣讽刺。而赵廷枢的《寄大兄晴虹四十四韵》，则把个人生活的辛酸苦难都记录在内，也成为了解赵廷枢生平的重要材料。

第四类是爱情诗。爱情，自古是文人争相吟咏的题材，爱情可表现的形式亦有很多，可以是相恋的甜蜜，亦可是失恋的痛苦，可以是冲破世俗礼教的传奇爱情，也可以是神话里的凄美故事。爱情诗在清代白族文学家族的诗歌创作中并未占到很大比重，但我们却不能因其数量少而刻意去模糊这一类的诗歌创作。如赵廷玉的《望夫云》对南诏公主和猎人的悲剧深表同情。望夫云的故事和中国传统戏剧中的大团圆结局不同，纵是有情人亦难成眷属，被反对势力破坏的两人虽生死永别，但爱情却忠贞至永远，南诏公主化为海上的浮云，天天向丈夫葬身的海中张望流连。南诏公主和猎人的悲剧源于身份地位的悬殊，而唐传奇中亦有身份地位不同的《李娃传》，两者都遭到了家中掌权者的反对，但最终李娃和郑生的爱情、名声得以双全。这种双

---

① （清）洪亮吉：《北江诗话》，人民文学出版社，1983。

全带来的文学效果远远不如悲剧，悲剧能带给人一种精神上的震撼，正如赵廷玉诗中所描绘的"卷地难平千古恨"，这"恨"千年难平，哪怕海枯石烂、沧海桑田，这丧夫之痛难以消磨，"可怜夫婿无消息，空拒情根护石头"，一个"空"字，让人感受到的是窒息般的绝望和无奈。短短一首《望夫云》，把南诏公主和猎人可歌可泣的爱情表达得淋漓尽致，读之感同身受，大体这就是可遇而不可得的爱情给人带来的震撼。杨履宽的《星回节再吊邓睒夫人慈善》二首，也是从民间故事入手，赞扬了邓睒夫人慈善对爱情的坚贞不渝，"妾心更有坚于铁，烈火难消一寸丹"，慈善夫人对爱情的忠贞比铁更坚硬，即使烈火也无法磨灭。"忍逐鸳鸯戏彩舟""妾心终不是东流"，慈善夫人再坚强也不像流水一般过后无痕，她也难以忍受失去丈夫的痛苦，以至于不忍驱逐正在嬉戏的鸳鸯，这首爱情诗里多了些痛苦的悲怆和无言的雄壮。

　　爱情诗还有一种很简单的定义为：情人之间传达爱意的诗歌。夫妻之间的唱和诗也自然算作爱情诗的一种。像周馥的《紫笈夫子就馆中旬话别》"唐破吐蕃地，夫君又远征"，一个"又"字，看出丈夫远征的频繁，简单一句话中，透露出了妻子对远行丈夫的太多不舍。《同紫笈夫子过灵会寺忆唐梅》中夫妻二人见唐朝人栽种的梅花已无存，便拿出自己的手镯交给僧人去寻唐梅补种。夫妻两人爱古、护古的心思是一样的，这种心灵上的默契，颇有似李清照、赵明诚赌书泼茶的情趣。而紫笈夫子的《汉江寄内》更表达了对妻子深深的思念之情，外面的鱼儿固然美味，但哪有和妻子共同烹调时的快乐和热闹。可见，爱情的表达并不只是海誓山盟的宣言，柴米油盐中往往更能体会到爱情的可贵。短短的几句话，满载情人间爱意的传达，这种爱情平凡又温馨，真诚又长久，令人艳羡。

　　第五类是赠答诗。张叔椿序《坡门酬唱集》①云："诗人酬唱，盛于元裕。"虽从盛行之日起，讨伐声便此起彼伏，却丝毫未能损其长盛不衰的发展趋势。从白族八个家族现存的诗歌来看，唱和或赠答诗也相当多。如杨晖吉《程石门先生搜滇中诗有感》《担当向予索大来书画甚殷赋以奇阅》，杨履宽《送广文何夫子调元江》《玉林兄招饮赏菊兼惠二本诗以志谢》《张吴

_____

① （宋）邵浩：《坡门酬唱集》二十三卷，绍熙元年豫章原刊本。

念修贻兰堂赠言》《和鸡鸣寺壁间韵》，杨师亿《癸巳春同李更之僧守溪游锡达场乘月登保和山顶》《赵彦明邀看梅花病不克赴却寄》《应鹤州张太守聘赴阳瓜阅卷四首》，杨载彤《石岭赠文轩宗叔》等。

　　所谓"诗言志"，诗是个人心声的表达，有其生活的痕迹和胸怀在里面，通过对诗的分析，足以看出诗人的生活轨迹，这也是知人论世的一部分。以太和赵氏家族赵廷玉为例，其诗歌创作大部分存于《紫笈诗草》，现云南省图书馆有藏。赵廷玉的酬唱赠答诗共44首，数量较多，却没有一首是言不由衷的唱叹之音，都是不可自抑、由心所出的不得不发之言。他的酬唱赠答诗又可以细分为以下几个部分（见表3-2）。

表3-2　赵廷玉酬唱赠答诗

酬唱赠答诗	次韵诗	赠寄诗	题词题画诗
篇目	《雁字和嵩山友》《崇圣寺山门晚眺和杨栗亭夫子韵》《奉酬纬翁九日见怀原韵》《宝兴山看红叶寄剑阳金安也唐庶康》《偕王乐山、张西园看梅用东坡梅花诗韵》《苍山诗次师荔扉韵》（二首）、《点苍山花黄白二种旧无名沙雪湖明府以白可作蔬名碧斋香黄可注酒名萃千种以诗见寄即次其韵》（二首）、《乙亥春仲偕杨蔗源、张西园游法真寺饮砖窑杨叟楼次日过大井塝西园复来同宿观音石阁和西园韵》《老境和张西园用刘在园韵》《用前韵感事简沙雪湖张西园胡品南兰坡弟》《重九前三日荡山倩华院小憩赠达场老衲用壁间黄涵斋别驾韵》《丙戌清明日，适年七十八初度，张西园借鸳浦大阮至，以诗侑觞，和韵答此》《秋日借沙雪湖诸同人泛舟洱水用唐人间邛均回合峰隐云连绵渚萦岛分韵拈得合字》《写韵楼怀古和宋芷湾观察》	《餐碧斋香酌萃千钟代花谢雪湖》《寄邓川及门阿子元善》《九日寄聚仙楼沙雪湖张西园李郏园杨楚川》《甲子四月二十四懿儿自江左旋侍同内子由湾桥寻圣源寺下史城次日马濂洲比小憩戊寅重来瞬十五年时懿儿在石羊赋寄》《偶兴简沙雪湖张高立方好友》《张西园病中寄示答复》《乙酉元旦偶兴用懿儿韵和示载彤》（四首）、《寿江左沈小崧（源）幕府》（二首）、《赵州韩龙谷孝廉继配董孺人节孝应李刺史征诗作》（二首）、《用前韵感事简沙雪湖张西园胡品南兰坡弟》（三首）、《送师荔扉北上》《送杨栗亭夫子北上》《铅山别所园弟晚泊安洲渡》《送沙雪湖入都出滇由粤闽取道》	《沈小崧客游草题词兼怀檀默斋》（二首）、《题张西园清意味图册》《题王乐山万里还山图》《尝化张景园孝廉绿筠诗草题词》《题常州刘阮山作羌娜绣旗记填词》（二首）
数量（首）	16	21	7
比例（%）	36.36	47.73	15.90

　　这些唱和诗中，次韵诗占了较大比重。次韵就是按照原诗的韵和用韵的次序来和诗的一种方式，也叫步韵。世传次韵始于白居易、元稹，称"元和体"。次韵诗是在别人限定韵脚和用韵次序的情况下再作诗，比一般的诗歌创作增加了难度。次韵诗的创作本是不易，若能作出好诗，更是展示自己才华的绝好机会。所以文人常常借此"斗工""以此夸能"。但也有很多人认为，次韵诗违背了"诗言志"的初衷，哗众取宠，偏离了诗歌原有的美学取向，从而沦为作者自娱的工具。严羽就曾说道："本朝诸贤乃以此而斗工，遂至往复有八九和者。"① 而王若虚在评点苏轼唱和诗时说："次韵实作者之大病也""虽穷极技巧，倾动一时，而害于天全者多矣"②。当然，一时代有一时代之文学，我们不可能站在传统诗论的原点停滞不前，将社会功用作为衡量诗歌的唯一标准，倘若如此，赵廷玉的诗歌就没有了研究的价值。赵廷玉的唱和诗往往是和朋友对话，今天看梅花了，就用东坡的梅花诗韵和诗一首（《偕王乐山、张西园看梅用东坡梅花诗韵》）；生日的时候，朋友以诗伴酒，那就用朋友的伴酒诗为韵，赋诗一首（《丙戌清明日，适年七十八初度，张西园偕鸳浦大阮至，以诗侑觞，和韵答此》），诸如此类。反映了生活的方方面面，且富有真情实感，诗歌自然天成，浑然一体，毫无造作之态，成功纠正了唱和诗的弊病。

　　即使到了赵廷玉生活的清代，交通工具仍然很落后，再加上道路崎岖难行，朋友间一别动辄数年，所以，送别诗在古代很盛行。文人之间虽不再十里长亭、折柳相送，但知己好友之间常常会备酒践行、写诗互赠，或鼓励、或安慰、或直接抒发不舍之情。赵廷玉的赠寄诗中就包含了四首送别诗，即《送师荔扉北上》《送杨栗亭夫子北上》《铅山别所园弟晚泊安洲渡》《送沙雪湖入都出滇由粤闽取道》。通过对赵诗的梳理，可以发现这样一个现象，不仅送别诗的对象是亲朋好友，其他的赠寄诗中主人公也大多是诗人的知己。这足可反映出赵廷玉的人生价值追求，并非浸淫官场，而是和好友能三五一聚，你唱我和，寄情大理山水。张西园、沙雪湖、师范等人常常与作者你来我往、相互唱和，这成了赵廷玉诗歌的一大特色。

---

① （宋）严羽著，郭绍虞校释《沧浪诗话校释》，人民文学出版社，1961。
② （金）王若虚：《滹南诗话·卷二》，中华书局，1985。

所以，笔者认为，只有回归到文本，唱和诗所蕴含的文学价值才能更完美的体现。

（二）在诗歌形式上，丰富多样

清代白族 8 个文学家族创作的诗歌，从格律上看，有古体诗和近体诗；从字数上看，有四言诗、五言诗、七言诗、杂言诗等。古体诗中有歌行体，如赵淳《雪山行》、师道南《鼠死行》、龚锡瑞《放歌行》《拟古从军行二首》、杨履宽《毒泉行》《鹿城行》、龚敏《万人冢歌》等；有乐府诗，如杨履宽《采莲曲》《采菱曲》等。就近体诗而言，律诗、绝句有着严格的韵律，在工整严谨上并不输中原地区的诗人。竹枝词是云南地区的一大特色，杨载彤有《大理竹枝词》《大理乡复试竹枝词》、龚锡瑞有《广州竹枝词》、赵廷玉有《苍洱竹枝词》等。除竹枝词外还有柳枝词，仅赵廷枢就写了很多首《柳枝词》。白族特有的诗歌体式是"山花体"，"山花体"因白族诗人杨黼的《山花碑》而得名，赵廷玉、周馥夫妇却是最早吟咏"山花碑"的诗人。除此之外，周馥还在《古蜀山氏女》《汉阿南夫人》《梁阿盖郡主》《唐罗阁凤女》《段羌娜闺秀》五首诗中自创了前五句是五言、后两句是七言的新样式。

还以赵廷玉为例，赵廷玉的诗歌创作形式多样，有近体诗、有古体诗，有五言、七言等，具体如下（见表 3-3）。

表 3-3　赵廷玉的诗歌创作

诗歌分类	古体诗		近体诗			
	五言古诗	七言古诗	五言绝句	五言律诗	七言绝句	七言律诗
数量（首）	33	10	5	21	97	38
比例（%）	16.18	4.90	2.45	10.29	47.55	19.12

古体诗形式自由，不拘格律、平仄，押韵较宽，创作的时候较为容易。但是正因为作者可以随心所欲，就给和韵的人带来了相当的难度。像《连雨独饮和陶韵怀致一先生史蔺生楼得月》就是一首和韵的五言古体诗，而更考验人功力的是七言古体，如《偕王乐山、张西园看梅用东坡梅花诗韵》。

在古典诗歌的写作中，最经典的诗歌形式是律诗。不仅是因为律诗蕴含的信息量大，读起来铿锵有力、气势非凡，更主要的是科举考试对律诗的写作有着明确要求。科举的规定，无形中推动了律诗这种诗歌形式的发展，所以对于清代的白族文人来说，几乎都能熟练地运用律诗这一形式，赵廷玉自然不例外。如《望夫云》"一缕浮云几度秋，坚心常注海中沤。踉跄浪打蛟龙窟，绰约神明水月楼。卷地难平千古恨，回峰又锁百重忧。可怜夫婿无消息，空报情根护石头"，就是一首广义上的律诗。且看首联和颔联，其基本的平仄规律是：仄仄平平平仄平，平平平仄仄平平。平平仄仄平平仄，仄平平平仄仄平。乍看来，并不符合格律诗的规律，但诗歌讲究的是抑扬顿挫的声调之美，这首诗歌很巧妙地做到了逢双必反的节奏规律，即第四字的平仄和第二字相反，第六字又与第四字相反，如此反复就形成了节奏感。逢单却可反可不反，这是因为重音落在双数音节上，单数音节相比而言就显得不重要了，这就是律诗格律中"一三五不论，二四六分明"的规律。纵观全诗，可知押的是下平十一尤韵部。且对仗工整，"绰约"和"踉跄"对，都是形容词；"神明"与"浪打"都是主谓格式；"回峰"和"卷地"则都是动宾结构；而"百重忧"和"千古恨"则是数字对。可见，除了格律不是那么严格之外，《望夫云》是一首极好的律诗。

虽对律诗的规律烂熟于心，但诗人却更喜用绝句。绝句灵活轻便，适于表现转瞬即逝的意念和感受，作诗通常是就地取材、即事抒怀，这种轻便灵活的绝句就成了诗人的首选。如绝句《聚仙楼吟》五首，短小精悍，"法勇登真后，岩喷众妙香。桃溪源一滴，渔唱满沧浪"，作者登上聚仙楼以后，俯瞰大理坝子的景色，壮阔美景下，心情骤然豁达，欣喜之情无法抑制，随着诗歌喷薄而出。

（三）对唐诗的接受情况

"盖尝溯有明之季，凡称诗者咸尊盛唐，及国初而一变，诎唐而尊宋，旋又酌盛唐与宋之间而推晚唐，且又推中州以逮元者，又有诎宋而复唐尊者，纷纭反复，入主出奴，五十年来各树一帜。"① 可见，清代诗坛上的主流无非唐诗或宋诗，而诗歌的发展史不过是唐诗与宋诗之间的较量。在梳理清代白族文学家族的诗歌作品的过程中，发现白族文学之家的诗人们对唐诗表现出了极大的热忱，把唐诗的学习作为写诗途中的必经之路。李白、杜

---

① （清）叶燮：《己畦文集卷九》，清康熙刻本，四库全书存目丛书本。

甫、白居易、李商隐、韩愈、孟郊等能代表唐代诗歌水平的大诗人反复在他们的作品中出现。如刘文炳的《有以李杜集易粟不得者赋以志慨》"三唐冠冕两词臣，史识仙才妙绝伦"可见对李杜二人评价之高。赵廷枢《读柳河东传有感》表达了同样怀才不遇的遗憾。在赵廷枢的作品中，杜甫反复出现：《七贤咏·杜少陵》中对杜甫虽为布衣，心忧天下的吟咏；《长歌奉简王用其同年学博》中对杜甫日常的介绍；更有《读先大父〈香岩诗集〉》中对杜甫诗歌风格的概括，可见其对杜甫的熟悉。杨载彤在《秋雨叹》中提到过杜甫和自己相同的经历，在《夜读〈即园诗钞〉，赠赋》中提到过杜甫、孟郊、李贺，并熟知他们的写作风格；在《谢观察王幼海先生为先慈〈绣余吟草〉兼题鄙集二诗即次原韵》中提到了韩愈、贾岛和孟郊；在《春日过即园》中提到了李白；在《九日偕王乐山先生暨史澹初、邱小彦、谢石臞、唐二南、朱丽川、袁于谷、家丹亭诸同好凡九人圆通登高分体得七律分韵得时字》中提到了杜甫；在《悼亡六首》中提到了韩愈、杜甫。赵炳龙的《醉歌六首》中，提到了李白、杜甫；《忆昔篇·寄段存蓼先生》中也提到了杜甫。师范的《书中溪先生集后》提到了王维；《哭同年杨栗亭孝廉》中提到了杜甫；《家履升窗外红梅》中提到了孟浩然；《建宁杂诗》中提到了皮日休；《墙西紫芋花》中提到了杜甫；《论诗六章》中提到了高适。而且，在文中，他们也常引用唐代诗人的诗歌增加自己文章的可信度和说服力。如赵廷枢在《〈所园诗集〉自序》开头说"李谪仙曰：庄周梦蝴蝶，蝴蝶为庄周"，用唐代大诗人的话为自己代言，可见唐代诗人在清代白族知识分子心目中的崇高地位。从唐代的大诗人们在白族诗人作品中出现的频率和崇高地位来看，唐诗对清代白族知识分子影响甚大，"宗唐"趋势不可避免。

　　还有人对他们的诗歌特点做过总结，胡蔚评杨师亿诗曰："格正调高，气味苍健，大段步趋三唐而涵咏于东。"[1] 清代袁枚评价龚锡瑞云："天才超逸，有太白遗风。乐府、五七古、七绝最为擅长。五七律俱闯入唐人之室。"[2] 汪云鋆学使在《龚罗二生诗稿题词》中也说："龚生之诗，偂傥奇

① 周钟岳纂，张秀芬等点校（民国）《新纂云南通志》，云南人民出版社，1949。
② （清）袁枚撰《随园诗话补遗》，上海扫叶山房，民国石印本。

伟，风骨在遗山、青邱之间。袁苏亭登选滇诗四十首，可得其略矣。"① 刘
大绅评价赵廷玉道："紫笈先生，学富才美，雅好吟咏，谢氏池塘，韦家风
雨。"李缵绪先生在《白族文学史略》中评价杨载彤诗的风格为在"愤、
愁、骚"的基础上，又添"洒脱、飘逸"②。赵基础在《读先大父〈香岩诗
集〉》中评价赵允晟的诗歌"雄深杜工部，恬淡韦苏州"。后人评价赵廷枢
的《读秦纪》"亦脱胎玉溪生"，又评价其《长歌奉简王用其同年学博》说
"所园长歌颇有兔起鹘落之势，此作尤近高岑"③。刘大绅在《所园诗集·
跋》中说道："如《由夔州入峡》诗，雄奇诡怪，置诸少陵发秦州诸咏中，
岂复可辨其为今人、古人耶？"④ 江南名士赵本扬评价师范道"范五格高气
浑，力深思沉，俨然少陵家法"⑤；袁文揆在《南还纪行·序》中说"荔扉
能以杜陵之笔，写阮籍之怀，洵可谓先得我心"⑥。袁文揆还评价刘文炳云：
"暗斋先生诗，生动曲畅，并不专主一家，其实已哜三唐之哉，有味乎！"⑦
赵淳《雪山行》一诗，跌宕多姿，浑然一体，前人评曰："可谓问津青莲
（李白）而得其近似者。"⑧

1. 诗中化用、借用唐人诗句、诗意

龚敏的《万人冢歌》"独有新丰折臂翁"借用了白居易《新丰折臂翁》
一诗。赵廷枢的《杜宇》一诗沿用了李商隐"望帝春心托杜鹃"的主题；
还有其《四时闺怨》（其二）"绕床聊复弄青梅"化用了李白《长干行》
"郎骑竹马来，绕床弄青梅"之句；而《阅亡友陈问雷遗札》中，"庾信文
章自老成"一句是对杜诗"庾信文章老自成"的借用。杨载彤《九日感事》
中"青衫泪湿黄花笑"是对白居易《琵琶行》中"江州司马青衫湿"的化
用；《初秋有感》（其三）"蜡炬烧残空洒泪，茧丝抽尽未成罗"是对李商

① 引自寸丽香编著《白族人物简志》，中国民族摄影艺术出版社，2009，第3页。
② 李缵绪：《白族文学史略》，云南人民出版社，2016，第3页。
③ 引自周锦国《清代白族赵氏作家群作品评注》，云南大学出版社，2007，第10页。
④ （清）赵廷枢：《所园诗集》，清道光六年（1826）刊印。
⑤ 引自《历代白族作家丛书·情系大理·师范卷》，民族出版社，2006，第4页。
⑥ 引自《历代白族作家丛书·情系大理·师范卷》，民族出版社，2006，第4页。
⑦ 周钟岳纂，张秀芬等点校（民国）《新纂云南通志》，云南人民出版社。
⑧ 引自张文勋主编，云南省诗词学会、云南大学中文系选注《云南历代诗词选》，云南人民出版
社，2002，第10页。

隐"春蚕到死丝方尽，蜡炬成灰泪始干"的化用；而《赠歌儿》（其二）"艳绝江南廿四桥"则是对杜牧诗《寄扬州韩绰判官》"二十四桥明月夜，玉人何处教吹箫"主题的化用；《中秋题号》（其一）"飘落天香卅四年"中"天香"是对宋之问《灵隐寺》中"桂子月中落，天香云外飘"的化用。师范《崇圣寺八咏·塔》"几时凌绝顶，一览众山秋"完全是对杜诗"会当凌绝顶，一览众山小"的借用；《望夫云》诗"相思会有相逢处，相隔能无相见时"是对李白《秋风词》"相思相见知何日"的化用；《寄龚锡瑞太史登黄鹤楼近作》中"沿洲草长绿萋萋"是对崔颢《黄鹤楼》"晴川历历汉阳树，芳草萋萋鹦鹉洲"的化用；《七歌》中"身上衣犹手中线，梦回时见慈母面"是对孟郊《游子吟》"慈母手中线，游子身上衣"句的化用。张辅受《玉楼春》中"露顶王公前"则是对杜甫《饮中八仙歌》"张旭三杯草圣传，脱帽露顶王公前"的化用。赵廷玉的《感怀集李义山句四首》则是直接把李商隐的诗句辑录成诗。

2. 风格、思想、语言表达的相似，具有鲜明的唐诗特点

杨履宽的《大仓铺妇》讲了儿子在外服兵役，丈夫也被抓丁，却因愆期，而抓妻子去顶替的故事，与杜甫《石壕吏》中"老翁逾墙走"，最后妻子去顶替的故事主题一样。赵炳龙的《洱河泛秋》首联"扁舟早发玉龙关，无数江乡顷刻还"其实就是李白《早发白帝城》"朝辞白帝彩云间，千里江陵一日还。两岸猿声啼不住，轻舟已过万重山"一诗的浓缩。何鸣凤的《早度白帝城》仅和《早发白帝城》一字之差，而在"村店鸡声续，晨骖不肯前"一联中透出了温庭筠《商山早行》中"晨起动征铎，客行悲故乡。鸡声茅店月，人迹板桥霜"的影子。赵廷玉的《望夫云》虽描写大理的传说故事，但诗中蕴藏的历史沧桑感和刘禹锡的《西塞山怀古》几欲重叠。杨载彤在写《大理风》时，很明显是受到了李白《蜀道难》的影响，但诗人学得灵活自如，颇有创造性；其《梦游苍洱》也有着李白《梦游天姥吟留别》一诗的豪气与想象力；《和雪山居士》（十六首）中表现出了一种淡定、平和之感，还充溢着一种禅理禅趣，可见是受了唐朝诗僧寒山诗歌的影响。

3. 诗作中吟咏的唐朝诗人

赵廷枢对待唐朝诗人的态度，从他的组诗《七贤咏》中足以看出，他吟咏了七位自己心目中的贤人，其中四位是唐朝人，可见其对唐人之推重。

他们分别是李白、杜甫、白居易和王维。赵廷枢在诗中赞扬了他们的人品与诗品，表达了自己的敬仰之情。赵廷枢把李、杜、白、王四位诗人作为偶像，自然在诗作中竭力模仿、追赶，所以赵廷枢诗中有唐诗的痕迹便是丝毫不奇怪了，这是自觉学习、模仿的结果。

其他还有与唐代诗人相关的和诗、拟作与悼怀诗等。如杨载彤的《晚秋携二子步五华山即事仿虞世南〈侍宴〉之作示仁镜》是模拟唐初书法家虞世南《侍宴》篇之作。赵必登有和诗《和人咏漂母墓》，而李白恰有"千金答漂母，万古共嗟称"之句。

通过以上列举便知，清代白族文学家族"宗唐"很是明显，他们把唐诗当作最高典范，自觉学习唐人的创作，主动吸收唐诗的精髓，诗中充盈着唐诗的影子。显而易见，唐诗对清代白族文学家族的诗歌创作产生了不可估量的影响。

（四）诗学理论突破

在白族诗词歌赋的文学历史上，诗歌理论所取得的整体成就并不明显，但是整体的薄弱不代表不能产生一枝独秀的理论成就。就师范等人来说，不仅在诗文创作上取得了耀目的成就，在文艺理论方面亦有突破创新。师范和赵藩的诗文理论成就在白族文学家族中，体现得最为明显。他们都是在继承传统诗论的基础上进一步阐发了自己的新观点。

在内容方面，师范继承了自古以来就贯穿的"诗言志"传统，对诗歌的本质特征阐述了自己的观点。他在《骈枝集自序》中说："二十年来，所得不下五千首，屡经芟薙，尚余其一。其间即性言情，推襟送抱。凡余之遭逢，罔不于是乎。托后之览者或于是而见余之为人，识余之居心焉。"① 可见诗歌的本质，是为了"即性言情"，即抒发自己的情感，让后来者从自己的创作中了解自己的为人与情志。若想让后人认识自己，所抒性情必是源于真正的性情，而不是沽名钓誉之言论。他还在《〈金华山樵骈枝集〉自序》中进一步申明"在心为志，言志为诗。诗者，独造之物耳"②，所以，诗所言"志"，必是由心而发，有情可言，是独一无二的，别人无法替代的，绝

---

① （清）师范：《师荔扉先生诗集》，丛书集成续编132册，上海书店，1994。
② （清）师范：《师荔扉先生诗集》，丛书集成续编132册，上海书店，1994。

不是人云亦云，无病呻吟。因此，他进一步主张诗歌要"有所为而言之"，内容决不能空泛、没意义、人云亦云。这种"有所为"才"言之"，最大限度地保存了诗歌的独创性，"泥古"、模仿，抒发的是别人的情志，那样做出来的诗歌就失去了原有的意义，既没有鲜明的个性，又不能体现诗歌的价值，千篇一律，食之无味，难得精髓。

师范还提出了有关诗与境的理论。其实，诗与境的关系在王昌龄的《诗格》、皎然的《诗式》中都有过研究，但研究集中于境象关系、意境关系等方面，师范则别开生面，从文学接受的角度来论诗与境的关系，丰富了中国古代文论。师范在《〈弹剑集〉自序》中提出"赋诗者即境以抒情，而读诗者因情以会境"的观点，所谓"即境以抒情"即触景生情，将情付之于诗，符合"即性言情"的诗歌本质。而读者因为作者情感的感染，通过诗歌这一介质，进入诗人生情的境之中。诗人是由境触动生情，读者是由情感染入境，介质就是诗歌。师范在《〈出岫集〉自序》中还说过"诗之工拙生于境"，境好则诗工，作者受境的触动感受深切，情感表达充沛，再加上好的文采，才能感染到读者，这个过程看似复杂，但若有真情实感，一气呵成并不困难，所以，作者才反复强调"诗者，独造之物耳"。

在内容与形式的关系上，师范更注重内容。注重内容并不是说不要形式，而是二者兼顾的同时，突出内容。他在《偶作》二首中写道："独立方遗世，休凭骨相看。"作诗和做人一样，不能只看外表，即诗歌形式，更要看其内在美。诗歌要有主题、有思想才能遗世独立，而不是只流于形式。这和他贯彻的"即性言情"的诗歌本质是一致的，有自己独特感受的诗歌才能内容充实、感情充沛，在浩瀚的诗歌丛林中屹立不倒。

赵藩对于诗论的探讨主要集中在他所作的一些序跋、诗词、题词中。其诗论思想在《仿元遗山论诗绝句论滇诗六十首》和《谦山示观诗稿书后三首》中有集中的体现，他抄录的潘德舆的《养一斋诗话》中的"作诗十法"同样可以反映他的诗论观点。他在《谦山示观诗稿书后三首》中说到"诗歌有正声"，这"正声"与"郑声"相对，原指雅正醇和的音乐，后泛指雅正的文学作品，即儒家所指的正统，其本质就是"思无邪"。赵藩坚持了儒家"温柔敦厚"的诗教说，"忠孝发歌泣"，这"忠孝"是可以和沈德潜的"厚人伦，匡政治"对等的，表现的是政治上正统的人文关怀，有"忠孝"

情怀的诗文创作才能感天动地。赵藩还提出"积理养浩气""君子贵自立"，"积理"本质上就是杜甫的"别裁伪体亲风雅，转益多师是汝师""风骚树准的"。赵藩还以儒家思想为界限，在此基础上不断学习和借鉴前人优秀的成果，兼取百家之长，这是一个不断充实自己、丰富自己的过程。这"养浩气"自然指养浩然之气，就是孟子所说"至大至刚""配义与道"的崇高之气，即代表着古人的最高修养水平。当然浩然之气的形成离不开"自立"，有了丰富的知识储备只是做学问的硬件之一，没有"自立"精神，做学问则很容易流于俗套乃至抄袭，这就失了水准，根本无法培养浩然之气。古语云"不破不立"，这"自立"精神就是要求打破诸多限制的条条框框，不断推陈出新。这对文人的创新精神提出了要求。因此，赵藩对能自立并自成一家的诗人很是推崇，无论是"百宝光芒浴日红"的师范，还是"九州一笠掉头行，气得乾坤彻骨清"的马之龙，或是"风雨难催铁砚堂"的桑映斗，还是"垂老空山抱琴死，招魂谁与续《离骚》"的牛焘，诗作均本色昭然，带有明显的个人创新印记，这正是赵藩乐见其成的。

《仿元遗山论诗绝句论滇诗六十首》中，赵藩在论述诗歌源流时，并非局限于自身的少数民族身份，而是从国家一统的高度来考察，"古诗之流厥有赋，赋家之心靡不赅，西汉词章溯初祖，长通亲受马卿来"，他明确同意班固"赋者，古诗之流"[1] 的观点，并认为汉代时作为白族人的长通，也是从司马相如那里学习到了古诗的创作，可见这种民族间的交流正合赵藩心意。而且，赵藩并不认为本民族的文学创作不如汉族，"文献滇南此大宗，弇洲四部斗瑰雄"，他认为师范的《滇系》比之后七子之首的王世贞之《弇洲山人四部稿》有过之而无不及；"李贺幽灵能瑰丽，孟郊劗削亦峥嵘。阎浮瞥睹昙花现，愁绝篇终《鼠死行》"，师道南《鼠死行》的魅力不差李贺、孟郊诗分毫；更有钱南园，正楷肖似颜真卿，兼法欧阳询、褚遂良，行书似米芾，画作生动传神，诗作有韩愈、杜甫、苏轼、黄庭坚之风，做人更是刚正不阿、疾恶如仇，"第一流人"当之无愧。赵藩认为，云南白族诗人对全国诗歌的创作也是有着很大贡献的，少数民族地区和内地的诗歌创作正是通过相互交流、学习，才更快地发展起来。

---

① （南朝梁）萧统编，（唐）李善注《文选》卷一，中华书局，1977。

最后，赵藩对诗歌创作的社会功能作了阐释，"性情达讽谕"，"讽谕"即委婉曲折地干预政治、批判现实的创作活动。这和潘德舆在《养一斋诗话》中的观点是一致的，明确树起了"诗教"的旗帜。诗歌创作的出发点是"即性言情"的不得不发、不吐不快之冲动，而落脚点则是对于社会的人文关怀，正如他评价赵炳龙"《薄命》篇成泪满襟，湘累哀怨楚骚心"，对忧国忧民的诗人给予了高度评价，这一点，正是赵藩诗论比师范诗论的高明之处。

三　清代白族文学家族其他著述情况

除了诗词歌赋等资料，清代白族文学家族还给我们留下了珍贵的史志类资料。在白族文人的著作中，成就最大的可以说在史学方面。大理白族地区的文人学者们不仅爬梳整理了大理地区的地方掌故，而且悉心搜集、修纂当地的方志史乘，甚至还编纂了代表明代最高水平、最敢于创新的云南省志，这丰富了我们研究的内容，使我们可以更好地了解云南白族风情和白族诗人们生存的自然、社会、人文环境。

明初，白族的文献大量遭到破坏，县志损坏严重，对于县志的修纂，被白族的知识分子提上了日程。家族文人对县志的编纂，不仅为后人了解地方文化提供了翔实的资料、有了文化传承的基础，他们对县志编纂的自觉性，还为白族知识分子起了榜样作用，带动了一大批白族知识分子投身于县志的修纂工作中。如赵州赵氏文学家族中的赵淳，不但编纂了（乾隆）《赵州志》，还纂有《白盐井志》等。（乾隆）《赵州志》从雍正十三年开始编修，到乾隆元年成书付梓。现存的是乾隆元年刻本，藏于上海徐家汇藏书楼等处。该志依通志义例，较之旧志有所增益。剑川赵氏文学家族中的赵藩，不仅是近代滇中存稿最多的文人，还致力于文献资料的搜集和编纂。他不仅编纂了《云南丛书》、《滇中兵记事》二十卷和《岑襄勤公年谱》十卷，据梁之相考证，现存于云南省图书馆的（光绪）《剑川州志稿》也出自赵藩及时人之手。虽尚未完成，但其中也留下了一些关于剑川食货、学校、祭祀、武备等方面的信息，其贡献也不可抹杀。

赵州师范，不仅在诗文创作、理论方面贡献突出，在史学方面同样有着重大成就。《滇系》《南诏征信录》是师范的史学代表作。特别是《滇系》，是一部七十六卷本的巨著，参考了四百多种文献，四年才竣工，其价值不言而喻。全书按云南的特点，分十二系，即疆域、职官、事略、赋产、山川、人物、典故、艺文、土司、属夷、旅途、杂载。"《滇系》名之为'系'，而不是严格的地方志体例，但仍用了方志'横排竖写'的写作方法，在有的地方也像司马迁《史记》一样，写完一段之后，来个'师范曰'，用其解释和说明，兼有评论，其中有资料的汇编，也不乏自己的论述，正因为如此才称之为'系'。"① 书中采取了各家之长，史、志、记等多种形式兼有，内容广博丰富，为后人提供了不少关于云南的政治、经济、地理、文化、民族等方面的宝贵资料。因此，《滇系》一书，在短短一二百年的时间里，已成为研究云南历史、文化的必读书目。《南诏征信录》根据胡蔚的《南诏野史》记录了大理地区的历史，但惜其不存。如同杜甫的诗歌被称为"诗史"，能将历史事件"毕陈于诗，推见至隐，殆无遗事"②，诗歌同样能起到补充历史的作用，如师范的《咏史诗》，共一百零八首，被称为"一部廿四史"；赵藩的《仿元遗山论诗绝句论滇诗六十首》又被誉为"云南诗歌史略"，其中提到了86位云南诗人，诗人的诗歌风格和人生阅历或多或少可以在诗中窥见蛛丝马迹，这对文学史无疑是一种充实。

四　清代白族文学家族所处的文化生态探析

一时一地文化学术氛围的形成绝对不是静止、孤闭的。根据文化生态学的观点，一地文化的形成与外部的经济、社会和自然环境有着极为密切的互动关系，是人类在自然背景下经过长期活动后获得的"自然"与"社会"文化耦合的立体生态系统。因此，除却对历史文脉的继承和发展，还要注意到相同区域间的自然生态环境、人文政治环境、社会教育环境以及不同区域间的经济、政治、人文、社会环境的输入和输出。文学是流动的文化，流动性是文学生命力的必备条件。文学在其生存的空间环境里播种、发芽，在与外界不断的交流、碰撞中发展壮大，然后向不同区域辐射其影响力。人杰地灵的大理白族地区能出现八个文学家族，自然离不开钟

---

① 引自《情系大理·历代白族作家丛书·前言》，民族出版社，2006。
② （唐）孟棨撰，李学颖标点《本事诗》，上海古籍出版社，1991，第4页。

灵毓秀的自然生态环境、儒学占统治地位的政治环境、白汉文化交流互融的社会人文环境、以科考耕读为主体的家庭环境、官学私学齐头并进的教育环境的共同浇灌，正是各种自然和社会因素的共同影响，才使得白族文学有了今天的成就和影响。

（一）钟灵毓秀的自然生态环境

在我国西南少数民族中，白族是历史悠久、文化发达的少数民族之一，主要分布在以洱海为中心的大理地区。仅大理白族自治州而言，白族人就占全国白族人口的70%。

白族人生活的大理地区，位于青藏高原、横断山脉与云贵高原结合的广大地区，这一地区不但有山区，还有平坝和河谷，多种地貌并存。山区与河谷高下相参，造成了气候的垂直差异，从高寒带到亚热带的气候均有分布，所以适合多种植物的生长、茂盛，同时，为人类的生存带来了宜农、牧、林的便利自然条件。

"地理环境是文化创造的自然基础……对人类文化创造的影响是真实而多侧面的、持久而深入的"[1]，大理地区不但有"一山有四季，十里不同天"的变化，亦有"天气常如二三月，花枝不断四时春"[2]的宜人气候。所以大理大部分白族人民聚居的地方，夏无酷暑、冬无严寒，与有"春城"之誉的昆明相比，不遑多让。如此惬意的气候条件，自然激发文人创作的雅兴，赵廷玉在《苍洱竹枝词》中就曾描写到这四时如春的气候："五月炎天绽石榴，雨来便可着羊裘。四时真是无寒暑，罗绡轻衫不用谋。"张辅受在《榆郡竹枝词》（二首）中，同样写道："轻暖轻寒天气和，融融迟日漾清波。"大理地区不但气候适宜，而且山多水多，花多鸟多，人与自然相处和谐，景色美不胜收。在（咸丰）《邓川州志》上就刊有张相侯以"西湖渔村"为题的一首诗："画图出天然，人家水镜圆。绿垂沿岸柳，青飐几村烟。山翠涵前浦，渔歌出晚船。桃源何处是？即此是神仙。"[3]形象地再现了大理地区各族人民与自然共融共美的情景。

谷长箐深，绿柳垂门，袅袅青烟，渔歌唱晚，这般美景，如果少了文人

---

① 冯天瑜：《中华文化史（上编）》，上海人民出版社，1990，第3页。

② （明）杨慎著，王文才选注《杨慎诗选·滇海曲》，四川人民出版社，1981，第166页。

③ （清）侯允钦纂修（咸丰）《邓川州志》，台湾成文出版社影印本，2007。

的赞颂，难免会失了几分颜色。于是，文人们纷纷用生花妙笔来润色这大理的风情与美丽。如赵州赵氏家族中赵淳与赵之瑱父子俩，同吟东晋湖，"湖光看不厌，山色一起收"①（赵淳《泛东晋湖》）、"夹道红桃欺醉颊，连村绿柳映青□"（赵之瑱《游东晋湖》），各得风采。"滇山无不奇，苍山奇称最"（师道南《苍山》）是对大理苍山最贴切的概括。而师道南的《响水关》对古代洱海山水的描写雄奇壮阔，引人入胜。读完杨载彤的《大理风》，你甚至感觉大风正张牙舞爪地怒吼着向你扑来。可见，大理地区的灵山秀水无疑为白族文学家族的诞生提供了极好的自然条件，提供了文学家族延绵不绝和不断发展壮大的灵感和源泉。

山水灵气和文学家族的密切关系，并非体现在个例。彦秀为《丹阳周氏家集》②作序时就提到"丹阳北枕大江，南邻湖山诸胜，期间清淑之气，蔚为人文"；陆荣在为《石仓世纂》作序时亦提到"夫天之生才，良非易易，山川灵淑之气，每间世而一发，今欲聚灵淑之气于一门，且连绵续续，世济其美，此固天之所靳，而不欲轻与者"③，二者都突出了山川灵淑之气对文人创作的重要作用，灵淑山水的浸润使得文学家族保持了长盛不衰并欣欣向荣的高昂姿态。明代刘文征在《天启滇志·大理府风俗》中也说"高山大川，钟灵毓秀，代有人物"④。进一步证明，世世代代的白族文人，正是靠着不断汲取大理这块宝地的山川灵气，靠着在奇山秀水里寻到的灵感与源泉，才能长盛不衰，文泽绵延。

文学家族的发展得益于一方山水的哺育无疑，而家族枝繁叶茂为该地增添的人文价值正是家族对故乡的反哺。著名作家戴维·劳伦斯说过："每一大洲都有它伟大的乡土精神，每个民族都被凝聚在叫作故乡、故土的某个特定地区。"乡愁，成了文人笔下解不开的羁绊。像赵之瑷的《梦寄飞来寺》"鸟道无人鹤不遂，抛残花梦一斑斑""故国本荒非旅思，只园若便是贤

---

① 赵淳《泛东晋湖》、赵之瑱《游东晋湖》均出自（清）陈钊堂修，（清）李其馨等纂（道光）《赵州志》，清道光十九年（1839）刊刻。

② 《彦秀丹阳周氏家集序》，见周寿鹏辑《丹阳周氏家集·卷首》，光绪甲午刻本。

③ 《陆荣石仓世纂序》，见曹锡黼编订《石仓世纂·卷首》，乾隆十四年刻本。

④ 引自张文勋主编，云南省诗词学会、云南大学中文系选注《云南历代诗词选》，云南人民出版社，2002，第10页。

关"，家乡哪怕是荒凉到不适合寄托羁旅之思，但身处异乡，看遍异乡风物的游子，眼里梦里放不下的还是故乡。赵藩的《龙泉观看梅花》"何时荷锄种，有梦故山归"，梦中的还是生于斯、长于斯的故乡。故乡，最值得游子眷恋，哪怕你达官显贵、封侯拜相。所以，大理白族文人笔下的滇池才会有"一片昆池水，盈盈照眼来。人烟双塔晓，殿阁五华开"的明丽，青山才会有"落眼山光个个青，荷花两岸影娉婷。半霄雷雨秋风路，梦醒犹疑在北滇"的壮阔。大理白族文学家族文人们，用最温柔的笔触，重复地梳理着一个叫大理的地方的山水景色，还原了一个温暖、明丽的故乡，让山水大理从此名显天下，从此带上了文化的印记。正如普鲁斯特所说："作家的重复比他对我们所说的一切更能说明他自己。"

（二）儒学占统治地位的政治环境

自古以来，中国的"家国一体"观念根深蒂固，国由家组成，家由国庇护，二者之间盘根错节、不可分割。国家政策的制定，引导了家族的兴衰走向；而家族的兴衰成败也恰恰反映了一个国家的政治走向，二者互相印证。因而，由一个王朝的政策走向影响文学家族的发展轨迹，再透过这群家族文人之眼，来窥探一个朝代云谲波诡的政治背景，显得十分重要和必要。

儒学的传播使白族文人饱啜中原先进文化，为文学家族的诞生提供了底蕴与基础。权力的不断集中，是统治者维持国家稳定的重要手段之一，而在儒家的"忠君爱国""三纲五常"等思想的熏陶下，可使皇权的集中之路走得更为名正言顺，因此从汉武帝"罢黜百家，独尊儒术"开始，儒家思想便成了历代王朝的统治基础，思想专政的工具。所以，为了维持国家的稳定、享受至高无上的权力，统治者大力宣扬儒家的君臣纲伦思想来维持统治秩序，其效果也得到了显著彰显。这点可以在《南诏德化碑》中体现出来："恭闻：清浊初分，运阴阳而生万物。川岳既列，树元首而定八方。故知：悬象著明莫大于日月，崇高辨位莫大于君臣。道治则中外宁，政乖必风雅变。"自然界的最高秩序是日月的差异，社会秩序也必然有其客观基础，所以应按照一定的秩序来治理国家，而社会的最高秩序就是君臣的尊卑。当然，更简单一点说，就是："夫至忠不可以无主，至孝不可以无家"，这主，自然是指当朝统治者。所以，唐代时，朝廷就向南诏"赐书习读""传周公之礼乐，习孔子之诗书"。清代白族地区接受的教育和教材与汉地一样，同样是官方规定的、儒学为主体的四书五经。从这一方面来说，儒学在白族地区的传播是强权政治的结果，是白族人民被动接受的结果。但毋庸置疑，这种强权高压对儒学的推行起了相当大的作用，奠定了儒学在白族地区的正统地位，促成了儒学在白族地区的广泛传播，也使得汉文化对白族人民的影响越来越深。

另外，儒学无疑是一种更为先进的思想，所以这一时期，南诏政权吸收儒学是主动的、积极的。皮罗阁入长安朝贡后，"慕唐朝的礼仪威严，君臣有序，派遣蒙氏族人子弟、诸官子弟、王子六十人，入学长安三年。以后每三年入学一批，每批二十人，请长安学师授课，并习礼乐"①。更何况，选拔人才的科举考试，内容就包括儒家的四书五经。科举年代，无论是中原地区还是少数民族地区，"学而优则仕"是一条颠扑不破的真理。士绅入仕，取得功名，得禄养亲，光宗耀祖，是当时知识分子的普遍追求。大理国还曾效法中原开科取士，把大批熟读儒家经典的知识分子选拔进政权机构。明阮元生《南诏野史》说："段氏有国，亦开科取士，所取悉僧道、儒生者。"科举制度的存在，造就了大理白族地区深受汉文化影响的知识分子士绅群体的形成和不断发展壮大，涌现了大批精通儒学的知识分子。这批知识分子不仅自己学习儒家学说，而且还能承担起传播儒学、教化乡里的重任。就像太和人杨子渊，曾任儒学教谕，不仅其五个儿子均以科名显世，且"训迪诸生，多所造就"。像赵廷玉、杨载彤、师范、杨履宽等都做过教书育人的工作，他们在儒学传播的过程中也发挥过重要作用。刘小兵在《滇文化史》中说过"三国时期，'南中大姓的形成，中间经过了东汉初年以来入学仕进这一必不可少的环节，成了掌握文化的阶层'……'南中大姓代表了汉文化在云南的传播'"②。同样的，大理地区的高门大姓，亦是儒学传播的主要接受者和得益者，家族文学的存在，有其合理的出口。况且，先进儒学的传播，为家族文学的诞生提供了知识上的储备。而积极推广儒学的知识分子，以传播先进文化、移风易俗为己任，潜移默化中瓦解着白族人民文化和地域上的闭塞，为文学家族的诞生提供了底蕴与根基。

---

① （明）李浩、玉笛山人、张继白等著《大理古佚书钞》，云南人民出版社，2002。
② 刘小兵：《滇文化史》，云南人民出版社，1991，第125页。

（三）白汉文化交流互融的社会人文环境

在清代，大理白族地区汉民的大量涌入已是常态。汉族人的定居，不但带来了先进技术、思想文化，也将传统白族人民的习俗杂糅到自身的生活中，二者相互影响，生活方式渐渐融为一体。无疑，汉民族文化是先进的文化，一般来说，汉化程度越深的少数民族文化越发达。而在白汉民族长期的交往融合中，汉族人民对白族人民的影响可谓渗透到了生活的方方面面——语言、房屋建筑、姓名、节日、婚俗，甚至是诗歌的押韵与形式。随着汉化程度的加深，大理地区的白族文人在文学上受益良多，其文学成就是同时期大理地区的彝族、纳西族等少数民族难以望其项背的。当然，大理白族人民汉化程度高除了得益于得天独厚的自然条件外，更是政治和历史相互作用的结果。

首先，便利的交通是白汉人民能相互交流、相互融合的基础。大理地区东接亚洲大陆，西接亚洲次大陆，是滇西地区一个重要的交通枢纽。同时，怒江、澜沧江、金沙江几大水系在此相交，纵贯南北，有着十分便于交往的自然条件。"蜀身毒道"的存在有着悠久的历史，东汉明帝时期开通的"古西南丝绸之路"更是打开了大理与外界接触的大门。唐代以后，云南地区还形成了一条"茶马古道"，为白族人民与外界的接触、来往提供了极大的方便。四通八达的水路交通和不断开辟的陆路交通，为大理白族与中原文化的交流提供了得天独厚的便利条件。这也极大增进了信息的传递，成为两族之间交流、融合的必备条件。

其次，汉族移民，人口杂居，提供给了双方相互学习、相互交流的空间和条件。汉武帝时期，就在洱海地区设置了郡县，公元 3 世纪时，由于战乱，不少汉族人来白族地区避难，部分与其融合。公元 715 年由云南东部迁到洱海地区的大量各族人民融合于白族。元代时，在云南地区建立行省，直接派遣汉族官员进行管理。到明代，白汉民族相互融合的现象更为明显。明初，皇朝政府不但在洱海地区"安辑其民人"，劝励流亡的白、汉等族人民返回乡里，而且还从内地迁来大批汉族人民垦种。洪武二十年（1387），调派大量军队来云南实行屯种，"移中土大姓以实云南"，又"诏湖广常德、辰州二府民三丁以上者，出一丁往屯云南"①，其中一部分人到

---

① （明）李浩、玉笛山人、张继白等：《大理古佚书钞》，云南人民出版社，2002。

白族地区安营扎寨，努力耕垦。在这里，汉族移民不仅适应了白族人的生活方式，而且白汉两族人民亦有通家之好。像在《弥渡师氏家谱》中就提到"明朝洪武十三年（1380），始祖师毓秀随军来滇""与当地民族和睦相处，娶字氏夫人，开垦生息"。而且，明清时期大理地区大规模的改土归流，改变了土司林立而带来的民族间的隔阂，增强了白汉两族的经济、文化交流。

最后，"经济的共同性成为跨越文化差异的亲合剂"①，贸易的发展跨越了文化的差异，促进和加速了云南少数民族与内地汉族的经济交往和文化交流，使得汉文化的传播进一步加快。在白族农业和手工业发展的同时，白族地区的商业和城镇经济也得到了一定程度的发展。而大理地区部分地租和政府的赋税规定用货币缴纳，迫使农民只得出卖自己的产品换得货币来缴税交租，在无形中就加剧了对市场的依赖。康熙《大理府志》提到"力田之余，负贩而出。子妇则勤予纺织，贸布匹"，就是农民对市场依赖的最好写照。当然，这种依赖不仅体现在白族人民身上，对居住在大理地区的汉族人民同样适用，在买卖中，加强了两族人民的接触与交流。同时，货币的统一，对商品经济的发展和繁荣市场有着重大的意义，也加强了白族和汉族商人的交流合作。民国《大理县志稿》载："有明以降，衣冠文物，中土同风，近之则川、黔、桂、粤，远之则楚、赣、苏、杭，皆梯航而至。"以至"四方之货一入滇，虑无不售，其途愈远，其来愈难，其入货者愈有词，于出货者愈有利"。"茶马互市"和"茶马古道"的繁荣和发展更是离不开少数民族和汉族的共同完成。无疑，商品经济的形成和城镇的发展，起到了白汉两族人民交流催化剂的作用。

在与汉族人民日益频繁的接触、交流中，白族人民努力学习汉文化的价值体系和文化特征。在学习中，汉语开始在白族地区流行起来，汉字逐渐取代了白族的原始文字。汉字在大理白族地区的通行，扩大了文人士子的交往圈，使得白族文人的作品有了进一步传播、流通的市场，扩大了文学的影响力。同时，在汉地高门大姓、书香门第的榜样与激励下，白族文人更加坚定了迈向奕叶相传的书香世家的发展方向，努力学习先进文化，不故步自封，

---

① 陈庆德：《民族经济学》，云南人民出版社，1994，第 79 页。

为文学家族的诞生注入了新鲜的血液，提供了充足的养料，逐渐找到了适合文学家族生存的文化土壤。无怪乎有学者提道："白族共同体的形成，是历史上长期以来该民族社会经济发展的内在总趋向，同时也是吸取了大量汉族和其他民族先进文化的结果。"

（四）以科考、耕读为主体的家庭环境

家学与师承是中华文化赖以传承的重要途径之一，沿着宗族和血缘的脉络，来梳理清代大理白族文学世家，可揭示源远流长的中国文化与文学绵延不绝的衍生机制和深厚根基，进一步传达出"耕读传家"理想中寄托的祖述风雅、薪火相传的文化信念。家风和家学是维系家族几百年不敝不败的精神源泉，钱穆曾这样定义："当时门第传统共同理想，所希望于门第中人，上自贤父兄，下自佳子弟，不外两大要目：一则希望其能俱孝友之内行，一则希望其能有经籍文史学业之修养。此两种希望，并合成为当时共同之家教。其前一项之表现，则成为家风。后一项之表现，则成为家学。"①

中国伦理关系以家族为本位，所有一切社会组织皆以家庭为中心，人与人的关系亦由家庭关系而扩大。《孟子·劝学》云"蓬生麻中，不扶自直；白沙在涅，与之俱黑"，由此可见环境的影响不可忽视。家庭环境对于一个人的重要性不言而喻，而对于文学家族来说，周围的环境亦十分重要，这是家风、家学形成之伊始与开端。

从白族地区现存的一些乡规、村规来说，我们可以看出云南白族地区是一个亲孝悌、明道德、重教育的地方。如白族聚居区剑川县沙溪乡蕨市坪村的《乡规碑》记载："敦孝悌以重人伦，孝悌乃人之本，能孝悌则不会犯上。"明嘉靖二十七年（1548）的《儒学箴》碑文中写道："君国子民，教之育之，有育无教，或沦于夷。置吏俾育，建学俾教。为教之方，本乎师道，清修实践，正学博闻，成己成物，师道用尊。为学之方，体仁由义，诵法周孔，亦致文艺，化民成俗，以善其乡，成德达村，以资于邦。本末循循，用臻实效，最尔师生，毋忝学教。"可见白族人极其推崇教育，认为"有育无教，或沦于夷"，所以必须大力兴建学校，推行教育。同时，"为学

---

①　钱穆：《中国学术思想史论丛》第三册，生活·读书·新知三联书店，2009，第159页。

之方，体仁由义"，教育是和品德的建立联系在一起的，学习的方法是由个人的品德体现出来的，只有知识，没有品德，那就不能称为一个会学习的人。在白族，所谓的教育，包含两方面的内涵："教学"和"育人"。少了其中任何一方面都不能称为教育。这种大环境的引导无疑是正确而积极的，有利于白族人民知识的普及和人品的塑造，所以白族文学家族中出现了像赵联元、赵藩、龚敏、师问忠、师范等德才兼备之人。

　　白族传统家庭道德中除了对教育的重视外，对于家庭规范的要求也十分严格。《张思叔座右铭》碑文说："凡语必忠言，凡行必笃敬，饮食必慎节，字画必楷正，容貌必端庄，衣冠必肃整，步履必安详，居处必正静，做事必谋始，出言必须行，常德必固持，然诺必重应，见善如己出，见恶如己病。凡此十四者，我皆未深省，书此当坐隅，朝夕视为警。"从这些村规、家规中，我们很容易看出白族家族的发展轨迹。特别是书香门第，为使书香奕叶流芬，更制定严格的家规来约束家族成员，他们信奉"书香不可绝，书香一绝，则家声渐夷于卑贱。家声既卑，则出人渐鄙陋，人既鄙陋，则上无君子之交，下无治生之智"① 的原则，努力发扬书香世家的好学精神和高尚情操。就像明代白族学者艾自新和艾自修兄弟，不但自小以严格的道德文化标准要求自己，还都留下了有关家庭道德教育的"家训"传世，可见，白族人民亦深谙书香望族需数代累积之理。

　　家庭熏陶是任何一个文学家族都无法忽视的必备条件，其重要性不言而喻。以"一门四代六诗人"的太和赵氏文学家族为例，从杨载彤《石岭赠文轩宗叔》中"世业书香荩带草，家传水利捕弓鱼"一联，很容易对太和赵氏家族作出界定——一个不折不扣以耕读传家的书香门第。但他们在维持书香世家的同时，亦保留了浓郁的家庭生活气息与痕迹。水利、捕鱼，打破了人们对书香门第十指不沾泥的幻想，把奕叶相传的书香世家更真实地展现在世人面前，可见他们世世代代走着一样的步伐——耕、读。耕，满足了生活的需要；读，实现了他们对科名的向往。赵允晟，康熙间贡生。其子赵廷玉、赵廷枢，其孙杨载彤亦都有科名，赵允晟科举的小小胜利给后辈带来了鼓励作用，同样作为父辈的赵廷玉与赵廷枢也为杨载彤起到了榜样作用，这

---

　　① 王晫、涨潮编纂《檀几丛书·初集》卷十八张习孔家训，上海古籍出版社，1992。

就是家庭影响的力量，因而熏陶出了热爱读书的家庭环境。一般来说，越是书香世家，越注重对家庭环境的规整与维持。

为使书香望族世代绵延，文学家族也采取世家联姻的方式来巩固书香基础，而世家联姻，讲求的是门当户对。在大理白族文学家族中，典型的当属赵州龚氏家族和赵州苏氏家族中龚锡瑞和苏竹窗的联姻。龚锡瑞风流倜傥、能文善诗，其诗有李白余风。苏竹窗在学问上，更是巾帼不让须眉，是白族历史上高氏之后的第一个女贡士。当然，这种联姻并非没有感情基础的父母之命、媒妁之言，而是爱情中更高层次的追求，文人士子更渴望找到在精神上能和自己共鸣的伴侣。如赵廷玉之妻周馥，是县学教师周孔潜的女儿，从小就熟读经书，"诗词绘画，占卜医药无不通，尤精于女红"，是个多才多艺、秀外慧中的女子。夫妻二人间的绵绵情意在其唱和诗中就有很多体现，如赵廷玉的《汉江寄内》远离家乡表达对妻子的思念之情；而其妻周馥则会作《紫笈夫子就馆中旬话别》《送紫笈夫子应南巡召试》等诗来嘱托要离家的丈夫，情深意笃、琴瑟和鸣，十分典型的夫唱妇和模式。像苏竹窗、周馥这样受到家庭文学熏陶的女子，出嫁时带着父母家的文化印记，并在积年累月的磨合中与夫君家的文化印记相汇合，或互补或强化，衍生出推动家学的新动力。其子孙后辈在双重文化机制的影响下不但可以培养家风家学，更可以积累家教，绵延书香与风雅。

值得一提的是，清代白族女性的地位较高，这种男女平等的家庭环境也是清代白族文学家族中能出现周馥、苏竹窗两个女性作家的原因之一。在对白族文化的实地考察中得知，白族人民并不十分赞同汉族"天公地母"的男权主义社会，他们推崇的是"天母地公"，虽不说女性的权力大于男性，但起码很少有中原地区盛行的"男尊女卑"思想。他们供奉的不是象征男性的龙，而是象征女性的凤，这种观念是母系社会的遗留产物。没有"男尊女卑"思想体现最为明显的就是管家大权交给女性。这在太和赵氏文学家族中体现得尤为明显，赵廷玉出游在外，家中一切都是周馥在操劳、安排。杨载彤还在《寄内》（六首）中感谢妻子对家庭的辛苦付出。这种不歧视女性的观念无疑为文学的发展拓宽了道路，因此清代白族出现了相当一部分女性作家。

社会环境的清明，自然能带动文学的自由发展和突破。师友声气相通、结社分派，浓郁的文学氛围，不但提高了文人的创作水平，还进一步扩展了作品的流传和推广。师范在《金华山樵诗前集自序》中提道："壬辰（乾隆三十七年，1772）归自晋宁，砚北、南池结社紫薇山房，相拉入会，凡二载。"[1] 文学社团的兴起，无疑打开了文人士子的交流沟通渠道。这种社团活动，为文人士子提供了诗艺技能的训练场和思想宝库，使家族的精英思想不断融入、完善、再吸收，构成地方文缘的基础，形成影响文学家族的外部文学环境。文学家族又在这种地方文缘中，不断吸取养料，来保证家族文学的根深蒂固、长盛不衰。除文学社团，唱和诗同样能看出文人之间的交往痕迹，惺惺相惜的文人之间唱和之作必然会不少：家族之内的唱和无需多提，如赵廷枢《寄大兄晴虹四十四韵》《寄弟诗》、周馥《示懿儿》，师问忠《归里日口占示家人》、师范《寄弟》，家人之间的丝丝关心显露无遗。家族与家族之间交往唱和更加频繁，如师范《寄龚锡瑞太史登黄鹤楼近作》和龚锡瑞《昆明逢师荔扉归自东京》就足以证明两人之间的密切联系和关注，还有杨载彤《简师荔扉》、师范《同赵晴虹游石马泉》《寄杨栗亭》《哭同年杨栗亭孝廉》等作品，可见师范与赵州龚氏文学家族、太和赵氏文学家族、太和杨氏文学家族都有着密切的往来。家族和家族之外的其他文人之间唱和之作更是多不胜数，如赵荃的《酉阳酬唱集》中是自己和其他文人对赵藩吟咏酉阳之作的唱和。文人的交往圈更多的还是文人，他们惺惺相惜，相互酬唱、训练诗艺，耳濡目染地受到极好的文化熏陶，可谓"谈笑有鸿儒，往来无白丁"。相互感染的文学氛围和书香门第结合的婚姻模式对文学家族的成型起了极好的巩固的作用。

从戴钧衡《桐乡书院四议》"自科举之法行，人期速效，十五而不应试，父兄以为不才；二十而不与于胶庠，乡里得而贱之"[2] 足以见得，世人对科名的看重，甚至认为只有读书仕宦才能通古今、阅世事。确实，对清代文人来说，科举起到了"光耀门户，实必赖之"的重要作用。不但能增长个人见识、阅历，提升个人素质，更能考取科名，以光耀门楣、延续家族文学的优势，保持世家大族的长盛不衰，因此文学家族基本上是科举世家的代名

---

① （清）师范：《师荔扉先生诗集》，丛书集成续编 132 册，上海书店，1994，
② 戴钧衡：《味经山馆文钞，卷一》，续修四库全书本，上海古籍出版社，2002，第 175 页。

词，白族文学家族对此亦深表认同，因而努力争取耕读、科举传家的理想家庭模式。大理白族文学家族对科举的重视，从各个家族的科名情况中可见一斑（见表3－4）。

表3－4 各个家族的科名

家族	成员	家族谱系	科名
剑川赵氏	赵怀礼	藩曾祖	乾嘉间诸生
	赵联元	炳龙裔孙,藩父	
	赵惠元	联元弟	诸生
	赵藩	联元子	光绪元年(1875)举人
	赵荃	藩胞弟	光绪二十三年(1897)举人
太和杨氏	杨晖吉		康熙岁贡生
	杨师忆	晖吉侄,履宽祖父	诸生
	杨文鬻	履宽父	乾隆十八年(1753)癸酉科举人
	杨履宽		乾隆三十九年(1774)甲午科举人
	杨履义	履宽从弟	乾隆间诸生
	刘文炳	履宽外祖父	康熙五十九年(1720)庚子科举人
赵州龚氏	龚仁	义兄	康熙年间岁贡生
	龚义	渤祖父	诸生
	龚渤		乾隆元年(1736)丙辰科进士
	龚锡瑞	渤子	乾隆乙酉科(1765)拔贡
	苏竹窗	锡瑞妻	白族历史上高氏之后的第一个女贡生
	龚亮		雍正十年(1732)解元
	龚敏		乾隆六年(1741)举人
	龚瑞鼎		乾隆十三年(1748)进士
太和赵氏	赵允晟	廷玉之祖父	康熙间贡生
	赵廷玉		恩贡生
	周馥	廷玉妻	
	赵廷枢	廷玉弟	乾隆四十二年(1777)拔贡
	赵懿	廷玉、周馥长子	
	杨载彤	廷玉、周馥三子	嘉庆十二年(1807)副榜贡生

续表

家族	成员	家族谱系	科名
赵州师氏	师问忠	范父	乾隆六年(1741)辛酉科举人
	师范		乾隆三十九年(1774)甲午科举人
	师箴	范弟	乾隆间诸生
	师道南	范子	
赵州赵氏	赵淳		雍正五年(1727)进士
	赵之瑞	淳子	乾隆十年(1745)乙丑科进士
	赵之瑗	淳子	乾隆六年(1741)辛酉科举人
	赵之瑱	淳子	乾隆二十五年(1760)庚辰恩科举人
剑川张氏	张国宪		
	张辅受	国宪子	诸生
鹤庆李氏	李毓奇		顺治岁贡生
	李倬云	毓奇子	康熙四十四年(1705)己酉科举人
	李齐云	毓奇子	廪生

由表3-4可知，大理地区白族文学家族的38位文人中，有科名的为33人，分别为：剑川赵氏家族（举人2、诸生2），太和杨氏家族（举人3、诸生3），赵州龚氏家族（进士2、举人2、诸生4），太和赵氏家族（诸生4），赵州师氏家族（举人2，诸生1），赵州赵氏家族（进士2，举人2），剑川张氏家族（诸生1），鹤庆李氏家族（举人1，诸生2）。可见，8个文学家族中，没有一个家族是远离科考的，而且文学家族科考成功的概率也会更高一些，白族这8个文学家族中只要参加过科考的，要么是诸生，要么是举人，甚至还有进士，虽然科举并不能完全代表一个人的才学，但没有真才实学亦很难在千军万马过独木桥的科举考试中脱颖而出。

"缙绅家非奕叶科第，富贵难以长守"①，只有世代科举，才能获得家族长久的富贵或名声，所以，白族文人家庭的男性成员大多走上了科举的道路。而且，一旦有人得中，就会对家族中的其他成员带来示范和激励作用，使得后来者前赴后继。甚至可以毫不夸张地说，清代时期，科举是使家族的名誉和荣耀得以累世绵延的唯一途径。

① 孙传钊：《孙衣言孙诒让父子年谱》，上海社会科学院出版社，2003，第134页。

（五）官学、私学齐头并进的教育环境

明代改土归流后，实行教化并举，设学校、推儒学，试图达到政教一统的目的。朱元璋曾说："边夷土官皆世袭其职，鲜知礼义，治之则激，纵之则玩，不预教之，何由能化！其云南四川边夷土官，皆设儒学，选其子孙弟侄之俊秀者以教之，使之知君臣父子之义，而无悖礼争斗之事，亦安边之道也。"当然，这教化边夷土官知法懂礼是为一方面，更重要的作用是推行儒学、安定统治。明清之际推行的教育无疑是成功的，不但使民风民俗丕变，更使得整个社会风气都发生了较大变化，取得了"云南节物交际，列郡皆同，与中州亦无以异"① 的显著效果。

大理地区的私塾教育，到了清代愈加成熟，办学规模越来越大。清代前期，白族地区的经济条件发达，封建文化繁荣，学术氛围浓厚，使得书香门第家庭相当多，因而私塾的发展也有了大好前途。（康熙）《剑川州志》中有这样的描述："城乡远近，处处设塾延师，诵读之声不绝，是以人文蔚起，科甲接踵。在迤西诸郡中，足称翘楚"，师范在《滇系·学校考》中也用"宜乎深林密箐之间，弦诵之声，不绝于耳"来形容大理地区的学习风气和办学规模。许多的著名学者就是由私塾培养出来的，白族地区也出现了许多耕读相承的教育世家，对发展教育作出了巨大贡献："赵廷俊，大理喜洲镇人，前清进士，长期任大理西云书院教授；子赵景渔获光绪元年（1875）举人，初任易门县教谕、云龙州学正，后在大理城内设馆授徒房十数年，知名人士多出其门，随又任大理敷文书院山长、省城高等学堂史地教授；孙赵甲南，五岁起入父馆侍读，聪慧逾常，十五岁入县学，十九岁中举人，光绪二十年（1894）冬入京会试，翌年5月2日在京松绮庵参加康有为、梁启超召集的应试举人变法会议。"② 而且，剑川白族赵联元、赵师程、杨卓桐、杨喆士、张元浩、寇珩等家俱是五代以上的教育世家。赵州师氏文学家族中，师问忠就是一位教育大家，一生所教弟子众多，其子师范得其真传，且青出于蓝而胜于蓝。师范为乾隆甲午科（1774）举人。乾隆五十二年（1787），选任剑川州学司训。嘉庆六年（1801），选任安徽塑江县令。

---

① 李元阳纂《万历云南通志卷一·全省风土附论》，民国二十二年刊本。
② 张培爵等修，周宗麟等纂，周宗洛校订（民国）《大理县志稿》，据民国六年（1917）铅印本影印。

好学不倦，著作等身，曾作诗歌万余首。师范曾教授剑川赵氏文学家族中的赵怀礼，并夸赞赵怀礼"茹古得髓，其诗自成馨逸"。太和赵氏文学家族中，赵廷玉从师于县学教师周孔潜，并与周孔潜多才多艺的女儿周馥喜结连理。后为生活所迫，也曾任私学教师。当然，还有一些家底丰厚的人家，专门聘请教师教授自己的子女。这些条件，都为家族文学的存在营造了成长的土壤。私塾教育因其教学制度灵活，规模可大可小，不受时间、空间限制，耗资少，就学方便等特点深受欢迎，长期以来，代代相传，培养出了大批人才。清末的时候，仅大理府城就有 20 余馆。私塾的兴起，为家族文学的成型作出了不可磨灭的贡献。

和私学比肩的另一大教育组织形式是官学。官学分地方官学和中央官学两部分，很显然，大理白族的官学属于地方官学的范畴。官学有着严格、规范的制度体系，清代时划分为府学、厅学、州学、县学、社学，在乡间还存在义学。同时，为便于管辖，设置学官，府学设教授、训导各一人，州学设学正、训导各一人，县学设教谕、训导各一人。学额规定更为细致，一般来说，府学厅限廪膳生 40 人、增广生 40 人、附生 20 人，州学限廪膳生 30 人、增广生 30 人、附生 20 人，县学限廪膳生 20 人、增广生 20 人、附生 15 人，当然也会根据区域范围、人口和文化发展情况作出调整。依据明代刘文征的《天启滇志》、民国《新纂云南通志》等资料，可知到明清时期学宫创建已达 12 所，除元代所建的大理府学宫、邓川州学宫和鹤庆府学宫，明代时创建浪穹县学宫、赵州学宫、云南县学宫、太和县学宫、宾川州学宫、云龙州学宫、永平县学宫、剑川州学宫、蒙化府学宫等，清代学宫在此基础上或修或建，日臻完善。

在官学范畴内，还有在乡村设置的学校，明清时期称之为社学。社学创办始于元代，明代在其基础上发展、完善。在《明史·选举志》中有详细规定："社学自洪武八年（1375），延师以教民间子弟，兼读《御制大诰》及本朝律令。正统时期（1436～1449）许补儒学生员。弘治十七年（1504），合各府、州、县建立社学，选择明诗、民间幼童 15 岁以下者送入读书，讲习冠婚丧祭之礼"。

但社学的存在，有着种种弊端。明清时期，朝廷本着推广儒学、教化子弟的目的三令五申，要求在乡村创办社学，但地方官员却借着办社学的由头，滥用职权，肆意敲诈勒索。甚至社学的创办经费，也常会被当地豪绅恶霸侵吞。因此，家庭贫困的子弟，还是难以就学。由于社学办学形式僵硬、清规戒律极多，不受民间欢迎，因而发展缓慢，规模不大，难以推行，到明中期就"其法久废，寝不举行"①了。清康熙四十四年（1705）朝廷下诏："令贵州各府州县设立义学，土司承袭子弟送学肄业，以俟袭替。"②清雍正以后，社学逐渐被义学取代。

所谓"义学"，其实质就是免费的私塾教育，以启蒙教育为主，当属官学体系。其办学经费来源于地租，所以教师的酬金是由地租来决定的。而且，义学教育对教师的能力也提出了要求，（民国）《新纂云南通志·书院义学》中有描述："选延塾师，以六年为期，如果教导有成，塾师准作贡生，三年无成，该生发回，别择文行兼有之士。应需经书日用，令该督抚照例办给，俟熟番学业有成，令往教诲生番子弟，再俟熟悉通晓之后，准其报名应试。"这相当于教师考核，奖惩看能力，无疑会极大地提高教学水平和教学质量。义学规模小，办学灵活，教学形式不拘，深受民间欢迎，得到了各级官员和有识之士的积极支持，因而得到蓬勃发展，很快遍及城乡地区，对提高大理地区的文化教育和人口素质，有着积极的推进作用，对文学家族的形成，同样功不可没。

书院创建于唐代，其始功能仅用来收藏校勘经典文献。直到五代末期，才形成了读书人学习、交流的场所，成为独具特色的教育组织形式。在官府的支持引导下，书院教育愈行愈盛，愈来愈完善。明代大理地区的书院办学形式分为两种：官办和私人创办，两种形式互助互补，成效卓越。官办书院由教授、教谕、学正、训导等学校的儒学官员出任书院山长，以官府拨出的学产、学田作办学经费；私人创办的书院则是由名师宿儒作为书院山长，其办学经费来源于创办人捐出的田产或乡里拨出的公产。明代李元阳创办的中溪书院和清代杨名扬创办的彩云书院，成就颇高，培养了一大批人才，后得到了官府或集体的资助。

有清一代，云南境内书院数目众多，但从发展速度和教学质量来看，大

---

① 张廷玉等纂《明史》，中华书局，1974。
② （清）刘锦藻：《清朝文献通考·卷六十九·学校考七》，浙江古籍出版社，1988。

理地区可谓"全省之冠"①。

清代时期，邓川县、赵州县、太和县、云龙州拥有书院数量较多。而白族文学家族中，赵州县出现了龚氏文学家族、赵氏文学家族和师氏文学家族；太和县出现了杨氏文学家族、赵氏文学家族；剑川州有三所书院，出现了赵氏文学家族、张氏文学家族。从清代白族文学家族的分布来看，书院的数量和文学家族的分布大体成正比，如赵州县在清代有 11 所书院，出现了三个白族文学家族；太和县有 7 所书院，出现了两个白族文学家族；鹤庆有 4 所书院，出现了 1 个白族文学家族。但在此不得不提的是剑川州，剑川州是中华大地上一个很神奇的存在，只有 3 所书院，却有两个成就不俗的白族文学家族屹立在此。一般来说，经济基础决定上层建筑，但在剑川这片贫瘠的土地上，书香却绵延了数百年。剑川地区，自古苦寒，土地贫瘠、出产无多、食众生寡，但剑川人却有一种昂扬向上的不屈精神，不患贫而患不学。剑川白族人把"诗书世家，耕读育人"作为典范来遵守，把求学当作改变命运的阶梯，因而寒门出了无数自强不息的士子，"麻布衫子马蹄袖，羊毛毡帽红顶子"这句诙谐的谚语就是形容剑川地方寒苦、科第隆盛之貌的。

从以上分析，可得出结论，书院和科举选士所统合，这正好对应了清代书院官学化的特征。据曹松叶《宋元明清书院概况》统计结果，明代民办书院仅占 18.98%，而各类官办者则占 65.01%。到清代，官办书院达到 78.74%，而民办书院仅占 9.65%，可见其官学化程度更高了②。而在有明一代两百多年的时间里，云南地区大多数的府、州、县建立起了儒学，形成了一个基本的官学教育网络。明清时期，书院逐渐取代了官学，成为科举教育的主要机构，虽然明清时期大部分书院失去了对学问自由探索、钻研创新的精神，演化为统治者控制人才选拔的工具，但对于科举带来的利处也是无法估量的。同时，和现在的高等学府建立需要的条件一样，书院的建立同样需要便利的交通，繁荣的经济和大批有上进心的文人做后盾，这些条件的具备，会吸引更多的人来学习、定居，文人之间的交游往来，带动形成浓厚的学术氛围，有利于文学家族的诞生和培养。所以，清代云南地区书院的兴盛

---

① 魏能：《云南书院概述》，《云南教育史志资料》1987 年第 6 期。
② 载曲士培《中国大学教育发展史》，山西教育出版社，1993，第 225 页。

正是对政治和经济的反映和对时代趋势的把握。一般来说，书院的数量足可以反映一个地区的基本经济、政治状况和发展趋势。

书院规模齐备、学子众多，培养造就了大批人才，起到了移风易俗、提高民族素质、推动社会文明进步的作用，为文学家族的产生提供了坚实的物质基础。另一方面，统治阶级为巩固地位兴建学校推广儒学、科举考试、创办书院等，虽然在一定程度上稳了统治，也促进了文化的繁荣，但在封建制度无法改变的阶级性的大背景下，必然会造成受教育群体出现偏差，受众集中于特定群体，因此，文学家族在白族地区是特定政治环境下的必然产物。

结　语

白族是一个有着悠久的历史和深厚文化底蕴的民族，在与中原文化不断交流涵化的过程中，双方文化的同质性在不断增强，虽然，文化的共性在日益凸显，但白族并没有丧失其民族特性，而是把民族特性融于先进的中原文化之中，创作出了带有民族特色的作品，成为文坛上一道亮丽的风景，丰富了民族文化的内涵。

白族是多元中国的一分子，是完善中国文化不可缺少的一部分，因此对白族文学的研究至关重要。而白族的文学家族，不仅代表了读书人的矜贵与体面，还代表了无数知识分子试图通过科举改变家族命运的不懈努力。因此，他们是中国古代部分少数民族文人的典型，他们的著作，既保留历史的痕迹，又怀有个人情操和理想；既富含知识文化，又散发美学意蕴，是我国宝贵的文化遗产，具有重要的研究意义和学术价值。

首先，家是国的家，国家所有的文化都是在家文化的基础上演化而来的；家是国的折射，通过对家文化的研究，透视出国家的波澜壮阔、政治起伏。纷飞的战火，使得一部分著作灰飞烟灭，但通过许多遗留文献，我们照样可以看到当时战况的惨烈、人民生活的凄苦。许多地方性的文献，清晰、明确地保留了许多家族文人作家群的人物志、官制和艺文志等，如（康熙）《大理府志》、（康熙）《剑川州志》、（康熙）《鹤庆府志》、（道光）《赵州志》、（咸丰）《邓川州志》、（民国）《弥渡县志稿》、（民国）《大理县志稿》、（民国）《新纂云南通志》等。而族谱的存在，更能让我们清晰完整地梳理好家族的昭穆伦次、婚姻仕宦以及人生的波荡起伏。家族文学和与政治紧密联系的史料编纂不同，因其表达心灵，更能让我们翔实全面地了解当时的社会状况。

然后，通过对文学家族的研究，是透视白族文化、解读地域文化的最佳捷径。吴伟业说："世家大族，邦之桢干，里之仪型，其有嘉好燕乐，国人于此观礼焉，四方于此问俗焉。"① 无论是什么时代，"家国一体"的政治体系决定了家与国相互嵌入的互持关系。因此，欲了解一个国家，先了解一个家庭，同样的，欲了解一个民族，也要先了解其家庭的构造。就以家庭为代表的文学家族来说，其婚姻、仕进乃至生活的点滴，都流露着白族特有的文化底蕴。他们的传统节日星回节，优美景点狮山梅石亭，可入诗、可入文，短短的文字中，流淌的是浓浓的家乡情思。绮丽的家乡风景，斑驳的民族风情，平凡的生活点滴，糅以满腔深情，化成时代心声。其地域性和民族性带给了白族文学源源不断的创作灵感，而源于现实的文学创作，早已把这云贵高原的山山水水的美感反映得淋漓尽致。以家族文学为切入点，能以小见大，国家政治与民族风情也随着对文学家族的层层深入而逐渐抽丝剥茧出最本来的面貌。

我们既从白族八个文学家族成员之间的昭穆伦次、社会关系来分析文学家族成员的生平经历、个人际遇，又从自然生态环境、政治环境、社会人文环境以及家庭环境、教育环境等因素来梳理不同生活背景下的文学家族的创作特色。书香世家的熏陶、科举官路的登仕使得他们不断完善、补充自己的知识，吸收先进的中原文化，所以才能在用汉文创作的文化主流中毫不逊色，对于各种写作技巧，他们娴熟于心，再融以自己的民族文化，创造出了许多带有白族人特色的诗作，而且颇有建树。他们并不止步于诗文的创作，在史学、文学理论等方面也积极钻研，提供崭新的思路、发表独特的看法，为白族文学理论的发展做出了一定的贡献，成为白族文学史上的一笔巨大财富。

当然，作为一个少数民族，白族在文学史上并未得到相应的重视，而投注在白族文学家族上的目光更是少之又少，这对白族文学史来说，无疑是一

---

① 吴伟业：《梅村文集》卷七，宣统二年刻本，顾母施太恭人七十寿序，第4页。

份缺憾。所以，国内外研究者的目光更应该主动投注到这些少有人走过的路径中，毕竟对于文学研究来说，白族文学家族研究还有相当大的潜力可供挖掘。随着对白族文学的研究，我们也更能看到白族文学的价值，正是这些白族的文人，创作出了一些不朽的篇章，才让白族在文学史上也占了一席之地，而随着对白族文学家族的挖掘，白族文化会进一步展现在世人面前，让白族文化主动"走出来"，让世界人民可以了解一个崭新的白族世界。

第 四 章

清代纳西族文学家族综述

　　家族，作为中国文化的重要基石，在传承古老民族文明进程中发挥着巨大作用。文学与家族具有深度关联性，"在这一过程中，文学与血缘、地域相关联，催生出具有文化意义的家族性文学共同体，并产生了丰富的创作成果"①，文学家族就此形成。依据家族血缘关系来研究文学家族，从而进一步揭示世代相传的家族理想对子孙后代寄托的"风雅祖述，前薪后火，息息相继"的坚定信念，对于探讨中华文化绵绵不绝的文脉传承有重要意义。

　　"文学家族是从魏晋开始一直延续到近代中国文学史的一种重要的文学现象。"② 东汉扶风班氏家族、三国曹氏父子、六朝陈郡阳夏谢氏家族便是如此。唐宋之时，出现了京兆韦氏家族、洛阳元氏家族、临川王氏家族、澶州晁氏家族、眉山苏氏家族等名门世家。明清时期，地域性文学家族发展生机勃勃，如阳羡陈氏家族、太仓吴氏家族、吴江沈氏家族等皆为江南核心区文采斐然、通擅众体的文学世家。目前学界对清代文学家族研究的重点在汉族高门望族，对少数民族文学家族的研究较为薄弱。少数民族文学家族也曾涌现出不少簪缨世族，允文不断。清代云南地区的一些少数民族（如纳西族）受汉文化濡染较深，留下了许多用汉文创作的文学作品，形成了家族创作的现象。目前学界有关纳西族文学家族的研究成果有：《试谈明代纳西族诗人木公和木增的诗》（张信，《文学遗产》1981 年第 4

---

① 罗时进：《家族文学研究的逻辑起点与问题视阈》，《中国社会科学》2012 年第 1 期。
② 多洛肯：《清代少数民族文学家族研究现状与前瞻》，《中国社会科学报》2014 年 12 月 5 日。

期)、《论明清时期纳西族作家的崛起》(杨世光,《云南社会科学》1982年第5期)、《言出肺腑,情发心底——谈纳西族古代作家文论》(和钟华,《民族文学研究》1990年第1期)、《纳西族文学发展模式初探》(木霁弘,《民族文学研究》1990年第3期)、《明代丽江木氏主要事迹及其著述考》(王水乔,《文献》1992年第2期)、《纳西族诗人周兰坪及其〈江渔诗抄〉》(和红军,《云南师范大学学报》1992年第3期)、《木公与杨慎:民族文化交流史上的一叶》(余海波,《学术探索》1993年第2期)、《古代云南少数民族的家族文学》(陈友康,《云南民族学院学报》1998年第4期)、《明代纳西族文化奇葩——丽江木氏土司著作》(余海波、余嘉华,《古籍整理研究学刊》2002年第1期)、《明清纳西族文人创作的价值探讨》(李心荃,《学术探索》2005年第3期)、《明代纳西族土司文学回瞻》(蔡晓龄,《云南民族大学学报》2008年第5期)、《国家认同视野下的丽江木氏土司诗文研究》(郭新榜,《学术研究》2015年第4期)、《明代丽江土司木增遗作〈云薖淡墨〉述评》(杨林军,《西南社会科学》2016年第2期)等。论著有:《纳西族通史》(木丽春,云南人民出版社,2006)、《纳西族文化史论》(杨福泉,云南大学出版社,2006)、《纳西族文化大观》(云南省民族事务委员会编,云南民族出版社,2013)。上述相关研究多集中于明代土司木氏家族作品梳理,土司木氏家族在明代出现了许多文人:木泰、木公、木高、木东、木旺、木青、木增、木靖等,留存诗集有木公的《雪山庚子稿》《万松吟卷》《仙楼琼华》《玉湖游录》《雪山始音》《隐园春兴》,木增的《啸堂诗空翠居集》《山中遗趣》《芝山云薖》,其他文人亦有散存诗作流传。但到了清代,木氏家族据史志记载留有作品的文人仅有木正源,《丽郡诗征》、(光绪)《丽江府志》收录其散存诗作。对清代纳西族6个文学家族的各方面情况学界关注甚少,仍缺少全面细致、整体系统研究纳西族文学家族的成果,对纳西族文学家族的研究仍有进一步拓展的空间。

总之,以清代云贵高原为时空背景,全面仔细地考察相关史料文献,以家族及其相关文学创作作为着力点,结合具体地理区域、文学创作环境、文人家族情况等因素对文学家族进行深入考察,以此来强调纳西族文学家族在少数民族文学史甚至在中国文学史上的地位,在中华多民族文学史观的视野下突出少数民族家族文学的多重底蕴，对于中国文学多元一体的发展格局的多维度解读，具有重要意义。

一　清代纳西族文学家族成员

从元初丽江文人开始接触汉文化，到清代纳西族家族文学蓬勃发展，出现了大研桑氏、大研牛氏、大研杨氏、石鼓周氏、黄山杨氏、束河和氏六个文学家族，共计22人。他们皆为改土归流之后崛起的旁姓平民，家族文人创作群体多为父子相继、兄弟协作，具有同宗同族的血缘关系。对纳西族文学家族进行梳理考察时，首先从寻找家族文学的创作成员开始，之后梳理家族成员之间的血缘关系，这都是进行文学家族研究的必要前提。现据（乾隆）《丽江府志略》、（光绪）《丽江府志》、（民国）《新纂云南通志》、《滇诗嗣音集》、《滇南诗略》、《滇诗拾遗补》、《滇南文略》、《滇文丛录》、《滇诗丛录》、《滇诗拾遗》、《丽郡诗征》、《丽郡文征》、《铁砚堂诗稿》、《味秋轩诗钞》、《寄秋轩吟草》、《丽江大研牛氏家谱》、《归田集》、《爱莲堂诗稿》、《江渔诗抄》、《黄山老人诗稿》、《映雪轩吟草》、《三友轩第三主人文存》、《纳西族诗选》① 等存世文献，对六个文学家族及家族成员的情况，整理如表4-1。

---

① （清）管学宣修，万咸燕纂（乾隆）《丽江府志略》，乾隆八年（1743）刊印，上海图书馆藏；（清）陈宗海修（光绪）《丽江府志》，光绪二十一年（1895）刊印，国家图书馆藏；周钟岳纂，李春龙、江燕点校（民国）《新纂云南通志》，民国三十三年修，三十八年（1949）铅印本，云南人民出版社，2007；（清）黄琮辑《滇诗嗣音集》，咸丰元年（1815）刊刻，《云南丛书》本，云南省图书馆藏；（清）袁文典、袁文揆辑《滇南诗略》，光绪二十六年（1900）刊刻，《云南丛书》本，云南省图书馆藏；（清）李坤辑《滇诗拾遗补》，《云南丛书》本，云南省图书馆藏；（清）袁文揆、张登瀛辑《滇南文略》，《云南丛书》本，云南省图书馆藏；（清）秦玉光辑《滇文丛录》，《云南丛书》本，云南省图书馆藏；（民国）袁嘉谷等辑《滇诗丛录》，《云南丛书》本，云南省图书馆藏；（清）陈荣昌辑《滇诗拾遗》，《云南丛书》本，云南省图书馆藏；（清）赵联元辑《丽郡诗征》，《云南丛书》本，云南省图书馆藏；（清）赵联元辑《丽郡文征》，《云南丛书》本，云南省图书馆藏；（清）桑映斗《铁砚堂诗稿》，四卷，民国钞本，国家图书馆藏；（清）桑炳斗《味秋轩诗钞》，不分卷，民国钞本，丽江市古城区图书馆藏；（清）牛焘《寄秋轩吟草》，四卷，民国钞本，一、二卷藏于丽江大研李姓家中，三、四卷藏于丽江市古城区图书馆；《丽江大研牛氏家谱》，藏于丽江牛焘后人牛耕勤家中；（清）杨穆之《归田集》，不分卷，民国钞本，丽江市古城区图书馆藏；（清）周际昌《爱莲堂诗稿》，不分卷，民国钞本，丽江市古城区图书馆藏；（清）周昕《江渔诗抄》，不分卷，民国钞本，丽江市古城区图书馆藏；（清）杨仲魁《黄山老人诗稿》，不分卷，民国钞本，丽江市古城区图书馆藏；（清）和志敏《映雪轩吟草》，不分卷，民国钞本，丽江市古城区图书馆藏；（清）和志坚《三友轩第三主人文存》，不分卷，民国钞本，丽江市古城区图书馆藏；赵银棠辑注《纳西族诗选》，云南民族出版社，1985。

表4-1　纳西族文学家族及家族成员情况

家族	姓名	表字	别字、别号	生卒年	家族谱系	生平	著述及现存情况
大研桑氏	1. 桑映斗	沁亭	聚伍	1782～1850年	兄弟五人,排行第三	秀才,而在中秀才后多次应乡试,屡试不第。因家境困顿,自设私塾教书	现存诗集:《铁砚堂诗稿》《滇诗嗣音集》录诗十八首(调琴)(示学徒)《瓶花》等(光绪)《丽江府志》录诗四首(土兵行二首)(听人说过太子关)《元世祖驻跸处》《丽郡诗征》录诗五十六首(调琴)(宗茶)《瓶花》等
	2. 桑炳斗	澹亭		1784～1843年	映斗四弟	秀才。嗜学工诗,常与兄映斗、弟照斗及文人名士诗酒唱和	现存诗集:《咏秋轩诗钞》《滇诗嗣音集》录诗一首:《梅影》《丽郡诗征》录诗二首:《梅影》《诚菴口用潜菴韵赠石轩》(光绪)《丽江府志·艺文志》录诗一首:《石鼓谣》
	3. 桑照斗			1790～1850年	映斗五弟	贡生	《纳西族诗选》录诗五首:《哭兄沁亭》等
大研牛氏	1. 牛化麟	履仁			蒸父	优贡,曾曾任湖北黄冈县丞。著有《西堂偶吟》,今不存	
	2. 牛即麟	玉书			化麟弟	附贡生,为人慷慨英豪。与兄牛毓麟创建丽江第一个诗文社——玉泉文社	牛氏家谱存诗一首:《赠诗僧妙明云游诗》

续表

家族	姓名	表字	别字、别号	生卒年	家族谱系	生平	著述及现存情况
大研牛氏	3. 牛焘	涵万	笠午	1795～1860年		拔贡，因随后赴京未第，闲居家中十数年，曾于邓川、镇沅、安宁、罗平等地做学官约十年。晚年归故里，境遇凄苦。好琴艺，是一位出色的古琴师，纳西族人将他与马子云合称为"牛马琴笛"	现存诗集：《寄秋轩吟草》《丽江府志·艺文志》（光绪）《燕子岩枝词》《丽郡诗征》卷三录诗四十五首：《白沙村》《白沙竹行》《石鼓碑》《石门关》《三仙村》《红石岩》等
大研杨氏	1. 杨本程	道南	毅山	1796～1840年		道光五年（1825）一等拔贡，道光十四年（1834）甲午科举人，官刑部主事。其妻和氏及子杨晒，于道光十二年（1832）至北京，其妻为第一个到北京的纳西族妇女。顺天乡试第五十一名，中式	《滇诗嗣音集》录诗一首：《二弟仲敏携眷至京》
	2. 杨晒	子光		1820～1858年	本程子	秀才，十三岁随母到北京，英年嗜学，工诗能文。不到40岁，就于战乱中流离病亡	《丽郡诗征》录诗十五首：《雪山歌寄同人》《黄山古柏歌》等 《丽郡文征》录文一篇：《丽郡官绅军民讨判弁张正泰檄》
	3. 杨庆远	玉泉		1823～1911年		咸丰辛酉科贡生，长任于四川眉州，勤于政，工诗文。现存楹联，一是光绪十九年（1893）亲撰的丽郡山县"三苏祠"大殿前柱的一副楹联；一是光绪年间重修得月楼，一副他从四川寄回的对联	现存楹联：宦迹邈难寻，只博得三杰一门，前无古后无今，器识文章，浩若江河行大地；天心原有属，任凭他子磨孙炼，扬不清风雨不池，子兄弟，依然风景点苍山；有亭翼然，装点在清凉世界；此游乐乎，洋溢于童冠心胸

续表

家族	姓名	表字	别字、别号	生卒年	家族谱系	生平	著述及现存情况
大研杨氏	4. 杨光远		少堂	1825～1874年		书法家,咸丰五年(1855)乙卯科举人。真、草、隶各有所长,尤遭草书,颇有王羲之神韵	《纳西族诗选》录诗六首:《暮年自咏》六首
	5. 杨元之	用九		1848～1892年	晌子	廪生,汉语、纳西双语可双语写诗,善将民族典故和土语融进诗句,可作语意双关的诗歌和对联	《纳西族诗选》录诗二首:《重到文峰寺》《牧樵不同务(示学徒)》
	6. 杨穆之	迳衡		1871～1932年		光绪三十二年(1906)优贡、朝考第一。云南都督府编修、咨议局议员,阿墩、永仁等县行政委员,丽江县劝学所所长杨穆之所任职。革命后杨穆之也是民教学,学生甚多。晚年开始国丽江"丽泽社"诗社的重要诗人	现存诗集:《归田集》
	7. 杨卿之	辅侯		1873～1920年	光远子	拔贡,善书法。辛亥革命后到云南法政学校学习,后任丽江教练所所长。杨卿之书法名盛,才华横溢	《纳西族诗选》录诗一首:《咏雪山》
石鼓周氏	1. 周际昌	维新		1815～1875年		秀才,其先祖为医。周际昌中年遇战乱,途中流徙,仍诵读不辍,进德修业,严教后辈	现存诗集:《爱莲堂诗稿》楹联二副

续表

家族	姓名	表字	别字、别号	生卒年	家族谱系	生平	著述及现存情况
	2. 周晫	兰坪	江涸老人	1847～1924年	际昌子	从小好学，幼年遭战乱仍不忘读书，光绪十五年（1889）恩科举人。周晫，王竹淇等人组"桂香诗社"，周晫任社长，晚年好作拟陶诗	现存诗集：《江涸诗抄》/楹联2副题于丽江石鼓两等小学/题跋1副题于丽江石鼓两等小学礼堂匾额/文为1篇墓志，墓联及横额为石鼓望城坡山村老中医尹元法之母所撰
石鼓周氏	3. 周冠南	鉴心		1875～1933年	晫子	从小家教良好，后留学日本，读师范科，归国后任教于丽江中学，任师范学堂堂长，后又任双柏、凤仪等县县长	《纳西族诗选》录诗一首：《放鹊行》/楹联2副，一副赠同学，一副位于丽江古城南郊祥云村/文2篇：寄自日本家信1封；墓志1篇，为丽江省立第三中学教师黄辑熙所撰
	4. 周霖	慰苍		1902～1977年	冠南子	书画家，自幼酷爱艺术。20世纪30年代末在丽江中学任教，建立"雪社""画会"。周霖是一位才华横溢的艺术家，绘画、书法、诗词、篆刻、摄影、音乐、工艺美术、剧作和编剧等皆有建树，尤擅国画。周霖的艺术作品，具有浓郁的纳西族特色和乡土气息	《纳西族诗选》录诗十四首：《忆游雪山》《哭光宇堂弟》《乙酉重九登象岭和玉生韵四首》等
黄山杨氏	1. 杨仲魁	希元	竹庐，晚年又号黄山老人	1776～1854年		秀才，却无意于名利，中年丧偶，晚年妻苦，无子，与任邺相依为命，后又孤苦一人	现存诗集：《黄山老人诗集》/《滇诗嗣音集》录诗四首：《无为巷访僧不遇》《见蝶偶蛛网四首》《梨花》《冬虫夏草》等

续表

家族	姓名	表字	别字、别号	生卒年	家族谱系	生平	著述及现存情况
黄山杨氏	2. 杨昌	东阳	竹塘	1784~1847年	仲魁侄	嘉庆十二年（1807）丁卯科举人，任湖北天门、潜江、谷城、黄梅等知县，政绩文名，皆为时重，兴义学、置水利，造福当地人民	《丽郡文征》录文二十八篇：《道潜记》《梦游玉泉记》《初颐园中丞时文序》等；《滇丛录》录文十二篇：《陈烈妇殉夫说》《超恒先生传》《李锦堂先生传》等（光绪《丽江府志》录文一篇：《玉湖游记》）《滇诗嗣音集》录诗一首：《对菊》《丽郡诗征》录诗三首《对菊》《秋日病中寄怀守园（二首）》
束河和氏	1. 和志敏		藤宇	1879~1959年		秀才，"虎潜丸"第六代传人。爱吟咏，其诗清真醇厚	现存诗集：《映雪轩吟草》
	2. 和志钧	石衡		1892~1947年	志敏二弟	国立北平政法大学毕业，曾任省立丽江中学校长、宝川、永胜、景东县长等职。和志钧性豪袤，好吟咏，组建"开南诗社"，任社长。后又任"雪社"社长	《纳西族诗选》录诗三首：《闻绥东战事有感》《自愿》《景东会合自遣》
	3. 和志坚			1893~1950年	志敏三弟	国立北平政法大学毕业，曾任省政法学校等校教员	现存文集：《三友轩第三主人文存》

二 清代纳西族文学家族的文学创作风貌

清代纳西族文学家族成员笔耕不辍，创作了大量的文学作品，为纳西族家族文学的延续和发展增添了无穷的动力。然而，纳西族家族文学的作品，几经坎坷，有许多已经散佚，只能根据目前所存的作品，对其文学创作艺术特色进行归纳分析。清代纳西族文学家族的诗歌具有内容丰富、题材广泛的特点，文学创作形式多样。

（一）诗歌内容丰富、题材广泛

山川风景、日常生活、咏史怀古、酬唱赠答等，这些题材和内容在文人诗歌创作过程中经常出现。在此，可将六个文学家族的诗歌作品大体分为即景抒怀、生活杂感、咏史讽喻、酬唱赠答四类。

第一类为即景抒怀诗。家族文人在诗歌创作中写得最多的就是景物诗，高山大川、名胜古迹、田园景致、亭台楼阁等，大到玉龙长江、小到瓶花盆栽皆可成为一景，家族文人用丰富的笔墨进行书写。大研桑映斗《读书玉峰寺僧舍》《荒园》《瓶梅》《春兴》《清明即事》《有怀杨竹塘园林》《书馆外有荒园》《瓶菊》《春日过杨竹塘园林》《近华浦晚棹》《近华浦闻邻舟度曲二首》《湾桥道中遇雨》《水楼晚霁》《首夏木氏亭子晏坐六韵》，桑炳斗《上关花》《下关风》《雪松院月夜看玉龙山》《玉湖月夜看雪山倒影》《玉湖看晓日》《登雪山望金江》《子夜春歌》《子夜夏歌》《子夜秋歌》《子夜冬歌》，大研杨穆之《赏家中紫牡丹》《咏昭庆寺紫牡丹》《暮春游玉泉三首》《山田二首》《春雨二首》《秋月》《春雨》《暮春游玉泉》《四月山雪》《秋山红树多》，大研牛焘《白沙村》《沙左山庄》《春日江行》《澜沧江》，石鼓周际昌《游阿喜山二首》《秋日登文笔峰二首》《游山》《小石山》《题殷氏山庄》《六月江水大涨》《新春登山眺望》《秋月题蒲版罗木先生书馆》《游指云寺二首》《咏六月开映山红》，石鼓周暐《咏竹四首》《雪山行》《文笔峰行》《龙湫海棠吟》《月夜游龙神祠》《望夫石》《革囊渡江》《夜二首》《古松》《野望》《月夜菊咏》《黄山晚眺》，黄山杨仲魁《初春微雪》《雪山歌》《玉峰寺》《游指云寺》《夜观西山野烧》《春兴》《秋千》《小园夜饮喜见月上》《山茶》《白龙潭》《龙潭海棠》《西林醉卧》，束河和志敏《玉龙山四首》《文笔山二首》《壬寅季秋同俊庵游解脱林述怀》《春日游吉祥庵访僧不遇》《干海子露宿》《西山红叶三首》等诗，所描写的景物也多是丽江山水，表达家族文人对这片土地的热爱。丽江的景物无时无刻不在润泽着纳西族人民，丽江人民皆是带着强烈的喜爱，用手中的笔墨对这片土地进行心灵书写。

大研桑氏家族世代居于丽江大研镇，丽江的山山水水养育了桑氏家族。桑氏三兄弟从小看着丽江的优美风景长大，对丽江的高山大川充满了强烈的喜爱之情。桑映斗五十八句的《雪山歌》，每一句都是对玉龙雪山的雄伟姿态进行细致描绘，从早到晚和春夏秋冬的点滴变化，都被诗人写进诗中，在诗人笔下的玉龙雪山堪比仙境，让人心生向往。桑映斗在暮色氤氲时分，登临水楼，一览远山景色，青柳薄雾，悠然兴怀。诗景如此幽静，可见诗人在对景色进行描绘之时，必是带有乐享美景之情写下《水楼晚霁》①，以纪念"小集谋为乐"的舒畅心态：

> 晚晴将柳色，送满一楼青。
> 幽意余书幌，岚光上画屏。
> 轻雷回远岫，断雾落寒汀。
> 小集谋为乐，青丝系玉瓶。

玉湖荡漾，映衬出周围环境的静谧和谐。从玉湖之上看日出，更是别有一番景致。如桑炳斗《玉湖看晓日》②：

> 清风从西来，绿水吹差差。
> 不知晓日上，骊龙吐珠为。

大研牛焘喜游山川，体会自然风光的雄奇瑰丽之感。夏日一游玉龙祠，此地清净，令人忘却尘世喧嚣，祠内景致多为空静悠然之景，需静心体会，如

---

①　（清）桑映斗：《铁砚堂诗稿》，卷一，民国钞本，国家图书馆藏。

②　（清）桑炳斗：《味秋轩诗钞》，不分卷，民国钞本，丽江市古城区图书馆藏。

《夏日游玉龙祠》[①]：

> 此地隔尘氛，幽禽向午闻。
> 石泉寒漱玉，烟树绿团云。
> 沂水春偕咏，睢园雅会文。
> 日长消不尽，琴韵和南薰。

大研杨元之《重到文峰寺》：

> 暮多好山色，庭菊冷露滋。
> 佛心徐可觅，佳哉宜意移。

杨元之善于写汉语和纳西族语言两种语言兼用的诗作，用汉语看，即为字面意思，而不识字的纳西族民众听了以后，理解的意思却是：

> 不见很久了，山容喜再见。
> 百鸟唱百曲，曲曲似礼赞。[②]

大研杨穆之写诗明朗质朴，秋天赏秋月，写秋景诗《秋月》[③] 一首，也是别有一番滋味。秋月高悬，不禁让人想起离人的思乡之感，秋月不曾变，而当时的情景早已不知所踪：

> 几度秋风动客情，故乡月夜读书声。
> 月如去岁秋逾洁，秋似今年月倍明。
> 酒祟秋催人意老，诗魔月照梦魂惊。
> 固知此夜秋常好，忽忆儿时月太平。

---

① （清）牛焘：《寄秋轩吟草》，卷二，民国钞本，一、二卷藏于丽江大研李姓家中，三、四卷藏于丽江市古城区图书馆。
② 赵银棠辑注《纳西族诗选》，云南民族出版社，1985，第217页。
③ 赵银棠辑注《纳西族诗选》，云南民族出版社，1985，第268页。

大研杨氏诗作多描写纳西族民风质朴的生活状态，把劳动人民生活的点点滴滴记录成诗，把对古老丽江山水的崇敬喜爱之情写进诗中，让读者在读过杨氏文人的诗作之后，都能感受到纳西人心中对丽江山水最普通却又最真挚的情感。诗风清新质朴，诗情自然流露，而杨元之又有汉语和纳西语都能理解的双语诗作，特色鲜明。

石鼓周际昌的诗歌清新自然，多有对山川景物的真实描写，将平淡的美学追求融入对山川景物的吟诵之中，使得山水诗有了清新淡雅之风，又透出不慕繁华、乐于淡泊的心态，这对后辈的影响颇大，为家族子弟奠定了恬淡清远的诗风基础。如《游山》①：

> 犬吠深林内，寻幽志一舒。
> 路从崖半入，人在树巅居。
> 黑雾连山火，黄花满涧蔬。
> 频将敲白版，山客笑归庐。

石鼓周昕像每一个普通的纳西人一样，对丽江的山川江流怀揣着特殊情感，他把内心的炽热融会在了诗中，写出一首首对家乡赞颂的诗篇，如《金江晚渡》②：

> 群峰合沓拥江关，番汉交通第一湾。
> 波面日光斜刺激，沙头人语杂绵蛮。
> 中流浩森思云海，对岸迥看见雪山。
> 薄暮未知投宿处，枫丹松绿照斓斑。

石鼓纳西族著名艺术家周霖，除了用画笔描绘眼中的纳西美景，更是会时不时地用墨笔抒发对家乡山水的喜爱。在周霖仅存的诗作之中，对丽江山水的赞颂就有不少，周霖怀着对丽江山水的无比热爱走遍祖国

---

① （清）周际昌：《爱莲堂诗稿》，不分卷，民国钞本，丽江市古城区图书馆藏。
② （清）周昕：《江渔诗抄》，不分卷，民国钞本，丽江市古城区图书馆藏。

山河，在看遍名山大川之后仍对家乡山水怀有深深的眷恋，如《忆游雪山》①：

> 昨自玉龙踏雪归，连宵作梦亦崔巍。
> 难忘绝壑云埋竹，更忆危岩树着衣。
> 放步登临晶世界，纵怀眠食玉周围。
> 此情难向外人道，画与同游认是非。

黄山杨仲魁在幽静的池边吹凉风，看着斜阳细雨，与鸟鱼神游，颇有静谧悠然之感，如《荷花塘》②：

> 西风习习吹河楼，曳杖重来兴自悠。
> 酒买桥南绿柳岸，人留树外白蘋洲。
> 花娘待咏来工部，竹主无人到子猷。
> 正好斜阳细雨里，醉吟神与鸟鱼游。

束河和志敏在诗集里多描写山水风光，表达对丽江山川的喜爱，面对丽江山水的秀美景色，诗人常常借景抒情，即景绘心，如《春夜独步小园有感》③：

> 春园赏夜景，一幅画图呈。
> 竹撼风声壮，梅疏月影清。
> 三分琴酒趣，万里别离情。
> 窗外徘徊久，皇都梦不成。

第二类为生活杂感诗。家族文人身世经历丰富，日常生活的琐碎事务是诗歌创作的灵感源泉，来源于生活的诗歌是真实鲜活的诗歌，从生活中每一

---

① 赵银棠辑注《纳西族诗选》，云南民族出版社，1985，第 295 页。
② （清）杨仲魁：《黄山老人诗稿》，不分卷，民国钞本，丽江市古城区图书馆藏。
③ （清）和志敏：《映雪轩吟草》，不分卷，民国钞本，丽江市古城区图书馆藏。

件事中，都可以看出家族文人的生活态度，对待平常生活的心态不同，那么在进行诗歌创作的时候就会有不同的艺术风格和思想内涵。大研桑映斗《秋夜即事》《早起》《莫恼翁》《对镜》《问相》《忆园》《读茶经》《梁上燕》《秋怀三首》《观书》《郊行》《课扫地示学徒》《立夏漫兴》《夏日漫兴》《首夏二首》《行路难》《甲戌积雨遣怀》，大研桑炳斗《戏集禽言》《不寐》《除日》《春饮小酌》《钓鱼晚归》《母病望沁亭不至》《闲居杂咏》《秋日铁砚楼杂感八首》，大研牛焘《自镇沅归家有感》《忆家园》《答友谈诗》《夜听松声》《吹箫》，大研杨穆之《光阴》《阅人》《有求学者偶感》《清明后一日咏孙晓报紫牡丹破蕊兼怀志儿二首》《三日率生徒宴饮赏紫牡丹兼怀志儿》《养性情》《式微》《中元节书感四首》，石鼓周际昌《入山采药》《采樵》《避兵深山二首》《避兵山庄》《移寓山庄》《阿喜夜避兵》《感慨时事绝句六首》《虐难民遇祸绝句二首》《木鳖碗草庐》《五言杂感》，石鼓周昕《田家杂兴（五首）》《全家摄影》《夜宴习彦卿花园听筝》《述意五言律三首》《遣闷二首》《腊望》《除夕》《元旦》《春晴二首》《瓶花二首》，黄山杨仲魁《途中遇王云谷接适赖柳村不禁有感》《首夏酒朋七人约游玉泉小饮》《喜晴载酒约木榆溪玉泉庵小饮》《小暑后五日斋吟》《立秋前一日病中吟》《病愈》《洗砚》，束河和志敏《夜雨》《菊花》《兰花二首》《书感》《九日登高》《感时二首》《自慰》《赴白马聘本里初等小学教员途中作》等，诗作中所描写的事物皆来自日常生活，生活中的各种经历都可成为诗人写作的对象。诗人在任履职的心情、平时游玩的快乐时光、所见所闻、所思所想等，都会成为笔下的诗句。

大研桑映斗为清代改土归流后纳西族的代表诗人，面对生活的不如意，他从不妥协，绝不退让，守住自己的内心，无论外界怎样变化，桑映斗依然笑对人生。平淡生活中小酌一杯，良夜赏月，听鸣扑萤，将点滴生活记录成诗，说明诗人心中仍对美好生活充满热爱。如《独酌》[①]：

> 归云抽似缕，初月竟成围。
> 良夜一樽酒，呼儿半掩扉。

---

① （清）桑映斗：《铁砚堂诗稿》卷二，民国钞本，国家图书馆藏。

> 残杨迷鸟宿，入座有萤飞。
> 独酌任遥夜，听钟远寺微。

大研桑炳斗为桑映斗之弟，在《春郊走马》① 中一改往日抒发抱负的豪迈之态，写出了春意盎然、郊游散心的生活状态。春日春城，春色如许，不禁让人心头愉悦：

> 春城一骑逞飞足，春草如油春水绿。
> 不数风前九子铃，马蹄蹴碎梅花玉。

大研牛焘身世坎坷，会在生活感慨之作中，抒发对悲苦遭遇的不平之情，《抵家》② 写了在外漂泊多时，之后到家之后的种种心情，掺杂了太久不归家的陌生感和内心迫切归家的思乡感：

> 果然今日到家乡，怪底征鞭恋夕阳。
> 自觉此身犹似客，那堪短鬓一向望。
> 蒿尘消受三秋雨，菊圃开残九月霜。
> 几载暄寒方共话，当门瘦马系垂杨。

大研杨晒的诗，富含活力和积极向上的精神追求，给人一种积极向上的生活态度，折射出纳西族人民淳朴善良的内心世界，如《雪山歌寄同人》（节选）③：

> 君不见，雪山之高高不测，喷云吐雾森穹隆。
> 吾家高楼远相对，晴窗豁睹玉千峰。
> 此山此雪古不坏，长与天地相始终。

---

① （清）桑炳斗：《味秋轩诗钞》，不分卷，民国钞本，丽江市古城区图书馆藏。
② （清）牛焘：《寄秋轩吟草》卷一，民国钞本，一、二卷藏于丽江大研李姓家中，三、四卷藏于丽江市古城区图书馆。
③ （清）赵联元辑《丽郡诗征》卷二，《云南丛书》本，云南省图书馆藏。

> 我昔弱龄走京洛，游遍名山健腰脚。
> 誓将揽辔陟姑射，肯餍寻常几丘壑。……

大研杨光远晚年回顾自身经历，作诗总结，显示了诗人晚年洒脱的人生态度，白驹过隙，物是人非皆为生活之常态，诗人到晚年有了更深刻的生活感悟，经过历史的沉淀，令人思量。如《暮年自咏六首》（其一）[①]：

> 飘飘天地一沙鸥，过眼云烟逐水流。
> 半世名场秃鬓发，终年家计在眉头。
> 鸡谈零落宾朋少，药裹频繁婢仆愁。
> 检点残书聊自慰，百城权拜小诸侯。

石鼓周际昌不慕繁华，不事雕琢，乐于平淡，保持了积极生活的态度，在点滴小事之中感受生活的真实和美好。在《围炉》[②] 一诗中，描写了严冬寒冷的天气，一家人围坐在火炉旁边取暖，家人脸上都洋溢着团聚的喜悦笑容，分食水果，品尝美酒：

> 栗烈严寒岁欲终，围炉心事大家同。
> 任他夜半霜飞白，恰似窗前日透红。
> 煮得甘梨分稚子，熟来美酒共邻翁。
> 独怜负戴朝行客，林下相呼烧叶烘。

石鼓周昕的《江渔诗抄》集中反映了诗人晚年的艺术追求，他好写"拟陶诗"，借用陶渊明在平淡生活中体会隐逸田园之乐的诗作原韵，用简单质朴的词语，营造优美隐逸的意境，表达自己对名利的淡泊、对归隐生活的向往。如《拟饮酒》（其一）[③]：

---

① 赵银棠辑注《纳西族诗选》，云南民族出版社，1985，第181页。
② （清）周际昌：《爱莲堂诗稿》，不分卷，民国钞本，丽江市古城区图书馆藏。
③ （清）周昕：《江渔诗抄》，不分卷，民国钞本，丽江市古城区图书馆藏。

世风日益薄，贪恋汨真情。

欲壑无涯涘，总为利与名。

何以显吾身，何以养吾生？

两念相束缚，未老衰颜惊。

我则异于是，衔杯忘亏成。

石鼓周冠南在《放鹊行》①一诗中，写到诗人还在双柏县担任县长之时，村民献来火鹊，以尝此鹊鲜美的肉味，而奉献之例沿袭已久。诗人看到此景后，心感不安，放了献来的火鹊，且宣布永不沿例，特作此诗以记之。这种生态观，为后人称颂：

壬戌秋八月，边境送火鹊。日从堮嘉来，节礼年年若。

上官味异珍，网罗遍林壑。双笼十八羽，恐逸严束缚。

计程三百里，输送劳行脚。中途毙三禽，惧罪心骇愕。

我见到庭前，小鸟群踯躅，观看裂心肝，听之滋不乐。

阶下有庖人，磨刀响霍霍。商量佐晚餐，将以付汤镬。

我即提笼起，爱护心生恪。将笼挂檐端，谨防狸奴虐。

岂忍恣口腹，付厨供大嚼。诘朝开其樊，纵之返寥廓。

健者振翮翔，天宇得所托。弱者欲追飞，奋翅起还落。

啁啾依我鸣，鼓翼空腾跃。收之局竹笼，不使鹰鹯搏。

饮啄养羽仪，放汝免燔灼。勿伤禾与黍，勿近雕与鹗。

雕鹗恣击噬，伤禾罹矰缴。寄语送鹊人，此例从今削。

各求心所安，莫谓微禽弱。吁嗟呼！牧民亦如此，循事天理自宽绰。

黄山杨仲魁长期生活在田园，躬耕为乐。他中年遭遇不幸，却仍热爱生活，留有大量吟咏平淡生活、充满田园情趣的诗篇，镌刻了长留翠色的生活态度。杨仲魁对田园山水、农村生活怀有真挚情感，才会创作出大量诗歌来

---

① 赵银棠辑注《纳西族诗选》，云南民族出版社，1985，第271页。

描绘他在日常生活中的点点滴滴，如《入冬》[1]：

> 岁晚繁华歇，往来霜气初。
> 叶凋频到案，禽冷任栖厨。
> 身老防新过，心闲思圣书。
> 余辉带暖气，杖步看园蔬。

束河和志敏在诗《春日游吉祥庵访僧不遇》[2] 中，为众人描绘了春日游景图，虽是去吉祥庵访僧友，僧友不在，心愿落空，但一路上春日的好景色尽收眼底，不觉此行遗憾：

> 扫却风尘气，来寻活泼源。
> 云房人寂寞，柳岸水潺湲。
> 未听洪钟响，空闻众鸟喧。
> 他时重到此，慎勿闭柴门。

第三类为咏史讽喻诗。家族文人大多写有咏史怀古、讽喻社会的诗作，以史明鉴，咏史之时，家族文人借古讽今，在抒发自身豪迈之情之时，又体现了特定年代的时代精神。大研桑映斗《黄山怀古》《丽水怀古》《元世祖驻跸处》《太华寺》《咏史五律二十首》《咏楚汉间事古诗九首》《阅〈云南通志〉咏古四首》《雏雉叹》，大研桑炳斗《万人冢》《南诏碑》《皮船》《过李中溪墓》《荆卿》《张桓侯》《陈思王》《杜子美》《陈图南》《王昭君二首》《滇城怀古》，大研牛焘《花马竹枝词》《初至墩关》，大研杨穆之《淮阴侯鱼台三首》《赵宣子》《楚庄王》《范文子》《吴季札历聘》《乙丑游龙神会》《乙丑岁，吾丽百谷昂贵，束河村有老姬有麦一丘，夜间被盗割去，邻媪作不平言曰》，石鼓周际昌《赋得渔夫辞剑八韵》《写洞经》《题团扇二首》，石鼓周昕《黄绵袄歌》《屈原》《王昭君二首》《楚霸王二首》

---

① （清）杨仲魁：《黄山老人诗稿》，不分卷，民国钞本，丽江市古城区图书馆藏。
② （清）和志敏：《映雪轩吟草》，不分卷，民国钞本，丽江市古城区图书馆藏。

《感怀往事九首》《严子陵钓台并序》《拟竹枝词吊屈原》，束河和志敏《岩脚院怀古》《苏子卿》《岳武穆》《武卿侯》《陶靖节》《张志和》等诗，这些咏史讽喻的诗作或是感慨历史变迁，或是借古讽今，或是讽喻时政，诗人把自己对历史、社会、时代的深刻思想融于诗中，使得诗歌创作的艺术风格得到升华，突出时代历史的厚重感。

大研桑映斗，作为仕途坎坷却屡不得志的贫苦知识分子，生活穷困潦倒，与劳苦大众同呼吸共命运，所作诗歌反映广大劳动群众的生活疾苦，是平民百姓的喉舌。他用批判现实主义的手法描绘自己眼中所看到的疾苦世界，针砭时弊，痛陈疾恶，为处于战乱流离失所的人民呐喊高歌，对人民群众的遭遇深表同情。在《士兵行》（六首其三）①中诗人给我们展示了一幅悲惨的真实图景，统治者当局残酷镇压农民起义，强迫各地农民服兵役，导致农耕荒废，满目凄凉：

> 老翁倚墙涕，自悲骨髓干。大男南陇死，次男维西残。
> 只此膝下孙，暮景相为欢。谓当从戎去，泪眼忍相看。
> 强者赁人去，仍得室家完。老翁倚墙叹，何词对上官。
> 救兵如救火，就道不及餐。强使荷戈去，嗒焉摧心肝。
> 东风吹白发，庭前形影单！

大研桑炳斗在《王昭君》（二首其一）②中，遥想当年昭君出塞，昭君为汉万里入胡，永垂青史，但弱女子身上承载的历史重任和艰辛苦楚又有几人能知：

> 一骑红裙追朔风，琵琶伴我出秦中。
> 姿成绝代宁言命，计出安边亦有功。
> 不信汉皇能好色，如何彼美教和戎。
> 只今一片冢头月，入夜犹疑照汉宫。

---

① （清）桑映斗：《铁砚堂诗稿》卷四，民国钞本，国家图书馆藏。
② （清）桑炳斗：《味秋轩诗钞》，不分卷，民国钞本，丽江市古城区图书馆藏。

大研牛焘写下《花马竹枝词》组诗，在纳西族地区流传甚广，可谓名篇。丽江古时称花马国，诗中回顾了纳西族历代历史，唐代丽江属于六诏之一的越析诏，从六诏时期到清代，丽江虽然经历了沧桑变化，然而风景依旧，古朴遗风"匏笙芦笛"犹存。在历史长河中，纳西族人民保持淳朴善良的风情民风，不禁让我们穿越古今，感受到了清代真实的纳西族人民生活状态，《花马竹枝词（其一）》①：

> 六诏遗民概已非，河山风景尚依稀。
> 匏笙芦笛家家吹，白雪梅花处处飞。

大研杨穆之作诗《乙丑游龙神会》② 一首，写丽江三月龙神会，各地的男女老少欢聚一堂，游集聚会，而此时却遭到军警的镇压，大煞风景，诗人无情地揭露了当局政府的丑恶嘴脸：

> 大好湖山最好时，依然三月会龙池。
> 有涯春水翻桃浪，不尽柔情绾柳丝。
> 士女怀新年岁俭，管弦似旧鸟鱼疑。
> 孰令马队矜弹压，杀到风光尔不知。

石鼓周际昌在《写洞经》③ 一诗中描写丽江历代的情况，几朝几代的朝代更迭，致使大量文学经典毁于战火、无处可寻。诗人期盼会有人保留珍品可与世人分享，让稀世珍品重见天日，让人们对历史进行反思，对战乱的危害有所认识，重建美好家园：

> 大洞仙经降自天，丽阳演诵已多年。
> 只因屡际干戈劫，致使摧残珠玉篇。

---

① （清）牛焘：《寄秋轩吟草》卷一，民国钞本，一、二卷藏于丽江大研李姓家中，三、四卷藏于丽江市古城区图书馆。
② （清）杨穆之：《归田集》，不分卷，民国钞本，丽江市古城区图书馆藏。
③ （清）周际昌：《爱莲堂诗稿》，不分卷，民国钞本，丽江市古城区图书馆藏。

妙笔羲之曾换贴，圣书怀素有遗笺。
涂鸦自愧不成字，愿与诸公结善缘。

石鼓周晔在《屈原》[①] 一诗中，怀着豪迈悲壮的感情对屈原可歌可泣的一生进行歌颂，奸臣昏君的无能让屈原满含着对故土的热爱和对时政的愤恨投江而死，而今《离骚》仍在，屈子永存：

泽畔行吟楚大夫，侧身无所孽而孤。
君王恨不留三户，奸佞愁将卖五湖。
肆意馨香题草木，随风咳唾落玑珠。
诗亡变出《离骚》体，歌哭终难挽霸图。

黄山杨仲魁在与朋友读历史时有感而作《访友值读史口占赠之》[②]，面对历史的编年缀事，今人应该如何对待历史，杨仲魁不断深思，可纵是有绵延不绝的历史等着今人去研究挖掘，我们仍然要独具慧眼、明辨是非，读史以明鉴：

纷纷陈迹付东流，纪月编年传不休。
中有足疑足断事，应能具眼抉深幽。

束河和志敏作诗《陶靖节》[③]，赞颂五柳先生的高洁品质，采菊东篱、带月荷锄的田园之乐，令人向往：

弱晋权臣势益张，先生归去乐曦皇。
柳间茅屋一椽稳，松外菊花三径香。
寄迹烟霞藏我拙，形劳案牍笑人忙。
当年不屈新君聘，名节高坚并首阳。

① （清）周晔：《江渔诗抄》，不分卷，民国钞本，丽江市古城区图书馆藏。
② （清）杨仲魁：《黄山老人诗稿》，不分卷，民国钞本，丽江市古城区图书馆藏。
③ （清）和志敏：《映雪轩吟草》，不分卷，民国钞本，丽江市古城区图书馆藏。

　　第四类为酬唱赠答诗。家族文人多喜诗歌唱和，或文人群体之间次韵赋诗，或怀人寄赠以表思念之情，或题诗题画互赠诗画。大研桑映斗《进耳寺访杨敬庵》《宿木氏岩脚院呈内弟兄辈》《送人第二日作》《澹亭见和复次前韵》《二年后重游玉峰山房房主僧已圆寂》《马子云以番刀见示》《马子云以端砚见示》《大佛寺会课夜呈同社诸友》《剑川杨守园以文文山画帖见赠》，大研桑炳斗《和刘寄庵怀水仙原韵三首》《春日忆芝台周检讨》《游凤眼洞访罗军门插戟处有怀芷湾宋太守》《游斑山吊澹当墓有怀杨用修太史戍滇题写韵楼壁》《高峣吊杨升庵》《闻王椒园先生署永昌府二首志喜（二首）》，大研杨穆之《述梦》《再怀林文忠》《哭录事参军用勤侄二首》《示吾宗各子弟》，石鼓周际昌《和徐营杨先生原韵》《三家村赠妙明和尚二首》《赠杨先生收租》《赠杨先生回乡》《和张木匠原韵》《步张先生留饮三首》《赠指云寺僧若品》《赠李二老》《围炉》《星回节》，石鼓周晖《赠王墨溪回昆明（六首）》《次王竹淇师校赏荷韵》《题马子云墓》《出关歌赠李自衡》《寄石鼓两等小学校（三首）》，黄山杨仲魁《获接侄孙益醇书》《桑沁亭见过》《解脱林木上人辱访》《山人辱访》《同汉槎先生过集芝圃看梅花口占赠之》《和兰亭获奇石属题》《访友值读史口占赠之》，束河和志敏《访禅友不遇》《赠龙门寺禅友》《丙午寄赠和君俊庵二首》《暮秋与诸友游疏河源畅饮》《重阳游疏河源步和丽春君元唱五首》等诗，这些酬唱赠答的诗作大多为文人之间诗兴大发，思念友人随后赋诗一首、互为赠答之作。这些诗作是文人之间高尚情谊很好的见证。

　　大研杨本程存诗一首《二弟仲敏携眷至京》[①]，诗中写到对二弟的深深思念之情，许久未见，大喜大悲的情感都流淌在心中，终于得见之时，内心定是无比激动：

> 悲喜两无着，相怜只觉深。
> 十年妻子面，此日弟兄心。
> 纵目天涯聚，初非梦里寻。
> 团圞终夜坐，不觉月西沉。

　　① 赵银棠辑注《纳西族诗选》，云南民族出版社，1985，第161页。

　　黄山杨仲魁好吟诵，他与马子云、桑映斗、桑炳斗、牛涵万、孙益醇、张汉槎等文人志士交往密切，他们时常聚会吟诵于黄山净莲寺。"道光庚寅闰四乙酉，黄山日出，空际鹤来，栖幢翠之古柏，向慈云之化城，洁羽鲜毛，留残雪于香树；闲情逸态，挂片云乎高枝。"庚寅四月，杨仲魁、桑炳斗等好友相约于黄山慈云寺，正巧看到有鹤栖于古柏，此景瑞兆，文人皆赋诗以记。杨仲魁作《鹤栖柏》一首，桑炳斗作《庚寅又四月乙酉黄山慈云庵柏树有鹤来止和竹庐杨丈原韵兼示妙上人》一首，一唱一和，交相呼应，两篇诗作体现了杨仲魁、桑炳斗二人文雅酬唱的文学互动，为立体双向研究纳西族文学提供了独特新颖的视角。

　　杨仲魁《鹤栖柏》①：

凌霄古柏据高巅，栖鸟何来绝似仙。
禽树千年原有约，云烟暂接岂无缘。
飞从三岛毛欺雪，寄向一枝声闻天。
不辨人民村落改，分明应瑞化城边。

　　大研桑炳斗《庚寅又四月乙酉黄山慈云庵柏树有鹤来止和竹庐杨丈原韵兼示妙上人》②：

龙树谈经最上巅，慈云普护铸金仙。
守株不改凌霜色，羽化偏余渡海缘。
声闻传果迷世代，来归奕叶证人天。
黄山柏鹤留佳迹，瑞叶金沙玉水边。

　　大研桑映斗喜游山寺，在游经石宝山之时，第二日游剑湖，看到湖光山色，回想此前游览此地时的景象，万般滋味涌上心头，作诗《游石宝山第二日泛舟剑湖书寄方丈》③一首：

---

① （清）杨仲魁：《黄山老人诗稿》，不分卷，民国钞本，丽江市古城区图书馆藏。
② （清）桑炳斗：《味秋轩诗钞》，不分卷，民国钞本，丽江市古城区图书馆藏。
③ （清）桑映斗：《铁砚堂诗稿》卷四，民国钞本，国家图书馆藏。

石宝足上尘，洗向剑湖心。

忽忆山中梦，回眸瞩远岑。

橹声既在耳，松风有遐音。

师或如话我，水浅荻芦深。

大研桑照斗在其兄桑映斗去世后，作《哭兄沁亭（五首其一）》①，五弟桑照斗对桑映斗的怀念之情都流淌在诗中，读之使人对诗人的悲痛情感感同身受，这也更叫人怀念桑映斗的高尚品行：

筰国衷劝动远邦，雪峰峭拔势无双。

少微星暗秋风劲，几卷遗诗咽金江。

大研牛即麟存诗仅一首《赠诗僧妙明云游诗》②。牛即麟喜好吟诵，与诗僧妙明颇有交往，两人谈心交流、互作诗歌，不知不觉时日落西山，从诗中看到了两人恬淡的生活趣味和高雅的交友互动：

佳游不厌赊，逸兴本自具。自有会于心，人境两可慕。

可与知者言，谁能识其故。妙明净者身，欣然比申住。

晓晓钟鼓声，渊渊有常度。况乃嗜儒书，义理饶敏悟。

忆昔少年僧，上人号怀素。落笔如烟云，草书推独步。

驱出北滨鱼，扫尽山中兔。果出拈花手，士林风惊怖。

何为廊庙材，一朝浮屠误。而我于其间，勉力强相附。

怪哉癖石心，穷奇宿雾露。罗列斗室间，遥对出山路。

连穴本天成，云气相吞吐。游侣五六人，频尝米公趣。

不觉日西飞，徜徉忽云暮。

大研杨穆之作《示吾宗各子弟》③ 一诗写其对宗族各子弟的教诲，把

---

① 赵银棠辑注《纳西族诗选》，云南民族出版社，1985，第 118 页。

② 收于丽江牛恭后人牛耕勤家中的《丽江大研牛氏家谱》。

③ （清）杨穆之：《归田集》，不分卷，民国钞本，丽江市古城区图书馆藏。

多年来自己的经验和砥砺进步的话写在诗中，希望宗族的子弟能勤勉奋进：

> 但愿吾宗日上蒸，芝兰玉树继相承。
> 清芬宿咏高曾德，奕叶风流礼乐兴。
> 莫向危机寻捷径，须从暗室点明灯。
> 雪山家世湘江远，十七传来替未曾。

石鼓周昉作诗《赠王墨溪回昆明》①，送友王墨溪返回昆明，诗句简单真挚，忆昨日相逢而今日却要别离，虽匆匆相见却也满含深情：

> 忆昨相逢日，正在秋之杪。
> 何以甫立秋，归翼随玄鸟。

石鼓周霖作诗《哭光宇堂弟》② 一首，以纪念光宇堂弟。堂弟光宇是一个毅力坚强、不惧疾病的优秀青年，但因当时医药条件差，负志而殁，令人惋惜。周霖悲痛惋惜，将自己的情感融于诗中，以表达对光宇的哀悼之情：

> 头角峥嵘自幼时，浩然之气克坚持。
> 燕京方幸闻声誉，孰料先凋正茂枝。

束河和志敏作诗《赠龙门寺禅友》③，和志敏与龙门佛学结缘，与禅友相识九年，感情深厚，此日去访禅友，诗中回忆与禅友相识，与佛结缘的情结，细水长流走过九载，思之此情笃深：

> 龙门学佛静机缘，风月为邻别有天。

---

① （清）周昉：《江渔诗抄》，不分卷，民国钞本，丽江市古城区图书馆藏。
② 赵银棠辑注《纳西族诗选》，云南民族出版社，1985，第296页。
③ （清）和志敏：《映雪轩吟草》，不分卷，民国钞本，丽江市古城区图书馆藏。

阁外云深堪避俗，山前水阔好乘莲。

君成善果三生证，我在凡尘百虑牵。

面壁可曾经九载？远公衣钵待相传。

从家族文人整体创作风格来看，六个家族各有特色，大研桑氏家族把对现实社会的关注融会笔端，写出来的诗歌颇具感怀时事、慷慨悲歌之感，对现实的感怀深深刺激着桑氏家族的诗情，所写的诗作皆为纳西族历史之变迁；大研牛氏家族把所见所闻都铭记于心，写意言情，在诗中呈现出一种特立独行、潇洒深远的独特气质，所写之诗多充满真情实感，读之为之动容；大研杨氏所写诗歌多描写朴实人民生活，使人在读后感受到生活本质之美，让人体会到纳西族民众内心的淳朴善良；石鼓周氏文人不断修身养德，有高尚的追求，所写诗歌多有诗意淡远、率真自然之感，对田园山水生活的向往，在石鼓周氏文人诗中得到淋漓尽致的体现；黄山杨氏文人出世归隐各不相同，却都喜爱田园、洁身自好，在诗中表现出真情旷达、寄寓性情的态度，黄山杨氏家族文人敢于释放自我天性，在诗中表现出旷达淡泊的态度；束河和氏文人喜爱吟诵，文风清新醇厚，在时代的背景之下，所写诗文多为咏怀抒情之作，表现出真挚的情怀。

（二）文学创作，形式多样

纳西族六个文学家族的文学创作，既有古体杂言诗，也有近体诗，亦有散文、竹枝词、楹联等作品，在字数上，四言、五言、七言、杂言都有。6个文学家族共存诗1496首，文53篇，题跋1处，楹联8副。

表4-2　纳西族文学家族文人9部诗文别集所存诗文情况

诗文别集	七言律诗	七言绝句	五言律诗	五言绝句	其他	总计
桑映斗《铁砚堂诗稿》	158	75	80	30	古体诗:108	诗451首
桑炳斗《味秋轩诗钞》	24	24	24	14	古体诗:2	诗88首
牛焘《寄秋轩吟草》	71	89	56	6	古体诗:64	诗286首
杨穆之《归田集》	33	23	14			诗70首

诗文别集	七言律诗	七言绝句	五言律诗	五言绝句	其他	总计
周际昌《爱莲堂诗稿》	15	11	17	2	古体诗:2	诗 47 首
周昉《江渔诗抄》	79	4	49	6	拟陶诗:34 古体诗(除拟 陶诗之外):26	诗 198 首
杨仲魁《黄山老人诗集》	62	54	48	15	古体诗:13	诗 192 首
和志敏《映雪轩吟草》	30	68	9	2	古体诗:3	诗 112 首
和志坚《三友轩第三主人 文存》						文 21 篇

由表 4 - 2 可知，6 个文学家族 9 位文人的 9 部诗文别集共存诗 1444 首，文 21 篇。其中七言律诗共 472 首，所占比重约 32.7%；七言绝句共 348 首，所占比重约 24.1%；五言律诗共 297 首，所占比重约 20.6%；五言绝句共 75 首，所占比重约 5.2%；古体诗共 252 首，所占比重约为 17.4%。六个文学家族文学创作式样丰富多彩，可见家族文人汉化程度很深，汉文造诣达到较高水平。

大研桑氏文人用格律诗较多，如桑映斗《海心亭二首》《高家寺山行》《丽江寺山行》《早发三营》，桑炳斗《春郊走马》《过竹塘》《夏夜忆玉湖》《北门坡》《小石桥步月》等，但他们也用具有地方民俗特色的民歌体创作了大量作品，如桑映斗《莫恼翁》《课扫地示学徒》《行路难》《大麦黄》《斗鸡行》，桑炳斗《江南曲》《采莲曲》《戏集禽言》《榆城竹枝词五首》《昆明竹枝词三首》《竹枝词》《春饮小酌》等。这些独具民族特色的形式更有利于表达纳西族的民风民俗，使得桑氏文人的大量作品在丽江民间广为流传。大研牛焘的《花马竹枝词》将民歌体的形式融于历史讲述当中去，使得组诗既有历史诗的厚重感，又有民歌体的清新感，读之使人易于接受，对于广大纳西族民众而言，更有利于积极传播汉文化，这便是汉文化与纳西族风情结合的优秀作品。大研杨穆之也有 8 首《竹枝词》，用轻快的形式，来表现纳西族人民丰富多彩的生活，清新脱俗，民风质朴，表现出了纳西族人民热爱生活、积极乐观的心态。

石鼓周氏文人喜用近体诗，汉文修养可见一斑，如周际昌《六月江水大涨》《新春登山眺望》《秋月题蒲版罗木先生书馆》《游指云寺（二首）》

《咏六月开映山红》，周晖《古松》《野望》《月夜菊咏》《黄山晚眺》《月夜》《咏菊二首》《咏桂二首》等，同时古风歌行体也有不少作品，如周际昌《赋得渔夫辞剑八韵》《五言古风》，周晖《拟竹枝词吊屈原》《题马子云墓》《龙湫海棠吟》《望夫石》《文笔峰行》等，以诗言志，即事述怀，这样更好地将纳西族特有的民族心理融进诗歌创作之中。

黄山杨仲魁在抒发田园情趣之时，用格律诗通过铿锵声调传达以诗言志的志向，如《冬夜枕吟》《宝月庵红梅》《白梅》《腊梅》《佛手柑》《山阁吟》等，而古体歌行的形式则表达了诗人内心不事雕琢、真情流露的质朴心愿，如《雪山歌》《石鼓歌》《晴上黄山》《竹枝词五首》《白龙潭》等。

深受先进教育熏陶的束河和氏兄弟，可熟练运用汉文格律进行诗歌创作，如《感时》《九日登高》《自慰》《赴白马聘本里初等小学教员途中作》等，但同时仍有具有民族特色的民歌体形式的诗歌，如《丙午寄赠和君俊庵二首》（其二）、《丙午闰四月与诸友避暑解脱林二首》（其二）、《书感》等。

家族文人留存文艺作品形式多样，除了诗歌之外，仍有楹联、石刻、书法、绘画作品流传于世。杨庆远留有楹联2副，杨光远擅长草书，留有王羲之神韵；杨元之好写汉语和纳西语语意双关的楹联；杨卿之才华横溢，书法名盛；周晖留有楹联2副、题跋1处；周冠南留有楹联2副；周霖为纳西族著名艺术家，国画功力深厚，名扬海内外。这些留存的作品，形式丰富多样，为世人展现出纳西族所处地区人杰地灵、人才辈出的景象。

黄山杨昌优学中举、仕任各处、经历丰富，"政绩文名，皆为时重"。杨昌在文学创作上善诗能文，今存作品多为散文。存文28篇，游记、叙事、传记、序跋、书信、论说皆有涉及。他的散文《游玉湖记》和《梦游玉泉记》，两篇山水游记，为其代表作品，在纳西族群众中广为流传。杨昌的散文清新自然，文采奕奕，用句斟酌，字字凝练。叙事时详尽叙事，突出重点，如《恒超先生传》《李晓桐小传》等，通过叙述真人真事，借以讽喻。如《游玉湖记》①：

---

① （清）赵联元辑《丽郡文征》卷二，《云南丛书》本，云南省图书馆藏。

　　丁卯春，余与牛铁山内弟及王子碧泉，读书玉峰梵寺。寺距湖十里，每邀僧同游，辄为风雨所阻。四月十六之夕，明月满地，万籁俱寂。余偶出斋散步，徘徊于风露之间。呼二子云："如此良夜，玉湖宜可游矣。"二子云："曷即行乎？"遂掩关，转侧山麓而北，信步出松林，相与咏"松际露微月，清光犹为君"之句。乘兴踏月，忘路远近，月光向西，行抵雪松村，距玉湖数十步耳。比屋而居，绕宅流水，穿林触石，琤琤作漱玉响，盖湖水之下流也。扣门求憩，深巷寒犬，逾时甫息。告主人以故，主人云："日间无风，游之可得其真境矣。"饮薪煮茗，清淡片刻。

　　晨光微出，徐至湖畔，相与席地倚石而坐。冷冽之气，逼人肌发。俄而波定风平，湖光明洁若镜，峰峦林木，禽兽飞徊，如隔玻璃，屏展画图，眉宇为之一新。须臾，朝暾遥上，峰头积雪，微抹绀红，天半朱霞，相与掩映，目不给赏。二子善吹笛，作穿云裂石之声，有令人心旷神怡，手舞足蹈不自知者。

　　此游记写于嘉庆十二年（1807）初夏，这一年杨昌参加乡试中举，在看到满眼美景的时候，心生喜悦，在如实描写玉湖景物之时，流露出对功名的向往之情，对中举前景充满希望，借景抒情，美景和心中的喜悦之情互为交融。

　　和志坚著有《三友轩第三主人文存》，存文21篇，墓志8篇，祭文10文，序1篇，跋1篇，颂文1篇。其文大部分是祭文和墓志铭，感情深切，文情至深，如《祭姨妈杨母黎氏孺人文》《和公德源暨配姚周两孺人墓志铭》《代旧戚哭嗣父母暨伯姊文》《王公益源暨继配王母和孺人墓志》《代树良、树宽二甥祭父文》等，在这些文中，和志坚或抒自身祭怀或代友祭奠，表达了对父母、兄姊、妻儿、姨母、友人的无限真情，读之，使人感到至性至情，心怀悱恻，可见和志坚文风恳切、品质真诚。如《杨母黎氏孺人墓志》①：

----

　　① （清）和志坚：《三友轩第三主人文存》，不分卷，民国钞本，丽江市古城区图书馆藏。

孺人氏黎，讳荣弟，杨公讳重发之妻，吾母之姊。终鲜兄弟，惟此而已。少患瘫，竟不仁一足，亦无大害也。性温且惠。初字和，未结缡而寡，年廿八，始归杨。乃夫也不良，不二年而大归。然不尤怨，淑慎焉耳。未久，杨公卒，哀溢于礼，守志不易。时双亲犹在，侍奉无人，孺人以子道事之，无稍失。以故戚邻之为，子在其前者，且自叹不及。视坚辈若子，无慈不至，与吾母弗差也。假令孺人得伉俪之谐，鞠育子女，吾知移其事亲者事夫，慈坚辈者慈子，惜乎其不尔！吾母痛其无所依薄，迎至舍，已十有三载。坚辈事之若母，然，聊申报称。孺人虽遇人不淑，然亦可无恨矣。卒于民国六年腊月之朔，享寿六十有七，临终嘱云：吾勿葬于杨茔。因葬于西山麓。坚不文，不敢不志其实。

墓志铭，即把逝者的生平事迹刻于石板后埋于墓中的刻石文字，约源于东汉。志，是逝者的传略，散文体书写；铭，是颂词，韵文体书写。可这种固定的格式使得墓志铭很容易写成千篇一律、毫无意义的呆板文字。和志坚才华横溢、造诣深厚，勇于创新，不受拘束，文风自由挥洒、情感真挚，内容因人而论、因事而立。和志坚的每一篇墓志铭都各具特色、真情实感、绝不雷同，他写的墓志铭给这一文体带来了生机和活力。在《杨母黎氏孺人墓志》中，和志坚写到杨氏性格温良，在丈夫去世后，仍守志不移，侍奉双亲，教育后辈，待和志坚本人如同己出，悉心呵护，虽遇人不淑，可杨氏心中已无怨恨。在遭遇变故之后，和志坚一家把杨氏接到家中来，和志坚待她如同慈母，后杨氏于六十七岁去世。去世后，要求勿葬杨茔。和志坚怀着怀念慈母一般的感情，记叙此文，读之仍能感到作者对杨氏的无限深情，朝夕相处十三载后，和志坚不舍其离去，遂作此文以纪念她。

三　清代纳西族文学家族文化生态环境探析

清代纳西族文学家族学术文化风尚的形成发展，绝不拘囿于封闭环境。纳西族文学家族在自身不断谋求突破发展的同时将本民族传统与优秀汉文化相耦合，逐渐演变出自己的独有特色——大研桑氏的借古喻今、壮志难酬；大研牛氏的特立独行、潇洒真情；大研杨氏的气度不凡、闲情逸趣；石鼓周氏的质朴真率、不事雕饰；黄山杨氏的坚持节操、寄情抒怀；束河和氏的吟咏山水、时事感怀。清代纳西族文学家族的形成与当时的自然环境、政治因素、文教事业、家庭环境等多方面因素有着密不可分的关系。纳西族文学家族活动的印记不断累积，从而形成底蕴深厚的文学图景。从自然环境、政治因素、文教事业、家庭环境等角度探析家族的文学创作图景，由此形成对清代纳西族文学家族发展的深层次文化意蕴。

（一）山水秀美的自然生态环境

"山川之秀，实生人才；人才之出，益显山川"①，美丽秀美的自然环境与文学家族脉息相连，相互交融。"地理环境不仅是抽象的物质性地理状貌，而且是与生产、礼制、习俗、精神以及审美相联系的要素结构。种种要素在长期社会发展过程中逐渐符号化，与其他地域空间形成的文化世界产生差异，成为特定的地域文明。"② 正是由于自然地理环境的钟灵毓秀，才造就了一方水土的人杰地灵。家族文学的独特风格，就是在家族具体地域色彩之中孕育而生的。特定地域环境中的独特景观，都潜藏着带有独特地域特色的文化符号，当家族文人吟咏家乡风物之时，符号与符号之间彼此形成勾连，后人在品味诗句之时便可理解其中的独特的地域文化意蕴。家族文人在这些词句的背后，力图勾勒出自我主体对地域文化的深度阐释，我们通过对作品的解读既是对丽江高山大川的主观还原，也是对清代纳西族文学家族贯穿绵延生命力的自觉书写。

山川之美，古来共谈。弥纶天地之道，仰以观于天文，俯以察于地理。"中国人文思维在地理维度上的优势，具有极强的渗透性，令人颇有无所弗届之感。"③ 这种渗透感源于作家对于地理风貌长期积累的原始情感。自然意象的独特意境更是激发了作家歌颂故乡山河的强烈欲望。各种自然元素在经过作家主观感知加工酝酿之后，流淌于其文笔之下。山川原隰，各有条理，地理风景与人文修养的耦合，构成了大文学范围内地理因素的熠熠生辉。只有各种地理因素的存在，才能提供广阔的空间来展示浩瀚文学作品中

---

① 王鏊：《洞庭赋》，《吴中小志丛刊》，广陵书社，2004，第 277 页。
② 罗时进：《家族文学研究的逻辑起点与问题视阈》，《中国社会科学》2012 年第 1 期。
③ 杨义：《文学地理学的渊源与视境》，《文学评论》2012 年第 4 期。

时间、空间运行和展开的生命表达。图 4 - 1 为丽江疆域图①，从图中我们可以看到，雪山、金沙江、澜沧江等自然景观环绕丽江府，府城就在这样的与自然紧密结合的自然环境里孕育着一代又一代丽江子孙。他们世世代代生活在丽江山水之中。

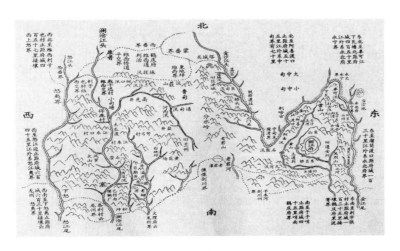

图 4 - 1　丽江疆域图

云贵高原雪山绵延起伏，金沙江、澜沧江汹涌奔腾，丽江府地形复杂，层峦叠嶂，物产富饶。"雪岭崔巍，宛似擎天玉柱；金沙蜿蜒，俨然割地鸿沟。崇山如埤，鸟道如线，俯临十郡，雄控一方。"② 在云南地区，纳西族文学家族成员吟咏抒怀大多面对的是家乡的秀美山水，登山则情满于山，观海则意溢于海，融情于景，情景交融。正是家乡的大好河山，给予了少数民族文学家族成员源源不断的创作灵感。如牛焘《澜沧江》③：

派落西荒外，洪涛卷地来。
滩高鼓怒雪，峡迫殷潜雷。

---

① （清）陈宗海修（光绪）《丽江府志》卷一，光绪二十一年（1895）刊印，国家图书馆藏。
② （清）陈宗海修（光绪）《丽江府志》卷一，光绪二十一年（1895）刊印，国家图书馆藏。
③ （清）陈宗海修（光绪）《丽江府志》卷八，光绪二十一年（1895）刊印，国家图书馆藏。

桑映斗《听人说过太子关》①：

闻道边关路，由来险不平。
天宽争地窄，山势让江声。
虎过经宵迹，魈啼白昼行。
沙盐与乳酒，啧啧说夷情。

杨卿之《咏雪山》②：

万里昆仑末，南来此独尊。
划天分半壁，笑岳大中原。
冰雪无今古，阴阳失晓昏。
会当凌绝顶，纵目放高吟。

从上述诗作中可以看出作者对丽江的大好河山喜不自禁的赞美之情，雪白圣洁的玉龙雪山，蜿蜒崔巍的太子关，奔流不息的澜沧江，在对自然意象进行描绘的同时，作家都把自己的主观喜爱之情融入诗歌创作之中，既显示了作家深厚的汉文修养和创作功底，又表达了作家对大好河山的由衷赞叹。

文学家族成长的地域环境，既包含了具体地域环境的自然风光，又包含了祖上先民遗留下来的带有传承性的地域文化。对于每一个从家乡走出来的文学家族成员来说，家乡的自然环境正是其逐步成长和性格形成的原始基因。在传统文化语境当中，家族的文学性创作往往是具体地域环境的抒情创作，家族文学群体也是具体地域环境的家族性文学群体。"作家一旦进入现实的体验，一旦运用现实的体验作为写作的材料，就无法摆脱本土文化对自己骨血的渗透。"③ 家族文学成员在进行文学创作的时候，就会不自觉地将家乡的自然山川融入自己的作品中，正是这些山川美景，激发了家族文人的灵感，让家族文人将自我的满腔热情，都融入无尽的文学创作中。

---

① （清）陈宗海修（光绪）《丽江府志》卷八，光绪二十一年（1895）刊印，国家图书馆藏。
② 赵银棠辑注《纳西族诗选》，云南民族出版社，1985，第268页。
③ 贺雄飞主编《守望灵魂》，中华工商联合出版社，2000，第256页。

（二）积极学习汉文化的民族政策

1252 年，元世祖忽必烈亲征大理，随后纳西族实现了全民族统一。统一以后的纳西族领袖被赋予双重身份，既是部落酋长，也是朝廷官员。阿得于明洪武十五年（1382）"率众首先归附"入滇扫荡元军残部的明军，明王朝对此给予高度评价，不仅赐阿得一族姓木，而且在元代丽江路军民总管府之基础上先后改置丽江军民府、丽江府，令其世袭土知府。有明一代，"尝考洪武初，西南夷来归者，即用原官授之。其土官衔号曰宣慰司，曰宣抚司，曰招讨司，曰安抚司，曰长官司。以劳绩之多寡，分尊卑之等差，而府州县之名亦往往有之。袭替必奉朝命，虽在万里外，皆赴阙受职。"[①] 明代土司制度就是中央封建政权用来治理西南少数民族地区的民族政策，政治上巩固其统治，经济上维持原有的生产生活方式，满足于征收纳贡。

顺治元年（1644），清王朝正式实行对全国的统治。顺治十七年（1660），清廷同意保留丽江府建制，清初的丽江纳西族地区秩序依旧。西南地区的改土归流开始于雍正四年（1726），在云贵总督鄂尔泰的建议下大规模进行。"丽江府原设有土知府一员，流官通判一员，今照云南、姚安等府之例，将知府改为流官，将通判改为土官"[②]，以此为转折点，丽江纳西族地区的政治面貌出现了新的气象。"其原颁丽江府知府印一颗，即令新设丽江府经历掌管。其通判俟查明木氏应袭之人，另请题袭。"[③]

从元代纳西族大一统到清代改土归流，政治局面的动荡，时时刻刻牵动着家族的稳定发展。元代大一统的稳定发展为明清两朝的繁荣昌盛奠定了重要基础。清代木氏势力随着改土归流而削弱，纳西族的文化发展由原来的被木氏独自掌控，转变为旁姓家族势力开始大力发展，桑氏、牛氏、杨氏、周氏、杨氏、和氏家族恰逢其时得到迅速发展。政治局面的变动时刻影响着文坛的发展，影响着家族文学的兴衰。丽江地区虽偏远，然改土归流后与中央政权保持高度一致，文人在创作之时自然与世推移，政策变动、镇压起义、统治交移等事件皆在家族文人的作品有所反映，可以说家族文人的作品记录着丽江纳西族地区的点滴变动，以诗文录史，以诗文明世。"文变染乎世

---

① （清）张廷玉等纂《明史》卷三百，中华书局，1974，第 7982 页。
② （清）陈宗海修（光绪）《丽江府志》，卷八，光绪二十一年（1895）刊印，国家图书馆藏。
③ （清）陈宗海修（光绪）《丽江府志》，卷八，光绪二十一年（1895）刊印，国家图书馆藏。

情，兴废系乎时序"，诗文的风格转变与时代的动荡推进有着高度相关性。家族文人的作品反映政治局势的走向，而时政大计的实施可直接影响文坛创作的内容。

康熙三十九年（1700），孔兴询来丽江任通判，建议设文庙、立学宫，兴教化。之后正式设立府学。后丽江大规模"改土归流"之后，木氏土司文化专权的制度被打破，普通民众对汉文化的认同得以大幅度发展。书院、义学等教育机构的广泛设立，使得清政府"核心辐射、边缘内附"，大力推行汉文化教育的文化政策得到有力保障。治经课艺，讲道明伦，广大纳西族民众汉文化认同内涵的不断拓展，汉文化修养的不断提高，更有利于清朝对丽江的统治。"清政府改土归流的实施以及一系列文教政策的推行使职官制度的二元体制得以终结，丽江纳西族民众开始摆脱对当地土司的人身依附关系，并实现对儒家思想这一官方意识形态的认同，进而使儒教文化圈如池塘中被风荡起的层层涟漪般在边疆地区扩展，强化了纳西族民众的国家归属感，为国家认同意识的建构奠定了坚实的基础。"①

（三）清代丽江文教事业的发展

纳西族聚居的云贵高原，既有原居住民族的自然发展，也有外来文化的交流融合。汉文化的传播，为纳西族古老的传统文化注入了新的色彩，纳西族和汉族的友好交流、不断深化，是纳西族家族文学不断发展的重要动力。

清代丽江创建学宫，亦称"儒学""文庙"，为学生读经书礼孔子的地方。通判孔兴询"临丽伊始，睹山川之灵秀，与风俗卑陋异"，遂"因思变易之道，必赖礼乐，礼乐之兴，在建文庙"。② 学宫历时三年建成，到康熙四十五年（1706）丽江开始设置儒学。据（光绪）《丽江府志》③ 载儒学建设情况如下：

> 本朝康熙三十九年，通判孔兴询详请捐俸草创，颁御书"万世师

---

① 郭新榜、郝淑静、陈符周：《文化认同视野下的清朝丽江纳西族研究》，《四川民族学院学报》2014年第6期。

② （清）管学宣修，万咸燕纂（乾隆）《丽江府志略·艺文略》，乾隆八年（1743）刊印，上海图书馆藏本。

③ （清）陈宗海修（光绪）《丽江府志》卷四，光绪二十一年（1895）刊印，国家图书馆藏。

表"匾额于学宫。

四十五年设学，始建于府治之东，规制悉照东鲁家庙。

雍正元年，崇封至圣先师五代王爵，各直省学宫建崇圣祠。

三年，知府杨邲、教授万咸燕改迁今地。颁御书"生民未有"匾额于学宫。

五年，知府元展成建明伦堂。

八年，知府靳治岐重修。

乾隆三年，颁御书"与天地参"匾额于学宫。

乾隆四年，知府管学宣、教授万咸燕改建两庑、大成门、棂星门、魁星阁。

五年，重建大成殿、崇圣祠、明伦堂、泮池、照壁、文明坊。

四十八年，知府孔继炘同绅士重建。

嘉庆四年，颁御书"圣集大成"匾额于学宫。

道光元年，知府王厚庆、知县伍文燏率绅士捐修。颁御书"圣协时中"匾额于学宫。

四年，知府广裕、知县孙泽重修。

咸丰元年，颁御书"德齐帱载"匾额于学宫。

同治二年，颁"圣神天纵"匾额于学宫，时值兵燹，尚未立。

九年，知府屈绍培同绅士重修大成殿、明伦堂。

光绪元年，颁御书"斯文在兹"匾额于学宫。

三年，知府许其翔同绅士重修崇圣祠、大成门、棂星门。

咸丰间，文明坊毁于兵燹，光绪十一年绅士重修。

"丽虽处极边之区，已沐圣朝教化二百余年，又于各乡村创立义学，广育人材。一时学校如林，而家弦户诵矣。"[1] 清代丽江地区有三个书院，如下：

玉河书院：

玉河书院，在城西门外大研里玉河边，本朝康熙四十九年通判樊经

---

[1]　（清）陈宗海修（光绪）《丽江府志》，卷四，光绪二十一年（1895）刊印，国家图书馆藏。

建，久经倾废，乾隆四年知府管学宣重立。每年议给束脩银十二两。①

　　旧《云南通志》：在府治西。本朝康熙四十九年，通判樊经建，久废。乾隆四年，知府管学宣重设。每年束脩银十二两，今改设为玉河馆。旧址久倾。②

雪山书院：

　　雪山书院，在城西门内，雍正三年，知府杨馝、教授万咸燕同设，乾隆二年，知府管学宣重修。③

　　旧《云南通志》：在府治西。雍正三年，知府杨馝、教授万咸燕同设。旧志：乾隆二年，知府管学宣重修。五十五年知县徐修献、举人李廷俊重修。咸丰年间毁于兵燹。同治十二年冬，知府徐承勋、知县周维巽、举人杨凤友等重建。光绪十九年，知府陈宗海同绅士和庚吉、李福宝等仍依旧地改建而扩张之。④

太鸡书院：

　　在喇鸡鸣井。光绪二十年，知府陈宗海、井大使朱德爵同绅士新设。⑤

　　义学，招收的学生多在 15 岁以下，办学经费主要来自学田之地租收入，学生免费入学。作为启蒙教育机构，义学多招收贫寒子弟入学。义学的教育

　　① （清）管学宣修，万咸燕纂（乾隆）《丽江府志略·学校略》，乾隆八年（1743）刊印，上海图书馆藏本。
　　② （清）陈宗海修（光绪）《丽江府志》，卷四，光绪二十一年（1895）刊印，国家图书馆藏。
　　③ （清）管学宣修，万咸燕纂（乾隆）《丽江府志略·学校略》，乾隆八年（1743）刊印，上海图书馆藏。
　　④ （清）陈宗海修（光绪）《丽江府志》，卷四，光绪二十一年（1895）刊印，国家图书馆藏。
　　⑤ （清）陈宗海修（光绪）《丽江府志》，卷四，光绪二十一年（1895）刊印，国家图书馆藏。

从《三字经》《百家姓》《千字文》开始，随着年龄、学识的增长，到《论语》《孟子》《大学》《中庸》等。教师薪金每年给束脩银十二两，对学生发给部分生活补助费，称膏火费。据（乾隆）《丽江府志略》①、（光绪）《丽江府志》②可见义学相关情况如下（见表4−3）。

表4−3　丽江义学相关情况

义学	修建时间	地址	修建者	经费	膏火
府东义学	康熙年间	府东	木兴		
白沙义学	康熙年间	白沙	木兴		
七河义学	康熙年间	七河	木兴		
九河义学	康熙年间	九河	木兴		
束河义学	康熙年间	束河	木兴		
忠孝馆	乾隆二年	城东门内忠孝祠	管学宣	麦二十六石	米六斗
节义馆	乾隆二年	城西门外节义祠	管学宣	麦二十六石	米六斗
白沙馆	雍正十一年	城北二十里	靳治岐	麦二十八石三斗	
束河馆	乾隆二年	城北十五里	管学宣	银十二两	
白马馆	乾隆二年	城西南六里	管学宣	银十二两	
剌沙馆	乾隆二年	城西十里	管学宣	银十二两	
七河馆	乾隆二年	城南四十里	管学宣	银十二两	
九河馆	乾隆二年	城西南八十里	管学宣	银十二两	
巨甸馆	乾隆二年	城西北二百四十八里	管学宣	银十二两	
通甸馆	乾隆二年	城西二百八十里	管学宣	银十二两	
江西馆	乾隆二年	城西四百九十里	管学宣	银十二两	
树苗馆	乾隆二年	城北六百三十里	管学宣	银十二两	
小川馆	乾隆二年	城西南六百三十里	管学宣	银十二两	
兰州馆	雍正十三年	城西二百八十里	姚应鹤	米十五石四斗	
下井馆	雍正九年	城西三百五十里	郑大位	银十四两	
剌缥馆	乾隆四年	城西八里	管学宣	银十二两	

① （清）管学宣修，万咸燕纂（乾隆）《丽江府志略·学校略》，乾隆八年（1743）刊印，上海图书馆藏。

② （清）陈宗海修（光绪）《丽江府志》，卷四，光绪二十一年（1895）刊印，国家图书馆藏。

续表

义学	修建时间	地址	修建者	经费	膏火
剌是馆	乾隆四年	城西三十里	管学宣	银十二两	
山后馆	乾隆四年	城西三百四十里	管学宣	银十二两	
温井馆	乾隆五年七月	城西三百六十里	郑大位	银十四两四钱，改为馆师束脩	
乐天场	乾隆十三年			银十二两	
黄登馆	嘉庆十三年			银十二两	
阿喜馆		城西北			
石鼓馆		城西			
鲁甸馆	光绪二十年	城西	陈宗海	麦、谷八石四斗	
剌宝馆		城北			
东山馆		城东			
大具馆		城北			
南山馆		城南			
江东馆		城西南			
江西馆		城西南			

私塾为丽江有识之士愿为家乡培养人才开创新风所兴建，在民间广受赞誉。明清时期丽江的私塾无固定的学员数目。根据塾师的水平，学生课业分低级和高级，先读蒙学再读经学。私塾的教材按其低级和高级分别设置，初级教材采用《三字经》《百家姓》《千字文》《教儿经》《增广贤文》《幼学琼林》等，高等教材采用四书五经、《古文观止》、《唐诗三百首》等，科举时还学习"八股文"等。私塾无统一安排上课，大致上午读书背诵，下午讲课，夜间诵书。私塾主要有村学、私学和家学，村学由较大的村庄或相邻的村民自愿集资开办。家学（族学）是官绅、地主、富商聘请有名望的塾师来家中教育子女及家族中至亲子弟，此类塾师待遇较好。

大研牛氏家族对丽江地区的教育事业做出了卓越贡献。牛化麟，（光绪）《丽江府志》载："丽旧有卷金，权舆于张太守圣功，但赴春秋两闱，距京师及省垣道里辽远，不无菲薄之虞。适和太守费颜嘉惠士林，四人踊跃输金，以赞成其事。邑人至今为美谈。"[①] 牛即麟，（光绪）《丽江府志》

---

① （清）陈宗海修（光绪）《丽江府志》卷七，光绪二十一年（1895）刊印，国家图书馆藏。

载："为人慷慨英豪，乡里有贫乏者，称贷不吝。嘉庆初，和太守费颜倡捐卷金，一时郡人杨溥相继而倾囊焉。即麟以公正与毓麟同为太守所器重，延请董其事，并出家赀白金，归商人权子母。三十余年，尽心勤恳任为己事，后存积至柒仟余金。丽人赴春秋闱者，俱沾其惠，至今称道弗衰。"① 而后辈牛焘，更是担任过罗平、镇沅、邓川、安宁学官，牛氏家族的教育可谓成绩斐然、桃李满天下。牛化麟、牛即麟捐献钱财兴办学校，让更多的平民士子有机会继续学习，在丽江传为佳话，而牛焘更是用实际行动教书育人、积极传播汉文化，造福一方。大研桑映斗被人称为经师，晚年为求生计教书育人。大研杨穆之曾任丽江劝学所所长，晚年设馆教书育人。石鼓周冠南早年留学日本，读师范科，回国后任教于省立丽江中学，任师范学堂堂长等职，周氏后人也为丽江的教育事业作出巨大贡献。束河和志敏曾任丽江中学校长多年，其弟和志坚曾任政法学校等校教员。许多家族文人教书育人，在自己传道授业的过程中，为更多的纳西族学子创造了更好的学习条件，为纳西族培养了一代又一代的人才。

在封建统治时代，科举取士是选拔优秀人才的重要途径，而科举功名亦是家族保持长盛不衰的重要途径。"后世之论，颇重科名，盖人非读书仕宦，则无以通知古今，阅历事变，而欲其立名当世，垂裕后昆，其道无由。然则科第仕进之说虽出于流俗，而光耀门户，实必赖之。"② 据（光绪）《丽江府志》③ 载，清代丽江地区科举情况见表 4-4。

表 4-4　清代丽江地区科举情况简表

科考功名人数	纳西族功名情况
进士 7 人	纳西族进士:李樾、和庚吉
举人 61 人	纳西族文学家族成员: 杨昌，嘉庆十二年(1807)丁卯科，中式第三十六名 杨本程，道光十四年(1834)甲午科，府学拔贡，中式顺天乡试第五十一名 杨光远，咸丰五年(1855)乙卯科，中式第五十六名 周晬，光绪十五年(1889)己丑恩科，中式第六十名

① （清）陈宗海修（光绪）《丽江府志》卷七，光绪二十一年（1895）刊印，国家图书馆藏。

② 孙传钊:《孙衣言孙诒让父子年谱》，上海社会科学院出版社，2003，第 134 页。

③ （清）陈宗海修（光绪）《丽江府志》卷六，光绪二十一年（1895）刊印，国家图书馆藏。

科考功名人数	纳西族功名情况
副榜 10 人	纳西族副榜:杨超群
拔贡 22 人	纳西族文学家族成员: 牛化麟,嘉庆十八年(1813)优贡,湖北黄冈县县丞 牛焘,道光五年(1825)及第,原任罗平、镇沅、邓川安宁等地学官 杨本程,道光五年(1825)及第,朝考一等签分刑部七品小京官,广东司主政 杨庆远,咸丰十一年(1861)及第
贡生 113 人	纳西族文学家族成员:牛即麟、桑照斗

  清代文学家族是在"一元化与一体化中建构科宦世家与文学世家的密切关系,科宦世家仍然支撑着并决定着文学世家的发展"①。由此可见,科举和家族发展有着密切关系,通过科举走出来的一大批有识之士,为丽江的教育事业做出了巨大贡献。向学好学之风在城中的广为流传,积极道德价值观念的转变都有利于维护中央王朝的统治和发展。在大研桑氏、大研牛氏、大研杨氏、石鼓周氏、黄山杨氏、束河和氏等家族中大多数文学家族成员是科举出身,这也证明了丽江教育的优秀特质。

  在文化交流方面,如果没有一个文化交流和谐的社会人文背景,怎么会在丽江纳西族地区出现这么多用汉文创作的纳西族家族文学成员。杨昌、马子云、杨守园、木景山、杨本程、王桃溪、杨仲魁、妙明等诸名流皆与桑映斗、桑炳斗兄弟相互唱和,如《进耳寺访杨敬庵》《有怀杨竹塘园林》《马子云以番刀见示》《寄杨守园》《寄杨竹塘》《忆马兰痴》《闻王椒园先生署永昌府二首志喜》《庚寅又四月乙酉黄山慈云庵柏树有鹤来止和竹庐杨丈原韵兼示妙上人》等诗篇,皆为唱和之作。而牛即麟和牛毓麟创办了丽江地区第一个诗文社——玉泉文社,杨穆之为诗社"丽泽社"重要诗人,周昕为"桂香诗社"社长,周冠南、周霖都曾担任丽江教育行政要职,和志钧、和志坚皆毕业于国立北平政法大学。这些文人经历丰富,自然在诗歌创作、酬唱交往的过程中,与友人志士相互交流,促进家族文学不断推陈出新。

  在研究家族文学创作的同时,我们可以发现,在各文学家族周围都活动

---

① 梅新林:《文学世家的历史还原》,《中国社会科学》2011 年第 1 期。

着许多有声望的文人学士，他们以自由的方式组成松散的团体，经常一起唱酬切磋，从而形成了浓郁的重文尚雅的社会氛围。在这种氛围中，文学成为评价一个人社会价值和家族声望的重要标准。在家族文学发展的过程中，与这些文人团体相互交流切磋，也是促进家族文学发展的良好因素。

（四）家庭环境的长期熏陶

家族的文化修养需要世代继承才能起到以道德名节相砥砺、振兴门风的作用。继其统，守其业，文学家族在延宕维持与传衍生息的过程中，更能看清家族文学的生命力与精神脉络，家族文人更能切身体会到以传承家族文化为使命的敬业垂统、肩负重任的心境。"所希望于门第中人，上自贤父兄，下至佳子弟，不外两大要目：一则希望其能有孝友之内行，一则希望其能有经史文史学业之修养。此两种希望，合并成为当时共同之家教。其前一项表现，则成为家风；后一项表现，则成为家学。"① 于家风而言，是家族的精神文化传统，对家国的忠诚、对传统的继承都能反映一个家族的精神风貌。家学则表现为长期教育熏陶的影响，好学嗜文的积累通过一代代子孙流传开来。

一门能文，震古烁今，一门风雅，代代相传。和睦美满、追求高雅的家庭文化氛围对于家族文学的创作来说至关重要。文学创作从根本上说是一种能动的自觉的精神创造行为，是一种超越物质基础需要的高层次形而上的思维追求活动。因此，"只有把创作作为获得生存体验，提升人生境界的重要方式，它才能成为生命的内在需要和驱动力，成为值得崇仰和效仿的做法，从而代代相续，咏歌不绝"② 。只有家里洋溢着和谐雅致的生活氛围，文学才能成为家族文学成员之间沟通的桥梁。家族成员的财富积累、科举功名是光宗耀祖的有效方式，可世俗的价值观念并不能磨灭家族成员在文学艺术、精神理想上的孜孜追求。平民出身旁姓家族虽不拥有显赫地位和优越条件，但共同的旨趣、家庭成员间的相互扶持，既为平淡的家庭生活增添乐趣，也为家族文学成员的文学创作提供了有利条件。

家族的祖宗在家族文化传承谱系中起到关键作用，"祖宗，尤其是中国

---

① 钱穆：《略论魏晋南北朝学术文化与当时门第之关系》，《新亚学报》1963 年第 5 期。
② 陈友康：《古代云南少数民族的家族文学》，《云南民族学院学报》（哲学社会科学版）1998 年第 4 期。

的祖宗，代表两种力量：一是遗传，二是教育。祖宗贤明端正，能行善事，表示他自己就有一个比较健全的生理与心理组织，这种组织是他的遗传的一部分，很可以往下代传递的。他这种长处也往往给子孙以一些很好的榜样，一些力图上进的刺激"①。桑炳斗《检藏书有感呈沁亭》说："传家徒自书连屋，阅世欣能目识丁。"② 由此可见，宗族教育对家族文人的成长十分重要。家族后辈子孙将继承宗族教育作为推动家族前进的发展动力，不断研习读书、冥思进取、修身养性，把家族文化传统绵延继为己任，以图光耀门楣、不辱先人教诲。宗族教育的内容，在做人处世方面要坚守诚实守信的基本准则，提高内在修养；在修习学业方面，勤恳扎实，读书养性，弘扬家声。长辈们的文学喜好直接对后辈的成长起到了积极作用，子弟们从小耳濡目染、受到良好的教育，进而子孙后代文才相继，代有闻人，整个家族薪火相传。

诗书家族需要数代的累积方可逐渐形成，家族子弟不断求取功名，是为了让家族名声不断延续，虽科举竞争异常激烈，功名难得，但书香不可绝。家族子弟不断读书修习，既为谋求功名利禄、一展匡时济世的时政抱负，也为延续家声、长久坚守家族传统，可进可守。"士大夫之子弟苟无世禄可守，无常产可依，而欲为仰事俯首之计，莫如为儒。其才质之美能习进士业者，上可以取科第，致富贵；次可以开门教授，以受束脩之奉。其不能习进士业者，上可以事笔札，代笺简之役；次可以习点读，为童蒙之师。"③

这些文学家族对祖先的文学业绩和家族文化充满崇敬和自豪。家族文学里蕴含着家族内部的共同生活情趣，使家族成员在人生价值取向上有着不少相似之处，这样就为家族文学的不断发展奠定了基础。陈寅恪曾指出："夫士族之特点既在其门风之优美，不同于凡庶，而优美之门风实基于学业之因袭。"④ "学业之因袭"即为家学，正是由于家学，才让那些家族文学各具特色，才会让家族文学成员在家族这个大平台上施展才华和抱负。在家族文学

---

① 潘光旦：《明清两代嘉兴的望族》，上海商务印书馆，1947，第115页。
② （清）桑炳斗：《味秋轩诗钞》，不分卷，民国钞本，丽江市古城区图书馆藏。
③ 《吴门袁氏家谱·卷八》，转引自张仲礼《中国绅士的收入》，上海社会科学院出版社，2001，第90页。
④ 陈寅恪：《唐代政治史述论稿》，上海古籍出版社，1982，第71、72页。

的高级层面上，文化层次的不断累积，是几代人的共同努力。这一精神传承，促进了家族文学的进一步升华、渐臻醇美。

结　语

家族是由姻娅和血缘关系结成的亲属集团，是最基本的社会组织。在中国的传统文化中，家族是中国文化的基石，家族文化是以家族存在和家族活动为前提，以家族的强化、共享与认同为特征，注重家族的历史传承、家族和谐与家族的整体利益，在家族繁衍壮大的基础上逐渐累积而成。家族文学的承接统系是对家族过去诸多文学活动的筛选与重构，这也便是家族文化记忆强化家族成员情感，强调"一体意识、独特性和归属感"[①]的仪式呈现，"从一体意识和归属感而言，推阐家学传承统系有敬宗收族之用；而独特性，则近似区分家族门风、学业特征的徽记"[②]。

纳西族是"中华民族多元一体格局"中的一分子，对其文学研究至关重要，纳西族的各个文学家族不但构建了云贵高原传统文化的丰富内涵，也参与了该地区生态环境、人文资源的构造。陈寅恪曾在《元白诗笺证稿》中提出构建时空交错的文学史模式的设想："苟今世之编著文学史者，能尽取当时诸文人之作品，考定时间先后，空间离合，而总汇于一书，如史家长编之所为，则其间必有启发，而得以知当时诸文士之各竭其才智，竞造胜境，为不可及。"[③]一代有一代之文学，一代亦有一代之文学家，呈现承中有变、同中有异的变化趋势，需要仔细辨认其中的承变、异同关系，同时认真分析家族文学的内部规律和艺术特色，为深入研究家族文学奠定基础。

同样，家族的演变折射着时代的变迁，文学家族的发生发展迁徙流变离不开时代的发展。纳西族文学家族浓缩了清朝社会的风云变幻、国家的兴衰浮沉，其发展受到了清代政治文化发展氛围的制约，反过来又影响了清代社会历史的发展态势。对清代文学家族的微观研究，可为恢宏却粗枝大叶的历史记录，提供有意义、有趣味的丰富细节，这为保存历史真实提供了极其珍贵的书面材料。

---

① Jan Assmann, *Religion and Cultural Memory*, Standford University, 2006, pp. 95, 38.
② 徐雁平：《清代世家与文学传承》，生活·读书·新知三联书店，2012，第6页。
③ 陈寅恪：《元白诗笺证稿》，生活·读书·新知三联书店，2001，第9页。

　　清代纳西族文学家族保留了丰富蕴藉的文化资源，这是历史赐予我们的宝贵财富，也是璀璨夺目的中华文化的重要组成部分。研究纳西族的文学家族是透视纳西族民族文化的便利捷径，从空间地理方面来看家族文学，从几个家族在文学中投入的个体情感及其家族文化切入，则往往能够起到以小博大、事半功倍的效果，从而窥见当时整个民族的生存生活、国家运转、文化传播等方面的真实状况。纳西族聚居的丽江地区山川神奇绮丽，民族风情斑斓多姿，纳西族家族文人群体用满腔的深情进行文学书写，将具有生命力的民族风情，扩大到整个地理环境，在悠久历史中进行客观把握，地域特色与民族风情交相辉映，相得益彰，获得了超越时间、空间的永恒意义。研究纳西族的文学家族就是研究云贵高原地域文化的典型个案，就是梳理云贵高原的地方文脉。深入研讨其家族文化，云贵高原的地域文化必将显得更加完整、更加具体、更加生动。

第 五 章
清代彝族文学家族综述

有清一代，地域性文学群体层出不穷，成为一个较为突出的文化现象，其中以文学家族的涌现最具代表性。在具体地域空间的文学场景、人文活动与文学经验等研究基础上，对文学家族进行更深层次的剖析，这在推进家族史、地域文化史以及中国文学史研讨层面上，有着重要的认识意义，但目前对清朝文学的动态研究仍多延续传统解读方式，重点解析的多是汉族的高门大姓与文学团体，只重视宏观流派的诠释与主流作家的个案分析，缺乏对少数民族基层文人群体的细腻观照与整体解读。为此，笔者以清代的云贵高原为时空背景，在仔细研读前人成果、爬梳大量相关史料的基础上，以彝族的文学家族群为具体研究对象，以家族及其家族文化作为切入点，以小见大、见微知著，意图强调与凸显特定族裔群体在中华多民族文学史上的重要地位，探讨多元共生文化生态环境之下的中国文学所具有的文化底蕴和人文关怀，以期为考察文学现象拓展出更为开阔的视野，为评价文学成果寻绎出更为多样的坐标。

文学家族及其对文学的影响是近来文学界及史学界共同关注的热点，研究成果也蔚为大观，纵览目前学界关于彝族文学家族的研究，大致包含以下三个方面。

一是以地域空间为中心，如《清代黔西北彝族诗人的文化品格》（安尚育，《贵州民族研究》1993 年第 2 期）、《云南古代彝族文人文学简论》（安尚育，《民族文学研究》2001 年第 4 期）等；二是以朝代时间为中心，其主要成果有：《彝族明清时期诗文论述评》（左玉堂，《毕节学院院报》2010 年第 6 期）、《明清彝族文人家族汉文学研究》（蒋丽，南京大学硕士学位论文，

2014 年）等；三是以文学家族个案为研究对象，如《百年家学，数世风骚：大屯余氏彝族诗人家族研究》（母进炎主编，贵州人民出版社，2012）、《彝族余氏一门五诗人》（余宏模，《文史天地》1995 年第 2 期）等。

从上述相关著述中，我们可以清晰地看到，关于彝族家族文学的研究已非常广泛，这对于我们进一步研究清朝时期的彝族文学家族无疑大有裨益。不过直到今天，学界仍缺少全面、整体、系统研究彝族文学家族的专著或论文，鉴于当前的研究成果尚存在一些细节性问题，如对文学作品保存较少、文学成就较小的贵州普底黄氏家族、水西安氏家族，并未投以关注目光等，笔者认为对彝族文学家族的研究仍有更进一步的空间。

一　清代彝族文学家族成员考

清朝彝族文学的自觉和土司势力的膨胀，使清朝的彝族文学家族大放异彩，此时出现了蒙化左氏、姚安高氏、威宁安氏、毕节余氏、水西安氏、普底黄氏 6 个文学家族，成员共计 27 人，他们多为文宦之家，门祚绵长，代代书香，家族文人群体多为兄弟并继、父子相承、同宗共祖的血缘关系，唯 6 个家族中仅有的闺阁诗人——威宁安履贞，既为安履泰之妹，又是毕节余昭之妻，以姻亲关系凝聚起两个家族。在对这些具体文学现象进行审视时，不能拘于一隅，需要进一步地拓展研究手法与研读视野，从宏大的社会背景深入文学家族内部世界中。在文学家族梳理中，最基础的工作便是找寻家族中的文学创作成员，理顺家族成员之间昭穆伦次的宗族关系与承继脉络，这是进行文学家族研究的重要前提，现据（康熙）《蒙化府志》、（民国）《姚安县志》、《高奣映文集》等存世文献，将 6 个文学家族及家族成员的概况整理如下。

（一）云南蒙化左氏家族文学成员考

左氏家族世居云南蒙化府（今巍山彝族回族自治县），从明洪武十六年（1383）左禾率部投诚，因功授蒙化州判官起，到清光绪二十三年（1897）土司左荫曾子左隆辅上书清廷要求袭替土官未准奏为止，前后共经营蒙化 514 年，历十七世，承袭土官 18 人，正如家族成员左祯在荣保堂所题的对联："继承六诏千秋业；世守巄岈百世图。"左氏家族从明朝时便文名绵延，余澜颇振，在万历年间，族人左重、左宸、左壁应试乡科，连连中第，且左氏历代土司中不乏好学之人，如左晏"性喜诗书，揖让黄堂"，左明理"究心诗学，不辞攻苦，题咏甚富，郡志文行"，左文臣"喜晋书，善小楷，通音律，娴礼度"。在清朝，也始终保持门第不衰，培养出大量杰出人才。

1. 左世瑞

1641～1714 年，字辑乡，文墨娴熟，兼工书画。于康熙二十三年（1684）承袭蒙化十一世土知府，重农积粟，多次兴修水利，重视发展文化教育事业，修复文庙，鼎建贤士、养士两坊，捐资办学，礼士崇文，政绩卓著，深受当地人民爱戴。

现存诗 3 首：《春日宿三圣庵》《次鹤洞壁韵》《入云隐山房赠僧》（见《康熙蒙化府志·艺文志》，第 239、258 页；《乾隆续修蒙化直隶厅志》，第 338 页）。

2. 左嘉谟

左世瑞子，约康熙年间承袭蒙化十二世土知府，余不详。

现存诗 3 首：《浴温泉》《憩云鹤庵》《游云隐寺》（见《康熙蒙化府志·艺文志》，第 144、150、150 页）。

3. 左熙俊

左嘉谟族兄弟，字用章，又字晓云，号晓堂，乾隆二十四年（1759）副贡，曾任平彝县（今富源县）教谕。工诗文，清高自负，与世无争，恭孝悌让，建祖祠，修族谱，同情劳动人民。

著诗文集：《省身诗集》《晓堂诗》；修族谱：《蒙化左族家谱》（收入《云南巍山彝族社会历史调查》一书）；存诗 2 首：《晚游巃岠寺》（《滇诗嗣音集》卷一存）、《圆觉寺晚钟》（《蒙化志稿》卷十五存）。

4. 左麟哥

1707～1743 年，左嘉谟独子，父早亡，由祖母高氏协理地方，雍正三年（1725）承袭蒙化府十三世土知州，乾隆八年（1743）病逝，终年 36 岁。

存词 1 阕：《满江红·喜友至》（见《康熙蒙化府志·艺文志》，第 342 页）。

5. 左章照

左麟哥族兄弟，字光霁，号容斋。嘉庆七年（1802）进士，官丽江府教授。

诗文集：《玉溪诗集》（散佚）；存诗 1 首：《榆城竹枝词》（《滇诗嗣音

集》卷十二存)。

(二) 云南姚安高氏家族文学成员考

近代赵鹤清先生曾为姚安高让公故里撰写楹联:"九爽七公八宰相;三王一帝五封侯。"彰显了姚安高氏门第的显贵。元明清三代,高氏先后世袭姚安路总管,姚安府土知府、土同知,姚州土同知,延续700余年,世守姚安(今楚雄彝族自治州姚安县),明清两代,代有人才,家声显赫,如高乃裕七绝颇有韵味,高守藩为人英敏,性耽诗酒,至清廷,更是有家族集大成者高奣映,大振家声。

1. 高耀

明末清初人,字无作,号青岳,九岁父亡,承袭姚州土同知,曾任明朝永历小朝廷的太仆正卿,义不仕清,由儿子高奣映承袭姚州土同知,自己出家为僧。

存文1篇:《高氏续修家谱序》。

2. 高奣映

1647~1707年,高耀子,字雪君、元廓,小字遐龄,号结璘山叟、问米居士,顺治十七年(1660),考中秀才,时年13岁,16岁考中举人,26岁正式承袭姚安土同知的世职,在任期间建树颇多,但他无心仕途,报请朝廷恩准,37岁就将世职交给儿子高映厚,自己到结磷山潜心著述、执教,著作等身。

诗文集:《妙香国草》一卷(云南省图书馆藏);《结璘山草》二卷、《索居集》一卷、《梅村集》二卷、《菩提树词集》一卷、《非非草》一卷、《春雪吟》、《五华吟》、《蜀江吟》、《问香集》、《笔余诗集》、《慧香阁诗丽》、《亭西堂草》、《嚚嚚草》(均散佚);游记:《雪山游事》《蜀风采》《醉翁楼记》(均散佚);诗文论:《诗苑》《艺翰》《西厢读书解》《西厢文字解》(均散佚);散文和随笔选集:《声鹤亭稿》《如意珠》《登楼畅言》《知非集》《备斋闲话》《慎独楼静言》《环玉楼送客高谈》《醉翁楼醉话》《辑升楼壮语》《四雅求》《懿文馆课艺》(均散佚);诗词:《牡丹词》8首,吟咏鸡足山、昙华山等杂诗22首;文:《与榆中诸子论文说》及为文学作品所作的序言15篇;史志:《迪孙》二卷(云南省图书馆藏)、《鸡足山志》十三卷(云南省图书馆藏)、《滇鉴》一卷(云南省图书馆藏);佛、道书：《太极明辨》三卷（云南省图书馆藏）、《金刚慧解》九卷（云南省图书馆藏）、《药师经参礼》二卷（姚安县博物馆藏）、《道德经注解》（散佚）、《庄子寻脉》（散佚）等。

3. 高厚德

清初人，高映厚子，自幼受家父高映厚影响，能诗文，淡名利，是礼佛之士。

诗文集：《望云集》六卷（散佚）；史志：《高雪君先生行状》（散佚）；存诗 8 首：《玉龙吹霰》（1 题 2 首）、《塔凝空月》、《洞阁灵奇特》、《云海晴光》、《岩日击丹》、《绿天四霁》、《地隐晴雷》（见陶学良《云南彝族古代诗选注》第 291、291、293、294、295、296、297、298 页）。

（三）贵州威宁安氏家族文学成员考

安氏家族居住于贵州威宁州遵化里红稗坝（今赫章县六曲河），是原盐仓土府后裔，安氏重视研读汉文学之风，始于勺钟土目安天爵。安天爵，字正乾，是雍正元年（1723）癸卯科武举，他为学习汉文化，特意开设家庭学馆，专聘汉族一饶姓学者为教师，祖孙三代均受业于这位饶师。天爵所生三子中豫、中成、中立，皆有文才，其长子中豫与村中其他九名诗文爱好者结为密友，号称"十穷村"，自己谦称"诗穷"，密莲和尚为"禅穷"，其余八名各有号，然今已无法一一考据。十密友每有闲暇，常相邀饮筵赋诗作乐，为家族营造了浓厚的诗学氛围；其幼子中立生二子一女，长子履泰，过继给中成为子，次子名字无考，女履贞，从小随兄履泰受教于饶师，刻苦攻读。兄妹二人皆擅长诗文，文笔流畅，是赫章县最早的彝族兄妹诗人。

1. 安履泰

1820～1846 年，字阶平，父早逝，由母抚养成人，博学多才，诗文并茂，因不羁之才遭来横祸，年甫弱冠，锒铛入狱，以致家毁人亡。后人以"处世太狂成怪物，逢人便骂亦奇才。覆巢文学空完卵，沉海冤禽变劫灭"述其生平。

存诗 10 首：《无题》《瘦马行》《烈女行》《与顾东藩戏作香奁体》《虞姬》《绿珠》《赠杨垕山》《难中口占留别白奄姻长暨子如子懋昆仲》（1 题 3 首）。

2. 安履贞

1824～1880 年，履泰妹，字月仙、廉娘，自幼受教于家庭学馆，攻读旧学，文思敏捷。常与胞兄安履泰切磋诗作，时人称为"乌撒奇女""女相如"。19 岁与余昭完婚，夫妇情投意合，堪称文苑伉俪典范，然命途多舛，先逢胞兄安履泰入冤狱而亡，后遭子女早丧，相夫教子，诰封恭人。

诗文集：《园灵阁遗草》（收录诗作 60 首、女戒 10 则）。

（四）贵州毕节余氏家族文学成员考

余氏家族，属彝族扯勒部，是一个具有深厚文化底蕴的诗人家族，文学创作一直延续到民国时期，桂馥兰馨延绵不断。其先祖曾承袭明王朝册封的永宁宣抚使，然经明朝天启年间的"奢安事变"，奢崇明兵败身亡，奢氏子孙为避祸隐姓埋名，隐匿穷乡僻壤，其后嗣改余、杨、张、禄、苏、李六姓，直至第七代起才又改为余姓。为避乱求安，由余家驹携领一家老小从故居四川永宁迁至贵州毕节大屯，从而开启了余氏家族文学创作与学术研究并重的家学传统，展现出独树一帜的家族文化品格。

1. 余家驹

1801～1850 年，字白庵，小字石哥，世袭毕节大屯八世土司，赠武翼都尉。幼年丧父，由母亲抚养成人。科举贡生后，即归隐林泉侍亲。饱读经史，工诗，著述多未刊行而遭兵燹，以致散佚。善画，工泼墨山水，风流潇洒。

诗文集：《时园诗草》二卷（收录诗作 391 首）。

2. 余珍

1825～1865 年，家驹子，字子儒，号宝斋，又号坡生，彝名龙灼，自幼受父亲余家驹教诲，聪慧敏悟，擅长书法、绘画。早年因社会动荡而改文习武，被授予都司。因坚壁清野有功，诰授武翼都尉，袭大屯土千总之职，享年 40 岁。

诗文集：《四余诗草》一卷；楹联 1 副：《毕节龙场邹黄氏墓》。

3. 余昭

1827～1890 年，家驹侄，字子懋，号德斋、大山，自幼丧父，受伯父余家驹钟爱，携赴大屯授受家学，成年后赴科举，曾受钦赐花翎直隶州知州，为后补知府，享年 64 岁。

诗文集:《大山诗草》(内分三集《大山诗草初集》《大山诗草二集》《大山诗草三集》)、《有我轩赋稿》二卷、《德斋杂著》一卷。

史志:《叙永厅志稿》、《土司源流考》一卷;楹联:《毕节龙场邹黄氏墓》。

4. 余一仪

昭子,字邃初,性好酒,耽诗书,淡泊荣利。

诗集:《百尺楼诗草》三卷(散佚)、《百尺楼吟草》(刊发于《新国民杂志》1~3期)。

5. 余若煌

1868~1917年,昭长孙,字伯彬,读家塾,受祖父余昭、祖母安履贞教养。光绪十六年(1890),与弟弟余若璟同入毕节县学补弟子员(成为秀才),之后余若煌屡试不第,转习佛理、风水。孝悌谦让,创练乡团,保境安民,却被罗织罪名,入冤狱八年。

存诗7首(见余宏模著《一泓诗草》附录"先祖父余若煌遗诗七首",云南省镇雄县志办公室、诗词楹联学会编印,1999,第184~187页)。

6. 余若璟

1870~1934年,若煌弟,字达夫,自幼过继给伯父余象仪为嗣。受业于毕节前清进士葛子惠门下,研究经史子集,并习诗赋。光绪十六年(1890)参加前清科举,省试未中。光绪三十一年(1905)留学日本,支持民主革命活动。宣统二年(1910)中举人,但未受清廷官职。在上海创办《斯觉报》,后回故里隐居。民国23年(1934)病卒于贵阳。

诗文集:《邃雅堂诗集》十四卷(收录诗作609首)、《罍石精舍文集》四卷(收录散文41篇)、《蠛庵拾尘录》二卷(收录语录68则);族谱:《通雍余氏宗谱》一卷;史志:《且兰考》一卷、《且兰野史》四卷;楹联17副:《题毕节惠泉寺楼联》《挽胡母王太恭人》《挽王封翁伯登》《挽卢母莫太夫人》《挽王梦炎杨孺人》《挽许绍卿先生》《挽杨建侯先生》《代安伯英挽唐母刘太夫人》《挽蔡衡武君》《挽窦纯安先生》《代贵州大理分院挽孙中山》《挽蔡广武君》《挽冯子衡君》《挽蔡之华》《挽禄母夏夫人》《挽姜玉书》《临终自挽》。

（五）贵州水西安氏家族文学成员考

贵州水西地区古称罗甸国，是彝族先民聚居地。安氏家族自三国蜀汉建兴三年（225）以来，便一直统领水西，元、明又先后被改封为世袭宣抚使、宣慰使等，显贵非常。然明末时，形势大变，中央势力在贵州腹地已站稳脚跟，无须依赖安氏的土司武装，再加上安氏家族长期以来恃功骄纵，朝廷已将其视为隐患，幸土司安贵荣接受了王守仁的规劝，有所收敛，虽权势有所删削，却有幸得以延续。直至康熙五年（1666）二月，清政府正式在水西"置平远、大定、黔西三府"，同年九月十四日，清政府又"改乌撒土府为威宁府"，至此，结束了安氏家族在水西地区长达1400余年的统治。在这漫长的过程中，司主及其家族成员因公务需求或交际往来需要进行奏疏、书信等公文写作，故积极学习汉文化，并影响到子孙后辈。

1. 安光祖

嘉庆、道光年间人，土目，监生。

翻译：《夷书四则》。

2. 安吉士

字霭人，号白西，清中后期人，水西宣慰使后裔，秀才，厅属文生，通经学，明理学仪，无土目习气。

诗文集：《竹林山房集》一卷（散佚）；史志：《贵州新志》八卷（与子安家元合撰，散佚）。

3. 安家元

嘉庆年间人，吉士长子，字一德，号淦辛，嘉庆年间举人，厅属文生，少嗜学，博闻广识。

诗文集：《凯楼集》一卷（散佚）；史志：《贵州新志》八卷（与父安吉士合撰，散佚）。

存诗4首：《翻译夷书》《奢香夫人献龙场九驿》《昭勇将军安观参政安贵荣父子平西堡狮子功》《顺德夫人墓》。

4. 安健

1877～1929年，水西宣慰使后裔，又名安舜钦，字舜卿，其祖先为贵州宣慰使（水西土司），清末附生，辛亥革命先驱者。光绪二十三年（1897）考中秀才。光绪三十一年（1905）赴日本留学并参加同盟会，归国后多次参加反清起义。著有《讨清檄文》《贵州民族概略》《贵州土司现状》等。

（六）贵州普底黄氏家族文学成员考①

贵州大方县普底黄氏家族，其先世系彝族德布氏播勒君长默德阿仁后裔，历任水西宣慰使辖下枭裔（统率兵卒的武将）要职，在"改土归流"后，弃武从文，积极学习接受先进汉文化，提倡农耕为本，诗书为先，进身功名之道。自康熙以后，入武庠者、文庠者代不乏人，其中佼佼者如黄纬、黄思永、黄玳、黄道中、黄正麟等，可谓人文蔚起。家族中成员多为乡贤文学之士，声名至今犹传。

1. 黄显光

清康熙年间人。

楹联1副：《武举黄显荣柩墓》。

2. 黄继

清乾隆年间人，字述先。

族谱：《黄氏族谱》（散佚）；存文1篇：《黄氏族谱序》。

3. 黄思赞

道光年间人。

存文1篇：《黄氏族谱序》。

4. 黄思远

道光年间人。

存文1篇：《黄氏族谱序》。

5. 黄思永

1799～1868，字皋扬，号慎轩，别号慎修，家道清贫，祖、父辈皆以教学授馆为业。道光五年（1825）中举，之后皆不第，转而教书育人。咸丰九年（1859）经引荐选为福建永春直隶州同，次年兼理德化县知县，宦海沉浮七年，两袖清风。

诗文集：《慎轩诗文集》；族谱：《世系考》；楹联15副：《黄显庸墓华

---

① 注：贵州普底黄氏家族文人的具体生卒年不可考，现据《黄氏族谱》所载排行诗："肇元显系崇　应思正道中　克家承祖泽　辅国述宗功"进行大致排序。

表》、《题江下乙祠》、《黄玮墓碑》、《黄纬墓碑》、《永春册衙》、《回永春拟贴衙门对》2 副、《永春州衙》6 副、《题永春州衙》、《拟赠福建德化县南书院匾额并联》。

6. 黄正麟

楹联 1 副:《黄氏宗祠》。

7. 黄道中

清后期人，字允臣，同治六年（1867）中举人，选为贵州麻哈州教谕，后主讲于贵州都匀南屏书院。

楹联 11 副:《黄振兴墓华表联》、《黄振兴墓华表》2 副、《黄显庸墓华表》、《黄显先墓华表联》2 副、《黄姓桃山华表》、《普底黄氏宗祠》、《江下乙祠内殿》、《黄恩诚墓碑》、《黄显先夫人陈氏墓华表联》。

清朝的彝族文学家族发展繁盛，相比于前朝人数激增，身份等差较大。在明朝，彝族共出现了三个文学家族：蒙化左氏、姚安高氏、宁州禄氏，且蒙化左氏、姚安高氏横跨明清两朝，唯宁州禄厚、禄洪父子皆为明朝生人。创作主体不再局限于"土司群体"或"土司后裔"，文生士子、布衣乡贤、闺阁妇人等皆有佳作，如蒙化左氏：左世瑞、左嘉谟、左麟哥等，诗礼传家，身份贵重，皆系蒙化土知府；水西安氏：安吉士、安家元父子为厅属文生，无品无阶，但品行出众，在一方备受尊崇；普底黄氏以武举起家，转而习文，作家群体以考取功名为荣，如家族成员黄思远举人出身，历任福建永春直隶州州同、德化县知县；威宁安氏：安履贞作为女性文人，其诗歌风貌瑰丽多姿，在一群男子中甚为引人瞩目。他们或为达官显贵，或为书香门第，有着深厚的文化底蕴，故其家族文学有着十足的发展后劲。

二　清代彝族文学家族文化生态环境考

彝族文学家族学术文化风尚的形成、发展绝非处于静止、孤闭的状态，除却对文学发展脉络的历史继承和借鉴外，也受到不同文化区域碰撞和融合的影响，与外部的社会生态环境和家族内部的重视与持守紧密相关。当时的自然生态环境、政治环境、社会人文环境、家庭环境等多方面合力推动，促使彝族文学家族崭露头角。

（一）自然生态环境

良好的自然环境"不只激发乡邦文化的自豪感，更重要的是对传播地域文学史知识，培养地域文学观念产生积极影响"①。彝族人民勤劳善良，世代栖居于云贵高原和康藏高原的东南部边缘地带。这里山川相间，峡谷纵深，有雄壮巍峨的大雪山、大凉山、哀牢山、无量山，有奔波汹涌的大渡河、金沙江、雅砻江、澜沧江，山高水深，树木葱郁，彝族文学家族的蓬勃发展很大程度上即依托于此优胜的自然地理环境。

云贵高原风景独特，美不胜收，大理、昆明，洱海、滇池……江山形胜，如诗如画，自古即是群英荟萃之地，在祖国疆土中别具一格，前有郑和生长于斯，后有徐霞客游历于此，骆宾王等众多诗人也和云贵高原有着不解之缘。黔滇之地在清代有着巨大的文化影响力，既孕育了彝族、白族、纳西族等文学家族，又与清代文坛的查慎行、洪亮吉等重要文人密切相关，在文学史上有着独特的地位。自然山水与文人创作相互砥砺、互为补充。他们将故园写进文学作品，赞美家乡人文，歌颂梓里风貌，地方特色与民族风情交相辉映，如蒙化左嘉谟诗歌《游云隐寺》、毕节余家驹诗作《落太赫山》等；反过来彝族家族成员世代滋养徜徉于旖旎秀丽的自然风景中，不断从中吸取丰厚的精神养料，文思泉涌，文人辈出，从而形成了多个家声远播的文学世家。

云贵之地不仅有得天独厚的自然景观，更有精雕细琢的亭阁园林，形成了独特的园林文化。竹石浣泉、楼台亭榭，既成为家族文人的审美对象，又充当着家族文化交游圈的重要场地。据文献资料记载，蒙化左氏在隆城邑（今隆城县城北）建有衙门，左衙规模宏大，占地70多亩，富丽堂皇，建筑工艺精湛。左衙分设大堂、二堂、三堂、主楼、关圣殿五个大院，以三堂最为精致，是花厅所在，内有水池、凉亭、台阁、回廊，周围草木葱茏，厅内古籍纷呈，名家字画盈墙，古香溢于楮墨，左家还特意修建了关圣殿，以崇奉儒、道、佛三教，在巍峨的大门口，将明王朝嘉奖左氏家族"亘古亘今门第，全忠全孝人家"的对联镌刻在石牌坊两侧，左氏家族宜人的居住庭院，为家族文化的繁荣营造了浓郁的文化氛围和清雅的环境，左氏族人的

---

① 蒋寅：《清代文学与地域文化》，凤凰出版社，2009，第75页。

文化气韵在这里得以孕育、滋生。然而咸丰年间，杜文秀在巍山起义，战乱中左衙被焚毁，唯余氏土司庄园幸存至今。园中的匾牌、楹联、布局无一不折射出这个家族高雅的文化追求。如悬挂于书房的"□雅堂"匾牌，内蕴家族穷究学理的雅正旨趣，如亦园的对联"莺花日办三春课，风月天生一稚人"，外彰家族春日课文的高风雅致。

畅游于山水之间、徘徊于园林之中，钟灵毓秀之地孕育了家族文人的才情，提供了家族文人的灵感源泉，激发了家族文人的创作热情，为文学家族的形成构建起良好的平台。

（二）政治环境

"家国一体"是古代中国特殊的社会文化架构，封建王朝的家国同构决定了国家和制度层面的变革必然制约家族的发展走向，反过来家族的演变也反映着时代的变迁。于是，研究云谲波诡的政治背景，成为窥览文学家族的有效方式。多角度、多侧面地观照当时的社会制度，渗透历史的肌理，切实解读王朝政策，对研究清代彝族文学家族的发展嬗变提供了必要参考，进而推动清代彝族文学研究向纵深发展。

首先，清代提倡以文治国，统治者极力倡导少数民族学习儒学，实行文化专制政策，以一元的文化态度对待少数民族；极其重视儒学教化之用，为了笼络士子，维护社会稳定，维持专制统治，在文化上依旧沿袭前朝儒学治国思路。顺治十年（1653）清廷即谕礼部曰："国家崇儒重道，各地方设立学宫，令士子读书，各治一经，选为生员，岁试科试入学肄业，朝廷复其身。有司接以礼，培养教化，贡明经，举孝廉，成进士，何其重也。"[1] 雍正即位，也首重儒学，推崇孔子，谕礼部曰："至圣先师孔子，道冠古今，德参天地，树百王之模范，立万世之宗教，其为功于天下者至矣。"[2] 在上位者的大力倡导下，儒学兴盛，举国学习汉文化之风日厚，彝族聚居地之民亦纷纷潜心学习儒学，尤以高门大姓为最。

其次，为了安抚西南少数民族，清前期沿袭元朝法制，以族而分，以俗而治，推行土司制度，并且强化了对土司的控制，土司制度的全盛是文学家

---

① 《清朝文献通考》，卷 69，学校考 7。
② （清）文庆、李宗昉等纂修《钦定国子监志》上册，北京古籍出版社，2000，第 10 页。

族形成的重要政治背景。土司官职的袭替、升降、裁革，皆由中央操控，尤其注重在思想层面上的监控，对他们"示以恩信，谕以祸福，亦当革心"①。规定土司子弟必须入学习礼。顺治十五年（1658）贵州巡抚赵廷臣上奏疏："臣以为教化无不可施之地。请自后应袭土官年十三以上者，令入学习礼，由儒学起送承袭。其族属子弟愿入学读书者，亦许其仕进。"② 下部议行。顺治十八年（1661）上谕"令滇省土官子弟就近各学立课教诲"③。康熙四十四年（1705）下诏："令贵州各府州县设立义学，土司承袭子弟送学肄业，以俟袭替。其族属子弟并苗民子弟愿入学者，亦令送学。"④ 王朝教化土司子弟的措施十分得力，取得了显著效果。在国家的大力倡导下，土司家族为保持门第的高贵、政权的稳固，纷纷派遣子弟入太学，系统学习汉文化，为家族文学创作打下了良好的基础。

土司世家的出身为家族文人提供了优越条件。他们世代承袭，垄断了统治区域内的重要官职，并占有大量的土地，除了享有免除赋役、荫庇亲属、生杀予夺等种种经济和政治特权外，还垄断了入仕教育的机会，司主明确禁止辖区内的百姓子弟上学读书，独霸入学、科举名额，极尽所能为家族成员提供良好的教育环境。这些举措都为家族文人学习汉文、提升文学修养带来了便利，是土司世家以文传家的重要保障。

土司统治时期是土司文人的时代。土司家族为了维护家族的兴盛，往往需要借助文化的力量，他们垄断教育，寒门庶族往往得不到文化教育的机会，文化素养相对较低。"改土归流"后，打破了学在官府的局面，雍正元年（1723）因"州县设学多在城市，乡民住居辽远，不能到学"，谕令"州县于大乡巨堡各置社学"。对学生、教师的资格及管理做出明确规定，"凡近乡子弟年十二以上、二十以下有志学文者，令入学肄业。择生员行端学优者充补社师，给予廪饩。将学生姓名造册，于学政按临时由学申报，有能文入学者社师优赏"。适逢书院大兴，改流后彝区各府、州、县陆续创修书院，如大定府建有文龙书院、万松书院，毕节县建有文峰书院、曹伍书院、

---

① 《明史》卷 310，列传 198，土司传。
② 赵尔巽等撰《清史稿》卷 273，《赵廷臣》列传 60，中华书局，1977，第 10030 页。
③ 《清朝文献通考》，卷 69，学校考 7。
④ 《清朝文献通考》，卷 69，学校考 7。

松山书院、青螺书院，威宁州有凤山书院等。乾隆以后，在各地大量兴办义学（社学）。平民有了受教育的权利，倍加珍惜读书的机会，大量彝族青年以读书为荣，积极投身于科举考试，以求取功名，尽量跻身于传统的士绅阶层，以期光耀门楣，推动了彝区儒学文化的发展。

为了安抚少数民族，稳定边陲，加强封建统治，统治者推行的政治制度及其所制定的一系列促进彝族文教事业发展的民族政策，也对文学家族的兴盛起到了巨大的推动作用。

（三）社会人文环境

云贵高原地区，彝、汉杂处，土地参错，朝廷的强制同化政策与民间自觉的文化往来相辅相成，使彝、汉交融色彩明显加强。彝族和汉族交流、融合的程度不断加深，彝族文化不断变迁，是彝族文学家族形成的重要前提。

首先，因为集市贸易的发展，彝民开始学习汉语。彝族聚居地处于云、贵、川地带，元、明时期因受"屯田"政策的影响，虽然彝族的农业经济逐渐占据主导地位，但其矿业同样发达，手工业产品也极负盛名，集市贸易很繁盛。随着经济的发展，彝民的贸易不再局限于本族聚居地，逐渐将生意扩展到全国各地，为了促进贸易，他们意识到与外族人交流必须掌握汉语，并在学习语言的基础上，进一步深入学习汉文化。

其次，便利的交通促进了汉文化在彝区的传播。彝族地处滇、黔、川要道，交通便利，四通八达。明朝的交通路线在元代原有的驿道上发展起来，不仅修复和改建了原有的线路，还新修了一些线路，到清代实行改邮归驿，从而形成了一套完善而便利的交通邮驿网络。与此同时，马帮运输、水路航通等也为彝汉互通有无和文化交流创造了有利条件。彝族人民走出大山，沿途学习先进的汉文化和技术，并将其带回自己的故乡；来云贵高原做生意的汉人，不只带走彝族的马匹和手工艺品，也将汉族先进文明的器物与思想留在彝区。彝族与各地的联系逐步加强，信息传递量得到了提升，与域外的经济、文化交流日渐密切，汉文化传播势头也更为迅猛。

再次，彝族、汉族交错杂居，互相学习，友好相处，其文化的相互影响和交融混合现象相当普遍，为家族文人进行文学创作营造了氛围。尤其是明代在云南腹地实行大规模的移民屯田后，先后迁来云南的汉族人口总数远超当时云南境内人口最多的少数民族。他们与当地彝民朝夕相处，进一步传播先进的生产技术和文化理念。在民间自觉或自发的文化交流中，彝民纷纷改汉姓，穿汉服，识汉字，读儒家经典，甚至将本民族的经典翻译成汉文，如水西安家元曾作《翻译夷书》一诗，可见彝民对翻译夷书的看重，亦见汉文化普及程度之高：

> 闲课儿童读爨书，千年虫篆复虫鱼。
> 莫嫌言语侏离陋，水木根源见太初。

最后，完善的教育体制，对传播先进的学术思想、提供自由的争鸣空间、培养优秀的学术精英起到了关键性作用。《礼记·学记》云："古之教者，家有塾，党有庠，术有序，国有学，比年入学，中年考校，一年视离经辨志，三年视敬业乐群，五年视博习亲师，七年视论学取友，谓之小成。九年知类通达，强立而不反，谓之大成。夫然后足以化民易俗，近者说服而远者怀之。此大学之道也。"可见完善的教育制度对学习的重要性。清朝时期，彝族聚居地大兴学校，推广儒学教育，确立了以府学、州学、县学为主体，以私塾、义学、书院为羽翼的学校教育体系。儒学教育设府、州、县三级，每级生员数量，学习内容，教师、生员的考核等都有相关的法律条文规定，教育机构在设置上规范、成熟，官方教学与民办机构相辅相成，彝族名门望族及平民士子接受汉化教育的机会都有所增加，一时向学成风。彝家子弟纷纷到附近的州县读书求学或延请名家到本地开课授业，进行系统的汉文化学习，如彝良洛泽土目阿妹为子陇时茂兄弟三人延师聘课，陇时茂在甲午科中武乡榜，开彝良科第之风等。因此，在彝区就出现了一批具有较高文化水平的知识分子，他们往往也是文学家族中的核心成员，为彝区的文化发展作出了重要贡献。

（四）家庭环境

清朝6个彝族文学家族的家学庭教，素有渊源，他们上贤父兄，下嘉子弟，教导族人延续良好的家教传统，传承家学，保持家风，以期家声不坠，积淀了深厚的文化底蕴。如余氏家族具有百年以上的家学渊源，学风严谨，从余家驹开创之始，经由余珍、余昭、安履贞等忠实传承，在余达父时发扬光大。长期的诗教和学术熏陶，使该家族出现了大批诗文创作与学术研究并重的后进之士，如余家驹、余昭、余达父、余宏模等，余达父在《将归书示桐儿》一诗中道："家学逾百年，幽光久沉酿"，对余氏家学充满了自豪之感。

文学家族非常重视科举，鼓励宗族成员科举入仕的家庭传统一直保持。文学家族往往出于文化家族，而文化家族往往出于科举家族，科举入仕是宗族延续、光耀门楣的重要手段之一。保全门第不衰，提升社会地位，是彝族名门望族的头等大事，要达到此目的，最好的途径便是使子孙后代个个成才，并入仕为官，他们以科举入仕为中心开展宗族教育、文化传承，从而保持整个家族的政治文化优势。科甲鼎盛，以蒙化左氏为最，现据科举文献、家牒宗谱等资料，综辑梳理，把清朝左氏仕进登科情况罗列如下（见表5-1）。

表5-1　清朝左氏仕进登科情况

蒙化左氏科第仕进族人	
进士（2人）	左章照、左章昞
举人（2人）	左淮、左开南
贡生（4人）	左之翰、左熙伟、左宣辅、左章昂
庠生（26人）	左之从、左赞龙、左人龙、左瀛龙、左腾龙、左翙龙、左文龙、左时龙、左士恺、左士极、左光裕、左辕、左皋、左相臣、左宣臣、左宣贤、左宣猷、左国丞、左宣文、左章易、左蔚南、左奠南、左焕南、左魁南、左珲、左庆年
国子生（8人）	左世先、左觐龙、左翔龙、左熙伦、左斗、左熙儒、左章遭、左安南
国学生（1人）	左浩

水西安吉士中秀才，其子安家元考取举人。普底黄氏也是科举之家，康熙间中武庠者有黄显荣等六人，文庠仅黄纬一人。但在雍乾盛世，武庠有黄缄、黄崇正二人，入文庠者有黄崇信等五人，国学生黄崇仁、黄璋二人，增生黄崇安、黄崇行、黄理三人，可谓人文蔚起。家族对科举的重视，使族人接受汉文化的程度及汉文化修养显著增强，这对文学家族的形成起到了至关重要的作用。彝族文学家族的儒家观念不断强化，他们读书明理，偃文修武，重修文庙、学宫，兴办当地的文化教育事业，希望子侄后辈们成为芝兰玉树的佳子弟，对自己家族中的突出人才褒扬有加，内部形成一股强大的向

心力，洋溢着一种强烈的家族自豪感。家族成员纷纷入学习礼，浸染翰墨之风，这对文学家族的形成起到了关键性作用。

彝族的土司家族身份尴尬，他们介于汉统治者与平民之间，为了与朝廷博弈，他们通常会和身份地位、财力势力较为接近的家族互结姻亲，这样不仅有利于家族在政治的风口浪尖上立足，也有利于家风与家学的培养，亦可使家风与家学不断累积，渐臻醇美。世家大族的姻娅关系，讲求门当户对，如此着意讲求，除了政治因素，还受到文化因素的影响。文学家族不仅在本族内部通过诗书传家的方式进行文学传承，还通过与其他家族的沟通交流以提高文学创作水平，其中世家联姻是经常采取的手段之一。"文学家族的女性出嫁，会带出父母家的家教，此种家教与夫家的家教汇合，或互补或强化，形成家学传承的新动力。"①

彝族文学世家姻娅关系庞杂，他们不仅会与临近的彝族、白族、纳西族土官联姻通婚，也会与汉族的流官结为血亲，在经济上互通有无，政治上互相依靠，文化上互补交流，如彝族内部通婚的文苑伉俪——毕节余昭与威宁安履贞的结合。他们夫妇诗歌唱酬，鹣鲽情深，为彝族文学增添了勃勃生机；彝族文学家族与汉族、白族、纳西族等文学世家联姻也很常见，他们各取所需，守望相助，为文学家族的传承提供了保护屏障。为了巩固同盟，他们的婚媾之结，绵延数代，其择亲的多样性和连续性从表5－2中可见一斑。

表 5－2　蒙化左氏、姚安高氏与丽江木氏姻亲简表

蒙化左氏			
姓名	谱系	妻子（丈夫）	妻子（丈夫）族别
左正（明朝）	九世祖	丽江木氏独女	纳西族
左文臣（明朝）	十世祖	云南县令杨训长女	白族
左星海（明朝）	十三世祖	十二长官司李祚昌之女	白族
左星海次女（明朝）		高奣映	彝族
左世瑞（清朝）	十四世祖	高氏女	彝族
左嘉谟（清朝）	十五世祖	高氏女	彝族

①　徐雁平：《清代世家与文学传承》，生活·读书·新知三联书店，2012，第61页。

姚安高氏与丽江木氏			
姓名	谱系	妻子（丈夫）	妻子（丈夫）族别
高齐斗（明朝）	高氏四十六世祖	丽江府木公长女	纳西族
高金宸（明朝）	高氏四十八世祖	丽江府木岩之女	纳西族
高乃裕（明朝）	高氏四十九世祖	丽江府木旺次女木姒	纳西族
高守藩（明朝）	高氏五十世祖	丽江府木增女木淑	纳西族
高耀（清朝）	高氏五十一世祖	丽江府木懿女木荣	纳西族
高峃映女（清朝）		木钟	纳西族
高顺英（高厚德侄女，清朝）		木德（木钟子）	纳西族

"合二姓之好，结他族之亲，上以事宗庙，下以继后世，必敬慎重正而后亲之。夫妇既亲，然后父子君臣、礼义忠孝，王斯备矣。"① 文化传延因联姻而生生不息，家学因为多重联姻的保障，不至于在短期内中断或衰败。如姚安高氏家族世代与丽江木氏结秦晋之好，丽江木氏家族至木泰以后相继产生了一大批著名的纳西族诗人，到了木增，文采出众，蜚声于世。高峃映就是在这两个土司世家、两个民族大家族的文化土壤上成长起来的。他既从父亲高耀那里接受家庭教育，又受到母亲的家庭——丽江木氏家族的文化熏陶。

最后，彝族的文人墨客交友广泛，游历八方，积极与名流儒士交往，礼士崇文，学习高层次的汉文化。如毕节大屯余达父与罗振玉、万慎子鱼雁往来，探讨文学诸方面问题，且与当时留日学生郁曼陀、刘揆一、盛倚南等的"思古吟社"有诗交，与日本明治时期重要的汉诗社团"随鸥吟社"众多诗人雅集酬唱。"博识能文，好吟咏，与日本诗人森槐南结诗社，则主其盟，故颇负时望。"他积极学习汉文化，有着大量上乘的古诗词作品，是最早走出国门进行中外文化交流的彝族诗人。随着汉化程度加深，彝族文学取得了长足进步，正是在彝、汉文化交融加深的前提下，彝族文学家族才得以崛起。这都为土司家族作家群在高层次和高起点上研习汉文化营造了良好的氛围。

研究清朝彝族文学家族，不可轻忽由纵横的时、空维度所交织而成的学

---

① （北齐）魏收撰《魏书》卷二十一，列传第九《献文六王·咸阳王禧传》，中华书局，1974，第538页。

术文化生态网络，对文学家族所处的时代环境、文化机制、家庭教育等因素的考察，以及对其所属的文化生态环境的还原、构拟。这不仅仅是为了阐述当时的社会文化、政治经济、地理环境、家族传承等综合背景，更是为了深入开掘、诠释文学家族背后的历史变迁、人文底蕴、民族特色、家族意识等，并以一种大文学观、大历史观、大文化观去观照我国多元共生的文化生态环境。

三　清代彝族文学家族的文学创作风貌

清朝的彝族家族文人笔耕不辍，创作了大量文学作品，家族世代相传的文学创作经验与相近的创作特色，为文学发展链条增加了延续性，在当时乃至后世文学史上均有着重要意义。然因时代久远，兵连祸结，几经辗转，文学作品大半流散，目前只能根据现存的少量作品，管中窥豹，探幽钩微。

（一）诗词状况概貌述评

对文学家族的研究离不开家族文献，而众多的家族文献中，最具有价值的莫过于别集。据（康熙）《蒙化府志》、（民国）《姚安县志》、《高奣映文集》等存世文献整理得知，几乎每一个家族都有诗文集付之梨枣，可见彝族的文学家族文学创作十分活跃，如蒙化左熙俊《晓堂诗》《省身诗集》、毕节余昭《大山诗草》、普底黄思永《慎轩诗文集》、水西安吉士《竹林山房集》等，惜不传者居多，实为文坛憾事。

6个家族的文学创作均以诗歌为主，纵观家族作家群的诗作，题材多样，构思精巧，有咏物诗、写景诗、叙事诗、酬赠诗、田园诗、边塞诗、情爱诗等多种题材。咏物诗有所寄寓，托物言志；写景诗往往情景交融；叙事诗简洁明了，行云流水；酬赠诗情深义重；田园诗桃花流水，高蹈出尘；边塞诗纵横捭阖，使人心胸为之开阔；情爱诗或引而不露，或直抒胸臆。

创作样式丰富，四言诗、五言诗、六言诗、七言诗，古体诗、杂体诗等，都有所涉猎，诸体兼备，如：姚安高奣映的《妙香国草》：四言诗8首，五言古体5首，七言古体3首，五律9首，七律20首，五绝8首，七绝5首，杂体7首，词4阕，共有65首诗，4阕词；毕节大屯余家驹的《时园诗草》：上卷录五言古体26首，七言古体36首，五律36首，七律26首，五绝16首，七绝76首，六言诗2首，杂体20首，共238首。下卷录五言古体 29 首，七言古体 34 首，五律 14 首，五言排律 6 首，五绝 14 首，七律 20 首，七绝 21 首，杂体 15 首，共 153 首。可见，家族文人汉化程度已经很深，艺术造诣达到较高水平。

文学家族中的文人在汉化过程中，做出了不同的审美选择，并在文学创作中体现出来，诗文风格多样，艺术个性迥异，或清新明丽、或婉转缠绵、或慷慨悲凉、或雄壮豪迈。如威宁安履贞的诗作清新朴素，婉约细腻；毕节余若琼诗歌风格悲凉激越，沉郁劲健等。

彝族家族文人多是官僚或受过良好儒家教育的士绅，他们是儒学观念的积极传播者和实践者，文学作品自然而然流露出儒化痕迹。如姚安高岙映《书盟神祠》中写道："一书奉天子，效顺丹心期。王风今益盛，报祀点苍祠。"秉忠信之质，对统治者满怀赤诚之心；威宁安履泰《烈女行》："报主纷纷说捐身，临难泱泱几能真。多少将军怕死降，何况区区一妇人。……我初为之发长叹，从容就义古来难。几人屈膝几授命，试将青史从头看。"褒扬从一而终的忠节烈女，赞叹从容就义的报国之士。他们在作品中表达了忠信坚贞的信念，寄寓了深厚的儒家文化内涵，使作品深具感召力和穿透力。

文学植根于现实土壤，故土家园是彝族家族文人不竭的艺术源泉，乡土情结对他们的审美趣味、价值观念及情感模式都产生了深刻影响。出于对故土的热爱之情，对本民族的自豪之感，他们尽情讴歌故乡的地理风光、山川物产，精雕细镂地描绘彝族独特的社会风情、民族风貌，地域特色与民族风情交相辉映，在艺术创作上独具新意。彝区多山地，敏感的诗人们对山的描写占据了很大比例，毕节大屯余家驹笔下的黔地山川风貌，千姿百态，雄奇瑰丽，如《桃林》：

闲赏兴自高，步入深山处。山深无居人，十里桃花树。
花落舞缤纷，清风悠扬度。红堆三尺深，迷却来时路。

芳草鲜美、落英缤纷，恍若人间仙境，细腻的诗句勾勒出乌蒙山区的诗情画意，若非诗人对这片土地充满柔情，又何以能将彝族山水表现得如此妩媚动人？

彝族人民的生活情况和风俗面貌也是家族文人们的重要写作内容，他们高度关注本民族历史，用动情的笔触为我们描绘彝家独特的风俗和传统，摹写出独特的诗歌内容。如毕节大屯余家驹诗作《村中请新酒》：

> 七月家家请酒浆，闲人无事尽奔忙。刚逢西舍来牵袂，又被东邻去举觞。
>
> 野老懵懂忘岁月，村氓妄言说洪荒。不嫌昼夜连连卜，同享丰年话日长。

对于"酒"，彝族有着很多本民族独有的习俗，诗人余家驹就为我们描绘了七月彝人家家忙于酿酒，酿好后热情邀请邻里街坊品尝的习俗。除了将热情好客的民族性格、请酒的民族习俗呈现纸上外，诗人于结尾处还展现了彝族传统的信仰仪式——祭祀毕摩念经作法的场景。

随着朝代的更迭、"改土归流"后土司制度的式微，家族文人对家族和族群历史兴亡的伤怀之感进入写作视野。如毕节大屯余氏家族是赤水河畔扯勒彝族的后代，家族中的文人多次以诗缅怀昔日，余昭《宣威城》诗曰：

> 属部旧分乌爨境，开疆人忆汉唐年。蜗争龙战知多少，古迹微茫一散烟。

幼年失怙、屡试不第、至亲离世的沉重打击，使他饱尝了说不尽的苦涩，正因为心灵的激荡颤动，他对家族的盛衰之感体会得最为悲切，往昔的峥嵘何足道哉，早已飘散作历史的尘烟。

家族作家群的文学作品涉及的生活层面不断扩大，笔触涉及基层人民生活状态，关注民生疾苦。如姚安高乃裕在七古《哀劳行》中写道："年年孳息已无多，何事为农独坎坷？田荒饥馑都无恨，逋欠官粮奈若何。"对农民的悲惨命运给予同情，同时也对官府强压给百姓的沉重征粮负担予以强烈谴责。

家族文人亦有填词之作，然与诗歌相比稍显冷清，但其所透露的创作风貌与汉化程度不容忽视。如左麟哥的词作《满江红·喜友至》：

　　日掩柴扉。向来身、类逃空谷。喜故人、足响相寻，辉增蓬屋。适性闲调梅与鹤，忘机莫问蕉隍鹿。话多年，住笏得优游，升平福。

　　微雨过，苔痕绿。凉风起，茶香馥。共花下诗牌，桔中棋局。今夕莫迟莲漏永，连床书胜芸窗读。约西楼，菊放可还来？平原熟。

　　不仅平仄合律，更是引经据典，信手拈来。词人取"梅鹤""蕉隍鹿"之典，表达自己超越世俗的隐者风范，一派闲适清远之致，可见彝族文人在词作上的不凡功力。

　　通过上述分析可知，清代的彝族文学家族的文学作品在写作技巧、创作体裁及审美观念等方面取得了一定成就，体现出鲜明的古典文学创作特色。在考察其文学创作时，要准确把握作品的体裁、题材、主旨、内涵及基调，从中追溯百年间彝族家族文人的心态演变轨迹，整体观照与之相关的政治动荡、文学变化。

（二）突出的文艺理论建树

　　随着彝族文学家族诗、词、文、史志等各体文学的全面发展，其文学理论和文学批评也渐有起色，出现了高𡧳映、余家驹等文艺理论者，在理论和实践方面都有所成就。彝族的诗学理论把握文艺规律，与时代精神及文学流派创作倾向联系密切，有着较强的继承性和针对性，内容丰富，具有相当的理论深度。

　　姚安高𡧳映是一位德高望重的大学者，也是著名的诗人、散文家和文艺理论家，其文艺理论有较强的系统性和独特的诗学价值。从他在各种文艺专著和散论中所阐述的观点来看，他所提倡的文学思想为"气格说""进规正人，忠以为国，慈以惠民"，为国、惠民是其理论基石，陶学良先生将之归纳为"真""新""浑"。所谓的"真"，首先要"叙事真切，无一虚响浮调"，所作诗词取材于历史事件、名胜古迹、湖光山色、虫鱼鸟兽，都要"核实纠讹"，十分注重题材的真实性。他将那些不实事求是、胡乱歌功颂德的文人，骂为"谀世词人"。其次要求有真情实感，所作的诗歌应是诗人真情的自然流露，要"至情所发""至性所发"，表现内心的真实想法，与明代公安三袁的"性灵说"一脉相承。这一观点在《晚春堂诗序》中得到充分阐述，他说："上古之讴谣鼓腹，诗之萌也；风、雅、三颂，诗之旨也；二京、三晋，诗之赡也；六朝、两汉，诗之浑秀也；至唐大备矣。故宋人思乎六朝，而靡曼者愈精工焉，明专其体性灵，以之故兼二京、两汉之朴茂盛代趋于盛唐，而以性灵全其气骨，故大有盛金元者矣。"①对明代体现"性灵说"的诗歌推崇备至。所谓的"新"，即意境新，他反对浮泛之作，反对模拟剽窃，反对亦步亦趋蹈袭古人，不认为只有某一时代的文学才是最好的，不同时代有不同的文学创作，要兼容并包，否则就没有文学的历史发展。主张诗文创作要有"变"，"变能主格，化能主境，标奇越险，不失其常；神随天动，心任思畅，如人万花春谷，烂漫光生"。所谓的"浑"，就是说诗不宜露，要含蕴朴素，冲淡自然，再就是还含有雄伟浑厚、"以气行势"之意。他极力推崇"六朝两汉诗之浑秀"，对文化远《杂诗五首》中的"屠门肉山积，原非贫者尝"评论道："古诗宜浑，此诗稍露，然不害其露，以旨远故也。"他又对文化远《课几获稻》评论道"冲淡而浑，浑可味，杜老真臆。"评论文化远的《夏日浴宜良温泉步韵》道："排律务求浑雄，有冠裳气象，切不可作小家语，此诗真得法脉。"他在《与榆中诸子论文说》中，说到文章的发生是"以意成文，以气行势"，称赞秦代的文章有独立见解，有丰富充实的、站得住脚的思想内容，是"以气传其神"，推重韩愈文章的"气实声宏"，文章须言之有物，有鲜明的思想倾向，且他所要求的思想内容，是指要符合他所处的时代环境以及被他所接受、吸收和消化的儒家思想体系。

总而言之，高𡱝映有自己独特的文学理论框架，在文论方面取得了不俗成绩，他以少数民族的学者身份跻身汉人占绝对优势的文坛，并占有一席之地，实属难得。他用自己的文学见解指导文学创作、评价文艺作品、教育学生和后代，积极在实践中矢志不渝地追求文学艺术的目标。

"词锋气贯三千弩，韬略胸藏十万兵。"毕节余昭，自幼受教于伯父余家驹，关于诗学理论，他胸中自有沟壑，有明显的继承性和创造性。其诗学主张主要继承宋人黄庭坚的"点铁成金"说和严羽"妙悟"说，其创造性主要体现为：他不囿于一家之言，取诸家精华为己所用。

---

① 楚雄彝族自治州旧方志整理出版委员会编《楚雄历代诗文选》，云南人民出版社，2006，第451页。

　　黄庭坚在《答洪驹父书》中说："老杜作诗，退之作文，无一字无来处，盖后人读书少，故谓韩、杜自作此语耳，古之能文章者，真能陶冶万物，虽取古人之陈言入于翰墨，如灵丹一粒，点铁成金也。"①"点铁成金"说强调的是诗歌的继承与创新，通过"点铁"的手段，达到"成金"的目的，即黄庭坚所说的"化腐朽为神奇"。余昭深得"点铁成金"说之三昧，"君原点金手，我亦点头人"（《再题五首即用集中题荷生诗集韵·其四》），在诗歌创作中大量化用典故，自然妥帖，迭出新意，他尝言："诗须自我作，故着依样葫芦，优孟衣冠，有何趣味？"并以诗论诗，阐释自己的见解，如《偶作》：

　　　　无意作诗人，诗亦偶然作。作或呕心血，欲言畅所乐。言必真性情，精气纸上著……一句出意外，拍案自惊愕……改诗如换骨，九转丹方烁。割爱如割肉，医痛难为药。

　　余昭主张写诗要继承前人成就，做"点金手"，诗文作成后要勤于修改，舍得删减削正，如此方能写出好诗。他还要求诗歌创作要言近旨远，含蓄浑远，要"圆融"，诗歌语言要富有音乐美，押韵和谐，读之朗朗上口。如《题康炳堂〈四石山房诗集〉即用谭荷生所题韵》：

　　　　诗各以言志，言各无所忌……惠定与神通，请各显游戏。爱君诗圆融，一道佛光霁。爱君诗铿锵，伽陵语音脆。微旨意中意，众香味外味。

　　余昭用此理论指导自己的文学创作，评价他人作品，以豪雄慷慨之风称著当时，是彝族的杰出诗人。

　　严羽在《沧浪诗话》中道："大抵禅道惟在妙悟，诗道亦在妙悟。且孟襄阳学力下韩退之远甚，而其诗独出退之之上者，一味妙悟故也。惟悟乃为

―――――――――

　　① （宋）黄庭坚：《豫章黄先生文集》卷十九，上海商务印书馆缩印嘉兴沈氏藏宋本，《答洪驹父书》，第204页。

当行，乃为本色。然悟有浅深，有分限，有透彻之悟也，有但得一知半解之悟。"① 余昭多次作诗阐释严羽此观点，如《偶作》：

> 灵光落纸起陆离，句出无心亦太奇。题罢浑疑天上语，自家高读自家诗。

余昭认为作诗不可持有太强的功利性，不可为作诗而作诗，不可矫揉造作，要偶然而作，纯乎自然，"妙悟翻疑有见处，好诗却爱无心中"（《无题》），在妙悟的瞬间作出的诗才能巧夺天工，才能达到"会悟灵通笔欲神"的效果。

彝族家族文人的文艺理论虽有部分因袭前人之旧，但也有自己的理论探索和创新。他们有着自己的文化立场和文化觉醒，提升了彝族整体的文化层次和文化品位，为彝族文化的发展做出了巨大贡献。

（三）别有成就的史志类等著述

清朝云贵高原的文学创作十分繁盛，彝族文学家族在此时期的创作实绩更是不容小觑。其涉及范围广泛，除了进行传统诗词文的创作外，还涉及文字学、历史学、地理学、教育学、民族学、音韵学、中外文化比较等方面，并卓有成就。其中以姚安高奣映为最，他专心著书立说，内容广泛，无所不包，近代云南名士由云龙对高奣映评价颇高："平生著书八十一种，为邑中先正著述之冠。盖大而经史政教，精而儒释性命、老庄哲理以及医、占、杂艺，皆能扫前人支离，自辟精义，并于先儒偏驳处，时加救正。"故清季北平名流有谓："清初诸儒，应以顾、黄、王、颜、高五氏并列，非过论也。奣映学虽博，而立达功深，成己成物，……而滇中学术，多受其惠。"② 足见其在学术界地位之重。

血脉传承、香火延续的观念得到彝民的普遍认可，家乘谱牒作为完善宗族制度的重要组成部分，受到了高度重视，这6个文学家族都有强烈的家族观念，他们追先贤、述祖德，兴建祖祠，热衷于族谱编撰，如蒙化左熙俊修订

---

① （宋）严羽：《沧浪诗话》，中华书局，1985，第2页。
② 由云龙总纂《姚安县志·学术志》，云南人民出版社，1988。

《蒙化左族家谱》、普底黄述先编撰《黄姓族谱》等。姚安高耀在《高氏续修家谱序》中写道："谱者，亲亲也，亲亲，仁也；孝弟为仁本，礼乐修而天地泰，昭穆明而世系远。"毕节大屯余家驹在《通雍余氏谱序》中言说："事惟求实，词不敢浮夸，遗之子孙，俾知祖宗功德，敦木本源之思，尤期善继善述，恢弘钱烈云。"他们所提倡的仁义礼乐，正是儒家孝悌文化的精华之所在；"家诫"作品盛行，也是他们对儒家道德规范的一种认同，如威宁安履贞的《女戒》，姚安高崙映的《迪孙》等，都是对儒家伦理道德的体认与践行。《迪孙》从内容上分为两个方面：一是对后代品行操守，即仁义忠孝等道德层面上的教育；二是希望后代在经籍文章上能有大的成就，以光大门楣，成为文章世家。"家诫"作品的编写，既使家族的良好家风得以流传，又促进了家族文学创作的繁盛。

文人群体对史志的撰写也是洋洋大观，毕节大屯余昭所作《叙永厅志稿》《土司源流考》，水西安吉士与子安家元合撰的《贵州新志》等，为我们了解当时、当地的人文风貌提供了原始资料。毕节大屯余若瑔的《且兰考》是一部彝族的系谱，彝族称它为《瓦沙楚尺》，意为且兰部落的家史。该书叙述了从远古至明末，二千六百多年且兰彝族发生、发展、变迁的历史，是研究彝族的重要史料之一。

彝族在学习汉文化的同时，也尝试将用彝族语言写成的古籍文献翻译整理为汉文，如水西安国亨的《夷书九则》、安光祖的《夷书四则》，都具有很高的文献价值，对后世彝族古籍文献的翻译、整理影响深远，补充了汉文记载的不足之处，也为我们深入了解彝族文化提供了书面材料。

楹联，是一字一音的独特的汉语艺术形式，具有独立的文学地位。这种"两行文学"深受彝族家族作家群体的喜爱，楹联遍及众多领域和场所，渗透到社会生活的各个方面。如毕节大屯余珍所作《毕节龙场邹黄氏墓》挽联："一世守清操，月岭音光女史；百龄臻上寿，福泽留在儿孙。"言简意深，对仗工整，满怀深情地赞颂逝者功德。普底黄氏家族成员更是精于此道，黄显光所作《武举黄显荣桅墓》对联："祖德肇鸿庥，忆昔年虎拜春庭，鹰扬弟室；孙谋贻燕翼，宜今后鹿呦平野，凤慧吴皋。"黄思永在永春州衙所作堂联："公事不私，闽海神前敢自誓；直民若枉，鹏山堂下怕天知。"对仗工整细致，音韵和谐，用典自然。彝族家族文人的楹联创作，是艺术与实用完美结合的典范，是雅、俗文化成功结合的实例，这对中国传统文化在彝区的普及有着积极作用。

家族文人群体的文学创作，体裁多样，题材丰富，展现出不同的人生志趣与书写风貌，文学创作中有着强烈的个体意识和主观色彩，使文学创作拥有了更大的"张力"，有助于家族文学创作的进一步发展繁荣。

结　语

家族是由姻娅和血缘关系结成的亲属集团，是最基本的社会组织。我国历来重视宗族伦理，正如钱穆先生所说："中国文化全部都是从家族观念上筑起，先有家族观念，乃有人道观念，先有人道观念，乃有其他的一切。"①家族文化以家族存在和家族活动为前提，以家族观念的强化、共享与认同为特征，注重家族的历史传承、家族和谐与家族的整体利益，在家族繁衍壮大的基础上逐渐累积而成。从西汉司马迁创"世家"体例开始，地方文献便对世家大族多有关注，尤其是近年以来，随着经济、社会的发展，人们越发重视编纂家族资料、研究家族文化，对文学家族的研究也是方兴未艾，然而学界焦点多集中在汉族的高门大姓、地方望族，很少对少数民族文学家族投以关注目光，连满族、蒙古族、回族这样的文学家族数量颇多、文学作品质量颇高的少数民族都很少顾及，更何况地处偏远的彝族文学家族。一方面我们苛责彝族门阀士族的豪奢淫逸、作威作福，但另一方面我们也不能忽视文学家族在保持彝族旺盛的文学生命力和促进地域文化持续发展方面提供的不竭动力。

彝族是"中华民族多元一体格局"中的一分子，对它的文学研究至关重要，彝族的盛门望族不但构筑了云贵高原传统文化的地标，也参与了该地区文化环境的构造，其数代的著述、创作，含有丰富的历史文化知识和美学意蕴，是我国珍贵的文化遗产，有着重要的研究意义和学术价值。

首先，家族的演变折射着时代的变迁，研究彝族的文学家族是深入彝族历史文化的有效方式。绵延久长的彝族文学家族浓缩了清朝社会的风云变幻、国家的兴衰浮沉，其发展受到了清代政治文化发展的制约，反过来又不

---

① 钱穆：《中国文化史导论》，商务印书馆，1994，第51页。

断影响着清代社会历史的发展态势。家族作为古代社会中最密实的社会组织体系，因与宏大叙事、官方史料编纂保持着一定的距离，相对完好地保存记录了历史原貌，如地方文献《云南通志》《叙永厅县合志》《姚安县志》等，保存了大量关于家族作家群人、地、史、事、文的记载，家传族谱更是提供了普通民众的生存状况、婚宦仕进、心灵波动等详尽信息。通过对清朝彝族文学家族的微观研究，可为恢宏的历史记录，提供有意义、有趣味的丰富细节，这为保存历史真实提供了极其珍贵的书面材料。

其次，研究彝族的文学家族是透视彝族民族文化的便利途径。吴伟业曾言："世家大族，邦之桢干，里之仪型，其有嘉好燕乐，国人于此观礼焉，四方于此问俗焉。"① 隔着悠久的历史长河，去把握某一时间段中国家、民族的具体情况难度极大。而从一个具有代表性、典型性、深度参与过国家机器、民族命运的家族及其家族文化切入，则往往能够起到以小博大、事半功倍的效果，从而窥见当时国家制度、民族社会文化等方面的真实状况。彝区山川神奇绮丽，民族风情斑斓多姿，彝族家族作家群体用满腔的深情书写具体的时代内容，表现出具有生命力的民族风情及在悠久历史中凝结而成的民族风貌，地域特色与民族风情交相辉映，相得益彰，获得了超越时间、空间的永恒意义。

再次，研究家族文化是解读地域文化的允恰途径。成功的文学家族，是地域文化的标识，是促进地域文学发展的活跃力量，且持续促进着家族所在地的地域文坛的形成壮大。清朝彝族文学家族足以代表彝民较高的地域文化水平。当我们提到这些名门望族时，首先感受到的是他们所代表的云贵高原地域文化；而当人们"矜其乡贤，美其邦族"，提到云贵高原的地域文学时，首先想到的也正是这些具有代表性的（如蒙化左氏、姚安高氏等）文学家族。文学家族对地域文化有着引领潮流的榜样作用，对地域风气有着强大的号召力与影响力，是家族所在地的地域文坛和全国文坛联系的重要纽带，文学家族的重要成员，通过仕宦与交游，与文又山、罗振玉、万慎子等社会名流来往密切，形成广泛的文学交际网络，使不同地域之间的文学得以交流与碰撞，从而提升了清代彝族文学的整体水平。研究彝族的文学家族就

① 吴伟业：《梅村文集》卷7《顾母施太恭人七十寿序》，宣统二年刻本，第4页。

是研究云贵高原地域文化的典型个案，就是梳理云贵高原的地方文脉，深入研讨家族文化，使云贵高原的地域文化更加完整、更加具体、更加生动。

　　清代的彝族文学家族保留了丰富的文化资源，这是历史赐予我们的宝贵财富，也是璀璨夺目的中华文化的重要组成部分，如何深入研究彝族文学家族的文化现象，挖掘家族的文化底蕴，并对家族文化精髓进行保护和传承，值得我们忧深思远，从长计议。但由于年代久远、战火纷飞，许多史料记载与文集流传状况不符，有些作者在文学史上留名，但是无相关书目收录其作品，比如威宁安中豫、水西安吉士，有些作者及作品流传下来的资料少，更多的佚名作者无从考究，这些都给我们的考察带来了一定的困难。由于笔者学力有限及种种客观因素的限制，本章尚有诸多不完善之处，一些地方没有深入探讨下去，希望在以后的研究中，能够有机会同海内外专家学习交流，进一步完善研究成果。

第 六 章
清代蒙古族文学家族综述

　　满族在入主中原前，联合蒙古族、辽东汉族建立政治、军事于一体的八旗制度，为定鼎中原及维护清王朝近三百年的统治发挥了重要作用。清王朝的大一统，不仅是政治、军事、社会组织的统一，更是在文化互相融合基础上，终以人为核心的渐进的民心统一。清王朝虽通过武力取得天下，但在治理天下的过程中，思长治久安，向历代王朝学习并吸取统治经验，重视农桑，兴文教，开科举，文治武功兼用，并制定有利于统治的文化政策、民族政策，整个社会在渐进中走向稳定、昌盛，为文化艺术的繁荣奠定基础。

　　中华文化的历史进程走到清代，进入了总结期：文学与学术呈现集大成的局面，文学发展各体兼备、包罗万象。清代文学与学术文化"集大成"的标志之一就在于流派性。① 在文学流派上呈现各文体繁荣的局面，云间派、阳羡派、常州派等词派，虞山派、娄东派、神韵派、格调派、肌理派、性灵派、六朝派等诗派，桐城派、阳湖派等古文派，宋四六派等骈文派各家争鸣；学术上出现汉学与宋学共盛兼采，经世之实学、朴学、史学、小学等专门之学共生兼兴；既有吴派的好博专宗，皖派的综形裁精，又有浙东学派的专重史学，常州学派的复兴。流派的多少、特征、构成方式及兴替影响，是衡量一个时代的文学和学术文化发展水平的重要尺度，由此可见清代文学与学术文化集大成的整体风貌。然而文学与学术文化是不同的，从宏观上，学术文化包括文学，属于人不同精神领域的结晶。清代文学的重要代表之一

---

① 蒋寅主编《中国古代文学通论·清代卷》，辽宁人民出版社，2005，第279页。

是清诗，据不完全统计，清代诗歌创作者在 10 万人以上，[①] 而创作者留下的诗歌数量有 800 万～1000 万首，超越历代诗歌总数 8 倍多。[②] 由以上诗歌体量可知清代文学的繁荣。除此之外，清代文学的特色还在于多元，多元民族、多元作家群体、多元艺术形式、多元社会生活以及多元生命体验。除汉族以外，还有满族、蒙古族、回族、壮族、白族、纳西族、土家族等少数民族，他们共同为清代文化艺术的繁荣做出了贡献。

一　清代蒙古族文学家族研究述评

每个时代的文化构成都不是单一的，时代的文化构成就如一部机器，每个部件都起着重要作用，它们和主要部件共同形成合力，促使机器良好运转，而每个民族身上都带有一种与众不同的文化与精神，在民族交往互动中互相融合，吸收营养成分，促进自己民族生命长河的延续。在清代，它的主要统治联盟构成部分之一蒙古族，是在清太祖努尔哈赤、清太宗皇太极不断征服中，或投降，或归附，或被收编，或联姻，组成的政治统治力量联盟，服务于清代统治。在满族入主中原以后，随着统治的需要，清统治者把由满族、蒙古族、汉族组成的八旗兵进驻各要冲之地，如京口驻防八旗、杭州驻防八旗、广州驻防八旗、荆州驻防八旗等，他们在驻地定居安家，与汉族人生活在一起。在清代统治体制内，蒙古族作为清代统治的助手，参与清代社会的政治、军事、经济、文化、宗教社会活动，他们一荣俱荣、一损俱损。随着清代社会统治的日益稳定，渐渐走向繁盛，在以上学术文化发展的大背景下，在多民族不断交流互动中，蒙古族贵族及民众从物质生活到文化精神，都受到汉族的影响。如他们中有的在关内定居，说汉语、习汉字、写汉文、吟汉诗、读汉书，同时随着他们汉文化水平的提高，他们中的蒙古族成员，与汉族文人士大夫交往酬唱，进行相关的文艺创作活动，并取得了很高的文学成就。他们中有法式善、梦麟、博明、和瑛、松筠、延清、梁承光、恭钊、博卿额、文孚、恩麟、尹湛纳希、桂茂等。这些蒙古族作家大多运用汉语进行诗文创作，渐渐形成自己的民族文学艺术风格，并形成文学家族。截至目

---

① 数据引自朱则杰《论〈全清诗〉的体例与规模》，《古籍研究》1994 年第 1 期。

② 数据引自罗时进《清诗整理研究工作亟待推进》，《中国社会科学报》2013 年 8 月 16 日，第 B01 版。

前，根据可靠文献资料确定下来的清代蒙古族文学家族，据统计有 16 家，他
们分别是和瑛家族、博卿额家族、法式善家族、倭仁家族、柏葰家族、尹湛
纳希家族、延清家族、恭钊家族、梁承光家族、瑞常家族、锡缜家族、富俊
家族、恩华家族、托浑布家族、成塈家族、贡桑诺尔布家族，其家族成员共
45 人。其实中国古代文学家族形成轨迹大致经历了从西周、春秋、战国、秦
汉、魏晋，至南朝刘宋时期正式形成的过程。我们可以把从刘宋开始及其以
后某一个几代延续不断都有数量较多而且影响较大的文学创作的世家大族称
为文学家族。研究文学家族不是单一的、孤立的，不能离开整个文学家族现
象的大背景，不能抛开具体的时间限制……它必须同时具备以下三大基本特
征：从纵向考察，在同一世家大族内部几代延续不断都有文学创作，他们的
创作不仅数量多，而且引领风骚；从横向考察，一个时代的集部作品几乎被
当时的一些不同姓氏的世家大族包揽或垄断；从时限考察，只能出现在刘宋
及以后。① 这是对文学家族概念的界定，刘宋以降，中国古代文学家族如雨
后春笋般遍布唐、宋、元、明、清诸代，尤其以明清为盛，他们以汉族文学
家族为主，主要集中在经济文化繁盛的江南地区。学者们把文学家族作为研
究对象，始于 20 世纪 90 年代，学界认识到其在中华文明和文学史上的地
位，学术界曾出现家族文学研究的热潮，这些研究多以汉族文学家族为主，
研究成果见诸公开出版辑录、点校的古籍，或发表在期刊、报纸上的论文。
随着家族文学研究被予以深入的关切，作为少数民族文学组成部分的清代蒙
古族家族文学，也引起了学者们的关注，并取得了不少的成果。

（一）古籍文献整理

《清诗纪事》（钱仲联主编，凤凰出版社，1987）收清代 7000 多位诗人的
诗歌，内容宏博，体例精审，以事系诗，凸显清代诗歌叙事优点，在所录作
家后附有评论资料，为研究清代诗歌提供丰赡的第一手资料。《晚晴簃诗汇》
（徐世昌编，闻石点校，中华书局，1990）共 200 卷，选清诗作者 6100 余家，
代表作品 27400 余首，对收入的清代作家皆作有小传，后附有诗话和相关作家
诗歌的评论，其中保留了可观的清代少数民族诗人资料和作品，是清诗研究
的重要参考资料。《熙朝雅颂集》（清·铁保辑，赵志辉校点补，辽宁大学出

---

① 杨晓斌、甄芸：《我国古代文学家族的渊源及形成轨迹》，《新疆大学学报》2005 年第 1 期。

版社，1992）对收入清初至嘉庆初年的 534 位满蒙汉八旗诗人的 6000 余首诗歌进行了辑录与点校，保存了当时最为完备的八旗诗歌总集，为我们研究清代满蒙文学与文化提供了重要的文献资料。《近代中国蒙古族人物传》（张瑞萍主编，内蒙古大学出版社，1992）为 28 位在近代历史上起过重大作用的蒙古人立传，并为 128 位在政治、经济、文化艺术上作出贡献的蒙古人做了简明条目附列于后。该书粗具规模，为我们研究近代蒙古族人物在中国近代文学史上的作用提供了有价值的线索，同时也使研究者从全国的角度深刻认识到中国近代史是由各个民族共同创造的。《清人诗集叙录》（袁行云著，文化艺术出版社，1994）共 80 卷，著录诗人 2511 位，诗集 4000 余种，是一部清代诗集总目提要，各集均附作者小传，所收诗集多涉及清代时事与社会生活，而对满、蒙古、回、维吾尔等少数民族诗人诗集收录标准放宽，故为研究清代少数民族文学提供了便捷的参考纲目。《清代蒙古族人物传记资料索引》（云广英编著，内蒙古大学出版社，1998）收录 500 多种史籍，收录清代蒙古族 1850 人，系统地把蒙古族人物传记汇集在一起，为研究蒙古族历史文化提供了很大方便。《清人别集总目》（李灵年、杨忠主编，安徽教育出版社，2000）共著录清代近 20000 名作家，收诗文别集 40000 部，被称为第一部全面反映清代作家现存的诗文别集总目，是一部涵盖作家的著述、馆藏、传记资料的大型工具书，为广大学者研究清代作家及文学，进行全面的文献目录检索提供重要线索。《八旗文经》（盛昱、杨钟羲编撰，马甫生等标校，辽宁古籍出版社，2004）总计 60 卷，收录清代八旗作家 179 位，文章 650 余篇。其中的《作者考》可作为研究清代少数民族诗人十分重要的文献资料。《清代满蒙翰林群体研究》（邸永君著，黑龙江人民出版社，2005）对满蒙翰林群体进行历史定位，追溯该群体由雏形逐渐发展壮大成一支十分有影响的文学力量的过程，是对满族和蒙古族高级知识分子群体深入研究的发轫之作。《八旗艺文编目》（恩华辑，关纪新整理点校，辽宁民族出版社，2006）共辑录清代八旗满族、蒙古族、汉军作者 1034 位，作品或作品集 1775 部，是保留清代八旗文化著作和著作者最为详尽和丰富的文献，此书材料全面且具权威性，研究清代八旗文化和文学，其他文献无法替代。《雪桥诗话》（杨钟羲著，雷恩海、姜朝晖校点，人民文学出版社，2011）虽是一部诗话，但致力于搜集八旗文献，还涉及经济、民生、风俗、逸事、学术和艺文流派，兼收博采，是研究清代满族、蒙古族、汉族文学和文化的重要文献典籍。《元明清少数民族汉语文创作诗文叙录》（清代卷）（多洛肯，中国社会科学出版社，2014），对作家的生平、任职、作品作了提要式的梳理，为研究蒙古族家族文学提供了重要资料和线索。以上是学者们对清代文献所做的文献整理工作。在这些文献中，包含了清代蒙古作家的许多文献资料，为继续研究清代蒙古族作家作品奠定了文献基础。它们的不足之处在于，对蒙古族作家作品的收录整理还有所欠缺，对他们的作品别集并没有完整地整理出来，有的作品别集还分散在全国各地。有些已经收录了的作品集未做有效的整理点校、译注、辑佚等工作，而且对一些蒙古族文献没有收录。对蒙古族汉文文献整理还需要科学的规划、保护，对基础文献还需进行大量的整理工作。

（二）期刊、学位论文

期刊方面的成果主要是个案研究，对个别家族或家族中作家成员进行作家作品专题研究。

关于和瑛家族研究的代表性论文有以下几篇。《述诸边风土，补舆图之阔——论和瑛及其诗歌创作》（云峰，《乌鲁木齐职业大学学报》1993 年第1 期）深入地对和瑛及其诗歌创作进行研究。作者指出和瑛在继承与学习前代的基础上，把生活实践与诗歌创作深入结合，终自成一家，形成了"思精体大，趣远旨超"的诗歌艺术。《清代蒙古族诗人和瑛与他的〈易简斋诗钞〉》［米彦青，《内蒙古社会科学》（汉文版）2006 年第7 期］对和瑛的《易简斋诗钞》所体现的清奇豪放的诗风进行了深入的研究，指出其诗风融入作家曾经作为边疆重臣的生命体验，进行"随物赋形"的创作，流露出气象峥嵘、色彩绚烂、底蕴清新、虽淡而实美的诗歌美学。《清代边疆重臣和瑛家族的唐诗接受》（米彦青，《民族文学研究》2010 年第2 期）从唐诗接受的角度研究和瑛家族诗歌艺术所呈现的雍容娴雅风貌，肯定其家族在学习、接受唐诗的基础上，继承文化基因即家族精神和心理情感，熔铸诗人个性特征，对其诗歌创作及当时、后世诗坛产生的影响。米彦青的研究具有启发意义。《和瑛〈西藏赋〉中的佛教文化解读》（乌日罕，《赤峰学院学报》2013 年第12 期）主要对很少被关注的和瑛《西藏赋》从佛教文化角度进行解读和评析，涉及佛教典籍与仪式，征引精详，揭示其对研究佛经典籍的价值。《清代蒙古族诗人和瑛与〈易简斋诗钞〉》（王敏，《文学研究》2014 年第5

期）对此诗集的诗歌内容、题材进行研究，考量得出其诗歌中的边疆咏物诗和西域诗居多，具有丰富的史料和思想价值。《清中叶蒙古族和瑛家族诗歌创作诌议》［多洛肯、贺礼江，《兰州文理学院学报》（社会科学版）2016 年第 7 期］从宏观角度纵览有关和瑛家族的研究著述、论文，对其家族成员诗歌创作、艺术特色、文化传承进行系统的总结归纳，得出其家族总体诗风清新自然、具体，又呈现清和平畅、抒发性灵、融情于景、意蕴无穷的多元诗风。以上是对和瑛家族的相关研究论文，学者们的研究以和瑛为主，涉及家族其他成员（如璧昌、谦福、锡珍）的相对较少，这些尤待学界重视。

关于法式善家族研究的代表性论文：《法式善诗歌美学观简论》（云峰，《中央民族学院学报》1988 年第 3 期）从诗歌美学的角度，指出法式善诗歌重视情境与物境在诗歌创作中的作用，因而诗歌具有抒情言志、寓情志于形象的诗歌美学特质。文章通过"兴会""神到""悟性"的美学视野对其"情境"美学观作了深入探讨，研究得出法式善在丰富的汉文诗歌创作中追求清峻、幽寂、幽旷、清淡的多样美学观，此研究具有建设性。《从〈梧门诗话〉看法式善的唐诗观》［米彦青，《内蒙古大学学报》（哲学社会科学版）2010 年第 2 期］从法式善的诗歌理论著作《梧门诗话》评点清代乾嘉诗坛诗人的诗歌创作，提出作者的"唐诗观"以"性情为根本"，重清雅、意境浑融，以王孟为唐诗接受楷模，反映了法式善在唐诗学习中对清代诗学的贡献。《法式善怀人组诗与乾嘉文坛生态》（李淑岩，《社会科学辑刊》2013 年第 4 期）深入法式善诗歌文本，从其大量的怀人组诗入手，研究其与清代乾嘉文坛的关系，结合时代创作风气背景与诗人的个性情怀、仕宦经历，指出其怀人组诗所蕴含的丰赡的时代诗史精神。《论〈八旗诗话〉与法式善的诗学观》（李淑岩，《学术交流》2012 年第 5 期）和《〈梧门诗话〉编选与法式善诗坛地位之确立》（李淑岩，《求是学刊》2013 年第 9 期）两篇文章皆从清代诗学角度来研究法式善诗学地位的确立、影响及其在诗学上的开拓，指出其在诗歌美学上崇尚唐音，在诗歌创作上主张性情，在学习继承前人基础上求变与独创，并肯定其诗学上的杰出贡献。《法式善整理文献考》（杨勇军，《古籍整理研究学刊》2014 年第 6 期）从文献学角度研究法式善，指出法式善整理清代以前文献和编纂清代大型图书的贡献，从其重视金石和目录学两方面揭示其所具有的文献学思想。此文视角新，较之其他学者的进步在于其从文献学角度考察作家，具有开拓性。《法式善与乾嘉之际的元诗接受》（罗鹭，《民族文学研究》2015 年第 4 期）从法式善元诗接受的独特角度，不仅肯定法式善元诗具有的"元人风致"，还认为法式善在融通各家诗学思想过程中，建立自己的"性情说"，开拓了元诗的表现空间。通观法式善研究现状，论文极多，且具有深度与广度，并走向成熟，兹选取代表性论文以论证其在清代诗坛的文学成就。法式善家族是清代蒙古族杰出的文学家族之一，以法式善为代表，其精通汉族文化，在诗歌和史学上卓有建树，尤其在诗歌上，不仅创作丰富，还有诗歌理论问世。在清代诗坛可与汉族大诗人袁枚等比肩。然人们对其加以重视的同时，却忽略了其家族成员（如广顺、端静闲人、来秀、妙莲保）在文学上取得的成就，未对这些文人进行深入的研究。

关于倭仁家族研究的论文：《倭仁及〈倭文端公遗书〉的伦理思想》[张凌霄，《内蒙古师范大学学报》（哲学社会科学版）1991 年第 3 期]通过详尽论述《倭文端公遗书》，考察其中庸政教伦理思想，即修身、齐家、治国、平天下。《士大夫倭仁的伦理思想研究》（周海亮，中央民族大学硕士学位论文，2010）较为全面深入研究其程朱理学思想在现实的意义。《〈倭文端公遗书〉版本考述》（李细珠，《清史研究》1997 年第 4 期）对《倭文端公遗书》进行考述，为学者研究其人其学提供有价值的版本参考。《倭仁交游述略》（李细珠，《近代中国》1999 年第 1 期）探讨其郊游事迹，考察其学术思想的演变轨迹。《倭仁对联的文化蕴涵——一种历史视角》（吴民贵，《历史教学问题》1999 年第 5 期）通过一副对联考察倭仁以理学救国的历史局限性。《晚清社会的倭仁家族》（贾熟村，《平顶山学院学报》2010 年第 3 期）考察其家族成员如何通过儒家伦理思想来修身，来实现经世致用。《〈吴太母李孺人节略〉系倭仁佚文考》[胡宁，《西华师范大学学报》（哲学社会科学版）2010 年第 3 期]通过对《吴太母李孺人节略》细致的考证，认为其确为倭仁之佚文，颇具学术价值。以上研究成果主要是对倭仁的儒家理学思想进行研究，还未涉及对其文学作品的研究，同时对其孙子瑞衡的研究也未见开端。

关于柏葰家族研究的代表性论文：《清代蒙古族诗人柏葰研究》（万巨莹，内蒙古大学硕士学位论文，2014）从柏葰的生平遭际、诗歌思想内容、诗歌艺术特色进行作家作品专题研究。在诗歌思想方面注重从诗歌内容情感切入，在情感类型方面着重从写景咏物的情怀流露、伤离感别的情感表达、行役思

归的情志抒发、怀古伤今的情感碰撞进行分类研究；在诗歌艺术上指出诗人
在尊崇前人杜甫沉郁诗风或学习同时代人"神韵说""性灵说"的情况下，形
成自己平和温厚的独特风格，为蒙古族汉文诗歌创作作出重要开拓。《蒙汉诗
歌交流视域中的柏葰家族文学创作》［米彦青、赵延花，《内蒙古大学学报》
（哲学社会科学版）2014 年第 4 期］把柏葰家族文学创作放在蒙汉诗歌交流视
域中，以此为背景来研究其家族文学创作的路径和形成的艺术风格，指出其
诗歌创作在师法唐人、唐诗的同时结合自己的性情、学问，熔炼于时代和社
会活动，形成共有的沉雄诗歌气质。关于柏葰家族文学研究的论文不多，对
他们的研究空间还可以扩展，比如可以从文学地理学、美学的角度深入探讨。

　　关于尹湛纳希家族研究代表性论文有：《尹湛纳希与中国古典文学》
［周双利，《内蒙古民族师院学报》（哲学社会科学版）1992 年第 3 期］论
述其与中国古典文学的关系，指出尹湛纳希在汉文化及文学熏陶下创作的长
篇小说在对汉文学作出贡献的同时，又对蒙古族文学具有里程碑意义。《蒙
汉文学交流的杰出代表尹湛纳希论》（云峰，《前沿》1996 年第 3 期）主要
论证并评价其取得的成就，肯定其作为蒙古族文学史和蒙汉文学交流的杰出
文学家的地位。《〈一层楼〉和〈泣红亭〉中尹湛纳希的教育观》（宝玉柱，
《民族教育研究》2003 年第 1 期）主要研究其作品中所体现的女性教育观和
反抗精神。《论尹湛纳希对〈红楼梦〉的接受》（王平，《红楼梦学刊》
2004 年第 1 期）论述其对《红楼梦》的学习与接受，指出其是蒙汉小说交
流的中间人物，丰富了中国古代小说的创作。《儒学的蒙古化与尹湛纳希的
近代民族启蒙思想》（扎拉嘎，《民族文学研究》2004 年第 4 期）和《〈青
史演义·回批〉中尹湛纳希对儒学的蒙古化阐释》（胡格吉乐图，《民族文
学研究》2012 年第 2 期）两篇论文，论述其把儒学思想蒙古化并对其进行
改造，建构自己的理论，同时进行文学创作与批判，对近代蒙古族民族思想
具有启蒙作用。《试论尹湛纳希的近代民族启蒙思想》［胡格吉乐图，《内蒙
古民族大学学报》（社会科学版）2004 年第 5 期］通过其理论著作和文学作
品，研究其如何吸收儒家思想和近代民主思想以及重新建构蒙古族文化精
神，认为其对促进蒙汉文化的交流与进步作出了巨大的历史贡献。《尹湛纳
希与中国蒙古族文学》（萨仁图娅，《满族研究》2008 年第 1 期）介绍了尹
湛纳希的家世和对蒙古族文学的开创性，认为其开创性在于以现实生活为题

材，深植民族文化的土壤，以蒙汉文化的精髓为营养，丰富了蒙古族文学。《尹湛纳希对〈再生缘〉的接受及其意义》［赵延花，《内蒙古大学学报》（哲学社会科学版）2009 年第 1 期］从传播与接受的角度肯定其作品取得的成就，认为其开蒙古族小说创作的先河。《20 世纪 90 年代以来尹湛纳希研究概述》（刘冬梅，《文化学刊》2010 年第 6 期）全面概述了 20 世纪 90 年代以来学者们从作家作品，到文学创作历程、文学传统、文学史等方面对尹湛纳希进行的研究及取得的丰硕成果。《云霞洒满纸　神笔发浩歌——读萨仁图娅的长篇传记〈尹湛纳希〉》（朱虹，《满族研究》2010 年第 2 期）重点评论朱虹创作的尹湛纳希传记中尹湛纳希的创作心路、艺术特色和人格魅力。《近代蒙古族文学的推动者——伟大的蒙古族文学家尹湛纳希》（赵坤生，《前沿》2011 年第 21 期）肯定其在蒙古族文学上的开创性以及对蒙古族文学进步所起的推动作用。《尹湛纳希小说观念论探析》（额尔敦哈达，《民族文学研究》2012 年第 5 期）认为其小说所具有的结合表现和再现的功能，具有现代小说的进步美学观念。《尹湛纳希视野中的女性之美——基于〈一层楼〉〈泣红亭〉与〈红楼梦〉女性形象之比较》（乌仁高娃，内蒙古大学硕士学位论文，2015）通过比较研究的方式，分析尹湛纳希小说中女性的独特美，并认为其创新性在于作者现实审美理想与蒙古族传统审美理想的结合。《"一带一路"下尹湛纳希文化价值挖掘与创新》（乌凤琴，《边疆经济与文化》2017 年第 11 期）在"一带一路"视域下，深入挖掘尹湛纳希的文化价值，创新方法和理念，弘扬中华优秀传统文化，增强民族文化自信心。以上是关于尹湛纳希的研究现状，成就突出，而关于其家族成员古拉兰萨、贡纳楚克、嵩威丹精目前尚未有人进行研究。

　　关于延清家族研究的代表性论文：硕士学位论文三篇，其一，《清代蒙古族诗人延清及〈庚子都门纪事诗〉》（李晓涛，内蒙古师范大学，2006）从延清的生平及其诗集产生的历史文化背景入手，接着分析诗集所反映的社会现实思想内容，概括其诗所具有的"诗史"特征，整体呈现出悲愤悱恻、沉郁厚重的艺术风格和高度的思想性，具有重要的历史价值和文学价值。其二，《事核词哀，独抒忠爱——延清〈庚子都门纪事诗〉考评》（周振荣，苏州大学，2007）对延清生平思想和创作进行概述，通过对其《庚子都门纪事诗》重要史实的考察，指出该诗集所具有的"实录"更接近历史的真实，并认为延清在诗歌创作中熔铸自己的情感态度，具有强烈的现实主义精神。其三，《延清及其〈奉使车臣汗纪程诗〉研究》（辛保多，内蒙古大学，2016），该文不同于前两篇之处在于其用蒙古文书写，从延清诗中所写的自然景观、社会生活、民间风俗来分析其诗所具有的艺术特点和民族意识，这是其新颖之处。期刊论文有：《近代蒙古族现实主义诗人延清》（云峰，《新疆社科论坛》1991 年第 2 期）重点对延清诗歌的现实主义思想进行研究，反映庚子事变、旧中国内忧外患、社会矛盾突出、民生疾苦，注重细节和形象的刻画，尤其指出延清所继承的文化传统，肯定其爱国思想。《清代蒙古族诗人延清及其〈奉使车臣汗纪程诗〉》[白·特木尔巴根，《内蒙古师范大学学报》（哲学社会科学版）1985 年第 1 期]从诗歌文本细细解剖延清记行诗所反映的蒙古史、蒙古风俗，在或叙事或抒情、或写景或状物中投注真情，丰富了蒙古族文化，为蒙汉文化交融作出很大贡献。《延清"诗史"价值与意义探析——以〈庚子都门纪事诗〉为例》[周振荣，《西南农业大学学报》（社会科学版）2009 年第 5 期]和《清代蒙古族诗人延清及其〈庚子都门纪事诗〉研究》[周振荣，《安徽文学》（下半月刊）2009 年第 2 期]同样是对其《庚子都门纪事诗》的研究，区别在于肯定其诗以"以诗补史"的功用价值和意义，并评价其诗所承继的诗歌书写国难的传统，以其独特的民族气质和现实主义风格，成为少数民族文学的难得之作。以上是对延清及其诗歌研究所取得的成果，关于其家族成员，如彭年和杏芬，至今未见和他们相关的论文。

关于梁承光家族的研究有：《晚清桂林梁氏家族文学研究》（刘国婧，内蒙古大学硕士学位论文，2015）从梁氏家族文学活动概况，到作家作品作专题研究，来分析其家学传承的核心问题，并评析其家族三代人的文艺创作思想，总结其家族道德传承。此外相关学者从其家族的历史文化价值、文化心态、文化遗民情结、民族信仰、政治思想、儒家传统等方面进行研究，如《从梁济"自沉"看中国近代遗老的文化心态》[邵盈午，《上海师范大学学报》（哲学社会科学版）2004 年第 1 期]、《梁济自沉与民初信仰危机》（韩华，《清史研究》2006 年第 1 期）、《梁济价值取向中的文化遗民情结》（韦芳芳，《忻州师范学院学报》2011 年第 6 期）、《由禅让而共和——梁济与民初政治思想史》（孙明，《史林》2011 年第 2 期）、《梁济之死与儒家传统道德的时代命运》（韩冰，《唐都学刊》2016 年第 1 期），此非笔者研究范围，这里不再赘述。

关于锡缜家族研究的论文：《清代蒙古族作家锡缜的诗文》［云峰，《中央民族学院学报》（哲学社会科学版）1991 年第 4 期］散点式对锡缜的诗文内容、情感思想、艺术技巧、文学理论观点进行宏观探析，但仍缺乏深入和全面的研究。《清代蒙古族诗人锡缜研究》（毛淑敏，内蒙古大学硕士学位论文，2013）通过对其家族状况、生平、交友的梳理整合，对其诗歌和文章进行研究，分析其诗文所呈现出的思亲怀友、抒情言志、羁旅行役、民生现实评说等内容以及清新淡雅和文质统一的艺术特色。《论锡缜及其诗歌的现实主义叙事风格》（米彦青、魏永贵，《民族文学研究》2014 年第 3 期）中对锡缜的诗歌叙事艺术进行分析，认为其现实主义情怀源于自身的忧国感时和对唐诗的接受学习，故诗歌整体呈现出气象沉雄的风格。《浅探锡缜诗作中的儒家色彩》（高鑫，《北方文学》2017 第 24 期）从儒家诗学观出发考察锡缜诗歌中所承继的风雅精神和"救世济民"思想，并认为其促进了蒙汉文学的融通。《伊犁将军西域诗论》［星汉，《新疆师范大学学报》（哲学社会科学版）2010 年第 2 期］论述锡纶任西域布伦托海办事大臣时所作的边塞诗，认为其所作的边塞诗想象奇特、雄浑含蓄，深得唐人边塞诗之旨。

关于蒙古族诸家族的研究，宏观考量蒙古族文学家族群体状况、文学特征、兴盛原因的成果有《清代中期蒙古族家族文学与文学家族》［米彦青，《内蒙古大学学报》（哲学社会科学版）2011 年第 2 期］对清代中期的蒙古族重要文学家族进行梳理，对家族文化教育对文学的影响及所呈现的文学特征作了精要的论述。《清代八旗蒙古文学家族汉语文诗文创作述论》（多洛肯，《民族文学研究》2013 年第 3 期）论述了在民族文化交融的时代，蒙古族家族群体在学习汉文化背景下，以科举为入仕路径，促进了蒙古族文学家族汉语诗文创作的兴盛。《清代后期蒙古文学家族汉文诗文创作述论》［多洛肯，《新疆大学学报》（哲学·人文社会科学版）2013 年第 6 期］重点对清代后期五个蒙古族文学家族进行梳理，指出他们是清代少数民族文学繁盛与蒙汉文化交融的结晶。从以上论述可知，对清代蒙古族文学家族的研究，取得了一定的成就，但是仍有遗憾。遗憾在于对蒙古族诸家族及其成员的文学研究相对不均衡、不充分、不深入，研究面狭窄，未开拓新的研究领域。对少数主要作家关注多，对大多数作家关注少，忽视对作家文学创作动态的研究，未结合时代文化与少数民族文化互生互长的变动关系来考量文学产生演变的内在动因，更未从文献学与文艺学相结合的角度进行研究，未对蒙古族文学家族和汉族文学家族进行群体比较研究。因此在研究的方法、理念、创新、内容上都显得单一，缺少厚重与层次的深入，缺少立体与全面的理论系统建构。目前还有诸多蒙古族家族仍需要关注，如富俊家族，目前仅有《富俊和白山书院》［邴玉喜，《北华大学学报》（社会科学版）1982 年第 2 期］和《将军富俊之"勤劳三省"研究》（吴倩倩，辽宁大学硕士学位论文，2016）研究其功业，未涉及其家族文学；贡桑诺尔布家族、恭钊家族、博卿额家族和瑞常家族研究，仅各一篇：《"朝邑润亭盖世才"——旺都特那木济勒诗赞尹湛纳希》［扎拉嘎，《内蒙古民族师院学报（哲学社会科学版）》1992 年第 3 期］、《〈蒙古家谱〉增修者博清额之家世及该族〈蒙古博尔济吉忒氏族谱〉、〈恩荣奕叶〉》（杜家骥，《蒙古史研究》第七辑）、《清代蒙古族诗人恭钊研究》（王钊，内蒙古大学硕士学位论文，2016）、《瑞常诗歌研究》（张博，内蒙古大学硕士学位论文，2015）；对于恩华家族、托浑布家族、成堃家族至今未有人涉及，可见蒙古族文学家族的研究还需要投入更多的研究力量，才能推动少数民族文学家族学术研究的进步。

二　清代蒙古族文学家族概况及文献类型

自明代中叶以来，中华大地上文学家族发展迅速。从清朝建国到根基稳定，随着汉文化与少数民族文化交流互动，蒙古族人文社会环境发生巨变，产生诸多文学家族。这些家族以血缘关系为纽带形成生活的共同体，由基本的夫妻关系，衍生出亲子关系、兄弟关系、姐弟关系、叔侄关系、祖孙关系等，成员由少到多，家庭由小到大，力量由弱到强，最终形成大的家族。清代的蒙古族家族最先是清代政治联盟，随着清代在中原政治统治的稳定，在社会文化综合力量催化下，最终由蒙古族贵族家族或普通家族演变成具有高级文化形态的文学家族。

经过梳理清代蒙古族文学家族，分别为：法式善家族、和瑛家族、博卿额家族、柏葰家族、延清家族、倭仁家族、恭钊家族、尹湛纳希家族、梁承光家族、瑞常家族、锡缜家族、富俊家族、恩华家族、托浑布家族、成堃家族、贡桑诺尔布家族等 16 个用汉语诗文创作的文学家族，共计 45 人。为了便于进行研究，笔者从知人论世的研究方式着手，通过对《清史稿》、《清诗纪事》、《晚晴簃诗汇》、《熙朝雅颂集》、《近代中国蒙古族人物传》、《清人诗集叙录》、《杭州八旗驻防营志略》、《清代蒙古族人物传记资料索引》、《清人别集总目》、《八旗文经》、《清代满蒙翰林群体研究》、《八旗艺文编目》、《雪桥诗话》、《元明清少数民族汉语文创作诗文叙录》（清代卷）等文献资料爬梳，整理出这些蒙古族文学家族成员的生平、著述及现存情况。

现笔者拟就清代少数民族文学中的蒙古族 16 个文学家族的概况、现存文献状况简表整理如下（见表 6-1）。

表 6-1 所录文学家族，主要出现于清代中期和后期，中期主要有法式善家族、和瑛家族、博卿额家族、富俊家族，共 4 个家族 16 人，分别属于正黄旗、镶黄旗、正蓝旗。后期主要有倭仁家族、柏葰家族、恭钊家族、锡缜家族、托浑布家族、延清家族、尹湛纳希家族、梁承光家族、瑞常家族、恩华家族、成堃家族、贡桑诺尔布家族，共 12 个家族 29 人，分别属于正蓝旗、镶白旗、卓索图盟土默特右旗、正黄旗、镶红旗、正红旗、喀拉沁右翼旗。这些蒙古族文学家族中，旗籍未作标注的有 4 人，具体旗籍可知者共 41 人，其中正黄旗 10 人（占 24.4%），镶黄旗 6 人（占 14.6%），正蓝旗 7 人（占 17.1%），卓索图盟土默特右旗 4 人（占 9.8%），镶白旗 3 人（占 7.3%），正红旗 5 人（占 12.2%），镶红旗 4 人（占 9.8%），喀拉沁右翼旗 2 人（占 4.9%）。蒙古族文学家族成员关系构成类型主要分为父子型作家、兄弟型作家、祖孙型作家、叔侄型作家、姐弟型作家等，每个文学家族中成员至少为 2 人，多者 3 人、4 人、5 人不等，由于以上文学家族主要用汉语文进行写作和著述，他们的文献也是以汉字为载体记录保存的，这些文献著述类别主要分为诗歌、散文、奏稿、地志、史学、政治、兵事、典制、杂著、谱系、游记、笔记、日记等，文献著述共计 152 部，目前保存共计 116 部，这些保存的著述中，诗集 51 部，文 12 部，赋 7 部，年谱 1 部，地理志 2 部，政论奏稿 6 部，典制 3 部，日记 5 部，杂著 18 部，笔记 2 部，诗话 4 部，史书类 2 部，小说 3 部。从以上统计数据可知，清代蒙古族文学家族文献著述颇丰，存量可观，让学界看到了清代蒙古族文学家族研究存在的潜力。

表6-1　清代蒙古族文学家族概况及现存文献状况

家族	姓名	生卒年、表字、别号、家族谱系、旗籍	生平	著述	现存情况
	1. 广顺	1734—1794年，字熙若，号秀峰；法式善父，蒙古正黄旗	乾隆二十五年（1760）庚辰乡试举人，清平管领。任内务府银库六品库掌，敕授承德郎。官至内务织染局司库		《熙朝雅颂集》卷八十三收录其《夜步》目；《赠僧》《晚坐》《秋晚玉泉山即事》（其一、其三）》六首
	2. 端静闲人	?—?，广顺妻，韩氏，汉军人		《带绿草堂诗集》	《带绿草堂诗遗稿》一卷
1. 法式善家族	3. 法式善	1753—1813，字开文，号时帆，又号梧门，自署小西崖居士；来秀祖父，内务府正黄旗	乾隆四十五年（1780）庚子进士。改庶吉士，散官授检讨。四十八年任国子监司业。历官侍讲学士。五十九年任祭酒。嘉庆九年（1804）以洗马充文渊阁校理	著有《清秘述闻》十六卷；《梧厅载笔》二十卷；《同馆赋钞》二十四卷；《同馆试律汇钞》二十四卷；《同馆试诗初钞》一卷；《同馆试律补钞》一卷；《诗龛声闻集》四十八卷；《诗龛咏物诗》二卷；《陶庐杂录》六卷；《存素堂文集》四卷；另有《存素堂诗初集》二十四卷；《存素堂诗二集》八卷；《存素堂诗续集》一卷；《梧门诗话》十二卷；《八旗诗话》一卷；《湖海诗话》六十卷（汇辑）	《清秘述闻》十六卷，清嘉庆年间刻本，国家图书馆收藏，另有（清）钱维福校《清秘述闻》十六卷，清光绪年间刻本，南京图书馆藏；台北文海1967年影印台湾"国家"图书馆手稿本，中国社会科学院图书馆，北京大学图书馆收藏。《梧厅载笔》二十卷，清嘉庆刻本，国家图书馆，南京图书馆藏，另有台北文海出版社1969年影印台湾"国家"图书馆钞本，中国社会科学院图书馆亦藏。《同馆赋钞》二十四卷，清嘉庆元年刻本，国家图书馆藏，另有《同馆赋钞》二十四卷，清嘉庆刻本，南京图书馆，另有乾隆五十二年刻本，清嘉庆刻本，南京图书馆，另有乾隆五十二年刻本，《诗龛咏物诗》二卷，清嘉庆二十二年刻本，国家图书馆收藏；《陶庐杂录》六卷，清嘉庆二十二年刻（记）六卷，清光绪三十一年铅印本，南京图书馆藏。

续表

家族	姓名	生卒年、表字、别号、家族谱系、旗籍	生平	著述	现存情况
1. 法式善家族	3. 法式善	1753—1813年,字开文,号时帆,又号梧门,自署小西崖居士;来秀祖父,内务府正黄旗			《存素堂文集》四卷,清嘉庆十二年程邦瑞扬州刻本,国家图书馆,中国社会科学院图书馆藏;另有清钞本,国家图书馆藏;清道光年同刻本,南京图书馆藏;《存素堂文续集》一卷,清稿本,国家图书馆藏;另有《存素堂文续集》二卷,清嘉庆十六年程氏扬州刻本,国家图书馆,上海图书馆藏;《存素堂诗初集》二十四卷,诗稿二卷,清嘉庆十二年王墣湖北德安刻本,清嘉庆十二年萍乡王斫刻本;《存素堂诗二集》六卷,清嘉庆十二年萍乡王斫刻本,上海图书馆藏,另有《存素堂诗二集》二十四卷,《存素堂诗二集》八卷,《存素堂诗续集》复旦大学图书馆藏,国家图书馆藏嘉庆十二年本,清书坊翻刻本嘉庆十二年本,中国人民大学图书馆藏;《存素堂诗稿》二卷,清嘉庆刻本,国家图书馆藏。《梧门诗话》十二卷,清稿本,民国同钞本,均藏于国家图书馆,另有台北文海出版社1974年影印台湾"中央"图书馆藏手稿本。《八旗诗话》一卷,清稿本,国家图书馆,均藏于北京图书馆,另藏于北京大学图书馆。《槐厅载笔》二十卷,内蒙古大学图书馆,北京图书馆藏;清诗纪事》《乾隆朝卷录其诗《西涯诗》《赠鄂频伽》《嘲王铁夫》《题小仓山房集后》等十四首

续表

家族	姓名	生卒年、表字、别号、家族谱系、旗籍	生平	著述	现存情况
1. 法式善家族	4. 来秀	1819—?,字子俊,又字实甫,号鉴吾,蒙古正黄旗武善孙,蒙古正黄旗	道光二十四年(1844)顺天乡试举人,道光三十年(1850)庚戌进士,候选知县。咸丰元年(1851)任青州府同知,历昌山东曹州府知府,升监运使	著《扫叶亭咏史诗集》四卷	《扫叶亭咏史诗集》四卷,同治十二年扫叶亭刻,藏于北京大学图书馆,中国国家图书馆;内蒙古大学图书馆;《扫叶亭咏史诗》四卷,附《扫叶亭花木杂咏》一卷,清同治十二年刻本,辽宁省图书馆藏
	5. 妙莲保	?—?,来秀妻		著《赐筑阁诗草》;编辑《正始续集》	
2. 和瑛家族	1. 和瑛	1741—1821年,字太菴,润平,号太庵(亦作泰庵),亦号铁园;德保子,璧昌父,蒙古镶黄旗	七岁时启蒙于绍兴俞致甫先生,十三岁读毕五经。此后又数游其师,十七岁受业于京师何菴堂,制艺之眼渐习应制体诗。乾隆三十六年(1771)辛卯科进士,授户部主事,出为安徽太平府知府。五十二年擢庐风道,五十八年充西藏院侍郎,嘉庆五年(1800)召为理藩院侍郎	著《西藏赋》、《太庵诗稿》九卷、《易简斋诗钞》四卷《读易汇参》、《杜律》、《读水经》、《山庄秘课》、《风雅正音》、《孔子年谱》、《三州辑略》十二卷、《藩疆览要》十二卷、《经史汇编》上下篇	《西藏赋》藏于内蒙古图书馆,南开大学图书馆;盛昱等编《八旗文经》卷四收入附有和瑛自注的《西藏赋》全文。《太庵诗稿》亦作《太庵诗钞》九卷,为自订稿本;《大庵诗稿》九卷,嘉庆十五年稿本,复旦大学图书馆藏。《易简斋诗钞》四卷,道光三年刻本,收诗五百七十六首,卷首一卷,藏于北京大学图书馆。《读易汇参》十卷藏北京师范大学图书馆,中央民族大学图书馆。《回疆通志》九卷,藏于北京大学图书馆,南开大学图书馆。藏于内蒙古图书馆《三州辑略》十二卷,内蒙古图书馆。《藩疆览览要》十二卷
	2. 璧昌	?—1854年,字星泉、号东垣,和瑛子,蒙古镶黄旗	由工部笔帖式,选河南阳武知县,道光七年(1827)擢大名府知府,九年授头等侍卫,充叶尔羌办事大臣。十一年喀什噶尔参赞大臣,后历任伊犁将军,山西巡抚,福州将军,两江总督,内大臣	著有《叶尔羌守城纪略》一卷、《守边辑要》一卷(钞本)、《壁垒公遗书》、《兵武阃见闻录》、《牧令要诀》一卷	《兵武阃见录》藏于内蒙古图书馆,大连图书馆,北京师范大学图书馆;中央民族大学图书馆;《牧令要诀》一卷,藏于中国人民大学图书馆;《清诗纪事》(道光朝卷)录其诗《题担秋图》一首,并载其著有《壁垒诗汇》;诗稿今未见《晚晴簃诗汇》

续表

家族	姓名	生卒年、表字、别号、家族谱系、旗籍	生平	著述	现存情况
2. 和瑛家族	3. 谦福	？—？，字云。光庭，小愉，号刘吉；和瑛孙，璧昌任，蒙古镶黄旗	道光十四年（1834）甲午乡试举人，十五年乙未恩科进士。后授户部主事，累官至詹事府詹事	著有《桐花竹之轩梅花酬唱集》和《桐花竹之轩诗草》，后者《桐花竹之轩诗草》一卷。《桐花竹之轩诗草》收诗二百六十八首，《桐花竹之轩梅花酬唱集》收本人及其他人诗凡余首	徐世昌《晚晴簃诗汇》收其诗《对客》《暮春咏怀》二首。《清人诗之轩诗草》，计《诗钞》一著《桐花竹之轩诗草》收《试帖》一卷，同治二年刻，首都图书馆,北京大学图书馆藏。《桐花竹之轩梅花酬唱集》藏于首都图书馆
	4. 锡珍	1847—1889年，字席卿，号仲篇；曾祖父和瑛，祖父璧昌，蒙古镶黄旗	同治七年（1868）戊辰进士，改翰林院庶吉士，十年散馆授编修。光绪六年（1880）充山东乡试正考官，八年奏陈整顿人旗学校，后转詹事府詹事，迁左都御史、理藩院侍郎，刑部尚书，九年充总理各国事务衙门大臣，十一年，至天津，与法国使臣换约，十二年又任吏部尚书，会典监督、经筵讲官崇文门正监督	著有《台湾日记》，《朝鲜日记》、《试稿》、《钦定吏部则例》二十一卷，《锡席卿先生遗稿》	《清诗纪事》（同治朝卷），录其诗《朝鲜有作》一首。弱时事辄矣概然今存《锡席卿遗稿》十四种，不分卷，附四种，稿本,北京大学图书馆藏。《八旗艺文编目》载，著《朝鲜日记》《台湾日记》尔略日记；当是其遗稿子目
3. 博卿额家族	1. 博卿额	？—？，字虚扬，忠顺公明安五世孙，佛右子，国瑞弟，满洲正蓝旗	乾隆十七年（1752），以翻译进士授兵部主事，迁户部员外郎，军机章京行走。二十年典试四川，随京，二十七年复视学于蜀。三十三年又典试浙江。三十四年官大学士公傅恒起缅甸军营，十月，大军略大破贼于新街，在事有功，议叙加一级。七月，回京授正蓝旗满洲副都统；十五年，回京途中薨逝	著有《博虚有诗草》三卷〔据现有文献未知有刻本存世〕；云广英编有《清代蒙古族人物传记资料索引》。载其诗有《使蜀草》《蒙古族家谱》	徐世昌《晚晴移诗汇》卷八十收录其诗《小相领用周学使碑上韵》和《汉中》二首。《熙朝雅颂集》卷七十八收录其诗《涿州》《井陉》《夜宿山村》《舟中闻笛》等二十九首

续表

家族	姓名	生卒年、表字、别号、家族谱系、旗籍	生平	著述	现存情况
3.博卿额家族	1. 博卿额	？—？，字虚有；忠顺公明安五世孙，佛右子，国栋弟，满洲正蓝旗	署兵部侍郎兼理刑部侍郎事。三十六年文华殿大学士，四十四年副都统，四十五年十月，迁理藩院尚书署，都察院左都御史，十一月命在西藏办事。四十九年授正白旗蒙古都统		
	2. 国栋	？—？，字时高；恩格尔德七世孙，博卿额兄，国柱弟，隶满洲正黄旗	乾隆六年（1741）辛酉科乡试中举，乾隆七年王戌科进士。改庶吉士，散馆授检讨。通籍后分发四川，曾署蓬溪县令。后升任关监督，三十七年由此授贵州按察使，在任五年。四十二年调为浙江按察使，次年迁本省政使。四十六年十二月改任山西布政使，寻调任安徽布政使。四十七年九月因病事解职，累官兵部侍郎，进赠太傅	著有《时高偶存诗钞》一卷	《熙朝雅颂集》卷七十一收录其《秋日山行有感》《岁晏》《晚过雄河集》《盱眙县》《秋日感怀次》《次蒙城因与任次宛谈途中所见漫成一律》《过合肥》《立春达州三日雪前霍山》《贾阆仙祠》《再署达州四首》《秋日霍山》十五首。《八旗文经》（清）姚莹辑《过函谷关》文字二十四收录卷（清）《时高偶存诗钞》跋》；嘉庆同钦保辑《白山诗介》亦收录其高部分诗作
	3. 国柱	？—？，字天峰；国栋兄，满洲镶黄旗	高祖古尔布什以入山海关击败流贼有功，晋一等台吉。雍正八年（1730），国柱承袭。乾隆六年（1741），授銮仪卫，整仪卫十年升副护军参领。十三年，调前锋卫，大金川莎罗奔叛经略讷亲总督张广泗泅剿剿赋无功。上命协办大学士博恒，暂署川陕总督，经略军务，国柱隶焉，累有战功。十四年升护军参领。十五年调署前锋参领。二十三年雄锡尔诸扰，健锐营前锋参领	作诗有《偶成》《伊犁》《驻扎小阳河面尔作》《哈拉玉嘈衮偶成》《伊尔哈里克道兴》《定边县道中》《口占》《启行之日，阖属弁兵追饯于清河客舍，即席赋此示意》	《熙朝雅颂集》卷八十收其诗《偶成》《伊犁》《驻玛拉克道中》《伊小阳河面尔作》《定边县道中》《哈尔哈里克道兴》《伊尔哈里克道兴》《回纳寺道中》十三首，《春日口占》《启行行之日，阖属弁兵追饯于清河客舍，即席赋偶成》《年车偶成》《鸣纳寺道中》一首。符葆森《国朝正雅集》收其《伊犁》《定边县道中》二首

续表

家族	姓名	生卒年、表字、别号、家族谱系、旗籍	生平	著述	现存情况
	3. 国柱	?—?，字天峰，国栋兄，满洲镶黄旗	随博佰任剿，在事出力，升陕西靖边协副将。二十三年，叶儿羌、喀什噶尔不靖，随定边将军兆惠往讨回疆，事平，留驻喀什噶尔。二十五年，差竣，回抵，阿克苏复赞大臣舒赫德留于阿克苏驻扎，以收复喀什噶尔城，功下部优叙。二十六年，因获小和卓霍集占户户，下部优叙，六月奉派筑伊犁城，二十八年，升马兰镇总兵，朴云南楚雄镇总兵，十月卒于军营	《奉调应援偶成》《库车偶成》《叩纳寺道中》《回眺阿尔台》等	
3. 博卿额家族	4. 文字	?—1841年，字秋潭；国栋子，满洲镶黄旗	乾隆四十六年(1781)由监生考授内阁中书，六十年升侍读。嘉庆同官内阁学士兼礼部侍郎，后朴授山海关副都统，马兰镇总兵，锦州副都统。道光十一年(1831)，以吏部尚书任协办大学士，十五年转文渊阁大学士	著《秋潭相国诗存》一卷	《秋潭相国诗存》一卷，收诗一百余首，文字撰、张祥河辑，此集道光二十一年于大梁柏署刻本，辽宁省图书馆、复旦大学图书馆、中国社会科学院文学研究所所藏
4. 柏俊家族	1. 柏俊	?—1859 或 1858 年，字静涛，一字泉听涛，号泉庄；崇彝祖父，蒙古正蓝旗	道光六年(1826)丙戌进士，改庶吉士，授编修。任都察院左都御史，累官至兵部尚书兼翰林院掌院学士，咸丰六年(1856)以户部尚书任军机大臣，咸丰八年迁文渊阁大学士	著有《薛箖吟馆诗存》十卷，其中包括《薛箖吟馆诗》八卷和《薛箖吟馆赋》二卷，收诗二千余首，收赋二十七篇。《薛箖吟馆钞存》收录于《续修四库全书》，为道光二十四年刻本；此外有《奉使朝鲜驿程日记》	《薛箖吟馆钞存》一卷，道光二十四年刻，后增新作，编为《薛箖吟馆钞存》八卷，内诗六卷大梁柏署图书馆藏。后增其诗作，辑为《薛箖吟馆钞存》十卷，内诗八卷，赋二卷，同治同刻，中国社会科学院图书馆藏。《薛箖吟馆钞存》八卷和《薛箖吟馆又二卷，清同治三年刻本，藏于辽宁省图书馆。又有《薛箖吟馆钞存稿》二卷、稿本六册，北京大学图书馆藏。

续表

家族	姓名	生卒年、表字、别号、家族谱系、旗籍	生平	著述	现存情况
4. 柏俊家族	1. 柏俊	？—1859 或 1858年，字静涛，一字听涛，号泉庄；崇彝祖父，蒙古正蓝旗			《银川竹枝词》四首，为道光初驻军宁夏时作；《朝鲜竹枝词》三十首，乃道光二十三年出使朝鲜时作；《奉使朝鲜驿程日记》藏于中央民族大学图书馆，首都图书馆
	2. 崇彝	？—？年，字选学斋主人，别署选学斋主人；柏俊孙，蒙古正蓝旗	自幼喜书画收藏。任吏部额外司员郎中，文选司郎中	著《道咸以来朝野杂记》《选学斋记》《选学斋书画目续编》	著《道咸以来朝野杂记》《选学斋记》《选学斋书画目寓画目续编》
5. 延清家族	1. 延清	1849—？，字子澄，号子梓，一号铁君，一号梓卿，晚号阁老人，彭年之父，蒙古镶白旗	同治十三年(1874)中二甲第七十四名进士，改庶吉士，后在工部都水司、屯田司、宝源局供职，光绪三十一年(1905)由工部郎中迁翰林院侍读，因有政绩，屡次迁升，后官至文职六班大臣。京口驻防	著有《巴里客余生诗草》；《太常仙迹汇编》；《锦官堂集》；《锦官堂赋》；《锦官堂诗集》；《锦官堂诗续集》；《锦官堂试律七十二候试帖》；《丙午春正候试律诗》；《蝶仙小史汇诗》；《庚子都门纪事诗》六卷、首一卷、末一卷；《奉使车臣汗门纪程诗》一卷；《引王篇》；《覆韵集》；《遣逸清音集》；《丙午春正偶和诗》。恩年《八旗艺文编目》	《巴里客余生诗草》藏国家图书馆，上海图书馆，四川图书馆，镇江图书馆；《太常仙迹汇编》藏内蒙古大学图书馆；《锦官堂集》一卷，清光绪五年刻本，藏南京图书馆；《引玉篇四集》不分卷、卷首一卷，藏山东大学图书馆，内蒙古图书馆；《丙午春正偶和诗》《来蝶轩诗》藏首都图书馆，内蒙古图书馆，民族文化宫；《奉使车臣汗纪程诗》三卷，凡二百九十二首藏内蒙古大学图书馆，内蒙古图书馆，南开大学图书馆，中央民族大学图书馆，北京师范大学图书馆，中国人民大学图书馆，国家图书馆；《庚子都门纪事诗》六卷、首一卷，藏北京大学图书馆，南开大学图书馆，内蒙古大学图书馆；《庚子都门纪事诗补》一卷；《奉使车臣汗门纪程诗》，清宣统三年铅印本，藏辽宁省图书馆，国家图书馆，北京大学图书馆；

续表

家族	姓名	生卒年、表字、别号、家族谱系、旗籍	生平	著述	现存情况
5. 延清家族	1. 延清	1849—？字子澄，号小岳，一号梓臣，一号铁君，晚号阆笔老人；彭年之父，蒙古镶白旗		著录其《奉使车臣汗纪程诗》三卷、《虎口余生录》、《遗逸清音堂集》四卷（附《锦官堂正偶诗草》、《丙午春和诗》、《四时分韵试帖》)、《庚子都门纪事诗》、《锦官堂诗续草》六卷（首一卷）、《锦官堂诗续集》、《蝶轩小史》、《蝶轩诗》、《七十二翁吟》、《前后三百六天诗》。 《庚子都门纪事诗》，全诗六卷，每卷一集，计有《虎口集》《蛇足集》《鸿毛集》《豹皮集》《狐腋集》，收诗三百八十九首，光绪二十七年刊本，初名《巴里客余生诗草》，次年重刻，又易名《庚子都门纪事诗》。	《前后三百六天诗合编》藏北京大学图书馆、藏首都图书馆；《遗逸清音集》四卷铅印本，辽宁省图书馆；《锦官堂七十二候试帖》二卷，藏北京大学图书馆；《锦官堂七十二候试律诗》四卷，藏中国科学院图书馆，镇江图书馆铅印本；《锦官堂诗草》一卷（民国五年铅印本），首都图书馆；《蝶轩小史》六卷，藏内蒙古大学图书馆，首都图书馆、大连图书馆、藏南京图书馆。此外不同版本有《锦官堂诗》一卷，藏首都图书馆。 《遗逸清音集》（附有《锦官堂集》、《清人诗文集总目提要》载其著《锦官堂诗钞》不分卷，其集陆续梓印，今统以《锦官堂诗钞》称之。存数种：一为《锦官堂赋钞》一卷，光绪五年刻，藏南京图书馆；一为《锦官堂诗钞五十述怀》一卷，约光绪二十一年刻，藏镇江市绍宗藏书楼；一为《来蝶诗》一卷，附原《蝶江仙小史》，多咏蝶诗《江苏艺文志·镇江卷》著录光绪二十三年铅印本，光绪二十五年重刻本藏国家图书馆；一为《奉使车臣汗纪程诗》三卷，皆光绪二十四年奉使祭蒙古车臣汗部潘王藏江卷，其集录光绪所作诗，共四百余首，《江苏艺文志·镇江卷》著录光绪三十四年石印本，宣统元年铅印本藏中国社会科学院图书馆；

续表

家族	姓名	生卒年、表字、别号、家族谱系、旗籍	生平	著述	现存情况
5.延清家族	1.延清	1849—?，字子澄，号小栝，一号铁臣，一号铁君，晚号阁笔老人；彭年之父，蒙古镶白旗		1911年，又将1910年春夏同诗作数十首汇为一集，名《鸡肋集》，因此《庚子都门纪事诗》实为七卷，收诗三百余首	一为《庚子都门纪事诗》六卷，初名《巴里客余生诗草》，前有李恩绶、陈佰庆、汪凤池、曹福元、张宝森序，分《虎口》《鸿毛》《蛇足》《鲂尾》《貂皮》六集，专记八国联军侵占北京事，凡诗三百八十九首，附同人诗古六十九首，有诸家评语，光绪二十七年刻本藏国家图书馆，光绪二十八年铅印同人诗古六十九首，有诸家评语，光绪二十七年刻本藏中国社会科学院图书馆，稿本藏广东中山图书馆，又名《鸡肋集》，宣统三年铅印，藏国家图书馆；一为《庚子都门纪事草》一卷，藏首都图书馆；一为《锦官堂诗草》一卷，民国初年铅印，藏首都图书馆；为《锦官堂续集》二卷，民国七年铅印，藏北京大学图书馆藏北京大学图书馆；《江苏艺文志·镇江卷》著录。《八旗艺文编目》载，另有《七十二翁吟》《前后州六天诗合编》《前后州六天诗合编》藏中国社会科学院图书馆，宣统三年石印《七十二后试律诗》四卷，藏中国社会科学院图书馆
	2.彭年	1872—?，字寿民，号伯禾，一号幼澄；延清之子，蒙古镶白旗	少承家学，知识渊博，光绪二十年（1894）为优贡，出仕后官江苏东台县知县	著有《春晖阁诗集》	《春晖阁诗集》，恩华《八旗艺文编目》著录此集，未见传本。其诗歌散见于清末诗文总集和别集著者计六十余首。《遗逸清音集》卷四收其诗二十八首；《道咸同光四朝诗史乙集》卷六收其诗十四首；延清《庚子都门纪事诗》收其诗十三首

续表

家族	姓名	生卒年、表字、别号、家族谱系、旗籍	生平	著述	现存情况
5. 延清家族	3. 杏芬	1874—1997年，延清女，彭年妹，蒙古镶白旗	秉性聪慧，著诗文。常为其父整理著作	编《京师地名对》	
6. 恭钊家族	1. 恭钊	1825—?，字仲勉，号养荣，琦善子，恭寿弟，满洲正黄旗	束发后，从师学习汉文古籍诗文。咸丰元年(1851)以荫生引见，授官侍卫。九年，官西宁道，改甘凉道。光绪八年(1882)任武昌监法道，调江汉关道。历官礼部、户部员外郎，西宁道，督办宜昌川盐总局等职	著有《酒五经吟馆诗草》，其中诗歌两卷，五百三十多首，计四十七阕。另有《酒五经吟馆诗词草》《酒五经吟馆诗草》《酒五经吟馆诗余草》一卷，《酒五经吟馆诗余草》	《酒五经吟馆诗草》二卷，现存清光绪年间刻本，国家图书馆藏；《酒五经吟馆诗词草》二卷，现存清光绪年间刻本，国家图书馆藏；《酒五经吟馆诗草》一卷，现存清光绪年间刻本，国家图书馆藏；《酒五经吟馆诗余草》一卷，清刻本，南京图书馆藏；《二酉酒五经吟馆诗草》二卷，光绪十九年刻，首都图书馆藏。所撰《酒五经吟馆诗草》二卷，附诗余一卷，自订谱一卷，光绪十九年刻，首都图书馆藏。《湟中竹枝词》三十首，《续堂中竹枝词》十首
	2. 恭铭	?—?，琦善子，恭钊兄，满洲正黄旗	一品荫生，花翎按察使衔，任甘肃西宁道，湖北候补道	著《石眉课艺》	《石眉课艺》，现今未见其传世
	3. 瑞洵	?—?，字景苏，号觉迟，又号井亭，善钊孙，恭钊侄，满洲正黄旗	光绪元年(1875)举乡试，十二年中进士。后入翰林院，散馆授编修。侍读学士，又擢科布多参赞大臣，累官至里雅苏台参赞大臣	著有《散木居奏稿》《大羊集》《大羊续集》	《大羊集》二卷，日本铃木氏吉武菊轩，日本昭和十年铅印本，国家图书馆藏；另存《大羊集》一卷、续编一卷，日本铃木吉武轩，日本昭和十年小林活版社铅印本，南京图书馆，辽宁省图书馆，国家图书馆等藏。《散木居奏稿》二十五卷，日本铃木吉武菊轩，民国二十八年铅印本，国家图书馆藏；另有《散木居奏稿》清光绪年间抄本，未格，国家图书馆藏

续表

家族	姓名	生卒年、表字、别号、家族谱系、旗籍	生平	著述	现存情况
7.尹湛纳希家族	1.古拉兰萨	1820—1851 年，贡纳楚克兄，内蒙古卓索图盟土默特右旗			存诗歌八十三首
	2.贡纳楚克	1832—1866 年，尹湛纳希兄，内蒙古卓索图盟土默特右旗	自幼好学，加之父兄的教导和影响，深谙汉民族的传统文化，经常赋诗唱和蒙、汉两种语言		今留存二十余首诗歌，作品有诗歌《红楼梦》《知心者少》《冷雨》《孜黯》《读书》《此物》及研究作品《诗论》。额尔敦陶克陶编著《蒙古族近代著名文学家》编选十首，其中《静夜思》一首包括四段和《散诗》一首包括六段十首，另有《规劝自己》《此物》两首诗刊入嵩威丹精诗歌之中
	3.嵩威丹精	？—？，字宗权，别号嵩山，汉名宝琮；贡纳楚克弟，尹湛纳希六弟，内蒙古卓索图盟土默特右旗	嵩威丹精很有才华，出生在书香门第，自幼接受良好教育与熏陶。嵩威丹精精通蒙、汉两种语言文字，为其弟尹湛纳希续撰《青史演义》做参考	蒙译过《通鉴纲目》	无诗集，其大多诗稿已经遗失，现存二十余首诗词和几篇忧国忧民的散文
	4.尹湛纳希	1837—1892 年，字润亭，号衡山，汉名宝瑛，嵩威丹精弟，内蒙古卓索图盟土默特右旗	自幼从塾师学会了蒙、汉、满、藏文字，对蒙、汉古典文学造诣颇深，有丰富的历史知识，并擅长丹青。他一生未出仕，青年时代常以文会友，饮酒赋诗，谈古论今。游历过内蒙古东部分旗和国内一些名胜古迹，结识学者名流。三十岁以后，社会陷入动乱，家道	著有《大元盛世青史演义》、长篇小说《一层楼》、《泣红亭》（未完成），和《红云泪》（未完成）、诗歌等，以及杂文、诗歌等，并曾将《红楼梦》和《中庸》译成蒙文	尹湛纳希无诗集，额尔敦陶克陶编著《蒙古族近代著名文学家》收录其有标题诗歌三十二首，但其中有些标题内又包括若干不同内容的散文或其他诗篇，像这类可单篇计数诗段有二十首左右，两者相加才四十余首。从形式上看，大多为五言、七言律诗，绝句，尚有长篇《悼诗》。

续表

家族	姓名	生卒年、表字、别号、家族谱系、旗籍	生平	著述	现存情况
7. 尹湛纳希家族	4. 尹湛纳希	1837—1892年，字润亭，号衡山，汉名宝瑛，嵩威丹精弟，内蒙古卓索图盟土默特右旗	中落，发奋著书立说，对社会问题予以夫注和探索		著《青史演义》，又名《大元盛世青史演义》。现出版六十九回，前五十九回写成吉思汗及其祖先的历史，后十回为鉴定尹湛即位后的历史。1980年在检查旧书回纳希的钞本时，发现朴充旧章回的新三十回。该书书目前所存仍为六十九回
8. 梁承光家族	1. 梁承光	1834—1867年，字迪人，号星阶，一号雅香；成吉思汗二十五世孙，承朴光父，广西桂林人	少有才气，十八岁即举道光二十九年(1849)顺天乡试，后又中进士，授官职。累官内阁中书、委署侍读、候补知府、诰授朴山西永宁州知州，交游甚广，既好大夫。梁承光性格豪放，交游甚广。既好谈兵，又善诗赋	著有《淡集斋诗钞》四卷	《淡集斋诗钞》四卷，清光绪三十年临桂梁氏铅印本，国家图书馆藏。后由其子结集为《桂林梁先生遗书》
	2. 梁济	1859—1918年，字巨川，又字孟廷，成吉思汗二十六世孙，承朴光子，广西桂林人	光绪十一年(1885)举人，官至内阁侍读，民政部额外司员	著有《侍疾日记》《别竹辞花记》《感山房日记节钞》《伏卵录》《遗笔汇存》《辛王类稿》《庚娘传》	
9. 瑞常家族	1. 瑞常	?—1872年，字芝生，号西樵，瑞庆兄，蒙古镶红旗	道光十二年(1832)中壬辰科进士，改翰林院庶吉士，散馆授编修，内阁学士，兵部侍郎，朝鲜正使。历任光禄寺卿，咸丰元年充国史馆总裁，八年迁理藩院尚书。同治元年以吏部尚书协办大学士。官至文华殿大学士，总管内务府大臣，历任工部尚书，刑部尚书，翰林院掌院学士。十年拜文渊阁大学士	著有《如舟吟馆诗钞》一卷，夏同著序，光绪四年刻，国家图书馆，南京图书馆，复旦大学图书馆藏；《钦定总管内务府现行则例》四卷	《如舟吟馆诗钞》一卷，另有《钦定总管内务府现行则例》四卷，藏于北京师范大学图书馆

续表

家族	姓名	生卒年、表字、别号、家族谱系、旗籍	生平	著述	现存情况
9.瑞常家族	2.瑞庆	？—？，字雪堂，瑞常弟，蒙古镶红旗	道光十五年（1835）举人，十六年丙申进士，钦点即用知县。同治三年（1864），任赵州知州。同治四年，任易州知州。同治五年，任易州知州，直隶候补道、赏顶戴花翎	著《乐琴书屋诗钞》	
10.锡镇锡纶家族	1.锡镇	1822—1884年，字厚安，号禄虹；兀鲁特贝子垂尔九世孙，龄昌父，锡纶兄，满洲正蓝旗	幼年拜师学习汉文，道光二十四年（1844）举人，咸丰六年（1856）中进士，改庶吉士，授编修。同治十一年（1872）由户部郎中授江西督粮道，安徽巡抚，署两江总督。光绪元年，充提调官。四年，拜驻藏大臣	著有《退复轩全集》，又作《退复轩诗文集》。其中《退复轩诗文》凡二卷，其中诗论、文论若干篇；《退复轩随笔》凡四卷；《退复轩诗》收诗三百八十三首；《退复轩试帖诗》一卷，都为十卷	《退复轩全集》六种，清末刻本，子目：《退复轩诗》四卷，《退复轩文》二卷，《退复轩文未弃草》二卷，《退复轩试帖未弃草》一卷，《退复轩赋》一卷，藏于辽宁省图书馆。此外《退复轩文》《退复轩随笔》《退复轩试帖诗》为光绪年间刻本，藏国家图书馆。另有《退复轩诗》四卷，清刻本，中国社会科学院图书馆藏；《退复轩文》二卷，清刻本，日本东洋图四卷，上海图书馆藏；《退复轩诗·文》二卷，光绪刻本，国家图书馆藏；未弃草二卷，光绪刻本
	2.锡纶	1843—1888年，字子歈，号更生，保恒子，锡纯弟，满洲正蓝旗	副都统衔，任头等侍卫，同治七年（1868）任布伦托海帮办大臣，后任古城领队大臣，光绪十一年（1885）由塔尔巴哈台参赞大臣署伊犁副将军		《清诗纪事》（同治朝卷），录其《北征诗》赴布伦托海帮办大臣时所作《自题马上小影》两首。《退复轩诗》录其《北征诗》《自题马上小影》《自题马上驰驱》等，与其兄锡镇唱和诗六首

续表

家族	姓名	生卒年、表字、别号、家族谱系、旗籍	生平	著述	现存情况
11.富俊家族	1.敬斋	?—?,富俊之先人,蒙古正黄旗		著《三合便览》附十二字头	《三合便览》附十二字头,藏于南开大学图书馆,大连图书馆
	2.富俊	1749—1834年,字松岩;升泰祖父,蒙古正黄旗	乾隆四十四年(1779)翻译进士,由礼部主事,历内阁侍读,兼副都统。嘉庆元年(1796)擢兵部右侍郎,充科布多参赞大臣。四年授乌鲁木齐都统。道光七年(1827)以吉林将军办大学协办大学士,授东阁大学士,管理理藩院	著《清文指要》、《蒙文指要》不分卷(满、蒙、汉);《三合语录》、《托忒大学汇》、《科布多政务总册》、《初学指南》、《松窗集》、《易知摘要类编》	《清文指要》、《蒙文指要》不分卷,藏于首都图书馆,内蒙古图书馆;《三合语录》藏于大连图书馆;《托忒指南》藏于北京大学图书馆;《初学指南》藏于大连图书馆;《易知摘要类编》十二卷,藏于首都图书馆,大连图书馆,南开大学图书馆;《科布多政务总册》藏于内蒙古图书馆,中国人民大学图书馆
	3.升泰	?—1893 或 1892年,字竹册;富俊孙,蒙古正黄旗	历任浙江按察使,布政使,都统,参赞大臣,内阁学士,驻藏大臣	著《历任实记》一卷《法诀启明》;《藏印边务录》二卷;《驻藏全权大臣升泰奏稿》稿本,《宝鉴补注》二卷	《驻藏全权大臣升泰奏稿》稿本,藏于北京大学图书馆
12.恩华家族	1.恩华	?—?,字咏春;克希克图兄,克克图兄,蒙古镶红旗	光绪二十八年(1902)举人,二十九年进士。历任学部总务司帮办、学部员外郎、八旗学务处协理、提调,资政院议员,弼德院参议等职,京口驻防	著有《八旗艺文编目》	《八旗艺文编目》藏于内蒙古图书馆,首都图书馆,中央民族大学图书馆;延清《遁逸清音集》辑录其《晚郑即事》《野外晚归即事》《延子澄师蝶小史汇编刊成自题二律依韵奉题》三首

续表

家族	姓名	生卒年、表字、别号、家族谱系、旗籍	生平	著述	现存情况
12. 恩华家族	2. 克希克图	1886—1924年,字仲荣,原名恩浩;恩华弟,蒙古镶红旗	曾于江南常备军右军随营学校、江南将备堂,日本东京振武学校,明治大学东京高等警察学校学习。已酉赴黑龙江任调查局职,辛亥任印铸局职,后二年当选外蒙古议员,蒙藏院编纂。镇江驻防	著有《京口六先生诗文辑遗》	
13. 托浑布家族	1. 托浑布	1799—1843年,字子元,号安敦,别号爱山;金铠之父,蒙古正蓝旗	自幼接受传统汉文化教育,具有较高的汉文化素养。嘉庆二十四年(1819)进士,道光三年(1823)任湖南湘潭县知县,安化县知县,五年任东安县知县,十六年任直隶按察使,十七年任布政使,十九年任山东巡抚	著《瑞榴堂诗集》四卷;《南藤雅韵集》不分卷;此外著有《西道纪略》《东道纪略》	《瑞榴堂诗集》四卷,道光十八年刻,北京图书馆,辽宁省图书馆,国家图书馆藏;首都图书馆藏光绪三十年重刻本。《南藤雅韵集》,道光二十二年刻,中国社会科学院图书馆藏
	2. 金铠	?—? 托浑布之子,蒙古正蓝旗	监生,道光二十九年(1849)任襄州知州,咸丰六年(1856)任天津府知府	著有《托爱山中丞布行述》	
14. 成斐家族	1. 杰纯	?—1861年,字颂庭;固鲁镫之父,蒙古正红旗	官杭州驻防协领,授乍浦副都统。咸丰十一年(1861),杭州城陷,战死。清廷依都统例赐恤,子骑都尉兼云骑尉世职,杭州、乍浦并建专祠入昭忠祠,谥"果毅"		其诗见(清)张大昌辑,白辰文点校,《清代八旗弟子民族古籍办审定,辽宁民族古籍《清代八旗驻防志丛书》,《杭州八旗驻防营志略》卷二十五,今存诗五首

续表

家族	姓名	生卒年、表字、别号、家族谱系、旗籍	生平	著述	现存情况
14. 成堃家族	2. 固鲁锉	?—?,字画臣;父为乍浦副都统杰果毅公,成堃父,蒙古正红旗	翻译生员。袭云骑尉。同治八年,恩授广西浔州府知府。尤工艳体诗,诗情绮丽	著有《固庐诗稿》三卷	
	3. 成堃	?—?,字玉卿;固鲁锉女,诸生守典室蒙古正红旗		著《雪香吟馆诗草》	《雪香吟馆诗草》,清钞本,南京图书馆藏
15. 倭仁家族	1. 倭仁	1804—1871年,字艮峰,号文端;衡端祖父,蒙古正红旗	道光元年(1821)举人,道光九年(1829)进士;选为翰林院庶吉士。历任翰林院编修,詹事府右春坊中允,侍讲学士,文渊阁直阁事,会试同考官,大理寺卿,工部尚书,文渊阁大学士,叶尔羌办事大臣,翰林院掌院学士,文华殿大学士等;同治十年卒,晋赠太保,入祀贤良祠	著《倭文端公遗书》收有《民牧图说》等;著有《为学大指》、《日记》、《杂稿》、《启心金鉴》、《孝弟笃亲辑要》、《奏疏》、《莎车行记》稿本;《理学宗传辩证》十六卷	存《莎车行记》稿本,藏中央民族大学图书馆;《理学宗传辩证》十六卷藏于首都图书馆;《为学大指》、《日记》、《杂稿》、《吏治辑要》、《启心金鉴》一卷,藏内蒙古大学图书馆;《倭文端公遗书》八卷,首一卷,末一卷、续四卷,清光绪元年安求我斋刻本,辽宁省图书馆藏;又《倭文端公遗书》裁其《清人诗文集总目提要》;此集著录十三卷或十三卷,多本不一致,民族文化宫图书馆藏同治元年刻本,中国社会科学院图书馆藏光绪元年安求我斋东翰刻本,湖南省图书馆藏光绪三年粤东翰元斋刻本,人民日报图书馆藏光绪二十年山东书局刻本,凡诗十八首,文四十篇;余为杂稿,余为日记官藏之类

续表

家族	姓名	生卒年、表字、别号、家族谱系、旗籍	生平	著述	现存情况
15. 倭仁家族	2. 衡瑞	1855—?，字辑五，号寿芝，一号又薪；倭文端公孙，蒙古正红旗	恩赐举人，光绪十八年壬辰进士，散馆改户部主事，又改知县	著《寿芝山馆诗存》一卷	存《寿芝山馆诗存》一卷，民国二年石印，北京大学图书馆、南开大学图书馆藏
16. 贡桑诺尔布家族	1. 贡桑诺尔布	?—?，号乐亭；旺都特那木济勒子，喀喇沁右翼旗	喀喇沁右翼旗札萨克和硕郡辂亲王，封辅国公，札萨克郡王，副都统	著《夔庵诗词集稿》	《遗逸清音集》收其部分诗
	2. 旺都特那木济勒	?—?，字衡斋，贡桑诺尔布父，喀喇沁右翼旗	出生于蒙古贵族世家，自幼受蒙汉文化熏陶，喜爱诗文，及其长，袭其爵位，定期往来京师，结识满汉官员、文人名士，并与之相酬	著有《如许斋公余集》二卷，《如许斋诗稿》，《公馆集》，《公馆集续编》一卷，《窗课存稿》一卷附《如许斋公余集续编》一卷；《八旗艺文编目》著录其《如许斋公余集》上下卷、《公余集续编》附《窗课存稿》	《窗课存稿》一卷、《如许斋公余集》二卷，《如许斋公余集续编》藏于首都图书馆；《如许斋诗稿》藏于中国人民大学图书馆；《如许斋集》藏于内蒙古图书馆

三 清代蒙古族文学家族与科举文化关系展现

清承明制，沿袭明王朝一系列统治制度，为了笼络人心，稳定统治，清朝开科举，招揽天下士人，为自己的统治效劳。自清顺治二年（1645）开科取士，至清光绪三十年（1904），清朝共开科举 112 科，录取进士 26700余人。为了统治的需要，清朝统治者允许满族旗、蒙古族旗人参加科举考试，自清开国至清代末年废除科举，蒙古族旗籍的士人共参加 70 余科，录取进士 149 名（不包括武进士和翻译进士，他们与文学关系不密，故不统计）①。根据最新统计，蒙古族进士中有 68 位进入翰林院，其中包括常科、恩科、朝考、特授、翻译进士。清代，翰林院设置掌院学士、侍读学士、侍讲学士等职，清代翰林的选拔，"于殿试后，选新进士中之年轻，优于文学、书法者为庶吉士，庶吉士亦称庶常，翰林院设有庶常馆……庶吉士入翰林院庶常馆是入翰林之开始。职务虽闲，礼遇甚优，升迁亦速，馆中多有读书、学习机会"②。翰林自唐代始设，是帝王宫廷中的文学侍从之臣，至清代翰林及翰林院相关设置虽有变化，然很多高官皆出自翰林，故进入翰林成为翰林院官员，仍受推崇。现就蒙古族考中进士进入翰林人员简况整理如下（见表 6 – 2）。

表 6 – 2　清代蒙古族翰林简况*

朝代科目	序号	姓名	字号	籍贯	官职
雍正元年癸卯恩科	1	牧可登	字华廷，号芝园	正白旗蒙古人	散馆授检讨。官至刑部侍郎
雍正八年庚戌科	2	额尔登额	字韫斋，号葆光	正白旗蒙古人	散馆改礼部主事
乾隆四年己未科	3	伊贵绶	字廷锡，号梦原	正蓝旗蒙古人	
乾隆七年壬戌科	4	查库兰	字树壇	镶白旗蒙古人	
乾隆十年乙丑科	5	梦麟	字瑞占，一字文子，号午堂，又号柳塘	正白旗蒙古人	散馆授检讨。官至工部侍郎
乾隆十三年戊辰科	6	福明安	字钦文，号在亭	镶红旗蒙古人	散馆改主事。官至左庶子

① 房兆楹、杜联吉合编《增校清朝进士题名碑录》，哈佛燕京社，1941 年印。
② 朱汝珍辑，刘建业点校《清代翰林名录》，北京燕山出版社，2008，第 1～2 页。

续表

朝代科目	序号	姓名	字号	籍贯	官职
乾隆十七年壬申恩科	7	博明	原名贵明,字希哲,号晰斋,又号西斋	镶蓝旗满洲人	散馆授编修。历官云南迤西道。降。复官至兵部员外郎
乾隆二十五年庚辰科	8	福兴	字臻五,号受亭	镶蓝旗蒙古人	
乾隆二十六年辛巳恩科	9	崇贵	字抚棠,号补山	正黄旗蒙古人	散馆授编修。历官内阁学士。复官至詹事
乾隆四十五年庚子恩科	10	法式善	原名运昌,字开文,号时帆,又号梧门	正黄旗蒙古人	散馆授检讨。历官祭酒,降编修。复官至庶子
乾隆五十五年庚戌恩科	11	恩普	字梦符,号雨堂,又号雨园	镶蓝旗蒙古人	散馆授检讨。官至户部侍郎
嘉庆六年辛酉科	12	常英	原名长英,字轶荀,一字子千,号芝岩	镶黄旗蒙古人	散馆授检讨。历官兵部左侍郎。复官至右庶子
嘉庆七年壬戌科	13	隆安	字宅仁,号定斋	正黄旗蒙古人	散馆改福建晋江县知县
嘉庆十六年辛未科	14	恩贵	字九思,号鹤田	镶白旗蒙古人	散馆改主事
嘉庆二十二年丁丑科	15	裕谦	原名裕泰,字衣谷,号鲁山,又号舒亭	镶黄旗蒙古人	散馆改礼部主事。官至两江总督
嘉庆二十五年庚辰科	16	明训	字德彝,号鼎云,又号古樵	正黄旗蒙古人	散馆改主事。官至吏部侍郎
道光六年丙戌科	17	柏葰	原名松葰,字静涛,号泉庄	正蓝旗蒙古人	散馆授编修。官至军机大臣,文渊阁大学士
道光九年己丑科	18	倭仁	字艮峰	正红旗蒙古人	散馆授编修。官至文华殿大学士。谥文端
道光十二年壬辰恩科	19	瑞常	字芝生	镶红旗蒙古人	散馆授编修。官至文华殿大学士
	20	花沙纳	字毓仲,号松岑	正黄旗蒙古人	散馆授编修。官至吏部尚书
道光十三年癸巳科	21	博迪苏	字露菴	正白旗蒙古人	散馆授检讨。官至盛京工部侍郎
道光十五年乙未科	22	瑞徵	字仲熙,号保堂	正白旗蒙古人	未散馆
道光二十年庚子科	23	玉衡	字□□	正红旗蒙古人	散馆授检讨

续表

朝代科目	序号	姓名	字号	籍贯	官职
道光二十四年甲辰科	24	富呢雅杭阿	字容斋,号芥舟	镶红旗蒙古人	散馆授编修。官至□部侍郎
道光二十五年乙巳恩科	25	奎章	字星垣,号云台	镶蓝旗蒙古人	散馆授检讨。官至礼部左侍郎
道光二十七年丁未科	26	启发	字子承,一字佑人,号翰初	正红旗蒙古人	散馆□□□。官至四川候补知府
	27	伍忠阿(翻译科)	字卓峰	正白旗蒙古人	散馆授编修。官至内阁学士
	28	勒尔精阿(翻译科)	字润如	正黄旗蒙古人	
道光三十年庚戌科	29	聊兴(翻译科)	字勃斋	镶黄旗蒙古人	
咸丰二年壬子恩科	30	札拉丰阿	字□□	镶白旗蒙古人	散馆改知县
	31	文运(翻译科)	字蔚亭	镶黄旗蒙古人	散馆改内阁中书。官至四川候补道
咸丰三年癸丑科	32	讷仁(翻译科)	字静山	镶黄旗蒙古人	散馆改主事。官至盛京工部侍郎
	33	毓瑞(翻译科)	字□□	镶黄旗蒙古人	散馆授编修。历官赞善。复降编修
咸丰六年丙辰科	34	全顺(翻译科)	字□□	正蓝旗蒙古人	散馆授编修
咸丰十年庚申恩科	35	惠林	字杏田	镶白旗蒙古人	散馆授编修。官至左副都御史
同治二年癸亥恩科	36	铁祺	字寿卿	内务府正白旗蒙古人	散馆授编修。官至理藩院侍郎
同治四年乙丑科	37	崇绮	字文山	正蓝旗蒙古人,抬入镶黄旗满洲	授修撰。官至户部尚书
同治七年戊辰科	38	锡珍	字仲儒,号席卿	镶黄旗蒙古人	散馆授编修。官至吏部尚书
同治十三年甲戌科	39	尚贤	字雅珍,号颂臣	正白旗蒙古人	散馆授编修。官至驻藏帮办大臣
光绪二年丙子恩科	40	春溥	字博泉	正黄旗蒙古人	散馆授编修。官至洗马

朝代科目	序号	姓名	字号	籍贯	官职
光绪三年丁丑科	41	锡均	字聘之	镶白旗蒙古人	散馆授编修。官至学士
	42	国炳	字子麟，号心源	镶白旗蒙古人	散馆授编修
光绪六年庚辰科	43	福楙	字幼农，号淄生	正红旗蒙古人	散馆授编修。官至内阁学士
光绪十二年丙戌科	44	瑞洵	字景苏	正黄旗满洲人	散馆授编修。官至科布多参赞大臣
	45	荣庆（补殿试）	字华卿，号实夫	正黄旗蒙古人	散馆授编修，官至军机大臣，学部尚书，协办大学士，弼德院顾问大臣
	46	格呼铿额	字少溪	正蓝旗蒙古人	散馆授检讨
光绪十五年己丑科	47	豫泰	字建侯	镶黄旗蒙古人	散馆授编修
	48	爱仁（补殿试）	字泽民	正黄旗蒙古人	散馆改主事，复改河南夏邑县知县
光绪十六年庚寅恩科	49	奎善（翻译科）	字元卿	正白旗蒙古人	散馆授编修。官至典礼院直学士
光绪十八年壬辰科	50	衡瑞	字辑五，号寿芝	正红旗蒙古人	散馆改户部主事
光绪二十一年乙未科	51	兴廉	字捷南	镶黄旗蒙古人	散馆改吏部主事，复改军机处主事
	52	世荣（补殿试）	字仁甫，号耀东	镶白旗蒙古人	散馆授编修。官至侍讲学士
	53	贵福（翻译科）	字寿鋆	镶黄旗蒙古人	散馆授编修。官至安徽宁国府知府
光绪二十四年戊戌科	54	荣光（翻译科）	字锦堂	镶黄旗蒙古人	散馆授编修。官至侍读
光绪二十九年癸卯科	55	延昌	字子光，号寿丞	镶白旗蒙古人	散馆授检讨。官至典礼院直学士
光绪三十年甲辰恩科	56	云书	字企韩，号仲森	正白旗蒙古人	散馆授检讨。官至侍讲
特授该补官职12人：					
嘉庆甲戌进士	57	广林	字□□	正黄旗蒙古人	由詹事府主簿擢赞善

续表

朝代科目	序号	姓名	字号	籍贯	官职
嘉庆庚辰进士	58	保善	字翼之,号和斋	镶白旗蒙古人	由内阁中书迁赞善。官至侍讲学士
道光癸未进士	59	赫特贺	字子黻,号蓉峰	镶红旗蒙古人	由工部主事迁中允、官至通政使,出为驻藏大臣
道光丙戌进士	60	爱仁	原名装仁,又名同仁,字静山	正红旗蒙古人	由工部主事迁中允
道光壬辰进士	61	阿彦达	字朗山	镶黄旗蒙古人	由吏部员外郎迁侍讲学士
道光癸巳进士	62	德龄	字菊泉,号梦九	正黄旗蒙古人	由工部主事迁右中允。官至内阁学士
道光乙未进士	63	谦福	字□□	镶黄旗蒙古人	由户部主事迁中允。官至侍讲
道光癸未进士	64	琦昌	字文甫	镶黄旗蒙古人	由内阁侍读学士迁詹事
道光丙申进士	65	桂林	字□□	镶白旗蒙古人	由兵部员外郎迁左庶子
道光庚子进士	66	佈彦	原名佈彦泰,字□□	镶红旗蒙古人	由都察院笔帖式擢左赞善
咸丰壬子翻译进士	67	广安	字□□	镶白旗蒙古人	由太仆寺主事迁右中允
同治甲戌进士	68	延清	字子澄	镶白旗蒙古人	光绪三十一年由工部郎中迁侍读。官至侍读学士

表6-3　清代蒙古族翰林、进士统计

蒙古族翰林总计	68	蒙古族文学家族成员占蒙古翰林比例	10.3%
蒙古族进士总计	149	蒙古族翰林占蒙古族进士比例	45.6%
清代进士总计	26700	蒙古族进士占清代进士比例	0.56%

＊ 此表根据（清）朱汝珍辑,刘建业点校《清代翰林名录》（北京燕山出版社,2008）整理而成。

通过科举不仅可以成名立业，提高身份地位，也可以获得许多资源。蒙古族在清朝入关前，多是草原游牧的生产生活方式，随着清朝入关后，以武功建立勋业，恩荫子孙。在清朝由稳定走向盛世的过程中，蒙古族随着整个社会人文环境的改变，融入清朝统治秩序中，他们的生存生活方式发生改变，参与到清朝权力维护与社会管理中，需要文化，需要踏上仕途。清朝统治者大倡文教与文治，采取一系列文化政策、民族政策，对社会百姓进行驯服与治理，于是许多士人，包括少数民族士人，通过读书进入官学、经过童试获得生员资格，再继续经过乡试、会试、殿试，获取功名。清代高官多出自翰林，由表 6-2 知蒙古族翰林之多，高官之多，为清代社会治理贡献了力量，更重要的是他们通过科举掌握了文化资源与资本，为家庭文化的延续与兴盛打下基础。取得功名需要进行文化考试，读书人则投入时间和金钱，在经过文化的学习并取得功名后，他们成为高级知识分子，参与到社会活动中，并从事文化艺术的生产活动。由于清代数位帝王皆通诗书，大力倡导科举取士，到康乾盛世，不仅经济繁荣，政治清明，而且文化艺术也出现兴盛。社会士人普遍热爱读书，大多数读书士人会写诗作文，并参与到科举考试中。在多民族文化交往中，蒙古族士人接受清朝的文化政策与科举制度，进入社会权力与文化管理系统，并从事文学活动。清代蒙古族文学家族的产生与发展，核心因素在于文化，他们在蒙汉文化中熏染，由重武转到重文，重视家族成员的文化修养，并且看到文化是一种持久的力量，看到家族成员才学德识重要，通过科举进入仕途，更易于维持家族的兴盛。封建社会讲究门第、阶级，蒙古族士人为了家族利益，送家族成员进入清廷所办的教育机构（如景山官学、咸安宫官学、八旗官学、八旗义学、国子监以及地方办的书院）读书深造，他们多习诗书、文章，擅吟咏，一部分人相当有才气，再经过科举进入仕途。科举是他们有形的需要，而文化文学艺术是他们无形的需要，他们家族成员结合自身的发展，在清代社会系统中自觉或不自觉地承担了文学艺术的生产与消费，而科举制在整个清代社会文化氛围中，客观上促进了他们对文学艺术的热情，激发了他们文学创作的动力。他们通过科举做官，游历在自己的宦迹。他们关怀自身，关怀社会，用文学艺术表达对个人、对人生以及对社会的认识与体验，最终形成了文化。

由表 6 - 3 可知，蒙古族文学家族成员占蒙古翰林比例为 10.3%，蒙古族翰林所占蒙古族进士比例为 45.6%，蒙古族进士所占清代进士比例为 0.56%，① 我们可知晓清代蒙古族士人对科举的热情。

清代蒙古族 16 个文学家族 45 人中，绝大部分参加了科举，或中举人，或中进士，或进翰林，或成为清朝政府的各级官员，科举奠定了他们一生的身份与文化基础。这些文学家族，在清代整个历史时间划分中，因清代历史前期暂未发现有蒙古族作家或文学家族出现，故划分为中期与后期，中期主要是乾隆、嘉庆年间出现的蒙古族文学家族，后期为自道光至光绪末年出现的文学家族。中期有法式善家族、和瑛家族、博卿额家族、富俊家族，后期有倭仁家族、柏葰家族、恭钊家族、锡缜家族、托浑布家族、延清家族、尹湛纳希家族、梁承光家族、瑞常家族、恩华家族、成埰家族、贡桑诺尔布家族。"当一个家族中出现一个科举中式者之后，封官授职仕途显达的荣誉感又促使其将这种传统发扬下去，长此以往便形成一个个科举家族，家族之人在科举之余，不废吟咏，又在无形中形成一个颇具规模的文学家族"②。况且"科举考试在一定程度上，鼓励了文学才能的培养，而一旦这些士人进入文学的交际圈，也许他们就影响了当时文学发展的面貌"③。从此看出科举与文学家族的关系，事实上，清代 16 个蒙古族文学家族基本是与科举相伴相生的，他们的政治地位决定了他们的文化地位及其文学创作活动的程度深浅。

四　清代蒙古族文学家族艺术风貌

清代经过顺治、康熙、雍正三朝的治理，由稳定到日渐繁盛的过程中，在社会经济走向繁荣、人民生活日趋富足、社会文化教育发达、科举兴盛、政治相对清明的情况下，清代文学崛起为继唐宋文学两座高峰之后的第三座

---

① 此数据比例根据房兆楹、杜联喆合编《增校清朝进士题名碑录》（哈佛燕京学社，1941 年印）；（清）朱汝珍辑，刘建业点校《清代翰林名录》（北京燕山出版社，2008）所载进士名额以及蒙古族进士名额统计而成。

② 多洛肯、贺礼江：《清代后期蒙古文学家族汉文诗文创作述论》，《新疆大学学报》（哲学·人文社会科学版）2013 年第 6 期。

③ 林岩：《北宋科举考试与文学》，上海古籍出版社，2006，第 1 页。

高峰，且进入中国古典文化艺术的总结期和终结期。就文学而言，当时是众体兼备，如诗、词、曲、文、赋、小说等文体，作家作品不仅多而且丰富，关键在于质量高并且涌现出一大批名家，如钱谦益、施闰章、宋琬、吴伟业、朱彝尊、王士禛、陈维崧、纳兰性德、李渔、查慎行、赵执信、袁枚、赵翼、蒋士铨、黄景仁、张问陶、龚自珍等；就流派而言百花争艳百家争鸣，如云间派、虞山派、浙西派、浙东派、娄山派、桐城派等；就创作理念而言，他们提出神韵、格调、肌理、性灵等诗学理论，并在这些社会文化各种因素综合影响下，清代社会形成普遍崇尚文学艺术的风气。由此，清代文学呈现出中国古典文学繁荣的又一新面貌。在以上众多名家、流派和社会普遍崇尚文学艺术风气的影响下，还形成了众多的文学家族，如常州钱氏家族、吴江沈氏家族、吴江叶氏家族、松江宋氏家族、镇江鲍氏家族、无锡秦氏家族、阳羡陈氏家族、秀水汪氏家族、临桂况氏家族等。清代是多民族、多元文化交流互动的王朝，它以汉文化为主体，以满蒙统治力量为核心，多民族文化互融相长，在整个汉文化大背景下，以汉文化为统治策略的情况下，满族或蒙古族贵族及其官吏部分汉化，在内地驻防的基层士兵及其家族为了统治的需要，与汉族大杂居、小聚居，不同程度地接受汉文化熏陶，他们学习汉族语言、文字、诗文，与汉族士人交往，随着科举的进行，他们参加科举，中举人，中进士，四海为官，随着家族的延续，代代如此，日渐形成少数民族文化家族。这些文化家族多是文学家族，如法式善家族、和瑛家族、倭仁家族等。

在清代整个社会文化环境的影响下，蒙古族共涌现16个文学家族，他们中的杰出代表有法式善、和瑛、谦福、博卿额、柏葰、倭仁、恭钊、瑞常、锡缜、尹湛纳希、延清等。他们由于政治地位的影响，从小接受蒙汉文化浸染，接受家学、私学、官学教育，参加科举，与汉族士人交往酬唱，学习汉族古典文学艺术，并受到前代、当时汉族著名作家、诗歌流派、诗歌创作理论影响；他们的文学艺术路径整体呈现出由转益多师，师法唐宋，到熔铸唐宋，再到绝去依傍，变化成家，别创新境的特点。在内容上整体反映出清代社会现实生活的深度和广度，如中期关心民生疾苦、描写广阔地域风光，后期反抗侵略，忧国忧民，抒发复杂的情感，蕴含着真性情、真关怀。在诗歌精神上，他们的文学作品往往具有积极乐观、昂扬进取的豪放风格。蒙古族文学家族的文学艺术风貌在整体上呈现出相似性，而在各个文学家族成员中又呈现出多样的艺术风格，他们集体为清代文学做出了积极的探索。

（一）转益多师，师法唐宋

蒙古族文学家族文学创作在中国古典文化的基础上，向唐宋学习。他们学习唐宋诗歌的方式，从形式到内容从刚开始的模拟，到学其神韵，学其诗歌理论。形式方面，主要模拟近体诗的形式、声律规则，对唐人诗句、语言风格、结构、题材、意象、艺术韵味方面引用、化用、摹写、学习创作。如和瑛家族成员谦福在《秋眺》中有"霜林落尽见栖鸦，迤逦青山郭外斜"，《游郊外二首》（其二）中有"归途更绕城东路，夜渡无人落照低"，这两首诗的句子分别化用李白的"青山郭外斜"，韦应物的"野渡无人舟自横"。博卿额《舟中闻笛》中有两句"烟波深浩渺，何处问湘灵"，此化用钱起《湘灵鼓瑟诗》中"曲终人不见，江上数峰青"的诗意，这是对唐诗学习的进一步加深。博卿额《夜宿山村》诗云：

> 深山殊气候，裘葛换朝昏。
> 萤焰当春耀，虫声入夏繁。
> 乱峰盘驿路，流水绕孤村。
> 暮投人处宿，疏篱月映门。

此诗写夏季深山傍晚的气候、萤火、虫声、山峰、流水、孤村、初月之景，呈现出祥和与宁静的氛围，映照出诗人心境与周围景物的和谐统一。诗中分别引用了隋炀帝的《野望》"寒鸦飞数点，流水绕孤村"，化用王维《终南山》"欲投人处宿，隔水问樵夫"的诗句和诗意，有王维山水诗的清淡平和之味。

在题材方面所写的记行诗、边塞诗、咏怀诗、咏史诗，或写唐人事迹、典故，融入诗的意境中。托浑布作《谒柳柳州祠》云：

> 门对青山水满溪，丹黄蕉荔叶萋萋。
> 已无报赛铜玄曲，剩有残碑玉局题。

> 迁谪同时悲梦得，文章一代接昌黎。
>
> 知公不朽英灵在，自有余光炳斗隆。

此诗描写柳柳州祠周围荒芜的环境，凭吊柳宗元，同情刘禹锡，感慨他们的事迹，表达敬仰之情。

（二）绝去依傍，别创新境

法式善（1753~1813），原名运昌，诏改法式善，国语"奋勉"之意。字开文，号时帆，又号梧门，自署小西崖居士，内务府正黄旗。乾隆四十五年庚子（1780）进士①。著有《梧门诗话》《存素堂诗初集》《存素堂诗二集》《同馆试律汇钞》《存素堂文集》等作品。法式善认为诗歌的本质在于情感，在诗歌中重视表现自我性情，"诗者合性情而已矣"②，而"清"则是法式善的诗歌美学追求，"诗者，心之声也。声者，由内而发于外者也，惟清为最难。四时之声，秋为清，物之声，鹤为清"③。"真"和"雅"则是法式善诗歌的艺术标准，"写景诗，真则不伤肤阔，雅则不落纤巧"④，因此法式善的诗歌艺术呈现出的是抒发真性情的特点，追求清雅诗风。如《西涯诗》：

> 西涯我屡至，未暇考厥古。指为积水潭，客至如登瀛。
>
> 今岁看荷花，写图纪幽清。赋诗皆胜流，佳话传春明。
>
> 茶陵昔赐第，言在西南城。西涯乃别业，下直联群英。
>
> 不知公少日，矮屋三五楹，红镫炯一楼，时闻读书声。
>
> 老臣忧国深，家室心所轻。故宅竟不保，居人凡几更。
>
> 慈恩寺遗址，秋梦时回萦。骑马见林木，隐隐思平生。
>
> 路折李公桥，吾庐一水隔。杨柳绿依依，不见李公宅。
>
> 桔槔亭已颓，清响落林隙。微风散稻田，斜月上松石。

---

① 多洛肯撰著《元明清少数民族汉语文创作诗文叙录》（清代卷），中国社会科学出版社，2014，第189页。

② 法式善：《蔚嵫山房诗钞序》，《存素堂文集》卷一，嘉庆十二年程邦瑞刻本。

③ 法式善：《涵碧山房诗集序》，《存素堂文集》卷三。

④ 法式善：《梧门诗话》卷八，张寅彭、强迪艺编校《梧门诗话合校》，第242页。

菜园全荒凉，莲花总幽僻。惨淡经檀花，照人犹深碧。

李公社稷臣，杯酒非所适。挥涕白鸥前，散发秋堂夕。

竹林寄余兴，禅房时着屐。偶然出诗句，幽怀感今昔。

鰕菜尚难具，平泉安足惜。惟有法华庵，空廊黄叶积。

此诗通过写景寄托，流露真情，怀念故友，展现清雅、淡远、悠长之风。此外，法式善诗歌描写田园风光，多"清醇"，如《题画》：

我亦喜蓑笠，素心久已违。青山何处好，茅屋看人归。

松叶带绿云，稻花含雨肥。田家有真乐，慎勿去荆扉。

法式善家族其他成员如广顺、端静闲人、来秀、妙莲保亦是从唐诗的学习中，内化为己，独出机杼。

和瑛（1741～1821），原名和宁，字太莪、润平，号太庵（亦作泰庵），亦号铁园。姓额尔德特氏，蒙古镶黄旗人。乾隆三十六年（1771）辛卯科进士，授户部主事，出为安徽太平府知府。五十二年（1787）擢庐凤道，五十八年（1793）充西藏办事大臣①。著有《太庵诗稿》《易简斋诗钞》等作品。其诗歌写作随着宦迹迁移，创作大量有关少数民族风情和边疆风光的记游诗，其诗亦多性情之作，前期化用唐人诗句，取唐诗中的意象，写山水之美，多清新自然；中后期写边疆风情、民族宗教信仰、边疆历史古迹，具有鲜明的地域色彩，开拓了边塞诗的题材和领域，其诗歌整体表现出清奇豪放的艺术特色。和瑛家族的其他成员璧昌、谦福、锡珍亦在和瑛的影响下，诗风相似，在日常生活的基础上，多抒性灵，达真性情。

清代蒙古族文学家族的文学，在初期对唐宋诗的学习模仿，在模仿中学其神韵、意境的基础上，融化出新、别创新境，整体呈现出清新舒朗的风格以及抒发自我性情、反映社会现实的艺术特点，拓宽了清诗的题材与内容，融入蒙古民族风情与文化。多元民族文学为清诗增加了价值表现空间，不仅

---

① 多洛肯撰著《元明清少数民族汉语文创作诗文叙录》（清代卷），中国社会科学出版社，2014，第186页。

丰富清诗，而且在清代文学史上占有不可替代的位置，同时清代蒙古族文学家族文学为清代多民族文学作出不可磨灭的贡献，他们的诗篇流传至今，为当代社会提倡民族文化认同，增强民族凝聚力，提高民族文化自信，弘扬社会主义核心价值观，提供了优秀的文化资源参考。

第 七 章
清代壮族文学家族综述

　　文学家族是中国古代社会中一种独特的文化存在。陈寅恪先生在论及唐前学术变迁时曾言："盖自汉代学校制度废弛，博士传授之风气止息以后，学术中心移于家族。"① 血脉的延续，是文学家族区别于其他文学家群体的两大显著特点。家族文学在中国古代相对稳定，他们皆以文为名，代有人才。清人沈德潜曾言："古人父子能诗者，如魏征西之有丕与植，庾肩吾之有信、苏，许公之有颢为最著。兄弟则如应场、应璩，陆机、陆云；至唐之吴窦，宋之四韩，称尤盛焉。而杜审言有甫，则祖孙并著；王融前后四世有籍，则祖及孙曾，俱以诗名于时。"② 由于家族文学在中国古代相对稳定，而文学遗产有一个前后授受、世代累积的过程，伴随着文学的发展，文学世家时有出现，明清时期数量大增。在古代少数民族中，文学家族主要出现在受汉文化濡染较深的少数民族当中，如满族、蒙古族、壮族等。随着清代广西文学的发展，广西壮族文学家族的发展也达到了顶峰，家族性作家群体的涌现是清代壮族文学走向繁荣的标志之一。

　　王德明《清代壮族文人文学家族的特点及其意义》一文指出了清代壮族文人文学家族具有数量多、分布广，以父子、兄弟构成最为常见等特点，主要擅长诗歌和散文，尤其是诗歌创作；各个文学家族以及家族成员内部之间创作风格迥异，具有鲜明的个性特征。遗憾的是王先生对壮族文学家族总体发展态势、诗歌文本的全面考察方面仍有疏漏③。本章试对清代壮族文学

---

① 陈寅恪编《隋唐制度渊源略论稿》，河北教育出版社，2002，第 17 页。
② （清）沈德潜：《吴江沈氏诗集录·序》，乾隆五年刻本。
③ 王德明：《清代壮族文人文学家族的特点及其意义》，《民族文学研究》2009 年第 3 期。

家族中的作家、诗文作品进行全面考察并对其中三个典型文学家族的文学创作情况进行分析，尤其以上林张鹏展家族文学为重点阐述对象；并分析清代壮族家族文学创作和发展所呈现出来的特点，同时探讨其在清代得以发展的社会历史原因。

一　清代壮族文学家族创作概述

有清一代，广西地区的壮族出现了上林张氏、平南黎氏、宾州滕氏、靖西童氏、武缘黄氏、武缘韦氏、来宾凌氏、永福韦氏、龙州赵氏、宁明农氏、宁明黄氏等 11 个文学家族。他们家学深厚、著述较丰，且有诗文集传世（见表 7 - 1）。

表 7 - 1　清代壮族文学家族及其创作

家族	家族成员	创　作
上林张氏家族	张鸿翮	张鹏展曾祖父，《峤西诗钞》卷三、《三管英灵集》卷九均存其诗
	张鸿（慧羽）	张鹏展曾叔祖父，著有《家训》《女训》《蒙童训》，已佚；《峤西诗钞》卷三、《三管英灵集》卷九均存其诗
	张友朱	张鹏展祖父，《峤西诗钞》卷五、《三管英灵集》卷九均存其诗
	张　滋	张鹏展父亲，《峤西诗钞》卷六、《三管英灵集》卷十四均存其诗
	张鹏展	著有《谷贻堂全集》（残本）、《读鉴绎义》三十二卷、《离骚经注》（已佚）、《女范》（已佚）、《兰音山房诗草》（已佚），编纂了《峤西诗钞》二十卷、《国朝山左诗续钞》三十二卷、《国朝山左诗补钞》四卷、（道光）《宾州志》二十四卷
	张鹏衢	张鹏展弟，《三管英灵集》卷三十七、《峤西诗钞》卷十三均存其诗
	张鹏超	张鹏展弟，《三管英灵集》卷三十七、《峤西诗钞》卷十三均存其诗
	张元鼎	张鹏展子，著有《趋庭集》，已佚；《峤西诗钞》卷十九、《三管英灵集》卷四十三、卷四十七均存其诗
	张元衡	张鹏展次子，著有《病中吟》，已佚；《三管英灵集》卷四十八存其诗一首
平南黎氏家族	黎建三	《素轩诗集》六卷，附《词剩》一卷，《素轩诗集》六卷、《词剩》一卷附《自娱诗集》一卷；《素轩诗集》四卷
	黎君弼	黎建三子，著有《自娱诗集》，《三管英灵集》卷三十八、《峤西诗钞》卷十三均存其诗
宾州滕氏家族	滕问海	《湄溪山人诗稿》六卷，文稿二卷、杂言四卷
	滕槭	滕问海子，《峤西诗钞》卷二十存其诗
靖西童氏家族	童毓灵	《岳庐集》《秋思集》《宾山集》，均已佚
	童葆元	童毓灵弟，《皆玉集》诗稿，不见传

家族	家族成员	创作
武缘黄氏家族	黄彦坊	《西分堂存稿》一卷、《寒毡尚友论》四卷
	黄彦垍	黄彦坊弟,(道光)《武缘县志·艺文志》存其诗三首
	黄君钜	黄彦坊子,《燕石漫藏》已佚;《丹崖诗钞》四卷
	黄君铿	黄彦垍子,《养静轩诗稿》一卷,已佚
	黄诚沅	黄君钜子,《锅寄庐文撮》不分卷
武缘韦氏家族	韦天宝	《斗山书院学规》一卷、《五塘杂记》已佚、《存悔堂遗集》存一至三卷
	韦丰华	韦天宝子,《今是山房吟草》七卷;《今是山房吟余琐记》《耐园文稿》《默然吟集》
来宾凌氏家族	凌应楠	《拏云山馆诗集》(已佚)、《衔芦吟草》、《依蒲吟草》
	凌应梧(凌应楠堂兄)	《劳辛(新)草》,已佚
	凌应柏(凌应梧胞弟)	《狎鸥集》,已佚
永福韦氏家族	韦麟阁	《经在堂诗文钞》两卷,已佚;《小舟别墅遗集》一卷
	韦绣孟	韦麟阁子,《茹芝山房吟草》一卷
龙州赵氏家族	赵荣正	《霞坡书屋吟稿》一卷,已佚
	赵荣章	赵荣正弟,《守山诗抄》二卷,已佚
宁明农氏家族	农魁禀	《愚隐山房诗稿》,已佚
	农嘉禀	农魁禀弟,《宁明耆旧诗辑》存其诗
宁明黄氏家族	黄体元	《冷香书屋诗草》四卷,已佚
	黄焕中	黄体元子,《天涯亭吟草》,已佚

二　清代壮族文学家族典型个案研究

清代壮族文学家族按其构成类型可划分为祖孙父子混合型、父子型、兄弟型。这其中以上林张氏家族、武缘黄氏家族、武缘韦氏家族为代表。他们不仅在诗文创作上取得了较高的成就,同时在诗歌理论上也有一定的造诣。

(一)　上林张氏家族

在清代壮族文学家族中,上林张鹏展文学家族堪称第一。张氏家族一门9人,以祖孙父子混合型为构成类型,历经五代,代有科名,创作数量及成就都为壮族文学家族之最。其主要家族成员有张鸿翮、张鸿(慧羽)、张友朱、张滋、张鹏展、张鹏衢、张鹏超、张元鼎、张元衡9人,其中以张鹏展为核心,形成了一个五代人构成的文学家族。

　　张鹏展家族的文学传统始自张鸿翮。张鸿翮，张鹏展曾祖父，苍贤乡留仙村人，康熙丙午（1666）举人，张鸿翮"旅况幽怀，多寄之诗，生平著述多散失"①。《三管英灵集》卷九存其诗六首：《中秋客感》《永宁除夕步莫明经可甲韵》《山斋》《客窗即事》《除夕书曲陆店壁二首》。《峤西诗钞》卷三存其诗十三首：《有感》《客馆》《大塘谣》《送友人回羊城》《纸鸢》《咏梅》《中秋客感》《山斋即事》等。张鸿翮的诗或感时咏物，或赠答友朋，多以描写日常生活及身边琐事为主，语言风格平易、古雅。如《咏梅》：

> 早见窗前白，繁枝午夜开。
> 已知春色至，又喜玉人来。
> 冰肌凌桂魄，雪质映兰杯。
> 他日看垂实，调羹觇尔才。

　　辛筠谷评曰："清雅。"② 作者用清浅流畅的笔触、描写出春日梅花好似一夜之间盛开的情态状貌。张鸿翮存诗中有部分"旅况幽怀"的作品，抒发了诗人的身世寥落之慨，给人颇深的感慨。如《中秋客感》：

> 满眼客天秋，怀人独倚楼。
> 可怜一片月，分照几家愁。
> 短发催佳节，长歌忆故丘。
> 夜来弦管急，处处醉金瓯。

　　张鸿（慧羽），张鸿翮弟，字恒夫，一字渐九，康熙四十一年（1702）举人，潜心学正，敦重礼法。晚年雅意，临泉教子侄、训生徒必先德行而后文艺。成就者多，乡士大夫咸景仰之，著有《家训》《女训》《蒙童训》。诸书今皆亡佚，无存。③《峤西诗钞》载："曾叔祖潜心理学，敦重礼法，会

① 张鹏展辑《峤西诗钞》卷九，民国抄本。
② 张鹏展辑《峤西诗钞》卷三，民国抄本。
③ 杨盟等修，黄诚沅纂（民国）《上林县志·人物传》卷十一，民国二十三年排印本。

试回，闭门授徒终其身。所著书晚年皆不存，稿所存诗评点俱依辛筠谷、李监榆先生本。"① 《三管英灵集》卷九存其诗三首：《杂诗》两首、《元日和家兄韵》。《峤西诗钞》卷三存其诗三首：《孔颜乐处》《读论语》《元旦感怀》。张鸿"工于诗，吐属隽快，别具风致，具多有裨人心世道之言。"② 如《杂诗》二首：

其一

曷为称曰儒，儒称不可苟。

忠信儒所存，礼仪儒所守。

今日读书人，实无名则有。

子云谈天下，不愧儒名否。

予亦心之忧，遑责他人厚。

欲效古儒流，蚤虎恐成狗。

吾观贾董辈，下笔通天下。

仁若心所蕴，义如身所亲。

能洒忠臣泪，能怆孝子神。

返躬如否否，纸上徒云云。

鹦鹉作人言，无乃非性真。

其二

天地生万物，我得名为人。

百体若臣仆，灵者心之神。

卓然天地表，爱号曰天君。

衾影苟有愧，五官徒具陈！

蝼蚁狗，见人贫，长相守。

有酒莫饮薄情人，有饭只饲护篱狗！

---

① 张鹏展辑《峤西诗钞》卷四，民国抄本。

② 杨盟等修，黄诚沅纂（民国）《上林县志·人物传》卷十一，民国二十三年排印本。

辛笏谷评《其一》曰："曲折隽隽快惊醒，无限重山嗣音也。"李监榆曰："忠厚之言有神人心之道。"① 《其一》中"仁若心所蕴，义如身所亲。能洒忠臣泪，能怆孝子神"句教做人道理，忠信、孝义不能失。《其二》把人与人之间的冷漠无情与主人家虽贫贱，狗依旧相守的情感做了对比，揭露了人与人之间的欺诈虚伪、薄情寡义。

张友朱，张鸿翮子，字景阳，号麓旺。康熙丁酉（1717）副榜，初官义宁县教谕，继升庆远府教授，皆循名考实，以讲学训诲为职务。……讲学于乡邑中，咸矜式之，奉为楷模。性孝友端谨，嗜宋儒书，平生一举一动必尊礼法。……年八十二卒。② 张友朱现存诗歌寥寥几首，《三管英灵集》卷九存其诗三首：《庆远郡斋言别二首》《咏庄后小蓬莱亭》；《峤西诗钞》卷五存其诗四首：《庆远郡斋言别》《咏庄后小蓬莱亭》《庆远印郡伯卓荐书怀》《环江楼》。其诗作内容多为抒情写景，意境开阔，语言清新。如《咏庄后小蓬莱亭》：

> 村边亭子对山开，峻石奇峰拂面来。
> 江上烟霞供卷慢，林间风雨入衔杯。
> 幽泉滴沥当阶响，绿树茏葱倚圹栽。
> 一望嚣尘口脱尽，悠然心迹在蓬莱。

辛笏谷评《咏庄后小蓬莱亭》曰："清远俊逸。"③ 《咏庄后小蓬莱亭》中诗人以家乡随见之景为题，意境开阔，具有地域特色和民族特色。再如《环江楼》：

> 巍巍高阁峙中流，如带长江槛外浮。
> 四面轻岚无远近，一湾逝水自春秋。
> 平沙响处琴中雁，接翼飞来镜里鸥。
> 好景山阴看不尽，渊然长此与心谋。

---

① 梁章钜辑《三管英灵集》卷十，清刻本。
② 杨盟等修，黄诚沅纂（民国）《上林县志·人物传》卷十一，民国二十三年排印本。
③ 梁章钜辑《三管英灵集》卷九，清刻本。

（民国）《上林县志》载："苍贤大庙亦名环江庙，旧时庙中有楼。"从"巍巍高阁崎中流，如带长江槛外浮"句便可见诗人所写为环江庙中的楼，描写了环江楼周围的美丽景致，意境开阔，描写生动，具有一定的形象性。

张滋，友朱子，字衍盈，号灵雨。赋性笃孝友爱，不以年龄而移其孺慕。……乾隆元年丙辰（1736）举于乡，次年中明通榜。……二十五年选授全州学正。……持躬之正，事亲之孝，爱弟之挚，均造至极，宜其笃生上哲而增山水之色也。①《峤西诗钞》卷六存其诗六首：《悼长男四首》《重至全州学署》《义宁观亲作》。《三管英灵集》卷十四存其诗七首：《重至全州学署二首》《悼长男》。《悼长男四首》为张滋悼念英年早逝的儿子所作，是感情真挚的悼亡作，如：

其一

试望云山问杳冥，烧琴废笛为愁情。

黄泉三尺魂知否，难学延陵葬博赢。

其四

细草孤云黯淡愁，荒原萧飒白杨秋。

怀中幼子才三月，黄土何年认一抔。

写出了年过半百失子、白发人送黑发人之痛。每篇都抒写了对儿子深沉的思念，但生死相隔，不得一见，写得情真意切。诗中"愁情""淡愁"等词传达出一种莫可名状的空寂凄清之感。全诗凄婉哀伤，出语悲苦，一字一泪。

家族中成就最高、最有代表性的作家是张鹏展。张鹏展，字南崧。乾隆五十四年（1789）进士，入翰苑散馆授检讨，为武兴殿纂修，五十七年（1792）任云南乡试副考官，后任福建道监察御史。曾奉旨赈北京城南灾民，使数万人得救。嘉庆十四年（1809）迁光禄寺、太常寺少卿，奉天府丞，兼管学正，又转太仆、太常二寺卿。翌年任山东乡试正考官，后即奉提

---

① 杨盟等修，黄诚沅纂（民国）《上林县志·人物传》卷十一，民国二十三年排印本。

督山东学政之命两主文衡，皆以端士习、树人才为已任，又升任通政使司通政使。后因不满官场颓败风气，辞官归故里，从事教育和著述，先后受聘于秀峰（桂林）、澄江（上林）、宾阳（南宁）各书院，任山长，培养人才，清代壮族不少著名文人均出自其门下，约于道光二十年逝世。

他著有《谷贻堂全集》（残本）、《读鉴绎义》、《离骚经注》（已佚），《女范》（已佚）、《兰音山房诗草》（已佚），并用十余年时间搜集编成《峤西诗钞》、《国朝山左诗续钞》、（道光）《宾州志》。

《谷贻堂全集》六卷，民国抄本，广西壮族自治区图书馆今存卷一及目录；广西壮族自治区统计局编《广西省述作目录》载：《谷贻堂全集》，统计局存抄本三册①，今下落不明。《读鉴绎义》三十二卷，清道光十七年刻本，广西壮族自治区桂林图书馆、国家图书馆、浙江图书馆藏。《峤西诗钞》二十一卷，张鹏展自序，民国抄本，桂林图书馆藏。《国朝山左诗续钞》，清嘉庆十八年刊本，四照楼藏版，国家图书馆藏。

张鹏展很重视文学，他对文学的搜集、整理、保存，作出了巨大的贡献。嘉庆十五年（1810）张鹏展任山东乡试主考官，随之提督山东学正，又升任通政使司通政使。在山东为官期间他发现山东十郡二州的著述繁富，卢见曾曰："国初诗学之盛，其盛于山左"（《国朝山左诗钞序》），张鹏展有感于山东文治兴盛，便"嘉庆庚午，余奉命典试，因留督学较士、暇征十郡二州之著述，巨编散佚，裒集汇萃，先后咸叙，高下并收，续纂三十二卷"②。历时三年，采掇散佚，整理了十郡二州文人的诗歌，编成一部三十二卷的《国朝山左诗续钞》，所收诗人逾千。嘉庆二十四年（1819）回家乡定居，从事教育和著述时发现广西本籍学者名儒不少，"是以粤西之诗，少有存者"，"特无人掇拾荟萃以垂示于后，使仅如天籁之啸于空，自起自灭，过而不复留，为足惜尔！"③广西诗歌"素无辑本"，他便用十年时间掇拾荟萃，于道光二年在澄江书院编纂完成汇编了广西文人第一部诗集《峤西诗钞》二十一卷，收入粤西250多位诗人的诗作2100多首，其中有30位壮族诗人的诗作360多首。清末临桂人廖鼎声有《论诗绝句·张鹏展》云："遗

① 柯愈春：《清人诗文集总目提要》，北京古籍出版社，2001，第954页。
② 张鹏展辑《国朝山左诗续钞·序》，清四照楼刻本。
③ 张鹏展辑《峤西诗钞·自序》，民国抄本。

绪难忘重峤西，半生辛苦遍搜稽"，肯定了张鹏展花费近十年时间，搜罗广西文人诗歌汇编《峤西诗钞》的伟大功绩。

张鹏展"少承家学，刻苦淬砺，事父母尽孝养志诚。平生耿介谦逊，于言动俱恭而有礼"①。他在搜集整理乡邦文化的同时，也创作了不少诗文，惜多已散佚。广西壮族自治区图书馆存《谷贻堂全集》目录可知他一生作诗约 400 首，而今仅存诗歌有《谷贻堂全集》卷一中五言古诗 48 首，七言古诗 11 首，共 59 首；《三管英灵集》卷三十存诗 55 首。据笔者统计，去其重复，共存有 89 首。

张鹏展的诗歌风格古雅。诗歌对张鹏展来说是人生经历的记录，才华智慧的结晶。张鹏展足迹遍及大江南北，眼界开阔，所见千山万水都发为吟咏，行诸笔端，以诗"尽天地万事万物之情状"，作品寓意深邃，辞采俱丽，其中青山与绿水相映，人物与河岳相彰，种种情思与景象相织，折射出耀眼的思想光芒。

张鹏展所存五言古诗中部分诗作为歌咏故乡山水的，如《留仙村杂咏六首》（《莲花寺钟》《璃霞日出》《迪麓》《小蓬莱》《松亭》《金斗》）诗人从六个角度吟咏家乡的绮丽风光，其流连于故乡山水，陶醉于审美的愉悦感中，在他的生花妙笔下，故乡变得美不可言，表达了对家乡故土的热爱之情。《山心塘》也为家乡风景的书写，采用白描的手法，语言淡雅质朴，诗云：

> 山转疑无路，肩舆日欲西。
> 千峰连束峡，一带遂回溪。
> 径僻骄松鼠，田深下竹鸡。
> 丁丁闻伐木，人隔白云栖。

这首诗用白描的手法完成了对家乡山心塘美丽风景的描写。"山转疑无路，肩舆日欲西。千峰连束峡，一带遂回溪。"傍晚日落时，作者在千峰群立，接连的峡谷中穿梭行走，感受人们的日常生活，一片闲适自在。这些诗作多取材于本民族生活景象，描写家乡风土人情，笔触细腻，意象鲜活，写

---

① 杨盟等修，黄诚沅纂（民国）《上林县志·列传·张鹏展传》卷十一，民国二十三年排印本。

景言情，自然古朴。

科举仕宦的经历为张鹏展提供了许多亲近山水、领略各地山川美景的机会。他的诗歌中很大一部分源自旅途经历中的博闻广见，如《黄鹤楼》：

> 层楼迥出俯江天，一度登临一惘然。
> 东下烟花自三月，高飞云鹤又千年。
> 昔人何处芳洲树，过客空停汉口船。
> 玉笛不闻风欲暮，龙吟暝色过晴川。

这首诗题咏名胜古迹，黄鹤楼背靠蛇山，下临长江，旧传仙人子安乘黄鹤过此，故名。诗人站在"层楼迥出俯江天"的黄鹤楼上，想到自己漂泊他乡，吟出"东下烟花自三月，高飞云鹤又千年。昔人何处芳洲树，过客空停汉口船"的哀叹。短短数字将诗人心声抒发得淋漓尽致，格调优美，意境深邃。

再如：

苍梧夜泊

> 浮洲百尺镇波心，越峤东西限带襟。
> 五管涛声归海疾，九疑云气接天阴。
> 月楼人去江风冷，冰井铭残石藓深。
> 夜景采珠船一起，歌罗城外蛋人音。

秋日登楼

> 万感业来不可删，角声远起夕阳山。
> 抱城寒水流何极，辞海孤云去未还。
> 鸿雁久无乡信至，川原却美野人闲。
> 宦途岁月如梭织，望尽天涯泣暗潸。

《苍梧夜泊》写了诗人与朋友晚上在苍梧泛舟游玩时所见的景物，"浮洲百尺镇波心，越峤东西限带襟。五管涛声归海疾，九疑云气接天阴"写出了河水的湍急和汹涌。"月楼人去江风冷，冰井铭残石藓深。夜景采珠船一起，歌罗城外蜑人音。"描写月楼人已空，江风冷肃，城外人的声音也逐渐消失，映衬出了作者的漂泊孤单之感。《秋日登楼》这首诗意境幽静秀丽，情感真挚，语言的清淡和诗境的明秀融合为一体，前两句将山水秋日之美表现了出来，后两句笔锋一转即景生情，思乡之情涌上心头，"宦途岁月如梭织，望尽天涯泣暗潸"，不难看出诗人想家的落寞心情。

张鹏展的山水诗不仅仅是吟咏山水，他在游山水时更重追慕古之贤德之士，追寻历史遗迹，借凭吊发揽古之幽情。张鹏展此类诗中，诗中有史，因史成诗。通过对人物和时间的追忆和寻觅来抒发自己的志向和情感。

刘司户祠

司户南来瘴海滨，春秋庙荐洁青蘋。

会应下第成千古，不愧登科复几人。

书上帝阍忧误国，魂依荒峤老遗臣。

九原应恨言终验，谏议旋加死后身。

刘司户祠在昌平，元泰定二年（1325）始置谏议书院，祀唐刘蕡。唐文宗时宦官持功专权，干预朝政，刘蕡对此不满，直谏文宗，后因遭诬陷，贬株洲司户参军，卒于任上。[1] 这首诗是张鹏展途经刘司户祠所作，诗中前两句肯定了刘蕡的才学和为官之清廉，后四句"书上帝阍忧误国，魂依荒峤老遗臣。九原应恨言终验，谏议旋加死后身"痛斥了帝王昏庸不识忠良，为刘蕡屈死感到惋惜。

酬赠诗是为适应诗人之间社会交往和传情寄意的需要，以画作、书法作品、文物、诗文集等物作为对象的诗作。由于张鹏展交游较多，故到往各地所见名画、名作较多便兴发而成。其诗如《为吕崇如题水花蛱蝶图》《题陈石戚观察榆关试马图小照》《题吴渭川赞府橹摇背指菊花开小照》《题杨华农少府戴笠出山图》《题汤应求后雕图》等作品从不同的角度反映出诗人的生活经历和内心情感。

---

①　谢汉强编注《刘蕡文献汇编》，广西人民出版社，2006，第 154 页。

题陈石戚观察榆关试马图小照

官迹势如不羁马，蹉跎岁月谁能假。一晌东风送骅蹄，遣阴处处甘棠下。

先生初笠出榆关，年少风流意态贤。几度春风驱越海，青骢又驻碧鸡山。

祇今按节夷门道，南阳钲鼓罢征讨。骕骦朝嘶少室云，精神阅历龙驹老。

卷裹北平三十年，杏花春雨相依然。平生细阅经行处，尽佐良谟入奏笺。

诗前题"初笠仕永年作图，今已三十余矣"。这首诗是在作画三十年后为陈观察试马的小照所题之诗，张鹏展在诗中回忆起三十年前陈观察初次出仕时"年少风流意态贤"到三十年后"精神阅历龙驹老"，诗人不仅赞誉了陈观察的阅历和精神，还肯定了陈观察为官时报效祖国的铁马精神。

张鹏展的同辈兄弟中，张鹏衢和张鹏超现有少量的作品存世。张鹏衢，号蓄亨，二十九岁即英年早逝，这就是张滋《悼长男》中悼念的那位"呕心留得吟余草"的诗人，可惜多数作品早已佚失，《三管英灵集》卷三十七、《峤西诗钞》卷十三均仅存其诗《秋兰词》一首。

张鹏超，乾隆五十九年举人，官平南教谕。《三管英灵集》卷三十七、《峤西诗钞》卷十三均存其诗三首：《罗洪洞怀古》《柑子堂怀古》《拟古君子行》；（光绪）《上林县志》存其诗一首：《白云洞怀古》。

张元鼎，字实甫，张鹏展子。嘉庆十三年举人。著有《趋庭集》，已散佚。《三管英灵集》卷四十三存其诗六首：《园中春兴》《夜泊大松》《舟次刘公营》《题蛱蝶图》《舟过三峰滩》《庚午送树堂八兄往平南》；卷四十七存其诗《宾阳别李恕斋生》一首。从张元鼎仅存诗歌来看，多为游历、写景之作，情景交融，含蓄蕴藉。如《园中春兴》：

晓向闲园步，苍苔匝径生。

云飞岩树暗，雨过野塘清。

泉响不知处，花香难辨名。

微吟坐盘石，属和听流莺。

语言质朴，简单地描写了作者去园子闲逛时发现园内春意盎然，苍苔随路生，雨后的池塘格外清澈。眼前一片恬淡自然、朴素无华。张元鼎其他存诗也是用朴素无华的语言描写所遇景物，张鹏展评"学殖未深"，[①] 不足以名家。

张元衡，张鹏展次子，字穆堂，道光五年拔贡，官刑部江苏司小京官。著有《病中吟》，已佚。《三管英灵集》卷四十八录其诗一首《夏夜独坐》。

张鹏展文学家族的核心人物不但诗歌创作造诣深厚，而且有一定的诗学理论水平。"诗言志，歌永言"，"诗者，志之所之也，在心为志，发言为诗"。这些关于诗歌产生的理论是我国古代诗人探讨诗歌本质和所产生形成的传统观点，是中国诗论中最主要的理论之一。对这一点，家族核心人物张鹏展有比较深刻的理解，他在《国朝山左诗续钞·序》中提出："且夫诗有三义，曰志，曰承，曰持，岂惟是掠华敷藻，比偶谐声，剽陈缀琐云尔哉！涵咏之兴本于性情；性情之移积为风俗；风俗之成关乎政治。"他认为诗不仅可以言志，而且能表现出民风民俗，同时可以辅佐政治。《峤西诗钞·自序》中张鹏展论述了"山气之气者为人，人心之精者为言，言之委婉成文者为诗，其发舒于人伦日用之间，为忠爱，为孝慈，为节义，为廉介，为恬适"的观点，并指出自然环境和社会环境对诗歌的影响。在他为黄体正所撰《带江园诗草》的题词中他指出"藉吟啸以舒怀抱"，"书以志质"，"寻览久之，可以知其志"的诗学主张，这是对古代诗论"诗言志"的肯定，他也认为诗是诗人思想情感的载体，读其诗，可以知其志，可以了解诗人的人格、胸襟及抱负。这些诗学理论正是对我国古典诗学理论的继承与发扬。

（二）武缘黄氏家族

黄彦坊，字言可，号鹤潭。嘉庆十八年拔贡，任雒容（今鹿寨境）教谕。（光绪）《武缘县图经》载：黄彦坊撰《西分堂存稿》一卷；《寒毡尚

---

① 张鹏展辑《峤西诗钞》卷六，民国抄本。

友论》四卷。（民国）《武鸣县志·艺文志》载：黄彦坊撰《寒毡尚友私论》十六卷；《惜分堂稿》一卷；并存其诗十五首。① （道光）《武缘县志·艺文志》存其诗一首：《和》。②

黄彦垍，黄彦坊弟。嘉庆间庠生。自幼攻读经史、诗词，学有成就。（道光）《武缘县志·艺文志》存其诗三首。（民国）《武鸣县志·艺文志》存其诗《分得同字韵》。

黄君钜，黄彦坊子，字仲尊，号丹崖，初号剑堂。道光二十九年（1849）举人，因军功历任云南浪穹、富民、易门知县以及路南州知州。在滇近二十年，后回家乡，执教于武缘岭山书院。著有《燕石漫藏》诗集，有光绪刊本，惜已散佚，（光绪）《武缘县图经》仅收其《自序》。又著《丹涯诗抄》四卷，民国六年开智公司铅印本。③

黄君铿，黄彦垍子，清同治十二年（1873）拔贡。曾赴京师候选补缺。著有《养静轩诗稿》一卷，已散佚。

黄诚沅，黄君钜子，字云生，清监生。曾随其父黄君钜至滇中任所。由县丞升为司马，廉洁自爱，至民国后，思想转为激进，提倡"民主时代"，反对"军阀时代"和"财主时代"。其生平事迹可见于《云生自编年谱》民国23年排印粤西武缘起凤黄氏家乘本。著有《锅寄庐文撮》不分卷，民国间南宁大成印书馆铅印，一册。④《锅寄庐文撮》不分卷，民国23年南宁大成印书馆排印本。⑤ 清末民初，黄诚沅除与其父编修《丹崖诗钞》、《武缘县图经》外，还主编了《隆安县志》《上林县志》，并参与编纂《广西通志稿》（马君武主持）。

（三）武缘韦氏家族

韦天宝（1787～1820），字介圭，号纲斋。嘉庆二十五年（1820）进士，授四川某县知县，次年赴任至成都，仅数月便病故。生平好吟咏，勤著述，颇有文名。有民本思想，关心民瘼。三十岁时曾受聘于凤山土官。至其

---

① （光绪）《武缘县图经》卷七，民国铅印本。
② （道光）《武缘县志》卷九，道光二十四年刻本。
③ 李灵年、杨忠：《清人别集总目》，安徽教育出版社，2000，收藏情况见2019页。
④ 柯愈春：《清人诗文集总目提要》，北京古籍出版社，2001，收藏情况见1927页。
⑤ 李灵年、杨忠：《清人别集总目》，安徽教育出版社，2000，收藏情况见2028页。

地目睹土官奢侈贪婪，不关心政事，无视民情，特上《凤山救弊条议》，提出要改革弊政，减轻民众负担，引起土司不满；于是愤而辞官回乡。著有《斗山书院学规》一卷，《五塘杂记》，已佚。平生所作诗文由其子韦丰华辑录为《存悔堂遗集》六卷，学使孙钦昂序，现仅存一至三卷。（光绪）《武缘县图经》载：韦天宝撰《斗山书院学规》一卷。（民国）《武鸣县志》载：韦天宝著有《五塘杂记》《存悔堂遗集》，并存其诗一首：《抵凤署感作》。《三管英灵集》卷四十五存其诗一首。《峤西诗钞》卷十九存其诗一首。（道光）《武缘县志·艺文志》存其诗两首。

韦丰华（1821～1905），韦天宝子，号大鸣山人。自幼攻读诗文，学有基础。同治五年四十五岁，才得拔贡。先后受聘武缘等地书院山长，培育众多子弟。著有《耐园文稿》，《今是山房吟草》七卷，1926 年手抄本，收入诗歌 1400 多首，约 14 万字，1988 年复印本，藏于桂林图书馆；《今是山房吟余琐记》民国十五年抄本，藏于桂林图书馆。（光绪）《武缘县图经》载：韦丰华撰《增修武缘志草》十四卷。[①]（民国）《武鸣县志·艺文志》存其《黯然吟集序》《存悔堂遗集小序》《熊公去思堂记》，并存其诗十二首。

通过对上述三个典型文学家族的叙述与表 7－1 中对 11 个文学家族的作家及其作品的简要胪列，壮族文学家族较为繁荣的景观呈现在我们眼前。

三　清代壮族家族文学发展特点

（一）清代壮族文学家族呈现出地域发展不平衡的状态

11 个文学家族分布于清代广西的桂北、桂东、桂中、桂南及发展滞后的桂西地区，分布区域较广，但又多集中于桂南地区的武缘、上林、宁明等地。清代，特别是清朝中叶，桂东、桂北、桂中地区的人口，汉族占百分之八九十，壮族占百分之一二十，桂南、桂西为壮族大聚居区。显然，壮族文学家族大多来自壮族聚居区，并多出现在桂南地区，但同为壮族聚居区的桂西却颇显寂静，仅有靖西童氏一个文学家族。可见，壮族文学家族发展不平衡，而这种不平衡是与不同地区社会经济发展的不平衡，受汉文化影响先后与影响程度的不同相关联的。桂南虽为仅次于桂西的发展滞后的区域，但因

---

① （光绪）《武缘县图经》卷七，民国铅印本。

桂南的经济、文化、教育发展起步较早，文化积淀也较为深厚。桂南地区在宋代起就已建有九所官学，分别设在邕州、上林、武缘、宾州等地。到明代，桂南地区官学数量增至 18 所，首次出现书院，共建有书院 24 所，并且其发展速度超过了广西其他地区。清代，桂南地区的府、州、县官学增至 23 所，书院增至 101 所。教育的发展必然会促进桂南地区文学事业、诗歌创作的健康发展，所以壮族文学家族多出现在桂南地区。而桂西属于多山少平地、经济欠发达的区域。在清之前，桂西壮族聚居地区，经济、文化、教育发展都相对落后。到了清初，壮、汉杂居的东部地区和壮族聚居的西部地区，经济发展不平衡呈扩大趋势，东部发展与汉族地区水平相近，而西部地区仍然落后，有的山区仍处于刀耕火种的状态。[①] 经济的落后导致文化教育的相对滞后。在宋时期，桂西仅有两三所官学，到了元代又被废止。明代，桂西地区教育状况随经济发展有所改善，先后建立了 7 所官学，4 所书院。落后的教育阻碍了文明的发展步伐，桂西地区到了明代才有文学创作出现。清代，随着移民屯田实边，"改土归流"等政策在桂西地区的实施，促进了社会生产，桂西地区经济、文化有了很大改观。经济的发展为桂西壮族聚居地区学校教育的发展创造了条件。桂西地区先后建立了官学 17 所，书院 22 所，义学、社学 40 所左右。随着各类学校的普遍设立，桂西地区也逐渐出现了一批颇有影响的壮族作家，更是出现了靖西童氏这样的文学家族，但是与经济、文化、教育发展起步较早的桂南地区相比，桂西仍较为落后。

（二）以诗歌创作为主

清代壮族家族文学主要以诗歌创作为主，这一点几乎在所有的清代壮族家族文学中都有所表现，以上林张氏家族文学表现得尤为明显。从目前所搜集的资料来看，《三管英灵集》《峤西诗钞》及地方县志中保存的这一家族文学作品中，除张鹏展外，其他家族成员所存均为诗歌，别无他类。张鹏展著《谷贻堂全集》目录载，卷一：赋五篇，颂一篇，五言古诗 48 首，七言古诗 11 首；卷二：五言律诗 155 首，五言排律 2 首，五言绝句 1 首，七言律诗 140 首，七言排律一首，七言绝句 42 首；卷三至卷五为序、记、传、论、杂述等。虽然《谷贻堂全集》第二至六卷已散佚，但从其目录可见，

---

① 张声震等：《壮族通史》卷中，民族出版社，1997，第 714 页。

张鹏展创作百分之九十以上为诗歌。这一家族以诗歌创作为主的特点在王德明的论文中已有论述，而且该论文还指出张鹏展家族的文学创作风格以古朴淡雅为主，他们的创作有一种共同的倾向就是追求古雅闲淡。笔者全面考察《峤西诗钞》《三管英灵集》中辛筠谷对这一家族成员诗歌的评语，发现与王德明先生论文中所举实例无差异，该论述是可信的。

（三） 与同时期的满蒙家族文学发展仍有差距

有清一代，壮族家族文学也呈蓬勃发展景象，但与同时期满蒙八旗家族文学相比，略有不及。自清军入关以来，满族家族文学迅速发展，先后共有80 个文学家族出现[①]，这些家族多以科举入仕，家学渊源深厚，著述颇丰。满族 95 个文学家族，共涉及 277 位作家，其中有 27 位女性作家，存世诗文集三百部之多。从构成类型上划分为祖孙型、父子型、婆媳型、夫妻型、兄弟姐妹型以及多元混合型，并且这些家族历经数代，随着时间的推移作家人数越来越多，流传于世的诗文集也更为丰富，如完颜氏家族、索卓络氏家族、佟氏家族、于氏家族等都为满洲文学家族中支系庞大的世家大族。清代八旗蒙古文学家族诗文创作呈现出繁荣的态势，涌现出一大批学养深厚、精通汉文的家族文学士子，传世的诗文集有四十五部之多。[②] 而在壮族文学家族中除上林张氏家族和武缘黄氏家族历时较久、历经数代、一门数人外，其他家族构成类型皆为兄弟型、父子型，一门两人或三人，也没有女性作家出现。可以看出壮族文学家族从数量、历时、诗文创作数量上都显得单薄和脆弱。

（四） 较同时期的南方少数民族家族文学有所进步

壮族家族文学与同时期云南和贵州受汉文化儒化较深的少数民族白族、纳西族、彝族和布依族相比却较为繁荣。有清一代，白族有 5 个文学家族：太和（今大理）赵氏（赵延玉，妻周馥，子杨载彤，弟赵延枢）一家，一门四人工诗；赵州龚氏一门，龚渤、龚锡瑞父子二人，龚锡瑞之妻，皆能诗；太和杨氏家族有杨晖吉、杨师亿、杨履宽三人；云南大理师范与子师道南，父子二人；太和张国宪与子张辅受，父子二人。清代纳西族仅有云南丽江桑氏（桑映斗、桑炳斗、桑照斗）三兄弟，皆能诗，以桑映斗为代表。

---

① 多洛肯：《元明清少数民族汉语文创作诗文叙录》（清代卷），中国社会科学出版社，2013。
② 多洛肯：《清代八旗蒙古文学家族汉语文诗文创作述论》，《民族文学研究》2013 年第 3 期。

清代彝族有 3 个家族：贵州威宁安履贞、安履泰兄妹二人；云南姚安高奣映、高厚德祖孙二人；贵州毕节大屯余家驹、余珍父子二人。而布依族莫氏家族文学则是贵州少数民族家族文学的代表，其主要代表人物为莫与俦、莫友芝、莫庭芝。在白族、彝族文学家族中出现了女性作家、夫妻皆能诗的现象，这是在南方少数民族文学家族中罕见的。总体而言，与云南白族、彝族、纳西族以及贵州布依族莫氏家族文学在家族数量及诗文创作方面的成就相比，壮族文学家族取得的成就显然是较为突出的。

四　社会经济发展及汉文化传播对清代壮族文学家族的形成之影响

（一）经济的发展促进了文学的繁荣

"大抵一地人文之消长盛衰，盈虚机绪，必以其地经济情形之隆诎为升沉枢纽。"① 经济的发展决定着地域文化的兴衰，也决定着文学的兴衰。明末清初，土司制度趋于衰落，改土归流的条件已具备。明清时期，壮族地区社会经济发展较为迅速。"改土归流"的实施，鼓励垦荒、兴修水利以及轻赋税政策的实行，促进了壮族社会经济的不断发展。

清初，在广西"大约僚人半之，瑶、僮三之，居民二之"② 的情况下，统治者在壮族地区推行大规模的"改土归流"政策，至清雍正四年（1726），广西"改土归流"达到了高潮。统治者在改土归流的同时也颁布了一系列关于经济发展的政令，鼓励垦荒。雍正五年（1727），雍正帝要求"各省地土，其不可以种植五谷之处，则不妨种他物以取利，其可以种植五谷之处，则当视之如宝，勤加垦治，树艺菽粟"。③《清史稿》认为"清代轸恤民艰，亟修水利，……举凡直省水利亦皆经营，不遗余力"。秦朝修建的灵渠，是广西农田灌溉的命脉，虽历代都有修复，但在清代，统治者更为重视，从康熙到光绪年间大大小小修浚了十七次，从雍正九年（1731）到光绪十一年（1885）先后由鄂尔泰、鄂昌、李秉衡等人主持了灵渠的七次浩

---

① 朱丽霞著《清代松江府望族与文学研究》，上海古籍出版社，2006，第 2 页。

② （清）顾祖禹撰，贺次君、施和金点校《读史方舆纪要》卷一零六，《广西方舆纪要序》，中华书局，2005，第 4788 页。

③ 《清世宗实录》雍正五年三月初三日，转引自《〈清实录〉广西资料辑录》，广西人民出版社，1988，第 33 页。

大修浚工程。以上这些政策和措施的颁布、实行，大大解放了壮族地区的社会生产力，提高了壮族人民生产生活的积极性。

清统治者一方面鼓励开展屯田、垦荒，另一方面兴修水利，改善灌溉工具。统治者对农业的鼓励政策，促进了农业生产的发展，随着农业的发展，壮族地区的手工业也获得了较大发展，手工纺织业、采矿冶炼业、陶瓷业等其他手工业都呈现蓬勃发展的景象。农业、手工业的发展促进了壮族地区社会经济的发展，商业也伴随经济的发展得到了进一步发展。商业的发展主要是在各州县都形成了一些墟市，如东部地区出现了贺州、藤县、浔江等大的墟市，成为货物的集散地。商品经济的发展，为汉文化的传播奠定了坚实的经济基础。到清中期，壮族地区的政治、经济发展都达到鼎盛，这为文化的蓬勃发展提供了良好的条件，而文学本属于文化的一部分，文化的发展则直接促进了文学的发展。

（二）汉文化的传播

社会生产力的发展必然带来社会文化的发展。汉文化的传播是地方文化发展的重要组成部分。元、明、清时期，中原内地人口迁入南方少数民族地区的脚步逐渐加快，直到清代，汉人南迁的规模达到了历朝的顶峰。中原内地的人口以充军、屯田、经商等途径入居南方少数民族地区。随着汉人南迁，中原先进的文化也传入民族地区。在先进文化的濡染下，一些少数民族地区完成了很大的转变，逐渐改变了落后的文化面貌，其中最为突出的表现是以四书五经为教学内容，儒学经典为教材的府、州、县学等各级学校的普遍设立。

（三）县学及书院的设立

明王朝定鼎金陵后，明太祖朱元璋就强调"治国以教化为先，教化以学校为本"，"诏天下府州县皆立学"。① 明统治者还采取了一些特殊政策来保护土著子弟求学，如优待在学生员，保障土著士子入学、应举等。在这一时期，府、州、县学获得了较大发展，据《广西通志·教育志》统计，明代广西共有 69 所府、州、县学，其中有 24 所是在明代先后创办的，其他为复兴以前各朝设立的学校。② 与以前各朝相比，明代府、州、县学设置的最

---

① （清）张廷玉等：《明史·选举制一》卷六十九，中华书局，1974。
② 中国少数民族教育史编委会：《中国少数民族教育史·壮族教育史》，广西教育出版社，1998，第 63 页。

大进步是在桂西壮族聚居地区设立了官学，为清代学校教育在该地区的进一步发展奠定了基础。清代从康熙时期起便设立各类学校，除府、州、县学等学校外还增设了厅学。这一时期在壮族地区共设置府、州、县学 86 所，其中 84 所在今广西境内，2 所在今云南文山境内；有 69 所是兴复前代，16 所为新办。① 新办的学校基本在壮族聚居地区，学校普遍建立，改变了壮族地区文化教育的面貌，推动了汉文化的传播。

书院为唐代以后汉文化教育与传播的重要机构，它是较之府、州、县学更为自由的文化传播方式。清初，统治者对书院采取抑制政策，书院的发展遂陷入沉寂状态。但随着统治秩序的日趋稳定，统治者对书院的禁令逐渐取消，清廷也开始利用书院为朝廷服务，以之为文化与舆论传播的重要基地。雍正十一年，清政府谕知各省设立书院，从清乾隆八年到光绪三十年的 160 多年里，桂西壮族聚居地区先后建立了秀阳、云峰、仕城、道南、毓秀、镇阳、经正、鹅城、崇正（2 所同名，均在今田阳县）、云麓、南阳等 12 所书院。② 至清末，凡有壮族聚居的地区均有了书院。统治者不仅对书院有经费供给，还规定山长必须具有真才实学，《清史稿·选举志》云："各省书院之设，辅学校所不及，初于省会设之。世祖颁给帑金，风厉天下。厥后府、州、县次第建立，延聘经明行修之士为之长，秀异多出其中。"③ 龙州同凤书院院章中规定"延请山长无论本省、外省、并无论贡生举人进士，必须明经修行，品学兼粹可为经师人师者，由道备关礼延主讲"④。在书院中还制定了学规、院规，对生徒进行严格的管理。对山长的选聘及对学生的严格要求等政策都为书院的正常运行发挥了很大作用。壮族聚居地区的书院建立，不仅对壮族地区的文化教育面貌产生了深刻的影响，还推动了壮族汉文化教育事业的发展。

---

① 中国少数民族教育史编委会：《中国少数民族教育史·壮族教育史》，广西教育出版社，1998，第 64 页。

② 中国少数民族教育史编委会：《中国少数民族教育史·壮族教育史》，广西教育出版社，1998，第 78 页。

③ 赵尔巽：《清史稿·选举制一》卷一百六，中华书局，1974。

④ 中国少数民族教育史编委会：《中国少数民族教育史·壮族教育史》，广西教育出版社，1998，第 79 页。

（四）社学的广泛设立

明清统治者除了重视府、州、县学及书院的设立，还重视社学的设立与发展。明洪武八年诏令天下立社学，弘治十七年，又"令各府、州、县访保明师，民间幼童十五以下者，送社读书，讲习冠婚丧祭之礼"。清王朝亦三令五申，广置社学，顺治九年令"每乡置社学一区，择其文义通晓、行谊谨厚之，补充社学"。雍正元年，又"定各州县设立社学、义学之例。旧例各州、县于大乡巨镇各置社学，凡近乡子弟年十二以上二十以下有志学文者令入学肄业"①。在统治者的三令五申下，社学如雨后春笋，层出不穷。壮族地区，最早的社学是由崇善知县陈维德于明洪武二十八年兴建的。据不完全统计，明代壮族地区共兴建社学 95 所，清代建有 36 所。清代社学兴建数量虽不及明代，但从分布范围来看，清代较明代有所扩大，如在马平、柳城及忠州、归德、果化等土州都新建有社学。社学为科举考试的预备学校，为壮族地区培养了不少人才。

（五）科举制度的发展

清代，壮族教育的发展，还表现在科考中第上。随着土司制度时期学校的普遍建立，科举在壮族地区也日益得到重视。明代，在广西地区科举取士方面，有一定的名额保障。到了清代，科举在壮族地区比明代有了进一步发展，土司子弟科举应试受到朝廷的保护和提倡。据《清实录》记载，早在雍正八年，已有"广西土官、土目子弟""俱应童试"的规定。嘉庆九年底，又令军机大臣通知广西巡抚："土民等读书应试"，"不准土司阻抑"。次年又谕内阁："嗣后退种土司良田之正民、杂民，准其呈明应试。"清代科举基本上因袭明代旧制，分乡试、会试、殿试三级，在乡试之前有预备考，即士子须经过童试录取为生员，才能取得乡试的资格。② 清代壮族文学家族成员中大多以科举入仕，11 个文学家族共 33 人，其中进士 2 人，举人9 人、贡生 11 人。如上林张鹏展家族，一门 9 人中，1 人进士，5 人举人，2 人为贡生。平南黎氏家族中，黎建三父子均为举人，其叔父是举人，祖父和父亲都是贡生。武缘韦氏家族，父韦天宝为嘉庆间进士，子韦丰华为贡

---

① 刘亚虎、邓敏文、罗汉田：《南方民族文学关系史》（下），民族出版社，2001，第 293 页。
② 中国少数民族教育史编委会：《中国少数民族教育史·壮族教育史》，广西教育出版社，1998，第 68 页。

生。清代壮族文人重视家学，在科举制度的保障下，他们寄希望于科举中第，使家族的仕途命运长盛不衰，由此可以看出清代科举制度对壮族文人文学的促进作用。

清代壮族文人文学家族的出现标志着壮族文人文学发展到了一个新的历史阶段，达到了一个新的高度。清代壮族文学家族的出现是汉文化在少数民族地区传播的产物，在文学家族中有一些人做过书院山长，如张鸿翮、张鸿、黄体正、黎建三、黄彦坊、黄焕中等，他们为壮族地区汉文学的传播作出了重要贡献。他们不仅在古代壮族文人文学史上占有一席之地，丰富了我国古代文学的内容，同时还为中国古代少数民族的教育事业作出了重要贡献。

目　　录

下编　清代少数民族文学家族个案研究

Contents

Part I   A Review of Minority Literary Families in Qing Dynasty

Chapter One: A Review of Manchu Literary Families in Qing Dynasty

Part II   The Case Study on Minority Literary
Families in Qing Dynasty

下　编
清代少数民族文学家族个案研究

第 八 章

清代大理白族师氏家族文学创作研究

明清时期是白族文学家族极为活跃的一个时期，出现了浪穹何氏家族、剑川赵氏家族、太和杨氏家族、赵州龚氏家族、太和赵氏家族、赵州师氏家族、赵州赵氏家族、剑川张氏家族、鹤庆李氏家族等9个文学家族。

目前，对于明清白族文学家族的研究成果虽称不上蔚为大观，但颇有建树。就明清白族文学家族来说，其研究成果主要集中于文学家族的综合性研究、文学家族的专项研究和文学家族中成员的个案研究三部分。

一是对明清白族文学家族的综合性研究，这类成果并不多，而且不系统。如《古代云南少数民族的家族文学》［陈友康，《云南民族大学学报》（哲学社会科学版）1998年第4期］中只是简单提到了元代"段氏"、明代"浪穹何氏"和清代"太和赵氏"，《明清时期大理白族诗人汉语写作的修辞探究》（周锦国，《毕节学院学报》2009年第9期）中提到了对云南地区文学产生较大影响的"六个作家群"，但并未对这六个作家群进行进一步的分析。迄今为止，只有《明清白族文学家族诗歌创作述论》［多洛肯，《西南民族大学学报》（人文社会科学版）2017年第1期］从整体全面的视角观照了白族9个文学家族，并归纳其创作成就、风貌，以及对唐诗的接受。

二是对明清白族文学家族的专项研究，如《明朝洱源"何氏作家群"作家亲属关系及生平》（周锦国，《大理学院学报》2009年第5期），《吟咏苍洱大地的清代白族诗人之家》（周锦国，《民族文学研究》2012年第1期）和《清代白族赵氏作家群作品评注》（周锦国，云南大学出版社，2007）分别对明代白族"何氏作家群"成员的亲属错误关系进行纠正和生平事迹的不明之处进行考订；对清代苍洱地区的白族赵氏诗人之家的家庭组成、诗人简历、文学成就以及该家族形成的社会、家庭背景进行探讨；对清代苍洱地区的白族赵氏诗人之家的作家成员及诗作进行分析评注。关于白族浪穹"何氏作家群"和太和"赵氏作家群"的研究成果同样不多。

三是对明清白族文学家族成员的个案研究。在对明清白族文学家族进行的研究中，家族成员个案研究的成果较为突出。如《何蔚文年谱》（姜晓霞，《昆明学院学报》2015 年第 2 期）、《何蔚文诗歌创作简论》（姜晓霞，《昆明冶金高等专科学校学报》2015 年第 2 期）、《赵炳龙研究》（余知航，云南大学硕士学位论文，2013）、《〈薄命〉篇成泪满襟，湘累哀怨楚骚心——谈明代白族诗人赵炳龙的诗歌创作》［罗江文，《大理学院学报》（社会科学版）2005 年第 4 期］、《赵炳龙：南明诗史有此君》（杨春林，《大理文化》2012 年第 8 期）、《白族学者赵藩的云南诗史观》（蓝华增，《民族文学研究》1989 年第 1 期）、《赵藩的文艺思想》［杨开达，《云南师范大学学报》（哲学社会科学版）2003 年第 6 期］、《赵藩诗词楹联述论》（蓝华增，《中央民族大学学报》2002 年第 1 期）、《赵藩论云南四诗僧——赵藩〈论滇诗六十首〉笺释四首》（蓝华增，《楚雄师专学报》1987 年第 3 期）、《赵藩的诗论》（陈思坤，《云南社会科学》1984 年第 4 期）、《缅怀先辈赵藩先生》（赵丰，《大理文化》2005 年第 1 期）、《忧国忧民千秋笔——论赵藩诗词的人民性》［杨瑞华，《大理师专学报》（社会科学版）1995 年第 3 期］、《白族文化巨匠、诗人赵藩真迹的新发现》（于洪、于希贤，《学术探索》2012 年第 5 期）、《赵藩》（赵静庄，《云南民族学院学报》1985 年第 2 期）、《赵藩的政治伦理思想及其当代价值》（王生伟，大理学院硕士学位论文，2014）、《历史文化名人——赵藩》（谭波，《贵阳文史》2007 年第 4 期）、《赵藩的政治思想析理》［雷信来、郑明钧，《兰台世界》（文史探索）2015 年第 18 期］、《赵藩与成都武侯祠联》（张小平，《云南档案》2002 年第 6 期）、《白族学者赵藩以民为本的仁政思想探析》（洪丽芬，《长春教育学院学报》2013 年第 17 期）、《赵藩轶事》（和钟华，《山茶》1982 年第 1 期）、《赵藩楹联思想探微》（周云，《读天下》2016 年第 15 期）、《白族历史文化名人赵藩》（张勇，《今日民族》2004 年第 8 期）、《白族文豪赵藩在四川》（刘冠群，《文史杂志》2002 年第 2 期）、《赵藩楹联题材研究》（谭聪、周云，《现代交际》2016 年第 18 期）、《赵蕃"论诗诗"的批评方法及其特

色》[李锋,《中南民族大学学报》(人文社会科学版) 2015 年第 1 期]、
《赵藩与护法运动》[赵蕊,《昆明理工大学学报》(社会科学版) 2008 年第
10 期]、《史鉴·政论·哲理——谈赵藩撰诸葛亮殿联语》(张志烈,《地方
文化研究辑刊》第六辑)、《长联犹在壁,巨笔信如椽——浅谈孙髯、窦坊、
赵藩楹联思想艺术》(黄梅,《西南古籍研究》,云南大学出版社,2006)、
《滇人赵藩在川轶事》(孙晓芬,《四川文物》1992 年第 1 期)、《承前启后
一代文豪——赵藩评介》[温梁华《云南师范大学学报》(哲学社会科学
版) 1985 年第 4 期]、《成就卓著的赵藩》(马瑞麟、孔祥辉,《晚霞》2007
年第 11 期)、《赵廷枢及其〈所园诗集〉》(周锦国,《大理学院学报》2008
年第 3 期)、《杨载彤及其〈嶰谷诗草〉》(周锦国,《大理民族文化研究论
丛》2009 年)、《清代大理白族女诗人周馥诗歌的艺术魅力》(赵淑琴,《名
作欣赏》2009 年第 17 期)、《温婉清新的清代白族著名女诗人苏竹窗》(周
锦国,《大理大学学报》2017 年第 5 期)、《清代史学家师范及其著述》[万
揆一,《云南师范大学学报》(哲学社会科学版) 1984 年第 4 期]、《师荔扉
评传》(盛代昌,《大理民族文化研究论丛》,2006 年)、《再现清代中叶云
南诗坛的景象——师范〈荫椿书屋诗话〉评介》(周锦国,《大理学院学
报》2013 年第 11 期)、《清代白族诗人师道南及其名作〈鼠死行〉评析、
考订》(周锦国,《民族文学研究》2013 年第 1 期)、《清代白族诗人师范的
文艺思想》(杨振铎,《云南民族学院学报》1987 年第 3 期)、《师范族属管
见》[石见,《云南师范大学学报》(哲学社会科学版) 1984 年第 4 期]、
《珍贵的地方史　家乡的赞美诗——师荔扉先生著作初探》(李世泽,《大理
师专学报》2000 年第 1 期)、《师范:研究郑和的云南第一人》(朱慧荣,
《思想战线》2005 年第 4 期)、《师范〈滇系〉的编纂与价值》(师伟,
《红河学院学报》2016 年第 5 期)、《师道南和他的绝唱诗〈鼠死行〉》(付
友丰,《医古文知识》2001 年第 1 期)、《赵藩的论滇诗绝句》(王明达,
《山茶》1981 年第 4 期)、《清代白族诗人赵淳与赵州诗学源流》(茶志高,
《大理学院学报》2014 年第 11 期)。

除此之外,还有部分期刊论文、研究著作虽没有专门研究清代白族文学
家族,但内容中也涉及了明清白族文学家族的成员:如《明清时期云南戏
剧文学略论》(段炳昌,《民族艺术研究》2002 年第 2 期)、《云南古代诗歌

概述》（陈力，《云南民族学院学报》1989 年第 1 期）、《云南古代少数民族诗人的几部别集》（李怡莲，《文献》1998 年第 1 期）、《略论晚明云南作家》（陶应昌，《学术探索》1999 年第 1 期）、《清初的云南文学》［陶应昌，《云南民族学院学报》（哲学社会科学版）1999 年第 2 期］、《清代后期的云南文学》［陶应昌，《云南民族大学学报》（哲学社会科学版）2004 年第 7 期］、《彩云深处稼轩风——论稼轩词对滇词的深远影响》（赵佳聪，《2003 中国上饶辛弃疾国际学术研讨会论文集》）、《清初滇遗民文学研究》（冯丽荣，西南大学硕士学位论文，2010）、《清代白族、壮族、土家族的妇女诗歌》［祝注先，《中南民族学院学报》（人文社会科学版）2001 年第 1 期］、《尽收六诏英灵气，并入文昌百首诗——辑要介绍十三位云南历史文化人物》［何磊，《西南古籍研究（2004）》］、《〈望夫云〉与"望夫"情结——白族文学吸收内地文化的一个实例》（傅宇光，《楚雄师专学报》1992 年第 1 期）、《从〈鼠死行〉看鼠疫的危害》（陈国代，《医药学史》2004 年第 1 期）、《大理古代私人藏书浅谈》（何俊伟，《大理学院学报》2004 年第 6 期）、《略论明清白族学者对云南文献的贡献》［宋文熙、穆药，《昆明师范学院学报》（哲学社会科学版）1982 年第 1 期］、《云南古代文学理论对中原文论的接受和发展》（郭林红，云南大学硕士学位论文，2010）、《清代少数民族文学家族研究现状与前瞻》［多洛肯，《中国社会科学报》（专题栏）2015 年 3 月 31 日］、《明清少数民族诗人唐诗接受研究——以彝族、白族、纳西族为例》（多洛肯、王谦谦，《民族文学研究》2018 年第 2 期）等。

涉及或节选部分作品内容的专著有：《情系大理·赵炳龙卷》（赵寅松、罗江文，民族出版社，2006）、《情系大理·赵藩卷》（王明达，民族出版社，2006）、《情系大理·师范卷》（杨锐明、盛代昌、刘丽，民族出版社，2006）《白族文学史》（张文勋，云南人民出版社，1983）、《云南地方文学史（古代卷）》（张福三，云南人民出版社，1997）、《云南古代汉文学文献》（冯良方，巴蜀书社，2008）、《天南风雅》（段炳昌，云南民族出版社，2012）、《情系大理·综合卷》（周锦国、张建雄，民族出版社，2006）、《石禅老人赵藩诗词选》（赵润、赵巽安、赵静庄，云南省教育学院印刷厂，1990）、《赵藩纪念文集》（张勇，云南美术出版社，2004）、《白族文学史略》（李缵绪，中国民间文艺出版社，1984）、《云南风物志》（余嘉华等，云南人民出版社，1986）等。

迄今为止，还未有学者对清代的赵州师氏文学家族进行整体观照与研究。现在研究对象仅限于师范及其子师道南，且对师道南的研究基本局限于其名作《鼠死行》，师问忠和师篯至今还沉寂在历史的角落里，亟待发掘。更未有学者从师氏家族成员的诗歌创作内容、创作形式以及创作风格等方面去比较分析，任其诗集零落，这无疑是文学史上的一份缺憾。因此，笔者愿用粗鄙之学识抛砖引玉，填补文学史上对于师氏文学家族研究的空白，以期待研究者加强对师氏文学家族的重视和研究，丰富白族文学史和古代文学史的内容和形式。

一　赵州师氏文学家族的人文生态环境探析

20 世纪中后期，逐渐有学者将生态学观念引入人类学研究，把文化与环境共同放在一个全新的框架中去研究，使之成为文化生态学或生态人类学中不可忽视的重要部分。根据文化生态学的观点，一地文化的形成与外部的经济、政治、社会和自然环境有着极为密切的互动关系，是人类生活背景下"自然"与"社会"文化相互影响的立体生态系统。"环境是指某一特定生物体或生物群体以外的空间，以及直接或间接影响该生物体或生物群体生存的一切事物的总和"①，因此环境中亦包括人类的文化活动。人类一切文明的产生都会受到环境的制约，不同的文明起源则是当地民众与自然生态环境相互制约、相互妥协的结果。在适应自然的过程中，人类积累了相应的知识、经验、风俗、信仰、制度、道德等有异于其他自然环境的风情特色和文化表达。"十里不同风，百里不同俗"正是环境影响人类文化活动的最好表达。

（一）山清水秀的生态环境

云南地处中国西南边陲，相传汉武帝派人追"彩云"至此，故置县于"彩云"之南，名云南。因其省会昆明在战国、秦、汉时隶属滇国地，亦简称"滇"。就云南的整体布局来说，云南处于低纬度的高原地区，地势北高南低，西北是干寒的青藏内陆，东南是温湿的沿海地区，大陆季风和海洋季风在此交会，因此形成了冬季干燥、夏季潮湿，冬季温暖、夏季凉爽的季风

---

① 杨志峰、刘静玲等编著《环境科学概论》，高等教育出版社，2004，第 3 页。

山原气候。气温呈现出年较差小、四季不分明的特点，即所谓的"四季如春"。云南境内山峦、河谷相间，不但有山区，还有平坝和河谷，多种地貌并存。山区到河谷的悬殊与并存，造成了气候的垂直差异，从高寒带到亚热带的气候均有分布，所以适合多种植物的生长、繁荣。同时，为人类的生存带来了宜农、牧、林的便利自然条件。

就云南的地理位置来说，"东部是亚洲大陆，处在汉文化的西部边缘；西部是亚洲次大陆，处在印度文化的东部边缘；北界西北高原，处在青藏文化的南部边缘；南联中南半岛，处于海洋文化的北部边缘"①，因而是多种文化汇合的地带。"先秦时期，北方的秦蜀文化、南方的古越文化和东方的荆楚文化在这里交汇在一起。汉晋以后，西方的大乘佛教文化、东方的儒家文化、北方的道教文化和南方的上座部佛教文化又在此交汇叠合，孕育出更加繁复多样的文化"②，因而云南地区形成了民族众多、文化复杂多样的历史传统。白族人民生活的大理地区："东至普安路之横山（今贵州普安）；西至缅地之江头城（今缅甸杰沙），凡三千九百里而远；南到临安路之鹿沧江（今越南莱州省的黑河），北至罗罗斯之大渡河，凡四千里而近。"③ 四通八达的交通条件对文化的传播产生了极大的影响，所以这里人杰地灵、富含文化底蕴，有了家族文学生根发芽的土壤。而师氏家族生活的赵州位于滇西的交通枢纽地带，古驿道由此经过，便利的交通使得大旅行家徐霞客、著名诗僧担当、学者杨慎、书法家钱沣、云南著名文人刘大绅等诸多名人在此驻足，这对赵州的文化发展、人才培养起到过重大影响，是文化发展与传播最基础而直接的独特条件，亦是赵州地区人才辈出、成为"文献名邦"的前提条件。

彦秀为《丹阳周氏家集》作序时写道："丹阳北枕大江，南邻湖山诸胜，期间清淑之气，蔚为人文"④；陆荣在为《石仓世纂》作序时亦写道："夫天之生才，良非易易，山川灵淑之气，每间世而一发，今欲聚灵淑之气

---

① 赵寅松主编《白族文化研究》，民族出版社，2001，第193~194页。
② 赵寅松主编《白族文化研究》，民族出版社，2001，第194页。
③ （明）宋濂等撰《元史》卷六十一《地理志四》，中华书局，1976，第1457页。
④ （清）彦秀：《丹阳周氏家集序》卷首，光绪二十三年刻本。

于一门，且连绵续续，世济其美，此固天之所靳，而不欲轻与者"①，二者都突出了山川灵淑之气对文人创作的重要作用，灵淑山水环境的浸润使文人创作保持了长盛不衰且欣欣向荣的高昂姿态。明代刘文征在（天启）《滇志·大理府风俗》中也引用唐人樊绰在《云南志》中的话形容："高山大川，钟灵毓秀，代有人物。"② 进一步证明，世世代代的白族文人，在大理这块山水宝地上探寻文学的源泉，汲取创作的灵感，从而文思泉涌，避免了江郎才尽之窘态，这即是生态环境之功。道光十八年（1838）穆彰阿给潘世恩《潘氏科名草》作序："盖闻文章之事关乎其人之学之养，而其所由极盛而不已者，则非尽其人之学之养为之，而山川风气为之也。"③ 其中也强调了山川风气，即生态环境对文学创作的巨大影响。

　　文化生态学充分肯定了生态因素对文化系统的影响，师氏家族生活的大理地区不但有"'山则苍龙叠翠，水则半月拖蓝'（杨慎语）、'积雪皑皑，光艳夺目，松阴塔影，隐现于雪痕月色之间，金碧交荡，光怪得曾未有（徐霞客语）"④ 的美丽风景，亦有"天气常如二三月，花枝不断四时春"的宜人气候以及"一山有四季，十里不同天"的多端变化。"在此土地肥沃、风景美丽之环境中"⑤，不但产生了"诗歌的神话，与神话的诗歌"⑥，更催生了清代多产的师氏文学家族。师范、师篯、师道南，纷纷用生花妙笔来润色这谷长箐深、绿柳垂门、袅袅青烟的美景，师范笔下"放出清波三万顷，朝朝倒影浸苍山"（《上关》）的上关，师篯笔下"新荷向日妍，细竹当风亚"（《睡起》）的初夏，师道南笔下"云放青山活，天围绿野宽。柳浓才护阁，花重欲倚栏"（《春日雨后闲居》）的雨后，无论何情何景，都透露出大理地区特有的韵致与风情。

　　生态对于文风的形成具有制约作用，就像近代法国启蒙思想家孟德斯鸠所比喻的："炎热国家的人民，就像老头子一样怯懦，寒冷国家的人民，则

---

① （清）陆荣：《石仓世纂序》卷首，乾隆十四年曹氏五亩园刻本。

② 转引自（明）刘文征撰，古永继校点《滇志》33 卷，云南教育出版社，1991，第 110 页。

③ （清）穆彰阿：《潘氏科名草序》，（清）潘世恩：《潘氏科名草》，光绪三年吴县潘氏燕翼堂刻本。

④ 徐嘉瑞：《大理古代文化史稿》，中华书局，1978，第 201 页。

⑤ 徐嘉瑞：《大理古代文化史稿》，中华书局，1978，第 201 页。

⑥ 徐嘉瑞：《大理古代文化史稿》，中华书局，1978，第 201 页。

像青年人一样勇敢"，① 地理、自然环境对人文环境的影响，就像杏花春雨与长河落日，姑苏唱晚与燕赵悲歌，终究有别。

（二）白汉互融的政治环境

在杨志明等编撰的《云南少数民族传统文化研究》一书中提到了"政治适应"的概念，"政治适应主要是指当一种强势的政治入侵时，处于弱势政治体系下的人们对强势政治的顺从，并通过强势政治的合法化最终实现政治一体化的过程"②，历史上中原腹地与云南地区的统治就处于这种强势和弱势政治体系之下，并通过强势政治的入侵、弱势政治的顺从，最终实现政治一体化。在这个过程中，对于政治适应的主体——"强势政治势力驯化的对象"来说，"政治适应的结果对于政治适应的主体来说会有异质性，必然会带动文化冲突、融合及创新，引起文化变迁"。③ 政治适应的客体即是政治统治的主体，"它是在整个政治适应过程中对地区民族文化的形成起到制度上诱导和规范作用的异质政治体系及政治文化系统。政治适应的客体在区域民族文化的形成过程中起到支配作用，并规定着政治适应的性质和方向"④。因此，为了达到这种支配作用，政治统治的主体不只会采取武力征服的暴力手段，也会在思想文化上进行潜移默化的影响和控制。因此，云南白族传统文化主导观念的形成实际上是与汉文化冲突、融合之后的妥协结果。而"汉文化从开始进入云南时被云南的土著文化所同化，到后来取得制约和规范云南少数民族传统文化深层特征的主导地位，是经过了一个长期的历史过程的"⑤。

1. 白汉交融的历史条件

先秦时期，文献资料寥寥，但《管子·小匡》中已有齐桓公自称"余乘车之会三，兵车之会六，九合诸侯，一匡天下……南至吴、越、巴、牂牁、僰、不庾、雕题、黑齿，荆夷之国"⑥ 的零星记载，可见先秦时期，中

---

① 〔法〕孟德斯鸠：《论法的精神》，孙立坚、孙丕强、樊瑞庆译，商务印书馆，1982，第228页。
② 杨志明等：《云南少数民族传统文化研究》，人民出版社，2009，第58页。
③ 杨志明等：《云南少数民族传统文化研究》，人民出版社，2009，第59页。
④ 杨志明等：《云南少数民族传统文化研究》，人民出版社，2009，第59页。
⑤ 杨志明等：《云南少数民族传统文化研究》，人民出版社，2009，第61页。
⑥ （战国）管仲撰，梁云华校点《管子·小匡》，辽宁教育出版社，1997，第76页。

原地区的统治势力已达到"雕题""巴国""牂牁""黑齿"等接近云南或在云南境内的地方。之后，公元前 300 年至公元前 280 年间，楚人庄蹻"会秦击夺楚巴、黔中郡，道塞不通，因乃以其众王滇，变服，从其俗以长之"①，以至于"自夜郎、滇池以西，皆曰庄蹻之裔"②，"分侯支党，传数百年"③，这是首次成批进入滇中的内地人民，是云南与内地政治联系的重要见证。公元前 221 年，秦始皇统一全国后，派人将李冰在僰道修筑的道路延伸到了今云南曲靖地区，僰道的开通促进了滇蜀间的经济交流。秦代还在"巴蜀西南徼外蛮夷"④ 的夜郎、滇、邛都等"置吏"，将云南部分地区直接纳入中央王朝的版图。西汉在僰道筑城，开放关禁。汉武帝时抚招靡莫之属归附。后"汉武帝元封二年叟反，遣将军郭昌讨平之，因开为郡，治滇池上，号曰益州……汉乃募徙死罪及奸豪实之"⑤，这些死罪者及"奸豪"到云南后大多不再返回原籍。滇王降汉之后，"请置吏入朝，于是以为益州郡，赐滇王印，复长其民"⑥，有大量官吏兵丁进驻。东汉时，重分益州郡，新设哀牢、博南两县和"东西三千里，南北四千六百里"⑦ 的永昌郡。汉晋时，内地汉族人民因当官、当兵以及经商等原因落籍南中，诸葛亮平定南中之后，改用由南中大姓各自治理的羁縻政策，一方面利用国家权力机器进行心理威慑，另一方面则在政治经济上给予积极的扶持，将南中进一步郡县化，并在建宁郡、云南郡等地大兴屯田，形成了"纲纪初定，夷汉初安"⑧ 的统治秩序。晋王朝设"持节，统兵镇南中，统五十八部夷族都监行事"⑨ 的南夷校尉，全面实行军事统治。晋宋期间，中原政权更迭，为躲避中原战乱，不少汉族人民避祸于洱海地区。隋唐，杨坚率军进讨云南。唐代，李世民对云南各部进行招抚，并重设州县。后唐代还采取"以夷伐夷"⑩ 政策，

①　马曜主编《云南简史》，云南人民出版社，1983，第 30 页。
②　马曜主编《云南简史》，云南人民出版社，1983，第 30 页。
③　马曜主编《云南简史》，云南人民出版社，1983，第 30 页。
④　（东晋）常璩：《华阳国志·南中志》，商务印书馆，1958，第 55～56 页。
⑤　（东晋）常璩：《华阳国志·南中志》，商务印书馆，1958，第 55～56 页。
⑥　（汉）司马迁：《史记·西南夷列传》，中华书局，1962，第 2997 页。
⑦　（东晋）常璩：《华阳国志·南中志》，商务印书馆，1958，第 60 页。
⑧　（晋）陈寿撰，（宋）裴松之注《三国志·蜀书·吕凯传》，中华书局，1982，第 1046 页。
⑨　（东晋）常璩：《华阳国志·南中志》，商务印书馆，1958，第 57 页。
⑩　（南朝宋）范晔撰，（唐）李贤等注《后汉书》，中华书局，1965，第 609 页。

扶持南诏、抵御吐蕃。宋代，封大理王"检校太保，归德大将军，依归忠顺王"①。元代建立"云南行中书省"，云南被正式纳入中央政治版图。明代时，中央派驻数十万大军在云南实行军屯，还不断迫使中土大户迁居云南，实行民屯、商屯。大量的汉族人口注入，使汉族人口总数甚至超过了云南境内人口最多的少数民族，大批汉人到云南定居，与少数民族通婚，云南境内的民族融合开始呈现汉化趋势。明清后，废除土司制度，"改土归流"，设置流官，洱海附近的白族地区直辖于中央集权统治之下，云南的少数民族已逐步纳入统一中央王朝的政治体系中。

统一中央王朝的政治体系使得民族融合进一步加深，白汉互融的历史条件直接使得白族文人受到汉族文化的深刻影响，这也是以赵州师氏文学家族为代表的广大文学家族以及文人在诗文创作过程中表现出极深汉化痕迹的历史原因。

2. 以儒学为主的文化在云南地区的传播

西南少数民族政治适应的客体即作为政治统治者的中央王朝机构，在以暴力强权获得国家一统的过程中，更注重对其意识形态和思想文化的输出，以保证政治适应的主体能在潜移默化中承认并接受该政权的正统性。西南少数民族由此获得了接触以儒学为代表的先进中原文化的机会。庄蹻入滇之时，就曾把以楚文化为主的先进文化和技术带到了云南境内，可惜因其政治势力弱小而被同化。而在汉武帝强国之威震慑、富国之姿诱惑的软硬兼施下，西南诸夷"多欲愿为臣妾，请吏"②，以主动开放的态度自愿接受汉文化。王莽政权时期，派驻朱提（昭通）的地方官文齐将水田灌溉技术传入滇东北地区，西南少数民族、汉族人民在此"造起陂池，开通灌溉，垦田二千余顷"③，从锄耕农业转变为犁耕农业，牛耕、铁制农具也由此大量传入云南境内，云南少数民族的汉化性凸显。

入滇的汉族人民在为西南少数民族带来先进技术的同时，也带来了以儒学为主的先进的中原文化。每个时代总有一些高瞻远瞩的白族士人因敬慕汉文化而负笈远游，学成归来再传授乡里。如西汉元狩年间，大理人张叔不顾

---

① 转引自王文光、朱映占等著《中国西南民族通史》，云南大学出版社，2015，第481页。
② （汉）司马迁：《史记》卷一百一十七《司马相如列传》，中华书局，1982，第3046页。
③ （南朝宋）范晔撰，（唐）李贤等注《后汉书》，中华书局，1965，第2846页。

路途险阻，到四川若水一带拜师司马相如，求学受经，归教乡人。汉桓帝时，牂牁郡尹珍"自以生于荒裔，不知礼义，乃从汝南许慎、应奉受经书图纬。学成，还乡里教授，于是南域始有学焉"。① 牂牁郡的孟孝琚十二岁就"随官受《韩诗》，兼通《孝经》二卷"②。之后如南诏的张建成、元代的雄辩法师、明代的李元阳、清代的师范等人，都甘当先进中原文化的传播者。而且，对中原先进文化的吸收和传播不仅囿于个体行为，政府及官员都在努力促成这一事实。《后汉书·西南夷列传》记载汉明帝时，益州太守王追兴建学校，"渐迁其俗"③。三国至隋唐期间，中原地区多次欲与云南用兵的结果反而促成了汉族人民和云南少数民族的团结和融合，其中，以南中大姓为代表的实权阶级，对先进汉文化的传播起到了很大的作用。正如刘小兵在《滇文化史》中所说："三国时期，'南中大姓的形成，中间经过了东汉初年以来入学仕进这一必不可少的环节，成了掌握文化的阶层'……'南中大姓代表了汉文化在云南的传播'。"④ 南诏与大理国时期，云南境内效仿内地规章制度，以汉文字为通用文字，如饥似渴地学习以儒学为主的先进中原文化。

《僰古通纪浅述》载细奴逻"劝民间读儒书，行孝、弟、忠、信、礼、义、廉、耻之事"⑤。命郑回、杜光庭等人在境内用儒书汉字来教授国民，还派遣数以千万计的南诏子弟专门学习汉文化，"如此垂五十年不绝，其来则就学于蜀，不啻千百"⑥。皮罗阁"慕唐朝的礼仪威严，君臣有序，派遣蒙氏族人子弟、诸官子弟、王子六十人，入学长安三年。以后每三年入学一批，每批二十人，请长安学师授课，并习礼乐"⑦。学成归来的他们，对汉文化在云南的传播起了极大的推动作用。中央王朝乐见其成，主动向南诏"赐书习读，降使交欢，礼待情深，招延意厚。使传周公之礼乐，习孔子之

---

①　（南朝宋）范晔撰，（唐）李贤等注《后汉书·西南夷列传》，中华书局，1965，第 2845 页。

②　转引自王文光、尤伟琼等编著《云南民族的历史与文化概要》，云南大学出版社，2014，第 32 页。

③　（南朝宋）范晔撰，（唐）李贤等注《后汉书·西南夷列传》，中华书局，1965，第 2847 页。

④　刘小兵：《滇文化史》，云南人民出版社，1991，第 125 页。

⑤　转引自万源主编《儒学与中国少数民族思想文化》，当代中国出版社，1996，第 278 页。

⑥　转引自傅光宇著《云南民族文学与东南亚》，云南大学出版社，1999，第 293 页。

⑦　（明）李浩、玉笛山人、张继白等：《大理古佚书钞》，云南人民出版社，2002，第 150 页。

诗书"①，至异牟寻执政时，南诏已发展到"人知礼乐，本唐风化"②的程度。大理国时期，还到内地购买了许多儒学经典以及天文、地理、农、医方面的书籍。明倪辂《南诏野史》中说："段氏有国，亦开科取士，所取悉僧道、儒生者。"③可见政权机构选拔的也多是熟读儒家经典的知识分子。元代在一统全国后鉴于"云南俗无礼仪，男女往往自相配偶；亲死则火之，不为丧祭；无秔稻桑麻；子弟不知读书"④的状况，"赛典赤教之跪拜之节，婚姻行媒，死者为之棺椁、祭奠；教民播种，为陂池以备水旱；创建孔子庙，明伦堂，购经史，授学田，由是文风稍兴"⑤。此后，云南地方官员也奉行"治国以教化为先，教化以兴学为本"⑥的宗旨，行"以夏化夷"⑦之政策。如明代的沐氏家族在云南"练兵劝农，兴学化俗"⑧"凡民之俊秀与诸酋子弟入云南府学，朔望或赐之饮膳，岁时或赐之衣服。又命行乡饮酒于学。民知尊长养老而兴其孝弟矣"⑨，（天启）《滇志》卷十三《官师志·流寓》中记载浙江山阴文人王昙"雅尚俭索，有古风。教诲里闬子弟，皆之向学"⑩，在中央和云南政权、官员和先进个人的长期不断共同倡导下，云南的文化水平、社会风气得到极大改善，形成了"文风翕然丕变""风厉文学"⑪之结果。

从"礼乐""尊长养老""孝弟""教化"等词语中，足见贯穿始终的

---

① （清）蒋旭纂《云南大理文史资料选辑地方志之四·康熙蒙化府志》，大理白族自治州文化局，1983，第268页。

② （清）蒋旭纂《云南大理文史资料选辑地方志之四·康熙蒙化府志》，大理白族自治州文化局，1983，第268页。

③ （明）倪辂：《南诏野史》，见方国瑜主编《云南史料丛刊》第4卷，第788页。

④ （明）宋濂等撰《元史》卷一百二十五《列传第十二　赛典赤·赡思丁传》，中华书局，1976，第3065页。

⑤ （明）宋濂等撰《元史》卷一百二十五《列传第十二　赛典赤·赡思丁传》，中华书局，1976，第3065页。

⑥ （清）张廷玉等撰《明史》卷六十九《选举一》，中华书局，1974。

⑦ （清）张廷玉等撰《明史》卷六十九《选举一》，中华书局，1974。

⑧ （明）陈文修，李春龙、刘景毛校注《景泰云南图经志书校注》，云南民族出版社，2002，第38页。

⑨ （明）陈文修，李春龙、刘景毛校注《景泰云南图经志书校注》，云南民族出版社，2002，第490页。

⑩ （明）刘文征撰《滇志》卷十三《官师志》第七之四，清钞本，云南省图书馆藏。

⑪ （明）刘文征撰《滇志》卷十一《官师志》第七之二，清钞本，云南省图书馆藏。

儒家学说。自董仲舒建议"罢黜百家，独尊儒术"之后，云南地区也随之同步。像张建成、雄辩法师、李元阳、王崧、师范等知识分子不仅自己学习儒家学说，而且还能承担起传播儒学、教化乡里的重任，他们在儒学传播的过程中发挥了难以替代的作用。大理地区的高门大姓，因为有经济实力的支撑，亦是儒学传播的主要接受者和得益者，家族文学的存在，有其合理的出口。

先进儒学的传播，为家族文学的诞生提供了知识上的储备。而积极推广儒学的知识分子，以传播先进文化、移风易俗为己任，潜移默化中瓦解着白族人民文化和地域上的闭塞与落后，为文学家族的诞生提供了底蕴与根基。在意识形态渗透的过程中，儒学发挥了极大的作用。明清时期官方规定白族地区和汉地学习一样的以四书五经为主的儒学。从一定程度上来说，儒学在白族地区的传播是白族人民被动接受的结果。但毋庸置疑，这种强权高压对儒学的推行起到了相当大的作用，奠定了儒学在白族地区的正统地位，促成了儒学在白族地区的广泛传播，也使得汉文化对白族人民影响越来越深。甚至可以说在很大程度上剥夺了其文化创新的自主性，造成了白族传统文化整体无意识地向强势而先进的汉文化倾斜和顺从的状况。

而且，南诏时汉文就作为白族的官方文字存在，此前白族并没有属于自己的文字，白文的诞生也是通过汉文来实现的。然而，在以后的发展中白文并没有取代汉文的位置，究其原因，主要有两点：从白文自身来说，缺乏系统、科学的造字方法，仅用汉字记音。而白族各地方言不同，就会造成语音的差异，相应的汉字也不一致，这样就造成了表意的混乱，不利于交际；从推广方面来说，白文用汉字记音，而汉字这一媒介在一定时期内只在掌握这一传播媒介的社会中上层和极少数的下层人民之间传播，并且多数下层民众得不到读书识字的机会，这样就无法辨认白文。白族统治者自上而下地推广汉文，白文并未得到相应的重视，这就造成了白族缺少白文记载的书面作品，难以使白族文化获得原生态保存，也就难以发现其文化的本来面目。而汉文记载的白族作品，已失去了其原汁原味的文化精髓，不自觉地受到汉文化的影响和钳制。在接受和学习先进汉文化的过程中，白族文化所表现出的与汉文化的趋同性和模仿性，并不利于文化发展的多样性。

总之，亲仁善邻的白族人民以开放之姿主动学习和吸收汉族的优秀文化，是其"久已易椎髻绣衣之陋，而成声名文物之区"①的重要条件，甚至呈现出"人文潜通，声教诗书、礼乐节孝忠贞非独见为"②的可喜局面。汉化程度与文学成就在一定程度上是成正比的，白族人民在历史和现实中对汉文化的充分接纳是白族文学成就在西南少数民族中独占鳌头的先决条件，是历史赐予赵州师氏文学家族的绝好学习环境。但不可否认的是，汉化程度加深的同时损害了文化的多样性，这也是赵州师氏文学家族在文学创作中民族特色不足的主要原因。

（三）"文献名邦""六科六解亚"光环下的人文环境

行省制度的建立，标志着云南在政治上已与内地融为一体。经济获得了发展，民族结构也有了相应的改变，在文学上自然呈现出一派繁荣的景象。

1. 官学、私学齐头并进的教育环境

明清时期，云南文人辈出，这与云南地区的文化教育息息相关。从汉民入滇开始，中原地区的先进文化就在源源不断地向云南输入，文化教育作为其中的一部分，也逐渐受到云南各少数民族的注意和重视。

我国古代，学在官府是教育的主流，《礼记·王制》就有"天子命之教，然后为学"③的记载。明代"改土归流"后，设学校、推儒学，试图达到政教一统的目的，洪武十五年（1382）发榜文要求云南地区："府、州、县学校，宜加兴举，本处有司选保民间儒士堪为师范者，举充学官，教养子弟，使知礼义，以美风俗"④，洪武二十八年（1395）要求云南设置儒学："边夷土官皆世袭其职，鲜知礼义，治之则激，纵之则玩，不预教之，何由能化！其云南四川边夷土官，皆设儒学，选其子孙弟侄之俊秀者以教之，使之知君臣父子之义，而无悖礼争斗之事，亦安边之道也"⑤，作为安边化俗的手段，专行教化。儒学即学宫，又称庙学、黉宫、黉学，是指各府、州、厅、县所建立的文庙，既是祭孔的圣地，又是儒学教官的衙署所在地，是"学在官府"形式的一种，故属于官学。官学又分中央和地方两类。大理白族

---

① （清）乐恒：《续刻滇诗之略序》，清刻本，云南省图书馆藏。
② （清）乐恒：《续刻滇诗之略序》，清刻本，云南省图书馆藏。
③ 周殿选编《礼记新编六十篇》，北京时代华文书局，2016，第40页。
④ （明）张紞：《云南机务钞黄》，清刻本，户部尚书王际华家藏本。
⑤ （明）《明太祖实录》卷二三九，"中央研究院"校印，1962，第3467页。

的路、府、州、县学属于地方官学的范畴，其教育形式以及祭孔活动和内地一样，由官府直接划拨学田、学产，收取租息作为维持本地学宫，开办社学、书院、义学的活动经费。

元代大理地区先后创建大理府学宫、邓川州学宫和鹤庆府学宫三所。明代官学在元代基础上有所发展，设置府、州、县学的同时要求设置学官，府设教授、训导各一人，州设学正、训导各一人，县设教谕、训导各一人，还给各学规定了府学四十人、州学三十人、县学二十人的学额，后略有递增。依据（天启）《滇志》、（民国）《新纂云南通志》及各府州县旧志等资料可知，明代时又创建了浪穹县学宫、赵州县学宫、云南县学宫、太和县学宫、宾川州学宫、云龙州学宫、永平县学宫、剑川州学宫、蒙化府学宫等九所学宫。清代大理地区的文化教育，在元明经营的基础上发展势头良好。清代官学按照重新规划的行政机构依次划分为府、厅、州、县学，府、厅设教授一名，州设学正一名，县设教谕一名，并在各学设有训导一名，并且规定了儒学生员的名额。清代学宫在明代九所基础上或修或建，日臻完善。

创建于唐代的书院，本是"掌刊集古今之经籍，以辨明邦国之大典，而备顾问应对"①之所，并非读书人潜心学习之地。五代十国烽烟战火不息的混乱时期，许多读书人隐居深山僻野避祸，无所事事中便邀约相聚、以文会友，一些名师大儒还以个人名义创办书院，聚徒讲学，如宋代吕祖谦所撰《白鹿洞书院记》中说："国初斯民，新脱五季锋镝之厄，学者尚寡，海内向平，文风日起，儒生往往依山林，即闲旷以讲授，大率多至数十百人。"②到五代末期时书院已然成为招生收徒、讲学读书的场所。书院这种教学组织形式，逐渐得到官府的重视与支持，到宋代时初有规模。元代则将书院官学化，纳入官学教育的范畴。从明代开始，朝廷对书院的控制加强，"古者乡学之秀升于国，然其时诸侯之国皆有学。今府、州、县并建，而无递升之法。国子监虽设于京师而道里遥远，四方之士不能胥会，则书院即古侯国之

---

① 转引自张福孙编著《大理白族教育史稿》，云南民族出版社，2008，第130页。

② （宋）吕祖谦：《吕东莱文集》卷六《白鹿洞书院记》，丛书集成初编本，商务印书馆（复印本）。

学也"①，书院进一步成为王朝巩固统治的工具，因而统治者对其建立乐见其成。明清时期，云南境内书院数目众多，但从发展速度和教学质量来看，大理地区可谓"全省之冠"②。明代大理地区主要书院共22所，到清代已然达到了72所。对明清大理地区主要书院分布情况整理如下（见图8-1、图8-2）。

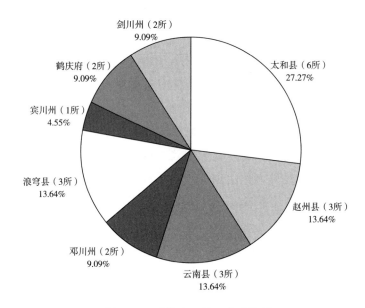

剑川州（2所）
9.09%

鹤庆府（2所）
9.09%

宾川州（1所）
4.55%

浪穹县（3所）
13.64%

邓川州（2所）
9.09%

云南县（3所）
13.64%

太和县（6所）
27.27%

赵州县（3所）
13.64%

图8-1　明代大理地区书院数量

　　书院的建立需要便利的交通、繁荣的经济和大批有上进心的文人做后盾，而规模齐备、学子众多的书院又会吸引更多的文人来学习、定居，大批文人之间的交游往来、诗文唱和形成了浓厚的学术氛围，无形中起到了移风易俗、提高民族素质、推动社会文明进步的作用。可以说，书院的存在为文学家族的产生提供了坚实的物质基础。而书院数量与文学家族的分布之间隐约暗含着一定关联，以清代为例，白族9个文学家族中，龚氏、赵氏和师氏三个文学家族都分布在拥有11所书院的赵州县，杨氏、赵氏两个文学家族分布在拥有7所书院的太和县，赵氏、张氏两个文学家族分布在拥有3所书

　　①　（清）张廷玉：《皇朝文献通选》卷七十一《学校考九》，光绪二十七年八月木刻版，上海图书集成局。
　　②　魏能：《云南书院概述》，《云南教育史志资料》1987年第6期。

院的剑川州（见图 8 - 2）。按此正相关的比值，我们推测像邓川州、云龙州等书院数量较多的地区，存在还未被我们发掘的文学家族。

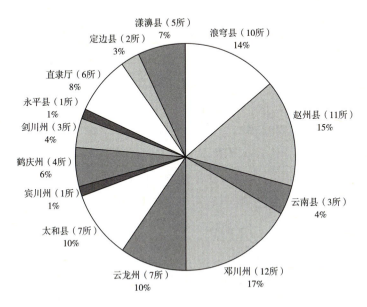

图 8 - 2 清代大理地区书院数量

除了学宫、书院等，以官学形式存在的还有社学。社学从元代兴起，《新元史·食货志》记载："劝农立社，尤一代农政之善者。先是大司农卿张文谦奏上立社，规条十五款，至元二十三年，命颁于各路，依例施行"①，"诸县所属村疃，五十家为一舍，择高年晓农事者立为社长。增至百家，别设社长一员。不及五十家者，与近村合一社，社远人稀，不能相合，各自为社者听。社长专以教劝农桑为务"②"每社立学校一，择通晓经书者为学师，农隙使子弟入学。如学文有成者，申覆官司照验"③。明代在元社学的基础上发展、完善。《明史·选举志》中有详细规定："社学自洪武八年

① （民国）柯劭忞选，余大钧标点《新元史》志第三六《食货二》，吉林人民出版社，1995，第1589页。

② （民国）柯劭忞选，余大钧标点《新元史》志第三六《食货二》，吉林人民出版社，1995，第1589页。

③ （民国）柯劭忞选，余大钧标点《新元史》志第三六《食货二》，吉林人民出版社，1995，第1590页。

（1375），延师以教民间子弟，兼读《御制大诰》及本朝律令。正统时期许补儒学生员。弘治十七年（1504），合各府、州、县建立社学，选择明诗、民间幼童十五以下者送入读书，讲习冠婚丧祭之礼。"① 但社学也存在着种种弊端。明清时期，朝廷本着推广儒学、教化子弟的目的在乡村创办社学，但地方官员却借着办社学的由头，滥用职权，肆意敲诈勒索。甚至社学的创办经费，也常会被当地豪绅恶霸侵吞。因此，家庭贫困的子弟，还是难以就学。社学办学形式僵硬、清规戒律极多，加之豪强的侵吞勒索，不受民间欢迎，因而发展缓慢，规模不大，难以推行，到明中期就"其法久废，寝不举行"② 了。据不完全统计，明代大理地区只有蒙化府、鹤庆府、赵州、太和县、永平县和定边县六个地区创办社学 50 所。清康熙年间，继续置社学，充社师，"凡府、州、县每乡置社学，选择文艺通晓、行谊谨厚者，充社师"③，规定社学附近 12～20 岁的子弟，都要入社读书，一时间社学复兴。据不完全统计，赵州、太和、祥云、南涧、蒙化、鹤庆、宾川县先后创办 38 所社学。但社学弊端仍在，于是清康熙四十四年（1705）朝廷下诏："令贵州各府州县设立义学，土司承袭子弟送学肄业，以俟袭替。"④ 清雍正以后，社学逐渐被义学取代。（民国）《新纂云南通志·书院义学》篇中提道："至义学之设，其旨趣略如今之民众教育，而在边省尤重在开化夷民"⑤，带有启蒙性质。其办学经费来源于地租，教师的酬金由地租来决定，是官学的形式之一。义学教育对教师的能力也提出了要求，"选延塾师，以六年为期，如果教导有成，塾师准作贡生，三年无成，该生发回，别择文行兼有之士。应需经书日用，令该督抚照例办给，俟熟番学业有成，令往教诲生番子弟，再俟熟悉通晓之后，准其报名应试"⑥。这相当于教师考核，赏罚看能力，无疑会极大地提高教学水平和教学质量。义学规模小，办学灵活，教学

---

① （清）张廷玉等撰《明史》卷六十九《选举一》，中华书局，1974。
② （民国）柯劭忞选，余大钧标点《新元史》志第三六《食货二》，吉林人民出版社，1995，第 1590 页。
③ （民国）柯劭忞选，余大钧标点《新元史》志第三六《食货二》，吉林人民出版社，1995，第 1590 页。
④ （清）张廷玉等纂《清朝文献通考》卷六十九《学校考》，浙江古籍出版社，2000，第 5492 页。
⑤ 李春龙、王珏点校《新纂云南通志（六）》，云南人民出版社，2007，第 521 页。
⑥ （清）张廷玉等纂《清朝文献通考》卷六十九《学校考》，浙江古籍出版社，2000，第 5492 页。

形式不拘，深受民间欢迎，得到了各级官员和有识之士的积极支持，因而在大理地区得到蓬勃发展，很快遍及城乡地区，其盛况正如师范《滇系·学校考》中所描述的："义学在云南，府属者九十七所，大理府属者四十四，丽江府属者十四，永昌府属者十五，蒙化厅属者八"①，可见义学在大理地区发展极盛。这对提高大理地区的文化教育水平和人口素质有着积极的推进作用，对于文学家族的形成同样功不可没。

与官学比肩、同样盛行的是私塾教育。私塾又称私学，泛指由私人独办或合办的一种教育形式，虽有家塾、村塾、乡塾、蒙塾等不同名目，但本质一样，即对未成年人进行的启蒙识字教育，其在教学形式上也通常以家传和私授为主，时间、地点、薪酬、教材，灵活可变。从"天子失官，学在四夷"② 可见春秋时期已有私学的存在，后来诸子百家纷纷著书立说，教徒授学，自成一家，私学发展极其繁荣。之后，张叔、盛览拜师司马相如，郑回、杜光庭教授儒学，都是通过私学形式进行的。至元二十八年（1291），元世祖"令云南诸路及各县学内设立小学，送老成之士教之，或自愿招师，或自授学于父兄者；亦从其便"③，"或自愿招师，或自授学于父兄者"即是私学教育，可见云南在政策上是鼓励私学发展的。而且，云南地区的女子也可以通过私学获得接受汉文化的权利，家族成员中出现女诗人亦是情理之中。明代的私学是对中原地区汉、唐以来教育的继承与发展，多以拜师和游学两种方式存在。但相较于拜师，游学之士则又显得凤毛麟角，像明代嘉靖辛卯科解元李东儒游学于杨慎、李元阳之门，隆庆五年（1571）辛未科进士罗星、岁贡生杨士成也曾拜李元阳为师，游学其门，所以聘请家庭教师或教师独立设馆的拜师形式更为普遍。私学教材简易浅显，教学方法灵活，教师多为屡试不第之文人。大理地区的私塾教育，到了清代更趋成熟，办学规模也越来越大。清代前期，白族地区的经济条件发达，封建文化繁荣，学术氛围浓厚，因此书香门第相当多，私塾也有了大好的发展前途。（康熙）

---

① （清）师范：《滇系》，不分卷，云南省官书局据清嘉庆二十二年刻本重印行世，残存十五册，云南省图书馆藏。

② （春秋）左丘明著，蔡践解译《左传全鉴》，中国纺织出版社，2016，第242页。

③ 转引自大理白族自治州地方志编纂委员会编纂《大理白族自治州志》卷八，云南人民出版社，2000，第118页。

《剑川州志》中描述："城乡远近，处处设塾延师，诵读之声不绝，是以人文蔚起，科甲接踵。在迤西诸郡中，足称翘楚。"①　师范在《滇系·学校考》中用"宜乎深林密箐之间，弦诵之声，不绝于耳"②　来形容大理地区的学习风气和办学规模。许多著名学者由私塾里培养出来，又去培养下一代文人，因而白族地区出现了许多耕读相承的教育世家，对发展教育作出了巨大贡献，如喜洲人赵廷俊任大理西云书院教授多年，其子赵景温任过教谕、学正、大理敷文书院山长以及高等学堂教授。赵州师氏文学家族中，师问忠就是一位教育大家，一生所教弟子众多，其子师范得其真传，且青出于蓝而胜于蓝。师范曾教授剑川赵氏文学家族中的赵怀礼，并夸赞赵怀礼"茹古得髓，其诗自成馨逸"③。太和赵氏文学家族中，赵廷玉从师于县学教师周孔潜，并与周孔潜多才多艺的女儿周馥喜结连理，后也曾教授私学养家糊口。当然，还有一些家底丰厚的人家，专门聘请教师教授自己的子女。这些条件都为家族文学的存在营造了成长的土壤。私塾教育因其教学制度灵活，规模可大可小，不受时间、空间限制，耗资少，就学方便等特点，深受欢迎，长期以来，代代相传，培养出了大批人才。清末的时候，仅大理府城就有 20余馆。私塾的兴起，为家族文学的成型作出了不可磨灭的贡献。

　　荣格终其一生都在强调的"集体无意识"认为，每个人都会长期受到沉淀在传统中的具有文化同构特征的综合价值观念的影响。这种综合价值观念是人文地理的一个重要组成部分，是自然的、政治的以及人文的各方面因素综合作用的结果。每个民族的文明都是在这种综合作用下生根、发展、苗壮成为自身的特色和风情。正如明清之际朝廷在云南地区推行的官学与私学并行的文化教育，融入云南地区的自然、社会、政治、人文之中，保证了学生的数量以及教学的质量，形成了尊师重道、发奋成才的良好氛围，也成为云南地区明清两代家学传承优良、乡绅先贤辈出不可忽视的原因之一。文

---

① （清）王世贵、何基盛、张伦等：(康熙)《剑川州志》，《云南大理文史资料选辑地方志之八》，大理白族自治州文化局，1982，第 110 页。

② （清）师范：《滇系》，不分卷，云南省官书局据清嘉庆二十二年刻本重印行世，残存十五册，云南省图书馆藏。

③　周钟岳纂，张秀芬等点校 (民国)《新纂云南通志》卷七十七，民国三十三年修，三十八年 (1949) 铅印本，云南人民出版社。

化教育的推行使民风民俗丕变，整个社会风气为之一新，取得了"云南节物交际，列郡皆同，与中州亦无以异"① 的显著效果，同时也为赵州"文献名邦"的名声找到合理的出口与归途。

2. "六科六解亚"成就下的科举环境

中央王朝的暴力机器对西南各少数民族起到了一定程度的威慑作用，使得云南地区的白汉人民融为一体。但要想实现国家的长治久安，使西南各少数民族诚心归附，就必须在思想文化上同化他们，正如元代赛典赤到云南执政时说："力攻不如德降。"②

中央王朝对云南地区采取的怀柔政策之一就是将云南各少数民族列为科举取士的对象，据（民国）《新纂云南通志·元文进士表》记载，元中统年间，籍贯赵州的苏隆考取进士，开创了白族参与中原王朝科举考试的先河。"永乐九年，诏云南布政司开科取士，取二十八人，其中二人举进士。以后举人进士乃至翰林的人数逐科增多，有的通过科举考试而进入封建王朝中央及地方政权"③，科举成了进入政权机构的敲门砖。科举年代，无论是中原地区还是少数民族地区，"学而优则仕"是一条颠扑不破的真理。对于大部分文人士子来说，学习是为了科举，科举是为了入仕，学习和入仕之间存在着一种传递关系，即学习是为了入仕，而入仕则是为了取得功名，得禄养亲，光宗耀祖。

由仕而政是成为望族的先决条件与激励机制。而望族要保持长盛不衰，就必须维持住博雅尚文的传统。这种传统的维持依然需要科举入仕作为支撑。因为个人的社会地位主要是由"任官的资格，而不是财富所决定的"④。李洵在论望族的形成时说："主要是两个途径，一是从进士及第开始，作了大官，广置产业，子弟再应科举进入仕途，几世过后，成为当地的著名乡绅官户。另一是以资产经营起家，再以资买官品，跻身于乡绅之列。几世之后，子弟都走上前一种途径，和那种以科甲起家的望族，无大区别了。"⑤

---

① 李元阳纂（万历）《云南通志》卷一《全省风土附论》，民国二十二年刊本。

② 中国人民政治协商会议云南省昆明市委员会编《昆明文史资料集萃》第9卷，云南科技出版社，2009，第7224页。

③ 马曜主编《云南简史》，云南人民出版社，1983，第158页。

④ 〔德〕马克斯·韦伯：《儒教与道教》，洪天福译，凤凰出版传媒集团、江苏人民出版社，1992，第91页。

⑤ 李洵：《论明代江南地区士大夫势力的兴衰》，载李洵著《下学集》，中国社会科学出版社，1995。

可见，无论哪种途径，要保持望族的地位，都必须经过科举的淬炼。钱泳也曾劝诫世人："欲弟子为好人，必令勤读书，识义理，方为家门之幸，否则本根拔矣。"① 钱泳将科举视为家族之根，与门庭振兴有着密切关系，其重要性不言而喻，而科举入仕可谓是当时知识分子的普遍追求。

参与科举已然成为一种社会风气，这种风气在云南地区持续蔓延。（正德）《云南志·大理府风俗》说："郡中汉僰人，少工商而多士类，悦其经史，隆重师友。开科之年，举子恒胜他郡。"② 清代赵州弥渡举人题名碑上记载了雍正元年（1723）到光绪十一年（1885）间乡试中五十七科一百一十一名弥渡先贤；清代赵州弥渡进士题名碑记录了清雍正元年到光绪十八年（1892）间殿试中十三科，弥渡先贤二十名。郡中先贤尹箫怡先生撰有名联"名录压滇西，溯源文江，看前辈六科六解亚；词曹联阙北，宗朝学海，愿诸君一室一琴书"③，"六科六解亚"也因此成为弥渡科举成就的表征。"六科六解亚"专指乾隆六年（1741）至乾隆十年（1745）间，弥渡乡试时师问忠、周飏渭、熊于青、石峰、李宰、师范六人以解、亚相间的举人功名五科蝉联，首尾的师问忠和师范还是父子双中亚元，一时传为佳话。当然，这五科里有举人功名的还有乾隆三十九年（1774）甲午科的谷际岐、乾隆九年（1744）甲子科的龚锡鼎，不过谷际岐是乾隆四十年乙未科的进士，龚锡鼎是乾隆十三年（1748）戊辰科的进士，而师问忠等六人则以解元、亚元身份终老，使得"六科六解亚"的存在合理又传奇。

赵州并非特例，明代进士王士性就说过："缙绅家非奕叶科第，富贵难以长守"④，自从云南地区实行开科取士以来，为光耀门楣，延续文学家族优势，保持世家基业不衰，文人纷纷从科举中找出路，"自科举之法行，人期速效，十五而不应试，父兄以为不才；二十而不与于胶庠，乡里得而贱之"⑤ 的现象在云南白族地区也出现过，科举成功，则世祚长盛；反之，家族根基难以长久。所以，赵州文人家庭的男性成员大多走上了科举的道路。并且，

---

① （清）钱泳撰，孟裴校点《履园丛话》卷二十四，上海古籍出版社，2012，第429页。
② （明）周季风纂修（正德）《云南志》卷三《风俗》，清抄本，云南省图书馆藏。
③ 弥渡县志编纂委员会编《弥渡县志》，四川辞书出版社，1993，第627页。
④ （明）王士性：《广志绎》卷四《江南诸省》，中华书局，1981，第70页。
⑤ （清）戴钧衡：《味经山馆文钞》卷一《桐乡书院四议》，清咸丰三年刻本。

家庭成员入仕带来示范和激励作用，使得后来者前赴后继。甚至可以毫不夸张地说，明清时期，科举是使家族的名誉和荣耀得以累世绵延的唯一途径。

清朝光绪年间，弥渡县城的钟鼓楼上悬挂着"文献名邦"的匾额和"地足中和，人教礼让；名联解亚，秀毓甲科"① 的楹联，将弥渡浓厚的文化氛围与喜人的科举成果并举，二者之间存在的紧密关系已毋庸置疑。科举的盛行无形中启迪和鼓舞着后世文化的发展和人才的成长，科举对文化形成的连锁效应——如诗文社团、文学家族的兴起与兴盛，亦是一地人文社会环境底蕴的最好体现。科举是文人在学问上进步的催化剂，而深厚的学识又是科举的基本保障，且科举是光耀门楣、保持家族基业不衰的必备条件，为文学家族的诞生提供了坚实的基础。

清代师氏文学家族从师问忠至师道南三代，不到百年。师箴一生只有短短四十一载，而师道南仅二十九岁便溘然长逝，所以清代师氏家族的传承起于师问忠，终于师范，即从康熙五十四年（1715）到嘉庆十六年（1811）共96 年的时间。赵州地区人杰地灵，文学世家、科举人才层出不穷。此间，除了师氏家族，还有以龚渤为代表的龚氏文学家族和以赵淳为代表的赵氏文学家族，其家族成员、文学作品留存及科举功名情况如表 8 - 1。

由赵州两个文学家族的文学创作成果观之，赵州地区有着文学发展和成长的土壤，而师氏家族就扎根于这文化土壤之中，一边从其他文人那里汲取文学创作的养分，一边以自身特有的魅力影响和激励着其他文人，促使整个文学环境不断提升。而留有作品的赵州师氏家族文人中除师道南外均有功名傍身。由此可见，家族中有才华的文人是科举的主力军，并且能在科举中占得一席之地。换个角度思考，假使这些家族没有科举功名傍身，恐怕也难以在有着万千相同家庭模式的读书人中脱颖而出，为世人所仰望。科举功名所带来的名声和效益，在一定程度上为家族文人的学识镀了金，二者相互抬举，水涨船高。而科举中女秀才的出现，足以证明赵州地区对有才之士的尊重。这种学术上的开放性与科举取士的激励作用，相互加冕，促进了文学家族的发展。

恩格斯说过："每一时代的社会经济结构形成现实基础，每一个历史时期的由法的设施和政治设施以及宗教的、哲学的和其他的观念形成所构成的全

---

① 　弥渡县志编纂委员会编《弥渡县志》，四川辞书出版社，1993，第 858 页。

表8-1　赵州龚氏、赵氏文学家族成员著述与科举情况

家族	姓名	生卒年、表字别号、家族谱系	生平	著述	现存情况	科名
	1. 龚仁	义兄	康熙年间岁贡生。志称："闭户读书，不无闻述，字见其面，人称:闭户先生。"		(道光)《赵州志》存其诗《彩云桥》一首	康熙年间岁贡生
	2. 龚义	字宜仲，渤祖父	诸生，因其孙龚渤而显贵，封如其官	著有《尚古堂诗钞》	《滇南诗略》卷十六录其诗《山中杂诗》一首	诸生
赵州龚氏	3. 龚渤	1712～1759年，字遂可，又号学耕，又号阆仙	天资聪颖，行文敏捷。雍正十年(1732)举人，乾隆元年(1736)进士，历官翰林院检讨、侍读，补授詹事府左右春坊，左右庶子掌坊事，继授侍讲学士，日讲起居注官，充《八旗姓氏通谱》纂修官，稽查六科史书文物殿试受卷弥封官。年四十八卒	诗文集：《衣云楼诗文集》《使蜀吟》《使晋纪程》《塞上吟》《梅花百咏》《游燕草》《留粤草》《四书扼要》等	《梅花百咏》二卷，光绪十六年(1890)张锐手钞本，云南省图书馆藏。《滇南诗略》卷三十一录其诗《金川平定奏凯恭纪》《雁门关》《冬夜独坐漫城》《听茅井区》《疏圃》《洛叶》《柳阴》《官渡》《秋柳词》《采荷曲》十一首；《滇诗丛录》卷二十录其诗《吊忠愍公》《梅花次韵四首》《老梅》《紫梅》八首；(道光)《赵州志》卷六录其诗《天生桥》一首	乾隆元年(1736)丙辰科进士

续表

家族	姓名	生卒年、表字别号、家族谱系	生平	著述	现存情况	科名
赵州龚氏	4. 龚锡瑞	1733～1781年，字信臣，号簪崖，渤子	乾隆乙酉科拔贡。倜傥能文，旨近诗工。袁简斋太史评其诗天才超逸，有太白遗风	著有《簪崖诗集》	《滇南诗略》卷四十一录其诗《有所思》《辕下驹》《放歌行》《麦不收重播行》《直力铺》《海洋摘盗诗为少鹏作》《梦游庐山歌》《峡山飞来寺》《始兴上坡江水仅三寸舟行甚苦遣闷作歌》《十八滩》《酬谷大心》《下伏波滩》《偶步》《晓发渌丹》《抵南宁》《晚过胜因寺》《商山寺小饮同砚北芳亭》《初冬漫兴》《响水洞》《题桃源冢遵扬公用孙朴山先生字韵二首》《晚渡九江》《昆明逢师荔庯归自京东》《七夕》《少鹏邑不登诗若干首并贻见怀长篇以余甫经望岳也和酬二首》《荆州》《偶望》《拟古从军行二首》《古别离》《抒发德庆》《广州竹枝词》《发广州》《宿板桥》等四十首；《滇南文略》卷十二录其文《与许丹山书》一篇；《滇诗丛录》卷二十九录其诗二十二首；(道光)《赵州志》卷六录其诗《星回节》《龙尾关》《清流节妇》《张鹤亭招饮飞来寺》四首	清乾隆五十四年(1789)乙酉科拔贡
	5. 苏竹窗	锡瑞妻	乾隆年间女诗人，白族历史上高氏之后的第一个女贡生。她的诗韵沉雄，无闺阁纤弱之气		《滇南诗略》卷四十六录其诗《接外昆明寄书作》《听砧》《新月》《闻雁》《窗前竹》《村居》《和外直力铺秋柳弟升庵先生》《冬夕》《七夕》《柳》《洛花》《雪夜》《偶成》《登楼望白崖定西岭诸山》十四首	白族历史上高氏之后的第一个女贡生

续表

家族	姓名	生卒年、表字别号、家族谱系	生平	著述	现存情况	科名
	6. 龚亮	号廷枚	雍正年间解元，举国子监助教，诗词皆工	《留燕草》《游粤草全集》	（道光）《赵州志》卷六存诗《登龙华寺》一首	雍正十年（1732）壬子科解元
赵州龚氏	7. 龚敏	字乃修，康乾年间人	乾隆六年（1741）举人。官昆阳州学正。性极孝。著书立说，教授乡里，撰修府志，人曾敬之，为著节孝录。志评："著书，教授，修州志该有所为。"		（康熙）《大理府志》卷二十九录其诗《迷渡天生桥》《万人冢歌》《天生桥》三首；（道光）《赵州志》卷六录其诗《弥渡天生桥》《万人冢歌》两首	乾隆六年（1741）辛酉科举人
	8. 龚锡鼎	字方汝，仁曾孙，渤侄	乾隆十三年（1748）进士。官南和知县。志评："学粹品优，勤于吏治，土民赖之。"		《大理古今诗人要事录》现存诗《解官归重登学士六叔父依云楼》一首	乾隆十三年（1748）戊辰科进士

续表

家族	姓名	生卒年、表字别号、家族谱系	生平	著述	现存情况	科名
					(乾隆)《赵州志》四卷,乾隆元年刻本,藏上海徐家汇藏书楼,云南省图书馆传抄上海徐家汇藏乾隆刻本。 《滇文丛录》卷二录文《劝垦并兴纺织论》《戒淫祀说》二篇;卷十八录其文《金沙江赋》《羊城赋》《睑川赋》三篇;卷二十五录其文《修建崇圣祠记》《重修白盐井志序》一篇;卷八十录其文《太守崔公宝建龙寺记》《重建青龙寺记》《新建文昌殿桂香楼记》政碑记》《桂香楼记》六篇。 《赵州诗学源流述》六篇。	
赵州赵氏	1.赵淳	1687?~1767年?,字粹标,号龙溪	雍正元年(1723)癸卯举人,五年(1727)丁未进士,年八十终于家	著有《龙溪存稿》,修纂《白盐井志》《续修琅盐井志》,(乾隆)《赵州志》四卷,《盐丰县志》	(滇南文略》卷十录其文《吴公子札漕台子羽论》一篇;卷十三录其文《象教辨》一篇。 《滇南诗略》录其诗《云南怀古》《雪山行》《白龙山》三首。 《滇诗丛录》卷二十录其诗《赵州席歌》一首。 (道光)《赵州志·艺文志(中)》录其文《桂香楼记》《赵州诗学源流》《象教辨》《睑川赋》《瑞芝颂》《戒淫祀说》《口口题名碑跋》等七篇。 (道光)《赵州志》录诗《荟萃楼临池》《东湖锦浪》《诸葛城》《泛东晋湖》《天生桥即景》《赵席歌》六首。 (民国)《大理县志稿·艺文部六》卷三十一收其诗《洱海赋》一首。	雍正五年(1727)丁未科进士

续表

家族		姓名	生卒年、表字别号、家族谱系	生平	著述	现存情况	科名
		2. 赵之琪	字亘五，号崑山，淳子	廪生。博览群书，名噪一时，早卒		（道光）《赵州志》录其诗《凤山晓月》《妙音井》《游东晋湖》三首	乾隆二十五年（1760）庚辰恩科举人
赵州赵氏		3. 赵之暖	淳子	举人。早卒		（道光）《赵州志》录其《梦寄飞来寺》一诗	乾隆六年（1741）辛酉科举人
		4. 赵之瑞	淳子			（道光）《赵州志》收其文《崇正说》《谱谱说》《洽兵未议》《兴革事宜策》四篇	乾隆十年（1745）乙丑科进士

部上层建筑，归根到底都应由这个基础来说明。"① 因此，任何时代的意识形态的成型皆取决于经济基础，所以清代赵州良好文风的形成是清代社会经济的产物，清代社会相对安定、政令统一、人民休养生息、生产发展，促进了经济的繁荣，从而孕育了"文献名邦"的昌盛文化和"六科六解亚"的火热文风。

二　赵州师氏家族概况及文学活动

学者李济在《中国民族的形成》一书中有过这样的表达："证明某人是真正有教养的中国人中的最简洁和最佳的方式，就是证明他的姓氏出于正宗。"② 而家谱正是一种能表明身份的文化工具。通过家谱，沿着宗族和血缘的脉络，来梳理文学世家的发展源流，可揭示源远流长的中国文化与文学的衍生机制和深厚根基，进一步传达出"耕读传家"理想中寄托的祖述风雅、薪火相传的文化信念。受中国传统文化的影响，不少家庭都留有编修族谱的习惯，但一个家族之所以能成为文学家族，最能证明其存在痕迹的便是其作品的留存，因而笔者搜集整理了师氏文学家族的作品存佚情况，并探讨了师氏家族的地域文缘活动，从而帮助我们更好地了解师氏文学家族成员作品的特色和风貌。

（一）师氏文学家族的源流探寻——《弥渡师氏族谱》

"家之有谱，犹国之有史也"③，纂修家谱是中华民族历来重视的文化传统。家谱，也叫族谱，是对家乘、家牒、宗谱、世谱、支谱、房谱等的泛称，其涵盖了家族的姓氏源流、家族迁徙、世系图录、人物事迹、风土人情等内容。

"家谱是家族的传承文化，家谱文化是一门学科，是一个家族长期连续记载世系、历代相传积之而成的家庭史书。如果说国家编正史、地县纂方志、宗族修家谱构成中国社会历史文化三大支柱的话，那么就其数量之多，历时之久，在民间影响之广而言，又当首推家谱。"④ "谱牒，作为一门学

① 《马克思恩格斯全集》（第二十六卷），中共中央马克思恩格斯列宁斯大林著作编译局编译，人民出版社，2014，第442页。

② 李济：《中国民族的形成》，上海人民出版社，2008，第107页。

③ 孔昭焕：《孔子世家谱序》，孔德成：《孔子世家谱》卷首，《孔子文化大全》本，山东友谊书社，1991，第26页。

④ 清明：《家谱实用大全》卷六《家谱指南》，甘肃人民出版社，2006，第3页。

问，在中国有着悠久的历史。它是一族一家人口发展、兴衰起伏的记录，是反映社会发展状况的窗口。真实可靠的家谱，还是研究战争、灾害、民族关系等诸多历史问题的有用材料。"① 这些话都肯定了谱牒的重要地位，也再次强调了家族文人重修家谱的重要性。家谱的功用，易熙吾在《家族谱牒今例》中有更详细的解读：一为"文献"：即家谱可备史材之用；二为"怀旧"：含有追远敬宗之理论意义；三为"鉴古"：于国于家，可鉴往知来；四为"遗传"，五为"优生"：由此两者皆可看出民族之兴衰；六为"户口"：可证人口增加之比例及进行生命统计；七为"社会"：可反映当时民族心理，风俗情形；八为"后嗣"：以防乱宗；九为"移民"：有关史地；十为"用宏"：如合各家谱之资料统计之，则所知必大。②

师氏族谱，乃师氏十三世祖师范修纂，穷原竟委、追根探底、条理井然，且约五年一修，用心颇深，惜历经咸同之乱十余载、屯营军溃，此地聚族而居者已然萧条，难免呈现文籍荡然之惨状。民国初年，自毓秀始迁云南，已历二十二世，师氏十七世祖师源公就族中各支留存家乘者征集采择，采取"十世以上存其略，十七世以上阙其疑，二十二世以上载其详"③ 的编纂方法，重修族谱，编成世次，以便"遵祖训，守族规"④。直至 20 世纪 80 年代，武邑师氏族人因"后辈子孙繁衍，支脉较多，加上社会变革，使我们长幼难分，尊长幼难以启口，同名的也很多，这样苊艾难别。值此讲文明、讲礼貌倡行之世，族中多数人倡议，有续修族谱之必要"⑤，继而续订，以达到"凡我族人，应家喻户晓，人人共知，代代相传"⑥ 之目的，其成果即今所见之师氏族谱。谱前续序，为盛代昌代笔；谱后所跋，为刘文典、张昭分跋。

---

① （清）师范修纂，师源重纂，武邑师氏族人续订《弥渡师氏族谱·纂辑师氏族谱序》，抄本为师氏第二十世师福林之子师长用后代所藏。

② 常建华：《社会生活的历史学：中国社会史研究新探》，北京师范大学出版社，2004，第270页。

③ （清）师范修纂，师源重纂，武邑师氏族人续订《弥渡师氏族谱》卷一《重修族谱叙》，抄本为师氏第二十世师福林之子师长用后代所藏。

④ （清）师范修纂，师源重纂，武邑师氏族人续订《弥渡师氏族谱》卷一《重修族谱叙》，抄本为师氏第二十世师福林之子师长用后代所藏。

⑤ （清）师范修纂，师源重纂，武邑师氏族人续订《弥渡师氏族谱》卷一《续谱前言》，抄本为师氏第二十世师福林之子师长用后代所藏。

⑥ （清）师范修纂，师源重纂，武邑师氏族人续订《弥渡师氏族谱》卷一《续谱前言》，抄本为师氏第二十世师福林之子师长用后代所藏。

根据卷一《重修族谱叙》可知，师问忠祖上并非土生土长的大理白族人，而是由中原内地迁徙至大理的。师氏本是山西省平阳洪洞县人，居住于师旷故里。明洪武十三年（1380），师氏始祖毓秀随军来滇，明朝定鼎后，以武德将军之职率领军队屯戍于弥渡下川武邑。为方便寻根探源，避免上溯始祖代世不同造成的混乱，师氏家族统一追认随军来滇、位高爵显的师毓秀为始祖。之后，师毓秀娶当地字氏夫人，并与周边民众相处和睦，扎根落地、开垦生息、支脉繁衍。到第六世时，因遇毗雌河水患，遂迁于今莘野村。《重修族谱》只记录至 1920 年前之生者，故《续修族谱》继十九世续至二十四世。《重修族谱》和《续修族谱》在十九世时有出入，如师惠和师愚都是十八世公师殿邦之子，在师源所编纂的《重修族谱》中却没有体现出来。又因师源重纂《重修族谱》二十世以下，世系混乱不清，所以十九世后师氏世系源流以武邑师氏族人所续修族谱为准。师问忠一支自始祖毓秀至十八世之嫡系族谱脉络可溯师氏本源；自十九世之后，发展驳杂，现以表8-2 将其十八世后嫡系脉络简单整理归纳。

表 8-2　师氏十八世后嫡系脉络

世系	姓名	关系
十九世	师恂	经邦子
	师忱	建邦子
	师怿	
	师谆	殿邦子
	师惠	
	师愚	
	师应	宁邦子
	师敏	
	师慧	治邦子
	师志	
	师表	
	师懋	安邦子
	师忻	

续表

世系	姓名	关系
二十世	师庆善	恂子
	师主善	忱子
	师为善	
	师从善	
	师裕善	懋子
	师聪善	怿子
	师本善	
	师增善	
	师春善	应子
	师润善	
	师荣善	
	师可善	敏子
	师兆武	慧子
	师兆祥	
	师启明	志子
	师启亮	
	师鸿善	忻子
二十一世	师学旺	庆善子
	师帅	为善子
	师冶	从善子
	师安明	增善子
	师顺明	
	师岳	兆武子
	师迎春	裕善子
	师用明	本善子
	师兆明	
	师仕明	

《弥渡师氏族谱》卷二辑录了师氏家族的五则碑记。"师氏原始记谨案碑"记述了诰封武德将军的始祖毓秀之际遇。师氏十三代孙师范所序的"师氏家谱自序碑"，述师氏族间善恶兴替，惜逢沙之变而文献无征。师范

受先君及其族兄托付，于丁忧归里时纂修族谱。"永禁以婿作子约碑"则是禁约族人以婿作子，以防异姓乱宗。安徽桐城姚鼐所撰的"师问忠墓志铭碑"述师问忠少贫耕读、居官强项的身世为人。而张瀛登所撰"师荔扉先生墓志铭碑"述荔扉公作为爱士恤民的好官，兴利除弊之功绩以及在文学上的成就等。除了碑文，还辑有师问忠、师范、师道南、师源等在文学上较有声望的族人的传记。卷三辑录了师氏家族成员著作之序跋。卷四为师荔扉年谱。

　　家谱的重要性体现在其是中华文化赖以传承的重要途径之一，不但可以通过姓氏来确认身份，更可以借助其形式完成与外部文化及社会的对接。对于家谱中或隐或显地呈现的、维系家族一定时期内不敝不败的家风与家学，钱穆曾这样定义："当时门第传统共同理想，所希望于门第中人，上有贤父兄，下自佳子弟，不外两大要目：一则希望其能俱孝友之内行，一则希望其能有经籍文史学业之修养。此两种希望，并合成为当时共同之家教。其前一项之表现，则成为家风。后一项之表现，则成为家学。"①

　　中国伦理关系是以家庭为本位的。《荀子·劝学》云："蓬生麻中，不扶而直；白沙在涅，与之俱黑"②，环境的影响不可忽视。潜移默化、耳濡目染，家庭环境对于每个家庭成员的重要性不言而喻，家庭所营造的氛围是家风、家学形成之开端。

　　师氏家族世代武职，祖辈希望子孙能通过科举使家族保持长盛不衰，于是悉心栽培、调教，十世师可植公、十一世师鼎乾公曾考入楚雄州学生，但都因"应试"不利而累死于楚雄。直至十二世师问忠于乾隆辛酉科中乡试第二名"亚元"，才遂所望。而师问忠之子十三世师范公，从六岁入学起就秉承父训，勤学苦读，终于乾隆三十九年甲午科中乡试第二名"亚元"，师问忠、师范父子双中亚元，成为盛传乡里的佳话。可惜，师范自乙未讫丁未年间，曾六会礼闱，屡荐不第。师范之弟师篯也曾参加科举，止步于诸生。而其子师道南，虽精于儒业，一生却注定与官场

---

① 钱穆：《略论魏晋南北朝学术文化与当时门第之关系》，《香港新亚学报》第5卷第2期。
② （战国）荀子著，孙安邦、马银华译注《荀子》，山西古籍出版社，2003，第3页。

无缘。从十世祖师可植始，对文学不懈追求，为师氏家族树立良好学习风气、打下坚实文化基础。师问忠与师范"双中亚元"的成就鼓舞了师氏家族成员对文化的传承与热爱，无形中巩固了师氏家族耕读传家的优良传统。

师范对其父师问忠有这样的记载："家大人以辛酉第二魁于乡，由丙辰挑选训导晋宁，量移长芦石碑厅，屡兼越支、归化三护分司篆。事上接下，不激不随；两人荐剡，俱辞而让之他人。至义利取与之界，尤为斤斤。尝戒范曰：'吾辈干事读书，俱不可任天而弃人。予幼时，性颇钝。年十四，汝祖父以应试卒于楚郡。无叔伯昆弟助，因自思舍此案头物终无以报吾亲。'"① 可见，师问忠带给师范的是道德和学问上的双重影响。道德是在社会集体生活和社会理想中产生并为社会整体服务的利益关系的一种，"是依靠社会舆论和个体良心等方式指导人格的完善，促成人与人、人与自然之间关系和谐的一套社会规范体系"②。师问忠出生于云南山乡，深知民间疾苦，所以做官期间体察民情，不但有着以民为本的思想，还身体力行地为民生疾苦而奔波，尽最大努力为百姓做好事。在师问忠的影响下，师范力所能及地为民生着想，不但提出利民主张，还在诗作中大力批判压榨百姓的贪官污吏，敢于"事上不受贬屈，总督委员过境索需，范面呵之。又杜藩司役之不法者"③。在文学上，师问忠以文史训导子弟，师范学其才并光大之，"喜诱掖后进，与诸生讲学朝夕不倦"④，师范的这些特性在家学与家风的熏陶下形成，并由其一代子弟不断维持，因而确保了师氏家族的声誉和文学根基。为了维持这种良好的家风家学，家谱发挥了极大的示范和教育作用，强化了父系的传承脉络。

因而，放之整个中华民族的维度，传统家谱成了研究家族文化的丰富矿藏，纵向上延续古今，横向上传播中外，其深沉内涵与其博大精深的文化内蕴，是民族文化的根基和源头。从一个家族来说，家谱的修纂是为了记录家族谱系、和睦家族、教育族人，增强内部凝聚力、提高外部声誉地位。更进

---

① （清）师范：《荫椿书屋诗话》，不分卷，清抄本，云南省图书馆藏。
② 魏英敏：《伦理道德问题再认识》，北京大学出版社，1990，第27页。
③ 王钟翰点校《清史列传·文苑传三·师范》，中华书局，1987，第5951页。
④ 王钟翰点校《清史列传·文苑传三·师范》，中华书局，1987，第5951页。

一步，家谱之于文学家族来说，具有十分重要的寻根探源、上溯家风家学的作用，有些族谱中还记载有家族文人的文学创作情况并收录诗文，如在师氏族谱中含有方树梅先生的《师荔扉年谱》，我们从中不但可以得到师范在不同的人生阶段所创作的诗作情况，而且可以从中估算其诗歌数量，族谱中收录的墓志铭、诗、文、对联等文学作品为研究师氏文学家族文学创作提供了准确可靠的第一手资料，避免了传抄过程中的讹误等情况，还原了文学作品最真实的面貌。

（二）师氏文学家族的文学创作探究

唐王朝在南诏推行儒学时，不断"赠书习诗"①，而大理国时期官府则不停向宋王朝求书、购书，大理的藏书体系逐渐形成。到元代时，大理的藏书可谓非常丰富，"帝既入大理……乙未、西道并亦至，命姚枢等搜访图籍"②，"故其宫室楼观，言语书数……云略本于汉"③，甚至在中原无法搜寻的书籍，在大理也可以找到："吕东莱读《帝范》有曰：'唐太宗《帝范》一卷，十有二篇，五代丧乱，书有录而遂阙，今上征云南，爨夷始出文献而旧有十二篇始复完'。"④可惜，"自傅、蓝、沐三将军临之以武，胥元之遗黎而荡涤之，不以为光复旧物，而以为手破天荒，在官之典册、在野之简编，全付之一炬"⑤。众多文献典籍焚于一旦，历史著作、家谱碑刻、官方文书以及民间经书等无一幸免，以致许多诗文有目无书或难以成卷。

"大抵一地人文之消长盛衰，盈虚机绪，必以其地经济情形之隆诎为升沉枢纽"⑥，经济之隆诎决定了人文之繁荣程度。明清经济发展稳定而迅速，生活上的富足使人文创作获得了相应的繁荣。于是，明清以来的学者纷纷著书立说，《滇泽爨后之淀》载："……滇人之文化，亦以此数百年为极盛，

---

① （清）董诰、阮元、徐松等：《全唐文》卷八百十一《代高骈回云南牒》，共一千卷，上海古籍出版社据原刊本剪贴缩印，1990。

② （明）宋濂等：《元史·世祖本纪》，中华书局，第1～3页。

③ （明）陈文修，李春龙、刘景毛校注《景泰云南图经志书校注》，云南民族出版社，2002，第261页。

④ （元）吴莱：《渊颖集》卷十，共十二卷，文渊阁四库全书本。

⑤ （清）师范：《滇系·典故系六》，不分卷，云南省官书局据清嘉庆二十二年刻本重印行世，残存十五册，云南省图书馆藏。

⑥ 吴晗：《江浙藏书家史略》，中华书局，1981，第117页。

杨文襄……师荔扉之流，虽中原人士敛手叹服，《元》《明史》及滇人之著
述，滇官之修志，并他省所作有关滇事之书，班班可考……"清代当以师
范、王崧等为代表，师范辑有《雷音集》十二卷，《二余堂丛书十二种》二
十六卷，《小停云馆芝兰》十册等，广载当时贤士之诗文，其《滇系》被洪
亮吉称为"考古证今，由近溯远，其陈列利弊，搜罗隐显"，成为云南做官
者和研究者不可不读之书。王崧辑有《云南备征志》，其地位可与师范《滇
系》比肩，有学者曾这样评价道："《滇系》是文士之书，《备征》是史家
之体"，"荔扉（师范）之学，志在经世，乐山（王崧）之志，重在考
古"①，两书在云南文献中有着并垂不朽的地位。

　　但是在漫长的岁月里，兵燹、离乱、迁移等不利条件，使各种书籍、著
作很难保全，十年非常时期，白族的书籍、谱牒、石碑、文书等被大量销
毁，所以流传并保存至今的已不能与当时盛况相比。

　　据（康熙）《大理府志》、（道光）《赵州志》、（民国）《弥渡县志稿》、
（民国）《大理县志稿》、（民国）《新纂云南通志》、《滇诗拾遗补》、《滇南
诗略》、《滇南文略》、《滇诗嗣音集》、《丽郡诗征》、《丽郡文征》、《滇词丛
录》、《滇诗丛录》、《滇系》②等现存史志资料及诗人现存诗文集，对赵州
师氏家族文学作品现存情况整理如下（见表 8 - 3）。

---

　　① 赵怀仁主编，云南大理学院民族文化研究所编《大理民族文化研究论丛》第 2 辑，民族出版
社，2006，第 769 页。

　　② （清）黄元治纂（康熙）《大理府志》，该志共三十卷并首一卷，康熙三十三年（1694）刊印，
据民国二十九年（1940）大理严镇圭出资铅印本影印；（清）陈钊堂修，（清）李其馨等纂（道光）《赵
州志》，清道光十九年（1839）刊刻，现据抄本影印；宋文熙等纂（民国）《弥渡县志稿》，于民国十二
年创修，1979 年刻板油印；张培爵等修，周宗麟等纂，周宗洛校订（民国）《大理县志稿》，该志共三
十二卷，据民国六年（1917）铅印本影印；周钟岳纂，张秀芬等点校（民国）《新纂云南通志（九）》，
民国三十三年修，三十八年（1949）铅印本，云南人民出版社出版；（清）李坤辑《滇诗拾遗补》，四
卷，云南丛书初编收入，云南省图书馆有稿本；（清）袁文典、袁文揆辑《滇南诗略》，四十七卷，于光
绪二十六年刻行，云南丛书初编收入，云南省图书馆藏；（清）袁文揆、张登瀛辑《滇南文略》，四十七
卷，云南丛书初编收入，云南省图书馆藏；（清）黄琼辑《滇诗嗣音集》，二十卷，咸丰元年（1851）
刻行，云南丛书初编收入，云南省图书馆有原刊本；（清）赵联元：《丽郡诗征》，十二卷，云南丛书初
编收入，云南省图书馆藏；（清）赵联元：《丽郡文征》，八卷，云南丛书初编收入，云南省图书馆藏；
（清）赵藩主编《滇词丛录》三卷，云南丛书初编收入，云南省图书馆藏；袁嘉谷主编《滇诗丛录》，
一百卷，辑刻云南丛书处，云南省图书馆藏；（清）师范《滇系》，不分卷，云南省官书局据清嘉庆二十
二年刻本重印行世，残存十五册，云南省图书馆藏。

表 8 - 3　赵州师氏文学作品现存情况

家族成员	著述	现存情况
1. 师问忠	诗文集:《勤学录》、《洗心记》十余卷、《鸣鹤堂文稿》、《北上集诗稿》、《盐务纪要》论文二十则,均散佚	《弥渡师氏族谱》录其诗《登晋宁望海楼》《游谷女寺》《示儿》三首
2. 师范	诗文集《金华山樵集》二十四卷、《师荔扉先生诗集》二十八卷、《二余堂诗稿》四卷、《二余堂文稿》六卷、《二余堂续文稿》六卷、《抱瓮轩汇稿》二卷、《南诏征信录》三卷、《课余随笔》三卷、《前后怀人集》二卷、《泛舟集》一卷。辑《雷音集》十二卷、《二余堂丛书十二种》二十六卷、《小停云馆芝兰》十册等。编著《滇系》四十册。诗话《荫椿书屋诗话》一卷	《二余堂文稿》六卷,《续文稿》六卷,孙琪为之序,录少年至嘉庆十三年所作,嘉庆间望江县官廨刻,云南省图书馆藏文稿卷一、卷二、卷五、卷六及续文稿卷三、卷四,国家图书馆藏文稿三卷。后辑嘉庆十四年至十六年所作文,编为《抱瓮轩文汇稿》二卷,嘉庆十六年刻,国家图书馆藏。《云南丛书》辑入其文稿六卷。《二余堂诗稿》四卷,清嘉庆年间二余堂刻本,三册;又有《二余堂诗稿》二卷,民国年间排印本,赵藩、李根源重校,二册,云南省图书馆藏。云南省图书馆藏其写本四种:一为《金华山樵诗内集》一卷,清钞本;一为《泛舟吟摘钞》二卷,清钞本;一为《前后怀人集》一卷,附其子道南《鸿州天愚集》一卷,清钞本;一为《朝天集》存卷上,清钞本,一册。除钞本外,《泛舟吟摘钞》有民国年间排印本,赵藩校,一册,云南省图书馆藏。《朝天集》二卷,清嘉庆年间刻本,一册,存卷下,云南省图书馆藏。《课余随录》三卷,红格抄本,一册,云南省图书馆藏。《金华山樵诗前集》八卷,清嘉庆九年二余堂刻本,八册;又有《金华山樵诗前集》二卷,清初排印本,存卷二、卷五,云南省图书馆藏。《金华山樵诗后集》一册,清初排印本,存卷一、卷二,云南省图书馆藏。《金华山樵诗外集》一册,清初排印本,云南省图书馆藏。《师荔扉先生秋斋四十咏》一册,清初排印本,云南省图书馆藏。《抱瓮轩诗文汇稿》一册,嘉庆己巳至庚午所作,清钞本,云南省图书馆藏。《嘉庆选人后集》二卷,清嘉庆八年望江二余堂刻本,二册,云南省图书馆藏。《孤鸣集》一卷,清嘉庆九年望江二余堂刻本,一册,云南省图书馆藏。《吾亦爱吾庐痏》一卷,清嘉庆九年望江二余堂刻本,一册,云南省图书馆藏。《吴船卧徐录》一卷,清嘉庆年间望江二余堂刻本,一册,云南省图书馆藏。《泛舟集》一卷,清嘉庆九年望江二余堂刻本,一册,云南省图书馆藏。《春帆集》一卷,清嘉庆九年望江二余堂刻本,一册,云南省图书馆藏。《鹪鸪吟》一卷,清嘉庆八年望江二余堂刻本,一册,云南省图书馆藏。《师荔扉先生诗集残本》八册,民国初年排印本,赵藩、李根源等辑,云南省图书馆藏。《雷音集》十二卷,民国二十二年排印本,一册,存卷一至卷六,云南省图书馆藏。后辑其诗,

家族成员	著述	现存情况
2. 师范	诗文集《金华山樵集》二十四卷、《师荔扉先生诗集》二十八卷、《二余堂诗稿》四卷、《二余堂文稿》六卷、《二余堂续文稿》六卷、《抱瓮轩汇稿》二卷、《南诏征信录》三卷、《课余随笔》三卷、《前后怀人集》二卷、《泛舟集》一卷。辑《雷音集》十二卷、《二余堂丛书十二种》二十六卷、《小停云馆芝兰》十册等。 编著《滇系》四十册。 诗话《荫椿书屋诗话》一卷	编为《师荔扉先生诗集》二十八卷,有缺佚,民国十一年刻,卷二、卷七、卷九、卷十二、卷二十一凡五卷原缺刻,国家图书馆藏,收入《云南丛书》本。《二余堂丛书十二种》二十六卷,清嘉庆九年望江小停云馆刻本,十册,云南省图书馆藏。《滇系》不分卷,刻本,云南省官书局据清嘉庆二十二年刻本重印行世,残存十五册,云南省图书馆藏。《荫椿书屋诗话》一卷,清钞本,一册;又《荫椿书屋诗话》刻本一卷,《云南丛书》本收入,台湾新文丰出版公司刊《丛书集成续编》本、2001年中华书局《云南古代诗文论著辑要》本。 《滇诗嗣音集》卷四录其诗《秋夜读书》《扫地》《病起感咏》《晚行玉田道中》《幽居》《茅湾》《黑泥坡》《鸡头关》《黔山叹》《下滩》《感遇》《古诗三章送袁痴髯滇兼呈云岩师》《采榆树》《苏州道中望盘山》《缅人来》《岷江洗砚行》《移家行》《洞庭舟中拟少陵七歌词虽不逮情有加惨天风湖浪亦如助我悲吟矣痛哉》《题蹴鞠图》《舟中晓起喜见庐山》《改亭先生端溪缺角砚歌为计守恬作》《七客寮》《望荡山寺》《白沙关》《渡汉水望文选楼》《卧龙冈谒诸葛武侯祠》《次颍桥》《塞门秋兴》《晚蝉》《偶有海滨之游赋示诸同志》《落叶》《归沙》《赠王东渠即以送行时与余俱需次广文》《靖江王庙》《送汤碧塘从军安南》《上成日委祀苍山庙》《城南望雪山》《五日沙溪住》《志别》《袁十三以诗在饯赋答》《马龙感赋》《赤水河》《秦境》《南星镇》《拜南园先生柩》《长城》《行役》《固关》《觉庄以诗送别依韵答之》《晚抵汶上县》《秋烟》《秋草》《秋蛩》《郎岱城》《出安顺喜得平路是日颇晴》《夜泊西风潭》《北风》《九里关感赋》《望九里山》《凤庐道中》《大观亭散步》《初八夜见月》《送大音和尚》《雨夜怀袁苏亭并寄》《将赴宿松阻风吉水镇》《别庐山》《怀张铁禅》《怀邓完白》《得家信次孙云亡含泪赋此》《群盗》七十九首;卷五录其诗《秋夜》《登窑台》《由午门赴挑内阁》《重九日裴璞轩招饮》《南归有日赋示璞轩诸君》《晚泊簰洲》《重过石碑场感赋》《昊天寺访璞轩孝廉》《过沅州府》《晓度鸡鸣关闻鸡》《宿甸尾蒋氏楼诸及门有至者》《立秋日偶作》《次大理》《南园先生复授御史喜赋并寄》《登高望山极顶先天关》《大安镇》《观音碥》《大同杂诗》《登左云县城楼》《关北杂感》《舟泊淮城未得访钓台》《苗乱后自安庄至茅口所过残破今已二年民气未复感赋》《霝盆道中》《茅口》《途次感事》《庐荻哨旅舍枕上见月》《黔中杂诗》《小坐飞云岩积雪连山赋此题壁》《镇远朱氏水楼题赠主人》《急峡》《浦市》《戏题岸上舟屋》《武陵杂诗》《十四夜湖口野泊》《数日来和

续表

家族成员	著述	现存情况
2. 师范	诗文集《金华山樵集》二十四卷、《师荔扉先生诗集》二十八卷、《二余堂诗稿》四卷、《二余堂文稿》六卷、《二余堂续文稿》六卷、《抱瓮轩汇稿》二卷、《南诏征信录》三卷、《课余随笔》三卷、《前后怀人集》二卷、《泛舟集》一卷。辑《雷音集》十二卷、《二余堂丛书十二种》二十六卷、《小停云馆芝兰》十册等。 编著《滇系》四十册。 诗话《荫椿书屋诗话》一卷	轩诗兴颇高舟泊石头关赋柬》《大梁杂诗》《源铁崖乃故榆良守本达天先生之嗣以诗示我作此酬之》《送朱四笏山分试四川》《杨花涂次作》《筤圃奉使之淮作此为别兼示凤池》《答严苔痴》《乙丑夏五喜芷汀由楚来署赋柬》《夏夜》《大山凹》《舟中即目》《题周石苔秋江晓梦图》《别意》《渡滦河》《丽江道中》《梦觉庄》《京邸卧病》《与涿鹿郭氏齿昆仲留别》《次湘河暮雨留宿》《悼亡》《慰悼亡》《旅情》五十七首。 《滇文丛录》卷四录其文《论滇省利弊》《论滇南经费》《论钱法》《论滇马》《论盗》《开金沙江议上》《开金沙江议下》《入滇陆程考》八篇;卷二十九录其文《滇系自序》《滇系后序》《续纂南诏征信录序》《篆刻二余堂丛书自序》《小停云馆芝言序》《师氏族谱总序》《金华山樵骈枝集自序》《弹剑集自序》《出岫集自序》《归云集自序》《舟中咏史诗自序》《滇海虞衡志序》《哀苏亭滇南诗略后序》《簪崖近集序》《雪园集序》《石黄严诗序》《习园藏稿鹦亭诗话合序》《归安严苔痴诗序》《阳高澍园李君遗诗序》《程雪门近诗序》《王虞门明府遗诗序》《触怀吟序》《素人弟遗诗后序》《钱南园遗诗跋》《孙髯翁输捐地丁谢表书后》《书亡儿道南鸿洲剩草》《赠襄阳县吕堰分司钱芷汀序》《告言送人凤回滇并示族业》《张母王太夫人七秩大变序》《苏砚北四丈寿言》三十篇;卷四十五录其文《永禁以婿作子约》一篇;卷五十五录其文《上姚梦谷先生书》《寄袁十三苏亭书》《覆张补裳二丈书》三篇;卷九十一录其文《新建北楼记》《重修草堂落成记》《杨敬山孝廉书卷记》《缅事述略》《征安南纪略》五篇。 《滇诗丛录》卷二十六录其诗六十四首。 (道光)《赵州志·艺文志》卷五收录其诗《永禁以婿作子约》一首,卷六收录其诗《飞来寺和谷西阿太史韵》一首。 (民国)《大理县志稿·艺文志》卷三十收录其诗《西洱河弓鱼》《榆城阻雨》二首。 (民国)《弥渡县志稿》卷十二收录其诗《西洱河弓鱼》《榆城阻雨》二首。
3. 师篯	著有《大树山堂诗钞》一卷	《大树山堂诗钞》,清钞本,一册,云南省图书馆藏。 《滇诗嗣音集》录其诗《雨后晚眺》一首。
4. 师道南	著有《鸿州天愚集》一卷	《鸿州天愚集》附其父师范《前后怀人集》之后,云南省图书馆藏。 《滇南诗略》卷二十一录其诗《苍山》《鼠死行》《雨后出新铺》《上定西岭》《鹤顶寺晚坐》《雨后夜坐》《草铺不寐》《响水关》《鹦鹉关》九首

（三）师氏文学家族的地域文缘活动探索

明末清初大儒顾炎武论述其时人际关系说："今日人情相与，惟年、社、乡、宗四者而已。除却四者，便同秦越"①，可见年、社、乡、宗是文人间友谊最牢固的关系纽带。但"中国文学发展到明清，一个十分引人注目的特征即地域文化背景支持的地域色彩日益凸显"②，因地缘关系，各自之间相互交叉重叠。

同年关系是科举制度下新生的一种重要人际关系，指的是科举同榜录取的人。如乾隆四十五年（1780），蒙化的张景园、太和的沙雪湖以及赵州的许丹山均中乡试举人；乾隆五十一年（1786），宜良的严烺、晋宁的张鹏升、昆明的文钟运以及蒙化的张登瀛均中乡试举人，这即是科举中的同年关系。

春秋时期，齐国的管仲辅佐齐桓公时将士、农、工、商四民按地方进行了划分，士民聚居的地区被称为"士乡"，一般来说，士乡同聚居，交最久、知最深。但由于地缘关系，同年、士乡关系有了重叠交叉的部分。如结社紫薇山房的苏橱、师范、龚锡瑞等人，都是赵州人，彭翥虽不是赵州人却从小生长在这片土地上，他们之间的唱和往来构成了地域上的士乡关系。大理喜州境内的杨宗尧和杨士云两人都才智过人、颇有才华，其师董公认为二人都有乡试解元之才。弘治十一年（1498）二人赶考相聚于坡头村的桥头，杨士云就说恩师认为他们都有解元之天分，但每科只有一个解元，若同去，必有一人不中，便主动退出，待下科再考。两人在互相谦让中建立了深厚的友谊，并且两人先后取得乡试解元、进士，为大理府增光添彩。此事也成为士林佳话，于是乡民们在坡头村修建了"让解桥"，以示纪念并鼓励后学。所以这些文人因地域关系得以相识相知，师友声气、乡会同举、文人聚集，共同吟咏家乡之清风明月，因而相知最深，感情弥厚。师范与谷际岐作为同乡，又同应乾隆三十九年（1774）甲午科乡试，既是同乡又是同年。而师范读过谷际岐的考卷之后，预言其必登第一，时人不信，等发榜，果真如此，一时传为滇中佳话。甲午科谷际岐中解元，而师范中亚元，同科竞争关

---

① （清）顾炎武撰，（清）黄汝成集释《日知录集释》卷二二《社》，上海古籍出版社，2006，第106~107页。

② 朱丽霞：《清代松江府望族与文学研究》，上海古籍出版社，2006，第1页。

系并没有削减两人的友谊，他们反而更加珍惜这同年之谊。师范的《题谷西阿检讨近集八首》中还提到过这事，"我是当年附尾人，涧松虽老尚精神"，"附尾人"句便是指当年同场科考这件事。在《落叶六首同西阿检讨作即用其韵》中师范称二人"天地有情余尔我"，可见感情之深。师范还有《和谷西阿太史韵》《飞来寺和谷西阿太史韵》《寄答并呈西阿检讨九山庶常》《出都日南园太史以诗送别依韵寄答并呈西阿检讨九山庶常》等和诗，反映出二人交往的频繁程度，谷际岐还在师范去世后为其题写碑记，足见二人情谊。师范与同科好友杨粟亭感情尤为深厚，二人唱和不绝，师范称杨粟亭"每从多下求真士，屈指还君第一人"，"廿年立脚苍山畔，补足南天二十峰"（《寄杨粟亭》），大理苍山共有十九峰，这里将杨粟亭比作苍山的第二十座峰，可见对其评价之高。在《哭同年杨粟亭孝廉》中说到二人"十年长我兄称友"的亲密关系，杨粟亭的去世让师范有"半世悲君隐胄儒"之恨。除此，师范还有《过木洲怀同年段进士可石》《留别同年任堂村选君》《王东渠同年索诗赋赠一律且送其行时与予俱需次广文》《甫中过访花四玉圃挑灯叙故，即用东坡清虚堂韵奉赠并柬乃兄清达同年》《石泉比部寄诗镜湖，时寓镜湖斋中拉予同和漫次二律并柬同年石田水部》等诗作，足见同年之间的深情厚谊。师范之父师问忠与同是赵州人的龚敏、赵之瑞也都是同年关系，惜师问忠之诗歌不存，否则很可能会在师问忠之诗作中找到与二人来往唱和之痕迹。

王应奎《柳南续笔》卷二云："自前明崇祯初，至本朝顺治末，东南社事甚盛"①，结社之习可追溯到西汉时由民众自发自觉组成的祭神活动，而士绅结社则能追溯到唐代白居易等人组织的香山九老会，到宋代时已成为一种普遍的社会现象，明代臻于极盛，清代时则由于文化专制而式微。

结社可能是出于政治关怀，也可能是单纯的技艺切磋，无论结社的原因是哪种，结社的花朵曾在明清绚丽绽放。正如孙立先生在《明末清初诗论研究》中说："17世纪前半期的中国文人圈中，不染指社事的人是很少的，社集的影响力在这个时期达到了历史的最高峰。"② 这种社团活动，为文人

---

① （清）王应奎撰《历代笔记小说大观·柳南随笔 续笔》，上海古籍出版社，2012，第114页。

② 孙立：《明末清初诗论研究》，广东高等教育出版社，2011，第74页。

士子提供了诗艺技能的训练场和思想宝库，使精英思想不断融入、完善、再吸收，构成地方文缘的基础，形成影响文学家族的外部文学环境。师范在《金华山樵诗前集·自序》中提道："壬辰（1892）归自晋宁，砚北、南池结社紫薇山房，相拉入会，凡二载，集以地名，兼记物也。"① 可知砚北和南池先结社紫薇山房，师范随后加盟。"庚辰（1760）、辛巳（1761），砚北、南池以古学昌诗于弥，一时耳食之徒无不群相非笑。迨予与簪崖出，继其辙，砚北、南池以不孤而非笑之口由是为益"②，可见龚锡瑞也加入了紫薇山房。

苏楲，字砚北，赵州人，"乾隆四十二年（1777）拔贡，太史霖润次子，诗文见赏于袁简斋太史、钱南园侍御，仕沾益州训导"③。彭蓊，字南池，号竹林，蒙化人，"大母赵州苏氏，吾师海门先生堂兄女也。先生时以清修厚德型于乡里，南池实仰之。自失怙后，率从大母依止苏氏"④。龚锡瑞，号簪崖，赵州人，"乾隆三十年（1765）拔贡，侍讲学士渤子，能文，工诗，袁简斋太史评其诗曰'天才超逸，有太白遗风'"⑤。彭蓊外曾祖是苏楲之伯父，"蓊自垂髫，浪游四方，幸砚翁进而教之，以获读古人书，渐交天下士"⑥，苏楲与彭蓊可谓亦师亦友之关系。而苏楲先于石丹崖口中得知师范，后终与之相交，龚锡瑞则娶了苏楲的堂妹苏竹窗。因而四人诚挚的感情一方面建立于先存的友谊，另一方面则建立于诗文技艺的切磋，并且在技艺的切磋中，维持和升华了友谊。

紫薇山房诗社虽只存在两年，但并非诗人间的一时兴起，袁文揆在《龚簪崖以诗属序，予携之行箧，途中为雨所泾，率题三绝》中有小注：

①　（清）师范：《金华山樵前集·自序》，清嘉庆九年二余堂刻本，云南省图书馆藏。

②　（清）师范：《二余堂文稿·簪崖近集序》，孙琪为之序，录少年至嘉庆十三年所作，嘉庆间望江县官廨刻，云南省图书馆藏文稿卷一、卷二、卷五、卷六，国家图书馆藏文稿三卷。

③　（清）陈钊堂修，（清）李其馨等纂（道光）《赵州志》，清道光十九年（1839）刊刻，现据抄本影印。

④　余嘉华主编《钱南园诗文集校注》，云南民族出版社，2007，第237页。

⑤　（清）陈钊堂修，（清）李其馨等纂（道光）《赵州志》，清道光十九年（1839）刊刻，现据抄本影印。

⑥　（清）陈钊堂修，（清）李其馨等纂（道光）《赵州志》，清道光十九年（1839）刊刻，现据抄本影印。

"集中与砚北、荔扉、南池唱和甚多"①，足可见诗社诗歌活动之频繁。而师范在《紫薇山房删稿》中亦留下许多诗社活动的痕迹，如《簪崖出示秋怀诗，有"怀人梦断苍莨浦，弄月霜高白雁天"之句，因次其韵》《春燕次簪崖韵》《同社中争做艳体，戏效之，得春游二律》《题簪崖画》《友人招同杨芝宇前辈暨砚北、南池、兰皋、簪崖，小集塔山别院，分韵得上字》《过砚北书屋，次其见怀之作，并呈南池》《同簪崖过友人楼中，出纸索句，各题七律得围字》等竞咏、次韵之作，足见诗社成员交往之密切，创作活动之频繁。

紫薇山房的成立以及结束很大一部分是因为科举，其成立的主要意义是切磋时艺以备科举，而其结束也是因为诗社成员要准备科举，天南海北难以相聚。

虽然诗社只存在了两年，但给诗社成员带来了不可估量的影响，正如师范在《簪崖近集序》中所言："甲午（乾隆三十九年，1774）冬，予谐南池樸被走京师……，每遇四方之名之士，有一意气惊人者，必曰'庶其为我砚北南池簪崖乎？'徐察之，而蔑如也。有一文章动众者，亦必曰'庶其为我砚北南池簪崖乎？'徐察之，仍蔑如也。"② 诗社成员由弥渡走向京师的过程中，结交了许多唱和往来的共同好友，如钱沣、杨履宽、袁文揆等名士，形成了更大的云南文人群体，无形中扩大了诗社的影响力。

在顾炎武"年、社、乡、宗"③ 的概念里，宗指的是家族。在一个文学家族里，家族成员之间也有唱和之作，但是这种唱和之作常带有书信的意味。如师问忠《示儿》，师道南《中秋对月怀家发源兄》，师箴《得家荔扉三兄书有怀》《书久不至有怀家兄荔扉》《寄三兄荔扉》《九日怀家兄荔扉》，师范《寄弟》《归乐亭后赋呈家大有时方请告》《尉氏县旅次书怀呈家大人》《舟至垒石喜作七古呈家大人》《家大人命呈近作》等，既有家人间的脉脉温情，又有文人间的文采横溢。家族和家族之间的交往唱和也常出现。师范与龚簪崖有多首唱和诗存世，如《即事口占戏柬龚簪崖王西山许

---

① （清）袁文揆：《时畚堂诗稿》，丛书集成续编117册，新文丰出版公司，1985。

② （清）师范：《二余堂文稿》，六卷，孙琪为之序，录少年至嘉庆十三年所作，嘉庆间望江县官廨刻，云南省图书馆藏文稿卷一、卷二、卷五、卷六，国家图书馆藏文稿三卷。

③ 上海人民出版社编《太炎文录初编》，上海人民出版社，2014，第303页。

晋斋》《喜晤罗五琴山并怀龚簪崖、文望山》《抵里之次日即送簪崖如粤》《寄答簪崖》《寄南园太史并呈砚北、南池、簪崖，时南园客弥渡》《独坐泻杯亭，风雨中凄然有怀共得绝句四首寄砚北簪崖》《饭罢检簪崖书作此寄之并呈砚北》《数年来砚北、南池、簪崖屡有寄赠，雨窗闷坐率笔和答》《春燕次簪崖韵》等，而师箴与簪崖同样也往来密切，作《寄簪崖》《簪崖有事州城几半载矣归来即过山堂见访为诗以赠》《和龚大簪崖题书鱼原韵》《呈簪崖》《和簪崖中秋夜过山堂元韵》《友人招同杨芝宇前辈暨砚北、南池、兰皋、簪崖小集塔山别院分韵得上字》等诗与龚簪崖唱和。龚簪崖是赵州以龚渤为主体的龚氏文学家族的成员，说明这两个家族在文学活动上亦有来往。而同为紫薇山房诗社一员的杨栗亭，是太和杨氏文学家族中的成员，这个家族中还包括杨晖吉，杨履宽祖父杨师亿、外祖父刘文炳，杨履宽父亲杨文嚣，杨履宽从弟杨履义等成员。文学家族与家族之间的交往，对各地文化的传播、融合有着积极意义。师范和师道南父子还同咏南池擒海贼事，师范有《硇洲行纪彭大竹林擒海贼事》，师道南则有《纪南池先生擒海贼事》。

可见，贯穿年、社、乡、宗始终的仍是科举，科举的存在是诗社长盛不衰的直接动力。而社团的存在则促进了文化的传播，社友之间"谈笑有鸿儒，往来无白丁"，相互切磋、惺惺相惜，一方面加强了彼此间的联系、增强了友谊，另一方面则提高了整体的文学造诣水平，同时也使诗文创作得到了流传和推广，巩固和扩大了门庭声望。

三 师范的文学及史学成就

师范，字端人，号荔扉，别号金华山樵。乾隆十六年（1751）正月二十九日生，嘉庆十六年（1811）卒于大雷。师范六岁入私塾读书，十岁始学诗，十二岁出就外傅，二十岁问作诗之法。乾隆三十九年（1774）举人，后六次入京会试，皆不第。乾隆五十二年（1787），补剑川州儒学训导，后以军功保授安徽望江县知事。在任八年，敦礼厚俗、爱民恤士，"公明慈惠、甚著贤绩"[①]；兴办教育，整励风俗，诱掖后进，"士民讴歌之"[②]。卒于

---

① 王钟翰点校《清史列传》，中华书局，1987，第 5951 页。
② 王钟翰点校《清史列传》，中华书局，1987，第 5951 页。

官舍，家无余财，唯书卷千册而已。

勤于史学、善攻诗文，喜著书作画，文采横溢，著作等身。其山水画淡雅之致，着墨不多而千岩万壑之态尽显，惜传世不多。师范于乾隆五十五年（1790）与袁文典、袁文揆兄弟共同编纂了《滇南诗略》。还编有《南诏征信录》三卷，惜未传。在望江为官之时，搜集望江往哲诗文43家，编为《雷音集》十二卷。辑录契友之诗，编著《小停云馆芝言》十册。更有《金华山樵前后集》《二余堂诗稿》《二余堂文稿》《抱瓮轩诗汇稿》《抱瓮轩文汇稿》等诗文作品集均付梓于望江。还编有堪称白族文学史上第一部诗话的《荫椿书屋诗话》，研究云南历史、文化重要参考的史料汇编书《滇系》四十册。其撰作之宏、才识之广，滇中罕有其匹，因此其家乡流传着"天下才子数三江（江苏、江西、浙江），敢在三江当才子"[①]的俗语。姚鼐评价其曰："史氏一家之美"[②]，刘文典评价其曰："观其所景慕之人，而先生之志节可知"[③]，张葆光夸赞师范道："诗为一时宗匠，海内知名者"[④]，云南清末民初文献学家方树梅对师荔扉更为景仰，为其作年谱，并评价其为"滇中一人而已"[⑤]。

朱士嘉在《中国历代名人年谱序》中指出"叙一人之道德、学问、事业，纤悉无遗而系以年月者，谓之年谱"[⑥]，通过方树梅先生所作《师荔扉年谱》，并以师范先生所作带有自传性质的《元日，在舟拟（杜）少陵〈七歌〉》，张登瀛撰、万本龄所书《师荔扉先生墓铭碑》《弥渡师氏族谱》，裔孙师源《新读荔扉公诗集》以及（光绪）《云南通志》、（民国）《弥渡县志稿》对荔扉公的评价为佐证，我们对师范的生平境遇有了较为详细的了解。

（一）师范的诗歌创作

师范一生著诗颇丰，有5000余首。在《二余堂诗稿·自序》中师范说

---

① 赵怀仁主编，云南大理学院民族文化研究所编《大理民族文化研究论丛》第2辑，民族出版社，2006，第767页。

② （清）师范：《滇系》，不分卷，云南省官书局据清嘉庆二十二年刻本重印行世，残存十五册，云南省图书馆藏。

③ 方树梅：《师荔扉先生年谱》，两卷，抄稿本复印，云南省图书馆藏。

④ （清）师箴：《大树山堂诗钞》，不分卷，清钞本，云南省图书馆藏。

⑤ 方树梅：《师荔扉先生年谱》，两卷，抄稿本复印，云南省图书馆藏。

⑥ 转引自来新夏、徐建华著《中国的年谱与家谱》，中国国际广播出版社，2010，第2页。

道："学诗始于庚辰（乾隆二十五年，1760），存诗则始于戊子（乾隆三十三年，1768）"①，即十岁学诗，十八岁存诗。"自戊子（乾隆三十三年，1768）迄乙卯（乾隆六十年，1795），存二千首而赢，共十三种为前集。乙卯（乾隆六十年，1795）至辛酉（嘉庆六年，1801），存一千九百首而不缩，共九种为后集。《咏史诗》《全韵诗》《怀人诗》《应制诗》《香奁诗》不与焉。兹复以辛酉（嘉庆六年，1801）秋至己巳（嘉庆十四年，1809）春之作，援文稿及丛书例，名之曰：《二余堂诗稿》，编系前、后集之末。四册，共一千零七首，又文一首，复刻二十三首。"② 此时，师范已有五十九岁，并"誓绝五七言字"③。

1. 师范诗歌的创作内容

师范诗歌数量众多，在内容方面则"此四十二年中，晦明风雨则有诗，困厄疾痛则有诗，登山临水、折柳投桃则有诗。盖凡耳之所淫，目之所摄，足之所径，心之所游，无不于诗发之"④，就写作范围则"盖自滇至都，程逾万里，期满十旬，由黔而蜀而秦以至燕赵之墟所，过名山大川，凡寒暑之迁，移舟车之险、易名贤往哲之遗迹，及所见人物之情状皆有诗记之。而游子多感歧路能恶，于是抚时念旧怀人之什，无不具焉"⑤，其取材于卷轴之腴，得益于其游展所界。山水景色、花鸟虫鱼、游记行踪、生平际遇、生活感慨、唱和寄答、思亲念友、悼亡怀人、民生疾苦、地方物产、历史文物等无所不包、无所不有，主要有以下几类。

（1）咏物诗。

"昔屈原颂橘、荀况赋蚕，咏物之作，萌芽于是，然特赋家流耳。汉武之天马、班固之白雉、宝鼎，亦皆因事抒文，非主于刻画一物。其托物寄怀，见于诗篇者，蔡邕咏庭前石榴，其始见也。沿及六朝，此风渐盛。王融、谢朓，至以唱和相高，而大致多主于隶事"⑥，可见咏物诗从先秦萌芽，

---

① （清）师范：《二余堂诗稿》，二卷，民国年间排印本，赵藩、李根源重校，云南省图书馆藏。
② （清）师范：《二余堂诗稿》，二卷，民国年间排印本，赵藩、李根源重校，云南省图书馆藏。
③ （清）师范：《二余堂诗稿》，二卷，民国年间排印本，赵藩、李根源重校，云南省图书馆藏。
④ （清）师范：《二余堂诗稿》，二卷，民国年间排印本，赵藩、李根源重校，云南省图书馆藏。
⑤ （清）师范：《朝天集》，上下二卷，望江二余堂刻本，云南省图书馆存卷上。
⑥ （清）纪昀等：《四库全书总目》卷一六八《集部二一·别集类二一》，中华书局，1965，第1453 页。

六朝开始大量出现。"江、山之类的自然大物原来是山水诗人藉以表现自己游览观感的最主要描写对象，咏物诗人也可把它们作为咏物诗的对象"①，甚至"万物之灵的人，尤其是美女，这时也成为诗人们客观描写的对象"②。齐梁诗在内容上的拓宽，为后来的咏物诗提供了经验和借鉴，到了清代师范，已经到了凡物都可入诗的地步，极大地拓展了咏物诗的创作范围，促进了咏物诗的进一步繁荣。

　　云南历史上遗留了特别多的人文景观，如修建于唐代的荡山寺、苍山庙，南诏时修建的华藏寺、飞来寺，位于大理古城西北的崇圣寺，西洱河上的天生桥，等等。散发着历史光芒的人文景观成为云南地区文人诗歌创作的催化剂，吟咏不绝。如《崇圣寺八咏》分别对崇圣寺（又名三塔寺）中的塔、钟、胜概楼、黄华老人诗碣、玉腕禅师正道碑、雨铜观音、藏经阁、李中溪先生墓等八物进行了吟咏。《塔》开篇即言"三塔高如此，雄关束两头"，给三塔增添了高、险、难以攀登的标签，"金鹏飞不起，玉笋怒难收"进一步增加了读者的心理难度。而尾联"几时凌绝顶，一览众山秋"，呼应了首联描绘的三塔之高与难以攀登。"警醒无穷梦，千声复万声"（《钟》）的铜钟指的是南诏建极十二年所铸的铜钟，"记年传建极，灰劫几回更"记载了铜钟的铸造时间以及铜钟见证的历史事实，警醒意义实在。"此是花宫第一楼，楼中胜概足千秋。"（《胜概楼》）"花宫"指的是崇圣寺，胜概楼被诗人誉为"足千秋"的第一楼。在诗人"岳阳黄鹤都经眼"后还能被其"山雕古雪排檐白，水蓄晴蓝远槛幽"的景色吸引，可见其确实值得一咏。"明昌兼大定，君独富诗情。书以龙蛇体，无心纪姓名"（《黄华老人诗碣》），史学家常把金中期称为"大定""明昌"时期，而在这一时期，黄华老人王庭筠以其诗情而光芒大盛，笔走龙蛇、翰逸神飞的书法同样值得称赞，但黄华老人却内敛低调，就如同晚年选择归隐一般，连自己的名姓也不留在诗碣上。"园护字念庵,元季此间住。南游参中峰，言下辄了悟。馀事究八法，澜翻复雨注"，《玉腕禅师正道碑》中，诗人不但介绍了玉腕禅师的名与字，简要叙述了其出家的经历，还描绘了玉腕禅师"玉腕"的传奇

---

①　刘景会：《杜甫诗歌中的日常生活物象》，江西师范大学硕士学位论文，2007。

②　刘景会：《杜甫诗歌中的日常生活物象》，江西师范大学硕士学位论文，2007。

由来，"当其运掌时，肤骨疑琢璐"，其手腕就像雕刻的美玉一般。为何想到吟咏玉腕禅师，只因"崇圣古梅林，丰碑指同竖。旁到正道歌，流传出园护"。原在大理三塔寺雨铜殿中的观音像比起玉腕禅师莹明如玉、透如水晶的玉手更具有传奇色彩，诗人在开篇就说"雨钱雨粟皆怪事，无乃天公爱游戏"（《雨铜观音》），天上下钱、下米本就是怪事一桩，天上下铜更是不可思议。"阁罗凤始据南诏，雨铜三日称上瑞"，当异象被赋予政治色彩时，下铜就不再是天公爱玩的游戏，而是天降祥瑞的表现。于是，把这代表祥瑞的铜铸成"丈六身"的观音像。然而随着时间的流逝，"芥子须弥各渺然"，即微小的芥菜籽与巨大的须弥山也各自模糊了它们的身影，不再有人重视，以至于"晨钟敲罢无人觉，合掌红尘泪似铅"。此外，"本无文字迹，放此大光明"（《藏经阁》）的藏经阁，"老向琳宫营遂道，禅心儒貌散人装"（《李中溪先生墓》）的李元阳先生，都是诗人吟咏的对象。

师范对故乡风物不断吟咏，如在《弥川八景 和杨冠山先生韵》中分别吟咏了冬谷梨花、西河烟柳、南乡温泉、北刹晓钟、天桥挂月、铁锁飞虹、石洞花鲤、梅村晚荷等，还在《家园杂忆赤水江中石花菜》《庄东新蚕豆》《北园青菜》《南林春笋》《西山早菌》《野杂蔖》《中元节炒豆》《新正三白酒》《除夕米花糖》《昆明金线鱼》《晋宁蔓菁菜》等诗中吟咏了故乡吃食。

诗人还喜吟植物，在《寺居十二咏》中，诗人分别吟咏了"裁罗剪縠非容易，莫与闲花一例观"的紫薇，"不向枝头留宿蕊，新花更比旧花忙"的木槿，"入夏花全放，经秋叶亦阴"的夹竹桃，"朱妃成碧看非易，色到能空迹总留"的茶花，"素影无须临水照，芳心也自向风披"的串枝莲，"清阴覆遍梵王宫，灵根旁入文昌宅"的双柏，"树向祖祠东，人甚知敬业"的梓，"居然绕物有扶疏，半带平田半拂渠"的柳，"分得墙西树两林，缘阴浓护小楼深"的楝，"凌云姿已俱，穿上世谁同"的小松，"知尔不如意，寥寥难与亲"的病桂和"晴雪修明篁，百夏千竿玉"的竹子等。还有"风篁参错无定姿，烟痕雨熊两绝俗"（《段氏竹园》）的竹子，"入谷深窈窕，跨涧穷夤缘"（《盘龙寺松》）的松树，"时送好风虚牖外，半藏明月草堂前"（《瑞芝堂前人柳》）的柳树，"千云气酿三宵露，匝地寒生六月天"（《村旁大楝树》）的楝树，"晏坐变昏旦，新翠生衣冠"（《石丹崖先生窗前翠竹》）的翠竹等植物反复在诗中出现。各种各样的花也都曾出现在他的诗作中，如"一枝枝染鹤顶红，费尽花神几度工"（《茶花》）的山茶花，"杜鹃啼罢花如血"（《杜鹃花》）的杜鹃花，"白云寺畔梨花树，每到花开似白云"（《白云寺梨花》）的梨花，"花下一尊娇欲语，尊前双影淡如无"（《家履升窗外红梅》）的梅花，"到门已自迎仙客，入室方知有国香"（《家勉斋架上建兰阶前杜鹃》）的兰花，"映日裁霞千万朵，夜深犹自照蓬门"（《绕屋榴花》）的石榴花，"自脱蔬笋气，时含烟雨香"（《宅畔桑花》）的桑花，"东风一夕为吹开，争出红楼步春晓"（《百花山下杏花》）的杏花等。

还有一类咏物诗不需要界定归属。如《咏物三十首》，师范吟咏了日常生活中的耳坠、香串、牙刷、漱盂、手绢、便镜、香皂、发梳、衣、被、枕等。这些东西南北都有，构不成云南的特色，却也是师范诗中不可忽略的一种类型。

（2）对于游历行踪的记录。

师范游历甚广，"北穷燕赵，南浮吴越，东越齐鲁，西极庸蜀"①，创作有《过黄河》《次邯郸》《过卢沟桥》《赵州桥》《滹沱河》《过赤壁山》《晚过佛光寨》《过九气台》《丽江道中》《野鸡坪》《五日沙溪住》《小停云馆》等，足迹从南到北，从西到东，其游历范围之广，已不是行万里路就能简单概括得了的。

师范在外壮游时，常把旅途的山川地形、风物景观以及所思所感用诗歌予以记录，许多记游的诗歌结构完整，甚至可以归纳到游记文学之类。而游记文学的滥觞可以追溯到先秦时期，如《吴越春秋》中的《弹歌》"断竹，续竹，飞土，逐宍"反映了原始部落的狩猎情况，狩猎必然伴随着不断"游"动，不断转移地点。《诗经》中记录迁徙过程的《生民》《公刘》《绵》《大明》《皇矣》五篇，同样伴随着不断移动，可以把它们看作游记文学的开端。之后，每个时代都有游记诗作的产生，如东汉末年有曹操的《观沧海》，南北朝时有谢灵运的《石壁精舍还湖中作》，唐代初期有卢照邻的《长安古意》，盛唐时有王维的《观猎》，唐中期有韩愈的《山石》，晚唐有温庭筠的《商山早行》，宋元时期有北宋柳永的《望海潮》、南宋陆游

① （清）师范：《二余堂诗稿》，二卷，民国年间排印本，赵藩、李根源重校，云南省图书馆藏。

的《游山西村》、金元好问的《涌金亭示同游诸君》、元马致远的《越调·天净沙·秋思》，明代有高启的《太湖》，清代有纳兰性德的《菩萨蛮·黄云紫塞三千里》等。可见，游记诗在不断地发展变化中，已然有其自身特色与体系。

"成功的游记作品往往以'纪行'为基点依次延伸到写景、抒情、述志、说理，合之为五项功能。……将此五项归纳到前文所说的（1）所至，即作者游程；（2）所见，即作者游程中所耳闻目见的游历对象；（3）所感，即作者所感，由所闻所见引发的所思所想，则'所至'对应于'纪行'，'所见'对应于'写景'，'抒情''述志''说理'三项对应于'所感'""游踪、风貌、观感是游记文献的内在基本要素"。① 且以师范《过飞来寺》诗为例：

> 寺既飞来恐飞去，年年此地有轻声。
> 青山碧海无穷态，粥鼓寨钟不断鸣。
> 尘路何由思驻足，慈思谁与记题名。
> 终当结杜随支许，坐看天花落满楹。

飞来寺是诗人经过并吟咏的地方，即诗人的游踪所至。旧传飞来寺是因佛像飞来所得名，所以诗人也恐飞来寺"飞去"；到了飞来寺诗人所目见的是无穷无尽的青山碧海之景象，耳闻的是寺里不断传来的钟声；听着钟声，看着眼前之景，诗人不由驻足开始思考以后的人生路，最终作出了"终当结杜随支许，坐看天花落满楹"的决定。完全符合"纪行""写景""抒情"的游记风格。即使简单到像《出上关》这般的五言绝句，也是游记的一种。所至"上关"；所见"水自当三面，山争拥一城"；所感"昔人曾设险，此地莫谈兵"。

当然，贾鸿雁在《游记小议》中也说过："有些作品也具备游踪、风貌、观感，看起来与游记毫无二致，问题在于其游踪并非有形可查、有迹可循的现实的'游踪'，而是所谓的'精神游历''情感游历''梦游''卧

---

① 梅新林、俞樟华主编《中国游记文学史》，学林出版社，2004，第20页。

游’等，是事实上不存在的游踪。"① 就像李白的《梦游天姥吟留别》就是"梦游"，而非实地游览。师范的游记诗作中很少出现这种状况，他所记录的就是他本身的行踪，走到哪，记到哪。因此"四塞风烟环低柱，三川云树合龙门"（《望黄河》）的黄河地势；"落眼山光个个青，荷花两岸影亭亭"（《过九龙池感赋》）的九龙池美景皆是亲眼所见。

（3）交往唱和、酬唱赠答诗。

交往唱和、酬唱赠答诗与描写自然山水或个人情怀等的其他诗作不同，这种寄赠诗有着明确的馈赠对象，因此，在作诗时还需要考虑到对方的身份地位以及当时的实际情况和境遇。故而寄赠诗不小心常会变成没有真实情感的文字摆设。但师范的寄赠诗不存在这种情况，师范以诚挚之心待人，寄赠内心所感，与数百友人结下了深厚的友谊，成为流传千古的佳话。

《荫椿书屋诗话》记载了师范与其他文人的许多交往事迹。如乾隆三十五年（1770）秋，师范与业师石丹崖谈艺致远斋；同年向"穿穴汉魏三唐诸大家，自成一子"② 的孙髯翁先生问作诗之法；"以予五策呈荐"③ 的刘霁轩对师范有知遇之恩；业师屠笏崖先生盛赞师范："此间张叔盛览虽寂寥，难得吾徒佼佼在佣铮在铁"④。更有结社友人龚锡瑞、苏楲、彭夑等人。师范在《都门九友歌》序中说道："庚戌春七赴南宫九君者，皆不以为老丑而晨夕过从互相慰勉，古欢今雨，虽交有新旧而情无厚薄，遂作歌以纪之。"⑤ 序次以齿，这九人分别为洪铭、龚锡瑞、王崧、方学周、文钟运、张鹏升、朱奕簪、沙琛、严烺。张鹏升正是师范去世后将其灵柩送回家乡之人。师范作《五君咏》诗有序，序中提到了袁文揆、李光华、罗觐恩、赵蕙、杨晓园五人。师范还作有《雪夜怀人诗》八十二首，分别对八十二位友人的情谊进行了吟咏。

在师范交游的众多友人中，其与著名书画家钱南园的交往最为人所乐

① 贾鸿雁：《游记小议》，《云南民族大学学报》（哲学社会科学版）2005 年第 1 期。
② （清）师范：《荫椿书屋诗话》，不分卷，清抄本，云南省图书馆藏。
③ （清）师范：《荫椿书屋诗话》，不分卷，清抄本，云南省图书馆藏。
④ （清）师范：《荫椿书屋诗话》，不分卷，清抄本，云南省图书馆藏。
⑤ （清）师范：《师荔扉先生诗集》，二十八卷，有缺佚，民国十一年刻，卷二、卷七、卷九、卷十二、卷二十一凡五卷原缺刻，国家图书馆藏，收入《云南丛书》本。

道。乾隆三十三年（1768），十八岁的师范与二十九岁的钱南园相识，此后两人"见必以诗相质，所唱和不下百篇"①，从《南园太史见予出关诸作，谓其高阔雄厉，一洗从前流美之习，枉赠七言长句一章，依韵奉酬》一篇即可见，钱南园先生不但是师范的好友，亦是良师，毫不遮掩地指出师范诗作上的长短高低，难怪乎师范评价他们之间的关系是"义居师友间，亲若兄弟行"（《哭侍御钱南园先生五古四章》）。距离并未阻断两人的交往，《还乐亭后南园有诗送别依韵奉酬一首》《出都日南园太史以诗送别依韵寄答并呈西阿检讨九山庶常》《苏州首咏秋柳次壁间韵过访南园太史即以留赠》《寄南园太史并呈砚北、南池、簪崖，时南园客弥渡》《南园太史遗瘦马一轴赋呈长句二章，时盖戊戌九月也》《将归永平别南园太史》《送南园太史典试粤西》《北馆访南园侍御时，东差初归，仍次前韵奉柬》《文望山孝廉题予伫月图，即用图中南园少银台韵，予依韵次答并呈南园》等诗表明了两人密切的联系。当钱南园处于人生低谷时，师范殷切安慰"微醉何妨被乃躬，江湖地僻主恩隆。才名一代苏韩并，气节千秋李杜同"（《南园学史留饮即事赋呈》），陈述了钱南园如苏轼、韩愈一般的才名，李固、杜乔一般的气节，表示景仰的同时又予以鼓励、劝诫，终使南园重新振作。而当钱南园顺利升迁之日，师范又寄诗表示祝贺"埋轮斩马喜从今，风节须凭汗简寻。天下遂瞻真御史，十年谁问老词林？既无阙事堪焚草，自有嘉谟可尽心。稽首易承颜咫尺，小儒空说九重深"（《闻钱南园已改授御史且上封事喜赋一律并寄》），诗人连用典故，称赞钱南园是个奏事缜密、有古谏臣之风的"真御史"。首联一个"喜"字，奠定了全诗的基调，师范为好友的升迁由衷地高兴。两人以诗为桥梁，不但联络了感情，还切磋了技艺，使诗歌创作日臻完善。钱南园评价师范道："一时豪隽交欲遍，于中领我情独厚"②（《和师荔扉》），可谓情真意切。在钱南园去世之后，师范不遗余力地收集钱南园遗作，出资编印了《钱南园诗存》两卷，《补遗》一卷。

　　除了钱南园，师范与龚簪崖、张镜湖、砚北、南池等文人也经常往来唱和。如《春燕次簪崖韵》《寄答簪崖》《饭罢检簪崖书作此寄之并呈砚北》

---

① 余嘉华主编《钱南园诗文集校注》，云南民族出版社，2007，第374页。
② 赵寅松主编《历代白族作家丛书　师范卷》，民族出版社，2006，第288页。

《即事口占戏柬龚簪崖、王西山、许晋斋》《喜柏轩簪崖至省过访留饮感赋一章并柬万铁峰中翰以饶窑瓶尽见遗赋此谢过》《友人招同杨芝宇前辈暨砚北、南池、兰皋、簪崖小集塔山别院分韵得上字》《李各盐寓戏题并寄张镜湖》《望雁次镜湖韵》《王坨旅邸同谢默夫夜话即事有赠赋寄张镜湖并忆唐九若村葛大砥斋》《石泉比部寄诗镜湖,时寓镜湖斋中拉予同和漫次二律并柬同年石田水部》《镜湖寓中同石双亭夜话赋赠一律柬镜湖并呈石田独坐海上舟感成二律并柬诸同好》《同砚北、南池、苇塘、兰皋蔗村游天生桥赋得桃花带雨浓分水字》《寄砚北》《寄怀砚北》《出都前一日,余敛齐彭南池、王宜泉、袁苇塘过集寓邸酒间,率成二绝句并呈寄南园检讨》《永平道中次南池韵》《得南池书》《同南池田中顶看花丰台小憩,谷氏园中南池有作,予亦得长句六首》等诗作,足以见得师范与友人们的唱和频率之高。

师范的唱和寄答诗数量很多,并且在其题目上极易辨认。常见的题目有以下几种形式。

①次……韵/次……之作/依韵/依韵奉酬。

如《文望山孝廉题予亡月图,即用图中南园少银台韵,予依韵次答并呈南园》《北馆访南园侍御时,东差初归,仍次前韵奉柬》《郡城偶作即次志中倪处士韵》《春燕次簪崖韵》《永平道中次南池韵》《新柳次高羽丰前辈韵》《京邸晤房师屠笏崖先生出示进作蛇字韵诗七首依数次之》《还乐亭后南园有诗送别依韵奉酬一首》《南园太史见予出关诸作,谓其高阔雄厉,一洗从前流美之习,枉赠七言长句一章,依韵奉酬》《怀易州司马袁苇塘仍次辛丑年韵二首》《别山旅次和壁间韵》《出都日南园太史以诗送别依韵寄答并呈西阿检讨九山庶常》《苏州首咏秋柳次壁间韵过访南园太史即以留赠》《望雁次镜湖韵》《次洪大棕岩留赠之作》。

②寄……/寄答/寄赠/赋寄/寄……呈。

如《秋日寄砚北》《寄洪西堂、赵所园》《寄洪西堂》《寄黎松皋即让其归关》《寄答簪崖》《寄怀砚北》《寄南园太史并呈砚北、南池、簪崖,时南园客弥渡》《独坐泻杯亭,风雨中凄然有怀共得绝句四首寄砚北簪崖》《饭罢检簪崖书作此寄之并呈砚北》《秋柳叠渔洋韵寄霭轩师,时师以罢今后犹羁滇中》《寄怀姚谦谷前辈》《咏李将军录寄谢默夫》《赋寄南州谢默夫闲住泺州盐寓》《写怀六首寄玉圃》《寄玉圃》《寄弟》《寄答并呈西阿检讨九山庶常》《数年来砚北、南池、簪崖屡有寄赠，雨窗闷坐率笔和答》《来自易州便中检讨即叠辛丑年寄答苇塘诗韵二首并寄南池》《寄陆凌云大尹时新分发江西》《寄怀方梦亭教习》《赋寄张镜湖并忆唐九若村葛大砥斋》《寄杨栗亭》。

③分韵得……字/赋得……字。

如《同砚北、南池、苇塘、兰皋蕉村游天生桥赋得桃花带雨浓分水字》《友人招同杨芝宇前辈暨砚北、南池、兰皋、簪崖小集塔山别院分韵得上字》《花玉圃分韵得字》。

④柬/赠/赋赠。

如《过访张镜湖即用乙巳年韵并柬姚春墀》《甫中过访花四玉圃挑灯叙故，即用东坡清虚堂韵奉赠并柬乃兄清达同年》《平彝口占赠李上青学博》《喜柏轩簪崖至省过访留饮感赋一章并柬万铁峰中翰以饶窑瓶尽见遗赋此谢过》《次楚雄陈都间裕昆招饮醉中赋赠》《甸尾塘望剑川城即柬学中诸友》《学署咏菊柬同斋杜绍商》《满贤林僧人旧住吾郡之胡家寺喜晤于此口占以赠》《即事口占戏柬龚簪崖、王酉山、许晋斋》《王东渠同年索诗赋赠一律且送其行时与予俱需次广文》《王坨旅邸同谢默夫夜话即事有赠》。

⑤呈/赋呈/示/赋示。

如《笏崖师复以卓异至都夜过寓邸赋呈四十韵》《谭河冒风宿丰乐镇口占呈家大兄》《郏中赋呈太守李仙望先生》《尉氏县旅次书怀呈家大人》《家大人命呈近作》《广通县署谒笏崖师即席赋呈》《游积庆观赋示诸同学》《赴都日偶得并示裴璞轩孝廉》《小次燕郊口占示璞轩孝廉》《榜发日戏呈诸先辈》《芮向之孝廉将有江浙之游，频行索诗口占赠之并呈金观察方雪、杨大尹注东》《归乐亭后赋呈家大人时方请告》《南归有日赋示璞轩、薛亭二孝廉泰运、莲汀两文学》。

（4）思乡、送别、怀人诗。

思乡是古往今来游子的共同情感，在心为愁，发思为诗。师范一生中的大部分时间远离家乡、奔波在外，他乡的风景纵然美丽，也难以缓解作者对家乡的思念，因此写下《怀乡七绝十五首》，"病起天涯百虑空，月明窗净许推蓬。眼前无限升沉事，坐对江山感塞鸿"。"我已明年五十三，置身仕路竟何堪？"人情感的共性还在于身体或心灵遭受打击时，更易引起对家乡的怀念，诗人身体生病且感到前途黯淡之时，思乡之情更甚。诗人的思乡，具体表现在对"士由农出土方真，我是田间垦获人"，"记向层楼眺晚江，寒流四面响淙淙。恰向茶熟香温后，月拥遥山满一窗"，"少年曾逐五陵豪，生割黄獐兴更高"的家乡生活和"诗笔龚彭各灵性，流传今喜得苏亭"的老朋友的想念之上。这种情感在《客思》"美人何处碧云合，游子不归秋草凄。记得去年临别处，海棠花底鹧鸪吟"中亦有同样的体现。

师范"生平意气重接纳"，对朋友情深义重，可是出于种种原因不得不与好友分别。江淹《别赋》中说过："黯然销魂者，唯别而已"①，而"别"又分为生离和死别。生离也就罢了，还有和朋友们以诗互寄的可能，但随着年龄的增长，师范面临更多的是死别，以至于"落落人间几知己"，师范不得不感叹道："总角交游更谁在，回首骚坛双泪悬"，因此师范也留下了许多送别、怀人、哭友诗。

师范的送别诗主题一般很明确，送谁、去哪，常常是一目了然，其题目中多出现"送""送别""留别""志别"等字眼，如《送砚北回城》《七夕集簪崖书屋送龙湖之楚》《北上日留别砚北簪崖》《送别彭南池、袁苇塘还里》《送别杨栗亭还榆》《送唐仪廷如粤》《将归永平别南园太史》《玉圃将辞予归矣，先一夕置酒饶之漫吟五律二章即以志别意》《送李锡九南还即寄谭运守雨亭阮文学素斋并示花贡土玉圃》《送东平前辈出令宜城》《送南园太史典试粤西》《送钟山之桂林》《送彭南池之广州》《送施春圃之成都》《酒间送段可石之江宁》《送张万含还里即》《留别同年任堂村选君》《留别李葶园贡士》《将赴春闱留别诸及门》等。

师范的送别诗写得情深意切、真挚感人。如《罗生纬、赵生忆礼步送廿余里依依不舍书此示之以志勉》：

> 欲别难为别，云山亦黯然。歌留新白雪，坐转旧青毡。
> 草色通弥渡，湖光失剑川。无多奇字在，去去向谁转。
> 爵惟天可贵，贫乃士之常。云净窗生月，烟澄水漾霜。
> 心宁让鸡犬，山莫致牛羊。意得无言说，穷通尽可忘。

---

① 何宝民主编《中国诗词曲赋辞典》，大象出版社，1997，第760页。

欲要分别却难以分别，才有了眼下这相送二十余里的一幕，"云山亦黯然"句借景抒情，心情黯淡，以至于这云这山都被染上了别离的黯然情绪。"草色通弥渡，湖光失剑川"指明了诗人的归途和离途，难以再见到剑川的湖光山色，顿时使离别气息浓重起来。前四联重述离别，后四联画风一转，对两个学生多谆谆教诲之言，谦和、低调，保持内心的澄净，早晚会忘记曾经的穷困模样，拳拳之心可鉴日月。

在许慎的《说文解字》中，"怀"是思念的意思。这"怀"可以是思亲人、思友人。离家万里，思家人；一别经年，思友人。"情动于中而形于言"，故用诗歌缓解思念。如《中秋念故乡诸友》"秋与人俱老，萧萧独倚阑。如何今夜月，只在异乡看"，"月色无今古，相看处处同。江山此清夜，天地一宾鸿"，"秋""月""鸿""夜"都是容易让人触发情感、思亲念友的意象，"萧萧""老""异乡""中秋""倚阑"等词进一步增添了个人的凄凉萧瑟感。诗人触景生情，在中秋的夜里怀念友人，发出了"苴兰城畔酒，谁与话飘蓬"的感慨。师范还专门写有《前后怀人集》和《嘉庆选人前后集》来表达对朋友和先贤的怀念与追思。

师范对于亡友的追悼之作，最令人动容。这类吊友诗歌，体现在题目上是"哭……""怀……"的形式，如《哭文西浦学博》《哭湘潭唐若村》《哭刘霭轩师》《怀南池》《元夜舟泊玉屏怀砚北》等。在好友杨履宽去世之后，师范写下了《哭同年杨栗亭孝廉》，"入梦方疑见颜色，得书知己弃林泉。春芜匝地浮云拥，花落金台倍黯然"，"志墓痛难抛老母，盖棺犹幸有孤儿。遗书未就惊沧丧，自是人间第一悲"，悲痛之感，溢于诗面。当得知知己已不在人世，周围的环境都黯淡了。上不能侍奉老母，下不能照顾幼儿，匆匆离去，令人肝肠寸断。《哭侍御钱南园先生五古四章》中说"前春悼彭郎，去秋挽戴子。那堪羁旅人，仓卒又闻此"，好友彭翥、戴斯绍相继去世，今年"义居师友间，亲若兄弟行"，"官职与文望，事总出于偶。遗直古所称，公去复何有"的南园先生"恐被药石误"去世，心里自然难以接受，"悲来自难止"，想到先生"子幼不解事""老志大未了"忍不住"泪若黄河流，欲哭声难成"。还有《怀邓完白》篇中"归来重过我，载酒泛清波"，《哭文西浦学博》中"铜章不肯轻相付，何处苍生福未臻"等句，赚足读者的眼泪。

（5）怀古诗和咏史诗。

师范游历大江南北，怀古咏史之作甚多，甚至有专门的咏史诗集问世，在诗歌史上有所建树的同时，无疑也是对历史的一种补充。师范五十二岁的时候著有《舟中咏史诗》一卷，《全韵诗》一卷，统名为《泛舟吟摘抄》。《泛舟吟摘抄》中包含了前咏史诗四十首和续咏史诗二十首，其内容就如师范在《咏史诗说》中所说："人非天地不生，天地非人不立，曰君人之总也。曰相、曰将，代君以理人者也。曰文士、曰英才、曰豪杰、曰隐逸、曰羽衲、曰钗裙，无不有其独异者，以求足乎人三代，且弗论秦以下，予得数而咏之。"① 以二十四史的人物为主线，创作了"与夏存古，贾长沙，王子安，李长吉并列"② 的《咏史诗》。除此之外，师范还有《读史杂咏》《读项羽本纪》《读淮阴侯列传》《读三国志后》等咏史诗。

师范的咏史诗讽刺意味较强，如《读史杂咏》（其一）"不知火照骊山日，又博褒妃一笑无"，写出了君王没有危机意识，只顾贪图富贵荣华的生活。而在《读史杂咏》（其二）又说"可怜三月咸阳火，烧尽深宫薄命人"，这两首诗呼应得极好，都写到了阿房宫的那场大火，而宫中的"薄命人"包括了手无缚鸡之力的宫妃，这些宫妃得不到博君王一笑的机会，却要为君王贪图享乐的"短视"而付出生命的代价，讽刺意味极强。

师范常常登临旧迹，怀古凭吊，为眼前的历史遗址、遗迹所触发，创作了不少的怀古诗。因此在很多诗篇中，历史遗迹成了辨认师范怀古诗较为简单的标志。如《龙尾关吊万人冢》《武侯祠》《虎渡口望荆州》《卧龙岗谒诸葛武侯祠》《夷齐故里》《姜女坟》《韩文公祠》《徐武宁将台》《冯唐墓》《光武帝故里》《靖江王庙》等。

怀古诗和咏物诗最大的差别在于，怀古诗是见旧迹而心有所感，吟咏与之相关的历史题材，"将历史蕴含的感情与自然景物触发的感情相融合"③。如《龙尾关吊万人冢》由"至今龙尾关外路，东冢西冢穴狐兔"的万人冢

---

① （清）师范：《师荔扉先生诗集》，二十八卷，有缺佚，民国十一年刻，卷二、卷七、卷九、卷十二、卷二十一凡五卷原缺刻，国家图书馆藏，收入《云南丛书》本。

② （清）师范：《师荔扉先生诗集》，二十八卷，有缺佚，民国十一年刻，卷二、卷七、卷九、卷十二、卷二十一凡五卷原缺刻，国家图书馆藏，收入《云南丛书》本。

③ 雷恩海：《咏史诗渊源的探讨暨咏史诗内涵之界定》，《贵州社会科学》1996 年第 4 期。

所触动，想到了唐天宝年间"家十郡无一存群，奴归来血洗箭又"的残酷战争。"未闻以暴能移暴，始信求仁自得仁"的伯夷、叔齐（《夷齐故里》），"桥自秦皇鞭后圮，仙从汉武望时空"（《碣石山》）的碣石山，"风憾秦城欲动摇，洒尽寻夫双眼泪"（《姜女坟》）的孟姜女等，都是诗人由眼前景触发的历史感怀。

（6）关注民生的诗。

师范初到安徽望江县任知县时，就在县衙的大门上写下了"政简入琴堂，常对一泓秋水；心清在茅屋，平分万户春光"的楹联，为官期间，忠实地践行了自己从政唯简、戒奢安贫，与民同乐、造福一方的承诺。作为"士民讴歌之"的好官，师范说："我心亦民心，民安我亦安"（《感遇》），在以后的日子里，师范言行如一，做了一个为民请命的好官。

师范时时关注民生，《采榆叶》《月牙侧》《大麦黄》《碱滩哄》等诗记录了百姓遭受灾害时的惨状。《采榆叶》写了灾年饥饿的百姓以榆叶果腹：

> 朝采榆叶，暮剥榆皮；根如可食，掘已多时！
> 提筐泣坐树旁路，此处全空向何处？
> 风吹榆荚入黄土，一夜安能齐作树！

"朝采榆叶，暮剥榆皮"一句用了互文的手法，说明受灾百姓每天可吃的东西只有榆叶、榆皮，倘若榆根可入口，榆树恐怕早已荡然无存。除了榆树，已寻不到其他可以果腹的东西，提着筐子暗暗垂泪，这里的榆树被吃完后，该何去何从呢？风就算把榆树的种子吹进土里，也不可能一夜全都长成能被吃的树呀！表明诗人对百姓怀有深切的同情，满怀忧患之心。

再如《月牙侧》：

> 月牙侧，米价折；月牙仰，米价涨；但愿月侧不愿仰。
> 昨日集，汤家河；今日集，胡家坨；升米青铜钱八十，
> 赶集无钱奈米何！妻哺糠，儿索糜，东家饥比西邻饥。
> 吁嗟，月牙当知之。

月牙侧仰，米价折涨。米价的折涨真和月牙的侧仰有关系？百姓无钱买米、忍饥挨饿又和月牙有什么关系。很显然，这是对压榨百姓的贪官污吏的批判和讽刺。月牙都能看到民不聊生的现状，而迫害百姓的官吏视若无睹，不能自省。诗人针砭时弊，为百姓的遭遇痛心疾首却又无可奈何，只能将满腔悲愤转化成文字，骂个痛快，"豺狼堪一饱，狐鼠互相欺。剜肉惟填壑，因公转济私"（《甲子六月八日同景山明府堪水泊大湾感作》）。

（7）对故乡精神家园的依恋之诗。

大理白族师氏家族中，师问忠、师篯、师道南的现存诗歌体现自身的民族特色的诗作较少，鲜明的地域风格特色是他们诗歌创作中所缺失的一部分。师范就弥补了这一缺憾，在诗歌的创作中融入了许多本民族的特色，使诗歌呈现了新的特色和活力。

食物、特产、节日、民歌等都能反映出白族地区人民的生活和白族地区的风俗民情，因此常常成为师范笔下的创作素材。白族人民聚居的地方有特色的物象有西洱河弓鱼、天水螺蛳、鬟妆山蕊茶，赤水江中的石花菜，庄东的新蚕豆、野杂蕈、三白酒、饵丝、米花糖，这其中很多东西并非云南地区独有，在师范的诗中却表现出了本地独有的特性。如又名胡豆的蚕豆，今南北地区都有，但"高田不坐水，如饮遇漏卮"（《庄东新蚕豆》）的云南白族地区结出的蚕豆"摘付樱厨中，烹芼随所思。内含土膏味，处炫风露姿"，经烹饪后别有一番独特滋味。三白酒就是用糯米蒸酿而成的甜白酒，"每岁届冬至，蒸释互抢攘。器洁而泉清，贮瓶或贮盎。忽报春风香，蛆浮一瓮长。凉疑酌天浆，浓堪润渴颡"（《新正三白酒》），弥渡的风俗就是，大年初三家家饮用三白酒。弥渡还有中元节炒豆的风俗，中元节又称"鬼节"，"年年遇中元，祀先各备物。炒豆味良佳，香脆悉难说"（《中元节炒豆》），家家户户炒豆祭供。还有"冬乃大似年，先期必办此"（《冬至节餐食饵丝》）的冬至食饵丝传统，等等，特别是《月街吟》"乌绫帕子凤头鞋，结队相携赶月街。观音石畔烧香去，元祖碑下买货来"等句，洋溢着浓厚的地域风情。

当然，民族精神的培养还体现在师范创作了许多吟咏云南地区历史传说故事的诗歌，如《望夫云》"郎具砭砭心，妾抱离离影。妾化云，郎化石"。《重印大理府志·精气化云》条记载，有个贫困的小伙子，偶遇神仙授以异术，生出可以飞的翅膀，就从南诏宫里抢来个女子结为夫妇。衣食用度皆能满足女子，天气太冷，小伙就去为女子取河东高僧的七宝袈裟御寒，高僧发觉，用法力将小伙溺死水中。女子等不到丈夫，忧郁而死，死后精气化为云，仿若望向海中之状。《辘角庄》则是南诏神武王的女儿倒坐牛背，任牛所之，自择女婿，终成良缘。后人把其地名为辘角庄，即牛进入陌巷时角像辘轳转。

在《元宵偶作》中师范道："公事本无私事毕，也随儿女闹元宵"，一个"闹"字说明师范本身积极参与到了家乡这一传统节日之中。对于家乡传统的继承还体现在师范对家乡民歌的关注上。在《滇系》中，师范就录有《山歌九章》，可见师范有意识地收集、整理家乡的民歌，并发扬光大。我们现在听到的《小河淌水》民歌中"月亮出来亮汪汪"中的"汪汪"二字就是借用了地道的弥渡方言，而师范《口占》一诗中就有"汪汪何敢望西江"之语，可见师范早已把方言融入诗歌创作之中。师范之诗处处流露着故乡家园意识，有意识地培育着故乡精神家园。这提高了师范诗歌在文学史上的地位和价值。

（8）题书、题画、题词诗。

师范在随父亲到晋宁学署期间，曾经向画家王绖学画。王绖曾评价他"绝胜人间最高树，蓬莱山上矮松枝"①，因师范对画作也有一定的研究，所以也为别人作了不少的题画诗。

所谓题画诗，广义来讲，就是鉴赏者根据画作的内容进行品评、题诗。当然，这诗并非必须题在画卷上，也可以脱离画卷独立存在。一般而言，题画诗多用赞美性的语言进行表述，带有赞画诗的特点。关于题画诗，明代学者胡应麟说："题画自杜诸篇外，唐无继者"②，清代学者沈德潜也作此论述："唐以前未见题画诗，开此体者老杜也"③。确实，在仇兆鳌所著的《杜少陵集详注》中就有22首题画诗，且不乏名篇。被苏轼赞为"诗中有画""画中有诗"的王维，并没有将诗画结合在同一体裁的觉悟，因此宋代诗论

---

① （清）师范：《荫椿书屋诗话》，不分卷，清钞本，云南省图书馆藏。
② （明）胡应麟：《诗薮》外编卷六，文渊阁四库全书本。
③ （清）沈德潜：《说诗晬语》卷下，《清诗话》本，第46页。

家葛立方评价王维："集中无画诗，岂非艺成而下不欲言耶？"① 因为"不欲言"，所以直到唐代结束都未出现题画诗出现在画卷上的景象。有学者认为文人画自元代兴起，到明代，题画诗甚至发展到了无画不题的地步。而清代继续保持了这种趋势，因此题画诗是常见之作。

师范有不少题画之作，如《题画杂诗》《题簪崖画》《题较猎图》《题张万含孝廉读易图》《报罢后漫成二律即题　月图小照》《题彭志丹先生山水小景》《题缪祀湖画雀》《题王益斋塞门较猎图》《题汤碧唐参军较射图小照》等。

师范的部分题画诗颇有以诗释画的意味，如《题簪崖画》：

> 暮山青欲无，下有幽人住。门对碧天秋，轻帆自来去。

画中有山有水有人家，虽未点出水，但"轻帆自来去"一句，已告知读者门外有流水。而"暮山青欲无""门对碧天秋"两句在色彩上也搭配得很和谐，因为秋天到了，所以"青欲无"，"青""碧"营造了一种秋日天高云淡的场景，推门而出是秋天，远处轻帆自来去，场面宁静而祥和。

在有的题画诗中，诗人也会融入自身的经验和情感。如《题较猎图》中"臂上苍鹰腰上箭，朔风吹透锦襜褕"，怎能看出是"朔风"，又怎能看出风把衣服吹透了，不过是诗人加入自身的经验和感受想象出来的画面。而在寒风中，狩猎的勇士只穿单衣，也反衬出了狩猎人的骁勇。在《题壁上所绘点苍山图》中"涓流片石都堪忆，曾被当年枕漱来"，诗人更多的是猜测当年隐居在此的作画者是何种心态。所以师范的部分题画诗处于边题内容边抒内心情怀的状态。

除了题画诗，师范还有很多帮别人题词，题诗集、别集，甚至题壁之作。如《题李荨园畅观亭别集》《题葛砥斋诗集后》《沙流河题壁》《题同声集后》《题方梦亭教习诗集后》《偶书家仆人大兄册后》《题赵所园倦圃集后》等。像《题谷西阿检讨近集八首》中，对谷西阿近集中"虫声花影句尤精，木落寒潭见性情"的诗歌内容，"要使川东小儿女，

---

① （唐）王维撰，（清）赵殿成笺注《王右丞集笺注》，上海古籍出版社，1961，第512页。

倚声齐唱竹枝词"的诗歌形式，"一时清望古苏欧""肯赋新词为写真"的诗歌风格都有所涉及。在为段七峰所作的题词中，师范点出了段七峰词既有"铁板铜弦声入破，大江东去水摇空"（《题段七峰忆旧词后》）的豪放词特点，又有"晚风残月柳屯田，无限春愁宝镜边"（《题段七峰忆旧词后》）的婉约词风格，也可看出师范对诗词写作规范早已烂熟于心。

（9）个人情怀的书写之诗。

所谓文学创作的动机，"是由需要产生的，在作家心理失衡的情况下形成易感点，遇有外部刺激的触动，于是产生了带有极强行动力量并对整个创作过程起支配作用的或隐或显的意图或意念"①，师范的诗歌创作都不是无病呻吟之作，而是内心受到外部刺激，触发了创作机制，不得不作，所以师范有很多的"口占"诗。如《酒间口占》《定西岭口占示送者》《谭河冒风宿丰乐镇口占呈家大兄》《平彝口占赠李上青学博》《满贤林僧人旧住吾郡之胡家寺，喜晤于此，口占以赠》《即事口占戏柬龚簪崖、王酉山、许晋斋》等。所谓"口占"就是即兴吟咏的诗歌，内心受到外界的触动，情不自禁，脱口成诗。所以"口占"对诗人的才气有着很高的要求，这也进一步证明了师范的博学多才。

师范一生中的酸甜苦辣，都寄托在他抒发个人情怀的作品中，欢乐、欣喜、辛酸、牢骚、自嘲、痛苦、无奈，时时伴在师范左右。如《云城纪事》诗：

> 廿年尘梦感并州，浩态狂香不自由。
> 我是人间穷措大，只将文字作缠头。

师范自觉这二十多年来活得并不潇洒，像芍药一样的盛态异香反而限制住了自己，平生反被声名所累。"穷措大"是对贫寒的读书人的轻蔑称呼，师范此时却运用到了自己身上，透露出浓浓的自嘲意味。

而像师范在《七歌》中所述"可怜五月儿上路，十月我父家中故"，

---

① 童庆炳主编《文学理论教程（修订版）》，高等教育出版社，1998，第174页。

"身上衣犹手中线，梦回时见慈母面。异乡闻讣已隔年，菊花秋老阳曲县"，
"丧明忽抱河西痛，伯已成伤尚遗仲"，"王家妹与余家姐，双鬓苍苍各守
寡"，"七弟四十已称鳏，入世弗辨灵与顽"，"昨闻次女十月殁，大女娇痴
两儿讷"，"衣食知难如所求，田畴半荒脚不袜。即作人间氾胜之，耕获期
无失其时"，"若竟迟居数日死，屋下盖棺已无子"，"才不才各言其子，一
子今乃父先死。随父殉母计亦良，终教抱恨重泉里。双亲弃养无事无，半生
真与百忧惧。高堂差幸不见此，凉德空悲天丧余"，除了仕途上的不顺，家
中事也零落至此，妻子、儿子、孙子先后去世，姐妹早寡，七弟早鳏，田园
荒芜、生计困难，自己长期漂泊在外，归家如做客，这种惨状就如同方树梅
在《师荔扉年谱》中所说："词虽不逮情有加惨，天风湖浪亦如助我悲吟
矣。痛哉！"① 所以，师范的生活和精神上常被穷困、亲人逝世等痛苦阴霾
笼罩。

当然，师范的生活中并非没有阳光，闲暇之时，师范也常作些小诗来增
加生活情趣。在师范眼中，几乎事事可入诗，如生活日常，《扫地》《焚香》
《除草》《培花》；个人的喜好当然也可以入诗，《喜凉》《喜晴》《憎药》
《喜食蚕豆》《听笛》《听琵琶》；甚至是日记似的记录生活，《病中》《病
言》《病起》《不寐》《客久》《无梦》《迷路》等，诗人因有丰厚的学识作
支撑，几乎任何题材都可以入诗，这也是诗人作诗数量极多的一个重要
原因。

笔者认为，"一览何能慰所思，江山无恙倚栏时"（《东渠邀游近华浦偶
成二律同何纯齐窦松溪》）最能体现师范之诗歌创作，对于山川、景色、风
物的一饱眼福并不能满足诗人的内心需求，必须发而为诗。而作为一个官
者，只有在海晏河清的盛世下才能悠闲地倚栏。诗人既有抒发内心情怀的追
求，又有渴望国泰民安的心愿，因而诗中题材多样，从风景到民生，皆是
素材。

2. 师范诗歌的创作形式

师范在《家园杂忆赤水江中石花菜》中这样概括水与石的关系，"水乃
石之精，石乃水之骨"，而诗歌内容与形式的关系，恰如这石与水，互为精

---

① 方树梅：《师荔扉先生年谱》，两卷，抄稿本复印，云南省图书馆藏。

骨，不可分割。师范一生所作诗歌 5000 余首，"自遭兵燹以来，室家灰烬，文籍荡然"①，一部分诗歌随兵燹离乱而消亡。现存的诗歌较之云南地区其他白族诗人，在数量上仍占有绝对优势，因此对于诗歌的形式很难做到面面俱到的分析。

师范的诗歌古体与近体兼备，但总体上来说近体诗在数量上要远大于古体诗。

师范的律诗有五言和七言之分，但无论五言还是七言，都独立成篇，保证了诗作的完整性和艺术性。以《儿辈游荡山归折龙女花一枝喜成二绝》（其一）为例：

> 婀娜人间绝世姿，荡山高处影离离。
>
> 仄仄平平仄仄平，仄平平仄仄平平。
>
> 折来幸未伤迟暮，素蕊含苞欲放时。
>
> 仄平仄仄平平仄，仄仄平平仄仄平。

全诗押支韵，较为严格地符合了仄起式七言绝句。而师范的诗作，以流水对居多，该诗的流水对倾向虽表现得不是太明显，但单拿一句出来，感觉平淡无奇，意义也似不太完整，整首诗组合起来方显出其完整意境。

师范所作五言绝句数量并不多，主要集中在《咏物三十首》，韵脚有平有仄，阳（平）、庚（平）、支（平）等韵部曾反复使用。如《出上关》《黄华老人诗碣》《藏经阁》《烟荷包》《枕》等诗作中的"城""兵""情""名""明""清""横"等字都属于下平八庚韵。在《出上关》中：

> 水自当三面，山争拥一城。昔人曾设险，此地莫谈兵。
>
> 仄仄平平仄，平平仄仄平。仄平平仄仄，仄仄仄平平。

这是一首两字押韵的典型仄起式五绝。而且在对仗上，也把同类概念的词放

---

① （清）师范：《师荔扉先生诗集》，二十八卷，有缺佚，民国十一年刻，卷二、卷七、卷九、卷十二、卷二十一凡五卷原缺刻，国家图书馆藏，收入《云南丛书》本。

在了相应的位置上，如名词"山"对"水"，动词"拥"对"当"，数字"一"对"三"，使之互相映衬，已然是较为工整的对仗结构。

师范的律诗格律严密，对仗工整，且看七律《忆剑川》：

> 一铎孤鸣七载零，金华山色卷帘青。
> 仄仄平平仄仄平，平平平仄仄平平。
> 池方半亩随风绿，竹过三更带月听。
> 平平仄仄平平仄，仄仄平平仄仄平。
> 问字人来争载酒，贺春客至促谈经。
> 仄仄平平平仄仄，仄平仄仄仄平平。
> 桃符已换松茸满，手捌茶花插胆瓶。
> 平平仄仄平平仄，仄仄平平仄仄平。

是比较标准的仄起首句起韵型七律，首句押韵，并且一韵到底，押下平九青韵。只有处在一、三位置的"贺""山"两字平仄有出入，但完全不影响诗歌的格律。颔联和颈联对仗工整，颔联名词"竹"对"池"，介词"过"对"方"，数字"三更"对"半亩"，偏正结构"带月听"对"随风绿"；颈联动宾结构"贺春"对"问字"，主谓结构"客至"对"人来"，动词"促"对"争"，动宾结构"谈经"对"载酒"，极其工整、和谐。

其他的七律亦然，如《滹沱河》全诗押下平八庚韵，"南来水势经全赵，北向山形拥上京。隔岸田园云树影，极天村堡雁鸿声"，"北向"对"南来"，"山形"对"水势"，"拥上京"对"经全赵"；"极天"对"隔岸"，"村堡"对"田园"，"雁鸿声"对"云树影"。《望黄河》一诗押上平十三元韵，"影摇莲岳东西拆，声落皇兰日夜奔。四塞风烟环低柱，三川云树合龙门"，相应位置是同性质的词相互映衬。其他如《次邯郸》《由天心湖至武陵》《阅滇黔记游书后》等亦然。

再看五言律诗《见会城》：

> 一片昆池水，盈盈照眼来。人烟双塔晓，殿阁五华开。
> 仄仄平平仄，平平仄仄平。平平平仄仄，仄仄仄平平。

尚想平蛮路，谁怜作赋才。十三年外事，踪迹付尘埃。

仄仄平平仄，平平仄仄平。仄平平仄仄，平仄仄平平。

首句是不入韵的仄起仄收式五律。除尾联前一句和后一句第一字位置上的"十"和"踪"平仄有出入外，全部符合严格的五律平仄规律，当然，这足以算一首严格的五律诗。而且，在颔联、颈联的相应位置上一一对应，颈联"作赋才"与"平蛮路"还用到了历史典故，无疑增加了诗歌的内涵。其他如《云南驿》《抵里之次日即送簪崖如粤》《城南》《金台书院访沙雪湖孝廉》《宝相寺小憩》等诗无论在格律还是对仗上都很严密工整。

师范的古体诗较有特色，像《采榆叶》《大麦黄》《月牙侧》《碱滩哄》《临河》等有关百姓生活的诗，他选择了以古体诗的形式写作。以《大麦黄》为例：

大麦黄，劫麦人来如堵墙。

前夹担，后持筐，十顷五顷无余芒。

白首伏路泣致语："典衣租田二亩土，妻病无儿孙无母。

倘念老奴苦，不肯全留留半亩。"

语未毕，麦已空，日照残雪沙场风。

向西一带尽席卷，掉转人头齐向东。

嗟尔白首，年岁所迫，大麦割尽尔勿惜，好往南庄看小麦。

小麦黄、米价跌。

这一表现民生疾苦的诗作出现了参差不齐的长短句形式，和诗人内心的情感相关。作为一个勤政爱民、有责任心的好官，面对百姓疾苦和官吏的贪婪，痛心疾首，心绪难以达到一种平和状态。在抒发内心情感时，只能随心所至。当然，情感的抒发也要受到理智的束缚，所以这类诗作不像近体诗一般拘束，但也不是毫无章法地乱写一气。古体诗形式在一定程度上表现出了诗人的情感。

"大麦黄"三个字交代了故事发生的背景，简短有力，而"劫麦人来如堵墙"七个字，备感压抑，"如堵墙"在内容上加剧了这种压抑感。"前夹担，后持筐，十顷五顷无余芒"，三三组合，在这里产生了一种急迫感，再急迫也没逃过"无余芒"的命运。"白首伏路泣致语：'典衣租田二亩土，妻病无儿孙无母。倘念老奴苦，不肯全留留半亩'"，七七五七的句式，是一个老人低低的哀求，特别是"倘念老奴苦"五个字，是无奈中夹杂着一丝希望，底层人民在官吏面前的卑微和小心翼翼，通过这几句话展现得淋漓尽致。"语未毕，麦已空"六个字简短有力地刻画出官吏的急迫和贪婪，而"向西一带尽席卷，掉转人头齐向东"句再一次证明了官吏的贪得无厌和对底层人民无止境的压榨。"嗟尔白首，年岁所迫"四四结构，是诗人的冷静客观陈述。最后"小麦黄、米价跌"，短短六字，看似充满希望，实际上是诗人的不予置评，因为官吏的贪婪无度，怎会轻易放手，所以才有了"月牙侧，米价折；月牙仰，米价涨"（《月牙侧》）的不合理现象。简短的三三结构，文约意丰，给予读者无尽的想象，而诗人对迫害人民的贪官的控诉也"此时无声胜有声"（《琵琶行》），一切尽在这六字中。

《采榆叶》《月牙侧》《碱滩哄》《临河》等诗也采取了长短不一的句式，可以看出诗人心潮的起伏，时而激愤控诉，时而冷静描述。而师范在自述身世时，有意识地去选择模仿杜甫的《七歌》形式，使读者不忍闻，所以诗歌形式的选择有时会起到"词虽不逮情有加惨"[1] 的作用。

师范在写作《西洱河弓鱼》《天水螺蚕》《鬟妆山蕊茶》《家园杂忆赤水江石花菜》《庄东新蚕豆》《南林春笋》《西山早菌》《北园青菜》《宅畔桑花》《野杂蓲》《新正三白酒》《中元节炒豆》《冬至节餐食饵丝》《除夕米花糖》《墙西紫芋花》等家乡特产时，都选择了古体诗的体裁。这些诗作的形式和排律有相似之处，但终是古体诗而非律诗。明代徐师曾在《文体明辨·排律诗》中说："按排律原于颜谢诸人，梁陈以还，俪句尤切，唐兴，始专此体，而有排律之名……大抵排律之体，不以锻炼为工，而以布置有序、首尾通贯为尚。"[2] 姚华在《论文后编·目录中》也说："近体一篇，为句凡八，句必属对，音必相间，其溢于八者为排律……排律之长者，韵可累百，是为长排。"[3] 由此可见，排律是律诗的延长，诗体变长，要求却不

①　方树梅：《师荔扉先生年谱》，两卷，抄稿本复印，云南省图书馆藏。

②　张之强：《诗词语言概说——怎样阅读古典诗词》，河北教育出版社，1991，第 67 页。

③　贾文昭编《中国近代文论类编》，黄山书社，1991，第 95 页。

松懈，"句必属对，音必相间"①，难度大大增加，而且"不以锻炼为工，而以布置有序、首尾通贯为尚"②，形式愈加工巧，内容却日渐贫乏，所以排律这种体裁限制了诗人情感的抒发和表达。在介绍家乡的特色时，师范身怀浓烈的家园情怀，以特有的自豪感去描绘亲切的味道，这种感情的抒发应是随心而自由，绝不能因为形式的束缚而约束了内容。

师范的近体诗作虽严密工整程度在家族其他文人之上，但师范强调诗作要发之自然，"盖三百篇、《易》、《书》、诸子、骚、赋、古诗之用韵，如江河赴海，随势曲折；如春风嘘物，草木怒生"③，反对依韵而求诗，"苟执韵以求诗，予之诗亦犹是风之刁刁、雨之潇潇、雷之殷殷、兽之呦呦、虫鸟之嘤嘤喈喈而已"④（《全韵诗自序》）。师范的诗作在自然的基础上，音律和谐，自然与格律兼备，其深厚才学可见一斑。

通过师范对诗作内容和形式、内容和音律的处理，也能看出他更加注重诗歌内容的倾向，这和他主张的"诗以道性情"⑤（《触怀吟序》）的观点不谋而合。

3. 师范诗歌的创作风格

意大利美学家克罗齐在《美学原理》中指出：读一首诗的人与写那首诗的人的形象思维思路具有统一性，读者读诗无非就是探索与揣摩诗人的思路，二者合一时，那首诗就被理解了。这就是方玉润所说的只有当"读者之心思与作者之心思……默会贯通"⑥之时，才会对此诗"不烦言而自解"⑦。因此对于诗歌的解读不但要看读者的学识、修养，更要看读者与作者心灵相通的程度。

---

① 贾文昭编《中国近代文论类编》，黄山书社，1991，第95页。
② 徐师曾：《文体明辨粹抄》卷上《排律诗》，日本早稻田大学图书馆藏抄本，第32页。
③ （清）师范：《师荔扉先生诗集》，二十八卷，有缺佚，民国十一年刻，卷二、卷七、卷九、卷十二、卷二十一凡五卷原缺刻，国家图书馆藏，收入《云南丛书》本。
④ （清）师范：《师荔扉先生诗集》，二十八卷，有缺佚，民国十一年刻，卷二、卷七、卷九、卷十二、卷二十一凡五卷原缺刻，国家图书馆藏，收入《云南丛书》本。
⑤ （清）师范：《师荔扉先生诗集》，二十八卷，有缺佚，民国十一年刻，卷二、卷七、卷九、卷十二、卷二十一凡五卷原缺刻，国家图书馆藏，收入《云南丛书》本。
⑥ （清）方玉润：《诗经原始·凡例》，中华书局，1986，第2页。
⑦ （清）师范：《师荔扉先生诗集·全韵诗自序》，全书二十八卷，有缺佚，民国十一年刻，卷二、卷七、卷九、卷十二、卷二十一凡五卷原缺刻，国家图书馆藏，收入《云南丛书》本。

师范之诗作"风雨争飞，鱼龙变化"①，风格多样，"雅俗继白居易之风，深沉效杜少陵之法"②，不可能——分析之，只能拣笔者在读诗过程中感受最深的风格特色作简要论述。

（1）浅切平易，质朴感人。

《白族文学史》中评说："师范的诗，明白晓畅，质朴感人"③，确实如此。师范的诗歌多采用白描手法，浅切平易，通俗易懂，常以真情浅语取胜。鲁迅先生总结白描道："有真意，去粉饰，少做作，勿卖弄"④，看似简单，然则标准极高，语近而思远，语浅而情真。

如《抵里之次日即送簪崖如粤》：

> 我归君又去，犹幸得相逢。好与南池子，同探四百峰。
> 溪桥仰驻马，未及唱骊歌。但去莫回顾，前途风雪多。

题目中已经交代了背景，诗人抵达的次日就要送好友簪崖离开。我刚回来你就要离开，幸亏见了一面，正好约好友南池探游爬山，通俗到白居易所说的老妪能解的地步。在溪桥上将马暂停，仰首告别，还未来得及唱响那首送别的歌曲。离开就别回头了，前面的路还有很多未知的坎坷。首联、颔联写相见，颈联、尾联写送别，而这送别也是依依不舍，特别是"前途风雪多"一句，一语双关，既点明了路途中恶劣的自然环境，又暗含着诗人对好友的关心和担忧，深情厚谊无须言明，已在字里行间显露。

再如《接家书喜已生孙》：

> 冷署书来已浃旬，果然天降石麒麟。
> 他年成否原难定，已是堂前一代人。

---

① （清）师范：《二余堂诗稿》，二卷，民国年间排印本，赵藩、李根源重校，云南省图书馆藏。

② 赵怀仁主编，云南大学学院民族文化研究所编《大理民族文化研究论丛》第 2 辑，民族出版社，2006，第 772 页。

③ 张文勋主编《白族文学史》，云南人民出版社，1983，第 400 ~ 403 页。

④ 《鲁迅杂文全集·下》，群言出版社，2016，第 46 页。

诗歌的前两句用诗题就可以概括，接家书喜已生孙，以后成不成才先不说，起码家中又多了一代人。题目中一个"喜"字足以奠定全诗的感情基调，家中添孙甚是高兴，其他考量容后再说。没有夸张的语言表达，但字里行间足可以体会到诗人抑制不住的喜悦感，真实而不做作，不加雕饰，没有卖弄文采之嫌，就简单地陈述了一个事实，反而朴实得自然亲切。其诗《过晒经坡》生活气息浓烈，憨态可掬：

> 短栅疏篱尽可图，到门鹅鸭自相呼。晒经坡上斜阳影，半挂鱼罾半照明。

低矮疏松的栅栏、篱笆一眼看到底，门口鸭鹅招朋唤友前来迎接。夕阳的影子斜斜投挂，余晖笼罩着半挂树上的渔网。简短浅近，平易质朴，没有多余的修饰，但却呈现出浓烈的生活气息，情不自禁身入其境。

　　师范创作的诗歌虽多，但相对来说，颜色描写的词并不丰富，这也是构成其诗作质朴的原因之一。师范的诗歌里出现较多的颜色词是"红""白""青"，但是本善于表现浓艳的"红"，有时也很难在师范的诗作中呈现出那种丰满的富贵感。"黄到蔷薇红芍药，一声啼鸟日西斜"（《榆城旅兴》），红艳的芍药被西斜的落日镀上了一层柔和的光芒，削弱了其浓艳感。"森森春愁未有涯，堕红如雨湿窗纱"（《寄洪西堂》），"名花一夜嫁春风，并作西园漠漠红"（《落花二首》），"堕红""落花"本就不复其盛时的明艳，与春愁呼应，又增添些许失意的暗淡，低调而内敛。诗人对红花有着超乎寻常的喜爱，无论是"才向浪穿齐畔见，满墀芳草漾红澜"（《紫薇》）的紫薇花，还是"山花红映日"（《鹦鹉关戏题》）的山花，抑或"杜鹃花发杜鹃啼，红满千山绿乍迷"（《北邙行》）中漫山遍野的杜鹃花，在诗人眼中都别具魅力。通过"五更红日上衣来，好句吟成亦壮哉"（《和答》），"元武湖深落照红，断烟寒锁景阳宫"（《酒间送段可石之江宁》），"忽闻钟磬响，红上一山灯"（《游水目山》），"开到野棠红到杏"（《过潜龙庵即拜二贤墓同杨冠南杨凤池》），"晴波如熨花如剪，无数娇红晓镜中"（《晓过九龙池》），"种玉田何处，车尘漠漠红"（《玉田道中》），"香虽未全红已足，几回孤负可怜宵"（《慰药》）等句，更可见诗人对红色的热爱。"红泥阁"的反复出现，足见诗人对其偏爱，"钗钿梦冷红泥阁，砧杵风高白帝城"（《秋柳四首》），"日斜横映红泥阁，烟重微分白板门"（《新柳次韵》），"白石桥通芳草渡，红泥阁隐杏花村"（《元宵抵榆城》），红色的泥阁透露出的是温暖而踏实的心灵归属感。颇有趣味的是，"红泥阁"分别对应了"白帝城""白板门""白石桥"，可见在诗人的独特审美中，红白相间为最适宜的搭配，如"石瀑条条白，霜林树树红"（《定西岭》），再如"深红浅白远相招，风送生香过小桥"（《丽江赏桃花》），还如"燕畿无限销魂事，多在花红月白时"（《永州端不抵台州》）等。

诗人也常写"青"与"白"，如"落眼山光个个青，荷花两岸影婷婷"（《过九龙池感赋》），"归去来兮三径渺，岁行尽矣一灯青"（《乡愁》），"我家赤水西，开门见青峰"（《饮酒杂诗》）。再如"终恐流连能败德，梨花淡白李花娇"（《游积庆观赋示诸同学》），"帘卷春帆白，窗悬社橘香"（《登岳阳楼》），"怒涛喷白练""白水飞成雪"（《游天生桥》），"海光清映白玻璃"（《雨宿碧鸡关》）等句。除此之外，"青山""白云"的意象常常出现在诗人的诗作中，如"青山碧涧无穷态，映出垆头两鬓花"（《坡贡喜晴》），"夕阳村舍暖温暾，地近青山俗尚醇"（《登窑台即至陶然亭》），"青山一角云千点"（《玉田晓发》），"归去苍山卧，白云相看惟"（《送别杨栗亭迁榆》），"一经入寒雪，数峰藏白云"（《望荡山寺》），"试向地炉灵活火，生柴斫带白云烧"（《彭南樵》），"山痕高与白云齐"（《雨宿碧鸡关》）等。

剩下的颜色就是诗人随意而自然的组合，如"芳草绿盈浦，杂花红满树"（《舟过桃源》），"白羽雀飞春寂寂，青头鸡唱夜茫茫"（《邺中》），"山接九边青不断，柳当三月翠初生"（《永平道中次南池韵》），"碧水红桥绿渐平，相思树底越禽鸣"（《柳絮》），"野水含情绿，孤花着意红"（《偶过灵泽寺》），"青门以外即天涯，细草香停白鼻骓"（《榆城旅兴》），"翠森虚壁冷，青映曲池浓"（《为苏远舟题石》），"石气青逼霜天高，寒林秋老红欲死"（《桃花带雨浓分水字》），"歌留新白雪，坐转旧青毡"（《罗生纬赵生忆礼步送廿余里依依不舍书此示之以志勉》），"山雕古雪排檐白，水蓄晴蓝远楹幽"（《崇圣寺八咏·胜概楼》）等。组合中常出现的颜色也是"红""白""青"，可见诗人在颜色上并未推陈出新，略显单调。颜色词在诗作中所占比例不高，类型不丰富，色彩不艳丽，形成了诗人诗歌创作的质朴特色。

（2）物动心摇，着手成春。

师范一生行程万里，登山观海，"登山则情满于山，观海则意溢于海"①，"遵四时以叹逝，瞻万物而思纷，悲落叶于劲秋，喜柔条于芳春"②。故而感物骋情"触景萌析，随事书写"③"耳之所淫，目之所摄，足之所径，心之所游，无不于诗发之"④。

大自然所恩赐清奇俊秀的风光景色，自古是文人墨客笔下源源不断的素材来源。而大理地区苍山抱秀、洱海涵文，从来一派山明水秀之丽景，"天南清淑之气，点苍、鸡足、玉龙、蒙岳、金沙、昆泽、仙湖、洱河诸名胜不能尽之也"⑤，所以师范写过不少清新、隽永的风景诗。如"明月一船天在水，桃花江上暮钟声"（《益阳舟次对月》），月光静静地洒在船上，天空悄悄倒映水中，四周安谧静逸，只听得远处的钟声悠悠传来。如《泊西风潭》：

> 山渐温柔水渐清，石根云散桨花轻。
> 西风潭上蒙蒙雨，丛竹无声鸟自鸣。

开篇"渐"和"温柔"两个词就给诗歌奠定了一种柔和的基调，而"轻""蒙蒙""无声"又进一步突出环境的安静与轻柔。山清水秀、云开花落，伴随着如丝细雨，该是怎样一幅迷人画面。而"丛竹无声鸟自鸣"句大有南北朝诗人王籍《入若耶溪》诗"蝉噪林逾静，鸟鸣山更幽"之神韵，以动衬静，更显其静，环境的幽静展现得淋漓尽致。

诗人登山有作，如《登金华山玉皇阁》：

---

① （南朝梁）刘勰著，范文澜注《文心雕龙注·神思》，人民文学出版社，1958，第 173 页。
② （西晋）陆机：《文赋》，郭绍虞主编《中国历代文选论》第 1 册，上海古籍出版社，1979，第 170 页。
③ （清）师范：《二余堂诗稿序》，民国年间排印本，赵藩、李根源重校，云南省图书馆藏。
④ （清）师范：《二余堂诗稿序》，民国年间排印本，赵藩、李根源重校，云南省图书馆藏。
⑤ （清）师范：《二余堂诗稿序》，民国年间排印本，赵藩、李根源重校，云南省图书馆藏。

到此疑无地，苍苍望欲迷。远湖明似镜，细路叠成梯。
骚首天谁问？惊人句自携。夕阳木外隐，幽鸟尽情啼。

诗中呈现出了诗人不断变化的视角，眼前好像无路可走，诗人只好把目光投向远方。"苍苍望欲迷"句中，"苍苍"一词既可作茫无边际意，亦可作树木茂盛苍翠状，两种意思恰好都合句意，但笔者更倾向于树木茂盛苍翠的解释。首先，诗人的诗作是按照写作时间顺序所排列，这为我们研究诗人的生平际遇提供了极大的便利。《登金华山玉皇阁》排列在《初至剑署感怀》与《诸及门约游金华山禅院》之间，《初至剑署感怀》有"闭门锁绿苔"句，民间有"三月青苔露绿头，四月青苔绿满江"的谚语，姑且把时间锁定在三、四月份，"花须次第栽"句也进一步证明了此时是春夏相交之际。而《诸及门约游金华山禅院》中有"谁到酒杯当夏浅，始知泉水在山清"句，指明了此时是夏天。所以诗人写作《登金华山玉皇阁》时，时间约莫是夏天的光景。夏天树木茂盛，郁郁葱葱是常态。其次，《登金华山玉皇阁》中"夕阳木外隐，幽鸟尽情啼"句中鸟儿啼再一次证明了此时是夏天，而树枝树叶挡住了夕阳，就像隐于树外一样，也变得合情合理了。

仇兆鳌在赏析杜甫《望岳》时评判道："诗用四层写意。首联，远望之色。次联，近望之势。三联，细望之景。末联，极望之景。"① 《登金华山玉皇阁》一诗同样层次脉络分明，亦可借用仇语：诗用三层，首联，极望之景。次联，远望之色。末联，细望之景。首联中，诗人视角是变化的，目光由眼前无路投向未知的远方。远望中看到了明似镜子的湖泊，交叠成梯的细路，其形象刻画让人有亲眼所见之感。细望之下，夕阳透过枝叶洒着柔和的光芒，鸟儿在树上尽情鸣唱，动静结合，更显环境之幽谧。细细几笔，金华山之景已跃入读者眼中，立体可感，似在面前。

诗人过水有感，如《由天心湖至武陵》：

破碎邮亭不记名，时闻林际落铎声。楚人门巷多临水，吴客帆樯直

---

① （清）仇兆鳌：《杜诗详注》，中华书局，1999，第22～23页。

到城。

> 山近武陵多婉转，波粼梦泽亦峥泓。天心湖畔顿回首，容易乡愁向此生。

开篇第一个意象即是"邮亭"，邮亭即驿站，在古代诗歌中常用来表达羁游在外的游子的乡思之愁，之后又闻"钲声"，钲是古代行军用的一种乐器，更是常用作表达羁旅之愁的意象。陆机《文赋》中说："遵四时以叹逝，瞻万物而思纷，悲落叶于劲秋，喜柔条于芳春。心懔懔以怀霜，志眇眇而临云"①，意象常是诗人情感的物化，在有可观可感的形态之外，更有诗人的主观情感渗透其中，就像袁行霈先生在《中国诗歌艺术研究》中所说："意象是融入了主观情意的客观物象，或者是借助客观物象表现出来的主观情意。"②

师范选择"邮亭""钲声"的意象，也必有深意寓含其中。颔联中诗人描绘了临水而居的江南，依靠来往的船只划到城中，船离武陵越来越近，可见其山越发曲折，水越发澄澈。古代诗人受儒家思想影响很深，在情感抒发上也较为含蓄，以委婉含蓄为美，所以尾联"天心湖畔顿回首，容易乡愁向此生"，诗人虽推测其他人在回望的时候易生乡愁，其实要表达的是此时此刻，自己乡愁已生，也正好呼应了首联提到的"邮亭"和"钲声"意象，诗中出现的每一个意象看似无意实是诗人的精心"策划"。

师范的诗作同样反映了中国古代文人遇山唱山、逢水誉水的浓厚山水情结，尤其是对性灵发源之水，更是从不吝啬对其的赞誉。如其诗《秋水》自然清新：

> 澄澄如练碧，天压一江秋。乍觉吴枫冷，翻怜楚竹幽。
> 明霞红蓼岸，凉雨白蘋洲。回首榆河侧，清光映十楼。

秋水清澈透明，犹如青绿色的丝帛，比之阮修《上巳会诗》中的"澄澄绿

---

① （西晋）陆机：《文赋》，郭绍虞主编《中国历代文选论》第1册，上海古籍出版社，1979，第170页。

② 袁行霈：《中国诗歌艺术研究》，五南图书出版公司，1989，第61页。

水"更清幽美丽，比之谢朓《晚登三山还望京邑》中的"澄江静如练"更灵动活泼。而此时整个江上秋色已迫近，即目所见，皆是秋光。"吴枫冷"有唐代崔信明诗"枫落吴江冷"之典可续，后来者不断发酵，如唐李白《对酒醉题屈突明府厅》中有"枫落吴江雪"句；宋何沟《臞庵》中有"窗前枫叶晓初落，亭下鲈鱼秋正肥"句；元萧国宝《夜过吴江》中有"丹枫叶落霜初肃，白苇花开月倍明"句；明末清初余怀《三吴游览志》中有"吴江枫叶细，偏偏报诗成"句。枫树本是吴江景物一种，好事者因此亦把"吴江"称为"枫江"。至于枫树为何如此引人情思，可追溯到屈原《招魂》中的"湛湛江水兮上有枫，目极千里兮伤春心"，葱茏夏木之凋零，是人所不愿目见，是伤春悲秋之源头，而在万物萧瑟的时节，枫叶以其特有的明艳色彩感染众人，正是刘勰《文心雕龙·物色》中所描绘的"春秋代序，阴阳惨舒，物色之动，心亦摇焉"①之景，欲发而为诗，则是《文心雕龙·明诗》中"人禀七情，应物斯感，感物吟志，莫非自然"②之况。"楚竹幽"则有宋之问《游陆浑南山自歇马岭到枫香林》诗"楚竹幽且深"可应和。"楚竹"专指湘妃竹，也称斑竹，就是唐代诗人刘禹锡《潇湘神二曲》中所描述"斑竹枝，斑竹枝，泪痕点点寄相思"的带有娥皇、女英泪水的竹子，后经文人不断借用，如唐代柳宗元《渔翁》"渔翁夜傍西岩宿，晓汲清湘燃楚竹"；宋代张孝祥《浣溪沙·洧刘恭父别酒》词"粉泪但能添楚竹，罗巾谁解系吴舡，捧杯犹愿小留连"；清代谭嗣同《画兰》诗"雁声吹梦下江皋，楚竹湘舲起暮涛"。"明霞红蓼岸，凉雨白蘋洲"句运用了互文手法，"明霞""凉雨""红蓼""白蘋"动静结合，颜色鲜明，颇有唐寅《题画师周东村之郊秋图》中"白蘋红蓼野塘秋"之灵动意境，无须渲染而秋意跃然纸上。尾联则再次呼应了首联，回头望去，榆河两岸、十里八景皆倒映水中，一幅自然山水画卷徐徐展开。

　　诗人在意象的琢磨上也是颇费心血的，正如其竹枝体《怀乡七绝十五首》中的"推蓬""塞鸿""红烛""舟中影""浮云"等意象让人容易与久居异乡的游子相联系，从而能恰到好处地表达诗人的"怀乡"主题，诗人

---

① （南朝梁）刘勰著，范文澜注《文心雕龙注·物色》，人民文学出版社，1958，第693页。
② （南朝梁）刘勰著，范文澜注《文心雕龙注·明诗》，人民文学出版社，1958，第65页。

由眼前景触发心中情思之时，最成功之处在于匠心独具地选择恰到好处的意象和恰如其分的表达，使其既有代表性，又不会因为意象的过分填充而显拥挤，这样写出的诗歌自然、妥帖、流畅，不会有刻意雕琢和晦涩之嫌，因而能在物动心摇间着手成春，创作出令人称道的好诗。

（3）深稳流畅，力深思沉。

张履程评价师范的诗："古体深稳流畅，近体沉郁顿挫，开合动荡，俯拾即是，著手成春"①，赵本扬谓师范的诗："格高气浑，力深思沉，俨然少陵家法"②。师范其他的部分诗作"扬之则高华，抑之则沉实，有声有色，有气有骨，有味有态，奇正开阖，各极其则"③，确实与杜甫之诗风有相近之处。

如《临河》一诗：

> 临河歌，歌以悲。公无渡河，渡河而死当怨谁？
>
> 死于水，死于陆？陆可蝼蚁食，水葬鱼鳖腹。
>
> 为饥驱，拾穗向海涯。忽闻县吏至，各各逃散随昏鸦。
>
> 鞭追棍逐，吏恶如虎。前往滦河，风狂浪阻。
>
> 甘心一跃赴中流，上有皇天，下有后土。
>
> 彼岸上者？弓兵耶？马快耶？壮丁耶？

引用"公无渡河"的典故开篇，大有深意。本意是劝诫身罹险境却执迷不悟不听劝告的人。但师范诗中的百姓只有两种选择，要么死在水里葬身鱼鳖腹，要么死于岸上尽被蝼蚁食。饥饿难耐，天南海北去拾穗充饥，听到县吏到，立马逃散。如虎般残暴的酷吏，拿着鞭棍在后追逐。百姓宁愿跳进风浪狂嚣的滦河中，也不愿被酷吏折磨。此时停留岸上的，是缉捕的兵士、逮捕罪犯的差役还是被抓获的壮丁呢，无人知晓。

---

① 赵怀仁主编，云南大理学院民族文化研究所编《大理民族文化研究论丛》第2辑，民族出版社，2006，第771页。

② 赵怀仁主编，云南大理学院民族文化研究所编《大理民族文化研究论丛》第2辑，民族出版社，2006，第771页。

③ （明）王世贞：《艺苑卮言四》卷一百四十七《弇州山人四部稿》，明万历五年世经堂刻本。

这首诗歌采用了现实主义的写法，具有极强的讽刺意味，开始还有"死于水，死于陆"两种选择，但酷吏猛如虎，逼得百姓"甘心一跃赴中流"。而皇天后土又有何用，坐视酷吏欺压百姓不理，百姓走投无路。杜甫也写过《新安吏》《石壕吏》《潼关吏》。他们都是以纪实的手法来叙事，而且在描绘上细致连贯。而百姓"各各逃散随昏鸦"的凄惨与官吏"鞭追棍逐"的狠恶形成了鲜明的对比。三、四、五、七字句交替使用，跌宕顿挫与回旋舒缓兼具，因而显得凝重深沉。师范的这类诗歌直面现实、讽喻时事，反映了人民的生活疾苦，对现实苦难进行深刻的思考与批判，因此无论在内容上抑或节奏上，都显示出了其深稳流畅的一面。

再看《甲子六月八日同景山明府勘水泊大湾感作》（其二）：

> 月不知人意，盈盈欲满襟。田庐半漂荡，烟树远浮沉。
> 饥溺思由己，痌瘝各系心。博施吾亦病，倚舵发哀吟。

月亮不能体会百姓水深火热的疾苦，仍然满洒月色。而百姓迫于水灾之害，已处于流离失所之境况。诗人痌瘝在抱，关心百姓疾苦，看到百姓饥饿、溺水，如同身受。诗人也渴望像杜甫一般，振臂高呼"安得广厦千万间，大庇天下寒士俱欢颜"，可自身终没有力挽狂澜的能力，无奈只能"倚舵发哀吟"。

> 太息前年赈，空凭案牍稽。豺狼堪一饱，狐鼠互相欺。
> 剜肉惟填壑，因公转济私。与民今岁誓，忍死莫言饥。

在《甲子六月八日同景山明府勘水泊大湾感作》第四首中，诗人叹息前年救济的赈灾物品，已被瓜分完毕。借豺、狼、狐、鼠等动物来揭露贪官污吏永不知餍足的贪婪嘴脸，像豺、狼一般的大官吏刚刚吃饱喝足百姓的血肉，像狐、鼠一般的小官吏又来欺凌剥削，最底层的老百姓无力反击，只能不断剜肉填壑、接受剥削，上缴国家的税收后还得满足贪官污吏的过分要求，根本没有活路可走，描写淋漓尽致，入木三分。诗人官职卑小、人微言轻，虽痛恨却无能为力，所以只能和百姓共同发誓，绝不妥协，保持气节，宁死不喊饥饿。诗人对贪官污吏的愤恨与谴责，对拯救苦难中百姓的力不从心与铮铮傲骨，共同塑造了一个忧国忧民的官者形象。但是此诗并非为塑造自我而作，诗人在现实中无法力挽狂澜，只能以笔墨为武器对贪官污吏进行深刻的批判与挞伐。诗人对现实有着深沉的思考，对社会实况怀抱深切同情。所以该诗的深刻性正在于一个小官吏能体恤民心、同情百姓，把百姓疾苦放在心头，为百姓振臂高呼，直白大胆说尽百姓心里话，毫无掩饰道尽统治阶级的残酷剥削。

其诗《北邙行》两首，情感节制，哀而不伤。北邙即邙山，亦作北芒，在今河南省洛阳市东北。因汉魏以来的王侯将相、世家贵族多葬于此，故而成为墓地的代名词。《北邙行》第一首，以哀景衬哀情：

> 风高寒食纸钱飘，断碣零星世代遥。鸟啸荒原人散尽，白杨阴雨夜萧萧。

邙山此地因年代久远只剩下了残碑断碣，"风高""寒食""纸钱""鸟啸""荒原""白杨""阴雨"，散尽的人和萧萧的雨，都烘托了一种沉痛的气氛。而在第二首诗中，既有以乐景衬哀情的"杜鹃花发杜鹃啼，红满千山绿乍迷"来使之更哀，亦有情到深处的"黄土一抔齐下泪"，感染他者情绪。在意象的选择上注重意境、妥帖，语句表达上注重自然、流畅。

无论是《北邙行》中"风高寒食纸钱飘"中的王侯将相、《陇头吟》中"不复计生还"的边上将，还是《龙尾关吊万人冢》中"七万人乃同日死"的天宝将士，诗人都怀有一种历史的敬畏感。因为诗人对历史的尊重，不会以戏谑之心轻之、慢之，才使得这些诗作深而沉，沉而稳。也正因为有历史作为依托，才会在诗中呈现出一种开阖奇正之感。

组诗《哭同年杨栗亭孝廉》章法严密，情感沉郁，每一首诗都可以单独成篇，合起来又是一个有机整体。沉郁的特点就是深厚，指情感的深沉、厚重。陈廷焯说："所谓沉郁者，意在笔先，神余言外"[1]，"若隐若见，欲

---

[1]　（清）陈廷焯：《白雨斋诗话》，人民文学出版社，1959，第4～5页。

露不露，反复缠绵，终不许一语道破"①，如"入梦方疑见颜色，得书知已弃泉林。春芜匝地浮云拥，花落金台倍黯然"句，得知好友去世，天地黯然失色，沉重的心情却无法一语道破，只得寄托于"春芜匝地浮云拥，花落金台倍黯然"，遍地浓碧的春色看不见，只看到了花落的黯然，心情之沉重，难以言表。陈廷焯说："沉则不浮，郁则不薄。"②"笈里犹存握别词，风吹越鸟坠南枝。堪怜万里怀君日，已过千秋掩玉期。志墓痛难抛老母，盖棺犹幸有孤儿。遗书未就惊沧丧，自是人间第一悲"，一个"坠"字注定《哭同年杨栗亭孝廉》诗不会"浮"，"悲""痛"二字注定《哭同年杨栗亭孝廉》诗不会"薄"。"十年长我兄称友，半世悲君隐胄儒"点明两人的深切友谊，"妙香城外茫茫路，夜里时闻大鸟呼"，杨栗亭曾刻秋谷声调谱于滇中，诗人听到鸟叫总会忆起好友。悲痛至极、难以释怀，这种厚积的情感力量常欲喷薄而出，却被他多年所接受的儒家中和心态所抑制，于是这厚重的悲哀变得深沉缓慢、低回婉转。

可见师范的诗歌虽然有喜有悲，但感受不到诗歌中的尖锐和激烈。哪怕是回旋暗激的旋律、愤怒呼号的内容，内心的极大悲怆也溶解了令人不适的棱角。师范有许多沉郁之作，这种深沉、厚重绝非一朝一夕就能形成的，而是在漫长而艰辛的人生岁月中累积而来，所以越到后期，诗风越深沉。不幸的个人遭遇，亲朋好友的相继离去，深广的阅历和丰富的经验融化成师范血液里的深沉，因此哪怕读到家破人亡的《七歌》时，你会感受到诗人无法言喻之痛，却感受不到歇斯底里的疯狂，只因诗人将人生的酸甜苦辣，化为歌声吞咽了而已，"忧愤深广，波澜老成"③的评价，师范也足以荣膺。

（4）情真意切，诚挚动人。

感人心者，莫先乎情，唯有真情实感，才能打动别人。无病呻吟的感慨、虚假空洞的口号，很难引起他人的共鸣，所以感情真挚的前提是"真"。王国维在《人间词话》中也说过："能写真景物，真感情者，谓之有境界。"④可见"真"是写好诗歌的必备条件。严汝昌评价师范曰："凡名山

---

①　（清）陈廷焯：《白雨斋诗话》，人民文学出版社，1959，第4～5页。

②　（清）陈廷焯：《白雨斋诗话》，人民文学出版社，1959，第4～5页。

③　安旗：《探海集》，陕西人民出版社，1978，第86页。

④　（清）王国维著，滕咸惠校注《人间词话新注》，齐鲁书社，1986，第36页。

大浸，断碣残碑，罔不搜剔尽致，必得其真而后快。"① 师范还在《建宁杂诗·序》中说："词虽不文，论必有据，唯冀采风者审焉"②，"真而后快""论必有据"一直是师范做学问的原则。

在《接家书喜已生孙》中，师范的喜悦之情难以自抑，而在《得家信次孙云亡含泪赋此》中，师范的"九泉如见父，一通更怜吾"语令人肝肠寸断，《寄弟》中"老亲对我常常说，结座茅亭傍乐天"让人备感亲切，原因无他，真实而已。所有的情绪都是诗人的真情实感，都是由心而发，直抒胸臆，自然能打动读者。

在《过吕合偶感》中：

> 往事伤心易断肠，卿犹如此我何当？
> 萧萧白发尊前影，曾是当年窈窕娘。

诗人开篇即点明了自己的心境——"伤心"。诗人伤心的原因是当年曼妙年轻的女子，已然变成白发苍苍的老人，有韶华易逝、物是人非之悲。实际的背景是，诗人在吕合与老师屠绅相遇，"萧萧白发"句是对老师如今状态的描绘，虽然现在老态毕露，但曾经也是壮年。曾经与现在形成鲜明对比，让诗人心疼不已，感叹时光流逝、人生无常，故而"伤心"。

但有时仅依靠真切、深刻的感情并不够，还需用到一些表达技巧和方式，比如说寓情于景。田同之在《西圃词说》中说："深于言情者，正在善于写景"③，王国维在《人间词话》中说道："一切景语皆情语"④，情感的表达有时需要借助景物。以《丽江赏桃花》为例：

> 深红浅白远相招，风送生香过小桥。

---

①　（清）师范：《师荔扉先生诗集》，二十八卷，有缺佚，民国十一年刻，卷二、卷七、卷九、卷十二、卷二十一凡五卷原缺刻，国家图书馆藏，收入《云南丛书》本。

②　（清）师范：《师荔扉先生诗集》，二十八卷，有缺佚，民国十一年刻，卷二、卷七、卷九、卷十二、卷二十一凡五卷原缺刻，国家图书馆藏，收入《云南丛书》本。

③　（清）田同之：《西圃词说》，《词话丛编》第二册，中华书局，1986，第1455页。

④　（清）王国维著，滕咸惠校注《人间词话新注》，齐鲁书社，1986，第47页。

> 疑是五家初合对，三姨婀娜大姨娇。

全诗只有桃花，并未写到诗人的情感。但是读完全诗，自然能感受到诗人对桃花的喜爱以及看到桃花的喜悦之情。诗人运用了拟人的修辞手法，写了深红浅白交相辉映的丽江桃花，香气随轻风拂过小桥。这一朵朵桃花娇艳到不可方物，仿佛婀娜多姿的女人，顾盼生辉。如若诗人不喜欢这丛丛簇簇的桃花，怎么会比喻成如此风情万种的女人？其喜爱之情不言自明。

再如《寄洪西堂》：

> 森森春愁未有涯，堕红如雨湿窗纱。
> 故人旧似休文瘦，莫倚闲情咏落花。

"森森"一方面有水势浩大之意，用来形容春愁，来说明春愁的无穷无尽，正好对应了"未有涯"三字；另一方面又作"渺"，指渺茫、微小之意，是说洪西堂举孝廉之后，在科举仕途上难有结果。本来春愁就难消，恰好碰上"堕红如雨湿窗纱"的场景，落花不仅能勾起人伤春、惜春的情绪，也会让人想到壮志未酬、韶华易逝的感伤。这种草木的零落之状，常被人与生命摇落意识相联系，何况落花如雨的衰败场景，更衬托出了春愁确实发之有因。全诗看似写春愁，实则暗含对友人"莫倚闲情咏落花"的劝慰之情。令故人瘦成"沈腰"的岂止是春愁，但朋友也不要灰心，应重新振作起来。诗人之友处于人生的低谷，诗人的劝慰也入情入境，用落花、春愁等愁苦意象入诗，符合友人的心境，能表示自己对友人心境的感同身受。这样寓情于景的写法，含蓄委婉，避免了对友人的二次伤害，却达到了同样的劝诫效果。

师范的很多哭友人的诗作最令读者动容，究其根本，情真而已。如《哭湘潭唐若村》（其一）：

> 挂席湘江愿遂违，即今物在已人非。澧沅霜重凋百草，翼轸天寒殒少微。
> 生不逢时今更死，老犹作客幸先归。诗篇只恐成零落，空有闲云锁旧扉。

诗人曾与唐若村相约挂帆湘江上，而现在物是人非，事与愿违。"澧沅"指湖南西北部，"翼、轸"是南方星宿之二，在分野上指荆州，包括现在的湖南、湖北一带，都在位置上呼应了题目中的"湘潭"二字，而"霜重凋百草"与"天寒殒少微"皆以哀景衬哀情，以抒发内心情感。诗人与唐若村惺惺相惜，唐若村所经历的"生不逢时"与"老犹作客"师范都懂，一个"幸"字，又反衬出了唐若村的不幸。诗人还挂念着唐若村一生所重视的诗歌成果的零落，这份友情，不容置疑。第二首中"沽水传书方隔岁，潞河移棹记初春"再现了两人间满满的回忆。"剧闻江畔投飘客，即系生前哭世人"足见诗人内心的悲怆。《哭刘霭轩师》中的"岂知一别成千古，坐叹惊波撵断蓬"可知诗人未能告别的遗憾和人事不在的悲伤。《哭张二铁禅》中诗人与张二铁禅有"四载相依主共贫"之情，并对其有"盖棺不瞑生前目，黄口孤儿白发亲"之怜惜感。《哭觉庄赵二并悼徐子思白思白乃觉庄妻弟卒于壬戌》中有"老泪流全涸，何堪哭到君"的悲痛，有对亡者家人"松柏原堪倚，伶仃且自存"的担忧。师范为人至真至诚，失去朋友的痛苦只能从对友人的悼亡诗歌中得到排遣与宣泄，其心诚情真，因而读来情感深含、动人至深。师范曾在《登弘山先生七尺书楼同尹蕴亭张文山二孝廉》中用"寥寥三百载，谁寄此风流"来怀念敬佩的杨士云、杨升庵和李元阳等学者，放之现在，师范情真、性真、意真的诗歌创作，足以"寄此风流"，为后人所怀念、瞻仰。

（二）师范的文学主张及文学史地位

师范是白族文化的集大成者，不但在诗歌创作方面遥遥领先，在文学理论方面更是让人望尘莫及。师范之才，正如赵藩所评价"试登泰岱看东海，百宝光芒浴日红"①，在白族地区，少有人能与之争锋。

1. 师范的文学主张

明代之前的云南，由于历史、地理、文化等各方面的原因，风雅尚未勃兴，诗文创作处于薄弱时期，更无诗文论著问世，这无疑远远落后于从春秋战国时期诗学理论就开始萌芽的中原地区。从明中叶起，滇中文学发展形势

---

① （清）赵藩：《仿元遗山论诗绝句论滇诗六十首三十六》，蓝华增：《云南诗歌史略》，云南人民出版社，1988，第158页。

一片大好，诗文论著也开始出现，至清康熙年间，不少诗文论著陆续写就，标志着滇中文学理论的初步发展。清乾嘉至光绪年间，云南地区的诗文论著无论在其数量还是质量方面，都足以为人所称道。

除《古今诗评》《诗法探源》《方黟石诗话》《贮云诗话》等数种有目无书或散佚的诗文论著外，流传至今的还有《荫椿书屋诗话》《药栏诗话》《诗法萃编》《筱园诗话》等十余种诗文论著。师范的《荫椿书屋诗话》不但品评了滇中诗人诗作，还记载了滇中诗人的逸事、掌故以及断篇，是云南文坛上极为重要的一部诗话。今人张国庆选编的《云南古代诗文论著辑要》将《荫椿书屋诗话》放在开篇位置，其重要性可见一斑。

除《荫椿书屋诗话》外，师范的诗学理论在《〈金华山樵·骈枝集〉自序》《〈出岫集〉自序》《〈归云集〉自序》《〈弹剑集〉自序》《〈孤鸣集〉自序》《〈全韵集〉自序》《〈二余堂诗稿〉自叙》《〈簪崖近集〉叙》《〈石黄岩诗〉序》《〈程雪门近诗〉序》《〈王虞门明府遗诗〉序》《〈触怀吟〉序》等篇目中体现得尤为明显，师范在继承传统诗论的基础上进一步阐发了自己的新观点。

（1）"诗以道性情""有所为而言之"。

师范在《〈骈枝集〉自序》中说："二十年来，所得不下五千首，屡径芟薙，尚余其一。其间即性言情，推襟送抱。凡余之遭逢，罔不于是乎。托后之览者或于是而见余之为人，识余之居心焉"①，即道出诗歌的本质是"即性言情，推襟送抱"以便使后人"见余之为人，识余之居心焉"。又曾在《〈孤鸣集〉自序》中说道："诗以道性情，喜者乐者可以诗，怒者哀者亦可以诗。"②

"诗以道性情"明显是在古代文论"诗言志"的基础上继承生发而来。《诗经》在关于作诗目的的叙述中就有"诗言志"观念的萌芽。作为理论术语的提出是在《左传·襄公二十七年》中赵文子对叔向所说"诗以言志"③，而这里的"志"代表的是某种政教情怀。到《尚书·尧典》中

---

① （清）师范：《师荔扉先生诗集》，二十八卷，有缺佚，民国十一年刻，卷二、卷七、卷九、卷十二、卷二十一凡五卷原缺刻，国家图书馆藏，收入《云南丛书》本。

② （清）师范：《孤鸣集》，不分卷，清嘉庆九年望江二余堂刻本，云南省图书馆藏。

③ （春秋）左丘明撰，蒋冀骋标点《左传》，岳麓书社，1988，第243页。

记舜的话"诗言志，歌永言，声依永，律和声"①，"志"在此的含义侧重于志向、理想、抱负等。《庄子·天下》"诗以道志"② 中的"志"则指一般意义上人的思想、情感以及意愿等。而屈原"屈心而抑志"③ "抑志而弥节"④ 中的"志"仍然多指屈原的理想抱负。直到汉代，《毛诗序》中说："诗者，志之所之也，在心为志，发言为诗，情动于中而发于言"⑤，首次把"志"与"情"相联系。师范在《〈金华山樵·骈枝集〉自序》中再一次提出"在心为志，发言为诗"。"时贤言诗则曰：'我宗汉魏，宗宋唐。'否则曰：'我师陶谢，师李杜。'不识其性情襟抱果无异于陶谢、李杜之性情襟抱与？遭逢阅历果有类于汉魏、唐宋之遭逢阅历与？""诗者，独造之物耳。"⑥ 师范认为，每个人的生活经历、生平遭遇不同，其"志"也不会完全相同。这"志"多指个人情怀、性情。不同性情之人所作之诗，必然是独特的、不可复制的，诗歌的作用正是"世远莫见其面，觇文辄见其心"⑦。

因诗是道性情之作，所以不可无病呻吟，要"有所为而言之"⑧，内容决不能空泛、没意义、人云亦云。这种"有所为"才"言之"，最大限度地保存了诗歌的独创性，泥古、模仿，抒发的是别人的情志，那样作出来的诗歌就失去了原有的意义，既没有鲜明的个性，又不能体现诗歌的价值，千篇一律，食之无味，难得精髓。当然，这"为"也并不是指刻意"为情而造文"⑨，而是如钟嵘《诗品序》中所说："气之动物，物之感人，故摇荡性情，形诸舞咏"⑩，因此，"此四十二年中，晦明风雨则有诗，困厄疾痛则有诗，登山临水、折柳投桃则有诗。盖凡耳之所淫，目之所摄，足之所径，心

① 《尚书·尧典》，张少康、卢永璘编选《先秦两汉文论选》，人民文学出版社，1996，第 4 页。
② 程元敏：《先秦经学史（下）》，台湾商务印书馆股份有限公司，2013，第 730 页。
③ （战国）屈原著，黄凤显注释《楚辞》，华夏出版社，1998，第 4 页。
④ （战国）屈原著，黄凤显注释《楚辞》，华夏出版社，1998，第 10 页。
⑤ 郭绍虞主编《中国历代文论选》，上海古籍出版社，2001，第 63 页。
⑥ （清）师范：《金华山樵前集》，八卷，清嘉庆九年二余堂刻本，云南省图书馆藏。
⑦ （南朝梁）刘勰著，范文澜注《文心雕龙注·知音》，人民文学出版社，1958，第 715 页。
⑧ （清）师范：《荫椿书屋诗话》，不分卷，清钞本，云南省图书馆藏。
⑨ （南朝梁）刘勰著，范文澜注《文心雕龙注·情采》，人民文学出版社，1958，第 538 页。
⑩ （南朝梁）钟嵘：《诗品》，曹旭：《诗品笺注》，人民文学出版社，2009，第 1 页。

之所游，无不于诗发之"①，可见诗是师范记录生活和思想的重要工具。"夫不孤则不鸣，鸣则愈见其孤"② 和韩愈的 "不平则鸣"③ 有相似之处，都是内心得不到平衡，通过文学诉之于外。因此，诗歌创作的本质就是道不可抑制之情，发不得不发之言，便是师范所说的 "诗以道性情" "有所为而言之"，也即《毛诗序》中所谓 "情动于中而形于言"。

（2）诗与境之关系。

师范还提出了有关诗与境的理论。其实，诗与境的关系在王昌龄的《诗格》、皎然的《诗式》等著作中都有过研究，但研究集中于境象关系等方面，而师范则别开生面，从文学接受的角度来论诗与境的关系，丰富了中国古代文论。师范在《〈弹剑集〉自序》中提出 "赋诗者即境以抒情，而读诗者因情以会境"④ 的观点，所谓 "即境以抒情" 即触景生情，生情付之于诗，符合 "即性言情" 的诗歌本质。而读者因为作者情感的感染，通过诗歌这一介质，进入诗人生情的境之中。诗人是由境触动生情，读者是由情感染入境，介质就是诗歌。作者、读者与文的关系，正如刘勰《文心雕龙·知音篇》表述的那般："夫缀文者情动而辞发，观文者披文以入情，沿波讨源，虽幽必显。"⑤

师范在《〈出岫集〉自序》中还说过 "诗之工拙生于境"⑥，境好则诗工，作者受境的触动感受深切，"倚马联吟，扣舷掷韵，情所萌拆，不觉其一往独深"⑦，有一往情深之感受，情感表达自然充沛，再加上好的文采付之于诗，"昔之格格不吐者，兹且汨汨其来矣。昔之寂寂无踪者，兹且滔滔

① （清）师范：《二余堂诗稿序》，民国年间排印本，赵藩、李根源重校，云南省图书馆藏。
② （清）师范：《孤鸣集》，一卷，清嘉庆九年望江二余堂刻本，云南省图书馆藏。
③ 罗根泽：《中国文学批评史（上）》，上海人民出版社，2015，第443页。
④ （清）师范：《师荔扉先生诗集》，二十八卷，有缺佚，民国十一年刻，卷二、卷七、卷九、卷十二、卷二十一凡五卷原缺刻，国家图书馆藏，收入《云南丛书》本。
⑤ （南朝梁）刘勰著，范文澜注《文心雕龙注·知音》，人民文学出版社，1958，第715页。
⑥ （清）师范：《师荔扉先生诗集》，二十八卷，有缺佚，民国十一年刻，卷二、卷七、卷九、卷十二、卷二十一凡五卷原缺刻，国家图书馆藏，收入《云南丛书》本。
⑦ （清）师范：《师荔扉先生诗集》，二十八卷，有缺佚，民国十一年刻，卷二、卷七、卷九、卷十二、卷二十一凡五卷原缺刻，国家图书馆藏，收入《云南丛书》本。

不竭矣"①，如此澎湃之情感，自然也能感染到读者。这个过程看似复杂，但若有真情实感，一气呵成并不困难，所以，作者才反复强调"诗者，独造之物耳"，有自己真情实感的诗歌才更动人。即是郭绍虞在《中国文学批评史》中所说："为情造文，则章句妥帖，体势自然，而体物亦自能造极。"②

（3）因时顺势，随物赋形。

苏轼在《画水记》中说道："画奔湍巨浪，与山石曲折，随物赋形，尽水之变，号称神逸。"③ 刘勰在《文心雕龙·定势》中也说："夫情致异区，文变殊术，莫不因情立体，即体成势也。势者，乘利而为制也；如机发矢直，涧曲湍回，自然之趣也。圆者规体，其势也自转；方者矩形，其势也自安：文章体势，如斯而已"④，无论是作画还是作文，两者都阐释了同样一个道理，即顺势。

画作的"随物赋形"与文章的"即体成势"，都体现了顺应事物客观规律的本质。这种本质在诗歌创作上亦能体现。师范在《〈归云集〉自序》中说："今夫云也者，善乾坤之用，通山泽之气，触石而出，肤寸而合。其为体也，隐而显，五色成庆，三色成霈。其为象也，正而葩，如积水，如白鹄，如赤珠，如冠缨；上如羊，下如磻石；又或如布，如日，如车，如马，如轮，如绛衣，如龙，如囷。其因乎时而应乎地也，奇而有法，变而不居。故其行也，放之则弥乎大千；而其归也，卷之则返乎太祖。世亦知云之所以为云欤？客有瞿然而前者曰：'子之状云固妙矣，究于诗乎何与？'某窃闻之：'雲者，云也。雲者，运也。运其所运，云其所云。'"⑤ 即不可违背客观事物自身存在的特性和规律，作诗也要顺应客观事物本身的特点去刻画描写，做到"常行于所当行，常止于不得不止"⑥。当然这种顺应事物本身的

①　（清）师范：《师荔扉先生诗集》，二十八卷，有缺佚，民国十一年刻，卷二、卷七、卷九、卷十二、卷二十一凡五卷原缺刻，国家图书馆藏，收入《云南丛书》本。

②　郭绍虞：《中国文学批评史》，百花文艺出版社，2008，第82页。

③　陶文鹏、郑园编选《苏轼集》，凤凰出版社，2014，第259页。

④　（南朝梁）刘勰著，范文澜注《文心雕龙注·定势》，人民文学出版社，1958，第529~530页。

⑤　（清）师范：《师荔扉先生诗集》，二十八卷，有缺佚，民国十一年刻，卷二、卷七、卷九、卷十二、卷二十一凡五卷原缺刻，国家图书馆藏，收入《云南丛书》本。

⑥　李福顺编著《苏轼与书画文献集》，荣宝斋出版社，2008，第525页。

客观描绘也不应忽略自身情感的存在，应做到"写气图貌，既随物以宛转；属采附声，亦与心而徘徊"① 的心与物交融为一体的状态，切不可强夺其志。

（4）重视用韵。

在《王虞门明府遗诗序》中，师范道："今之诗有二弊焉：恃学者以考订为能，以浩博自喜，摭拾割裂，动辄百韵或数十韵，而于性情风格弃而弗论；恃才者矫之，又以王李之风格为风格，钟谭之性情为性情，均有乖于温柔敦厚之旨，则其弊亦适相等。"② 师范已然发现了诗坛中学问与才力割裂的弊端，卖弄学问，不管内心情感与灵气，是罔顾风格与性情；有才力者又不管自身学力，一味模仿、趋步大家，使得自身诗作不伦不类。那么，才力出自哪里？黄宗羲在《陆鉁俟诗序》中答道："彼才力功夫者，皆性情之所出，肝鬲骨髓，无不清净，咕吟謦欬，无不高雅，何尝有二？"③ 在《〈簪崖近集〉序》中，师范又道："根柢本于学问，兴会关乎性情，二者皆不可强耳"④，根柢和兴会都不可强而得之，因为二者依靠的同样是学问和性情，学问不足，难以有"葩骚史汉，南华楞严，诸子百家，九经三传"的根柢；性情不够，达不到"空山无人，水流花开""羚羊挂角，无迹可求"的兴会。好的作品，必然是学问与性情融为一体、无法分离的，厚积薄发的学识积累，辅助于得天独厚的情感体验，才能做到"沉郁兀傲之气每跃跃纸墨间，第欢娱之音与悲慨之响相继而作"⑤。

师范认为性情对诗作的质量有着重要影响。他说："若诗之益与不益，要视其性情为何如耳。性情有诗，虽日坐廛市之中而诗之旨在；性情无诗，

---

① （南朝梁）刘勰著，范文澜注《文心雕龙注·物色》，人民文学出版社，1958，第693页。

② 秦光玉辑《滇文丛录》卷二十九《王虞门明府遗诗序》，民国三十五年铅印本，云南省图书馆藏。

③ （清）黄宗羲：《南雷文定·陆鉁俟诗序》，《黄宗羲全集》第十册，世界书局，2009，第91页。

④ （清）师范：《二余堂文稿》，六卷，孙琪为之序，录少年至嘉庆十三年所作，嘉庆间望江县官廨刻，云南省图书馆藏文稿卷一、卷二、卷五、卷六，国家图书馆藏文稿三卷。

⑤ 秦光玉辑《滇文丛录》卷二十九《王虞门明府遗诗序》，民国三十五年铅印本，云南省图书馆藏。

纵日处山林之内而诗之旨亡。"① 而且，师范认为符合仁义礼智信、温良恭俭让的儒家的处世方式才是正统，因此他说："子孝臣忠弟恭兄友，男女有别，朋友有信，此性情之正也。"② 师范的性情说是对儒家思想的继承，虽带有一定的说教色彩，但是在诗歌文论史上有积极的意义。

（5）其他。

在《〈全韵诗〉自序》中，师范对诗歌之"韵"也颇有见地。"韵，音之均也。风之刁刁也，雨之潇潇也，雷之殷殷也，兽之呦呦而虫鸟嘤嘤而喈喈也，皆韵之自然者。气发为声，声宣为韵。"③ 在这段叙述中，也体现了师范因时顺势、随物赋形的特点，声韵的选择顺应所选的物象而来，模拟物象所发出的声响，这才是最贴近自然、最符合事物本身特性的。"盖三百篇、《易》、《书》、诸子、骚、赋、古诗之用韵，如江河赴海，随势曲折；如春风嘘物，草木怒生"④，可见这经史子集之所以能成为不刊之论，声韵也发挥了相当大的作用。

在形式内容与形式的关系上，师范更注重内容。注重内容并不是说不要形式，而是二者兼顾的同时，突出内容。他在《偶作》二首中写道："独立方遗世，休凭骨相看。"作诗和做人一样，不能只看外表，即诗歌形式，更要看其内在美。诗歌要有主题、有思想才能遗世独立，而不是只流于形式。这和他贯彻的"即性言情"的诗歌本质还是一致的，有自己独特感受，写出来的诗歌才内容充实、感情充沛，在浩瀚的诗歌丛林中屹立不倒。

师范还描述过情不能自已的神思状态"冥心以往则若痴，拍手而吟则若狂。极狂与痴之所形，父师斥之，妻孥笑之，亲旧规之，流俗人讥且讪之"⑤，如此痴迷之状，是作好诗之前提，而这种状态并非人人都能达到，诗歌作品的高下焉能不受其影响？

---

① 秦光玉辑《滇文丛录》卷二十九《程雪门近诗序》，民国三十五年铅印本，云南省图书馆藏。

② 秦光玉辑《滇文丛录》卷二十九《触怀吟序》，民国三十五年铅印本，云南省图书馆藏。

③ （清）师范：《师荔扉先生诗集》，二十八卷，有缺佚，民国十一年刻，卷二、卷七、卷九、卷十二、卷二十一凡五卷原缺刻，国家图书馆藏，收入《云南丛书》本。

④ （清）师范：《师荔扉先生诗集》，二十八卷，有缺佚，民国十一年刻，卷二、卷七、卷九、卷十二、卷二十一凡五卷原缺刻，国家图书馆藏，收入《云南丛书》本。

⑤ （清）师范：《金华山樵前集·自序》，清嘉庆九年二余堂刻本，云南省图书馆藏。

2. 师范的文学史地位

师范博学多才，著作等身，在诗文创作、理论、史著、对联甚至是画作等方面皆有成就。作为文人，他写与家人朋友之情，写大好河山之景，写家乡的人事风物，也写对历史的感慨追忆和对百姓的关怀、同情；作为官者，他勤政爱民、公正廉明、整励风俗、奖掖后进、关心百姓疾苦，士民讴歌；作为史学家，他费尽心力、扬长避短，完成内容庞博、体系宏大，被姚鼐称为"史氏一家之美"[1] 的《滇系》；作为理论家，他在传统诗论中吸收营养，在前人基础上挖掘深层，推陈出新。师范一生，为官、为文、为人都是成功的，因而名士吴怡会有"当代名才，吾乡老宿"[2] 的与有荣焉感。客观来说，师范的文学成就，较之内地著名学者，并不逊色。

首先，师范在多维视野中博采众长，将白汉文化融为一体，因而在诗文创作上具有民族的和地域的双重属性。带有地域特色的风俗、节日，是师范的创作主题之一。对出生于滇中地区的师范来说，云南特有的饵丝，西洱河的弓鱼，天水的螺蚄，昆明的金线鱼，晋宁的蔓菁菜，庄东的新蚕豆、三白酒、米花糖等，都被他信手拈入诗中，大量食物题材入诗，在内地著名文人诗歌中并不多见，较之内地文人，题材更为丰富。在师范的诗作中，还会看到云南地区精彩的历史传说，像化云望夫的望夫云传说、骑牛择婿的辄角庄故事。而且，师范关注家乡民歌，不但对民歌进行收集整理，还把民歌方言带入诗歌之中，丰富了诗歌形式。而师范一生中走南闯北，交往酬唱的对象不仅限于白族人的圈子，其在与多方文化的切磋交流中提高了自己的诗歌技艺和水平，尤其是对汉文化有着较其他白族文人更深的感受和体悟，在汉文化中吸取养分，是师范能够在诗歌、文章、史学著作以及诗论等方面取得成就的重要原因。师范的诗论以中原地区古代的传统诗论"诗言志""诗境关系""顺势""学问与性情关系"等方面为基础进行创新、阐发；史学巨著《滇系》的成书体式参考了司马迁的《史记》。在其诗文创作上，不但主动模仿和学习中原地区优秀作品，而且让"宗唐"变成了

---

① （清）师范：《滇系》，不分卷，云南省官书局据清嘉庆二十二年刻本重印行世，残存十五册，云南省图书馆藏。

② 赵怀仁主编，云南大理学院民族文化研究所编《大理民族文化研究论丛》第 2 辑，民族出版社，2006，第 767 页。

一种趋势。

其次，师范取得了和内地著名学者并驾齐驱的学术地位，方树梅评价师范曰："先生之学，博大精深，有体有用，吾常谓先生为史地学家而兼经济者，非仅以词章见称于当时，若仅以词章目先生，浅之乎目先生矣。"① 袁文揆说："荔扉官虽冷，囊虽虚，而富于诗，信于朋友，风流自赏，菽水承欢。"② "荔扉能以杜陵之笔，写阮籍之怀，洵可谓先得我心。"③ 清代白族著名学者王崧评价道："吾乡师明府荔扉纵然间故，簠圃具以先生望江诸善政告，且言先生才具之敏腹，笋之博、好士之诚，有赵言士、陆云士所不能及。"④ 清代云南名士刘大绅夸赞道："吾滇师君荔扉，才大而奇，学博而肆。"⑤ 清代云南诗人吴怡也说："荔扉先生，当代名才，吾乡老宿。壮游蓟北，文章得燕朔之雄。偶历江南，风雅擅齐梁之盛。"⑥ 江南名士张葆光为《大树山堂诗钞》作序时不禁赞叹道："师荔扉先生，诗为一时宗匠，海内知名者。"⑦ 赵藩将其比之中原地区的王世贞，十分恰当。

作为身处偏远边疆的白族学者，学术地位往往很难得到"正史"与内地学者的认可，但是师范在《清史稿》、（光绪）《云南通志》、（民国）《弥渡县志稿》等重要史料文献中，都有传记，足见其在学术上巨大的影响力。

（三）史学及其他成就

黄宗羲曾提出"国可灭，史不可灭，后之君子，而推寻桑海余事，知横流在辰，犹以风教为急务也"⑧，可见史学的重要价值与意义。师范不仅

---

①　方树梅：《师荔扉先生年谱·按语》，抄稿本复印，云南省图书馆藏。

②　（清）师范：《师荔扉先生诗集·南还记行序》，全书二十八卷，有缺佚，民国十一年刻，卷二、卷七、卷九、卷十二、卷二十一凡五卷原缺刻，国家图书馆藏，收入《云南丛书》本。

③　（清）师范：《师荔扉先生诗集·南还记行序》，全书二十八卷，有缺佚，民国十一年刻，卷二、卷七、卷九、卷十二、卷二十一凡五卷原缺刻，国家图书馆藏，收入《云南丛书》本。

④　（清）师范：《朝天集序》，望江二余堂刻本，云南省图书馆存卷上。

⑤　（清）师范：《泛舟吟摘钞》，不分卷，民国年间排印本，赵藩校，云南省图书馆藏。

⑥　（清）师范：《师荔扉先生诗集·洞庭舟中雪夜怀人诗序》，全书二十八卷，有缺佚，民国十一年刻，卷二、卷七、卷九、卷十二、卷二十一凡五卷原缺刻，国家图书馆藏，收入《云南丛书》本。

⑦　（清）师箓：《大树山堂诗钞》，不分卷，清抄本，云南省图书馆藏。

⑧　（清）黄宗羲：《旌表节孝冯母郑太安人墓志铭》，《黄宗羲全集》第十册，浙江古籍出版社，2005，第339页。

在诗文创作、理论方面贡献突出，在史学方面同样有着重大成就。

《滇系》《南诏征信录》是师范的史学代表作。特别是《滇系》，是一部七十六卷本的巨著，参考了四百多种文献，四年才竣工，其价值不言而喻。内容丰富斑驳，按云南的特点，内容分十二系，包括疆域、职官、事略、赋产、山川、人物、典故、艺文、土司、属夷、旅途、杂载等部分。"《滇系》名之为'系'，而不是严格的地方志体例，但仍用了方志'横排竖写'的写作方法，在有的地方也像司马迁《史记》一样，写完一段之后，来个'师范曰'，用其解释和说明，兼有评论，其中有资料的汇编，也不乏自己的论述，正因为如此才称之为'系'。"①书中兼取各家之长，史、志、记等多种形式兼有。关于该书的体例，师范在《自序》中阐述道："阅壤土之绮错，则疆域所宜详也；感文武之星罗，则职官所宜述也；幸瘴岚之全消，则事略所宜考也；惧财力之告匮，则赋产所宜登也；慨流峙之争雄，则山川所宜纪也；数衣冠之竞爽，则人物所宜书也。列典故，则治乱之循环可睹也；编艺文，则英雄之怀抱可揭也；传土司，则椎跌之强弱可稽也；别属夷，则爨僰之风俗可该也；辨旅途，则舆骑之往来可指也；总杂载，则见闻之博洽可资也。"②内容广博丰富，它为后人提供了不少关于云南的政治、经济、地理、文化、民族等方面的宝贵资料，因此，《滇系》一书，在短短一二百年的时间里，已成为研究云南历史、文化的必读书目。

《南诏征信录》根据倪辂的《南诏野史》记录了大理地区的历史，乾隆壬子年成书，该书"实而有据，确而不诬。滇人之求知滇事者，可借以问津焉"③，惜其不存。清末民初的文献家方树梅的话再一次体现其价值："若得而梓行之，则杨升庵《滇载记》、倪辂《南诏野史》诸书可不读焉！"④如同杜甫的诗歌称为"诗史"，能将历史事件"毕陈于诗，推见至隐，殆无

---

① 赵怀仁主编，云南大理学院民族文化研究所编《大理民族文化研究论丛》第2辑，民族出版社，2006，第767页。

② （清）师范：《滇系》，不分卷，云南省官书局据清嘉庆二十二年刻本重印行世，残存十五册，云南省图书馆藏。

③ 周钟岳纂，李春龙、江燕点校（民国）《新纂云南通志（四）》，民国三十三年修，三十八年（1949）铅印本，云南人民出版社，2007，第290页。

④ 方树梅：《师荔扉先生年谱》卷上，共两卷，抄稿本复印，云南省图书馆藏。

遗事"①，师范的诗歌同样能起到补充历史的作用。《咏史诗》共一百零八首，师范自谓："承欧宋之后窍，如之何其可也，牵一发而全身具动，举数人而一代可该，扶史之精，发史之覆，且补史之阙，如之何其不可咏也。"②白族著名诗人李于阳《题师荔扉咏史诗后》中有"一代奇观归笔墨，千言变例补春秋"③之语，"补春秋"三字突出了《咏史诗》的地位和价值。方树梅说："一部二十四史，上至帝王，下至巾帼，共一百零八人，其前后次第皆有微意存乎其中，与泛泛然零乱无序者有上下床之别。"④杰出的文史大师刘文典评价师范之《咏史诗》："论史有卓识，所谓《咏史诗》与夏存谷，贾长沙，王子安，李长吉并列。"⑤通过对《咏史诗》的评点，足以见得《咏史诗》不凡的成绩和脱俗的成就。

《荫椿书屋诗话》作为一部诗歌散论集，在对集内各个人物收录诗歌进行点评的同时，偏重于对滇中诗人趣闻、逸事、诗作的整理，并且所记历事多署年份，是对云滇地区文学史的补充和完善。

师范的文学成就在诗、在史、在诗论，而其文、其对联等亦不逊色，这就是严汝昌所谓的"才大学博"⑥，师范的文主要集中于诗文集的序、跋等，除此之外，也写过许多较有价值的文章。如《重修草堂落成记》"堂之前故有隙地，以凿方池引活水，立湖石于上。夹以疏梅，环以修竹，架以茉莉，荫以芭蕉。凡花木之可喜者，略具十余种。翠烟无际，清风自生，鱼鸟忘情，都来亲人。神以俱畅，如俱其真。旋额其正楹，端之，记之也"，音律和谐，清新自然，妙趣横生。《上姚梦谷先生书》中先自谦，然后称赞姚鼐之高风亮节，接着叙说先父生前本中意于钱南园写墓志铭，可南园却先于先父去世，今让有德有言的南园之师姚鼐代为执笔，不胜荣幸。最后写自己困卧舟中，得诗文数篇，请为指点。全文条理清晰、层次

① （唐）孟棨：《本事诗》卷三《高逸》，见丁福保辑《历代诗话续编》，华文实点校本，中华书局，1983，第15页。

② （清）师范：《师荔扉先生诗集·咏史诗自序》，全书二十八卷，有缺佚，民国十一年刻，卷二、卷七、卷九、卷十二、卷二十一凡五卷原缺刻，国家图书馆藏，收入《云南丛书》本。

③ 余嘉华选注《历代白族作家丛书 李于阳卷》，民族出版社，2006，第63页。

④ 方树梅：《师荔扉先生年谱》卷上，共两卷，抄稿本复印，云南省图书馆藏。

⑤ 方树梅：《师荔扉先生年谱》跋，共两卷，抄稿本复印，云南省图书馆藏。

⑥ （清）师范《二余堂诗稿·序》，民国年间排印本，赵藩、李根源重校，云南省图书馆藏。

分明、情感真挚，是一篇叙事的好文章。师范也写过议论文，在《开金沙江议》和《论滇省利弊》中，针砭时弊，就事论事，有针对性地提出自己的建议和意见，具有经世致用的价值。难怪乎赵藩评价说："先生之文，无所不能。析理也精，纪事也核，致用也切实，敷情也挚纯，长篇巨制固精力弥满，小文短札亦机趣横生，正不必曰学某派仿某篇，要自成为荔扉之文，一真而已。"①

在安徽望江县县衙就悬挂着师范自己写的对联——"政简入琴堂，常对一泓秋水；心清在茅屋，平分万户春光"，激励自己勤俭从政、戒奢安贫，与民同乐、造福一方。其在望江县的回龙宫、华阳忠节庙、三孝祠、东厢庙等均有对联。而在剑川的石宝山上的石钟寺、宝相寺、金鼎寺也都写下了对联。如石钟寺的对联是"佛难离斧凿　钟早落尘埃"，契合石钟寺的特点；宝相寺的对联是"细路盘危石　层楼出茂林"，写出了通往宝相寺之路的高危以及树木的茂盛。甚至，师氏宗祠上的对联也是师范的作品："保我子孙等桂籍　任他兄弟法桃园"，是对家族人丁兴旺、官运昌隆的期盼。师范的对联文辞短小，语言精练，对仗工整，正如赵藩所说："（师范）于学无所不窥，故于文无所不能"②，这"文"包括了诗歌、诗论、史学、文章和对联，是对师范恰如其分的评价。

四　赵州师氏家族其他成员的文学创作

云南山环水绕、钟灵毓秀，文豪硕儒辈出、艺苑巨匠腾跃。文坛儒林茂峻、艺苑森幽，使艺文发展有了坚实的社会基础；诗家气质各异，极大地拓展了诗歌的创作空间。特别是有清一代，诗人们早已认同了诗歌娱乐性和审美性而非言志载道的价值取向，纷纷以诗游戏人生。这种创作态度自然、随性、不受拘束，细观其诗，师箴、师道南亦属此类。

师范不但是赵州师氏文学家族中成就最突出的一位，在白族文学史上亦少有与其匹敌者，但一枝独秀的魅力终究难抵百花齐放的光芒，文学世家在地方上产生的影响要远大于成就突出的个人，师问忠、师箴、师道南的诗歌

---

① 转引自方树梅著《年谱三种》，生活·读书·新知三联书店，2014，第339页。
② 转引自李友仁主编，李怡苹撰稿，云南省图书馆编《云南地方文献概说》，云南美术出版社，2005，第317页。

创作在成就上虽不能与师范相提并论，但他们的诗作在白族文学史上同样灿烂，同样不能被忽略。

（一）师问忠的文学创作

师问忠，字恕先，亦字裕亭。师范之父，赵州人。生于康熙五十四年（1715）十二月二十三日，于乾隆六十年（1795）卒于家中，寿八十。娶金孺人，生子翼。元配妻子去世后，继娶任孺人，生子范、箴。以文章教子弟，功成名就者甚众。据《弥渡县师氏族谱》记载，师问忠十四而孤，无伯叔昆弟，茕茕孑立。少时孤寒驽钝，读书不得入其门。于是读罢泣，泣罢读，愈加勤奋，无计可施后求祷于神。"一夕寐，若有人以刃剖胸，取其心濯之，寤悸犹若痛然。自是聪悟，文冠其侪，旋入州学"①，乾隆六年（1741），中云南乡试第二名。乾隆三十一年（1766）丙戌科试后，挑选晋宁州训导，四年后吏部取入都，授其为长芦石碑场盐课大使场治。

师问忠勤俭持家，怀有一腔文学才识，屈居下职，却不以为忤意。待人和善有良政，是非分明。著有诗文集《勤学录》、《洗心记》十余卷、《鸣鹤堂文稿》、《北上集诗稿》、《盐务纪要》论文二十则，均散佚。《弥渡县师氏族谱》录其诗《登晋宁望海楼》《游谷女寺》《示儿》三首。

师问忠所作诗歌大都不存，这是白族文学史上的遗憾，同时也为后人对赵州师氏文学家族的研究造成了困难。在既定事实下，我们能做的就是通过仅存的这三首诗来管中窥豹，从而推测出师问忠的创作在白族文学史上的价值。

《登晋宁望海楼》《游谷女寺》在内容上划分的话很明显是记游诗，《示儿》一诗，虽然可以划分到叙事诗的行列，但笔者更倾向于将此归入生活感怀诗的范畴。且看《示儿》原诗：

> 二十年前宦海游，归来依旧理田畴。去时头黑今头白，笑看儿孙也白头。

---

① （清）师范修纂，师源重纂，武邑师氏族人续订《弥渡师氏族谱》卷二《姚萧知县衔管长芦石碑场盐课大使事师君墓志铭》，四卷，抄本为师氏第二十世师福林之子师长用后代所藏。

诗人理薙政于永东，将解任还里，偶成一绝，示于师范。诉说自己二十年前在钩心斗角的官场里游走往来，现今解甲归田，虽掌政盐务，归来时仍贫寒不已，需靠几亩薄产养家糊口。时光荏苒，做官之时还是头发乌黑的青壮年，归来时已是白发苍苍，而且不光自己老了，儿孙的头发也显示出了岁月侵蚀的颜色。在官场的二十年，日渐花白的头发昭示的不仅是岁月的无情，更有官场上的劳心劳力与心力交瘁。师问忠是一个爱护百姓的好官，所以归来时两袖清风，仍为生计奔波田里，但是内心安然，活得坦荡，才能觉出田居之乐，笑看儿孙成群。这是诗人在经历了大大小小的事后得出的结论，也是对生活的顿悟。

在现存的两首记游诗中，诗人高超的诗歌技艺可见一斑。《登晋宁望海楼》是作者在晋宁的望海楼上眺望滇池所作，惜晋宁望海楼的遗址今已不存。看其诗作《登晋宁望海楼》：

> 望海楼头望，沧波万顷长。凿应嗤武帝，溺却吊梁王。
> 仄仄平平仄，平平仄仄平。仄平平仄仄，仄仄仄平平。
> 舟去移山影，天来接水光。石鲸鳞甲在，把酒总茫茫。
> 平仄平平仄，平平仄仄平。仄平平仄仄，仄仄仄平平。

古人评曰："炼句，特隽"[1]，来形容其造语之俊秀、精粹。该诗意境开阔，写景、抒情、用典融为一体。从望海楼头观望滇池时，诗人想到了欲凿池演习水军以统一西南地区的汉武帝，一个"嗤"字表达了诗人的态度，他对于汉武帝这种行为是十分看不起的，讽刺了汉武帝的徒劳无功，又用了元末兵败的梁王携后宫共沉滇池的典故。兵败自杀的梁王反而还能引起人们的凭吊，就可见诗人对战争的厌恶。而"石鲸鳞甲在"一句中讽刺意味加强，滇池这里本来就有石鲸山（即石寨山），据《三辅黄图》载：汉武帝仿凿昆明池后，"刻石为鲸鱼，长三丈"[2]，这里把云南的昆明池和汉武帝仿造的昆

----

① 转引自张文勋主编，云南省诗词学会、云南大学中文系选注《云南历代诗词选》，云南人民出版社，2002，第624页。

② 转引自张文勋主编，云南省诗词学会、云南大学中文系选注《云南历代诗词选》，云南人民出版社，2002，第624页。

明池融会为一句，从而生发诗意，加强讽刺效果。作为五言律诗，《登晋宁望海楼》的颔联"凿应嗤武帝，溺却吊梁王"与颈联"舟去移山影，天来接水光"在对仗上都极为工整，"凿"与"溺"都为动词，并且都精练地描写了武帝和梁王这两位历史人物与滇池相关的故事，同为动词的"嗤"和"吊"，在情感上对比强烈，作者的情感趋向立现。"舟去移山影，天来接水光"，在相对的位置上，词性一一对应，"山水""光影"，没有比这更贴切的对仗了。

而在平仄规律上，不但做到了"二四分明"，且在"一三"上只有"凿"和"舟"二字不合标准格律，已是非常严格。师箕和师道南的诗作在格律上并没有师问忠严格，整个家族中能相媲美的只有师范。这首诗作于晋宁，因而晋宁县地方志编纂委员会于 2003 年出版的《晋宁县志》中说师问忠是晋宁人，很显然是谬误，师问忠只是在晋宁做过训导而已。

再看其七律《游谷女寺》：

> 彩云深处护苍苔，拾翠频登百尺台。谢履齿新泥可印，沿途步险两偏催。
>
> 近多胜概今犹古，安得高娘去复来。妙谛本空难著语，骑猪化象莫须猜。

该诗首联生动描绘了谷女寺景色之绿，"彩云深处"就是指谷女寺坐落的山坳，绵延百尺的台阶被翠色围住，远远观去就像青苔一般"瓦被驳鲜，处悴而荣，在幽弥显"（潘岳《河阳庭前安石榴赋》）。"谢履齿新"说明诗人并不是常常登山，因而专门登山的谢公屐都是新的，"泥可印"则说明了路途并不顺利，"沿途步险两偏催"则再一次证明了路途的艰难。颈联和尾联是诗人想到了谷女寺的传说故事：谷女寺中供奉着谷女，谷女姓高，原是一名婢女，地位很低，到了 13 岁都没有开口说过话，大家都把她当成哑巴。她每天除了做勤杂事务还要帮主人放猪，工作十分辛苦。谷女还有一个应征入伍去远处打仗的哥哥，自从走后再无消息。突然有一天谷女开口说了话，她说哥哥在战场上没有东西吃，要去给哥哥送吃的。家人对她的开口说话感到惊喜，但却没有相信她的话。谷女就自己出发了，并在时隔不久之后归来。奇怪的是谷女从白崖盘陀谷流水的石缝中钻出来，全身却一点也没湿。谷女告诉家人哥哥和其他士兵都吃饱了。聪明的嫂嫂让谷女再去一趟，把哥哥的旧衣服换回来，谷女一会儿就回来了，拿的衣服确实是哥哥的。家人全都惊奇不已，想等谷女哥哥回家验证。突然有一天，谷女说哥哥要回来了，她也要走了。于是骑上平时放牧的白猪，腾空而起。在半空中，白猪变成了一头大白象，转瞬不见。人们后来在白崖修建了谷女寺。因谷女姓高，也叫高娘寺。谷女寺的传说不能简单地看作一个地方文化的传说，而是几种文化相互交融、作用的结果，其中涉及了原始宗教的崇拜色彩，但佛教南来已是不争的事实，为什么非要个"水落石出"的结果呢，师问忠的"妙谛本空难著语，骑猪化象莫须猜"或许是最好的回答。

师问忠还写过很多对联，现存的有题在自家门口的对联"谷口清泉，是渴者都来饮去；石顽泉幽，劝来人且略缓些"；题镇南灵官桥关帝庙联"挂印封金，从不拖泥带水；辞曹归汉，恰如掷瓦抛砖"；题孤山鹤峰寺联"江月开妆镜；天风响玉环"；赠钱允济联"云中一鹤；海上三峰"；题黄鹤楼联"栏杆外，滚滚波涛，谁能挽大江东去？窗楹间，沥沥烟薮，几曾见黄鹤归来"，这些对联言简意赅，形式相通、内容相连，对仗工整、平仄协调、词性相对，在结构上更是无懈可击。对联与律诗有着天然的联系，师问忠的律诗中规中矩、严格按律，所以对联写得好也自是在情理之中。

（二）师箴与他的《大树山堂诗钞》

师箴，字格言，一作法言。赵州人，师范之弟。乾隆二十八年（1763）生，卒于嘉庆九年（1804）。诸生，"赋性旷达，诗酒自娱"①，著有《大树山堂诗钞》，亦作《大树山堂诗草》。其才名虽不能与所学无所不窥的师范相颉颃，却"各有领会"②。师箴的诗歌创作恰似其人，不以繁弦缛绣炫其文采，不以采珠集翠矜其渊博。根深殖厚，自以性情为精神。师箴虽无其兄师范飞文染翰、卷盈缃帙之成果，但其诗歌作品集《大树山堂诗钞》亦有"愈出愈奇""无丝毫相袭"③的文学成就。

---

① 中国人民政治协商会议云南省弥渡县委员会文史资料组编《弥渡文史资料》第1辑，1990，第15页。

② （清）师箴：《大树山堂诗钞》，不分卷，清抄本，云南省图书馆藏。

③ （清）师箴：《大树山堂诗钞》，不分卷，清抄本，云南省图书馆藏。

1. 师箴诗歌的创作内容

由表 8 - 4 可以直观地看出师箴现存的 72 首诗歌从题材上可划分为描情绘景诗 8 首 (11.11%)、记游叙事诗 38 首 (52.78%)、思亲念友诗 12 首 (16.67%)、生活杂感诗 8 首 (11.11%)、交往唱和诗 4 首 (5.56%)、关心民瘼诗 2 首 (2.78%)。通过数字，可以明显地看出师箴的诗歌创作主要集中在记游叙事诗的领域。师箴通过对日常生活、出游的记录，逐步呈现出其作为一个文人的文化心态和生活状态。

（1）描情绘景诗。

清代王夫之说过："情景名为二，而实不可离。神于诗者，妙合无垠。巧者则有情中景、景中情。"① 之后，王国维先生在《人间词话》中写道："昔人论诗词，有景语、情语之别，不知一切景语皆情语也。"② 两位大家表达了同一个意思，即情景相生、交融，难以分割。即使是单纯写景，外界之景作用于人的感官，自然会有不同的感受。王国维在《人间词话》中分辨过 "有我之境" 和 "无我之境"，"有我之境，以我观物，故物皆著我之色彩。无我之境，以物观物，故不知何者为我，何者为物"③，师箴的写景诗歌，常表达的是闲适、平淡之情，并且多是无我之境。这种把作者置之诗外的创作往往难以感受到诗人的情感世界，但是通过诗中的一些意象，却可以感知诗人的情绪与心境。"良友""携琴"（《暮》），"散炊烟""樵夫归"（《山村雨后》），"水竹净""风花明""啼莺"（《春昼》），"荷风""飞炊烟""日初吐"（《秋晓》），"山气佳""新雨歇""初日上"（《秋山》），"晴光""花肥""稻粱归"（《秋晴》）等词，明显看出诗人平和、喜悦的闲适心态，让人通过这些美景感受到诗人内心的宁静与满足。"霜风""寒灯""荒村""落叶"（《秋夜》），"风栗冽""人独坐"（《冬夜》）等词，则表现出了诗人孤独、失落、百无聊赖的心境。"以我观物，物皆著我之色彩"，在此有了深刻的体现。

师箴的《秋夜》一诗，情感浓烈，情景交融的效果表现明显：

① （清）王夫之：《姜斋诗话》卷下《夕堂永日绪论·内编》，人民文学出版社，1961。
② （清）王国维著，滕咸惠校注《人间词话新注》，齐鲁书社，1986，第 47 页。
③ （清）王国维著，滕咸惠校注《人间词话新注》，齐鲁书社，1986，第 34 页。

表8-4　师箴诗歌的创作内容

内容分类	描情绘景	记游叙事	思亲念友	生活杂感	交往唱和	关心民瘼
诗作品	《暮》《山村雨后》《秋昼》《秋晓》《秋山》《秋夜》《冬夜》	《夜归》《阳瓜坡南晚眺》《信步》《访友人》《答山中人》《游春》《春日郊行》《晚眺》《客至》《睡起》《病起》《村居》《夜归西山》《晚归》《晚眺园漫兴》《雨后晚眺》《秋园漫兴》《随意二首》《元日山堂漫兴》《鼓琴》《登楼》《山居漫成》《秋夜不寐》《喜晴》《中秋对月》《村居》《秋日闲居》《江村即事》《月夜村居》《小酌》《九日登高望》《山堂夜坐》《岁暮村居漫成》《古剑》《大王庙即目》	《得家荔甫三兄书有怀》《寄省三》《送别》《书久不至有怀家荔甫》《寄箐崖》《寄家兄荔甫三兄》《九日怀家兄荔甫》《晚过紫云寺怀竹林先生》《闻思》《秋怀》《望远曲》《述怀》	《杂诗》（四首）《雨后漫成》《晚眺有怀》《短歌行》《放歌行》	《箐崖有事州城儿半载矣归来即过山堂见访为诗以赠》《和龚大箐崖题书鱼原韵》《呈箐崖》《和箐崖中秋夜过山堂元韵》	《阴雨》《秋雨行》
数量（首）	8	38	12	8	4	2
占比（%）	11.11	52.78	16.67	11.11	5.56	2.78

霜风秋飒飒，野析夜沉沉。明月乍圆缺，寒灯无古今。

谁遣青玉案，兼惠碧云吟。偶念荒村外，闲门落叶深。

凄寒的秋、深沉的夜、乍圆还缺的月，凄清孤苦的自然环境引发了诗人"自古逢秋悲寂寥"的敏感脆弱。"谁遣青玉案，兼惠碧云吟"，"青玉案"的词牌名，取于东汉张衡《四愁诗》："美人赠我锦绣段，何以报之青玉案"一诗；"碧云"一词，借自《文选·江淹〈杂体诗·效惠休"别怨"〉》"日暮碧云合，佳人殊未来"。① 这"美人""佳人"自古以来，代指过明主、贤臣、高洁之士等，可见诗人内心也是有所追求的，对出仕暗含期待。

　　情景合一，自古以来是文人诗歌创作的最高追求和境界，水土山色之景，系故园乡邑之情，师篯在其景色描写中加入了浓浓的乡园之情。生活在奇山秀水的云南地区，只是自然风景，便足以让诗人们吟咏不尽。纵观师篯作品，"山"出现了63次，"风"出现了42次，"水"出现了31次。这些意象出现频率如此之高，自然有值得着笔之处。诗人对山的描述有"远山""螺山""高山""山翠""空山""云山""山远""青山"等，描述出来的是大理地区多山连绵的现实状况，山上树木青青，高远空绝。对于"风"，诗人有"凉风""山风""松风""清风""荷风""劲风""林风""春风""流风""金风""霜风""西风"等的描述，不得不感叹诗人的想象创造能力，原来"风"亦有如此多的搭配。"水"同样在诗中焕发了它的活力，"樵水""春水""江水""激水""天水""碧水""秋水""近水""逐水""野水""涧水""赤水"，名目多样，新奇活泼。"地理环境是文化创造的自然基础……对人类文化创造的影响是真实而多侧面的、持久而深入的"②，诗人生存的大理位于青藏高原、横断山脉与云贵高原结合的广大地区，这一带不但有山区，还有平坝和河谷，多种地貌并存。山多、水多、风多的真实自然环境同步体现在诗作中，无疑是地理环境影响文学创作的最好例子。谷长箐深，绿柳垂门，袅袅青烟，渔歌唱晚。苍山洱海间的秀丽风景，着实引

---

① （清）乔亿：《大历诗略笺释辑评》，天津古籍出版社，2008，第6页。

② 冯天瑜：《中华文化史》上编，上海人民出版社，1990，第3页。

人入胜，"山水之胜得之目，寓于心而形于笔墨之间"①，心物冥合、清净愉悦，尘俗烦恼淡然俱忘，也难怪乎诗人在景物的描写上着笔最盛，泼墨不惜，大理地区的美景，着实值得古往今来的文人骚客小试一把牛刀。以师范为代表的云南文人用文学书写的方式建构着以钟灵毓秀的山水环境为代表特征的云南地区，同时，这种自然环境在云南文人的生命过程中被潜移默化地类化为特定情感，反过来构建了云南地区文人的文学经验，甚至生发成一种文学观念。文学经验与自然环境的双向建构形成了相存并演的耦合关系。这种关系正如沈德潜《芳庄诗序》中所云："江山与诗人，相为对待者也。江山不遇诗人，则巉岩斋沦，天地纵与以壮观，终莫能昭著于天下古今人心目；诗人不遇江山，虽有灵秀之心，俊伟之笔，而孑然独处，寂无见闻，何由激发心胸，一吐其堆阜灏瀚之气。惟两相待、两相遇，斯人心之奇际乎宇内之奇，而文辞之奇得以流传于简墨。"②

（2）记游叙事诗。

生活在钟灵毓秀的云南，对自然的亲近成了师范生活的一部分。师范对日常的记录，多来源于观景，其出游记事，皆不忘写景，所以师范对于景物的描绘是涵盖到整个作品集里的。师范的记游叙事诗与写景诗正相反，无我之境少，有我之境多。诗人自己常常出现在诗中，这也是师范诗歌创作中颇为有趣的一点。他不但在诗中时时透露自己的行踪，还常常用"余""我"等字眼凸显一下自身的存在感（见表8-5）。

表8-5　师范诗歌创作要素统计

记游叙事诗	时间	地点	人物	环境
《夜归》	夜	渡口	余	暝色、风雨、月、犬吠、林缺
《阳瓜城南晚眺》	晚	城南	余	飞烟、落木、凉风、阴云、飞鸟
《游春》	春	山村	我	春风、花气、雨过、山光、危桥、欹石、樵水、岩
《春日郊行》	春日	郊外	我	绿野、溪水、天桃、竹、白鹭、山翠、雨晴
《客至》	暑	山堂	我	清风、暑气、雨休、无云、鹊噪、深林

---

① 汪珂玉：《石田自题画卷》，载张修龄等点校《沈周集》，上海古籍出版社，2013，第5页。

② （清）沈德潜：《归愚文钞余集》卷一《芳庄诗序》，乾隆年间刻本，国家图书馆藏。

续表

记游叙事诗	时间	地点	人物	环境
《村居》		田园	我	云、江树、山、草堂、琴、舞鹤、酒、闲亭、竹林、风来、户扃
《秋园漫兴》	秋日	秋园	我	杏花、梅花、青柳、云阁、霜雪、斗酒
《村居》		山林、高峰顶、昆江	我	山林、高峰顶、昆江、饮酒
《九日登高》	重阳	千崖	我	秋气、菊花、芳草、篱笆、绿酒、松声、晴雷
《岁暮村居漫成》	岁暮	赤水滨	余	海阔天空、黄农、桑饵、泉流、琴声、风月

诗人在什么时候、什么地点、处于什么环境中一目了然，很是详尽，颇有现代人写日记的意味，难怪张葆光评价师箴的诗作"天趣独全，殆非人籁之所能参矣"①，这和诗人自身的特质息息相关，苍山洱海培育成长的诗人，自然慧心独得，天趣独占。当然，从列举的这几首诗中可见，师箴偏爱描写雨后之景，常见的意象无非风、雨、树、花、酒、琴，意象密集也是师箴诗歌创作中的一大特点，从这密集的意象中亦可推出师箴简单而又不失雅意的平淡生活。

艺术家罗丹说过，"生活中不缺少美，而是缺少发现美的眼睛"②。春夏秋冬的美景，师箴都能一一照顾到。对于春天，他写道，"风来花气幽，雨过山光静"（《游春》），"夭桃映竹媚，白鹭过浦明。山翠有无间，天际雨已晴"（《春日郊行》），山明水净、草长莺飞的春天，桃花山竹相映成趣，天地间细细的翠色若有似无，清风吹来春天特有的幽幽花香气，春雨后的山光水色更让人留恋难忘。在夏天，诗人热爱午休，并且一不小心就"睡起日窗下，炊烟飏茅舍"（《睡起》），"新荷向日妍，细竹当风亚。有酒姑酌之，适性百忧罢"（《睡起》），才露尖尖角的新荷，随风摇曳的细竹，在暑气被骤雨带走后的夏天，显得尤为舒适惬意，因而诗人发出"涧户偏宜夏"的感慨。诗人对"秋"字尤为偏爱，在他的 72 首诗作中，出现了 36 个"秋"字。在描写秋天的美景时，他从不吝啬他赞美的笔墨，"秋日杏花开，

---

① （清）师箴：《大树山堂诗钞》，不分卷，清抄本，云南省图书馆藏。
② 转引自张磊《读罗丹嘱词有感——苦难是艺术家最大的财富》，《艺术科技》2014 年第12 期。

盆梅亦舒萼。人柳尚青青，媚我云中阁"（《秋园漫兴》），在诗人眼中，秋天和春天一样，是可以用"媚"这个字来形容的，秋天的杏花已开，在冬天盛放的梅花也悄悄舒了个花骨朵，夏天的柳色还没有完全衰败。一时之利，已然占据三季之景，使诗人的云中阁前早已热闹非凡。"秋来山色暮尤佳，半掩苍烟半落霞。正是层楼新雨歇，时看千嶂夕阳斜。丹崖老树凋霜叶，深谷幽兰放晚花。静对卷帘初月上，峰螺青处有人家"（《秋山》），诗人眼中的秋天，正当其时，不可或缺，傍晚的苍烟、落霞相伴成双的景象美到窒息，雨歇云散之际，正是看斜阳千丈的大好时光。"芦荻横江万顷秋，西风萧瑟不胜愁"（《秋夜独坐》），秋天寂寥的愁绪同样也会使诗人感同身受。云南地区的冬天，较之北方虽然也有"隆冬雪意深，薄阴天色暝"（《随意二首》）的严寒天气，但更常态的是"木落崖气枯，雨寒冬日短"（《雨后晚眺》）的温和，冬天是短暂的，有些草木顺自然之规律摇落，但也有竹森草阁深的不屈身影。

师箴的记游叙事诗中，还可以明显感受到他对村居生活的热爱。诗作中出现了 13 个"村"字。"久不入城市，山林容我狂。或登高峰顶，或步昆江傍"（《村居》）。这一个"狂"字让我们感受到诗人心性的释放，有着"久在樊笼里，复得返自然"的自由感。"或登高峰顶，或步昆江傍"让这种身体上和精神上的压力得到最大极致的释放。为什么诗人钟爱山村生活，且看"云连江树碧，山接草堂青。自得田园乐，浑忘物我形。抱琴看舞鹤，携酒过闲亭。林竹阶除满，风来户自扃"（《村居》）的闲情逸趣，美景、雅情、惬风、闲亭，有田园之乐，有忘我之形，无上的洒脱与自由。"风回碧水浪如鳞，书里楼台绝照尘。两后青山俱到眼，夜深凉月倍亲人"（《月夜村居》），居于熟悉的地方，不仅有青山入眼、凉月近人的亲切感，而且自家的风都吹得那般温柔，只泛起碧水中波浪，点点如鳞。村居的秋色也是让人迷乱了眼睛，"野水去随幽径远，山云高兴画楼齐。修岩路曲牛羊下，别墅林深鸟雀啼。月挂长天凉雨后，萧萧黄叶板桥低"（《村居晚望》），山水、幽径、野云、曲路、牛羊、深林、鸟雀、疏月、凉雨、黄叶、板桥，一连串的意象营造出的村居秋景图画面感十分强烈，套一句"诗中有画"也不过分。诗人的村居生活宁静、自由、和谐而美好，这是在喧嚣的城区、闹市所不可比拟的，所以师箴怡然自得于村居之乐和陶渊明般的田园淡泊，并乐此不疲地记录。

（3）思亲念友诗。

古时交通不便，亲朋好友一离开，动辄经年，所以柳永才会有“念去去，千里烟波，暮霭沉沉楚天阔”① 的感慨。“情”是一个永恒的话题，亲情、友情、爱情是文人墨客亘古不变的咏颂对象，或是游子身上绵密的针脚，或是伯牙子期的不期而遇，或是山无棱、天地合、乃敢与君绝的厮守，都离不开绵绵的情意。

师箴与其兄师范的感情无疑是十分融洽的，自师范离家之后，思念常常啮噬着师箴的心灵，思念在此催生成了诗人的鼎炉，辅之以真情的薪炭，熔铸成了温润缱绻的诗篇：“君去日复日，相思随日深。寒暑眼中易，悠悠劳我心。鸿雁久不至，蟋蟀空堂吟。翘首望虚龙，万里秋云阴。”（《书久不至有怀家兄荔扉》）“书来言归竟未归，日日登楼意无已。不闻汉时姜长公，弟兄同被乐融融。我独相思不相见，天南地北如飞鸿。”（《寄三兄荔扉》）两首诗都表达了自己相思不能相见、日久相思愈深的直观感受，传书的鸿雁久久不至，想到汉代姜长公兄弟几个同床共被的典故，不禁悲从中来。“不敢登高望，云山万里赊。心常牵蓟北，梦早到京华。极目吟枫叶，消愁醉菊花。遥知羁旅况，此日倍思家”（《九日怀家兄荔扉》），王维登高望远倍思亲，而诗人在九月九日重阳节这天，因为思念兄长都没有登高的勇气，心里、梦里常常挂念着兄长。这份兄弟情义，着实令人动容。“相别八年久，喜见音书来。君思有螺山，我忆黄金台”（《得家荔扉三兄书有怀》），相别八年，终于等到鸿雁传书的一刻，“我忆黄金台”，燕王为招贤所筑的黄金台，也是诗人所向往的，面对亲近的兄长，诗人才表现出了自己渴望被赏识的志向。“皤皤忘年友，乘暇时相过。居山山自幽，白云宿庭柯。耐寒爱松柏，手植森岩阿。每当灌园歇，松风和吟哦”（《寄省三》），想到和自己的忘年好友一块植树劳作、吟诗作对，到处都是气场相合的惬意气息。“送别登高山，别后情未已。寸心不能言，相望万余里。来归期何时，肠中百忧起。凄清关山月，浩渺江湖水。春华能几时，离怀自兹始”，师箴有着丰富细腻的情感，当其他诗人将情感凝聚于离别之前的感伤时，他着重抒发了离

① 叶玲主编《古诗词名句鉴赏词典》，内蒙古大学出版社，2002，第678页。

别之后的心情。不知归期，忧愁百起，愁似天边冷清的月，又似湖中浩渺的水，难以承载，甫一分开，便备尝离别滋味。"自君天水去，余独掩柴荆。出游若无依，远峰徒青青"（《寄簪崖》），簪崖作为诗人的良师益友，不断出现在他的诗中，可谓是师箴精神上的支柱。在情感上师箴对簪崖颇多依赖，以至于簪崖离开之后，"出游若无依"，凸显孤独之态。在《晚过紫云寺怀竹林先生》中，诗人充分表达了对竹林先生的景仰爱戴之情，以及"雪蕉翠竹雨依然，不见先生心悄悄。昨日书来言别久，粤东分试君恩厚"的思念与感激之心。在《秋怀》中，北来的雁使诗人愁意暗生，这般惆怅也只为"不是故人书，中心常悠悠""长河流不息，相思无时休"。"望君登高楼，楼高山更远。但见烟与云，袅袅聚复散"，这首《望远曲》是诗人所留存的诗作中最短的一首，登高望远并不能缓解相思之意，这楼高山远完全望不见的距离更使人绝望，故人望不见，但见云与烟，愁肠顿生，思念难解。《述怀》中"亲老宦京华，仲兄常侍侧。关河万里间，云树千重隔。不见音书来，寤寐常相忆"，因父兄远居京华，难通音讯，常常寤寐相忆。通过师箴所写的这些思亲念友的诗歌，可以看出师箴有着丰富的内心世界，情感细腻而脆弱，向往知音陪伴的生活。

（4）生活杂感诗。

从师箴的诗歌创作中可以看出，他专注于佳情和美景，用最好的角度对美景细细琢磨，但在书写自然美景的同时，他也偶尔透露出对生活的感慨和伤怀。如在《村居》中，他发出"仰观天地间，风云何苍茫。为乐贵及时，胡为怀感伤"的感伤之情，其情感类似于李白的"今朝有酒今朝醉"，人生不过沧海一粟，须臾间便会消逝在这茫茫天地间，所以要及时行乐，莫负眼前时光。这些感怀是穿插在对事物或景物的描写之中的小小感慨，一笔带过，并不算真正意义上的感怀诗。师箴所作的真正意义上的感怀诗，有《杂诗》（四首）、《雨后漫成》、《晚眺有怀》等作，数量并不多。在《杂诗》中，诗人发出了"人生大块内，百年如一时。有酒且须酌，胡乃戚戚焉。芬芳能几何，霜露复相催"的感慨，同样还是人生百年须臾一瞬，要及时行乐的思想。"有鸟云外来，集我池边树。厥态狂于鸥，挥之殊不惧。中林风萧杰，孤鹤知何处"，以鸟自喻，抒发自己无畏无惧、昂然挺立的高傲姿态，品行高洁，不与凡者为伍。"穷达寄宇宙，各各皆有营。笑我放旷身，悠悠竟何成"，"俯仰苟不愧，毁誉由斯人"，进一步表达出自己桀骜不驯、任君品评的心态。在《雨后漫成》中，他说："彼美高阳徒，古来称放浪。富贵忧患多，山林性情旷。神仙安可得，冥心断虚妄。"那高阳酒徒，因其嗜酒且放荡不羁，而背有"放浪"的名号，但那又如何，自古富贵险中求，哪有无欲无求、放浪形骸来得自由。只要断了虚妄、功利之心，完全就可以过上神仙般的生活。诗人还会想到历史上的君王将相、荣华富贵、求仙问道，到如今也不过是一杯黄土。"骊山茂陵莫复道，阿房长乐今在否"（《短歌行》）、"君不见王侯将相竞荣显，亦同贫贱归山阿"（《放歌行》），所以诗人的观点还是"一饮应须三百杯，人生穷达复何有。吾身非蚕石，岂能长不朽"（《短歌行》）、"人生如露寄草木，相逢不醉欲如何。穷达亦有命，何堪戚戚忧愁多"（《放歌行》）的及时行乐思想。人生短暂，就如露珠暂寄草木之上，何不随心而活，洒脱、旷达地行于人世，暂寄人间。

（5）交往唱和诗。

"诗言志"，诗歌自古的功能就是向社会传达个体的情感、意志，可完成"兴观群怨"的基本作用。随着写诗群体的增加与成熟，诗歌创作的社会功能也不断被开发。诗歌创作开始朝着积极交流、拓宽社会交际的功能发展，即酬唱、赠答等诗作，成为文人间有意运用的交流工具。师箴的交往唱和诗也比较有趣，数量不多，我们所能推测出来的往来唱和者只有师范和簪崖。师箴和师范相隔千里，相互唱和往来自在情理之中。除师范外，簪崖同样在师箴的生活中扮演了很重要的角色。在《呈簪崖》中他赞道："簪崖意气超凡流，新诗酷学韦苏州"，我们由此明了了簪崖的才华横溢和如韦应物一般"高雅闲淡，自成一家之体"的诗歌特色。"我幸与君结比邻，十年不改旧情亲"，道出了两人情感深厚的原因是有相识相知的基础；"要得归来协唱酬，更觉验坛不岑寂"，意气相投，更有发展、加深友谊的潜力。

唱和，本意指歌唱时此唱彼和，是歌唱的一种形式。《诗经·郑风·萚兮》有"倡予和汝"① 之句。唐代陆德明释文："倡，本又作唱。"② 后成为

---

① 转引自夏传才主编《诗经学大辞典》，河北教育出版社，2014，第1132页。

② 转引自夏传才主编《诗经学大辞典》，河北教育出版社，2014，第1132页。

作诗的方式之一。宋人张表臣《珊瑚钩诗话》曰："前人作诗，未始和韵。自元、白为二浙观察使，往来置邮筒，相倡和，始依韵，而多至千言，篇章甚富。其自耀云：'曾公谓刘玄德曰：天下英雄，惟使君与操耳。'岂诗人豪气，倒爱袗夸耶？此和韵始于元、白之明证也。"① 自和韵始于元白以来，效仿者渐多，到明清已然成为一种趋势。同人相得，商榷风雅，相互标榜，文采风流同竞，与好友间的一唱一和，既切磋了诗文技艺，又增进了情感交流，可谓一举两得。师箴的唱和诗在外表上极其容易辨认，如《和龚大簪崖题书鱼原韵》《和簪崖中秋夜过山堂元韵》，呈现的是"和……韵"的形式。赵以武先生是以专著形式研究唱和诗的第一人，他在实际的操作中是从诗题出发，把诗题中带有"和"字且同题作为界定唱和诗的标准。通过师箴的和韵诗《和龚大簪崖题书鱼原韵》《和簪崖中秋夜过山堂元韵》，我们几乎就可以推断簪崖写过《题书鱼》和《中秋夜过山堂》两诗。在你来我往中，师箴和簪崖相互传达了自己的情意，也在切磋琢磨中开阔了眼界，提高了诗歌创作的技艺。

（6）关心民瘼诗。

在师箴的诗歌作品里，我们常常能感受到优美的风景、惬意的生活和他潇洒的处世态度。但这并不意味着师箴不关心民众疾苦。这软山细水、清赏细玩并没有软化诗人的心魄、弱化诗人的骨力、遮蔽诗人的双眸。诗人目之所及，看到的不仅是康乾盛世的繁荣，同时还有正颓波的满目江河。切近的体察使他对民生疾苦有着深刻的认识，在《阴雨》中他描述道"十日雨不止，江水涨平地。但见远人村，出没波涛内。米缺人断炊，禾尽还忧税"，水灾不止，颗粒无收，人少食还忧税，这是居庙堂之高的人所不能体会到的民生，诗人对此心戚戚然，发出了"念之意怆凄，有酒难成醉"的感叹，对朝廷暗含了不满，但自身却无可奈何。师箴科考过，也曾想以一己之力改变这满目疮痍的现实，可惜止步于诸生，自顾不暇，只能将满腔情感诉诸笔端。《秋雨行》中，深刻描述了民不堪累之悲，"朝欲雨，暮欲雨，四月五月雨势多，欲雨不雨农人苦。以车汲水水如发，汲到田间天正午。日烈土干水气微，大田龟坼少禾黍。六月七月雨少通，高者荒芜十有五。及此秋来收

---

① （清）何文焕辑《历代诗话（上）》，中华书局，1981，第458页。

刘时，朝雨暮雨何淋漓。一雨十日或五日，阴多晴少金飙吹。浊浪滔滔江水涨，平地出水迷东菑。登高不尽萧条意，四野嗷嗷鸿雁飞"，当禾苗生长需要水时，天公不作美，"六月七月雨少通"；而当收获将至，需要晴朗天气时，又"一雨十日或五日"，如此天灾，农民怎会有好收成，回溯到贫民仰不足以事父母、俯不足以畜妻子、只能过着饥不饱腹生活的现实当中，诗人以满腔的悲切同情、深沉哀感，将诗歌显示出了历史认识的意义。这种现实主义的诗歌创作，字字血泪、声声啼血，可谓把杜甫关心民生疾苦诗作的精髓学了个彻底。这种现实主义手法的学习不是徒有其表的拼凑组合，而是儒家仁政思想对师篯渗透影响的结果。因而这部分诗作"才巧意精，若无朕迹"①，达到了形神情理的统一和虚实有无的协调，还原了一个真实的、忧国忧民的诗人形象。

2. 师篯诗歌的创作形式

诗歌，作为一种抒情言志的文学体裁，其特点就是高度凝练的语言，言简意赅，可以形象而简练地表达作者丰富的情感，并具有一定的节奏和韵律，能够集中反映社会生活。古体自由，近体合韵。五绝短小精粹，七绝自然洒脱，五律质直有力，七律悠扬纡徐，总之是各有特色，适用原则唯顺心而已。就如同"青玉案"作为词牌名时对词作格式的限制一般，近体诗、古体诗不过是限制格式的一个模具而已。

通过对诗歌的整理，我们可以直观地看出（见表8-6），师篯对古体诗和近体诗都运用得灵活自如。五古、七古、五律、七律，信手拈来。古体诗形式自由、不拘格律、平仄，押韵较宽，创作的时候较为容易。并且，古体诗的开放性表现在句数上就是从两句到两百句的诗歌都可以，因此诗人四句、六句、八句、十句、十二句、十四句、十六句的古体诗都做过尝试。根据比例可知，十句的古体诗颇受诗人喜爱，诗人创作起来毫无难度。

在狭义的定义里，近体诗就是格律诗。近体诗比古体诗难就难在对格律、字数、句数、用韵都有着严格的规定性，因此歌德曾将格律诗写作形容为"戴着镣铐跳舞"②，可见格律诗的束缚性，正是这种严格的束缚，提高

---

① （唐）皎然著，李壮鹰校注《诗式校注》，人民文学出版社，2003，第59页。
② 尹川：《译者应如何戴着镣铐跳舞——以许渊冲诗歌翻译为例》，《剑南文学（下半月）》2014年第9期。

表8-6　师范古体诗、近体诗统计

以句数划分	五古							七古			小计
	四句	六句	八句	十句	十二句	十四句	十六句	十句	十六句	杂诗	
古体	《望远曲》	《杂诗》（其二）、《夜归》、《晚归》、《病起》	《书久不至有怀家兄》、《雨后晚眺》、《秋怀》、《随意二首》、《寄省三》	《杂诗》（其三）、《阳瓜坡南晚眺》、《雨后漫成》、《睡起》、《送别》、《寄簪崖有怀》、《秋园漫兴》、《簪崖有山事州城儿半载矣归来即过山堂见访为诗以赠》	《访友人》《村居》	《晚眺有怀》	《杂诗》（其四）	《寄三兄荔扉》	《呈簪崖》	《和龚大簪崖题书鱼原韵》《短歌行》《放歌行》《秋雨行》《晚过紫云寺怀竹林先生》	
数量（首）	1	5	5	9	2	1	1	1	1	5	31
占比（%）	1.39	6.9	6.9	12.5	2.78	1.39	1.39	1.39	1.39	6.9	43.1

以句数划分	五律	七律	小计
近体诗	《得家荔扉三兄书有怀》《信步》《答山中人》《游春》《客至》《阴雨》《夜归西山》《秋晓》《随意二首》（其二）《春日渃竹》《山村雨后》《登楼》《鼓琴》《春昼》《晋晴》《晚眺偶成》《秋夜对月》《闺思》《九日杯家兄荔扉》《村居》	《古剑》《秋山》《山居漫成》《秋晴》《和簪崖中秋夜过山堂元韵》《江村即事》《月夜村居》《小酌》《九日登高》《秋夜独坐》《山堂夜坐》《冬夜》《岁暮村居漫成》《大王庙即目》	
数量（首）	25	16	41
占比（%）	34.7	22.2	56.9

了格律诗创作的准入门槛，保证了格律诗的质量。但总而观之，师篯所作近体诗的数量在古体诗之上。师篯并非个例，明清时期大部分文人都钟情于这种体制严格的近体诗。究其原因，首先，近体诗在创作时难度虽然增大了，但有固定的格式和韵律，胜在好模仿学习，这就为白族地区的文人提供了快速学习诗歌的便捷途径。其次，近体诗因为对格律有要求，所以读起来朗朗上口，恢宏有力，更能表达自身的情感和意志。最后，近体诗与科考所需的八股文有着天然的联系。八股文由破题、承题、起讲、入题、起股、中股、后股、束股八部分组成，后四个部分每部分有两股排比对偶的文字，合起来共八股，这对偶文字即是对近体诗要求的一部分，无疑推动了近体诗这种诗歌形式的发展和延续。闻一多在《诗的格律》中写道："越有魄力的作家，越是要戴着镣铐跳舞才跳得痛快，跳得好。只有不会跳舞的才怪镣铐碍事，只有不会作诗的才感觉得格律的束缚。对于不会作诗的，格律是表现的障碍物；对于一个作家，格律便成了表现的利器。"① 可见，近体诗既具备悦人心神的审美功能，又具备仕进敲门砖的实用功能，还可以以此夸能、自我表现，因此备受明清文人青睐。作为读儒家书、考百家试的白族文人来说也不例外，近体诗歌创作成为一项必备的技能和表现的利器。

近体诗一般包括绝句、律诗和排律，在师篯的近体诗创作中，只有五律和七律，总体来说做到了音韵合辙，不落他人窠臼。以《元日山堂漫兴》为例：

> 户户晓光新，三元届此辰。初阳红出岫，嫩柳绿亲人。
> 仄仄仄平平，平平仄仄平。平平平仄仄，仄仄仄平平。
> 浊酒原堪醉，幽居岂厌贫。椒花业柏叶，容易即逢春。
> 仄仄平平仄，平平仄仄平，平平仄仄仄，平仄仄平平。

仄起式五律，每一联的二、四两字的平仄完全符合平仄规律，即"一三不论，二四分明"。在"一三"上也仅有少数几字不符合严格的格律规律，但整体来看已算较为严格。诗歌的颔联与颈联也完全符合律诗的对仗规

---

① 《闻一多全集》第三卷《诗的格律》，开明书店，1948，第247页。

律，且看颔联："嫩柳"对"初阳"，都是偏正结构的名词，"绿"与"红"是颜色对，"亲人"对"出岫"则都是动宾结构，严丝合缝，十分工整。律诗较之绝句，容量增加了一倍，有了进一步抒情写景的空间，在内容表达上更为细致充实。这首《元日山堂漫兴》充分体现了律诗散中有整、常中有变、对仗工整、内容充实的特点。

师箴"人生如露寄草木"的随性、洒脱态度在律诗创作上亦有体现。"顾华玉云：'五言绝，以调古为上乘，以情真为得体'"①，"调古则韵高，情真则意远"②。这里"情真"指感情的自然真挚，"调古"既可以指诗歌风格的高古，也可以指诗歌不遵格律。师箴的近体诗虽符合格律规律，但不可以用严格的格律去约束，相较来说，师箴的七律较为符合格律规律，而五律则不是那般严密，常常会出现出律的状况。而有些律诗格律严谨，却又在对仗上打破了律诗的严密性，可见诗人并不在意律诗条框规律的束缚，而是随心而至，由心而发。这是其令人称道之处，也正是张葆光所提到的"天趣"③（《大树山堂诗钞序》）。

不严遵格律对仗，不是不懂诗歌创作规律，通过对师箴近体诗的平仄分析已然看出其对律诗的"二四分明"创作特点了然于心。师箴对诗歌创作规律的熟稔从其平水韵的运用情况中亦可见一斑。通过对师箴《大树山堂诗钞》中的诗歌韵脚的梳理，分析师箴诗歌创作与所用的平水韵（见表8-7）。

从表8-7中可以明确看出，诗人钟情于"侵""庚""尤"等韵脚所属韵部。在这些韵部里，有些字常常出现，并作为韵脚。以所属韵部为"侵"的韵脚为例：《杂诗》（其四）韵脚分别为深、心、金、林、真、云、文、人，《书久不至有怀家兄荔扉》韵脚分别为深、心、金、阴，《簪崖有事州城几半载矣归来即过山堂见访为诗以赠》韵脚分别为岑、襟、森、琴、阴，《鼓琴》韵脚分别为心、深、音、吟，《秋夜》韵脚分别为沉、今、吟、深，《冬夜》韵脚分别为深、阴、琴、心。通过这些同属"侵"部的韵脚，可以发现，6首诗里"深"作为韵脚出现了5次，"心"作为韵脚出现了4次。

---

① （明）胡应麟：《诗薮》内编卷六，上海古籍出版社，1958。
② （明）胡应麟：《诗薮》内编卷六，上海古籍出版社，1958。
③ （清）师箴：《大树山堂诗钞》，不分卷，清抄本，云南省图书馆藏。

表 8 - 7　师篯《大树山堂诗钞》中平水韵的使用情况统计

诗歌作品	《杂诗》(其四)《书久不至有怀家兄荔扉》《簪崖有事州城几半载矣归来即过山堂见访为诗以赠》《鼓琴》《秋夜》《冬夜》	《寄省三》《放歌行》《大王庙即目》	《送别》	《春日郊游》《寄簪崖》《春昼》《中秋对月》《秋日闲居》	《山村雨后》	《睡起》
所属韵部	侵(平)	歌(平)	纸(仄)	庚(平)	遇(仄)	祃(仄)
所用次数	6	3	1	5	1	1
诗歌作品	《秋怀》《喜晴》《山居漫成》《和簪崖中秋夜过山堂元韵》《江村即事》《秋夜独坐》	《元日山堂漫兴》《夜月村居》《岁暮村居漫成》	《秋园漫兴》《病起》	《村居》《小酌》	《雨后晚眺》	《短歌行》
所属韵部	尤(平)	真(平)	药(仄)	阳(平)	阮(仄)	有(仄)
所用次数	6	3	2	2	1	1
诗歌作品	《登楼》《九日登高》	《晚眺偶成》	《秋夜不寐》	《闺思》	《九日怀家兄荔扉》《秋山》	《村居》
所属韵部	灰(平)	删(平)	鱼(平)	寒(平)	麻(平)	青(平)
所用次数	2	1	1	1	2	1
诗歌作品	《古剑》	《秋晴》	《村居晚望》	《山堂夜坐》		
所属韵部	先(平)	微(平)	齐(平)	江(平)		
所用次数	1	1	1	1		

可见诗人对"深""心"这类字用得特别顺手，甚至作为诗人创作的常用字出现。韵脚重复使用的情况，一方面可以看出师篯确实有才华，能在有限的语词之中，创造出不同内容和形式的诗作；另一方面则反映了师篯在诗歌创作上视野不够开阔，遣词用语能力还有待加强。由此观之，中原地区的诗歌创作规律和标准已为白族文人所接受并用于诗歌创作的实践之中。

纵观师篯的律诗创作，会发现较为特殊的一种现象，即喜爱用仄声的韵脚。在律诗中，韵脚多是用平声字，用仄声字作韵脚的情况若是认真追究起来，已不能算作律诗，但师箴的独特性就表现在，在仄声的韵脚诗中对仗极其工整，而在符合格律诗特点的平声韵脚律诗中，师箴反而放开了手脚，较少出现对仗工整严密的律诗。这些诗作可以称作条件放宽的律诗，从这一方面也可以看出师箴对格律诗的技巧与创作是烂熟于心的，只是不羁的天性使然，"愈出愈奇"①（《大树山堂诗钞序》），不愿走寻常路而已。

3. 师箴诗歌的创作风格

所谓"风格"是指艺术作品在整体上呈现出来的、具有代表性的面貌。诗歌风格的形成是相对稳定的，其独特性可以折射出诗人的内在、审美等特质。正如清代张葆光所云："泊其意境，新其风骨，峭其笔幽，折俊异动兴神会，此性情之故，人莫能窥也"②（《大树山堂诗钞序》），这就是论艺术家创作的独特性。而黑格尔在论述艺术家的独创性时说道："独创性揭示出艺术家的最亲切的内心生活；从另一方面看，它所给的却又只是对象的性质，因而独创性的特征显得只是对象本身的特征，我们可以说独创性是从对象的特征来的，而对象的特征又是从创造者的主体性来的。"③ 简而言之，这独创性是作者内心和被创作对象本身共同决定的，缺一不可。而正是这对作者来说独特的写作对象以及作者独特的表现手法和情感特质，共同形成了师箴自身的艺术风格和特色。

（1）语言用词简净，不加雕琢。

师箴在诗歌创作中一直保持着质朴遒劲的语言风格，在诗作中，它摒弃了华丽的辞藻，以粗笔勾勒，用词极为简净朴素，虽语言不加雕琢，却有极强的凝聚力和表现力。如《和龚大簪崖题书鱼原韵》：

> 画工画鱼不画水，自有波涛趋笔底。双腮呀呷如有声，展庵乍疑犹掉尾。
>
> 大鱼上腾蘋藻分，扬鬐鼓鬣为鲸吞。其中一二类难辨，纷纷游泳皆有神。

---

① （清）师箴：《大树山堂诗钞》，不分卷，清抄本，云南省图书馆藏。
② （清）师箴：《大树山堂诗钞》，不分卷，清抄本，云南省图书馆藏。
③ 〔德〕黑格尔：《美学》第一卷，商务印书馆，1982，第373页。

簪崖一见大得意，诗才豪纵诗律细。淋漓挥霍风雨惊，庸手千种怆引避。

此画此诗双奇绝，能令虚壁终日生秋气。时无摩诘与杜陵，两君今已得其势。

引子朝天围所记，龙门烧尾雷电至。

"画工画鱼不画水"，一连用了三个"画"，第一个"画"字是用来限制身份的名词，后面两个"画"是表示画工状态的动词，简单、直接，看似稚拙，却有种童趣般的美感蕴含在内。刚说完不画水立马紧跟一句"自有波涛趋笔底"，一个"趋"字，感觉这波涛是自己涌现到画家笔下的，波涛的动态神韵立现。这鱼儿自由地舒展身姿，摆出了一副犹犹豫豫、正在思考要不要掉头往回游的姿势，甚至你能感觉到有声音从它翕张的两腮中传达出来。大鱼刚刚展示完自己能开蘋分藻的能力，迎面遇上了天敌鲸鱼，这鱼儿气鼓鼓地将鳍须炸开，以示抗衡，却依然难逃葬身鲸腹的下场。"疑""腾""扬""鼓"几个词简净而朴素，却将鱼儿的神态表露得一览无余，简单几笔，就把画面写得鲜活起来了，而且从鱼儿的姿态就能看到作者的幽默风趣。整首诗观来，虽无精细的刻画，但是粗线条的勾勒却给了读者更多的留白空间去想象、去渲染。语言通俗易懂，虽不加雕琢，但可以看出作者在选词时还是用心颇深，这种功夫在诗外的选词能力，是经过艰苦的艺术磨炼而达到的艺术境界。当作者描绘完这鲜活生动的群鱼画时，画家高超娴熟的画技自然被凸显。于不动声色中"此画此诗双奇绝"的艺术效果已然达到。

（2）外表质朴平淡，不事渲染。

师篯的诗质朴、自然，多采用白描的表现手法，善于抓住富有特征的情景创造淡远的意境。不事渲染，无刻削作态之迹，不以藻饰为能，本色当行，达到了一种入微而不见其工的艺术效果。如五言古诗《晚归》：

日落西山西，四野生凉秋。
吹箫飒望中，黄叶散平地。
稻熟人满田，已有宾鸿至。

全诗干净、质朴，运用白描手法，寥寥几笔勾勒出深秋日落雁归来的特定场景与氛围，凉凉的秋意侵袭而来，引发读者联想：晚归途中，凉风飒飒，作者极目远眺，枯黄的叶子轻飘飘地落入苍茫大地，农民们忙着收熟透的水稻，鸿雁也感受到了深秋的寒意，纷纷飞来南方准备过冬。深秋已至，作者没有大肆渲染，用稻熟、雁归的自然征候，足以表达，不多一字，而意境全出。日落、秋风、黄叶、归鸿，皆为日常之景，拟表平常之情，平淡无奇中却又暗示出时间的流逝，悠远而缥缈。吹箫者、收稻人，朴实的角色、质朴的语言，诗中并没有华丽的辞藻与精深的典故，简简单单的白描手法，奠定了全诗质朴的基调。全诗以这种质朴、平淡的笔调，营造出一种淡远的意境，却又有无尽的归属感寓寄其中，颇似韦应物"涧底束荆薪，归来煮白石"（《寄全椒山中道士》）所营造出的情深意远之境。

而出现在诗中的人物是活动的，边走边张望，场景布局远近替换、动静结合，用具体平淡的生活事件作为基本素材来抒发自然情感，使密集的意象得到了合理归置。在这里，师箴作诗有意向孟浩然靠拢，叙事与抒情绝不粘连，既可以一分为二，又可以合二为一，情感与叙事之间表现出一种不即不离、忽远忽近的关系，这种若隐若现决定了情感必然也是淡淡地藏匿于其中的。而另一方面，由于诗歌生动、形象、真实地表现了生活，赋予了思想情感以深厚的生活基础，因而情感又表现出了明朗、真挚、充实的一面，这无疑是情中有景、景中含情的最好诠释。这大抵就是苏轼所谓的"外枯而中膏，似淡而实美"（《评韩柳诗》），"发纤秾于简古，寄至味于淡泊"（《书黄子思诗集后》）之论。

师箴善于选取富有特征且易于引发联想的景物，通过化实为虚或者点染远景的手法创造淡远的意境。如五言古诗《雨后漫成》：

> 风来树云飞，雨霁山月上。翠竹涵虚清，飘飘绝尘块。
> 彼美高阳徒，古来称放浪。富贵忧患多，山林性情旷。
> 神仙安可得，冥心断虚妄。

在语言上，同样的质朴、平实。前两句用到了"风""树""云""雨""山""月"等意象，意象虽多，却无拥挤之感：当风吹来时，云和树一起摇曳；雨停后，山中的月亮悄悄攀上来，静谧、悄寂，竟有说不出的和谐韵味。"涵虚"指天空倒映在水中的景象,"翠竹涵虚清"一句点染出了翠竹和天空一起倒映在雨后的水洼之中的状态,干净、缥缈,由眼前的飘逸出尘的竹子联想到了放荡不羁的高阳徒,最后生发出神仙也不好当的感慨,望世人断掉虚妄的念头。在"翠竹涵虚清"到"神仙安可得"的联想生发中,化景物为情思,此露彼含,此直彼曲,句戛然而意未止,作者对出尘入世的人生思考也蕴含在这淡远的意境之中,更显得耐人寻味,颇有"曲终余意雅,倚柱发高吟"的袅袅不尽之意。

（3）内部清润舒缓,丰腴醇厚。

师筬极少用渲染风光景物的形容词,亦不借助夸张的心理或行为来博取眼球,仅依靠简简单单的动词或名词,就较好地还原了自然景致原本的生机动态或人物的情感波澜。如五律《晚眺》:

> 步出村南冈,鸟还日欲暮。岩峦将出云,苍翠霏成雾。
> 树密晚烟生,涧陟飞泉注。径僻不见人,长歌自来去。

诗人慢慢踱步到村南口,随意眺望,鸟儿归巢,天色欲暮。"暮"本来是名词,作者在此用作动词,展现出天慢慢黑下来的动态场景。"出""成""生""注"几个动词一气呵成,连贯起了不同的场景,像被逐渐拉远焦距的镜头,运用得极为精妙。云彩在高峻的山峦中探出了头,仿佛它本来就栖身于这岩峦之中。植被苍翠欲滴,浓浓的翠色连绵不绝,远远观来,生发成一场翠色的浓雾。树木繁盛,葱葱郁郁,但挡不住远处渔火人家的炊烟袅袅。陡峭的山沟、飞溅的泉水,喷涌倾泻,开出浪花一朵朵。基调缓慢而悠长,闭上眼睛,脑子里回环的都是湿润润的翠色。

师筬的诗歌作品中常用"青""翠"等色调,给自然景致增加了暖意和光泽度,使诗歌气貌呈现出淡而不枯、清朗温润之感。其诗中出现了"青"字 10 次,"翠"字 9 次,"青""翠"都会呈现给人一种生机焕发之感,不萧条、不冷寂,神朗气清。如"云连江树碧,山接草堂青"(《村居》),这"碧"和"青"分别用来形容树的苍翠和山上植被以及青草的繁盛,云有江边碧树做伴,山有相接草堂为友,云似也被这碧树染绿,山和草堂的青融为一体，整个场景都被一种温润的绿意笼罩，清润温厚之感顿生。《寄簪崖》中有"出游若无依，远峰徒青青"之句，山峰青青本是生机盎然的颜色，给人以希望和乐观，但诗中写道，自簪崖走后，自己出游仿佛没了依靠，远处的山峰徒然焕发生机。以乐景衬哀情，更显其哀，这青峰呈现出的暖意，与诗人凄凉的心态形成鲜明对比，更加烘托出诗人对于簪崖的不舍，艺术效果十分明显，情真意切。

而且，在师箴作品中出现频率最高的"山""风""水"等意象，本身带有枯淡的冷色调色彩，但诗人运用"山翠""青山""清风""荷风""金风""樵水""碧水""赤水"等，"翠""青""清""荷""樵"等字眼给人一种清润之感，而"金""碧""赤"等暖色调的词，则增加了诗歌的暖意和光泽度，使得本无生命力的山、水、风等意象，变得丰腴醇厚，诗歌也因此变得立体、明亮，清朗温润。

（4）情感真挚深厚，直抒胸臆。

蒋寅在《大历诗人研究》中说过："情真也，动人处正不必在多也"①，从师箴的亲友见寄诗来看，他俨然可以获得"抒情诗人"的头衔。不管是对客观世界的描绘还是对主观感受的抒发，师箴大多是直抒胸臆而摒弃隐晦曲折的表现手法。特别是在对亲人、朋友的情感表达上，师箴从不吝啬语言。这些诗作中常含有强烈的情感，因而极具感染力，最能打动读者心灵。如七言古诗《寄三兄荔扉》：

> 长安十见三春花，计程远隔八千里。书来言归竟未归，日日登楼意无已。
>
> 不闻汉时姜长公，弟兄同被乐融融。我独相思不相见，天南地北如飞鸿。
>
> 洒扫山斋待君至，故园乐事原无穷。

前两句直言兄弟两人相隔甚远，并且多年来见面次数极少。然后开始埋怨自己的三哥：说好要回来的，却至今无音信，让自己时时登高望远空惦念。想

---

① （清）喻文鏊：《考田诗话》，蒋寅：《大历诗人研究》，中华书局，1995，第105页。

到历史上姜长公弟兄同床共被的故事，更觉自己和哥哥天南地北只能相思不能相见的境地凄凉。最后希望哥哥能早日归来，故乡也有很多有趣的事情可以和哥哥分享，能让哥哥回味无穷。师箴在这里直抒对师范（荔扉）的思念，并渴望他早日归家，其对师范深挚的兄弟之情着实令人动容。

再如七言古诗《呈簪崖》：

> 簪崖意气超凡流，新诗酷学韦苏州。兴来亦复弄绘尽，山水人物穷雕搜。
>
> 往往过从出相示，令我叫绝消烦忧。吾兄荔扉燕台客，豪情亦复檀笔墨。
>
> 秋月春花几度更，梦里时时见颜色。要得归来协唱酬，更觉验坛不岑寂。
>
> 我幸与君结比邻，十年不改旧情亲。翻手为云覆手雨，笑满悠悠世上人。

师箴直接点出了簪崖酷似韦苏州的诗歌风格，并夸赞他"意气超凡流"，吟诗作画，可以让师箴忘绝忧愁。然后师箴又和簪崖提到了同样文才兼备的兄长师范，感叹自己和兄长经年难见，相逢只在梦中，并告诉簪崖，自己的兄长归来后，就有人陪伴吟诗作对，诗坛也不会岑寂了。最后表达了自己和簪崖相识十年不改旧亲的浓浓情意。诗中的主观意念较为强烈，是对亲情和友情的强烈抒发。虽直抒胸臆，却可见作者笔力之深厚。其深厚的笔力与真挚的情感构成了完美的统一，颇有高适诗歌的浑厚古朴之风。

通过对师箴现存的 72 首诗歌题材内容、诗歌形式以及风格特色的分析研究，基本上可以了解师箴诗歌创作的习惯以及不凡的创作成就。张葆光评价其诗道："五古秀洁古淡，得韦柳笔妙。七古跳脱，在高常侍、元漫叟之间。五律亦不失为唐调。一门之彦，愈出愈奇"①《大树山堂诗钞序》，对其诗歌有着充分肯定。可见师箴虽身处地势偏远的少数民族地区，但其诗歌创作水平在一些汉族文人中也是毫不逊色的。

---

① （清）师箴：《大树山堂诗钞》，不分卷，清抄本，云南省图书馆藏。

（三）师道南与《鸿州天愚集》

师道南，字立夫，号鸿州，赵州人，师范之子。乾隆三十七年（1772）生，嘉庆五年（1800）卒于鼠疫，享年二十八岁。性恬淡，不乐试事，擅长写诗，颇有奇思，著有《鸿州天愚集》一卷，附其父师范《前后怀人集》之后，云南省图书馆藏。《鸿州天愚集》共存诗73首，《滇南诗略》卷二十一还录其诗《苍山》《鼠死行》《雨后出新铺》《上定西岭》《鹤顶寺晚坐》《雨后夜坐》《草铺不寐》《响水关》《鹦鹉关》九首。

师道南的父亲师范在《鸿州天愚集》前的《亡儿道南刻稿序》中写道："'己未'秋始归，于修祠治墓之暇，索其诗，已厚二寸许，偶为点定推敲。至是，已于帖括无望矣。将入都之前数日，即其成句者，命仆人摘录一册。乃抵省，未一月，竟以疫疾随妇殉其母，死于家。"①

1. 师道南诗歌的创作内容

师道南的73首诗，在题材类型上可以分为描情绘景诗、记游叙事诗、思亲念友诗、生活杂感诗、交往唱和诗和离愁别绪诗六种。通过类型的划分我们能够更好地关注到作者生活的重心。从表8-8可见，记游叙事诗占据了很大一部分的比例，其次就是描情绘景诗，两部分合起来占了师道南全部诗作的四分之三，足见分量之重。可见师道南亦是一个喜旅行、爱美景的诗人，也正如他自己所说"我本好山人，恨未峰峰至"（《苍山》）。

（1）描情绘景诗。

在对于景和物的描绘上，作者对于"雨"这个意象有着近乎执拗的偏爱，在描情绘景类型的24首诗作中，有16首诗歌中都有雨的意象，而且雨前、雨中、雨后的情景，诗人都有描绘到。在《杨花》中有"欲雨飞来力渐微"句，将要下雨之时，空气中水分增多，潮气浸染的杨花难以像之前那般飞得高远，所以有"力渐微"之感，写得符合常识而又细致有趣。诗人还把雨形容成"雨珠怪"，俏皮风趣，"青天无片云，忽见雨珠怪"（《苍山》），刚才还万里无云的好天气，一瞬间小雨珠就噼里啪啦地全掉下来了，给人一种猝不及防之感，也描绘出了苍山这里多变的天气。诗人尤爱写雨后

———————

① （清）师道南：《鸿州天愚集》，附师范《前后怀人集》后，不分卷，清钞本，云南省图书馆藏。

表 8 - 8　师道南诗歌的创作内容

内容分类	描情绘景	记游叙事	思亲念友	生活杂感	交往唱和	离情别绪	总计
诗歌作品	《苍山》《秋夕抚琴》《露井楼即事》《春晓作》《白梅》《春日雨后闲居》《喜雨》《初秋漫兴》《小步》《鹦鹉关》《夹竹桃》《甸尾道中》《过白云寺》《云津桥野望》《六里箐》《鹤顶寺晚坐》《雨后池上偶得》《杨花》《新晴野步》《夕阳》《燕至》《大树行》《夏日闲居》《见梅》	《山村偶步》《雨后出新铺》《游古佛庵》《睡起》《日暮》《晚抵沙坪》《过鸡鸣村》《清明野步》《满贤林夜坐》《夜坐》《感通山夜坐》《晚过下关》《响水关》《夜行》《春游时客叶榆》《晓起即目》《上定西岭》《定西岭登露井楼》《游中和峰》《晚过西河观》《秋夜》《不寐》《垂钓》《夜坐》《山居偶得》《海虹桥晚眺》《村居》《舟中即事》《抵叶榆》《昆明留别武楚渔》《独坐》《纪南池先生擒海贼事》《鼠死行》	《客中》《榆城晚眺》《草铺不寐》《晚登五华楼望洱河》《中秋对月怀家发源兄》《九日》	《山居吟》《照镜见白须数茎感而赋此》《秋夜》《立秋》《秋草》《秋夜感成》	《段纯九过大树堂弹琴醉后走笔赠之》《赠止崖师》	《秋暮送何芝岩》《叶榆送友人》	
数量	24	33	6	6	2	2	73
占比(%)	32.88	45.21	8.22	8.22	2.74	2.74	100

之景，单单就"雨停了"这个表达，诗人就有不同的描写，"雨歇"是最常用的表达，在 16 首诗歌中出现了 4 次。此外，诗人还分别运用了"雨过"（《春晓作》）、"雨余"（《初秋漫兴》）、"雨霁"（《小步》）、"雨晴"（《夹竹桃》）、"雨乍收"（《夕阳》）、"微雨后"（《燕至》）。那些不能用词来表达的，更见诗人的文学功底与生活情趣，如"满地夕阳蒸小雨"句，在诗人的表达中，若有似无的小雨和满地的潮湿一起被夕阳蒸发掉了，小雨后未湿透的地面被暖暖的夕阳晒干了，常见之景，即视感特别强。"江村过疏雨"（《云津桥野望》）则是"疏雨过江村"的倒装，淅淅沥沥的小雨从江村经过，留下了一地湿润。《过白云寺》中"飞楼悬雨气"的表达也甚妙，雨后还未散尽的潮湿感仿佛能触碰到诗人的鼻尖，湿湿润润的雨后泥土气，令人心旷神怡。而与雨的来去最相关的意象则是"云"，师道南对云的描

写，天趣十足。如"青天无片云，忽见雨珠怪"（《苍山》）、"雨霁白云开，暮山起寒绿"（《小步》）。"云"在师道南的诗中常表现的是一种无拘无束的自由之感。如"秋寺晚钟声，随云下山去"（《露井楼即事》），悠悠的钟声本就虚无缥缈、不可捉摸，作者却让它乘着云彩一块传到了山下。"云放青山活，天围绿野宽"（《春日雨后闲居》），这句写得十分精妙有趣，一片片云彩仿佛一个个调皮的小娃娃，任性地围着对这群小娃娃无可奈何的青山母亲，直到这群小娃娃玩够离开之后，青山母亲才能松一口气，重新焕发出她的活力，展现她的魅力。"江村过疏雨，绿树白云藏"（《云津桥野望》）中，角色转换，绿树成了害羞的小娃娃，而白云又成了无限包容的长者。"不闻鹦鹉唤，樵响隔云频"（《鹦鹉关》），云彩仿佛就在地面，连樵响声都能听得见。"遥山青断处，一带白云拖"（《雨后池上偶得》），从青山断处望去，只见白云拖着长长的尾巴，青白相映，甚是明快。

师道南诗作中"山"出现了 53 次，"水"出现了 19 次，"雨"出现了 34 次，"云"出现了 46 次，是诗中出现频率较高的字。苍山洱海的钟灵毓秀是每位诗人都注意到的美景。他们热爱故乡的山水，家乡的山水美得仿佛人间仙境。

（2）记游叙事诗。

读完师道南的记游叙事诗，第一感受就是幽静、闲适。无论是《山村偶步》中的"数声山笛来，暝色上牛背"，还是《雨后出新铺》中的"驴蹄缓缓驴耳平，夕阳流水数峰青"，都留下了数点闲情逸致。

记录生活中的点滴琐事与行踪，是师道南记游叙事诗的主要内容。诗人爱弹琴，无论是睡起还是日暮，总有素琴相伴。"地僻无人来，一鸟啼高树。果落打琴弦，琴鸣鸟啼住"（《睡起》），诗人爱去人迹罕至之处，与大自然相近相亲。树上的果实突然落下，打响了琴弦，惊得正啼叫的鸟儿闭了嘴，动态描绘一气呵成，场景展开在眼前，妙趣横生。"独坐无机事，素琴时一弹"（《日暮》）的闲情逸致，是师道南这类闲居乡村文人的标志。为何文人偏爱弹琴？从师道南"横琴客不来"（《独坐》）、"地僻稀逢好客来，柴门虽设不轻开。孤烟屋老琴横榻，新月楼深酒满杯"（《村居》）可见琴是文人会友的工具，而只有孤单一人时，诗人"仍取素琴弹"（《秋夜》）。素琴成为诗人作诗、会友、抒发情感必不可少的道具。诗人把游踪都透露在了诗歌中，"新铺""沙坪""下关""鸡鸣村""感通山""响水关""昆明""叶榆""定西岭""中和峰""西河观""海虹桥""古佛庵"等地都留下了诗人的足迹。

诗人钟爱写夜晚。《晚抵沙坪》、《晚过下关》、《满贤林夜坐》、《夜坐》（渐觉烦喧息）、《夜行》、《夜坐》（老桂立清霜）、《感通山夜坐》、《晚过西河观》、《海虹桥晚眺》等，《不寐》《村居》《昆明留别武楚渔》等篇目中也出现了"夜"字。诗人"遥夜未成寐"（《感通山夜坐》）的原因很多，或是"愁多不成寐"（《不寐》），或是"酒渴不成寐"（《秋夜》），甚至是"灯残坐无寐"（《夜坐》），总之诗人常常会因为这样或那样的原因不能成寐。诗人笔下的夜晚并非都是"妙香空际起，默坐悄无言"（《满贤林夜坐》）、"渐觉烦喧息，开窗夜气幽"（《夜坐》）的宁静祥和，也有着"妖狐疑拜月，鬼马欲嘶风。古冢无人吊，荒山有路通"（《晚过下关》）、"墓田翁仲倒，墟树老鸦啼。鬼冷随磷聚，云昏压雁低"（《夜行》）的骇心动魄。

在记游叙事诗中，多是以记游为主，边游边记录自身的行踪。《纪南池先生擒海贼事》《鼠死行》则是真正意义上的叙事诗。《纪南池先生擒海贼事》塑造了一个文武双全、雄才大略、英勇抗敌、视死如归的英雄人物形象。而《鼠死行》是师道南的代表之作，清代著名学者洪亮吉在《北江诗话》中评论道："道南赋《鼠死行》一篇，奇险怪伟，为集中之冠。"① 屠笏岩先生云："不作险语而鬼胆悉破，奇诡在玉川长吉之上然安知非识耶。"② 张竹轩云："是地下修文一腔热血语。"③ 曹扶谷云："事奇诗奇，读之觉不寒而栗。"④ 且看原诗：

> 东死鼠，西死鼠，人见鼠死如见虎。
> 鼠死不几日，人死如坼堵。
> 昼死人，莫问数，日色惨淡愁云护。
> 三人行未十步多，忽死两人横截路。
> 夜死人，不敢哭，疫鬼吐气灯摇绿。
> 须臾风起灯忽无，人鬼尸棺暗同屋。

---

① （清）洪亮吉：《北江诗话》卷四，中华书局，1985，第43页。
② （清）师道南：《鸿州天愚集》，附师范《前后怀人集》后，不分卷，清钞本，云南省图书馆藏。
③ （清）师道南：《鸿州天愚集》，附师范《前后怀人集》后，不分卷，清钞本，云南省图书馆藏。
④ （清）师道南：《鸿州天愚集》，附师范《前后怀人集》后，不分卷，清钞本，云南省图书馆藏。

乌啼不断，犬泣时闻。人含鬼色，鬼夺人神。

白日逢人多是鬼，黄昏遇鬼翻疑人。

人死满地人烟少，人骨渐被风吹老。

田禾无人收，官租向谁考？

我欲骑天龙，上天府，呼天公，乞天母，洒天浆，散天乳，酥透九原千丈土。地下人人都活归，黄泉化作回春雨！

"清代鼠疫在云南流行，遍及滇西、滇北及滇南各地，共有 87 县蒙受其害，死者约 73 万之众。"① 鼠疫带来可怖后果——"鼠死不几日，人死如垿堵"，完全符合现在医学常识，鼠疫先在鼠类等啮齿类动物中发生，跳蚤叮咬老鼠后又叮咬人，把鼠疫杆菌传染给人类。人类染上鼠疫后二至七天，就会因此殒命。路上走着就会有人突然死在面前，这是多么惨烈可怖的场景。死人太多，人鬼难分，四周笼罩着死亡的惨淡阴影，"人含鬼色，鬼夺人神"的恐怖气氛得到了有力凸显。鼠疫使得人烟稀少，人人自危，枯骨无人收，田地无人耕，损失已然不能以数来记。诗人作为一介书生，束手无策，只能发出自己的呐喊和期盼，希望自己能上达天宫，祈求天公天母降下消灾的甘露，使被鼠疫夺走性命的百姓能复活。诗歌的结尾带有浪漫主义诗歌的奇特想象色彩，给这惨烈的现实沾染了一线生机和希望。春天本就是希望的象征，诗人所作"回春雨"就是盼着春天快点到来，灾难快些过去。诗人以现实主义的笔法生动、真实地记录了嘉庆庚申冬鹤庆、赵州、宾川一带的人们死于鼠疫的悲惨场景。可惜，诗人于四年后也死于鼠疫。所以说，《鼠死行》既是文学作品，又是史学资料，还是研究鼠疫的珍贵文献资料，其成就是师道南的其他作品难以企及的。

（3）思亲念友诗。

师道南的思亲念友诗多表现对家乡的思念。6 首思亲念友诗中只有 1 首《中秋对月怀家发源兄》是具体写到了对某个人的思念。《客中》一诗"忆

---

① 伍法同：《云南历史上的瘟疫灾害》，《云南日报》2003 年 6 月 13 日第 C2 版。

乡难问信，为客易经春。夜夜窗前月，真堪作故人"，写出了身在异乡为异客的辛酸，一年一年，难以与故乡问讯。只有与故乡同望的月亮，暂作寄托，才能缓解对故乡的思念。《榆城晚眺》中写道"渐觉清明近，思家倍黯然"，每逢节日倍思亲，清明节又是重要的祭祀节日，祭祖和扫墓，诗人都无法参与，自然思乡之情难以排遣。《九日》中思乡情绪更甚，"两年剑湖客，病起遇重阳。有酒容成醉，无花更忆乡。凉风生古木，落叶下空堂。不愿登高望，凭栏数雁行"，"病起""重阳""凉风""落叶"等意象加重了思家的砝码，"有酒"举杯浇不灭忆乡之思，为了避免触景生情而不愿登高，南来北往的大雁并不能捎传家书，只能数着雁行，寄托情思。"听雨眉攒结，思家腹转轮"（《草铺不寐》），雨常常作为诗词中愁绪的载体而存在，写离别"梧桐树，三更雨，不道离情正苦"（温庭筠《更漏子》）、写苦闷"试问闲愁都几许？一川烟草，满城风絮，梅子黄时雨"（贺铸《青玉案》）、写政治环境之险恶"惊风乱飐芙蓉水，密雨斜侵薜荔墙"（柳宗元《登柳州城楼寄漳、汀、封、连四州刺史》）、写生活环境之艰难"床头屋漏无干处，雨脚如麻未断绝"（杜甫《茅屋为秋风所破歌》），雨的意象一旦与诗人的愁苦心境相遇，便成了忧伤惆怅、悲苦失意的符号。客孤异乡的惆怅被夜阑听雨的孤独感催化成了思家难归的愁苦之境，所以诗人任凭"眉攒结""腹转轮"，这些也无法抵消一个身处异乡之人在雨夜的催化下对家乡的惦念。"萧条何处笛，吹起客中愁"（《晚登五华楼望洱河》），笛声也是诗词中常出现的一种听觉意象，如"榆关断音信，汉使绝经过。胡笳落泪曲，羌笛断肠歌"（庾信《拟咏怀诗二十七首》）、"陇头明月迥临关，陇上行人夜吹笛"（王维《陇头吟》），笛声吹奏出了文人的心事，羁旅思乡之意不断被赋予、强化，因而听到萧条的笛声，诗人会泛起思乡之愁。

（4）生活杂感诗。

师道南的生活杂感诗，多围绕着"愁""病""憔悴"等消极的字眼。"昨日临清流，照见愁颜生"，"回叹未三十，风波曾饱经。险过此身在，少年徒老成"（《照镜见白须数茎感而赋此》），感叹自己还未到而立之年，却愁白了头发，一事无成。"病除诗变格，愁至酒无功"（《秋夜》），病痛影响心情，心情影响诗风，这点作者深有体会，而忧愁岂是酒能驱散的，不过是愁上浇愁而已。"一叶忽惊堕，苍然天地秋。病馀惭对镜，情远怯登楼"

（《立秋》），秋天本就是悲寂寥的季节，加之正逢病疾，伤感情怯之心自不必提。"莫上高楼望远频，吴头楚尾最愁人"（《秋草》），这"吴头楚尾"最容易让人想到"晴川历历汉阳树，芳草萋萋鹦鹉洲"（崔颢《黄鹤楼》）、"吴宫花草埋幽径，晋代衣冠成古丘"（李白《登金陵凤凰台》）的物是人非之感，不用执笔写伤感，而伤感之情自然溢出，其写作手法不可谓不高。因愁思而抒发感慨是文人们惯用的手段，忧愁郁积于心，不吐不快。

但是诗人并不是一直沉湎于忧愁中不可自拔的人，就像《照镜见白须数茎感而赋此》中所描绘，历经风波、一事无成、未老先衰，桩桩都是引起诗人愁肠满怀的诱因，但诗人并未沉溺在忧愁之中，笔锋一转"有须即有白，乍白何须惊。笑他世上人，拔白如草轻。人以白为丑，我以白为荣。从此四海内，拈之戏称兄。皑皑虽似雪，耿耿讵能平"，把自己的白须当成戏谑的对象，还把白须比喻成皑皑白雪，自我解嘲，其性格的豁达可见一斑。

（5）交往唱和诗。

师道南的交往唱和诗留存下来的只有两首，《赠止崖师》写出了诗人与止崖师的忘年之交，"水庭经展龙皆伏，花庵云来犬亦仙。戏写时人为画看，炼将奇句作丹传"，塑造了一个仙风道骨的老人形象。在《段纯九过大树堂弹琴醉后走笔赠之》中，诗人把段纯九视作伯牙、子期般的知音，"今古少有之知己，可当牙期常不死。尔弹悦我我悦尔，月白风清兴难已"，人的一生中能遇到如此知己，实乃幸事。

（6）离情别绪诗。

师道南的离情别绪诗也只留存了《叶榆送友人》《秋暮送何芝岩》两首。《秋暮送何芝岩》写了诗人送别何芝岩的过程，"劝君痛饮休辞醉，黄叶萧萧客路寒"与"劝君更尽一杯酒，西出阳关无故人"在意义表达上有着异曲同工之妙。而《叶榆送友人》中，友人似乎并没有出现，只是在"人从花外别，路向雪中分"中叙述了友人的动向。除此之外，全诗以写景为主，从近处的"洱河""孤城"，到远处的"帆影""山翠""渔歌"，由近及远，一步步记录了友人离去时的行踪。最后尾联"相思今夜月，不敢惜微醺"表达了诗人的不舍与思念。

2. 师道南诗歌的创作形式

无论是自由洒脱的古体诗还是规整有度的近体诗，师道南都是信手拈来。这种自由随性不会为诗歌形式所拘，而是让形式服务于诗歌，兴之所至，就像弹琴一般，"尔弹悦我我悦尔，月白风清兴难已"（《段纯九过大树堂弹琴醉后走笔赠之》），只为悦人悦己。根据比例可知，师道南的近体诗占据了其诗集的绝大部分。师道南虽善作近体诗，却也如其父所言"已于帖括无望矣"①。纵观其近体诗，发现师道南在作诗上较为随意，其绝句最后两句喜用流水对，如"夜夜窗前月，真堪作故人"（《客中》）、"果落打琴弦，琴鸣鸟啼住"（《睡起》）、"秋寺晚钟声，随云下山去"（《露井楼即事》）、"定是昨曾山雨过，门前溪水带花流"（《春晓作》）、"劝君痛饮休辞醉，黄叶萧萧客路寒"（《秋暮送何芝岩》）、"河边市小无他物，买得公鱼一尺长"（《晚抵沙坪》），在形式上看是两个句子，在内容上各自句意并不完整，得用下一句作为补充才能算作完整的一句，而且这两个句子之间明显存在着承接或因果关系。诗人看到窗前的月时，有着和李白"举头望明月，低头思故乡"（《静夜思》）一样的思乡之感，只能暂把与故乡同举头望的明月当作故人，很明显是承接关系；"果落打琴弦，琴鸣鸟啼住"这两句无论在各自的句子中还是两句的关系上，都存在着不可分割的因果关系。果子落下，打到了树下的素琴，琴声响了，吓到了树上啼叫的鸟儿，如果没有落下的果子，那么后面的一切都不会发生。

而且，师道南的五绝前两句对仗颇为工整，"忆乡难问信，为客易经春"（《客中》）、"泉飞石峭边，人立天低处"（《露井楼即事》）。《客中》把"忆乡""为客"这类同概念的词以及"难""易"这类对立概念的词放在相应的位置上，使之呈现相互映衬的状态。《露井楼即事》中名词"泉"与名词"人"相对，动词"飞"与动词"立"相对，地点"石峭边"与地点"天低处"相对，使之呼应。而七绝在对仗上就随意了许多，不过在七绝中诗人喜用叠词也是应该注意的一个现象。5首七绝中有4首用了叠词，分别是"村村"（《春晓作》）、"萧萧"（《秋暮送何芝岩》）、"家家"（《晚抵沙坪》）、"家家"（《过鸡鸣村》），师道南诗中叠词的运用使得语言更为朴实、平易近人，拉近了和读者的心理距离。

---

① （清）师道南：《鸿州天愚集》，附师范《前后怀人集》后，不分卷，清钞本，云南省图书馆藏。

表8-9 师道南诗歌的创作形式统计

类型	古体诗			近体诗				小计
	五古	七古	杂诗	五绝	七绝	五律	七律	
	《苍山》《秋夕抚琴》《山村居吟》《山居偶步》《照镜见白须数茎感而赋此》	《见梅》《雨后出新铺》《游古佛庵》	《大树行》《独坐》《段九过大树堂纯弹琴走笔赠之》《纪南池先生摘海啖事》《鼠死行》	《客中》《睡起》《露井楼即事》《日暮》	《春晓作》《夏日闲居》《秋暮送何芝岩》《晚抵沙坪》《过鸡鸣村》	《白梅》《春日雨后闲居》《清明野步》《初秋漫兴》《秋夜》《小野步》《满贤林夜坐》《夜坐》《叶榆送友人》《晚过下关》《响水关》《夜雨》《榆城晚眺》《春游时客叶榆行》《晓起即目》《夹竹桃》《鹦鹉关》《上定西岭登竹枝》《定西岭登露井楼》《旬尾草铺不寐》《游中和峰》《晚过西河观》《过白云寺》《晚登五华楼望洱河》《云津桥野望》《六里箐》《立秋》《秋夜》《中秋对月杯家》《不寐》《九日》《鹤顶发源兄》《垂钓》《夜坐》《雨后寺晚坐》《山居偶得》《池上偶得》	《海虹桥晚眺》《杨花》《赠止崖师》《新晴野步》《秋草》《夕阳》《村居》《燕至》《舟中即事》《抵叶榆》《昆明留别武侯祠》《秋夜感成》	
数量（首）	5	3	5	4	5	39	12	73
占比（%）	6.85	4.11	6.85	5.48	6.85	53.42	16.44	100

　　师道南的律诗不但对仗工整，格律上也较为严密。以七律《杨花》为例：

　　　　杨柳丝丝绿乍肥，杨花漠漠送春归。当风望去愁同远，欲雨飞来力渐微。
　　　　平仄平平仄仄平，平平仄仄仄平平。平平仄仄平平仄，仄仄平平仄仄平。
　　　　帘外欲迷巢燕路，水边频点钓人衣。漫天摇荡成何事，劝尔为萍暂息机。
　　　　平仄仄平平仄仄，仄平平仄仄平平。平平平仄平平仄，仄仄平平仄仄平。

　　在格律上，落脚在二、四、六字上，完全符合仄起平收式的诗歌格律规律。在内容上，"杨花"对"杨柳"、"漠漠"对"丝丝"、"雨"对"风"等都极为工整、妥帖。

　　虽然师道南创作的近体诗数量居多，但在成就上其古体诗的创作远大于近体诗。《段纯九过大树堂弹琴醉后走笔赠之》一诗，张竹轩评价道："绝似任华赠李杜之作"①；《纪南池先生擒海贼事》一诗，曹扶谷评价道："起结能见其大，中间铺叙处亦后劲利。"② 最使人称道的还是其用现实主义手法创作的《鼠死行》一诗，诗歌已经根据押韵情况分为了四节，第一节开门见"鼠"，紧扣主题。虽是"鼠死行"，但诗中"人"字的数量远大于"鼠"字，"人"出现了 17 次，特别是第三节中，几乎每句都含"人"，非但不觉累赘，反而有种死亡迫近的恐惧与无可奈何的真实之感，充分体现作者以人为本的人道主义情怀，这种情怀融进诗中，提升了诗歌的品质和格调。"鼠"出现了 4 次，"鬼"出现了 6 次，"死"出现了 8 次。"人""鼠""死""鬼"几个词的关系很明确，"人"因"鼠"而"死"变为"鬼"。直白的语言无须任何修饰就足以道尽惨烈的场景。

　　而且，在句法结构上更是灵活多变，三言、四言、五言、七言全都囊括

---

　　① （清）师道南：《鸿州天愚集》，附师范《前后怀人集》后，不分卷，清钞本，云南省图书馆藏。
　　② （清）师道南：《鸿州天愚集》，附师范《前后怀人集》后，不分卷，清钞本，云南省图书馆藏。

在内并交错出现，极为精准地概括了鼠疫发生的全过程。三言语气急促，把诗人的悲愤之情凝聚其中；舒缓深沉的七言，使诗人将"灾情"哀痛地娓娓道来。

3. 师道南诗歌的创作风格

师道南的诗作在对待生活的态度上呈现出一种微妙的对比，其营造的悠闲乡村生活是充满绿色和生命力的，让人共同感受到对生活的热爱，但是他的另一部分诗作奇峭诡异，不作险语也足以令人心胆俱裂。而且师道南着意在造字上下功夫，对字词的选用精雕细琢，虽然在想象上瑰丽奇特大胆，但诗风缺乏大开大阖之感。具体呈现以下特点。

（1）语言简洁朴素，喜用叠词。

师道南的部分诗歌语言直白、简洁朴素，不加渲染。如《睡起》"地僻无人来，一鸟啼高树。果落打琴弦，琴鸣鸟啼住"。再如《日暮》"日暮竹庭静，泉声生野寒。独坐无机事，素琴时一弹"。两首简单的小诗交代了人物（作者）、地点（竹庭）、环境（地僻、高树、鸟啼、鸣琴，日暮、静庭、寒泉、素琴）、情节（果落打琴弦，琴鸣鸟啼住；独坐无机事，素琴时一弹），短短 20 个字里却包含了丰富的内容，读来无拥挤之感，可见其对简化语言的手法颇为擅长。言简意赅的背后离不开朴素语言的支撑，删繁就简，抹去赘语，无须渲染，要表达的内容全凝聚在短短几行之中，使诗作简明而不简单。《山居吟》"山人不出山，故得山居乐。有诗对山吟，有酒对山酌。或访山中僧，或采山中药。山虚云惯来，室静尘不着。长日枕书眠，满榻松风掠"，直白到仿佛在话家常，几乎每句都有"山"，却无重复、拖沓之感，反而觉得直白得自然、可爱，一种悠然自得的生活情趣无痕迹地凸显。

在语言上，师道南还惯用叠词，在《鸿州天愚集》所存的 73 首诗歌中，22 首诗作使用到了叠词。叠词的运用不但可以描摹声音，还可以具化形象，使得诗作韵律和谐、形象可感，极大地增添了诗歌的艺术魅力。如《苍山》一诗，"我本好山人，恨未峰峰至"，"峰峰至"突出了作者对山的痴迷与狂热，进一步落实了"好山人"的形象，也从侧面赞许了苍山之奇，连见过滇山之奇的人也发出"何年身得暇，蜡屐穷其际。遂作山中樵，日与神仙醉"的感叹。《杨花》"杨柳丝丝绿乍肥，杨花漠漠送春归"，"丝丝""漠漠"形象地描绘了杨柳的姿态，柳枝婉转多情地细细缠绕，杨花漫天大雪般地广布大地，这些平实自然的叠词，产生了鲜明的实观效应。《山村偶步》"飒飒松风吹，飞泉溅衣袂"中"飒飒"一词模拟了松风吹来时的声响，《照镜见白须数茎感而赋此》"皑皑虽似雪，耿耿讵能平"中"皑皑"一词描绘了胡须洁白似雪的颜色，可谓摹声又摹色，达到了修辞效果，使意象更加确实可感。《雨后出新铺》"驴蹄缓缓驴耳平，夕阳流水数峰青"中"缓缓"一词的运用，立马减慢了诗歌的节奏，使人心态上获得了极大的放松，闲情之意溢于言表。

在叙事诗《纪南池先生擒海贼事》"区区数贼何足论，书生方可敌万人"和《鼠死行》"地下人人都活归，黄泉化作回春雨"中，"区区"一词透露出了对敌人的无限轻蔑以及对南池先生能力的肯定之意，而作者渴望"人人都活归"则表现出了人道主义的博爱情怀，情感更显真挚。

《春晓作》"晓来深竹淡烟浮，杜宇村村唤未休"，《新晴野步》"适见远山青缺处，迟迟翻出两三鸿"，《燕至》"下上于飞两翅舒，年年社日访吾庐"，《清明野步》"偶出步芳草，村村烟火新"，《鹤顶寺晚坐》"无边风露里，片片湿萤飞"等诗作中出现的叠词，补足音节、减缓节奏，呈现音律美感，读之朗朗上口，听之声声悦耳。

（2）盘活词句，语有趣意。

师道南善于盘活词句，其秘诀在于对词句的刻意雕镂，用字造句力避平庸。如《鹦鹉关》一诗：

> 雨歇未黄昏，残虹五色新。乱山藏曲径，深树恐人行。
> 翠养岩成玉，苔攒石长鳞。不闻鹦鹉唤，樵响隔云频。

该诗描绘出了鹦鹉关独特的景貌。黄昏未至，骤雨初歇，残红悬着五色之身。遮掩小路的乱山成了调皮的小娃娃，藏起了这条弯曲的小路，生怕有人看见走近。"翠养岩成玉，苔攒石长鳞"句用语尤其别致新奇，长满绿苔的岩石像块翠玉，攒满苔藓的石头仿佛全身长满鳞片，"养""攒"二字，用在此处尤为传神。有趣的是，在鹦鹉关却听不到鹦鹉的叫声，能听到的也就是远处的砍樵声了。从该诗可以看出，诗人刻意避免平淡的语序和语词组合，力求诗句与诗意的新颖别致。

曹扶谷评价师道南的《初秋漫兴》"老桂着花初，凉生一雨余。藓痕亲独坐，山影抱闲居。病起新诗瘦，贫来旧友疏。眼前何所有，天地此茅庐"一诗，曰"语有静趣，非粗心人所能领略"①。师道南的诗作中常常表现出一种"静趣"，就如初着花的老桂、雨后的凉意、独坐在藓痕边、闲居在山影下，诗人故意颠倒词序，使诗歌焕发出一种新意。瘦的哪里是诗，分明是病起的诗人，而自古锦上添花易、雪中送炭难的悲凉感被"天地此茅庐"的微微自嘲与不放在心上的情感所削弱，反而达到了一种新的境界。这种"静趣"在很多诗作中都能看出端倪，如《海虹桥晚眺》中"嫩柳绿遮临水寺，远山青逐过桥人"，在临水寺驻足，扑面而来的都是满眼的绿意；走过海虹桥，远山的青翠紧逼其后，营造出了一种绿意扑面、青翠逐人的欢脱跳跃场景。又如《喜雨》"细染池塘草，潜消绮陌尘"，池塘边摇曳的小草被细细的春雨所点染，春雨顺着小草的纹路汇入草根之下，并且悄无声息地清洁掉了田间小路上的尘土，使整个大地焕然一新。

除了曹扶谷所谓的"静趣"，师道南诗作中更多地表现出了一种"动趣"。如《晚抵沙坪》"云雾天光接水光，家家茅屋带斜阳。河边市小无他物，买得公鱼一尺长"，"云雾天光接水光"提示了地点，而后诗人又揭露了答案"河边"，柔和的夕阳斜斜地挂在茅屋上，洒在河边小市里熙熙攘攘的人群身上，卖鱼的、买鱼的，吆喝声一片，诗人喜滋滋地买回了一条一尺长的大鱼。诗作中大量留白，描绘得十分简单，但却给了读者更多的想象空间，营造出一种极其和谐、热闹的场景。再如《过鸡鸣村》中"日午家家香饭熟，鸡鸣村畔听鸡鸣"很自然就让人联想到孟浩然《过故人庄》中"故人具鸡黍，邀我至田家"的场景，因为这两首诗作都特别贴近生活，生活场景也是随着诗人的描述边走边展开，仿佛一幅农家田园画卷。

（3）想象奇特，奇警峭拔。

师道南的诗作，想象奇特瑰丽，雄奇遒劲，独立不羁。如《响水关》：

滩恶不容舟，危桥挂铁钩。路盘生马劲，天逼断猿愁。

---

① （清）师道南：《鸿州天愚集》，附师范《前后怀人集》后，不分卷，清钞本，云南省图书馆藏。

足底晴雪滚，衣边白日浮。到关挥汗坐，嘘气作云流。

写出了响水关的奇险，雄奇瑰丽，颇有李白《蜀道难》之风。"滩恶""危桥"总结了响水关恶劣的行路环境，"路盘生马劲，天逼断猿愁"，路曲关险，把善于跋涉的马和擅长攀援的猿逼迫得毫无办法，该是何等的险峻，这程度堪比李白的"黄鹤之飞尚不得过，猿猱欲度愁攀援。青泥何盘盘，百步九折萦岩峦"。晴雪在脚底翻滚，白云在衣边浮动，极言响水关地势之高，"到关挥汗坐，嘘气作云流"极言攀登之难，夸张手法的运用将响水关的奇险难攀刻画得淋漓尽致。

《苍山》一诗："飞来鬼国间，长作蜿蜒势。雄吞百二阙，翠护三千寺。缥缈十九峰，一峰一天地。更有十八溪，一溪一龙治。青天无片云，忽见雨珠怪。长夏暑不生，时有雪花坠。影倒入洱河，蛟螭骏俱避。"同样发挥了诗人丰富的想象力，瑰丽雄奇，将苍山的气势展现得一览无余，在吟咏苍山的作品中可谓独树一帜。

曹扶谷评价师道南的《晚过下关》云："通首幽寂之况，骇心动魄"①，师道南的诗常表现出一种奇峭孤绝之态，这和其诗中的意象选择相关。

如《晚过下关》：

地动长河急，秋高落木空。妖狐疑拜月，鬼马欲嘶风。
古冢无人吊，荒山有路通。何来天半火，吹堕白杨丛。

《秋草》：

莫上高楼望远频，吴头楚尾最愁人。荒郊月黑啼秋雁，乱冢风寒散鬼磷。
一大烧余才辨路，满天吹起欲为尘。心存不必悲憔悴，来岁春深绿又匀。

---

① （清）师道南：《鸿州天愚集》，附师范《前后怀人集》后，不分卷，清钞本，云南省图书馆藏。

"妖""狐""鬼""古冢""荒山""荒郊""乱冢""鬼磷",包括《鼠死行》中的"鬼色""人神""死""尸棺""黄泉"等词语,营造了一种触目惊心、畸形诡异的氛围,湍急的河流、枯叶落尽的树木、拜月的妖狐、似被鬼马撕扯的狂风、月黑雁啼的荒郊、鬼火逡巡的乱冢,幽冷阴森,基调灰暗阴冷,这些不常用的险韵奇字,使其诗作意境诡异华丽,这种创作既是对屈原怪神题材的发挥,又是对李贺奇崛意境的继承。曹扶谷评价其《秋草》一诗"瘦硬"[①]。这种瘦硬感同样表现在遣词造句的精心安排与雕琢上,就像"荒郊""月黑""秋雁""乱冢""风寒"的组合,奇警峭拔,营造了阴冷凄凉之氛围,读之令人不寒而栗。屠笏岩先生也评价其《鼠死行》云:"不作险语而鬼胆悉破,奇诡在玉川长吉之上然安知非识耶。"[②] 其诗风正如赵藩在《仿元遗山论诗绝句论滇诗六十首》中所说"李贺幽灵能瑰丽,孟郊劖刻亦峥嵘"。师道南有意识地去学习、模仿李贺、孟郊,融奇绝诡异为一体,追求的正是"一棒唱破婆罗门,满山怪石都惊走"(《游古佛庵》)的艺术效果。

(4) 浪漫主义与现实主义并存。

师道南《鸿州天愚集》中仅有的两首真正意义上的叙事诗都表现出了浪漫主义与现实主义杂糅的写作手法。《纪南池先生擒海贼事》是对人的描绘,《鼠死行》则是对真实发生的事件的描绘,二者都是纪实性的诗作,必然离不开现实主义的写作手法。但是,诗人并不是一味地按照事实作陈述,而是运用夸张、想象等浪漫主义的手法加以点缀,从而使得诗歌在保证真实性的基础上,艺术性也随之增强。

《纪南池先生擒海贼事》中"先生闻之大震怒,发上指冠实时去。天云变色蛟龙惊,洋面风帆不得住"运用夸张的手法形容南池先生的震怒,从而凸显出南池先生对海贼除之而后快的愤恨之情。"贼手失械贼目瞪,贼尸堕水贼血喷"则描绘出了愚蠢的贼人落魄的惨状,进一步反衬出先生的英勇壮举。"区区数贼何足论,书生方可敌万人"则为先生树立起了高大的英雄形象。《鼠死行》在描写鼠疫的危害以及百姓的惨状时采用了现实主义的写作手法,深沉

① (清) 师道南:《鸿州天愚集》,附师范《前后怀人集》后,不分卷,清钞本,云南省图书馆藏。
② (清) 师道南:《鸿州天愚集》,附师范《前后怀人集》后,不分卷,清钞本,云南省图书馆藏。

悲切，痛入骨髓。在结尾诗人渴望"地下人人都活归"时，"骑天龙，上天府，呼天公，乞天母，洒天浆，散天乳"，充满了瑰丽的想象。通过浪漫主义手法的运用，缓解了使人透不过气的压抑感，带来了一丝希望和亮色。

浪漫主义和现实主义的综合运用，是师道南的叙事诗取得如此成就的重要原因，纪实的笔触、大胆的想象，让诗歌的精髓在这两首诗作中融为一体，这两首诗作也正代表了师道南诗歌创作的最高水平。

（四）师问忠、师箴、师道南的文学史地位

出生在乡绅文化世家的师问忠、师箴与师道南，就是千万个写着悠闲典雅的诗歌的乡村文人的代表。作为长期生活在偏远少数民族地区的少数民族诗人，虽然长期接受着汉文化的熏陶，但毕竟是少数民族的血统，在经济、政治等各方面都占据主流的汉族在思想文化领域也居于主导地位的清代，他们亦是"不入流"的，很难得到内地文人的认可。而且，师问忠、师箴、师道南偏居云南一隅，作为白族文人，惯于和其他白族文人往来唱和，较少融入汉族诗人的文化圈中，自然难以在文学史中获得一席之地。

师问忠虽仅留《登晋宁望海楼》《游谷女寺》《示儿》三首诗，但管中窥豹，仍可见其高超的诗歌技艺。师箴和师道南在诗歌创作内容上较为相似，都流露着对于家族文化的传承和对家园情怀的浓烈表达。家族文化的传承涉及了家风、家学，前文已有探讨。而所谓的家园情怀，在师箴、师道南的诗作里体现为对于家乡的整体环境（如山水、田园）的热爱和眷恋之情，对家中安逸、稳定生活的满意，以及对亲情、友情的温馨体会等，即是一种甘心安居故土、诗意栖居，享受人间乐园的心理态势。作为远离政治中心的少数民族诗人，师箴、师道南在诗歌中表现出来的对山水的吟咏绝不是中原腹地的大诗人寄情山水以抒发或解脱政治苦闷，他们对家乡的山水是发自内心的热爱与赞美，所以在师箴和师道南的诗歌中常常会看到诗人的闲适、典雅和平淡。故乡的山水、花草、树木，都被他们写进诗中，体现出了他们对家园的浓烈热爱。在诗作中追寻师箴、师道南足迹，发现他们生活的重心在乡村之中，如"山风""林鹤""野烟""轻云"让师箴备感亲切与自在；"松风""飞泉""山笛"让师道南充分享受闲情逸致。师箴、师道南受着安土重迁、落叶归根的文化传统的熏陶，所以他们的诗作中追寻不到远行的足迹。他们活动在家乡四周，因而视野所见、心事所感只能是家乡景与故园情。喝酒、

抚琴、会友、写诗，师箴和师道南诗中透露出文人的惬意与安逸，令人生羡。对家乡秀丽景色的歌颂、吟咏只是家园情怀的最浅层。更为深层的是师箴和师道南对于家园国计民生的关怀，作为不入仕的文人，他们也看到了满目疮痍的河山。对于家乡"米缺人断炊，禾尽还忧税"（《阴雨》）的百姓，师箴"念之意怆凄，有酒难成醉"；对于"人死满地人烟少，人骨渐被风吹老"（《鼠死行》）的惨状，师道南甘愿"骑天龙，上天府，呼天公，乞天母"。诗人对于百姓的不幸给予了人文的关怀和最深切的同情。这种由浅至深的家园情怀的自然表达，也是文学史上应该探讨的问题之一。

五　赵州师氏文学家族成员诗歌创作比较研究

赵州师氏文学家族成员师问忠、师范虽有官职，但地位不显，家无闲钱，且家庭前后成员在官场上难以衔接，比不得世家大族，但家庭主要成员中三人科名在身，其中，考中秀才的师箴，近似于民而在民之上，却也算不得官员，长期赋闲居乡，饮酒作诗，这类官不官、民不民的文人有个特定的称谓——士绅。但师氏家族中毕竟有官员存在，因此也算不得士绅阶层，只能概括为在赵州地区较有影响力的文化世家。类似师氏家族的文化世家，历朝历代都不属罕见，他们最重要的贡献不是在于个人的文学成就有多突出，而是一个家族在特定区域内所带来的影响力、号召力及其所形成的一种家族文化现象。这种家族文化现象的形成，非一人一力之功，而是在特定文化氛围的浸润下，日积月累形成的。

（一）师氏家族成员诗作之个性

唐诗专家胡震亨说，"凡诗，一人有一人本色"[1]，强调了诗歌的个性与特殊性。因每个人都是独立的个体，一生中会有不同的机遇，因而不可能有同样的情志表达。

从诗歌数量上来说，师范一生作诗 5000 余首，是家族中诗作最多的成员，因而在诗歌的题材内容上也更为广泛。师范才高学博，花草树木、虫鱼鸟兽皆可入诗，因而创作了一大批咏物之作，最为典型的有《咏物十三首》《寺居十二咏》《崇圣寺八咏》等。对于专门物象的吟咏，是师范在题材选择上区别

---

[1]　（明）胡震亨：《唐音癸签》卷二十五，中华书局，1959，第 220 页。

于其他家族成员的显著特征。而且师范因才名远播、擅长画作等原因，还会受邀题书、题画等，因而师范的诗作中出现了一批题书、题词、题诗集、题画、题壁等的诗作，这也是家族其他文人未能涉足的诗作题材。师范一生，读万卷书、行万里路，读见古人成败，咏之；遇见古人成败之地，咏之，因而咏史怀古之作颇多，甚至有专门的《咏史诗》问世。除此之外，师范还注意对故乡家园情怀的培育，他努力学习汉族的先进文化，也不忘本族的优秀精华，将白族特色有意识地融入诗中，反而成了家族中最独具特色的一个。

而师箴与师道南留存诗作数量较少，且在诗歌题材上类似，均以描情绘景诗与叙事记游诗为主。不过二人在诗歌风格上却迥然有别。师箴多学韦应物与柳宗元，因而在诗歌创作上有清润舒缓、丰腴醇厚之感。师箴诗作中散发出的温润光芒来源于"青""翠"等字词的组合与使用，而师道南的诗作中出现的"青""翠"等字并不比师箴少，但是却没有表现出这种温润醇厚之感。且看师箴诗中多"翠竹涵虚清""翠竹生繁阴""雪蕉翠竹雨依然""山远微生翠""天入遥山翠"，"翠"字作为形容词来修饰山、竹等具体之物，绿意笼罩、翠色横生，使其气貌淡而不枯。而师道南诗中的"翠"发挥的多是指代作用，且不知"翠"的是何物，多是为了表达效果而在字句上的雕琢。如"翠养岩成玉""翠滴雨晴初""衣间苍翠凉""露冷宵深翠籁止""翠淋欹磴滑"等句，颇见其雕琢剜刻之功。而除了"青山"的固定搭配外，师箴诗中出现了"人柳尚青青""远峰徒青青"等句，叠词"青青"的使用，想来确有绿汪汪、翠莹莹之感，因而显得醇厚温润。而师道南诗中的"那用青银挂杖边""北望霜回北气青""老屋青灯棺并卧"等句多给人一种阴冷肃杀之气，同样是"青"，却表现出冷热两种色调，在温度上也形成了对比之感。

师范沉郁，师箴闲适，师道南瘦硬，家族成员风格偏重不同。师范虽然兼采众长，但其主要心力还是用在模仿和学习杜甫诗作上，而且师范和杜甫一样，心忧天下、胸怀国家。杜甫个人的一生是极其不幸的，仕途不顺、历经战乱、小儿饿死、寄人篱下、客死他乡等，而师范之惨亦然，满腹才华，却历经父母、妻儿、弟弟、朋友相继离世之大恸，最终客死他乡、亦无骨肉送灵台。生前的不顺皆化为诗中"吞声哭"的深沉，所以二人的诗歌才会呈现出沉郁顿挫、力深思沉的一面。师箴较之师范，活得恣意洒脱，诗风中多透露出一种平淡、闲适之感，这与他对韦应物、柳宗元等大家诗作的学习与模仿是分不开的。师箴学习其淡泊中见至味、外枯中膏之美，不渲染、不刻削，于白描中见其深远意境。并且注意场景的远近切换与布局，叙事抒情不粘连，将真实的生活场景徐徐展开，受孟浩然影响颇深。师道南奇特的想象与奇警峭拔的诗歌风格亦与家族其他成员大相径庭。师道南学习孟郊的"瘦硬"和李贺的奇警诡谲，字斟句酌、求新求险、力避平庸，因而诗中多"荒山乱冢"，出现"满山怪石都惊走"（《游古佛庵》）之局面，令人触目惊心，不寒而栗。师范、师道南与师箴，才力不同，生活阅历不同，能模仿驾驭、感同身受的对象亦不同，这是造成他们诗风各异的主要原因。

（二）师氏家族成员诗作之共性

清代的地域文学"理论上表现为对乡贤代表的地域文学传统的理解和尊崇，创作上体现为对乡里先辈作家的接受和模仿，在批评上则呈现为对地域文学特征的自觉意识和强调"①。这种地域关系，在文学家族中体现得尤为明显。以赵州师氏为例，就这种家族文化现象来说，其在创作过程中，因受到相同的自然生态环境、政治生活背景、教育环境以及家风家学的影响，在整体的文学创作上具有一定的趋同性，现概括如下。

其一，题材、意象选择的统一性。家族内部成员在题材和意象的选择上呈现出一致性。因师问忠仅存三首诗，我们不能得知其写作全貌，所以以师氏文学家族的诗歌创作共同点的归纳是以师范、师箴以及师道南为主体的。就师氏文学家族的创作内容来说，对于山水景物的描写，是家族文人首选的共同题材。师氏家族四人所作诗歌中，超过一半的诗歌是对于山水景物的描绘，甚至可以说云南地区的山水是支撑师氏家族文学创作的源泉。而受到传统诗论"诗以言志"的影响，文人大多以诗表明心志或情感，而赵州师氏文学家族的诗人们，在描绘祖国大好河山、山水景物时多是"无我之境"的状态，情感表达不够浓烈，大多是以记游的形式呈现。并且这类题材在他们各自诗作中占据了绝大比例，因此会给人留下脱离现实、对传统诗歌模仿过度、缺乏真情实感的印象。

---

① 蒋寅卷主编，曹虹等撰稿《中国古代文学通论·清代卷》，辽宁人民出版社，2005，第290页。

其实不然，审美从来都不是功利的，就像西方近代的美学家在处理美与艺术的关系时认为"美是无利害关系的愉快对象"①，美是艺术的根本。诗歌作为一种艺术，其本来面目就是对生活的静观与无功利的审美。"爱丘山"自古是文人雅士之本性，赵州师氏家族文人继续秉持以雅为尚的审美传统，常常逃离尘世喧嚣、挣脱世俗枷锁，山水清音、林泉高致形诸笔墨，于一丘一壑中融化悠悠情怀，表现自然景致的风情韵味。赵州师氏家族以山水景物为主要写作题材并非偶然，他们居住的地理位置山川秀美、景致怡人，多天然灵淑之气，为文人创作提供了源源不断的灵感和创作动力。而且受到儒家安土重迁文化的影响，许多文人固守家乡故园，因而所见所感所吟咏的往往是家园的一方天地。故园的自然山水风景是他们最常见之景，在笔墨的缓缓流淌中，家乡的美景跃然纸上，一种家乡自豪感油然而生。所以师氏家族文人在诗歌中表现出来的对山水的吟咏不像中原腹地的大诗人寄情山水，将山水作为抒发或解脱政治苦闷的工具，他们对家乡的山水是发自内心的热爱与赞美，所以在他们的诗歌中你常常会看到诗人的闲适、典雅和平淡。即使是羁旅他乡为异客，家乡的山水景物也会闪现在记忆之中，诗歌往往表现出对家乡山水的格外眷恋。

当然，诗人们的家园情怀绝不是仅仅体现在对山水景物的吟咏之上，还有对国计民生的关注与人文主义的关怀，从景到人，是家园情怀由浅至深的自然表达。"上官谓之强项场官"②的师问忠，"有文学才识，屈居下职，然不以为忤意"③，一心为民，"至非正义则兼不可犯"④，惜其诗文作品均已散佚，否则必然会有关心民瘼之作，这种肯定来源于"报效朝廷，续我未完之志"⑤的家风家学之传承，师范、师箴、师道南皆有关怀国计

---

① 〔德〕康德：《判断力批判》上，宗白华、韦单民译，商务印书馆，1985，第98页。

② （清）师范修纂，师源重纂，武邑师氏族人续订《弥渡师氏族谱·姚鼐知县衔管长芦石碑场盐课大使事师君墓志铭》，抄本为师氏第二十世师福林之子师长用后代所藏。

③ （清）师范修纂，师源重纂，武邑师氏族人续订《弥渡师氏族谱·姚鼐知县衔管长芦石碑场盐课大使事师君墓志铭》，抄本为师氏第二十世师福林之子师长用后代所藏。

④ （清）师范修纂，师源重纂，武邑师氏族人续订《弥渡师氏族谱·姚鼐知县衔管长芦石碑场盐课大使事师君墓志铭》，抄本为师氏第二十世师福林之子师长用后代所藏。

⑤ （清）师范修纂，师源重纂，武邑师氏族人续订《弥渡师氏族谱·师荔扉先生墓铭碑》，抄本为师氏第二十世师福林之子师长用后代所藏。

民生的诗作留存。不仅"受仕恤民为己任"① 的师范在诗歌中表达关心民瘼的情怀，还未出仕做官的师箴和师道南诗中也同样有着强烈的人文关怀。师箴和师道南诗作中出现频率较高的一个字就是"人"，师箴诗作中出现了 42 次，师道南诗作中出现了 57 次，"人"的反复出现表明了两位诗人对自我与他人的关注与关怀，诗作（如师箴的《阴雨》《秋雨行》，师道南的《鼠死行》等）所占比例虽小，但这种对于民生的关怀意识已然成为家风家学的一部分骨血，融入了师氏家族的文学创作中。

另外，少数民族地区文人的生活圈子较为狭窄，文人间日常的娱乐也不过是吟诗作对，因而结交了一群志同道合的好友，闲时的问候唱和也是师氏文人家族中常见的诗作题材。师范作品中出现了较多"赠""答""呈""次"等形式的酬唱赠答诗，师箴和师道南留存诗作较少，但也都有亲友间的交往唱和之作，甚至只有三首诗的师问忠亦有《示儿》留存，师友间的惺惺相惜，增强了文人的自信与底气。并且交通不便的清代，亲人、好友一离开动辄经年，因而这酬唱往来之诗多带有书信的意味，殷殷关切流淌其中，少了干谒诗的客套、疏离与口不对心，多了些亲友间的人文关怀和脉脉情意，因而诗作温暖真挚，更能打动人心。

在意象的选择上，进一步突出了环境对文学的影响力。纵观师氏家族的诗歌作品，发现他们喜欢重复使用很多相同意象。师箴《大树山堂诗钞》存诗 72 首，师道南《鸿州天愚集》存诗 73 首，现以二人为例，比较其诗作中常用的重复意象。

表 8 – 10　师箴、师道南诗歌创作意象分析

单位：首

	山	风	云	雨	月	水	花	夜	竹	晚	琴	青	翠
师箴	63	42	41	39	31	31	17	16	16	13	11	10	9
师道南	53	23	46	34	25	19	23	22	11	14	13	14	8

---

① （清）师范修纂，师源重纂，武邑师氏族人续订《弥渡师氏族谱·师荔扉先生墓铭碑》，抄本为师氏第二十世师福林之子师长用后代所藏。

由表 8 - 10 可见，两人所用意象不但多有重合之处，而且在出现频率上接近正比，如师箴用了 63 个"山"，师道南用了 53 个；师箴用了 9 个"翠"，师道南用了 8 个。这既是一种偶然，也是一种必然，诗人运用的"山""风""云""雨""花""月""夜"等意象虽然是古往今来诗人作品中的常客，但使用频率并没有如此之高，这也是与清代时期中原腹地的诗人相比，在意象选择上的大相径庭之处，这与诗人所处地域环境有关。边陲地区远离朝堂，明月清风沁人心脾，自然让诗人醉心于此、流连忘返，用最真挚的灵魂去赞颂、去歌咏，再一次证明了大理地区钟灵毓秀的山水环境是诗人创作素材的来源与灵感的迸发之处。

其二，诗歌语言质朴真切，诗风沉着自然，情感真挚动人，古今体皆擅，喜用仄韵。在语言的表达上，家族成员普遍受到了生活气息浓烈、语言质朴真切、题材来自生活中的方方面面、涵盖范围极广的民歌的影响。民歌的大众性，使白族的男女老少都耳熟能详，师氏文学家族也不可避免，因而民歌的直白和质朴在潜移默化中影响了师氏家族的文学创作。直白和质朴的表达无做作与卖弄之嫌，选词简单精练，杜绝华丽辞藻的堆砌与叠加，拒绝浓妆艳抹的夸张色彩，白描手法娴熟运用，不会产生掉书袋的僵硬感。写风景，多用"青""翠"等柔和色彩；写日常，则表现出亲切的生活气息，不削刻作态、不过分渲染，达到了一种入微不见其工的本色效果。

当然，过分直白与质朴也有其不佳之处，表现在诗歌创作上，即是含蓄蕴藉能力的欠缺。含蓄蕴藉能力，几乎可以称为中国古诗之魂，是中国诗歌的基本风格特色。与直白、显露的西方诗歌不同，"中国诗歌含蓄简约"[1]，"中国古诗抒情从不明说，全凭暗示，不激动，不狂热"[2]，"情感有节制、说话不唠叨、嗓门不提得那么高，气力不使得那么狠，颜色不着得那么浓"[3]，犹如隔雾看花，若隐若现。正如《白雨斋词话》中所概括："写怨夫思妇之怀，寓孽子孤臣之感。凡交情之冷淡，身世之飘零，皆可于一草一木发之。而发之又必若隐若现，欲露不露，反复缠绵，终不许一语道破。"[4]

---

① 钱钟书：《旧文四篇》，上海古籍出版社，1978，第 12 页。
② 钱钟书：《旧文四篇》，上海古籍出版社，1978，第 13 页。
③ 钱钟书：《旧文四篇》，上海古籍出版社，1978，第 14 页。
④ （清）陈廷焯：《白雨斋诗话》，人民文学出版社，1959，第 4～5 页。

而师氏家族的诗歌创作，大多通俗，但这种通俗既不会直白如白居易的老妪能懂，也未能达到这种"若隐若现，欲露不露，反复缠绵"的地步，反而不美。如师范《碧鸡寺主持系弥渡人披剃水目山言于廿年前曾识予书此赠之》"行脚随云水，窗含海色新。丛祠今地主，客路老乡亲。二十年前别，三千界里人。喜君犹识我，面目本来真"。颈联与尾联除了"三千界"一词用佛教用语来代替出家人外，直白通俗。但首联与颔联使用倒装手法，如首联语序改为"随云水行脚，窗含新海色"后会更加通俗易懂，不过该诗在其艺术表现上就会大打折扣。而倒装后的诗歌，也并没有达到含蓄蕴藉的地步，所以在表达效果上只能是差强人意。其子师道南的《露井楼即事》"泉飞石峭边，人立天低处。秋寺晚钟声，随云下山去"亦存在同样问题。再如师箕的《夜归》"暝色动平川，风雨此时歇。余自渡口还，正见东峰月。忽间犬吠声，山村露林缺"，诗人将夜色洒满大地表述为"暝色动平川"，一个"动"字连接了天与地，在艺术技巧和选词上值得称赞，但同样处于直白与含蓄的中间地带。当然，师氏家族成员虽然多直白质朴之作，但也有少部分上佳之作，所以我们必须辩证地看待与分析。

在诗歌风格上，对于风景的描绘，多表现出沉着自然之气。司空图在《二十四诗品》中定义，所谓沉着："绿杉野屋，落日气清。脱巾独步，时闻鸟声。鸿雁不来，之子远行。所思不远，若为平生。海风碧云，夜渚月明。如有佳语，大河前横。"① 所谓自然："俯拾即是，不取诸邻。俱道适往，著手成春。如逢花开，如瞻岁新。真与不夺，强得易贫。幽人空山，过雨采蘋。薄言情悟，悠悠天钧。"② 师范、师箕、师道南的风景诗，正符合司空图对"沉着""自然"的定义，静谧自然，以雅为尚，云淡风轻，不过分苛求，也不用力过猛，所表现出来的就是自然随性而已。这诗风的平淡自然一部分来源于优美山水的熏陶，使得性情平和，心胸开阔；另一部分则来源于物质上的不丰盈。白族地区毕竟远离经济中心，想达到滔天的富贵着实太难，而且赵州民风纯正，由知识分子经过艰难科考而做官者，常理解百姓困苦，而不随意贪赃枉法，有高尚的道德、醇厚的家风家学作为支撑，很多

---

① （唐）司空图：《二十四诗品》，浙江古籍出版社，2013，第17页。
② （唐）司空图：《二十四诗品》，浙江古籍出版社，2013，第39页。

官员家庭不但不会剥削百姓，还常以自家之财资助别人，因而师氏文学家族中尽管出现了两位官员，但没有优渥的物质条件，甚至还落魄拮据到"衣食知难如所求，田畴半荒脚不袜"（《七歌》）的状态。生活影响诗风，清风素洁的俭朴生活反映在家族文人的诗作中则不会追求华而不实、辞藻靡丽的诗风，因而其诗歌反映出一种平淡自然的特色，这也是偏远地区的很多少数民族诗人诗歌创作的共同特征。

在情感上，家族成员的诗作真挚动人、感人肺腑。这种情感浓烈的诗篇多体现在家族诗人以交往唱和、思亲念友等为题材的诗作上。师箴在诗作中常常表现出对兄长师范的思念之情，因而"不敢登高望"，一任"梦早到京华"（《九日怀家兄荔扉》），"君去日复日，相思随日深。寒暑眼中易，悠悠劳我心"（《书久不至有怀家兄荔扉》），表达直白透彻，深情厚谊无法遮掩。对好友也是不吝情感的挥洒："送别登高山，别后情未已。寸心不能言，相望万余里。来归期何时，肠中百忧起"（《寄省三》），有离情别绪，有思念牵挂，也有不能相见的忧愁百结。师道南多表达出对于家乡的思念，"忆乡难问信，为客易经春。夜夜窗前月，真堪作故人"（《客中》）的辛酸，"渐觉清明近，思家倍黯然"（《榆城晚眺》）的无奈，"两年剑湖客，病起遇重阳。有酒容成醉，无花更忆乡"（《九日》）的痛苦，都让人感受到"独在异乡为异客"的游子的羁旅之愁，无须笔调飞扬的大肆渲染，其凄清情意自能跳入读者心间，情意的真切，让天下游子感同身受。师范的诗作自不必说，其对友人、亲人的哭悼之作，感人至深，令人肝肠寸断。

就整个家族的诗歌形式来说，都涵盖了古体诗与近体诗，五律、七律、五绝、七绝，并且格律都较为严格，说明家族文人深谙中原地区作诗之道。且师范、师箴、师道南三人的古体诗数量都在近体之上，论成就，古体诗更胜一筹。可见师氏家族文人挣脱了格律的"镣铐"，诗歌创作才"起舞"且更美。和内地文人不同的是，在韵脚的处理上，师氏家族文人多用仄韵，这是其较为明显的一个特征。

其三，诗作中普遍透露出对唐诗的接受和模仿。清代姚永概撰《范肯堂墓志铭》云："诗体至唐而大备，世之论者，每称李白、杜甫，二家途辙不同，其忧时嫉俗之情则一。厥后如苏轼、黄庭坚、陆游、元好问之为诗犹白、甫也。"① 可见，唐诗对后世的诗歌创作影响极大。从宋代开始诗歌的发展就面临着唐诗范式的选择，直至后世文人把唐诗作为一种"典范"自觉学习。严羽就提出过诗宗盛唐的主张，金代以赵秉文为领袖的学古派也强调学诗要"以唐人为旨归"②，元明时期甚至形成了举世宗唐和"诗必盛唐"的文化现象，并且一直延续到清代。

唐诗对明清云南少数民族诗人诗歌创作产生了深刻的影响，赵州师氏的文学创作自然也不例外，唐代诗人是他们诗作中的常客，如师箴在《呈簪崖》中说道："簪崖意气超凡流，新诗酷学韦苏州"；《和龚大簪崖题书鱼原韵》中有"时无摩诘与杜陵，两君今已得其势"。师范有《书中溪先生集后》"人传成佛王摩诘，我爱多才陆士衡"；《哭同年杨栗亭孝廉》"杜陵诗在常忧国，屈子骚成莫问天"；《家履升窗外红梅》"劣弟犹能追孟浩，阿兄真合配林逋"；《墙西紫芋花》"曾诵杜老诗，岷岭多紫芋"；《论诗六章》"唐衢老去心犹壮，高适狂来眼信明"；《寄龚锡瑞太史登黄鹤楼近作》"李白不来崔颢死，莫将诗句壁间留"，可见师范在学诗的路途上转益多师、兼采众长。师氏诗歌创作自觉接受唐诗影响，借鉴、学习唐诗经验，这一文化现象，可归纳如下。

首先，对唐诗文字的借用、化用。即借用唐诗部分或整个语句，或对原有语序、词语进行前后颠倒、活用。师范的《九龙池内红莲》直接借用了唐人崔护《题都城南庄》中的名句"人面桃花相映红"。《长沮桀溺耦耕处》"停车赋招隐，落日澹遥岑"句中"遥岑"二字出自唐代韩愈、孟郊的《城南联句》"遥岑出寸碧，远目增双明"。其《崇圣寺八咏·塔》"几时凌绝顶，一览众山秋"完全是对杜诗"会当凌绝顶，一览众山小"的化用；《望辰溪县》中"多少楼台空翠中"句化用唐杜牧《江南春》里的名句"多少楼台烟雨中"；《望夫云》诗"相思会有相逢处，相隔能无相见时"是对李白《秋风词》"相思相见知何日"的化用；《寄龚锡瑞太史登黄鹤楼近作》中"沿洲草长绿萋萋"是对崔颢《黄鹤楼》"晴川历历汉阳树，芳草萋萋鹦鹉洲"的化用；《七歌》中"身上衣犹手中线，梦回时见慈母面"

---

① 陈国安、孙建编著《范伯子研究资料集》，江苏大学出版社，2011，第98页。
② 转引自张毅著《唐诗接受史》，人民文学出版社，2012，第135页。

是对孟郊《游子吟》"慈母手中线，游子身上衣"句的化用；《短歌行》中"一饮应须三百杯"，显然化用李白《将进酒》"会须一饮三百杯"句。师道南《草铺不寐》中"明朝如揽镜，应有发成银"也是对李白《将进酒》中"君不见高堂明镜悲白发，朝如青丝暮成雪"的化用。

对唐诗文字的借用、化用是对唐诗接受的最基础的一步，一般学力功底的文人也可以学习、模仿。这种对唐诗的接受方法不但在赵州师氏文学家族中运用广泛，在云南少数民族的诗歌创作中运用得也相当普遍。

其次，对唐诗中意象、意境的借用、化用。意境是把诗人寄托情感的所有意象综合起来构建而成的一种能让人产生想象和联想的境界，是唐诗接受的最高层次，这对诗人的文学修养提出了较高的要求。

师范学杜，无论是沉郁顿挫的近体诗，还是深稳流畅的古体诗，都"俨然少陵家法"，就一般看法而言，"沉郁"指深广的内容、雄浑的意境以及深沉的感情，师范有深厚学识为后盾，其诗作题材全面、内容深广，而厚积的痛苦让他内心变得沉重、内敛，因而诗风偏向深沉，故而形成力深思沉的风格特色，这种风格在《七歌》《月牙侧》《大麦黄》等描写自身与百姓痛苦的诗作中体现得尤为明显。除了学杜，师范还兼采众长、转益多师。如师范的《登岳阳楼》诗两首中，"数声樊口雁，一叶洞庭秋。气足涵空阔，高疑逼牛斗"，"胸中云梦在，过此向谁量"是对孟浩然《望洞庭湖赠张丞相》诗的化用，孟诗中"八月"点明了季节，而师范的"数声樊口雁，一叶洞庭秋"和孟浩然到达洞庭湖的时间差不多，"虚"是天空、高空的意思，"气足涵空阔"正好对应了"涵虚"二字。"云梦"是两首诗中共同出现的意象，借鉴之意明显。其《归乐亭后赋呈家大有时方请告》"亲戚话余春酒熟，鸡豚社散晚烟横"和孟浩然的《过故人庄》"故人具鸡黍，邀我至田家""开轩面场圃，把酒话桑麻"中都透露出一种朴实、热闹的山村气息，亲戚或是故人被邀请到圈养家禽的田家喝酒聊天，浓浓的生活气息令人神往。其《春日游海淀》中"望春楼阁烟霄里，修禊亭台海树间"两句，观补亭先生则评价道："庄雅明丽，不愧唐音"，"唐音"二字，已然把师范对唐诗化用无形的境界表达出来。

师箴《短歌行》中反复强调"人生穷达复何有""吾身非蚕石，岂能长不朽。少壮几何成白首""骊山茂陵莫复道，阿房长乐今在否"反复透露出世事无常、及时行乐的思想，表现出对富贵、成仙的蔑视。与李白的《将进酒》"君不见高堂明镜悲白发，朝如青丝暮成雪""人生得意须尽欢，莫使金樽空对月""烹羊宰牛且为乐，会须一饮三百杯"在意象的选择上透露出的人生观相似。说明诗人有意识地借鉴或潜移默化地受到了李白《将进酒》诗的影响。师箴的诗歌中透露出了对高适、元结、柳宗元、韦应物、孟浩然等人的学习，诗风冲和平淡，外枯内膏，因此张葆光评价其诗"不失唐调"（《大树山堂诗钞序》）①。

师道南有《段纯九过大树堂弹琴醉后走笔赠之》之作，张竹轩评价道："绝似任华赠李杜之作。"任华是唐代文学家，性情耿介，狂放不羁，自称"野人""逸人"，仕途不得志，与高适友善，也有寄赠李白、杜甫的诗存世。且看其诗《寄李白》："古来文章有能奔逸气，耸高格，清人心神，惊人魂魄。我闻当今有李白，大猎赋，鸿猷文；嗤长卿，笑子云。班张所作琐细不入耳，未知卿云得在嗤笑限。登庐山，观瀑布，海风吹不断，江月照还空，余爱此两句；登天台，望渤海，云垂大鹏飞，山压巨鳌背，斯言亦好在。至于他作多不拘常律，振摆超腾，既俊且逸。或醉中操纸，或兴来走笔。手下忽然片云飞，眼前划见孤峰出。而我有时白日忽欲睡，睡觉欻然起攘臂。任生知有君，君也知有任生未？中间闻道在长安，及余戾止，君已江东访元丹，邂逅不得见君面。每常把酒，向东望良久。见说往年在翰林，胸中矛戟何森森。新诗传在宫人口，佳句不离明主心。身骑天马多意气，目送飞鸿对豪贵。承恩召入凡几回，待诏归来仍半醉。权臣妒盛名，群犬多吠声。有敕放君却归隐沦处，高歌大笑出关去。且向东山为外臣，诸侯交迓驰朱轮。白璧一双买交者，黄金百镒相知人。平生傲岸其志不可测；数十年为客，未尝一日低颜色。八咏楼中袒腹眠，五侯门下无心忆。繁花越台上，细柳吴宫侧。绿水青山知有君，白云明月偏相识，养高兼养闲，可望不可攀。庄周万物外，范蠡五湖间。人传访道沧海上，丁令王乔每往还。蓬莱径是曾到来，方丈岂唯方一丈。伊余每欲乘兴往相寻，江湖拥隔劳寸心。今朝忽遇东飞翼，寄此一章表胸臆。倘能报我一片言，但访任华有人识。"李白诗作具有叙事性，在格式上自由自在、不受拘束，信马由缰。师道南的《段纯

---

① （清）师箴：《大树山堂诗钞》，不分卷，清抄本，云南省图书馆藏。

九过大树堂弹琴醉后走笔赠之》亦是如此，在内容上舒展、随意，由心而至下笔成诗。具有强烈的叙事性，不受格式的束缚，能够自由驰骋。其《鼠死行》有着极强的现实主义精神，描写了鼠疫发生时人民的惨状，特别是最后一段对上天的祈愿"我欲骑天龙，上天府，呼天公，乞天母，洒天浆，散天乳，酥透九原千丈土。地下人人都活归，黄泉化作回春雨"和杜甫的《茅屋为秋风所破歌》"安得广厦千万间，大庇天下寒士俱欢颜，风雨不动安如山。呜呼！何时眼前突兀见此屋，吾庐独破受冻死亦足"的表达有异曲同工之妙，表达了极强的人道主义情怀。而其《春游时客叶榆》一诗，曹扶谷评价道："似刘文房"①，刘文房即唐代诗人刘长卿，被誉为"五言长城"，《骚坛秘语》评价曰："刘长卿最得骚人之兴，专主情景"②，而师道南的《春游时客叶榆》"日暖天方午，春浓雨乍收。乱泉诸涧合，残雪数峰留。柳色侵渔市，江光上酒楼。妙香城不远，歌管韵悠悠"，有暖日、春雨、乱泉、溪涧、残雪、山峰、柳色、江光等，而渔市与酒楼的喧嚣，悠悠传来的歌管声增强了这种热闹，动静结合，情景交融，甚得"骚人之兴"③（张葆光《大树山堂诗钞序》）。这种对唐诗的接受绝不是体现在赵州师氏文学家族成员身上的个例，通过对云南白族、彝族、纳西族等知识分子的诗歌的分析，发现这些少数民族诗人以唐诗为宗，在用词、造句、表达、结构等多方面学习、模仿，已然成了以白族为代表的西南少数民族诗人作诗的必经之路。

从历史到现实，白族人民对于中原腹地先进汉文化的接受与学习，特别是对唐诗的学习和模仿，在一定程度上抹杀了白族文化鲜明的特色。但是白族文人所作诗歌汉化程度越高，其艺术水平越高，也是个不争的事实，以至于很难体现出其少数民族的特色与身份。所以，师氏文学家族诗作中所共有的"非汉性"的内容与元素更值得我们注意与挖掘。

结　语

我国自古疆域辽阔，地理环境复杂多样。不同的地理环境决定了人类的

---

① （清）师道南：《鸿州天愚集》，附师范《前后怀人集》后，不分卷，清钞本，云南省图书馆藏。
② （明）胡震亨：《唐音癸签》卷七，上海古籍出版社，1981，第61页。
③ （清）师篯：《大树山堂诗钞》，不分卷，清抄本，云南省图书馆藏。

居住程度，造成了不同的人类景观，形成了不同的传统习惯和文化性格。云南地处边陲，山环水绕，环境优美，气候多样。著名历史学家汤因比在描述自然生态环境与文化创造活动的关系时说过："地理环境是文化创造的自然基础……对人类文化创造的影响是真实而多侧面的、持久而深入的。"①"择乐土而居，作佳山川之游，二者不可兼得，唯大理得而兼之"②，大理地区山泽淑灵之气氤氲，也是其人文蔚起之基础。而大理地区又是蜀身毒道和茶马古道的交通枢纽，因而吸引了无数骚人墨客在此著书讲学，传播了先进的文化，共同谱写了大理地区的文明篇章。

大理地区的山水灵淑之气孕育了文学家族的诞生，培育了文学家族的成长，使文学家族的发展得益于这一方山水的哺育。而枝繁叶茂的文学家族为该地增添了不可估量的人文价值。大理白族地区的文人们用最温柔的笔触，重复地梳理着一个故园的山水景色，还原了一个温暖、明丽的故乡，让山水大理从此名显，带上了文化的印记，正如普鲁斯特所说："作家的重复比他对我们所说的一切更能说明他自己"③，白族人民就是这样热爱着这片美丽的土地。

自古白汉先民就存在联系，自东汉西南陆上丝绸之路——蜀身毒道得到开通，加速了大理地区和汉地的交往，白汉人民联系日益密切。《行人歌》是该时期的作品，是有载的最早用汉字记录下来的白族歌谣，反映了修筑"僰南古道"的艰辛。而东汉至西晋时期墓砖上的铭文生动地记载了南中大姓的崛起以及汉王朝在洱海地区的统治，说明白族的中上层阶级在汉晋时期已使用汉语。从南北朝时的碑刻也可见爨氏由发展到灭亡的蛛丝马迹。唐王朝采取了"以夷制夷"政策，协助蒙舍诏灭其他五诏，建立了和唐王朝友好相处的南诏国，使南诏在经济、社会、文化等各方面获得了极大发展，汉文书写的《南诏德化碑》有明确记载。而大理国将云南的社会经济发展到和汉王朝同一轨道的封建制，无疑又加速了政治、经济以及文化等各方面的发展。元王朝在云南建立行省后，直接把云南地区划入中央版图，从此与中央王朝

---

① 转引自刘树坤、白音包力皋、陈文学编著《中华水文化书系　水与生态环境》，中国水利水电出版社，2015，第104页。

② 转引自赵寅松主编《历代白族作家丛书　师范卷》，民族出版社，2006，第300页。

③ 〔法〕让－伊夫·塔迪埃：《普鲁斯特和小说》，王森译，上海译文出版社，1992，第230页。

在政策上统一。明清时期则是白汉民族交融最为密切的时期，由于改土归流、军屯、民屯、商屯等政策的实施，甚至在云南境内，有些地方的汉族人口在数量上也远大于白族人民，使白族在人口数量上成了少数民族。白族人民积极主动吸收着先进的中原文化，进一步加速了白汉文化的交流、融合。

科举制度的存在，造就了大理白族地区深受汉文化影响的知识分子士绅群体的形成和不断发展壮大，涌现了大批精通儒学的知识分子。这批知识分子一方面保持了自身的民族特色，另一方面积极吸收先进的汉族文化，并促进了以儒学为代表的先进汉文化在本民族地区的传播与发展。

元明清时期，云南地区的学校教育也逐渐走上了正轨，官学与私学齐头并进。设置有专门的学官，规定有专门的学额，私塾、学宫、书院、社学、义学等多种教育方式并存，极大地促进了大理白族地区人文教育的发展和壮大。

吴大琨在《笔谈吴文化》一文中说道："在中国的历史上，家族一直在社会的发展中占着非常重要的地位。要弄清某一地区的文化发展情况，就必须弄清楚这一地区的一些代表性家族的情况，两者是分不开的。"① 弥渡师氏文学家族就堪称了解赵州的代表性家族，"六科六解亚"的科举成就中，师氏父子师问忠与师范首尾映衬，双中亚元。师范著作等身、成就斐然、"敢在三江称才子"，为有"文献名邦"之称的赵州作出了极大的贡献，赢得了当地人的爱戴和拥护。师氏家族既是文学世家又是科举世家，既有官职傍身之人又有赋闲在家之人，具有较强的典型性。

通过了解一个具有代表性的文学家族的诞生和发展，足以窥探出一个地区的人文、社会、政治状况和发展背景。家族和社会的发展同样是无法分开的，家族是折射社会状况的一面镜子，通过一个家族的兴衰起伏亦能读懂一个朝代的安稳动荡。以赵州师氏为代表的文学家族通过文学建立起了人际交往的网络结构，对文人所进行的文化活动寻根探源，亦能发现时代的潮流和大风向。

赵州师氏文学家族中的师箴、师道南就是千万个写着悠闲典雅的诗歌的乡村文人的代表，虽然也有对国计民生的关怀，但其处江湖之远，而居庙堂之高的师范写景亦写人，各样的诗歌题材信手拈来。他们写山水景物、大好河山，写思家怀人、离情别绪，写交游唱和、酬唱往来，诗歌可以说是个人

---

① 吴大琨：《笔谈吴文化》，《文史知识》1990 年第 11 期。

生活的记录，从诗歌中能了解到他们的生存境遇、喜怒哀乐。

但是，地处边陲的云南，交通再便利也只是相对而言，依然与汉地有着"万里风尘"阻隔的距离，以至文学创作"未达于天禄、石渠之内"①，而另一方面云南地区也存在着"文章小道，壮夫不为"②的思想观念，哪怕"自束发受书至穷经皓首"③，所为诗文"亦当余事了之，随写随丢，即使裒玉成集，亦仅聊课子孙，什袭而藏之，不轻示人"④。再加连年兵燹、灾祸"都灭于戈船楼橹之间"⑤，著作、文书等毁及大半，因而造成云南地区"南荒西檄原不生才"⑥的错误印象。

文化的发展，是经世累年不断积蓄、进步的过程，文学家都是在对先贤的记忆中成长的，而不是孤光自照，所以文学史中确实应该有师氏文学家族的一席之地。以师范为代表的家族成员以自我才力熔铸初心，必将引领后人不断发展。所以，这类少数民族诗人，缺乏的并不是逊于中原腹地文人的才气和创作水平，而是其诗歌缺少广泛流传的机会和广大读者，因此"文学优先，民族靠后"的新的文学观必须提倡起来，只有这样才能使少数民族文人有平等参与文学的机会与条件。

---

① （清）乐恒：《续刻滇诗之略序》，清刻本，云南省图书馆藏。
② （清）乐恒：《续刻滇诗之略序》，清刻本，云南省图书馆藏。
③ （清）乐恒：《续刻滇诗之略序》，清刻本，云南省图书馆藏。
④ （清）乐恒：《续刻滇诗之略序》，清刻本，云南省图书馆藏。
⑤ （清）乐恒：《续刻滇诗之略序》，清刻本，云南省图书馆藏。
⑥ （清）乐恒：《续刻滇诗之略序》，清刻本，云南省图书馆藏。

第　九　章

清代纳西族桑氏家族文学创作研究

在云贵高原上，生活着白族、纳西族、彝族等少数民族。这些民族在长期的历史发展过程中，在与中原政治经济文化的不断交往交融中，文学素养不断提高，随之而来的，是文学创作的实绩与文学家族的出现。本章以清代云贵高原为时空背景，在大量相关史料的基础上，将清代纳西族杰出代表——桑氏家族作为具体研究对象。明代长期主导文坛的文学世家为明代木氏土司家族，随着土司制度的土崩瓦解，该地区科举仕宦日兴，培养了一大批寒门学子，旁姓家族随之兴起，大研桑氏家族便是其中的代表。他们留下了一定数量的文学作品，促进了汉文化在丽江地区的传播，成为民族文化的典型代表。

一　清代纳西族桑氏家族概述

（一）家族人物

"家族"的定义有狭义和广义之分。狭义的家族是指以血缘关系为基础而结成的社会群体，通常包括同一血统的几代人；广义的家族则指以血缘和婚姻为纽带所结成的社会关系的总和，除了家族内部所有的男性后裔及其配偶（妻）、子嗣外，还包括男性后裔配偶（妻）的兄弟姐妹与父母，以及女性后裔的配偶（婿）和子女等。

1. 狭义范围

从狭义家族范围来看，本章研究对象即为桑氏兄弟，如今暂时未找到桑氏家谱，不能具体认定桑氏家族的人员情况，本章就现有资料来分析桑氏兄弟人员情况。

（1）父母。

桑氏父母长辈的情况，《纳西族文学史》中写道："在他（桑映斗）幼时，父母相继去世，家境逐陷困境，但弟兄相依为命"①，《礼记·曲礼》说道："人生十年曰幼。"据此可推测大概在桑映斗十岁或之前桑氏父母相继去世。桑映斗有诗《沁亭六歌·其一》："人有父母祝寿考，我有父母溘逝早。"②诗里讲到了自己父母去世早，进一步证明了桑映斗幼时父母去世的说法。桑炳斗《母病望沁亭不至》提到母亲："此日君归路，望望眼欲花。愁深雨作夜，雁带书为家。预想班衣舞，遥知笑语哗。东园桥畔树，又早日西斜。"③"沁亭"是桑映斗的号，由题目可知是母亲生病时，桑炳斗在身边，而桑映斗不在，"此日君归路"表明今日应为桑映斗回家的日子，"雁带书为家"表明了桑映斗在较远的地方，与家人之间是两地书信往来，表明此时桑映斗独自在外奔波忙碌，具有独立生活和处理事务的能力，据此假设此诗写于桑映斗成年二十岁以后，桑炳斗为十四岁，桑炳斗在经过读书学习之后也具有一定的写诗能力，如在十四岁写诗记录此事是为合理。如此假设成立，则上面讲到的桑映斗幼时即十岁及以前父母相继去世的说法不能成立。如上述说法的时间点桑映斗十岁是为合理，那据此再推桑炳斗此诗，全然不能成立，可见二者相矛盾。

据桑映斗的诗和记载与桑炳斗的诗推断出来的说法都有一定的合理性，桑映斗和桑炳斗都是根据自己的经历完成诗作，在描述自己经历的诗作之中，真情流露，错写误写可能性不大，结合两处文献，初步推断桑氏兄弟父亲去世较早，在桑氏兄弟诗作中，除"父母"同时出现外，并未单独提及"父"，可初步推测桑氏父亲于桑映斗幼时（十岁及之前）去世，而也有可能桑氏父亲去世时桑炳斗未出生或年纪太小。桑氏母亲可能于桑映斗成年后去世，而桑映斗较早离家读书考试，较少陪伴照顾母亲，桑炳斗年纪尚小，陪伴母亲左右。

（2）兄弟。

翻阅资料有两本书籍讲到了桑氏家族同辈兄弟排行情况，《纳西族文学

---

① 和钟华、杨世光主编《纳西族文学史》，四川民族出版社，1992，第 531 页。

② （清）桑映斗：《铁砚堂诗稿》卷一，丽江古城博物院与丽江玉泉诗社编印本，2007。

③ （清）桑炳斗：《味秋轩诗钞》，政协丽江市古城区委员会编印本，2014。

史》中写道："家中兄弟五人，映斗排行第四"①，"桑炳斗，字澹亭，桑映斗之弟"②。据此可初步推测，映斗排第四，炳斗排第五。又有"桑照斗，其诗文多已散失，桑映斗死后，照斗有《哭兄沁亭》几首绝句"③，从桑照斗的诗题中看出，桑映斗是桑照斗的兄长，可再看前述，如映斗排第四，炳斗排第五，而照斗具体是亲弟还是族中兄弟，资料并未说明，则照斗可能为同辈族中兄弟。

再看赵银棠女士的《纳西族诗选》关于三位的介绍，桑映斗的排行情况并未提及，关于桑炳斗则写道："桑炳斗，字澹亭，桑映斗之胞弟，……常与其兄映斗、其弟照斗及乡中诸名流翰墨交往"④，可见桑映斗与桑炳斗确为亲兄弟，关于桑照斗的关系提到"其弟照斗"，在此书中作者表述映斗、炳斗、照斗是为三兄弟。再看关于桑照斗的表述为："桑照斗，贡生。桑氏弟兄之间，互敬互爱、互相同情，感情颇称深厚。"⑤ 由此三处表述可推测映斗、炳斗、照斗为三兄弟。

由于府志县志中并未有桑氏兄弟的排行亲属关系的介绍，有关兄弟排行的情况据《纳西族文学史》和《纳西族诗选》的相关记载，可见《纳西族文学史》的"家中兄弟五人，映斗排行第四"，可能有一定依据，具体原始出处和相关情况还有待查证。而《纳西族诗选》的"其兄映斗，其弟照斗"表明了映斗、炳斗、照斗为三兄弟。两处资料的分歧点在桑映斗、桑炳斗与桑照斗的亲属关系，如果照斗不是映斗的亲弟，则映斗排第四，炳斗排第五；如果照斗是映斗亲弟，则可能映斗排第三，炳斗排第四，照斗排第五。此问题由于目前资料匮乏未能充分证明，在此提出疑问，希望日后继续翻阅资料，能够证明此问。

据（光绪）《丽江府志》卷七记载："段镕妻桑氏，桑维斗之女也。其夫同治元年阵亡，氏年二十九岁，无子，矢志守节，上事翁姑，下抚诸女，

---

① 和钟华、杨世光主编《纳西族文学史》，四川民族出版社，1992，第531页。
② 和钟华、杨世光主编《纳西族文学史》，四川民族出版社，1992，第542页。
③ 和钟华、杨世光主编《纳西族文学史》，四川民族出版社，1992，第543页。
④ 赵银棠辑注《纳西族诗选》，云南民族出版社，1985，第113页。
⑤ 赵银棠辑注《纳西族诗选》，云南民族出版社，1985，第118页。

始终如一。光绪三十一年旌。"① 提到了"桑维斗",关于桑维斗的记录其他并未提及,据名字来看,映斗、炳斗、照斗、维斗可能为族中同辈兄弟,映斗、炳斗和照斗排行靠后,维斗可能为桑氏三人的兄长。此记录至少表明桑维斗可能为桑氏兄弟同辈族中兄弟。

接下来看桑映斗。

(光绪)《丽江府志》卷七载:"桑映斗,字聚伍,号沁亭。天资颖敏,于书无不读,称为经师,著有《铁砚堂诗稿》。"②

《丽郡诗征》载:"桑映斗,字沁亭,诸生,有铁砚堂集。先生诗名噪甚,其孙止恭与藩儿,同参戎幕,觅集未得,遍搜郡中,仅得此五十余篇,然其诣力已可见矣。"③

《新纂云南通志》载:"桑映斗,号沁亭,丽江诸生。品端学博,能文工诗,家有藏书,悉心披阅,手不释卷。教徒于乡,成就者众。著有《铁砚堂诗文集》,乱后散佚。其诗与弟炳斗同选入《滇诗嗣音集》。"④

据史志记载,有"字沁亭""号沁亭"的不同,对比以上记载,统一为"字聚伍,号沁亭"。桑映斗参加过多次考试,是诸生。诸生是明清时期经考试录取而进入府、州、县各级学校学习的生员。生员有增生、附生、廪生、例生等,这些统称诸生。而在《纳西族文学史》中记到桑映斗的生卒年为1782~1850,《纳西族诗选》记为1782~1842,两处的卒年相差8年,史志资料中并未有生卒年记载,而目前并无有力证据证明桑映斗去世的具体年代,《纳西族文学史》和《纳西族诗选》的成书年代为20世纪八九十年代,编书者是否对书中文人的情况有确切了解还有待确认,关于桑映斗卒年的出处还有待考证。据以上资料可初步了解到桑映斗生平:

桑映斗(1782~1842或1850),乾隆四十七年(1782)至道光二十二年(1842)或道光三十年(1850),诸生,字聚伍,号沁亭。幼时父亲去

---

① (清)陈宗海修,李星瑞纂(光绪)《丽江府志》卷七,光绪二十一年(1895)刊印,国家图书馆藏。

② (清)陈宗海修,李星瑞纂(光绪)《丽江府志》卷七,光绪二十一年(1895)刊印,国家图书馆藏。

③ (清)赵联元辑《丽郡诗征》,《云南丛书》本,云南省图书馆藏。

④ 张秀芬等点校《新纂云南通志(九)》卷二百三十四,云南人民出版社,2007,第337页。注:此书本章引用较多,为避免繁复,在此说明,此后注释简要标注。

世，后母亲去世，家境困顿，却仍刻苦读书，桑映斗中秀才后多次应乡试不第，后自设私塾教书，以谋生计。

再看桑炳斗。

（光绪）《丽江府志》卷七载："桑炳斗，号澹亭，嗜学工诗，著有《味秋轩诗稿》。"

《丽郡诗征》卷二载："桑炳斗，字及舫，亦字澹亭，布衣，有《味秋轩诗稿》，映斗之弟也。"[1] 以上两处"澹亭"是字还是号还有不一致之处。

《纳西族文学史》记载桑炳斗的生卒年为 1784～1843，《纳西族诗选》记载，约 1788～1843，两处的生年相差四年，也因并无确切证据确认具体生卒年，此处疑问有待考证。据以上资料可初步了解到桑炳斗生平：

桑炳斗（1784 或 1788～1843），乾隆四十九年（1784）或乾隆五十三年（1788）至道光二十三年（1843），桑映斗之弟，字及舫，又字澹亭，或号澹亭，秀才，为人正直，颇好诗文写作，留有《味秋轩诗钞》[2]。

再看桑照斗。

《纳西族文学史》和《纳西族诗选》记载桑照斗生卒年皆为：1790～1850，暂可认为桑照斗生卒年为：1790～1850。而两处皆记载桑照斗留有《哭兄沁亭》五首绝句，其他史志中也并未找到有关桑照斗的记载，暂认为此五首绝句为桑照斗留存诗作。据以上资料可初步了解到桑照斗生平：

桑照斗（1790～1850），乾隆五十五年（1790）至道光三十年（1850）。

（3）男性后裔。

桑映斗《沁亭六歌》（其四）"人皆有子习礼貌，我有儿子教孝弟"中提及"儿子"，《广雅·释亲》讲道："儿，子也。"此句中的"儿子"可初步理解为是专指儿子。在此诗中讲道"儿子"，而在其他诗中并未提到。

上文讲道的《丽郡诗征》载："桑映斗……其孙止恭与藩儿，同参戎幕……"由文中可知"桑止恭"即为桑映斗之孙，他与赵藩的儿子"同参戎幕"。"止恭"可能为字号，并不知道其名字，但可知"桑止恭"确为桑映

---

① （清）赵联元辑《丽郡诗征》，《云南丛书》本，云南省图书馆藏。

② 注：《味秋轩诗稿》再版作《味秋轩诗钞》。

斗之孙。《纳西族文学史》中写道："其曾孙桑即梁在其现存之部分遗稿前面写道……"由句中可知"桑即梁"为桑映斗曾孙，即"桑止恭"的儿子，而在其他资料中并未有记载。

2. 广义范围

从广义家族概念范围来看，包括配偶（妻）的兄弟姐妹与父母，以及女性后裔的配偶（婿）和子女等。

（1）配偶（妻）。

并无史志记载，而在诗中略有提及，如桑映斗《沁亭六歌》（其三）中："人有妻孥博夫欢，我有妻孥忍泪干。"提到了自己和妻子生活艰苦，并未提及妻子姓氏等具体情况。

（2）配偶（妻）家人。

在配偶（妻）的家人方面，如桑映斗《妻兄为僧名嘉，初坐禅于文笔山寺，临期，余适有务，计今不见，三阅矣》（二首），题目中写道："妻兄为僧名嘉"，桑映斗妻子的哥哥为僧人。《解脱林僧嘉初久有游山之约，不果。因其还山，赋此送之》，"僧嘉"即为"妻兄"。

（3）女性后裔及配偶（婿）和子女。

（光绪）《丽江府志》卷七载："王澍妻桑氏，桑映斗之女，秉性温柔，幼娴母训，年十九岁，夫病故。氏哀毁骨立，距夫死三十五日，生一遗腹子学名，时值祖母衰老，奄奄待毙，孤儿伶仃，呱呱而泣。氏备尝辛苦，终无难色，而守节愈坚。后课读其子学名入文库。孙男有四，长廷杰已食饩，氏复抱其曾孙数人，四世一堂，含哺分甘以自乐。亲邻荣之。年七十九而殁。光绪元年旌。"据记载可知，桑映斗有一女，嫁与王澍，有一子四孙还有曾孙数人，皆为桑映斗女性后裔及配偶（婿）和子女。

上文已讲道，据（光绪）《丽江府志》卷七记载："段镕妻桑氏，桑维斗之女也。其夫同治元年阵亡，氏年二十九岁，无子，矢志守节，上事翁姑，下抚诸女，始终如一。光绪三十一年旌。"至少为族中兄弟的桑维斗，有一女，其夫为段镕，有"诸女"，几个女儿。《丽江府志》卷七载："段镕，附生，遇世乱，充当乡长，出力报效。于同治元年带勇攻贼，八月初七日，在木保村被贼执，逼令顺从，誓不辱，慷慨就死。顺天府忠义局采访殉难附生，照九品官殉难例议。追赠盐运司知事衔，荫恤如制。"桑维斗之女及其夫段镕和几个女儿，为桑维斗女性后裔及配偶（婿）和子女，也至少为桑映斗族中女性后裔及配偶（婿）和子女。

在《有怀外甥杨道南入都》诗中，桑映斗提到了"外甥杨道南"："杨本程，字道南，府学拔贡，由刑部七品小京官，中式顺天乡试第五十一名，官刑部主事。性颖迈，善书工诗，著有百韵诗集。"① 因前文已讲，桑氏家中排行第一、第二、第三的人员情况并未讲明，"外甥"可能为桑映斗的亲姐姐（或族中姐姐）或妹妹所生，此处并没有确切资料可查证，但此诗至少可证明桑映斗有姐妹亲人并与之往来。桑映斗的姐妹桑氏，其夫杨氏，其外甥杨本程，皆为桑氏女性后裔及配偶（婿）和子女。

二　清代纳西族桑氏家族家风传承

家族的文化修养需要世代继承才能起到道相砥砺、振兴门风的作用。"所希望于门第中人，上自贤父兄，下至佳子弟，不外两大要目：一则希望其能有孝友之内行，一则希望其能有经史文史学业之修养。此两种希望，合并成为当时共同之家教。其前一项表现，则成为家风；后一项表现，则成为家学。"② 家风是家族的精神文化传统，对家国的忠诚、对传统的继承都能反映一个家族的精神风貌。家学则表现为长期教育熏陶的影响，好学嗜文的积累通过一代代子孙流传开来。

（一）高雅风貌

桑氏文学家族拥有高洁的品位、共同的志趣。家庭成员间的相互扶持，既为家庭生活增添乐趣，又为家族文学成员的文学创作提供了有利条件。长辈们的文学喜好直接对后辈的成长起到了巨大作用，子弟们从小耳濡目染，受到良好的教育，进而子孙后代文才相继，代有闻人，整个家族薪火相传。

（二）读书修身

桑氏家族藏书甚丰，桑炳斗《检藏书有感呈沁亭》"传家徒自书连屋，阅世欣能目识丁"是对汗牛充栋家庭藏书的由衷感叹。桑映斗，天资颖敏，书无不读，称为经师。桑炳斗，学日益富，识日益精。桑照斗亦工于诗。桑

---

① （光绪）《丽江府志》卷七。

② 钱穆：《略论魏晋南北朝学术文化与当时门第之关系》，《新亚学报》1963 年第 5 期。

氏全家酷爱读书，其父是读书人，喜爱置书，家中藏书颇丰。杨昌给桑炳斗题序云："澹亭家多藏书，充牣楼三楹。所购之书，随购随读，读必竟，与涉猎者异"，可见桑氏家中藏书浩瀚。其父饱读诗书，兄弟三人受其影响，以藏书为基石，致力于钻研汉族文化，持守前辈精神，正是通过一代代好读书、好藏书的点滴积累，集遗采逸，"澹亭此时拥书高楼"，可见，到了桑氏兄弟一代藏书依旧不绝，博观远览，索异问奇。这不仅是保存家族物质文献的有效途径，更是延续家族优秀诗礼传统的妥善方式。

"诗书之泽，衣冠之望，非积之不可"[1]，诗书积累，藏书著述，都和文学家族的形成有着密不可分的关联，藏书文献、吟诵诗文在传承家族文风和形成良好文学环境方面有着重要意义，对文学创作更直接的升华在于为桑氏家族提供了一个高雅情趣的文学现场，激发文学创造力的生成。"夫鸠家以成族，鸠族以成国。一家一族之文献，即一国之文献所由本。文章之学术，私之则为吾祖宗精神之所萃，而公之则为一国儒先学说之所关。"[2] 桑氏全家皆喜好读书，藏书丰富，对后辈的性情修养、诗文习惯产生了深远影响。

（三）内行孝友

桑氏三兄弟的精神血液里流淌的都是桑氏家族不断传承和积淀的诗性修养，桑氏家族将喜书吟诗的家学精神融于诗性使命之中，使这种诗性自觉赓续不断，进而加强了文学创作的修习。一门风雅，擅诗工文，通经略史，桑映斗、桑炳斗、桑照斗在抒发个人才情和传承家族文化优越感的动力作用下，创作灵感源源不断，并激发出强大的文学动力。

桑氏兄弟，人各有集，三人皆有诗情，互为题咏，在文学创作的具体文学现场中，成员的个体创作就是个体的诗性存在方式，或感叹生活，或咏诗豪迈，或沉醉山水，皆为诗人个体的诗性流露，兄弟之间的诗心碰撞、灵思激荡，将家族群体诗性存在方式的文学创作潜力挖掘出来。家族内部成员互作诗歌、怀亲唱酬，通过创作诗歌将家族文化的品位情调、艺术氛围都展现了出来。

桑氏文学家族对祖先的事迹和家族文化充满崇敬和自豪。家族文学里蕴

---

[1]　（明）文徵明：《相城沈氏保堂记》，《文徵明集》卷十八，上海古籍出版社，1987。

[2]　陆明桓：《松陵陆氏丛著序》，《松陵陆氏丛著》卷首，苏斋刻本，1927。

含着家族内部的共同生活情趣，家族成员在人生价值取向上有着不少相似之处，这样就为家族文学的不断发展奠定了基础。陈寅恪曾指出："夫士族之特点既在其门风之优美，不同于凡庶，而优美之门风实基于学业之因袭。"①"学业之因袭"即为家学，正是由于家学，才让那些文学家族各具特色，才让家族文学成员在家族这个大平台上施展自己的才华和抱负。在家族文学的高级层面上，文化层次的不断累积，是几代人的共同努力。这一精神传承，促进了家族文学的不断前进发展。

三 清代纳西族桑氏家族家庭交游

每个家族的发展过程都不是孤立的，而是通过不断与外界进行沟通保持着千丝万缕的联系。通过与其他士人加强沟通，不断促进思想、学术交流和相互融合。血亲家族发展至清代，早已不拘泥于谋求自身发展，而注重对外交游对文学家族成长的作用。丽江桑氏作为清代旁姓家族的杰出代表，也不是一个孤立的家族，除了重视家族子弟的文化素质教育，在家族内部有着良好的文化交流之外，还积极与家族之外的名士结交，通过交友的方式，拉近与地方其他文人的距离，从而构织成一个环环相扣、范围广大的交友关系网络，在与家族之外文人的交流中，为其家族特征的形成创造了一种特殊的文化氛围，在与外界友好交流的氛围影响、濡染下，形成桑氏家族独特的风格。

丽江桑氏作为一个卓有成就的文学家族，为清代丽江文苑增添了一道独特的风景，由研究丽江桑氏入手，梳理丽江桑氏家族的婚姻与交游情况，可考见他们在当时丽江文坛的地位以及文学趣尚，也可窥见清代云南地区其他家族的文化特征。

（一）家人

桑氏家人的记载，许多来源于桑氏三人诗中，在第一节已经做了详细介绍，在此把桑氏三人写给家人的诗作进行简单介绍。

有关桑氏父母的诗作，如桑映斗《沁亭六歌》（其一）："人有父母祝寿考，我有父母溘逝早。"桑炳斗《母病望沁亭不至》："此日君归路，望望眼

---

① 陈寅恪：《唐代政治史述论稿》，上海古籍出版社，1982，第 71~72 页。

欲花。愁深雨作夜，雁带书为家。"

　　桑氏三人互相写给弟兄的诗作，如桑映斗《秋晴与诸弟望黄山，约同登不果，因成独游，即以示弟》《归家示诸弟》等，桑炳斗《母病望沁亭不至》《检藏书有感呈沁亭》两首，桑照斗《哭兄沁亭》五首。

　　桑氏三人写给子女后辈的诗作，如桑映斗《沁亭六歌》（其四）："人皆有子习礼貌，我有儿子教孝弟。"

　　有关桑氏兄弟妻子的诗作，如桑映斗《沁亭六歌》（其三）："人有妻孥博夫欢，我有妻孥忍泪干。"

　　写给桑氏配偶（妻）家人的诗，如《妻兄为僧名嘉，初坐禅于文笔山寺，临期，余适有务，计今不见，三阅矣》（二首）："不许窥墙隔几年，记曾别我赴寒烟。避人老鹤解回首，满地青松尽及肩。"《解脱林僧嘉初久有游山之约，不果。因其还山，赋此送之》，"僧嘉"即为"妻兄"。

　　上文讲到了（光绪）《丽江府志》卷七载："王澍妻桑氏，桑映斗之女"，桑映斗之女，其夫为王澍。（光绪）《丽江府志》卷七记载："段镕妻桑氏，桑维斗之女也。"桑映斗族中兄弟桑维斗之女，其夫段镕。由此记载可知道桑映斗平时肯定与桑氏及王澍有交往，可能与桑维斗、桑氏、段镕也有交往。

　　有关桑氏三人和桑氏女性后裔及配偶和子女交往的诗，如桑映斗《有怀外甥杨道南入都》："此行趁取双亲健，好上青云莫教迟。"由诗可知，桑映斗外甥为杨道南，看"此行趁取双亲健"句中提到"双亲"，表明桑映斗的姐/妹桑氏和其夫杨氏此时还健在，桑映斗有《有怀外甥杨道南入都》诗纪念，可见桑映斗与桑氏、杨氏、杨道南都有往来。

　　（二）友人

　　桑映斗、桑炳斗留下与友人赠答唱和的许多诗作，从中我们可以看出桑映斗、桑炳斗兄弟与许多文人志士都有交往，通过对桑映斗、桑炳斗的交游赠答诗进行分析，对与桑映斗、桑炳斗互相交往的友人及其事迹进行介绍，可更加全面地了解桑映斗、桑炳斗的人生轨迹。

　　1. 杨昌

　　杨昌，字东阳，号竹塘。嘉庆丁卯科举人，以大挑知县，试用湖北，历任天门、黄梅、谷城、潜江等县，均有惠政。充甲午科乡试同考试官。为人谨慎，事皆三思而行，任潜江时，尝筑堤，适值长夏酷暑，公亲督民工，或惜之，公曰：上官委我，我又委他人，岂不甘蹈"素餐"之诮乎？仍督工如故。其任黄梅，值荒平粜，饥民多赖以生存。其任潜江，百废俱兴，听断严明。百姓颂德题联于堂云：事到眼前亮于雪，民众心上养如春。①

　　杨昌，号竹塘，中式第三十六名。②

　　极博雅，善书能文，著有《四不可斋文集》③。

以上（光绪）《丽江府志》的三处记载，讲述了杨昌的生平事迹：杨昌（1784～1847），善书能文，在湖北各县历任知县，有许多惠民政绩，深受当地人民拥戴，著有《四不可斋文集》，今不存，诗文散佚情况严重，只留有文十四篇，诗二首。杨昌与桑映斗、桑炳斗多有往来，就今存作品，桑映斗有《寄杨竹塘》（二首）、《有怀杨竹塘园林》、《春日过杨竹塘园林》，桑炳斗有《过竹塘》，杨昌为桑炳斗诗集作序一篇。传世留存作品不多，但从仅存的作品中可以看出桑映斗、桑炳斗与杨昌的良好情谊。

　　2. 杨仲魁

　　杨仲魁（1776～1854），字希元，号竹庐，晚年又号"黄山老人"，秀才，其侄子为杨昌。杨仲魁生活在田园，过着躬耕生活，中年丧偶，无子，晚年生活凄凉。留有《黄山老人诗稿》。

　　杨仲魁有《桑沁亭见过》："及此萧条日，犹来竹里寻。闲云移暮影，落木抱冬心。珍重名山业，保持娭俗吟。尚堪赏晚菊，相对莫辞斟。"④ 因诗作散佚的问题，在现存的桑映斗诗集中并未看到写给杨仲魁之作，但杨仲魁写有《桑沁亭见过》，桑映斗肯定会有赠答之作。

　　桑炳斗有《庚寅又四月乙酉黄山慈云庵柏树有鹤来止和竹庐杨丈原韵兼示妙上人》，诗题中提到"竹庐杨丈"，此诗描写友人集会的场景，下文

---

① （光绪）《丽江府志》卷七。

② （光绪）《丽江府志》卷六。

③ （光绪）《丽江府志》卷七。

④ （清）杨仲魁：《黄山老人诗稿》，丽江古城博物院和丽江玉泉诗社编印本，2007。

详细描述。

　　杨仲魁和桑映斗、桑炳斗兄弟都有交往，诗作虽留存较少，但从仅存的诗作中还是能看出他们的友好交往。

　　3. 马之龙

　　马之龙，字子云，庠生。为人颖敏，博闻强记，能诗善笛，兼通释老经典。乾隆末年，因开边事，而得入赀为郎，吏途多杂。之龙应大理科试，学使适以历代选举命策题。之龙策中，语侵阁臣奏开捐例者。学使褫其衣顶，由是意淡功名，自号雪山居士。二十余年，遨游四方，齐、楚、吴、越、韩、燕、赵、魏之间，踪迹迨遍。凡名区胜迹轶事，多所吟咏。侨寓滇省，与戴云帆、刘寄庵、戴古村诸名士相友善，聚处唱和者凡数年。诗名籍甚，陆中丞建瀛、吴学使存义亦优待之，呼为诗友。马隐士年七旬余始旋籍，入清真寺谕之曰：吾先世本奉回教，然吾阅书多矣，知此教非若佛老事迹可稽，不如改为善，众多愿从，惟麻、脱二姓力阻之，之龙遂相与绝。后病革，嘱其侄兼托诸友葬以汉礼，道光二十九年卒。咸丰丙辰，回匪滋事，无少长皆罹于祸，人始服先见之明。后陆、吴二公饬郡守辛本棨建其墓碣，题额曰："山高水长"。联云"得古佛言外意，是高士传中人"。吴并题有"丽江诗人马子云之墓道"碑，立于双石桥畔，至今岿然存焉。著有《卦极图说》一卷，《雪楼诗钞》四卷。[①]

　　马之龙（1782～1849），丽江回族，"字子云，号雪楼子。少清俊，有一尘不染之概。学使吴和甫、总督林少穆、侍郎赵荣舫皆器重之。著有《雪楼诗钞》《卦极图说》行世"[②]。

　　以上（光绪）《丽江府志》的两处记载说明了马子云的生平事迹。马子云是丽江地区的著名诗人，他去世后众多文人哀悼，时任云贵总督的林则徐称"以诗人表道"。马子云留有许多诗作，著有《雪楼诗钞》。

---

　　① （光绪）《丽江府志》卷七。
　　② （光绪）《丽江府志》卷七。

马子云为映斗好友，桑映斗作《马子云以番刀见示》《象山龙祠小憩逢马子云》等诗，马子云作《答桑沁亭西洋刀诗》，两人作诗唱和。马子云作《雨中寄桑澹亭》："六月终月雨，七月犹未歇。拂面风如刀，山上知有雪。一樽闭门坐，得句亦清洁。明日相见时，窗中玉峰列。"① 桑映斗、桑炳斗因诗作散佚，与马子云唱和诗作留存甚少，但从马子云《雨中寄桑澹亭》看，"雨中"寄友人桑炳斗诗作，其情谊可见一斑。

4. 王源

王源，字汇川，号桃溪。中乾隆甲寅恩科乡试第十五名，以大挑分发浙江，历任新城、遂昌等县知县，有政声。后改省福建，历任长乐、宁德、连江、德化、永春等州县，以辑盗纪大功。所至俱有惠政。以廉介自持，门无私谒，自奉淡泊，不妄取与。以故仕两繁省，历任七州县，而宦囊羞涩，家计萧条。至今乡人犹称道弗衰焉。②

王源，字桃溪，锡桐父。中式第十五名，以大挑官浙江新城、遂昌等县，挑用福建长乐、连江、德化、宁德县知县，及永春州知州。③

王源，字汇川，又字桃溪或号桃溪，与桑氏兄弟都为好友，桑映斗有《王桃溪再官于闽，抵任以纪程诗见寄》、《和桃溪王明府杨潜庵暨澹亭舍弟，过祖锡李大，小饮原韵》（二首），桑炳斗有《得王桃溪纪程诗十八首和答》，都是给王源的诗作。王源曾在福建、浙江等地任职，路途艰辛，与友人相聚时间甚少，桑映斗、桑炳斗寄诗给王源，以表思念和期盼之情。

5. 杨绰

杨绰，恩科生，道光元年举孝廉方正。字敬庵，号竹溪。咸丰丙辰，盗贼蜂起，鹤庆千总张正泰，肆行无忌，苛派民间。府主辛公、县主郑公扎谕办团，保护地方。团总壬辰科副榜赵准，带领乡勇，防堵两关，张正泰饬令王郁文等，攻击两关，赵准力战，死之。乡勇溃散，贼

---

① （清）马之龙：《雪楼诗钞》，丽江古城博物院和丽江玉泉诗社编印本，2007。
② （光绪）《丽江府志》卷七。
③ （光绪）《丽江府志》卷六。

势焰甚张，乘胜纵火劫杀，百姓避难，山谷震响，而公独具衣冠，大义责贼。王郁文等敬服公品行端方，遵命出令，禁止烧杀，护送公还家，百姓安堵。是年冬，桥头菁僳目李泇纠聚僳僳，踞临石鼓，谋劫府城，地方惶恐。张正泰勒令县主郑同绅士前往讲和，几为僳众所害，各逃性命。乃逼请公往，不得已，肩舆亲到石鼓劝和，而僳众见公，哄然罗拜。李泇素知公之盛德，即行拔垒退回，一邑赖以安全。时公年已八十矣。①

杨绰，字敬庵，号竹溪，恩贡生。道光元年举孝廉方正，谨言慎行，常虞失志，处事惟公，而待人以恕。事亲先意承志，痛母之失明，绝意仕进，奉养扶持，跬步不离母侧。其治家严肃，堂上不闻儿女笑语声。以品学兼优，为里党所矜式。年至八十一，寝疾二日，忽起顾谓儿辈云：汝曾见门外之车马仆从乎？候吾久也。言讫，含笑而逝。郡人慕其行为，立碑于大石桥。②

（光绪）《丽江府志》的两处记载，记录了杨绰的英勇事迹，桑映斗有写给杨绰诗一首《进耳寺访杨敬庵》："来寻山中人，忘问山中路。伐木丁丁声，深林人何处？"写桑映斗与杨绰在寺中见面聊天，可见桑映斗与杨绰有所交往。

6. 杨丽拙

杨丽拙，字守园，剑川岁贡生。祖栋，以卓行闻。丽拙思绳祖武，励志诗书，累踬秋闱，遂弃帖括，与及门讲求性理，安贫乐道，尤敦伦常，乡里式之。乾嘉间，剑邑举乡贤、名宦、节孝，采访续修通志，皆丽拙首先倡率。著有《耐斋杂俎》《省身续言偶寄》《轩文稿》《砚北偶存诗集》。剑城失陷，惟诗集尚存，余稿散佚。③

杨丽拙，字守园，剑川人，桑映斗曾去榆城大理与杨丽拙见面，桑映斗

---

① （光绪）《丽江府志》卷六。
② （光绪）《丽江府志》卷七。
③ 《新纂云南通志九》卷二百三十四。

作诗《寄杨守园》："一别三年不寄诗，榆城却忆别君时。故人若问羁来事，秋雨声中读楚词。"诗中讲到了桑映斗与杨丽拙三年未曾互相寄诗，但情谊依旧。桑映斗还作《剑川杨守园以文文山画帖见赠》，上有文天祥（号文山）自题诗云："疏林带雨翠突兀，宿霭拂树青陆离。一段清光曾记取，椤伽山下雨来时。"讲到了杨丽拙赠桑映斗以文天祥的画帖，杨丽拙邀请桑映斗赏画。桑映斗到大理去拜访杨丽拙，杨丽拙赠画寄诗给桑映斗，从诗中可以看到两人的文雅情志。

7. 牛焘

> 牛焘，字含万，原任罗平、镇沅、邓川儒学。①
> 牛焘，字含万，拔贡，著《琴堂诗钞》。②
> 牛焘，字涵万，丽江人。拔贡生。历任镇沅、安宁、邓川、罗平教官，有《寄秋轩稿》。家饶于赀而标寄萧然，蓄一雷氏琴，自谱新曲，被之弦轸。同时马之龙能吹铁笛，郡中有"牛琴马笛"之目。咸同之乱，焘避之山洞中，抱琴而死。剑川赵藩辑其诗七十余首，刊入《丽郡诗文征》中。③

牛焘（约1794～1861），字含万（或涵万），道光乙酉科（1825）拔贡，牛焘与桑映斗、桑炳斗兄弟都为好友，惜留存诗作甚少，桑映斗有《留别牛含万》："不饮胡为醉已醺，高烧银烛话离群。言情无过寻常好，得意可能八九分。别意已浓如宿酒，名心早澹似秋云。故人若忆归山约，手把渔竿好待君。"诗中讲道"故人若忆归山约"，此诗是赠别牛焘而作，离别希望友人还能记得下次相见之约，更凸显出此时依依不舍之情。牛焘作《奉赠桑沁亭》："老去诗怀逸，花开酒榼忙。先生饶独兴，斯世久相忘。鹤已驯无怨，兰因稚有香。穷年何所事，闭户注蒙庄。"④诗中"先生饶独兴，斯世久相忘"一句讲了桑映斗"独"的状态，两人"久相忘"，其实两人并

① （光绪）《丽江府志》卷六。
② （光绪）《丽江府志》卷七。
③ 《新纂云南通志（九）》卷二百三十四。
④ （清）牛焘：《寄秋轩吟草》，丽江古城博物院和丽江玉泉诗社编印本，2007。

未"久相忘"，此句巧妙地起到了正反对比的作用，字面言"独兴"，实则言"相亲"。

8. 妙明

> 祖亮，字妙明，阿喜人，住锡黄山净莲寺。通禅典兼习儒书，曾主戒坛提倡宗风，法嗣崇信之。工诗，著有《黄山吟草》四卷，《云游集》一卷。[①]

妙明（1793～1862），号松庵，又号雪峰，从小就被送到黄山净莲寺，好诗书，诗名甚噪，与当地文人多有交往。桑映斗、桑炳斗兄弟与妙明多有往来，桑映斗作《妙明和尚蓄有佳石，以诗索之，作此以赠》，妙明作《和桑沁亭先生以诗索石原韵》，因"妙明和尚蓄有佳石"，友人以诗见赠，因有奇石，友人赠诗表达祝贺之情，一起赏石也是"众乐乐"。桑炳斗《庚寅又四月乙酉黄山慈云庵柏树有鹤来止和竹庐杨丈原韵兼示妙上人》提到"妙上人"，即为妙明。桑映斗、桑炳斗兄弟与妙明互相赠诗分享乐事，表现了文人间的风雅之情。

9. 张晖吉

清代王轩等纂修的《山西通志》卷二一载"张克睿，榆次人，丽江府知府"。《新纂云南通志》卷十三的丽江府知府表中记有"张克睿，榆社人"[②]。张正明、〔英〕科大卫、王勇红主编的《明清山西碑刻资料选·续一》载张克睿曾为"丽江军民府知府"，下文中的"张五兄石轩"即为张克睿之子"张晖吉"。张晖吉为史安所生，张克睿任职丽江之时，史氏与儿女跟随，"襄助内治，一如在家"。

桑炳斗有诗《咏蕃剑用潜庵韵赠石轩》一首，题目中提到的"石轩"，据以上考证很有可能就是张晖吉。张克睿在丽江任职时，家眷跟随，桑炳斗与其子张晖吉结识交往。

---

① （光绪）《丽江府志》卷七。
② 注：张克睿籍贯依记载有"榆次""榆社"两种说法，依记载实录。

10. 刘大绅

清代唐鉴撰《清学案小识》中，刘大绅传《永州刘先生》记载：先生讳大绅，号寄庵。山东循吏也。善诗，能古文……①《清史稿》记载：

刘大绅，字寄庵，云南宁州人。乾隆三十七年进士，四十八年，授山东新城知县。连三岁旱，大绅力赈之。调曹县，代者至，民数千遮道乞留，大吏为留大绅三月。及至曹县，旱灾更重于新城。大绅方务与休息，河督缴修赵主河决堤，集夫万余人，以工代赈，两月竣事，无疾病逃亡者。既又缴办河工稭料三百万，大绅以时方收敛，请缓之。大吏督责益急，将按以罪，请限十日，民闻，争先输纳，未即期而数足。一日巡行乡间，有于马后议谷贱银，贵开征期迫者，大绅顾语之曰："俟谷得价再输未迟也。"语闻于大吏，怒其擅自缓征，谴能吏代之。民虑失大绅，争输赋，代者至，已毕完。大吏因责征累年逋，久僬不足，终以代者受事。民益恐，昼夜输将，不数日得三万余两。初，大绅以忤上官意，自劾求去，民环署泣留，相率走诉大吏。适大吏有事泰山，路见而谕止之，不得去。至是密自申请，民知之，已无及，乃得引疾归。五十八年，病起，仍发山东，补文登。值新城修城，大吏徇士民请，檄大绅督工，逾年始竣。寻以曹县旧狱被议，罢职遣戍。新城、曹县民为捐金请赎，得免归。嘉庆五年，有密荐者，诏以大绅操守廉洁，兼有才能，办理城工、渡船二事，民情爱戴，引见，复发山东，摄福山，补朝城。大水，大绅以灾报，大吏驳简其分数，民感大绅，虽未获减征，亦无怨谤者。大绅又力以病求去，移摄青州府同知，寻擢武定府同知。捕蝗查赈，并著劳勩。以母老终养归，遂不出。卒，祀名宦祠。大绅素讲学能文章，在官公暇，辄诣书院课士。尝训诸生曰："朱子《小学》，为作圣阶梯，入德涂轨。必读此书，身体力行，庶几明体达用，有益于天下家国之大。"于是士知实学，风气一变。②

---

① （清）唐鉴撰辑《清学案小识》，商务印书馆，民国二十四年（1935），第206页。
② 《二十五史·卷十四·清史稿·上》，中国文史出版社，2003，第2273页。

《新纂云南通志》卷一百九十七列传九有《刘寄庵传》：

> 刘大绅，字寄庵，宁州人。少力学，工为诗古文词。乾隆中，举进士第，历山东新城、曹二县令。……掌教五华书院，时士习卑靡，干禄之文外，不知有学。大绅始以经、史、诗、古文教授诸生，曾选诸生诗刊之，曰《五华诗存》。又选其尤异者戴纲孙、杨国翰、池生春、李於阳、戴淳五人之诗刊之，曰《五华五子诗选》。著有《寄庵诗文钞》若干卷。道光八年卒，从祀乡贤、名宦二祠。

刘大绅（1747~1828），字寄庵，诗文家。除以上记载外，其生平事迹还在《清史列传》卷七五、刘鸿翔《刘青天大绅传》等有记载。桑炳斗有诗《和刘寄庵怀水仙原韵三首》，桑映斗并无与刘大绅唱和诗作留存，但可推测与刘大绅也有交往。

11. 宋湘

《古春风楼琐记》载《嘉应第一才子宋芷湾》：

> 清乾嘉间，岭南以诗名家的，称嘉应宋芷湾，芷湾名湘，字焕襄，清史列传二百七十，文苑二，附于冯敏昌（伯术）之后，除略述其科名政绩外，仅谓"诗学少陵，有不易居集"。中国人名大辞典所载较多一点，但亦只说"湘性豪迈，下笔具倜傥雄奇之概，诗磊磊落落，自成一家，有不易居斋集，丰湖漫草，燕台滇蹄论集而已。"……赴京会试，中嘉庆四年进士，散观后，以编修典试四川贵州，旋授云南曲靖知府。……后调广南，署永昌，皆有政绩。……①

宋湘为一代才子，在（民国）天台野叟著《大清见闻录·下卷》，黄克主编《中国历代名臣言行录·第五卷》，霍松林著《霍松林选集·第四卷·随笔集》等许多书籍中都记载有他的生平事迹。桑炳斗有诗《游凤眼洞访罗军门插戟处有怀芷湾宋太守》一首，"芷湾宋太守"指的就是宋湘，宋湘

---

① 高拜石：《古春风楼琐记》第十三集，台湾新生报社出版部，1981，第252页。

曾在曲靖、永昌任职，由此诗"怀芷湾宋太守"可看出桑炳斗与宋湘的友好交往。

以下还有与桑映斗、桑炳斗唱和诗歌的友人，因史证资料匮乏，未能查明友人的具体身份，不能一一介绍，将寄友人的诗作和诗中提到的友人姓名，列举如下：

木庭芳　　《过木庭芳山居》《重过木庭芳山居》《有怀木庭芳山居》

芷　舫　　《寄芷舫弟》《试后留别芷舫弟》

李心斋　　《检书见亡友李心斋之作》

杨柄南　　《省垣留别杨三柄南》《客岁初春约杨三柄南过近华浦，上大观楼话别不果来》

木保田　　《冬季过木保田家》

杨潜庵　　《和桃溪王明府杨潜庵暨澹亭舍弟，过祖锡李大，小饮原韵》《咏蕃剑用潜庵韵赠石轩》

马兰痴　　《少尉马兰痴，宦丽旋蜀。仆先世家于蜀，于其行也，怅然有感》《忆马兰痴》

木景山　　《检书得亡友木景山手迹》

苏炳阁　　《哭苏炳阁师》

王椒园　　《闻王椒园先生署永昌府二首志喜》

张　公　　《郡广文张公讳时，赵州弥渡人也。于先大父为里胥，擢洛阳令，致仕归。下世后遽已零落，有诗数卷未梓行，滇南诗亦未采入。检故麓得其集古赠先大父诸作，为之泫然！》

（三）僧人

桑映斗与僧人有所交往，有一些写僧人的诗作，如《读书玉峰寺僧舍》、《二年后重游玉峰山房房主僧已圆寂》、《解脱林僧嘉初久有游山之约，不果。因其还山，赋此送之》、《雪后解脱林僧见过》、《妻兄为僧名嘉，初坐禅于文笔山寺，临期，余适有务，计今不见，三阅矣》（二首）、《游石宝山第二日泛舟剑湖书寄方丈》等。诗中有提到"玉峰山房房主僧"、"僧嘉"（前文已讲到是"妻兄"）、"石宝山方丈"，还有桑映斗好友诗僧妙明。桑映斗与僧人有许多交往，时常交往聊天，交流诗作、禅宗、生活琐事，说明桑映斗有一定的崇佛思想，桑映斗、桑炳斗都有科举未中的经历，看到当地的起义战乱，怀有对时局不满的情绪，那么当桑映斗、桑炳斗心中情绪不宁时，时常与僧人方丈交流，一定程度上可以平静心情，修习佛法可以让自己对现实的态度有所改变。桑映斗、桑炳斗和僧人之间保持着友好交往，可以说是避世，也可以说是超脱。

（四）集会

桑映斗、桑炳斗与友人时常相聚吟诵，这实际上可以说是一种文人结社活动，《论语》有云："君子以文会友，以友辅仁。"桑氏家族成员与这些人的友谊，多是从谈学论道、品评诗文开始的，白居易《与元九思书》在谈及诗歌唱和之功用时曾言："小通则以诗相戒，小穷则以诗相勉，索居则以诗相慰，同处则以诗相娱。"文人交游，不仅为文苑佳话，也使得他们能借此达则相娱，穷则相慰。

在友人相聚的时候，题诗吟咏是结社活动的必要活动内容，也是诗人们抒发生命感悟、施展个人才华的手段。诗人们在黄山等清净雅致的地方相聚，在自然环境中，既得到了远离世俗的精神清净，又得到了山水景物的融摄，而从集会中得到最大程度的审美享受。而诗人们又会因友人分享的一个具体物品，互相赠诗，表现出文人喜文玩增风雅的情趣，互相赠答留下的诗作便是永久见证。诗人们也会记录宴饮聚会的热闹场景，生活中的闲适乐趣和诗酒流连成为文人结社活动的具体活动内容，觥筹交错既营造了聚会的现场氛围，同时也激发了文人创作的灵感。

1. 鹤栖柏

杨仲魁、马之龙、桑映斗、桑炳斗、牛焘、妙明、李樾等文人志士交往密切，他们时常聚会吟诵。一日，好友们相约于黄山慈云寺，正巧看到有鹤栖于古柏，此景为瑞兆，文人皆赋诗以纪瑞事，杨仲魁作《鹤栖柏》[①]（并序）一首：

> 盖闻泰运宏开，应景星庆云之瑞；纯风正茂，征奇鸟异兽之祥。当万历之甲寅，降仙子以跨鹤，飞从碧落，驾过黄山。世守木侯，道号生白，建光碧之巨楼，造南极之寿像。迄今二百余年，争传一时瑞事。道

---

① （清）杨仲魁：《黄山老人诗稿》，丽江古城博物院和丽江玉泉诗社编印本，2007。

光庚寅闰四月乙酉，黄山日出，空际鹤来，栖幢翠之古柏，向慈云之化城，洁羽鲜毛，留残雪于香树；闲情逸态，挂片云乎高枝。可望而不可即，映日梳风；愈老而愈有光，元精健骨。适脱仙子之乘，迥非凡鸟之品。初引领而北向，次鼓翼以南飞。山僧告予，毛款助兴，爰占俚句，以纪瑞征。

凌霄古柏据高巅，栖鸟何来绝似仙。禽树千年原有约，云烟暂接岂无缘。

飞从三岛毛欺雪，寄向一枝声闻天。不辨人民村落改，分明应瑞化城边。

桑炳斗作《庚寅又四月乙酉黄山慈云庵柏树有鹤来止和竹庐杨丈原韵兼示妙上人》：

龙树谈经最上巅，慈云普护铸金仙。守株不改凌霜色，羽化偏馀渡海缘。

声闻传果迷世代，来归奕叶证人天。黄山柏鹤留佳迹，瑞叶金沙玉水边。

妙明作《鹤栖黄山寺古柏（并序）》[①] 二首：

净莲古刹，据黄山之幽绝处也。寺北直对雪山，嵫崎蒙茸，攘别修平，涉而成趣。名曰：映雪。园中有古柏一株，不知其几历年所矣。老干支离，槎枒突露，莫可名状。道光十年，闰四月廿三日清晨，予诵经之次，有白鹤栖止其杪。莫知所自来，有山童告余。诵经毕，出而凝视久之。曰：此白鹤也。胡为乎来哉？少时直向北飞去。因叙其异，以诗读之。

其一

千年古柏护灵祠，白鹤栖依最上枝。

苍翠疏阴挺直节，清癯仙骨系遐思。

---

① （清）妙明：《妙明诗存》，丽江古城博物院和丽江玉泉诗社编印本，2007。

神游佛国连三岛，路绕云霄达九遠。

忽过衡阳归独晚，缑山月白正鸣时。

其二

黄山高处柏参天，时集仙禽亦偶然。

玉骨清标松柏志，芳心旧结水云缘。

征行北响迷关塞，曲奏南飞破成烟。

顾影徘徊时独立，听经鹿苑小游仙。

李樾作《庚寅闰四月二十三日慈云庵古柏有鹤栖止和竹庐老人原韵二首》[①]：

其一

千岁胎禽品格稀，冲天逸翮傲齐威。

寿星跨去留仙迹，古柏栖来把瑞晖。

韵事传疑谈凿凿，禅心入幻想非非。

三株旧绕琼林树，偶向黄山佳处飞。

其二

楼笛缑笙怅久违，仙才自古叹知稀。

骑从阆苑曾高会，谪下云车带旭晖。

证佛妙参禅外偈，对人羞弄舞时衣。

珊珊终是蓬莱骨，莫向尘寰低处飞。

杨仲魁、桑炳斗、妙明、李樾四人的"鹤栖柏"之作，写出了友人集会的惊喜感，相谈甚欢之时，看见有鹤栖古柏，遂纷纷作诗，借此祥瑞抒发诗情。文人集会平时多吟诵诗作，相互赠答，切磋诗艺，同时也是友人之间增进感情的良好方式，此"鹤栖柏"之作，既有以纪瑞征的纪念意义，又有友人集会的情感意义。

2. 太湖石

桑映斗作诗《妙明和尚蓄有佳石，以诗索之，作此以赠》，桑映斗得知

---

① 《纳西族诗选》，第136页。

好友妙明得一太湖石，"以诗索之"，作诗寄妙明，想要看一看奇石：

> 我似人间一谪仙，偃蹇入世二十年。初心端不负林泉，世无青眼谁我怜。
> 黄山瞿昙心镜圆，与石为友无言诠。袖中东海玄又玄，笑携玉龙担双肩。
> 几百回寻白云边，抱归方丈三日眠。皱透秀与妙入腠，云根乃作百孔穿。
> 三岛九华相钩连，即以鬼斧工磨镌。苏公大笑米老颠，仇池忽作世间传。
> 思子游历遍岩巅，胸中吐纳饱云烟。须弥芥子混大千，无着无住宁非然。
> 如何宝此石一拳，无乃贪尘未尽蠲。我有癖根谁能痊，不可转也三生缘。
> 我了心愿子通禅，一举手顷道两全。此理然敬问法筵，居士新哦索石篇。

妙明在看到桑映斗的诗作后，回诗一首《和桑沁亭先生以诗索石原韵》①：

> 自生学佛亦学仙，不露形踪娱天年。高卧黄山饮玉泉，悠悠世事叹可怜。
> 恨无知音辨理圆，聚名为徒演真诠。石亦点头悟幽玄，九华五岳欲比肩。
> 移来袖里置枕边，梦魂旋绕不成眠。透瘦秀润妙于腠，峰峦联络羊肠穿。
> 何假人工巧匠镌，云根玲珑我性颠。呼兄下拜自米传，凌晨真上雪山巅。
> 五日遨游披雾烟，世界如掌观三千。奇人奇石遇偶然，不重七宝重

---

① （清）妙明：《妙明诗存》，丽江古城博物院和丽江玉泉诗社编印本，2007。

石拳。

诗人索石贪即躅，石为淡友俗乃痊。以诗换石是清缘，同证生公一指禅。

彼此两得道兼全，澄心默对静几筵。

漓淋大笔赋新篇。

牛焘在得知妙明得奇石之后也作诗《妙明归山携一太湖石，因赋三绝》：

其一

本是蓬莱一谪仙，几年沦落太湖边。

三生为有林泉约，风雨相随证佛前。

其二

灵槎一泛织机空，寂寞成都卜肆中。

谪降不知缘底事，一年一度怨秋风。

其三

由来混沌凿无功，羡尔玲珑穴窍通。

石若无情不易老，只今一个白头翁。

妙明得牛焘诗之后，回诗三首《和携石归来原韵三绝》：

其一

怪石奇逢贾浪仙，携归袖里苍洱边。

无情也解生公法，黯然头白点头前。

其二

瑶岛飞来意不空，云根有约几生中。

整袍下拜同其介，胜比元章擅古风。

其三

炼就娲皇造化功，徐留天眼窍灵通。

凿开混沌顽心破，为偶玉龙作文翁。

此四首"太湖石"之作，体现了文人好友间的雅致之情，好友得知妙明得奇石的消息后，纷纷作诗，想要一睹奇石，妙明又一一回诗，将喜悦之情记录在诗内，而友人收到诗作也体会到了妙明的心情。友人们作诗是表示对妙明得奇石的祝贺，妙明回诗作是感谢和分享了自己的喜悦。友人集会不仅体现在聚众宴饮上，也体现在寄诗传意上，此"太湖石"是寄诗传意的开端，表现了友人间相同志趣的默契，由"石"传诗，诗中写"石"更传诗情。文人集会既是以诗传情，由"石"到"诗"再到"情"，简单的寄诗寄托了友人间的情谊，当友人日后看到此前诗作之时，会回想到"石"，更会想起那份"情"。

3. 聚会

有些诗如《大佛寺会课夜呈同社诸友》，写了"诸友"一起在大佛寺，夜晚诵经之后大家一起写诗的场景；《冬夜木府宴集》，写了冬日夜晚木府众多宾客宴饮的热闹场景；《重九与同人有登太华之约阻雨不果》，写了重阳之时大家一起相约登太华山而下雨没去成的事情。这些友人相约集聚的场景，或是吟诵，或是宴饮，或是出游，友人们相约出行，事后诗人将事件写入诗中，此类记录众人集聚的诗作，多是简单记录事情发展去向，后人从中看到的是诗人和友人相聚的点滴，从简单的记游诗中也看到了诗人乐于交友的一面。

桑映斗、桑炳斗与友人们的集会，在当时的丽江是具有历史意义的文学现象，诗歌创作是结社活动的主要内容，多吟咏山水或文玩物品、宴饮场景。参与集会的多为丽江当地较有名气的文人，有未科举中第的文人，如桑映斗、桑炳斗等；也有入仕为官的文人，如牛焘、李樾等；也有生活隐逸的文人，如杨仲魁、马之龙等；也有诗僧妙明。在历经风波之后他们各自的政治焦虑在日常生活中逐渐淡化，相聚集会正是他们通过吟诵题诗来达到放空身心的自我关怀。诗人们在题诗集会中追求的是诗人之间的流畅互动和自由体验。集会的文人大多是丽江当地较有名气的文人，创作诗歌水平整体尚可，在丽江当地具有一定的历史文化意义，丰富了丽江当地的文学史料，使人能够超越时空去感知清代丽江地区曾经的风雅兴致。诗歌作品反映了文人的心灵活动，呈现出了超脱于文学性之外的历史意义，值得予以肯定。

四　桑映斗的诗歌

进入清代，诗坛并未展现衰周弱鲁的迹象，而从开国伊始的宏阔宽大发展走到中叶的拟古之风，既有钱谦益、吴伟业等人的富丽堂皇，又有袁枚、赵翼等人的独抒性灵。身处远离政治中心滇西丽郡的桑映斗，在创作上并未沾染拟古风气，笔墨自然。桑映斗在文学创作上独有自己的主张，诗歌创作坚守心怀家国人民的情怀，追求抒发性情的诗作。

（一）《铁砚堂诗稿》

1. 版本

先来看《铁砚堂诗稿》的版本情况。

国家图书馆藏有《铁砚堂诗稿》卷一，民国钞本，可称为国图藏本，图9－1、图9－2为《铁砚堂诗稿》书影，图9－3为《铁砚堂诗稿》后记，由后记第三、四行可知，桑映斗后裔家中藏有《铁砚堂诗稿》手抄本一至四卷，称为桑氏后裔藏本，但当时为1982年，如今其后裔家中是否还藏有古籍，有待考证。

由后记第四、五行可知，鲍萃杰对桑氏后裔藏本进行重新抄写，并对其中的错讹之处进行订正，此为鲍萃杰抄本，由后记可推测鲍萃杰抄本可能形成于1982～1999年之间。

图9－1

图9－2

图9－3

由后记第十一、十二行可知，丽江杰出画家文浩之子长剑君有另一抄本，可称为长剑藏本，由后记可知此为 2007 年以前找到的抄本，今是否还藏有古籍，有待考证。

由后记第十一至十四行可知，李世宗与玉泉诗社根据鲍萃杰抄本、《丽郡诗征》卷二、长剑藏本互相参阅对照，后由丽江古城博物院与丽江玉泉诗社编印《铁砚堂诗稿》，可称为玉泉编本，四卷，一册。此本四卷完整，本章因而以玉泉编本为底本进行研究。

玉泉编本《铁砚堂诗稿》，存诗 451 首。卷一诗 115 首，卷二诗 101 首，卷三诗 124 首，卷四诗 111 首。从各卷诗作占比情况看，卷一占 25.5%，卷二占 22.4%，卷三占 27.5%，卷四占 24.6%。除了整本有留存外，依然有零星散佚诗作，如（民国）《新纂云南通志》卷七十七载：桑映斗"诗名噪当时，其诗多散佚"。接下来看散存情况：

《滇诗嗣音集》卷二十录诗 18 首：《调琴》《示学徒》《瓶花》《雪后解脱林僧见过》《马子云以端砚见示》《莫恼翁》《斗鸡行》《宴鸿门》《采黄独》《水楼晚霁》《对雨》《秋晚上黄土坡》《冬日郊行》《宿禄丰县》《秋夜即事》《读书芝山僧舍》《约同伴登黄山小憩南坛不至》《车家嶍那丈留宿》

（光绪）《丽江府志·艺文志》录诗 4 首：《土兵行二首》《听人说过太子关》《元世祖驻跸处》

《丽郡诗征》卷二录诗 58 首：《调琴》《烹茶》《六昔诗》《示学徒》《瓶花》《城边路》《野寺》《雪后解脱林僧见过》《土兵行六首》《宿木氏岩脚院呈内弟辈》《黄山佳庐晓眺尤美》《夏日漫兴》《过木庭芳山居》《宿青华铺》《五华怀古》《鹤庆道中上眠龙洞》《酒薄》《南诏碑》《万人冢》《马子云以端砚见示》《莫恼翁》《斗鸡行》《宴鸿门》《采黄独》《水楼晚霁》《对雨》《秋晚上黄土坡》《冬日郊行》《宿禄丰县》《秋夜即事》《读书芝山僧舍》《约伴登黄山小憩南坛不至》《车家嶍那丈留宿》《石宝山纪游百韵》《感成》《游石宝山第二日泛舟剑湖书寄方丈》《首夏即事》《子夜诗》《雪院松》《文笔峰》《文笔峰下龙潭》《游木保龙潭遇雨》《春日过杨竹塘园林》《首夏》《对镜》《种兰》《田

家诗》《咏怀集古》《种菊》《书斋壁》《出塞》《野庙曲》《万人冢》

2. 形式

诗集共有 451 首诗，从句型角度量化分析可见，七言律诗 159 首，占 35.3%；七言绝句 74 首，占 16.4%；五言律诗 80 首，占 17.7%；五言绝句 26 首，占 5.8%；杂言诗 112 首，占 24.8%。七言、五言历久长存，刘大白在 《中诗外形律详说》中讲道，七言诵读时分为四节，五言诵读时分为三节，七比 四与五比三，都比较接近黄金分割，以此为七言、五言流传广远的美学依据。 在字面配置上的形式上仍有多种，下列条目是对诗集 451 首诗进行的句型分类：

（1）七言律诗 159 首。

卷一　17 首

《读书玉峰寺僧舍》《秋夜即事》《春兴》《问相》《黄山怀古》 《丽水怀古》《春日过杨竹塘园林》《元世祖驻跸处》《太华寺》《有 怀杨竹塘园林》《观书》《送人第二日作》《立夏漫兴》《夏日漫兴》 《首夏二首》《二年后重游玉峰山房房主僧已圆寂》

卷二　32 首

《偶成》《北门楼》《宿梁王山》《立春日即事》《小雨》《春阴对酒 有怀》《秋晴与诸弟望黄山，约同登不果，因成独游，即以示弟》《登 榆城西楼》《榆城冬杪夜坐口占》《秋试旋里雨中过榆》《班山杨状元 写韵楼》《不出二首》《秋兴三首》《秋分夜对月》《感拈》《秋柳为感 旧咏二首》《有怀外甥杨道南入都》《丙戌春兴诗八首》《少尉马兰痴， 宦丽旋蜀。仆先世家于蜀，于其行也，怅然有感》《对盘桔读楚词》 《邵广文张公讳时，赵州弥渡人也。于先大父为里胥，擢洛阳令，致仕 归。下世后遽已零落，有诗数卷未梓行，滇南诗亦未采入。检故麓得其 集古赠先大父诸作，为之泫然！》

卷三　71 首

《秋燕》《解脱林僧嘉初久有游山之约，不果。因其还山，赋此送 之》《南朝二首》《海心亭畔望西北一带诸山，悠然颇有旅思》《五华 怀古》《秋感》《留别牛舍万》《归途秋晓》《车家嶝那丈留宿》《抵吕 阁》《金鸡庙马上口号》《书馆漫兴》《南门外观音阁小憩》《观音阁观

荷小饮》《宿解脱林》《上巳前后，玉溪夹岸，野桃盛开，沿溪寻去，
得盘石可坐》《和桃溪王明府杨潜庵暨澹亭舍弟，过祖锡李大，小饮原
韵三首》《晓发姜营》《象山龙祠小憩逢马子云》《夜雨不寐有感叠韵
四首》《松桂傅国公庙》《过宾川州》《王桃溪再官于闽，抵任以纪程
诗见寄》《冬季过木保田家》《连阴欲雪》《过白沙村》《北纲弟园》
《丁丑初春小病后赴石渠游山之约》《丙子冬季报荒不究二首》《白马龙
潭边海棠开时无岁不赏，不见今两阅岁矣。偶见折枝，为之怅然》《赠
西藏通事松那农布》《株桂，数十年物也，今春病枯，因雨移植》《赠
马子云自南游归》《丙戌生日作诗一首，越翌日，依上下平韵得诗三十
首。言无次第，以志一时之兴感云耳（三十首）》

卷四　39首

《坚卧》《加餐》《击磬》《吹笛》《闻钟》《赏雨》《秋兴用杜原韵八
首》《试后十六夜同弟玩月》《闱中感拈》《试后留别芷舫弟》《万人冢
（其一）》《秋夜独坐》《妻兄为僧名嘉，初坐禅于文笔山寺，临期，余适
有务，计今不见，三阅矣（二首）》《甲申人日午饮薄醉小憩南坛》《假买
塘吊杨升庵》《瞻楚雄城内杨畏知祠》《感成》《圆通阁秋眺》《约伴登黄山
小憩南坛不至》《重阳上玉音楼》《重过木庭芳山居》《有怀木庭芳山居》
《宿青华铺》《除夕云南驿》《净莲寺山行》《高嵢谒杨升庵像》《五华晚
眺》《鹤庆道中上眠龙洞》《初春喜归》《春尽有怀马子云》《南诏碑》

（2）七言绝句74首。

卷一　24首

《书馆外有荒园》《瓶菊》《湾桥道中遇雨》《山房初月》《山房小
雨》《山房牡丹》《山房偶出》《近华浦闻邻舟度曲二首》《咏史七绝十
首》《出塞》《曹家馆》《海心亭二首》《早发三营》

卷二　16首

《检书得亡友木景山手迹》《榆城春旅》《榆城送客》《杨升庵乐府题
词》《哭苏炳阁师》《寄杨守园》《寄杨竹塘（二首）》《冬夜木府宴集》
《南北曲》《听筝》《经春燕子不至》《柳枝词三首》《首夏约赴郊游》

卷三　18 首

《重九与同人有登太华之约阻雨不果三首》《苴力铺》《乌夜啼》《食花鱼四首》《漫题》《蓝田叔画帖》《仇十州画卷（六首）》《遣闷偶题》

卷四　16 首

《秋晚郊行》《首夏即事二首》《铁砚楼自遣四首》《别观音山》《雏燕诗为邻氏孤儿赋》《检书见亡友李心斋之作》《昆明竹枝词四首》《郊行过白马里寺》《渔父词》

七言律诗 159 首，七言绝句 74 首，七言诗共 233 首，占全部诗歌的 51.66％。七言近体诗有"上四下三"的句型，以下举几首具体诗作进行简要分析，如《春兴》：

> 可能百事不如人，亦既迂疏就隐沦。
> 燕语陪君经夕话，花开还我十分春。
> 吾徒寡过无如默，下士守身只耐贫。
> 剩有著书消岁月，床头铁砚结前因。

此诗四联都为"上四下三"的句型，通读全诗，语音流畅。首联多为虚词，写明诗人的心境，"隐"字表明诗人春天想要心静隐休的想法。颔联有拟人手法，"燕"和"花"陪我说话看春光，写出了诗人在自然中独自"隐"的状态。颈联多为虚词，又写诗人"隐"的状态为"如默"和"耐贫"。尾联颇有调侃语气，写出了诗人"隐"生活的今生和前世，用时间对比表明了诗人的"隐"士心境。

如《试后十六夜同弟玩月》：

> 今夜今宵非故乡，客情客思倍清凉。
> 风回树上秋如水，月到庭前地满霜。
> 丛菊留花香晚径，孤灯有弟对匡床。
> 可能更学苏从事，相和题诗兴未央。

此诗四联都为"上四下三"的句型，流水对简洁明了，读来平滑流利。首联两"今"两"客"相对，强调了时间和身份，加强了"非故乡"的状态和"倍清凉"的心境，首联即为"十六玩月"的特殊时节奠定了"清凉"的基调。颔联上句是"风回树上"的空间状态转到"秋如水"的时间状态，时空相对，下句是从"月到庭前"的远处虚景转到"地满霜"的近景实景描写，远近对比。颈联是由外部环境"花""香"描写转到屋内诗人自身"孤"和"弟"的状态。尾联转到诗人想象，为了缓解身在"非故乡"的思乡之情，两人可以和诗解闷。

再如《检书见亡友李心斋之作》：

> 淡月和烟读楚词，寒灯无焰影离离。
> 思君一逝今三载，未见河梁别后诗。

此诗四句都为"上四下三"的句式，诗人怀念友人的心绪和常格句型的起落结合得很好，读之感到诗中淡淡的哀思。首句写明诗人此时的时间状态，月夜下读"楚词"；二句写近景，烛火无焰投射的影子也"离离"，其实是诗人自己的心境；三句突接"思君"，友人去世已经三年；四句"未见"与题目"见"形成翻叠，题目点明见到友人遗诗睹诗思人，而尾句写未见"别后诗"，其实是友人去世后诗人便再不能收到友人的赠诗。"河梁"用典汉李陵的"携手上河梁"，曾经的送别诗，已成诀别诗，用此翻叠反转，突出了诗人的悲伤感叹之情。

（3）五言律诗80首。

卷一　36首

《荒园》《清明即事》《忆园》《近华浦晚棹》《读〈茶经〉》《秋怀（其一）》《水楼晚霁》《郊行》《咏史五律二十首》《大佛寺会课夜呈同社诸友》《忆玉峰寺山房》《燕》《高家寺山行》《凤眼洞四首》

卷二　13首

《秋晚上黄土坡》《冬日郊行》《黄山佳处晚眺尤美》《听人说过太子关》《归家示诸弟》《讼事久稽，同事某久游于外，今夏始自浪沧归》

《啤雀争枝坠》《忆弟》《暮春》《独酌》《长昼独饮，愁吟不绝，家人有言，亦可念也》《忆马兰痴》《东山下过野人居》

卷三　14首

《雪后解脱林僧见过》《对雨》《何以消烦暑》《晚景》《过刺沙郭四招饮》《郊居》《闺情》《愁》《泪》《晏公庙山行二首》《咏怀集古》《丙戌四月十三日连日阴雨，四山皆有雪积》《省垣留别杨三柄南》

卷四　17首

《游石宝山第二日泛舟剑湖书寄方丈》《宿禄丰县》《晓泊高晓》《杯酒》《甲申腊月过观音山寺二首》《酒薄》《玉龙山神祠》《雪松院》《游文笔山》《残灯》《秋扇》《故衫》《老马》《断钗》《废镜》《纪梦》

（4）五言绝句26首。

卷一　5首

《瓶梅》《进耳寺访杨敬庵》《梁上燕》《马子云以番刀见示》《丽江寺山行》

卷二　1首

《山坳》

卷三　10首

《黄家坪午尖》、《山行》、《秋晚四咏》（四首）、《澹亭种花四首》

卷四　10首

《古木卧平沙》《问梅》《笼雀》《拟子夜诗二首》《过木庭芳山居》《寄芷舫弟》《野寺》《晚霁》《新秋》

五言律诗80首，五言绝句26首，五言诗共106首，占全部诗歌的23.50%。五言近体诗有"上二下三"等句型，以下举几首具体诗作进行简要分析，如《愁》：

眉弯一寸强，心乱万丝长。

最怕花迎面，生憎月到床。

江淹怀南浦，宋玉赋高唐。

懊恼何时甚，挑灯更断肠。

首联"上二下三"，上句实写眉毛低耸的愁容表情，下句虚写心乱好像生出许多乱丝缠绕。颔联"上二下三"，有"感时花溅泪，恨别鸟惊心"之感，人心的主观情感影响到对客观景物的判断，"花迎面"和"月到床"都是自然景物的客观状态，但诗人的主观情绪"愁"扰乱了对景物的正常观察，由"愁"引起的"怕"和"憎"，使得诗人抗拒"花"的积极"迎面"和"月"的温柔"到床"。颈联"江淹"心怀"南浦"，"宋玉"歌赋"高唐"，用典写出了送别和美景，颈联突写书中事物，看似突兀，实则可能是诗人烦愁时想要读书解愁。尾联"上二下三"，写到诗人夜里挑灯读书的时候更"愁"，"更断肠"。

如《贾长沙傅》：

屈原今不见，楚水为谁咽？

明主知才子，大臣挤少年。

治安匡一代，风骚继前贤。

得失寻常事，如君最可怜！

首联"上二下三"，写出诗人心想屈原，楚水依旧而屈子不见，司马迁对屈原、贾谊寄予同情并作合传，后世常称"屈贾"，首句写屈原引入贾谊。颔联"明主"知遇"才子"，而"大臣"排斥"少年"，上句和下句翻叠，同时照应首句屈原的遭遇，更点明了题目人物贾谊，即"贾长沙傅"的境遇。颈联贾谊的"贤"是能够辅佐帝王、匡扶济世的，后接尾联"上二下三"，虽有世俗之语，得与失都是寻常之事，可诗人还是为贾谊的命运感到惋惜，叹其"最可怜"。

（5）杂言诗112首。

卷一　33首

《早起》、《莫恼翁》、《对境》、《秋怀（其二）》、《秋怀（其三）》、

《宿木氏岩脚院内呈内弟兄辈》、《课扫地示学徒》、《首夏木氏亭子晏坐六韵》、《行路难》、《甲戌积雨遣怀》、《喜晴次前韵》、《澹亭见和复次前韵》、《玉峰山房四咏》（四首）、《咏楚汉间事古诗九首》、《阅〈云南通志〉咏古四首》、《野庙曲》、《瓶花》、《晚窗读书》、《马子云以端砚见示》

卷二　39 首

《剑川杨守园以文文山画见赠，上有文山自题诗云：疏林带雨翠突兀，宿霭拂树青陆离。一段清光曾记取，楞伽山下雨来时》、《雏雉叹》、《续正气歌》、《沁亭六歌》（六首）、《积雨遣怀》、《约课阻雨不至因寄》、《秋晴小饮》、《甲戌九月初三生日喜晴》、《九日小饮》、《斗鸡行》、《黄雀行》、《蟋蟀曲》、《缲丝叹》、《别离引》、《莫相疑行》、《击瓯歌》、《咏史》（七首）、《公无渡河》、《射雉媒》、《文笔山下有潭，云出即雨。郡志所载风雨龙潭即此》、《游木保龙潭遇雨》、《美女篇》、《种种发三首》、《种兰》、《田家诗》（二首）

卷三　11 首

《种葵花》《社仓谣》《平桌》《牛吒吒》《大麦黄》《采矿谣》《秋恨篇》《壬午生日》《对雪吟》《妙明和尚蓄有佳石，以诗索之，作此以赠》《书斋壁》

卷四　29 首

《齿摇词》、《种菊》、《土兵行》（六首）、《石宝山纪游百韵》、《见月行》、《鹤庆道中松桂南庄坡望见雪山》、《盆松》、《万人冢（其二)》、《有画兰石而书长公春兰如美人诗于上者》、《决绝词》、《白鹭行》、《六普诗》（六首）、《废刀叹》、《城边路》、《雪山歌》、《那公战马行》、《树蠹引》、《采黄独》、《石鼓谣》

杂言诗112首，占总诗的24.83%。杂言体是突破句型限制的常见诗体，诗人摒弃句式整齐的格律，力求新变，通过情绪的激荡起伏，来决定诗句的参差长短。桑映斗诗集中有较多的杂言体诗，表明他写诗时的情感力度有激昂亢奋之时，也有浅浅低吟之时，情绪的波动带动句式的变化。以下用具体诗作进行简要分析，如《行路难》：

明珠辨孟劳，蜀锦制征袍。

美人抱琵琶，金樽斟葡桃。

对之忽不怿，挥手出蓬蒿。

可怜信陵已千载，朱家剧孟非吾曹。

东西南北谁为主，丁家都护乡曲豪。

书生穷途作壮语，有如枥骥时一号。

行路难！黄河水深太行高。

《行路难》原为《乐府·杂曲歌辞》旧题，古乐府道路六曲之一，其内容多写世路艰难及离别悲伤，多以"君不见"开篇。诗人也写行路难，诗中有五言六句，七言六句，杂言一句。首联"上二下二"，"辨"和"制"两个动词串联前后名词。孟劳者，鲁之宝刀也。蜀锦征袍，为明崇祯称赞女中豪杰秦良玉。首联表达了诗人想要有一番作为的心愿。二联"上二下二"，"抱"和"斟"动作串联前后名词，化用"葡萄美酒夜光杯，欲饮琵琶马上催"的战争氛围描写，暗指诗人所处时代时有战乱。三联"上二下三"，忽然感到不高兴，诗人自嘲是"蓬蒿"。四联"上四下三"，上联为五言，此联接七言，表明作者情绪开始高涨，战国时信陵君的威名已载入史册，过去千年，只能遥想，可诗人自叹不是朱家和剧孟这样的侠士，无法仗剑天涯。五联"上四下三"，直写诗人时代的现状是武断乡曲，有民间势力横行霸道，扰乱民生。六联"上四下三"，也直写诗人自身心有抱负想平复战乱，但一介书生只能空叹，不免流露哀情。此时情绪哀缓，诗人发完感叹，尾联接杂言，上句三言，直写"行路难"，诗人借乐府旧题叹世事艰难，下句犹有"欲渡黄河冰塞川，将登太行雪满山"之意，"黄河水深"和"太行高"都喻世事艰难，呼应题目"行路难"的背后寓意。全诗从前三联五言的渲染时局氛围，到中三联七言的悲愤时事的高亢情绪，再到尾联三言与七言的杂言感叹我之无奈，从句型的不断变化之中，我们就感受到诗人在心中有感而发作诗之时真实的情绪变化。

3. 艺术手法

（1）结构。

诗的结构，外形看较为具体，前人在分析章法、脉理上已有许多成就，如起结开阖、钩挑呼应、回互周旋等。而此文简要从承接、交综、翻叠、对比等方面对诗集进行梳理。

①承接。

承接中有四联一意联贯的直联结构，如《冬季过木保田家》：

> 处处烟寒水落堤，篱空豚栅少鸡栖。
> 桥边老木疏于画，荒后村童黑似鬒。
> 霜意渐浓鱼罟静，麦苗初茁雁声低。
> 莫言野兴萧条尽，会有升平饱藿藜。

诗一意直下，写出了在冬季路过友人家中看到的景象，平铺直下。气候寒冷，故觉烟也寒，水流冰冻，再看篱笆里少有鸡禽活动。村里的桥边老木、荒后村童表现出萧条的景象。颔联写出村中经受寒冷和饥荒的样子，"鱼"和"雁"突出了此时难挨时节的具体情景，鱼罟静，雁声低，用反衬的手法，表现出冬季的清冷景象。尾联作者据景感叹，触景生情。全诗四联，句句直下，直接描写眼前景物，诗人再由景生情。如《黄山佳处晚眺尤美》：

> 落日下西山，余晖在树间。
> 最佳秋是气，妙与晚相关。
> 到处人烟碧，谁家笛思闲。
> 此时一樽酒，静对更开颜。

诗四联直联而下，写出了诗人在黄山夜晚赏景的景色和心情，首联点出时间即将落日，颔联表明诗人很喜欢傍晚赏景，因晚时有"妙"。颈联写站在山坡上远眺满眼人间烟火，心中可能有些许想家，"笛声"意象表明作者此时心境，尾联写诗人看见美景心情很好，却未有美酒可饮之。四联景情相对，直接写出景物和心情。再如《有怀杨竹塘园林》：

> 君家最是美园林，不到几时思不禁。

> 远岫迢迢青入幛，修篁袅袅翠成阴。
>
> 霜松一箸尝秋味，白酒盈瓶酿赋心。
>
> 何日渊明归栗里，双柑相对听鸣禽。

首联直写诗人忆起友人园林，颔联字眼"青"和"翠"点明诗人记忆里园林是绿意盎然、生机勃勃的样子，叠词"迢迢""袅袅"写出了视觉上青山和竹林繁茂的样子。颈联字眼"尝"和"酿"，用通感味觉的方式，写出了诗人对秋季和冬季园林的感觉，"尝秋味""酿赋心"，秋季品尝收获果实，冬季畅饮温暖美酒，诗人通过微小动作的描写，增强了怀念园林的代入感。尾联由园林遥想陶渊明归隐，突出了友人园林之美，让诗人难以忘怀。四联直写怀念园林四季时节，首尾呼应想念之情，明朗易晓。

　　承接里还有突接，在描写的时候，一句写完，下句直起另写，转写其他事物，虽感突兀，却可跳脱烦冗。如《对雨》：

> 黄梅时节雨，只在树梢头。
>
> 径里苔频积，林中笋暗抽。
>
> 懒成经月坐，诗竟一旬休。
>
> 瑟缩茅檐下，何时得免愁。

首句写时间情景，为黄梅时节。颔联写景，字眼"苔"和"笋"，实词使全句光彩生动，写出了苔和笋在雨季茁壮生长的动态感。颈联由上句景物描写突接诗人自我描述，写自己生活中的闲散。尾联写诗人在雨季里缩在屋檐下，有着淡淡的愁思，后两联即为诗人自身状态描写。由前两联的时间景物描写，突接动作状态描写，突入动态，凸显句意紧凑。如《山房初月》：

> 长林渺渺近黄昏，新月初三觉有痕。
>
> 客又不来僧又去，一枝黄菊招诗魂。

第一句写诗人在深林寺里，已是黄昏，第二句看到此时初三日天空中的新月，第三句突从景接事，邀请的友人还没到，而僧人等了一会儿又走了，第四句写诗人寺中独自读诗等候。前联写景，后联突接叙事，两个"又"表现了客和僧都不在，只有作者自己，前两句渲染夜晚气氛，被后两句作者独自一人等待的情景打乱，诗人一人读诗寂静，却突出前两句的氛围更加幽静。

②交综。

交综，指诗的句意交综呼应。诗是一个整体，前后首尾，平行斜对，都有呼应开阖。有秩序的交综呼应，如《首夏即事》（其二）：

> 一觉清簟午不知，日移槐影过阶迟。
>
> 闲窗醒却吹笙梦，正是茶瓶欲沸时。

上联写诗人夏日午睡，午睡时间较长，醒来槐影较长，以槐影喻时间推移。下联照应上联，上联为引起下联，睡醒后窗外吹风，煮茶已熟。上下两联照应交综，描绘出午后小憩闲适的状态。

如《石宝山纪游百韵》：

> ……
>
> 由关过钟山，视下如泅洑。
>
> 由钟山上关，有如窥天阙。
>
> 下关面在空，势难用匍匐。
>
> 上关面在壁，犹可转轴辘。
>
> ……

此诗有百句，其中四联呈有规律的交综照应形式，上引一、二句写出关上钟山，视下河流湍急。三、四句写从钟山入关，向上看山峰高拔雄峻。五、六句照应一、二句，下关面陡峭，下坡需谨慎小心。七、八句照应三、四句，写上关面峭壁难爬。此八句都描写了山的危岩陡峭、形势崎岖，更用一、二句和五、六句照应，三、四句和七、八句照应的"分应格"结构，用有秩序的交综照应结构来突出山体的陡峭。

如《游石宝山第二日泛舟剑湖书寄方丈》：

> 石宝足上尘，洗向剑湖心。
> 忽忆山中梦，回眸嘱远岑。
> 橹声既在耳，松风有遐音。
> 师或如话我，水浅荻芦深。

首联写诗人登石宝山，在剑湖上泛舟，是游览状态描写。颔联忽转回忆状态，想起此前和方丈在山寺谈论的场景。颈联又转景物描写，照应首联泛舟湖上的状态，写了划船时的桨橹声，同时还伴有阵阵风声。尾联又转回忆状态，照应颔联，想起方丈对自己说的话，水浅和荻芦深，本应为水深和荻芦浅，反衬对比的手法，突出了眼前湖景和心中所想的状态，见到方丈叙旧后离别又寄诗，升华了思念方丈之情。

如《种兰》：

> 种花当种兰，种兰当屋阴。
> 兰香与兰息，臭味独相亲。
> 露下见兰德，霜下见兰心。

此诗恐有遗失，只留三联。第一联写诗人要种兰花，种在阴凉处。第二联写兰花的气息与香味，嗅味清香，惹人喜爱。第三联写兰德高贵，兰心坚韧，诗以兰花喻高洁品德，心羡兰花的美好。而三联中，第一联用"种兰"顶针，第二联照应第一联接写兰花气息，第三联呼应第一联，顺第二联而写兰花的品质，三句皆照应。而句式上也用了"上二下二"，以第一联为例，用"当"字隔开"种花""种兰"和"种兰""屋阴"，形成五言里"上二下二"的句式形式，有参差错乱之美。

再如《烹茶》：

> 拾松烹茶，茶有松气。
> 茶欲熟时，松声如沸。

诗写烹茶场景，一句写两个动作，拾松和烹茶，总领全诗。二句写用松枝烹茶使茶有松气。三句写茶快烹好的时候，四句紧接写了茶快烹好松枝燃烧的状态，视觉转听觉，写了火在燃烧时与松枝产生"噼里啪啦"的较大声响。一句总领全诗，二句嗅觉描写，一、二句用"茶"顶针相连。三、四句照应一、二句，三句写时间状态，四句为听觉描写。四句"茶""松"互相参差，交综照应，两字多次出现，点名题旨。

交综还有辐射式交综，纲领在首联，首联总摄全诗，如《听人说过太子关》："闻道边关路，由来险不平。天宽争地窄，山势让江声。虎过经宵迹，魅蹄白昼行。沙盐与乳酒，喷喷说夷情。"首联开篇点明诗人听闻边关凶险。颔联写边关地势险峻，颈联写边关有猛兽出没，尾联写诗人听在边关有亲身经历的人讲述边关凶险的故事。全诗四联皆由首联总领，首联呈辐射交综形式。再如《春日过杨竹塘园林》："柴门无客昼长关，难得幽居事事闲。小闸放时来活水，短墙缺处补春山。诗成酒醉香微后，梦在花坪竹坞间。占尽春城风物美，我来载酒一开颜。"首联点名诗意，诗人拜访友人，想象友人近日悠闲的生活状态，"闲"字写出诗旨，以下描写皆由"闲"引领，皆照应"闲"。颔联写园林内场景，小闸流水、短墙有缺说明友人在家时可有修整园林的事做。诗人与友人相聚饮酒后，梦到身在花竹之间。尾联写诗人酒后畅饮心情好，称赞友人园林的景色堪比春城。后三联的景色、心情描写皆由首联引出，首联点明诗人和友人的闲适状态，首联辐射交综照应全诗。

还有尾联交综照应全诗的，如《登榆城西楼》："十九苍山压郡楼，溪泉十八绕城流。中峰特镇诸蛮肃，洱水平铺一鉴浮。鼓角顺风声自健，烟花落日使人愁。乡园北望如回首，家在西迤最上头。"首联写诗人登高俯瞰榆城，四周苍山、溪流环绕的景物状态。颔联有写景有议论，有苍山和洱水的静态景物描写，也有诗人议论历史融进景物描写。颈联有听觉描写鼓声风声，有视觉描写烟花落日之场景。尾联升华全诗，点名主旨，以上景物描写更是烘托了尾联的思乡之情，想起登高北望的场景，满眼是榆城景色，心念是西迤的家乡。"家"与前三联形成翻叠，使得全诗诗意翻新，眼看榆城景色而心怀思乡之情。如《水楼晚霁》："晚晴将柳色，送满一楼青。幽意余书幌，岚光上画屏。轻雷回远岫，断雾落寒汀。小集谋为乐，青丝系玉瓶。"首联写时间为傍晚，视觉有柳色、青色，写出了晚晴余晖照映水楼的画面感。颔联由远景拉入近景，写诗人在水楼里观赏，看见各色灯火映画屏的闲适状态。颈联又转到楼外的天气状态，有轻雷的响声，水面在夜晚的映衬下有水汽笼罩。尾联又转为楼内场景，同时尾联点明诗意，水楼小聚是主题，前三联的景物、状态描写，皆为引出尾联，尾联写出了水楼集乐的欢乐状态，"乐"字托出全诗寓意，升华全诗。

③翻叠。

翻叠是用翻笔使诗意产生新意，使原意翻新一层，从诗的形式上看是两个不同的意思结合在一起，反复成趣。

有当句翻叠，如《听人说过太子关》："天宽争地窄，山势让江声。"上句天宽与地窄形成对比，写出了边关环境的险恶，而下句山势险峻，本应山势与江声同势，但翻写山势不如江声声势浩荡，突然当句翻叠，形成新意。如《秋扇》："如何能弃置，竟复难为情。侧思美人意，其如秋气成。薄怜蝉翼重，香惜蝶衣轻。沦落何须道，凉风怨自平。"首联写出诗人自己的心境，诗题为"秋扇"，用秋扇自喻，秋气渐凉，不需扇子，叹秋扇更叹自身身世。颔联用"美人"意象，感叹如今世风如秋风萧瑟。颈联字面上"蝉翼重"与"蝶衣轻"的"重"与"轻"有反衬对比，而"蝉翼重"又是当句翻叠，"蝉翼"本为轻，而写"重"，翻出新意，实则"蝉翼"为盛夏蝉翅，进入秋季蝉都消匿，"蝉翼"是为寄托自身曾经的思想感慨，而曾经的"蝉翼重"与秋季的"蝶衣轻"，一经翻叠，流露出今时萧散的悲凉心境。尾联更是诗人感叹时事，只剩"怨自平"。全诗经颈联翻叠出深意，加重了诗的萧索气氛。

有下句翻上句，如《首夏二首》（其一）："四月清晨气润哉，良辰美景自相催。阴天鸠趁晴天叫，春季花留夏季开。沽酒未遣闲客去，参疑恰借故书来。乌丝小笺怜新滑，好写新诗手自裁。"首联点出时节时间：四月清晨。颔联"阴天鸠"与"晴天叫"，"春季花"与"夏季开"，字面上为翻叠反衬，实际上是雄鸠在阴天赶雌鸠，晴天则唤雌鸠回巢，春季的花苞，留到夏季在争艳竞开，面上翻叠，实则顺畅，而细看又觉更有新意。颈联写欢聚饮酒后客人未离去，是为借书而来。尾联写饮后诗人小记适宜写诗的好心情。全诗由首两句的景物描写，后接叙事动作描写，颔联用七言"上三下三"句式和字面翻叠，反复出新。如《初春喜归》："几月离家不算离，恨教多难系相思。早梅恍近还我客，寒鹊争巢向暖枝。山色迎人绕路转，马如有意较行迟。儿童自识倚门望，一见牵衣先问饥。"首联总领全诗，点出"离家"，题目"喜归"，即为离家后喜归的主题。颔联用景物描写表明归家时节是向暖的初春。颈联写山色美景迎接诗人还家，本应是快步兼程，诗人却似乎因山色美好故意绕路而行多赏山色，下句写马如识归途本应快步赶路，却也故意行路迟迟，犹有"近乡情更怯，不敢问来人"之感，用"绕路转""较行迟"翻叠出新意，其实是思乡之甚的情感。尾联写到家后孩子和家人的问候。全诗由颈联翻叠出新，更加凸显了"喜归"的心情。如《盆松》："……小枝如凤翔，老干似龙屈。人工虽矫揉，天性终强倔。……"第一句写小枝形状如凤翅般小巧，而第二句写粗枝如龙体粗壮，小与大的对比写出了松枝的不同形态。第三句写盆松因人工修剪而显得矫揉，第四句写松枝虽栽入盆中，但它依然有松树的坚韧倔强品质。第四句翻叠第三句，道出诗人称赞盆松的诗意与深意，翻叠而点睛题旨。如《树蠹引》："树生蠹，树不知；树欲死，蠹不知。树枝倾圮蠹不候，死将何之？岂知物理意料非，蠹更为蝉蠹更飞。"一至四句翻叠且交综，树与蠹的关系相互交错，彼此相依。五至八句写树将倾，蠹将飞，树与蠹的命运就此不同，再看一至四句树与蠹的依存，不免显得凄凉。一至四句翻叠出树与蠹不同的生存状态，为下文叹树与蠹的分离埋下了伏笔。再如《郊居》："我羡郊居好，素心任往还。农忙村路静，水落野桥闲。地僻稀人迹，年丰入醉颜。夕阳佳处足，独自爱青山。"首联写诗人羡慕郊居的幽静。颔联写路静水桥的郊居安静环境与景物状态。颈联写郊居村落的地理位置和丰收时的村居状态。尾联突写诗人登高看夕阳，又道"独自爱青山"，与首联形成翻叠，字面上"羡郊居""爱青山"矛盾成趣，实则都表明了诗人心向归隐的心志。

④对比。

对比有很多形式，亦能凸显诗的结构美。虚实对比，如《榆城冬杪夜坐口占》："无奈严寒酒力轻，萧萧孤寓有灯明。山窗雪后连宵白，水国风来一片声。腊尽异乡犹作客，夜长旅枕独听更。远钟更动何山寺？百感交萦梦不成。"首联写冬夜诗人饮酒后的状态，诗人竟因酒力轻觉孤灯寂静，可见诗人本想饮醉睡去就不觉冬夜孤寂。颔联写屋外白雪风声的景象。颈联写诗人如今身处异乡，寒冬夜长的孤寂状态。尾联先诉诸听觉，描写听见远处传来的寺钟声，后虚写心理状态，夜晚思乡之情融入心头难以入睡。钟声入耳可具体感知，而心中思念之情杂乱入心难以捉摸，虚实对比，凸显了诗意的思乡之情。人我对比，如《沁亭六歌》："（其一）人有父母祝寿考，我有父母溘逝早。""（其二）人有兄弟苦不和，我和兄弟苦坎坷！""（其三）人有妻孥博夫欢，我有妻孥忍泪干。""（其四）人皆有子习礼貌，我有儿子教孝弟。""（其五）世人纷纷夸朋友，我有朋友离群久。""（其六）人皆有我都由我，我之为我无一可。"六首的首联皆为人我对比，"人有"和"我有"形成鲜明对比，"人有"与"我有"的不同，突出了"我有"内涵的浓重。

（2）辞采。

写诗需要遣词造句，对字词进行锤炼修饰，这就是诗句的辞采。辞采修饰品类繁多，张戒在《岁寒唐诗话》中说道："王介甫只知巧语之为诗，而不知拙语亦诗也。山谷只知奇语之为诗，而不知常语亦诗也。欧阳公诗专以快意为主，苏端明诗专以刻意为主，李义山诗只知有金玉龙凤，杜牧之诗只知有绮罗脂粉，李长吉诗只知有花草蜂蝶，而不知世间一切皆诗也。惟杜子美则不然，在山林则山林，在廊庙则廊庙；遇巧则巧，遇拙则拙；遇奇则奇，遇俗则俗；或放或收，或刻或奋，一切事、一切物、一切意，无非诗者。"张戒点评杜甫的诗，讲明了杜子美诗的妙处，巧拙奇俗，放收刻奋，辞采运用恰到好处，根据情景心境运用恰当的辞采。各有其美才是诗句辞采之真谛。

①巧与拙。

吴骞在《拜经楼诗话》中说道："昔人论诗，有用巧不如用拙之语，然诗有用巧而见工，亦有用拙而逾胜者，同一咏杨妃事，玉溪云：'夜半燕归宫漏永，薛王沈醉寿王醒。'此用巧而见工也。马君辉云：'养子早知能背国，宫中不赐洗儿钱。'此用拙而逾胜也。然皆得言外不传之妙。"

巧与拙各有各的味道，巧有巧的美，如《晚景》："暮色最多情，小窗向我明。无人还自语，有酒为谁倾？宿鸟争高树，飞虫趁晚晴。蛩蛩不解事，肯作不平鸣。"题目为概述"晚景"，晚上的景色。诗句从具体入手，都为具体景物描写，照应题目。首联写暮色眷顾诗人，透过小窗照到屋内诗人身上，从虚写外部时间空间，转到屋内虚写，用"明"字表达暮色穿过窗户对我传"情"的状态。颔联转入诗人自我心态描写，伴着暮色"自语"，"有酒"却无人对饮。看似无景物描写，实则是触景生情，由首联的"暮色""小窗"的陪伴，引到颔联"无人"，虽有"暮色""小窗"，但诗人内心还是孤寂。颈联又转入景物描写，"宿鸟""飞虫"都在暮色中活动，拟人动作"争""趁"描写了暮色中鸟虫活动的热闹景象。尾联又转到诗人内心描写，诗人内心忧虑烦恼，心蛩蛩而怀顾兮，魂眷眷而独逝。韩愈有言：大凡物不得其平则鸣，诗人表明"不平鸣"，是对自身遭遇的愤懑，看到颈联鸟虫"争高树""趁晚晴"的积极热闹景象，诗人不免感叹自身的郁郁不得志，竟还不如鸟虫。尾联虽有"肯"的铿锵语气，可实际上却充满了无可奈何之感。全诗用"晚景"作题，一联景物描写，一联触景生情，交互交错照应，工巧平整，皆由上联景物描写引出下联内心情感，景物描写用拟人的手法，表面上是景传情于我，实则是我动情于景，犹如"感时花溅泪，恨别鸟惊心"。

拙有拙的意蕴，谢榛在《四溟诗话》中讲道："《鹤林玉露》曰：诗惟拙句最难，至于拙，则浑然天成，工巧不足言矣。若刘禹锡《望夫石》诗：望来已是几千载，只是当时初望时。陈后山谓辞拙意工是也。""辞拙意工"讲出了拙的美感，如《拟子夜诗》："愿穿九曲珠，络似宛转线。亲手系郎衣，系郎心不变。"子夜诗即子夜歌，子夜歌为乐府曲名，以五言为形式，以爱情为题材，后来延伸出多种变曲。《乐府诗集》收有《子夜歌》四十二首，其内容多是女子吟唱其爱情生活的悲欢。《唐书·乐志》曰："《子夜歌》者，晋曲也。晋有女子名子夜，造此声，声过哀苦。"此诗以女性口吻描述，第一句写女子欲穿九曲珠；第二句写丝线缠绕犹如内心缠绵的思念；第三句由小变大，由丝线转入帛衣，"亲"字突出了女子的心意，自己系郎衣，寄托思念；第四句点明女子心愿"郎心不变"，之所以"系郎衣"，是期盼"心不变"。其实"系郎衣""心不变"并无客观联系，两个事情产生联系是女子主观的美好愿望，此诗清淡秀丽，简单写出了女子系郎衣、思念情郎的生活状态，此诗并不哀苦，写出了女子平日生活的细节和心情，不加修饰，有古拙美。

②奇与常。

谢榛在评点杜甫的《旅夜书怀》时讲道："'星垂平野阔，月涌大江流。'句法森严，涌字尤奇。"按照一般视觉角度，可能会先看到大江，再看到天空，但杜甫凭直觉先写了月光，再写大江流动，"月涌"即为"翻涌月光"的省略倒装写法，用字出奇。奇有奇的用法和妙处，如《书馆外有荒园》："满园荒草乱离离，墙却周围遭柘技。最是黄昏舍不得，秋声动地正来时。"此诗写了"荒"园，第一句写园子里荒草丛生；第二句写四周墙壁破损。第三句由景物实写转为内心虚写，"黄昏舍不得"，此为荒园，何为"舍不得"？耐人寻味。第四句写此时快到秋天，"秋声"主动来临，强调动作为"动地"，"秋声"字面语意即为"秋天的声音"，实则为秋天，秋天的意象是无形的，化为"秋声"看似具体，实则无形，从"秋天"到"秋声"，从无形到有形再到无形，意象无形却有活泼感，"正来时"突出了动态状态，写出了时间推移的动态感。此诗奇在三、四句，不是用字奇巧，而是句意表述新颖，"舍不得""正来时"的拟人语意，巧妙点明了天气季节，一、二句为景物描写，三、四句转为时间和空间描写，由实转虚，又照应一、二句，此为目睹"书馆外荒园"所感，由景生情，句意表述奇妙。

平常与奇妙相对，平常话语也有自己的特色。平白语言写诗首推白居易。白居易《初与元九别后，忽梦见之，及寤而书适至，兼寄桐花诗，怅然感怀，因以此寄》："永寿寺中语，新昌坊北分。归来数行泪，悲事不悲君。悠悠蓝田路，自去无消息。计君食宿程，已过商山北。……"潘德舆在《养一斋诗话》中评赏此诗时讲道："永寿寺中语一首，如做作家书，如对客面语，变汉魏之面貌，而得其神理，实不可以浅易目之者，乃白诗之绝调也。"潘氏评此诗"汉魏神理"可见白诗平语功力。刘熙载曾云："常语易，奇语难，此诗之初关也；奇语易，常语难，此诗之重关。香山用常得奇，此景良非易到。"白诗得此评价，实因白居易在常语诗句写作上独成一家，后人写常语诗句，虽达不到白诗高度，但用平白常语，不刻意古奥的写作方式则为后人不断践行。如《检书得亡友木景山手迹》："二十年前学赋诗，诗中多有故人词。如今诗在人何处，忍听潇潇夜雨时。"此诗为诗人怀念友人之作，首句直接讲述诗人经历，时间为"二十年前"，事情为"学赋诗"，语言简洁。二句用"诗"字顶针，引出"故人词"，讲到后来与友人唱和，有不少友人寄来的作品，一、二句用词如脱口而出，以平静口吻讲述往事。三句起问句，"如今诗在"而"人何处"，中间未用连词，前后对比直接，加强诗句强度，"如今"与"何处"相对，"人"与"诗"相对，强调"诗在人不在"，悲伤情绪突增。四句由前三句诗人叙述口吻转为诗人的空间动作状态，此句为"上二下五"句式，"忍听"的"忍"字点破了诗人心境，目睹友人手迹，心中涌出悲伤情绪，此时窗外夜雨潇潇，雨声入耳，不想让雨声扰乱心境，却无可奈何只能"忍听"此时的"潇潇夜雨"，更渲染了诗人的悲凉心情，不想"听"，却"忍听"，不知是忍悲听雨声还是听雨忍悲情。此诗前三句如诗人面诉，讲了诗人学诗，翻到友人手迹的事件，第四句转写诗人悲伤心情，由时间（"夜"）和空间（屋外大雨"潇潇"）烘托了诗人的悲伤，全诗四句层层递进，情绪由浅入深，而用词平易直白，实不寻常。

③浓与淡。

辞采有浓淡，国人偏好淡雅。陈衍在《石遗室诗话》中谈道："诗贵淡荡，然能浓至，则又浓胜矣。"实际诗歌辞采浓淡根据诗句语境而调整，如王维《和贾至舍人早朝大明宫》："绛帻鸡人报晓筹，尚衣方进翠云裘。九天阊阖开宫殿，万国衣冠拜冕旒。……"用词华丽，写出了大明宫的富丽堂皇，诗境和实景相照；孟浩然《西山寻辛谔》："漾舟乘水便，因访故人居。落日清川里，谁言独羡鱼。……"诗人眼前场景是安静不喧嚣的，自然笔下景物描写是宁静不着修饰的，吴亮之评此诗"若于雪中观梅，使人心神莹彻"。辞采浓丽，写出了场景的恢宏气势；辞采淡简，写出了心境的轻盈，浓淡各有境界。古人评论诗，认为平淡的境界，也是先从琢磨字词、讲究文采的阶段开始的，后来诗风归于质朴，不露斧凿之痕，故推崇平淡境界高于浓艳境界。实际上诗句辞采并无淡贵浓俗之分，配合诗境心情来调整辞采浓淡，使得诗境和辞采相统一，才为辞采运用得体。

如《冬夜木府宴集》："美酒羔羊兴未阑，清歌红袖不知寒。暗香忽报梅花放，索笑银灯写雪峦。"此诗写了冬夜友人聚会的欢乐场景，第一句有"美酒"和"羔羊"两个意象写了聚会的美食，而"兴未阑"，大家的状态依旧很兴奋，首句写了聚会的饮食场景，第二句有"清歌"和"红袖"两个意象，写了当晚还有歌伎和舞伎助兴，"不知寒"表明了歌伎和舞伎卖力表演，冬夜不觉寒冷或也是忙于表演无暇顾忌寒冷，也是从侧面描写了聚会的热闹不暇。第三句由室内空间描写转向室外景物，诗人闻到"暗香"，

"暗香"是"梅花放"的信号，"忽报"拟人化表明了梅花绽放的突然，更写明了诗人的惊喜心情。第四句写诗人聚会散后回到家中，在"银灯"下回忆聚会，提笔写诗，写"雪恋"，写聚会场景，于是诗人写下此诗。此诗用浓笔写聚会，写出了聚会的欢乐场景和热闹氛围。

又如《晚霁》："夜雨连朝雨，苍苔上短墙。晚来得空翠，把酒待斜阳。"此诗写了傍晚景色，第一句句式为"上二下二"，白天下雨，到了晚上还在下雨，故称"夜雨连朝雨"，"连"字为连词，在此语境中自然而然地连接了"朝雨"和"夜雨"的时间过渡。第二句写"苍苔"长到了"短墙上"，句式为"上二下二"，用了"上"作动词，突出了"苍苔"生长的蓬勃生机，写了潮湿阴雨天气下喜阴植物的旺盛生长状态。第三句写此时雨停了，晚霁"得空翠"，语句简单顺承而下。第四句写诗人"把酒"，欣赏此时景色"待斜阳"。此诗用词简单，有时间、景物、动作状态等描写，皆为简单平述，不加多余修饰，营造了一种平易淡泊之感，读之颇觉平静。

④雅与俗。

古人论诗分雅俗，《沧浪诗话》云："学诗先除五俗：一曰俗体，二曰俗意，三曰俗句，四曰俗字，五曰俗韵。"李东阳在《怀麓堂诗话》中讲："野可犯，俗不可犯。"何为俗？姜夔在《白石道人诗说》中讲道："人所言易，我寡言之；人所难言，我易言之，自不俗。"陈衍在《石遗室诗话》中讲道："诗最忌浅俗。何谓浅？人人能道语是也；何谓俗？人人所喜语是也。"俗是为"人所言易"，为"人所喜语"，俗就是陈词滥调，毫无新意。雅与俗相对，字词并无雅俗之分，置于具体语境中，从是否语境效果分雅俗。陆时雍在《诗镜总论》中讲道："诗有灵襟，斯无俗趣矣。有慧口，斯无俗韵矣。乃知天下无俗事、无俗情，但有俗肠与俗口耳。古歌子夜等待，俚情亵语，村童之所报言，而诗人道之极韵极趣；汉铙歌乐府，多窭人乞子儿女里巷之事，而其诗有都雅之风。如'乱流趋正绝'，景极无色，而康乐言之乃佳；'带月荷锄归'事亦寻常，而渊明道之极美，以是知雅俗所由来矣。"陆氏所讲，"天下无俗事"，寻常事、俗俚语都可以在诗中变成雅事。

如《读〈茶经〉》："外物审物精，遗味至味获。苟能甘淡泊，草木相与昔。圣性本自真，饮水品其液。喟然想陆子，不见亦可惜。"读书是生活中简单的小事，为雅事。首联讲到从《庄子·外物》中对"审物"有了新的见解。遗味，苏辙《次韵孔武仲学士见赠》讲道："古风弃雕琢，遗味比乐府。"遗味犹余味，是耐人寻味的味道，刘勰的"以味言诗"和钟嵘的"滋味说"都表明了诗味的韵处，此处诗人不仅指的是品诗，真正的"味获"是在意犹未尽之时才品味得到的。颔联写到淡泊、与草木朝夕相处的平静生活，写出了陆羽平静淡泊的生活状态。颈联写"真"，"圣性"就指人的品行，贵在"真"，即真实，"真"也是品茶品百味的真谛。而饮水，不单指饮水，更指泡茶时讲究水的品质。尾联写到读《茶经》不禁想到陆羽，心想不能亲眼见到陆子甚是可惜，写出了对陆羽的欣赏和崇敬之情。此诗写了读书和品茶，既是生活寻常事，又是雅事，由读《茶经》遥想陆羽，由雅事写了雅诗，诗风平淡正符合雅诗雅事的味道。

又如《柳枝词》（其一）："柳叶青时春水香，柳条黄后秋风凉。几年几岁楼头望，无数柳丝空自长。"赵知希在《泾川诗话》中讲道："竹枝小诗，最难得音节入古，风味移人，使人咏其诗如历其地。"古人多写《竹枝词》《桃枝词》《柳枝词》等，此七言山歌经刘禹锡之后，后人多效仿，"以极鄙极俗之语，化为出风入雅之句"是为《竹枝词》的特色。第一句写春天"柳叶青时"为视觉上的"青"色，"春水香"为嗅觉上的"香"，春天弥漫的应为花香，而水"香"可以想象成花落流水，流水载花，使"水香"。第二句写秋天"柳条黄后"为视觉上的"黄"色，"秋风凉"为身体感知的"凉"。从"柳叶青"到"柳条黄"，从"春水香"到"秋风凉"，视觉和感觉的变化，表现了时间季节的变化，一、二句"柳叶""春水""柳条""秋风"几个意象，看似土俗，富有乡土特色，却用典型意象拼接写出了季节特色和时间更迭。第三句"几年几岁"如口语，也代表时间的飞逝，都过去了多少年头还在"楼头望"，口语的化用写出了女子漫长的等待。第四句又接景物"无数柳丝"，而"空自长"写出了"柳丝"不断生长的状态，"空自"表面上写"柳丝"独自生长，实际上写的是女子的孤寂状态，"无数柳丝空自长"，其实"柳丝"的生长只和客观环境有关，而此时女子孤独地等待除了独自眼看"柳丝"长出变黄周而复始之外，别无所做，女子主观的情绪下看待"柳丝"也是和她一样的状态，第四句读之平常，细品发现这是女子万分孤寂落寞的展现。

此诗先由柳枝变化写季节变化，未直接写女子孤寂，由景物描写、侧面描写暗示出女子孤苦等待的状态。用词上多有乡土意象、口语，并未直接抒情，但用简单的词语写出了女子落寞的心情。

⑤刚与柔。

姚鼐在《复鲁絜非书》中讲到文章的刚柔之美："其得于阳与刚之美者，则其文如霆，如电，如长风之出谷，如崇山峻崖，如决大川，如奔骐骥。……其得于阴与柔之美者，则其文如升初日，如清风，如云，如霞，如烟，如幽林曲涧，如沦，如漾，如珠玉之辉，如鸿鹄之鸣而入寥廓。……"诗如文一样，也有刚柔不同之美。"骏马西风冀北，杏花春雨江南"，朱光潜在讲此句时说："前者是气概，后者是神韵；前者是刚性美，后者是柔性美。"前句为"骏马"、"西风"和"冀北"三个意象，使人想起雄浑刚健的场景，为阳刚之美；后句"杏花"、"春雨"和"江南"三个意象，使人想起清新秀丽的场景，为柔和之美。

如《那公战马行》："……弩声如蝗血斑紫，负痛不嘶知何俟。人兵一退跃耶飞，将军战袍湿江水。……"第一句写"弩声如蝗"，"弩声"为弩发射时巨大的响声，"如蝗"则是形容"弩声"的声音很大，"蝗"在飞行时腹部鼓膜发出很大声响，而战争时千万弩声发出声响犹如发生蝗灾、蝗群飞过的巨大响声，"弩声如蝗"生动形象地写出了"弩声"的声音特效。"血斑紫"为战争时中箭流血受伤的样子，"血斑"发紫是严重时皮肤上呈现出紫色，"血斑紫"由小现大，写出了战争伤亡的惨烈。第二句"负痛不嘶"写了战马受了伤却不嘶吼，"知何俟"为问句，但其实战马"不知何"，这样"知何俟"问句起到了加强语气的作用，突出了"负痛不嘶"的对比效果。第三句"人兵一退"写敌方退兵，"跃耶飞"写了战马追退兵，跳跃起来像飞一样，"耶"为助词，意思可为"跃如飞"。第四句"将军战袍"在战争时候湿透了，"湿江水"用夸张手法突出了战争的紧张感。此诗绘了战争紧张惨烈的状态，描写战马也侧面描绘了战争的进退情形，用"弩声""将军""战袍"等一些典型意象突出了战争刚健勇毅的色彩。

又如《仇十洲画卷》（其三）："水殿风凉九夏清，越梅和露折朝醒。采莲船上齐连臂，尽唱吴王水调声。"仇英，号十洲，为"吴门四家"之一，是明代代表性画家之一，擅长画人物、山水、花鸟、楼阁等，尤长于临摹。

此诗为诗人观赏仇英画而完成的诗作，第一句写了水边殿亭在盛夏风里很是清凉，适合避暑。第二句写初春折一枝江南沾着朝露的梅花，早起闻之。"醒"字写了人醒的状态，也突出了"梅"的芬芳。第三句由陆上空间转到水上空间，写了江南"采莲船上"，许多女子"齐连臂"一起去采莲，第四句句式"上二下五"，紧接写了女子们在"采莲船上"，一起"尽唱""吴王水调声"。"采莲船上"的"吴王水调声"即为《采莲曲》。《采莲曲》是乐府诗旧题，又称《采莲女》《湖边采莲妇》等，为《江南弄》七曲之一。"吴王水调"声调细腻婉转、温和柔美，自然在诗句中会体现出柔和温润的特性。此诗写了诗人观赏了仇英的山水画，犹如神游了江南水乡，有感而发；写了诗人想象中江南水乡的样子，"水殿""越梅""采莲""水调"等柔美意象的出现，营造了吴越之地的风清水柔。

⑥藏与露。

刘勰在《文心雕龙》中讲道："是以文之英蕤，有秀有隐。隐也者，文外之重旨者也；秀也者，篇中之独拔者也。隐以复意为工，秀以卓绝为巧。"张戒在《岁寒堂诗话》中讲道："刘勰云：'情在词外曰隐，状溢目前曰秀。'梅圣俞云：'含不尽之意见于言外，状难写之景，如在目前。'"隐，是指文外的隐藏意义，以言外之意为巧。秀，是指文中独特突出的语句，以水平高超为巧，隐藏含蓄是一种美，那么显露直陈也是一种美。

张戒在《岁寒堂诗话》中评白居易《长恨歌》："梅圣俞云：'状难写之景，如在目前。'元微之云：'道得人心中事。'此固白乐天长处，然情意失于太详，景物失于太露，遂成浅近，略无余蕴，此其所短处。"张戒认为《长恨歌》"情意太详""景物太露"，是不妥之处。而赵翼在《瓯北诗话》中评《长恨歌》："香山诗，古体则令人心赏意惬。……惟意所之，辩才无碍。且其笔快如并剪，锐如昆刀，无不达之隐，无稍晦之词，工夫又锻炼至洁，看是平易，其实精纯。"又云："《长恨歌》一篇，其事本易传，以易传之事，为绝妙之词，有声有情，可歌可泣，文人学士既叹为不可及，妇人女子亦喜闻而乐诵之，是以不胫而走，传遍天下。"赵翼欣赏《长恨歌》的"无不达之隐，无稍晦之词"的显露美，而张戒欣赏隐藏余韵之美，是张戒和赵翼的观点不同，但隐藏和显露之美，则各有特点。

如《调琴》："云寒石瘦，泉鸣不已。铿然一声，时落松子。"此诗写琴声，第一句"云寒石瘦"为"寒云瘦石"，听琴声仿佛看到了寒云和峭削之石，琴声给人以空幽之感，第二句写琴声如"泉鸣"潺潺"不已"，声音清脆。第三句写安静的时候突然有声音，第四句紧接是"松子"落下，三、四句如按因果关系应为"时落松子，铿然一声"，而诗中三、四句用了倒装句式，颠倒后读之有恍然大悟之感。在细听琴声四周安静之时，有松子落下的"铿然一声"，落声和琴声相撞更显琴声之悠扬，人事与自然融合甚好。此诗题目点明写"琴"，而诗四句皆未露"琴声"，一、二句写听琴声的感受，三、四句写听琴声时松子落下的自然状况，四句皆为隐藏之美，琴声为言外之意，给人遐想回味的空间。

王维有《田家》一首："旧谷行将尽，良苗未可希。老年方爱粥，卒岁且无衣。雀乳青苔井，鸡鸣白板扉。柴车驾羸牸，草屦牧豪豨。多雨红榴折，新秋绿芋肥。饷田桑下憩，旁舍草中归。住处名愚谷，何烦问是非。"此诗描写了田家的生活状况，田家生活无疑是清苦的，贫食无衣，瘦牛稀苗，穿着草鞋放牧，披星戴月劳动，但诗人在诗中又写出了其中的乐趣，末句用典愚公谷，全诗虽有对农民的同情和对时政的不满，却依稀流露出诗人超世隐居的闲情逸致。再看桑映斗《田家诗》（其一）："田家无别事，殷勤卜雨旸。小儿忙驱犊，大儿忙插秧。中妇能酿酒，开瓮冽且香。山深无宾客，野老共壶觞。依依无别语，语语桑麻长。"第一联写田家的事即为看天气晴雨而耕作。第二联平铺直写"小儿忙驱犊，大儿忙插秧"。第三联写妻子能酿酒，酒气飘香。第四联写"山深"就没有朋友来拜访，和村里老人一起"共壶觞"。第五联写耕作完了之后，"依依无别语，语语桑麻长"，临别之时与野老告别话"桑麻"。全诗五联，所写田家耕作劳动场景，如《观刈麦》"妇姑荷箪食，童稚携壶浆。相随饷田去，丁壮在南冈"。此田家诗写作风格不如王维的闲情隐居，也不如白居易的深切同情，桑映斗的田家诗是直写田家耕作，写出了全家耕作的状态，并无与官吏抗争的沉痛心情，而是简单直接写田家耕作，用显露方式记录了诗人田家耕作的生活情况。

4. 题材

从诗歌题材角度来看，可将《铁砚堂诗稿》分为写景诗、咏史诗、述怀诗、讽刺诗等。山水诗以自然景观为描写对象，进行景物描写，作者或是进行单纯景物描写，或是将自身情感写进景物中，情景交融。咏史诗是以历史人物或典故为描写对象，将作者自己对该历史故事、古人事迹的感悟写成诗句。述怀诗是作者描写现实生活的诗作，或是作者对日常生活的简单描写，或是作者把对身边发生事情的一些看法写成诗作。讽刺诗是以社会现实为描写对象、讽刺社会黑暗、表达民间疾苦的诗歌。

（1）写景诗。

卷一　36 首

《读书玉峰寺僧舍》、《秋夜即事》、《荒园》、《清明即事》、《忆园》、《有怀杨竹塘园林》、《书馆外有荒园》、《春日过杨竹塘园林》、《近华浦晚棹》、《湾桥道中遇雨》、《曹家馆》、《近华浦闻邻舟度曲》（二首）、《秋怀三首》、《水楼晚霁》、《郊行》、《立夏漫兴》、《首夏二首》、《首夏木氏亭子晏坐六韵》、《喜晴次前韵》、《山房初月》、《山房小雨》、《山房偶出》、《忆玉峰寺山房山》、《海心亭二首》、《高家寺山行》、《丽江寺山行》、《早发三营》、《凤眼洞》（四首）

卷二　23 首

《秋晚上黄土坡》、《冬日郊行书》、《北门楼》、《黄山佳处晚眺尤美》、《宿梁王山》、《登榆城西楼》、《听人说过太子关》、《榆城冬杪夜坐口占》、《榆城春旅》、《榆城送客》、《秋试旋里雨中过榆》、《柳枝词》（三首）、《山坳》、《首夏约赴郊游》、《秋晴小饮》、《秋分夜对月》、《东山下过野人居》、《游木保龙潭遇雨》、《暮春》、《独酌》、《文笔山下有潭，云出即雨。郡志所载风雨龙潭即此》

卷三　27 首

《重九与同人有登太华之约阻雨不果》（三首）、《雪后解脱林僧见过》、《对雨》、《归途秋晓，海心亭畔望西北一带诸山，悠然颇有旅思》、《晚景》、《过剌沙郭四招饮》、《秋感》、《郊居》、《车家嶂那丈留宿》、《抵吕阁》、《苴力铺》、《金鸡庙马上口号》、《南门外观音阁小憩》、《观音阁观荷小饮》、《黄家坪午尖》、《山行》、《晏公庙山行》（二首）、《过宾川州》、《上巳前后，玉溪夹岸，野桃盛开，沿溪寻去，得盘石可坐》、《冬季过木保田家》、《客岁初春约杨三柄南过近华浦，上大观楼话别不果来》、《丙戌四月十三四连日阴雨，四山皆有雪积》、

《连阴欲雪》、《北纲弟园》

卷四 37首

《古木卧平沙》、《试后十六夜同弟玩月》、《石宝山纪游百韵》、《甲申人日午饮薄醉小憩南坛》、《宿禄丰县》、《圆通阁秋眺》、《约伴登黄山小憩南坛不至》、《重阳上玉音楼》、《秋晚郊行》、《昆明竹枝词》（四首）、《过木庭芳山居》、《重过木庭芳山居》、《有怀木庭芳山居》、《见月行》、《宿青华铺》、《除夕云南驿》、《净莲寺山行》、《晚泊高峣》、《五华晚眺》、《城边路》、《雪山歌》、《鹤庆道中松桂南庄坡望见雪山》、《初春喜归》、《别观音山》、《甲申腊月过观音山寺》（二首）、《玉龙山神祠》、《郊行过白马里寺》、《雪松院》、《游文笔山》、《野寺》、《晚霁》、《渔父词》、《新秋》

天地与我并生，而万物与我为一，文人自魏晋之时就大量吟咏山川景物，探究人与自然的和谐关系，山水诗得到极大的发展，成为诗歌传统。由唐至清，几乎所有诗人都作写景诗，桑映斗也不例外。他热爱自然，行踪各处，有记游之篇描绘大好山河的绚烂多姿。诗人以饱含热情的笔墨描摹了一幅幅展现祖国江山之美的风情画卷，在向世人传达独到的美感体验的同时也显示了他们亲近自然、融情山水、借以陶冶性情的审美志趣和高洁的精神境界。云贵高原雪山绵延起伏，金沙江、澜沧江汹涌奔腾，地形复杂，层峦叠嶂，物产富饶。"雪岭崔巍，宛似擎天玉柱；金沙蜿蜒，俨然割地鸿沟。崇山如堵，鸟道如线，俯临十郡，雄控一方。"① 诗人吟咏抒怀的大多是丽江及云南的秀美山水，融情寓景，情景交融。

如《湾桥道中遇雨》："烟云入望总模糊，一面苍山一面湖。细雨凉风三十里，骑驴客在画中无？"从此诗中可知是诗人游历了苍山洱海，第一句写"烟云入望"，实为眼"望""烟云"的倒装，而用了"入望"，"入"字写出了"烟云"的飘逸感。"总模糊"强调了"烟云"的浓重，有"浮云遮望眼"之感。第二句写"一面苍山"，诗人眼看苍山，"一面湖"，诗人眼前也有洱海，视觉上形成了苍山洱海相映之感。随后由一、二句的视觉描写

---

① （光绪）《丽江府志》卷一。

转到触觉描写，第三句写"细雨"和"凉风"迎面，"细雨凉风三十里"写诗人行程的"三十里"都有"细雨"和"凉风"的陪伴，描写天气的舒适感和阴雨天气的轻柔氛围。第四句"骑驴客"是为诗人自己，"在""画中""无"的反问，通过反问的强调语气加强了"在""画中"的环境感，是在"细雨凉风"中，也是在"画中"，表达了诗人享受眼前景的闲适心情。写景诗多带有作者感情，眼前的景随着内心的感受而变化，而在诗中就能反映出诗人看景时的心情。

（2）咏史诗。

卷一　49 首

《问相》《黄山怀古》《丽水怀古》《元世祖驻跸处》《太华寺》《行路难》《咏史五律二十首》《咏史七绝十首》《咏楚汉间事古诗九首》《阅〈云南通志〉咏古四首》

卷二　12 首

《雏雉叹》、《续正气歌》、《南北曲》、《莫相疑行》、《击瓯歌》、《咏史》（七首）

卷三　5 首

《南朝》（二首）、《五华怀古》、《松桂傅国公庙》、《咏怀集古》

卷四　13 首

《秋兴用杜原韵八首》、《瞻楚雄城内杨畏知祠》、《南诏碑》、《万人冢》（二首）、《六昔诗》

咏史诗是指以历史题材为咏写对象的诗歌创作，以历史作为诗人感情的载体，史情紧密结合，是对历史人物、历史事件进行叙述、评价、凭吊的诗歌。从先秦《诗经》《楚辞》中就有这种针对具体的历史事件或历史人物有所感慨或有所感悟的作品，到东汉班固的《咏史》之后，咏史一直是诗歌的经典主题。

"人间五百年，不见李青莲。自道云豪士，人传是谪仙。有心知郭令，无意上湘床。采石江边月，至今夜夜圆。"《李翰林》一首，写出了桑映斗对李白的追忆，桑映斗虽非谪仙人，但仍活出了潇洒。遥望江边月，这是诗人想到李白而感发的一时意念，"月下飞天镜，云生结海楼"，诗人内心的愿望，即使现实中达不到，借仰慕李白之情也得到抒发。"博浪椎，噫嘻吁，真可危。沧海壮士虬髯公，嗟哉张良一孩童。六国兵屯函谷关，开关自溃，白骨如山，人命等草菅。"犹想起李白《蜀道难》之"噫吁嚱，危乎高哉！蜀道之难，难于上青天"，桑映斗摹其气韵，咏史述怀，仰慕李白之情可见一斑。身处乱世，诗人渴望如李白一样真正的豪放洒脱，现实不得志，便在诗中效仿李白之诗作，以表崇敬之情。

在桑映斗的咏史诗中，充满对远古历史的追思感怀，既表现了桑映斗深切的历史认同感，同时也可看出诗人对现实政治的强烈愤慨和勇于担当的历史使命感。作为一位心怀天下的诗人，桑映斗看到了农民起义前夕阶级对立、水深火热、矛盾尖锐的严酷现实，统治阶级穷奢极欲、粉饰太平，黎民百姓则饥寒交迫、家破人亡，故其在诗歌创作中追寻和揭示了这黑暗现实的根本原因在于封建统治者的无尽盘剥和压榨，表现出深刻的历史现实批判精神。《南诏碑》："平淮削蔡竟何如，清庙明堂大诰胪。谁立祈年诅楚石，敢镌吕相绝秦书。万牛当日曾回首，田父今朝好砺锄。唐室凌夷六诏尽，文章空在伯图虚。"盛衰兴亡、朝代更迭乃时运常有之事，前车之覆，后车之鉴，诗人怀有强烈的史鉴意识，表现出对历史的警醒和反思以及对王朝命运的关切与忧思。

起义迭起，烽火遍地，狼烟四起，满目疮痍，桑映斗在乱离中所创作的许多诗作都带有鲜明深刻的时代烙印，悲怆的字韵中浸透着历史沉郁的本质和个人忧患的生命体验，将历史意识、家国情怀和人民情感融于一处。

在桑映斗诗歌所呈现的家国人民情怀中，我们感受到了诗人深沉悠远的历史意识。这种历史意识不仅表现在对现实和历史的认知方面，更体现在诗人的时事意识和文学创作中。桑映斗作为濡染着儒家思想的纳西族诗人，终身恪守和秉持着修齐治平的鸿儒理想。科举仕途不顺，诗人在伤叹怀才不遇之时，却仍旧初心不改。

（3）述怀诗。

卷一 12首

《早起》《莫恼翁》《对镜》《春兴》《读〈茶经〉》《观书》《宿木氏岩脚院呈内弟兄辈》《课扫地示学徒》《夏日漫兴》《甲戌积雨遣怀》

《澹亭见和复次前韵》《晚窗读书》

卷二　34首

《偶成》、《沁亭六歌》（六首）、《立春日即事》、《春阴对酒有怀》、《班山杨状元写韵楼》、《经春燕子不至》、《积雨遣怀》、《约课阻雨不至因寄》、《甲戌九月初三生日喜晴》、《九日小饮》、《不出》（二首）、《秋兴》（三首）、《感拈》、《田家诗》（二首）、《讼事久稽，同事某久游于外，今夏始自浪沧归》、《丙戌春兴诗》（八首）、《长昼独饮，愁吟不绝，家人有言，亦可念也》、《对盘桔读楚词》

卷三　46首

《何以消烦暑》、《书馆漫兴》、《愁》、《泪》、《宿解脱林》、《夜雨不寐有感叠韵》（四首）、《丁丑初春小病后赴石渠游山之约》、《秋恨篇》、《漫题》、《壬午生日》、《书斋壁》、《白马龙潭边海棠开时无岁不赏，不见今两阅岁矣。偶见折枝，为之怅然》、《遣闷偶题》、《丙戌生日作诗一首，越翌日，依上下平韵得诗三十首。言无次第，以志一时之兴感云耳》（三十首）

卷四　20首

《坚卧》、《加餐》、《击磬》、《吹笛》、《闻钟》、《赏雨》、《闲中感拈》、《首夏即事》（二首）、《铁砚楼自遣四首》、《酒薄》、《决绝词》、《残灯》、《纪梦》、《感成》、《杯酒》、《秋夜独坐》

述怀诗是诗人描写日常生活的诗作，在日常生活中，诗人有描写简单生活状态的诗歌。《读〈茶经〉》："外物审物精，遗味至味获。苟能甘淡泊，草木相与昔。圣性本自真，饮水品其液。喟然想陆子，不见亦可惜。"品茗阅卷，是桑映斗生活的一部分，生活中或许是一日不可无书的状态，读之有所体悟便随手记录成诗。《郊行》："何处遣怀好，黄鹂柳外招。村门多向水，树老解藏桥。自觉人情朴，何来世味嚣。漫游原乘兴，不碍夕阳遥。"天朗气清，诗人外出郊游，眼前柳鹂相应、村郭绿水，甚是和谐，不知不觉夕阳垂斜，意犹未尽。

韩愈有"大凡物不得其平则鸣"，将真性情挥洒在诗句里一吐为快。"盖尝窃观古作者之用心矣，其悲愉欣戚之故，必有郁勃于胸中而不能自解者，不得已而假诗以鸣，鸣其所不得已而已，不能执途人而喻之也。故世非有悲愉欣戚同其不可解者，则不以示之，而又未尝不愿天下后世之有得于吾情而论列之也。"① 假诗以鸣，内心的情感更为真挚，诗歌的内涵会更加深刻。桑映斗《偶成》简单描述了诗人的性情状态："自负年来乐事兼，地炉温处卷芦帘。书如日月求仁至，禅似中边食蜜甜。冬岭寻梅图孟浩，秋斋采菊纪陶潜。先生谁谓全无事，一塌跌跏自养恬。"人于身世之交、伦物之际，有所感触，有叹畅怀，真情流露，便是性情。桑映斗感于国事，是强烈的家国真性情，而因人事生活的触动成诗，亦是性情之作。有所感触不得不发，用词考究而不掩饰其意，文辞华丽不伤诗质，是温柔敦厚的诗教，是了解人心世道、知人论世之性情道义。而心为情所动，为人世真情所感动的诗作则更能引起读者共鸣。

"人有父母祝寿考，我有父母溘逝早。知儿此苦应断肠，见儿如何不见好。十年衔索泣枯鱼，儿发种种鬖鬖须。墓门苍苔侵墓石，儿兮依旧顽且愚。鸣呼一歌泪纵横，最痛树宁风静声。"子欲养而亲不待，桑映斗年幼失去双亲，无法侍奉父母左右，而如今自己际遇不顺，更觉愧对父母，诗中思念双亲之情催人泪下。兄弟关系是五伦之一，兄弟之间是否和睦对于一个家庭的和谐稳定有着重要意义。《诗经·小雅·常棣》云："凡今之人，莫如兄弟"，"脊令在原，兄弟急难"，"兄弟既翕，和乐且湛"，表达了弥足珍贵的兄弟情谊。在维护兄弟关系上，"兄友弟恭"为儒家准则，"友"为友善、慈爱，桑映斗关怀兄弟实为典范。桑映斗幼时失去双亲，兄弟几人相依为命，兄弟之情格外深厚。"童稚来绕膝，悠悠似不闻。嗟予如落魄，忆尔但看云。燕雀有生聚，乾坤少失群。庭前一荆树，听雨更纷纷。"一首《忆弟》令人动容，回想当时一起玩耍的时光，兄弟情深，而如今聚少离多，不免唏嘘。

《白虎通·性情》云："五性者，仁、义、礼、智、信也。六情者，喜、怒、哀、乐、爱、恶，所以扶成六性。夫人性内函，而外著为情。"作诗重性情，此为诗之美心，尊崇儒家的桑映斗，书读百卷、身世感怀皆化为内性，而作于诗是为外情。清人徐增说："诗到极则，不过是抒写自己胸襟，

---

① （清）钱维城：《李苕圃诗集序》，《茶山文钞》卷三，续修四库全书本。

若晋之陶元亮，唐之王右丞，其人也。"① 桑映斗一生困苦，而生时并不能得到世人的同情与支持，屡次科举失意，内心苦闷无处倾诉，对时局身世的愤懑唯有写进诗句里，抒发不得志的真性情。"杯酒复杯酒，夕阳复夕阳。无人知我恨，苦我枉断肠。去岁感秋雨，今年苦夏长。何当随粟里，永卧北窗凉。"在那个黑暗混沌的年代里，诗人时常感到前途迷茫，然而生活艰辛并没有磨灭他的意志，这也正是他的性情。

（4）讽刺诗。

卷一　1首
《野庙曲》
卷三　9首
《社仓谣》、《平粜》、《牛吒吒》、《大麦黄》、《采矿谣》、《过白沙村》、《对雪吟》、《丙子冬季报荒不究》（二首）
卷四　9首
《齿摇词》、《土兵行》（六首）、《采黄独》、《石鼓谣》

家国情怀是人对国家和亲人深深的热爱与眷恋，这是兼爱天下的大爱。这种情怀与儒家仁爱和修齐治平的思想密切相关。孔子曰："泛爱众，而亲仁"，《大学》则进一步阐发了修齐治平的道理。这种高尚的人格品质，在桑映斗身上得到了集中体现。

1801年，维西县的恒乍绷和永胜县的唐贵等领导了一场农民起义，造成当地农耕荒废、满目疮痍、民不聊生。《土兵行》之三："老翁倚墙涕，自悲骨髓干。大男南陇死，次男维西残。只此膝下孙，暮景相为欢。谓当从戎去，泪眼忍相看。强人赁人去，乃得室家完。老翁倚墙叹，何词对上官。强使荷戈去，嗒然摧心肝。东风吹白发，庭前形影单。"这是一幅民生黑暗的现实图景，诗人在诗句中喊出了人民心底的无奈和怨恨。起义的暴乱引来清政府的血腥镇压和对底层人民的横征暴敛，此起彼伏的起义和镇压，最终害苦的还是最无辜的人民，时局如此，诗人用纸笔记录下这真实而又残酷的

---

① （清）徐增：《而庵诗话》，《清诗话》上，上海古籍出版社，1936。

场景。

桑映斗生活穷困潦倒，在底层挣扎之时最能体悟人民的辛酸，所作诗歌反映广大劳动群众的生活疾苦，是平民百姓的喉舌。桑映斗年幼时父母相继去世，兄弟几个相依为命，读书刻苦却科举失意，为生计所迫自设私塾教书，个人生活的困苦使得他的创作真实地反映了纳西族人民的生活面貌。时局动荡，人民的苦难和个人际遇的坎坷，使得桑映斗更加关注现实，关心国事，关切人民。心系家国人民，不只是简单的几句话就能概括的，是知行合一、身心践行而得。虽身处贫寒，可儒家仍在桑映斗心中扎根，儒家的人生理想、人格精神、忧患意识、仁爱情怀等深刻地影响着他的一生。兼济天下之心不因清寒而易，桑映斗能推己及人，才会仁爱万民，又因为仁爱万民，才会忧心国事，心系天下。

《毛诗序》曰："诗者，志之所之也。"清人叶燮论诗云："志高则其言浩，志大则其辞弘，志远则其旨永。如是者，其诗必传。"桑映斗，身在边疆偏远之地，矢志报国，胸怀天下，志存高远，其诗正堪当此论。"谋身已付磨穿铁，入世能柔百炼金"可谓"言浩"；"恨无澹台剑，挥此挟舟龙"可谓"辞弘"；"大麦黄，乐岁更比凶岁苦"可谓"旨永"。桑映斗心系家国，情系人民，时时以天下国家为念，表现出宏阔充沛的生命格局。正是基于对国家和人民的深切关爱，桑映斗对统治者各种祸国殃民的罪行进行了无情的鞭挞和抨击。在桑映斗眼中，家国一体，一人一家之命运与万人之国的命运休戚与共。眼见山河残破，诗人感时恨别，忧国思家，渴盼平定叛乱，和平安定，历经人生的颠沛流离自然也就具备了对社会人生认知的深度和广度，如此，也才能手握时代脉搏，与国家同休戚，与人民共患难。思之念之，诗人忧比终南，愁绪绵远，其博大深沉的情怀和直达黎民百姓内核的感触，拓展出了生命的呐喊和时代的呼唤，忧思深广，悲悯无极。

（二）艺术特色

1. 揭露现实的写作态度

作为一个研习儒学"仁义礼智信"的读书人，无论桑映斗是否做官，以天下为己任的坚定信念都使得他热切关注时代现状，并在诗歌中有所涉及，这表现了诗人厌恶封建统治黑暗和关心百姓的儒家精神。将自身所见与特定的时势背景相结合，关心民瘼、反映民生疾苦是桑映斗诗的一大特色，这些诗是诗集之中的闪光点。

（1）心系国家。

诗人心系国家社稷，《咏怀集古》："怀抱观古今，禀气寡所谐。万族各有托，安知旷士怀。振衣千仞岗，延颈望八荒。挥袂抚长剑，岁暮常慨慷。"环视古今，眼望八荒，皆是对当朝统治不力的无奈，诗人渴望能为苍生谋福祉，体现了其勇气和胆量。"安知旷士怀"是诗人有杜甫一般"大庇天下寒士俱欢颜"的政治心愿，可现实是"延颈望八荒"的满眼荒凉。如此写作形成了理想与现实的反差，由此对比写出了诗人的写作态度就是要试图揭露现实。诗人揭露现实的态度，一则可能是因为科举未中，心中还有立志报效国家的愿望，那么在看到社会现实之后，想要尽绵薄之力披露现实；一则也可能是在目睹满眼凄惨之后，无力报效，反而通过写诗揭露黑暗的方式来表达对社会的不满。诗人心中还有对大的家国情怀的关心，也可能是诗人自身力量之"小"难以扛起家国之"大"，其中不免夹杂一些无奈之感。

（2）直面矛盾。

《大麦黄》："大麦黄，未登场，撷麦穗，充饥肠。饥肠充几日，骤马下村乡。一颗一粒留不得，几年逋欠今年偿。未入贫民口，先入富户仓。大麦黄，苦莫数。凶年有话可支吾，今年支吾怒如虎。大麦黄，乐岁更比凶岁苦。"此诗以"大麦黄"这个具体歌行体式和生活意象为切入点，时值收获季节，官府和地主下乡逼租，农民们一年的辛劳成果又要被强行收走，颗粒不留，丰收之年竟比天灾还恐怖！此是桑映斗诗歌中的人道主义精华之作，具体写了官府逼租的恶劣场景，在诗人眼里苛政猛于虎的压迫是对人民生活的最大摧残，这就揭露了官民之间的激烈矛盾。"未入贫民口，先入富户仓"，这就是现实，这就是现实中官民矛盾激烈的其中一点。官府强收重税，民众面对如此压力却只能忍耐，在敢怒不敢言的时候，诗人悲愤地写下此诗。诗中并未直写"愤"，而是通过对比"凶岁"与"乐岁"之景况，突出了当时的社会境况，在主旨中深化出官民矛盾。

2. 反映人民性的写作内容

由于受时代和个人双重因素的影响，桑映斗诗歌在精神风貌上也体现了阶段性的不同，既有慷慨义愤、沉郁苦闷之作，又有平和妥帖、简单自然之作。人民性，是一个充满政治色彩的文学研究概念，如今褪去浓重的政治色彩来看，人民诗人是以创作反映人间疾苦的诗人，诗人写出描写现实人民真实生活的诗即是具有人民性特征。桑映斗结合自身贫苦生活的经历，在真实记录所见所感之时，自觉地站在人民群众的角度进行创作思考，透过人民去观察问题，进行写作。桑映斗对人民充满敬意，人民的形象不再是被欺凌压迫的一方，诗人在创作之时饱含同情和尊敬。

（1）站在人民立场。

如《采黄独》："采黄独，劚山土。蔓菁无芽苦菜死，贫妇待尔去下釜。扪箩梯石敢言苦。采黄独，日正午，朝起不曾餐，辘辘鸣肠肚。周岁儿随身，还有老姑看门户。采黄独，食不充肠儿无乳，儿父租催瘢在股。今年谷贵当折征，折合市价已加五。采黄独，心郁纡，今年尚有黄独采，明年还有黄独无？"烈日之下，一位体弱的母亲忍饥挨饿背着刚满周岁的幼儿，爬高攀岩去采黄独。小孩吃不到母乳，饿得一直哭，而等在家里的是因交不起房租被官府打的丈夫。今年贫妇还有黄独可以采，勉强维持生计，那明年呢？这个疑问诗人在最后一句提出，发人深省。诗人写此类诗是站在人民立场进行写作的，从普通民众的角度去看生活的艰辛，去写当权者的无情。为何此类诗如此深刻，是因为它写出了现实的撞击感，折射出了普通民众生活中的艰苦和不易，可民众的艰辛从何而来？这也是诗人在诗中提出的问题，问题的答案显而易见，可在实际生活中文人们并不太敢这么写，而诗人直接发问，且是在看过了普通民众真实的生活境况之后如实来写，现实意义十分沉重。

（2）以人民为创作对象。

《土兵行》其四："阿兄负长弩，阿弟携箩筐。阿弟哭何苦，阿兄止路旁。弟言阿兄去，谁复救羸尪；兄言阿兄去，且自少衣裳。长痛老父母，饥年已双亡。自云狼与狈，疾病相扶将。长风送归雁，大小必成行。兄去何足道，弟弟勿悲伤。"弟弟送兄长去征兵，兄弟俩父母双亡，兄长这一走，只剩弟弟一人，送别之景，催人泪下。诗人受到"三吏三别"精神的影响，怀着无限的同情和愤慨，用现实主义的笔触，来反映处在战乱之中劳苦人民的现实生活情景，面对生死离别的惨痛场景，诗人更是以沉痛的心情和崇高的敬意来为人民呼喊。诗人在创作之时始终是以人民为写作对象，诗作反映了人民的悲惨。以人民为创作对象与站在人民立场是创作的两个方面，以人民为创作对象是客观文本，是诗人在写作过程中对具体针对对象的客观选择；站在人民立场是主观倾向，是诗人在看到了民众痛苦后主动为人民发声。以人民为创作对象其实既是当时社会状况的客观要求，也是诗人在历经生活困苦之后的痛苦沉思。

（3）为人民呐喊的精神追求。

桑映斗始终怀着忧国忧民、悲痛忧愤之思，在诗中拷问这个时代。奈何起义纷起、兵荒马乱，无数无辜难民更是饱受颠沛流离之苦，诗人发为诗文，尽显苍凉悲壮。诗人所处的是各种事端发展激发人性复苏、自我意识觉醒、生命意志高扬、身兼历史责任的时代。

桑映斗便是生活在人民中间、为人民所处现实积极奔走的诗人。其深觉人民之苦，创作发乎人情，伸大义于天下，他亲眼见证并亲身经历了傈僳族农民起义和剧烈的社会动荡，屡次科举不顺，身不由己地跌入社会底层，体验了社会底层人民的生活艰辛与颠沛流离，这种经历大大增强了他对劳苦大众的感性认识。桑映斗作为既具有丰富生活经历又肩负社会良知与同情心的诗人，用诗歌这种便于叙述抒情的艺术形式宽视域、广角度地反映了那个时代的真实社会现状，尤其是人民的真实生活，在诗中对黎民苍生的悲苦寄予了深刻的关注和巨大的同情。桑映斗人民性诗歌的意义与价值不仅在于为一个特殊时代的社会现实提供了真实记录，而且在于用饱含情感的诗歌表达形式，生动反映了任何史书都不予重视和无法关注的普通人民的生存状态及悲欢离合。桑映斗的生活经历和艺术成就，为当前的文学创作和社会价值重建提供了多方面的有益启示。

3. 记录史实的写作角度

桑映斗作诗甚多，今存几许，留予后人斟酌，诗人诗作皆为"写心"，皆由心所发，内容醇厚，含蓄蕴藉，耐人寻味。这些诗作不仅是诗人对特定时代特定人生的体悟与感慨，或对个人理想与现实之间关系的求索与总结，也因诗人的经历在封建专制制度下的丽江纳西族文人圈中具有典型性，故而他在诗中阐发的情感经验也具有了一定超越个人意义的普遍性。这些诗是封建贫苦知识分子具体行为与情感思想的外化，"世事洞明皆学问，人情练达即文章"。

诗人有记录史实之作，"至于先士茂制，讽高历赏，子建函京之作，仲宣霸岸之篇，子荆零雨之章，正长朔风之句，并直举胸情，非傍诗史，正以音律调韵，取高前式"。① 或是"杜逢禄山之难，流离陇蜀，毕陈于诗，推见至隐，殆无遗事，故当时号为'诗史'"②。"诗史"不仅仅是人们对杜诗认识的一种思维定式，更是对诗歌记录重大历史事件的历史意义的肯定。桑映斗诗中有记载当时史实战争之作，从历史意义上看尚算不上"诗史"，但桑映斗之诗记录了当时史实战争不失为他的写作特色。

由杜甫至清，对诗歌本质的理解已经开始转向记录重大事件，这种对诗歌本质的新理解一旦转化为创作实践，就使得桑映斗在汲取诗歌创作精华之时不断开疆拓土。诗是有血有肉之物，诗歌作为历史的局部说明，经过一番提炼和剪裁，呈现出更集中、更具体、更鲜明的艺术效果。盲目地"以诗为史"使我们不能看到历史的真实面目，但桑映斗的诗作在这段历史史官缺席、史料贫乏的状况下，以诗歌随时记录感想可弥补历史叙述的不足。诗歌是诗人面对世界的思考结晶，凡是人生所要面对之事，诗人均会在诗歌中有所表达，记录事件是诗歌的一项功能。诗歌是把我们带入历史阅读状态的特殊文献，它并不是证明历史的文献材料，但可通过充分把握语言文字的细微精妙，更好理解特定历史时期的事件情况，从而由诗歌的独特门径进入一个更为广阔、真实、清晰的历史阐释空间。

如《过宾川州》："迤西殷实算此疆，兵疫连年满目荒。鬼蝶纷纷盘桔柚，野麕唧唧上苍筤。村童挑菜迷蒿路，客子寻炊伴水汤。新募何如招旧好，可知边幅赖循良。"是年，正当安史之乱，战乱频仍，官军败绩，而手握重兵的地方势力战马闲放，不肯出兵勤王，杜甫还可以呼唤"羽翼怀商老"，希望"隐士休歌紫芝曲"，而在桑映斗所处的时代，再也没有真正为国为民奔走呼喊之士，忧君忧民之思，悲回不尽。诗人过宾川，一路满目疮痍，饿殍遍地，时有招募新兵，可是募了新兵就可以换回风调雨顺、国泰民安吗？在此诗中，诗人揭露了战争的残酷，此乃时代之痛。

桑映斗将起义军的战争场面记录成事，读之使人感到战争的残酷和乱离的苦难气息扑面而来。《丙子冬季报荒不究》："忧时不得泪痕干，时事关心

---

① （南朝梁）沈约撰《宋书》卷六十七《谢灵运传》，中华书局，1974，第1779页。

② （唐）孟棨：《本事诗·高适第三》，载丁福保辑《历代诗话续编》，中华书局，1983，第15页。

饥复寒。日落荒城人色淡，风吹晚集市声酸。颜回闭户谁披发，梅福陈书合挂冠。寄语沟渠休怨望，何人识得讵心难。"又是天灾人祸，战乱惨淡之景映入眼帘，诗人沉浸于时事动荡的伤痛之中，在对现实政治作出深刻思考之时，如不能力挽狂澜，那就用心用笔记录历史。诗人自觉地以诗书写时事，表达真实的个人感受，写一时之事，抒一己之怀。桑映斗屡试不第，遭逢战乱，空有兼济天下之心，独善其身亦只是勉强为之，各种因素的作用也使得他笔下必然会写出记录史实之诗，抒发对国事和身世的感慨。诗歌中既有对真实战况的直接描写，又有对当时统治形势的隐秘揭示，具有较高的叙事性和写实性，这都表明桑映斗在自觉用以诗记史的方法来进行诗歌创作，表明诗人在有意继承诗歌写实的传统。

（三）小结

本部分具体分析了桑映斗的创作文本和风格特点，现对此进行小结。

首先是版本文献情况，国家图书馆藏《铁砚堂诗稿》仅有一卷，录诗的篇目和顺序与玉泉编本的篇目和顺序并不一致，两个版本在文字上也略有差异，可见诗稿流传过程中，抄本与抄本之间也有差异。

其次看《铁砚堂诗稿》的形式，首先看句型：在七言诗中，七言律诗的数量大于七言绝句；在五言诗方面，五言律诗的数量大于五言绝句；杂言诗数量较多，大于五言诗。总体来看，七言诗的数量最多，第二是杂言诗，第三是五言诗，桑映斗尤好写七言律诗。

而七言近体诗的"上四下三"为形式主流，五言近体诗的"上二下三"形式运用普遍，也有"上二下二"形式穿插在诗中。桑映斗的杂言诗也很多，句型变化多样。其次看结构，本章分了承接、交综、翻叠、对比四种情况进行分析，承接中四句一意连贯的直联结构在写景诗中有应用，由眼前看景再按照由近及远、由内到外等顺序连贯直写。而除了单纯的写景诗，诗人还有借景抒情、触景生情等情景交融诗，在这些诗中就不适合用直联结构，因此就用到了突接，风格突转，写出了情绪的变化。再看交综，秩序的交综在七言、五言诗中都有应用，工整的律诗中应用较多。而在篇幅较长的诗中，有规律有秩序的交综和无秩序的交综都有应用。无论是在七言诗、五言诗还是杂言诗中，都有辐射式交综和句尾交综，这两种交综方式应用范围较广。再看翻叠，当句翻叠应用较少，且运用水平不高，多为浅显用词。下句翻叠上句也是一样，多为简单应用。再看对比，在诗集中对比运用不多，且水平不高，多为心情反差对比，凸显出了情绪的起伏。总的来看，承接、交综运用较多且水平不错，一是因为承接和交综学习和运用难度较小，在结构安排上可操作性较强；二是因为桑映斗汉文化水平较高，有汉文写作功底，在进行诗歌创作时可很好地运用承接和交综方式。而再看翻叠和对比两种方式，反映了诗的气质和神韵，桑映斗采用这两种方式的诗作数量较少，水平一般，技巧不够娴熟，用词多浅显。一是因为翻叠和对比两种方式更需要的是精准把控汉文字，难度较大，操作要求较高；二是虽然桑映斗具有较强的汉文功底，但在汉文诗写作深度上还有所欠缺。翻叠运用在了写景、述怀等诗中，但在品味层面还有差距，对比中人我、虚实等都有应用，但对比突出的奇巧意味并未有体现。

再次看辞采情况，在此将辞采运用分为几点，先来看巧拙，巧即为小巧，拙即为平拙。小巧写出了景物的形态和情感所传递的内容，而在更宏大的气势把控和更深远的旨意传递方面并未做到巧，而更多是直的表述。拙表现在拟写五言古曲中，平拙写出了朴实的古风，而仿写古曲要想写出其中的古韵，还有一定距离。在奇常方面，奇多为出奇，奇表现在描述景物上，而奇的深度和亮点并不够；常为平常，日常的生活、情感的简单描写，常的难点在于白居易的直白，显然桑映斗的常并没有达到这个高度。在浓淡方面，浓是词浓，桑映斗写浓并不多，写的是场景的浓，仅用浓词表现浓景，无浓境。淡是笔淡，桑映斗的淡用于写景叙事，简单直白，下笔的诗风是淡的。在雅俗方面，雅是事雅，桑映斗写了雅事，在写日常生活的雅事时，会突出雅的氛围，但在其他诗中雅不作为突出表现的特质，然而淡中的雅、藏中的雅却并未深入。俗体现在了民歌体写作中，是诗风的俗，桑映斗在诗风中想要写出的俗，是贴近《柳枝词》《竹枝词》的俗，诗人在尝试拟写民歌中的俗，写出了民歌中清新风气的俗。再看刚柔，刚是悲刚，在作者极力渲染悲情的诗作中，诗人用悲壮的情绪写人事，因为诗人在写诗的时候掺进了主观情绪，所以桑映斗诗中的刚是为悲刚。而柔是淡柔，丽江有风物美景，桑映斗在用柔写景写事的时候，尤其是写景的时候就写出了淡柔，不同于江南的温柔，丽江的柔在桑映斗笔下呈现出淡柔的状态。再看藏露，藏是言藏，用言语描述把主旨隐逸，桑映斗喜用具有一定含义的古奥字词，试图凸显诗句的辞采和隐藏主旨，这是桑映斗藏的表达方式，但用词古奥的言藏有故意陌生化的嫌疑，从而会使诗句的顺畅和意境有所减弱。露是直露，更多是直，直写情绪、直写景事，直得简单，但桑映斗的诗歌价值更多体现在直，直写出了自己的心境和优美的景色，直是直接描写，也是在直中写出了诗人面对时代坦荡的胸怀。

又次看题材方面，写景诗中有吟诵山水自然景物的诗作，也有游览名胜人文景观的诗作，写景诗都会带有诗人的主观情感，桑映斗的写景诗中有夹杂与友人相见、游览景致愉悦、由景怀古、感受生活等情感，这些情感都是触景生情之感。咏史诗中有吟咏重要历史人物与事件之作，有追忆云南、丽江历史往事之作，有凭吊在滇文人之作，有把自身身世遭遇比于历史人物而抒发情绪之作，也有由历史而讽时政之作。述怀诗中，诗人有写生活小事之作，表达生活闲适之感，也有借生活琐事写心情不顺的发愤之作，由生活之事引发的感想诗人借诗委婉表述出来。讽刺诗的针对对象就是社会现实的黑暗，多从现实出发反映惨烈现状，以"胸怀天下"的心态关注底层民众的生活。

最后从艺术特色来看，首先诗人是怀着抨击现实、揭露真实惨状的态度进行诗歌创作的，诗人写作时观察的角度从国家之"大"到个人之"小"，诗人的写作目的就是要揭露现实黑暗，目的明确，从而创作出的相关诗作讽喻性强。从写作内容来看，诗人先是在时代客观性中选择站在了人民立场，后又经现实激发从主观情感以人民为创作对象进行诗歌创作，最后在精神高度上达到了主客观统一，为人民利益呐喊。而桑映斗记录史实的写作是一个窗口，是一个以小窥大的窗口。桑映斗的诗记录了当时傈僳族起义等真实战争情况，由此我们可以发现诗中的战争的主观渲染性与史志记载的历史沉淀性。

从整体上看，桑映斗的诗作水平尚可，既有富有人民精神的现实力作，也有平淡白话描绘普通生活的一般之作。桑映斗积极学习汉文化，具有较高的汉文写作水平，在具体诗歌写作中，能运用一些诗歌写作技巧，用典较多，更反映了桑映斗对汉文的熟稔。其思想高度更是达到了"兼济天下"的程度，虽现实黑暗与诗人心中理想形成强烈反差，但其为国怀忧之情值得肯定。桑映斗在桑氏家族中是留存诗歌数量最多的诗人，也是质量水平最高的一位。在清代纳西族诗人中，桑映斗也是杰出的，其揭露现实、反映人民困苦的诗作流传甚广。而放眼清代文坛甚至整个中国古代文学范围，从文学水平上来看，桑映斗的诗作并不足以名垂史册，但从民族特殊性来看，桑映斗可以说是纳西族中的代表性诗人。

五　桑炳斗与桑照斗的诗歌

不同于哥哥桑映斗为家国时事而忧愁激愤，桑炳斗更多关心处在这个时代里的自己的飘摇命运。桑氏家族里，桑炳斗和桑照斗诗歌创作数量上不如桑映斗，艺术成就上也稍逊于桑映斗，但桑炳斗和桑照斗仍执着于文学创作，积极创作，继续扩大桑氏文学家族影响力，延续家族创作动力。

（一）桑炳斗《味秋轩诗钞》

1. 版本

桑炳斗诗集为《味秋轩诗钞》，政协丽江市古城区委员会编印的版本，可称为政协丽江编本，收录诗较全，因此以此为底本进行相关研究。除了整本有留存之外，还有其他散存诗作。

《滇诗嗣音集》卷十九录诗一首：《梅影》。《丽郡诗征》卷二录诗二首：《梅影》《诚蕃口用潜庵韵赠石轩》。（光绪）《丽江府志》卷八录诗一首：《石鼓谣》。

2. 形式

政协丽江编本《味秋轩诗钞》共有88首诗，从句型角度量化分析可见：七言律诗24首，占全部诗作的27.27%；七言绝句15首，占17.05%。七言诗共39首，占44.32%。五言律诗24首，占27.27%；五言绝句8首，占9.09%。五言诗共32首，占36.36%。杂言诗2首，占2.27%。歌行诗15首，占17.05%。下列条目是对诗集88首诗进行的句型分类。

（1）七言律诗24首。

《闻王椒园先生署永昌府二首志喜》《闲居杂咏》《王昭君二首》《梅影》《秋日铁砚楼杂感八首》《滇城怀古》《咏蕃剑用潜庵韵赠石轩》《检藏书有感呈沁亭》《庚寅又四月乙酉黄山慈云庵柏树有鹤来止和竹庐杨丈原韵兼示妙上人》《游芝山杂咏四首》《甲戌六月咯血丁亥春病又作抒感》《得王桃溪纪程诗十八首和答》

（2）七言绝句 15 首。

《万人冢歌》《南诏碑》《夏晓从黄山精舍绕玉河归》《不寐》《秋海棠》《饮雪》《春郊走马》《和刘寄庵怀水仙原韵三首》《春日忆芝台周检讨》《除日》《游凤眼洞访罗军门插戟处有怀芷湾宋太守》《夏夜忆玉湖》《过竹塘》

七言近体诗的句型为"上四下三"，以下举几首具体诗作进行简要分析：如《游芝山杂咏四首》其一：

> 飘然独步脱乌纱，小有洞天绕暮霞。
> 种树成围遥待月，肩漕溜雨解浇花。
> 懒于饮酒居廉让，贪着吟诗爱豪华。
> 策杖西山晚宿处，可能入夜月明赊。

全诗为"上四下三"的句型，首联写诗人登芝山的时间和状态，"乌纱"一语双关，"脱乌纱"指辞官归隐，可诗人一生科举未中，不曾做官，首句出现翻叠，未做官而"脱乌纱"，具有自嘲意味。而在首联语境中"乌纱"与"暮霞"相对，可照应芝山暮霞的景象。颔联"上四下三"，写了诗人隐居时"种树""浇花"的闲适生活。颈联"上四下三"，诗人不喜饮酒却爱吟诗，隐居生活清净，"廉让"与"豪华"相对，突出了诗人隐居简朴的状态。尾联"上四下三"，点明诗人正在赶路去往夜宿处，路上有明月相伴赶路，由尾联可知颔联和颈联皆为诗人想象中隐居的生活，首联翻叠句意，尾联又再反转新意，诗人从未做官，却想象自己辞官归隐后的生活，读诗觉有深意，却又感叹诗人心中仍有当朝做官的愿望和科举未中的遗憾。

如《除日》：

> 明朝又是一年春，也学儿童计艳晨。
> 渐次屠苏后饮我，依然忙作咏花人。

此诗四句都为"上四下三",第一句写时间,今日是除夕,过了明天就是新的一年。第二句写诗人有童心也想学孩子一样穿新衣过新年。第三句写晚上吃饭时诗人饮酒微醉,第四句写明年开春依然要去赏花咏花,表明除夕之时诗人就开始盼望来年的春暖花开。

（3）五言律诗 24 首。

《北门坡》、《过李中溪墓》、《小石桥步月》、《钓鱼晚归》、《荆卿》、《张桓侯》、《陈思王》、《杜子美》、《陈图南》、《宿雪山中》、《登雪山》、《自雪山晚宿玉湖》、《玉峰寺雪后远望》、《晚过北岳庙》、《草地》、《母病望沁亭不至》、《秋行闻蝉》、《游斑山吊澹当墓有怀杨用修太史戍滇题写韵楼壁》、《高峣吊杨升庵》、《雪松院四景》（四首）、《游龙神祠》

（4）五言绝句 8 首。

《上关花》《下关风》《雪松院月夜看玉龙山》《玉湖月夜看雪山倒影》《玉湖看晓日》《登雪山望金江》《题杨升庵卧石》《皮船》

五言近体诗句型以"上二下三"为主,以下举几首具体诗作进行简要分析。

如《玉峰寺雪后远望》：

> 一带寒林寺，霁来近暮天。
> 饥鸦翻夕影，山鬼语寒烟。
> 元想风为御，诗思月上圆。
> 呼童携暖酒，去去探衷眠。

首联为"上二下三",写地点和时间,在山中天色已晚。颔联"翻"这个动作,把"饥鸦"飞过天空映衬夕阳余晖"夕影"的动态感描绘出来,

"饥鸦"掠过天空突然闯进夕阳无限好的静态画面中，"翻"字显出巧意。天色已晚，在雪后的山峰上，雪会反射太阳快落山的余光，这样山峰会有隐隐光亮，在诗人眼前呈现出"山鬼"的景象。颈联"上二下三"，转到诗人的想象，乘风飞月，诗人看到眼前此景有"欲上青天揽明月"的心情。尾联"上二下三"，写诗人望雪景，想要饮暖酒，在梦里可以更加尽情地畅游想象。

如《登雪山望金江》：

天地大江水，滔滔去不回。秋风将愁思，吹自日边来。

第一句"上二下三"，"江水"从"天地"间奔流而过，有开天辟地之势，"大"既可以作形容词，修饰"江水"的庞大气势，也可以作动词，显示出"江水"滚滚奔流的动态。第二句"上二下三"，叠词"滔滔"照应了第一句"江水"奔流的动态气势，一去"奔流到海不复回"。第三句秋风承载着愁思，顺接第四句，秋风把愁思从太阳那里吹到诗人身边来。

（5）杂言诗2首。

《戏集禽言》《春饮小酌》

杂言体是突破句型限制的常见体裁，诗人摒弃句式整齐的格律，力求新变，桑炳斗有两首杂言诗。

如《戏集禽言》：

姑恶姑恶，上山看禾，泥滑滑行，不得也哥哥。
布谷布谷，快快插禾，得过且过，提葫芦果不如我。

此为民间白话形式的小诗，无韵律，第一句四言，两节"姑恶"，可能有纳西语意。第二句四言，写"上山"和"看禾"两个动作。第三句接四言，"泥滑"用顶针接"滑行"，此句写了去田里看禾苗，下田地脚下有泥的情景。第四句接五言口语，"哥哥"表明是青年男女一起劳动。第五句为四言，两节"布谷"，照应第二句，布谷鸟的叫声与"看禾"的劳动相照应，又第五句照应第一句，第一句可能为动物叫声"姑恶"。第六句四言，描述"快快"的催促声音和"插禾"的动作。第七句为四言口语，"得过且过"，讲了男孩劳动状态不佳，做事效率和质量不高，后接七言口语，"上四下三"，女孩说男孩干活连自己"提葫芦果"都不如。小诗写出了青年男女下地劳动的欢乐场景。

《春饮小酌》，此诗缺一联，原为五言律诗。不再作杂言体分析。

> 人生迟行乐，莫迟回三月。
> 春阴长绿苔，输他落花春。
> 似梦笑人□。月上青天来。

（6）歌行体15首。

《榆城竹枝词五首》《昆明竹枝词三首》《竹枝词》《子夜春歌》《子夜夏歌》《子夜秋歌》《子夜冬歌》《江南曲》《采莲曲》

桑炳斗喜用歌行体作诗，共有15首歌行体诗，其中竹枝词9首，占60%；歌体4首，占26.67%；曲2首，占13.33%。竹枝本出巴渝，是人民群众喜闻乐见的歌唱形式。大历间顾况诗云："帝子苍梧不复归，洞庭叶下荆云飞。巴人夜唱竹枝后，肠断楚猿声渐稀。"刘禹锡有"杨柳青青江水平，闻郎江上踏歌声。东边日出西边雨，道是无晴却有晴"，白居易也有"江畔谁人唱竹枝，前声咽断后声悲"。桑炳斗喜用竹枝词，借用这一民歌体，描写了纳西族劳动人民丰富多彩的日常生活，在诗中既运用了文人诗的传统风格，又吸收了民歌的表现手法，表现了桑炳斗独特的诗学品位。

如《榆城竹枝词五首·其一》：

> 花开陌上好风光，归路缓缓绕钿妆。此日旗亭吹玉笛，教谁改唱小秦王。

刘禹锡喜爱民歌，将民歌融入诗体创作之中，把民歌健康乐观的基调用诗体语言表现出来，这一艺术形式对刘禹锡的创作产生了极为有益的影响。民歌体诗既包含了文人诗的长处，又有浓厚的民歌色彩。民歌色彩与文人诗的韵味融合在一起，使得诗作既清新明朗又含蓄华美；既有鲜明的地方情调和浓厚的生活气息，又有强烈的抒情意味。桑炳斗生活的丽江，处处民歌，诗人把在生活中听闻到的民歌自然地运用到诗歌写作中，渐成佳作。

　　《子夜春歌》："欢最不好缠，开筵旦暮来。春蝶狂无赖，绕侬罗带开。"
　　《子夜夏歌》："去年送欢柳，恼人绿依依。侬可没打采，黄莺作对飞。"
　　《子夜秋歌》："著得茜裙子，来进魔母堂。侬抛梧桐子，欢爇郁金香。"
　　《子夜冬歌》："法制长夜炭，与侬过霜霄。解得欢心热，日高冻已消。"

　　歌体诗四首，四首四季歌，清新明快，春季蝴蝶纷飞，夏季绿柳依依，秋季梧桐落地，冬季霜雪皑皑。诗中"侬"字多次出现，"侬"为江南口语，文人诗创作常用此词，显得随意自然；"依依"叠词的使用，读之朗朗上口，俏皮亲切感油然而生。

　　曲二首，《江南曲》："今年又明年，当归不见归。江草不知恨，又在绿依依。"自汉起《江南》古辞一直传唱不衰，自旖旎的江南，到秀美的丽江，《江南》歌余音绕梁。"今年又明年，当归不见归"，口语化的语言读之简单明快，江边水草不知记恨江水的流逝，依旧年年绿依依。《采莲曲》："侬家住小湖，种得好红莲。语郎郎不信，比侬分外鲜。"清商曲辞是南朝乐府的艳歌，但《采莲曲》却是其中清新别致的一曲，古曲中蕴藏着简单含蓄的爱情表达，生动鲜活的采莲越女形象一直为文人喜爱。采莲女家住小湖畔，湖中有红莲，"语郎郎不信，比侬分外鲜"，读之忽觉情意绵绵却又含蓄优雅，生动明艳的采莲女形象呼之欲出。

3. 题材

从题材上，《味秋轩诗钞》中的诗作可分为山水诗、咏史诗、题赠诗。山水诗以自然景观为描写对象，进行景物描写，作者或是进行单纯景物描写，或是将自身情感写进景物中，情景交融。咏史诗是以历史人物或典故为描写对象，将作者自己对该历史故事、古人事迹的感悟写成诗句。题赠诗是写给友人亲人互相赠答和题写先人以表缅怀的诗作。

（1）写景诗 45 首。

咏山 9 首：《雪松院月夜看玉龙山》《玉湖月夜看雪山倒影》《宿雪山中》《登雪山》《自雪山晚宿玉湖》《游芝山杂咏四首》

咏水 2 首：《登雪山望金江》《夏夜忆玉湖》

咏景 22 首：《上关花》《下关风》《玉湖看晓日》《江南曲》《采莲曲》《夏晓从黄山精舍绕玉河归》《榆城竹枝词五首》《昆明竹枝词三首》《竹枝词》《北门坡》《小石桥步月》《钓鱼晚归》《玉峰寺雪后远望》《晚过北岳庙》《草地》《游龙神祠》

咏时节 12 首：《子夜春歌》、《子夜夏歌》、《子夜秋歌》、《子夜冬歌》、《饮雪》、《春郊走马》、《除日》、《雪松院四景》（四首）、《秋行闻蝉》

在《味秋轩诗钞》中，桑炳斗写了许多吟诵山川景物的诗歌，这些山川景物诗由景入情，或洒脱、或苦闷，或真情饱满、或唏嘘哀叹，多层次、多角度地展现了桑炳斗在感受丽江山川之时的感情变化，展现了诗人丰富生活经历背后的生命体验。通过对这些山水景物诗的品味，我们可以更深入地了解诗人的内心世界，使得诗人形象更加鲜活生动、个性更加立体饱满。

如《小石桥步月》："暮色淡如何，遥闻雁唳过。人来初夜静，月上小桥多。一犬吠寒影，千林流素波。侧听虫唧唧，屋角转明河。"此诗呈现出月夜的静谧画面，首联"淡"点出了月夜整体"淡"的氛围，先是视觉描写，后转到听觉"雁唳"，"遥"字突出了"雁"飞的动态状态，"雁"已过，而"声"仍可"遥闻"，"雁唳"声大更加突出了夜的静。颔联转到动作描写，写到了"人"的动作，后由近及远，画面转到"月"，"月上"中的"上"字，突出了时间的推移，"月"由"下"到"上"，而后句写"小桥多"，转到地面空间，天上"月上"，地下"小桥多"，意象紧凑，画面静态感增强。颈联空间放远，前有听觉声"犬吠"，"犬"看见"寒影"而"吠"，显出了画面动态感，空间放得更深远，用了倒装，应是"素波"流过"千林"，而倒装后先有"千林"静态，又接"素波"流动的动态，动静结合，富有层次感。尾联先写人的动作："倾听""虫唧唧"，诗人静听月夜里的虫声，表明诗人正在享受此时的静谧，诗人后走过"屋角"，"明河"即入眼帘，有"柳暗花明又一村"的惊喜感。全诗动静结合、视听结合、远近结合，将诗人身处的景致立体地凸现出来。

又如《夏夜忆玉湖》："碧水如环绕玉龙，好风时拥万株松。不知今夜玉湖月，倒映雪山第几峰。"第一句写了"碧水""绕"的动作，"绕""玉龙"雪山，"碧水"的动和"玉龙"的静相得益彰。第二句写了"风"的动态，风吹松林，而"好风""拥""松"，其中"拥"字用拟人手法突出了"风"的状态，"拥"字妙在把"风"的细腻情感、主动姿态和宽广胸怀写了出来，"拥"呼应了"好"。第三句简单白话，"不知""今夜""玉湖月"，直接顺接下来。第四句也是直接顺接，玉湖"倒映""雪山""第几峰"，"不知"和"第几峰"照应，"玉湖"和"雪山"照应，"第几峰"并非要特指具体到底是第几峰，而是从侧面突出了"玉湖"和"玉龙"密不可分的状态。第三、第四句白话顺接，"月"光照"雪山"在"玉湖"形成倒影，"玉湖月"、"雪山"、"倒映"的"倒影"，三个意象在第三、第四句的虚写中形成"实景"关系，空间的上、中、下串联其中，由"玉湖"到"月"再到"玉湖月"，在空间转换中突出了景色的层次感。

（2）咏史诗 11 首。

咏事 4 首：《万人冢歌》《南诏碑》《皮船》《滇城怀古》

咏人 7 首：《荆卿》《张桓侯》《陈思王》《杜子美》《陈图南》《王昭君二首》

咏史诗是以历史为客体来抒写主体情志的诗歌。咏史诗多是针对历史事件或历史人物有所感慨而作，桑炳斗所作咏史诗有咏历史之事的诗作，也有咏历史人物的诗作。

如《万人冢歌》：

> 龙尾关前水拍天，龙尾关下草如烟。诗人欲吊开元事，洱海潮流不
> 尽年。

"上有上关，下有下关，东有洱海，西有苍山"的大理古城，地势险要，具有明显的战略优势。在市区东面八公里处有一个大墓冢，此为万人冢。明代云南点兵官邓子龙题诗："唐将南征以捷闻，谁怜枯骨卧黄昏？唯有苍山公道雪，年年披白吊忠魂！"又如白居易《蛮子朝歌》："鲜于仲通六万卒，征蛮一阵全军殁。至今西洱河岸边，箭孔刀痕满枯骨。"

公元751年剑南节度使鲜于仲通率领六万大军，到大理征讨南诏而惨败，逃脱一死的鲜于仲通逃回长安，正赶上玄宗大庆寿诞，国相杨国忠，瞒报战败为战胜，玄宗嘉奖，而此时，南诏战场白骨已经堆起了万人冢。公元754年，成都留侯李宓，率十万大军南征大理，南诏阁罗凤借助地势，引唐军入龙尾关下，三面夹击，李宓全军覆没。后大理白族人民，把两次南征战死的唐朝将士的白骨堆起万人冢。诗人凭吊万人冢作诗一首，第一句写上关"水拍天"，"拍"字写出了水流动拍打的动态。第二句写下关"草如烟"，下关如今是绿草茵茵的样子，第一句、第二句两句都是实写景物，而过去往事的景象暗含其中，形成古今对比。第三句直接顺承，"诗人"想要回想"开元事"，第四句写"洱海潮流"，看似平静，洱海依旧是洱海，可周围早已物是人非。"洱海"并没有情感，后人看到如今"洱海"的平静，再回想"开元事"，多感叹"不尽年"。

又如《王昭君二首》其二："一骑红裙追朔风，琵琶伴我出秦中。姿成绝代宁言命，计出安边亦有功。不信汉皇能好色，如何彼美教和戎。只今一片冢头月，入夜犹疑照汉宫。"此诗怀王昭君，首联先写"一骑红裙"，用此意象代指王昭君，"一骑"突出其英姿飒爽的一面，表明了昭君在去和亲时坚毅的一面，此为"内"。"红裙"突出其温柔艳丽的一面，此为"外"。"一骑红裙"两个意象"内""外"结合勾勒出昭君形象。"追朔风"，昭君此去和亲，"追"字写出了昭君的坚毅信念。后句用第一人称

"我"，诗人是在用"我"写历史中"昭君"的心态，此去和亲唯有"琵琶"相伴，"一骑"与"琵琶"相映，都是突出了昭君的孤独。颔联写昭君美貌"姿成绝代"，而后突接"宁言命"，昭君虽有美貌但锁困宫内，此去和亲既可以说是主动改变继续锁深宫中的"命"，也可以说是远嫁匈奴身世艰辛的"命"，五味杂陈，"言命"心情恐怕只有昭君能够体会。后句写"安边"是"功"，"功"是历史对昭君的肯定，可是"功"的背后是昭君的"苦"。颈联直接顺接，诗人"不信""汉皇"贪恋美色，否则怎会舍得让昭君去和亲，也就是"汉皇"不好美色，所以才让昭君去和亲，可事实并非如此。颈联用调侃的语气，写出了当时朝局的形势，昭君决心前往和亲与"汉皇"的懊悔形成对比，昭君和亲既是巧合也是必然。尾联由古转今，"如今"的昭君墓上"冢头月"，在夜深时照进汉宫，"冢头月"的拟人情感表达了昭君的思乡之情，和亲之后再没回归故土，唯有"冢头月"的月光照进"汉宫"以表相思之情，叹息昭君美艳而悲壮的一生。

（3）题赠诗 16 首。

赠友人 12 首：《和刘寄庵怀水仙原韵》（三首）、《春日忆芝台周检讨》、《游凤眼洞访罗军门插戟处有怀芷湾宋太守》、《咏蕃剑用潜庵韵赠石轩》、《闻王椒园先生署永昌府二首志喜》、《得王桃溪纪程诗十八首和答》、《庚寅又四月乙酉黄山慈云庵柏树有鹤来止和竹庐杨丈原韵兼示妙上人》、《过竹塘》、《检藏书有感呈沁亭》

怀先人 4 首：《题杨升庵卧石》《过李中溪墓》《游斑山吊澹当墓有怀杨用修太史戍滇题写韵楼壁》《高晓吊杨升庵》

题赠诗注重友人之间诗歌的回环往复，进而实现诗人之间情感的交流互动。在题赠诗中体现了诗人的社会关系，不仅体现了诗人个体的情感经历，更表达了诗人创作的社会意义，这样既表达了诗人与友人之间的深厚友谊，又通过回环往复的诗歌交流提升了创作水平。

如《得王桃溪纪程诗十八首和答》："半生景况宦中谙，数尺瑶函抵面谈。三月闲愁赢杜牧，一春杏雨忆江南。云山满目诗随兴，世路回头味转甘。记选青钱忆他日，伐檀留咏素餐三。"王桃溪，即王源，前文已介绍，在浙江、福建都有任职，此诗为诗人回赠王桃溪在任寄来的诗作。首联写到友人的"半生景况"都在外任职，"宦中谙"表明了友人任职时间之久，在"宦中"已度过"半生"。后句"数尺瑶函"为诗人与友人相隔两地互寄的诗作，"抵面谈"是想象中的画面，实际上当友人看到远方寄来的诗作，见诗如见人。颔联用杜牧仕途失意在扬州的典故，来反衬友人任职为人称道的政绩，而友人正好也曾任职"江南"，诗人未去过"江南"，只能凭书中意象来想象江南场景。颈联为诗人想象友人任职路上的一路风景，"满目""云山"，饱览美景之后可"随兴"作诗，后由浅入深，转到"宦中谙"的感想，"世路回头"是回顾"半生景况"，"味转甘"写出了友人仕途由苦转"甘"，更表明了友人任职的艰辛和不易。尾联先用被喻为有学识的人的"青钱"，来夸赞友人的才学，后句用强烈反映劳动人民对统治者怨恨的《伐檀》来提醒友人要好好做官。诗人一生考试不第，未曾做官，心中还是有对科举仕途的歆羡之情，此诗既是祝愿友人勤勉为官，也流露出了诗人对仕途的渴望。

如《题杨升庵卧石》："滔滔皆是也，勿为传醒者。云对华阳洞，独卧苍山下。"

杨升庵，即杨慎，明代诗文成就首推杨慎。他博览群书，著述丰富，戍守永昌卫至死。诗人写诗怀念杨慎。第一句中"滔滔"的形容对象未点明，可以是历史往事，也可以是如今流淌的江水，"皆是也"，"是"什么也未讲明。第二句化用李白诗句"但得酒中趣，勿为醒者传"，第一、二句连看，不论"醒者"还是"未醒者"，历史往事皆已过。第三句中的"华阳洞"为高僧慧褒禅师潜修之地，"云对""华阳洞"写出了高僧修行之清淡，而用高僧慧褒与杨慎相比，衬托出杨慎虽谪戍云南，但并未消沉而是如高僧慧褒修行于华阳洞一般，在云南积极生活，可见杨慎修为境界之高。第四句写杨慎"独卧"于"苍山"之下，诗人游苍山至杨慎卧处，遥想当年杨慎独卧此处看苍山美景。第一、二句是诗人对历史往事的感叹，第三句用慧褒比杨慎，第四句写杨慎卧苍山下，层层推进，由古至今，尾句点明同一地点"苍山下"，古有杨慎"独卧"，今有诗人凭吊，由此拉近诗人与杨慎的心灵距离。

（4）其他 16 首。

生活 14 首：《戏集禽言》、《不寐》、《春饮小酌》、《母病望沁亭不至》、《闲居杂咏》、《秋日铁砚楼杂感》（八首）、《甲戌六月咯血丁亥春病又作抒感》

咏物 2 首：《秋海棠》《梅影》

还有生活中的吟咏之作，如《不寐》："年来不寐到鸡鸣，每近五更可胜情。昨夜雨凉添睡味，晓来百鸟报新晴。"此诗写了诗人夜晚没睡的景象，第一句直接顺接，今晚"不寐"直到天亮"鸡鸣"。第二句写到诗人在凌晨三点到五点的时候就清醒了。第三句也是直接顺接，"昨夜"下雨天凉，雨夜窝在被窝中睡觉最为舒服，"添睡味"写出了诗人生活中的小乐趣。第四句由夜转明，"百鸟"在天晴后"报新晴"。此诗多为白话直接顺连，读起来通顺直白，正好写出了生活小事的闲适感。

还有咏物诗，如《梅影》："历尽冰霜不掩门，无端短暑欲黄昏。雪前雪后岂无着，枝北枝南都有村。古寺僧归香可拾，寒窗人睡月留痕。笑他画手殊劳力，细点精描岂足论。"此为诗人看画而作的诗，首联先写画中为冬季"冰霜"景致，村户人家"不掩门"，后写白昼短暂，一会儿就"欲黄昏"。先写了画中的时节和时间，交代了是冬季黄昏图。颔联写画中白雪皑皑，"雪前雪后"和"枝北枝南"相照应，"枝"照应了题目，写到了梅枝与村户在画中交错，此句写了画中有雪、有梅枝和村落。颈联写到画中有"古寺"和"僧"，"僧归"看见梅花，欲"拾"梅花留香气，后写画中有月，有人家"窗"开，可见"人"已"睡"，此句写画中动作"僧""拾""香"和画中意象"窗""人""月"。尾联写"画手"作此画费"劳力"，其中的"细点精描"全都藏在画中。

4. 艺术特色

在心为志，发言为诗，诗是作者内心的反映。"性情面目，人人各具：读太白诗，如见其脱屣千乘。读少陵诗，如见其忧国伤时。其世不我容、爱才若渴者，昌黎之诗也。其嬉笑怒骂、风流儒雅者，东坡之诗也。即下而贾岛李洞辈，拈其一章句，无不有贾岛李洞者存。"桑炳斗好山水，多吟咏山水，其诗多贴近自然，他是以普通人的视角来进行日常诗歌创作的。

桑炳斗写作多写真实感受，用词简单。题材上桑炳斗写作多限于山水诗和题赠诗，多为单纯写景诗，只写景观，少抒情，他笔下的丽江景色具有干净安静之美。桑炳斗创作整体平实质朴，用字简单，直接描写景观人物，以此来表达情感，将身心感受真实写成诗句。通过这些诗作，读者能探寻到遥远丽江玉龙雪山、蜿蜒江水的静谧景色和与友人见面交往的喜悦之情，具有一定的文学价值。桑炳斗现存诗作中写景诗最多，而在题材里也有民歌体，在写作风格上会呈现一种贴近生活感，描写景物多为生活场景，思想感情表达上也贴近生活，语言上也是简单口语化。这种风格反映出诗人较为一般的创作水平。

而因诗人屡次考试不顺，诗中也反映了诗人对自身怀才不遇、对时局不满的一些看法。在写给王源的题赠诗中，诗人希望友人做好官，也反映出诗人内心还是有科举做官的愿望，折射出诗人内心渴望建功立业的期待。这一点上桑映斗的诗中也有体现，但两人在此点上的不同体现在桑映斗更多是对时局动荡的感叹，诗句中体现出一种豪气感。而桑炳斗写的是对自己遭遇、对科举功名的一种渴望心理，诗中夹杂一些羡慕感情。桑映斗更多是压抑感和苦闷感的抒发，而桑炳斗是渴望羡慕的情感流露。桑映斗与桑炳斗也有相同处，体现在都作写景诗较多，就仅有的诗作来看，题赠诗较多，与友人唱和较多。写作中都有一种生活气息，但写出的诗作在韵味上还有差距。

（二）桑照斗

桑照斗诗文多散佚，今仅留诗五首，实在令人惋惜。五首悼念其兄桑映斗的诗作，兄弟情深在诗中一览无余。从今以后生死两茫茫，诗人回忆起哥哥生时的点滴，想起哥哥平时的关爱，时间飞逝，如今哥哥已不在，不免凄凉。有生，终会走向死。只是逝者已逝，生者还需更大的勇气去怀念亲人，拖着疲惫的身躯继续走下去。哥哥生时的手足情深，当时尚未感受深切、来不及珍惜，此时面对哥哥已逝、无力回天，昔日人生的一切脉络纤毫毕现，从今往后再无哥哥的照顾，恐怕这一刻才是最悲伤的。既已失去哥哥，写诗怀念其实是心灵备受打击之后的一种心灵修复，一种试图将自己从精神危机中解救出来的手段。诗人悲泣抒怀的同时，也正是其内心极度悲伤的情绪一字一句地倾注入诗中的过程。悼诗由怀念亡妻到追念亲人的转变，是书写对象的转变，但情感宣泄的方式没有改变。一首首悼诗，正是一个个发泄窗口，使诗人郁结于胸、思念至极的悲痛情绪得到宣泄和释放，万念俱灰的诗人借作诗在不同程度上形成一种暂时的心理平衡。

《哭兄沁亭》五首①：

> 筰国哀笳动远邦，雪峰峭拔势无双。少微星暗秋风劲，几卷遗诗咽金江。

> 凄风苦雨近黄昏，兀坐灯前湿泪痕。漫说茱萸少若个，一枝寒菊招诗魂。

> 雪岭秋风透峻寒，鹤惊冷露唳音长。悲思千万凭谁说，土乐声声奏断肠。

> 自负平生似谪仙，花开笔杖六旬年。金江玉岳人何处？漠漠骑鲸碧落天。

> 不寐长宵听晓更，自怜白发亦魂惊。暮年相守甘贫贱，痛绝同床读书声。

筰国，为丽江古称，哥哥在桑照斗心中有着雪峰峭拔一般的人格。可少微星暗淡，哥哥已逝，金江吞咽了多少遗诗，今后也只能从诗卷中怀念哥哥了。在风雨凄凉之夜，诗人独坐灯前因思念泪流满面，不是茱萸少了的伤别之情，而是寒菊招诗魂的无限悲楚。悲思千万说与谁人？纳西族古乐《别时谢礼》声声奏起，听者断肠。在诗人心中，哥哥犹如李谪仙满腹豪情，如今金江玉岳都在，但人不在，或许就在漠漠碧天之处。诗人夜晚未能安眠，直至报晓，自怜白发已觉老，如今已不能和哥哥暮年相守，回忆起儿时同床读书之时，痛彻心扉。

---

① 赵银棠辑注《纳西族诗选》，云南民族出版社，1985，第118页。

哭兄已不在，诗中流露出诗人失去哥哥后伤神茹痛、忧思悲泣的心情。哥哥陪伴在左右之时的点滴时光、丧兄之悲苦，在每个凄风苦雨的月夜、在每次不寐长宵之际、在声声土乐回响之时都被一一勾起，并与诗人心头小心翼翼的凄情哀思深深交融。深念哥哥的绵绵追思则时常透过诗人沉郁的笔墨破纸而出。

六　清代纳西族桑氏家族人文生态环境

（一）时代背景

家族的兴衰发展见证了一段时期的历史进程，且家族的发展与社会思潮息息相关，桑氏家族的发展可以说是清代改土归流后众多少数民族家族的缩影。桑氏家族面对的时代境况是丽江地区改土归流后的统治背景、四周纷起的农民起义和重视文教科举的大时代环境。

1. 统治背景

顺治元年（1644），清王朝正式实行对全国的统治。顺治十七年（1660），清廷同意保留丽江府建制，并委任木增之子木懿任知府。这样，清初的丽江纳西族地区秩序依旧，木氏依然统治全族。而西南地区的改土归流于雍正四年（1726）在云贵总督鄂尔泰的建议下大规模进行。"丽江府原设有土知府一员，流官通判一员，今照云南、姚安等府之例，将知府改为流官，将通判改为土官"①，以此为转折点，丽江纳西族地区的政治面貌出现了新的气象。"其原颁丽江府知府印一颗，即令新设丽江府经历掌管。其通判俟查明木氏应袭之人，另请题袭。"②

从元代纳西族大一统到清代改土归流、政治局面的动荡，时时刻刻牵动着家族的稳定发展。元代大一统发展为明清两朝的繁荣昌盛奠定了重要基础。明代的丽江土司木氏家族文学的蓬勃发展与木氏土司长期稳定的统治是分不开的。到了清代，木氏势力随着改土归流而削弱，纳西族旁姓家族文学开始兴起，桑氏一族恰逢其时得到迅速发展。可见，政治局面的风云变迁会直接影响家族文学的兴衰发展。

---

① （光绪）《丽江府志》卷八。
② （光绪）《丽江府志》卷八。

2. 大兴文教

清康熙三十九年（1700），孔兴询来丽江任通判，建议设文庙、立学宫，兴教化。之后正式设立府学。后丽江大规模改土归流之后，木氏土司垄断文化专权的制度被打破，普通民众对汉文化的认同得以大幅度发展。书院、义学等教育机构的广泛设立，使得清政府"核心辐射、边缘内附"和大力推行汉文化教育的文化政策得到有力保障。随着广大纳西族民众汉文化认同内涵的不断拓展，民众汉文化修养不断提高，更有利于清朝对丽江的统治。"清政府改土归流的实施以及一系列文教政策的推行使职官制度的二元体制得以终结，丽江纳西族民众开始摆脱对当地土司的人身依附关系，并实现对儒家思想这一官方意识形态的认同，进而使儒教文化圈像池塘中被荡起的层层涟漪般在边疆地区扩展，强化了纳西族民众的国家归属感，为国家认同意识的建构奠定了坚实的基础。"[1]

到了清代，丽江创建学宫，亦称"儒学""文庙"，是学生读经书礼孔子的地方。通判孔兴询"临丽伊始，睹山川之灵秀，与风俗卑陋异"，遂"因思变易之道，必赖礼乐，礼乐之兴，在建文庙"。[2] 历时三年建成，到康熙四十五年（1706）丽江开始设置儒学，"丽虽处极边之区，已沐圣朝教化二百余年，又于各乡村创立义学，广育人材。一时学校如林，而家弦户诵矣"[3]。丽江地区有三个书院：玉河书院、雪山书院、天鸡书院。义学，招收的学生多在 15 岁以下，办学经费主要来自学田的地租收入，学生免费入学。作为启蒙教育机构，义学多招收贫寒子弟入学。义学的教育是从《三字经》《百家姓》《千字文》开始，随着年龄、学识的增长，学习《论语》《孟子》《大学》《中庸》等。教师薪金每年给束脩银十二两，对学生发给部分生活补助费，称膏火费。

在古代，士子从识字起就熟读儒家经典，治国平天下的思想已经融入他们的血液，为官一方，造福于民，也成为他们毕生的追求，而"官"又是

---

① 郭新榜、郝淑静、陈符周：《文化认同视野下的清朝丽江纳西族研究》，《四川民族学院学报》2014 年第 6 期。

② （清）管学宣修，万咸燕纂（乾隆）《丽江府志略·艺文略》，乾隆八年（1743）刊印，上海图书馆藏本。

③ （光绪）《丽江府志》卷四。

对人价值判断的根本尺度，个人的社会地位主要由"任官的资格，而不是由财富所决定"。[①] 清朝统治者深谙此道，把科举考试作为争取各地知识分子的有效手段，顺治二年开科取士，尤其是康熙于甫定三藩之际，开博学鸿词科，以网罗天下才学之士，这吸引了大量中小阶层的知识分子。很多家族更是深知科举对家族的重要性，一个家族中是否有人做官、官职高低，对家族的兴衰有着重要的影响，所以这些家族十分注重对家族子弟的教育，希望利用家族中的文化优势取得功名，桑氏家族亦不例外。桑映斗、桑炳斗屡次科举不第，他们心中都有一个功名梦，都希望通过求取功名来实现个人价值，施展心中的仕途抱负。虽桑映斗、桑炳斗未及第，但所受的修齐治平的儒家思想深深烙印在心中，血液里的儒家准则不断指引着桑氏文人在困苦的生活中坚守准则，不断前行。时代赋予桑氏家族的命运或许是身世坎坷，或许是颠沛流离，或许是悲苦凄凉，但风雨难摧的信念始终在桑氏家族心中，他们坚持自己的信念，在时代的洪流里始终坚持自己的发展方向。

3. 战争起义

丽江府域内，傈僳族主要分布在维西县、永北县、丽江县和宁蒗县等县境内，受木氏土司的统辖。丽郡改土归流后，时维西厅境的傈僳族人民受康普、叶枝土千总和喇嘛寺的统治和剥削。乾隆年间，维西厅各族人民处于不能自给的贫困境地。可是当地的官府还规定，傈僳族农民每年缴纳条粮银1093两的苛重赋税。时傈僳族农民不堪压迫和剥削，乾隆五年至六年间，傈僳族农民纷纷举行反清起义，义军攻占丽江及维西域内的夷寨。后被清王朝残酷镇压下去了。

> 傈僳，《南诏野史》作力些。金沙、澜沧两江之高山有之。男女皆衣披麻披毡，岩居穴处，利刀毒矢，刻不离身。登山捷若猿猴，以土和蜜充饥。今泽有种杂粮者。得野兽即生食。尤善弩，每令其妇负小木盾前行，自后射之，中盾而不伤妇。以此制服西番。（按嘉庆八年，维西恒乍绷及吴林等滋事，云贵总督觉罗琅玕讨平之。）[②]

---

① 〔德〕马克斯·韦伯著《儒教与道教》，洪天富译，江苏人民出版社，2008，第115页。
② （光绪）《丽江府志》卷一。

到嘉庆年间，有个叫恒乍绷的维西澜沧江畔的傈僳族农民，他身兼傈僳族的沙尼扒（巫师），占卜治病，颇灵验，深得傈僳族人民的崇信。恒乍绷到康普地行占卜送鬼治病，受到当地傈僳族人的诚服和拥戴。时康普土千总禾昆仁，畏以恒乍绷惑众滋事，遣人驱逐出康普境，遂与恒乍绷结下仇隙。嘉庆六年（1801），因澜沧江畔的傈僳族农民冬岁有雪灾，造成粮食歉收；众傈僳农民聚众向康普、古刹二寨借粮渡饥，时寨主不答应借粮，恒乍绷挟持土千总禾昆仁，聚众开仓借粮；禾千总诬告傈民作乱，副将差一外委领十兵来弹压，傈民信以为来剿灭，竟射杀数十兵，屠其女千总家而举义。恒乍绷率领傈僳族农民起义军，提出土地由大家分种的口号。几天之内，响应起义者有数千人，恒乍绷领兵攻占维西县城，维西、丽江境内的各族人民也纷纷响应，恒乍绷领兵向丽江进军，时恒乍绷的起义，惊动了清王朝，云贵总督觉罗琅玕率兵亲征，两军在石鼓冲江河畔对垒，觉罗琅玕发现了傈僳嗜酒的痼疾。结果，觉罗琅玕假意与恒乍绷讲和，运来近百驮酒浆，借犒劳傈僳义军的名义送以酒，义军不知是计，开坛大喝，一个个喝得酩酊大醉；觉罗琅玕乘机掩杀过来，傈僳义军几乎全军覆灭，恒乍绷带几个随从，潜回江外。觉罗琅玕乘胜追击，而傈僳义军凭借有利地形，与清军周旋奋战达两年时间；最后傈僳义军在木必扒的率领下，翻过碧罗雪山，退到怒江峡谷，征服当地人民，在怒江峡谷繁衍生存下来了。

恒乍绷为首的傈僳族农民起义，在觉罗琅玕的血腥镇压下失败。觉罗琅玕在残酷屠杀傈僳族农民起义军的冲江河畔，立了一座碑，此碑在后来修公路时已毁。

> 石鼓，在城西七十里金沙江边。相传武侯南征，立以镇吐蕃。厚尺余，边有微缝。嘉庆七年，傈僳恒乍绷作乱，缝忽大开，好事者，辄塞以石。乱平，复合，石俱不见。咸丰、同治间，回兵构难，其开合亦如之。鼓面旧无字，明嘉靖辛酉，土知府木高平吐蕃，刻凯歌于其上，今存。①

---

① （光绪）《丽江府志》卷八。

府志中有关石鼓的记载里也有那段傈僳战争的记载，桑映斗作诗《石鼓谣》，诗中也有战争描述，读之犹如身临其境：

> 石鼓塞下风如刀，千年阴鬼白昼号。
> 变起粟夷藤蚱蜅，戕官倡乱来江皋。
> 懵然不畏死，天讨终难逃。
> 平时见官吏，猿猱惊走藏。
> 一旦化为仇，白日敢跳梁。
> 合江桥下少人行，战马付痛将军惊，不闻人声闻弩声。
> 扬言：汝官大，我山大。汝下马，我安坐。
> 汝兵多，我树多。大军炮，奈我何？
> 岩高何处追吾篱，平夷露布空飞驰。
> 制军临江竖丰碑，行人下马吊遗迹。石不能言碑下㲀。
> 吁嗟乎！石鼓合，苴头落，石鼓开，苴星来。
> 石鼓开合有气数，嗟尔胥吏为祸胎！

该诗记录了滇西傈僳族农民起义的场景，官府镇压起义，官民俨然仇恨对立双方，对垒江边，气氛凝重，石鼓此地作为战场见证了这次起义。诗人或见闻或听闻此事，用诗记录下战事的具体细节，弥足珍贵。

嘉庆二十五年（1820），永北县公母寨（今华坪境），傈僳族唐贵因受不了地主的残酷压迫和剥削，在公母寨聚集近千人的傈僳族农民起义，当时唐贵为首的傈僳义军提出"夺回傈人土地"的口号。时域内各族人民纷纷响应起义，其中有汉族贫苦农民起义领袖傅天贵、陈天培，还有彝族农民领袖梅依老十、傣族农民领袖刀周、回族农民领袖沙李得等。义军很快发展到一万多人，一度攻占永北县城、大姚县城。最终起义被镇压。

（二）地域环境

任何群体的文化创造都离不开特定地域空间和人文传统背景。环境对于人文群体及其文化产品有诸多影响，乃是不争的事实。"全部文化史的原因，是种族的、文化的和地理的三种因子之和。"① 自从 19 世纪法国哲学家丹纳提出"决定文明的三大因素为种族、环境与时代"② 后，地理环境作为一个重要的研究视角被纳入文学研究的体系之中。但是，丹纳的阐释集中于山川、气候、物产等纯粹的自然条件上，把地理环境的作用夸大到了绝对化的程度，而现代学者认为，人地关系中，不仅包括比较稳定的自然地理因素，更为重要的则是地域人文的变更及其对人的作用。因此，对地域文化传统的追寻是地域人文群体研究的重要参照系之一。

地域文化的形成是在人的群体性社会实践与环境的长期作用下逐步整合显示出来的，一方面它不断变异，随着人类活动的渐次丰富而不断有新的内容补充并沉积；另一方面，它又相对稳定，将沉寂下来的文化传统内化为一种精神气质，从而展示出区别于其他区域的独特品质。潘光旦在《中国画家的分布、移殖与遗传》一文中称："研究人才群体，大致可以从三方面下手，其一便是从人文地理学方面的考察。"③ 对清代桑氏文学家族的探讨，也首先始于对其生存环境和文化环境的关注。

1. 生存环境

地域人文对家族发展的影响往往是隐性的。在此，我们试图从特定空间地理环境的描述分析入手，通过对文献的梳理和对史实的还原，挖掘丽江诸种地域特征与家族文化之间的潜在关系。

偏僻之地，文化交流相对较弱，丽江很少受到外来文化的冲击与影响，保持了其自成特色的经济、文化传统。上苍又赐予这块土地山水相依的秀丽景致，入而居之，岂能不乐焉。明人唐顺治称"宜兴溪深而谷窈，石峭而泉洌，自古宦游之士，多欲徙而家焉"，道出了其魅力所在。

地处滇境西北边缘的地理特征，对丽江的经济、文化均有很大的影响，主要体现在两个方面：一是重农轻商的社会经济传统；二是重文教科第的人文风尚。

---

① 潘光旦：《种族与文化机缘》，《潘光旦文集》第 8 卷，北京大学出版社，2000，第 236 页。
② 〔法〕丹纳：《艺术哲学》，傅雷译，人民文学出版社，1963。
③ 潘光旦：《中国画家的分布、移殖与遗传》，《潘光旦文集》第 8 卷，北京大学出版社，2000，第 302 页。

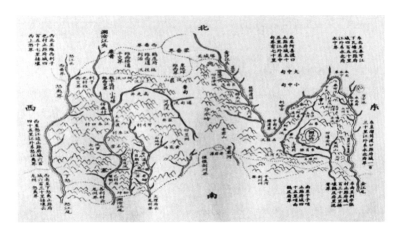

图 9 - 4　光绪《丽江府志》疆域

2. 文化环境

在朴实民风的浸润下，当地的士子皆尚儒术而不好远游。蒋景祁称："荆溪故僻地，无冠盖文绣为往来之冲也，无富商大舶移耳目之诱也。农民服田力稿，终岁勤动。子弟稍俊爽者，皆欲令之通诗书，以不文为耻。"家族子弟通诗书，即家族世代以儒为业，这对地方家族向文化家族转型具有重大意义。家族子弟敏于习文，又形成以文为重的社会习俗，对当地家族文化素质的进一步提高有着强大的推动作用。世人皆重视文化教育、以科第传家，在清时的丽江渐成社会共识，这一社会传统的沉淀成为文学家族以文学为立族取向的潜在原动力，清代丽江地区桑氏文学家族的翩然出现与这一历史文化传统有深刻联系。

山川之美，古来共谈，山长水远，气秀地灵，"清淑之气，钟而为人，而词藻发焉"①。自然山水作为艺术生成的本源，唤起人们对美的向往，吸引人们去游赏、探奇，并将对美的体验付诸艺术形式之中。历代文人的文化印迹对山水的人文蒸郁有着潜移默化之功，使丽江的灵秀山水又增添了一份浓厚的人文气息。清代桑映斗、桑炳斗、杨昌、牛焘、妙明等的风雅集会，以及由此而产生的连篇佳作，既得益于他们对家乡山水风情的喜好，也源自他们暗求与先贤精神遇合的心境。在中国文化史的历程中，自谢灵运伐山开

_____

① （明）沈敕：《荆溪外纪》卷二十五，四库全书本。

径以极游放之后，山水逐渐从单一的审美客体转化为审美与移情兼而有之的心神物化的对象，成为文人内在情感的外在寄托方式。秀丽怡人的丽江悄然处之深奥之地，具有超然于物外、内敛自束的韵味，能够给予人心灵的慰藉。

> 龙湫，在城西南十里，阔数亩，四畔皆数草结，履及一方，三方皆动。人或近之，风雨骤至，又名风雨潭。桑映斗有诗曰："此地出水多出云，云之来耶雨纷纷。雨初出潭涎未化，满山草木皆腥闻。吾闻世间龙最懒，老晴郑郑醒亦罕。早魃公行狐彳亍，一掬自坚矜持满。有时烧燕投嗜好，安居一怒何其悍！凡龙或然兹不然，咨寒咨暑为民捍。我时垂钓此地过，高山明媚扫秋螺。潭光炯映藤萝月，镜面如拭净不波。或言下为龙洞府，往往人见阴大吐。落叶时有飞鸟衔，渔师不敢施网罟。从来云雨奠此邦，未尝牲醴烦民伍。如此山灵亦已廉，齐民不知我心苦。我读《离骚》水之沚，行吟泽畔采芳芷。水畔当谋二顷田，不赋乐饥如此水。"①

桑映斗作《文笔山下有潭，云出即雨。郡志所载风雨龙潭即此》，描绘了风雨龙潭的多面风貌，传说龙最懒，龙洞在此，龙栖居于此，人近之则风雨骤至，传说的美妙之处为文笔山风雨龙潭增添不少色彩，使地域景观具有了传奇的人文神秘色彩。

丽江的青山秀水被闻而慕之，不仅源于青嶂云泉的自然清新，更为重要的是它那幽静深远的淡泊气质，与士人追求自由、舒缓精神的心境形成默契。丽江这一独特的文化气质尤其与厌弃世事、求田问舍的退隐之辈相衬相契。游心抒怀、绸缪往复于如此惬意的青山绿水之间，最能感受到心灵的自由澄明，也最能体会到脱俗独立的生命价值。以农耕为重的文化传统以及朴素淳逊、敏于习文的民风民俗，还有那令人赏心悦目的淡泊无欲的自然之境都随着历史发展而逐渐沉淀为特定的人文内涵，对当地的家族产生了潜移默化的教化作用。

---

① （光绪）《丽江府志》卷八。

（三）民族特征

在民族特征上反映了两个层面：自身民族特征和汉化状态。

1. 自身民族特征

纳西族拥有自身流传已久的传统内容，"民族身份是不同人群自我认同和相互区分的重要标志"①，正是因为有了这些自身独有的特色传统，才形成纳西族民族特定的族属视野。桑氏诗人们在写作中会带有一些纳西族族群的特征，反映出纳西族一些独特的民族特色。

> 旧时，惟土官廨舍用瓦，余皆板屋，用圆木四围相交，层而垒之，高七八尺许，即加椽桁，覆以板，压以石。屋内四周皆床榻，中置火炉并炊爨具。改社后，渐盖瓦房，燃用瓦中仍覆板数片，尚存古意。②

古时纳西族传统居住的是木楞房，直接以圆木为材料，建造时先齐平木料，在两端砍出接口，然后将圆木首尾相嵌，大小头均齐，构成四面围墙。然后架起檩条，直接铺上长形木瓦，用石头压紧木板。明代后，丽江纳西族地区已出现瓦房，到清代时，随着丽江纳西族地区文化交流的增多和纳西族社会经济文化的发展，纳西族地区吸收汉族、白族、藏族等民族的建筑技术，逐渐流行起"三房一照壁"和"四合五天井"的土木或砖木结构，瓦房建筑也在丽江地区流行开来。门前即渠，屋后水巷，跨河筑楼，民居呈现"家家有院，户户养花"的古朴清净状态。"牧童求马上荒台，饥鼠惊人窜古瓦。晚市火明浓槭间，遥钟声堕重岩下。阶泉月黑绕笙簧，画壁尘蒙辨黝赭。"在饥荒时期，饥鼠游走在瓦房上，诗中可见瓦房已经遍布丽江地区，阶泉可见是房屋建在山坡，屋旁有洞渠水流经过。"屋角黄山画不成，翠屏一面对檐横。遥知此日檐前望，说我回头屏上行。"此诗中可看到对面房屋的屋檐及屋后的黄山，可见此民居为"三房一照壁"的格局，古朴雅致。"平明檐溜响朗当，起坐呼儿开北牖。舍前远山一角青，丝丝湿烟萦高柳。舍后更闻鹧鸪鸣，倘能为我呼晴否？石榴花开亦已落，何曾对花杯在手。谨

---

① 徐新建：《多民族国家的文学与文化》，人民出版社，2016，第69页。

② （清）管学宣修，万咸燕纂（乾隆）《丽江府志略·礼俗略》，乾隆八年（1743）刊印，上海图书馆藏本。

插竹篱护黄菊，花开犹能盼重九。"雨天开北窗，由屋内可望见舍前远山，雨后空气湿润，建在山坡的房屋后时有鹧鸪鸣叫，院内种有石榴树，正在开花，对花酌饮别有情趣，用竹篱圈护未长成的黄菊，心想等待重阳之时能看花开。桑炳斗与桑映斗写了许多带有"山房""种花""园林"等景象的诗句，如《春日过杨竹塘园林》《玉峰山房四咏》《山房咏月》《种葵花》《雪松院月夜看玉龙山》《雪松院四景》《小石桥步月》，诗人时常吟咏与之相关的诗句，可见此具有民族特色的建筑形式已深入纳西族居民的日常生活之中。"木家亭子看山宜，况是清和最胜时。花恋余香辞树晚，日交初夏上阶迟。"依山建屋亭是纳西族人民依据地形和传统而采取的建筑方式，诗歌写在亭子上看山、登山上阶的情致。"青泥盘窄径，浓雾被高峦。古城阻晚渡，山涧涉惊湍。"诗句中可见古丽江城和水是交融存在的，城依水存，水随城在，城北黑龙潭是古城水流的主要水源，潭水由北向南蜿蜒而下，入墙绕户，"十九苍山压郡楼，溪泉十八绕城流"。"画亭面面皆临水，秋色年年老似人。为问桥边夕照影，凉凉踽踽最伤神。"凉亭四面皆临水，古城中处处桥梁，"众多大小水流之上，造型各异的古老石桥、木桥多达354座，使大研古城的桥梁密度居中国之冠"，"官桥送客雨潇潇，十九峰头雾不消"，"门前尘市内烟霞，咫尺泉遮复树遮。架木为桥通佛阁，支筇扶我过僧家。几间静室都临水，十亩晴洲尽布沙"。不光古城内桥多，城外道路和去山上的小路上也是桥梁众多。"暮色淡何如，遥闻雁唤过。人来初夜静，月上小桥多。一犬吠寒影，千林流素波。侧听虫唧唧，屋角转明河。"诗中小桥多、水绕屋的景象是丽江地区民居特色的真实写照，人与自然的和谐宁静流淌于诗中。

习俗之囿人，甚矣哉！丽居天末遐荒，不无政异俗殊之感，然官征云鸟，守在四夷，其间器数、仪文，往往有不惇于度者。况经圣朝之涵育熏陶，所谓国异政而家殊俗者，又恶知今不异于古耶。爰辑见闻，志风俗。明《一统志》：县人善骑射，最勇厉。《图说》：地处风寒，春夏拥火，人情朴陋。又荞麦资生，秉性顽悍，柴弓竹箭捕禽，无牧畜亦无布匹。明《通志》：衣同汉制，不黼泽，板屋不陶，焚骨不葬，带刀为饰，服食俭约，麽些、古宗或负险立寨，相仇杀为常，两家妇女投场和解，乃罢。旧《云南通志》：地近蒙番，好佛信鬼，性同北鄙，佩弩悬刀。①

崇鬼尚神体现了纳西族人民的鬼神观念，纳西族有"三魂""五魂"等多灵魂观念，有生者死者皆有魂观念，他们认为灵魂与人有一般模样，灵魂有时会变成某种动物，将灵魂视为物质性生命体；认为灵魂是生命之所系，由此产生了为生者和死者招魂、赎鬼以及灵魂附体、打魂、杀魂等礼俗和巫术。

　　咚咚野庙伐神鼓，赭色之袍像威武。巫师婆娑报得福，愚民匍匐奉樽俎。鸣呼，尔神！歆其酒脯。日不暇给，嗟嗟辛苦。

诗中描写了祭祀鬼神的场景，披上赭色之袍击鼓，巫师被视为能与神灵相通，念语向鬼神祈福庇佑。纳西族人民崇拜英雄，对能杀能战的英雄人物进行讴歌，表达对勇往直前、艰苦奋进精神的赞扬，"下马田塍吊古频，千年埋骨已成尘。可怜洱水生澜日，正是骊山上寿辰。战垒有花开似血，荒林闻鸟唤如人。新丰折臂翁曾说，说与香山最怆神"。诗中是对战死沙场无数无名普通战士的凭吊，虽然他们不曾扬名立万成为留墨历史的英雄，但万人荒冢千年埋骨，在作者心中他们就是驰骋沙场的真英雄。"残魂盼断关山曲，风雨犹闻鬼夜哭！"雨夜仿佛仍能听到鬼魂哭泣，"不敢悲，长已矣！千里白骨僵不起"，战场上逝去的战士们已经回不到故乡，以诗缅怀灵魂送其魂归故里体现了作者心中的英魂崇拜观念。

　　古者，天子祭天地，诸侯祭山川，大夫祭五祀，士庶人祭先祖。礼各不同，无可略也。丽地虽处滇末，凡神祇之有功德于民者，既奉为典祀。其间，有俚俗相沿设立寺庙，四时恒多祭赛者。又汇为俗祀。他如丛林道院，不过羽客之藏踪，梵宇琳宫，亦属浮屠之点缀。今并各寺观而附录之，以见相沿之非一日也。②

---

① （光绪）《丽江府志》卷一。
② （光绪）《丽江府志》卷四。

玉泉龙王庙，旧时因水旱祈雨，后普降甘霖，便特设典祀，民众多来朝拜。

> 旧志，在府城北象山麓。乾隆二年，知府管学宣、经历赵良辅倡建。《云南通志》：六十年，知府樊士鉴修。光绪十八年，职绅和即贵并六坛人等重修。①
>
> 丽江旧有玉泉龙潭，发源于郡城北象山之麓，自石洞奔流而出，注荫农田。因于潭上建祠以祀龙神，其上流则普灌丽江阁县，下流则分润鹤庆。流长源远，询千百家养命之源。至于水旱遍灾，祈祷无不立应。上年夏初，栽插无雨，禾苗枯槁。官绅步往祈祷，甘霖迭降，禾苗浡兴，岁获丰收，士民同深敬感，合无仰恳转详题请封号，以隆典祀，而答神麻等情。②

民众每因祸福，便会祈求上苍，祭祀迎神，既是表达对神灵的崇敬，也是自身通过对神灵的崇敬进而达到净化内心的效果。"避暑凭高阁，临流对雪山。长桥藏柳过，孤鹜落霞还。绿水悬新月，朱栏绕碧峦。前村策杖去，桑者咏闲闲。"登临玉龙祠的一路上流水小桥，柳树荫绿，颇有落霞与孤鹜齐飞之感，后新月升空，几人一同策杖登山，说说笑笑，心情甚好。桑映斗作《象山龙祠小憩逢马子云》，讲述他在玉山龙祠偶遇好友马子云，"喷薄寒泉夏亦秋，石林幽处独来求。过山急雨才添涧，出岫闲云欲归楼。积叶深疏穿树鹿，平沙泥浅过滩牛。莫言半日浮生懒，正喜相逢马少游"。恍如山寺桃花始盛开的温度差异，山上的夏天如秋天般凉爽，抛却平时忙碌的生活，作者偷得一点时光来山上小憩恰逢好友马子云，一同游历此景心情正好。《玉龙山神祠》："青林绕閟宫，竟日吹灵风。泰岱诸山外，西南一镇雄。雪霜驱瘴化，消息与天通。木氏遗勋在，争看铸鼎铜。"神祠周围绿树森森，风吹过来都竟沾了灵气，玉龙山是西南神山，在神祠里祈祷可与天通，心生敬意。"玉峰寺旧址：在府城北三十里雪山麓。康熙年间喇嘛僧

---

①　（光绪）《丽江府志》卷四。

②　（光绪）《丽江府志》卷四。

建。有知府孔继炘题额'苍芝荫玉'四字及跋语数行。"① 桑映斗喜登玉峰山，写了许多与玉峰山有关的诗作，"幽怀良不惬，忽忆在山深。火湿云穿灶，声疏雨到林。洞边逢鹿过，钟后待僧寻。更记烹茶处，飞泉漱玉琴"。桑炳斗也作玉峰山诗作，时常登临雪山神祠，暮色之中登山临寺："一带寒林寺，霁来近暮天。饥鸦翻夕影，山鬼语寒烟。元想风为御，诗思月上圆。呼童携暖酒，去去探袁眠。"

纳西族有自然崇拜观念，他们认为人与自然是和谐的兄弟关系，先民有祭祀自然的礼俗，这反映了人类祈求与自然和平共处的美好愿望，人类唯有与自然和谐相处，才能在日常生活中得益于自然。纳西族人民对自然有强烈的喜爱之情，立夏在纳西族自然地区是动植物生发的关键时期，立夏之后封山，禁止砍树狩猎。春生夏长，秋收冬藏，一年四季在诗人们的笔下变得生机勃勃，春季万物复苏，"燕语陪君经夕话，花开还我十分春"，夏天阳光正好，午后小憩可谓惬意，"单袷初裁稳称身，凭阑小立午风匀。青青荷叶初浮水，点点杨花又送春。镜里须眉原是我，床前著作不看人。行藏未卜长偎枕，余懒可能懒是真"②。秋天凉爽，我言秋日胜春朝之感油然而生，"何处秋深好，蝉吟过别枝。声清兼雨露，树密更参差。马影寒山路，人愁落叶诗。乡关风味好，逸兴正当时"。冬日白雪皑皑，万籁俱寂，而在丽江并不是千山鸟飞绝，而是落日恋飞鸟，如此和谐，"玉柱擎天外，晶莹曜暮冬。沙明星似月，岩峭石犹龙。落日恋飞鸟，空山闻卧钟。岳封唐宋代，可有大夫松"。即使眼前荒园柳僵瓜朽，诗人仍满眼爱意珍惜自然生命，如果诗人身体康健之后勤于打理，园子又会是生机盎然，"荒园何所有，漠漠菜篱疏。久病今成懒，杂花昔不知。柳僵多抱蠹，瓜朽欲为鱼。生计嗟予拙，难将百虑纾"。桑映斗喜欢在瓶中插花，摆放在屋中，使得屋内清新芬芳，有了自然的气息，"可怜篱落一枝秋，采入珠帘不自由。莫向人间夸晚节，华堂贮久也低头"。一枝瓶菊渐渐凋零枯萎，诗人看到不禁触景生情感叹身世。诗人还喜种菊，"癸亥春三月，春雪满地白。益之以霖霂，沾美足灵液。把锄治其荒，种菊欲绕宅。是亦为政与？非种在所择。未亲农圃勤，手

---

① （光绪）《丽江府志》卷四。

② （清）桑映斗：《铁砚堂诗稿》，丽江古城博物院和丽江玉泉诗社编印本，2007。

足殊扞格。开辟不盈陇，力倍一夫百。岂无仆与僮，自力不乐借。斗酒聊自劳，长看空云碧"。春日未还暖之时，诗人亲自锄地种菊，其中的乐趣只有自己动手才会明白。"汲水浸瓶梅，梅花向我笑。得味在偶然，心定知香妙。"诗人还喜梅花，看到寒冬有梅开，瓶梅放在屋内，观之闻之欣喜。"酪杏膏如露，煮桃实似金。如何冰玉质，结子却酸心。"想问梅花冰清玉洁的外表，却梅子酸心，忍俊不禁。"久知冰玉骨，予懒种何迟。庾岭虽万树，前村寄一枝。"诗人欲种梅，前村寄来一株梅花，又勾起诗人种梅的欲望。"我懒不种花，亦无种花地。谁家美园亭，花开或一至。同是得花看，有无何足异。今年我更懒，杜门无所谐。古瓶供一枝，常得故人寄。伴我对隐几，向背各妩媚。却胜种花人，反得伴花醉。人生幻海中，到眼真如戏。胡为纵耳目，将我为物累。何当并去花，了此挈瓶智。"诗人日渐疏懒不去种花，古瓶插花一枝，倒也自在。"种花当种兰，种兰当屋阴。兰香与兰息，臭味独相亲。露下见兰德，霜下见兰心。""丛兰手自栽，佳人来空谷。谁言未着花，要知香意足。"兰花高洁典雅，诗人喜欢的正是蕙质兰心的品质。"种花无种桃，桃花逐水流。种树无种柳，柳絮为萍浮。紫荆花虽好，半枯不自由。亦有连理枝，纵斤使人愁。不若种葵好，离离子盈眸。有子既离离，有叶复差差。有影庇其根，感尔植物为。君不见，日影西，葵影西，日影东，葵影东。人道葵西能向日，我言葵能固本得其终。"葵花会随着太阳而转换方向，诗人欲种葵花却因其护根固本。"窗前何所有，种此千竿竹。他日凌青云，今朝护寒玉。"窗前种竹一片，竹的虚怀若谷、柔中带刚、四季常青、不畏霜寒，也正是诗人钦慕的品质。"青青盆中松，五十余年物。品植岂不良，未谢风尘郁。岁月岂不长，终被榆柳诎。小枝如凤翔，老干似龙屈。人工虽矫揉，天性终强倔。对此桃李群，青艳有余馥。何不移长冈，烟云任披拂。十年饱风霜，便得茯苓掘。愧我华堂中，山人行朱绂。"盆中植松，随着时间增长，其生长已经受到限制，诗人欲移种长冈，让它不受拘束自然生长。岁寒，然后知松柏之后凋也，正是松的不畏严寒、坚忍不拔，诗人才会想要还它广阔天地。"山泉出山里，不似在山清。绝涧买松种，还饶涧底声。"

纳西族人民崇尚自然，动物崇拜意识根植于人民心中。许多动物被视为灵异之物、充满力量，是人类的保护者。诗人们诗作中多有描写动物，以表达对动物的尊敬与喜爱，更是希望动物的神灵之气能够长久保护这片土地。纳西族人民认为人的勇敢凶猛是来自老虎的勇猛强悍，"猛虎早来饮涧泉，修蛇午睡竹藤边"，"虎须不可捋，谁与搏腥风"。马被视为驮载死者灵魂去祖先之地的灵兽，为人类驮运货物、征战骑射，"与我周旋久，于人意气深。三春芳草歇，几日病毛侵。稳忆朝烟路，怀嘶暮雨林。劳生今可惜，惆怅亦难禁"，老马暮归，勤勤恳恳为人类贡献一生，"自分战死胜老死，嗟尔神骏薄秋云"，征战沙场的战马虽不比的卢，却仍作为神驹被后人铭记、缅怀。鹤为纳西族先祖结合牵线搭桥，引领死者灵魂返回祖先故地，"近水多鱼馔，达山为鹤谋"。

纳西族的民族文化、民族存在和民族资源已经成为一种被书写表达的单位和领域，桑氏诗人们通过具体诗作来进行民族的自我表述，这既是关涉文学本身，也是关涉民族视野的真实表述。从这些有意识或无意识的具体诗作表述上，我们可以看到民族文化多样性的价值，由此重视多民族文化的深远意义。

以上我们看到了诗中反映出的一些纳西族的民族特征，但从中也看到了那些民族特征实际上已经是汉化的民族特征，接下来看第二方面汉化状态。

2. 汉化状态

在改土归流后，云南地区移风易俗，此后各地区的汉化程度加深，纳西族的汉化情况虽不比彝族、白族深入，但到了诗人们所处的乾隆、嘉庆、道光年间，也已经逐步深入，在桑映斗、桑炳斗的诗中能看到丽江地区的山川风物，但已经看不到诗人们对丽江民俗的描写，诗中写到的纳西族的内容，是较为浅显的表象，关于建筑、意识等方面的特点是可以看出来的方面，而在民族内核的一些民俗特征，诗中没有涉及，这其中部分原因是汉化程度的加强造成了特有民俗的减弱。而汉化是被动接受，可此时的纳西族对汉文化的接受是不是主动由边缘向中心靠拢还是一个值得研究的问题。

此时的丽江地区，先是在中央的推动下接受汉化。可以说此时是被动的。而后来人民学习汉文化，诗人们写作汉文诗、科举取士、学校教育的普及等众多方面是主动和被动同时存在和发展的结果。后来被动化为主动，诗人们纷纷参加科举考试、大力写作汉文诗作、广泛交友。他们不断学习的汉文化，除了诗文外，汉族的礼仪、宗教、习惯等方面也融入纳西族原本的民俗中，汉风和少数民族风俗的界限不再分明，以至于在以上分析诗中民族特征时看到的景象，既贴近纳西族原本的民族传统，也与汉文化习俗有一定的相似性，这里既有民族特征的反映，也可看作汉化的影响，已无法明确区分是独有还是接受。

从一开始改土归流的被动汉化接受，到后来的边缘向中心靠拢主动接受，都是纳西族在时代中的选择。从诗人们的诗作中我们既可以看到纳西族还存在的民俗风情，也可以看到汉文化在丽江的流传，不能严格分清独特和接受的界限，这本身也是一种存在状态，处在乾隆至道光年间的丽江纳西族地区就是这种状态。

结　语

本章以清代纳西族桑氏家族为研究对象，以文学的角度切入，基于"文学与家族之间所存在的特定的、几乎是与生俱来的联系"①，结合社会、时代、历史、地域及民族等方面因素对家族的影响，把桑氏家族放到清代改土归流之后气势恢宏的历史大背景之下，不仅展现出桑氏家族的文学创作风貌，更客观理性地介绍桑氏家族在丽江纳西族地区、云南地区甚至中华文学长河中的地位和价值。桑氏家族是清代改土归流之后具有一定历史研究价值的文学家族。桑氏三兄弟拥有较为广泛的社会交往，留有数量可观的诗歌作品，在当时的丽江纳西族地区及其他地区都产生了一定的影响，桑氏家族的文学成就具有一定的研究意义。

首先，桑氏文学家族具有地缘性研究价值。每个文学家族都是具体地域环境中的家族，桑氏家族天然带有丽江纳西族特色，标志着丽江纳西族地域性文化特征。家族文学的具体研究正是要从具体诗作之中寻找自然与人文相结合的特性。其次，桑氏文学家族具有社会性研究价值。家族是社会中的家族，文学家族的社会性在特定的时代具有特定的烙印。度量文学家族与权力中心的距离，要了解其在历史大潮中的姿态，桑氏文学家族在其所处时代中经历历史变动，三兄弟的仕途坎坷、自持气节与抗争坚守皆与家族兴衰相关。桑氏家族与当地文人的交友唱和体现了桑氏文人的社会交际地位，而文

①　罗时进：《地域·家族·文学——清代江南诗文研究》，上海古籍出版社，2010，第149页。

学家族在文学发展中的地位与其社会关系有密切关系。再次，桑氏文学家族具有文化性研究价值。家族文学活动是一种文化生产活动，在过程上体现为"文"入生活，"诗"意人生，桑氏家族的发展离不开各种文化关联，大文化背景对家族文学发展具有指向性作用。家庭内部文化氛围是家族成员艺术涵养和文学创作的有机组成部分。最后，桑氏文学家族具有文人生活姿态研究价值。"夫不作有益之事，固未免负有用之身；不作无益之事，又何以遣有涯之生？而况其未必为无益之事耶。"① 文人各有生活状态，各有文学创作姿态，中国传统文化语境中有两种姿态，"'紧张'，或处于拯救世道之心，或出于经济窘迫之境。古今经世致用之巨制，往往为'紧张'状态之产物，不可谓'无用'；'闲适'则属于无生活之负重且摆脱经邦济世之念后得萧逸状态。陶冶性情之什，禅悦法喜之文，通常为'闲适'状态的产物"②。文人姿态或放情狂语，或闲静沉思，在文学家族创作中都是常态，其姿态背后的创作动机等深刻含义于文学家族而言同样具有研究意义。

　　桑氏家族为丽江纳西族文学发展贡献了不可磨灭的力量，虽有不足，但其历史地位和研究价值是值得肯定的。桑氏家族的诗作原本数量丰富，惜大部分著作未能妥善流传最终散佚，但就其现存作品来看，桑氏家族在纳西族文学史上留下了苍健有力的一笔。桑氏文学家族为纳西族文学的强力呐喊，在历史中虽不会被恢复，却会永远回响。

---

① 狄葆贤：《平等阁诗话》卷一，光绪三十四年刻本。
② 罗时进：《地域·家族·文学——清代江南诗文研究》，上海古籍出版社，2010，第153页。

第 十 章
清代回族福州萨氏家族文学创作研究

  回族是中华多民族大家庭中的重要成员之一，是外来文化与中华文明在特定历史条件下，经过复杂的融合而形成的一个稳定的民族共同体。有大分散、小聚居的分布特点；多与汉族杂居，并在一定程度上保留了自身的民族习性，亦自然不自然地受到主流文化的深刻影响，汉语为回族的共同语言。经过多年交流融合，明清时期的回族已经融入主流社会，对于儒家文化持认同态度，并积极向儒家文化靠拢，参加科举考试，文人士子也进行汉语文诗文创作。

  福建地方文学的发展，在经历了唐前的准备时期、唐五代的发展时期、两宋的繁盛时期和元明的复古时期之后，入清则进入了总结提高时期。其中清代福州回族萨氏文学家族是福建地方文学史上占有重要地位的大家族之一。

  目前学界对于福建萨氏文学家族的研究主要集中于萨玉衡，如袁宗一《论回族诗人萨玉衡》[《宁夏大学学报》（社会科学版）1988年第1期]主要从史料中探究萨玉衡的生平、分析其诗歌，是较早研究萨玉衡的论文。林东进《简评萨玉衡——以诗歌为视角》（《福建商业高等专科学校学报》2010年第6期）分析较细致深入。翟倩倩《萨玉衡的咏史诗探析》（《鸡西大学学报》2011年第11期）从其咏史诗之中分析萨玉衡的思想。还有翟倩倩2012年硕士学位论文《萨玉衡诗歌研究》（福建师范大学）从萨玉衡的生平著述、交游活动、诗歌内容、艺术特色及影响几个方面来研究萨玉衡，较为全面。对于萨氏家族整体上的研究还比较少，而且比较浅。如冯雪红《清代回族诗人闽中诸萨的诗歌创作成就》[《西北第二民族学院学报》（哲学社会科学版）2000 年第 4 期］以其回族身份为原点，研究清代萨氏家族的诗歌成就。傅子情、方挺《福州雁门萨氏藏书世家》（《福建图书馆理论与实践》2009 年第 4 期）全面考察了萨氏藏书情况。

其他论文诸如陈庆元《乾嘉间福建的学人之诗——以陈寿祺为中心》［《福建师范大学学报》（社会科学版）1996 年第 2 期］、吴可文《清中期闽诗流派研究——以光禄派为中心》（《东南学术》2014 年第 2 期）、吴可文《明清福州文学地图——以三坊七巷为中心》（福建师范大学博士学位论文，2013）中对萨氏家族有所涉及。其他萨氏家族成员（如萨大文、萨大年、萨察伦、萨大滋、萨龙田等）还未有专门论文进行研究，而他们在萨氏一族文学发展中是不可忽略的。对于萨氏家族的研究取得了一定成果，但仍有较大空间有待不断充实与深化，尤其是从整体上来研究清代萨氏回族文学家族，还有许多亟待开垦的角落与细致挖掘的领地。

一　雁门萨氏缘起及萨氏家族成员生平钩沉与著述征略

（一）　萨氏家族世系源流

据民国二十四年（1935）《雁门萨氏家谱》载，萨氏受姓于元代诗人萨都剌。萨都剌在朝时，英宗以其精于经术，赐姓萨。萨都剌的侄子萨仲礼，元统元年（1333）进士，授福建行中书省检校，遂卜居于闽，为雁门萨氏入闽始祖。萨氏家族发展到清中后期，还出现了萨玉衡、萨大文、萨大年、萨察伦、萨大滋、萨龙田等萨氏文人，其中萨玉衡有《白华楼诗钞》四卷、《白华楼焚馀稿》一卷，萨大文有《荔影堂诗钞》二卷，萨大年有《荔影堂诗钞》二卷，萨察伦有《珠光集》五卷，萨大滋有《望云精舍诗钞》一卷，萨龙田有《湘南吟草》一卷。因其作品流传至今，笔者将研究范围限定在六人身上，对其现存作品进行整理研究，并对其作品内容进行分析。从家族的视角对少数民族文学家族进行研究，成果还不是很多，关于回族文学的论文较少，文学家族研究也是寥寥，对福建萨氏回族文学家族的文学创作进行一次系统的全面的梳理很有必要，这也有助于我们更好地了解清中后期福建文学的发展情况，接近文学发展的真相。

福州萨氏到明代末年已有三百余年的历史，但发展比较缓慢，到清代，开始兴盛起来。萨嘉曦称："我萨氏自元之季以仕宦而籍闽中，居会城者垂六百年，至国初族姓始蕃衍。今吾族人无间亲疏厚薄，皆同出于八世祖葛斋公。"[1] 葛斋公即萨希亮，明万历四十四年（1616）生，清康熙二十八年（1689）卒，其子萨容、萨宏、萨挨、萨嘏、萨宣即为福州萨氏五大支派之祖。萨氏受姓于萨都剌，作为少数民族家族，其家族发展亦是民族交融的一个表现。

明清时期并没有特定的民族概念，少数民族（尤其是散居的回族）与汉族居住在一起，交往密切，为融合到主流文化之中，积极学习儒家文化，参加科举考试，甚至思想上已经完全儒化，这种势头从刘智的《天方典礼》就已得到体现。在《天方典礼》中，刘智用大量的篇幅论述了"君臣、父子、夫妻、兄弟、朋友"五个方面的人伦关系，即其"五典"之说。他把中国儒家伦理的核心"三纲五常"，特别是朱熹所倡导的"父子有亲、君臣有义、夫妇有别、长幼有序、朋友有信"的封建纲常与伊斯兰教的道德规范结合起来，构成了独特而完备的人伦关系体系。这种伦理思想架构，使回族文学家族对于儒家文化持肯定态度，并为其积极融入主流文化创造了条件。到了清代，这种融合程度向纵深发展，以至于在发展过程中，回族家族积极融入其中，甚至放弃原有的民族习惯。萨氏为融合到主流文化之中，积极学习儒家文化，参加科举考试，思想上已经完全儒化，这也是清代萨氏文学家族的真实发展情况。

有清一代，福州萨氏家族兴旺发达，代有显通，蔚为闽省望族，绵延至民国，直至现在，这得益于科举盛行。作为入主中原的少数民族建立的政权，清代统治者与元朝不同，清王朝把"修其教不易其俗，齐其政不易其宜"[2] 作为基本国策，积极学习汉族的文化、行政管理经验及制度。清承明制，恢复科举，开设博学鸿词科，笼络知识分子，毫不犹豫地实行科举取士制度。明代的科举制度已经相当完备，清代沿袭了明代的旧制，于顺治二年（1645）开始正式通过科举制度来选拔人才，通过科举制度来巩固其统治地位。通过科举入仕，是很多知识分子的不二选择。清代萨氏家族内的成员也

---

[1]　萨嘉曦：《从伯父谦臣公七十寿言》，见《寄庐文稿》。

[2]　丁国勇：《宁夏回族》，宁夏人民出版社，1993，第 64 页。

是如此，纷纷参加科举考试，萨氏子孙取得了不错的科名。据民国二十四年《雁门萨氏家谱》，列其科举名录一览表如下（见表10-1）。

表 10-1　雁门萨氏子孙科举名录一览[①]

时间	科名	姓名	字号	名次	备注
明宣德五年会试	进士	萨琦	字延圭，号钝庵	二甲第二名	乡试第一百一十二名
康熙壬子科乡试	武举	萨容	字与相，号愧隐	第四十四名	
康熙癸酉科乡试	武举	萨𣲗	字□相，号纯斋		
康熙己卯科乡试	武举	萨宣	字嘉相，号哲园		
康熙辛卯科乡试	举人	萨学天	字溥人，号廉山	第三十七名	
乾隆丁卯科乡试	举人	萨登尹	字莘阶，号若三	第四十八名	
乾隆戊子科乡试	举人	萨知器	字启震，号筼坡	第六十五名	
乾隆辛丑科会试	进士	萨龙光	字肇藻，号露萧	三甲第十七名	乾隆庚子科乡试第五名举人，乾隆丁酉科拔贡
乾隆丙午科乡试	举人	萨玉衡	字葱如，号檀河	第六名	
乾隆戊申预行正科乡试	举人	萨茂干	更名履泰，字桢如	第五十七名	
乾隆己酉恩科乡试	举人	萨元涛	字启哲，号景山	第八十名	
嘉庆甲子科乡试	举人	萨廷沛	更名侍枫，字聿齐，号香三	第十六名	
嘉庆甲子科乡试	举人	萨虎拜	更名察伦，字肇文，号珠士	第五十一名	
嘉庆甲子科乡试	举人	萨振森	更名昌龄，字肇德，号慕舆	第五十五名	
嘉庆戊辰恩科乡试	举人	萨崧高	字肇枝，号衮侯	第四十六名	
嘉庆庚午科乡试	举人	萨知时	字启运，号耐寒	第十二名副	
嘉庆癸酉科乡试	举人	萨鸣谦	字肇柄，号和璧	第六名副	
嘉庆戊寅恩科乡试	举人	萨龙骧	更名庆棻，字肇景，号萱阶	第七名	
嘉庆乙卯科乡试	举人	萨文鼎	字怀风，号梅夫	第二十八名	
嘉庆乙卯科乡试	举人	萨鸿基	字肇涵，号磐矞	第八十三名	
道光辛巳恩科乡试	举人	萨景瀚	字聿海，号西昆	第五十二名	
道光乙酉科乡试	举人	萨恒霖	字怀九	第四十六名	
道光戊子科乡试	举人	萨庆霖	字怀瑜，号昆皋	第八名副	
道光辛卯科乡试	举人	萨龙田	字肇珊	第三十八名	
道光丁酉科乡试	举人	萨鍠	字怀□，号松友	第四十一名	
道光丁酉科乡试	举人	萨珍	字肇商，号璞山	第七十九名	
道光己亥科乡试	举人	萨富	字怀敦，号少农	第七名	

---

① 萨镇冰、萨嘉曦修《雁门萨氏家谱》科名录。

续表

时间	科名	姓名	字号	名次	备注
道光己亥科乡试	举人	萨镳	字怀囗,号兰泉	第三十一名	
道光庚子科乡试	举人	萨大文	字肇举,号燕坡	第六十七名	
道光辛丑恩科会试	进士	萨克持	字聿发,号敬轩	三甲第三十一名	道光戊子科乡试第二十三名
道光丙午科乡试	举人	萨剑南	字怀欧,号子冶	第五十五名	
道光庚戌科会试	进士	萨大年	字肇修,号兰台	三甲第三十四名	道光丙午科乡试第二十六名
咸丰壬子科乡试	举人	萨澜波	字聿香,号镜秋	第四十九名	
咸丰癸丑科会试	进士	萨维瀚	字聿汀,号希亭	三甲第七十名	道光辛卯科乡试第五十名
咸丰己未科顺天乡试	举人	萨兰馨	字怀书,号似芸	第十七名	
同治壬戌恩科并补行辛酉正科乡试	举人	萨承流	字怀政,号丹洲	第二十名	
同治丁卯科顺天乡试	举人	萨应璐	字怀纶,号璋甫	第囗名副	
光绪乙亥恩科乡试	举人	萨承钰	字怀锷,号又恒	第八十一名	
光绪壬午科乡试	举人	萨瑺图	字多囗,号云波	第三十七名	
光绪乙酉科乡试	举人	萨鏐	子多囗,号贡南	第一百一名	
光绪己丑科会试	进士	萨嘉乐	字多善,号稼盦	三甲七十七名	光绪戊子科乡试第九十名
光绪辛卯科乡试	举人	萨芝昌	字怀机,号小秋	第五十六名	
光绪甲午科乡试	举人	萨彤	字多贻,号聊炜	第八名副	
光绪丁酉科乡试	举人	萨起渭	字仲吕	第二十三名副	
光绪癸卯补行辛丑壬寅恩正并科会试	进士	萨起岩	字多遂,号肖说	三甲第囗名	光绪甲午科乡试第六名
乾隆辛卯科	优贡	萨国霖	字启学,号斋襟		
嘉庆己卯科	优贡	萨彬文	字肇荣,号质庵		

有科名者,47人;进士及第者,萨琦、萨龙光、萨克持、萨大年、萨维瀚、萨嘉乐、萨起岩7人;举人,35人(不含武举)。学而优则仕,萨氏在科举上取得了不凡的成绩,科举的发达提升了家族的实力,因而重视对家族子弟的教育以传承家学进而会更加重视读书,于是科举世家也是文

学世家。科举之余，也会进行文学创作，无论最终能否取得科名进入仕途，家族成员都保持了良好的创作传统。萨氏家族发展到清中后期，还出现了萨玉衡、萨大文、萨大年、萨察伦、萨大滋、萨龙田等萨氏文人，本章以这六位诗人为研究对象。

（二）萨氏家族成员生平钩沉

1. 萨玉衡

萨玉衡（1758～1822）为五大支的第三支十二世，据家谱载："萨玉衡，若三次男，字蒸如，号檀河，邑增生，乾隆丙午（1786）科第六名举人，乙卯（1795）挑选一等分发陕西，历任洵阳、三水、白水、榆林、米脂等县知县，绥德直隶州知州，榆林府知府，著有《白华楼诗钞》《赵氏孟子章》《指复编》，敕授文林郎。清史文苑有传。生乾隆戊寅（1758）四月初九日，卒道光壬午（1822）六月初七日。享寿六十四，葬大夫岭。娶何恭人，生肇蕃。侧王氏，生肇良，肇举（出继），肇禧（出继），肇修、肇乾、肇昺（殇）。"[1] 萨玉衡在陕西为官时，白莲教起义军由陕入川，抢渡嘉陵江，总督坐失战机，他被连坐论死，幸同乡龚景瀚极力营救得免。陈寿祺《白华楼诗钞序》载："宰洵阳时，剧贼方薄城火攻，符节相望咫尺，不一矢援。萨子及其长子宗甫竭力守御，相持七昼夜，贼竟去。已而四川总督某坐失机见法，萨子亦以贼过河论成，蒙恩援赎乃免归，而长子寻以劳夭。"

2. 萨大文

萨大文为五大支的第三支十三世，据家谱载："萨大文，辑如男，字肇举，又字宗芮，号燕坡，道光庚子科（1840）举人，拣选知县，著有《荔影堂诗钞》，卒十二月十七日，葬西关外二都科坞，娶郭孺人，继刘孺人，男廷荫。"[2] 辑如即萨玉瑞，是萨大文出继的父亲，萨大文本是萨玉衡三子，萨大年的兄长，因萨玉瑞早逝无子，族中将萨玉衡儿子萨大文出继给萨玉瑞为子。出继，又叫出祀、过继，是在同一宗族内以契约文书或口头承诺的形

---

① 萨镇冰、萨嘉曦修《雁门萨氏家谱》，北京图书馆藏家谱丛刊，北京图书馆出版社，2000，第564页。

② 萨镇冰、萨嘉曦修《雁门萨氏家谱》，北京图书馆藏家谱丛刊，北京图书馆出版社，2000，第568页。

式接续另一近亲中的男子（多为未成年幼子）为子。家谱载："玉瑞，昇旭次子，字辑如，生乾隆丙申年（1776）六月初六日，卒乾隆癸丑年（1793）十月二十八日，享年十八。娶徐孺人，旌奖贤淑，载入《福建通志》，葬西关外横头山，男大文。"①

3. 萨大年

萨大年为五大支的第三支十三世，本为萨玉衡五子，因其兄肇举（即萨大文）、肇禧出继，故为萨玉衡三子，据家谱载："大年，檀河三子，字肇修，号兰台，道光丙午科（1846）举人，庚戌科（1850）会魁，钦点内阁中书，国史馆分校升侍读，授建宁府学教，著有《荔影堂诗钞》《白华楼诗钞笺注》，娶郑恭人，继陈恭人，侧郑氏，男庭萱。"②

关于萨大文、萨大年兄弟生卒年，由于家谱未记载，且其他资料缺乏，只能大概推算。两人为一母同胞的兄弟，生年相近，萨大年卒年应在萨大文卒年之前。萨玉衡本七子，肇蕃、肇良、肇举（萨大文）、肇禧、肇修（萨大年）、肇乾、肇昺。家谱载："肇良，檀河次子，生嘉庆辛酉年（1801）十一月念八日，卒道光壬午年（1822）六月十二日，得年二十二，祔葬大夫岭，娶彭孺人，生宝（出继），男聿浦。"③萨大文兄生于1801年，故萨大文、萨大年生年在1801年之后，又萨玉衡卒于1822年，故二人生年不晚于1822年。又萨大年为道光庚戌科进士，即1850年，因此二人卒年在1850年之后。萨大文《荔影堂诗钞》卷下还有《哭希亭侄》诗，其中有句"名虽叔侄年相若"④，即萨大文与希亭年纪相仿。萨大年《荔影堂诗钞》卷二亦有《哭希亭侄》诗。希亭即萨维瀚，据家谱载："维瀚，肇涵长子，字聿汀，号希亭，道光辛卯科举人，咸丰癸丑科进士，分发河南即用知县，授伊阳县知县。生嘉庆庚午年二月念六日，卒咸丰乙卯年十二月初八日，

---

① 萨镇冰、萨嘉曦修《雁门萨氏家谱》，北京图书馆藏家谱丛刊，北京图书馆出版社，2000，第568~569页。

② 萨镇冰、萨嘉曦修《雁门萨氏家谱》，北京图书馆藏家谱丛刊，北京图书馆出版社，2000，第566~567页。

③ 萨镇冰、萨嘉曦修《雁门萨氏家谱》，北京图书馆藏家谱丛刊，北京图书馆出版社，2000，第565~566页。

④ 萨大文《荔影堂诗钞》卷下。

享年四十六岁。"① 希亭生年为嘉庆庚午年（即 1810 年），卒年为咸丰乙卯年（即 1855 年），可推断，萨大年、萨大文二人生年在 1810 年前后，卒年在 1855 年之后。又萨大文《荔影堂诗钞》有《哭兰台》诗，云"杪春仆马到家园，卧病无能倒绿樽。常恨远游稀共被，翻因永诀促归辕。闺中莫慰三从愿，地下难安二老魂。同气七人惟我在，白头心事与谁论"②。可知萨大文卒年更晚。

4. 萨察伦

萨察伦（1770～1829）为第一支四房十三世，家谱载："启盛子，榜名虎拜，字肇文，号珠士，福州府学廪生，嘉庆甲子科（1804）举人，丁丑大挑一等，分发云南知县加三级，诰授奉直大夫，所著有《珠光集》四卷。生乾隆庚寅年（1770）十一月十四日，卒道光己丑年（1829）五月念五日，享寿六十。娶刘孺人，诰封宜人，生乾隆戊子年（1768）十二月初五日，卒嘉庆丁丑年（1817）四月十七日，享年寿五十。继杜孺人（按：萨大滋《五十初度漫成四首》其一，诗人自注"予幼失怙，母林太宜人课读时，常以大王父官高密时政绩勖令记诵"，自称母亲为"林太宜人"，"杜""林"形近，疑讹误），诰封宜人，生大滋。侧蔡氏。"③ 杨庆琛《珠光集》原序云"珠士挑取滇南县令，以道远不果赴"，萨察伦并未去云南做官。

5. 萨大滋

萨大滋（1818～1856）为第一支四房十四世，萨察伦子，家谱载："大滋，肇文子，原名韦宝，字聿敬，号佑之，又号树堂，郡增生，有《望云精舍诗草》。生嘉庆戊寅年（1818）十一月念七日，卒咸丰丙辰年（1856）五月十一日，享年三十九，葬北关外丞相坑。……生祖型，祖堃，祖同，祖声（出继）。"④

萨察伦这一支，科举繁盛，除了萨察伦是嘉庆甲子科（1804）举人、

① 萨镇冰、萨嘉曦修《雁门萨氏家谱》，北京图书馆藏家谱丛刊，北京图书馆出版社，2000，第 571～572 页。

② 萨大文《荔影堂诗钞》卷下。

③ 萨镇冰、萨嘉曦修《雁门萨氏家谱》，北京图书馆藏家谱丛刊，北京图书馆出版社，2000，第 446 页。

④ 萨镇冰、萨嘉曦修《雁门萨氏家谱》，北京图书馆藏家谱丛刊，北京图书馆出版社，2000，第 472～474 页。

萨大滋是郡增生外，其他人亦取得一些科名。其父萨知化，国学生，诰赠奉直大夫；萨大滋三个儿子均有科名，萨祖型，大滋长子，字怀勤，号谦臣，附贡生；萨祖堃，大滋次子，字怀宸，国学生；萨祖同，大滋三子，字怀和，号乐甫，国学生，足见其诗书传家的传统。

6. 萨龙田

据民国二十四年（1935）萨镇冰、萨嘉曦修《雁门萨氏家谱》记载萨氏传至第九世分为五大支，其中萨龙田为第一支次房十三世，家谱载："龙田，启哲男，字肇珊，号燕南，邑庠生，道光辛卯科（1831）举人，拣选知县，著有《湘南吟草》一卷，卒于道光□□年十二月念三日。葬北关外里马鞍西营尾土名网笔山。娶陈宜人，生玉成。继林宜人，旌奖节孝，载入《福建通志·闽县烈女志》，合葬网笔山，生廷杰、廷荫（出继）。"①

湘水鉴香图
道光丁酉春
杨庆琛并题

图 10 - 1

家谱中萨龙田生卒年并未详细记载，据相关资料可以推断萨龙田生年在 1797 年之前，卒年在 1840~1850 年之间。《雁门萨氏家谱》记载萨龙田父亲萨元涛卒嘉庆辛未年八月初五日，也就是 1811 年，即萨龙田肯定早于 1811 年出生，况且他还有个弟弟。"元涛，乘槎四子，字启哲，号景山，乾隆己酉科（1789）举人，晋江县学教谕，生乾隆丁巳年（1737）九月初三日，卒嘉庆辛未年（1811）八月初五日。享寿七十五岁，葬西关外横头山，娶陈孺人，继卓孺人，男龙田，侧林氏，生秉绾。"② 又其《湘南吟草》中有《舟抵浦城寄怀梅序五弟》诗，梅序即萨春光，《雁门萨氏家谱》记载萨春光为第二支，"春光，启扬三子，字肇宾，号梅序，行五，国学生，候选同知。诰赠通议大夫，覃恩正三品，封典知府，衔山东候，补直

---

① 萨镇冰、萨嘉曦修《雁门萨氏家谱》，北京图书馆藏家谱丛刊，北京图书馆出版社，2000，第350页。

② 萨镇冰、萨嘉曦修《雁门萨氏家谱》，北京图书馆藏家谱丛刊，北京图书馆出版社，2000，第350页。

隶州武城县知县加三级。生嘉庆丁巳年（1797）八月初八日，卒光绪辛巳年（1881）二月十一日，享寿八十有五。葬北关外丞相坑，娶施氏，诰封恭人，诰赠淑人，生嘉庆丁巳年（1797）十一月念四日，卒道光丁未年（1847）八月初五日，享寿五十一，生克庄克忠，侧冯氏。"① 萨春光生于1797年，因此作为兄长的萨龙田生年肯定早于1797年。

萨龙田次子萨廷杰，据家谱家族记载："廷杰，燕南次子，字聿俊，号希竹，五品衔候选知县，生道光庚子年（1840）七月十五日，卒光绪甲午年（1894）八月十四日，享寿五十五岁，葬北关外里马鞍土名网笔山。娶郑恭人，生怀祖，倪恭人，生怀澄，兼祧廷荫公。"② 萨廷杰生于1840年，故萨龙田卒年不早于1840年。又家谱记载其卒于道光间，道光时间段为1821年至1850年，因此萨龙田卒年在1840～1850年之间。

（三）萨氏家族成员著述征略

1. 萨玉衡《白华楼诗钞》与《白华楼焚馀稿》

与大多数士子一样，萨玉衡受儒家"修身齐家治国平天下"思想的影

图 10-2

响，早期有志纵情诗酒，著述颇丰。工诗，能自辟蹊径，为清代闽派诗人中"足以震扬一代"者。（民国）《闽侯县志》卷七十一文苑（上）传载："玉衡患难归，益纵怀诗酒，平生著述甚富，有《经史汇考订正》（八卷）、《小檀弓》（十二卷）、《傅子补遗》（一卷），续成郑荔乡《五代诗话》《全闽诗话》各二卷。先是游溧阳撰《金渊客话》，宰洵阳撰《秦中记》《曲江杂录》。晚乃自定《白华楼诗钞》六卷，将次第付梓，一旦俱厄于火，独诗钞四卷为友人携去得

---

① 萨镇冰、萨嘉曦修《雁门萨氏家谱》，北京图书馆藏家谱丛刊，北京图书馆出版社，2000，第491页。

② 萨镇冰、萨嘉曦修《雁门萨氏家谱》，北京图书馆藏家谱丛刊，北京图书馆出版社，2000，第383页。

存。"① 现存《白华楼诗钞》四卷，光绪二十九年武城县署刻本，其子萨大年校刊，前有陈寿祺序、林茂春题词，后有朱庆祚跋，收古今体诗 266首。《白华楼焚馀稿》，光绪二十九年初冬镌于武城县署，从曾孙萨承钰校刊。萨承钰《白华楼焚馀稿》识曰："从曾祖檀河公《白华楼诗钞》外著述各种一毁于火，兹若干篇皆灰烬之余，所幸存焉者也。未及剖劂，燕坡、兰台两从祖相继殂谢，承钰心良恻焉。宦海飘零，弗获公余为之检校付梓，尤用惭恧。近莅武城，公私稍闲，辄命儿子嘉曦于从侄彤处钞出发刊，都为一卷，附诸白华楼原诗之后，颜曰'焚馀稿'并为记其崖略如此。"收入古今体诗 51 首。林茂春《白华楼诗钞》题词亦云："祝融相子休嗟怨，拟贺参元失火书。"与其侄萨龙光合注萨都刺《雁门集》。

2. 萨大文与萨大年《荔影堂诗钞》

萨大文与萨大年各有《荔影堂诗钞》两卷，盖因旧居有荔影书屋而得名，萨大文《竹灯檠》诗有云："忆昔儿时最有情，兄弟数人同一檠。丹荔影中置吟榻，宵深犹听读书声"，并自注"余所居旧有荔影书屋"。②兄弟二人诗集同名，不难看出他们深厚的同胞之情。萨承钰《荔影堂诗钞·跋》云："从曾祖檀河公有子七人，世其学者，惟燕坡、兰台两从祖。燕坡公性淡仕进，道光庚子举孝廉，后再上公车，即闭门课徒，暇则益肆力于诗。兰台公尤耽吟咏，庚戌通籍以还，与都下诸公不时唱和。惜稿本散佚，仅存《荔影堂诗钞》百数十首，皆堂侄彤所裒集而手订者。"民国二十六年（1937）萨君陆将二集合为一集作了笺注，名曰《荔影堂诗钞甲乙集笺注》，其中萨大文为甲集，萨大年为乙集。本书选用光绪间

图 10 - 3

---

① （民国）欧阳英修、陈衍纂《闽侯县志》，闽侯县地方志编纂委员会，1995，第 441 页。

② 萨大文《荔影堂诗钞》卷上。

刻本，其中萨大文《荔影堂诗钞》上、下两卷，共 143 首诗；萨大年《荔影堂诗钞》两卷，共 106 首诗。

3. 萨察伦《珠光集》

今天看到的《珠光集》是萨君陆作笺注的本子，民国二十七年稿本暨刻本（按：此本诗歌内容为刻本，笺注内容为稿本），国家图书馆藏。《珠光集》经多次校刊，萨嘉曦宣统二年（1910）已将存世的萨氏文集整理刊刻，时隔二十余年，到民国二十七年萨君陆对《珠光集》进行笺注，萨君陆《珠光集笺注》序云："君陆旅居旧都，昨岁展读家谱，知有是集，向寄农（按：萨嘉曦）叔函询，蒙赠一册，循诵数编，欣忭奚似。爰照笺注《雁门》《白华》诸集（就所知者）例，依条设注。历三阅月，粗具大概。"《珠光集笺注》凡五卷，按体裁分类，卷一五言古诗，卷二七言古诗，卷三五言律诗、五言排律、五言绝句，卷四七言律诗，卷五七言绝句，"以乡先生题辞作为别录，以乡先生倡酬诸什作为倡和录，盖欲前后体例相同故也"，共计 251 首。

4. 萨大滋《望云精舍诗钞》

图 10-4

《望云精舍诗钞》，宣统二年莳花吟馆刻本，族孙嘉榘校刊，国家图书馆藏，前有林寿图题词《赠萨树堂》《悼树堂》，杨浚《然感赋一律以归之》，共计 91 首。因其家境贫寒，仕途失意，有不少抒发个人命运不幸的作品；其咏史诗则爱憎分明，颇有正义感；不少作品为赠酬唱和之作，还有一些摹景状物之作。

5. 萨龙田《湘南吟草》

《湘南吟草》，清宣统二年福州萨氏刻本，国家图书馆藏。萨嘉曦《湘南吟草·跋》曰："比奉讳家居，搜刊先集于从祖子毅公遗箧中，得从曾祖燕南公《湘南吟草》一卷，详为检校知。"遂《湘南吟草》与"《白华》《荔影》《珠光》诸集并传于世"。跋中提到"公于道光间，曾馆于闻雨山房者五载，先伯祖暨先大夫均受业门下"。萨龙田曾作为宾师教授族中子弟，"则公之期望于先大夫者甚殷，幸而伯父先大夫皆不负所学"。① 其《闻雨山房感旧杂咏》云："寂寂山房闻夜雨，与君消受满庭香"，跋语则云："以志生平不忘其时。"萨龙田为杨雪椒先生所推重，受杨雪椒聘而到芜湖为官，后二人"同往湖南遨游于洞庭、衡岳之间，故名其集曰《湘南吟草》。"② 惜《湘南吟草》流传于世者仅 30 首诗。

二　雁门萨氏家族文学创作概况

（一）萨玉衡《白华楼诗钞》《白华楼焚馀稿》

萨玉衡现存诗歌 317 首，内容多样，题材丰富，形式上有歌行体、律诗、绝句等，朱庆祚《白华楼诗钞·跋》云："及得读全稿，则琳琅盈帙，上下三古，纵横九州，道古写怀，不屑屑于风云月露。"萨玉衡在萨氏家族文人中，成就最高，诗名最响。林昌彝在《射鹰楼诗话》中评价曰："玉衡诗瑰玮，沉博绝丽，如鸾翔凤舞，月奏钧天，几欲跨其远祖《雁门集》而上之。"

1. 纪行诗

据家谱记载，萨玉衡乾隆丙午（1786）科第六名举人，乙卯（1795）挑选一等分发陕西，历任洵阳、三水、白水、榆林、米脂等县知县，绥德直隶州知州，榆林府知府。一生宦游多地，留下不少纪行诗。如《除夜宿秦岭驿》《入汉中过大散关》《蒙阴道中》《茌平道中》等，萨玉衡更有一特点是每到一地，便有绝句，如《幔亭绝句》《建阳绝句》《扬州绝句》等，或对当地风物进行描写记录，或写自身感受，大概是对自己人生旅途的一份特别纪念。

入汉中过大散关

一带褒斜阁道长，桂花如霰毳袍香。

秋帆寒日来襄沔，云栈连天限雍梁。

盾鼻功名输马客，壶头岁月属鸥乡。

山川满眼兴元恨，写入驮铃替庾冈。

---

① 萨嘉曦《湘南吟草·跋》。
② 萨嘉曦《湘南吟草·跋》。

此时正值秋天，一路上桂花香气氤氲，染得衣服都充满香味。盾鼻，即盾牌把手，《资治通鉴·梁武帝太清元年》："（荀济）与上有布衣之旧，知上有大志，然负气不服，常谓人曰：'会于盾鼻上磨墨檄之。'"兴元为汉中旧称，《晋书·艺术传·佛图澄》载：石勒将攻刘曜，群下咸谏以为不可。勒问佛图澄，澄曰："相轮铃音云：'秀支替戾冈，仆谷劬秃当。'此歇语也。秀支，军也。替戾冈，出也。仆谷，刘曜胡位也。叩秃当，捉也。此言军出捉得曜也。"勒果生擒曜。后因以"替戾冈"作为"出"的隐语。这首诗应是诗人到洵阳上任途中所作，言语之中有经世济国的思想，诗人渴望有一番作为。

2. 友人往来之作

友人往来之作是萨玉衡诗歌中重要的一部分，诗人交游往来之人多为闽地士绅名流，有张燮轩、陈恭甫、郑涵山、刘文起、梁芷邻、陈九成等，其中往来密切的要数张燮轩了。张燮轩，即张经邦，字佑贤，又字燮轩，闽县人。官江苏溧阳知县，光绪《溧阳县志·职官志》载，（经邦）乾隆己亥（1779）解元，己酉（1789）进士。《全闽诗录》称其诗才宏富，古体尤擅场。集未刻，长乐梁章钜又搜得数首，入《全闽诗传》。① 张燮轩为萨玉衡外兄，1789 年考中进士后，官溧阳知县，萨玉衡有《送外兄张燮轩宰溧阳》诗。两人交好比他人更甚，后来萨玉衡受张燮轩之邀到溧阳，两人此时互动甚多。

萨玉衡不仅与友人多有往来之作，和家人也是互动频繁，有郑仕敦（舅舅）、萨敬如（兄长）、萨启嘉（族兄）、萨閟如（族弟）、陈忠九（妹夫）、萨肇鳌（侄子）、陈上桐（外甥），如《将入都别家兄敬如》：

> 万里风霜一剑单，高堂白发远游难。
> 明知布被原奇暖，且说绨袍可救寒。
> 贫子正当形色晚，衰亲怕有泪痕看。
> 销魂况是江头路，莫向茫茫感百端。

---

① 陈世镕纂《福州西湖宛在堂诗龛征录（下册）》，福建人民出版社，2007，第 779 页。

敬如为萨玉衡兄长萨玉田，据《雁门萨氏家谱》载："若三长男，字敬如，号欧亭，生乾隆二十二年（1757）十一月十三日，卒嘉庆二十年（1815）十一月二十日，享寿五十九，葬高台山，娶张孺人，男肇禧。"① 两人为同胞兄弟，如今诗人要离开父母、离开家乡，怎不伤感。

3. 生活感怀之作

萨玉衡诗中有一部分是写生活杂感的诗歌，或写生活琐事，或讲子女趣事，或抒情即景，或表达志向，处处充满生活态度、生活情趣，这是了解诗人内心很好的途径。如《园橘熟多被邻童摘取述事戏作》诗，"戏作"已可见诗人玩乐之心态，从题目就可以知道这首诗写诗人园子里的橘子熟了，邻居家的孩子偷摘他家橘子的趣事。

> 西窗挂夕阳，玲珑照孤坐。□人香雾霏，风味如炙輠。吾闻今年冬，此种不蓄伙。暑雨残其实，秋飔杂沙堁。喜此潇湘姿，满林酣霜朵。东邻群儿童，逾墙肆攗哆。筐笼各有携，骈危不惊堕。防之却甚真，谁能保帖妥。援面笑与言，且慰息惭懦。江陵数封君，千绢不到我。颇闻陆家儿，怀中亦落果。颇闻范伯圭，笋菘任负荷。扑枣瀼西邻，杜翁无不可。小如黄罗包，大似丹砂里。平分两无妨，视此三百颗。

开篇描写景色，一个夕阳西下的傍晚，诗人独坐。园子里的橘子经过洗礼已经成熟，可谓硕果累累。"东邻群儿童，逾墙肆攗哆"这句描写很有画面感，仿佛已经看到一群孩子，爬墙偷摘诗人家橘子的画面，一个个拿着筐子，诗人其实已经发现，怕惊扰了他们，从高处摔下，等他们看见诗人，诗人还笑着跟他们讲话，安慰他们不必太过自责。诗人如此心细温暖，长者风范跃然纸上。

4. 怀古咏史诗

咏史诗是萨玉衡诗中重要的一类。他一生到过很多地方，有不少凭吊怀

---

① 萨镇冰、萨嘉曦修《雁门萨氏家谱》，北京图书馆藏家谱丛刊，北京图书馆出版社，2000，第563页。

古之诗，如《舟中望金陵怀古》《东阿怀曹子建》《易水绝句四首》《咏史》《华清宫》等。在这些咏史诗中不得不提及一类，就是萨玉衡各地墓、祠的咏史怀古之作，如《过琅琊王墓》《过岳忠武坟》《真娘墓》等，诗人偏好在这些地方怀念古人，感慨历史，这些历史人物仿佛就在跟前，与诗人讲述他们的经历。

诗人写下《五人墓》，赞赏为阉党迫害的东林党人的义行。诗云：

> 海坞五百人，尽为田横死。寥旷已千秋，五人毋乃是。目未睹训词，身不列臟仕。征逐里巷闲，老死牖下耳。谁测方寸心，居然奇男子。慷慨讼人冤，惨淡血相视。勇激庆忌魂，义蹈要离轨。胸藏万古悲，愤泪到伧婢。荆卿塞里闾，朱亥满屠市。一时吴趋坊，化为齐轵里。太湖三万顷，颓波为之起。一击碎坚冰，阜城阴魄褫。朝廷罢钩党，功波天下士。死义非死乱，此语见天咫。山塘古名邱，奸祠此其址。苟无侠骨香，尺土猥蒙耻。吾知白莲泾，鬼雄长慰喜。

诗人首句写五百壮士为田横死的典故，当初田横不愿称臣于汉朝，率五百壮士逃往海岛，汉高祖派人招抚，田被迫赴洛，途经首阳山自杀，海岛五百部属闻田横死，亦全部自杀；用这一典故赞赏五人的义行。接下来诗人又写到古之义士要离、荆轲，高度赞扬五人侠义之举，不难让人想到《九歌·国殇》："身既死兮神以灵，子魂魄兮为鬼雄。"后来诗人儿子萨大文亦写过同名诗，也赞扬五人义行，写得亦是气势恢宏，五人的侠义精神将永垂于世。

5. 其他作品

萨玉衡诗歌内容丰富，题咏之作亦丰，如《题朱梅臣秋林读书图》《何述善听泉图》《题郑峩津阳门诗注》等。

《何述善听泉图》是题写同乡何述善听泉图而作。何述善，好读书，能诗文，清初著名藏书家，家境富裕而不带豪侈之气。性好古，因收藏汉晋时古物苍璧一枚，建"苍璧轩"，聚书画满室达4万余卷。诗云：

> 山深断人迹，云白封樵径。百丈响飞泉，风松静相应。
> 科头来几时，寂寂坐石磴。恐是焦旷仙，无言独心证。

> 夕光岚雾霏，日色林壑暝。岂惟万虑空，兼以七弦定。
> 斋心灭众闻，幽耳满清听。所以弃瓢翁，挂瓢则听莹。

听泉是一件雅事，也是一件需要内心极度平和安静才可做的雅事。诗人首先便描写了环境的安静，深山之中人迹罕至，小路都被白云挡住了，并无杂人扰乱。接着描写了泉水自高处飞流而下，松树在一旁相对，何述善坐在一旁石磴上听泉，心已入定而无旁骛，此等雅事，乃隐士所为。

《哀猿吟》一诗颇有特色，讲述台湾人养了一只猿猴，其子不小心掉到开水之中而死，母猿悲号随之绝命；又有一猿生子，其子被人带走月余，母猿复见，后又被人带往他处，母猿卒，亦悲号其子以死。此诗为诗人应友人郑涵山索和而作。

> 猿鸣哀，哀猿鸣，台山可崩台水倾，何如巴东泪三声。泪三声，为三叹，猿母伤儿釜中烂。哀哀腾掷死即休，死去身休魂犹恚。一猿失其儿，相见喜还期。终遭桓温卒，殒身为增悲。两猿此时肠寸刲，死者谁怜长不返。尔皆狡狯坐情亡，母无不慈子当反。山中秋雨栗叶飞，王孙游兮归不归？

这首诗首先讲述两只母猿因子离开悲绝而亡的故事，以古体行诗，更便于感情的抒发。诗人感慨母猿对小猿猴的用心，想到这世间哪有不为孩子的母亲。

可以说萨氏诗名自萨都剌之后，是在萨玉衡手上复兴的。陈寿祺《白华楼诗钞·序》云："清兴，称诗于吾乡者，无虑百数十家然，必以张超然、蓝君漪为巨擘。在近日又以长乐刘次北、侯官郑西滣、郑涵山、闽县林畅原、萨檀河最，而萨子尤雄特。"萨玉衡已然为闽诗派的代表人物。陈寿祺所说："今诵萨子入秦以后诗，无一涉身世怨尤语，何也？夫非深于温柔敦厚之旨，千古诗人之教，情不同而道相合耶？其视前世词人之所为不得志而牢愁发愤者，何如也？萨子长余十余岁，交于余将三十载，又与余太父游，余知之最深。"① "温柔敦厚"正是萨玉衡诗歌的灵魂。

---

① 陈寿祺：《白华楼诗钞·序》。

（二）萨大文、萨大年与《荔影堂诗钞》

萨大文与萨大年各有《荔影堂诗钞》两卷，盖因旧居有荔影书屋而得名，萨大文《竹灯檠》诗，有云："忆昔儿时最有情，兄弟数人同一檠。丹荔影中置吟榻，宵深犹听读书声"，并自注"余所居旧有荔影书屋"。① 兄弟二人集子名称相同，不难看出他们深厚的感情。

1. 萨大文与萨大年往来之作

萨嘉征《著者（萨大文）小传》云："公与兰台公为胞兄弟，诗名并著，至今犹为美谈云。"② 萨承钰道："从曾祖檀河公有子七人，世其学者，惟燕坡、兰台两从祖。"③ 大文、大年实为同胞兄弟，两人感情甚笃，常有诗作往来。

萨大年入都之时，萨大文有《兰台弟入都赠行》二首：

其一

万里风霜仆马愁，饥驱不为觅封侯。

老亲意切空携袂，少妇情深独倚楼。

仓卒辞家余涕泪，乱离异地少朋侪。

今宵旅宿知何处，忍对关山月一钩。

亲人之间的关注点总是与一般友人不同，新婚两月的弟弟，要入都求职，作为兄长的诗人担心他在他乡朋友少，在路上生活不便。这些细节，更看得出诗人对弟弟的关怀之切。这次离别，萨大年也有《将入都别燕坡兄》二首。

其一

一别一回老，兹行倍黯然。艰难谁共命，骨肉自相怜。

远隔五千里，归非三两年。长安何处是，怅望白云边。

分别总是伤感之事，本是亲兄弟，相互之间自然怜惜。这一别，距离远，时

---

① 萨大文：《荔影堂诗钞》卷上。
② 萨大文：《荔影堂诗钞》著者小传。
③ 萨承钰：《荔影堂诗钞·跋》。

间又不知道要多久。对于前途，渴望又迷茫。

兄弟不在一处，也时有书信往来。萨大年《劝燕坡兄少饮》写得温暖动人。兄弟相知，大文兄好饮酒，大年作此劝之，诗人自注"兄每秋酒病必发"，不是不理解兄长，而是担心兄长身体。诗中提到大文文采尤佳，诗人也跟从他学习。忆往昔，在都门相会，萨大文《哭希亭侄》诗云"庚戌入都一携手，全家骨肉俱在兹"，道光三十年（1850）庚戌会试，兄弟二人及侄子萨维瀚、外甥陈砺卿和刘家谋五人在都齐聚，分别时大家依依不舍。诗人设想以后能够归隐田园，一起白头。最后还索要大文新作。

萨大文收到弟弟来信，乃作《得兰台弟家书，劝余少饮，并询近有作诗否，赋此答之》，诗人作长诗以答，讲到年少时兄弟朋友一处聚会，饮酒赋诗，好不自在。后来大年考中进士，兄弟常常聚少离多，每每只能在诗中遥寄相思。

2. 萨大文《荔影堂诗钞》

（1）生活感怀之作。

生活感怀诗是萨大文诗歌中重要的一部分，记录着萨大文生活的点滴及生活感悟，如《喜门人叶恩恭（大泳）煜恭（大焆）迪恭（大焯）昆仲同时入泮》，表达学生入学的喜悦之情，诗云：

> 坐汝青毡抗我颜，毵毵华发渐成斑。
> 鲁芹今日欣同采，窦桂新秋拟共攀。
> 少小已看储国器，文章亦可济时艰。
> 君家代有词林选，指点蓬莱是故山。

三山叶氏家族是福州颇有名望的大家族，科举世家、翰林世家，叶氏与萨氏交好，叶芸卿尝延请萨大文为孙辈先生，教育子孙。这首诗就是叶氏子孙叶大泳、叶大焆、叶大焯入学时候所作。叶大泳（1836～1914），字恩恭，号子翔，又号楚生，光绪二年（1876）举人，《福建乡试殊卷履历汇订·叶大泳》载：大泳居住于南后街，乡试中式为第二十名。六品衔，历任永安、龙溪县学训导。叶大焆（1839～1882），字煜恭，号朗如，咸丰十一年（1861）拔贡，同治元年（1862）恩科举人。叶大焯（1840～1900），字迪恭，号恂予，据叶在琦《叶大焯行状》记载："幼聪慧，容止端重，七岁父丧，尽礼如成人。"① 诗中诗人对学生寄予厚望，并赞扬叶家世代科举兴盛。

作为父亲的萨大文，也有表现自己对儿子教育的诗作。

课荫儿

吾家素贫贱，清白世相传。汝祖官秦陇，南归啜粥饘。

汝父忝乡举，仍是守青毡。未敢营产业，深恐愧前贤。

汝今年十五，非复勺象舞。大学期有成，所贵能进取。

修业在精勤，无忧质为鲁。百尺竿头人，由能吃艰苦。

但无逸一身，庶可垂千古。时方处阽危，公卿非所期。

既无轻世术，负乘徒见訾。与其徒见訾，何如从事斯。

因穷能力学，身价仍无贬。锐志期向往，持躬戒自欺。

欲超流辈外，岂畏庋于时。吾言颇不谬，还期汝三思。

荫儿即萨廷荫，萨大文子，诗歌是儿子十五岁之时，对儿子的一番教育。"汝祖""汝叔""汝"，句句谆谆教导。即便家里比较贫穷，也没有放弃读书之道。儿子现在已经十五岁了，激励儿子积极进取，即使迟钝一些，亦可以通过勤奋有所成就。不是一种居高临下的说教，而是以一个朋友式的提醒，摆事实讲道理，希望儿子立志成才。

（2）友人往来之作。

与友人往来之作可以反映诗人交游情况，萨大文的酬唱赠答诗并不多，如《叶芸卿先生名敬昌得蜂一窝作诗相示戏书长句奉赠》《赠刘苣川甥》《赠郑晴湖妹倩儋州》《阅钟绣屏归里日记有赠》等，相比之下，诗人还有不少怀念亲友之作，如《忆歌者郑郎》《忆刘旭轩》《积翠寺观梅忆亡甥苣川》等。

咸丰二年（1852），芸卿先生去世，萨大文得知消息后有《哭芸卿先生》二首，表达悲伤之情。

---

① 阮娟：《三山叶氏家族及其文学研究——以叶观国、叶申芗为核心》，上海古籍出版社，2011，第85页。

其二

论交将十载，追忆不胜情。对我倾肝胆，怜渠若弟兄。

蠮蚕常倚负，诗酒见平生。宵梦分明在，冠袍骨骼清。

与先生交往已近十年，回忆起这十年的点点滴滴，不胜感慨。先生与我肝胆相照，像亲兄弟一样。常常一起饮酒作赋，彼此都很了解。昨晚做梦的时候先生衣冠楚楚（诗人自注昨梦先生冠袍相见），精神矍铄，怎么就会与世长辞了呢？还是不愿相信芸卿先生已经去世的消息，读来让人伤心。

诗人与外甥刘芑川感情甚好，写过几首怀念他的诗。如《哭芑川甥》：

乱离忧未替，汝讣到吾门。怀抱空如许，艰难孰与伦。

干戈迟旅榇，弟妹望归魂。朋辈年来尽，还悲白发存。

芑川，即刘家谋，道光壬辰（1832）举人。谢章铤《赌棋山庄词话》云："（芑川）移官台阳，遭乱，守城劳瘁死。所著《观海集》《海音》，求之积岁始获，词则尽失矣。"[1]《阅芑川诗有慨》诗人自注："芑川教谕台湾府属声誉甚着，大僚爱其才，特留任，癸丑（1853）夏终于官署。"芑川因战乱而殁，讣告到诗人这里，已经觉得很悲伤了，而干戈未停，遗体还不能归家，弟妹就只能眼巴巴地希望魂魄能够归来。想来，黑发人已逝，白发人还在，更觉悲伤。

（3）咏史诗。

咏史是诗人们常写到的一个题材，以历史为客体来抒写主体情志。诗人观古察今，未免会有些感慨见解，以历史作为诗人感情的载体，付诸笔端，遂为咏史诗。萨大文咏史诗不算多，多是咏历史人物、历史遗迹，如组诗《战国四君子咏》。

《明妃》这首诗写王昭君，观点新颖，不落窠臼。诗云：

---

[1]　谢章铤著，陈庆元主编，陈庆元、陈昌强、陈炜点校《谢章铤集》，吉林文史出版社，2009，第663页。

　　　　花容憔悴不胜悲，枉向东风怨画师。

　　　　冷落宫中谁省识，何如北地作阏氏。

作为中国古代四大美女之一的王昭君，因被画师毛延寿故意画丑，而未被汉元帝发现，只能在宫中为宫女。后匈奴单于呼韩邪自请为婿，汉元帝同意，昭君自愿嫁过去，号为宁胡阏氏。古人以为远嫁苦，历来同情昭君，而萨大文却认为嫁与匈奴首领为阏氏，强过在宫中被冷落而老去，肯定昭君的做法。

　　诗人曾写下《五人墓》，称赞五人的义行，诗云：

　　　　愁云漫漫对吴城，白画沉沉失大明。缇骑如飞云钩党，寒宵惨栗银铛鸣。

　　　　冲冠发立壮士怒，眼底岂识毛一鹭。一呼足褫奸党魂，溅血淋漓若飞霙。

　　　　诗书扫地无一存，何人舍命来讼冤。独拼一死昭公义，不似轵里酬私恩。

　　　　刘瑾操戈犹王振，委鬼猖狂威更震。朝廷不自惜忠良，市井犹能诛奸佞。

　　　　我来冢上酬巨觥，五人虽死仍如生。吴山从此增侠气，不教慷慨让幽并。

诗人对五人的义行赞不绝口，聂政作为古代四大侠客之一，历来被赞赏，这里诗人说五人之死比聂政为报知遇之恩还要伟大，他们是为了公义而牺牲。诗人在墓前祭奠义士，五人虽死犹生，他们的侠义精神会一直流传下去。

　　（4）其他作品。

　　萨大文题作诗有《昭陵六马图》《题赵子昂〈画马图〉》《题〈讲易见天心图〉》《渊明对菊图》《和靖观梅图》《题吴梅村诗后》《题林那子先生诗后》等七首，大多是对历史事件或人物的评价及感慨。如《题吴梅村诗后》，诗云：

阅尽沧桑亦可哀，天教戎马困奇才。

当年词客歌鹦鹉，今日孤臣哭草莱。

代革须留青史在，名高不许白衣回。

自从被诏长安去，闲煞村前万树梅。

作为明清易代之际的人，吴伟业标榜自己为明朝遗老，志不仕清，事与愿违，被迫入仕，阅历兴亡。诗人读过梅村诗，感叹吴伟业的命运，尾联诗人自注"梅村哭，苍雪法师诗'万树梅花孰比邻'"，诗人既赞扬吴伟业的才华，又慨叹为才所困的情形，最后都化作"闲煞村前万树梅"。

诗人还有不少歌行体作品，如《溪船行》《云台二十八将歌》《醉歌行》《饮酒歌》等。《观戎行有作》表达了诗人强烈的爱国之情：

兵强不在众，训练得其精。忠诚贯金石，袍泽联弟兄。孙吴术不正，管葛心所钦。安得斯人起，俾以寄专城。承平日已久，举国讳谈兵。岁饷縻千万，军籍徒虚名。老幼杂罢病，不足供使令。戎器藏武库，毁坏久不更。既殊尉迟槊，岂抵哥舒枪。以此制强敌，安望讫鲵鲸。将相岂有种，托迹在躬耕。为我呼之出，努力辅圣明。

这首诗第一句诗人就抓住兵不在多在精这一问题要害，紧接着写到士兵最主要的品质——忠诚，且应该以手足相待。现世太平已久，大家都忌讳谈战争之事。每年军饷以数千万计，军籍也都徒有虚名。兵士尽是一些老弱病残，不能够满足差遣。最后诗人终于点题，表明心迹，想要为国效力，足以看出诗人爱国之心的强烈。

3. 萨大年《荔影堂诗钞》

（1）生活感怀。

萨大年诗歌多见其忧国忧民之心。《得闽中消息》是诗人得知闽中水旱严重，心系家乡百姓之作。《遥望》是一首表达诗人爱国主义情怀的诗歌：

宇宙氛尘满，兵戈岁月深。里粮骄不战，豢寇尔何心？

> 日照荒城白，云连杀气阴。东南形胜地，遥望一沾襟。

这首诗应该是鸦片战争之时，诗人气愤遇敌不战的行为，纵容敌寇是何居心，城里一片荒凉，杀气很重，阴森森的感觉。东南地区本是风景胜地，如今却遭受着这样的凌辱，一望一伤心。

生日对自己来说，总是一年之中最特别的一天，这一天总会有更多的感慨要抒发。萨大年《初度自题》诗，是四十五岁生日的感受，诗云：

> 春光一笑又相期，九十平分得半时。
> 诞降偶同庚子拜，虚生恐作甲辰雌。
> 情耽曲糵频中圣，官爱清闲不厌卑。
> 惆怅天涯经七载，高堂遥上介麋卮。

一年又一年，这一年生日，诗人四十五岁。爱喝酒爱清闲的诗人，虽然说不会嫌位卑人浅，但是多年宦游，想到家乡的母亲，也是惆怅不已。

（2）咏史怀古。

萨大年咏史诗抚昔慨今，或写历史人物，或感历史事件，或览历史遗迹，如《易水怀荆轲》《金陵怀古》《薛故城怀孟尝君》《姑苏台》《馆娃宫》等，还有《读史杂咏十首》，从各个角度对历史事件或历史人物进行评价，别具风格。

《绵上怀介之推》是一首怀人诗。诗云：

> 介休立马望前峰，绵上无由觅故踪。
> 久已南山藏雾豹，几曾北关望云龙。
> 小人有母生偕隐，志士求仁死不封。
> 博得千秋寒食节，家家禁火话村农。

晋文公重耳流亡期间，常常食不果腹，介之推"割股奉君"，重耳得以活命，等重耳成为晋文公的时候，介之推辞官不言禄，与母亲终老。《左传·僖公二十四年》载"（母子）遂隐而死，晋侯求之不获，以绵上为之田。"

晋文公定清明前一天为寒食节,纪念介之推。由此历代诗家传诵吟咏,诗人最后也对介之推持以肯定的态度,介之推千古留名。

《鸿门宴》是诗人《读史杂咏十首》的第一首,诗人读书读到楚汉之争,便以鸿门宴为契机,感慨刘邦项羽之争。诗云:

> 中原逐鹿汉与楚,汉王如龙项王虎。鸿门席前双剑舞,龙几为鱼膏刀俎。
>
> 壮士裂眦发上竖,盖世英雄不敢怒。真龙一去虎变鼠,垓下美人泪如雨。

诗人读《史记》读到《项羽本纪》,其中鸿门宴一节格外精彩。诗人有感:汉王与项王之争是龙虎之争,席上项庄、项伯二人拔剑起舞,樊哙"裂眦发上竖"也令人难忘。鸿门一宴,项羽没有杀掉汉王,最后汉王做了汉高祖,项羽以悲剧收场。诗歌最后讲到霸王别姬,也为项羽感到遗憾。

(3)题作之诗。

萨大年诗歌 106 首,其中题作诗有 16 首,是《荔影堂诗钞》中比较重要的一类。《题林芗溪〈射鹰图〉》中《射鹰图》指林芗溪《射鹰驱狼图》,芗溪即林昌彝(1803~1876),字惠常,号芗溪,林则徐族弟,道光十九年(1839)举人。咸丰三年(1853)以《三礼通释》呈礼部,赐官教授,未几辞归。著有《四维堂诗钞》《平夷十六策》《衣稳山房诗集》《小石渠阁文集》,诗话《海天琴思录》及《续录》,最有影响的是《射鹰楼诗话》。[①]诗云:

> 野鹰海西来,凹睛绿眼性雄猜。黑鹰但知搏孤兔,白鹰自恃不凡才。
>
> 一飞飞过闽海关,再飞飞上乌石山。侧翅攫肉饱尔腹,报恩从未解衔环。

---

① (民国)欧阳英修,陈衍纂《闽侯县志》,闽侯县地方志编纂委员会,1995,第 456 页。

壮士弯弓作霹雳，一箭穿云山皆赤。风毛雨血族类空，劲翮稜稜飞不得。

飞不得，山有灵。花开鸟语绝膻腥，山光长对书楼青。

1844 年福州成为通商口岸，林昌彝家乡的乌石山被英军占领。他家书楼正对乌石山积翠寺，"寺为饥鹰所穴（指被英军侵占），余目击心伤，思操强弓毒矢以射之"。他特意画了《射鹰驱狼图》，以"鹰"喻"英"，"狼"则指"助鹰为虐"的朝中主和派，并改居楼为"射鹰楼"。诗人自注此诗暗指时事，首句既已表明英帝国主义侵略者的到来，眼窝深陷的绿眼睛像凶狠的鹰，接下来讲到侵略者占领乌石山，诗人感情与林昌彝一样，痛恨侵略者，并对侵略者抱之蔑视，希望能够肃清侵略者，使得家乡再现花香鸟语一派繁荣景象。

诗人亦经常宦游在外，某次在驿站写下《题驿壁》诗，表达自己漂泊在外的感受。

突不能黔少定栖，王孙青草又萋萋。一官气味同鸡肋，十载间关倦马蹄。

野店小桥僮仆语，修篁深嶂鹧鸪啼。鞍丝帽影匆匆去，苔竹洲前日已西。

诗人各地做官，在驿站墙壁上写下此诗，首联即发出感慨"少定栖"，不能安定下来，汉代淮南小山《招隐士》有"王孙游兮不归，春草生兮萋萋"句，描绘牵人离愁的景色，诗人用此典故表达漂泊之感。如今做官如同鸡肋，这十年间已觉疲惫，诗人还不直接说自己疲惫，说马疲倦，含蓄蕴藉。鹧鸪的叫声听起来像是"行不得也哥哥"，"鹧鸪"也是表达离别的伤感惆怅及对故乡的思念。最后诗人还是行色匆匆，还要再上路，诗歌最后归于景色描写，不再说羁旅之苦，只说太阳已落西山，令人回味。

（4）其他作品。

与萨察伦相比，萨大年酬赠送别诗并不多，有《赠秋航上人》《赠彭飞宇并令侄莃门养珊二昆玉》《同王潘溪二丈介士司和庵王子恒观石鼓归作长句》《送叶与端广文之任仙游》《赠毛勿凡》《戏作赠术士》等6首。如《赠秋航上人》：

> 高闲书诡奇，参寥诗清警。岂真多幻术，一一臻绝顶。
> 上人兼其长，擅弈尤莫并。初如曙天星，错落纷斜整。
> 又如古阵法，变化闲奇正。扼要一着先，巧诈无由逞。
> 吾闻浮屠人，争心久已静。岂必期胜人，人自难与竞。
> 始知大法力，伏虎不在猛。兹言傥不然，吾徒更有请。

诗人自注"秋航能诗工书，尤妙于弈"，上人是对持戒严格并精于佛学的僧侣之尊称。诗人先是赞扬了秋航上人的才能，称呼上人，也是对他的尊敬。一般出家人，内心都会很平静，好胜之心没有那么强烈。故对上人棋艺，更是赞赏有加。

萨承钰《荔影堂诗钞·跋》云："从曾祖檀河公有子七人，世其学者，惟燕坡、兰台两从祖。"两兄弟继承其父衣钵，由于生活经历不同，作品风格亦各不相同。萨大文为道光庚子（1840）科举人，科举之路也止步于举人之名，然诗人胸怀大志，想要有一番作为报效国家，渴望能够荡清敌寇，之后功成身退，颐养田园，儒家思想追求"修身齐家治国平天下"，萨大文自幼受其熏陶，自然难以脱离这种思想，便渴望功成名就之后的隐退，这于他来说，便是尘世的成功。现实却难以如愿，于是诗中便常有壮志难酬之感。萨大年的仕途较其兄还算顺利，得道光丙午科（1846）举人，庚戌科（1850）会魁，钦点内阁中书，国史馆分校升侍读，授建宁府学教。宦游期间萨大年流寓各地，因此诗中有不少纪行诗，以抒发生活感慨。萨大年比萨大文更加关注社会现实，萨大年是萨氏六人中最具现实性的，诗歌中处处可见其忧国忧民之心。

（四）萨察伦《珠光集》

文章选用的《珠光集》是萨君陆为其作笺注的本子，存诗251首。总体而言萨察伦诗歌各体兼备，以近体诗为主，其中律诗约占六成，以七言律诗为主（见表10－2）。

表 10 - 2 萨察伦《珠光集》诗歌体裁分类情况一览

体裁		数量（首）		占比（%）	备注
古体诗	五言古诗	17	47	18.73	
	七言古诗	23			
	歌行体	7			歌行体从五言、七言古体诗中分出
近体诗	律诗	五言律诗	17	149	59.36	
		五言排律	3			
		七言律诗	129			
	绝句	五言绝句	4	55	21.91	
		七言绝句	51			
总计			251		

就题材而言，《珠光集》一大特点就是酬唱往来之诗较多，可知萨察伦一生所交甚广，且与友人互动频繁，所交者包括盛灏元、张经邦、杨庆琛、叶申蔼、叶申芗、黄世发、林宾日、林藩等。诗人尤其爱好次韵诗这一形式，在一半以上的唱和赠别诗中有超过三分之一的诗是次韵诗。再就是生活感怀诗，记录诗人的生活感受、喜怒哀乐，这是了解诗人内心世界的入口。《珠光集》的另一特点就是题画诗数量上也不算少，有 28 首（见表 10 - 3）。

表 10 - 3 萨察伦《珠光集》诗歌题材分类情况一览

题材	数量（首）	占比（%）	备注
唱和赠别诗（次韵诗）	127（45）	50.60	次韵诗占此类诗歌的 35.43%
生活感怀诗	50	19.92	
题画诗	28	11.16	
咏物诗	13	5.18	
其他	33	13.15	

1. 唱和赠别诗

萨察伦一生所交甚广，且与友人互动频繁。他这类题材的诗歌比较多。从诗中可以了解到萨察伦当时的社交活动，如与友人赏菊、赏桂、观荷，诗作有《史子叙茂才有赏桂之约诗以速之》等；一些雅集活动，如《三月晦日燮轩明府招集观剧并诗见示因次其韵二首》等；节日活动，如重阳登高，有《九日招林婿说樵藩并携醇儿于山登高归隐斋头用说樵即席赋韵二首》等。这些诗多应酬之作，然亦可观，从中不仅可以了解诗人生平交往，还能从这些作品中去探求诗人内心。

萨察伦与张经邦、盛灏元、黄世发等人一同到东街看牡丹，张有所感、有所作，萨察伦便和一首《和张燮轩经邦明府东街看牡丹原韵》，诗云：

> 绿满红纷未尽删，东风留此驻芳颜。
> 正当佳日寻春去，恰及清宵倚醉还。
> 富贵有花三月好，太平无事一官闲。
> 吾曹不速惭为客，只合凭栏独看山。

张经邦，闽县人。民国《福建通志·文苑传》云：经邦恃才傲物，一生不得志。《全闽诗录》称其诗才宏富，尤擅古体。集未刻，长乐梁章钜又搜得数首，入《全闽诗传》。这首诗描绘了春日牡丹盛开的景象，在如此美好的春天，和友人寻春饮酒正是妙事。

2. 生活感怀之作

杨庆琛《珠光集序》云："珠士负经济才，有卓识使出而宣力。国家岂仅以词章擅美，然即以诗论，洋洋洒洒，高唱入云，无不尽之辞，无不达之意。"虽多唱和之作，然抒情小诗亦有风趣，也记录着诗人的心路历程。萨察伦虽负经济之才，然仕途不济，常年流寓在外，各地转徙。

《寄内》是一首感人至深的小诗，中国人不善表达夫妻感情，然而诗句之中往往饱含深情。

> 莫为长贫怨，而夫舌尚存。
> 出门图远大，累汝代晨昏。
> 孤枕添乡梦，青衫叠泪痕。
> 六年犹复尔，何以慰新婚。

首联劝慰妻子不要抱怨贫困的生活，为夫还可以奋斗。只是外出谋生，连累妻子在家操劳，心有愧意。一个人在他乡，长夜漫漫思念家乡的妻子。已经是出门的第六个年头，拿什么来慰藉新婚呢？字里行间流露出对妻子的歉意及想念。

最值得人们关注的《五十初度漫成四首》，这是诗人五十岁生日所作，诗人回忆总结这些年的生活：

其一

风木衔悲记幼冲，孤儿今已作衰翁。
熊丸苦口追慈训，燕翼铭心诵祖功。
镜影忽惊双鬓白，机声犹忆一灯红。
深惭子职终天憾，集蓼余生剩菽躬。

萨大滋父亲萨察伦在他十一岁的时候就去世了，故有"孤儿"说，而今，"孤儿"都已到知天命之年。诗人用唐代柳仲郢母亲教子读书的典故，感念母亲对自己的教诲。《新唐书·柳仲郢传》载柳仲郢幼嗜学，其母曾和熊胆丸，使夜咀咽，以苦志提神。母亲还常常拿曾祖父做官的例子教育他，原诗自注："予幼失怙，母林太宜人课读时，常以大王父官高密时政绩勖令记诵。"往事历历在目，如今诗人自己也是两鬓斑白之人。感觉自己并没有达到母亲的期盼，心有愧疚。

3. 题画诗及其他

萨察伦诗歌用林昌彝《射鹰楼诗话》说，就是："大令诗才敏捷，多对客挥毫之作"，惆怅赠答之作尤多。题画诗也是萨察伦诗歌的一个重要组成部分。

《代题屏上扇面班妃》是一首题画诗，也是一首咏史诗，班妃即班婕妤，汉成帝的妃子，古代著名才女。班婕妤为避赵飞燕姐妹迫害，请求前往长信宫侍奉王太后以自保，从此待在深宫，后怜悯年华老去，借秋扇自伤，作《团扇诗》，又称《怨歌行》，此后团扇便被看作佳人失宠的象征。

满腔幽恨托齐纨，曾为凉飙误合欢。

> 隔世未忘宫里怨，现身又作扇头看。
>
> 是谁罗袖惊秋至？忍使云屏顾影单。
>
> 毕竟朝朝邀一盼，弃捐箧笥不须叹。

这首诗没有像以往咏史诗那样感叹班婕妤秋扇见捐的命运，而是"毕竟朝朝邀一盼，弃捐箧笥不须叹"，颇有新意。

《珠光集》还有一些咏地方风物之诗，诸如《浴凤池》《欧冶池》《苔泉歌》《独木鼓》《龙腰山》《水晶宫歌》等，《盆中红莲歌》以花比美人，感叹红颜易老。

陈宝璐《珠光集·序》云："吾闽萨氏系出雁门天锡，侍御入国朝，世有科第文学。檀河大令以沈博绝丽之才为诗一变，闽派哲嗣燕坡孝廉钟镛嗣响，号称极盛。其时大令族子珠士先生，任侠负奇，尤耽吟咏，与张燮轩、叶次幔、杨雪椒诸先辈相酬和，跌宕文酒，富有佳篇。"《珠光集别录》载梁章钜《诗友集》云："君肄业鳌峰时，即以文笔惊人，又喜为侠士风，学禅家语意气不可方物。晚得一官，以滇南荒远之区，弃而不就。益纵情诗酒，终老于家。"萨察伦宦游十五载，并未得志，晚年得子，喜于酬唱，徜徉诗酒，生活纪行诗常常可以看到他壮志难酬的苦闷，诗歌是诗人表达自己的一个平台，也是我们了解他的一个窗口。

（五）萨大滋《望云精舍诗钞》

萨大滋，号树堂，以号行世。其作品集《望云精舍诗钞》版本情况如下：《望云精舍诗钞》一卷，宣统二年莳花吟馆刻本，国家图书馆藏；《望云精舍诗草笺注》二卷，萨君陆笺注，民国二十七年稿本，国家图书馆藏。本章以宣统二年莳花吟馆刻本为研究对象，此本共收诗91首。因萨大滋仕途失意，多抒发个人不幸命运的感怀之作；多送别、赠酬唱和之作；怀古咏史之作爱憎分明，颇具正义感；还有一些摹景写物之作，不少以组诗的形式出现。

1. 命运多舛的感怀诗

萨大滋（1818～1856），一生仅三十八载，短短的一生并未能做出一番事业，于心终有不足。诗人虽有高远志向，奈何现实生活不能尽遂人愿，无人赏识，场屋不顺，总会让人心生牢骚。

有感

放眼乾坤渺一毛，辘轳身世叹劳劳。

闻鸡每感刘琨舞，相马终期伯乐遭。

人事升沉留雪爪，年华历碌逐风缫。

许多剩有孙山泪，减尽平生胆气豪。

世界很大，生命却很短暂，沧海一粟之感萦绕在心头，"劳劳"二字更显悲凉。颔联两句运用两个典故：其一是刘琨闻鸡起舞的故事，诗人也希望自己像刘琨一样，苦练技艺，可以奋力杀敌，报效国家；其二是伯乐相马，韩愈云"千里马常有，而伯乐不常有"，即使自己是千里马，还是需要伯乐来发现，而诗人却迟迟没有人来提拔，让人心中有怨。人生在世犹如雪泥鸿爪，不能如愿的事情太多，自己只能凭借追求文人风雅来留下一些来过这世界的痕迹。尾联让人想起诗人总是名在孙山之后，空负一身才华，科举之路不能尽遂人意，现实生活把诗人的豪情壮志磨灭殆尽，需要多少磨难才能说出"减尽平生胆气豪"。

2. 爱憎分明的咏史诗

《望云精舍诗钞》中，怀古咏史诗并不多，但诗人爱憎分明的情感，令人难以忘怀。如《读蔡忠烈传》表达了诗人对忠烈的激赏之情：

臣能死君奴死主，睢阳以后吾谁取。

罡风夜啸潭州围，城头殇鬼戴头语。

狼星四照黄虎来，威弧直指旌头开。

男儿裹尸誓马革，何须白骨沙场哀。

战马悲嘶鼓角死，百万猪屠拥湘水。

登陴励士扫欃枪，霹雳一声发弓矢。

火光烧城空烛天，城孤社鼠阴钩连。

决眦喋血冠发指，忠愤节概冰霜坚。

风云叱咤日无色，椒山胆与常山舌。

从容赴义九人同，生何慷慨死何烈。

熊湘阁倚醴陵坡，短剑过此三摩挲。

九原为问李忠节，豺狼满地将奈何。

这首诗是诗人读完蔡忠烈的传记之后有感而发，张献忠农民军攻陷长沙，蔡道宪拒降被杀，《明史》卷二百九十四《忠义六》有载。蔡道宪不畏生死、英勇就义的行为为诗人所赞赏，"男儿裹尸誓马革，何须白骨沙场哀"，诗人有誓死报效国家的心愿，读到忠烈为国殉难，一腔热血难以抑制，激动之情油然而生。"短剑过此三摩挲"可以看出诗人时刻准备着，希望能够利剑出鞘，杀敌报国；"从容赴义九人同，生何慷慨死何烈"，诗人是羡慕为国捐躯的英烈们的，这有无限荣光。1840年鸦片战争开始，清朝便时常遭到外敌侵略，身处这个时代，萨大滋一腔热血想要报效国家，战场杀敌应该是热血男儿最好的归宿。

3. 酬赠怀人诗

萨大滋曾与友人结社唱和往来，据郭白阳《竹间续话》卷一记载："西湖社始于道光甲辰（1844）①，唱和者刘鲁汀端、沈桐士绍九、周少绂麟章、萨树堂大滋、陈朗川福嘉、陈亦香崇砥、陈幼农隅庭、林颖叔寿图、孙毅庭翼谋九诗人。"其时有西湖社，则林颖叔、孙毅庭，两方伯主其事。②萨大滋的酬唱赠答诗比较多，其中与颖叔往来最多，颖叔即林寿图，闽县人，初名英奇，字恭三，又字颖叔，号欧斋，据（民国）《福建通志》本传记载"少时以梦征，自号'黄鹄山人'，又以得欧阳修滁州画象，念己少孤，藉母教成立，与欧阳修身世相类，又颜其读书处曰'欧斋'"。道光乙巳（1845）进士。历官陕西、山西布政使，清廉秉直，工诗书，善画石，有《黄鹄山人诗钞》。③如《涌泉寺看月和颖叔即次元韵》：

> 钟声破白云，独来还独往。
> 松风作夜鸣，孤月悬虚嶂。
> 禅廊深复深，翛然结幽想。
> 曹徐去不回，晋安谁嗣响？

---

① 按：（民国）何振岱《西湖志》记载道光壬辰（1832）八月，杨庆琛、李彦章、曾元海、元澄、叶修昌集社于此。

② 刘荣平校注《赌棋山庄词话校注》，厦门大学出版社，2013，第420页。

③ 沈瑜庆、陈衍等：（民国）《福建通志》，民国十一年至二十七年刊本。

这是一首和诗，诗人营造了幽静自然的环境，钟声传到云霄，更显得寂静，一个人在涌泉寺赏月。风穿过松林发出声响，一轮孤月悬在夜空。寺院的走廊那么长，一个人仿佛进入冥想。曹徐一去不回，谁还能使晋安声名大噪，暗指林寿图才华过人。

4. 感事咏物诗

《望云精舍诗钞》里有些诗歌，如《古剑》《落月》《老马》《老妓》《秋笳》《寒蝉》等咏物诗，笔法模拟古人，感慨古事，亦具特色。

如《老妓》：

> 门外春如水，楼头月不华。昔时眉斗柳，今日眼生花。
> 锦瑟残年感，青山旧事赊。多情白司马，尤为赋《琵琶》。

这首诗以白居易《琵琶行》里的琵琶女为吟咏对象，首联描述了环境，接着写了今昔对比，昔日貌美，今日已老眼昏花，时光匆匆，韶华已逝。然而白居易还为老去的琵琶女写了千古名篇《琵琶行》。这里诗人以琵琶女自喻，青春已逝，无人赏识，字里行间透露出淡淡的歆羡之情。

"蝉"作为中国古代文学的意象，表示高洁。诗人以《寒蝉》为题，表现了志存高远的高洁志向。

> 口舌何曾拙，含情不忍言。
> 深秋已如此，落叶满江村。
> 咽露随清晓，栖枝避俗喧。
> 胡为蹙蟀响，叽叽近黄昏。

这首咏物诗，诗人托物言志，以寒蝉自喻。提到蝉，便觉蝉鸣之声不绝于耳，而诗人用"寒蝉"二字，"噤若寒蝉"，这是不发出声音的蝉。首联诗人即说并不是自己口舌笨拙而是"含情不忍言"。颔联点明时节，是落叶纷纷的深秋。蝉栖高饮露，避开俗世的喧哗，而蟋蟀却叽叽喳喳叫个不停。

5. 其他作品

萨大滋诗歌中还有一些古体诗,《戒溺女歌》是一首劝诫人们不要溺杀女婴的诗歌,听题目就让人很沉重。在封建时代,男尊女卑、重男轻女,女性甚至没有生存的权利,一出生便遭到扼杀。这首诗就是针对这种恶习,对世人发出劝诫。

> 君不见木兰应募替爷征,明堂策动荣都城。
> 又不见缇萦上书救父死,肉刑感闻汉天子。
> 自来巾帼具须眉,弄瓦弄璋无臧否。
> 世人轻女相重男,男可耕兮女可蚕。
> 一捻桃红与李白,视如草芥谁能甘。
> 呱呱离床蓐,旋遭兹惨毒。
> 岂无毛里恩,弃掷何急促。
> 谓女不足承宗祧,蘋蘩沼沚陈风谣。
> 谓女不足光门户,乘龙跨凤凌丰标。
> 杜陵生女尝云好,白傅有女娱到老。
> 戴良五女布裳贤,好问三女明珠宝。
> 可知耳耳不须叹,悬门设帨丝为肇。
> 在昔陈蕃着遗训,无辜骨肉轻雕残。
> 他年嫁字虽辛苦,金币布荆随时取。
> 若为吉梦征占熊,此术焉能续姒祖。
> 吁嗟乎,虎狼不噬子,鹰鹯不灭雏。
> 腼然七尺躯,无如鸟兽愚。
> 愿君勿学太公多贵语,须看阿娇金屋贮。
> 欲求福,戒溺女。

这首劝诫诗不是直接简单地斥责声讨,而是动之以情、晓之以理,具有感化人心的力量。首先举出古代两名优秀的女子花木兰替父从军、缇萦上书救父的例子,用事实说话,巾帼不让须眉,生男生女一样好。男子有男子的好,女子亦有女子的妙,摆事实讲道理,让人信服。最后发出感叹"虎狼不噬子，鹰鹯不灭雏"，劝诫人们要善待儿女。结尾朴素无华，强调主旨"欲求福，戒溺女"。诗人有男女平等思想，在那个时代难能可贵，思想中闪耀着人性光辉。

诗人有几首诗是写给儿子的，如《偶笔诫塽彝璠三儿成十六韵》《勖塽彝两儿读书》二首，表达了父亲对儿子的教育与期许。

勖塽彝两儿读书

其一

我家无长物，惟有一囊书。勖汝兄弟者，持躬在厥初。

文章真事业，经训大蓄畬。努力勤耕获，良田自不虚。

其二

汝年虽幼稚，立志贵轩昂。勿以相嬉戏，须防误就将。

放心如野马，奋臂学秋螗。所向多辽阔，临风试目望。

其一主要教导儿子要多读书，要勤奋。家里没有什么值钱的东西，只有一堆书籍。作为兄弟要相亲相爱相互扶持。读书是出人头地的正经事业，勤奋努力，便会有所收获。其二主要告诫儿子珍惜时间勤奋读书，立下大志。业精于勤荒于嬉，不要荒废学业。

萨大滋生命短暂，一生仅三十八载，仕途不顺，未出过远门，也未涉足官场，因此其诗歌题材内容范围较为狭窄，多写怀才不遇、壮志难酬之感，题材上多酬唱赠答和咏史、咏物之作。萨大滋曾与友人结西湖社唱和往来，亦是文人情趣。怀古咏史诗观点明确、悲壮有劲、苍凉壮阔，处处透露着诗人的壮志豪情，只是难以实现；与友人交往情真意切，感情甚笃。其最优秀的诗还要数感怀之作，诗中表露出诗人的诸多情感，尤其是壮志难酬的苦闷之情，读来感人至深。

（六）萨龙田及其《湘南吟草》

萨龙田《湘南吟草》，清宣统二年福州萨氏刻本，国家图书馆藏，古今体30首，其中《送冯切庵燕誉同年之任四川》之后，有一首冯燕誉的和诗。诗歌多是与友人送别题赠或生活感怀之作，陈篆《湘南吟草》题词"一帆偶指潇湘路，醉折芳馨感慨多"就是这个意思。

1. 亲友往来之作

萨龙田现存的 30 首诗里关乎友情、送别的题材将近一半，如：

送冯讱庵燕誉同年之任四川

此别忽万里，临歧倍黯然。幸逢今夜月，犹是故乡天。

不愧南宫选，能为西蜀贤。君恩基百里，珍重此华年。

此诗后面附着冯燕誉的和诗：

共作宦游客，临歧倍惘然。舟联新旧雨，人对别离天。

纪驿三千里，题诗四十贤。风帆何日卸，楚尾正迎年。

冯燕誉与萨龙田是同乡亦是同年，冯燕誉是道光十二年（1832）壬辰恩科进士，二甲九十六名，① 据福建（民国）《闽侯县志》卷四十二《选举》载：冯系福州府侯官人，道光十二年恩科进士，任四川梁山知县。② 这首诗正是冯燕誉到四川就任之时，萨龙田为其送行时所作。诗歌首联表达了离别的伤感之情，这也难免，江淹《别赋》首句云"黯然销魂者，唯别而已矣"，这是人类的共同感受；颔联转言月亮，月亮是故乡的象征，望着同一轮明月，可稍解思念之情；颈联、尾联写了诗人对友人的赞赏与勉励，这也是作为同年的情谊。

作为和诗，冯燕誉首联第二句几乎完全沿用了萨龙田之句，除此之外也沿用原诗韵脚，两首诗相得益彰，感情表达更丰沛。首联化用王勃"海内存知己，天涯若比邻"句表达出分别的黯然神伤；颔联"雨"这一意象的运用，平添几分离愁别绪；颈联、尾联写出此去路途之遥，暗示分别之苦。

萨龙田的寄怀诗歌写得深情动人：

---

① 朱保炯等：《明清进士题名碑录索引》（全三册），上海古籍出版社，1980，第 2788 页。

② 欧阳英修、陈衍纂（民国）《闽侯县志》，闽侯县地方志编纂委员会，1995，第 197 页。

舟抵浦城寄怀梅序五弟

　　梅花香里雪漫天，底事匆匆又着鞭。云水已过千里外，琴樽犹忆十年前。

　　半生兄弟他山石，晚岁功名上水船。寄语儿曹须努力，起家原仗后人贤。

诗人到达浦城，想起梅序，梅序即萨春光，是萨龙田同宗五弟，据《雁门萨氏家谱》载萨春光为五大支第二支，"（萨春光）启扬三子，字肇宾，号梅序，行五，国学生，候选同知。诰赠通议大夫，覃恩正三品，封典知府，衔山东候，补直隶州武城县知县加三级"①。萨龙田与梅序感情甚笃，萨龙田自道光六年（1826）起受梅序之聘，至道光十一年（1831）东奔西走前，坐馆闻雨山房五载，教授萨氏子侄数十人，可知二人关系不浅。诗歌首句表示此时正值冬天，恍然之间已过十年，"他山之石，可以攻玉"，在闻雨山房坐馆的五年是诗人人生中重要的日子，从兄弟那里也收获了很多。最后对兄弟寄予期望，希望其不负所学，振兴家业。

　　2. 生活感怀之作

　　萨龙田的诗歌除了友人往来之作，多是生活感怀之作，这类诗歌多表达个人的情感，思乡怀家，尤其是组诗《闻雨山房感旧杂咏》，可以看出诗人的性情，诗歌正是我们了解诗人的途径。

　　黄巷闻雨山房是萨氏的书塾。清道光初年，萨知麟、萨春光父子购得，同时还将毗邻葛氏宅院的前、后花厅购得，与萨家原有的东侧房屋连了起来。将前、后花厅辟为上底斋和下底斋，这两个书斋即是当时榕城著名的"闻雨山房"。诗人入仕后，怀念坐馆时的日子写了《闻雨山房感旧杂咏》八首，小序言"予于丙戌年（1826）就舍弟梅序馆于闻雨山房，迨辛卯（1831）后东奔西走，而故园花月如在目前，因成七绝八首，句虽不佳，聊以志生平之不忘也可"。

---

　　① 萨镇冰、萨嘉曦修《雁门萨氏家谱》，北京图书馆藏家谱丛刊，北京图书馆出版社，2000，第491页。

其一

十年心事一灯前，五载曾亲翰墨缘。不到三千余里别，春风秋月亦徒然。

其二

半亩闲庭谷雨初，竹光花气入帘疏。牙签千轴灯三尺，明月窥人伴读书。

其三

碧纱窗上影迷离，列坐喃喃课读时。更有缩头懒桃李，初更便苦夜眠迟。

其四

紫藤花下小帘栊，楼阁西边曲沼东。日午北窗高卧起，一棚新绿玉屏风。

其五

凉风萧瑟入虚堂，桂子秋中菊又黄。寂寂山房闻雨夜，与君消受满庭香。

其六

重阳风雨斗名花，真个东篱处士家。紫蟹黄柑供一饱，萧斋墙壁尽奢华。

其七

南北窗分上下床，青灯半壁借余光。茶烟轻袅三更月，竹外开帘满地霜。

其八

云山怕听子规声，话到家乡倍有情。寄语成童诸侄辈，至今臣叔尚痴生。

其一总述以前在闻雨山房教书的情形，如今千里之外春花秋月匆匆而过。其二描述了谷雨时节闻雨山房的样子，春末时节，半亩大的庭院里竹青花香，正是读书的好时候，明月也拟人化了，窥看读书的人儿。其三描述的则是夜晚时候的闻雨山房，列坐读书的子侄被烛火照耀的影子映在碧纱窗上，伴随着喃喃的读书声。其四从紫藤花开花可判断是四、五月间，这时节的闻雨山房很美，紫藤花花团锦簇，这边北窗望去一棚新绿像是一张玉质屏风。其五，时间来到了秋天，萧瑟的秋风穿堂而入，桂花开了菊花黄了，坐在雨夜的闻雨山房，欣赏这和着花香的雨，别有一番风味。其六写了重阳佳节，诗人自注"癸巳（1833）秋日，与东旸三弟买菊数十株，分插斋中各处，即门壁亦各簪以花"，营造节日氛围，亦有雅趣。其七描写的是月夜的闻雨山房，屋里的灯影，屋外的月光，交相辉映，营造出一种静谧的氛围，诗人曾与友人月夜吃茶谈天，自注曰"辛卯（1831）与学尹先生同馆煮茗共话常，至夜分不倦"。其八表达思乡感情，并对侄辈寄予厚望，希望他们能有所作为。

诗人在闻雨山房度过了五个春秋，对于闻雨山房的一草一木都有了感情，细腻真挚，往事历历在目。八首诗各有特点、各司其职，其一总领，其二至其七分别描写了不同时节不同情境下的闻雨山房，其八表达思乡之情，道出期许。

3. 其他作品

《湘南吟草》还收录了一首萨龙田早年题画之作《录戊寅年自题芳草玉楼图小照》，诗后跋语云："此余少年时磊落不羁之慨，犹跃然楮墨间者，使今日为之尚不能如是。甚矣，人生志气殆将与血气而俱衰也。"全诗如下：

> 尔面只如碟子大，尔身空复长七尺。尔舌纵有三寸长，尔腹终无万卷积。
>
> 耳目鼻口亦犹人，忍使区区为形役。学书学剑百无成，于国于家竟何益。
>
> 腼然人面羞复羞，天赋尔形天亦惜。尔宜伏处占岩阿，僻壤荒陬深敛迹。
>
> 如何化日与光天，尔竟行乐思自适。酒家笑指杏花红，宝马踏过芳草碧。
>
> 美人褰箔远相招，村仆从容执鞭策。有诗亦能成一篇，有酒亦能饮一石。
>
> 盘游不负花月缘，啸歌不改烟霞癖。忽为拘谨过晦翁，忽作猖狂嗤阮籍。
>
> 白头将至不知愁，十万黄金拼一掷。堂前老母七十余，食无异粮衣

无帛。

　　砚田不是百亩租，室人交遍来相谪。丈夫志气本凌云，万里扶摇供奋翮。

　　弃觚投笔古英雄，壮心讵为饥寒迫。后雕始识栋梁材，三刖终作连城璧。

　　茫茫世宙天地宽，何必一时惊落魄。青春及早恣遨游，人寿由来不满百。

诗人自言这首诗是他年少之时"磊落不羁之慨"，此诗洒脱自在，充满自嘲调笑意味，又饱含了年轻人的热血壮志。诗歌前四句均以"尔"始，谈及"尔面""尔身""尔舌""尔腹"，审视自身长相外貌，笑自己腹中无华；并非不思进取，也学书学剑，奈何一事无成，对于家国竟没有一点益处；纵使样子为人，上天也会觉得可惜；自嘲之深可见一斑。"酒家笑指杏花红，宝马踏过芳草碧。美人搴箔远相招，村仆从容执鞭策"涉及"酒家""宝马""美人""村仆"四个意象，活泼生动。诗酒亦是乐事，甚为豪爽，还以阮籍为义，洒脱至此，彰显不羁。"丈夫志气本凌云，万里扶摇供奋翮"两句，尽显豪情，好男儿的雄心壮志，此生必要有一番作为才好，时不我待，定要不负青春。嘉庆戊寅年为 1818 年，此时作者正值年少，二十来岁，对于人生充满期望，斗志满满；几十年后再见当时的豪情，不免唏嘘感慨，痴长几十年，并无什么大的作为，不难理解诗人在跋语中感慨："甚矣，人生志气殆将与血气而俱衰也"，再也没有当年的血气方刚、凌云壮志了，读来使人黯然神伤。

　　萨龙田《湘南吟草》古今体诗 30 首，将自己生活中的所思所感通过诗歌的形式记录下来，多亲友往来之作、生活感怀之作，虽也不免有应酬奉和之作，但诗中多数充满作者的真情实感，感人至深。

三　雁门萨氏文学家族特点述论

（一）萨氏文学家族特点

　　从萨氏文学家族六个文人诗歌创作表现出来的特点，可以归纳出萨氏文学家族的以下特点。

1. 诗歌题材范围相类似

从前文对各个文人作品的分析来看，萨氏文人文学创作多唱和往来、生活感怀、咏史怀古、题作等题材类型。

（1）唱和往来之作。

萨氏六人或多或少均有此类作品，一般多是与亲友唱和往来之作，交游往来之人多为闽地士绅名流。如萨察伦一生所交甚广，且与友人互动频繁，所交者包括张经邦、盛灏元、黄世发、林藩、林宾日、杨庆琛、叶申蔼、叶申芗等，林昌彝在《射鹰楼诗话》中说："大令（萨察伦）诗才敏捷，多对客挥毫之作"，这类题材在其作品中占一半之多；萨大滋更是与闽地名人结社唱和往来。相对来说，这类题材的诗歌文学价值不见得很高，但却有一定的史料价值，是我们真正了解萨氏文人的一个窗口，不可忽略。萨玉衡不仅与友人多有往来之作，和家人也是互动频繁。与友人往来之作可以反映诗人交游情况，萨大文、萨大年兄弟二人的酬唱赠答诗并不多，这与生活经历及性情有关，与酬唱赠别诗相比，萨大滋的怀人诗更加动人。

（2）生活感怀之作。

萨氏文人最具文学性、艺术性的诗歌题材要数抒发生活杂感的诗歌，或写生活琐事，或讲子女趣事，或抒情即景，或表达志向，处处充满生活态度、生活情趣，他们寄情于诗奋力创作，表达自己对世界的看法和感受。如萨玉衡《园橘熟多被邻童摘取述事戏作》诗，心细温暖，长者风范跃然纸上。再如萨察伦《寄内》是一首感人至深的小诗，诗人外出已经六年时间，外出谋生，连累妻子在家操劳，字里行间流露出对妻子的歉意及想念，诗句之中饱含深情。又如萨大滋《有感》表达壮志难酬之感，运用刘琨闻鸡起舞、伯乐相马的典故，诗人希望自己像刘琨一样，苦练技艺，可以奋力杀敌，报效国家；然而即使自己是千里马，还是需要伯乐来发现，却迟迟没有人来提拔自己，让人心中有怨。人生在世犹如雪泥鸿爪，不能如愿的事情太多，自己只能凭借追求文人风雅来留下一些来过这世界的痕迹。

（3）咏史怀古诗。

咏史怀古诗是萨氏文人常写的一类题材，或抚昔慨今，或写历史人物，或感历史事件，或览历史遗迹。多表达对忠烈的赞赏、倾慕之情，或对历史人物、事迹的感慨，或对历史遗迹的祭奠。萨玉衡一生到过很多地方，有不少凭吊怀古之诗，在这些咏史诗中不得不提及一类，就是在各地墓、祠的咏史怀古之作，如《过琅琊王墓》《过岳忠武坟》《真娘墓》《昆山刘龙洲祠》《五人墓》《方正学先生墓下》《谒江文宪公祠》《谒于忠肃祠》等，诗人偏好在这些地方怀念古人，感慨历史，这些历史人物仿佛就在跟前，与诗人讲述他们的经历。萨大年抚昔慨今之作如组诗《读史杂咏十首》，包括《鸿门宴》《萧相国》《饭韩信》《具鼠狱》《牧羝羊》《月氏头》《筑鳄鲵》《井底蛙》《祭皋陶》《渔阳挝》，从各个角度对历史事件或历史人物进行评价，别具风格。萨大滋怀古咏史诗并不多，但诗人爱憎分明的情感，令人难以忘怀。如《读蔡忠烈传》表达了诗人对忠烈的赞赏之情，《项王墓》表现出诗人对历史英雄人物项羽失败的惋惜、同情及感慨。萨大文《明妃》写王昭君，观点新颖，不落窠臼，古人以为远嫁苦，历来同情昭君，而萨大文却认为嫁予匈奴首领为阏氏，强过在宫中被冷落而老去，肯定昭君的做法。

（4）题作诗。

萨氏文人也常有题作诗，或题写书画，或评论前人诗集、作品。如萨大文的题作诗便是对历史事件或人物的一种评价及感慨，有《昭陵六马图》《题赵子昂〈画马图〉》《题〈讲易见天心图〉》《渊明对菊图》《和靖观梅图》《题吴梅村诗后》《题林那子先生诗后》等七首。再如萨察伦《题镜秋侄〈菜根图〉》是诗人为侄子《菜根图》所作的题作诗，林昌彝对这首诗赞赏有加，在其《射鹰楼诗话》中说："余喜其《题镜秋侄〈菜根图〉》一绝，语有寄托，……却有风趣。"萨大文肯定侄子的画立意高大且有古风，之后便发出感慨，希望面无菜色的百姓，能够过上好日子，以后子孙都吃菜根也无妨，有杜甫"安得广厦千万间，大庇天下寒士俱欢颜……吾庐独破受冻死亦足"的余韵。又如萨大年的《题林芗溪〈射鹰图〉》更具现实意义，诗中《射鹰图》指林昌彝《射鹰驱狼图》，这首诗写在鸦片战争时期，有明确的指向性，表明对侵略者的痛恨，表达了诗人的爱国主义精神。

2. 以近体诗创作为主，尤以律诗为要，或有组诗

萨氏文学家族创作体裁多样，包括五律、七律、排律、五绝、七绝、五言古诗、七言古诗、歌行体等，其中以近体诗创作为主，尤以律诗为要。以萨察伦《珠光集》为例，此集共251首，各体兼备，近体诗占八成有余，其中律诗约占六成，以七言律诗为主。萨大滋《望云精舍诗钞》收诗歌91

首，虽然诗歌不过百，但五言、七言、律诗、绝句、古体均有涉及。其中七言律诗 47 首，五言律诗 20 首，五言排律 3 首，七言排律 1 首，律诗共 71 首，约占诗歌总数的 78%，其中七言律诗约占诗歌总数的 52%；五言绝句 1 首，七言绝句 9 首，绝句共 10 首，约占诗歌总数的 11%；古体诗 10 首，约占诗歌总数的 11%。可见萨大滋也以律诗见长，以七律为主。

在诗歌创作形式上，以组诗写作，也是萨氏文学家族创作的一个特点，萨氏六文人或多或少都创作有组诗。如萨玉衡还有一些有特点的组诗，包括《南史小乐府》和《北史小乐府》各十首，《秦中吟》十首，包括《平津阁》《桐木人》《拜啬夫》《遮玉门》《章台街》《绛纱妓》《辑折槛》《东门饯》《荐石显》《长安驿》等，以组诗写陕西特色，以整体去感受，别具一格。萨大文《杂感》是一组诗，共四首，主要表达了诗人想要报效国家的心愿，但理想与现实之间的落差使其表现出淡淡的忧愁；还有组诗《战国四君子咏》、组诗《颐园八首》。萨察伦《五十初度漫成四首》是诗人五十岁生日时所作之诗，回忆总结这些年的生活。萨大滋《榜后雨中闷坐遣怀》四首，很显然是诗人在看完榜单之后的感受，一个"闷"字，意味着名落孙山，把心中的不快表现得淋漓尽致，但诗人别无他法，只能写写心中的愁闷，以浇心中块垒。萨龙田曾受萨春光之聘，坐馆闻雨山房五载，诗人入仕后，怀念坐馆时的日子写了《闻雨山房感旧杂咏》八首，小序言"予于丙戌年（1826）就舍弟梅序馆于闻雨山房，迨辛卯（1831）后东奔西走，而故园花月如在目前，因成七绝八首，句虽不佳，聊以志生平之不忘也可"。

3. 自觉继承前人创作技巧

"盖尝溯有明之季，凡称诗者咸尊盛唐，及国初而一变，诎唐而尊宋，旋又酌盛唐与宋之间而推晚唐，且又推中州以逮元者，又有诎宋而复唐尊者，纷纭反复，入主出奴，五十年来各树一帜。"① 对诗歌的接受自宋以来便有宗唐宗宋之争，清初钱谦益主张转益多师，兼采唐宋，对确立有清一代诗风有先导作用。钱谦益之后的王士祯以主张"神韵说"最为有名，而王士祯诗歌创作早年从七子，中岁事两宋，晚年又转而宗唐，对于一个人来说

---

① 叶燮：《己畦文集》卷九，清康熙刻本，四库全书存目丛书本。

宗唐宗宋也并非一成不变，对于一个家族来说更是如此。清代诗歌发展或宗唐或宗宋各派纷争，是不断变化的。乾嘉时期，沈德潜"格调说"宗唐，袁枚"性灵说"主张融合唐宋，翁方纲"肌理说"主宋，成鼎足之势。这之后融合唐宋的思潮不断高涨，成为时代的潮流。萨氏家族自觉继承前代创作技巧，兼学唐宋诗歌作品，对唐诗的接受最为明显，尤其受杜甫影响很大，也能表现出时代的趋势。

孙纪文在《秋色长江万里来——清代回族诗人与杜诗》一文中说："清代回族诗人学杜、崇杜的诗坛景象丰富了杜甫诗歌接受史的内容，成为回族文学史上不可忽视的文学现象。此现象表明，杜诗作为诗歌经典的范式作用得到加强和呼应，杜诗的思想旨趣、艺术魅力以及有法可循的效仿路径得到回族诗人的青睐。"如萨玉衡创作吸取前代文学精髓，尤其自觉继承杜诗，意在表达与杜甫的神意相通，还指出："杜诗又为清代回族诗人的文学创作提供了经典文学的有生力量和话语支持，两者统一于热爱杜诗的每一位诗人的创作活动和评点活动中，他们或得杜诗之骨，或得杜诗之气，或得杜诗之韵，或得杜诗之句，不一而足。或许他们很难企及杜诗沉郁顿挫、苍凉浑厚的意境，但无疑使清代诗歌的面目多了一层少数民族诗人的心血。"[1] 萨玉衡表现在创作实践上有《兖州城楼故址次杜韵》诗，是和杜甫《登兖州城楼》原韵而作。从题目便可看出萨诗对杜诗的学习与继承。萨玉衡对杜甫精神的感悟与理解还有《自奉先历彭衙邠郿诵少陵诗各系一绝句》（四首），他沿着杜甫的足迹，去感受杜甫当时的心境。故袁宗一先生说："萨玉衡对杜甫不只是崇拜，而是深深地理解。"[2] 再如萨察伦的《题镜秋侄〈菜根图〉》有"若使万民无此色，何妨直噉到儿孙"句，大有杜甫"安得广厦千万间，大庇天下寒士俱欢颜……吾庐独破受冻死亦足"的余韵，林昌彝对此诗赞赏有加。萨氏文学家族还继承与发扬杜甫的忧国忧民精神，关注民生疾苦，关注现实。如《誓城卒》说的是萨玉衡在陕西洵阳为官时，白莲教起义放火攻城，他誓死保卫洵阳城，与敌抗争七昼夜，守住了城池的事情。一介书生，有这个勇气和胆量誓死保卫城池及百姓，不得不说其从骨子里认

---

[1]　孙纪文：《秋色长江万里来——清代回族诗人与杜诗》，《光明日报》2017 年 2 月 27 日。

[2]　袁宗一：《论回族诗人萨玉衡》，《宁夏大学学报》1988 年第 1 期。

同这一思想。其子萨大年更是继承了其父的衣钵。萨大年诗歌中多见其忧国忧民之心，诗人得知闽中水旱严重，心系家乡百姓，便有《得闽中消息》之作；鸦片战争之时，当诗人看到我方遇敌不战的行为时，其《遥望》诗有"里粮骄不战，豢寇尔何心"句，表达愤慨，彰显了其爱国主义情怀；他的《题林芗溪〈射鹰图〉》更是通过题作林昌彝的《射鹰驱狼图》，赞扬林昌彝的爱国主义精神，诗人感情与林昌彝一样，痛恨侵略者。萨氏家族文人不仅接受、学习杜诗，并且传承其中的精神，常怀忧国忧民之思，关注社会现实，继承与发扬杜诗的现实主义传统。

诗歌创作往往难以逃脱时代樊篱，清代中后期的萨氏家族六文人的诗歌创作也表现出了时代特点，诗歌融合唐宋，常吟咏唐宋诗歌，化用、借用唐宋人诗句。后代对于唐、宋诗歌的借用化用，可以用皎然《诗式》"三偷"（"偷语""偷意""偷势"）之说解释，包括对唐宋诗句的化用、对唐宋诗意象结构的化用、对唐宋诗意境的化用，虽然很难达到黄庭坚所谓"点铁成金"的境界，但亦有可观。如萨大文《叶芸卿先生得蜂一窝作诗相示戏书长句奉赠》诗化用苏轼《蜜酒歌》"蜂为耕耘花作米"原句，诗到最后更有"我欲颠倒东坡句，酝酿搢绅成老夫"句，并自注"东坡《蜜酒诗》有酝酿老夫成搢绅之句"。萨大文还有咏雪诗《雪》，诗人自注"效欧苏体"，雪，历来不乏歌咏者，诗人效仿欧苏故意避开咏雪诗中常用之字，也是对前人的一种学习与继承。萨玉衡有《题郑嵎津阳门诗注》诗，郑嵎以《津阳门诗》留名千古，是唐代七言叙事诗中的鸿篇巨制，以抒发盛衰之感，萨玉衡借此诗抒发自己的感慨。萨氏诗歌作品既表现出唐诗的意兴也有宋诗的雅正，不仅可以感受到唐诗积极进取、兼容并蓄的态度，也能看到宋诗内省精致、含蓄淡雅的特点。这是萨氏对于历代诗歌创作的接受，也是时代发展使然。

4. 重视子弟的培养、教育

自萨氏入闽以来，萨氏家族积极融入以儒家文化为核心的社会，并以读书科举为业，历来重视子弟的教育培养。如萨春光建闻雨山房，请萨龙田为师教育子孙。萨玉衡对外甥陈上桐也多有教育、勉励，曾作《述怀示陈甥上桐》诗，赞扬了上桐文采斐然，对上桐寄予厚望，希望上桐能够振兴宗族。作为父亲，萨大文《课荫儿》表现自己对儿子的教育，这首诗不是居高临下的说教，而是以朋友角度的提醒，摆事实讲道理，激励儿子积极进取。萨察伦《醇儿入塾作》是在儿子萨大滋刚入学时所写，其中寄予的希望不言而喻。萨大滋教育儿子的诗作有《偶笔诫塪彝璜三儿成十六韵》、《勖塪彝两儿读书》（二首），表达了父亲对儿子的教育与期许。《勖塪彝两儿读书》其一主要教导儿子要多读书，要勤奋，兄弟之间要相亲相爱、相互扶持。其二主要告诫儿子珍惜时间勤奋读书，要立大志。业精于勤荒于嬉，不要荒废学业。这是对于儿子的教育与希冀，也是家风的传承。

萨氏家族不仅对男性进行教育，也重视对女性后代进行教育，家族成员已有男女平等之观念。萨玉衡有《杏女爱诵昌黎东坡诗句暇辄请为讲解作此示之》诗，女儿勤奋好学，有男儿气概，诗句之中有惋惜女儿不是男儿之身，行诗到最后，诗人心态渐渐平和，"何妨汝馨丝"，觉得女儿也不错。这个心理变化细腻而真实，也表现出萨玉衡的女性观。又如萨龙田《得家书知小妾举一女》诗，诗人将生女比作添儿，难能可贵，在女子不受重视的古代，这种男女平等思想弥足珍贵。不仅如此，他还希望女儿能够像谢道韫一样，成为一位有才华的奇女子。萨大滋的《戒溺女歌》关注的不单单是家族女性，而是整个社会的女性，对于男尊女卑、重男轻女的时代发出劝诫。这首劝诫诗不是直接简单地斥责声讨，而是动之以情、晓之以理，具有感化人心的力量。诗人有男女平等思想，在那个时代难能可贵，思想中闪耀着人性光辉。

萨氏家族文人作品表现出一定的相近性，诗歌体裁、题材颇为集中；创作向前人学习，继承发扬现实主义创作传统；思想上还表现出一定的连续性与继承性。萨氏家族文人个人文学成就相对来说不高，但作为福建地方上的一个家族来说，意义远大于个人。萨氏家族从元代发迹，经过明清两代依然发展，已经成为福建文化的一部分，萨氏家族与当地名门望族、乡绅名流往来密切，家族文化必然受到当地文化发展的影响，同时也对福建地方文化风气有一定的影响。萨氏受姓于萨都剌，作为少数民族家族，其家族发展，亦是民族交融的一个表现。明清时期并没有特定的民族概念，少数民族尤其是散居的回族，与汉族居住在一起，交往密切，为融合到主流文化之中，积极学习儒家文化，参加科举考试，思想上已经完全儒化，这也是清代萨氏文学家族的真实发展情况，他们往往以"达则兼济天下，穷则独善其身"作为指导，这正是萨氏家族对儒家思想的接纳。

（二）萨氏家族所处人文生态环境探析

明王应山《闽都记》载：福州府城"隐然金汤之固。三峰峙于城中，二绝标于户外。甘果方几，莲花献瑞，襟江带湖，东南为海。二潮吞吐，百河灌溢，山川灵秀"。东南形胜之地，人文鼎盛，人才辈出，正所谓钟灵毓秀，孕育了闽地繁荣的文化。清初闽地诗歌受明代晋安诗派末流的桎梏；明初洪武、永乐间出现以林鸿为首的"闽中十子"，即晋安诗派，徐𤊹称之为"晋安风雅"，以唐为宗，开闽中一派，影响很大，闽诗派风行三百年，到明代后期已经流于肤浅浮泛。清初侯官人张远力破晋安诗派樊篱，为闽诗开启新风，倡导"奇峭秀异"的风格，闽地诗风为之一变。闽中"诗人之杰"黄任之诗"清丽芊绵"，影响很大，到后来还有谢震、陈寿祺、萨玉衡、林茂春等人以才学为诗，陈庆元先生称之为"学人之诗"，这也是受乾嘉时期朴学兴盛的影响。道光二十年，鸦片战争爆发，民族危机加深，闽地这一时期的诗人多慷慨爱国之诗，如林昌彝、萨大年、林则徐等。到了晚清时期，宣称"不墨守盛唐"的"同光体"闽派诗人活跃于诗坛，其主要特点是主体学宋，同时也学唐，影响甚大，如陈衍、郑孝胥、沈瑜庆、陈宝琛诸人在诗坛上有一定地位。清代闽中诗歌的创作传承不绝，萨氏家族文学便在这样的地域环境中慢慢发展，出现了萨玉衡、萨大文、萨大年等文人，创作均受到闽地诗风影响。

萨氏文学家族人文生态环境概括为以下几点。

其一，以诗书传家，子孙好藏书。一如杜甫所言"诗是吾家事"，萨氏文学家族是世代传承的诗书之家。清代福建私人藏书得到了极大的发展，达到鼎盛，不仅表现在藏书家增多，藏书楼、藏书室、藏书斋林立（清代仅福建藏书家达 150 余人，藏书楼、藏书室、藏书斋有百余座），并且藏书数量之多、质量之高、善本之多都是前代所不及的。萨玉衡便是这些藏书家中的一员，他有藏书的癖好，以购书为乐，从同时代人的诗作中可以了解。如林芳春《萨檀河先生五十寿序》中，曰："今先生拥书万卷，不啻南面百城。"又陈若霖写给陈寿祺的信中写道："檀河在暑数月，又添购书籍百余种，郊海端节到浙后，仍寓敝斋，以购书为乐，公余之暇，促膝谈心，颇不寂寥。"萨玉衡外甥陈上彤（陈上桐，丁卯榜易名上彤）尝云："舅氏家藏书不下一万余卷，穷日夜披阅，暇则著录以为常。"① 惜其藏书及著作绝大部分毁于火。萨大滋《勔塼彝两儿读书》有句云"我家无长物，惟有一囊书"，也可说明这一点。后来的萨龙光、萨承钰、萨嘉曦、萨镇冰等萨氏成员，皆好藏书。以读书为荣，以读书为乐，父辈对于子孙的教育亦是多鼓励其读书，这也是萨氏文学家族得以传承的重要原因。

其二，重视科举、教育。萨氏在科举上取得了不凡的成绩，科举的繁盛提升了家族的实力，因而重视对家族子弟的教育以传承家学，科举世家也是文学世家。学而优则仕，萨氏在科举上取得了不凡的成绩，科举之余，也会进行文学创作，无论最终能否取得科名进入仕途，家族成员都保持了良好的创作传统。这与萨氏家族重视教育分不开，道光初年，萨知麟、萨春光父子购得闻雨山房，作为萨氏子孙的书塾，萨春光还聘请萨龙田坐馆闻雨山房，教授萨氏子侄数十人。教育子女读书，是萨氏家族良好的家风。萨氏家族对于科举、教育的重视使得其家族得以持续发展。与其他清代回族文学家族相较，如江苏南京蒋氏蒋国榜、蒋国平兄弟二人，浙江钱塘李氏李若虚、李若虚之子李瑜、李若虚孙李征棠三人，山东胶州法氏有作品流传的只法若真，萨氏文学家族持续时间更久，涉及文人更广，文学作品流传更多。

其三，交游广泛，所交者多为士绅名流。萨氏文学家族文人取得的成就与萨氏家族文化及清代福建地域文化是分不开的，而地域文化名人便是地域文化最好的承载者。萨氏文人之中大多交游广泛，多当地文人翘楚，如与林寿图、杨雪琛有交。萨氏交往常表现在创作之中，如萨玉衡往来者有张燮轩、陈恭甫、郑涵山等；萨大文有《叶芸卿先生名敬昌得蜂一窝作诗相示戏书长句奉赠》《赠门人叶协恭（大同）苣恭（大湜）煜恭迪恭昆仲由海道赴海应试》等诗歌；萨察伦所交者包括张经邦、盛灏元、林藩、林宾日、杨庆琛等，作品有《三月晦日燮轩明府招集观剧并诗见示因次其韵二首》《春日雅集和黄卓人汉章先生原韵兼呈香洛杜诸公二首》《陈士竹明府招集梦笔山房，分得来字二首》《秋日叶次幔申蔼明府邀同冯梅士新孝廉小集宛在堂率赋志谢二首》《七月廿三夜过访次幔留饮斋头复用前韵以二律惠示因

---

① 陈上彤：《白华楼诗钞·跋》。

再叠奉和二首》《题二乐图送叶培根申芎改官滇南》等。

萨氏与当地名门望族亦交往频繁,萨氏与叶氏多有往来,三山叶氏是清代及近代福州著名的科举世家、文学世家、藏书世家及艺术世家,该家族于清乾隆年间兴起,经叶观国、叶申蔼、叶申万、叶申芎等,奠定了名宦世家的地位,绵延至近代约两百年。叶申蔼,字惟和,号次幔,"少性亮直,器识闳达,束发受书便能贯穿诸传说而得其大意"。廖鸿荃等《叶申蔼崇祠乡贤祠录》云:申蔼"素与乡贤贡生陈庚焕为道谊交,辨论性理,娓娓千言。迨服官江左,仍以尺书往来,论治心经世之学"。叶申芎更是近代闽中词学第一人,其影响不仅在叶家,还影响了谢章挺等其他闽中词人,叶申芎还以个人之力编辑词选,辑录乡邦文献,究心声律,形成比较完整的词学体系,提高了闽人治词的信心,对近代闽中词学产生了重要的影响。①萨察伦与叶申蔼、叶申芎常有往来之作,叶芸卿更是聘请萨大文为先生教授族内子弟。萨氏与林则徐家亦有交往,萨察伦尝有《和林旸谷宾日年伯见赠原韵》诗,是与林则徐之父林宾日的往来之作,林宾日,原名天翰,字孟养、少穆,号旸谷,侯官人,岁贡生,一生未仕,以教书为业。

萨大滋曾与当地文人结西湖社,唱和往来,唱和者刘鲁汀端、沈桐士绍九、周少绂麟章、萨树堂大滋、陈朗川福嘉、陈亦香崇砥、陈幼农隅庭、林颖叔寿图、孙毅庭翼谋九诗人。萨龙田与杨庆琛交好,曾受杨雪椒聘为主事,赴芜湖任,后又随其遨游洞庭、衡岳间,其诗作命名为《湘南吟草》,两人交情可见一斑。这些交往也深深感染着萨氏文人,对其创作产生影响。

清代是家族文学空前繁荣的时期,回族文学家族的发展也获得了空前的生命力,到清代回族文学家族包括山东益都杨氏、福建晋江丁氏、山东胶州法氏、浙江仁和丁氏、江苏泰州俞氏、福建福州萨氏、浙江钱塘李氏、江苏南京蒋氏等十二个回族文学家族。福建地方文学的发展,在经历了唐前的准备时期、唐五代的发展时期、两宋的繁盛时期和元明的复古时期之后,入清则进入了总结提高时期。萨氏家族是福建地方文学史上占有重要地位的大家族之一。通过文本细读,重点分析六人七部作品。萨氏文学家族文人或怀人、或赠友、或咏史、或述志爱国,抑或即景抒情的作品,以丰富的题材和多样

---

①　阮娟:《三山叶氏家族及其文学研究——以叶观国、叶申芎为核心》,上海古籍出版社,2011。

化的表现形式倾诉着他们的际遇，书写着温暖质朴的友谊、壮志难酬的惆怅、满腔悲愤的爱国之情，即便是一首小诗，也是隽永清新，饱含诗人浓烈的情感。萨氏文人凭借诗歌这一文学表现形式，倾诉着他们各自的生活道路，同时也激起读者对他们人生经历的感受，这是萨氏文学家族留给后人最重要最珍贵的财富。萨氏文学成就虽不是最高的，但也为丰富中国古代多民族文化作出了贡献，丰富了福建地方文学，给中华多民族文学宝库增添了一抹色彩。

第 十 一 章

清代彝族姚安高氏家族文学创作研究

　　姚安高氏家族是彝族历史上一个有着重要政治地位与广泛影响的家族，在占据政治地位的同时，高氏家族也涌现出一批具有文学创作能力的家族成员。历史上，高氏家族在多次历史重大事件中立下汗马功劳，逐渐成为大理最有实力的政治集团。从大理国中后期始，高氏世袭宰相，政令皆出其门，子孙遍封大理国八府四郡。元明清时期，高氏的势力也并无多大削弱，高氏土司依旧长期统治着鹤庆、姚安、永胜、保山等地，在政治、经济、宗教、文化等方面都扮演了重要的角色，拥有极高的社会声望，至清中晚期，"改土归流"政令的实施，才中断了高氏在姚安等地的统治。高氏家族在明清之际，在云南大理有着举足轻重的地位，对这样一个身份特殊、地位昭然、文治武功皆名重一时的家族进行考察研究，其重要性不言而喻，然由于"在官之典籍，在民之简册，皆付之一炬"[①]，高氏家族遗留下来的史料、文学作品较少，无疑加大了研究难度。

一　姚安高氏世系考

　　众所周知，家族的形成不是一蹴而就的，而是需要时间的堆积、历史的沉淀和文化的积累，是一个渐进的过程，高氏文学家族的形成也离不开这样的发展规律。只有对高氏家族的渊源背景作出一个清晰的梳理，探明高氏家族的来源、高氏世系的发展，利用史志记载对高氏家族的族属问题进行补充

---

① （清）师范：《滇系》卷七之六《典故》，嘉庆二十二年（1817）刻本，云南省图书馆藏。

和考辨，才能够帮助我们更好地分析高氏家族的文学创作活动，以及其作为文学家族对地方的重大影响。

（一）世系脉络

家族作为中国社会基层组织的最小单位，与社会有着千丝万缕的联系，以各自独特的方式从政治、经济、文化等多方面影响着社会的发展进程。本章重点虽在明清两朝，但由于姚安高氏的世系脉络明载谱牒，班班可考，在此列出其世系成员，以佐证其深厚的历史渊源与文化积淀，有助于进行高氏家族研究。

对高氏家族进行研究时，所依据的资料，除正史《土司传》及各代的"省志""府志""州志""县志"等相关史籍外，现存的高氏族谱也是重要依凭。古人云："谱也者，明其苗系，别其亲疏，正其根本，而识其祖之所逮出也。"① 家乘族谱为氏族源流的研究提供了重要线索，备受研究者关注。高氏曾有不少宗族谱牒，但今天我们只见到《姚郡世守高氏源流总派图》（姚安谱）和《高氏家谱宗枝图》两种。为了更直观地了解高氏家族，笔者综合两种家谱，列高氏家族世系图如下（见图11-1）

《姚郡世守高氏源流总派图》载："高氏一世祖讳曰定者，后汉吉州庐陵县井冈乡人也。"② 高氏家族将高定作为一世祖，除二至八世不可考外，家族入仕者不绝，名哲继踵，遂为世家大族。其家族兴起于宋，随从大理段氏治理边疆，达到鼎盛，元、明、清时期继续发展，是世守姚安的地方统治者，族众繁多，到清中期高厚德已绵延了五十四世，"改土归流"后再无人登上政治舞台，后人不断修缮族谱，可考至六十一世。高氏家族似根深之木，枝繁叶茂，旁支众多，且不断与当地居民融合，有的成为白族，有的成为彝族，有的成为其他兄弟民族，在此只述姚安彝族高氏。

高氏家族作为典型的云南少数民族代表，在云南地方史上扮演过重要角色，在地方政治、军事、经济发展史上发挥过较为重要的作用，尤其是在地方文化发展史上作出过较为积极的贡献，影响了姚安数代人的文化生活。

---

① （明）庄壬辙编修《晋邑青阳庄氏族谱》卷首：熊韶《晋邑青阳庄氏族谱序》，明成化年间钞本，晋江市档案馆藏。

② 由云龙总纂《姚安县志》卷三十六《人物志之十二·氏族》，民国三十七年（1948）铅印本。

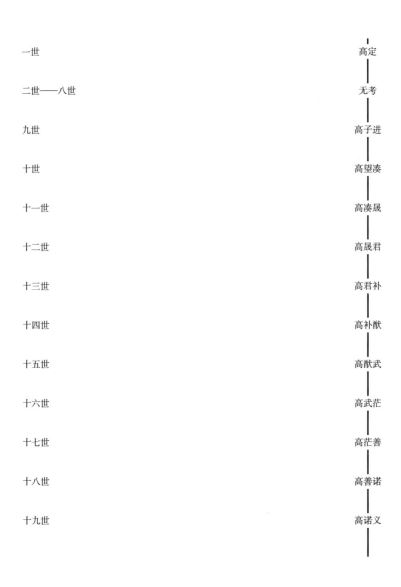

一世	高定
二世——八世	无考
九世	高子进
十世	高望凑
十一世	高凑晟
十二世	高晟君
十三世	高君补
十四世	高补猷
十五世	高猷武
十六世	高武茫
十七世	高茫善
十八世	高善诺
十九世	高诺义

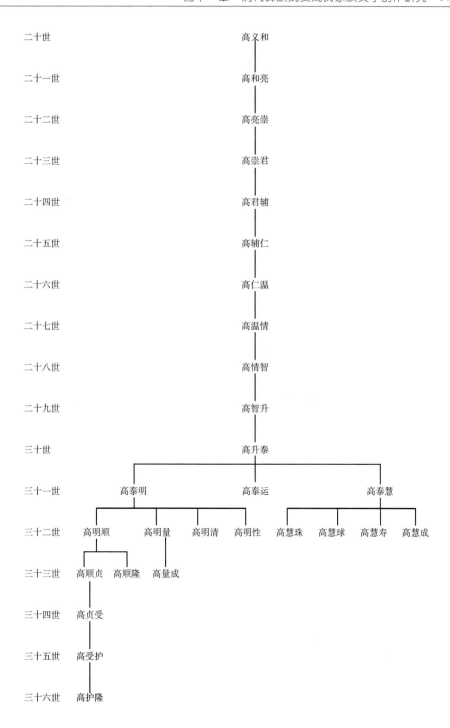

二十世　　　　　　　　　　高义和

二十一世　　　　　　　　　高和亮

二十二世　　　　　　　　　高亮崇

二十三世　　　　　　　　　高崇君

二十四世　　　　　　　　　高君辅

二十五世　　　　　　　　　高辅仁

二十六世　　　　　　　　　高仁温

二十七世　　　　　　　　　高温情

二十八世　　　　　　　　　高情智

二十九世　　　　　　　　　高智升

三十世　　　　　　　　　　高升泰

三十一世　　　高泰明　　　高泰运　　　高泰慧

三十二世　　高明顺　高明量　高明清　高明性　　高慧珠　高慧球　高慧寿　高慧成

三十三世　　高顺贞　高顺隆　高量成

三十四世　　高贞受

三十五世　　高受护

三十六世　　高护隆

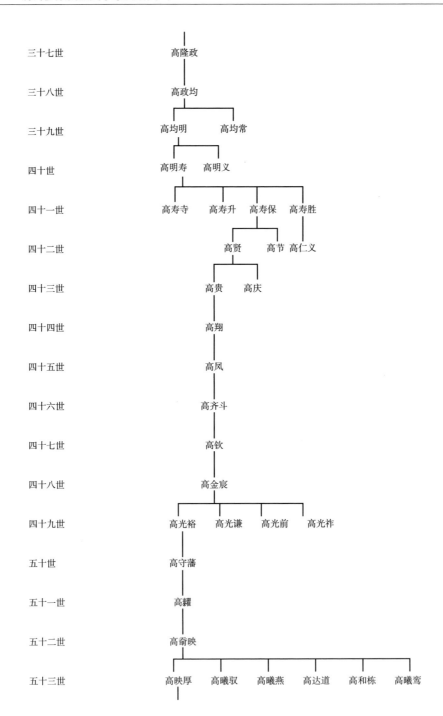

三十七世	高隆政
三十八世	高政均
三十九世	高均明　高均常
四十世	高明寿　高明义
四十一世	高寿寺　高寿升　高寿保　高寿胜
四十二世	高贤　高节　高仁义
四十三世	高贵　高庆
四十四世	高翔
四十五世	高凤
四十六世	高齐斗
四十七世	高钦
四十八世	高金宸
四十九世	高光裕　高光谦　高光前　高光祚
五十世	高守藩
五十一世	高耀
五十二世	高翯映
五十三世	高映厚　高曦驭　高曦燕　高达道　高和栋　高曦鸢

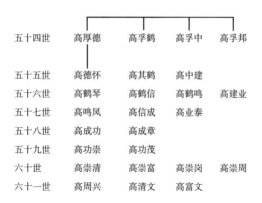

五十四世	高厚德	高孚鹤	高孚中	高孚邦
五十五世	高德怀	高其鹤	高中建	
五十六世	高鹤琴	高鹤信	高鹤鸣	高建业
五十七世	高鸣凤	高信成	高业泰	
五十八世	高成功	高成章		
五十九世	高功崇	高功茂		
六十世	高崇清	高崇富	高崇岗	高崇周
六十一世	高周兴	高清文	高富文	

图 11 - 1　高氏世系图

（二）郡望形成

"诗书之泽，衣冠之望，非积之不可。"[①] 一个文学世家的出现，常常要经过家族几代人的积累。姚安高氏由一个巍巍显赫的勋贵之家一变而为蜚声滇中的文学世家，绝不是偶然事件，更非一代子弟所能一蹴而就的，其形成受到多方面的影响，与当时政治制度的推动、适宜的地域环境、家族内部优秀人才的砥砺作用等都有莫大关联，高氏郡望的形成，是其能在彝族汉文学创作中崭露头角的重要前提。

第一，高氏家族能够发展成为累世为官的世家大族，得益于历朝推行的少数民族政策。姚安高氏家族以仕宦起家，然后带动之后的文化兴盛。唐代中叶，南诏政权授高义和为弄栋演习，后传于高和亮，食邑姚安。自此，姚安便成为高氏封地，世居光禄（今姚安县光禄镇）。大理国时期，高氏当权，一切政令皆出其门，这是高氏家族政坛上最为鼎盛的时期，以至有"九爽七公八宰相，一帝三王五封侯"之称。现抄录高氏中堂联两副、土司衙门联一副，以见其门楣之高，族望之盛：

高氏中堂联：

> 学海浩无边，前贤缔造千秋业
> 文章高有道，后秀启承万古春

---

① （明）文徵明著，周道振辑校《文徵明集》卷十八，上海古籍出版社，1987。

> 孝友作宏观，累世芹香孙与子
>
> 读书为燕翼，越人举用武兼文

姚安高氏土司衙门联：

> 渤海家声全忠全孝
>
> 庐陵世泽乃武乃文

高氏家族成员仕宦发展的好坏直接影响到高氏家族的发展。高氏祖先建立过丰功伟绩，家世显赫，毕竟略输文采，不能称为大家，但在边鄙之地不放松汉文化的学习实属难能可贵。元、明、清三朝，高氏家族世袭土知府和土同知七百多年。明朝政府为了使土司能逐渐符合官吏规范，更好地为王朝统治服务，对土司应袭子弟作出了不入学不准承袭的强制性规定，"以后土官应袭子弟，悉令入学，渐染风化，以格顽冥，如不入学者，不准承袭"[1]。土司子弟为了承袭世职，提升统治能力和地方威望，就必须努力学习和运用汉文化。这些制度和措施的制定与实行，在客观上起到了加速"汉化"的作用，在土司家族中形成了良好的文化氛围和传统。高氏在王朝的强制规定下，也努力学习儒学经典，为家学家风的形成奠定了深厚基础，这对以后的发展有极大好处。靠着父辈的功绩，高氏家族子弟轻松地进入仕途，有世袭之职，不用像先祖那样在战场上出生入死，建立功勋，是高氏家族勇武之风丧失、文风蔚然兴盛的原因之一。政治制度为家族文人提供了优越的条件，他们世代承袭，享有种种经济和政治特权，为家族成员提供良好的教育环境，这些举措都为高氏家族文人学习汉语文，提升文学修养带来了便利，是高氏成为文学家族的重要保障。

第二，姚州适宜的地域环境为高氏家族成为文学家族搭建了良好的平台。滇中文化独具魅力，历史上这里曾诞生了杨慎、沐英、李元阳、杨泗藻等文学大家，对后学的影响较大。人是环境的产物，"一旦某人以文学成功，由于地缘关系，它首先会在本地引起回应，乃至带动本地的崇文风气，

---

[1]　（清）张廷玉等撰《明史》，中华书局，1974，第 7997 页。

推动本地文学家族的形成"①。作为一个生存于特定时空的家族群体，姚安高氏文学世家的形成、发展离不开姚安乃至整个云南，特别是滇中地区的地理文化背景。谢俊美指出："人文地理的变迁是追索历史的有效途径之一，也是探索一个家族兴衰的必要条件。"② 一座姚安城，半部云南史，姚安自汉元封二年（前109）始置弄栋县以来，至今已两千多年。在这漫长的历史岁月中，自蜀汉时期便已在云南扎根的高氏家族，历经五十四世风雨，其中袭任世职达二十六世之久。在姚安的发展变迁史上，占据了极为重要的地位，产生了不可磨灭的影响。姚州自然风光秀丽，环山绕水，风景秀丽，美不胜收，高氏家族世代居于此地，生于斯地、长于斯地的高氏儿女，浸染家乡灵秀之气，感慕人文淳朴之风，抒发思乡幽咽之情，辈出英才，如此景色，陶冶了他们的情怀，浸染了他们的心胸，激发了他们的创作激情，提供了诗歌创作题材。高氏安逸的住所——姚安路军民总管府，又称高让公故里，俗称高土司衙门，宇阔堂深，为高氏子弟提供了学习平台和文学创作空间，他们高谈阔论、对酒狂歌的写作活动已随历史湮灭，然生动的写作现场却或多或少保留下来，拓展了我们对文学的阐释空间，而高氏也以文学世家的姿态，留在历史的长河里。

第三，高氏文学家族的繁盛离不开族中优秀子弟的模范榜样作用。在适宜的条件下，一旦家族中有天赋出众、钟情文学的子弟诞生，就有可能使整个家族出现文学之盛的局面，从而培育出文学大家。对于姚安高氏而言，经过几代人努力学习汉文化，一个新的时代开始了。随着汉化程度加深，土司们越来越清醒地意识到：如果一个家族没有一定的文化修养，即使在政治、经济上称雄一时，也难以跻身上层社会。为了找到归属感、价值感与成就感，他们不断提升自我与子孙的文学修养。高氏家族积极学习汉文化，人才不断涌现，如高量成"优恤孤寡，教诲子弟，风俗翕然丕变，称为夷中君子"③。他的谦谦君子之行，使家族风气为之一振。高明（又名高均明）"兴学校，进聘荆益关陕之士，以为民师，远购洙泗濂洛之书，以兴民学。父老

①　祝尚书：《论宋代文化中的"眉山"现象》，《四川大学学报》2004年第3期。

②　谢俊美：《常熟翁氏》，中国人民大学出版社，1999，第1页。

③　由云龙总纂《姚安县志》卷二十八《人物志之四·卓行》，民国三十七年（1948）铅印本，云南省图书馆藏。

咸庆，并祀名宦"①。兴学校、重教育，大开姚州向学之风。高𤩽文化修养极高，一生致力于宣传佛教，其好学礼佛的思想对后世子孙影响极大。高𢷬映则是明清以来高氏家族中最为杰出的家族成员，勤于学习，并教学授徒，"严以教敬，家教贵于严也，亲以教爱，家教贵于近情也"②。一个家族是否能够成为望族，获得社会更高的认可，不仅与家族的人数多寡有关，更重要的因素是家族成员自身素质的高低。教育是培养人才的重要途径，高氏家族倾注大量心血与精力教养子弟，重视传统士绅的培育，传承先祖风雅，以父传子、子传孙的祖传家教方式，浓厚的家族学习氛围，为高氏家族的崛起奠定了深厚基础。家族长者对后辈多方提携，家族内部成员之间也不断切磋、交流，高氏家族在研习汉文化方面，营造出良好的家族氛围，高氏作为滇中的仕宦大族，逐渐走上明经通佛、修史著文的文化道路。

王瑶先生评述："高门世族不只是握有政治经济的特权，而且也是文化的传统继承者，他们有累代的上层家庭教养，有优裕的生活闲暇，有收藏的典籍和文化环境。这一切都构成了他们有独特地享有和继承文化传统的特权。"③考察高氏家族的兴盛，必须从政治制度的保障、适宜的地理环境、家族内部的同气连枝等多方面因素考虑，能在长达两百余年的封建社会中一直延续文学家风，高氏家族不容小觑，对其所处的文化生态环境进行考察，有助于我们了解彝族社会的发展，明晓政治制度的变化给彝族带来的巨大影响，从而更好地理解高氏家族的发展演变以及彝族的变迁问题。

（三）族属争议

判定一个人的族属，尤其识别明清民族地区的一方土司——姚安高氏家族的族属是很有必要的，但对高氏家族族属的追根溯源、以证清流又是一件十分困难的事。郭开云说："千百年来，高氏与云南少数民族和睦相处，安危同力，盛衰惟终，甚至以婚姻关系和少数民族融合，使高氏成为多种民族

---

① 由云龙总纂《姚安县志》卷二十七《人物志之三·乡贤》，民国三十七年（1948）铅印本，云南省图书馆藏。

② 由云龙总纂《姚安县志》卷六十三《金石志之八·训子语》，民国三十七年（1948）铅印本，云南省图书馆藏。

③ 王瑶：《中古文学史论》，北京大学出版社，1998，第28页。

混血而成的高氏。"① 高氏家族在云南民族关系发展中盘根交错，是多民族汇合而成的综合体，其族属争议有汉族说、白族说、纳西族说和彝族说，且主要集中在白族与彝族之争。认为高氏家族为彝族的学者有夏光辅、陶学良、陈九彬等，如左玉堂主编的《彝族文学史》将高崎映、高厚德祖孙列在第三编第七章进行考察，陶学良本着"把唐以来的云南彝族诗人用汉文创作的诗歌，首先汇集一块，从中精选出部分有代表性的诗作"② 的初衷，将高崎映的《妙香国草》收入《云南彝族古代诗选注》一书中。

民族问题是一个历史范畴，随历史的发展变化而发生着变化，单纯从血统上是说不清的。造成族属争议的原因主要是云南历史上各民族的迁徙、融合、发展等，这些因素在不同的历史时期有着不同的发展变化。高氏家族在不同的时期，所呈现出的民族属性也是不一样的，它既在不断"滇化""夷化"，又在不断"汉化"，判定其族属难度无疑很大。

对高氏家族的考证可推溯至蜀汉时期，从先祖开始，其族属问题就打上了模糊的印记，《姚郡世守高氏源流》云：

> 高氏一世始祖，讳曰定者，后汉吉州庐陵县井岗乡人也。蜀汉时，移居南中，素为夷长所畏服。雍闿、朱褒、孟获之乱，尝谋逆于定，定力拒之。及丞相诸葛亮南征，计诛闿、褒以献，丞相深加忠顺。又蜀汉亡，子孙流于吴越间，隐名七世莫可考。③

然《三国志·蜀志·后主传》载：

> 建兴元年，群舸太守朱褒拥郡反。先是益州郡有大姓雍闿反，流太守张裔于吴，据郡不宾，越嶲夷王高定亦叛。④

---

① 郭开云：《高崎映族源试探》，《云南文物》1987 年，总第 21 期。
② 陶学良：《云南彝族古代诗选注》，云南民族出版社，1989，第 312 页。
③ 由云龙总纂《姚安县志》卷三十六《人物志之十二·氏族》，民国三十七年（1948）铅印本，云南省图书馆藏。
④ （晋）陈寿撰，（南朝宋）裴松之注《三国志》卷三十三，中华书局，2006。

　　关于高氏先祖高定，有两种说法：一为"移居汉人"，一为"越嶲夷王"。此两种说法都有一定历史依据，汉晋时期夷汉融合现象普遍，高定可能为汉人南移，逐渐"夷化"，与土著居民融合；也有可能本身即为"越嶲夷王"，因元明以来，文人对兄弟民族的歧视现象时有之，不排除有高氏家族因受到崇尚郡望之风的影响，而将自己称为汉族后裔的可能性。但有一点可以确定的是，不能因为先祖有可能是汉族移民或当地土著，就片面地确定其千年以后的子孙族属仍相同。周琼曾对这一问题进行讨论："民族是在发展中形成的，并且也会在发展中重新分化、融合而形成新的民族，即民族也是在形成中发展的。"并引陈九彬认为："高奣映的族属问题是一个十分复杂的问题，……我们主张彝族说，我们相信其始祖为高定的记载，……他是彝族的土司，应为彝族。""不管高定的祖先是来自渤海还是来自江西庐陵，不管他是否土著民族，他家长期在越嶲郡担任首领'夷帅'时，就应当把他看成是孟获一样的民族头人，把他看作是彝族的先民了。"故周琼认为"既然其一世祖是彝族，又在彝族地区担任土官，那么，高奣映的族属也理所当然地是彝族。"[①] 对高氏家族的族属问题，应该用一种历史的、发展的眼光进行剖析。

　　南诏大理国时期，高氏一直作为重要的政治势力活跃在历史舞台上。南诏大理政权的出现为白族的形成提供了政治基础，当地居民逐渐受到了白族移民及其文化的影响，甚至一部分民众融于白族中，身为统治阶级的高氏集团自然不能置身于这种大规模的民族融合的旋涡之外。因而，南诏大理国时期的高氏族属应当为白族。高量成将子孙八人分牧八郡，分封到各重要的政治、经济、军事重地，因而，将此时分封到姚安的高氏三十二世祖高明清至三十七世祖高隆政的族属界定为白族也是有历史依据的，但仅限于这一时期的高氏。随着以后云南各地民族关系的融合和发展，其族属也必然发生了变化。到了元、明、清时期，其族属已经发生了较大的改变，不能再以南诏大理国时期作为最高统治集团成员的高氏的族属为标准来判定五六百年以后的明、清两朝姚安高氏的族属，民族的融合和发展是

---

　　① 周琼：《从高奣映的族属争议看云南历史上的民族关系》，转引自沈家明主编《高奣映研究文集》，云南美术出版社，2006。

不会停滞不前的。

元、明、清时期，封建中央王朝在少数民族地区实施的"土司制度"是一种政治制度和统治政策，以少数民族的酋长担任当地土官，"以夷制夷"，从元朝建立"土司制度"始，高氏家族便一直担任姚安地区的土官，其相关资料记载如下：

（道光）《姚州志》卷二《土府同知》载：

> 高明寿，本高泰祥之裔，世居姚州，元末为姚安路总管。洪武初，大兵南下，明寿首慕义归附，助粮饷。子高寿保降，授同知。后彝贼自久叛，攻姚州，杀知州田本、吏目杨信。保挈印归白盐井，救官吏熊以政等，卒擒自久，以靖边患。当时草创，定租税，建城郭，开府治，历着功绩。
>
> 高贵，寿保之裔，正统年间袭。
>
> 高翔，贵之子，成化年间袭。
>
> 高凤，翔之子，正德年间袭，有才识，多方略。时酋夷肆叛，大宪查知公忠义，委公讨之，不旋踵而定。历视府篆，赔输国课，创尊经阁，兴学校，卓有成绩。
>
> 高齐斗，凤之子，嘉靖年间袭。
>
> 高金宸，钦之子，以征缅功，授四品服。
>
> 高光裕，金宸之子，袭。
>
> 高守藩，光裕之子，袭。
>
> 高耀，守藩之子，袭。
>
> 高𪩘映，耀之子，袭。雅善文墨，刊《来易》《来氏易注》《备翰》等书行世，著《问愚录》，志多取裁。
>
> 高映厚，𪩘映之子，袭。颖悟好学，重建魁星阁，著《日讲指归集》。
>
> 高厚德，映厚之子，袭。雍正三年，因事职裁。

（光绪）《姚州志》卷五《秩官志之一·职官表》载：

元							
军民总管(天历中升置)					土知州(至元十二年置)		
	高明寿	高实	高均明	高明		高义	高政均
右军民总管亦应不止此，姑据旧志及碑记所载者录之	至元中袭			政均子，天历中入朝，授姚安路军民总管	右土知州应不止此，姑据旧志所载者录之	至正间袭	段氏演习高隆政子，元初授武毅将军，世袭知州

明										
土府同知(洪武十五年降授)										
	高鹄	高栋		高金宸	高钦	高齐斗	高凤	高翔	高贵	高寿保
右高栋、高鹄见《明史》，世系无考	详《人物志·孝友》	详《人物志·忠义》	雨案：金宸父钦以叛伏诛，金宸忠勤，能盖父愆，进秩四品	《明史》作"高金"，钦之子，万历间袭，详《名宦》	齐斗子	凤之子，嘉靖间袭	翔之子，正德间袭，详《名宦》	贵之子，成化间袭	寿保子，正统间袭	《明史》作"高保"，段氏相国高泰祥之裔，元总管明寿之子，明初归义，授府同知，详《名宦》

国朝					
土府同知(乾隆间停袭)					
高厚德	高映厚	高崙映	高耀	高守藩	高光裕
映厚子，承袭后，因事谪戍江南，停袭	崙映子，康熙年袭	耀子，康熙间袭，详《人物志·文学》	守藩子，康熙间袭，以疾避为僧	光裕子，顺治间袭	明土府同高金宸子，国初投诚，仍授世职

在明清时期，姚安已经成了"白倮倮""黑倮倮"的主要聚居区，如"苴却十二马地"便是彝区，（道光）《姚州志》"盗用印文"载：

苴却十二马地方，自古荒服，每年纳马，故地以马名。每马彝长一名，曰"马头"，各辖数村或十余村，谓之"马脚庄"。自前明洪武以来，归土司管。康熙二十三年，改归县辖。

高氏长期在以彝族为主体的民族地区进行统治，在生活、习俗、语言、信仰乃至思想方面也会发生"彝族化"的现象，并在自觉和不自觉中逐渐与之融合，其统治历经四百余年，已经同当地彝族融合为一体。如高氏家族一直采用彝族传统的取名法——父子联名，这也是高氏家族属彝族的有力佐证。从族谱我们可以发现，九世高子进至四十一世高寿寺，一直采用父子联名，四十二世高贤至五十一世高耀却不再联名，而五十二世高𪩘映至六十一世高周兴再用父子联名，且高氏父子联名的特征也是前后不一，清以前所有的儿子都要与父联名，如：四十世祖高明寿，四子名讳为高寿寺、高寿升、高寿保、高寿胜，而至清以后，只长子嫡孙联名，如五十二世高𪩘映，除长子高映厚与之联名，其余五子名为：高曦驭、高曦燕、高达道、高和栋、高曦鸾，均不与之联名。尽管纳西族、白族也采用父子联名，但纳西族的联名是以纳西名字为准，如木氏家族：木青，纳西族名为阿胜阿宅；其子木增，纳西族名为阿宅阿寺，所以以此判定高氏为纳西族属并不可取。而汉族讲究的是"避尊者讳"，所以父子联名和汉族习俗是相悖的，高氏家族的这一父子联名传统风习恰恰说明其属兄弟民族。夏光辅认为："高𪩘映是十七世纪中叶身居彝乡、名震文坛的彝族学者。……即便高定原为江西庐陵汉人，迁居南中为'夷长'，《华阳国志》称为'叟帅'，已融合为叟人，……姚安的高氏，自大理国后期至于明末清初，历经四百余年，长期为彝族土司，当已融合为彝族，……高𪩘映的族别应为彝族。"[①]

在云南民族关系史中，不同历史时期有着不同的主体民族，以各主体民族为中心的云南各民族是在发展中融合、在融合中发展的，民族的融合发展一直在继续，我们不能单一以某个历史阶段、某个祖先的族属为标准，孤立、静止、片面、简单地判定姚安高氏家族的族属，更不能从狭隘的民族观去判定，而应从中华民族多元一体的大局着眼，看到高氏家族流淌着多个民族的血液，吸收了多个民族的优势，你中有我、我中有你，共同开发、建设

---

① 《彝族学者高𪩘映三题》，夏光辅：《滇史论集》，云南民族出版社，2008。

云南的历史，高氏家族是矛盾叠加、错综复杂的民族综合体，从高氏家族的族属融合、变化中能看到整个中华多民族形成和发展的历史侧面和缩影。

二 姚安高氏家族人物考

孟子"知人论世"的观点启发我们，要比较准确地了解作品的内容和作者的创作风格，就必须对作者的生平、思想及所处的时代环境有一定的认识。因此，对文学家族的梳理，最基础的便是找寻家族中的文学创作成员，理顺家族成员之间的承继脉络、仕宦生平，这是进行文学家族研究的重要前提。在对高氏家族成员的创作进行分析和研究之前，也要先熟悉他们的生平经历，高氏家族成员人物关系繁杂、史料记载零乱，生平事迹散见于（康熙）《云南通志》、（光绪）《姚州志》、（民国）《姚州县志》、（民国）《新纂云南通志》、《迪孙》等书中，根据有关事实资料，寻求关系条理，逐渐追根溯源、披沙拣金，透过其时代背景、文化背景、人生经历，进入人物的历史生活场景，了解人物性情，从而更深刻地认识家族人物。

（一）高氏家族文学之初兴（高守藩、高耀）

姚安高氏自明代中叶以后，努力学习汉文化，四十八世祖高金宸已很富文才，姚安军民府知府、大思想家李贽称赞他"年幼质美，深沉有智，循循雅饬，有儒生之风"①。然惜无文墨典籍传世，亦不见其相关著述记载，高氏家族文学兴起真正意义上的奠基人，应为高守藩、高耀。

1. 高守藩

高守藩，明朝人，字向英，号玉岑，为高氏五十世祖。父亲高光裕，母亲高宗姒，丽江木旺之女，人称女中尧舜。妻丽江土司木增女，讳淑，生子耀。俸同知，四品服，曾奉旨建赤心忠议坊表。

关于其承袭时间，史料有两种记载：

一为：天启二年。

（天启）《滇志》卷三十载：

> 万历中，高金宸以征缅功，晋秩四品服。金宸死，高光裕袭，光裕

① （清）甘雨纂《姚州志》卷九《艺文志之五》，光绪十一年（1885）刻本，云南省图书馆藏。

死，妻高宗姒摄职，丽江木氏女也，以帏薄不修被杀，子高守藩听袭。

（民国）《姚安县志》卷二十五《官师第四表》载：

高守藩	光裕子，天启间袭。《甘志》作顺治间袭，殊误。
高耀	守藩子，《云南事略》："明亡，流寇入滇，义不从附，弃职为僧。"

（民国）《姚安县志》卷三十六《姚郡世守高氏源流》载：

（高金宸）四子：长光裕，次光谦，次光前，次光祚。光裕号天储，袭父职，居官恬静，政不扰民。征调出师，与士卒同甘苦。子守藩，字向英，号玉岑，三岁孤，母代理府事。值光谦谋职，变起家庭。光祚奉守藩，避居丽江，天启二年，始归袭职。为人英敏，耽情诗酒，著有《龙溪小窗集》及别韵甚多。

另为：顺治间。
（光绪）《姚州志》卷五《国朝土府同知承袭表》载：

高守藩，光裕子，顺治间袭。
高耀，守藩子，康熙间袭。

高守藩子高耀九岁丧父，高光谦余孽再次叛乱，高耀和父亲一样无奈避难于丽江外祖家，于崇祯九年（1636）始回姚州承袭父职，也就是说高守藩在崇祯九年之前就去世了，所以不可能于顺治年间承袭；另高守藩与孔元德为姚安府的同时期执政者，而据（民国）《姚安县志》[①] 载：

孔元德，贵州威清卫人，举人。崇祯间，任姚安知府。

---

① 由云龙总纂《姚安县志》卷三十六《人物志之十二》，民国三十七年（1948）铅印本，云南省图书馆藏。

也就是说在崇祯年间，高守藩已回到姚安并承袭土同知。所以笔者认为高守藩天启二年（1622）承袭姚安土同知一职较为合理。因此推测出其生命活动时间范围约为万历中后期至天启年间，逝世时年龄应不大，大约在三四十岁。

高守藩一生颠沛流离，三岁丧父，母亲代为执政，不久二叔高光谦发动兵变，母亲以生活淫乱的缘由被杀，其实这应是高氏家族内部的阋墙之变，其母的罪名有"莫须有"之嫌。高光谦为了争夺姚安土同知一职，步步紧逼，欲置其于死地，幸得四叔高光祚一路辅佐，带其于外祖家丽江木氏土司府避乱，木公对其甚是爱护，"训以诗书，饴以药饵"，并将爱女木淑配之，至天启二年（1622）始归姚安承袭世职。高守藩在姚安的仕宦绩业，无史可考，但据（民国）《姚安县志》载"（城池）孔公元德再修之，而府丞高守藩勠其事"也可看出高守藩为人一二。

高守藩才智英敏，耽情诗酒，著有《龙溪小窗集》及别韵甚多，尤其所著《龙溪小窗集》为高氏土司有据可考的第一本诗集。高守藩是其家族文学崛起的奠基人，为高氏的文化崛起与发展奠定了文化基础和政治基础，从此，高氏后人大多能在文艺之路上求索。

2. 高耀

高耀死后，其子高奣映为之筑墓，葬于昙华山觉云寺左方岭岗，但墓室由于被盗的缘故，已经坍塌，无墓碑可寻，其生卒年及字号、人生经历只能从史料中抽丝剥茧，考证其生平。

关于其卒年，史料有两种记载：

一作己巳。

范承勋《鸡足山志》卷六《人物》载：

> 悟祯，号友山，滇姚高氏子。致仕出家于大觉偏周，创昙华古佛林，精修梵行，数十年昼夜不辍，一切名山古刹，无不中兴。康熙己巳年七月六日坐逝，塔于昙华山。[1]

---

[1]（清）范承勋撰《鸡足山志》，十卷首一卷，七册，康熙三十一年（1692）刻本，复旦大学图书馆藏。

《新纂云南通志》卷二百三十八《隐逸传》载：

> 高耀，字海容，一字青岳，又字芝山，明末姚安府土同知，宋高泰祥之后也。性孝友，好施予。当沙定洲之乱，弃家从黔国公沐天波守楚雄，又从至永昌。及归，慨天下事去，即常止僧舍。后天波感其仗义相从，荐于永历帝，授太仆寺丞，升光禄寺卿，转太仆寺卿。播缅之役从事，腾越相失，遂归鸡足山，住大觉寺，请水目无住师剃染，更名悟祯，字友山。创昙华寺，精修梵行数十余年，昼夜不辍，修葺古刹不可胜纪。康熙己巳七月六日坐逝，塔于昙华山。子奣映，有学行，仍袭土同知职。

一作庚午。

高奣映《鸡足山志》卷六《人物（上）》载：

> 悟祯，先子法号友山，俗讳耀，字海容，号青岳，别号芝山。年十六，悼二老之双逝，即如苫块礼，绝荤酒，乐善事，好施予，六十年不倦。滇当沙逆变，弃家从沐黔国守白鹿城，追卫黔国人永昌。及归，知天下事去，即栖止僧寺。曰："明运既终，臣子宁有家哉！"岁甲子，黔公感公义，闻于朝，征之授太仆寺寺丞，仍兼四品服俸。嗣升光禄寺少卿，再转太仆寺正卿，诰封通议大夫，元配木氏淑人。爰播缅从之至腾越，亲属子弟以世业之故，追留还。遂至大觉寺，请于水目无住禅师剃染。公生平坐立无欹，言笑不苟，喜怒不形，语非规即述人之善。日必鸡鸣起，盥洗毕，坐榻上诵《大悲》《楞严》十二诸小咒，方往礼佛百拜。晨餐竟，书《华严经》二纸毕，则默诵《金刚》《华严》《三品》等。经停，午又礼佛，此外则泛览三教书，趁暇即念佛，日以三万声为恒。曰："根器浅，杂念多，欲刻刻从事，稍以绝妄耳。"每岁施衣数千百领，修合诸药，凡有利于人者，奋志为之。手创家庙暨至德寺，昙华山、芝山源泉庵、扑鼻居，玉屏山金粟室，待月坪莲灯舍，霞峰顶慈云阁；兼设敬老堂，祀田、药局田莫不备具。其重修者则绍补寺、华亭寺，其助缘增修百三十四处。当修佛

陀禅院时，有观音献香土自塑；暨掬许圆石，千人莫动，独先子轻移掷去等异。书经时，汝窑砚注中，水上升溢出，盛以盆盂，继之桶盘，水涌愈急。先子叱曰："书经以虔亦常耳，此注子惑乱，人将碎之。"其水乃止。如是者甚多，均非先子乐欲闻于人者，不敢炫录。先子于庚午年，欲建龙华于鸡足，积劳以疾，终于昙华山。永诀以九十七善事授小子奣映曰；"人本来自洁，垢净则明自生也，此甚庸近，毋鹜多为也。"遂坐脱。范制军修山志，入名贤。今以书自小子出，谨为先子逊，泣以望后之修志者。

赵藩《鸡足山志补》① 卷七载：

> 高耀，字海容，一字青岳，又字芝山，出家后，更名悟祯，字友山。明姚安府土同知。性孝友，好施予。当沙定洲之乱，弃家从黔国公沐天波守楚雄，又从至永昌。及归，慨天下事去，即常止僧舍。甲子，黔国公感其仗义相从，荐于永历帝，授太仆寺丞，升光禄寺卿，转太仆寺卿，给建议大夫诰命，封妻木氏淑人。播缅之役，从至腾越，相失，遂归鸡足山，于大觉寺，请水目无住师剃染，泛览三教书，暇即念佛，每岁施衣药不懈，复手创高氏家庙、敬老堂、祀田，而修葺寺刹，至不可胜纪。庚午疾终昙华山。

康熙己巳为康熙二十八年（1689），康熙庚午年为康熙二十九年（1690），四种志乘关于高耀逝世年岁的记载仅相差一年，笔者认为其卒于康熙庚午（1690）的说法更为合理。因史料已明载高奣映于顺治四年（1647）出生，也就是说高耀圆寂时，高奣映已经四十岁左右，其父去世后，高奣映悲痛欲绝，为之结庐守墓，编撰《鸡足山志》的时间为康熙四十一年（1702），离父亲去世仅十年左右，如此重要的日子，以忠良孝悌、追述祖德为己任的高奣映，记错的可能性较小。

高耀生年不详，推测约为万历晚期生人，因其九岁之前父亲高守藩已经

---

① 赵藩、李根源辑《鸡足山志补》卷一，民国二年（1913）铅印本，云南省图书馆藏。

去世，故其去丽江避难的时间不详，居住的时间长短也不详，但应数年有余，至崇祯九年（1636）春才转还姚州任事，也就是说崇祯九年时，高耀的年龄必长于九岁，故推测其生年约为万历晚期或天启年间。又因其子高𢘅映为父撰文写道："年十六，悼二老之双逝，即如苫块礼，绝荤酒，乐善事，好施予，六十年不倦。"此处"六十年"可能为约数，也就是说高耀约七十六岁而卒，故推测其生年在万历四十二年（1614）前后。

关于高耀的字号，也是众说纷纭，高𢘅映在《迪孙·字广篇》中说道："男子冠而字，敬其名也""此身随寓，而名与之俱迁，然不失其为真我者在"，可见其对姓名、字号的重视，对自己父亲的名讳，高𢘅映理应珍而视之，故此处也依据高𢘅映的记载为准。所以勾勒出高耀生平如下：

高耀（约1614～1690），字海容，号青岳，别号芝山，法号友山。为高氏五十一世祖。父亲高守藩，母亲木淑，妻丽江土司木懿女，讳荣，诰封淑人，生子𢘅映。明末姚安府土同知，南明王朝封其为太仆寺正卿。明亡，义不仕清，出家为僧，法名悟祯，属河南省少林寺曹洞宗福裕禅师七十字演派第十世，从师可全大师。高耀的受戒师是水目寺的无住法师，一生对其恭敬有加。

高耀年方九岁、妹方七个月时，父亲高守藩亡故，十六岁之前，母亲也去世。二叔祖高光谦余孽又谋夺职，理虽在高耀，然无力与之抗争。只得到丽江避难，承外祖父木增一力扶持，谆谆训勉立身涉世之道，于木府韬光养晦，修文习武，迨崇祯九年（1636）春，始转还姚州任事。时值明清鼎革之际，社会动荡不安，高耀对明王朝忠心不二，南明永历元年（1647），高耀携已怀孕的妻子木氏，戎马奔波，相助黔国公沐天波平定叛乱，是年十月儿子高𢘅映出生。永历十二年（1658），携全家跟从黔国公沐天波守楚雄，至永昌，后随永历西巡，至腾冲走失，被族人找回，明朝气数已近，高耀心灰意冷，将职位传于高𢘅映，于永历十三年（1659）往鸡足山大觉寺，从水目无住禅师披薙为僧，潜修数十年，安心礼佛，创建静室，修葺古刹。

高耀性格不苟言笑，喜怒不形于色，对子女要求严格，乐善好施，喜读佛经，且书法颇工，题书多处，惜多不存，惟悟祯为其师可全所书的舍利宝塔塔碑尚存一二，残片有"□□□□□□沙门恩师遍周讳觉灵□□"（其中9字清楚），左记"崇祯十四年岁在辛巳孟春月立石"，"□□□同知门下弟

子高耀法名悟祯□□"，右书"法嗣悟哲、经、恺、澄、田、贤；法孙周理
（20 名）；玄孙宏如（53 名）；曾孙普度（24 名）"。对比可全弟子大觉寺方
丈悟田塔碑残片"友山悟祯和南谨识"字体，可知两碑都是悟祯题书，楷
书，书法似宋徽宗的瘦金体，工整挥洒。

（二）高氏家族文学之鼎盛——高𡌶映

进入清代以后，姚安高氏经过数代人的努力而进入了文学繁荣发展时
期。主要表现是家族中出现了高𡌶映这样的集大成者，在云南的政坛和文坛
都产生了较大影响。

高𡌶映（1647~1707），表字雪君，谱氏潜敬，号元廓；别号窥雪、
行甫；释名洪廲，法号忍严，别号问米铜卧叟；道名降圭，道号晶阳，别
号白里；赠称孔昭先生；寓号：佩鹤子、浴云溪上闲人、休复先生、烟萝
心史、雪香主人、璘山病隐、雪溪逸隐、明志居士、容中老人，为高氏五
十二世祖。父高耀，母木淑，夫人金氏，生六子：映厚、曦驭、曦燕、达
道、和栋、曦鸾，孙子：厚德、孚鹤、孚中、孚邦、驭圣、燕东、绥谟、
绥猷、绥靖、鸣珂、鸣祥。高𡌶映是著名的学者、文人、思想家、教育家、
藏书家、佛教居士。

其一生跌宕起伏，由绚烂归于平静，将其生平事迹列表呈现（见表 11-1）。

表 11-1　高𡌶映生平事迹年表

时间	生平事迹
顺治四年（1647）、南明永历元年	农历十月十八日丑时，出生于云南姚安土同知府
顺治八年（1651）、南明永历四年	开蒙读书，得"神童"美誉
顺治十二年（1655）、南明永历八年	随父高耀面见永历帝，天资聪颖，受帝称赞
顺治十七年（1660）	时年十三岁，中秀才。 高耀带夫人木氏和子高𡌶映随从永历帝撤退，至腾冲，亲属子弟因世职之故追留，高耀义不为官，自己入寺为僧，缳印于高𡌶映，高𡌶映因年幼之故，由母亲木氏代为掌管姚州事宜，该年献土归诚。《清史稿·云南土司传》载："顺治十六年土同知高𡌶映归附，仍授世职。"《清史稿》所说只表示高氏家族归附清朝的时间，至于清政府正式批准承袭，则是之后的事

续表

时间	生平事迹
康熙十二年（1673）	吴三桂向清廷题奏："高奣映乃泰祥之后。高氏自明初授同知,传至耀,当明亡,流寇入滇,义不从附,为僧昙华庵,屏居十余年,病卒。今子奣映既长,乃出请袭。"①吴三桂出于个人私心及避讳等种种原因,这份报告的内容不尽确实。吏部正式批准高奣映承袭世职,任姚安军民府土同知,时年二十六岁。 同年,会川沙姓土司与武定环洲李姓土司刀兵相向,战火不断蔓延,危害日益加剧。吴三桂命高奣映以武职出川巡视,进行调停。高奣映凭借渊博的知识、审时度势的头脑、能说善辩的口才,最终妥善地处理了这场纷争,平息了战火,也赢得了较高的社会威望
康熙十三年（1674）	清廷削藩,吴三桂叛乱,强令高奣映领四品官衔,任四川按察使,出使川东。他不满吴三桂的叛乱行径,迟迟不动身,在吴三桂的再三威逼之下,才姗姗来到川东。 父亲高耀带领高奣映、高映厚和舍目人等造钟置于祖庙钟楼,高奣映为之撰写《姚安万寿寺钟铭》
康熙十三至十六年（1674—1677）	高奣映在四川任职期间,纵情诗文山水,致力于学术研究。在这期间创作了大量作品,如《增订来氏易注》《来瞿唐先生家传》《读〈瞿唐来夫子易注〉要说》《蜀风采》《蜀江吟》《江源合辨》《巴怡集》等
康熙十六年（1677）	高奣映对战争很是憎恶,不做违心之举,"托疾挂冠",回到姚安
康熙十八年（1679）	同僚张萃为高奣映撰写《三十二岁寿序》
康熙十九年（1680）	明进士、蜀人龚懋勋为高奣映撰写《三十三岁寿序》
康熙二十年（1681）	清军三路入滇,高奣映投身于平定叛军的斗争。滇局大定,高奣映携子高映厚向清军统帅呈缴札符投诚,大将军固山贝子颁给高奣映"参政"札符及四品服俸、土同知札符,仍袭世职
康熙二十三年（1684）	高奣映托疾辞官,奏请由长子高映厚承袭世职。吏部批准上述请求,颁发号纸一张、四品服俸,令高映厚袭姚安军民府土同知。高奣映则隐居结璘山,办结璘山学馆,讲学授徒,著书立说,开辟新的人生境界。 长孙高厚德出生
康熙二十五年（1686）	夏天,高奣映和门人榆广文、施瀛仙、李宝箴同游荡山,访感通寺,作《感通寺恭读明太祖御墨》一诗。 五月,诗集《妙香国草》成书付梓,自为序

续表

时间	生平事迹
康熙二十九年（1690）	父亲高耀去世，高奣映事亲至孝，斩衰庐墓
康熙三十三年（1694）	因梅花大放，高奣映外出踏青，游春溪归来，题《游春溪归题书石刻》
康熙三十五年（1696）	高奣映于秋日完成《金刚慧解》撰述，写信请文化远为之作序。文化远并为其作《四十九岁寿序》
康熙三十六年（1697）	门人石屏李铭为高奣映作《五十岁寿序》
康熙四十年（1701）	文化远执所著《晚春堂诗集》至高奣映处，请为评选。高奣映评选出五百多首诗词付梓。评诗论词之余，二人饱览名山，漫游昙华山、龙山等胜地
康熙四十一年（1702）	云南提学王之枢聘请高奣映篆修《鸡足山志》。他到大理实地考察，只用了八个月时间就编撰完成，王之枢称道其为"捷才"，同时请高奣映编写《理学西铭补述》《等音声位合汇》等书
康熙四十二年（1703）	文化远所著《晚春堂诗集》诗集印成，高奣映为之写序。长子高映厚病故
康熙四十六年（1707）	高奣映卒前数日，曾去姚州城，别诸当路大夫。回家后，又告诫家人勿动荤腥，要茹素三日，农历四月七日携门人故友游结璘山馆，竟日酌酒高歌。酒将阑，召诸孙待侧，为讲《孟子·养气》章。至夜，为次孙高孚鹤作《婚聘启》毕，忽言两手麻木，语未竟而目瞑，亥时辞世。农历五月廿一日葬鹤钟山

注：（清）王崧编纂，李春龙点校《云南备征志》（下册），云南人民出版社，2010，卷十七，第960页。

　　高奣映在任职、征战、写作、执教书院的过程中，对世情、社会、人生都有了比较深刻的体验和思考。这些磨炼与坎坷、失败与成功为他后来的经历作了深厚的积累与铺垫。他生性警悟，博览群书，过目成诵，将大半生用在了读书和著述上，性理、经济、玄释、医术之学莫不洞晓，诗、词、歌、赋皆有很深造诣。高奣映深受祖辈及父亲的影响，酷爱礼佛谈禅，对佛教信仰情有独钟，时常捐修寺院、修桥补路。自父亲出家之后，他便常去昙华山看望父亲，陪父亲小住，所以那里留下了不少他亲自题写的石刻。他也喜老庄一派，曾自铸铜像。

　　高奣映铜像身着明朝汉人服饰，袒胸露腹，头枕葫芦，闭眼仰卧，两手搭于肩，两足弯曲相交呈"安"字形，潇洒恣意，题词曰："有酒不醉，醉其太和；有饭不饱，饱德潜阿。眉上不挂一丝丝愁恼，胸中无半点点烦嚣，只是一味黑甜，睡到天荒地老。"他也是一名出色的教育家，三十七岁时，

图 11 - 2　高奣映铜睡像*

　　*高奣映自铸于康熙年间铜像，长 170 厘米，重 200 千克，姚安县博物馆藏

远避尘俗，日事丹铅，归隐结璘山，参禅教学，与顾炎武、黄宗羲、王船山、颜习斋并称"清初五杰"。为当地社会发展和文化进步作出了积极贡献，在云南民族历史文化发展史上占有重要地位。

（三）高氏家族文艺传统之余韵——高映厚、高厚德

　　高奣映之后，姚安高氏家族承继其在文坛的余韵，家族仍出现了能诗会赋的子孙辈。然因时代风云变幻，他们或远离政治文化中心，或早夭，许多作品也湮没不彰。但他们的作品充实了高氏家族现有的文献资料，是高氏家族即将没落时的最后一抹瑰丽余晖。

　　1. 高映厚

　　高映厚，为高氏五十三世祖。四品服，俸清军世袭同知事务。父亲高奣映，母亲金氏。子四：厚德、孚鹤、孚中、孚邦。

　　在父亲高奣映的精心培养教导之下，高映厚颖悟好学、饱读诗书，文才卓著。昙华山一偏崖处，有石矗立，上镌"卓尔独立，湛寂孤坚"八个大字，署名"冢孙映厚"，在风化作用下，很多字迹已被抹去，但仍可看出铁画银钩、笔力遒劲，在书法上有一定造诣。姚安万寿寺钟铭署名为"孙释

图 11－3

子悟祯率四川分巡川东道孙高裔映应袭孙高映厚暨舍目人等置造于祖庙钟楼，永远供奉"。可见高映厚也时常随父亲去昙华山拜访祖父。康熙二十三年（1684）四月高映厚承袭姚安府土同知世职。当时刚刚平定吴三桂叛乱，满目疮痍，他积极办公，抚绥备至，捐资赎取民间鬻卖的子女，使家人团聚，流离得所；兴学校，重教化，建魁星阁于文庙之左，建南山川坛并武侯祠，以崇祀典，于远彝地方设讲约所，宣讲圣谕十六条，化导彝民；干练精明，应办粮课，毫无亏空，捐资抚慰边境等，政绩卓然，奉督抚部院给予"惠靖边氛"的匾额以资旌奖。受父辈影响，高映厚也喜礼佛谈经，重视佛法宣扬。如康熙三十二年（1693），云南按察使佟世雍重修安宁曹溪寺的时候，曾向省内各级官员进行了一次募捐，八十一名官员进行了捐资，其中就有高映厚，功德碑载："姚安府土同知高映厚助银四两"。[①] 然高映厚也有一定的历史局限性，他利用土司特权，向相关官员行贿，夺取田地。如康熙三十一年（1692），贿赂地方高官，申饬县令孔贞，逼迫其将钱粮交于土司催征。高映厚伪造申文，待孔县令过境时，强邀其至衙中住宿，夜中盗县印加盖，以县令请责成土司催征为名，请上司批行。地方受土司酷虐，无可申辩。可惜寿命不长，先于父亲高裔映四年离世，于康熙四十二年（1703）病故。

2. 高厚德

高厚德（1684～?），为高氏五十四世祖。四品服，俸清军世袭同知事务。父亲高映厚，子高德怀。具体卒年不详，据史料推测，其卒年应在雍正七年（1729）之后。

高厚德时期，高氏家境尚算优渥，受家庭氛围影响，能诗会文，曾到鸡足山礼佛。康熙四十三年（1704）六月蒙难承袭世职。高厚德违背祖父高

---

① 石碑现存昆明市安宁市曹溪寺。

夤映的意志，利用职权之便，扩充自己的私田，如康熙四十七年（1708），他以进京费用为名，派苴却十马银五千两，汉民贫困，不能筹措如此多的银两，高厚德便捏造编写卖契，令土目持械押着汉民照写，并将不听从命令的人投入江中。各民畏其威，不得已吞声写下欠银凭证。高厚德还于各村设土巡检，欺凌汉民，"取携任意。有不应者，累害百端。又于正赋之外，有长例、长关、闰月等名色，种种派累"①。为了侵占民田，高厚德向高官行贿，且数量巨大，如知府卢兆鹏曾受贿银七百两，孔嘉曾受贿银一千七百两，同知蒋天麟受贿银六百两，知府杨辉祖揭报高厚德许诺送银三千一百两，已先交两千两等。雍正三年（1725）与苴却土民争讼十马地，时值朝廷雷厉风行推行"改土归流"政策，便以此为由将高厚德停职，谪戍江南，且只准他一家走，其他兄弟仍留居姚安，高氏家族已然式微，无力与朝廷分庭抗礼。高厚德为整个家族利益着想，带着妻儿黯然离开，定居南京，从此高氏不再世袭土府同知一职。这一次"改土归流"对高氏的打击是巨大的，高厚德家产被抄没，拂雪岩藏书流散，祖父高夤映的著作和刻版全部查抄被毁，连接磷山别业的房子也被拆毁，高夤映少量著作流散在丽江、姚安和四川等地亲友处。

雍正七年（1729）姚安尊经阁圮坏，知府杨辉祖提议重修，但"郡之绅士闻予之议，以为用工浩繁，各有难色。适诸生中有高子孚鹤者，其伯兄即郡之世职司马，因被劾，例徙江南，遗有书楼木料五间，毅然愿输入学，改建为阁"②。这是高厚德被迫离开家乡后的第四年，杨辉祖还给高孚鹤"好义乐施"的奖语，这说明高氏在姚安人民中仍有一定影响。同年，高孚鹤曾续编曾祖高𥽘所作的《高氏族谱》，可见高氏子孙不乏通文墨者。

高氏家族在云南的统治时间之长、统治范围之广、影响之深远，是其他彝族家族难以比拟的。高氏家族在文艺、史学、教育等方面的成就，是中华文化遗产的宝贵财富，他们诸多绘画、碑刻珍品至今仍然具有很高的史料价值和收藏价值，在滇中佛坛、文坛都有巨大贡献。

---

① 中国第一历史档案馆编《雍正朝汉文朱批奏折汇编》（第6册），江苏古籍出版社，1991，第547页。

② （清）李品芳，（清）颖鲁礼修《姚州志》卷四《艺文志下》，道光十三年（1837）刻本，云南省图书馆藏。

三　清代彝族姚安高氏家族著述考

"文章千古事，得失寸心知。"文人都很珍惜自己的创作成果，并希望自己的作品能千古流传。这些著述是文人情感的寄托，也是研究的对象，是评价其文学地位和影响的依据，故文献对家族文学来说，其意义也是相当重要的。姚安高氏家族的子孙大都勤奋好学，珍惜自己的文学成果，刊刻文集，付之梨枣。但由于年代久远，兵燹火毁，很多文献已不复存在。"缺少家族文献，欲为有根之学、有意义之学、有性情之学，则成无源之水。"①考索高氏家族个人著述、家族文献、相关地域乡邦文献，对全面了解其文化活动和影响有着重要意义。

（一）高𤾉映著述考

高𤾉映著作等身，惜生不逢时，兼后人保护意识不强，所作散失大半，只能依凭古人的只言片语，按图索骥，窥探高𤾉映当日之风采。

《迪孙》卷首载：

第一种《日课指归》

为学约目八则、检身约目八则、体道约目八则、归诚约目四则。各具空圈，便填朱墨，以记日课。

第二种《六十戒》

居家十戒：

戒逆，戒偕，戒纵，戒昵，戒邪，戒戾，戒傲，戒荡，戒慢，戒惰。

内省十戒：

戒杀，戒气，戒贪，戒奢，戒刻，戒薄，戒言，戒淫，戒赌，戒醉。

遵生十戒：

戒纵欲，戒劳思，戒抑郁，戒厚味，戒寒暑，戒豪谈，戒晨嗔，戒□□，戒过饱，戒晚食。

---

① 罗时进：《文学家族学：值得期待的研究方向》，《中国社会科学报》2009 年 9 月 1 日第 6 版。

当官十戒：

戒枉法，戒酷刑，戒诏虐，戒养奸，戒遗害，戒树私，戒滥讼，戒巧宦，戒更张，戒积牍。

惠吉十戒：

戒诽谤三教、对圣不恭敬，戒凌辱孤寡、恣心怨尤，戒使人畜不矜恤，戒粗言恶语，戒暗举恶心、妄想、邪念，戒造诨名、歌谣、恶言詈骂，戒取不义财物、久债怨期，戒毁成功、贪人物、丰衣食，戒坏桥路、花木、器物，戒集饮评议人阴私。

余庆十戒：

戒遗弃字纸，戒挑逗是非及面是背非，戒抛贱五谷、轻贱饮食，戒主谋害人及顺口赞助，戒出入欺瞒、大小斗斛戥秤，戒见杀、闻杀、为己杀、无故杀、朔望生辰杀，戒游荡废业、伦常失序，戒结交匪人、耽懒自是、诽讪有德，戒放野火、绝流毒鱼、覆巢破卵，戒畜网罟鹰犬、射鸟逐兽、杀害虫蛇。各具空圈，便填朱墨，以记日课。

第三种《牙签省目》

时习：

敬圣、晨课、临摹、午课、讲习、晚课

穷经：

诵习、精研、摘要、博文、约礼、□通

理学：

慎独、谨几、默识、自慊、诚明、乐圣

齐家：

稽闻、稽馈、稽厩、稽圃、稽籍、稽误

临莅：

平情、勤敏、公忠、慈惠、严肃、推施

三省：

思过、察行、辩真、审学、惩忿、窒欲

遥集：

研古、字学、论画、品人、考事、风会

游艺：

诗文、山水、花鸟、棋酒、香茗、论史

涵泳：

茂对、晏息、静观、清言、雅步、歌咏

阴隲：

怜贫、恤苦、敬老、慈幼、赈拔、立达

第四种《理学集要》

以熊敬修先生学统为准，更辑周、程诸儒全集中要言。

第五种《时事感言》

先集《孔子家语》《颜氏家训》诸书中切语冠其首，然后凡闻近今作善降祥，为恶降殃，目击显报者皆录之。其作恶者均隐其姓名，惟直书事实，以明鉴戒。

第六种《感应篇合旨》

《感应篇》《功过格》

袁了凡分款、费健斋分类、袁坤仪分例、真西山分门、李亦人参补。各具空圈，便填朱墨，以稽日课。

第七种《就正录》

敬圣、理学工夫、传经、学古、纂书、晏息，凡六门，计六十八则。

颐蒙、洒扫、应对、读书、临帖、看书、孝弟、谨信、亲仁，凡六门，计五十二则。

志学、讲书、说鉴、雠校诗文、时艺、治务，凡六门，计八十八则。

清游、射义、壶义、歌咏、品茶酒并雅令遥集，凡六门，计二百八十六则。

为师课程，自颐蒙、已冠至成学，凡经义、书义、论古、说史、谈文，以日为度，奋而更之，凡六卷，论时艺、书窍为多。

第八种《迪孙》

均论史为多。

（道光）《姚州志》卷二载：

高奣映，耀之子，袭。雅善文墨，刊《来易》《来氏易注》《备翰》等书行世，著《问愚录》，志多取裁。

（光绪）《姚州志》卷八《艺文志》载：

高奣映《问愚录》四卷。

高奣映《备翰》四卷。

高奣映《妙香国草》四卷。

高奣映《增订来氏易注》十五卷。

高奣映《等音声位合纂》。集亡，卷帙无考。

高奣映《鸡足山志》八卷。

高奣映《理学西铭补述》。集亡，卷帙无考。

高奣映《蜀风采》。集亡，卷帙无考。

高奣映《史翰》。集亡，卷帙无考。

高奣映《艺翰》。集亡，卷帙无考。

高奣映《蜀江吟》。集亡，卷帙无考。

高奣映《巴怡集》。集亡，卷帙无考。

高奣映《引经志》。集亡，卷帙无考。

高奣映《四书翊注》。集亡，卷帙无考。

高奣映《书经龙睛点》。集亡，卷帙无考。

高奣映《贞明内外集》。集亡，卷帙无考。

高奣映《金刚慧解》十卷。

高奣映《译义诠次》。集亡，卷帙无考。

高奣映《通俗说》。集亡，卷帙无考。

高奣映《心经发微》。集亡，卷帙无考。

高奣映《胎息经注解》四卷。

高奣映《定观经解》。集亡，卷帙无考。

高奣映《心印经解》。集亡，卷帙无考。

高奣映《舆史合参》。集亡，卷帙无考。

高奣映《春雪吟》。集亡，卷帙无考。

高奣映《五华吟》。集亡，卷帙无考。

高奣映《享西堂草》。集亡，卷帙无考。

高奣映《问香集》。集亡，卷帙无考。

高奣映《雪山游事》。集亡，卷帙无考。

高奣映《易占汇考》。集亡，卷帙无考。

高奣映《点星指掌》。集亡，卷帙无考。

高奣映《天文要旨》。集亡，卷帙无考。

高奣映《庄子寻脉解》。集亡，卷帙无考。

高奣映《醉翁楼记》一卷。

高奣映《结璘山草》二卷。

高奣映《非非草》一卷。

高奣映《维风权宜》一卷。

高奣映《高氏家范》二卷。

高奣映《索居吟》一卷。

高奣映《道德经注解》十二卷。

高奣映《梅村集》二卷。

高奣映《迪孙》一卷。集亡。

高奣映《菩提树词集》一卷。

高奣映《笔余诗集》二卷。集亡。

高奣映《绿山诗草》一卷。集亡。

（民国）《姚安县志》卷三十七《学术志之一·理学》载：

《太极明辨》三卷，高奣映撰，例略云：辨为无极，力辨以后学犯
先正，当仁既不让其师资，论道敢讳于前哲。

（甘雨）谨按：《太极图说》，为宋儒理学立脚点，所有言气，言
数，言心，言性，言理，言命，皆根柢太极。雪君先生此书，于朱子
"无极"之说，力为诤臣，不愿为道学中乡愿，见先生于易理、宋学探

赜索隐，发见疵谬，极为辨正，先生学术实有独到创获处。惟《太极图说》，自清儒毛奇龄著《河图原舛篇》《太极图说遗意》，胡渭著《易图明辨》，力攻河洛，扫除架空之弊。以"易"还诸羲、文、周、孔，以"图"还诸陈、邵，于五六百年学术思想大为解放。此后，学术日趋求真、求实，此学自可不必深究。但先生僻处遐荒，所见竟与毛、胡若出一辙，可不谓非豪杰之士哉。

《理学西铭补述》，高𦒎映撰，《续通志》存目。《太极明辨序》，而以《西铭补述》附焉，于以质一己之是非，期笃志力行之功，当自此始。

《就正录》，高𦒎映撰，《太极明辨》例略云：此辨后，或有论吾儒性学工夫，皆以《就正录》名之。夫自以为是，乃寡陋之碍情；日求知闻，实笃行之新益，不敢有泥执之心也。冀先德纯仁，见书即加摘谬，远惠邮筒，谓此事非一家之私书，乃关吾儒之圣学，读者均有责焉。

《理学粹》，高𦒎映撰，《太极明辨》例略云：近熊静山先生成《学统》一书，专心注目虽在正统，其大醇小疵各归其类，大有功于世道。𦒎映将辅成之日：讲学要透切明白，使看者瞩目即了快，是为辅成之义。已纂自汉、宋及明以来，攸关理学名言，日积月收，不觉汇成，亦有十数卷矣。句则贵简少以精明，理则务庸近而易举，割裂之罪，在所难宽；论此及彼，预剖诚素。何允嘉《雪君先生五十纪略》；先生贯穿理学南北两宗，视犹半眼，老庄二子，包付一囊，以致席前帐下之只字片言，莫非圣钵、贤镫，纬濂溪而经洙泗焉。

（民国）《姚安县志》卷三十八《学术志之二·经学》载：

《增订来氏易注》十五卷，高𦒎映撰，《续通志》作增补。《滇系》高𦒎映《来瞿唐先生家传注》：雪君先生注《来易》而重刊之。近人秦光第得凌本重刊本，凌正卷十五，𦒎映校雠。又首卷二，有校雠凡例十五则，《易经启蒙》一卷为𦒎映编订。《太极明辨序》曾订正，剟瞿唐《易注》于蜀东，谬为《引蒙》一卷即此意。末附图说一卷，由云龙《来瞿塘先生易注序》略：若其陈图则包罗理数，其观象则穷究精微，其论错综爻变，则更神而明之。阐千古未发之秘，畅四圣欲言之旨，视昔贤之但言理义重占候者，可谓妙绪环涌，余蕴毕宣矣。虽然，不有桓谭，则太玄覆瓿。吾姚高雪君先生夙研易，总理于戎马倥偬之际，犹访获凌氏抄本，详校神书，重付剞劂，雪君诚来氏异代之知己哉。

《等音声位合汇》，高奣映撰，《续通志》存目。康熙四十一年定州王之枢督滇学，檄姚安知府卫淇，聘奣映纂《鸡足山志》，订雠《等音》，暨《理学西铭补述》。故自序："奣映以远陋之人，过蒙礼遇，辞不获命，勉篊日从事，越三月，《鸡山志》成。遂取马氏《等音》与林子《声位》合而汇之。马子减母以便学，昔张洪阳之定母二十字，李如真之存影母而隐括于二十一字，已倡其端矣，林子之开、承、转、纵、合，郝氏京山已先言之矣，然未如二子之便人习耳。"

（由云龙）谨按：《滇系》：马之子以援，字系什，与雪君善，狱中著《等韵》。其自序云：有生虽微，幸以一节鼓吹圣明，其志可悯矣。虽《四库全书》提要，谓马氏《等音》为一知半解，然石屏张汉序、林益长《声位》注：林氏分开、承、转、纵、合。以开为上平，承为下平，转、纵、合为上、去入。马氏以全为下平，殿其后，二家皆叶合。但马氏以全声在后调入声较真，雪君先生折衷合汇而表章之，今《云南丛书》犹有刻本，是书亦自为研究音韵者所必参考耳。

《药师经参礼》二卷，高奣映撰。自序略云：水至澄值风而漪生，山至静气动而云出。虚妄浮心，比比皆是，吾儒谨几慎独，在未发时，纯阳用事，明等琉璃，所谓一日克己复礼，天下归仁。故参礼若临高深，令人悔过复善，还复本心。所谓能念周沙界，物我同观，均之等住琉璃世界。

《金刚慧解》九卷，高奣映撰，长洲文化远序。《内窥说》三卷自序略云：昭明分经为三十二卷，乱其流狱而溃其堰汇者耳。余依经寻脉，见一卷《金刚经》，同于天衣之一袭，惟于何者为领，何者为袖，何者为幅员，何者为襟带，穿插开阖，一一取于衣。衣之为衣，理有如此，不特阿难结集经时，不能勉强安插半字，即佛说是经时，从如如自然智中流出，亦无纤毫见解，所能位置半字者也。《例略》云：此注欲令过空人，救回空病，障理人开其理障，欲儒而读此注，知真心不外仁心；欲佛而读此注，信教外即全于教内。学者不作口耳观，禅者不人口头习已耳。《分疏圈点》一卷，自序略云：于其义之联断神注，旁通曲引，节隔章行，起承转合，初会、中会、末会种种妙义，一一分疏之，其中精义奥旨，实理重言，一一识别圈点之。《论说要义》一卷自序略云：兹注竟于山雨闲闲中，弄浅云于石榻，拂兰气以染笺，七日既复，又得要义三十四，题以曾灾梨之《通俗说》冠其端，则卅五首也。<small>按：即《金刚一合相下不可说解》之类，《甘志》载：《通俗说》为一种，殊误。</small>《梵语释义》一卷识云：教分儒释而相异名殊，国隔东西则音差语别，若一概诠释于注中，岂众义了然于言下，特为摘出以便旁求。《名相释义》一卷识云：药性先知，方能合剂，玄名周识，岂达真义。是已经而后指迷途，惟得象始通全易，欲观完豹，毋忽一斑。《诠次删补》二卷自序略云：余读数百家解，而后有《窾说》，盖不向八百余家鼻头取气者也。欲以不取传知必以不取病吾传，故又取诸家之片言数语，而掇拾勾撮之，于是余之《诠次》又成也。见吾《窾说》者，幸毋先目也，必视吾"译义"，以知梵语，再视吾"译义"，以通名相，则此《诠次》可阅矣。阅竟而知绘无样葫芦，决非臆说，斯其人未始不会心于诸家。乃不依人故样，以自成其样，而讫无所样，则又何尝依人鼻下，以仰其息哉？倘其手非迎笔触机，心非通体贯串，而能若是耶？则《窾说》之幸以得传，岂不因《诠次》为老马哉。<small>《甘志》载：《释义诠次》为一种，殊误。</small>

（由云龙）谨按：《窾说》例略谓：《金刚经》自昭明太子分章以后，陈陈相因，均属错误。历代注者八百余家，亦依样葫芦，无甚卓识，大都傍墙定居，不能跃出此金刚圈外。乃创出心裁，成兹《慧解》各书，读者果能依先生所指次第，发起真信心，细读乃知于佛义丝毫不谬也。书为橘泉居士黄漳梓行，艺术最佳，亟堪重印流通，溥利群蒙。

《心经发微》一卷，高峤映撰。例略云：《心经解》曾阅八十余家，释则落于谈禅机，儒则落于咬文字，令读者看经尚易，看注愈难。须分出何处是提纲，何处是复说，何处是正经，何处是诰戒，叮咛之义使读者知所究竟，仍不堕于云雾中。今于各段经文后，用演文以细注之，使观者句句了明，然后方用解以透解经义，再用释以明字句之轻重，兼畅发妙义之旨归。固知注经不宜如是繁芜也。总欲人人得此解释，而即自能通人经法，故不免丰干饶舌。

《心印经解》一卷，高奣映撰。自序略云：心何所印？以人契天归本还元者印也。印何所施？法其自然，格其非心者施也。施何所明？至诚不息，中立不倚者明也。明从何求？谦然会道，直养无害，定静安虑而后为得也。此殆心印之常经，以云亘古为昭者非耶？

《定观经注》一卷，高奣映撰。自序略云：月悬水契，色入镜分，一性精明，则鉴无不别。故《大学》一书，以明德为体，亲明为用，要止至善而物不以迁，其盖几几乎定矣。则定之入门在知止，而莫不止于至善之一法。若定而能观，必至安静而后能虑，乃为得也。

《胎息经解》一卷，高奣映撰。

（由云龙）谨按：《心印》《定观》均道家言，先生均以儒理及释家言解之，极为圆融。《胎息经》则未获阅，亦系道家言。合上《心经发微》共四种，均附入《金刚慧解》编次内。

《四书翊注》《书经龙睛点》《道德经注解》十二卷，《庄子寻脉解》，高奣映撰，《甘志》存目。文化远《雪君先生四十九寿序》：前于四子书，曾编《翼注》壁经蔡傅之外，曾注《龙睛点》，其错综之妙曾续瞿塘，又近则尤精内学，凡性根、心苗、放五眼于芥内；奇开、偶阖，收二气于壶中。此又不止《慧解》一帙为《金刚》之解人，而《元素千言》作老庄之素友也。有滇数千年，灵异所钟，岂止坛坫旗鼓，竟下中原而已哉！

《春秋时义》《大学心微》《研经髓》，高奣映撰。甘孟贤《高雪君先生家传文集》存目。

（民国）《姚安县志》卷三十九《学术志之三·史学》载：

《鸡足山志》十三卷，高奣映撰，序例略云：《鸡山志》昔为徐宏祖霞客草创，迨成于大错和尚之手。当兵燹之际，惟祈成书，未暇搆精笔墨也。本兵尚书范苏公先生曩制滇时，恢恶札之淆漓，欲撮醇去砒，再思翻刻。乃僧惧删其旧，悉取大错之志一字不移而刻之，庸贵乎旧志之再刻为耶？名山缘之减价，真真佛头着粪，殊非先生意也。今一字悉属探雠，不欲依傍篱径。《云南通志》：康熙四十余年间成书。由云龙"识语"：此乃雪君先生平生一大著作，幸而抄存，不啻瑰宝。**因前此徐宏祖、大错、范承勋三志皆不及，近人所作亦可知。**不但高氏子孙宜爱护宝存之，即吾姚一邑之人，亦当隆重珍视之也。

《问愚录》二卷、《妙香国草》，高𢡖映撰，《续通志》存目。

（由云龙）谨按：《甘志》：二书作各四卷，《问愚录》为各《通志》及府州志采录者甚多。

《蜀风采》《史翰》《舆史合参》《雪山游事》，高𢡖映撰，《甘志》存目。

《滇鉴》二卷，高𢡖映撰。**按：系纪载滇中重要史实者。**

（民国）《姚安县志》卷四十《学术志之四·文学》载：

《备翰》四卷、《结璘山草》二卷、《非非草》一卷、《索居吟》一卷、《梅村集》二卷、《菩提树词集》一卷、《艺翰》、《蜀江吟》、《春雪吟》、《五华吟》、《享西堂草》、《问香集》、《笔余诗集》二卷、《绿山诗草》一卷，高𢡖映撰，《甘志》存目。

《诗范》《西厢读书解》《西厢文字解》《声鹤亭稿》《捣月吟》《鸡山杂咏》《嚚嚚草》《慧香阁辞丽》《懿文馆课艺》《问香集》，高𢡖映撰，甘孟贤《高雪君先生家传文集》存目。

现根据前人的记录，按图索骥，整理出高𢡖映现存著述、散存作品以及亡佚著述的情况。

现存著述：

《新刻来瞿唐先生易注》：十五卷，首一卷，末一卷，图像一卷，十二册，雍正七年（1729）宁远堂刻本，湖南省图书馆藏。十五卷，首二卷，末一卷，八册，（明）来知德撰，高𢡖映校注，康熙十六年（1677）刻本，云南省图书馆藏。该书原为明人来知德所撰《周易集注》十六卷，来知德历时二十九年注释此书，当世推为"绝学"。后高𢡖映取《来氏易注》重加校订，参稽了史应选辑本、沈际飞订本，进行逐一诠释演绎。高奣映的注释以史证经，体现了本义言理，为易之用，启蒙言象，为易之体，二者互为表里的理学思想，对统一与万有、相对与绝对、心物合一、奇偶正负等都有所新释，对后人的学习有启迪作用。

《妙香国草》：一卷，一册，康熙二十五年（1686）刻本，云南省图书馆藏。（注：第五章有详细叙述）

《备翰》：四卷，四册，康熙三十三年（1694）刻本，云南省图书馆藏，高奣映为化育家族子弟及领地民众，辑注云南地理、月令、奏议、官制等相关史籍，并收集整理谚、谜、方技、齐谐等民俗资料，"之屏之翰，筑之勤，障之坚"①，达到以广见闻的目的。

《鸡足山志》：十三卷，十四册，康熙四十一年（1702）刻本，云南省图书馆藏；13卷14册，康熙四十一年（1702）刻本，《大理丛书·方志篇》卷十辑。鸡足山位于云南宾川，由于名称混同于印度的鸡足山，即佛典中迦叶尊者入定之地，所以被当作大迦叶的道场并因此繁盛。徐霞客、大错和尚、范成勋都曾编修过《鸡足山志》。但徐霞客《鸡足山志》和大错和尚《鸡足山志》"未暇构精笔墨"，而"范志""乃增删其旧悉大错之志一字不移而刻之"②，并没有下多少功夫，很有必要重修，于是便应下云南学政王之枢的延请，本着对旧志"不欲依傍篱径"的原则，调整了"范志"的类目，对一些内容作考订，加上自己的按语，并增加了不少新内容，纂成（康熙）《鸡足山志》十三卷，约十五万字，是为"高志"。此志保存了前几部志书的《序》，对旧志逐字逐句探究、校对，不盲从旧说。高奣映的类目划分与结构框架精确合理，"志固有志之格目"，应该"衡轻重以别门，计得失而分类"，使分类有依有据、编排合情合理，在新"格目"的规范下写作，增添了许多新的内容。"高志"对一些问题进行考证，提出自己的看法，章节之前增加了按语。由云龙对"高志"的评价是："图绘精绝，举凡山川形势、寺院沿革、人物、名胜、物产、诗词，皆一一具列，图凡数十幅，一目了然，若置身其间者。呜呼，盛哉！"③《名胜》的出彩，是"高

---

① 陶学良：《彝族文学杂俎》，云南民族出版社，1986，第212页。
② （清）高奣映：《鸡足山志》卷首《志例凡则》，由云龙涵翠楼藏钞本，云南省图书馆藏。
③ （清）高奣映著，芮增瑞校注《鸡足山志》，云南人民出版社，2003，第1页。

志"的又一大特点。在前志基础上，高奣映大规模地为鸡足山景点进行艺术命名，把鸡足山风光归纳为"胜概八景""幽胜八景""灵异八景""异迹十二则""古迹三十则"以及"四友""四观""四林""四宜"等景点。《艺文》的完备，也是"高志"的一大特点。博学的高奣映，具有敏锐的史学意识，几乎将前人的鸡足山文献一网打尽，具有极高的史料价值。高奣映在《鸡足山志》中收录了自己历次游览鸡足山时，在山中写的历史小品和感悟心得六十一篇，编成《清游闲话》，留下了在鸡足山时的所思所想，是鸡足山的另外一种别有趣味的心史。此志于民国二十年（1931）为乡人由云龙先生访得，"屡欲付印，匆匆未果"，新中国成立后此清稿本归云南省图书馆藏。

《晚春堂诗》：八卷，四册，文化远撰，高奣映评选，康熙四十二年（1703）刻本，云南省图书馆藏；八卷，四册，康熙四十二年（1703）刻本，《云南丛书》第22册收录，中华书局，2011出版。

《金刚慧解》：九卷，康熙年间刻本，云南省图书馆藏。《金刚慧解》是一本有关佛学、佛理的研究著述，系统地论述了以"救心""正道"为核心的佛学思想。《金刚般若波罗蜜经》又称《金刚般若经》或《金刚经》。康熙年间，高奣映取六种译本，校勘异同，论定是非，诠释演绎，进行汇解。在原经文一卷基础上进行扩充，编为九卷。其主旨阐明天地之间万物皆虚，不应执着留恋，规劝世人及早修持，能妙悟即真普度众生，归登佛界，如只能妙悟而不能即真，即使已超脱世俗，也难成正果，进入涅槃。高奣映的《金刚慧解》，基本上是以佛语解佛语。他没有拿儒学的见解来生解佛经，也没有对佛经作过于世俗化的理解，几乎无过多自己的发挥。

《迪孙》：二卷四册，康熙年间刻本，云南省图书馆藏。（注：第五章有详细叙述）

《滇鉴》：不分卷，一册，康熙年间钞本，云南省图书馆藏。《滇鉴》又名《滇事纂要》，旧钞本共52页，半叶九行，行二十字，此本颇有讹误，不知何时何人所抄。卷端下题："古庐陵问米居士高奣映雪君辑。"是编年体之书，全书叙事以年月为经，史事为纬，政事人物皆近时序而记述，所记始自高阳、陶、唐三代，讫于唐僖宗乾符元年（874），但是年事迹并未录完，应非全书。书中内容多录前人所载的滇中史文，却不注明出处。所录颇有别裁，但无创新之处。由云龙称此书为："记载滇中重要史实者。"① 高奣映多方著录援引，其中有一些是稀见或散佚的云南地方文献，可供治滇史者参酌稽考。

《太极明辨》：三卷二册，民国三年（1914）刻本，云南丛书第 4 册辑，云南省图书馆藏；三卷二册，民国三年（1914）刻本，《丛书集成续编》75 册辑，上海书局 2014 年出版。现存《太极明辨》一书，是在明代通海人缪宗周的《太极图衍义》、安宁人陈玺的《太极图说》基础上撰写而成，再参稽《来瞿塘先生易注》为之整齐划一。该书卷一辨太极；卷二、卷三为衍图，每卷之下系以论文一则或数则，有的多达十余则，图文并茂，内容翔实。编端载有《凡例》，称："阅《易经》注、笺、图、说计七十余家，后读《来瞿塘先生易注》，畅然有所得，故图，虽推类尽义，而裁成，体必本之瞿塘以画一云云。"则是编之大旨，一以"来注"为本可知。此本为"辑刻《云南丛书》处新镌之奉"，编端载高奣映《自序》。卷一第 13 页之后，语气未尽，疑有缺页；卷二第 1、2 两页则付阙如，疑脱《衍图》《伏羲先天太极图》及论文二则。今易见本为《云南丛书》本。

《等音声位合汇》：上、下卷，二册，《云南丛书》辑录，民国三年（1914）刻本，云南省图书馆藏；民国三年（1914）刻本，东京大学东洋文化研究所藏；上、下卷，二册，民国三年（1914）刻本，《丛书集成续编》75 册辑，上海书局 2014 年出版。《等音声位合汇》原题为《重订马氏等音外集》，是关于汉语语音学、音韵学的研究。合马自援《等音内集·外集》和林本裕《声位》二家之言重加订正，补正不足之处，汇成是书。卷上载"马氏五声说"，而以林氏《声位左编》附之；又以林氏二十四母论附于马氏"二十一母说"之后，次载马氏"新旧韵少重出图"；卷下首载林氏《左编》二十五图，附马氏统五音二十一字母图，次载马氏传响射字法，林氏传响射声法及指掌图说。编端载高奣映《自序》《凡例四则》，附录马氏《等音》、林氏《声位》二书《序》。观其《凡例》，知是编为上、中、下三卷，今本仅存上、下两卷，内容并未残缺，盖为后人将中、下二卷合并为一

①　由云龙总纂《姚安县志》卷三十九《学术志》，民国三十七年（1948）铅印本，云南省图书馆藏。

卷，卷下第 16 页有版无页，脱落"二十五音图"。

《药师经参礼》：二卷，姚安县博物馆藏。《药师经》，全名《药师琉璃光如来本愿功德经》，是大乘经典之一，主要赞叹药师佛行愿。由高𡸫映所作序文可知该书是高𡸫映对《药师经》的参悟、体会，体现了他"物我同观，均之等住琉璃世界"的佛学理念。（注：因博物馆收藏规定，未能见全书）

散佚著述

《迪孙》存目，今不见传的著述：

《日课指归》《六十戒》《牙签省目》《理学集要》《时事感言》《感应篇合旨》。

（康熙）《云南通志》存目，今不见传的著述：

《醉翁楼记》一卷、《巴怡集》、《贞明内外集》、《点心指掌》、《天文要旨》。

（光绪）《姚州志》存目，今不见传的著述：

《研经髓》、《引经志》、《蜀风采》、《史翰》、《舆史合参》、《雪山游事》、《结璘山草》二卷、《非非草》一卷、《索居吟》一卷、《梅村集》二卷、《菩提树词集》一卷、《艺翰》、《蜀江吟》、《春雪吟》、《五华吟》、《享西堂草》、《问香集》、《笔余诗集》二卷、《绿山诗草》一卷、《高氏家范》二卷。

（民国）《姚安县志》存目，今不见传的著述：

《心经发微》一卷、《心映经解》一卷、《定观经注》一卷、《易占汇考》、《太极缘》、《理学西铭补述》、《理学粹》、《就正录》、《四书翊注》、《书经龙睛点》、《道德经注解》十二卷、《庄子寻脉》、《春秋时义》、《大学心微》、《问愚录》二卷、《隐菊羹谈》、《括囊编》、《知非集》、《鸟兽草木状》、《备斋闲话》、《慎独楼静言》、《登楼畅言》、《环玉楼送客高谈》、《醉翁楼醉语》、《揖升楼壮语》、《仁育辑要》、《葆婴辑要》、《如意珠》、《四雅求》、《维风权宜》、《胎息经解》一卷。

盐丰（石羊）高耀辑书目，今不见传的著述：

《理学贯》《元素千言》《丹经攒图》。

《高雪君先生家传文集》存目，今不见传的著述：

《诗范》《西厢读书解》《西厢文字解》《声鹤亭稿》《捣月吟》《鸡山杂咏》《嚣嚣草》《惠香阁词丽》《懿文馆课艺》）。

散存诗歌

《牡丹词》八首，（民国）《姚安县志》卷六十五《金石志之十》存。

吟咏鸡足山、昙华山等杂诗二十七首：其中《拈香室把菊》、《题鸡山积雪图》、《竹枝词》四首、《祼居晚宿》四首，高奣映所著《鸡足山志》卷十二录存；《些子室与慧实无相两禅衲晏坐》二首、《雾篆甘霖》、《传衣寺古松无存》、《圣峰寺道傍古树》、《松》二首、《九曲岩》、《宿鸡足山》、《遥峰雪灿》、《塔凝空月》、《地隐晴雷》、《袈裟石》、《没字碑》、《宝莲庵黄杨二株形如莲荺青葱可爱各赋二绝》二首，高奣映所著《鸡足山志》卷十三存；《昙华寺碑题诗》三首，存于大姚昙华寺后的石碑上，高奣映手书，题目为后人所作；《题陈翼叔石棺》，徐世昌所编《晚晴簃诗汇》卷三十二存。

散存文章

《初建潜龙庵记》，《滇文丛录》卷八十四存。

《方山说》《双沟瀑布说》《悬玉洞说》，（康熙）《姚州志》卷五存。

《僰人说》《云南汉人说》《教民树艺议》《禁妇女入市议》《禁邪巫惑众议》，（光绪）《姚州志》卷九存。

《江源合辩》，（民国）《姚安县志》卷六十一存。

《来瞿唐先生家传》《呈贡文又山先生〈晚春堂诗〉序》《训子语》，（民国）《姚安县志》卷六十三存。

《〈金刚经〉一合相下不可说解》《驳吕留良觉字解》《〈来矣鲜先生易注〉序》《读〈瞿塘来夫子易注〉要说》《〈来瞿塘先生易学启蒙〉后跋》《〈等音声位合汇〉序》《马氏〈等音〉序》《林氏〈声位〉序》《〈金刚慧解〉通序》《〈心经发微〉自序》《〈定观经〉序》《〈心印经〉序》，（民国）《姚安县志》卷六十四存。

现存金石录

《姚安万寿寺钟铭》，该铜钟原置高氏家庙万寿寺钟楼，寺毁后存于连厂村委会，可惜古钟今已被盗，幸存拓片。

《游春溪归题书石刻》，碑文镶嵌在旧城何家祠堂正殿与南耳房相连的山墙上。

《高奣映铜睡像铭文》，姚安县博物馆藏。

现存楹联①

《大觉寺斋堂联》二副、《石钟寺大殿联》二副、《大觉寺迦叶殿联》二副、《石钟寺大门联》、《教义阁联》、《弥勒楼阁联》、《华严寺大殿联》、《大觉寺大殿联》、《大觉寺方丈室联》、《大觉寺法堂联》、《大觉寺禅堂联》、《大觉寺祠堂联》、《大觉寺钟楼联》、《大觉寺鼓楼联》、《大觉寺弥勒联》、《般若庵门联》、《慧幢庵联》。

（二）其他家族成员著述考

文集的刊刻流传，是家族文化传播与延续的重要途径。在这一方面，高氏家族高奣映一枝独秀，其他高氏家族成员的著述只见于史载，未见有子孙为其刊刻文集的记载，更未见流传后世者，这极其不利于家族文化的传承与发扬。关于高氏家族其他成员的创作，文献记载如下：

1. 高守藩

《新纂云南通志》卷一百七十二《族姓考》载：

> 高守藩，字向葵，号玉岑，英敏好诗酒，著有《龙溪小窗集》及别韵甚多。
>
> 《龙溪小窗集》今不见传，另有《悼内十咏》，亦不见传世。

2. 高耀

（民国）《姚安县志》卷四十一《学术志之五·方技杂流专家之书》载：

> 《高氏族谱》一卷，高青岳存本，康熙间姚安知府巴县倪蒌生均有序，江州知事曾镇跋。分"谱例明崇祯间郡人陶埏，澜沧兵备道楚黄何闿中均有序。崇祯庚寅高耀续修，有序"。"考证录""源流图""恩纶""家训"各编。赵州尹天任序，雍正七年，高孚鹤续述。

---

① （清）高奣映：《鸡足山志》卷十一《艺文下》，由云龙涵翠楼藏钞本，云南省图书馆藏。

《高氏族谱》今不见传，仅见高耀所作《高氏续修家谱》序、陶珽所作《姚安世守高氏家谱》序。

3. 高映厚

（道光）《姚州志》卷二载：

> 高映厚，裔映之子，袭。颖悟好学，重建魁星阁，著《日讲指归集》。

《日讲指归集》今不见传。唯高裔映的《鸡足山志》中存其《声远楼静室联》一副①。

4. 高厚德

（民国）《姚安县志》卷四十一《学术志之五·方技杂流专家之书》载：

> 《望云集》六卷，高厚德撰，王家栋序略："读之益知雪君之颠末，不独名臣抑大儒也，不独高人抑佛子也；且益知纯一之抱蕴，不独象贤抑孝孙也，不独国器抑才子也。"卫淇序略："思祖哀思郁结，发而为言，举乃祖所以贻谋，所以教训，遗事备述其美。予按其事，一一不爽，不啻起乃祖于再生者。"

《望云集》今不见传。

唯其祖父高裔映《鸡足山志》一书，录存其 8 首诗作②：《玉龙吹霰》（1 题、2 首）、《塔凝空月》、《洞阆灵奇》、《地隐晴雷》、《绿天四翳》、《岩日流丹》、《云海晴光》。另（民国）《姚安县志》存残文《雪君先生行状》③一篇。

---

① （清）高裔映：《鸡足山志》卷十一《艺文下》，由云龙涵翠楼藏钞本，云南省图书馆藏。
② （清）高裔映：《鸡足山志》卷十三《艺文下》，由云龙涵翠楼藏钞本，云南省图书馆藏。
③ 转引自由云龙总纂《姚安县志》卷六十三《甘孟贤〈高雪君先生家传〉》，民国三十七年（1948）铅印本，云南省图书馆藏。

（三）家族其他文献考

王锺陵将东方国家的国家形态分为四个层次：一是国家，二是乡邦，三是宗族，四是个人。他认为："个人依血缘所决定的身份生活在宗族里，而宗族存在于乡邦中，乡邦是一种地域概念，地方政权的支柱是宗族，各地方政权之上，是王权，亦即国家。"① 个人、宗族、乡邦、国家四个层次就是古代中国人的生活环境，并逐次扩展。故除考察高氏家族的个人著述外，还需考察其家族文献、相关地域乡邦文献，它们为高氏家族的历史人物提供了丰富细化的佐证，同时也为家族文学的研究提供了丰厚的资料，只有在文献资料方面做到翔实的考证，才能得出更为客观的结论。

姚安高氏的家族文献只存族谱。章学诚有"夫家有谱，州有志，国有史，其义一也"② 之说，把家谱与国史、方志相提并论，可见其重要性。家谱对于历史学、民俗学、人口学、社会学和经济学的深入研究均有不可替代的独特功能。高氏家族现存《高氏家谱——宗枝图》和《姚郡世守高氏源流总派图》（姚安谱）两种，收藏情况如下。

《高氏家谱——宗枝图》：存原件，姚安县博物馆藏，纸本画，雍正年间制，纵 500 厘米，横 50 厘米，卷轴装。家谱接缝上和各世系上签有红色印章。印章文字一半为汉文，一半为满文，收录于方国瑜主编《云南史料丛刊》，云南大学出版社 1998 年出版。

《姚郡世守高氏源流总派图》：《滇录》卷八收录，由云龙纂《滇录》，八卷，一册，云南省教育会印刷，民国二十二年（1933）印，云南省图书馆藏。

高氏族谱记载了高氏的姓氏源流、世系传承、家族迁徙过程、家法家规和人物事迹等，体现了高氏家族的发展源流以及家族的仕宦活动和婚姻状况，反映了高氏家族与地方权力以及国家政治的关系等。且族谱因与宏大叙事的官方史料保持着一定距离，故相对完好地保留了确实、真切的历史，通过族谱可以补充国史及省、府、州、县志所缺载的内容。当然，族谱中既存在真实的史料，也可能有附会夸饰的成分，需要认真甄别，高氏族谱为我们

---

① 王锺陵：《中国文学史的原生态生长情状》，《学术研究》1994 年第 6 期。
② 章学诚著，叶瑛校注《文史通义校注》，中华书局，1985，第 882 页。

研究高氏家族提供了依据和线索。

乡邦地域文献，记载了高氏家族的人物活动，收录了高氏家族的文学创作，为我们研究高氏家族提供了便利，反过来高氏家族也极大地丰富了乡邦地域文献，利用乡邦地域文献证史、补史，对研究高氏家族有重要参考价值。研究高氏家族可参考的乡邦地域文献如下：

（万历）《云南通志》：十七卷，十六册，（明）邹应龙修，（明）李元阳纂，万历四年（1576）刻本，国家图书馆藏。

（康熙）《云南通志》：二十卷，二十六册，（清）范承勋等修，（清）吴自肃纂，康熙三十年（1691）刻本，云南省图书馆藏。

（康熙）《云南府志》：二十六卷，二十册，（清）张毓碧修，（清）张俨纂，康熙三十五年（1696）刻本，云南省图书馆藏。

（康熙）《姚州志》：残存四卷首一卷，一册，（清）管棆纂修，据国家图书馆馆藏康熙五十二年（1713）刻本晒蓝一部庋藏，云南省图书馆藏。

（乾隆）《姚州志》：六卷首一卷，二册，（清）管棆纂修，（清）丁士可增修，乾隆十六年（1751）重订增刻康熙五十二年（1713）刻本，云南省图书馆藏。

（道光）《姚州志》：四卷，二册，（清）额鲁礼撰，（清）王塏修，据道光十三年（1833）刻本传抄庋藏，云南省图书馆藏。

《滇系》：不分卷，十五册，（清）师范辑，嘉庆二十二年（1817）刻本，云南省图书馆藏。

（光绪）《姚州志》：十一卷首一卷附志余琐录，十二册，（清）陆宗郑等修，（清）甘雨纂，光绪十一年（1885）刻本，云南省图书馆藏；《中国地方志集成·云南府县志辑》第 63 册辑，凤凰出版社编选，凤凰出版社2009 年出版。

《新纂云南通志》：二百六十六卷，首六卷，一百四十册，龙云、卢汉修，民国三十八年（1949）云南省通志馆据 1944 年刻本重印，云南省图书馆藏。

《鸡足山志补》：四卷，一册，赵藩、李根源辑，民国二年（1913）刻本，云南省图书馆藏。

《滇文丛录》：一百卷首一卷，总目二卷，作者小传三卷，一百零四册，民国三十五年（1946）铅印本，开智印刷公司印刷，云南省图书馆藏。

方国瑜主编《云南史料丛刊》，云南大学出版社 1998 年出版。

（民国）《姚安县志》：六十六卷首一卷末一卷，八册，霍世廉等修，由云龙篆，民国三十七年（1948）铅印本，云南省图书馆藏；《中国地方志集成·云南府县志辑》第 65、66 册辑，凤凰出版社编选，凤凰出版社 2009 年出版。

《大理丛书》：大理白族自治州白族文化研究所编，云南民族出版社 2004 年出版。

《云南丛书》：云南省文史研究馆整理，中华书局 2009 年出版。

乡邦地域文献是我们了解高氏家族的重要参考文献。家族的演变折射着时代的变迁，研究高氏家族相关的乡邦地域文献是深入研究家族所处文化生态环境的有效方式。高氏家族浓缩了明、清两朝变革之际的社会风云变幻、国家兴衰沉浮，其发展受到了明、清政治文化发展氛围的制约。这些地方文献，保存了大量关于家族作家群人、地、史、事、文的记载，通过对高氏文学家族的微观研究，可为恢宏阔大却粗枝大叶的历史记录，提供有意义、有趣味的细节，这为保存历史真实提供了极其珍贵的书面材料。

自五十四世高厚德之后，高氏家族再也没有文人活跃在历史舞台上，也无相关文学作品保存，遑论值得称道的作品问世，高氏家族彻底衰落。以上是笔者搜集到的该家族的文献著述情况，惜由于年代久远、战火纷飞，毁去十之八九，流传下来的资料甚少，这些都给我们的考察带来了一定的困难，只能大致勾勒高氏家族的文艺面貌。高氏家族的相关文献具有一定的史料价值、文学价值和学术价值，显示了家族的整体文化素养。针对此现象，对高氏家族文献进行保护和整理也迫在眉睫，值得我们忧深思远，付诸行动。

四 清代彝族姚安高氏家族文学创作

（一）高𦈡映的文学创作

一个文学家族，如果没有一个典范人物、没有创作出令人瞩目的作品，是很难被世人所认可的。可以说，高氏家族如果没有高𦈡映的出现，至多只是一个以仕宦闻名的簪缨家族，很难成为一个家世绵长的文化家族。清代云南著名学者师范曾说："（云南）土司之向学者，首推丽江木氏，公、青、增俱有诗集流播中外。……姚安高氏有字雪君名𦈡映者，雄才卓识，博综典

籍，所著录十余种，直出三木之上。"① 可见对高奣映的评价之高。高奣映
是高氏文学集大成者，为高氏文人之圭臬。正是高奣映在诗歌、文章、史
学、音韵学、佛学甚至诗歌理论等方面的杰出成就，进一步扩大了姚安高氏
的影响，才使其成为一个真正意义上的文学家族。

1. 诗词创作

图 11 - 4

高奣映才气颇高，诗文创作可谓信手拈来，据记载，高奣映一生诗作颇丰，刊刻的诗集就有十五种之多，遗憾的是这些诗作大多散佚，流存于世的仅十之一二，现存诗集《妙香国草》一卷（六十八首），散存诗歌《牡丹词》八首，吟咏鸡足山、昙华山等杂诗二十七首。从现存诗歌来看，他的诗歌内容中揭示社会现实、宣扬佛教、记游山水之类占绝大比例，这与他生活的时代及个人经历有关。高奣映生逢明清鼎革，受现实所逼迫，不得不远离政事，畅游山水，将大部分的精力付诸教书育人、撰文立著、参悟佛学。生活平稳安逸，与现实有冲突却不能发泄，因此他的诗歌较少伤感悲世、慷慨悲凉之作，而是"山鸟鸣春，谷虫应候"。高奣映

是一位学者，其诗歌充盈着思辨色彩，有些诗句中往往夹杂着历史、佛学、
哲学等专业名词，显得不够通俗。

《妙香国草》② 是高奣映留传下来的唯一一部诗集。

康熙年间，高奣映上鸡足山礼佛并看望在大觉寺出家的父亲之后，便赴
大理游览，将耳闻目见，笔之于纸，又《楞严经》卷五载："见诸比丘烧沉
水香，香气寂然来入鼻中……尘气候灭，妙香密圆"。妙香系佛教谓殊妙的
香气。佛教僧人附会印度佛教名胜，称大理为"妙香国"，高奣映接受了这
一称谓，题名这部记游之作为《妙香国草》，康熙二十五年（1686），经同
里李铭及螳川门人罗天柱校订后付梓，卷端载伍柳《序》及高氏《自序》，

---

① （清）师范：《滇系》卷七之六《典故》，嘉庆二十二年（1817）刻本，云南省图书馆藏。

② （清）高奣映著，（清）李铭、罗天柱校《妙香国草》，一卷一册，康熙二十五年（1686）刻本，云南省图书馆藏。

次载《凡例》五则，每首诗题之后均有题释，卷首附《与榆中诸子论文说》。《妙香国草》所收录的六十八篇诗作，有律诗，有绝句，也有古体诗及词，共记载大理山水名胜五十四处，每篇诗都以所游胜迹为题，每一题目下设有"题释"，介绍名胜的由来、姿态以及历史变迁和民间传说。

诗文结合，为高奣映的诗作增添了独特的艺术魅力。这本书和一般的记游之作、见闻纪实在体例及写作手法上有所不同，在每一条目之下，先作题释，叙史记事记人，然后作以五言、七言律诗，以形象的语言抒发所见的感受和情思，这些诗篇对仗之稳，用韵合律，意境深远，堪称得"诗言志"之旨趣。高奣映是以史的眼光，观赏景物、咏诗抒怀的，他在《妙香国草·凡例》中说："史有正情，郡乘亦春秋旨也。凡物有则，系事寄情，必生观感。适阅偷志，不合作史本旨，或一二诞谬荒浮，难为传信。此卷虽小品也，核实纠讹，即正情生感，实存深义。"诗歌语言难以尽意的，就以"题释"加以说明。高奣映妙笔生花，具有深厚的文学功底，这长短不一的一篇篇"题释"，更像是极富感情色彩、优美雅丽的散文小品，与诗相映成趣、互证互补、相得益彰。高奣映自言这些题释"搜古以思风会之从来，以见物性之正伪，不徒作游览观耳。此正所谓怀滇苦心也"①。例如《感通寺恭读明太祖御墨》一诗：

> 题释：是岁丙寅夏，予门人榆广文、施瀛仙、李宝箴同予游荡山之麓，而吾族别驾圣征子偕焉。方入感通，思寻故碑读之。僧曰："四百余年矣，明太祖御墨，今固独完。倘非神灵呵护，乌以及是？他人则不敢，惟檀越可一展阅。"轴未出，而难慎之色已动貌矜容矣。予正冠肃容，瞿瞿然立。僧捧轴若危，秉虔以登案，莫敢仰视。余既再拜稽颡而后敢读，不谓读之莫可以竟，不知涕泗之何从浇颐，而伤焉之何由兴感也。昔人谓感通有御制诗十八章，今乃知皆近翰和赠之词，御制则惟此二章耳。日月辉映，云霞灿然，真与群工技藻迥异。予乃溯夫四方宾服，当此土未奉正朔之年，遣参政吴云之入滇，何其肫挚。十四年九月

---

① （清）高奣映著，（清）李铭、罗天柱校《妙香国草》卷首《自序》，康熙二十五年（1686）刻本，云南省图书馆藏。

壬午，始命颍川侯等讨滇，乃知懋德于威，先渐而后始磨之，诚哉柔化至用矣。十六年滇平，始械元右丞观音保、参政车里不花等入京，僧无极之献白驹、山茶，实遘兹会。帝以滇崇信佛道，有因俗易驯意，故临轩慰问，于无极多至念焉，宜其花放马嘶，默相感契也。《易》曰："大人以继明照于四方。"帝之与物推革，由乎沉断以济其雄图，遂以虚受若此。《易》又曰："云雷屯，君子以经纶。"帝乃心当屯困之滇，其所以经纶者，虽一僧且深降殊恩。噫，草昧王业，不其艰哉！今滇罹乱十年，仁义之师，抚而不杀，怀今思昔，悲何可言。

荡山赤日照人愁，圣藻初开思不休。拜罢香烟疑似昔，读来玉轴感同秋。

当年白马嘶何处？此日丹茶放小丘。为忆临轩重慰问，殊方今已负皇猷。

亦诗亦文，通过文赋予了诗更丰富的内涵，也平添了些许深沉与凝重。既用诗歌直抒胸臆，借古叹今，畅达酣美，又用美文形式，即兴吟赋，形成了其诗歌重要的审美风格。《妙香国草》别具一格，援引有据，叙述有法，文笔富赡，近乎诗话，可读性较强。

高奣映酷爱大自然，他的写景诗，大多以自然景观作为切入点，对人生、历史、社会现实进行思考，诗歌内容多涉及大理的历史和名胜古迹、神话传说。有不少诗篇描写苍山群峰竞秀、洱海水色澄碧的壮丽景色。如七律《登浩然阁观海有感限韵》：

题释：由紫城东少缘北蜓行，夹路皆迂折，予平田中，绿吹麦浪，碧混远天。其阡陌间多香花，紫白绣错，至令行嬉迷返。将至，便入一小港，多渔人家焉。过渔家，度石桥，则棕篱挺植，柳眼阴森，于稠阴中望之，而阁杰然出矣。

碧波千顷落群溪，杰阁攒空洱水西。柳影游镳鸣系马，棕篱渔艇立连鸡。

春风自我招携得，秋月何人感慨齐。此日云龙真可似，樽前潦倒鹧鸪啼。

题释交代了浩然阁处在风吹麦浪、阡陌花开、柳傍石桥的唯美画面中，为诗歌作出层层铺垫，而诗歌中交代了登阁以后所见景色，碧波千顷、柳影鸣马，面对如斯良景，激起万丈情怀，胸中浩荡，情景交融，引人唏嘘。高奣映将所见的田畴、楼阁、雄关、寺院、宝塔，乃至风、花、雪、月，写入诗中，体现了他对美的欣赏、对自然的热爱、对故土的眷恋。高奣映从小耳濡目染的均是战祸和灾难，其后来的诗作中，多展现对战争和动乱的切身感受和认识。他的隐世仅是对政治生涯的回避而非真正的遁世，是对现实政治生活的不满与无奈。高奣映在大姚《昙华寺碑题诗》①（其一）中写道：

> 柴门虽设未尝关，静看幽禽自往还。尺璧易求千丈石，黄金难买一身闲。
>
> 雪消晓嶂闻寒瀑，叶落秋林见远山，古柏烟消清昼永，是非不到白云间。

他力图表现一种隐士情结，但他又并非真正隐居山林的闲云野鹤，这只是明哲保身的无奈之举，归隐后他著书立说，弘扬儒教，办馆授学，教化乡民，其诗歌创作以自然入题，隐喻历史，咏史怀古，以畅胸怀。正如高奣映在《妙香国草序》中所言："固一虫从候，一鸟应时，亦自有不期其然者。不期之期，裁制写宜，天乎、人乎、古乎、今乎？将合一道而裁制以出，庶不负斯游已耳。"可见，倘若将高奣映的诗作单纯视为状物写景，吟风弄月之作，显然有失客观公允。

高奣映对佛教一往情深，终其一生倾心佛学，对佛学妙旨能够心领神会，别有所得，由于对佛教的虔笃信仰，高奣映诗歌的大部分内容与佛教密切相关，并融入他对社会人生的深刻思考，或借佛教民间故事入诗，或状名寺大庵，以表达虔心向佛的思想，染上佛光普照之色。如《游三塔寺寻程本立诗》《罗筌寺》《金相寺废址》《崇圣寺钟》《阿育王塔》《金翅鸟》《罗刹洞》等诗作。高奣映对佛教的信仰是以感情为内在动力和最后归宿的，在此过程中，他对佛教的信仰是无条件的，但对佛教的研究，则是一种

---

① 诗碑立于大姚昙华寺后，高奣映手书，行草，原诗无题，题目系后人所加。

理性行为，如《袈裟石》①：

> 一从听法点顽头，便许人称石比丘。故道袈裟苔处绣，无心祖道付
> 真流。

高奣映的诗歌以较为鲜明的艺术个性，为清初滇中彝族地区的诗歌创作增添
了别样色彩，表现出一种与佛教美学相通的审美情趣，这就为高奣映的诗作
打上了佛门审美烙印。

高奣映《妙香国草》中，保留了其四阕词《蝶恋花·蝴蝶树·限韵》
《天仙子·龙女花·用升庵先生韵》《看花回·唐梅·李广文、宝箴拈余得
七阳》《解佩令·明兰·限二十二祸》，格律工整，音韵和谐，对蝴蝶树、
龙女花、唐梅、明兰歌叹吟咏，均是托物言志之作，语言清新、典雅含蓄，
贴近日常生活，有着鲜活的情感，呈现出柔婉之美。原文如下：

蝶恋花·蝴蝶树·限韵

题释：株质刮铁，其黑理多徽黯痕，痕点圆若楮实，其叶翠阳而绿
阴，状类蒲葵，大则仅一菱芰钱。孟夏初入，卷如兔目；数日后，又似
鼠耳；更旬，始规圆；又更旬，叶巅乃锐；四月则花，其色近鹅乳雏，
渐开渐白，盈树皆蝶矣。方以类聚，而蝴蝶亦联翩五色毕集，花蝶缤
纷。观者遽然莫辨，树动蝶惊，才知飞者为蝶耳，惜无香为一恨。

刻玉雕香难做处，明月丛中，剩鹦鸪几树。栩栩梦边飞无数，蘧蘧
不记来时路。

多是耽花情未了，变朵花，仍与蝴蝶肖似。雨过紫城天若妒，晴岚
又锁苍山去。

天仙子·龙女花·用升庵先生韵

题释：树乔然类老碧梧，叶甚猗娜，手弄之，觉其内泽可爱也。长
径一掌，洞似裁袜之绡波。问之则云，花可敌雪，而香竞旃檀，惜不获

---

① （清）高奣映：《鸡足山志》卷十三《诗下》，由云龙涵翠楼藏钞本，云南省图书馆藏。

遇于开时。附会者，以僧无极所献，谓为此花。然余尝考之，洪武十六年，无极率徒入觐，所献之花，殆山茶与白驹耳。嗣是，诚有同无极之志，则龙女实可克方贡之异矣。谓无极已献者，实非。花胡以龙女得名？屡咨历览，未详其故，或以媚拟乎，抑龙女宝珠可献，或献此花，特听黄面老人拈耳，未免令破颜微笑。

宫阙水晶苔绣瓮，龙女惯将琼树种。捻枝天矫献金仙，和露弄，嫌霞重，国是妙香风遍送。

微笑拈时谁与共？华首门前霜叶冻。碧梧占断感通秋，花似雾，人如梦，何日朝阳栖彩凤？

看花回·唐梅·李广文、宝箴拈余得七阳

题释：松贞柏茂，其花茸茸，开于翠叶丛中，色似枯腊，不可以意味求，更不可妍丽视也，故得含天地贞素之气而寿考焉。梅不特艳其花，且香可袭人，但以艳不至妖，香馥清逸，亦能含章而可贞宜矣。推夫，是则不失天地冲幽澹远之真，又可想也。故高人韵士，往往托意流连，匪偶然矣。灵会寺之梅，生自唐时。夫唐时之松柏，今或老于深山多矣，俦为之辨别哉？乃独区区乎梅。曰此梅为唐时之梅也，是梅之寿，以人传，盖由夫觞韵之力多也。梅身枯拙过甚，其欹然挺立，腹则洞如矣。望之如湖山石，窍之大小，愈似石穴，而浑不似树也。惟孙枝嫩绿，年或一抽，故作花皆在抽条上，其花口磬质厚，粉腻含脂，开早于他梅，得气候之先者。花开时，香风飘雪，扑鼻沾衣，然条不数萼，若自为之矜贵者。此时，诗者觞者还至，则树底如市。余嘻曰："梅固圣之清者也，今袒裼裸裎于其侧，圣之和，梅又兼而有之。梅之阅人益多矣，不能以和处之。"

老狎风姿靓暗香，人世何常。游觞雅语拼经过，黄昏无数思量。天公真有意，古雪同芳。

刮铁堆冰越宋唐，多少年光，嫩枝不着温栽玉，残僧冷月种霜。笛声谁梦醒，历尽炎凉。

解佩令·明兰·限二十二祃

题释：兰之九畹，惠之百嗨，拔茅连，茹冀君子之群养其芳。友人李懋相为吾言，杨弘山先生，手植有兰，历今二百年而愈茂。以年深根郁，故皆盘旋崛起，浮结于土上，若碨磊多节之木，高巳四尺许，其方苗之芽，反若生之树巅者。虽谓年深所致，然蓄韫于土者少，枯露在外者多，兰之能茂何哉？弘山之德日益新，故其灵之滋乎泽，久而弥盛欤？余思往访之，乃山阴兴尽归矣。

树真摇玉，香愈越麝，感当时，话长今夜。燕子飞来，幸得依王谢，且凝眸看谁□。

纫休为佩，袭思托藉，幽真宁向冰霜怕。年深莫讶，花开甚事心难罢，醉将蝴蝶游蜂骂。

高奣映词取材虽小，却旨意遥深，如《天仙子·龙女花·用升庵先生韵》，龙女花即山茶花，开在霜封雪冻的腊月间，有坚贞之志。词人在题释部分描摹了龙女花之形态，树似碧梧，"叶甚猗娜"，白花胜雪，香竞旃檀，又考证民间传说"无极献花"为附会之言，对此花众说纷纭，难得确切之说。整阕词托物言志、以景衬情，层层推进，从而达到物、人、情的有机统一。上阕咏物，描摹龙女花的出众风姿，将其淡雅出尘、香气浓郁的特点刻画出来；下阕言志，用"拈花一笑"的典故承接上阕"妙香"之佛语，接而转到眼前华首门之景，秋日之衰败，让词人倍加惆怅，故而发出"花似雾，人如梦"的深沉感叹。

高奣映现存遗篇中有十二首民歌性质的竹枝词，添进丝丝人间烟火气息。《竹枝词》四首如下：

其一

高低垒垒冢迷荆，江上人家气欲平。名利莫来争此地，无兵尚且自称营。

其二

潢水惊源自上流，淘金弄得浊难休。不知营内人多少，眼底何时清到头。

其三

竹树高丛茨郁寒，豆酱人过卖甜酸，村婆解骂小孩子，油幕中间有客官。

其四

欲拜营官上北衙，塘兵称道事如麻。我来闲眼看无那，且酌江潢泼叶茶。①

此是高奣映在四川任职期间宿在将营时所作，语言浅俗、活泼，接近口语，如"冢迷荆""茨郁寒""潢水""豆酱""村婆""小孩子""油幕""客官"等，生动具体地描写了作者在金沙江畔的所见所闻、所思所感，这些诗作别具特色，刻画了当地风情，格调清朗，形象鲜明，给人耳目一新之感。他当时正处于政治斗争的泥淖中，吴三桂强令他出使川东，奔波于川滇之间，对战争的厌恶和对现实生活的不满，让他心里装有沉重的无奈感，也使他对普通安详的平民生活和悠然的大自然产生了向往，从这些诗作中可看出，高奣映的归隐绝非偶然。高奣映归隐结璘山之后作《牡丹词》八首②，托物言志，寄托了诗人的主观情怀。原文如下：

人间富贵艳人间，不似花王只等闲。十雨十风休怨妒，春光亘古了难删。

丁香打结簇球斜，玛瑙倾盘玉碾花。系马欲知年岁旧，酒逢人自说桑麻。

鸦盘水髻弄轻施，敢乞天香助妙姿。计已无聊还计计，无端宝屭累金丝。

---

① （清）高奣映：《鸡足山志》卷十二《诗上》，十三卷十四册，由云龙涵翠楼藏钞本，云南省图书馆藏。

② 由云龙总纂《姚安县志》卷六十五《金石志之十·附文征目录缘情托兴之文》，民国三十七年（1948）铅印本，云南省图书馆藏。

好花说看半开时，独到牡丹艳最迟。十分香底十分色，诗人千古可曾知？

依在山中花在山，花开与侬一般闲。国色莫嫌山色陋，沉香亭已挂烟鬟。

蝴蝶游蜂尽世情，天香风冷少知名。静开市月无吵闹，但许骚人弄墨兵。

桃奴李婢远山隈，卫氏夫人月作台。书罢几翻临镜绣，人人耶花是此回。

好春容易掷残花，看到子孙有几家。汉腊尚传薪火在，休将羯鼓急为挝。

八首《牡丹词》是一个整体，但每一首又如同一个意象单元，共同组成了让人玩味赏析的艺术世界。不仅描绘了牡丹的色、香、形状，也对其大加褒扬，花王牡丹同其他自然之物一样，需要经历"十风十雨"的磨砺，方能艳丽高贵。世人用它"助妙姿"，因其出众遭来怨妒，然牡丹静处独开，不计闲言碎语，"天香风冷少知名"，只许知音鉴赏。第八首更是点睛之笔，不仅反映出高奣映山居自适、与世无争的闲逸心态，也内含历史兴亡之感，表达了诗人以牡丹自喻自怜的心态。以"汉腊"典故入词，更是警醒意味十足，富贵如过眼烟云，莫因一时富贵显耀而得意忘形，要居安思危，慎终如始，正如他在《训子语》中所说："敬事业如敬身，保基土如执玉，如履薄临深。"

高奣映的诗歌真实生动地表现出他的丰富情感，如参禅悟道的喜悦之情，对佛教的热衷之情，对自然的喜爱之情，怨愤、轻蔑、厌恶、不平等个人情感皆能跃然于纸上。诗作从总体上看，诗风主平易，兼重奇险。民间神话传说，信手拈来，感情充沛，文风畅达；不用僻典，无滞重晦涩之疵。诗作富于理趣，注重思辨，寓理于景，发言真率，却又逻辑谨严，谋篇布局灵活多变。高奣映涉猎广泛，博采众家，读经尊孔，通晓儒佛道诸说。佛儒结合，融合民族文化传统，形成其诗歌的思想倾向。诚然，由于身世经历与思想的特殊性，高奣映诗作的出发点和视野，蕴涵着浓郁的士大夫气息，也有儒家伦理思想的局限。深谙官场黑暗、扭曲、残酷的他，对当时滇中少数民族生活的疾苦、民族矛盾和战争灾难，是无力过多涉足或不愿涉足的，其诗作自然也不免附有封建士大夫阶层浅吟低唱的色彩。距离人民生活太远，在民间流传较少，艺术性很高的作品也不是很多，以致其诗作虽数量颇丰，但传存于后世的甚少，这大概是高奣映诗作缺失太多的一大原因。所幸传存后世的作品，为其代表性的创作，通过这些诗作，我们对于其诗歌的内容和题材及其所致力于追求的个性风格与审美境界，尚能窥见一斑。

2. 散文创作

高奣映是清初滇中地区有一定影响的人物，作为一个有着特殊政治地位的佛门居士，他笔耕不辍，写下大量文章，描摹大理境内的山山水水，宣扬以儒治国、以佛治心的治世思想，移风易俗，开启民智，对当时地处偏远的滇中地区有着不可忽视的积极影响。

《迪孙》是一部历史散文集，该书的题名借用《尚书·太甲》"旁求俊彦，启迪后人"之意，该书分两卷：上卷为《混茫》《山水》《读史》等一百一十九篇；下卷为《自垢》《积戾》《孝死》等一百二十二篇（现存一百零三篇）。该书是高奣映在结璘山别业从事教学的讲稿和教材的汇编，主要通过历史人物和历史事件的讲析，阐发儒家思想或哲学观点，教导入门弟子和高氏子孙如何为人处世，如何治学，为他们阅读史籍释难解惑。内容涉及对国家、民族兴衰成败的义理分析，有对历史人物的独到见解以及修身养性的方式、立身处世的准则、治学明经的方法等。思想多系儒家言论，辨名分，正纲常，教育规戒后人知得失，启迪儿孙更好地接受儒家伦理道德观念，借以垂范后世。高奣映的许多政治看法、历史观点，在书中都有阐释，是一部历史小品和教科书。儒家"文以载道"的思想在其作品中得到充分体现，他既重视世功，又兼具浓厚的伦理色彩。如《衷义》一文：

> 君子宁言之不顾，不规于非义之信；宁身被困辱，不徇人以非礼之恭；宁孤立无朋，不失身于非道之人。故言必信，行必果，为硁硁之小人；危不入，乱不居，乃矫矫之君子。

《迪孙》掺入了大量"道"的承载，凸显观史以资治的功能和伦理教化功能。散文是他道德意志的体现，但并非纯粹的道德说教，还包含着深刻的伦理学内涵。

高奣映散存的散文约30篇，多为序跋以及描述自然风光的小品文。高奣映所作的序跋大多情真意切，虚怀若谷。其自序言简意赅，将自己的著作宗旨、撰写经过、编写体例等，作出简明扼要的阐述，如《〈妙香国草〉自序》，他开头就提出了写好游记的重要性，云南风景名胜甚多，却鲜少人知，皆因宣传力度不够，甚感惋惜，他还提出游记要想写好，必须写得真实可信，对"上下古今"的各种说法，要"全其真，搞其谬"，根据自己的考察研究得出结论，这样就可以"一勺等于沧海，一撮重于泰山"，一篇游记才有了不朽的价值。他也解释了每个题目下都要写篇"题释"的缘由，是为了"搜古以思风会之从来，以见物情之正伪"，"此正所谓怀滇之苦心也。不然，则游戏笔墨，可无作矣！"他还表明自己是用写风物志或史书的严肃态度进行创作，"史有正情，郡乘亦春秋旨也。凡有物有则，系事寄情，必生观感。适阅榆，不合作史本旨，或一二诞谬荒浮，难为传信。此卷虽小品也，核实纠讹，即正情生感，实存深义"。序文体现了高奣映治学为文的严谨风格，并可窥测他对文学功能的一二看法，即文学应当对社会有用，应该肩负存史资治、宣传教化的功能。为他人所作的序跋坦率中肯，言之有物，本着对作者负责、对读者负责、对后世负责的态度，高奣映深入了解作者、认真研究原著，如《呈贡文又山先生〈晚春堂诗〉序》，文化远与高奣映来往频繁，志同道合，引为挚友。文化远请高奣映为他选诗，他欣然应承。历数月，《晚春堂诗集》编成，高奣映为诗集写了序。在序中，高氏表述了自己的诗学思想，以"诗史"的深远目光论诗，"吾又山先生，变能主格，化能主境，标奇越险，不失故常，神随天动，心任思畅，如入万花春谷，烂漫光生，则又颇得太白之轩爽逸丽，然大都幽沉于岑孟，而以陶之真，以涉之于景色者也"。把文又山的诗歌创作提到一个诗歌发展过程加以体认，以"变化""自然""真"之美誉评价其诗。高奣映的这类序跋大多能提出真知灼见，材料丰富，文笔多姿，具有较高的文学价值和史料价值。

描述自然风光的文章是高奣映对自身生活经历、云南风景名胜、时局动态的记述和反映。高奣映的文章把山川胜境与经邦济国、除恶扬善等主题自然地结合起来。同时，较好地利用云南彝族文化传统及民间传说，将儒、佛思想扎根在肥沃的民族文化土壤中，增强了文章的表现力与生命力。高奣映将自然景观与人文因缘相糅合，借大自然之神韵，寓人生之感悟，形成文简旨远的风格。此类文章有《双沟瀑布说》《悬玉洞说》《方山说》《初建潜龙庵记》等，如《悬玉洞说》：

> 洞在县辖苴却小吴坝。块印一坳，入从细石垒垒中行，羊肠中不容两人足。至洞口，初视若厂焉，既骇而玩焉，则蹄股峤而牙角交，似堕似崩，不可胜数矣！
>
> 入焉幽然，其上有天窗，虽微日晴霞，或夜则疏星素月，无一不穿悬窦而照幽途。举手则倒岫垂峰，人行反若乘空，乃超乎峰岫之上。其四壁为窍，中有如虎、如龙、如人立、如鹤舞，又如作胡僧拜者、佛端坐者、罗汉之嬉戏者，则更不可胜数。
>
> 再入焉，从者具炬而行，初行则群手合，舒猿背以相引，间亦作胡跪而前入，间亦作蛇伏而蜿蜒。如是而行者三之一，然行作相纠而逶狖游，或作屡舞而蹁跹戏，或指隙而仰视明月，或逐蝙蝠而杂还腾，或大小相喧呼而使洞声皆应，如是而盘恒者又十之七也。惟舒卷自如间，窥众奇默然以毕念者，庶几会心得意。然石色苍凉，当气凝悬接之顷，未免如有所失。

此篇写景层层递进，步步深入，先记入洞之路，看似无景可记，但作者转笔已至洞口，站在洞口中可得观既惊骇又可玩味之景，石头千奇百怪，令人啧啧称叹。但洞口的景又不是最奇特的，最有趣的是向洞中更进一步，洞中的幽静才是最终的绝胜之景。高奣映用质朴平实的文字，简单地记述，自然而流畅，用最不着意的笔触描写了一处景地，但读之令人心向往之，如亲临其境，景物描写可圈可点，十分见功力。

高奣映的文章有精神慰藉和道德净化的作用。他推行儒释道济生利民，关心民众。在他散存的文稿中有《教民树艺议》《禁妇女入市议》《禁邪巫惑众议》等研究姚安当地人民经济、文化生活的议论文。他关注领地民众精神生活，由于迷信巫鬼，危害甚大，他在《禁邪巫惑众议》中，指出巫术的种种弊端，"巫之害，甚于盗贼鸩毒矣！何者？民之效者，用民之心也。民之心邪矣，而正说混。向人们呼吁：'攻乎异端，斯害也已！'"这种反对迷信的精神在其所处的时代背景下实属难能可贵。而《教民树艺议》则是为解决云南人民的基本生存问题：

> 姚安荒田甚多，不特人少，又苦活水无多。今寄住游民，半于土著，闪避差役，习为固然。宜将游民清查，给以田亩。近平原无水者，教以树桑；如近山箐稍阴处，教以栽植花椒；山箐之向阳而有水者，教以种植桃、梨、枣栗、海松、胡桃、橘、柑，取效只俟五年，而收利则可继百世也。不尝见宾居果园之利乎？不得以此为迂阔事。①

开篇点明现状，战乱之后，姚安荒地甚多，游民也多，却水源不足，游民除战争带来的流离失所的外来人员外，懒惰散漫的当地土著也占了一半。针对游民众多这一情况，高奣映在文中提出具体建议，"宜将游民清查，给以田亩"。对缺水现象，他分情况处理，无水的平原地带，提倡植树种桑，近山湿润处，栽植花椒，向阳而有水的山地，倡议种植果树。他从百年长远利益出发，为姚安民众谋福利。高奣映深为关注自己所处的现实环境，所以才积极倡导改良社会风尚，写出言之凿凿、情之切切的文章。

高奣映现存的散文或表达作者对历史事件的独特见解，或阐释自己的文艺理论见解，或简述山川名胜之由来，或关心社会现实问题，有理有据，文笔流畅，比较充分地表现了他渊博的学识和非凡的才气。

3. 文艺理论思想

高奣映并没有成熟而成系统的诗论作品，他的文艺理论散见于其作品，以为友人所题的序跋为甚。虽然同样有零星不成系统之憾，但还是可以从中梳理出其主要思想和观点。高奣映在继承前人的基础上，形成了带有自身鲜明个性的文学思想，在当时的滇川文坛上有着重大影响。高奣映作为云南地区的少数民族思想家，思维模式上具有嬗变性、开放性、多元性，因而他涉

---

① 由云龙总纂《姚安县志》卷六十五《金石志之十·附文征目录缘情托兴之文》，民国三十七年（1948）铅印本，云南省图书馆藏。

足不同领域的事物时，显得可塑性更强、包容性更广。

从高奣映在各种文艺专著和散论中所阐述的观点来看，他所提倡的文学思想为"气格说"，这是继承、演化古代文艺理论家曹丕等人的观点而来，但又不同于古人，"气"即人的气质个性；格，即格调、品格。"若论气格，当以秦汉为上"①，他重视作品的思想格调，重视源于生活抒发的真挚情感，心系天下苍生。"进规正人，忠以为国，慈以惠民"，高奣映的"气格说"以为国、惠民做理论基石，陶学良先生将"气格说"的多方面表现，归纳为"真""新""浑"。

所谓"真"，首先要"叙事真切，无一虚响浮调"，所作诗词取材于历史事件、名胜古迹、湖光山色、虫鱼鸟兽，都"核实纠讹"，十分注重题材的真实性。他不盲从先贤、不趋势权贵，较为直率地表达自己的见解与想法，将那些不实事求是、胡乱歌功颂扬的文人，骂为"谀世词人"。如七律《唐天宝战士合冢》：

> 不愁寂寞葬蛮乡，十万雄狮一冢藏。
> 未见松楸驯兔雉，常留荆棘扰牛羊。
> 要君相国虚传捷，谀世词人滥颂扬。
> 鬼蜮此中无女谒，丈夫群合自冰霜。

高奣映对唐天宝年间杨国忠谎报军情，诗人高适和储光羲写诗附和剑南节度使的历史事件，直言不讳，不蹈前人对历史的错误记录和认识，敢于对权贵的"虚传捷"和诗人的"滥颂扬"进行揭露和抨击。

其次要求有真情实感，所作的诗歌应是诗人真情的自然流露，要"至情所发""至性所发"，独抒性灵，表现内心的真实想法，与明代公安三袁的"性灵派"一脉相承。顺治十二年（1655），清政府为提倡古文，开展了"谕兴文教，尊崇儒术"的整顿文风运动。这次运动，间接地冲击和抑制了公安派、竟陵派造成的弊端，整个社会文风回归务实和严谨。但事情总是有一利

---

① 由云龙总纂《姚安县志》卷六十三《金石志之八·训子语》，民国三十七年（1948）铅印本，云南省图书馆藏。

必潜藏着一弊，他对这次的文风整顿有着自己的看法，认为继承盛唐"惟陈言之务去"的传统是好的，但把公安、竟陵两派"独抒性灵"、自由活跃的风气丢得太多了，"故其为文，天趣少而人力多焉"，一时间"戛戛陈言惧务去之不尽"①。他说："上古之讴谣鼓腹，诗之萌也；风、雅、三颂，诗之旨也；二京、三晋，诗之赡也；六朝、两汉，诗之浑秀也；至唐大备矣。故宋人思乎六朝，而靡曼者愈精工焉，明专其体性灵，以之故兼二京、两汉之朴茂盛代趋于盛唐，而以性灵全其气骨，故大有盛金元者矣。"② 高奣映在评论的时候对文化远诗歌的真切表示了赞同。同时，在自己的诗歌创作方面，他也力求坚持有感而发，写真诗、写真事、抒真情。他的诗歌《汝南王碑》：

> 当年击玉咏春山，此日苔痕半剥斑。
> 碧叶满溪花未见，暗香入寺草难删。
> 欲超尘表怀王志，忽对陇边忆旧颜。
> 底事那堪秋月上，扪碑难读冷禅关。

诗人从眼前所见"山""苔痕""碧叶"写起，回想历史，既写景又抒情，把明代遗民的怀古情怀表露无遗，把自己见到的真景和抒发的真情在字里行间自然而真实地书写出来。高奣映的文学理论，是历史发展的必然产物，是时代精神的果实。

所谓的"新"，即意境新，他反对浮泛之作，反对模拟剽窃，反对亦步亦趋蹈袭古人，不能认为只有某一时代的文学才是最好的，不同时代有不同的文学创作，要兼蓄并包，否则就没有文学的历史发展。主张诗文创作要有"变"，"变能主格，化能主境，标奇越险，不失其常；神随天动，心任思畅，如入万花春谷，烂漫光生"③。他认为随着时间的迁移、朝代的变迁，作家或诗人也应该写出具有新意的作品，写出包含自己见解的创新性作品，而不要流于形式或对权贵阿谀恭维。他以发展的眼光看待世界，懂得学习前人但不

---

① （清）高奣映：《妙香国草》卷首附文《与榆中诸子论文说》，康熙二十五年（1686）刻本，云南省图书馆藏。
② （清）文化远撰，高奣映评选《晚春堂诗》卷首，康熙四十二年（1703）刻本，云南省图书馆藏。
③ （清）文化远撰，高奣映评选《晚春堂诗》卷首，康熙四十二年（1703）刻本，云南省图书馆藏。

为其所束缚，不对先贤盲目崇拜。如他对公安派、竟陵派"独抒性灵，不拘格套"的主张是欣赏的。但对公安派、竟陵派的缺陷也直言不讳，他汲取精华，在此基础上加以创新发展。高奣映认为诗不能泛泛而作，文也应该有所创新，在教训子孙时尝云："吾固尝论时文，如史立庵之极熟，转不如韩元少之峭生；盖峭生尚可俄延以久，极熟久则惹人厌弃之矣。"① 认为"峭生"的文章才能有旺盛的生命力。高奣映紧扣时代脉搏，不僵化、不盲从，在"推陈出新"文艺理论的指导下，不仅题材、体裁都有所创新，也加强了文学创作的情操表达力度与深度，诗文充满了强烈的社会责任意识。

所谓的"浑"，就是说诗不宜露，要含蕴朴素、冲淡自然，要雄伟浑厚、"以气行势"。他极力推崇"六朝两汉诗之浑秀"，对文化远《杂诗五首》中"屠门肉山积，原非贫者尝"一诗评论道："古诗宜浑，此诗稍露，然不害其露，以旨远故也。"他又对文化远的《课几获稻》评曰："冲淡而浑，浑可味，杜老真臆。"在评论文化远的《夏日浴宜良温泉步韵》诗歌中说道："排律务求浑雄，有冠裳气象，切不可作小家语，此诗真得法脉。"在《与榆中诸子论文说》中提到文章的发生是"以意成文，以气行势"，称赞秦代的文章有独立见解，有丰富充实的、站得住脚的思想内容，是"以气传其神"，推重韩愈文章的"气实声宏"，文章须言之有物，有鲜明的思想倾向，这些都是他对文学创作"冲淡而浑，浑可昧"及"淡而简丽，近而恬远"的艺术追求。

总而言之，高奣映在一生当中除了受到公安派的文艺思想影响外，还受到了《周易》思想、佛教思想等的影响，他有着自己独特的文艺理论框架，在文论方面作出了不俗成绩，他以少数民族学者身份跻身汉人占绝对优势的文坛，并占有一席之地，实属难得。他用自己的文学见解指导文学创作、评价文艺作品、教育学生和后代，积极实践他文学艺术中矢志不渝的目标追求。

《姚安县志》对高奣映的评价是："凡经史子集，宋元以来先儒学说，与夫诗、古文辞、佛藏、内典，皆各窥其底蕴而名有心得"，"皆能扫前人

---

① 由云龙总纂《姚安县志》卷六十三《金石志之八·训子语》，民国三十七年（1948）铅印本，云南省图书馆藏。

支离、自辟精义，并于先儒偏驳处时加救正"。① 他终生徜徉于文化典籍，思想境界变得甚是开阔，不囿于门户之见，以探索真理的勇气审视前贤，怀疑权威，其精神创造具有时代水平和历史意义。在中国传统文化的强大基础上，他的学术研究和文学创作跟上时代的步伐而大放异彩。

"谢家子弟知多少？当头只许一二人。"高奣映无疑是高氏家族的集大成者，是一位有着巨大成就和影响的少数民族文学家和学者。研究他的生平和著作，对于继承和发扬传统家族文化有着重要的意义。高奣映以自己渊博的学识和投身文学的热忱，壮大了高氏门楣，在姚安甚至清代历史上都留下了不可磨灭的风雅。选高奣映为高氏家族代表略作考究，只能是管中窥豹，但见微知著，姚安高氏一族作品的史料价值与文学价值非常巨大，应纳入云南文化的整体研究。

（二）其他家族成员的文学创作

1. 高守藩

高氏文学家族成员，应当有不少是识文断字、知书达理的知识分子。但限于资料缺乏，不能看到其文学创作。而高守藩是有据可考的高氏第一文人，据史载曾作诗文集《龙溪小窗集》及《悼内十咏》，惜都不见传世。高守藩赢得后人"佳句乘龙集，名言仰玉岑"之赞，可见其有一定的文学造诣。高守藩的妻子是丽江府木增爱女——木淑，二人是患难夫妻，有着深厚的感情，故在木淑去世后，高守藩作诗悼念爱妻，然无缘睹其伉俪情深之作。

2. 高耀

高耀有着极高的文学素养，自幼礼佛诵经，"进内衙，众僧绕廊，庄严如古刹，静室焚香，敬写经文。公年少，长斋佞佛，侍从捧茶，举案必跪，俨如王者"。② 然其文学活动不见史载，唯知其在崇祯二年（1629）续修《高氏家谱》，并请同郡人陶珽、澜沧兵备道楚黄何闳中为序，将族谱分"谱例""考证录""源流图""恩纶""家训"各编，今不见传世，仅见高耀的自序和陶珽所作《姚安世守高氏家谱》，兹将高耀的自序摘录如下：

---

① 由云龙总纂《姚安县志》卷四十二，民国三十七年（1948）铅印本，云南省图书馆藏。
② 黄向坚撰《黄孝子寻亲纪程》卷一，民国十年（1921）上海进步书局石印本，北京大学图书馆藏。

高氏续修家谱·序

世家之有谱牒，亦犹国家之有方策；国无方策，则事无统纪久而相忘，家无谱牒则长幼嫡庶之序，尊卑疏戚之阶，久而且紊，此古者之于家谱必设宗子以统之，必建家庙以藏之，子孙世守勿替是以绍其后者，昭穆有序，尊卑有等，沿承绍袭于谱焉实赖之，懿子顺孙历百世而绳绳相继有如一日者，畴非此之故哉，乃后世古道陵夷。家史废而宗法不明，属无统纪抑何怪乎？彝伦之就斁也，嗟乎，牛马之相驳，箫王之相惇有自来矣。余每谓承宗要务宜莫如谱，不可以不修然，始修矣，后不可不续余家之谱。自余之衍派得值尼山，至圣首锡留尝当时一字之褒，胜于华衮而清洒微辞，垂光简册顾已称千载之奇遘矣。自是而后纂徽述美，或问世而一修，或数传而再辑，历宋元明永遵斯范，乃近以八荒云扰即金匮石室之蕴，劫罹且多，况余家乘不无零散，上于皇王有丝纶诰命之文，次则祖宗有谟训著述之绪，惜皆仅存十一于千百矣。每念及此，心怆如刺食息历宁，更虑其久遗逸且日甚也，曷乘其遗珠散玉，存萃尚多摭拾缀联，犹为全璧。于是攒聚旧史摩仍走书币于四方，求诸名笔以光昭简册，陶何之巨述，倪尹之弘辞，咸在收罗，更得水目住公大师推引明经，杨君谓："史学凤娴，堪成雅志。"因兹谱事，益决走币邀迎得不我弃，杨君亦不辞殷勤，搦管概续逸文，于是海放川纳采类分门，不数月而告成焉。宗烈宗猷班班可考，呜呼，合而分，分而合，阅历多故而谱复新，且观旧史有加焉，是尚赖我祖宗在天中灵，若启若翼以有此也，振振哉，一岁谷十岁木百岁树，是德又在我子我孙，继述人之事矣。兹谱之中，既未尝夸全炫美，矜奇彰大，以饰人之见闻，亦未尝没懿伦之善，以坠祖宗之前烈，书既就绪，乃行乎世胤王暨族属老幼而告之曰："尔辈亦尝观于干霄之木乎？万业千枝同一根株，喜怒悲戚之相关，虽分柯异叶而甲折勾萌始一本也。"故知谱也者，亲亲也，亲亲，仁也；孝弟为仁本，礼乐修而天地泰，昭穆明而世系远，斯亦理之必然者矣。汝辈视绪祖之推位还国也，可以兴忠视绪祖之齐家也，可以与孝视绪祖之立身涉世事，上接下之礼可风可谟，彼夫逾分越偷觊觎定位不再传，而竟同若敖可以杜邪谋，而而消奸咎，子子孙孙勿替引之，岂非厚幸也哉！忆数年以前久怀此志，而人事龃龉徒悬虚愿，感岁月之云迈，思精力之易衰，于是奋然为之果遂凤忱，上彰先迹下垂后规，午夜扪心，幸无遗憾矣。后辈珍而守之，非人勿视芊地无置以慎其护藏懿子顺孙，光宗耀祖，诚不愧为人子者耳，然余犹有说焉。后之视今，亦犹今之视昔等，百世之子孙嗣而修之犹未艾也，是又修谱之余，思不可不并举以竟其意者是役也，开发推举以致书成者，住公大师是为水目开山堂大善知识字，无住若其秉笔修文以终我谱事者，则又明经杨君是为赵之述阳人云。①

续修宗谱需要在整理前谱的基础上对后世世系的发展有充分的了解，只有这样宗谱才能准确无误，而且从资料整理到纂写、再到排版印刷都需要一定的人力、财力。"海放川纳采类分门，不数月而告成焉。"虽只简短几字，然纂修宗谱的个中艰辛恐无人可知。高耀的序文短小精悍，条理清晰，首先表述了家谱的重要性，将谱牒放在了"国家方策"的同等地位，其次描述了高氏家乘的现状，"不无零散……惜皆仅存十一于千百矣"，故秉持着"既未尝夸全炫美，矜奇彰大，以饰人之见闻，亦未尝没懿伦之善，以坠祖宗之前烈"的宗旨，进行家谱续编，以达到"上彰先迹下垂后规"的目的。通过此文，可看出正是因为对祖先的尊崇，对后辈的殷殷教导，才使得高氏的家族凝聚力不断加强。

3. 高映厚

高映厚曾著《日讲指归集》，今不见传。只留下"声远楼静室"楹联一副：

常乐居

浮名不染心常乐，
道念恒坚体自舒。②

该楹联内容一般，但对仗工整，音韵和谐，可看出具有较好的文学功

---

① 秦光玉辑《滇文丛录》卷二十二《序跋类二》，民国三十五年（1946）铅印本，开智印刷公司印刷。

② （清）高奣映：《鸡足山志》卷十一《艺文下》，由云龙涵翠楼藏钞本，云南省图书馆藏。

底，也可看出高映厚非常注重个人的修身养性。楹联这种"两行文学"深受高氏家族作家群体的喜爱，楹联遍及众多领域和场所，尤其是寺庙庵堂，而高𪩘映留下的楹联之多、质量之高是高氏其他家族文人无法比拟的，如他曾在弥勒楼阁写下对联：

> 历诸行忍，得诸行通，修诸行辩，弥勒自然首肯，方许证真等觉，证法大乘，证妙圆湛，乃登无上宝阁；
>
> 离一切想，除一切障，灭一切惑，善财因生欢喜，是以所见不忘，所闻能忆，所思不乱，遂入解脱慧门。

该联对仗工整，韵律对称，反映出高𪩘映的文学才能和佛学智慧，具有较高的审美水平。高氏家族文人群体对楹联的书写，是汉文创作艺术性与实用性结合的典范，是雅文化与俗文化成功衔接的实例，这对中国传统文化在高氏家族及彝区的普及，有着积极的作用。

4. 高厚德

高𪩘映对长孙高厚德寄予厚望，亲授课业，带其游览名山大川、会客见友，故高厚德自幼便打下良好的文学基础，其作有其祖之风，保山王家栋为其《望云集》作序曾言："读之益知雪君之颠末，不独名臣抑大儒也，不独高人抑佛子也；且益知纯一之抱蕴，不独象贤抑孝孙也，不独国器抑才子也。"[1] 可见评价之高，惜其《望云集》今不见传，而由云龙将《望云集》列在《姚安县志》的"方技杂流专家之书"，因其非"纯文艺"，这也从另一侧面反映了高厚德多才多艺，并不止于文学。

高厚德跟随祖父高𪩘映游览鸡足山，在为鸡足山所作的题咏之中，高厚德的这八篇律诗受到祖父青睐，将之编入《鸡足山志》。八首诗文如下：

玉龙吹霰

闲风吹雪雪痕多，千尺银虹漾碧波。卧月芦花声送桨，披云树影雨

---

[1]　由云龙总纂《姚安县志》卷四十一《学术志之五·方技杂流专家之书》，民国三十七年（1948）铅印本，云南省图书馆藏。

含蕤。

水晶帘外人题句，琥珀杯中客放歌。一片青山寻六出，静边清响得如何。

遥峰雪灿

万丈奔流遄碧波，霏霏雪浪涌天河，箭飞裂石喧烟树，练挽明珠曳绿萝。

远壑殷雷思豸辟，细风吹岭见虹多。狂澜谁砥千秋恨，莫艳人间响玉珂。

塔凝空月

摩苍一笔插琼楼，万籁无声写素秋，玉碾太清梯折桂，冰凝寒夜控虚舟。

钟敲枫落星前雁，露冷芦横海上鸥。莫道花宫多黯淡，画阁诗思正堪秋。

洞阅灵奇

骋危叠窍浑难穷，始识人间造化工。绿字赤文虫刻篆，苍峰白壑月玲珑。

悬珠网象教云湿，渍玉壶天使线通。中有气机涵奥闳，鹧鸪声老坠崖红。

地隐晴雷

灵山高下变阴阳，象外天光触雨生，赤日一九峰淡淡，青烟几树壑晶晶。

雉媒带雨徐横异，鸠妇迎风急啄声。乍隔殷然思欲起，鼍宫蛟馆怒初平。

绿天四霁

阴浓分蔽日初红，波起时吹麦浪风。晴旭依微空色外，晚霞明灭绿烟中。

看云孰许怀江北，对树何须问岭东。不欲趋炎来此地，莫欺皋鹤等冥鸿。

岩日流丹

夕阳高挂绿萝端，山暮烟生倒景攒。树黬传经爇上火，岩悬勾漏窟中丹。

归云似待流光醉，倦鸟何知返照寒。为忆赤城有霞举，紫貂留得珥为别。

云海晴光

晴霞荡漾水云红，五色蓬莱似镜中，不尽涟漪翻远岸，无端擘絮舞长空。

奇峰隔断波涵日，虚壁凝来浪逐风。气混太清看曙晓，扶桑遥对海门东。①

所保存的诗歌均是对鸡足山的写照，他将"胜概八景"描写得淋漓尽致，人与自然的和谐，在此得以印证。这些诗在写景状物、抒情寄意方面，独具特色。如果将这些诗与高奣映所作"胜概八景"的文章共读，有相映成趣、别有韵味之感。

如祖孙二人对"绿天四翳"都有赞颂，现将高奣映的小品文摘抄如下：

绿天四翳

题辞曰：庄子云，受命于天，松柏独正。盖松为奎星之精，其宫主于太微。今鸡山之松始焉，则均之受命于人，乃历千岁，上吸奎文之精，下钟灵岳之气，而遂矫矫郁郁，虬腾龙蛰于严霜积雪之间耳。尝读《山海经》："大荒之中，有方山焉，上盈青松，名曰'拒格'，盖日月之所出也。"昔符子与玄子登泰山，下临千仞之渊，上荫百丈之松，潇

---

① （清）高奣映：《鸡足山志》卷十三《艺文下》，由云龙涵翠楼藏钞本，云南省图书馆藏。

滿然一丘神王。兹之山，青松不下百千万亿本，其数之极于不可数，凌峰填壑，吟阜吹山，均是松矣。人游其下，四翳绿天，日月之所从出，风霞之所陶写，旋环数百里之内，均之步松幢云幄之中矣，遍及一山，宁仅审王一丘哉！鲜于伯机之支，离叟孙兴之夸，枝高势远，渺乎小焉，岂不为鸡足山大方松所笑？惟柳州之贞心劲质，休文之蟠枝笔干，苟卿之经冬不凋，虎头之减霜愈茂，则无不备。吾将烹青牛于函鼎，煮伏龟于上尊，坐陶弘景松风之庭院，把庐山离离千岁尘尾，歌石曼卿诗曰："直气森森耻屈蟠，铁衣生涩紫鳞干，影摇千尺龙蛇动，声撼半天风雨寒。"谋此大嚼长吟，当俟之笔歌墨舞之后。①

高厚德的诗从眼之所见出发，紧紧围绕一"绿"字展开，首联描绘了清晨的红日、麦浪，红绿相间，颜色上给人带来视觉冲击；颔联随着时间流转，描摹五彩晚霞在绿烟中若隐若现，也是将其他颜色与绿色形成对比，带来无限审美想象，颈联字字对仗，承上启下，拔出新意，白云、绿树相间，诗人的幽怀满腹，与浮云、松树形成互动，借以慰藉自己，尾联紧承颈联结之，别运生意，世态炎凉，惟山是山，水是水，不因穷通变故而发生改变，将此处作为心灵栖息之地。而高奣映则是尽情描述形成这一独特秀美自然景观的青松，从典籍、先贤层面，歌颂松柏精神，郁郁森森、遮天蔽日的"绿天四翳"仙境，诱发了高奣映书写奇山异水的激情，故慨当以歌。高厚德留下的诗文虽不多，仅此数篇，但已可略知其文学造诣。

另（民国）《姚安县志》存残文《雪君先生行状》一篇，为我们了解高奣映增添了史料依据。兹摘录如下：

方逆藩吴三桂叛乱，其伪将胡国柱沸涌于金江，伪国公马宝猖獗于楚雄，使两军相接，事之溃败几难问矣。吾祖兴屯聚以分其势，行间谍以逆其心，令马在楚雄孤立而无助，胡渡金江，不攻而自溃。又以单骑会伪怀忠海将军，而解其兵；说伪将刘汉章、杨开运、李发美、赵永宁投诚归顺；缴姚安府、姚州、大姚县、白井提举、经历司、府县两学伪

---

① （清）高奣映：《鸡足山志》卷三《名胜上》，由云龙涵翠楼藏钞本，云南省图书馆藏。

印七枚，以功议叙，授布政使司参政道。[①]

在其祖父去世后，高厚德哀思郁结，发而为言，洋洋洒洒为之作文，"乃祖所以贻谋，所以教训，遗事备述其美"[②]。然不见文章原貌，只留下寥寥一百四十七字，却已将高𦟖映的足智多谋和政治家风范刻画于纸上。

高氏家族的以上四位成员有着政客和文人的双重身份。一方面高氏家族作为政治家族，四人皆为当地土司，使得他们能够受到良好的儒学熏陶，为国献身、为君尽忠的理念深入骨髓；另一方面，作为文人，他们有着文人的审美情趣与爱好，用诗文来慰藉自己的心灵，抒发自己的感情。虽诗文作品留存不多，但从只言片语中，仍可窥见其所呈现的"风雅"面貌。

（三）高氏文学家族整体创作风貌

本章主要对高𦟖映及高氏家族其他成员的文学创作作了略考。由于资料有限，无法窥其全貌，但是悉心梳理，从琐碎的文献资料中去芜存菁，还是能够清晰地看到高氏家族作为一个文学世家，在文学艺术上的整体风貌与意义。

明清时期姚安高氏二百余年的发展，呈现出明显的阶段性特征。高氏家族的文名崛起于明中后期，此时政治腐败，时局动荡，明王朝的败落已是大势所趋，纵高守藩、高耀重视文学创作，亦无安逸的创作环境保障，他们虽在姚安没有引起强烈反响，但提升了家族的整体文学素养。改朝换代后，高氏家族的政治元气大伤，进入家族中衰期，然因高𦟖映的横空出世，文学创作却大放异彩，高𦟖映依靠自身努力为家族赢得了崇高的地位，其学术文化惠及滇中，高氏家族的文名达到顶峰。高𦟖映对子孙的教育也极其重视，这在一定程度上避免了入清后高氏成员文学创作断层。由于时局问题和家族人才凋零等各种因素的影响，好景并没有持续太长时间，在清廷的刻意打压下，高映厚为保持家族不衰，疲于应对，惶惶不可终日，无暇文学创作。再加上高厚德骄奢蛮横，"改土归流"姚安首当其冲，远迁南京，随着世袭终

---

① 转引自由云龙总纂《姚安县志》卷六十三《甘孟贤〈高雪君先生家传〉》，民国三十七年（1948）铅印本，云南省图书馆藏。

② 由云龙总纂《姚安县志》卷四十一《学术志之五·方技杂流专家之书》，民国三十七年（1948）铅印本，云南省图书馆藏。

结，高氏文学家族从此一蹶不振。

明清易代，"天崩地坼"，清初士人面对历史巨变，其心态相当复杂，对"故国"抑或"新朝"的不同选择，体现出了政治和文化上的不同立场。随着清王朝入主中原、正统地位的逐步确立以及遗民群体的逐渐离世，华夷、仕隐之别不断淡化，"国朝"意识成为士人文化心态的主导倾向。而高氏文学家族横跨明清两朝，其文学创作风貌的改变，与时代呼应，是明清政治风云在彝族文学家族上的折射。"遗民"是时代变迁、政权变更的产物，也是独特的社会文化现象，遗民文人将其生存方式、平生际遇、精神寄托、生命感悟都糅入文学创作。研究高氏家族前期、中期的文学创作，是对遗民作品本身的解读，也为研究滇学提供了新的视角。高氏家族与浪穹何氏家族（白族）、呈贡文氏家族、晋宁唐氏家族等典型的滇中遗民家族相比，因政治地位的不同、民族身份的差异，其作品数量及文学作品的战斗性、批判性都稍显逊色，但这并不能抹杀其遗民身份。如高𤫛亲自参与反清复明的战争，跟随永历皇帝奔走呼吁，用实际行动谱写了可歌可泣的爱国篇章，表现出了高尚的气节。然明王朝大势已去，身归佛教圣地成为滇遗民寄放灵魂的首选，"152 名滇遗民中有 34 人最终选择了出家，占滇遗民总数的21.7%"[1]，形成了别具风格的释子艺术。高𤫛不论是出于正统的民族大义，还是出于家风的忠君观念，都无法接受异族入主的残酷现实，无奈之下，和其他每一位深受儒家思想熏陶的云南士子一样，如担当、苍雪、介庵等遗民高僧，选择遁入空门，这既解决了生存问题，又表达了拒入新朝的决绝之意。虽高奣映为在乱世中保全家族利益，在政治上承认了清王朝的册封，但在骨子里还是心念旧朝，写下的诗文富有强烈的现实主义精神，强调文章的社会功能，纵情讴歌大理的自然风景。高氏家族充实了滇中的宗教文化、山水文化，对明末清初云南文学的兴盛起到了刺激、引领作用，也对该时期滇中文坛后续力量的培养起到了意义非凡的推动作用。随着时间的推移，清王朝政权的逐步巩固，高氏家族的遗民情怀逐渐淡化，高氏家族的文学作品大部分取材于社会现实和亲身经历，写发生在身边的真人真事，描摹实情真景，具有"国朝诗人"的明显特征，内容上空疏和缥缈，

---

① 冯丽荣：《清初滇遗民文学研究》，西南大学硕士学位论文，2010。

"温柔敦厚""怨而不怒"，以唐诗的格调表现封建社会的政治与伦理思想，如高厚德的《玉龙吹霰》《遥峰雪灿》《塔凝空月》等，但由于生活面狭窄，其诗缺乏现实社会内容。高氏家族诗风的演变规律不但取决于家风家学的浸染、自身的文学修养和艺术追求，也与当时的诗学思潮和文化风尚密切相关。清朝早期为抑制文人思想，大力倡导宗唐复古的观念，高氏文学家族也不可避免地受到此风影响。纵观高氏文学家族，它传承了忠君爱国的儒学家风，丰富了地域文化，承载了时代内涵，是文学史线性时间与历史线性时序的互文性体现。

高氏家族的文学创作很多已经散失，从仅存的作品来看，虽诗文存有流弊，但也有大量精品存在，对姚安一时一地的诗文风气形成，产生了重要影响。高氏家族的文学、文化活动共持续了两百年左右，从现存的作品来看，高氏文人的文学作品所反映的内容大体是一致的，基本包括山水记游、缅怀悼挽。少言政治，寄情山水，是高氏家族很明显，也很重要的创作特色。与此相对应的是，积极进取、气盛情豪的一面在高氏文人作品中几乎是杳无踪迹，更多的是一种沉寂闲适的气质，他们的诗词创作有着刻意模仿古人的痕迹，可以说是有了更多、更纯粹的以文自娱、文以适情的味道。如高奣映的隐士文风、高厚德温柔敦厚的传统文人气质。

高氏家族文人在文学创作上平缓恬淡的文风，是值得玩味和思考的。从表面上看，是因为文人自身经历、性格气质、文化素养等造成的。由于高氏家族的成员大多在姚安为官，很少走出大理境内，所以他们的作品写的多是大理见闻和风景名胜，为我们提供了当地大量的历史信息和生活画面。高氏家族成员身上都兼具儒士和居士的特质，儒士主要体现为处理政治事务时所表现出的独立人格、高人一等的眼光、处事的"中庸"思想等；他们是闹市中的居士，深受佛学禅理的影响，大多心态平和，与世无争，充满古淡散远的气息，故透露出闲适淡泊的文风。往深处看，这些转变和高氏文人所处的时代背景相关。高氏文人生于家族衰落之际，历经明清鼎革、三藩叛乱、"改土归流"这些动荡的岁月，顶着"世胄蹑高位"的光辉，但此时家族实力与历史上的社会地位已相差甚远，无奈在风雨中飘摇，苦苦支撑，再加上清朝文化枷锁稍显严厉，为求自保，高氏文人也就没有太多积极的表现了。个人修养的催化，历史环境的刺激，使高氏后

人历经沧桑后愈加恬淡，表现出更多以文自娱的一面，这也就是自然而然
的事了。

高氏家族是姚安地区的典型代表，虽只是一个中等规模的文化家族，
但在与其他文明的相互激荡中，在艺术、佛学、文学、哲学、史志和音
韵学等方面都有所建树，极大地丰富了姚安地方文化，在姚安文化史上
留下了辉煌的一页，高氏文学家族具有一定的研究价值，值得不断地挖
掘、开发。

从文学创作成就而言，高氏在规模上无法与汉族大姓比肩。这样非显宦
非富贵的家族，在自己狭小的领地努力创作，不管多么落魄依然坚定地维护
其诗书传家的生存模式，更能体现出文学家族与家族文学存在与生成的研究
意义，正是因为一个个类似于高氏家族这样的基层文学创作群体的存在，以
个人及家族团体的个性汇合形成整个彝族文学创作的共性，最终构成彝族文
学史，乃至整个中国文学史。

五　姚安高氏之家学门风

姚安高氏家族作为明清文学家族中的一分子，虽然在文学上并没有
做到真正意义上的异军突起，然其家庭成员高尚的人格魅力、极高的佛
学成就，深得世人赞誉。一家数代皆有文名，除了当时国家的重文轻武
政策及当地的地缘影响等外部因素外，与家庭内部良好的家风、文化传
统也是分不开的。家族文化具有极强的传承性和较强的价值导向力。在
这种家族文化的熏陶下，每个家族成员在日常社会交往中，甚至是文学
艺术创作过程中都自觉或不自觉地遵循着家族传统。高氏家族历明清鼎
革、"改土归流"这样的动荡局面，仍能在地方上独树一帜，与良好的
家学门风休戚与共。

（一）忠良孝悌的儒学家风

在家国同构的封建社会中，儒家的仁义道德、三纲五常的观念有利于统
治阶级进行思想控制，故明清两朝提倡以文治国，非常重视倡导少数民族学
习儒学，实行文化专制政策，以一元的文化态度对待少数民族。在上位者的
大力倡导下，儒学兴盛，举国学习汉文化的风气甚是浓厚，彝族聚居地亦纷
纷潜心学习儒学，其中尤以高门大姓为最，高氏家族亦不能免。姚安高氏家

族积极学习汉文化，儒学对其的家学形成产生了重大的影响，"君者国之主，父者家之尊"①，高氏家族成员中，高耀、高𪩘映等人都用自己的实际行动奠定了儒学传家的家学基调。

姚安高氏家族作为封建朝廷的地方统治者，表现出明显的爱国忠君意识。政治上的世代忠贞既给后世留下了美名，又得到历代朝廷的赞赏和肯定，如"政和五年乙未，即文治六年，宋遣翰林院通籍种位震、儒士黄渐盘，褒公让国忠贞至孝，赐豹节二，彤云帜一，锦章一，文曰：'让全忠孝'"②。这种爱国忠君观念的产生和延续，一方面源于对朝廷封赐和奖赏的感恩，另一方面与儒学的爱国忠君观念息息相关。虽地处蛮荒，文明开化程度低，受儒家伦理教诲的时间晚，但这并不意味着人伦意识的缺失，随着汉化程度的逐步加深，高氏家族已经形成了较为明确的"爱国""忠君"思想。"入塾一二岁后，常课经书外，必讲明忠孝之大节，人情物理之曲折。渐至于成人，日必说鉴，以晓古今兴亡之有故。"③ 高氏家族的爱国忠君观念随着对儒家伦理的学习而不断得到强化。如高耀追随黔国公沐天波积极赴战抗清，看到明朝兵败如山倒的景象后，发出"明运既终，臣子宁有家哉！"的喟叹，故而削发为僧，义不入清为宦。与爱国忠君相对，高氏家族在整体上又表现出一种识时知命的政治选择。这种选择主要是受千百年来儒家伦理思想中"孝"为"忠"之本观念的影响。具体而言，"孝"对于一个土司家族来说，其要义除了对长辈孝顺、对祖先崇敬外，更重要的是背负着壮大门楣的责任——既要维持家族绵延，又要保持家声不坠。这种家族责任以及"一朝天子一朝臣"的政治观念使得高氏家族在江山易主、舆图换稿之时，所作出的各种政治选择都不得不围绕着家族利益而进行，如高𪩘映虽十余岁即袭任清廷册封的土同知，但对明太祖及明历代皇帝，内心都是感恩戴德的，不然当感通寺和尚捧出明太祖御墨后，他也就不会涕泗滂颐、悲伤万分地写下"为忆临轩重慰问，殊方今已负皇猷"之句，在清初文字狱盛行之时，高𪩘映能在诗句中如此明目张胆地表达对前

---

① （清）高𪩘映：《迪孙》卷一，康熙年间刻本，云南省图书馆藏。
② （清）高𪩘映：《鸡足山志》卷六《人物上》，由云龙涵翠楼藏钞本，云南省图书馆藏。
③ 由云龙总纂《姚安县志》卷六十三《金石志之八·训子语》，民国三十七年（1948）铅印本，云南省图书馆藏。

朝皇帝的顶礼膜拜，可见他对前朝深厚的政治情感和对清王朝的隐隐不快；他厌恶战争，看不惯吴三桂的叛乱行径，却又不得不接受吴三桂的命令出使川东，与之虚与委蛇，最后才能"托疾挂冠"，离开是非之地一段距离。高𪱔映的委曲求全，不过是为了在乱世中求一席安身立命之所，以维持家族的延续，就整个历史发展的大趋势来看，对清廷献土归诚、对吴三桂的敷衍应付，都是一种顺应历史潮流的行为，可谓"识时务者为俊杰"，且他所作的每个决定都是将家族利益放之小我之前，是对家族的尽忠尽责，可谓"大孝"。

总而言之，致忠于君，致孝于亲，正是因为心怀对朝廷的感恩，所以家族才会在国家危难时鞍前马后、赴汤蹈火；同样，也正是因为能在乱世中识时知命，才有家族的世代繁衍、子嗣昌隆。爱国尽忠、敬祖全孝，成为姚安高氏儒学家风的基调。毋庸置疑，姚安高氏是以儒学作为家学思想文化基础的，儒学对高氏家族的影响是根深蒂固、潜移默化的。

(二) 谈禅礼佛的阖门信仰

陈垣曾说："禅悦，明季士大夫风气也"，"万历而后，禅风浸盛，士夫无不谈禅，僧亦无不欲与士夫结纳"[1]。儒家思想到了明代晚期因程朱理学逐渐失去了崇高的地位而不断受到道家、释家以及玄学的挑战。更多的人在面对当时黑暗的政治环境时毅然抛弃了万丈红尘，而选择了一种以消闲遣兴、修身养性为目的的艺术化的生活方式。

高氏家族成员多谈禅礼佛，世代不坠，或捐建寺庙、灯座，或与僧人交往频仍，或与之酬唱证悟，其家族文学明显受到佛禅之风影响。高氏受到佛教影响的原因颇杂，或有政治因素，或有地域熏染之便利，或有信仰之需求，或有个体之机缘等。高氏家族成员有着很高的佛学素养，为佛教在大理的兴盛做了许多功德事业。大理国素以"妙香佛国""佛之齐鲁"著称，上至君王、下及百姓都信奉佛教，佛教在南诏大理国的宗教信仰中占据着举足轻重的地位。元、明、清时期，佛教在云南依旧是非常重要的宗教信仰之一。作为具有行政权力的土司阶层，出于宗教管理的职能，也必然与佛教僧侣有所接触，实际上，从大理国时期到元明清土司时期，高

---

[1]　陈垣：《明季滇黔佛教考》，中华书局，1962，第129页。

氏家族对佛教始终保持着浓厚的热情。作为大理国的名门望族，高氏子孙大多崇信佛教，我们可从现存的大理国碑刻及有关史料中看到高氏一门与佛教有着不解之缘。如大理国时期，高泰明担任国相时大力弘扬佛法而被段氏封为"护法明公"；高顺贞在水目山祝发为僧，号净妙澄法师，被尊奉为祥云水目寺二祖，是云南禅宗的重要传人；高量成对佛教贡献突出，被册封为"护法公"；高量成的侄子，二十一岁，辞父母为僧，号为渊公禅师；高耀义不仕清，抛弃荣华富贵，出家为僧，致力于建造佛寺等。"学文，则命之汜览左、史、范晔《后汉书》，陈寿《三国志》、欧阳修《五代史》诸书，而以《老子》《庄子》《楞严》《圆觉》《维摩》等傍，以通达其性情。"① 佛学经典是高氏家族修身养性的必学书目，礼佛诵经，受佛学影响，高氏子弟有着思辨的哲学思维，如高奣映写出多部佛学著作，有《金刚慧解》《心经发微》《定观经》等，佛学造诣很高。高奣映是清初云南汉传佛教兴盛的见证者，同时也是这段佛教史的叙述者和对佛教教理兴味浓厚的研究者。作为佛门世家，他们在佛教的雕刻建筑、经书文献整理保护、造寺建塔、弘扬佛理等方面都对佛教在云南的发展作出了巨大贡献。

　　佛教对高氏家族的影响是长时段、多维度的，高氏子孙支持佛教的发展，崇法礼佛，且以佛养性，高氏家族将"奉三宝"列在了《高氏家训》中，信奉佛教已经成为高氏对其家族成员最基本的要求之一。高氏家族阖门信仰佛教，并当作家族传统沿袭下来，以便敦促族人行善积德，谋求正道，对家族的良性发展起到促进作用。

　　（三）追述祖德的家族观念

　　"为人也孝弟，而好犯上者，鲜矣；不好犯上，而好作乱者，未之有也。"② 孝悌之道作为儒家伦理道德中的重要组成部分，自古受到统治者的重视，并大力提倡。孝悌，为古人立身之本，世家大族为巩固家族地位，也对孝悌推崇备至。当一个家族发展到一定程度，为了凸显家族门第的显贵，为了团结并激励族人为家族的发展贡献一己之力，追述先祖便成了强化家族

---

　　① 由云龙总纂《姚安县志》卷六十三《金石志之八·训子语》，民国三十七年（1948）铅印本，云南省图书馆藏。

　　② 杨伯峻：《论语译注》，中华书局，2009，第2页。

观念最为直接的方式，其表现形式多种多样，如修坟建祠、岁时祭祀、撰修家谱、撰写文学作品等。慎终追远、追述祖德的文化心理在高氏家族中也屡见不鲜。

"高氏之德业犹新，基土如旧，溯厥所从，固自积世积德，然率循有教，乃能如是。"① 高氏文人对家族利益的关注，对身世的自豪感和优越感，使他们纷纷创作追述祖德的作品，表达祭祖追孝之情。岁月沧桑、政权更迭、社会巨变、族人分迁，姚安高氏通过编修家谱、建立祠堂、修建义庄等各种方式敦宗睦族，强化宗族的凝聚力，为高氏家族的繁衍和社会地位的提升奠定了基础。高氏家族十分注重祭祀拜祖之仪，这既是宗族观念的情感寄托，同时也是获取家族声誉的有效手段。高奣映作为高氏家族发展的代表人物，承担着构建家族文化体系的责任，而他的《训子语》《迪孙》等著作，通过追述祖先德行，追寻家族历史荣耀，勉励后世子弟，增强自信；同时又通过描述先祖创立及发展家业的不易，希望子孙约束自己的观念行为，为家族的发展积极贡献力量。尝曰："吾宁重惩尔辈，俾少一顽徒，不令多一失学游民，沾辱祖宗也。"② 笃行祖先遗志，以祖宗家业为重，以求达到家族长远的发展。

追述祖德的家族理念是强有力的精神纽带，能在家族成员内部产生强大的凝聚力与向心力，将家人紧密团结在一起，高氏家族通过追述祖德，强化了宗族观念，提高了家族凝聚力，有利于高氏家族的长远发展。

（四）慕雅思贤的交游理念

高氏家族有戚友之谊的交往，也有思想、学术的交流，他们将与名人文士的交流互动视作一种荣誉，尽力地去维护、继承祖辈流传下来的珍贵的人脉关系，拜师从游于前辈、交游切磋于同辈、提携交往于后辈，在文化上兼收并蓄，积极吸收他族优秀文化，广泛交友、联姻名门，在此基础上利益互通，形成家族独特的文化交游网络。

高氏家族的交友圈十分驳杂，各个阶层、各个年龄段的人都有接触。高

---

① 由云龙总纂《姚安县志》卷六十三《金石志之八·训子语》，民国三十七年（1948）铅印本，云南省图书馆藏。

② 由云龙总纂《姚安县志》卷六十三《金石志之八·训子语》，民国三十七年（1948）铅印本，云南省图书馆藏。

氏族人从先贤前辈身上学习文学艺术的精华，吸取学术观念及处世风范，切身感受汉文化的魅力，这对高氏族人人生观和价值观的形成起到了很大的指导作用。地方官府为提升政绩，会聘请良师集中教授地方上聪慧好学的学童，使之适时应试，取得官职。高氏家族在这样的机遇下，认识了地方上平辈的青年才俊，并与之往来甚密，与这些文人墨客的相互联系，既提高了自身的文学造诣，也扩大了知名度与社会影响力。如高𤩽映就是在这样的机缘下，与保山徐崇岳、澄江张柴文、呈贡文化远、安宁罗天柱等文士产生了同门、同学的关系。高氏族人悉心教导子侄孙辈读书成才，兴学校，重教育，"一绳以诗书礼义，卧必三更，起必鸡鸣，不令骄惰"①。如高𤩽映的弟子门生人数之多、阵容之大在云南史上是罕见的，他对学生的提携与鼓励充满真诚，竭尽所能，不遗余力，师门影响力极其广泛。

姚安高氏文学家族标高自置，联姻名门，《高氏家训》婚姻条就有："婚姻当与同类相当者为之""宜择世职、名绅、贤商、文士之家，非此不宜轻构世缔"。高氏家族与滇中地区的其他世家大族（如丽江木氏、陈氏等）互为姻娅，构织成一个环环相扣、范围广大的戚友关系网络，从而使彼此间的家族文化传统得以相互融合。高氏与纳西族木氏家族的联姻，有政治考量的因素，但更看重的是木氏家族整体好学、汉化程度高、家族文化底蕴深厚，"文学家族的女性出嫁，会带出父母家的家教，此种家教与夫家的家教汇合，或互补或强化，形成家学传承的新动力"②。文化传承因联姻而生生不息，而家学因为联姻的多重保障，不至于在短期内中断或衰败。数代联姻，姚安高氏与丽江木氏相携共进，成为明清之际滇中文坛上交相辉映的双子星座。为对高氏、木氏联姻状况有一个整体把握，特依据《木氏宦谱》③列表如下：

---

① 由云龙总纂《姚安县志》卷六十三《金石志之八·附文征论事记事之文》，民国三十七年（1948）铅印本，云南省图书馆藏。

② 徐雁平：《清代世家与文学传承》，生活·读书·新知三联书店，2012，第61页。

③ （明）木公原辑，（清）木德等续补《木氏宦谱》（图谱本、家藏本），一卷一册，编撰时间不详，云南省图书馆藏。

表 11-2　姚安高氏通婚表

姓名	谱系	妻子	妻子族别
高凤	高氏四十五世祖	丽江府木泰孙女（木钟女）	纳西族
高齐斗	高氏四十六世祖	木贞（即光加,丽江府木公长女）	纳西族
高金宸	高氏四十八世祖	丽江府木岩之女	纳西族
高光裕	高氏四十九世祖	木姒（丽江府木旺次女）	纳西族
高守藩	高氏五十世祖	木淑（丽江府木增女）	纳西族
高耀	高氏五十一世祖	木荣（丽江府木懿女）	纳西族
高映厚	高氏五十三世祖	木氏女	纳西族
高曦燕		陈思相之女	汉族
姓名	谱系	丈夫	丈夫族别
高宁		木□	纳西族
高寿	高斎映女	木钟	纳西族
高顺英	高厚德侄女	木德（木钟子）	纳西族

　　官场世交、姻娅互结为两家的情谊打下了深厚基础，两家相互依靠，守望相助，为文学家族的传承提供了保护屏障，木氏在高氏家族危难时刻提供可靠保障，高氏也在木氏遇到难关时伸出援手。《高氏家训》中曾总结："遇家庭之变，则嫡母之撑持，外祖之保全，祖宗以来，亦有成范。其至族人借职抚孤之说，皆不可轻易为之，以启衅端，为宗子知之。"如五十世高守藩："三岁而孤，母（木）氏代理府事，人称女中尧舜。"又如清初木氏家境开始衰落，此时高氏尚处兴旺，高斎映积极给予木氏接济，代为扶养子女，在政治上为之斡旋，使木德准任通判之职，为木德娶高氏之女高顺英，内外助力，起衰振靡。两边的文化相互影响，体现在诸多方面，譬如当今遗存的姚安光禄古镇，曾是高氏府衙所在地，其坐落、走向、风水、房屋、街道布局等，几乎与丽江木府同出一辙。高氏子弟就是在这两个土司世家、两个民族大家族的文化土壤上成长起来，他们既接受本家的家庭教育，又受到外祖丽江木氏家族的文化浸染。高氏与名门望族的联姻，夫妇双方均有才学，非常有利于学术的交流与发展，一方面，有利于双方家族姻亲关系的稳定，另一方面，对家族内子女的教育也发挥着重要影响。

　　姚安高氏与文士交游、与名门联姻，和谐共存、优势互补，形成互相帮助、互相促进、共同发展的局面，为边疆的安定团结、社会发展、文化交流起到了重要作用，表现出浓厚的交游之风，其家族对它族优秀文化具有较强的开放性、包容性、吸收性。

家族文化以家族存在和家族活动为前提，以家族的强化、共享与认同为特征，注重家族的历史传承、家族和谐以及家族的整体利益，在家族繁衍壮大的基础上逐渐累积而成。何启民先生认为："门第的维系，经济虽重要，家风与家学，婚姻与交往，尤其重要。"① 可以看出，家族文化，尤其是家风、家学，对一个家族的长久维系起着至关重要的作用。一个家族的文学创作情况受到多方面因素的影响，既与大的时代风气、社会环境有关，又与家族成员的天性禀赋、生活经历相关，更与其家学门风分不开。高氏家族是传统儒、释思想和云南特色文化的综合体，它构筑了姚安传统文化的地标，也参与了该地区文化环境的构造，其数代的著述、创作，含有丰富的历史文化知识和美学意蕴，是我国宝贵的遗产，有着重要的研究意义和学术价值。

结　语

本章以横跨明清两朝的彝族姚安高氏家族为研究对象，通过文史互见、考证与论述相结合的方法，把高氏家族放在恢宏的历史大背景下，勾描高氏文学家族的发展渊源，呈现高氏家族文学的创作风貌，从而尽量客观、公正地认识和评价高氏家族的地位和价值。

高氏家族是姚安地方上历时最长、作家最众、著述最多的文学世家。高氏凭借自己广泛的社会交往、不菲的文史成就以及独具魅力的家族文化在当时的姚州地区乃至更广大的范围内都产生了不小的影响，除了在文坛所作出的贡献外，其遗韵流风还体现在以下三个方面。

第一，对姚安的文教事业作出了有益推动。

高氏家族与当地各民族的文化互动对姚安地区经济、文化的发展产生了积极影响。高氏在文学创作上没有太大的建树，但是在文化史上却成就卓越，高氏家风对于当时的姚州地区来说是浓墨重彩的一笔，它引领了当时整个姚州地区的文学风尚。儒家文化的忠、孝、节、义观念为高氏族人接受，他们作为辖区内的统治者，通过设立学校，传播儒学，教化民众。高氏家族

---

① 何启民：《中古门第论集》，学生书局，1982，第 3 页。

不故步自封，借鉴和吸收先进文化、民族智慧，不断丰富和发展本身固有的文化，为璀璨夺目、熠熠生辉的中华文明带来新的精彩。高氏能跻身姚州的文学世家，与推动地方文化教育的发展也不无关系，高氏有众多族人从事文化教育事业，既提升了家族声望，又培养了地方人才，推动了地方文化事业的发展。高氏家族精心收藏、妥善保管了大量图书典籍，远有大理国时期先祖高明清从南宋邕州求取的经籍、历代名著，近有当时文人所作书籍，各处搜集、朝夕诵读。"藏古今书籍于拂雪岩，编为十号，每号千余百册，三姚缙绅蓄书之家莫以为比。"① 这些图书典籍，是一笔十分宝贵的精神财富，是高氏家族从事学术研究和教学活动的必备资料，就是凭着这些典籍，高氏家族系统地在姚安传播学术发展动态，让思考的触须扎进了姚安人民思想文化的深处。其代表人物首推高奣映，他桃李芬芳，"喜成就后学，及门之士，成进士者二十二人，登乡举者四十七人，游庠者百三十五人。贡生徐维季，廪生冉宏智、张凌汉、张怀及，皆及门高第弟子也"②。对当时三姚大地的文化教育产生了深远的影响。高氏家族对文教事业的推动，巩固了家族在地方上的地位名望，也浸润、丰富了姚安文化。

第二，对云南的佛教文化产生了深刻影响。

高氏家族热衷于对佛学的学习，并身体力行的弘扬佛法。一方面，云南许多的佛教名山、寺刹和高家都有着深厚的历史渊源，高氏家族大力出资捐建寺庙。大理国时期高氏在中央和地方都拥有了至高无上的权力，作为统治阶层，高氏通过其雄厚的财力和强大的势力，积极在各地修塔建寺，展开各种宗教活动，发展水目山佛教，对大理国佛教的发展作出了巨大的贡献。如高逾城光在姚安重建了兴宝寺，高观音政、高观音明兄弟捐建了昆明的地藏寺。元明清时期，高氏一族作为土司，继续在鹤庆、永胜、姚安等地建塔建寺，续凿剑川石窟、发展鸡足山佛教，极大地促进了该地区的佛教发展。高氏家族修建的庙宇、楼阁，包括鸡足山在内，多达130多处。高氏在鸡足山捐建了慧幢庵、迎叶殿、大觉寺、西竺寺、藏经阁、石钟寺、金顶寺等七处

---

① 由云龙总纂《姚安县志》卷六十三《金石志之八·附文征论事记事之文》，民国三十七年（1948）铅印本，云南省图书馆藏。

② 由云龙总纂《姚安县志》卷六十三《金石志之八·附文征论事记事之文》，民国三十七年（1948）铅印本，云南省图书馆藏。

寺庙，在姚安捐建了龙华寺、妙光寺、兴宝寺，在大姚捐建了至德寺和觉云寺。另一方面，高氏家族中不少成员成为得道高僧。如高耀在鸡足山出家，号悟祯，后又前往大姚的昙华山，为僧六十余载，精修梵行，昼夜不辍，深悟禅理，四处弘法，被誉为昙峰大师。高奣映虽未削发为僧，但他终身倾心向佛，和佛教结下了不解之缘，有多部佛学著作，有自己的独到见解。高氏家族留存下很多与佛教有关的碑刻，十分罕见且珍贵，这对研究姚安的政治、经济、社会有着极为重要的意义。高氏家族在领地不断地发展佛教，教化民众一心向善，在地方上形成了良好的社会风气。

第三，维护边疆稳定，促进地方公益事业的发展。

高氏家族世代戍守边疆，维护了一方安定。姚安是"六诏之中分，三川之门户""州境于全滇最为腹里……自古西南有事争于滇蜀间者，恒在是州，洵地理之枢要矣"①。姚安对于控制滇中和滇西地区有着重要的战略意义。高家世代守护姚安，减少了很多不必要的流血牺牲。至清中期又以和平方式接受了中央王朝的"改土归流"，避免了兵戎相见，顺利完成了汉化土司的改流和安置工作，成为封建专制主义中央集权下的普通缙绅阶层，在舆论和民心上为雍正朝在西南进行大规模的"改土归流"铺平了道路，对改流地区的政治、经济和文化发展产生了深远影响。通婚情况直接反映着民族之间的关系，也是反映文化认同的重要指标。土司时期，由于彝族与汉族、白族、纳西族等民族的广泛接触，多民族通婚现象不断增长，这有利于加强民族之间的相互交流理解，减少民族纷争。高氏家族世代与云南各民族联姻，如大理国时期，高氏世代与大理国白族段氏联姻，有"段高一家"之说。元明清时期，姚安高氏世代与丽江木氏土司联姻。通过联姻，文化得以更频繁的互动，使统一的多民族国家进一步巩固。明清时期，士绅家族以其自身的权利和社会责任感而逐渐成为维护地方社会秩序的主导力量。宗族统治，比单纯的封建政权的统治更细密、更有效，而且乡人在情感上更容易接受。"积善之家必有余庆"，传统士人经常以积德行善的方式祈求上天保佑自己的家族及后代，高氏也概莫能外。再加上儒学的熏陶使高氏族人充满

---

① （清）王崧撰《云南志钞》卷一《地理志·姚州条》，道光九年（1829）刻本，云南省图书馆藏。

了中国古代知识分子的社会责任感和济民救世的理想，他们积极参与地方的慈善救济等公益事业，并以此来维护地方的稳定。这些举动赢得了地方民众的认可和拥戴，如高𡷒映积德劝善、广施恩泽，他的义举主要有养生敬老、怜贫惜弱、施药施棺等，开办了育婴堂、百老庵、疗俗轩等慈善机构。高氏作为贯穿明清两朝的士绅家族，主动承担起了维护和重建地方社会秩序的职责，投身地方公益事业，体现了士绅阶层在地方社会中所发挥的巨大作用。

整体来看，高氏家族在历史上的贡献和地位是值得肯定的，虽因时代的局限也有不足之处，但瑕不掩瑜。高氏家族的著述原本是非常丰富的，内容涉及文学、经学、史学、哲学、佛学、医学、艺术等众多方面，可惜大部分著作都随着时间的流逝而散佚了，但我们并不能因此就对高氏家族在彝族文学史上作出的贡献视而不见。正因为有了像姚安高氏这样的文学家族存在，中国文学的发展才有了绵延不绝的根基。对于高氏文学家族的研究不仅有助于认识彝族文学，也有利于了解中国的过去。囿于自身才疏学浅，兼文献资料严重匮乏，对姚安高氏的研究只能浅尝辄止，在此抛砖引玉，敬待来者的深入研究。

第 十 二 章

清代满族汉军蒋氏家族文学创作研究

清代是中国古代文学的总结时期，满族文学在此时也得到巨大的发展，出现许多满族文学家族，满族汉军蒋氏文学家族就是其中之一。蒋氏家族先祖是浙江诸暨人，后迁往辽东，在顺治年间跟随清军入关，编入汉军镶蓝旗。蒋氏一门到康熙年间兴起，蒋毓英、蒋国祥、蒋国祚父子三人在诗文创作和刊刻书籍上成绩斐然。经过蒋韶年和蒋攸钦父子二人的传承，通过蒋攸铦的努力，蒋氏家族在乾嘉时期达到鼎盛，一直绵延至清代后期。蒋氏从尚武的家族转变成崇文的家族，也是清王朝发展的缩影。

一　清代满族汉军蒋氏文学家族成员生平考

蒋毓英（？～1707），蒋攸铦曾祖父。字集公，汉军镶蓝旗人，生于浙江诸暨，锦州府监生。康熙十四年（1675）任温州府知府。康熙十八年（1679）任以官监生，荫生知泉州府。康熙二十三年（1684）任台湾知府。康熙二十八年（1689）迁江西按察使。康熙三十一年（1692）任浙江承宣布政使。康熙四十六年（1707）卒。蒋毓英的生平主要见于清鄂尔泰等撰修《八旗通志》初集卷之二百三十四；清穆彰阿等撰修（嘉庆重修）《大清一统志》卷四百三十七；清蒋攸铦编，蒋霨远补续《绳枻斋年谱》；清恩华纂辑《八旗艺文编目》；（乾隆）《泉州府志》卷二十六；（乾隆重修，嘉庆续修）《台湾县志》卷九；（同治）《福州通志》卷一百一十；（光绪）《江西通志》卷一二八；（光绪）《浙江通志》卷一百二十一；（民国）《温州府志》卷十七；钱实甫编《清代职官年表》第三册。

关于蒋毓英的生平，各书记载有一些细小的出入，主要是蒋毓英的旗籍问题。（乾隆）《泉州府志》卷二十六《文职官上》、（乾隆重修，嘉庆续修）《台湾县志》卷九、（同治）《福州通志》卷百之一十《职官·国朝·泉州府知府》、（民国）《温州府志》卷十七《职官》都没有蒋毓英旗籍的记录。而（光绪）《江西通志》卷一二八记载："蒋毓英字集公，汉军镶白旗人。"① 清鄂尔泰等撰修《八旗通志》初集卷之二百三十四《循吏传三·汉军镶白旗外任官》记载："蒋毓英，汉军镶白旗人。"② （光绪）《浙江通志》卷一百二十一《职官十一·承宣布政使》记载："蒋毓英，奉天锦州人，镶黄旗官生，康熙三十一年任。"③ 清穆彰阿等撰修（嘉庆重修）《大清一统志》卷四百三十七《台湾府·名宦》载："蒋毓英，汉军镶蓝旗人。"④ 清蒋攸铦编，蒋霱远补续《绳枻斋年谱》记录："蒋毓英，镶蓝旗。"⑤ 钱实甫编《清代职官年表》第三册记录："蒋毓英，汉镶蓝。"⑥ 对于蒋毓英的旗籍，（光绪）《江西通志》和《八旗通志》记载为汉军镶白旗人（《江西通志》摘录《八旗通志》），（光绪）《浙江通志》记载为镶黄旗，（嘉庆重修）《大清一统志》《绳枻斋年谱》和《清代职官年表》都记录为汉军镶蓝旗人，其余资料并未注明旗籍。对于蒋毓英的旗籍问题没有定论，现也无从查询。参考蒋毓英后人的旗籍，蒋毓英应为汉军镶蓝旗人无误。

蒋国祥（1663～1741），蒋毓英长子，蒋攸铦祖父。字萝村（萝邨），又字嵩臣，暨阳岁贡。康熙四十三年（1704）任南康府同知。康熙四十八年（1709）选江西同知。康熙五十年（1711）署理黄州府知府。康熙五十四年（1715）升湖广知府。雍正七年（1729）十二月奉旨以原衔在内阁侍读行走。雍正十年（1732）十二月特赦河南汝宁府知府。雍正十二年（1734）八月用天津盐运使（长芦盐运使）。乾隆四年（1739）因归旗后私回天津，发往蒙古台站。生平事迹见于（雍正）《畿辅通志》卷六十；（雍

---

① （清）曾国藩等撰（光绪）《江西通志》，续修四库全书本，上海古籍出版社，2002，第195页。
② （清）鄂尔泰等修《八旗通志》，东北师范大学出版社，1985，第1530页。
③ （清）嵇曾筠等修（光绪）《浙江通志》，商务印书馆，1914，第2151页。
④ （清）穆彰阿等撰修（嘉庆重修）《大清一统志》，《四部丛刊续编史部》第二十五册，上海商务印书馆，1935。
⑤ （清）蒋攸铦自编，蒋霱远补续《绳枻斋年谱》，北京图书馆藏珍本年谱丛刊第130册，北京图书馆出版社，1999。
⑥ 钱实甫编《清代职官年表》，中华书局，1980，第3267页。

正)《河南通志》卷三十六；（同治）《南康府志》卷十二；（光绪重修）《天津府志》卷十二；清蒋攸铦编，蒋霨远补续《绳枇斋年谱》；清杨钟羲撰《八旗文经·作者考》；秦国经编《清代官员履历档案全编》第一册《二一三上》《二三六上》有其小传。

蒋国祚（？～？），蒋毓英次子，蒋攸铦祖父蒋国祥之仲弟。字一臣，号梅中，镶蓝旗人，贡生。康熙四十二年（1703）任江西婺源县知县。生平事迹见于（乾隆）《江南通志》卷一百九《职官志》，清恩华纂辑《八旗艺文编目》，柯愈春著《清人诗文集总目提要》有其小传。

蒋韶年（1718～1789），蒋国祥三子，蒋攸铦父。字临皋，汉军镶蓝旗金文渊佐领下监生。乾隆二十五年（1760）官江苏布政司理问。乾隆三十五年（1770）迁山东平度州知州。其子蒋攸铦编，其孙蒋蒋霨远补续《绳枇斋年谱》明确记载蒋韶年于乾隆五十四年（1789）卒。清陈康祺编撰《郎潜纪闻二笔》、清徐珂编撰《清稗类钞》、清小横香室主人编撰《清朝野史大观》都记载"蒋韶年之孝行"一条。清铁保辑《熙朝雅颂集》卷八十七；清恩华纂辑《八旗艺文编目》；清张维屏辑《国朝诗人征略初编》卷四十一；（同治）《苏州府志》卷五十五；（道光重修）《平度州志》卷四；清蒋攸铦编，蒋霨远补续《绳枇斋年谱》；秦国经编《清代官员履历档案全编》第十九册《六四五上》和《六三六上》；李灵年、杨忠主编《清人别集总目》；柯愈春著《清人诗文集总目提要》；钱仲联主编《清诗纪事》有其小传。

关于蒋韶年于乾隆三十五年（1770）迁山东平度州知州一事，各种记载有些许出入。问题在于蒋韶年是迁山东平度州知州，还是山西平度州知州。清铁保辑《熙朝雅颂集》卷八十七记载："韶年，字临皋，汉军人。官山西平度州知州。"① 清恩华纂辑《八旗艺文编目》记载："汉军蒋韶年，字临皋。官山西平度州知州。子攸铦、攸钦。"② 清张维屏辑《国朝诗人征略初编》卷四十一记载："蒋韶年，字临皋，汉军人，官山西平度州知州。"③ 这三本书都记载蒋韶年出任山西平度州知州。而柯愈春著《清人诗文集总

① （清）铁保辑，赵志辉校点补《熙朝雅颂集》，辽宁大学出版社，1992，第1426页。
② （清）恩华纂辑，关纪新整理、点校《八旗艺文编目》，辽宁大学出版社，2006，第141页。
③ （清）张维屏撰《国朝诗人征略初编》，台北明文书局，1985，第425页。

目提要》记载："蒋韶年，字临皋，辽宁辽阳人，蒋攸铦父。隶汉军镶蓝旗，官江苏布政司理问，迁山东平度州知州。"① 李灵年、杨忠主编《清人别集总目》记载："蒋韶年，字临皋，襄平人，汉军镶蓝旗籍。历官江苏布政司理问、胶东知府。"② 钱仲联主编《清诗纪事》："蒋韶年，字临皋，辽宁辽阳人，隶汉军镶蓝旗籍。官江苏布政司理问，迁胶东知府。"③ 对于蒋韶年官至山东平度州知州还是山西平度州知州，有不同的说法。但清蒋攸铦编，蒋霨远补续《绳枻斋年谱》有明确记载："三十五年庚寅，五岁。先大夫擢山东平度州知州。"④ 明确指出蒋韶年出任山东平度州知州，对于自己父亲的官职，作为儿子的蒋攸铦应该不会记错。且秦国经编《清代官员履历档案全编》第十九册《六四五》记录："奴才蒋韶年，镶蓝旗汉军金文渊佐领下监生，年伍拾贰岁。以州通借补江苏布政司理问，乾隆叁拾肆年捌月论俸签升山东莱州府平度州知州。缺敬缮履历恭呈预览谨奏，乾隆三十五年正月二十九日。"⑤ 这段文字应当是蒋韶年的亲笔。蒋韶年诗集《吏隐集诗钞》中有一些诗也可作为旁证，《量移胶东留别吴下同人》："……那知瓜期届，一朝赴临淄……""临淄"是山东。蒋韶年的苏州友人顾宗泰《月满楼诗文集》卷十二《蜡屐集》有诗《送蒋临皋州牧之任胶东即次留别诗韵》四首，文集卷十一有《蒋临皋州牧之任胶东留别诗序》文一篇，"胶东"亦指山东。并有（道光重修）《平度州志》卷四《表三·国朝文武职官表·职官·知州》证明："蒋韶年，汉军镶蓝旗监生，三十五年任。"⑥ 综上所述，判定蒋韶年于乾隆三十五年（1770）迁山东平度州知州。

蒋攸钦（约1737～1779），蒋韶年长子，蒋攸铦兄。字又安，号约园，镶蓝旗人。清蒋攸铦编，蒋霨远补续《绳枻斋年谱》；清铁保辑《熙朝雅颂集》卷第一百六家数目录；清恩华纂辑《八旗艺文编目》编目四《集类》有其小传。根据其留下来的诗稿，结合父亲蒋韶年和其弟蒋攸铦所写的几首

① 柯愈春：《清人诗文集总目提要》，北京古籍出版社，2002，第814页。

② 李灵年、杨忠主编《清人别集总目》，安徽教育出版社，2008，第2204页。

③ 钱仲联主编《清诗纪事》，凤凰出版社，2004，第1913页。

④ （清）蒋攸铦自编，蒋霨远补续《绳枻斋年谱》，北京图书馆藏珍本年谱丛刊第130册，北京图书馆出版社，1999，第4页。

⑤ 秦国经编《清代官员履历档案全编》，华东师范大学出版社，1997，第645页。

⑥ （清）王大纶等纂修（道光重修）《平度州志》，凤凰出版社，2008，第64页。

诗并参考其弟所编，其侄蒋霱远补续的《绳枇斋年谱》，可大致断定他的生卒年是在公元 1737 年至 1779 年前后。史上对于蒋攸钦的记载资料非常有限。清铁保辑《熙朝雅颂集》卷第一百六家数目录记载："蒋攸钦，字约园，汉军人，官云南州判。"① 清恩华纂辑《八旗艺文编目》编目四《集类》记载："蒋攸钦字又安，一字约园。官云南丽阳司理。蒋攸铦弟。"② 现当代研究仅李灵年、杨忠主编《清人别集总目》和柯愈春著《清人诗文集总目提要》有些许记载。其中李灵年、杨忠主编《清人别集总目》记载："蒋攸钦，字又安，号约园，汉军人。"③ 柯愈春著《清人诗文集总目提要》记载："蒋攸钦，字又安，号约园，汉军镶蓝旗人。官云南丽阳司理，蒋攸铦弟。"④ 此处有一点明显错误——"蒋攸铦弟"，这与恩华纂辑《八旗艺文编目》的记载一样，但蒋攸钦实是乾隆朝胶东知府蒋韶年的长子，也即嘉庆朝重臣蒋攸铦之兄。清法式善《梧门诗话》卷七载："约园弟攸铦号砺堂，甲辰进士，官编修。"⑤ 法式善和蒋攸铦生活在同一时代，且有诗文往来，对于蒋氏兄弟也算熟悉，故记载不应有误。其父蒋韶年《甲申孟夏遣儿攸钦之官六诏》有句："我已异乡汝更远，家无次子老而贫。"⑥ 乾隆甲申年为乾隆二十九年（1764），当时蒋攸钦出任云南。其弟蒋攸铦于两年后才出生，其弟所编、其侄蒋霱远补续的《绳枇斋年谱》记载："乾隆三十一年丙戌，一岁。三月三十日，寅时，余生于先大夫江苏布政司理问官廨。先大夫命名曰'攸铦'，后字之曰'颖芳'。"⑦ 其弟蒋攸铦《乞假五日省墓保阳感而赋此》曾说："孤露常华杳（有兄早世），家风暮夜知。"⑧《绳枇斋年谱》记载："蒋霱远注：临皋公生二子，长为先伯父约园公，讳攸钦，云南

---

① （清）铁保辑，赵志辉校点补《熙朝雅颂集》，辽宁大学出版社，1992，第 1656 页。

② （清）恩华纂辑，关纪新整理、点校《八旗艺文编目》，辽宁大学出版社，2006，第 145 页。

③ 李灵年、杨忠主编《清人别集总目》，安徽教育出版社，2008，第 2195 页。

④ 柯愈春：《清人诗文集总目提要》，北京古籍出版社，2002，第 1057 页。

⑤ （清）法式善著，张寅彭、强迪艺编校《梧门诗话合校》，凤凰出版社，2005，第 212 页。

⑥ （清）蒋韶年：《吏隐诗钞》，清嘉庆九年刻本。

⑦ （清）蒋攸铦自编，蒋霱远补续《绳枇斋年谱》，北京图书馆藏珍本年谱丛刊第 130 册，北京图书馆出版社，1999。

⑧ （清）蒋攸铦：《绳枇斋诗钞》，清道光十一年刻本。

河阳县典史。出为伯祖衡之，公后长于府君三十余岁，李太夫人出。"① 所以断定蒋攸钦是蒋攸铦之兄，而非弟。

蒋攸铦（1766～1830），字颖芳，号砺堂，隶汉军镶蓝旗。乾隆三十一年（1766）生于父亲蒋韶年江苏布政司理问官署。乾隆三十四年（1769）三岁时就塾从黄冈高先生学《毛诗》。乾隆三十八年（1773）因其父罢官而回乡居宝坻县林亭镇。乾隆四十七年（1782）订姻宁夏马氏，往德州就婚。乾隆四十八年（1783）顺天乡试举人第十五名。乾隆四十九年（1784）年十八岁会试中式第五十四名。殿试第二甲第三十二名，朝考第十七名，授翰林院庶吉士。自此时起至嘉庆四年（1799）担任武英殿协修官、国史馆纂修官等职。嘉庆皇帝掌权之后，官运亨通，嘉庆五年（1800），为江西吉南赣道。嘉庆八年（1803），广昌县斋匪作乱，蒋攸铦率兵平叛。嘉庆十一年（1806），任云南布政使。嘉庆十六年（1811），出任浙江巡抚。嘉庆十七年（1812），任两广总督。嘉庆二十二年（1817），出任四川总督。道光二年（1822），署理刑部尚书。道光五年（1825），授体仁阁大学士，在军机大臣上行走并管理刑部事务。道光七年（1827），以大学士补授两江总督。道光十年（1830）由江南总督降兵部左侍郎。同年卒，谥"文勤"。蒋攸铦是清代中后期的名臣，其生平事迹于官纂及私修著述中已有详细记载，更有自编的《绳枇斋年谱》佐证，是以其生平事迹没有争议，无须考证，仅需对其生卒年进行说明。

关于蒋攸铦的旗籍问题在此需要说明，大多数资料显示蒋攸铦为汉军镶蓝旗人，但《清史稿》和《清代河臣传》则记录蒋攸铦为汉军镶红旗人。清赵尔巽主编《清史稿》卷三百六十六记录："蒋攸铦，字砺堂，汉军镶红旗人。"② 《清代河臣传》卷之三引自《清史稿》卷三百六十六。其余所有现存资料都显示蒋攸铦为镶蓝旗人，所以认定《清史稿》卷三百六十六记录"汉军镶红旗人"应为笔误。

蒋霖远（1798～1829），蒋攸铦长子。生平事迹不详，仅在《绳枇斋年

---

① （清）蒋攸铦自编，蒋霭远补续《绳枇斋年谱》，北京图书馆藏珍本年谱丛刊第130册，北京图书馆出版社，1999。

② （清）赵尔巽编《清史稿列传》，周俊富辑《清代传记丛刊·综录类》，台北明文书局，1985，第364页。

谱》有记录："道光二年，长子霖远以从一品荫生引见，奉旨着内用，钦此。签分户部。""道光五年，九月，京兆榜发，长子霖远中式副榜第十一名。""八年，户部将派办军，需文案出力，司员奏请。鼓励长子霖远，蒙旨遇，有该部员外郎选缺尽先补用，钦此。"①

蒋霨远（1802～1860），蒋攸铦次子，字濂孙，一作廉生，汉军镶蓝旗人。道光五年（1825）举人，道光十五年（1835）乙未科三甲第四十名进士。道光十年（1830）捐员外郎，道光十五年任户部云南司郎中，道光二十一年（1841）任云南开化府知府，道光二十二年（1842）为云南府知府，道光二十八年（1848）出任山东按察使、浙江按察使，道光二十九年（1849）任山西布政使，咸丰元年（1851）迁河南布政使。后因围剿苗匪不利，忧郁成疾，在贵州巡抚任上去世，谥"勤恪"。其生平事迹见于清恩华纂辑《八旗艺文编目》，《清国史》第九册、秦国经编《清代官员履历档案全编》、民国李楁等撰修（民国）《杭州府志》卷十八、《贵州通志》。

二　清代满族汉军蒋氏文学家族艺文征略

蒋氏文学家族成员几乎人人都会作诗，蒋攸铦、蒋国祚、蒋韶年、蒋攸钦都还有诗集流传。即使无诗文集流传至今的蒋毓英和蒋国祥二人，亦有零星诗文存世。

（一）蒋毓英《玉川文稿》

蒋毓英，根据清恩华纂辑《八旗艺文编目》记载有《玉川文稿》旧钞本，但已经散佚。现存一篇文章《重刻〈前后汉纪〉序》。

（二）蒋国祥

蒋国祥，无诗文集流传。今存民国吴宗慈编《庐山志艺文》收蒋国祥《木瓜洞》一首，清毛德琦撰修《白鹿书院志》卷十一有《申请另棚考试童生文》一文、卷十四有《重建二贤祠记》一文，雍正乙卯补刊本《三命通会序》一篇，《梅中诗存序》一篇。

（三）蒋国祚《梅中诗存》

清恩华纂辑《八旗艺文编目》，《中国古籍总目》集3－17864，柯愈春

---

① （清）蒋攸铦自编，蒋霨远补续《绳枻斋年谱》，北京图书馆藏珍本年谱丛刊第130册，北京图书馆出版社，1999，第135、175、186页。

著《清人诗文集总目提要》和李灵年、杨忠主编《清人别集总目》都记载蒋国祚著有《梅中诗存》。《梅中诗存》不分卷，清刻本，一册，中国社会科学院文学研究所藏。其版式为十行，十九字，小字双行，白口，四周单边，双鱼尾。前有三篇序文，一为海宁查升、一为山阴许尚质、一为其兄蒋国祥所作。

（四） 蒋韶年《吏隐集诗钞》

清恩华辑《八旗艺文编目》，《中国古籍总目》集 4 - 22433，柯愈春著《清人诗文集总目提要》，钱仲联主编《清诗纪事》和李灵年、杨忠主编《清人别集总目》都记载蒋韶年著有《吏隐集诗钞》。《吏隐集诗钞》四卷，现藏于中国科学院图书馆、国家图书馆、南京图书馆。《吏隐集诗钞》四卷，清嘉庆九年刻本，此集前有乾隆丁亥岁（1767）顾怡禄所作序文及嘉庆九年（1804）李钧简序文一篇，后有其子蒋攸铦《书先府君吏隐集后》文一篇。其诗稿版式为十行，二十二字，白口，左右双边，上下单边，单鱼尾。三个图书馆所藏为同一版本。

（五） 蒋攸钦《约园诗存》

蒋攸钦，著有《约园诗存》。清恩华辑《八旗艺文编目》，《中国古籍总目》集 4 - 25885，柯愈春著《清人诗文集总目提要》和李灵年、杨忠主编《清人别集总目》都记载蒋攸钦有诗稿《约园诗存》。《约园诗存》上下卷，现藏于国家图书馆和中国科学院图书馆。其版式为十行，二十二字，小字双行同，白口，左右双边，上下单边，单鱼尾。两本是同一版本。前后无序跋，只存诗歌，大体按照作诗时间顺序刊刻，这是一个值得注意的地方。蒋家世代刻书，在书中附上序跋是非常正常的。但蒋攸钦的诗集却无任何他人的记录。所以不能推断诗集是谁人替其刊刻的。

（六） 蒋攸铦《绳枇斋诗钞》和《黔轺纪行集》

清震钧撰《天咫偶闻》，清恩华纂辑《八旗艺文编目》，《中国古籍总目》集 4 - 25317，钱仲联主编《清诗纪事》，柯愈春著《清人诗文集总目提要》，袁行云著《清人诗集叙录》，李灵年、杨忠主编《清人别集总目》都著录蒋攸铦有《绳枇斋诗钞》十二卷和《黔轺纪行集》一卷，自定《绳枇斋年谱》。

《绳枇斋诗钞》十二卷，现藏于华东师范大学图书馆和清华大学图书馆。《绳枻斋诗钞》十二卷为道光十一年（1831）刻本，蒋霨远校字，前有道光五年（1825）吴巢松序文一篇，嘉庆十三年（1808）余姚翁元圻序文一篇，后有道光十一年朱昌颐跋。版式为十行，二十三字，四周双边，单黑鱼尾，白口，《清代诗文集汇编》收录此刻本。

《黔轺纪行集》一卷，蒋攸铦于乾隆五十七年（1792）视学贵州时所作，现存版本较多：有道光三十年（1850）其孙蒋斯崇重刻本，前有曹振镛嘉庆十一年（1806）序，中国社会科学院图书馆藏。清嘉庆十一年刻本，版式为十行，二十二字，小字双行，白口，四周双边，单鱼尾，藏于中山大学、清华大学、国家图书馆、吉林大学、复旦大学。《蒋文勤公诗》，民国抄本，收录于《黔南游宦诗文征》，虽书名不同，但其中的内容是一致的，现藏于国家图书馆。《黔轺纪行集》一卷，民国十三年（1924）贵州贵阳文通书局铅印本，北京大学和河南大学有藏。且此铅印本亦收录于民国任可澄辑《黔南丛书：七集六十种》第十七册，藏于国家图书馆。《清代诗文集汇编》收录《黔轺纪行集》一卷，清道光三十年（1850）刻本。

（七）蒋霖远《雨林书屋诗集》

蒋霖远，根据《绳枻斋年谱》记载著有《雨林书屋诗集》，今不传。

（八）蒋霨远《绳枻斋年谱》

蒋霨远，续补其父蒋攸铦自编的《绳枻斋年谱》。

（九）蒋氏家族刻书情况

蒋氏家族历任多个地区的官员，在多地编修地方志，且蒋家人尤喜刻书。

蒋毓英，与二子重刻《前后汉纪》，曾主持编修（康熙）《台湾府志》。《中国古籍总目·史部》8－63447 记录："（康熙）《台湾府志》十卷。清蒋毓英撰修，清康熙间刻本，上海。"[①]（康熙）《台湾府志》十卷，襄平蒋氏刻本，1985 年中华书局影印本，藏于吉林大学、郑州大学、四川大学和南京大学图书馆。

蒋国祥，刻《篋衍集》，与毛德琦同订《庐山志》并重新刻板印刷桑乔《庐山纪事》。《篋衍集》十二卷，清陈维崧辑，清康熙三十六年（1697）襄

---

① 中国古籍总目编纂委员会编《中国古籍总目·史部》，上海古籍出版社，2009，第4476页。

平蒋氏刻本，现藏于扬州市图书馆和无锡市图书馆。《庐山志》十五卷，清康熙五十九年（1720）顺德堂刻本，北京大学、复旦大学和南开大学图书馆藏。

蒋国祚和蒋国祥共同修补重刻《前后汉纪》《〈两汉纪〉字句异同考》。清恩华纂辑《八旗艺文编目》编目四《集类》亦记载："《〈两汉纪〉字句异同考》，康熙中襄平蒋国祥、蒋国祚与袁宏《后汉纪》合刻，后附《〈两汉纪〉字句异同考》一卷。"①《前后汉纪》二种六十卷，附一种，清康熙三十五年（1696）襄平蒋氏刻本，藏于北京大学、辽宁大学和华东师范大学图书馆。

蒋攸铦，撰修（道光）《安徽通志》，辑《同馆律赋精萃》。（道光）《安徽通志》二百六十卷，清道光刻本，其版式为十行，二十一字，白口，左右双边，现藏于国家图书馆。辑《同馆律赋精萃》六卷，清道光七年（1827）襄平蒋氏刻本，北京大学、清华大学、南京图书馆藏。

蒋霨远，编订《绳枇斋年谱》。《砺堂自撰年谱》二卷，蒋霨远补，清钞本，国家图书馆藏。《绳枇斋年谱》二卷，道光十五年（1835）刻本，蒋霨远注，九行，十七字，白口，四周双边，北京大学、吉林大学、清华大学、华东师范大学、国家图书馆、南京图书馆、上海图书馆有藏。

三　清代满族汉军蒋氏文学家族成员诗文创作情况

蒋氏文学家族几乎人人都会作诗，只是由于种种原因，蒋毓英和蒋国祥的一些诗文稿现已不存。现有蒋国祚《梅中诗存》不分卷，蒋韶年《吏隐集诗钞》四卷，蒋攸钦《约园诗稿》上下卷，蒋攸铦《绳枇斋诗钞》十二卷及零星几篇文章。大致可分为家人情深、吟咏历史、题咏风物、交友唱酬四部分。

（一）家人情深

蒋国祚作为蒋氏文学家族现存第一位诗歌创作者（蒋毓英无诗集流传，仅存一篇《重刻〈前后汉纪〉序》，蒋国祥留有一首绝句《木瓜洞》和几篇文章），他的诗歌别具一格，但对于亲人的想念，则是非常直白的表露。

---

① （清）恩华纂辑，关纪新整理、点校《八旗艺文编目》，辽宁大学出版社，2006，第17页。

如《寄怀家孟永安州》：

> 同生情最笃，远道隔经年。总角欢联袂，张灯惜别筵。
> 风旌回极浦，云幔下桐川。候雁知难逐，原鸰黯自怜。
> 客程愁日薄，驿路感星躔。草碧迷湘岸，花秾度岭天。
> 侏儒逢獠语，欸乃破蛮烟。短蜮迎眸射，修蛇蹑足旋。
> 村村惊吠蛤，站站隋飞鸢。露泊岩如掌，沙回石似拳。
> 一州真斗大，万里索居偏。荒徼开三径，茆茨共数椽。
> 军曾称下濑，楼尚号筹边。铁木供樵爨，沉檀伴甲煎。
> 桄榔堪倚杖，笋竹正行鞭。入市山魈幻，归虚粤女嬛。
> 文身披罽窄，编发缀珠圆。绿叶包盐绽，红蕉织布妍。
> 润防鸩洒毒，水怖鳄流涎。每觉人形瘠，频闻猩血膻。
> 禽名同乞士，鸟语类真诠。翠箐缘檐溜，朱铅出井泉。
> 篚筐惟有蜡，雨雪总无绵。秋猎搜丹穴，春烧遍野田。
> 饮水蠲瘴粟，买药检囊钱。草长耽幽睡，棠阴好醉眠。
> 老胥多赤脚，小史半华颠。境僻邮传少，官闲印篆全。
> 讼庭虽阒寂，隐几漫迁延。学古须资眼，乘时盍勉旃。
> 休嫌尘满甑，且耐坐余毡。况美庭生玉，争夸珠出渊。
> 倚门真望切，绕膝最情牵。绣刺婴儿服，书封计吏船。
> 侧身南戍外，矫首北堂前。谢氏诸郎贵，吾家丘嫂贤。
> 弦调调笑令，帘卷卷波联。密和兰荃句，兼裁棣萼篇。
> 离怀投芍药，春事亿秋千。鱼腹含双鲤，乌丝寄寸笺。
> 临风还脉脉，堕月又娟娟。桃李春同席，茱萸秋并肩。
> 登高聊复尔，拥被倍潸然。踯躅胥江渡，迟回伍庙壖。
> 晨昏惭定省，肴核愧罗骈。荆树中宵合，参辰向夕悬。
> 五禽经屡诵，二竖病应痊。愧我驱车后，多君趣驾先。
> 希随花叱拨，欲傍锦鞍鞯。珍重浯溪碣，他时取次镌。

蒋国祚和蒋国祥兄弟的感情是很深厚的，他们二人跟随父亲蒋毓英四处为官。好友查升曾言："梅中为吾浙方伯公喆嗣。自髫龀时，与仲氏嵩臣禀过庭之训。而又自燕以从官闽海、豫章两大郡间。得纵览江河山海之胜，以益肆力于典坟丘索之中。盖其海涵地负，岳峙渊渟，滔滔汨汨，固有不自知其所之，而非可仅于形似求之者也。"① 兄弟之间切磋诗意，探讨观点，蒋国祥对弟弟有如此评价："间尝与梅中弟评论诸家，妄有所见。年来马者东西，日复荒落未卒斯业。而梅中弟独于趋侍之余，肆力一编，且弱不好弄。"② 他们还共同刻书，感情甚笃。经学大师毛奇龄《梅中诗存序》说："而萝邨、梅中年不逾终贾，胸怀万卷，其能网古今而罗百氏如是，是非古学将兴，有应运而先开者邪？吾愿天之假以时，而得尽踬其所为志也。"③ 蒋国祚此诗，篇幅巨大，辞藻华丽，用典恰当，回忆儿时的生活，描绘成年之后的情感。全篇气势恢宏、感情真挚。《梅中诗存》还有《与家兄朝发望都还陵山别业作》《原鸧篇》《赠徐紫凝即送之家孟永安官舍》都是记述兄弟情深之作。

　　蒋韶年替父戍边时，亦有饱含深情的诗歌。这一事件被记录在很多笔记之中，如陈康祺编撰《郎潜纪闻二笔》、徐珂编撰《清稗类钞》、小横香室主人编撰《清朝野史大观》。《高宗纯皇帝实录》卷九十二记载："镶蓝旗汉军都统佛表参奏：'革职长芦盐法道蒋国祥，于归旗后私回天津。又令伊侄蒋楷年往湖南就亲，并不呈报。请交部治罪。'得旨：'蒋国祥前在长芦盐法道任内，劣迹昭著，经总督李卫题参革职。伊归旗之后，并不安分度日。擅敢私自将伊侄蒋楷年，令往湖南。其情甚属可恶。蒋国祥着照李禧之例，发往台站，令养蒙古。'"④ 此事，其子蒋攽铦在《书先府君吏隐集后》亦有记载："乾隆己未岁，先王父罢职归旗，以随任之堂叔就楷年就姻楚南，遗漏未报。奉旨效力军台。府君陈请乞代，格于例不得达。又以旗人不能随侍，两次乞假省觐。匹马长途，严峰朔雪，阅历所经皆关学问，所谓穷而益工者也。至癸亥岁，始得遂代戍之。"⑤ 蒋韶年前后戍边探父两次，第二次恳请代父戍边得乾隆皇帝同意，将其父放还。蒋韶年在《吏隐集诗钞》卷

① （清）蒋国祚：《梅中诗存》，清刻本。
② （清）蒋国祚：《梅中诗存》，清刻本。
③ （清）毛奇龄：《西河集》，四库全书本卷四十七，台湾商务印书馆，2008，第406页。
④ 《清实录·高宗纯皇帝实录》卷九十二，中华书局，1987，第671页。
⑤ （清）蒋韶年：《吏隐集诗钞》，清嘉庆九年刻本。

一中记录了这两次出塞的经历。《出塞省觐》：

> 拜罢同群出玉门，故乡南望在中原。
> 眼前顿觉河山异，行处何堪风日昏。
> 难报君恩思鞠掌，欣依亲舍问寒暄（时家大人谪戍军台）。
> 惟余底事堪惆怅，说到缇萦欲断魂。

当时蒋国祥年事已高，蒋韶年思父心切，毅然踏上征程探望父亲。《绳枇斋年谱》记载："萝邨公生三子，最幼为府君。"① 当时的蒋韶年不过是二十来岁的小伙子，在告别亲友后进入玉门关，顿时觉得眼前的景色与家乡不同。他深知父亲的忠君爱国，又怕其公务太过繁忙而劳损身体。尾句运用"缇萦"的典故，"惟余底事堪惆怅，说到缇萦欲断魂"一句说明他当时内心就已经打算代父戍边了。第二次探望父亲，又写下《重出塞省觐》："有怀终不寐，拮据作长征。谪戍君恩重，趋庭子职轻。沙平迷瀚海，月冷照孤营。威德孚遐迩，征人喜罢兵。"清陈康祺编撰《郎潜纪闻初笔二笔三笔》二笔卷二《蒋韶年之孝行》记载："乾隆丁巳，长芦运使蒋国祥以事谪戍军台。其子韶年，屡求代父不得。壬戌五月，出塞省父，恸哭求台帅，帅怜之，为奏请，果获御旨。其父归，寻卒，韶年旋亦放还。见汉阳沈郎中《秋曹日录》。记之以贻表独行者，并使后世孝子顺孙，不幸遭罹家难者，知我先皇孝思锡类，曾有此旷荡之深恩也。"② 这件事使得蒋韶年的人品大为提升，并且开阔了他的诗风，在广阔无垠的草原，他的心胸和眼界得到了升华。潘焕龙《卧园诗话》："襄平蒋临皋……有《吏隐诗钞》，力追前古。"蒋韶年少年学诗于卢见曾，中年游历苏州，作诗讲究技巧，又十分勤勉。顾诒禄在《吏隐集诗钞》的序文中曾说："读之，其气和，其辞雅。怀明发、感君恩、戚兄弟、念朋友，仁孝之人，其言蔼如也。"③

蒋韶年的《吏隐集诗钞》中还存有许多与亲人有关的诗歌，顾诒禄曾

---

① （清）蒋攸铦自编，蒋霁远补续《绳枇斋年谱》，北京图书馆藏珍本年谱丛刊第130册，北京图书馆出版社，1999。

② （清）陈康祺编《郎潜纪闻初笔二笔三笔》，中华书局，1984，第304页。

③ （清）蒋韶年：《吏隐集诗钞》，清嘉庆九年刻本。

说："先生家世阀阅，学博才富，修书议叙。"① 蒋韶年对于家人有很深的感情，同类作品尚有《留别家兄云载》《过从兄云载墓》《送从兄安亭再任江右二首》《题虚舟七兄小照》《清江留别敬亭四兄》《阅儿攸钦制艺题后》《用韵送敬亭四兄旋里》《哭袁骏扬姊丈》《上元后一日元墓探梅有怀家兄粤西仍用除夕元旦韵》《甲申孟夏遣儿攸钦之官六诏》《寄答内兄李树功》《丁酉三月下浣送四兄归玉川》《王启堂牲婿初得子弥月之日乌衣群从成集洪马二孝廉有诗乘兴而作》《哭袁可仪甥二首》《中秋偕西席韩君和及儿辈夜吟》《壬寅仲秋携儿就姻于陵州忆庚寅承乏胶东牧曾于役于此嗣后被议归里今十二年矣追念昔时往事感赋》《志谢马中斋亲家》等。其中有亲兄弟之间的感情，有宗族兄弟之间的问候，有对二子的期盼，也有对姻亲的感谢。

蒋攸铦虽然诗学翁方纲，坚持"以学问为诗"，但诗稿中亦有感情真挚的诗歌。如《又寄内四首》：

> 甘旨晨昏赖汝知，殷勤特寄一章诗。春寒莫把冬衣卸，白发新添又几丝。

> 孙枝笑语可承欢，只少庭前彩服斑。训女应端童孺习，须知稼穑本艰难。

> 三户蒸尝报本同，蘋蘩犹是旧儒风。家无长物先灵妥，精洁为宜不在丰。

> 敞庐剩有书三簏，检曝休令饱蠹鱼。若问闲官何事业，丹铅惟恐废居诸。

此诗前有《壬子元旦晨餐自述二首》，断定诗歌作于乾隆五十七年（1792）。此时，蒋攸铦正在翰林院办事。《绳枇斋年谱》记载："五十六年辛亥，二十六岁。八月，服阕入都供职，仍充翰林院办事。（蒋霨远注：诗集有《重

---

① （清）蒋韶年：《吏隐集诗钞》，清嘉庆九年刻本。

入清祕》之作。）五十七年壬子，二十七岁。五月，奉命偕钱漆林检讨开仕典试贵州，得士王金等四十人。"① 第一首写妻子马氏在家乡奉养婆婆徐夫人之事。三年之前，蒋攸铦之父蒋韶年已经去世。《绳枇斋年谱》记载："五十四年己酉，二十四岁。闰五月，闻先大夫讣，匍匐旋里。冬，奉先大夫枢祔葬满城县柳家撮先茔。（蒋霱远注：临皋公自卜宅林亭得幽居之乐，府君屡请迎养，又欲乞假归觐。皆谕止之。比闻讣星奔，已盖棺四日矣。擗踊长号观者，陨涕含敛。诸事赖徐大夫人经理，罔不中礼。）"② 诗人记挂着妻子，担心春寒料峭，希望妻子注意身体。第二首写诗人告知妻子怎样教育子女。《绳枇斋年谱》记载："五十四年己酉，二十四岁。十月大女生。（蒋霱远注：长姊后适兵部员外郎长白广源，为府君同年文远皋先生干长子。）"同时希望自己的女儿能给母亲带去欢乐，使其忘却丧夫之痛。第三首是告诫妻子重视祭祀，但不用铺张浪费，节俭即可。第四首则是让妻子帮助自己检查书籍，时常晒晒，防止书生虫。四首诗歌感情真挚而又平淡，用平实的语言告诉妻子需要注意的事项。这对于崇尚"肌理说"的蒋攸铦实属不易。

蒋氏文学家族的亲友之中，应当有不少是会作诗的。限于资料缺乏，不能看到唱和之作。现存的诗歌恰能显示蒋氏文学家族内部之间的交流。正是因为有如此深厚的感情，使得蒋氏一门的家族凝聚力不断加强。

（二）吟咏历史

咏史诗最早出现于汉代的班固，之后几乎所有的诗人都有吟咏历史之作。他们将咏史和抒发个人情怀结合在一起。

蒋毓英有一篇文《重刻〈前后汉纪〉序》："自马班代起，遂分编年、纪传之体而为二。至东汉以下，讫宋元，各有一代之史，其体皆宗纪传。而马班纪传之外，复有表，有书，有志，于律历、礼乐，河渠、地理、五行、灾异、人物世系，莫不具详，后有作者，不能易焉。"③ 蒋国祚有《〈两汉纪〉字句异同考序》，蒋氏一门对于历史有着自己独特的看法。

---

① （清）蒋攸铦自编，蒋霱远补续《绳枇斋年谱》，北京图书馆藏珍本年谱丛刊第130册，北京图书馆出版社，1999。

② （清）蒋攸铦自编，蒋霱远补续《绳枇斋年谱》，北京图书馆藏珍本年谱丛刊第130册，北京图书馆出版社，1999。

③ （晋）袁宏撰，周天游校注《后汉纪校注》，天津古籍出版社，1987，第897～898页。

清铁保辑《熙朝雅颂集》卷八十七收录蒋韶年诗一首《过王陵母墓》：

> 刘项雄雌尚未分，英彭智略远人群。
> 母非予识兴亡数，有子宁教事二君。

楚汉相争之时，刘邦手下王陵的母亲被项羽劫持。项羽想以此来招降王陵。王陵母亲宁死不屈，反劝王陵要尽心辅佐汉王，决不能投降，并拔剑自刎。历代文人都是歌颂王陵母亲的义举，但蒋韶年的诗歌却与他人大相径庭。他认为当时，刘邦和项羽是谁胜利还不得而知，人心向背也不明朗。况且王陵的母亲没有先知之术，根本不应该这么做，而应让儿子在两边都投下砝码。这样的历史观是很奇妙的，也是有点危险的。忠君对于古代读书人而言是毋庸置疑的，但蒋韶年有如此胆识也是先辈勇武血液的影响。又如《过项王墓二首》其一："衣绣东归笑沐猴，彭城应是老搜裘。如何亚父遭谗后，犹占南山土一丘。"其二："古树荒烟潦水寒，野花衔鸟上林残。当年守冢人何在，三度临风驻马看。"蒋韶年面对着西楚霸王项羽的墓地，不禁有所感慨。李钧简曾在其序文中说道："窃尝谓有真性情而后有真诗者，非先生谁与归。"① 蒋韶年在历史方面有着自己独特的见解，这与其惯有的忠君爱民思想有不同之处，值得关注。

蒋国祚的《陈平墓》与蒋韶年的感慨有着异曲同工之妙：

> 嬴身仗剑刺船来，庭对还金语壮哉。云梦才传黄屋返，秘图又授白登回。
> 荒原辇路迷新草，落日碑阴卧古苔。欲问当年三万户，人家依旧枕山隈。

陈平是西汉王朝的开国功臣之一，与项羽这个失败者有着天壤之别。蒋国祚此时认为陈平生前作为刘邦的谋士，屡建奇功。最后项羽兵败自刎，陈平为相封侯。但是死后，二者是一样的，都在历史的长河中化为尘土。毛奇龄对

---

① （清）蒋韶年：《吏隐集诗钞》，清嘉庆九年刻本。

蒋国祚很是欣赏，赞曰："而梅中以尔雅之才，展挥戈之技，去嗻而进史，去驳而进醇，去臭而进芳馨，去其近今而进于前。"① 蒋国祚的咏史之作大都含有今非昔比、世事无常的无奈之感，如《姑苏怀古》："阖闾城东春草齐，馆娃宫里人姓西。冢边剑气夜蹲虎，陂上老翁时舸鸡。贾客櫂舟锦帆泾，女郎溮裙香水溪。可怜岁岁春归候，蜀魄西来作意啼。"再如《读史》："武帝求仙来海上，旌旗日驻太山隈。巨人迹似秦陈宝，竺国经占汉劫灰。邸第云封横地起，明堂水绕向天开。吾丘芝草真难老，博得秋风起夕埃。"蒋国祚诗中的一些虚无之感也许和他并不顺达的仕途有关。清代赵翼曾说："国家不幸诗家幸，赋到沧桑句便工。"蒋国祚个人人生经历的坎坷，间接造就了他在诗歌创作方面的成就。

蒋攸钦的咏史诗则常与军事相结合，清法式善《梧门诗话》卷六曾说："蒋约园论古诗最佳。记其有《望卧龙冈咏武侯事》云：'飞腾割据已无凭，剩水残山怨不胜。吴信能和曹易灭，公如不死汉终兴。千秋史册怜陈寿，万古云霄感杜陵。得力平生惟出处，岂专功业到今称。'笔力崭绝，意思亦戛戛独造。"② 如《荆州怀古二首》：

保障中原第一州，大江不尽古今流。霸图一梦规雄镇，汉鼎三分竞上游。

柳鞓章台歌舞歇，茅荒宋宅荻芦秋。时清顿失川险江，江草江花满近洲。

中流击楫暮云昏，形胜兴亡未易论。扴背北趋凭夏口，吞胸西下接虁门。

细腰人去曾无语，青冢魂归尚有村。独立苍茫默惘怅，临风搔首问乾坤。

此诗写于蒋攸钦从云南罢官返家之时，历经四川、湖北、河南，抵达山

---

① （清）毛奇龄：《西河集》，四库全书本卷四十七，台湾商务印书馆，2008，第406页。
② （清）法式善著，张寅彭、强迪艺编校《梧门诗话合校》，凤凰出版社，2005，第200页。

东与亲人团聚。"荆州"是古代兵家必争之地。三国时，蜀汉大意失荆州，从此迅速衰落。曾经辉煌的楚文化随着滔滔江水，一起淹没在历史长河之中。诗人面对着曾经的遗迹，想到之前自己的仕途，独自站立在风口，不免有所叹息。

蒋攸钦在咏史时常常会出现一些英雄人物，如伏波将军、陈潜夫、岳飞等。这也许和他的祖先有关。蒋氏先祖在明代多为武将：明宣德间蒋贵征麓川封为定西侯；其次子蒋忠荫辽东卫指挥使驻牧羊城；顺治元年蒋世瑚随清入关，隶镶蓝旗汉军；蒋浩德历官云南督标右营游击；蒋攸钦祖父蒋国祥和父亲蒋韶年亦有戍边经历。① 诗人的体内似乎流淌着激荡沙场的血液，有着李白英雄式的想法，想投笔从戎，仗剑行侠。

（三）题咏风物

蒋氏一门四处为官，途中题咏风物之作在诗稿中占有非常大的比重。蒋国祥留存于世的唯一一首五言律诗，便是题咏风物之作。

木瓜洞

匡山最绝处，厂屋托幽遐。面面峰争起，时时日照斜。

石冲泉啸虎，树逼路惊蛇。道士今何在，烟萝老木瓜。

蒋国祥现存的诗文都是其在江西时留下的，他于康熙四十三年（1704）任南康府同知，李钧简在《吏隐集诗钞·序文》中说："考萝村公为黄州郡守，至今百余年，黄人思之未艾。"② 他参加了毛德琦《庐山志》的修订。毛德琦《庐山志》卷一《姓氏考官》记载："南康府同知陞湖广黄州知府蒋国祥（萝村，暨阳人，岁贡）。"③ 民国吴宗慈编《庐山志艺文》收蒋国祥《木瓜洞》一首。"匡山"是庐山的别称，庐山位于江西九江，是历朝历代的避暑胜地，庐山有很多和道教有关的传说流传。"木瓜洞"在庐山东南石船峰前，相传唐代道士刘混成在此隐居修道，种木瓜而食，最后得道成仙。

---

① （清）蒋攸铦自编，蒋霂远补续《绳枇斋年谱》，北京图书馆藏珍本年谱丛刊第 130 册，北京图书馆出版社，1999。

② （清）蒋韶年：《吏隐集诗钞》，清嘉庆九年刻本。

③ （清）毛德琦：《庐山志》，四库全书史部第 239 册，上海商务印书馆，1935，第 555 页。

蒋国祥先是描绘了木瓜洞及其周边的景色：木瓜洞的洞口巨大，如同一间厂屋，四周群山环绕，每时每刻都有阳光照射。边上有一个石冲泉，泉水奔腾，响声如雷，路上生长着许多千年古树，环境阴森恐怖。最后，蒋国祥询问那个种木瓜而得道的道人今在何处，发出淡淡的感叹，原来只留下洞口的老木瓜。

此诗将木瓜洞描绘得让人如身临其境，把它的来历也解释得清清楚楚。蒋国祥在江西留下的笔墨是非常多的，几乎都是关于庐山的。但大都是文章，诗歌仅有这首。蒋氏一门与江西也是颇有渊源的，蒋毓英于康熙二十八年（1689）迁江西按察使。蒋攸铦在嘉庆五年（1800）出任江西吉南赣宁道，六年为江西按察使。《绳枻斋年谱》载："（嘉庆）六年辛酉，三十六岁。九月，署理江西按察使。谒先曾祖方伯公名宦祠。（蒋霨远注：方伯公曾任江西臬司，有惠政，祀名宦。府君瞻拜祠下，复捐资修葺祠宇。）"①

蒋国祚曾跟随父亲蒋毓英在浙江杭州住过一段时间，他的父亲在康熙三十一年（1692）任浙江承宣布政使。俗语说："上有天堂下有苏杭"，诗人在美丽的杭州留下不少作品，如《西湖》二首：

> 长堤细雨正蒙蒙，柳外青帘漾晓风。
> 才到酒垆调笑罢，一鞭又指断桥东。
>
> 画舫乘流隔幔遮，百壶送酒荡波斜。
> 深红浅白曾偷见，妒杀湖西菡萏花。

西湖上有三条著名的堤坝——苏公堤、白堤、杨公堤，诗人看着细雨一丝丝地洒在堤上。旁边的柳树已经发芽，正随着清风缓缓摇摆。诗人刚在酒店打了一壶酒，骑着马朝断桥东边走去。湖上有一艘艘的小船，诗人提着酒走入船舱开始小酌。透过薄薄的纱幔，看到西湖上盛开的荷花，层层叠

---

① （清）蒋攸铦自编，蒋霨远补续《绳枻斋年谱》，北京图书馆藏珍本年谱丛刊第130册，北京图书馆出版社，1999。

叠，异常美丽。两首诗，蒋国祚用白描的手法写出了西湖的美景。把西湖的特色用非常平常的词句展现出来，平凡但充满诗意。对于江南的风物蒋国祚描绘不少，还有《再和雨窗原韵》《孤雁》《吴山夕眺分赋得秋字》《久雨祈晴》《龙井避暑》等。有着尚武精神的蒋国祚，对于此类诗歌却写得细致深入。

当然，蒋国祚也有粗犷的一面，描绘边塞风物则和上述诗歌完全不同，如《关山月》：

> 笳吹千山月，交河一水浑。暗随征雁度，影逐角弓翻。
>
> 帐底驼酥冷，边城猎火喧。刀镮空有梦，回首玉门关。

关山位于甘肃，是古丝绸之路上的要道。全诗开头就是西北的特色，胡笳声吹彻边塞。随着征雁日夜兼程，身后背着的弓箭在月光之下显得异常明显。帷帐中吃剩的驼脂已经冷了，边城传来了战火声。最后诗人发出感慨，这些都是曾经的过往，玉门关依旧矗立在原地，只有它见证了曾经的一切。之后蒋国祚还写了《梅花落》："榆关归路杳，摇荡早春天。愁向风前度，慵窥镜里怜。高楼吹玉笛，璧月堕珠钿。妾泪如铅水，思君复几年。"通过一曲笛声引出在家思夫的女子，这首小诗有着王昌龄《闺怨》遗风，全诗先是通过一些细节场景的描绘，最后点明主题——"悔教夫婿觅封侯"。边塞风光诗还有《陇头水》《折杨柳》等等。

蒋攸钦的《约园诗存》也有此类诗作。诗人从小跟随父亲，周游了不少地方。尤其是在苏州和云南二地，沿途经过之地都留有诗作。但作者并非单纯地描写风景或者歌咏事物的外观，而是情景结合，将自己的经历和主观情感融入其中。《落梅二首》：

其一

东风舟舟雨丝丝，断送寒梅是此时。竹外萧条清影散，苔边惆怅暗香遗。

寿阳巧样欺金钿，江令新吟对玉卮。晓起临阶无限思，一枝空翠独参差。

其二

几日幽芳正满庭，何当摧落玉娉婷。淡香无复飘金砌，冷艳空教忆石亭。

浪蝶有情应怅望，晓莺学语似叮咛。还愁五月江城夜，又向关山笛里听。

自古梅与兰、竹、菊并称"四君子"，又与松、竹并称"岁寒三友"。诗人写梅并不去描述梅的外在，而是叙写梅花的品格。蒋攸钦在苏州漫游的几年中，科举和仕途不顺，除了饮酒游玩，可谓无所事事。但他先前一直怀有乐观的心情，坚信终有一日可以像严寒中的梅花一样，傲然开放。

整部诗稿中多次出现了"梅花"："邓尉探梅路，明朝踏冻崖。""杨柳楼头人尽醉，不关一笛落梅风。""憩蝶乍依芳草径，蹄莺初占落梅枝。""芳草以时发，梅花何处开。""春风先拂柳，腊雪渐消梅。""鸟声劝酒梅花笑，聊洗空梁庭草冤。""青阳消愁摧寒却，预放梅花到僧阁。"如果先前诗人是认为自己可以像梅花一样笑傲群芳，一枝独开，那么在被罢官之后，诗人就更以梅花自喻，不与它物同流合污。

诗人在南方游历许多名山大川，在诗稿中有很多此类诗作。如《牟珠洞》：

老树合崔嵬，青天一发阔。洞虚岩寺古，路蟠石磴缺。

暗风俨积雪，森然动毛骨。亭午障白日，天籁不时发。

初疑鬼神宅，岁久就泯灭。意是蛟龙窟，时清不敢出。

天涯得奇观，俯仰重骚屑。随境恣冥搜，富贵徒觊觎。

默思身世事，未敢即轻诀。长揖谢山谷，前路晚云没。

牟珠洞又称凭虚洞，位于贵州，是明清古驿道。诗人细腻地描写了洞边的景色，苍劲的古树、安静的宝刹、崎岖的山路……一切都是那么神秘，给人一种迷幻之感。

蒋攸铦一生大部分时间是在外地为官，在福建、陕西、云南、浙江、广州等地都有他的行踪。在此期间，他也写下了一些写景记游和题咏风物的诗歌作品。值得一提的是他有一部单独刊刻的纪行集——《黔轺纪行集》，是其在乾隆五十七年（1792）出任贵州典试时所作，里面集中保存了一路上写景记游的诗歌，并附有一些考证。

蒋攸铦在乾隆五十七年（1792）出任贵州典试，在此期间，他从北京一路南下，经过多地，到达贵州。在《雪鸿纪迹》组诗中有一首《黔山持节》："水驿山程眼界超，周咨风土记黔轺。寄言求牧先除莠，不扰方能格有苗。"用28个字记述了这件事情。《绳枻斋年谱》亦有记录："五十七年壬子，二十七岁。五月，奉命偕钱漆林检讨——开仕典试贵州，得士王金等四十人。订《黔轺纪行集》。"①

蒋攸铦到达贵州后，将那里的民俗用诗文记录下来。如《黔阳竹枝词八首》：

（黔之苗，种类甚夥，向但知青布裹头，短裙，赤脚及耳坠大环，戴银项圈者，为苗。而其衣饰风俗更有新奇可诧者，途中见闻所及，因漫咏之。）

仲家苗女好楼居，彩布横腰若绶纡。堪笑湘江惟六幅，长裙百褶更何如。

吹彻芦笙夜未阑，花球腾掷月场宽。春来卖剑求黄犊，娶媳全输黑牡丹。

暗菜珍同旨蓄藏，无盐巧用蕨灰香。黑衣竞逐乌鸦队，铜鼓声中赛竹王。

马郎房子寨门前，舞袖新裁锦作缘。面首莫嗔呼阿妹，头钱合抵外甥钱。

---

① （清）蒋攸铦自编，蒋霨远补续《绳枻斋年谱》，北京图书馆藏珍本年谱丛刊第130册，北京图书馆出版社，1999。

　　棰婿翻疑报打牙，岁时做夏语纷哗。冠笈尚不忘初服，耕织惟勤蔡宋家。

　　青蓝衣色别东西，祭白频将木板斋。更有牯羊居搆竹，春归怕听杜鹃啼。

　　称体桶裙无襞积，垂云剪发作齐眉。羊楼缥缈青衫叶，人在鸂鶒水一枝。

　　健妇锄犁号土人，田歌亦解敬如宾。匏省谱就丰年曲，丛拜村头五显神。

这组竹枝词用简单的语言描述了南方少数民族的特点，将苗族人民的穿衣打扮、生活习惯等用质朴的语言描述。作者眼中的苗家姑娘住在苗寨中，身穿五色的百褶裙。苗家小伙子则身穿羊毛毡，吹着芦笙，彻夜不眠，互相舞蹈。苗家楼房有着自己的特点，主要是"吊脚楼"，第一层圈养牲畜，第二层为正房，第三层为粮仓。苗家妇人身强体壮，边唱山歌边干农活，好不快乐。蒋攸铦用笔墨将几百年前苗家人民的生活记录下来，给现在研究留下了极其珍贵的资料。

　　民国时期段兆鳌对蒋攸铦的《黔轺纪行集》有极高评价："是集存其梗概，足为稽古之助。五江、五溪、夜郎、贵州诸考引证详核，去取精当，更可解众说之纷也。"[1]《黔轺纪行集》考证严谨，诗歌文笔优美，自然清新，使读者阅读后如身临其境。

　　蒋氏一门足迹踏遍万里河山，蒋国祥和蒋韶年在塞北感受广阔无垠的大草原，蒋国祚跟随父亲在美丽的江南流连于小桥流水，蒋攸钦则在神秘瑰丽的南方少数民族聚集之地游览，蒋攸铦更是走遍半个国家……这使得他们的眼界更为宽广，诗集中尽书祖国的大好河山。

---

① （清）蒋攸铦：《黔轺纪行》，丛书集成续编 065，上海书店，1994，第 485 页。

（四）吟咏唱和

蒋氏一门世代为官，交际网非常庞大。其中有默默无闻的百姓，更有位高权重的官宦，亦有文才显赫的名人。他们与蒋氏交往甚密，有些已无印记，但有些还留有些许唱和的诗篇。

蒋攸铦是科举出身，仕途顺达，结交官员更是不计其数。为官之后，多与人唱和。《绳枅斋诗钞》中，此类诗歌所占比例颇大。与其唱和之人各种各样，有官员，有文人，有亲人，有学生，等等。

蒋攸铦的唱酬之作大都是和同朝为官的同事，尤其是同年间的作品。蒋攸铦是乾隆四十九年（1784）甲辰科进士，此榜有："第一甲赐进士及第"共三名：茹棻、邵瑛、邵玉清。"第二甲赐进士出身"共四十名：李长森、习振翎、陈万全、魏成宪、章廷枫、王锡奎、孙大椿、胡应魁、彭希濂、李宗澍、侯健融、丁士颖、王沅、吴廷选、张世濂、杨清轮、贺贤智、周兆基、王奉曾、郭缙光、温汝适、张德懋、刘若璪、姚祖恩、杭光晋、吴芳培、崔景仪、文宁、祝万年、张允楫、李蕙、蒋攸铦、杨志信、张树槐、李骥元、沈肯松、白凤、倪鹤皋、叶蓁、蔡曾源。"第三甲赐同进士出身"共六十八名：陈观、翟绳祖、倪思淳、盛堂、曾济、李琦、劳瑾、查曾印、魏若虚、周祚熙、顾礼琥、关遐年、陈大春、郭祚炳、史积英、龙澍、潘奕藻、杨护、胡秀森、张端城、恽鹏、沈维坤、张源、高叔祥、郑敏行、牛步奎、刘连魁、刘炘、朱依炅、赵午彤、卢彭、张锦、刘之棠、陈霞蔚、焦和生、阎学淳、邵培德、张至、廖怀清、李肖筠、郑玉振、宁云鹏、翟中策、张映汉、刘瑞麟、陈煦、汪世隽、邓再馨、陈渼、德宁、要问政、赵洛、李青云、沈谦、姚士鹏、赵三元、朱熊光、夏炳、王永、柴起鹏、武定、汪树镤、郁大镎、成书、丁阶、沈景熊、胡钧璜、王善垲。[①] 此榜既非响榜，亦非哑榜。蒋攸铦与上述人多有唱和，可见同年情深。

《绳枅斋诗钞》中与同年唱和之作有《天津李载园明府同年署中闻雁》《送史鉴昆同年之任楚南龙山令二首》《送陈紫峰祠部同年出守巩昌二首》《重入清秘和文芝崖同年见怀之作》《寄别朱静斋同年出守衢州二首》《送崔云客同年出守思恩二首》《题焦琴斋同年使蜀吟二首》等。其中有两首诗后附

---

① 根据江庆柏《清朝进士题名录》乾隆四十九年（1784）甲辰科殿试名单整理。

有原倡，其一为《甲辰会元后翀庵枢部下世廿余年矣遗孤二人距省百里余莅
浙年余未来谒见今访得名履端者询其家计为之黯然和魏春松同年韵》：

> 龙头晚达本形单，自昔传经世泽难。
> 为访绳枢寻似绩，回思席帽共清寒。
> 萤编可在谁能读，马鬛犹稽择所安（助其购地营葬）。
> 淳朴常留施孙子，诗书不必定为官。

附原倡：

> 孤露飘飘怅影单，云霄念旧古人难。
> 许窥东阁花茵暖，为轸西华葛帔寒。
> 此日穷鳞需尺泽，当年走马并长安。
> 鲰生亦是苍生一，归向菰芦话好官。

魏春松，即魏成宪，字宝传。浙江仁和人。乾隆四十九年（1784）第二甲
第四名，官兖沂道，工行楷。《绳枻斋诗钞》中还有《题魏春松同年西山山居
二图松霭山房读书》《伊墨卿比部同年招游枣花寺看海棠归集赐研斋即送魏春
松同年出守扬州》《甲戌新春魏春松同年来粤主讲粤秀书院出示癸酉春与乡榜
同年五人修禊事所绘苔岑雅会图即次其韵》《乙亥人日次魏春松遣兴韵时将入
都补部郎》四首诗歌是二人之间的唱和。蒋攸铦看到他的原倡，作诗一首。
当时蒋攸铦在浙江[1]，《绳枻斋年谱》载："（嘉庆）十五年庚午，四十五岁。
二月，回浙江任。"[2] 乾隆甲辰会元翀庵枢，为蒋攸铦的旧部下，已去世二
十余年了。他的两个儿子住在杭州百里之外，从未见面。诗人得到魏春松的
诗，主动寻找，询问现状，得知生活艰难，不觉怅然。翀庵枢一生穷经，但
其子孙却是淳朴的农家子弟，诗人认为读书为官也不是唯一的选择。他出资

---

　　① 《绳枻斋诗钞》卷九有诗《庚午正月二日恩预重华宫茶宴恭和御制元韵二首》，判断为蒋攸铦回
京途中所作。

　　② （清）蒋攸铦自编，蒋霨远补续《绳枻斋年谱》，北京图书馆藏珍本年谱丛刊第130册，北京图
书馆出版社，1999，第38页。

帮助翀庵枢购得墓地，使其入土为安。魏春松的诗歌也是为翀庵枢后人的遭遇感到惋惜。蒋、魏二人的唱和不同于普通的肤浅之作，而是感情真挚的作品，他们共同心系着曾经一同科考的同人。

蒋国祚比其兄幸运，有诗集留存于世。而清初经学大师毛奇龄的《西河集》卷四十七亦有一篇《梅中诗存序》。蒋国祚的唱酬对象一般是与自己情投意合之人。

查升，字仲韦，号声山，海宁袁花人。清康熙二十七年（1688）进士，选翰林院庶吉士，授编修。著有《淡远堂集》。查升与蒋国祚相识，应该源于其父蒋毓英在浙江担任承宣布政使之时，查升为蒋国祚《梅中诗存》所写的序文中明确记录："梅中为吾浙方伯公喆嗣。"① 二人情投意合，尤其在诗文方面有着相同的观点，查升说："然梅中氏论诗，则有与予相契者。必溯其源，必辨其体，必审其音，必协其律，又非若率意为之者。吾读梅中诗，吾益信梅中矣。故兹序其诗，为述吾两人相语若此。"②

蒋国祚的《梅中诗存》有三首诗是写给查升的。《查荆州招饮湖上》：

> 宣公祠下十锦塘，相招昵饮酒垆旁。酒星昨夜堕湖水，醉看仙姥来余杭。
>
> 盘供异味兼臑脌，一饮百盏纷酬酢。君为韩侯我步兵，更申拇战三章约。
>
> 中流萧鼓逐船来，吹入桃花无数开。惊红骇绿真迷眼，唱阕当年阿鼙回。
>
> 郎官湖上人谁在，转忆风流犹未沫。牵舟欲别重绸缪，三秋一舸还同载。

当时，蒋国祚在父亲的承宣布政使府，查升也在杭州为官。两人在夜间于西湖孤山之南的宣公祠划船游玩。游玩必定免不了喝酒助兴，两人在船上喝得醉意朦胧，相互敬酒。酒过三巡，开始行酒令。蒋国祚自比阮步兵，将查升

---

① （清）蒋国祚：《梅中诗存》，清刻本。
② （清）蒋国祚：《梅中诗存》，清刻本。

比作韩信。船上演奏起了唐玄宗所作的阿鞞回曲子，伴着徐徐的春风，诗人不想和朋友分别。查升和蒋国祚的聚会应该是非常频繁的，诗稿中还有《题查二瞻画册》，小序题："查荆州太史招饮湖上，因贻二瞻画帧。"当查升于康熙二十七年（1688）考中进士，留在北京后，蒋国祚非常想念友人，写了两首怀念之作：《寄查声山翰林》，中有"退朝应踏天街月，可忆西湖并辔还""山色湖光似旧时，故人天畔独逶迤"之句，可见两人的感情相当深厚。

蒋国祚的《梅中诗存》首页就是查升的序文，他对于蒋国祚的诗歌艺术成就是认同的："予尝与梅中论诗，深有契焉。今读梅中之诗，益信。梅中为吾浙方伯公喆嗣，自髫龀时，与仲氏嵩臣，禀过庭之训，而又自燕以从官闽海、豫章两大郡间。得纵览江河山海之胜，以益肆力于典坟丘索之中。盖其海涵地负，岳峙渊渟，滔滔汩汩。固有不自知其所之，而非可仅于形似求之者也。"①

四　清代满族汉军蒋氏文学家族的诗文特色论述

蒋氏文学家族绵延久长，成员在诗文上都有着不小的成就。大致概括有以下三点：首先，蒋氏文学家族的诗文受到当时盛行的一些诗风、文风影响；其次，蒋氏文学家族成员之间互相影响，相互学习；再次，蒋氏文学家族的思想并不单一，受到各种思想的影响。

（一）　清代各诗派的影响

蒋氏一门几乎绵延整个清代，从蒋毓英至蒋霨远，经历了康熙、雍正、乾隆、嘉庆、道光、咸丰六个帝王，大约有两百年的时间。这段时间在历史上发生了许许多多的事件，在文学上也产生了新的流派。蒋氏成员结交甚广，学诗也不拘俗套。所以其诗歌受到大背景下的诗坛影响，尤其是清代前、中期诗坛的四大诗派：王士禛的"神韵派"、沈德潜的"格调派"、袁枚的"性灵派"、翁方纲的"肌理派"，更为巧合的是，蒋氏一门和这些诗派成员有着千丝万缕的关系，所以他们或多或少都受到一些影响。

---

① （清）蒋国祚：《梅中诗存》，清刻本。

1. "神韵说"

卢见曾学诗于王渔洋,蒋韶年受学于他,必定受"神韵派"的影响,并且蒋韶年对于《易》学有着深入研究,那么诗歌也会有着潜移默化的影响。法式善著《梧门诗话》卷三评价蒋韶年:"三韩蒋临皋醇笃有至性。少时代父萝邨戍军台,萝邨即卢雅雨集中所载生祭文者是也。临皋尝事雅雨,工为诗。官平度州牧。《过王陵母墓》云:'刘项雄雌尚未分,英彭智略远人群。母非预识兴亡数,有子宁教事二君。'颇有断制。"①

在蒋韶年的诗歌中,七言绝句最能体现"神韵"之说,如组诗《傲屋庭前有秋色数种各赋一绝》:《鸡冠》《玉簪》《秋海棠》《雁来红》。如《秋海棠》:

> 朱丝绿叶映窗纱,谁道无香便是瑕。
> 点点猩红还是泪,断肠人对断肠花。

再如《雁来红》:

> 去年霜落小园中,一雁凌空送晚红。
> 今日雁来人异地,愁怀无限对秋风。

状物之作也能体现清逸淡远之气,实属不易。四句诗歌,前两句写景状物,后两句开始神韵派的典型做法,"羚羊挂角,无迹可求",出现一种若有似无的诗意。"点点猩红还是泪,断肠人对断肠花。"由花及人,伤感之情跃然纸上。"今日雁来人异地,愁怀无限对秋风。"由雁来对比两人异地,淡淡的愁闷就在语句间缓缓流出。《春游词》:"半塘桥下水弯弯,画舫轻移岸柳闲。酒未来时歌板歇,数声娇鸟弄春山。"也是清淡飘远。实际他的七言绝句大致都是写景状物类,如《看云》:"相看不相舍,明月作居间。"《雪霁夜坐》:"霁色空明映落辉,西风入夜透征衣。"《晚渡归寺二首》:"雨岸层冰消不尽,夕阳影里雁声哀。"……其子蒋攸铦曾说:"适陵州卢雅雨先

---

① （清）法式善著,张寅彭、强迪艺编校《梧门诗话合校》,凤凰出版社,2005,第103页。

生亦在戍所，亲承指授，更沉浸于渊明、子美诸家，而诗学大成。"① 富有神韵的诗歌集中于蒋韶年早年的诗作，其步入中年之后，鲜有此类作品。

蒋韶年大致出生于雍正年间，受学于卢见曾，作诗有"神韵"在所难免。蒋韶年的神韵诗写得不错，并未刻意学习，而是笔法已融入诗中，自然流出。

蒋韶年次子蒋攸铦亦有此类清新淡雅之作。乾隆四十六年（1781）辛丑科殿试金榜二甲进士余姚翁元圻在《绳枢斋诗钞》序文中曾说："体物之工，则《秋柳》诸咏欲夺渔洋之席。"②《秋柳四首和孙寄圃前辈韵》：

其一

三月繁华絮已浮，人情摇落始知秋。金城远别萦心梦，玉笛闲吹赴瞑愁。

几缕烟光供画品，半庭月影为诗留。不须红豆生惆怅，攀折临风可自由。

其二

楼台别绪个中含，历尽暄凉忘苦甘。五夜寒蝉流汉上，一声新雁到江南。

鬓丝那用描山黛，袍莹依然拂水蓝。廿四桥西砧杵急，凭栏空对树毵毵。

其三

长条低柽逗秋蛾，萧瑟西风昨夜多。远圃芦飞晴有絮，澄江练映淡生波。

即金黄叶闻鸦噪，忆昔青林策马过。旅客不知花事尽，双柑还拟问莺歌。

其四

舞腰消瘦力逾微，枝叶相连自可依。小阁帘垂汀雨急，短亭人去陇云飞。

---

① （清）蒋韶年：《吏隐集诗钞》，清嘉庆九年刻本。
② （清）蒋攸铦：《绳枢斋诗钞》，清道光十一年刻本。

　　且偕篱菊风华老，莫讶江风色相非。眠起寸心终不谢，灵和殿里验春归。

　　蒋攸铦作有一篇《孙寄圃相国事略》，收录于《国朝先正事略》卷二十一。《秋柳四首和孙寄圃前辈韵》位于《绳枻斋诗钞》卷一，前后有多首咏物之作：《和友人入松》《燕剪》《莺梭》《蜂房》《蝶粉》《白芍药四首》等。此时的蒋攸铦才二十出头，刚入翰林，诗风淡雅。"柳"有分别之意，当时的蒋攸铦在京城，孙寄圃则在"金城"兰州。诗人看到秋柳想到在边关的友人，怀念之情油然而生。第二首全诗运用多个意象，"楼台""蝉""雁""栏"……诗句间透露出浓浓的哀伤。三、四首回归到柳上，用一种空旷荒凉的意境烘托出诗人内心的真实情绪。正如严羽所说："羚羊挂角，无处可寻。"

　　法式善著《梧门诗话》卷七十："约园弟攸铦号砺堂，甲辰进士，官编修。少年入词馆，风度冲雅。尤工诗。余记其《钓台》二首，云：'拂袖东归物外情，那知隐后转成名。当年若问归来意，只向渔几寄此生。''天子何妨是故人，桐江烟月乐吾真。胥潮亦畏先生节，不遣衢波过富春。'又《咏残菊》：'纵使早开仍拔俗，祇绿耐久似凌霜。'皆极造意。"①《残菊》："何事争推晚节香，年华弹指判沧桑。人归三径双瞳碧，花散千林一色黄。纵使早开仍拔俗，只绿耐久似凌霜。淡如窃愧终难匹，笑我餐英为口忙。"蒋攸铦年轻时多此类诗作，大都收录在《绳枻斋诗钞》卷一和卷二之中。

　　2."格调说"

　　"格调说"是乾隆年间的沈德潜所倡导的。主张创作要符合温柔敦厚的诗教观，诗歌要显示中正和平。所谓"关乎人伦日用及古今成败兴坏之故者"②。沈德潜宗唐，极其推崇李杜，和王士禛钟爱王孟山水诗有区别。他喜欢雄浑壮大的盛唐气势，对于诗歌则要求讲求诗格诗法，故而推崇有法可循、以唐音为准的"格调"。他写了《说诗晬语》，并选取了很多这类型的诗歌，编成《古诗源》《唐诗别裁集》《清诗别裁集》等，更加系统地宣扬

---

① （清）法式善著，张寅彭、强迪艺编校《梧门诗话合校》，凤凰出版社，2005，第212页。
② （清）沈德潜：《清诗别裁集》，上海古籍出版社，1984，第1～2页。

格调说。由于符合统治阶级的审美要求，当局者大力推动。诗坛的拟古之风，再次掀起。

蒋韶年在苏州时，应与沈归愚相识。蒋韶年与顾宗泰交好，两人情投意合，互相唱和。顾宗泰《月满楼诗文集》诗集卷十二《蜡屐集》有诗《送蒋临皋州牧之任胶东即次留别诗韵》四首，文集卷十一《序》有《蒋临皋州牧之任胶东留别诗序》一篇。而顾宗泰与沈德潜亦是好友，其诗文集收有沈德潜的序文。且《吏隐集诗钞》卷二有《诗芝田明府见示孟冬和归愚沈尚书偕同人过狮子林二首嘱和》其一："选胜探奇春复秋，几曾辜负此林邱。玲珑玉窦空中度，盘屈松根石上留。空置天然容远眺，登临往事俯长流。平生心折倪迁笔，直欲高眠洞壑幽。"其二："五载淹留始一过，只今魂梦忆林萝。燕公大笔江山助（谓沈尚书），元度高情登陟多。山色翠来蛾乍敛，波光静处镜新磨。三冬好继三春候，把臂重游意若何。"这就证明二人是相识的。沈德潜虽无和蒋韶年有直接诗作唱和，但在其《归愚诗钞余集》卷七有《行看润海壖和作顾诒禄》一诗。顾诒禄，字禄百，江苏长洲人。有《吹万阁诗钞》，为沈德潜门下。他和蒋韶年关系密切，为其《吏隐集诗钞》写了序文，序云："临皋先生家世阀阅，学博才富，修书议叙。为江苏布政司理问，事繁俸薄，先生处之泰然，克勤其职。公余眺览山水，与二三同僚酌酒赋诗，而政事不废。"① 蒋韶年在苏州担任江苏布政司理问十载，与当地名士吟咏唱和，肯定与沈德潜有接触。

蒋氏文学家族的诗作在某一方面和沈德潜所提倡的"格调说"有相契合之处。蒋氏一门最为主要的思想是儒家思想，他们一心以忠臣孝子的准则要求自己。而且蒋氏一家有着传统士大夫共同的特点，即对忠君爱民思想的信奉与践行。蒋氏一门对于儒学正统思想极其重视，蒋攸钦对于杜甫的推崇就是一例。蒋攸钦不仅继承杜甫忠君爱民的思想，而且在诗歌中模拟杜甫诗歌的精工以及现实主义的诗风。

首先，他学习杜甫的诗歌进行创作。仿照杜甫《秋兴》写了一组《秋兴诗》：

---

① （清）蒋韶年：《吏隐集诗钞》，清嘉庆九年刻本。

秋兴集字诗者，外父沟南太史实创此格，其法以少陵《秋兴八首》中四百四十八字为限，隐集成章。岁之庚辰，访内兄鸿衢于菊泉官舍，樽酒论文，偶出所著《秋兴八集》见示，并从余为之。因规夫太史之法，漫成八咏。

极目萧萧万象秋，江城斜日重回头。一林烟泛相思树，几处风移不系舟。

同学关心违北塞，薄游经岁坐南州。每看百事随清泪，冷寂文园起暮愁。

斜月依微映小池，中庭匡坐思迟迟。朱楼露重沉金琐，玉树香寒冷碧枝。

自有黄花堪对处，还怜红豆已违时。平居寂寞江南夜，长望京华有所思。

三山极北是蓬莱，青溪瑶宫接眼开。鹦鹉自依朱树绕，凤凰还向碧霄来。

仙峰重琐风云合，人事需随日月催。惟有泛槎昔日使，曾怜织女几迟回。

秋波清漾小沧浪，自泛轻舟动画墙。日暮江寒枫树老，云回峰冷碧天长。

瑶池风露思王母，人也功名问子房。彩笔有时千气象，衣冠还点御炉香。

年来事事不胜愁，回首燕南望昔游。静苑梧阴垂素月，平池菰米坠新秋。

江湖万古关青眼，鸥鸟随时对白头。几点寒风惊岁晚，孤吟寥落古长洲。

　　静坐江城依小阁，千年人事问沉波。佳人寂寞金莲地，王气凋残玉树歌。

　　几处落花秦苑冷，三秋承露汉宫多。惟余静夜中天月，还向洲前映碧萝。

　　满眼青山江上时，乘风信水小舟迟。高堂露冷还依枕，巫峡云回问所思。

　　波静游鳞沉碧浪，莲开轻粉落红枝。荻芦花动秋声老，寒月虚明映曲池。

　　寒烟落寞满南楼，万里沧波一小舟。明月自依南国思，江花还击北人愁。

　　青霄隐隐来黄鹄，碧水鳞鳞泛锦鸥。抗首京华虚望眼，暮云春树几同游。

这组律诗通过描绘秋天的景色来表达诗人对于"京华"的思念。蒋攸钦此作模拟杜甫的《秋兴八首》，句式、格律、内容、情感方面都达到炉火纯青的境界。第一首奠定了全组诗歌的基调："极目萧萧万象秋"。第二首说明诗人独自一人在遥远之地怀念"京华"，"平居寂寞江南夜，长望京华有所思"。第三首描写了诗人周边虽然风景秀美，但还是抵挡不住思念之情，"惟有泛槎昔日使，曾怜织女几迟回"。通过多个意象，如"冷碧枝""素月""荻芦""锦鸥"等，整组诗歌散发着浓浓的秋思。诗歌用语模拟杜甫原诗，如"萧萧""京华""三山""斜日""碧萝""巫峡"等。蒋攸钦的模拟之作，自然流出，没有过多的模仿痕迹。

　　其次，他在诗中常常提到杜甫。如《望卧龙冈咏武侯事》："飞腾割据已无凭，剩水残山怨不胜。吴信能和曹易灭，公如不死汉终兴。千秋史册怜陈寿，万古云霄感杜陵。"（《丛溪诗话》谓：少陵梦间仿佛见公癙而得句。）《夏日遣怀三首》其三："诗名不尽因诗显，酒病还须用酒医。试问长安裘马客，与予同度太平时。"蒋攸钦的不少诗作都透露出杜甫的身影，如《荔支》："驿使新从闽海回，绛囊初擘水晶胎。永元别后谁相识，曾向华清度曲来。"

再次，蒋攸钦在诗歌创作中，讲求炼字锻句，运用多种修辞方式，力求像杜甫一样"语不惊人死不休"。《入粤东第一夕看山，偶用少陵〈游龙门宿奉先寺〉韵》："轻舟乘暮潮，顿入灵奇境。一线青天痕，千林明月影。阴崖危欲垂，回飔清且冷。嗟哉远游子，能勿遽然省。"

蒋攸钦与杜甫身世也有相似之处。都是少年优游，仕途不顺，过着颠沛流离的生活，直至死亡都没有实现自己的愿望。法式善《梧门诗话》载："蒋约园攸钦，临皋长子，幼能背诵杜诗全集。筮任滇南州佐，旋罢归，郁郁以没。其诗如《秋夜忆弟》云：'艰难余骨肉，卓荦见平生。'《吊岳武穆》云：'一代存亡三字狱，十年成败两河功。'皆杰句也。"①

蒋氏文学家族成员对于"格调说"的学习不单单是表面的拟古之作，更深层的是受其温柔敦厚的诗教观的影响。

3. "肌理说"

沈德潜的"格调说"代表了乾隆前期的正统诗学，翁方纲的"肌理说"则贯穿了整个乾嘉诗坛。翁方纲作《石洲诗话》结合当时乾嘉朴学盛行的背景，提出"肌理说"。"肌理"二字来源于杜甫《丽人行》："肌理细腻骨肉匀"。翁方纲在《言志集序》中认为"为学必以考证为准，为诗必以肌理为准"。"义理之理，即文理之理，即肌理之理。"②"义理"是以六经为代表的封建道德思想。而"考证"则是受当时乾嘉考据之风的影响。这种代表官方和朝廷出于政治目的而出现的文学立场立刻得到统治者支持。

蒋攸铦作为蒋氏文学家族的中心人物，诗歌最为丰富，但其诗歌有明显的倾向性。他受学于翁方纲，作诗必定受"肌理"说的影响。《绳枇斋年谱》载："（乾隆）四十八年癸卯，十八岁。乡试中式第十五名。（蒋霦远注：座主为诸城刘文清公——墉蒙。自尹楚珍先生——壮图、大兴翁覃溪先生——方纲，房师为丹徒茅耕亭先生——元铭，钦命诗题为：'仙露明珠'。刘文清公阅府君卷至诗颈联：'夜静珠腾海天高，露洗秋十字击节。'叹赏谓：'当作太平宰相。'先是徐太夫人梦人送报录至，见府君中式第十五名，

① （清）法式善著，张寅彭、强迪艺编校《梧门诗话合校》，凤凰出版社，2005，第211页。
② （清）翁方纲：《复初斋文集》卷四，光绪三年刻本。

榜发果相符合。)"①《绳枻斋诗钞》有诗《和翁覃溪师恩加三品衔重宴鹿鸣四首》《奉寄文芝崖阁学视学江南用翁覃溪师辛未会榜后感慨元韵二首》《贺覃溪师得孙次曹俪笙相国韵二首》《读翁覃溪师复初斋诗集续刻敬题简末即次曹俪笙相国李兰卿阁读韵》。翁方纲《复初斋诗集》也有与蒋攸铦的唱和之作，如《送蒋砺堂之南赣道任》《送蒋砺堂总督两广二首》《蒋砺堂五十寿二首》等。其中《读翁覃溪师复初斋诗集续刻敬题简末即次曹俪笙相国李兰卿阁读韵》可看出蒋攸铦对于翁方纲"肌理说"所持的态度：

> 师昔已过花甲年，复初斋稿初雕镌。
> 弟子敢议经笥边，芸台所刻居吾前。
> 鸿章粲备细不捐，六十六卷衷其全。
> 斯文照世神在天，岁月屡易郾訾躔。
> 李君拾得珍珠船，续辑四卷齐末巅。
> 手为校录心周旋，一字不使讹旁偏。
> 八音始觉完编悬，开卷枨触怀桑田。
> 吾师晚岁娱林泉，苏斋问字人蝉联。
> 好古征信追彭签，石墨万轴堆几筵（师考正金石文字甚多）。
> 得意辄耸双吟肩，岂特镕铸固兴迁。
> 郑笺马疏尤精研，群经解义迟成编（师有诸经附记七十卷尚未付梓）。
> 雄文直接昌黎传，胸罗星宿笔似椽。
> 下视湜籍何迍邅，湖海诗人空爱怜（王述庵《湖海诗传》载：师诗数十首皆少作也）。
> 二者剞劂犹迁延，我官翰林愧炬莲。
> 校雠丙夜青藜然，师每借书眼欲穿。
> 墨痕寸纸云霞鲜，至今什袭心虔虔（铦在清祕堂时，师借库书手笺装潢成卷）。

---

① （清）蒋攸铦自编，蒋霨远补续《绳枻斋年谱》，北京图书馆藏珍本年谱丛刊第 130 册，北京图书馆出版社，1999。

　　　　岭南重镇惭秉鞭，寿我五十邮筒专。

　　　　金坚石介心缠绵，勉以实政诗两篇。

　　　　是陶是杜离言筌，十载过眼如云烟。

　　　　卷中见诗增涕涟，兰亭考异穷句弦。

　　　　家事述德供旃檀（《兰亭考》亦铦所刻，曾校《翁氏家事述略》），

辦香所奉敢不虔。

　　　　海之一勺山之拳，竭来诗刻全功竣。

　　　　六旬弟子老彭宣，遥拜诗境陈豆笾。

　　　　生天成佛周垓埏，应鉴阮蒋怀谪仙。

　　　　相公作诗珠陲连，翰墨共结千秋缘。

诗歌是为庆祝老师翁方纲的《复初斋诗集续刻》刊刻而写，全诗如同一篇
记叙文，明明白白地记叙了事情的来龙去脉。翁方纲在六十岁时，刊刻了
《复初斋稿》。当弟子蒋攸铦六十一岁时①，老师《复初斋诗集》的续刻也完
成了。此时翁方纲已经过世，蒋攸铦对于自己的恩师还是非常尊敬的。诗中
也说："六旬弟子老彭宣，遥拜诗境陈豆笾。"全诗回忆诗稿刊刻的缘由，
称颂老师在诗歌创作方面取得的巨大成就。蒋攸铦作为门生钦佩老师在经学
方面的成就，不敢妄言。"石墨万轴堆几筵（师考正金石文字甚多）……"
诗题中的李兰卿是李彦章（1794～1836），字兰卿，福建侯官人，嘉庆十六
年辛未科进士。有《榕园全集》，亦为翁方纲门生，翁的诗集是由他主持刊
刻的。诗中蒋攸铦说翁师晚年娱情山水，但依旧精心研究经文，对于郑笺马
疏尤为精通。他称赞翁师的文章直追韩昌黎。他回忆自己在翰林时，翁师来
借书，爱护书籍，用心钻研。蒋攸铦也为其刊刻书籍《兰亭考》，也帮他校
定《翁氏家事述略》。杨钟羲《雪桥诗话》卷九七七："砺堂相国集曰《绳
枇斋》，乾隆癸卯乡试，出翁覃溪鸿胪之门，甲辰成进士……尝刻《石州诗
话》于粤东节署，又刻有《友石斋帖》。钱东生诗：'合应一片羊公石，胜
得千金陆贾装。'覃溪晚年，以文孙尚幼，自订《翁氏家事略记》，以诒襄

_____

① 《绳枇斋诗钞·卷十二》有诗《丙戌春帖子词》，以此判断当时的蒋攸铦为六十一岁。

平，英煦斋从相国之子丐得，付之梓。"① 蒋攸铦对于翁方纲的诗歌是非常推崇的。

其实整部《绳枇斋诗钞》都是"肌理说"的影子。翁方纲主张"为学必依考证为准，为诗必以肌理为准"。其中"理"，是指义理和文理，这和"桐城派"的文学主张有些许相似之处。翁方纲要求作诗以"四书五经"等符合儒家规范的思想为准绳，加之以考据和训诂的方法来增强诗歌的内容。蒋攸铦的《绳枇斋诗钞》可以说很好地按照他的观念作诗。蒋攸铦的诗歌内容大都符合儒家思想，很多是"致君尧舜上，再使风俗淳"的内容。如《徐明府见示勘灾志感之作仍用重九元韵再成二律一以奉赠一以自嘲》《送罗源阮生升基以新进士特用知县分发安徽》《巡阅虔城登八境台远眺二首示龙肃斋明府》《夏日查勘海塘海昌陈氏安澜园小憩二首》等。又多为考据，多首诗歌题目就有注释，如《送胡希吕夫子祭告西岳（华山）西镇（吴山）江滨二首》《送罗源阮生（升基）以新进士特用知县分发安徽》《舟次清远访郭侍御同年（仪长）园亭即赠》《桂舲中丞述职将行赋诗留别用王明经（文志）韵奉酬》《题荆溪任阶平（泰）庶常寒夜写经图》等。有些则是诗歌内容中有注释，如《送大学士蔡葛山夫子晋秩太子太师寻告归闽》："……画图留禁苑（师为——上书房总师，传有——澄怀图直舍图），讲席要成均（上临雍命师主讲席）……赐谕教过夏，耆筵忆早春（师与千叟宴齿列廷臣之首）。扶筇期益算，赐扇总扬仁（临行上赐扇杖等物）。晋秩荣稽古，乘辂利用宾（——思命给驿并沿途州县护送）……履声何日听，嵩祝觐枫宸（师奏明庚戌岁来京恭祝——八旬万寿）。"还有的诗歌结尾亦有注释，如《和友人入松》七首，每首之后都要点名题咏之物："柯叶从无改……持以励华簪。（松心）摇曳敲青琐……老干已成龙。（松影）忽听波涛回……幽韵彻危栏。（松涛）深林储五粒……菁葱傍风池。（松子）明明悬素月……高寒思不禁。（松月）缬素依林表……闲拟灞桥行。（松雪）幽径无繁卉……彭泽菊偕存。（松径）试蹑寻山履……身与最高连。（松岭）"等。有甚者题目直接把一件事说得明明白白，连序都省了，如《甲申季夏西苑述职蒙恩赏御笔诗画折扇一柄一面绘兰石题知芳二字一面书御制御门日诗敕政遵前训彤庭进众官时惟修己慎治在得人难施措情

---

① （清）杨钟羲撰，雷恩海、姜朝晖点校《雪桥诗话全编》，人民文学出版社，2010，第528页。

兼理操持猛济宽弼予纳忠告永奠万方安而以宣仁风佐治道为望微臣感愧交集恭纪二首》《钱漆林简讨幼失怙恃艰苦备当旅食京华又遭王元进士之厄登第后叠司文柄皆与余奉命同行长途往返统计几一载夜雨联床秋风并辔盖无一朝夕离者不独我两人契合之深而艺林佳话自有各有省秋试以来所未曾有漆林作黔江并棹秦关连骑二图以传越乙卯视学滇南余亦奉使粤西旋奉讳归里虽尺素频通而音尘莫接今年漆林将任满北上方谓离者可以复合孰意万里之游踪遂结千秋之恨事天道难论至于斯极追维往昔痛何可言爰赋二章奉挽》《吴巢松学使以余忝预参知邮诗志贺次韵奉答并谢敦勉之意二首》等。

蒋攸铦很完整地诠释老师翁方纲"肌理说"的理论，这也使得这类诗歌有些失去诗歌的本色，难免沦入"以文为诗"的牢笼。

蒋氏一门唯独没有受到袁枚"性灵说"的影响。袁枚"性灵说"是基于明代公安派的"独抒性灵，不拘格套"而来。在《随园诗话》中他认为诗歌创作要直接抒发诗人的内心世界，表现真情实感。反对王士禛那种虚无缥缈的诗歌，并且和沈德潜的"格调"说分庭抗礼。但作为统治阶层的官员，蒋氏成员必然严格遵守统治者的意愿。所以"性灵说"在蒋氏诗歌中几乎没有体现。

（二）儒释道等思想纷杂

蒋氏一门到处游历，接触了不同的事物和人群。他们所接受的思想纷繁复杂，不受单一理论的束缚。

1. 儒家思想

儒家思想是蒋氏一门最为主要的思想，他们一心以忠臣孝子的准则要求自己。蒋攸钦算是一个悲剧人物，他也怀着儒家积极入世的思想，但现实并没有给他机会，理想和现实的巨大落差，使得多种矛盾思想一直存在他的心中。蒋攸钦和一般读书人一样，从小选择走科举道路。其父曾写过《阅儿攸钦制艺题后》："负郭原无二顷田，饥寒到汝自生怜。誉儿虽笑东坡癖，身教还惭谢传贤。二世家声谁继序，一门群从独迍邅。遗经手泽依然在，夺志须当及少年。"[1] 父亲蒋韶年在诗中对儿子寄予了厚望，当时他官任苏州管粮通判，官微禄薄，想到前途无望，将光宗耀祖的责任寄托给儿子。希望

---

① （清）蒋韶年：《吏隐集诗钞》，清嘉庆九年刻本。

儿子能和官至浙江承宣布政使的祖父蒋毓英[1]和官至长芦盐运使的父亲蒋国祥[2]一样，光宗耀祖。但是蒋攸钦在科举的道路上和其弟蒋攸铦有着天壤之别，在（民国）《辽阳县志》卷十九《选举志》中，并无有关他的文字。他并没有顺利地走下去，而是在苏州漫无目的地游玩了多年。所以当他接到赴任云南的任命书时，那种近乎癫狂的状态是可以理解的。《捧檄》：

> 二十年来滞漫游，天涯捧檄迥生愁（时奉檄委丽阳司理）。
> 明朝匹马连然路，正是千岩万壑秋。

"丽阳司理"这个官职，小到在云南地方志中没有任何记录。（光绪）《续云南通志稿》、（民国）《新纂云南通志》、（道光）《澄江府志》都无只言片语。根据资料可知，"丽阳"即"河阳"，它是今天云南省澄江县，位于云南省中部，昆明市东南面。清康熙八年（1669），撤销强宗县并入河阳县，辖新兴、路南二州及河阳、江川二县。民国二年（1913），撤销澄江府，改称河阳县。后因与河南省河阳县重名，故改称澄江县。"司理"即"典史"，设于州县，是知县的佐杂官，但不入品阶。元代始置，明清沿置，是知县附属掌管缉捕、监狱的属官。这么一个小官职对于蒋攸钦而言，却是莫大的荣耀。他在河北、江苏一带游荡了将近二十年，终于有了一次做官的机会。"位卑未敢忘忧国"，蒋攸钦积极入世，并没有因为地偏官小而放弃。正如蒋家正直的家风，此时其父送了一首诗告诫他，《甲申孟夏遣儿攸钦之官六诏》："莫谓微官可治人，须知官里要持身。归仍留犊休嫌矫，到酌清泉当饮醇。我已异乡汝更远，家无次子老而贫。滇南万里非容易，常寄平安恔老亲。"[3]带着父亲的厚望，蒋攸钦一到云南，就怀着满腔的理想抱负投入进去。《春日偕梅十四参军巡四郊水利》：

> 紫陌风和拂面吹，浓春烟景顿如斯。云连雪岭添晴势，渠引灵湫任

---

①　（清）余绍宋等撰《光绪浙江通志》，上海商务印书馆，1934，第2150页。

②　（清）蒋攸铦自编，蒋霈远补续《绳枻斋年谱》，北京图书馆藏珍本年谱丛刊第130册，北京图书馆出版社，1999。

③　（清）蒋韶年：《吏隐集诗钞》，清嘉庆九年刻本。

土宜。

　　莫叹微官滞荒徼，也因农事赞清时。暮山遥指斜阳染，欲整归鞍意
自迟。

云南，这个偏远的美丽地区给诗人带来了希望。整首诗洋溢着积极向上的情
感，他并没有嫌弃在边陲之地为官，反之，对于工作兢兢业业，细致认真。
兴修水利是农业社会的首要事务，将龙岩灵湫的水引下来灌溉农田，解决了
百姓的灌溉问题。无怪乎玉溪享有"滇中粮仓"的美誉。诗人面对着澄净
的西北潭，望着山中的飞岩峭壁，泉水灵动，林木葱郁，恋恋不舍。

　　2. 佛家思想

　　蒋国祚诗风多变，但其诗歌始终有一丝佛教的气息。他在江南一带生活
时，经常进出寺庙。《金山寺》：

　　　　曾说盘涡底，山根似石芝。谁能窥罔象，直见锁支祁。
　　　　蒜岭呼鹰候，瓜州落雁时。还矜孤眺迥，天末片帆迟。

蒋国祚的资料不是很多，仅有他出任江西婺源县知县等少量记载。面对父亲
做到封疆大吏而自己却碌碌无为的现状，心中不免难受。蒋国祚的诗歌和其
他蒋氏成员不一样之处在于，他的诗歌诗意韵味明显，未像蒋氏家族其他成
员一样出现明显的记事诗歌。所以整个《梅中诗存》有一种神秘的气息，
读者只能探究到诗人淡淡的哀愁。"金山寺"位于江苏镇江，它伫立在长江
之中，传说里面还有水怪。在一个落日的傍晚，蒋国祚独自一人登上金山
寺，眺望远方，看到一片又一片的船帆缓缓移动。这首小诗用词质朴，表面
也无深意，但总让人觉得诗人似乎在惆怅着什么。相似的还有《净慈寺》：
"峰回雷就塔，路人给孤园。犹忆狂书记，曾呼老白猿。放生罗蚌蛤，施饭
散鸡豚。又见燃灯夕，流光照远村。"在杭州时，诗人几乎跑遍了全城的寺
庙，如《寓天宁寺西廊》《入云林寺》《入云栖寺》《游祖塔院用东坡病中
韵》等。除了大量在寺庙中游玩的诗歌，蒋国祚还存有与僧人往来的诗作，
如《送文喜沙门》（喜自秦中来武林，乞绘诸梵相六十轴，以归）："庭前松
树子，东指识师归。旅食携瓢乞，关云傍锡飞。传心无我相，染翰绘天衣。

珍重丹青供，瞻依愿不违。"

3. 道家思想

蒋韶年虽怀有忠君爱民的思想，但其一生大部分时间处于怀才不遇的状态。在苏州碌碌无为，成天与人喝酒唱和。直到乾隆三十五年（1770）才出任山东平度州知州。《绳枇斋年谱》载："（乾隆）三十五年庚寅，五岁。先大夫擢山东平度州知州。"① 但好景不长，一年之后就被罢官了。《绳枇斋年谱》载："（乾隆）三十七年壬辰，七岁。冬，先大夫以忤上官去任。（蒋霱远注：临皋公在平度三年，重农桑，兴学校，赈灾恤患，规画甚备。见州民纳粮，自封投柜，即指以示府君，日间间疾苦，不可不知也。乃以承审案件失出，被劾。去任之日，州民攀辕感泣，走送数十里外。）"② 蒋韶年应该是一个至忠至孝之人，且关爱百姓，但却被罢官，心中难免苦闷。此时的蒋韶年已步入老年，不再有为官的想法，于是搬回老家安度晚年。此时道家无为的思想进入了他的生活。他开始逃避现实，通过游山玩水消除内心的无奈。道家形成了一种中国特有的思想，为失意文人带去了安慰。《连日霖雨屋漏墙圮戏作》：

床头渗漏不曾干，墙倒邻家面面观。
若论筑岩胼手易，却教运甓折腰难。
橘奴伤涝甘骄惰，菊婢开先恨兆端（凤仙名菊婢，开早主水）。
日晏中厨炊未熟，湿柴难着比烧丹。

蒋韶年原本就是一个清廉的官员，加之被罢官后无收入来源，家道中落，一贫如洗。加之长子早逝，《绳枇斋年谱》："（乾隆）四十四年己亥，十四岁。长兄约园卒。（蒋霱远注：约园公早卒，无嗣。府君每遇忌日，独坐涕下，有'脊令折翼泪如泉，回首音尘已十年'之句。盖府君感念同气，久而弥

---

① （清）蒋攸铦自编，蒋霱远补续《绳枇斋年谱》，北京图书馆藏珍本年谱丛刊第130册，北京图书馆出版社，1999。

② （清）蒋攸铦自编，蒋霱远补续《绳枇斋年谱》，北京图书馆藏珍本年谱丛刊第130册，北京图书馆出版社，1999。

深如此。并为之举葬立嗣，以承宗祧。)"① 幼子年少，家庭生活不易。多日的大雨终于使屋子的一面墙倒塌了。床头露在外面，雨水继续无情地打击着。邻居看着倒塌的墙壁大吃一惊。蒋韶年解释说筑一面新墙很容易，但是让我摧眉折腰事权贵实在太难了。种橘子的人因为这洪涝而不再劳动，菊花早开早零落。诗人想着木柴被雨淋湿了，不能做饭，也不能炼丹了。蒋韶年面对无钱修复房子不但不担心，反而调侃自己，应该是心中已经大彻大悟，不再纠结。蒋韶年晚岁的诗歌大都包含一种放达之感。

　　蒋氏一门，每一位成员的人生经历是不同的。蒋攸铦位极人臣，他的兄长蒋攸钦则只是一个小小的云南典史。社会政治地位导致了他们生活上的区别，从而他们的思想也有着天壤之别，而这些不同的思想主导着诗歌的走向。"一切景语皆情语"，因此他们所作的诗歌也是各有特点。家族文学古已有之，到清代可谓蔚为大观，但少数民族文学家族却是屈指可数。满族入关之后，随着统治地位的加强，满族士人在文学上也日益壮大起来。满族汉军蒋氏文学家族历经五代，共有七人的创作群体，他们丰富的诗文和高超的艺术成就是满族文学的代表。

---

　　① （清）蒋攸铦自编，蒋霨远补续《绳枻斋年谱》，北京图书馆藏珍本年谱丛刊第 130 册，北京图书馆出版社，1999。

第 十 三 章

清中叶蒙古和瑛家族文学
创作研究

　　诗礼簪缨之族，书香门第之家，历来为后世所称颂。汉族文学家族历史悠久，源远流长，少数民族文学家族的发展较汉族而言相对滞后。生活于中华大地上的各少数民族文学家族形式的文化传承自唐宋之后开始雏形，金元明继续发展，至清代逐渐成熟。

　　蒙古族的文学家族便是典型之一，蒙古族真正意义上的作家文学肇始于元朝，这一时期出现了 50 位蒙古诗文作家①，呈现出元代蒙古族文学家族的最初态势。明朝由于复杂的社会政治以及民族关系，蒙古人大多隐姓埋名，诗人寥寥无几。到了清朝中后期蒙古族汉语文诗文传统的文学家族发展始至高潮，出现了和瑛家族、法式善家族、延清家族、尹湛纳希家族为代表的十个较大的蒙古族文学家族②。

　　虽然在历史上各少数民族文学家族在规模、人数以及传承代数上与汉族世家大族无法比拟，但是少数民族文学家族在其漫长的发展历程中亦有其独有的特点．和瑛家族便是其中典型之一。和瑛一门，四世相承，出现了和瑛、谦福、璧昌、锡珍等世系相承、绵延不断的四位诗人，他们在诗歌中或描写风物、或题吟书画、或感事抒怀，都反映了那个时代的风貌，展现了他们的才情。本章综览各种对和瑛及其家族汉文诗文的研究论著及文章，对其

　　①　多洛肯：《元明清少数民族汉语文创作诗文叙录（元明卷）》，中国社会科学出版社，2014。
　　②　多洛肯：《清代八旗蒙古文学家族汉语文诗文创作述论》，《民族文学研究》2013 年第 3 期，第 56～57 页。

整个家族成员的诗歌创作进行较为系统的考察，并且对其家族诗歌创作的艺术特色、文化传承进行归纳与总结。

一 和瑛其人概述

和瑛（1741~1821），原名和宁，字太莽，号太庵（亦作泰庵），额勒德特氏，祖居内蒙古卓索图盟喀喇沁，蒙古镶黄旗人。清代中期著名的蒙古族诗人，其在《清史稿》卷三百五十三、《清史列传》一百四十六均有传。乾隆三十六年（1771）辛卯进士，五十一年由户部员外郎授安徽太平府知府。累官至西藏办事大臣、乌鲁木齐都统、盛京将军、刑部尚书、军机大臣、文颖馆总裁等职。道光元年（1821）卒，谥简勤。关于其生平事迹也散见于时人及后人的各种传记、专著、尺牍或地方志之中，如《八旗文经》卷五十八、《国朝耆献类征初编》卷一百、《清人诗集叙录》卷三十九、《钦定八旗通志》人物志、《清诗纪事》乾隆朝卷等。以及今人荣苏赫、赵永铣主编《蒙古族文学史》，米彦青编《清中期蒙古族诗人汉文创作唐诗接受史》，云峰编《蒙汉文化交流侧面观》，赵相璧著《历代蒙古族著作家述略》，白族的特木尔巴根《古代蒙古作家汉文创作考》，云峰《蒙汉文学关系史》皆有记载。

和瑛有两部诗集传世，一是九卷本《太庵诗稿》，嘉庆十五年稿本，复旦大学图书馆藏，还有广东省立中山图书馆藏《太庵诗草》，不分卷，清钞本。收诗1060首，其诗记乾隆年间作者的戎马生涯，内容多涉及四川、西藏等地，概是其官四川、西藏时期所作。二是四卷本《易简斋诗钞》，道光三年序刻本，是集收其乾隆五十一年至道光元年诗576首。生卒年俱见吴慈鹤序。其诗为生前手定，多写边疆见闻，国家图书馆、南京图书馆以及韩国汉城大学图书馆藏。

和瑛的诗歌按内容分，可分为四大类，其一是记游之作，共300余题，约占诗歌总数的3/5；其二是咏物之作，占到诗歌总数的1/5；其三是与友人的酬唱和赠答诗，40余题；其四是咏史诗，30余题。后两种合计约占其诗歌总数的1/5。

二 和瑛诗歌的艺术特色

和瑛是一位多产的作家，于政务闲暇之时，不废吟咏，所到之处，必有所记。其《太庵诗稿》《易简斋诗钞》两部诗集所收诗歌，去其重复，诗人共计作有 1000 余首诗歌，其诗众体兼备，五言、六言、七言，律诗、绝句、古体诗、词应有尽有。这些诗歌都体现了诗人的才情，反映了边塞的生活与文化。

（一）"述诸边风土，补舆国之缺"——和瑛诗歌的现实主义特色

检读和瑛诗作，"述诸边风土，补舆国之缺"的现实主义精神是其诗歌的最大特点，纵观其诗集中诗作，多是描摹风物，这与诗人的为官生涯及人生阅历是分不开的，诗人为官五十余年，西北至新疆出任乌鲁木齐都统、叶儿羌帮办大臣、喀什噶尔参赞大臣等职；西南至西藏出任驻藏大臣、四川布政使；东至山东任山东巡抚一职；东北至辽宁任盛京将军；东南至安徽出任安徽太平府知府，足迹遍及大江南北。正是因为诗人有如此丰富的阅历，所以其诗歌内容博大，纷繁驳杂，内容涉及各地的社会风俗、人文地理、政治历史、经济文化、宗教信仰、自然风光，因此可"补舆国之缺"。

无论是其任职新疆时所创西域诗，还是在驻藏大臣任上所作的咏藏诗都体现了诗歌的现实主义特色，诗人以细腻的现实主义手法刻画了其所到之处的方方面面。诗人描写西域风貌，首先是描写了西域独特的自然气候，如其任乌鲁木齐都统时所创作的西域诗《戈壁道上载水》《戈壁喜雪》《风戈壁吟》《小歇吐鲁番城》《度海都河冰桥》等，就描写了西域独特的气候条件等自然环境。其中《风戈壁吟》诗云：

> 大块有噫气，一息千里通。巽五挠万物，折丹神居东。
> 风穴地轴裂，风门天关冲。奇哉风戈壁，勃发乾兑冲。
> 当夫初起时，黑霭蟠虬龙。焚轮瞬息至，万骑奔长空。
> 石飞轻于絮，辎重飘若蓬。灵驼识猛烈，一吹无停踪。
> 我渡瀚海来，屈指轮台中。忽传伊吾庐，朵云下邮筒。
> 恩命抚娑军，兼驭于阗戎。泥首天山阳，圣慈感怦懵。
> 改辙土番道，行李戒仆僮。碱烧绝滴水，漱我济泉丰。
> 雪瘴凌气海，鼓我泰夰充。天罡不可敌，默祷冯夷公。
> 叵料驱车日，太清无织蒙。野寮星月朗，白凤栖梧桐。
> 支炆不暇炊，忍饥驶骡骢。坐生已度想，辟展变春融。

　　　　乃知广莫候，太乙叫蚩宫。履道获坦坦，无乃怜吾穷。

　　　　原筮西南利，努力往有功。蜚廉不我戏，此意感苍穹①。

此诗为诗人于嘉庆七年赴乌鲁木齐、出嘉峪关后所作。诗人以昂扬乐观的精神来描写戈壁的风沙，诗中用了大量的比喻将卷石如絮、吹物如蓬的戈壁风沙描写得惟妙惟肖，读来给人以身临其境之感，表达出了诗人对将前往的新疆充满了期待。

　　再如其《戈壁喜雪》写道：

　　　　西母嵯山雪，平铺瀚海遥。吻疑尝醴润，渴似望梅消。

　　　　风味欺陶谷，诗情胜灞桥。自怜冰氏子，肯向冶炉招。

此诗为诗人于嘉庆七年赴乌鲁木齐、出嘉峪关后所作。和瑛用了大量的典故来描写戈壁瀚海上迎面而来的茫茫大雪。

　　再如其诗《度海都河冰桥》，诗云：

　　　　天造舆梁稳，春冰迫未开。马腾银汉上，人驾玉虹来。

　　　　濡尾狐犹听，潜波鱼尚猜。两骏忙叱驭，快似辗轻雷。

海都河，俗称通天河，今名开都河，位于新疆中部，和瑛赴叶尔羌，途经此河，时清嘉庆九年（1804）正月二十八日，已是雨水节令。渡河本是件平常事，但和瑛却涉笔成趣，把渡海都河描述得妙趣横生，表现了诗人对新疆的热爱之情。

　　西域的风物与中原大地截然不同，雄关险隘、孤城阑干、大漠浩瀚、山水雄奇。和瑛在新疆为官八年，与来自中原内地的许多文人一样，常常将目光投向西域特有的风俗物产，用其独特的笔触描写了这些奇异的景象。通过他的诗歌，我们可以看到新疆特有的风物对诗人创作之影响，以及诗人对新疆的特殊感情。

---

　　① （清）和瑛：《易简斋诗钞》，《续修四库全书》本，上海古籍出版社。以下和瑛诗皆选自此本。

　　如《辟勒山书事》写道：

　　　　马牛依树底，烟火入云隩。百寨安温饱，千夫听溯洄。
　　　　不须刁斗卫，更觉羽书催。筐泻青珠挂，舟盛火齐堆。
　　　　花瓜方蜜醴，冰果亚琼瑰。

描写了新疆瓜果飘香、绿荫鸟鸣、人民安居乐业的一派和谐景象。

　　新疆盛产和田美玉，清代又是玉器发展的鼎盛期，由于社会对玉石的需求急剧增加，新疆玉得到大规模的开采。诗人对此也多有描述，如《河干采玉》：

　　　　西极昆仑产，琳琅贡紫宸。千斤未为宝，一片果何珍。
　　　　帜扬青云杪，人喧白水滨。惰兰齐攫拾，伯克竟游巡。
　　　　自分澄心滓，还须洗眼尘。琢成和氏璧，良璞免沉沦。

此诗嘉庆八年（1803）作于叶尔羌。"惰兰"是对维吾尔人的概称，并无贬义。在内地小小玉石弥足珍贵，但是在新疆，民众竟然能在玉河边随意"攫拾"，纵是千斤巨玉也不甚稀奇，那是何等壮观。

　　和瑛的西域诗不只是简单地描写西域的物产风貌、自然景色，诗人还常常将自己的志向融入诗歌之中，读来气势浑然，大气磅礴。如其《巩宁城望博克达山》诗云：

　　　　博达神皋拥翠鬟，行人四望白云间。遥临地泽千区润，高捧天山一
　　掬悭。
　　　　弥勒南开晴雪嶱，穆苏西接古冰颜。钟灵脉到伊州伏，为送群峰度
　　玉关。

诗题上说的巩宁城建于清乾隆三十七年（1772），在原迪化城（今乌鲁木齐）西北八里处，是都统、领队大臣和他们带领的满营兵眷居住地，所以又叫作"满城"。嘉庆十一年（1806），和瑛任乌鲁木齐都统，次年作此诗。

博克达，今作博格达，蒙古语是"神灵"之意，天山东段支脉，平均海拔4000 米。主峰博格达峰岿然屹立在乌鲁木齐东郊，海拔 5445 米，绝顶处三座角峰并峙，高矗云霄，极为壮观。

这是一首情调昂扬的明志诗。诗人根据博格达山的形貌特点描绘其绰约的仙姿，重在突出圣山内在的美好品德。诗题虽咏博格达山，但这又何尝不是诗人自况，细读此诗，不难体会到诗人有英雄惜英雄这种惺惺相惜的意味。诗人赞美博格达的许多优秀品质，既是抒发他对新疆真挚的热爱之情，又是以此来表现他执着的人生观和道德观。

和瑛的诗歌有补于世，其中最重要的一点就是：反映了祖国的统一，体现了诗人的爱国主义情怀。诗人在戍边任职期间，常常深入实地调查了解，遍历前藏后藏、南疆北疆的山山水水。

西域地处亚欧大陆要冲，不仅是东西方文化交流荟萃之区，更是民族宗教复杂之地，具有非常重要的战略地位。历朝历代都十分重视西域的建设和管理。有清一代派驻西域的封疆大吏多为满族亲贵或蒙古重臣。和瑛便是其中之一，诗人治理新疆之时撰写了许多反映祖国统一的诗作。随着清朝统一西域的战争结束，西域进入了一个比较长时间的稳定发展时期。

嘉庆七年，和瑛进疆沿途，亲眼见到平定大小和卓叛乱的旧战场，行至吐鲁番时，颇有感慨，写下《小歇吐鲁番城》：

> 战绩侯姜说有唐，西州名改旧高昌。而今莫问童谣谶，日月长年照雪霜。

唐初高昌国与唐交好，后则反复不定，常劫掠西域入唐使节及商人。贞观年间，唐太宗命侯君集为交河道行军大总管，率军讨伐高昌，一战功成，作者借用此典，表达对清王朝统一新疆的赞美。全诗充满了对清政府统一西域的自豪之情，同时也表现了诗人期待着各族人民能够安居乐业、和睦共处的思想，体现了诗人的爱国主义热忱。

再如《题巴里坤南山唐碑》诗云：

库舍图岭天关壮，沙陀瀚海南北障。

七十二盘转翠螺，马首车轮顶踵望。

高昌昔并两车师，五世百年名号妄。

雉伏于菟鼠嚅穴，骄而无礼不知量。

寒风如刀热风烧，易而无备胥沦丧。

贤哉柱国侯将军，王师堂堂革而当。

吁嗟韩碑已仆段碑残，犹有姜碑勒青嶂。

岂知日月霜雪今一家，俯仰骞岑共惆怅。

嘉庆十一年，和瑛被朝廷召为吏部右侍郎，回程至凉州时，被复命为乌鲁木齐都统。在诗人返西域途经巴里坤时，写下此诗，体现了诗人希望在国家统一、民族融合的大背景下，中央政府和边疆诸少数民族能和谐共处，共同维护国家统一的爱国主义思想。

诗人还有直接反映平定大小和卓叛乱的诗作，如《英吉沙尔》诗云：

斗大孤城四面开，能量千万斛车来。地传依耐虚迁国，河绕图书任剪莱。

万马悉从葱岭度，百花今傍柳泉栽。羌登祍席欢无比，娄鼓年年闹古台。

大小和卓叛乱的平定对清政府统一西域有着重要的意义。清政府平定大小和卓叛乱时，因英吉沙西通拔达克山部，大兵由此经过。在这首诗末句下自注："城南四十里兆公台，回人四月间绕台歌舞。""兆公"，即兆惠。今莎车城南十里有墩台一座，相传乾隆二十三年（1758）将军兆惠进兵时安营于此，故名兆公台。这首诗在结句强调维吾尔民众对清军平叛将领的怀念，表达维吾尔民众对清政府的拥护。

诗人的咏藏诗亦是如此，如其官驻藏大臣时所作的《飞跃岭》《过巴泽岭》《东俄洛至卧龙石》《中渡至西俄洛》等诗对藏地"迢迢大雪山，万顶覆银瓯""深林蔽天日，人迹真罕至"的描写以及行人翻雪山时拽牦牛尾和乘坐空中"蓝舆"的生动刻画；《大昭寺》《小昭寺》《布达拉》描写了藏地的著名寺庙；《金本巴瓶签掣呼毕勒罕》描写了金瓶掣签选达赖、班禅的情景。这些反映边塞文化的诗歌，不仅充满了异域风情，很多还具有较高的历史参考价值。

《清史稿·和瑛传》载："（和瑛）乾隆五十八年，予副都统衔，充西藏办事大臣，寻授内阁学士，仍留藏办事。"诗人于乾隆五十八年（1793），出任西藏办事大臣，直到嘉庆六年（1801）七月还京，共任西藏办事大臣九年，在这九年中诗人笔耕不辍，创制了大量描摹藏区风物、反映西藏生活的不朽诗篇，占其全部诗作的将近一半，足以证明西藏对和瑛诗歌创作的影响。

描写西藏山川景物，占和瑛咏藏诗的很大一部分。诗人入藏之后，见到与中原完全不同的景色，于是心中顿起丘壑，形诸笔端。形成了一篇篇佳作。

如《冬至月奉》（命以内阁学士兼副都统充驻藏大臣恭纪）：

> 一剑霜寒兴不群，新纶拜仰列星文。黑头方伯虚谈政，白发儒生壮统军。
>
> 敢信文章夸异俗，漫劳弓矢建殊勋。冰衔此去清凉界，天语回春入梵云。

这是诗人被委以重任后的有感而发，表现了诗人的干云豪气。

如其《太庵诗草》中所收《渡象行》：

> 驯象来从廓尔喀，困顿深山迹草阗。
> 蛮酋百计出巉岩，道兑款诚拉特纳。
> 忆其初出聂拉木，卧雪啖冰倦腾踏。
> 蹒跚努力达两招，扎什伦卜布达拉。
> 悭夷安得佳饲秣？忍饥且狃黄虀衲。
> 礌碌日行三十里，筸马屈足空驳驳。
> 金江黑水势汹涌，铁锁皮船济纷还。
> 水草恶劣走踉跄，时炒未必论升合。

木鲁乌苏施无患，青海已过欢飒飒。

噫嘻！黄河之水天上来，象经徼外几周匝。

皋兰风定不扬波，供账所经彩棚搭。

潼关我见数番奴，身氎毵分足革踏。

风陵谋渡昆仑水，渡吏怕惊波浪沓。

方舟布障趣象登，欸乃一声稳如榻。

奇哉！象能解语听侏㑶，此去朝天趋凤阁。

岂知圣主齐尧年，所宝惟贤风云合。

西旅贡獒越裳雉，珍奇那贵升平答。

况此驯象富都下，充坊对对数盈卅。

稻秸万束粟千钟，岂比寻常喂堇苔。

有时待漏金马门，仗下亭亭守风腊。

锦鞯玉辔驾五辂，背上宝瓶高似塔。

退食偶浴城南溪，鲛室龟宫震喧杂。

噫嘻！象身幸不为齿焚，脱离蛮瘴游阛阓。

太平有象乐优游，禄享天庚庆朋盍。

作者通过描写西南边陲驯象的独特风景，反映了当地人民生活的艰辛与不易。

再如《太庵诗草》中所收《打箭炉》诗云：

潼关以河雄，剑阁以山壮。在德不在险，何乃争扼吭。

嗟此弹丸城，蚕丛列屏障。四壁森巉屼，鱼通激奔浪。

羌夆鸣其雄，地利乃足仗。我朝声教敷，无远弗内向。

宣使甲而参，继绝本阿旺。所部三万户，输粮兼供帐。

汉番左语通，浮屠俗习尚。市集贩茶布，富与都邑抗。

北达青海风，南接蛮岭瘴。外户此发轫，西指康卫藏。

犹闻郭将军，血食致惆怅。

描写了汉藏的民族融合及文化交流，也道出了诗人心中理想民族政策的要义即"在德不在险"，全诗透露着盛世王朝、民族统一的自豪之情。

在中国文学史上，最能反映民风民情的诗歌首推乐府诗，而唐代诗人白居易的新乐府诗歌更是反映了当时社会生活的现实。诗人和瑛入藏之后首先巡视前后藏，深入接触西藏社会的方方面面，创作了大量反映社会现实的诗歌，较有代表性的诗歌当推拟白居易《新乐府五十首》而创作的《拟白香山乐府三十二章》，其中最具代表性的当属《地道不爱宝》：

> 地道不爱宝，天心溥美利。生民衣食源，所贵农桑治。
> 渤海树艺兴，佩犊循声记。颍川称神君，应时威凤至。
> 露宿邵父勤，修陂杜母瘁。况之冬日爱，譬之春阳遂。
> 李冰凿离堆，不徒沫患避。沃野千里开，陆海万民惠。
> 九真号犷悍，弋猎以为事。课创免饥寒，生子名任字。
> 牛耕省其力，水橐造其器。拔茶蚕事兴，卖储织具备。
> 蒲阳田再熟，著作林含翠。乃歌五袴惠，亦颂两歧瑞。
> 恤隐岂沽名，达道本求志。师古迹不远，训彼牛羊吏。

此诗作于乾隆五十九年驻藏大臣任上。作者题下自注："重民事也。"地道，关于地的道理、法则。诗人开篇即指出，少数民族地区民众不善于耕种，农耕活动仅仅靠天吃饭。然后诗人使用一系列前贤先哲们的典故，旨在说明农业是一切活动之根本，没有农业，一切无从谈起。并且进一步提出不论个人思想、经历如何变化，农业的根本地位不可动摇。这在当时资本商业兴起、农业受到轻视的背景下，无疑具有重要的意义。在和瑛《拟白香山乐府三十二章》中，作者还就当时社会反响较大的救灾荒、兴教化、慎刑狱、宽法律、明德断、弭盗贼等问题创作诗歌。这些诗歌在反映社会的深度、广度和尖锐性上，具有强烈的现实意义。

乾隆五十六年七月，廓尔喀大举入侵西藏，攻至日喀则，将扎什伦布寺的金银、粮食等抢掠殆尽，清廷派福康安率兵前往平叛。战争历时一年有余，乾隆五十七年八月，廓尔喀匪首遣使投降。当时尚在陕西布政使任上的和瑛闻此消息，写下《喜闻廓尔喀投诚大将军班师纪事》诗云：

> 无量浮屠国，岩疆震廓酋。一年陈劲旅，万里馈军筹。

白饭珠量少，青刍桂束售。宴何丰饩运，佛汗不须流。
斋斧谙奇正，披图庙算严。凿开山聚米，宋入雪堆鉴。
阃外知枚卜，师中以律占。传餐刚列阵，姓字笔翘瞻。
绝壁垂徽引，军悬咫尺麾。援枹巉一鼓，束马会超乘。
夜冒天梯雨，山推月窟冰。元戎最神速，诩赞矧机庭。
免胄投枪日，群酋拜泣难。葛罗心胆落，仆固齿唇寒。
帝力敷天有，臣功薄海刊。戢兵丹凤下，扣额数仍宽。
法门原不二，身毒半袈裟。国史传宗卡，元僧衍萨迦。
未教过玉垒，那许渡金沙。木石看烧却，怀荒更逐邪。
西海饶珠错，鞬鞻乐部谙。野心温语革，殊俗宠恩覃。
玛甲巢云岭，郎伽出日南。尧阶习千羽，仪舞备陈堪。

浮屠指佛塔，梵语音译。廓酋，指廓尔喀酋长。此次廓尔喀入侵即是六世班禅与弟红帽喇嘛沙玛尔巴不协，沙玛尔巴引导廓尔喀内侵，大肆掠夺。乾隆五十六年十月，清政府万里征调两广总督福康安入京，"授以方略，命为将军"，率军平叛。后廓酋震惧乞降。福康安班师回朝。诗人当对清政府治理西藏充满自豪，同时对西藏人民的安居乐业充满期待。

如《晤班禅额尔德尼》：

十四年前佛，童男幻作真。劫来逢隔世，犹是悟前身。
慧业聊应尔，灵根信不泯。莫嫌予强项，千佛转随人。

再如：《色拉寺题喇嘛诺们罕塔》：

丛林百丈开，几案罗金玉。笑问塔中僧，可晓传灯录？
僧食肉流骨，肉山彻骨俗。肉僧骨已枯，骨山藏活肉。
我辈受孔戒，护汝十万秃。塔僧若有灵，可鉴前车覆。
天威薄海西，绝徼少飞镞。文令需可人，武满何曾黩。
半藏我聊转，全峰老犹蠡。悠谬青石梯，荒唐白玉局。
举觞漫问天，且作长城筑。

和瑛的诗歌有补时用，还体现在其诗具有史学价值，如《金本巴瓶签掣呼毕勒罕》诗云：

> 古殿金瓶设，祥晨选佛开。谁家聪令子，出世法门胎。
> 未受三涂戒，先凭六度媒。善缘生已定，信我手拈来。

此诗客观地描写了清政府通过金瓶掣签制度，来选定西藏活佛转世接班人的史实，具有史学价值。和瑛在西藏任职最久，创作的咏藏诗也最多。透过这些诗歌，我们可以体会到诗人在西藏的点点滴滴。其咏藏诗对清西藏政治、经济、文化、宗教、人民生活等方方面面的反映，也为读者描绘了祖国大一统背景下各民族繁荣发展的境况。因此钱仲联《清诗纪事》引《寄心庵诗话》评道："太庵先生官半边陲，有《纪游行》《续纪游行》两诗，自云前行十万余里，续行四万余里，可谓劳于王事矣。诗述诸边风土，可补舆国之缺"。①

（二）驰骋才情，以才学入诗

和瑛是进士出身，本身汉文化修养较高，这也体现在其诗歌当中，和瑛的诗歌往往驰骋才情，虽然身为蒙古人，但是细读其诗，给读者的印象已俨然一位汉族士大夫，琴棋书画、诗酒酬唱体现了诗人的闲情雅致。

如《太庵诗草》所收乾隆五十一年（1786）诗人所作《金陵大雪宿毗庐庵见壁间默默禅师"饥时吃饭，困事眠之"句因作偈语二十四韵以广其意》：

> 太庵信宿毗庐庵，毗庐示相维摩龛。龛旁传法设禅榻，绕榻觉花法云昙。
> 云昙密幕隔窗纸，窗外谁料青女骖。青女散花皆六出，六出和冻成水蚕。
> 水蚕吐丝作玉茧，玉茧取向梅棕探。梅花佳人粉脸靧，棕叶夜又青头发。

---

① 钱仲联：《清诗纪事》，凤凰出版社，2004，第 6208 页。

诗人偶见毗庐庵壁间所题字句，信手拈来，成二十四韵，首尾呼应，环环相扣，这样的例子有很多，如《太庵诗草》所收《颖州刘秀才勺园牡丹盛开携榼邀赏会大风作席未终戏成四绝》《清颖书院课士毕偕张松泉裴西鹭两明府劝农西湖兼集会老堂三十二韵》《宿阜阳马家店吴育亭贡生小斋见架藏名集数百卷院落花木丛觉生意勃然得闲雅趣因名曰一掌园兼致以诗》《霍州旅舍见郑板桥水磨兰竹自题云"山中闭户亲兰竹，不把春光卖与人"因赋绝句二首》《旅馆小酌联句》《夏日遣怀即事以少陵灯花何太喜酒绿正相亲为韵五律十首》等都是即兴之作，如非有大才学者，实难为之。

又如其与挚友松筠的唱和诗《和松湘浦司空咏园中双鹤元韵》诗云：

> 鹤本天仙姿，性爱云山驻。受养不受羁，可招不可捕。
> 我学张云龙，来驯雅园素。清神惊夜半，雪氅披春煦。
> 俯仰如桔橰，争识高闲度。万里修羽毛，庶免群鸡妒。
> 有如德不孤，应此青田数。时作九皋鸣，自足惊野鹜。

《易简斋诗钞》中和瑛与松筠的唱和诗共有 14 首，这是其中之一。此诗内容为歌咏园中双鹤，鹤是高洁的象征，历来诗人吟咏不绝，首句写鹤天仙一样的姿态，本性喜驻云山。接着诗人写到鹤可以豢养但是不能使其受到羁绊，可以招其过来，但是不可捕捉。接着诗人写到"万里修羽毛，庶免群鸡妒。有如德不孤，应此青田数"。这正是诗人与松筠命运的象征，他们戍边万里，远离中央集权，但是依旧知足，依然保持着高尚的道德，接下来两句"清神惊夜半，雪氅披春煦"道出了鹤的优雅神态，最后化用《诗经》中"鹤鸣于九皋，声闻于天"赞颂了鹤的高洁品质。

和瑛的才情也在他的咏史诗中有所反映。其咏史诗独具特色，内容多吟咏古之贤人名将，如其《咏史十七首》之二《淮阴侯》诗云：

> 国士信无双，拜将一军惊。传檄定三秦，首策孰与争。
> 木罂袭安邑，赤帜拔赵城。卧内夺符印，兆兹疑衅萌。
> 东下定临淄，遂使食其烹。淮水龙且死，垓下项羽坑。

大王功不世，数蒙震主声。亲信不背义，犹豫不忍情。

一则谢武涉，再则拒蒯生。不反王齐日，而结陈豨兵。

至愚不出此，况乃械都京。当夫载后车，待罪肉袒明。

胡为羞同列，怏怏鸣不平。保身在明哲，召祸惟骄盈。

惜哉淮阴烈，绐死鸿毛轻。昌黎拘幽草，为子改弦庚。

诗的前段通过对淮阴侯韩信拜将封侯事迹的描写，展现了诗人对韩信勇毅果敢的大将风度的赞美之情，诗尾"惜哉淮阴烈，绐死鸿毛轻"两句表达了诗人对其功成身死的同情与惋惜，全诗节奏明快、气势恢宏，展现了诗人的才情。

诗人的才情还体现在诗人爱写组诗，尤其是写景组诗，常常八首、十首等歌咏不同的景物，如《太平府廨八咏》（门对青山、堂开翠柏、桂院秋香、桐林月影、明楼远眺、射圃闲情、古树晨烟、石台夕照）；《灵谷寺八景诗八首》（苍池松影、鼓殿钟声、银杏栖霞、空堦应掌、浮屠秋月、钟阜晴云、曲水流觞、清泉咽竹）；《分赋赏心十咏》（射、弈、读、吟、书、饮、谈、歌、静、睡）。此外，还有《易简斋诗钞》所收《咏史十七首》《拟白香山乐府三十二章》《山庄落成题曰挹翠用杜少陵游何将军山林韵赋诗十五首》《重阳九咏》《署圃杂咏十八首》等组诗。

如其《太平府廨八咏》诗云：

门对青山

姑溪城郭隐苍湾，五马门高夜不关。竞说袁桓留胜迹，更逢谢李共名山。

登楼觅句人皆古，挂笏看云政自闲。此郡太平真有象，大江波涌碧如环。

堂开翠柏

笑问堂前柏子禅，霜皮黛叶几多年。人间似鹤衔同放，州冷如村石可镌。

铁干直留千古月，绿云深锁四时天。定知燕雀难巢此，应着蓬莱最后仙。

桂苑秋香

联翩秀色覆西堂，不记欧颜记沈郎。天上名仙攀紫府，月中闲地属丹阳。

风霜摇落花能独，桃李纷披树已苍。倩语主人勤叹惜，年年留取出轮香。

桐林月影

龙柯绕屋碧幢幢，报我新秋一叶降。入夜寒蝉飘露瓦，倚天韶韵响风窗。

闲亭似照青鸾舞，怪石疑留白鹤双。主领青光凭记取，姑溪繁浦共芜江。

明楼远眺

杰阁觚棱足卧游，公余倚栏自舒眸。遥临古巷空怀谢，近背名山恐笑欧。

白纻长悬明月照，翠螺空指大江流。齐云远景无多记，合记平南清德楼。

射圃闲情

映绿含青圃半芜，绕墙少竹喜多芦。移花不问输蕉户，沽酒何劳索蟹夫。

别有闲情悬一鹄，敢夸绝技中双兔。此亭聊取无争耳，射者由来有似乎。

古树晨烟

平林东护鹊巢厅，占得风烟岁屡经。雨足闲云铺夏绿，日高湛露满冬青。

清虚散步尘心洗，沆瀣朝餐睡眼醒。从古树人同树木，好将丰乐以名亭。

石台夕照

丑凸深凹俯郡谯，竹兄眉弟映团蕉。林闲暮景疑催鸟，江上残霞似卷潮。

十万军容沉采石，三千歌舞静凌歊。登台自古难堪此，不独英雄恨六朝。

将太平府廨的八景描写得栩栩如生。

外儒内道的忧患意识是文人士大夫的精神内核，诗人亦是如此，当被贬官之时，诗人并未因此而消沉，而是转而关注于登山、饮酒、听雨，没有半点哀怨，当诗人看到边民生活之艰辛时，内心常不免感叹民生之艰。

（三）情感深挚，感怀至深

和瑛诗歌情感细腻、感怀至深的特点体现在其与友人的唱和诗中，和瑛一生诗友无数，与其关系较为密切的有云在和尚、幕友周霁堂、同年蔡子嘉、督学戴七可、学使周廉堂、山长王恭寿、师友沈九弈、太守姚一如、观察王秋汀、同年徐玉崖、刺史项午晴、制军和琳、司空松筠、范六泉明府、太守刘慕陔、先生邹斛泉等十余人。其中尤其是司空松筠、刺史项午晴、同年徐玉崖交往甚密，经常有唱和诗作。和瑛的唱和诗主要收录在《太庵诗草》中。

如《慰问邹斛泉先生患痔》一诗，诗云：

> 禅榻凄凉挽鬓丝，维摩病示现身医。连朝巨忍跏趺结，旧枕闲观几局棋。
>
> 一盏寒灯一卷书，尻轮神马近何如？山庄座少邹和尚，此病真难跨白驴。

在讳疾忌医的时代，患痔本是一件难以启齿的事，但是诗人听闻友人患痔，立马写下诗篇，聊以问候，诗人期盼好友能早日痊愈，以棋会友。诗人自注："邹和尚者文殊化身，跨白驴登墩山隐居修道，白驴乃白象也。"歌颂了好友清寒苦读、不慕名利的美好品质。

云在和尚是诗人早年之交，在《太庵诗草》的一开头，就录有三首赠云在和尚的诗。《赠云在和尚》诗云：

> 白社逢高衲，闲题四壁诗。与人心不碍，共我意俱迟。
> 梦觉澄江远，仙凡野竹迷。山蔬风味好，聊可话襟期。

《再赠云在和尚》诗云：

其一

烧炬名兰歇，山溪一径通。炎凉随地隔，苦乐独君空。

五字真成偈，三乘着永丰。会须禅榻共，啜茗意何穷。

其四

借问云何在？那从色相寻。人归幽洞晓，日薄大江阴。

岂有为霖志，而无出岫心。浮云看富贵，岑寂此山深。

表达了诗人豁达的胸襟。

再如，《韩侯岭遇安邑山长王恭寿孝廉》诗云：

> 蕙雨兰风记少游，而今花上老人头。定知鹤算遥添日，百岁平分我
> 一筹。

王恭寿孝廉后做山长，与诗人是早年之交，诗人从少游到如今白头，用两句诗概括，后两句写希望友人增福添寿，等到百岁之时也分诗人一些福寿，在戏谑中表达了诗人与友人的深情厚谊。

（四）善于摹古，尤其是唐宋诗歌

检读《易简斋诗钞》中的诗作，除少量的应和之诗外，其他大多为记游诗。其中很多学习唐人诗风的诗歌，尤其是其《易简斋诗钞》卷二的《拟白香山乐府三十二章》。白居易是中唐新乐府运动的发起人，他和元稹等人以新题乐府的形式，反映社会问题，针砭政治弊端，以期达到实际的社会效果。在艺术表现上，力求平易近人，童叟皆能读懂。其中白居易作《新乐府》50首，和瑛拟作32首，俱以每首诗第一句为题，以古诫今，托物言志，充分反映了诗人的儒家思想，而且都是感事而发之作。

《拟白香山乐府三十二章》模拟唐代著名诗人白居易的乐府诗歌，共写《精感动草木》《载咏鹡鸰诗》《钜鹿甘粗粝》《却缺耕于野》《重德不重色》《少姣固早托》《世称知己交》《圣戒小不忍》《贫贱交易忘》《富贵交营私》《患难不相顾》《韩仇报先德》《耿恭傅东汉》《鲁公国元老》《南阳张中丞》《人面中六矢》《中丞入睢阳》《天地塞其体》《黄雀双玉环》《下吏事长官》《妻子历官舍》《地道不爱宝》《天灾古代有》《文翁化巴蜀》《书扇鬼泣诉》

《易系雷电卦》《听讼吾犹人》《牧羊去败群》《化道称郅治》等三十二题。三十二题，所咏各有不同，如《周雅咏棠华》写兄弟手足之情，《世称知己交》写朋友之信义，《南阳张中丞》《人面中六矢》《中丞入睢阳》三首则写安史之乱时的英雄许远、张巡、雷万春、南霁云的忠烈英勇。语言质朴凝练，具有较高的文学价值。

如其第一章《周雅咏棠华》：

> 周雅咏棠华，陈思叹其豆。同气笃亲爱，三姜世罕觏。
> 一室共被卧，梁代韦张又。五岁李平邱，良能殆天授。
> 忍饥不别食，一片衣领袖。瓜果待相尝，书文共研究。
> 家贫茹蔬菜，谷炊仲子侯。脂烛供无缺，学业终成就。
> 奉兄如严亲，夏衣不私售。危坐敬如宾，冠带谨屋漏。
> 兄弟并斑白，儿女让昏媾。百口无闲言，雍睦家声旧。
> 燃须仍进粥，姊弟怜老寿。公堂彻已馔，饷男笑鄙陋。
> 鼠壤有余蔬，却被庄生诟。

诗人通过陈思王曹植作《七步诗》等一系列例子，写出了兄弟手足和睦友爱的殷切期望。读其诗，可以清晰地感知诗人对唐代诗人诗风的揣摩，对语言的学习。

和瑛对唐代诗人的作品非常熟悉，如其化用韩愈"雪拥蓝关马不前"而来的"蓝关雪磴嘲迁韩"，及其诗集卷二《草亭》"南阳报琴庐，西蜀浣花圃"一句，显然是化用刘禹锡《陋室铭》"南阳诸葛庐，西蜀子云亭"而来。

当然和瑛的诗歌也有不足之处，即语言晦涩、善用僻典。这是和瑛诗歌的一大特点之一，纵观和瑛的诗歌，常常引用边地生僻的地名，以及方言用语。读来晦涩不已，如不细细查看典故，初读往往不知所云。

如其诗《戈壁喜雪》：

> 西母嵺山雪，平铺瀚海遥。吻疑尝醴润，渴似望梅消。
> 风味期陶谷，诗情胜灞桥。自怜冰氏子，肯向冶炉招？

此诗八句就有六典。这首诗犹可，所用之典还不十分冷僻。

再如其《观回俗贺节》：

怪道花门节，挂羊血溅腥。羯鸡充羚里，娄鼓震羌庭。

诗中"羯鸡充羚里，娄鼓震羌庭"一联，就很费解。"娄鼓"一词，按和瑛的意思，猜想是维吾尔族的手鼓"达甫"，大概是不会错的。但"羯鸡"究为何物，恐怕连和瑛自己也不知道。只是根据《十六国春秋》所载，"吕光至龟兹，得其乐器有羯鸡、娄鼓"一语，便把"羯鸡"写入诗中。因为"羯"字读什么音，连《康熙字典》都注明"音未详"。和瑛描写少数民族生活的诗歌中经常化用到各民族独特的物产，因此，如果不了解少数民族特有的生活方式与风俗物产，很难明白诗歌的意思。

和瑛善用生僻典故，有两个原因。一是长久生活在西域与边疆，所接触到的事物和中原生活大不相同，物产也不尽相同，因此，一些名词或者音译的各个民族的地方方言，晦涩难解。二是作者汉文学修养比较高，在写诗中，常常将自己的才学入诗，其诗中的有些上古典故，即是证明。

（五）和瑛《西藏赋》"卫藏方志　雪域奇葩"的艺术特色

《西藏赋》是今天学者们关注较多的边地赋之一，连其文后自注共24941字，它是我国文学史上唯一的一篇铺陈西藏地形地貌、风土人情、历史文化、宗教寺庙、山水物产、民族官制、体育竞技等方面内容的舆地大赋。《雪桥诗话》有言曰："（泰庵尚书和瑛）嘉庆二年任驻藏大臣，作《西藏赋》一卷。凡佛教、寺庙、官制、风俗、物产、地界考核綦详审。魏默深《圣武记》作于道光，犹误以雅鲁藏布江为金沙江源，此书于山川探源析委，并图经之舛，亦为正明，虽中间以三藏为三危、为东天竺，不累其大体也。"①

《西藏赋》在创作体式上承继了汉大赋"铺采摘文，体物写志"的传统，题材上关注了中原士人往往笔触较少的西藏地区，语言上融入了蒙藏等方言词汇，将趣味性、知识性、艺术性、民族文化的独特性等熔为一炉，具

---

① 杨钟羲撰，雷恩海、姜朝晖校点《雪桥诗话》，人民文学出版社，2010，第586页。

有独特而强烈的审美效果，是清代疆域大赋的代表作。清人张丙瑛曾高度评价该赋为"洵不可无一，不能有二之作也"①。善于铺陈排比是《西藏赋》最重要的特点之一。《西藏赋》继承了汉唐以来传统的京都大赋的铺陈特征，例如描写拉萨城的一节文字，作者仿汉大赋东西南北全方位铺陈的方式，多层次地描写西藏的宗教文化、寺院建筑、风俗习惯，以充分展示异域的独特风光。

如赋文开头便写道：

> 粤坤维之奥域，实井络之南阡。风来阊阖，日跃虞渊。斗杓东偃，月毚西联。三危地广，五竺名沿。吐蕃种别，突厥流延。乌斯旧号，拉萨今传。其阳则牛魔僧格，塞云蔽天；扎拉罗布，俯麓环川。其阴则浪荡色拉，精金韫其渊；根柏洞噶，神螺现其巅。左脚孜而奔巴，仰青龙于角箕之宿；右登龙而聂党，伏白虎于奎觜之躔。夷庚达乎四维，羌蛮兑矣；铁围周乎百里，城郭天然。藏布衍功德之水，机楮涌智慧之泉。②

赋文按照方位全方位、多层次、多角度地描写拉萨周围的环境，然后逐渐过渡到对拉萨城以及布达拉宫的具体描写。在描写拉萨的宗教文化、寺院建筑之后，重点描写两大宗教领袖——达赖与班禅驻锡的布达拉宫与扎什伦布寺。

另外，《西藏赋》中运用了较多藏传佛教词语、典故以及当地方言的音译构成了其独特的语言特色。如文中佛教用语"泥梨"指地域、"修罗"指经文、"无上"指喇嘛、"波罗提"指法中龙象、"香界"代指佛寺等。如"舍利佛来，见其室中无有床无座，维摩显神通力，须弥王遣三万二千狮子座入维摩方丈室"，这里就运用了"三万二千狮子座"这个典故，比喻参加佛会的僧尼之众。另外，还大量运用当地方言。如"诺们罕"指通经典者、"克里野"代指乌鸦、"僧格"指狮子等。《西藏赋》独特的语言特色为赋文增添了浓郁的藏地风情。

总之，《西藏赋》不仅具有我国传统京都大赋的特征，而且体现了清代

---

① （清）张丙瑛：《抄本〈西藏赋〉跋》，国家图书馆藏澄清堂抄本。

② （清）和瑛：《西藏赋》，西北师范大学图书馆藏，光绪元尚居汇刻本。

康乾盛世国力昌盛、军事强大、经济繁荣、边疆安泰的民族自信心与自豪感，体现了赋家为封疆增色、为盛世歌唱的豪迈激情。全赋明显地体现出以下几个方面的特征。一是规模宏大，气势磅礴，充溢着对多民族国家统一的自豪与热情。二是丰富的知识性与浓厚的趣味性相统一。作者对亲历之异境、目睹之奇景能用神奇的笔触和优美的诗意予以充分的展示，使读者在领略独特的异域风光和物事风情之后，又能欣赏到一幅幅罕见的风俗画，增长见闻。三是以疆域描写体现了一代大赋之盛，更体现了清代盛世的文化精神。展示了康乾盛世的文治武功与疆域的辽阔，表现了奋发向上、积极有为的时代精神。四是典型地体现了中国大赋独特的文化内涵。五是该赋是中国文学史上唯一的一篇用赋体文学的形式描绘西藏风光的作品，全赋经世致用的文献价值、导扬盛美的政治思想以及雄阔宏肆的审美心态、奇异的边疆风光描写都具有不容小觑的历史意义。其对边陲疆域岁时、风物、礼俗、物事、人情作纤屑毕载而又宏博雄肆的描写，反映了盛清疆域的扩大和文士"为封疆增色"的心态，铺陈盛世文化气象，深得汉、唐京都大赋体式精神。因此，清人姚莹《康𬨎纪行》在收录其《西藏赋》后赞颂道："于藏中山川风俗制度，言之甚详。而疆域要隘、通诸外藩形势，尤为讲边务者所当留意，不仅供文人学士之披寻也。"①

《西藏赋》是和瑛赋文的代表作，也是边疆赋中的精品，更是压缩了的方志和国志，和瑛长期驻藏任职，遍历藏区，对西藏的山川道里、风土民情甚为熟悉，其在《西藏赋》中，以正文加自注之形式，对西藏独特的民俗和文化进行了详细考述与记录。是赋文才飞扬，气势恢宏，不仅具有较高的文学价值，而且对于了解西藏的山川地理以及文化风俗具有重要的史料价值。因此，马积高先生在其《赋史》一书中认为，诸如和瑛《西藏赋》等边疆舆地赋"渐将让读者了解某地的山川、物产、风俗作为一个重要目的"，并赞誉"英和之《卜魁城赋》、和宁之《西藏赋》、徐松之《新疆赋》"写边邑山川风物，尤可开拓人们的眼界。②

---

① （清）姚莹：《康𬨎纪行》卷九，江苏广陵古籍刻印社《笔记小说大观》，1983。
② 马积高：《赋史》，上海古籍出版社，1987。

三　和瑛家族其他成员的诗歌创作

和瑛一家，四世相承，四代文人，家学渊源深厚。他们的诗风虽有因袭，但也呈现出了各自的特点，璧昌的诗清而远，谦福的诗真而趣，锡珍的诗感而兴。

（一）"肩事心逾勇，淫书气自平"，璧昌诗歌的清和平畅

璧昌（？～1854），字东垣，号星泉。和瑛子，蒙古镶黄旗人。初为工部笔帖式，历官叶尔羌办事大臣、参赞大臣，福州将军、两江总督，内大臣。道光七年（1827）赴回疆佐理善后。道光九年，擢叶儿羌办事大臣。十年八月，浩罕寇边，犯叶儿羌。璧昌率军民三败浩罕军。十一年，擢喀什噶尔参赞大臣。十三年召还。后又复出为乌什办事大臣、阿克苏办事大臣、伊犁参赞大臣。太平天国运动起，充京畿巡防大臣。咸丰四年卒。谥勤襄，赠太子太保。著有《叶尔羌守城纪略》一卷、《守边辑要》一卷、《璧勤襄公遗书》、《兵武闻见录》、《牧令要诀》一卷（震钧《天咫偶闻》著录）。《清诗纪事》载其雅琴诗画，著有《璧参帅诗稿》一部，惜未见传世。

许乃毅《瑞芍轩诗钞》载璧昌道光十一年（1831）作于喀什噶尔的题画诗《题担秋图》七绝一首。杨钟羲《雪桥诗话》中亦载其曾绘《担秋图》赠许玉年，并有题画诗一首，《清诗纪事》道光朝卷亦录此诗，诗曰：

> 昨夜西风太寂寥，旧篱新圃灿琼瑶。秋光烂漫闲收拾，和露和霜一担挑①。

此诗是一首题画诗，首句写西风吹过，百花凋零，营造出了一种萧瑟的秋景，次句写如此美景，却闲于收拾，最后和露和霜一担挑之，将不可触摸的景色物象化了，全诗清新自然，读来饶有兴趣。许玉年有题璧参赞诗稿句"肩事心逾勇，淫书气自平"之评价，可谓精当。

璧昌不仅是一位诗人，更是一位画家，其画也为时人所称颂。李放《八旗画录》转引《绘境轩读画记》说星泉"工绘事，尝绘担秋图，赠钱塘许玉

---

① （清）杨钟羲，雷恩海、姜朝晖校点《雪桥诗话》，人民文学出版社，2011。

年。玉年又有璧参赞画虎歌"。此外，他还能为首造工程勾勒图样。杨钟羲
《雪桥诗话》载"璧星泉尚书精八分，凡有营造，以尺纸画图，结构精绝，不
差毫厘。"所以邵汴生赠诗赞曰："索靖工书千管秃，张华缩地一图开。"

瑛棨于咸丰九年作《〈璧勤襄公遗书〉序》中称："璧勤襄公文武俱备，
扬历中外，……盖尝从征滑台，立功西域，制敌之方，防边之要，口讲指
画，动中机宜，于是有《守边辑要》之作。"①

（二）"脱尽寻常拘束态，清狂饶有性灵诗"，谦福诗歌的抒发性灵、写真性情

谦福为璧昌之子，和瑛之孙，字吉云、光庭、小榆，号刘吉，蒙古镶黄
旗人。谦福自幼读书，加之家学渊源，很有学识，尤工于诗。据恩华《八
旗艺文编目》所载，其于道光十四年举乡试，十五年中乙未恩科进士。后
授户部主事，累官至詹事府詹事。

著有《桐花竹实之轩梅花酬唱集》和《桐花竹实之轩诗钞》，后者还附
有《试帖》一卷。《桐花竹实之轩诗钞》收诗二百六十八首，《桐花竹实之
轩梅花酬唱集》收本人及其他人诗凡百余首。徐世昌《晚晴簃诗汇》收其
二首诗——《对客》《暮春咏怀》。《桐花竹实之轩诗钞》二卷为同治二年
（1863）刻本，现藏国家图书馆，《清代诗文集汇编》收录此集。谦福的诗
大都是对一般事物的咏叹和个人情怀的抒发。如其七律《对客》诗云：

> 烟霞无路接通津，谷口谁寻郑子真。对客不妨巾漉酒，避人常使扇
> 遮尘。
> 年来懒作市朝梦，分内甘为耕凿民。却笑庸夫耽世味，欣欣犹说吐
> 车茵②。

这是一首抒情诗，作者在诗中表露了自己对现实的不满和对仕途生活的厌
倦，并抒发了自己甘愿做一个农民也不想再惰入世味情怀的思想。

再如《暮春日写愁》（其一）

---

① （清）盛昱、杨钟羲辑《八旗文经》，光绪刻本，国家图书馆藏。
② （清）谦福：《桐花竹实之轩诗钞》，同治二年刻本，国家图书馆藏，以下谦福诗皆选自此本。

> 药裹书签结夙缘，此身已似柳三眠。萧条生计如流寓，烂漫诗情减少年。
>
> 犊鼻家风聊复尔，龙头科第亦徒然。落花满径愁无限，何啻青山听杜鹃。

此诗叙述了诗人自己落拓无聊的心境，抒发一种百无聊赖的心情。

谦福的记游诗清新自然，善于描摹景色。如其《游郊外二首》（其二）诗云：

> 山枕清郊水泊堤，半阴天气雨鸠啼。一村高柳青无际，百亩新秧绿欲齐。
>
> 细读残碑寻古迹，缓随流水步春畦。归途更绕城东路，野渡无人落照低。

首联与颔联四句描写春日山水，柳青秧绿，一派初春生机盎然、清新自然的景色。颈联与尾联四句描写诗人于百无聊赖之中，细读残碑，追寻古迹，然后于黄昏之时绕途而归的雅趣。全诗前四句清新淡远，意境清幽；后四句质朴却有新意，读来妙趣横生，饶有兴味。

再如《广宁门外三藐庵送月川兄之山右藩任》诗云：

> 车尘马迹总鸿泥，转眼风沙咫尺迷。惟有梦魂遮不住，随军飞过太行西。

这是一首送别诗，诗的前两句化用苏轼《和子由渑池怀旧》诗中"雪泥鸿爪"的典故，表达了诗人与朋友往日深厚的情谊。末二句化用李白"我寄愁心与明月，随君直到夜郎西"，将送别好友时的依依不舍表达得淋漓尽致。

再如《秋眺》：

> 霜林落尽见栖鸦，迤逦青山郭外斜。万井人烟排雁户，一泓秋水近鸥家。

　　　　夕阳远寺明孤塔，古戍高楼起暮笳。极目帝城双阙迥，碧云深处闪
红霞。

表达了诗人暮秋远眺所见一派萧索的自然景象，诗中色彩运用贴切，给读者
展现了一幅绚烂的远眺秋景图。

　　谦福在其诗《病骨》末联云："脱尽寻常拘束态，清狂饶有性灵诗。"
主张诗歌要抒发性灵，要写出诗人的真性情，因此其诗意象舒隽、意境
清宛、质朴自然、妙趣横生。而谦福的性情之作，或者说是他的诗歌中
最为世人称颂的就是和张问陶的梅花诗。张问陶（1764～1814），字仲
冶，号船山，四川遂宁人，是清代中期著名诗人。乾隆五十五年（1790）
进士，曾任翰林院检讨、都察院御史、吏部郎中。后出任山东莱州知府，
因违背上官意志，辞官居吴县虎邱。晚年邀游大江南北，病卒于客舍。
诗作多描写日常生活，诗风清新自然，以七绝最胜，但有一部分诗篇情
调沉郁。著有《船山诗草》二十卷，《船山诗草补遗》一卷。张问陶主张
诗歌应写性情，有个性，反对模拟。他的诗论与性灵说相吻合，为袁枚
所称赏。在诗歌审美上，张问陶主张空灵、有真趣、内涵要广，他不仅
要求意象灵动，而且追求意境深、韵味长。张问陶的《梅花》向称名作。
诗云：

　　　　一林随意卧烟霞，为汝名高酒易赊。自誓冬心甘冷落，漫怜疏影太
横斜。
　　　　得天气足春无用，出世情多鬓未华。老死空山人不见，也应强似洛
阳花。
　　　　野鹤闲云寄此生，暗香真到十分清。转怜桃李无颜色，独抱冰霜有
性情。
　　　　赠我诗难应束手，笑他人俗也知名。开迟才觉春风暖，先听流莺第
一声。
　　　　花中资格本迟迟，铁石心肠淡可知。此世何人能领略，为君终夜费
相思。
　　　　看来风雪无多日，香到园林第几枝。自是不开开便好，清高从未合

时宜。

梦绕寒山月下村，一枝相对夜开樽。繁华味短宜中酒，攀折人多好闭门。

风信严时清有骨，尘缘空后淡无痕。从来不识司香尉，只仗东皇雨露恩。

铜瓶纸帐老因缘，乱我乡愁又几年。莫笑神情如静女，须知风骨是飞仙。

生来逸气应无敌，悟到真空信可怜。世外清名原第一，不修花史亦流传。

回首山林感旧踪，雪花吹影一重重。记从驿使春前折，又向瑶台月下逢。

对客岂无能舞鹤，赏心还是后凋松。天人装束天然好，便买胭脂画不浓。

香雪濛濛月影团，抱琴深夜向谁弹。闲中立品无人觉，淡处逢时自古难。

到死还能留气韵，有情何忍笑酸寒。天生不合寻常格，莫与春花一例看。

腊尾春头放几枝，风霜雨露总无私。美人遗世应如此，明月前身未可知。

照影别开清净相，传神难得性灵诗。万花何苦争先后，独自能香亦有时。

梅花是中国古代咏物诗中的恒久母题。张问陶的这八首诗，很少正面咏梅花，所描写的大多是梅花气格，从用韵来看，八首诗有点像西昆体，因此和者少见佳作。谦福诗能从众多和诗中脱颖而出，自是不凡。谦福《梅花诗用张船山先生原韵》云：

绿蚁香浓泛紫霞，一瓢相对兴偏赊。剧怜北地春光晚，才见南窗月影斜。

高士吟成新眷属，美人洗尽旧铅华。天然骨格何嫌瘦，不是人间富贵花。

修到仙缘定几生，今宵风景喜澄清。家山不作思乡梦，驿使凭传寄远情。

境入罗浮皆幻想，赋夸宰相总虚名。隔墙忽听霓裳曲，知是邻家玉笛声。

疏影横斜月上迟，一般清趣少人知。临池绰有凌波态，倚槛频兴望雪思。

劳我耽吟开小阁，任他向暖发南枝。无心更问和羹事，寂寞空山亦正宜。

竹篱茅舍仿山村，古屋闲消酒一樽。不比春花移曲槛，怕招俗客掩重门。

空中著色参新悟，梦里题诗认旧痕。冷落莫教桃李笑，天容孤峭亦殊恩。

独标高格绝尘缘，风雪侵寻不计年。世外地宽寒料峭，梦中天阔酒神仙。

香来淡远浑无著，质抱冰霜只自怜。如此风骚谁得似，放翁诗句至今传。

一从邓尉问芳踪，踏遍青山几万重。妙有情时聊独赏，悄无人处恰相逢。

不惟晚节香同菊，直拟寒盟健比松。时尚慢争眉样好，便娟还让古妆浓。

回头几日百花残，春去春来指一弹。冷淡缘中知己少，繁华队里隐身难。

修成净业心俱激，梦到香魂骨亦寒。莫叹风尘终落漠，烟霞深处有人看。

猩红飞上玉虬枝，酝酿天心总不私。冷艳最宜泉石癖，好春未许蝶蜂知。

忍寒且酌杯中酒，写影难摹画里诗。我爱此花清澈骨，檐前索笑立多时。

两诗用韵完全相同，不但整首诗韵脚一样，押韵字亦同。张问陶诗是原作，既有创作的难度，但转圜也便捷，而谦福虽然省却原创的冥想，但因是和作，所以更多了和原诗的苦思。从艺术风格上来看，张诗意象绵丽，意境空灵、深邃，处处点染梅花的孤清气格。而谦福诗意象舒隽，意境清婉、悠长，更强调梅花的品貌特征。

（三）"登高能赋、倚马成章"，锡珍诗歌的情景交融、意蕴无穷

锡珍（1847～1889），字席卿，号仲儒，蒙古镶黄旗人。曾祖父和瑛，祖父璧昌。少承家学，勤奋努力，同治七年中进士，改翰林院庶吉士。十年散馆授编修。历官侍讲、侍读、侍讲学士、日讲起居注官、咸安宫总裁、侍读学士等。光绪六年充山东乡试正考官。八年奏陈整顿八旗学校。后转詹事府詹事，迁左都御史，理藩院侍郎。九年充总理各国事务衙门大臣，刑部尚书，十一年至天津与法国使臣换约。十二年任吏部尚书、崇文门正监督、会典馆副总裁、经筵讲官。十五年因病乞归。九月卒，终年四十三岁。

著有《锡席卿先生遗稿十六种》（《台湾事宜》一册、《准补凤山知县张星锷禀揭台彭道刘璈》一册、《闽还纪程》一册、《渡台纪程》二册、《奉使朝鲜纪程》一册、《使东琐记》一册、《使东诗草》一册、《丙子会试》一册、《记乙亥翰詹大考》一册、《丙戌进士姓字官阶等第册》一册、《简勤公年谱》一册、《习字杂钞》一册、《翻阅字典摘出姓氏》一册、《唐以来选举志略》一册、《会殿试阅卷日记》一册、《离骚》一册，共十六种），稿本《中国古籍总目·丛书部》著录，北京大学图书馆藏。

锡珍才学出众，能诗善文，在他三部日记中收有他许多诗句，各种体裁200余首。徐世昌《晚晴簃诗汇》收其诗九首，并评论曰："席卿冢宰师，承简勤、勤襄二公之绪，早年登第，扬历清华，洊陟正卿，年未强仕。令甲一品大臣六十以上，遇旬寿，有赐寿之典，上方文绮，世以为荣，师以四十得之，中朝知国故者，佥谓前所未有。乃未及数年，师遽捐馆，长衢中税，贵寿难兼，不胜挝门过墓之感。师于同治甲戌赐奠喀尔喀，光绪辛巳颁诏朝鲜，乙酉谳狱台湾，皆有日记。海陆遄征，谘诹所及，地形夷险，民气惨舒，尤三致意焉。诗无专集，今所录者，皆采自日记中。登高能赋，倚马成章，亦足见其大概矣。"①

锡珍的诗多为记游之作，但风格不同于其曾祖父和瑛的记游之作，锡珍的诗善于开篇写景，以引起所咏之物，然后寄怀感兴，抒发情感。

诗人生活于清王朝由盛转衰的时期，目睹了鸦片战争之后帝国主义的侵略以及国计民生的凋敝。因此，其诗多抒发忧国忧民的情怀，如《朝鲜贫弱时事棘矣慨然有作》，诗云：

> 营州逾海地东偏，犹是箕封礼俗传。赫赫中天依日月，茫茫下土奠山川。
>
> 海潮终古无消长，人事于今有变迁，漫说通商为受命，他时涕出更谁怜②。

这是一首感慨时事之作，鸦片战争之后，帝国主义加紧对中国的侵略。清政府腐败无能，与列强签订了一系列不平等条约，割地、赔款、开商埠。诗人奉命出使朝鲜，目睹了朝鲜的贫弱及被帝国主义的欺凌，而联想到了清王朝的衰败不胜感慨，遂发出了"漫说通商为受命，他时涕出更谁怜"的强烈呼声，体现了诗人的爱国主义情感。

锡珍的记游之作写得也很明快，富有特色。如其《辽阳城》诗云：

> 忆从东国经行处，千里王程尽瑷江。疆域虽殊风景似，万山不断到辽阳。

此诗写作者出使朝鲜途经辽阳记旅所见。诗人指出从内地到辽阳，千里相连，同属祖国不可分割的地方，从而表现出一种热爱祖国山河的感情。

诗人的《安州道上》《纳清亭》《凤凰边门》《通远堡》《游医巫闾》《宝应舟中》《晓至山阳》等诗都是诗人的记游羁旅之作。

---

①　（清）徐世昌编，闻石点校《晚晴簃诗汇》卷一百六十四《锡珍传》，中华书局，1990，第7125页。

②　（清）锡珍：《锡席卿先生遗稿十六种》，清稿本，北京大学图书馆藏。注：以下锡珍诗皆选自此本。

《安州道上》诗云：

> 路向安州落照时，薰风习习拂旌旗。舆中入梦人游倦，陌上飞花客到迟。
> 一水稻分高下陇，满山松茁短长枝。剧怜官道生幽草，软踏芒鞋总不知。

描写了诗人在安州道上所见的美妙景色。

《纳清亭》诗云：

> 一湾通略彴，遂至纳清亭。长路怜幽草，崇岩下晓星。
> 渔榔前浦歌，樵斧远山停。谁咏《高轩过》，将为驻马听。
> 西风秋瑟瑟，白雨昼冥冥。又是新安道，群峰不断青。

描写了诗人经过纳清亭时的所见所闻。

《凤凰边门》描写了诗人出使朝鲜经过辽东第一门——凤凰城边门时的感慨，诗云：

> 边门以外地，数百里之遥。榛莽谁从辟，萑苻不见招。
> 算缗缘木税，诘廛到山樵。晋有桃源乐，秦收陆海饶。
> 未堪将客逐，安得作荒烧。据国争非触，临边俗异要。
> 吴沙赋可受，泽瓦首先枭。旷土成都邑，流氓有暮朝。
> 不游町疃鹿，应革泮林鸮。智慧乘时出，功名与世标。
> 再能加富教，便可入风谣。除是皇华使，谁停问俗轺。

《通远堡》诗云：

> 幽居林壑小，款客暮天青。乍卷云千叶，仍飘雨数星。
> 野虫鸣蟋蟀，山果熟樗樗。苦说盘飧少，相邀醉绿醽。

描写了诗人羁旅郊外，傍晚所见通远堡幽静的山野美景，也表达了诗人闲适的心情。

《游医巫闾》诗云：

> 黄月东升黄日落，秋郊旷朗风萧索。薄暮游踪取路归，犹将回马瞻云窭。
>
> 云窭万重游不成，石棚穴漏泉流声，旷观亭已埋幽草，转见千秋万古情。

描写了游医巫闾的现实生活。

《宝应舟中》诗云：

> 海上归槎迥，淮南返棹轻。湖茭添客馔，堤柳人诗情。
>
> 兴废徒怀古，关河正洗兵。翻悲身历碌，终是绊浮名。

描写了诗人渡海时的所见所闻，"兴废徒怀古，关河正洗兵"表达了诗人忧国忧民的情怀。

《晓至山阳》诗云：

> 一夜扁舟霜满篷，棹歌声在月明中。渡头寒鸟噤无语，踏折枯枝逐晓风。

这首七律是写月夜行舟的旅途所见。诗中描绘水乡风光，画面有声有色，静态动态相映，情景交融，意蕴无穷。末二句尤观察入微。锡珍的诗歌承续了和瑛诗歌反映时事、描摹风物的传统，又继承了谦福诗歌清新隽永的风格，并且在两者的基础上推陈出新，先摹景以感物，后寄兴以抒情，情景交融，意蕴无穷。

四　和瑛文学家族特征研究

（一）书香门第、诗礼传家

清代中期蒙古族有许多善于汉文诗文创作的优秀诗人，他们大多有深厚的家学渊源，从小受汉文化的熏陶，耳濡目染，使他们热爱用汉文创作。加之，在汉族文学家族社会风气以及科举取士制度的引导之下，蒙古族也开始逐渐注重家学，也正是因为他们注重家族教育，才使家族中科举中式之人辈出，代代显宦不绝，延续了其家族由科举而显达的政治生命。和瑛是以科举而成为封疆大吏的文臣。其一家四世相承，四代文人，家族科举显达，代不乏人，家族四世，出现了三位进士，一位工部笔帖式。诗礼传家，学养深厚，且皆有汉文诗集传世。和瑛家族按其构成类型来说，是文学家族中"父子传承型"的典型代表，和瑛家族以科举高中入仕而显。四世四代，父子相承，未曾断绝。

陈寅恪先生在《金明馆丛稿初编》中说："学术文化与大族盛门不可分离。"清代八旗蒙古和瑛家族家族文学的兴盛，不仅丰富了少数民族家族文学的内容，而且为中华文化的多元组合融入了新的生机。然而目前关于和瑛及其文学家族，尚无专门研究论述，米彦青《清代边疆重臣和瑛家族的唐诗接受》（《民族文学研究》2010 年第 2 期）及其著作《清中期蒙古族诗人汉文创作唐诗接受史》（内蒙古教育出版社、内蒙古出版集团，2009）对和瑛家族的唐诗接受有所论述。

（二）科举世家、代不乏人

和瑛家族四代全是因科举入仕，和瑛、谦福、锡珍皆是进士出身，璧昌是工部笔帖式，一门四代，三代进士，足见科举对其家庭乃至家族的影响之大。

清代后期八旗蒙古文学家族呈现出以科举为目的、因科举而形成、为科举而服务的特点。据《清代朱卷集成》《钦定八旗通志·选举志》所载统计，八旗蒙古进士已见记载的有一百八十余人（包括翻译进士），与清代全部进士之比约为 6‰，其中清代后期八旗蒙古的九个文学家族中就出现了和瑛、谦福、锡珍、法式善及其祖上二人，桂馨、来秀、柏葰兄弟三人，以及延清、瑞洵、梁成光、瑞常、瑞庆、锡缜等十七位进士。占清代八旗蒙古进士总数的 9%，举人、贡生等有功名者更是不在少数。

清代后期八旗蒙古文学家族多是一些显达的科举家族。满族是马背上的民族，以武功夺取天下，清朝入主中原之后，统治阶级深知"以武功夺天下，以文治治天下"的道理。选贤任能，崇文尚儒，沿用了明朝的科举取士制度。科举制度不因政权易族而受到影响，为汉文化的传承创造了有利的条件。

由于满蒙两族特殊的历史文化关系与相似的经济文化生活，满族入主中原之后，为了团结和犒赏八旗蒙古，大量八旗蒙古子弟得到土地分封，他们享有特权，生活优渥，崇尚汉文化，为从事举业提供了物质条件。不仅如此，清政府还在满蒙八旗科举录取人数比例上采取从优政策，因此，满蒙八旗子弟由科举入仕做官，比立军功更为容易，加之清政府在任用满蒙官员时越来越重视科举出身。在这一系列科举优惠政策的引导与激励之下，八旗蒙古人越来越重视家学，他们寄希望于科举中第，以此来延长家族的政治生命及族群殊荣。

当一个家族中出现因科举而被取士者之后，封官授职仕途显达的荣誉感又促使其将这种传统发扬下去，长此以往便形成了一个个科举家族，家族之人在科举之余，不废吟咏，又在无形中形成了一个个颇具规模的文学家族。文学家族与科举家族伴生是清代后期八旗蒙古文学家族最显著的特点之一，和瑛家族就是个中典型。

五　和瑛家族文学的文风特点

和瑛一家四世相承，四代文人，皆有诗文流传于世。这与其深厚的家学和良好优美的文学传承是分不开的。纵观和瑛整个家族的文风，也有其相似之处。

（一）多记游兴寄之作，文风苍劲旷达

清朝是中国历史上继元朝之后第二个由少数民族入主中原建立的统一的全国性政权。满蒙两族由于地域文化、生活方式、宗教习俗等方面的接近以及巩固政权的需要，历代清朝统治者都十分重视与八旗蒙古之间的密切关系。因此，有清一代派驻西域的封疆大吏多为满族亲贵或者蒙古重臣。

和瑛一家四代中多被中央王朝派到外地任职，因此羁旅之作尤为众多，这其中尤其要数和瑛与锡珍。

和瑛在外为官四十余年，所到之处皆有描摹，其诗作反映了边疆独特的自然风光和历史沿革。和瑛从甘肃到新疆一路，描写了戈壁的独特风光和南

疆的壮丽景色，其在《风戈壁吟》《戈壁道上载水》《甘州歌》中写戈壁风沙："当夫初起时，黑霭蟠虬龙。焚轮瞬息至，万骑奔长空。石飞轻于絮，辎重飘若蓬。灵驼识猛烈，一吹无停踪。"将卷石如絮、吹物如蓬的戈壁风沙描写得惟妙惟肖，读来给人以身临其境之感。和瑛在西藏、新疆任职期间，常常深入下层调查了解，遍历前藏后藏、南疆北疆的山山水水。这些诗歌不仅充满了异域风情，而且很多还具有较高的历史参考价值。其所到之处，都写诗反映民生，因此他的诗歌就如同一部历史一样记录了那个时代的生活。

光绪九年，锡珍充总理各国事务衙门大臣，作为使臣来回奔波于各地之间，从他的三部日记——《台湾日记》《朝鲜日记》《喀尔喀日记》便可知其游历，锡珍的诗歌也多为游历之作。如其《安州道上》《纳清亭》《凤凰边门》《通远堡》《游医巫闾》《宝应舟中》《晓至山阳》等诗。

不同的是和瑛的记游诗正值乾嘉盛世之时，当时国力雄厚，和瑛的诗歌在反映战争以及羁旅时都体现了一种王朝的自信和无畏，而锡珍的诗歌却透露着对王朝衰败的叹息。

如其《朝鲜贫弱时事棘矣慨然有作》：

> 营州逾海地东偏，犹是箕封礼俗传。赫赫中天依日月，茫茫下土奠山川。
>
> 海潮终古无消长，人事于今有变迁。漫说通商为受命，他时涕出更谁怜。

诗中就描写了诗人奉命出使朝鲜，目睹朝鲜的贫弱及被帝国主义欺凌的惨状，从而联想到了晚清王朝的衰败。

（二）崇慕唐诗风采。

和瑛家族文学创作爱用典故，他们向往以才学入诗，只要仔细阅读他们的创作，总能发现他们化用唐人的诗句。崇慕唐诗风采，不言自明。如和瑛孙谦福的诗喜爱化用唐人诗句。其《游郊外二首》其二云："山枕清郊水泊堤，半阴天气雨鸠啼。一村高柳青无际，百亩新秧绿欲齐。细读残碑寻古迹，缓随流水步春畦。归途更绕城东路，野渡无人落照低。"末句显然用到了韦应物"野渡无人舟自横"之语。《题斋壁》末联云:"华屋山丘皆莫恤,明朝散发弄扁舟",自然源出李白"人生在世不称意,明朝散发弄扁舟"。

由此我们可以看出,诗人们崇慕唐诗风采、诗风相袭的特点。家族精神遗产和心理情结作为一种文化基因,影响是深远的。和瑛家族所作都以揣摩唐诗、融入个人特性为根本,并在创作中呈现出雍容闲雅的特色,表现出相似的艺术风格。

(三)寓情于景,诗风清新自然

和瑛生活阅历深广,视野开阔,感情豪迈奔放,因此,他最爱欣赏和表现壮丽雄奇的山水自然景物。表现自然美是和瑛诗中呈现的主要艺术风格,他善于同时把握和表现外物和主观心境的变化,故能在诗中展现出变幻无穷、毫不雷同的意境。无论哪种都呈现出其多姿多彩的艺术风格,而底蕴却是清新的。

如其《易简斋诗钞》卷一《太平府廨八咏》,璧昌的诗风则承续了和瑛诗歌的特点,体现了清新自然的诗风。如其题画诗《题担秋图》:

> 昨夜西风太寂寥,旧篱新圃灿琼瑶。秋光烂漫闲收拾,和露和霜一担挑。

此诗无生僻难解之语,全诗通畅自然,一气呵成。

谦福的诗歌亦是如此,如其《秋眺》:

> 霜林落尽见栖鸦,迤逦青山郭外斜。万井人烟排雁户,一泓秋水近鸥家。
> 夕阳远寺明孤塔,古戍高楼起暮笳。极目帝城双阙迥,碧云深处闪红霞。

表达了诗人暮秋远眺时所见到的一派萧索的自然景象,诗中色彩运用贴切给读者展现了一幅绚烂的远眺秋景图。

再如锡珍的诗歌《晓至山阳》:

一夜扁舟霜满篷，棹歌声在月明中。渡头寒鸟噤无语，踏折枯枝逐晓风。

此诗写月夜行舟的旅途所见。诗中描绘水乡风光，画面有声有色，静态动态相映，末二句尤观察入微，情景交融，意蕴无穷。由此可见和瑛家族诗风相袭、风格相似的特点。

第 十 四 章

清代布依族莫氏家族文学创作研究

    明清时期，由于社会政治、经济、文化的发展，布依族中出现了一些用汉文写作的文人学者群体。其中以嘉庆、道光、咸丰、同治年间贵州独山的莫与俦、莫友芝、莫庭芝为代表的莫氏文学家族最为出色。莫友芝、莫庭芝是莫与俦的第五子与第六子。莫氏父子学识渊博、教泽广远且精于辞章，并有大量作品传世，被人尊称为"莫氏三杰"，其传世的大量诗歌作品也形成了自己鲜明的特征。

一 清代布依族莫氏家族文学创作活动及其家族文学特色

（一）莫氏家族成员的文学活动

    莫与俦诗文集生前被他的族子带去广西，后遗失，现仅存《贞定先生遗集》四卷，为其子莫友芝编辑。前三卷为文，二十三篇；后一卷为诗，二十一首。另有《寿民诗钞》存诗三十四首，较《贞定先生遗集》多出十三首。莫与俦的文结构严谨、长于考证，所著有《牂牁考》《汉且兰故地考》《贵州置省以来建学记》《都匀府自南齐以上地理考》《毋敛先贤考》等，又有《示诸生教》四篇，是研究其教育思想的珍贵资料。遗留下来的诗歌虽然数目不多，内容却很丰富，主要有亲朋之间的酬答唱和之作、平淡恬静的生活杂感小诗、描摹山水和生活小景的诗、关注民生疾苦之作。其中最独特的是关注民生疾苦类的诗作，这与他的为官经历有着密切的关系。嘉庆六年（1801），莫与俦改授四川洪雅、盐源知县。在任期间他为政清廉、以身作则，受到了当地各少数民族百姓的拥护和爱戴。如《至馆舍谕土官》《将返县途中示诸夷猓》均表现了他对百姓的关心和爱护，相对于当时官场黑暗腐败的现状，莫与俦能独善其身确实难能可贵。

莫友芝生前所刊著作极少，与自身经历、志趣关系密切的著作仅有《郘亭诗钞》六卷。卒后其子莫绳孙又陆续刻成《郘亭遗诗》八卷和《郘亭遗文》八卷。此外还有《影山草堂诗钞》《影山草堂学吟稿》《郘亭遗集》《郘亭先生文集》《影山词》等。他传世的各类稿钞本多达百种，遗留下来的诗有 1500 余首。在《郘亭诗钞》中，数量最大、最引人瞩目的就是他的山水记游诗。早年他遍涉黔中山水，饱览沿途风光，多次入京考试，遍游北方山川风物；晚年访书论学，踏遍吴越名山胜景，在大自然的美景中寻求精神的寄托和安慰。他的山水诗既有黔中瑰丽的重崖叠嶂、飞流湍急，又有北国晶莹豪迈的冰天雪地，更有江南俊俏秀丽的湖光山色，各种风光在他笔下争奇斗艳、大放异彩。如《乌江渡》《师山》《风走襄城》《南阳道中》《桃源舟中》等对不同山川景色的描写体现出诗人敏锐的观察力和对自然景观的热爱之情。莫友芝的《影山词》收词 113 首，无论题材内容、表现手法还是艺术风格，都与《郘亭诗钞》有很大的区别，这些词，情意缠绵、格律和谐，以表现男女恋情和个人心绪为主的作品占总数的三分之二。如《琵琶仙》通过咏梅，寄托对友人绵绵的思念；写给妻子的《解连环》《庆春宫·庚子除夕》处处表现出对妻子的体贴和安慰，从中窥见诗人儿女情长的一面；《清平乐》《点绛唇》《洞仙歌》《水龙吟》等都是对处于恋爱的女儿心思的揣摩和度量。此外莫友芝还写了不少散文，除部分考据文字以及为解经训诂著作写的序跋外，人物传记事略能摒弃陈言，无空泛虚假之弊，颇为感人，如墓表《寄子厚八弟文》大量使用反问、设问，一唱三叹，长歌当哭，把悲怆和自责之情写得十分缠绵动人。

莫庭芝诗歌作品有《青田山庐诗钞》，存诗 214 首，据胡长新《青田山庐诗钞跋》载"其诗起甲辰（1844）迄癸酉（1873），凡三十年之作"。诗歌主要采用五古、七古、五律、七律以及五绝、七绝的体裁，就诗歌内容主要分为怀古咏史、写景记游、凭吊悼亡、书画题咏、酬答唱和及生活杂感等类。其中最能表现诗人生活的是其生活杂感诗。这类诗作有描写节日风俗的、有记录生活小景的、有与儿孙享受天伦之乐的，都轻松闲适，展现出诗人恬淡、随性的一面。如《除日杂诗》《无新》《早起》《园中即事》《戏作懒猫瘦诗二章》等。莫庭芝擅长音律，其《青田山庐词钞》中的 51 首词就有 41 种词牌，词的内容多为抒发个人情感，或感时伤秋，或哀叹亲友，或吟风弄月，虽缺乏社会性，但艺术性较强。曾炜《青田山庐词钞跋》称："取阅其词，浩浩落落，自抒胸臆，无粉饰、无造作，读之自使人感慨流连而不自己。如花中之有兰，果中之有楝。"可知这些词大多委婉动人、意境优美。其中佳作有书写愁思的《醉花阴》《菩萨蛮》，悼念亡友的《瑞龙吟·追悼亡友郑子尹》，描写花前月下的《秦楼月》《风入松·题茗香夜半寻诗图》等。

（二）鲜明的家族文学特色

1. 以诗歌创作为主导

莫氏家族成员文学创作内容丰富，题材多样，涉及诗、词、文等多方面，更有方志及音韵训诂等著作。诗歌是三人共同擅长的文学创作形式，其创作风格既具有鲜明的个性特征，也不乏共性。

莫与俦自幼好学，学业日进，有名师益友帮助，科考顺畅，廪生、举人、进士，一一获得，一生仅存诗 34 首，篇目不多却是对其仕宦和教书生涯的概括。莫友芝从十来岁便开始写诗，成诗千余首。他满腹经纶，著述颇丰，然科场受挫，仕途不济，加之身处末世，诗歌不乏孤寂幽峭、块垒不平之气，读之令人感叹。莫庭芝一生穷困坎坷，唯嗜学不辍，虽然他"才智不过中人"，但"一字一句俱经锤炼而成"，诗歌简洁，温纯浑厚，构思精严，其《青田山庐诗钞》214 首诗歌经过了郑珍、莫友芝、黎兆勋及唐炯的删改，可见莫庭芝对自己的诗作要求之严格。

2. 汉、宋学术为指导

莫与俦教书授学均以汉、宋学术为指导，他重视汉学，也兼修宋学，反对当时读书做官的急功近利思想，教人提倡实学，推行汉儒朴实学风，不空谈义理，首开当时贵州朴学之风。他的教学思想对莫友芝影响很大，据曾国藩作《翰林院庶吉士遵义府学教授莫君墓表》载："久之，门人郑珍与其第五子友芝，遂通许、郑之学，充然西南硕儒矣。"莫友芝除父亲的教导外，诗学特色颇受程恩泽①的影响。道光五年（1825），程恩泽任贵州学政，陈

---

① 程恩泽（1785～1837），字云芬，号春海，安徽歙县人，官至户部侍郎，师事朴学大师凌廷堪，为阮元再传弟子，是清代道咸宋诗派的首倡者，论诗尤重学问，也是著名的文字学家。

衍《石遗室诗话》云：“道咸以来，何子贞、祁春圃、魏默深、曾涤生、欧阳涧东、郑子尹、莫子偲诸老，始喜言宋诗。何、郑、莫，皆出于程春海侍郎门下。”这对郑珍、莫友芝融通汉、宋两学，成为清代宋诗派的中坚人物意义重大，这些人中，郑珍所受影响最大。莫庭芝在父兄的熏陶下，自幼承受朴学教导，后师从经学家、文字学家及诗人郑珍，得汉、宋学术影响，通文字训诂、诸子百家。可见莫氏家族成员的诗文创作都以汉、宋学术为指导，具有统一的风格特点。

他们的诗歌中都不乏考证之诗，像莫与俦的《登独山》有不少对“独山”为汉毋敛人尹珍出生地的注释；山水诗《登左所山观小海》，除写山水景致及诗人的感想外，还对“北泽”的具体位置进行考证；另有《寿人洞并序》也是序大于诗。他论述贵州史地人物的文章多篇，都考证详博，足以证史传、订方志。如《独山江即汉毋敛刚水考》《都匀邦水河为沅水正源考》《元定云府及合江陈蒙二州治所考》《毋敛先贤考》《牂牁考》等。莫友芝的诗歌就更不用说了，其《芦酒》一诗，是对杜甫《送弟亚赴河西判官》中“芦酒多还醉，宋庄绰鸡肋”中“芦酒”一词的考证。诗后附1400字，详细地考证了芦酒名称的由来、变化及芦酒的酿造方法，如果离开了注释，诗意就十分晦涩。又如《红崖古刻歌并序》，序大于诗；《哭杜杏东及其子云木三首》附《友芝〈杜芳坛传〉》千言于后，《巢经巢释跋〈汉人记右扶风武阳李君永寿末完褒斜大台刻字〉而系以诗》中注的字数几乎与诗字数相同，这些都是典型的学人之诗，莫友芝的散文亦有很多考据文字，体现了宋诗派诗人“以文字为诗，以议论为诗，以才学为诗”的特点。再如莫庭芝的诗歌《荆门雪后纪游》，分别对龙泉和顺泉两处景点的名称进行了考证，并附有小注；《遣怀》虽然只有短短八句，却抒发了诗人人之将老的各种情绪，及对人情淡薄的不满等，集各种议论为一体，体现了宋诗“以议论为诗”的特点。

3. 人格与诗风的融合

莫与俦及其子女、门徒甘于淡泊，不重名利，前后相继，以自己的心智和辛勤工作，为保存、积累、传播和发展贵州的文化事业作出了杰出的贡献。后人均被莫氏父子正直无私、高尚伟大的人格魅力所折服。

曾国藩为莫与俦撰《翰林院庶吉士遵义府学教授莫君墓表》云：“君出而为吏，恩信行于异域；退而教授，儒术兴于偏”，足见其为人之淡泊，为教之尽心。在诗歌《登独山》中莫与俦触景生情，怀念先贤，诗云："只今汉县皆州府，经纬才谁嗣尹公。"抒发出其决心重振独山文教之风、培养经纬之才的崇高志向。莫与俦七十六岁高龄之时所作《戊戌除夕》云："扫囊仅塞诸逋责，数米犹支二月粮"，家中的窘迫并没有使诗人牢骚满腹，而是发出"聊且便将今岁过，来年重理就荒庄"的豪言，可见莫与俦面对生活困境的豁达心境。又如他的《种菊》《菊影》《老来红》中都有类似"众芳摇落怯秋风，争效渊明理菊丛"的诗句，处处表现出他对菊花不傲风霜的赞美和对陶渊明田园生活的向往。

莫友芝平易近人，《清史稿》评价其曰："友芝亦乐易近人，臞貌玉立，而介特内含。道光十一年举人，在京师远迹权贵。胡林翼、曾国藩皆其旧好，留居幕府，评骘书史外，荣利泊如也。"正所谓人如其诗，他常羡慕如《泊微山湖口望湖山》中远离农民起义军和官府骚扰的"桃源"生活，希望可以"飘泊怀隐处，南枝鲜安巢。安得二顷资，山幽买林皋。烟波足雄长，理视从昏朝"。这种渴望远离尘嚣的情怀也多次在其他诗中表露出来，如《海风井》末句"永洗尘市耳，浩然游八溟"。他的《陈相廷、赵晓峰并见和苏韵，叠韵答之》一诗"何如桃花流水放船去，鳜鱼入手青蓑披"和《和答子尹古州见寄》中"渊明束带辱，政以三径藉"，均表现出他在考场失利后难以释怀的情绪，屡试不第使他情绪低落，发出归隐不仕的念头。

胡长新《青田山庐诗钞跋》曰："芷升常致书勉学，而余卒无所成就。惟深悉吾芷升性情真挚，气象温纯，而学力则甚深厚。"莫庭芝笃实朴厚、性情真挚的人格特点，使得胡长新继续对其作出"读其诗如见其人。及见其人，而知其发于诗者"的评价，可见他人与诗的高度融合。如诗《此以自讼云》："理则君子，欲则小人""君子乐道，小人忧贫"，诗中寥寥几句就表现出了作者真挚朴实的人生观。再如其《无新》记叙了因家境贫寒无薪烧饭，用废弃的扫帚代替柴火一事，诗曰："一旦无用材，奏功在俄延。乃知天地阔，弃物当其适"，将"废物利用"延展为"天生我材必有用"正是对庭芝人格的最好写照。这种"断帚"精神，有宋人那样对愁苦自我消解的能力，表现出他自信豁达的一面。《遣怀》中有"渐老已无逢世意，未厌犹有读书心"，晚年莫庭芝感叹仕途受挫，但他并没有悲观厌世、消极颓废，仍然持有积极乐观的处世态度。

二　清代布依族莫氏文学家族的文化生态探究

莫氏家族在贵州文学史上的独特地位是由其所处的特有的"人文生态环境"孕育的，而其中家族成员的文学创作又受到文化生态环境的影响，以下就从教育、科考、家风等方面探讨这些因素对家族文化形成的积极作用。

（一）良好的文教背景

顺治十六年（1659），清政府收复贵州。为加强朝廷对黔南少数民族的统治，采取了一些发展文化教育的措施即实行所谓教化，通过兴办学校来笼络苗民（明清时期所指的苗民不是现在意义的苗族，而是对贵州各少数民族的泛称，其中包括布依族和苗族），从而达到消除反抗意识、培养统治人才的目的。一时间贵州文教兴盛，雍正"改土归流"以后，于全省府、州、厅、县，乃至乡广招生源、兴办学校，各地皆立公学，兴办书院，穷乡僻壤也有社学、义学。

官学也称"儒学""公学"，为清朝地方政府出钱办的学校，分府、州、厅、县级，以儒家经典为教学内容，造就儒家治术人才。有清一代贵州全省官学发展较快，共设官学 67 所，其中布依族较集中的贵阳府 8 所、安顺府 7 所、兴义府 7 所。在明代的基础上，各府、州、厅、县都建有书院。布依族地区的书院大致有两种，一种是官办，由当时各级官府委派官员兴建；另一种即私人捐办。莫与俦曾主讲的湘川书院，就是清乾隆五十一年（1786），由绅士徐准、唐惟克等捐资兴办的。当时全省总计有书院 130 余所，其中布依族地区书院有魁山书院、仰山书院、中峰书院、东麓书院、兰皋书院、双明书院、紫泉书院等 15 所之多。清代贵州的公学和书院，从数量到规模都比明代有了大幅的提高，其教育管理和各种规章制度也较明代完善了很多。据《贵州通志·学校志》载，当时贵州有学正 14 人，训导 60 人，教谕 31 人，教官 15 人，教授 12 人，总计有学官 132 人。清代贵州在增加官学、建立书院的基础上，还兴办社学和义学。社学即地方政府的基层教育机构，幼童就读于此，为府州县学预备生员的普及性教育。清初要求"每乡置社学"，并强调在贵州民族地区开办社学。义学是清政府为民族地区家境贫寒的求学者提供免费教育的机构，在贵州叫"训苗义学"，让学童读书识字，习礼明义，达到"开化夷民"的目的。据《贵州通志》统计，清代贵州全省有义学 301 所，其中分布在布依族聚居区的贵阳府 55 所、安顺府 42 所、兴义府 14 所、都匀府 31 所、平越州 17 所。社学和义学的兴起，为贵州偏远乡村的文化传播起到了积极作用。莫与俦作《贵州置省以来建学记》，记录了贵州自明代置行省之后建学的详细情况。

教育的发展也促进了科举，清代规定科举在正式名额外，另增加一定名额照顾少数民族。顺治十六年（1659）题准："贵州各属大学取进苗生五名，中学三名，小学两名（大、中、小学指学校规模），均附各学肄业至出贡。"雍正七年（1729），据《清实录》载礼部议复云贵广西总督鄂尔泰疏："贵州一省原辖十一府，四十州县。每科乡试，额取文举人三十六名，五经二名，武举二十名。近于四川、湖南两省内，将十三州县改隶贵州，赴试人数较多，请增贵州乡试解额，加中文举人六名，共四十二名；武举三名，共二十三名。"雍正十二年（1734），清廷再一次对黔西南、黔东南地区的少数民族学生实行加额优待。为了保证贵州少数民族子弟的科举名额不被随意占用，清政府还曾下令严格清查西南地区科举考试报名情况，以维护贵州民族教育的发展。统治者在贵州民族地区大力推行科举制度，以功名利禄诱惑各族人民。并对少数民族学生加大了优惠政策，如通过直接在府、州、县级儒学校中选拔和保送少数民族优秀学生去国子监学习；对在各级学校学习的少数民族学员，给予生活补助；对参加科考的少数民族子弟予以奖励或擢拔。在种种有利政策的驱使下，不仅汉族子弟希望通过科考做官，少数民族子弟通过十年寒窗以求仕进者的人数也日渐增多。

莫氏家族成员在文学创作上取得的巨大成就，与当时贵州的教育背景有着非常密切的联系。统治阶级对民族地区教育的重视使得学校普遍建立、学风文风大兴，不仅使少数民族学生求学成为可能，更为少数民族学子经科举入仕创造了条件。

（二）科举考试的激励

与教育一样，科考对莫氏文学家族的影响也是非常重要的，甚至在一定程度上具有决定性的意义。一个家族能否在文学上取得成功并具有持久的影响力，科考的成败至关重要。一方面科考的准备为家族成员打下了坚实的文学基础，另一方面科考的成败又影响着文学家族的兴起和延续。文学创作对于当时的大多数人来说，只是一种附庸风雅的技能或爱好，而博取功名才是成名立身的关键。对于少数民族学生更是如此，只有通过科举考试取得功名才能摆脱自己文化上受歧视的现状，也只有通过科考才能进入仕途，实现自己的政治抱负。

莫氏家族就是在良好教育背景的熏陶下和积极民族政策的鼓励下，以及在汉族和各民族文化的交流融合下，不断地提高自身的文化素养，并在科举考试中取得了优秀的成绩，为日后的文学创作及从事贵州教育活动、培养人才打下了坚实的儒学基础。莫与俦之父莫强，字健行，崇级公第四子。据莫与俦《皇清敕封文林郎翰林院庶吉士显考健行君家传》载："弱冠后补独山州学附生，屡乡试不售"，莫强作为清中期秀才，在当时文风渐开之际取得如此成绩实属不易，也为子弟教育树立了良好的榜样。莫与俦为嘉庆三年（1798）举人，四年成进士，选翰林院庶吉士，就学于当时著名汉学家阮元和朱珪门下。嘉庆九年（1804）荐任四川甲子科八月乡试同考官，莫与俦在其家族中是科考成绩最好的。莫友芝于十六岁时回老家独山参加院试，考中生员资格，也就是秀才。道光十一年（1831）乡试解元。从1833年到1859年，他曾五次赴京会试，皆落第。莫庭芝，幼承庭训，道光二十九年（1849）参加院试，被选为拔贡，次年入京参加礼部考试，未录取，后不再参加科举考试。莫友芝长子莫彝孙，原名哀孙，少时从郑珍学，后成为附贡生，以军功保候补训导。可见这一家族的科考传统一直没有断过，且在族人中形成了很好的示范作用，并不断向下传递，四代人中有五人取得良好的科考成绩，与同时期的少数民族文学家族相比也是难得的，这对于文教落后的布依族家族来说很不容易。

当举业完成或告一段落，家族成员对文学的兴趣日渐浓厚起来，进而成为人生中一项重要的活动，使得文学家族的传统得以延续，代代相传。同时，科举的成败也决定着文学家族的文学成就、地位和影响。因为科举的成功本身能带来良好的声誉和社会地位，还可以带来广泛的人脉及社会资源，这些都在无形中提升了文学作品的影响力。

（三）典型的教育世家及其优良的家风

"按《汉书》司马相如入西南夷，土人盛览从学，归以授其乡人，文教始开。"《后汉书·西南夷列传》载："桓帝时，郡人尹珍，自以生于荒裔，不知礼义，乃从汝南许慎、应奉受经书图纬，学成，还乡里教授，于是南域始有学焉。"西汉年间牂牁人尹珍、盛览成为贵州文化教育的鼻祖。至清代，贵州文教依旧落后，少数民族的多语种、多文种环境形成了贵州省域内"十里不同风，百里不同俗"的多元民族文化，被统治阶级称为"蛮夷之地"，不少有识之士欲学盛览、尹珍之志，改变故乡文教落后的现状，莫氏家族就是这样一支为贵州教育事业默默奉献的团体。

从莫与俦祖父莫嘉能开始，由于莫嘉能善于经商及种植畜养，家道逐渐殷实，便从百里之外聘名师到兔场办学，培养家中及乡里子弟，开启了莫家以后的求学之门。莫与俦父莫强，在成为秀才后，屡乡试不第，遂终身从事教育，教授乡里。

嘉庆九年（1804）莫与俦委知直隶邛州，将赴任，父丧，便返乡奔丧。服满后以奉养老母为由留居乡里，看到乡民文教落后，便在旧居独山兔场辟"影山草堂"教育乡里子弟，曾被聘八寨（今丹寨县，为苗族聚居区）厅学任教，后又被聘主讲独山"紫泉书院"，传播文化知识十余年。老母去世后，吏部命其"复起"，但他不满当时官场的尔虞我诈、曲意逢迎，无心仕途，自请改官清贫的教职，由吏部任命为遵义府学教授，《莫公行状》载："得教授遵义府。道光三年十月至任，遵士以蜂聚持长官短长为能。"从此开始了他在遵义长达19年的教育生涯。曾国藩在《翰林院庶吉士遵义府学教授莫君墓表》中写道："遵义之人，习闻君名，则争奏就而受业。学舍如蜂房，又不足，乃僦居半城市。旦暮进诸生而诏之：'学以尽其下焉者而已，上焉者，听其自至可也。'"可见其学识渊博，深受当时遵义文士的爱戴。莫与俦教书既重德育又重智育，曾写阎百诗的联语——"六经宗伏郑，百行法程朱"作为教育的准则。

莫友芝、莫庭芝兄弟自道光三年（1823），随父至贵州遵义，一家人住在府学教授署中，道光二十二年（1842）至咸丰九年（1859），莫友芝受聘任遵义湘川书院、培英书院讲席17年。他倡导学校、书院要朴实、笃学，教学内容要有实效，并以自己的实践及多方努力促进贵州学风朝务实的方向转变。其《犹人先生行状》载："生平教人以切近笃实为主，……论学必穷神知化，令学者何以着手。"开创了求学务实之学风，使得"一时知名之士闻风而往，黔中言风雅自此称盛"（莫祥芝

《邸亭先生行述》)。

莫庭芝于道光二十九年（1849）至同治十年（1871）任安顺府学训导、教授，晚年选思南府学教授。1872 年后，寓居贵阳，任贵阳府学古书院山长。他一生执教 40 年，均以汉宋学术及文字训诂为教，远近皆从学，平生和易恬退，唯嗜学不辍。

莫氏家族成员三代四人一生淡泊名利，致力于文学研究和教书育人，并使得教书育人成了莫氏家族的一项家族传统。家族成员的教书经历不仅丰富了自身的人生阅历，还达到了君子安贫乐道的境界，并影响着自己的文学创作。比如莫与俦就总结自己多年的教书经验写出了著名的《示诸生教》四篇，集中体现了他的教育思想，如：他提倡树立正确的学习方向，不以功利为目的读书求学；提出读书应当讲求实用，学与为应该是相辅相成的；批判"帖艺取士"的科举考试；提出学生既要"安贫"，也要能"自谋"。《示诸生教》四篇，篇篇入理，总结精湛，堪为后世治学典范。《中国少数民族人物传》称赞莫与俦为"布依族教育家"和"清代西南地区文化大师"。莫友芝则将自己的教学生活记录在了诗歌中，如其《漫怀》《学舍杂咏》《钞集诗文戏书》等，不仅体现了诗人闲适的学舍生活，也展现出诗人在书海里探究学问的情景。莫庭芝也有不少对后生学员及子孙说教的诗篇，以此不断传递自己的文化知识和为人之道，在后代中产生了积极的影响，如莫庭芝的《感春寄生芝弟及大猷远猷两侄》《示靳生长生励志诗》《学斋岁暮杂述八首》等。

莫氏文学家族得以传承，不仅以文学创作扬名，更以教书世家的传统被后世景仰，这些成绩均与其家风的影响密不可分。莫氏家族家风一直都重视儒家传统，强调思想与品德的教育。莫与俦父莫强"每语学者曰：'读书非苟以取科名已也。士无论穷达，皆可以为圣贤。"五经""四子"，道不越乎修、齐、治、平。治、平之理，不可以不讲修、齐之事。即吾所得为素位而行，便是学圣贤第一法。以见在论，孝友、睦姻、任恤六字，吾辈由之而不尽，尽之者便近圣贤。时命可期，未有不为儒吏、为名臣者。此之不讲，而徒事词章，窃甲乙科，取高爵厚禄，虽极烜赫，其尽于圣贤也必矣。'故君之门，出者皆敦实行、崇礼让，浸以成俗。"（莫与俦《皇清敕封文林郎翰林院庶吉士显考健行君家传》）儒家"穷则独善其身，达则兼济天下"的人生观，被莫强付诸实践，化为六字"孝友，睦姻、任恤"，即孝敬亲长、信赖朋友、邻里和睦、姻娅亲善、待人仗义、悯恤孤贫。他的言行遂成为莫氏传家美德，对后世学子、子孙影响极大，凡出自莫氏门下者，大都"敦实行""崇礼让"。

莫与俦继续传承和发扬其家族优秀的治家门风和传家美德，及时约束家族成员的不良行为，确保家族朝正确的方向发展。他对子孙的教育言谈被莫友芝记作《过庭碎录》十二卷，可惜没有刊行，无法窥知其庭训详情。莫与俦主张宋学与汉学合流，并躬行实践，以"百行法程朱"为准则，要求儿辈从日常的一言一行做起。在品德修养方面，要求子孙、学子重视个人身心的修养，讲求"格物、致知、诚意、正心、修身"的心性陶冶，在此基础上，进而求"齐家"，有机遇行其道，则力争"治国""平天下"，以达到"圣贤气象"为最高境界。在人伦道德方面切实遵循"孝悌""忠信"等规范。莫与俦的《示诸生教》四篇，不仅体现了他的教学思想，还体现了他对家风的传承和寄托于子孙、弟子身上殷切的希望，成为后代树立正确的人生观和价值观的行为标杆。尤其是第四篇，提出了读书人自谋的方法，要求学生既要"安贫"也要能"自谋"。他认为："贫而安于贫，虽贫何病？不安于贫，则亦何所不至矣。"指出君子安贫就要提高自身修养，不能因贫而做出"或簸弄乡愚，就中取利；或奔走势要，干揽讼词"之事。"夫负担之子，犹足以养家，稿春之妇，且足以育子，士首四民而不能自养，有是理乎？"读书人不仅要能静心读书、学以致用，也要能凭己之力自力更生，并以自身开馆教书和耕种庄稼为例教育子弟。他的言行在子孙后代中产生了激励与示范作用，其子莫友芝与莫庭芝均曾多年授徒为业，借以谋生计。尽管"粗衣淡茚，时时不继"，却甘于淡泊，不轻易求于人。这种"贫贱不能移"的精神，正是儒家道德规范之一。在这种家庭环境中长大，并时刻受着长辈谆谆教诲的莫氏成员，为人处世皆相当平稳，传承了优良的家风。

布依族是一个有着深厚历史积淀与文化传统的民族，清代嘉庆、道光、咸丰、同治年间的莫与俦、莫友芝、莫庭芝父子无疑是其中的代表人物，他们为布依族文学创作奠定了坚实的基础，在贵州文学界有非常大的影响，其著作在贵州乃至中国文学史上都有很高的文学价值和史料价值，值得我们深入研究。

参考文献

古籍类：

1. （汉）司马迁：《史记·西南夷列传》，中华书局点校本，1962。

2. （东晋）常璩：《华阳国志·南中志》，台北：商务印书馆。

3. （南朝宋）范晔撰，（唐）李贤等注《后汉书·西南夷列传》，中华书局，1965。

4. （南朝梁）刘勰著，范文澜注《文心雕龙注》，人民文学出版社，1958。

5. （南朝宋）范晔：《后汉书》，团结出版社，1996。

6. （明）宋濂等：《元史》，中华书局，1976。

7. （明）陈文修，李春龙、刘景毛校注《景泰云南图经志书校注》，云南民族出版社，2002。

8. 《明实录》，"中央研究院"历史语言研究所校印，1962。

9. （明）杨慎：《南诏野史》，兰州大学出版社，2003。

10. （明）黄宗羲：《明夷待访录》，中华书局，2011。

11. （明）赵炳龙撰，（清）赵联元辑《居易轩遗稿》，云南民族出版社，1982。

12. 《土官底簿》，兰州大学出版社，2003。

13. （清）萨察伦撰，萨君陆笺注《珠光集笺注》，民国二十七年稿本暨刻本。

14. （清）萨龙田：《湘南吟草》，清宣统二年福州萨氏刻本。

15. （清）萨大滋：《望云精舍诗钞》，宣统二年莳花吟馆刻本。

16. （清）赵廷枢：《所园诗集》，清道光六年刻本。

17. （清）师范：《二余堂诗稿》，清嘉庆间二余堂刻本。

18.（清）师范：《荫椿书屋诗话》，清抄本。

19.（清）师范：《金华山樵前集》，清嘉庆九年二余堂刻本。

20.（清）师范：《朝天集》，清嘉庆间望江二余堂刻本。

21.（清）师范：《孤鸣集》，清嘉庆九年望江二余堂刻本。

22.（清）师范：《课余随录》，红格抄本。

23.（清）师范：《吴船卧馀录》，清嘉庆间望江二余堂刻本。

24.（清）师范：《泛舟集》，清嘉庆九年望江二余堂刻本。

25.（清）师范：《春帆集》，清嘉庆九年望江二余堂刻本。

26.（清）师范：《鹧鸪吟》，清嘉庆八年望江二余堂刻本。

27.（清）师范：《泛舟吟摘钞》，民国年间排印本。

28.（清）师范：《金华山樵诗前集》，清嘉庆九年二余堂刻本。

29.（清）师范：《金华山樵诗后集》，清初排印本。

30.（清）师范：《金华山樵诗外集》，清初排印本。

31.（清）师范：《师荔扉先生秋斋四十咏》，清初排印本。

32.（清）师范：《抱瓮轩诗文汇稿》，清嘉庆已巳至庚午钞本。

33.（清）师范：《嘉庆选人后集》，清嘉庆八年望江二余堂刻本。

34.（清）师范：《师荔扉先生诗集残本》，民国初年排印本。

35.（清）师范：《雷音集》，民国二十二年排印本。

36.（清）师范：《二余堂诗稿》，民国年间排印本。

37.（清）师范：《二余堂文稿》，嘉庆间望江县官廨刻本。

38.（清）师范：《师荔扉先生诗集》，丛书集成续编 132 册，上海书店，1994。

39.（清）师范：《滇系》，云南民族出版社，1982。

40.（清）师道南：《鸿州天愚集》，清钞本。

41.（清）师篯：《大树山堂诗钞》，清钞本。

42.（清）师范：《滇系》，嘉庆二十二年刻本。

43.（清）李坤辑《滇诗拾遗补》，四卷，云南丛书初编收入。

44.（清）袁文典、袁文揆辑《滇南文略》，云南丛书初编收入。

45.（清）黄琮辑《滇诗嗣音集》，咸丰元年刻本。

46.（清）萨玉衡：《白华楼诗钞》，光绪二十九年萨大年武城县署刻本。

47.（清）萨玉衡：《白华楼焚馀稿》，光绪二十九年刻本。

48.（清）萨大文：《荔影堂诗钞》，清光绪间刻本。

49.（清）萨大年：《荔影堂诗钞》，清光绪间刻本。

50.（清）文化远撰，高奣映评选《晚春堂诗》，康熙四十二年刻本。

51.（清）高奣映：《迪孙》，康熙年间刻本。

52.（清）允裪等编纂《钦定大清会典》，文渊阁四库全书本。

53.（清）高奣映：《妙香国草》，康熙二十五年高氏家刻本。

54.（清）莫与俦：《贞定先生遗集》，清咸丰间刻本。

55.（清）邵远平：《续宏简录》，清康熙年间刻本。

56.（清）莫友芝：《莫犹人行状》，清刻本。

57.（清）莫祥芝：《郑莫黎三先生事实征辑》，民国二十六年印本。

58.（清）赵联元：《丽郡诗征》，十二卷，云南丛书初编收入。

59.（清）赵藩主编《滇词丛录》，云南丛书初编收入。

60.（清）师范修纂，师源重纂，武邑师氏族人续订《弥渡师氏族谱》，抄本
    为师氏第二十世师福林之子师长用后代所藏。

61.（清）赵廷玉著，吴和甫、王英斋选订《紫笈诗集》，道光乙巳秋镌。

62.（清）周馥：《绣余吟草》，道光三年夏镌。

63.（清）陈寿祺等：《道光重纂福建通志》，同治七年福州正谊书院刊本。

64.（清）高奣映：《鸡足山志》，康熙四十一年刻本。

65.（清）佟镇修（康熙）《鹤庆府志》，康熙五十三年刻本。

66.（清）《溧阳县志》，光绪二十二年重刻本。

67.（清）黄元治纂（康熙）《大理府志》，康熙三十三年刊印。

68.（清）周沆等纂（光绪）《浪穹县志略》，清光绪二十九年刊印。

69.（清）赵拱纂（康熙）《浪穹县志》，康熙二十九年刊印。

70.（清）伦觉、杨鲸等纂（康熙）《续修浪穹县志》，康熙五十一年刊印。

71.（清）王世贵、何基盛、张伦等纂（康熙）《剑川州志》，康熙五十三年刊印。

72.（清）钮方图修，（清）侯允钦纂（咸丰）《邓川州志》，清咸丰三年
    刻本。

73.（清）陈钊堂修，（清）李其馨等纂（道光）《赵州志》，清道光十九年
    刻本。

74.（清）张廷玉：《明史》，中华书局，1974。

75.（清）赵尔巽：《清史稿》，中华书局，1977。

76.（清）张廷玉：《清朝文献通考》，浙江古籍出版社，1988。

77.（清）黄向坚：《黄孝子寻亲纪程》，民国十年上海进步书局石印本。

78.（清）甘雨纂修《姚州志》，光绪十一年刻本。

79.（清）谢道承等：（乾隆）《福建通志》，文渊阁四库全书本，上海古籍出版社，1986。

80.（清）张琦主修，邹山纂修《建宁府志》，清康熙三十二年刻本。

81.（清）王国维著，滕咸惠校注《人间词话新注》，齐鲁书社，1986。

82.（清）唐仲冕：《陶山文录》，续修四库全书本，上海古籍出版社，2001。

83.《清实录》，中华书局2008年影印本。

84. 李洵、赵德贵、周毓方、薛虹主校点《钦定八旗通志》，吉林文史出版社，2002。

85.（清）张鹏展：《谷贻堂全集》，清抄本。

86.（清）张鹏展：《峤西诗钞》，民国抄本。

87.（清）梁章钜：《三管英灵集》，民国抄本。

88.（清）马世俊：《匡菴文集》，回族典藏全书本，宁夏人民出版社、甘肃文化出版社，2008。

89.（清）孙鹏：《南村诗集》，回族典藏全书本，宁夏人民出版社、甘肃文化出版社，2008。

90.（清）法若真：《黄山诗留》，四库全书本，齐鲁书社，1997。

91.（清）丁炜：《问山诗集》，晋江景义堂藏板，咸丰甲寅重刊。

92.（清）法若真：《黄山年略》，北京图书馆藏珍本年谱丛刊本，北京图书馆出版社，1999。

93.（清）盛昱、杨钟羲辑《八旗文经》，光绪刻本。

94.（清）和瑛：《易简斋诗钞》，四卷，道光三年序刻本，首都图书馆藏。

95.（清）和瑛：《易简斋诗钞》，续修四库全书本，上海古籍出版社，2002。

96.（清）和瑛：《太庵诗草》，清钞本，广东省立中山图书馆藏。

97.（清）和瑛：《太庵诗稿》，九卷，清嘉庆十五年稿本，复旦大学图书馆藏。

98.（清）和瑛：《太庵诗草》，不分卷，三册，清钞本，中山大学图书馆藏。

99.（清）和瑛：《西藏赋》，附《新疆赋》，一册，光绪八年元尚居刻，湖南省图书馆、山西大学图书馆藏。

100.（清）和瑛：《西藏赋》，一卷，一册，清同治光绪间刻本，真州张允颐民国二年（1913）重修，丛编项为《榕园丛书·乙集》，国家图书馆藏。

101.（清）和瑛：《回疆通志》，十二卷，十二册，嘉庆抄本，国家图书馆藏。

102.（清）和瑛：《三州辑略》，九卷，四册，清抄本，国家图书馆藏。

103.（清）和瑛：《三州辑略》，九卷，五册（一函），民国间抄本，国家图书馆藏。

104.（清）和瑛：《三州辑略》九卷，四册（二函），民国间抄本，国家图书馆藏。

105.（清）和瑛：《三州辑略》，九卷，八册（一函），抄本，北京大学图书馆藏。

106.（清）和瑛：《三州辑略》，九卷，九册（二函），咸丰线装抄本，北京大学图书馆藏。

107.（清）和瑛：《三州辑略》，十卷，十册（二函），抄本，新疆大学图书馆藏。

108.（清）和瑛：《三州辑略》，九卷，八册（一函），嘉庆年间初刻本，清道光年间印，国家图书馆藏。

109.（清）和瑛：《读易汇参》，十五卷，清道光二十三年刻本，国家图书馆藏。

110.（清）和瑛：《易贯近思录》，四卷，二册，清抄本，国家图书馆藏。

111.（清）谦福：《桐花竹实之轩诗钞》，同治二年刻本，国家图书馆藏。

112.（清）莫庭芝：《青田山庐诗钞》，清光绪十五年刻本。

113.（清）赵怀玉：《亦有生斋诗钞》，清嘉庆至道光间刻本。

114.（清）符葆森：《国朝正雅集》，清光绪三年刻本。

115.（清）袁嘉谷主编《滇诗丛录》，一百卷，辑刻云南丛书处。

116.（清）秦光玉辑《滇文丛录》，民国三十五年铅印本。

117. (民国) 欧阳英修，陈衍纂《闽侯县志》，闽侯县地方志编纂委员会编，1995。

118. (民国) 杨钟羲撰《雪桥诗话初集》，民国二年南林刘氏刻本。

119. (民国) 沈瑜庆、陈衍等：(民国)《福建通志》，民国十一年至二十七年刊本。

120. (民国) 张培爵等修，周宗麟等纂，周宗洛校订 (民国)《大理县志稿》，三十卷，据民国六年铅印本影印。

121. (民国) 宋文熙等纂 (民国)《弥渡县志稿》，于民国十二年创修，1979年刻板油印。

122. (民国) 李元度纂《国朝先正事略》，民国十九年至二十三年铅印本，民国二十三年至二十五年重印。

123. (民国) 黄诚沅：《上林县志》，民国二十三年铅印本。

124. (民国)《大荔县新志存稿》，陕西省印刷局，1937。

125. (民国) 周钟岳纂，张秀芬等点校 (民国)《新纂云南通志》，民国三十三年修，三十八年铅印本，云南人民出版社出版。

126. (民国) 由云龙总纂《姚安县志》，民国三十七年铅印本，云南省图书馆藏。

127. 方树梅：《师荔扉先生年谱》，两卷，抄稿本复印。

128. 柯劭忞选，余大钧标点《新元史》，吉林人民出版社，1983。

129. 王钟翰点校《清史列传》，中华书局，1987。

130. 靖道谟等撰《贵州通志》，京华书局，1968。

131. 徐世昌编，闻石点校《晚晴簃诗汇》，中华书局，1990。

132. 弥渡县志编纂委员会编《弥渡县志》，四川辞书出版社，1993。

学术专著：

1. 陈垣：《明季滇黔佛教考》，中华书局，1962。

2. 徐嘉瑞：《大理古代文化史稿》，中华书局，1978。

3. 朱保炯、谢沛霖：《明清进士题名碑录索引》，上海古籍出版社，1979。

4. 何启民：《中古门第论集》，学生书局，1982。

5. 方国瑜：《彝族史稿》，四川民族出版社，1984。

6. 曾庆全选注《历代壮族文人诗选》，广西人民出版社，1985。

7. 李桓纂《国朝耆献类征初编》，明文书局，1985。

8. 陶学良：《彝族文学杂俎》，云南民族出版社，1986。

9. 欧阳若修，周作秋、黄绍清、曾庆全主编《壮族文学史》，广西人民出版社，1986。

10. 吴永章：《中国土司制度渊源与发展史》，四川民族出版社，1988。

11. 费孝通：《中华民族多元一体格局》，中央民族学院出版社，1989。

12. 魏治臻：《彝族史料集》，四川民族出版社，1989。

13. 黄绍清：《壮族文学古籍举要》，云南民族出版社，1990。

14. 赵相璧：《历代蒙古族著作家述略》，内蒙古人民出版社，1990。

15. 袁行云：《清人诗集叙录》，文化艺术出版社，1994。

16. 方国瑜著，林超民主编《方国瑜文集》第1辑，云南教育出版社，1994。

17. 陈九彬：《高奣映评传》，云南人民出版社，1995。

18. 庄景辉：《陈埭回族丁氏宗谱》，绿叶教育出版社，1996。

19. 钱穆：《中国文化史导论》，商务印书馆，1996。

20. 陈庆元：《福建文学发展史》，福建教育出版社，1996。

21. 云峰：《蒙汉文学关系史》，新疆人民出版社，1997。

22. 云广英：《清代蒙古族人物传记资料索引》，内蒙古大学出版社，1998。

23. 黄泽：《中国各民族英杰》，陕西人民教育出版社，1999。

24. 左东岭：《王学与中晚明士人心态》，人民文学出版社，2000。

25. 白寿彝：《回族人物志》，宁夏人民出版社，2000。

26. 陈垣：《元西域人华化考》，上海古籍出版社，2000。

27. 萨镇冰、萨嘉曦修《雁门萨氏家谱》，北京图书馆藏家谱丛刊，北京图书馆出版社，2000。

28. 李灵年、杨忠：《清人别集总目》，安徽教育出版社，2000。

29. 荣苏赫、赵永铣主编《蒙古族文学史》，内蒙古人民出版社，2000。

30. 柯愈春：《清人诗文集总目提要》，北京古籍出版社，2002。

31. 杨大业：《明清回族进士考略》，宁夏人民出版社，2001。

32. 郑祖庚：《闽县乡土志侯官县乡土志》，海风出版社，2001。

33. 朱维干：《四库全书闽人著作提要》，福建人民出版社，2001。

34. 刘亚虎：《中国南方民族文学关系史》，民族出版社，2001。

35. 陈寅恪：《隋唐制度渊源略论稿·唐代政治史述论稿》，生活·读书·新知三联书店，2001。

36. 赵寅松主编《白族文化研究》，民族出版社，2001。

37. 严迪昌：《清诗史》，浙江古籍出版社，2002。

38. 白·特木尔巴根：《古代蒙古作家汉文创作考》，内蒙古教育出版社，2002。

39. 沙马拉毅主编《彝族文学概论》，山西教育出版社，2004。

40. 胡绍华：《中国南方民族发展史》，民族科学出版社，2004。

41. 钱仲联：《清诗纪事》，凤凰出版社，2004。

42. 复旦大学历史系编《切问集》，复旦大学出版社，2005。

43. 任继愈、金宜久：《伊斯兰教史》，江苏人民出版社，2005。

44. 左玉堂主编，芮增瑞、郭思九、陶学良编著《彝族文学史》，云南民族出版社，2006。

45. 沈家明：《高峰映研究文集》，云南美术出版社，2006。

46. 刘师培、章太炎等撰《中国近三百年学术史论》，上海古籍出版社，2006。

47. 清明：《家谱实用大全》，甘肃人民出版社，2006。

48. 朱丽霞：《清代松江府望族与文学研究》，上海古籍出版社，2006。

49. 赵怀仁主编，云南大理学院民族文化研究所编《大理民族文化研究论丛》，民族出版社，2006。

50. 黄仲昭：《八闽通志》，福建人民出版社，2006。

51. 朱昌平、吴建伟：《中国回族文学史》，宁夏人民出版社，2007。

52. 余嘉华主编《钱南园诗文集校注》，云南民族出版社，2007。

53. 吴海鹰主编《回族典藏全书》，甘肃文化出版社、宁夏人民出版社，2008。

54. 李泽总编《中国彝族谱牒选编·大理卷》，云南民族出版社，2008。

55. 成臻铭：《清代土司研究：一种政治文化的历史人类学考察》，中国社会科学出版社，2008。

56. 吴建伟主编《回族文献丛刊》，上海古籍出版社，2008。

57. 吴仁安：《明清江南著姓望族史》，上海人民出版社，2009。

58. 米彦青：《清中期蒙古族诗人汉文创作唐诗接受史》，内蒙古教育出版社，2009。

59. 杨伯峻：《论语译注》，中华书局，2009。

60. 王炜：《清实录·科举史料汇编》，武汉大学出版社，2009。

61. 杨志明等：《云南少数民族传统文化研究》，人民出版社，2009。

62. 王德明：《广西古代诗词史》，广西师范大学出版社，2009。

63. 左东岭：《李贽与晚明文学思想》，人民文学出版社，2010。

64. 阮娟：《三山叶氏家族及其文学研究——以叶观国、叶申芗为核心》，上
    海古籍出版社，2011。

65. 龚荫：《中国土司制度史》，四川人民出版社，2012。

66. 刘大先、李晓峰：《中华多民族文学史观及相关问题研究》，中国社会科
    学出版社，2012。

67. 刘大先：《现代中国与少数民族文学》，中国社会科学出版社，2013。

68. 谭丕谟：《清代思想史纲》，上海古籍出版社，2013。

69. 刘荣平校注《赌棋山庄词话校注》，厦门大学出版社，2013。

70. 多洛肯：《元明清少数民族汉语文创作诗文叙录》（清代卷），中国社会
    科学出版社，2014。

期刊论文：

1. 宋文熙、穆药：《略论明清白族学者对云南文献的贡献》，《昆明师范学院
   学报》（哲学社会科学版）1982 年第 1 期。

2. 丁生俊：《敢夸才思向人雄——回族诗人马世俊》，《宁夏大学学报》
   1982 年第 4 期。

3. 夏光辅：《彝族学者高𡿨映三题》，《云南省社会科学院历史研究所研究集
   刊》1984 年第 1 期。

4. 万揆一：《清代史学家师范及其著述》，《云南师范大学学报》（哲学社会
   科学版）1984 年第 4 期。

5. 石见：《师范族属管见》，《云南师范大学学报》（哲学社会科学版）1984
   年第 4 期。

6. 李良：《明代彝族诗人高𡿨映与〈妙香国草〉》，《西南民族学院学报》
   （社会科学版）1986 年第 2 期。

7. 周锦国：《清代白族诗人师范的文艺思想》，《云南民族学院学报》1987 年第 3 期。

8. 袁宗一：《论回族诗人萨玉衡》，《宁夏大学学报》（社会科学版）1988 年第 1 期。

9. 陈庆元：《乾嘉间福建的学人之诗——以陈寿祺为中心》，《福建师范大学学报》（社会科学版）1996 年第 2 期。

10. 陈友康：《古代云南少数民族的家族文学》，《云南民族学院学报》（哲学社会科学版）1998 年第 4 期。

11. 刘亚虎：《中国南方少数民族文学文化的特质及其与汉族文学的关系》，中国社会科学院少数民族文学研究所编《民族文学论丛》，内蒙古大学出版社，2000。

12. 冯雪红：《清代回族诗人闽中诸萨的诗歌创作成就》，《西北第二民族学院学报》（哲学社会科学版）2000 年第 4 期。

13. 张羽琼：《论清代前期贵州民族教育的发展》，《贵州民族研究》2001 年第 2 期。

14. 安尚育：《云南古代彝族文人文学简论》，《民族文学研究》2001 年第 4 期。

15. 陈友康：《古代少数民族的家族文学现象》，《民族文学研究》2004 年第 3 期。

16. 何俊伟：《大理古代私人藏书浅谈》，《大理学院学报》2004 年第 6 期。

17. 李龙海：《民族融合、民族同化和民族文化融合概念辨正》，《贵州民族研究》2005 年第 1 期。

18. 张晓松：《论元明清时期的西南少数民族土司土官制度与改土归流》，《中国边疆史地研究》2005 年第 15 卷第 2 期。

19. 朱慧荣：《师范：研究郑和的云南第一人》，《思想战线》2005 年第 4 期。

20. 盛代昌：《师荔扉评传》，《大理民族文化研究论丛》2006 年第 2 期。

21. 殷奎英：《清代教育制度的变化》，《菏泽学院学报》2008 年第 1 期。

22. 俞长海、陈玲：《明清回族进士时空分布研究》，《民族历史研究》2008 年第 3 期。

23. 李朝军：《家族文学史建构与文学世家研究》，《学术研究》2008 年第 10 期。

24. 李小凤：《福建陈埭丁氏回族文学家族研究》，北方民族大学硕士学位论文，2008。

25. 王德明：《清代壮族文人文学家族的特点及其意义》，《民族文学研究》2009 年第 3 期。

26. 李小凤：《回族文学家族述略》，《北方民族大学学报》2009 年第 4 期。

27. 傅子情、方挺：《福州雁门萨氏藏书世家》，《福建图书馆理论与实践》2009 年第 4 期。

28. 郭林红：《云南古代文学理论对中原文论的接受和发展》，云南大学硕士学位论文，2010。

29. 李小凤：《古代回族文学家族的兴起及创作特征初探》，《民族文学研究》2010 年第 1 期。

30. 李伟、丁明俊：《从文化认同到国家认同——论中华传统文化在回族形成与发展中的重要作用》，《北方民族大学学报》2010 年第 2 期。

31. 翟勇：《明清陈埭回族丁氏家族符号演变与文学独异性探析》，《西南交通大学学报》（社会科学版）2014 年第 6 期。

32. 左玉堂：《彝族明清时期诗文论述评》，《毕节学院院报》2010 年第 6 期。

33. 彭福荣：《试论土司文学的特征》，《西南民族大学学报》（人文社会科学版）2010 年第 9 期。

34. 林东进：《简评萨玉衡——以诗歌为视角》，《福建商业高等专科学校学报》2010 年第 6 期。

35. 胡力猛：《清初浙籍回族诗人丁澎及其诗歌创作研究》，西北民族大学硕士学位论文，2011。

36. 徐雁平：《清代私家宅院与世家文学》，《西北师大学报》（社会科学版）2011 年第 4 期。

37. 翟倩倩：《萨玉衡的咏史诗探析》，《鸡西大学学报》2011 年第 11 期。

38. 罗时进：《家族文学研究的逻辑起点与问题视阈》，《中国社会科学》2012 年第 1 期。

39. 赵秀丽:《论"文学世家"容美田氏家族成因》,《民族文学研究》2012年第 3 期。

40. 孙虎:《清代江南家族教育与地域文学发展关系探论——以嘉兴文学家族为中心的考察》,《苏州大学学报》2012 年第 6 期。

41. 翟倩倩:《萨玉衡诗歌研究》,福建师范大学硕士学位论文,2012。

42. 郭海洋:《清代科举与历史教育研究》,河北师范大学硕士学位论文,2013。

43. 吴可文:《明清福州文学地图——以三坊七巷为中心》,福建师范大学博士学位论文,2013。

44. 卢美松:《闽都诗歌的传统与传承》,福建当代十一家诗词研讨会论文选编,2013。

45. 周锦国:《清代白族诗人师道南及其名作〈鼠死行〉评析、考订》,《民族文学研究》2013 年第 1 期。

46. 周锦国:《再现清代中叶云南诗坛的景象——师范〈荫椿书屋诗话〉评介》,《大理学院学报》2013 年第 11 期。

47. 吴可文:《清中期闽诗流派研究——以光禄派为中心》,《东南学术》2014 年第 2 期。

48. 师伟:《师范〈滇系〉的编纂与价值》,《红河学院学报》2016 年第 5 期。

49. 多洛肯:《明清白族文学家族诗歌创作述论》,《西南民族大学学报》(人文社会科学版)2017 年第 1 期。

50. 孙纪文:《秋色长江万里来——清代回族诗人与杜诗》,《光明日报》2017 年 2 月 27 日。

51. 多洛肯、王谦谦:《明清少数民族诗人唐诗接受研究——以彝族、白族、纳西族为例》,《民族文学研究》2018 年第 2 期。

后　记

　　中华民族是由 56 个民族经过几千年的交往、交流、交融而形成的统一的不可分割的命运共同体、政治共同体和文化共同体。他们共同创造了光辉而灿烂的中华文化。在漫长的历史发展过程中，中国古代少数民族士人习汉文、写汉字，在学习中加深了对汉族文化的认同，又因他们有着较高的文学修养，得到了汉族士人的接受与认同，形成了汉族与各少数民族间相互认同、包容与文化互补的宏阔景象。各民族文学在碰撞与对话、交流与交融之中构建了中华文学共同体，进而在思想情感、审美文化层面形象生动地表现出了各民族人民对中华民族共同体的认同与归属、忠诚与依托，书写了灿烂的中华文化，培育了伟大的民族精神，铸就了中华民族强大的审美凝聚力。

　　中华多民族文学的交流和浸染是各民族交往、交流、交融的重要方面，在铸牢中华民族共同体意识，增强中华民族凝聚力和向心力方面，古代少数民族文学发挥着不可替代的重要作用。以儒家文化为主体的中华文化，不仅吸引和凝聚少数民族的精神动力，而且为少数民族提供了智慧源泉和情感慰藉。鉴于此，笔者在 2014 年成功申报了国家社科基金年度一般项目"民汉文学交融视野中的清代少数民族文学家族研究"（项目批准号：14BZW156）。本课题试图探讨少数民族文学创作与主流文学之间的积极互动互融，努力还原中华各民族文化交融的历史缩影，也是中华文学共同体建构过程的显现。

　　本书是国家社科基金年度一般项目"民汉文学交融视野中的清代少数民族文学家族研究"（项目批准号：14BZW156）的最终成果。因为篇幅的关系，修改时去掉了近 10 万字的家族个案研究中的作品附录，同时也忍痛割舍了近 137 万字的诗文作品辑录部分。本书所讨论的民汉关系与文化认同，一旦叙及非汉人的"文化认同"，就存在着多样选择，在不同文化交织与碰撞的过程中，一般所指向的是建构在中原儒家话语系统内的汉文化认同趋势。汉化一般是指汉人以外的族群采用中原汉人的生活方式与汉人思维习性的文化模式。我们通过全面考察，认为这些清代的少数民族文学家族，其文化诸方面，包括文学创作造诣、生活伦理、科考成就等，与汉族士人已无二致。文化认同是不同文化相互碰撞的结果，由此产生出的倾向、爱好与选择，更关注心理层面和社会层面的适应，表现为适应新文化而舍去旧文化。通过我们的研究，可以明确地指出这些少数民族文学家族的佼佼者已经完全认同汉文化，也已进入汉人的文化圈，成为民汉文学交融的典范。

清代少数民族文士、作家的汉文写作，各具风神，展示着各少数民族元文化与汉文化融通化生的别样姿态、色彩，有着独特的文化价值，星罗散布于清代文学的百花园中。全面考察与阐释清代各民族文化－文学交流会通的历史轨迹，显得较为重要。本书采用了专题式的研究解析，试图揭示清代各民族间精神、心理、文化性格沟通联系的深层肌理、机制。目前讨论清代少数民族文学家族的研究成果不多，各民族家族资料又比较冷僻或分散，大量基础性的文献搜集整理工作需要开展。笔者耗费近 6 年时间，在上海古籍出版社出版了 271 万字的蕴涵着丰富的历史文化信息、呈现出别样的地域与民族特色的《清代少数民族文学家族诗集丛刊》（第一辑、第二辑），对清代满族鄂尔泰、蒋攸铦家族，蒙古族法式善、和瑛家族，回族萨玉衡、丁澎家族的诗集诗作进行了整理。这些古籍整理成果为深入地考察梳理清代少数民族文学家族文学创作的基本情况、深度挖掘清代少数民族文学家族文学创作文本和生态环境的阐释意义奠定了坚实的基础。

本书采取的是全局综述、突出典型个案研究的研究思路。考察、挖掘清代少数民族文学家族个案，采取文学社会学的视角予以观照，选取典型家族个案作为研究的重点，突出其创作中对主流文学的接受与传播，挖掘清代民汉文化交融的历史过程，揭示民汉文学交融在中国文学精神和中华文化传统生成中的重要作用。需要指出的是，由于清代少数民族文学家族整体性观照、总结尚无专题研究，这使得本书的研究具有一定的开拓性创新，但也面临体量巨大的学术难度。本书采用专题研究法，全书中心论旨明确，但由于本人学力不逮，使得各章节的撰写缺乏一定的逻辑勾连。由于覆盖的民族多，家族个案众多，最终呈现给读者的是"仓促上阵"的成果，需要特意致歉。

本书撰写过程中的阶段性成果——20 篇论文公开发表在《民族文学研

究》《西北民族研究》《西南民族大学学报》《西北师大学报》《光明日报·文学遗产》《中国社会科学报》《兰州文理学院学报》《沈阳师范大学学报》《百色学院学报》等刊物和《中外文化与文论》集刊上，以及《中国文学地理学年会论文集》等论文集中，其中有 3 篇论文被中国人民大学复印报刊资料全文转载。本书稿最终获得评审专家和全国哲学社会科学办公室的支持，得以忝列《国家哲学社会科学成果文库》。评审专家指出了拙著中出现的种种不足和问题，也指明了修改提高的思路与具体建议。本书写作过程中得到了评审专家和各刊物编辑的关心与指导，得到了很多著名学者的鼓励与指导。在此，特向他们表示由衷的感谢。

本书在研究过程中得到西北民族大学 2020 年中央高校基本科研创新团队"民汉文学交融视野下的多民族文学遗产与文化凝聚研究"、国家民委创新团队"中华文学遗产与中华民族共同体内涵建设"项目资助和西北民族大学"中国语言文学"学科建设经费专项资助，在此，致以最诚挚的感谢。

需要说明的是，全书大纲与绪论由我执笔撰写，上编和下编各章节由我负责撰写，我的学生朱明霞硕士参与了第五章和第十一章的撰写，王谦谦硕士参与了第三章与第八章的撰写，刘茗硕士参与了第四章和第九章的撰写，李静妍硕士参与了第十章的撰写，周松博士参与了第十二章的撰写，贺礼江硕士参与了第十三章的撰写，安晓燕硕士参与了第七章的撰写，金晓慧硕士参与了第十四章的撰写。我也想借此机会感谢我指导过的研究生们，他们以勤奋好学的态度参与我的国家社科基金项目，不仅增长了学识技能，而且获得了从事科学研究的能力，写出了不错的毕业论文。他们中的朱明霞、王谦谦两位同学斩获国家奖学金，毕业论文获评为省级优秀毕业论文，周松、刘茗同学分别考入上海大学、浙江师范大学继续攻读博士学位，作为老师的我，颇感欣慰。谢谢你们给我带来的快乐。另外我指导的博士生路风华、买丽娜，硕士生侯彪在资料的核对与搜集整理方面出力尤多，在此一并致以深深的谢意。

书稿的顺利出版有赖于社会科学文献出版社的鼎力支持，责任编辑张倩郢女士细心校审，订正了许多疏误。在此一并致以诚挚的谢意。受学术水平所限，本书的不足和错误在所难免，真诚期待学界方家不吝赐教。

多洛肯

2020 年 12 月 30 日夜于西北民族大学五泉山下

图书在版编目（CIP）数据

清代少数民族文学家族研究：上下卷／多洛肯著
. -- 北京：社会科学文献出版社，2021.6
（国家哲学社会科学成果文库）
ISBN 978 - 7 - 5201 - 8073 - 3

Ⅰ.①清…　Ⅱ.①多…　Ⅲ.①少数民族 - 文学家 - 家
族 - 研究 - 中国 - 清代　Ⅳ.①K825.6

中国版本图书馆 CIP 数据核字（2021）第 042034 号

·国家哲学社会科学成果文库·

清代少数民族文学家族研究（上下卷）

著　　者／多洛肯

出 版 人／王利民
责任编辑／张倩郢
文稿编辑／闫富斌

出　　版／社会科学文献出版社
　　　　　地址：北京市北三环中路甲 29 号院华龙大厦　邮编：100029
　　　　　网址：www. ssap. com. cn
发　　行／市场营销中心（010）59367081　59367083
印　　装／北京盛通印刷股份有限公司

规　　格／开　本：787mm × 1092mm　1/16
　　　　　印　张：55　字　数：887 千字
版　　次／2021 年 6 月第 1 版　2021 年 6 月第 1 次印刷
书　　号／ISBN 978 - 7 - 5201 - 8073 - 3
定　　价／298.00 元（上下卷）

本书如有印装质量问题，请与读者服务中心（010 - 59367028）联系